Barúntacht Mhaigh Cuilinn: Paróistí Sibhialta agus Roinnt Logainmneacha

Clár Amhrán
Mhaigh Cuilinn

Ciarán Ó Con Cheanainn

Cóipcheart
© Comhairle Bhéaloideas Éireann 2011

Léarscáil
Michèle O'Dea

Bileog Cheangail Chúil
Cnuasach Bhéaloideas Éireann 969:278-9. Seosamh Mac Liam (Joe Tom Dick),
An Baile Láir, Cor na Rón, Indreabhán a thug do Chalum Mac Gill-Eathain, 1944.

Grianghraif
Clúdach tosaigh: An Cladach, Ros an Mhíl
(Cnuasach Bhéaloideas Éireann, 1998)
Flapa cúil, istigh: Ciarán Ó Con Cheanainn
(Buíochas le hEimhear agus Siún Ní Dhuinn)

Dearadh
Red Dog
www.reddog.ie

Clónna
Adobe Garamond

ISBN 978-0-9565628-1-4

Comhairle Bhéaloideas Éireann
An Coláiste Ollscoile, Baile Átha Cliath
www.comhairlebheal.ie

Cnuasach Bhéaloideas Éireann
An Coláiste Ollscoile, Baile Átha Cliath
www.ucd.ie/folklore/ga/

Is le cabhair deontais chun tograí Gaeilge a d'íoc an tÚdarás um Ard-Oideachas trí
Choláiste na hOllscoile i gCorcaigh a cuireadh cló ar an leabhar seo.

Tá Comhairle Bhéaloideas Éireann faoi chomaoin mhór ag Bord na Gaeilge,
An Coláiste Ollscoile, Baile Átha Cliath as deontas flaithiúil a chur ar fáil.

An Clár

Brollach   VII

An Réamhrá   XIII

Modh Eagarthóireachta   XVII

Buíochas   XXIII

Clár na nAmhrán

ROINN I: **Amhráin Ghrá**
A. Amhráin an Ógfhir   I
B. Amhráin na hÓgmhná   75
C. Amhráin Ghrá Chléirigh   88
D. Dánta Dúlra   93
E. Amhráin na Mná Mídhílse   101
F. Amhráin an Fhir Mhídhílis   107
G. Bailéid Ghrá   110
H. Aislingí Grá   116
I. Caismirtí Grá   118
J. Caismirtí Magaidh   122
K. Amhráin Éagsúla Ghrinn   136

ROINN II: **Caointe**
A. Caointe faoi Dhaoine a Bádh   141
B. Caointe faoi Dhaoine a Maraíodh   152
C. Caointe faoi Dhaoine a Cailleadh   153
D. Caointe faoi Dhaoine Daortha   163

E. Caointe faoi Dhaoine Eile   171

F. Caointe Deoraíochta   177

ROINN III   **Amhráin Mholta**

A. Amhráin Mholta Daoine   191

B. Amhráin Mholta Áiteanna   201

C. Amhráin Mholta Bád   222

D. Amhráin Mholta Eile   228

ROINN IV   **Amhráin Cháinte**

A. Amhráin Cháinte Daoine   233

B. Amhráin Cháinte Áiteanna   239

C. Amhráin Cháinte Eile   241

ROINN V   **Amhráin na nDaoine**

A. Amhráin faoin Ól   245

B. Amhráin faoin Tobac   251

C. Amhráin faoi Ghadaíocht   252

D. Amhráin faoi Rudaí a Cailleadh   259

E. Amhráin faoin *Dole*   263

F. Amhráin faoin gCúirt   265

G. Amhráin faoin bPríosún   273

H. Amhráin faoin bPósadh   279

I. Amhráin faoin Tinneas   281

ROINN VI   **Amhráin faoi Ainmhithe agus Éin**

A. Amhráin faoi Ainmhithe   285

B. Amhráin faoi Éin   296

ROINN VII   **Amhráin Spraíúla**

A. Amhráin Spraíúla   301

B. Caismirtí Spraíúla   308

C. Amhrán na mBréag   315

ROINN VIII   **Amhráin do Pháistí**   319

ROINN IX   Amhráin Spailpíní   325

ROINN X   Amhráin Mharaíochta   327

ROINN XI   Amhráin faoin gCreideamh   339

ROINN XII   Amhráin Mhorálta   345

ROINN XIII   Amhráin faoin bPolaitíocht
                A. Amhráin faoi Chúrsaí Polaitíochta   347
                B. Aislingí Polaitiúla   354
                C. Mairgní ar Chás na hÉireann   356
                D. Amhráin faoi 1798   359
                E. Amhráin faoi Chogadh na Talún   360
                F. Amhráin faoi na Buachaillí Bána   362
                G. Amhráin faoin nGaeilge   363

ROINN XIV   Amhráin Imris   367

Clár Chéadlínte na nAmhrán agus na Véarsaí   385

Teidil na nAmhrán   569

Ainmneacha Dílse a Luaitear sna hAmhráin   587

Clár na nAithriseoirí   659

Clár na mBailitheoirí   669

Clár na gCumadóirí   675

Clár na nÁiteanna ar Bailíodh na hAmhráin   679

Brollach

Ag comhdháil in Ollscoil na hÉireann, Gaillimh a chuir mé mo chéad aithne ar Chiarán Ó Con Cheanainn as Sáile Chuanna. Níorbh fhada gur chuir muid aithne ní b'fhearr ar a chéile agus tar éis tamaill bhí aithne curtha agam air ar thrí leibhéal a raibh dul thar a chéile eatarthu – an leibhéal pearsanta, mar amhránaí, agus sa chomhthéacs acadúil. Ba iad amhráin Chonamara an t-ábhar ba mhinice comhrá eadrainn. Ba iad na hamhráin sin a lón anama agus bhí spéis mhór aige freisin sa Ghaeilge féin, i gcúrsaí béaloidis agus seanchais, gan trácht ar chúrsaí matamataice, eolaíochta agus mórán eile. De réir a chéile ba léir dom go mb'amhránaí den scoth é agus a fhianaise seo san iliomad duaiseanna a ghnóthaigh sé ag an Oireachtas agus in áiteanna eile.

I saol an léinn bhí geallúint mhór faoi Chiarán. Bhain sé céad onóracha amach sa bhunchéim in Ollscoil na hÉireann, Gaillimh, agus ina dhiaidh sin sa Choláiste Ollscoile, Baile Átha Cliath, sa Mháistreacht lena mhiontráchtas 'Gnéithe de Sheachadadh na nAmhrán Traidisiúnta sa Ghaeilge'. Sa bhliain 2005 ghnóthaigh sé Staidéaracht Taistil sa Ghaeilge ó Ollscoil na hÉireann, rud a chuir ar a chumas tréimhse dhá bhliain a chaitheamh i Sgoil Eòlais na h-Alba, Ollscoil Dhún Éideann, ag gabháil do theanga agus cultúr Ghaeilge na hAlban agus don eitnicheoleolaíocht. Bhí ceapacháin éagsúla sa léachtóireacht aige i Roinn na Nua-Ghaeilge, an Coláiste Ollscoile, Baile Átha Cliath, ó 2002 anall, áit ar theagasc sé cúrsaí lena linn ar fhilíocht na Gaeilge ón seachtú haois déag go dtí an naoú haois déag agus ar na hamhráin ghrá.

Is luachmhar an ní é bua na sárfhonnadóireachta agus ardchumas léachtóireachta a bheith le fáil i gcuideachta san aon phearsa amháin, rud a d'fhág go raibh eispéireas ag a chuid mac léinn i rith na mblianta sin nach dtiocfaidh arís ach go hannamh. Tá d'ádh orainn go maireann taifeadtaí de chuid amhránaíochta Chiaráin againn i gcónaí, macasamhail: 'Eileanór na Rún' ar *Roy Galvin i gComhluadar* (2000); 'An Tréigean' ar *Cumar* (2000); 'Caoineadh na dTrí Muire' ar *Beo go Deo 4* Veritas (2000); 'Neainsín Bhán' ar *Pan Celtic 14* (2000); agus 'Táilliúir an Mhagaidh' ar *Pan Celtic 13* (1999). Maireann freisin an méid dá chuid scríbhinní atá i gcló agus iad sin a bhí réitithe aige: iontrálacha in *The Encyclopaedia of Music in Ireland* (White agus Boydell) agus in

Leabhar Mór na nAmhrán (Ó Conghaile); an réamhrá agus a chuid nótaí le *Buaiteoirí Chorn Uí Riada* 1972–2007 (dlúthdhioscaí agus leabhrán 2008); agus an réamhrá agus a chuid nótaí le *Grand Airs of Connemara* (dlúthdhiosca agus leabhrán 2009). Bhí féith na hiriseoireachta agus na léirmheastóireachta ann, faoi mar a fheictear in ailt a scríobh sé don *Journal of Music in Ireland*, mar shampla 'Don phobal as a dtáinig sé' (iml. 6, uimh. 3); 'Ag tarraingt as an dúchas' (iml. 6, uimh. 6); agus sna léirmheasanna 'Léirmheas ar Lillis Ó Laoire, *An Chreag i Lár na Farraige*' in *Comhar* (Meán Fómhair 2002); ar Ríonach uí Ógáin '*Mise an Fear Ceoil Séamus Ennis – Dialann taistil* 1942–1946' in *Éigse* XXXVI; agus ar Geraldine Bradley '*From the Rising Spring*' in *The Journal of Music in Ireland* (iml. 8, uimh. 4).

Tar éis dó an saothar atá á fhoilsiú anseo a chur de, thosaigh Ciarán ar thráchtas dochtúireachta sa Choláiste Ollscoile, Baile Átha Cliath, agus an tOllamh Pádraig A. Breatnach agus an Dochtúir Meidhbhín Ní Úrdail ina gcomhstiúrthóirí air. Ar mhí-ámharaí an tsaoil ní raibh i ndán dó an obair sin a chur i gcrích, ach tugann a theideal le fios cá raibh triall a chuid léinn go deireanach: 'An 'Dá Ghabháil Déag': Staidéar ar Mhúnlaí, Malairtí agus Tionchair Chruthaitheacha i Seachadaíocht an Amhráin Traidisiúnta'.

Nuair a tháinig Ciarán go dtí an Coláiste Ollscoile, Baile Átha Cliath agus é ag plé le hábhar as Cnuasach Bhéaloideas Éireann, léirigh sé, anuas ar an spéis aige, go raibh tuiscint aige nach bhfuil ach ag an mbeagán ar chúrsaí amhrán agus amhránaíochta. Chreid sé gur fonn agus focail a dhéanann amhrán ach thuig Ciarán freisin gur bealach é an fonn le héirim mothúchán a chur i láthair go healaíonta ó thaobh na hamhránaíochta de. Ar ndóigh, ba chuid dá dhúchas féin iad na hamhráin sin agus na foinn. Níl áireamh ach an oiread ar an hamhráin a bhí cloiste ag Ciarán, maille lena gcuid fonn, leaganacha agus comhthéacsanna éagsúla. Thug sé an taithí agus an t-eolas seo ar fad leis nuair a chuaigh sé i mbun saothair acadúil. Tá a rian le feiceáil ar *Clár Amhrán Mhaigh Cuilinn*.

Is fíor gan amhras ar dhúirt Ciarán gur in 'áit na leithphingine a fágadh ceantar Chois Fharraige sa staidéar a rinneadh ar an amhránaíocht dhúchasach i gConamara'. 'Clár Amhrán Chois Fharraige' a thug sé ar an tráchtas mar gur ann a bailíodh formhór na n-amhrán sa chlár. Ach is í barúntacht Mhaigh Cuilinn ina hiomláine – paróistí Chill Chuimín, Chill Aithnín, Mhaigh Chuilinn féin agus iarthar pharóiste Rathúin – atá sa chlár agus mar sin cinneadh ainm na barúntachta a chur i dteideal an leabhair. Lean Ciarán, cuid mhaith, den chur chuige i leabhair eile lenar dearnadh clárú ar amhráin – is iad sin *Clár Amhrán an Achréidh* agus *Clár Amhrán Bhaile na hInse*. Rinneadh clárú ar amhráin Ghaeilge i gCnuasach Bhéaloideas Éireann freisin sa leabhar

A Chomharsain Éistigí agus amhráin eile as Co. an Chláir. Is céim mhór chun tosaigh é an saothar seo *Clár Amhrán Mhaigh Cuilinn* dá réir sin mar gur iomlánú é ar thraidisiún amhránaíochta ón gcuid sin d'iarthar Chontae na Gaillimhe nár dearnadh aird mar ba cheart a thabhairt uirthi.

Nuair a thosaigh sé ar an taighde i gCnuasach Bhéaloideas Éireann le clár a dhéanamh de na hamhráin as barúntacht Mhaigh Cuilinn bhí dúshláin go leor ag roinnt leis an obair. Rinne Ciarán a chuid féin den ábhar agus bhí ar a shuaimhneas ag léamh agus ag clárú leis. Rinne sé an Cnuasach a chíoradh, an t-ábhar a bhaint as na lámhscríbhinní agus an clár a chruthú. Is eiseamláir é toradh a chuid oibre ar an iliomad bealach ar féidir le tráchtas MLitt sa Nua-Ghaeilge a dhul chun leasa léann na Gaeilge, an Bhéaloidis agus an phobail as a dtáinig bunábhar an tráchtais sin. Bhí Ciarán fiosrach faoi chuile shórt a bhain leis an ábhar a bhí idir lámha aige agus fiosracht a bhí ann a chuaigh chun tairbhe an chláir amhrán. Thuig sé go mba den riachtanas é déileáil leis an ábhar béil ar leibhéal acadúil, go háirithe leis an ábhar lámhscríofa seo, le huirlis úsáideach a sholáthar do scoláirí, lucht taighde agus eile. Bhí, dá réir sin, ardchaighdeán cruinnis agus modheolaíochta ar aon aige. Sa phlé a bhí ag Ciarán bhí sé ag síorcheistiú le theacht ar an réiteach ab fhearr ó thaobh cláraithe, caighdeánaithe agus rangaithe de. D'admhaigh sé féin sa réamhrá go raibh fadhbanna ag roinnt le rangú na n-amhrán, agus scríobh gur minic a d'fhéadfaí amhrán a chur in dhá aicme nó rang. Bhí cinneadh le déanamh freisin maidir lena raibh le tabhairt san áireamh agus a raibh le fágáil amach as an gclár. Chinn Ciarán go mba cheart na hamhráin dhiaga agus na laoithe Fiannaíochta a fhágáil ar lár mar go mba dheacair fonn cinnte a leagan orthu. Bhí sé go láidir den tuairim go raibh an-chuid le foghlaim as na hamhráin, ní hamháin ó thaobh an amhráin agus na hamhránaíochta de, ach, anuas air sin, thuig sé tábhacht na n-amhrán maidir leis an gcanúint agus le saibhreas na teanga. Bhí ardmheas ag Ciarán ar Chnuasach Bhéaloideas Éireann agus, san am céanna, d'aithin sé cuid de na fadhbanna a bhaineann le cnuasach béaloidis ar bith agus thug sé faoi na foinsí a mheas go fuinniúil, stuama. Ba léir dó, agus é ag tabhairt breithiúnais, go raibh bailitheoirí áirithe ní b'fhearr ná a chéile i mbun oibre. Bhí baint ag taithí, oiliúint, spéis agus íocaíocht na mbailitheoirí leis seo, i measc cúiseanna eile. D'aithin sé freisin go gcuirfeadh cuntas ar shaol na mbailitheoirí féin go mór le stair bhailiú na n-amhrán.

Ní hionann an cur chuige do thráchtas agus leabhar, ar ndóigh, agus leis an leabhar seo *Clár Amhrán Mhaigh Cuilinn* a thabhairt chun críche, bhí méid áirithe oibre ag teastáil. Seo mar a leanas bunús na n-athruithe a cuireadh i bhfeidhm:

1   An Réamhrá: ceartú na mbotún beag cló; athfhriotalú nó athstruchtúrú

i gcuid bheag abairtí; soiléiriú ar chur chuige, anseo is ansiúd; agus leathnú, ach go háirithe, ar an gcur síos a bhaineann le caighdeánú an téacs i gClár na gCéadlínte (2.1 agus 2.2). Mar is dual d'obair den chineál seo, bhí sé furasta go leor cinneadh a dhéanamh ar athruithe in áiteanna, ach níos deacra in áiteanna eile. Fágadh ainmneacha pearsanta agus sloinnte mórán mar a scríobhadh sna lámhscríbhinní iad in innéacsanna na n-aithriseoirí, na mbailitheoirí agus na n-údar ag deireadh an tsaothair, mar a bhí ag Ciarán. Rinneadh machnamh mór ar leithéidí 'fré' a chaighdeánú (sa deireadh socraíodh ar an sampla aonair de sin a athrú go 'trí'): tríd agus tríd, amach ó chorr-rud, lean Ciarán féin an caighdeán. Bhí gá le litriú a thabhairt chun rialtachta, thall agus abhus: i gcás an dá shampla aige de 'gnáthach' agus 'gnách', cloíodh le 'gnách'.

2   Clár na gCéadlínte. Bhí gá le cuid bheag litrithe a thabhairt chun rialtachta thall agus abhus faoi mar a bhí leagtha amach cheana ag Ciarán (féach Réamhrá, forannta 2.1 agus 2.2).

3   Clár Theideal na nAmhrán. Chuir Ciarán an caighdeánú céanna i bhfeidhm i gClár Theideal na nAmhrán a chuir sé i bhfeidhm i gClár na gCéadlínte – rud fiúntach, ar ndóigh – ach bhí gá le roinnt bheag athruithe eile lena thabhairt chun rialtachta.

4   Clár Ainmneacha Dílse. Síleadh gur ghá, (i) ar an ábhar go bhfágtar ainmneacha pearsanta agus sloinnte mórán mar a bhí sna lámhscríbhinní i mbeagnach gach áit eile sa saothar, agus (ii) sa chaoi go mbeadh an t-innéacs substaintiúil seo níos inchuardaithe, culaith an lae inniu a chur ar na hainmneacha dílse; tugtar, mar sin féin, leaganacha na lámhscríbhinní idir lúibíní cearnacha. Tugtar leaganacha an lae inniu de logainmneacha, maille le leaganacha na lámhscríbhinní, ar an gcaoi chéanna. Tugtar, leis, sonraí i dtaobh suíomh logainmneacha nuair is féidir. Chinn Ciarán ainmneacha pearsanta, sloinnte agus logainmneacha a chur in aon innéacs; chinn sé, leis, an leagan baineann de shloinne a liostú faoin leagan fireann. Rinneadh machnamh ar athruithe a chur i bhfeidhm ina dtaobh seo, ach socraíodh cloí lena leagansan amach, sa deireadh.

5   Níor baineadh mórán de Chlár na nAmhrán féin (an chuid is toirtiúla den saothar), amach ó:

(i) liostú ar nós 'Iml. 1135, lgh 501–03' a athscríobh mar 'CBÉ 1135: 501–

3', ag tagairt d'imleabhar agus do leathanaigh, faoi seach, i gCnuasach Bhéaloideas Éireann; agus (ii) roinnt bheag athruithe i gcás theidil na n-amhrán (féach 3 thuas).

Sa phlé a rinneadh ag Coiste Foilseachán Chomhairle Bhéaloideas Éireann maidir leis an leabhar féin ardaíodh mar cheist ann ar cheart an clár iomlán a chur ar dhlúthdhiosca inchuardaithe nó ar cheart an t-innéacs caighdeánaithe amháin a chur ar dhlúthdhiosca. I ndeireadh an lae, cinneadh gurbh fhearr an leas a bhainfí as an saothar dá mbeadh sé i bhfoirm leabhair amháin a d'fhéadfaí a chuardach go rí-éasca. Is cuid de shraith chlár amhrán é *Clár Amhrán Mhaigh Cuilinn* agus ó tharla gur i bhfoirm leabhair a bhí na himleabhair eile, cloíodh le foirmle an leabhair amháin leis an gclár nua sa chás seo. Amach anseo, samhlaítear go bhféadfaí dlúthdhiosca de na hinnéacsanna ar fad a chur ar fáil mar innéacs mór amháin.

Is bunfhoinse taighde é an leabhar seo agus thug Ciarán le tuiscint go bhfaca sé cuid de na bealaí a bhféadfaí tógáil ar an saothar. Scríobh sé go bhféadfaí comhthéacs breise a chur i láthair agus go bhféadfaí téacs iomlán na n-amhrán a thabhairt in éineacht le taifeadtaí fuaime agus ábhar eile.

Chuaigh intleacht Chiaráin i bhfeidhm go mór ar an eagarthóir, An Dr Fiachra Mac Gabhann, le linn réiteach an Chláir lena fhoilsiú. Mar seo a scríobh sé faoi:

> Thiocfadh liom a rá, agus bheadh sé seo uilig fíor, go léiríonn an saothar trí chéile éirim aigne, inniúlacht staidéir agus eagraithe, dúthracht, dílseacht dá mhuintir, grá don traidisiún, bród as an dúchas, agus go leor eile. Is breá liom, mar shampla, agus caithfidh sé gur léiriú ar a phearsantacht féin é, mar a sheas sé an fód, agus é ráite go neamhbhalbh sa Réamhrá aige, dá cheantar féin, i dtaobh léiriú an traidisiúin. Ach nuair a léimse an Réamhrá anois – i ndiaidh nach bhfuil sé ach gairid – téann dhá rud i bhfeidhm go mór orm os cionn gach rud eile: an dóchas a bhí aige as an ábhar a thiomsú mar chartlann ann féin, ina mbeadh léiriú, cinnte, ach thairis sin, beachtú don phobal mór ar thraidisiún amhránaíochta na háite, ar ghnéithe de stair shóisialta na ndaoine agus taifead ar chanúintí na cosmhuintire; agus an uaillmhian a bhí aige, mar sin, don ábhar agus do leathnú ar an staidéar ar amhránaíocht taobh isitigh den cheantar staidéir agus taobh amuigh de. Mar shampla, nuair a dhéanann sé tagairt d'fhéidearthachtaí staidéir i dtaobh sheachadadh an traidisiúin, agus do 'clár iomlán d'amhráin na Gaeilge a chur le chéile', sílim gur ansin atá na heasnaimh acadúla a d'fhág a bhás orainn: is léir, agus an chloch seo ina leacht féin a d'fhág

sé ina shaothar againn mar fhianaise, go raibh sé diongbháilte go leor dóibh, mar uaillmhianta.

Tá curtha go mór ag Ciarán Ó Con Cheanainn, nach maireann, lenár n-eolas ar amhráin Mhaigh Cuilinn agus le córas chlárú na n-amhrán. Tá curtha freisin aige le stair bhailiú na n-amhrán sa bharúntacht sin. Deis atá san fhoilseachán seo aitheantas a thabhairt do bheirt eile atá ar shlí na fírinne: an tOll. Tomás de Bhaldraithe agus Proinnsias Ní Dhorchaí. Ba é an tOll. Tomás de Bhaldraithe a mhol an chéad uair do Phroinnsias Ní Dhorchaí clárú a dhéanamh ar amhráin an Eachréidh sna lámhscríbhinní i gCnuasach Bhéaloideas Éireann.

Fáiltíonn Comhairle Bhéaloideas Éireann go mór roimh an bhfoilseachán nua seo.

Ríonach uí Ógáin
Eagarthóir Scríbhinní Béaloidis 2011

An Réamhrá

Is éard atá sa saothar seo, clár de na hamhráin thraidisiúnta, i nGaeilge agus i mBéarla, a scríobhadh síos i mbarúntacht Mhaigh Cuilinn, Contae na Gaillimhe agus atá anois i gcnuasach lámhscríbhinní Chnuasach Bhéaloideas Éireann, An Coláiste Ollscoile, Baile Átha Cliath (gan Bailiúchán na Scol, a scríobh dáltaí bunscoile idir 1936–38, agus an iliomad taifead fuaime atá i seilbh an Chnuasaigh a chur san áireamh).

Is sa gceantar taobh thiar de chathair na Gaillimhe – ó Bhearna siar go Ros an Mhíl, ón gCeathrú Rua siar go Leitir Mealláin, ó Chamas suas go Ros Muc agus ó Mhaigh Cuilinn suas go hUachtar Ard a bailíodh na hamhráin. 'Cois Fharraige' a thugtar go coitianta ar phíosa maith de dheisceart an cheantair seo; is ann a rinneadh bunús an bhailithe i mbarúntacht Mhaigh Cuilinn.

Is fada cáil an cheoil agus na n-amhrán ar cheantar Chonamara trí chéile, agus léiríonn clár cuimsitheach Ríonach Ní Fhlathartaigh, *Clár Amhrán Bhaile na hInse* (Baile Átha Cliath, 1976), chomh láidir is a bhí an traidisiún amhránaíochta in Iorras Aithneach. Is ann is mó a bhíodh tarraingt na mbailitheoirí ceoil agus amhrán, agus fiú sa lá atá inniu ann, samhlaítear gurb ann is mó a cleachtadh an amhránaíocht thraidisiúnta. Dá bhrí sin, is ar áit na leithphingine a fágadh ceantar Chois Fharraige sa staidéar a rinneadh ar an amhránaíocht dhúchasach i gConamara. Táthar ag súil go bhfuil léiriú éigin le fáil sa saothar seo, áfach, ar cé chomh láidir a bhí, agus atá an amhránaíocht i gCois Fharraige.

Scrúdaíodh na lámhscríbhinní uilig i gCnuasach Bhéaloideas Éireann, CBÉ 1 – CBÉ 1850, agus tugadh na hamhráin le chéile de réir aicmí atá bunaithe ar a bpríomhthéamaí. Roinneadh ar cheithre aicme dhéag iad, cé go bhfuil roinnt amhrán a bhaineann le dhá aicme nó níos mó, mar go mbíonn béim, ar uairibh, ar théama éagsúil ó leagan go leagan, nó go mbíonn dhá amhrán nó níos mó tar éis dul i bhfeidhm ar a chéile agus iad á seachadadh ó dhuine go duine. Is léiriú atá san éagsúlacht seo ar phróiseas na seachadaíochta laistigh den traidisiún béil, agus ar an gcumhacht atá ag an aithriseoir athruithe a chur i bhfeidhm ar na hamhráin. Baineadh úsáid as Seán Ó Tuama, *An Grá in Amhráin na nDaoine* (Baile Átha Cliath, 1960), Proinnsias Ní Dhorchaí, *Clár Amhrán an Achréidh* (Baile Átha Cliath, 1974) agus Ríonach Ní Fhlathartaigh, *Clár Amhrán Bhaile na hInse* (Baile Átha Cliath, 1976) agus an rangú á dhéanamh. Socraíodh, áfach, gan laoithe Fiannaíochta nó amhráin dhiaga a chur san áireamh sa tráchtas seo. Ní féidir iad a rangú leis na hamhráin de bharr cúrsaí meadarachta agus lena chois sin, mar nach bhfuil ceol i gceist ach le fíorbheagán acu: is éard atá san amhrán traidisiúnta, filíocht a ngabhann fonn ceoil leis. Tá an claonadh céanna seo teastaithe sa traidisiún féin, áit a mbítí ag aithris na laoithe agus na n-amhrán diaga 'i bhfocail', seachas iad a ghabháil.

Ní féidir ach méid áirithe eolais a fháil ó chéadlínte na n-amhrán mar atá siad cláraithe sa saothar seo. Is clár lom atá curtha in eagar anseo a bhfuil sé d'aidhim leis an leitheoir a threorú i dtreo na lámhscríbhinní, áit a bhféadfaí breis eolais a fháil chun mionstaidéar a dhéanamh ar ábhar, ar stíl, ar stair, agus ar thraidisiún na n-amhrán sa gceantar. Is foinsí cuimsitheacha atá sna hamhráin freisin ar Ghaeilge agus ar chanúintí áitiúla, agus is mór an chabhair iad dóibh siúd ar mian leo breis staidéir a dhéanamh ar Ghaeilge Chois Fharraige agus an cheantair máguaird. B'fhéidir, amach anseo, go bhféadfaí cnuasach cuimsitheach d'amhráin na barúntachta a chur le chéile agus a maireann de na taifid fhuaime a chur leo.

Léiriú éifeachtach ar shaol an phobail lena mbaineann siad atá sna hamhráin seo. Amhráin ghrá atá i bhformhór na n-amhrán agus amhráin ghrá an ógfhir atá i bhformhór díobh siúd. Bhí na móramhráin ghrá a bhfuil scaipeadh ilchúigeach orthu coitianta sa gceantar, leithéidí 'Nóra Ní Chonchúir Bhán', 'Caisleán Uí Néill' agus 'An Draighneán Donn'. Bhí amhráin ghrá áitiúla le fáil sa gceantar freisin nár foilsíodh go nuige seo, ar nós 'Nóra Bhán'. Is amhlaidh a bhí leis na caointe. Is iomaí tragóid a bhuail an ceantar agus ba ghnách amhrán a chumadh chun brón an phobail a chur i bhfocail. Bhí tóir faoi leith ar na caointe áitiúla seo, leithéidí 'Amhrán na Trá Báine', 'Amhrán Mháirtín Mhóir' agus 'Caoineadh Mhíchíl Bhreatnaigh'. Bhí tóir faoi leith ar na caointe deoraíochta, áfach, agus is iad is fearr a thugann léiriú ar shaol sóisialta Chonamara sa gcéad seo caite. Tugtar léiriú éifeachtach ar an gcruatan a bhain leis an turas farraige go Meiriceá i 'Lobhadh na bPrátaí', ach ba é an cumha i ndiaidh an dúchais an chloch ba mhó ar pháidirín an údair in 'Amhrán Chamais': éilíonn sé ann go gcuirfí a chnámha ar an dúchas i gCamas.

Tugann na hamhráin mholta agus na hamhráin cháinte léiriú éifeachtach ar dhualgas fhile an phobail, a raibh de chúram aige, thar ceann na ndaoine, moladh nó cáineadh a riar de réir a thuillte. Amhráin áitiúla is ea a bhformhór siúd ina moltar an gabha fial nó an polaiteoir cneasta. Níl aon leisce, áfach, duine a cháineadh go géar má bhíonn sé sin tuillte aige.

Tugann na hamhráin faoi ghnáthimeachtaí an phobail léiriú cumasach ar shimplíocht an tsaoil a chaitheadar. Léirítear na nósanna a chleachtadar – leithéidí dhéantús an phoitín (obair a raibh cuairt chun cúirte nó chun príosúin mar thoradh uirthi go minic), caitheamh (agus gantannas) an tobac, nósanna a bhaineann le gadaíocht agus leis an bpósadh agus leis an tinneas. Is é an greann, áfach, is treise a thagann chun cinn i bhformhór na n-amhrán. B'iad na hamhráin an caitheamh aimsire ba mhó a bhíodh i dtithe airneáin agus ba mhinic na filí áitiúla ag cumadh píosaí le daoine a chur ag gáire ar imeachtaí den chineál sin.

Is léir ó chlár na n-amhrán gurbh iad Ciarán Bairéad, Proinnsias de Búrca agus Calum I. Mac Gill-Eathain an triúr ba ghníomhaí i mbailiú na n-amhrán sa gceantar. Murach iad, bheadh an saibhreas amhrán atá sa gcnuasach seo caillte agus b'fhéidir nach mbeadh a fhios go raibh a leithéid riamh ann. Tá stór mór amhrán ann freisin a bhailigh Monica Ní Mhaodhbh agus Tadhg Ó Concheanainn. Ní féidir a bheith chomh muiníneach as an ábhar a bhailigh an bheirt seo. Is léir ó chuid de na hamhráin a bhailigh Monica Ní Mhaodhbh gur as *Amhráin Chlainne Gaedhal* (Baile Átha Cliath, 1905), curtha in eagar ag Mícheál agus Tomás Ó Máille, nó as *Amhráin Mhaigh Seóla* (Baile Átha Cliath, 1923), a chuir Bean Mhic Choisdealbha in eagar, a shíolraigh siad. Is cosúil freisin gur ó lámhscríbhinn a bhailigh Máirtín Ó Cadhain i gCamas agus i gCois Fharraige agus atá foilsithe ag Ríonach uí Ógáin in *Faoi Rothaí na Gréine* (Baile Átha Cliath, 1999) a thóg Tadhg Ó Concheanainn formhór na n-amhrán a sheol sé isteach chuig an gCoimisiún. Is mór an trua, áfach, nach raibh bailitheoirí amhrán níos gníomhaí sa gceantar. Dá mbeadh, is mó i bhfad d'amhráin agus de leaganacha d'amhráin a bheadh ar fáil inniu. Is léir ó na lámhscríbhinní gur ar thóir seanchais nó ar thóir na scéalaíochta, go háirithe, a bhí na bailitheoirí, agus go minic, is mar aguisín ar deireadh a fhaightear na hamhráin.

Is trua freisin nach bhfuil breis eolais le fáil ar aithriseoirí agus ar údair na n-amhrán. Is cinnte nach bhfuil a stór iomlán amhrán anseo. Is cinnte freisin go bhfuil daoine eile a raibh cáil na n-amhrán orthu sa gceantar nár bailíodh aon amhrán uathu. Is suntasach an stór amhrán, mar shampla a bhí ag Seáinín Sheáin Ó Flatharta, cé go n-admhaítear sna lámhscríbhinní nach raibh aon cheol aige. Bhí stór mór amhrán freisin ag Bríd Ní Scanláin. Is léir, sa lá atá inniu ann, go raibh údarás áirithe ag baint lena cuid leaganacha sise mar go bhfuil a cuid leaganacha neamhghnácha fós ar bhéal na ndaoine sa gceantar. Maidir leis na cumadóirí, is beag eolas atá ar an gcuid is mó acu sa lá atá inniu ann. Tá eolas le fáil ar leithéidí Choilm de Bhailís agus Mhíchíl Mhic Suibhne, ach tá cumadóirí eile, leithéidí Neansa Learaí agus Aindriú Ó Múgáin ar beag eolas atá le fáil fúthu.

Níl sa gclár seo ach cuid an-bheag den obair atá fós le déanamh chun go bhféadfar clár iomlán d'amhráin na ndaoine a chur le chéile. Is léir ón méid amhrán atá sa gceantar staidéir seo, i mBaile na hInse agus ar an Eachréidh go bhfuil flúirse ábhair fós le clárú as ceantair eile sula bhféadfar léiriú cuimsitheach a thabhairt ar na hamhráin thraidisiúnta sa nGaeilge. Ba mhór an chabhair agam cláir Phroinnsias Ní Dhorchaí agus Ríonach Ní Fhlathartaigh agus mé ag obair ar an gclár seo. Anois agus trí chlár amhrán curtha le chéile, ní mór leanúint ar aghaidh leis an obair. Ní gá an modh oibre céanna a leanúint agus is cinnte go bhféadfaí feabhas a chur air. Ach tá sé rí-thábhachtach mar sin féin cur leis an obair chláraithe chun go bhféadfar, amach anseo, clár iomlán d'amhráin na Gaeilge a chur le chéile.

Modh Eagarthóireachta

1   **Clár na nAmhrán:** Is éard atá anseo, clár na n-amhrán de réir a n-aicmí. Is é seo an t-eolas a thugtar faoi gach amhrán: teideal an amhráin (féach freisin *Clár Theideal na nAmhrán*, thíos); uimhir an imleabhair i gCnuasach Bhéaloideas Éireann (CBÉ) agus uimhir an leathanaigh; líon na véarsaí agus líon na línte i ngach véarsa; ainm an aithriseora; a (h)aois (idir lúibíní); a s(h)eoladh; ainm an bhailitheora; dáta an bhailithe; agus ainm an chumadóra a bhfuil an t-amhrán leagtha air nó uirthi, má luann an t-aithriseoir é. Tugtar teideal an fhoinn má luaitear sa lámhscríbhinn é. Ansin, tugtar an chéad líne ó gach véarsa.

Mar shampla:

An Fear Ceoil.
CBÉ 1133: 207–08; 7 x 2. Aithriseoir: Seán Ó Flatharta (Seáinín Sheáin) (c.60), An Lochán Beag, Indreabhán. Bailitheoir: Tomás de Bhaldraithe, Nollaig 1937.

Ar fáthanna éagsúla, mar shampla dílseacht don aithriseoir agus don bhailitheoir, creidiúnacht na lámhscríbhinní, agus léiriú ar an gcanúint áitiúil go mór ina measc, measadh gurbh fhearr gan aon uasdátú nó caighdeánú a dhéanamh (i) ar litriú, mar shampla d'ainmneacha nó logainmneacha, i mionshonraí a thugtar i gcás gach amhráin agus gach leagain d'amhrán mar atá thuasluaite; (ii) ar litriú na bhfocal i gcéadlínte na véarsaí; nó (iii) ar leagan amach nó ar ord na véarsaí mar atá siad ag an mbailitheoir ach amháin sa gcás go raibh an t-amhrán scríofa i bhfoirm phróis. Sa gcás deireanach díobh sin, téitear i muinín na riachtanas meadarachta agus déantar iarracht na véarsaí a scagadh óna chéile ar an mbonn sin. Cé nár baineadh don litriú sna téacsanna, tugadh na ceannlitreacha chun rialtachta, agus úsáidtear 'h' i leaba phonc an tséimhithe. Úsáidtear an comhartha […] más léir go bhfuil bearna sa líne. I gcás focal a bheith doiléir sna lámhscríbhinní úsáidtear an comhartha [?] roimh an bhfocal sin. Maidir leis na lúibíní cruinne a fhaightear in *Clár na nAmhrán*, is treoir iad ón mbailitheoir maidir le:

(i) fuaim an fhocail;
(ii) gutaí báite;
(iii) meadaracht.

2   **Clár na gCéadlínte:** Is éard atá anseo, clár de chéadlínte na véarsaí in ord aibítre agus roinnt leasaithe ó thaobh litrithe déanta orthu (ach ní nuair a chuirfeadh sé sin an deilbhíocht as a riocht). I ndiaidh gach líne, luaitear uimhir an amhráin (i gcló trom) agus uimhir an véarsa, mar atá siad in *Clár na nAmhrán*. Nuair is curfá atá i gceist, ní thugtar ach uimhir an amhráin. Má thosaíonn níos mó ná véarsa amháin leis an gcéadlíne chéanna, tugtar gach uair í faoi uimhir an amhráin agus an véarsa lena mbaineann sí. Cuirtear miondifríochtaí idir focail sna leaganacha den líne chéanna idir luibíní cruinne. Focal nó leagan ar measadh gur scríobhadh mícheart é, nó a bhfuil an chosúlacht air go bhfuil an fhoirm mhícheart de sa lámhscríbhinn, ceartaítear an focal idir lúibíní cearnacha. I gcás leaganacha malartacha neamhghnácha, agus i gcás roinnt focal nó leaganacha a meastar go bhféadfaí gur scríobhadh mícheart iad ach nárbh fhiú iad a athrú nó a cheartú ar eagla (i) go scriosfadh sé deilbhíocht nó meadaracht na habairte nó (ii) gur léiriú cruinn iad ar iarsmaí teanga nó ar ghnéithe de chanúint áitiúil, cuirtear an focal *sic* idir lúibíní cearnacha ina ndiaidh. Sa gcás go bhfuil focal nó cuid de líne ar lár, úsáidtear an comhartha [...]. Níor cuireadh *Agus, (Is), Ach, Anois, Ansin, Cheal, Mar, Maise, Ó, Óra, Óir,* san áireamh agus na línte á gcur in ord aibítre, ach amháin nuair a bhí siad riachtanach ó thaobh céille de. Níor cuireadh an réimír aimsire *Do* san áireamh ach oiread. Ní hionann agus *Clár na nAmhrán*, measadh go raibh gá roinnt den chaighdeánú a dhéanamh ar an litriú i g*Clár na gCéadlínte*, mar shampla sa gcaoi go mbeadh sé inchuartaithe:

2.1 Litriú

1   Glacadh le nós litrithe an lae inniu maidir le:

(i) poncaíocht;
(ii) ceannlitreacha;
(iii) uaschamóga, m.sh. d'fhás (LS *dfhás*); a d'fhág (LS *a dfhág*);

(iv) dealú focal, m.sh. ná an teaspach (LS *nán teaspach*); is nach trua (LS *snach truagh*); ab áille (LS *báille*);

agus

(v) fleiscín, m.sh. an tseoid (LS *an t-seóid*); dá bhfeicfeása (LS *á bhfeiceá-sa*); go hÉirinn (LS *go h-Éirinn*).

2 Cuireadh isteach sínte fada de réir nós litrithe an lae inniu, m.sh. déan (LS *dean*), téigh (LS *teigh*; féach tuilleadh ar bhriathra faoi 2.2.2 thíos) agus fágadh ar lár iad sa gcás nach raibh siad ag teacht le nós litrithe an lae inniu, m.sh. daoine (LS *daoíne*) agus níor fearr (LS *níos feárr*).

3 Scríobhadh -*l*(-), -*n*(-) nó -*r*(-) singil nó dúbalta de réir nós litrithe an lae inniu, m.sh. teallach (LS *tealach*), inseacht (LS *innseacht*), Inis Bearachain, (LS *Inis Bearrachain*).

4 Úsáideadh consain leathana agus caola de réir nós litrithe an lae inniu, comhfhocail san áireamh; m.sh. roghain (LS *roghan*), a raibh (LS *a rabh*), Breatain (LS *Breatan*).

5 Fágadh ar lár gutaí agus consain a bhí iomarcach de réir nós litrithe an lae inniu, m.sh. orm (LS *orum*), dúradh (LS *dubhradh*), léi (LS *léithí*), blaoch (LS *blaodhach*), ríocht (LS *ríoghacht*) etc. Cuireadh isteach gutaí agus consain (consain shéimhithe san áireamh) de réir nós litrithe an lae inniu san áit a raibh siad easnamhach nó a raibh gutaí nó consain mhalartacha eile:

(i) iomrallach, m.sh. mhaiseach (LS *bhaiseach*), ag casadh (LS *aig ceasa*), taobh (LS *taébh*) etc.

(ii) traidisiúnta, m.sh. scéal (LS *scéul*), scafaire (LS *sgafaire*), máistir (LS *máighistir*), droim (LS *druim*) etc.

5 Rinneadh an gnáthghiorrú ar an litriú traidisiúnta, m.sh. ceiliúr (LS *ceileabhar*), fómhar (LS *foghmhar*), oíche (LS *oidhche*), rí (LS *ríogh*), saol (LS *saoghal*) etc.

6   Scríobhadh focail iasachta de réir nós litrithe Ghaeilge an lae inniu, m.sh.
     Aindí (LS *Andy*), sáspan (LS *saucepan*), Frainc (LS *Frank*). Fágadh ainmneacha
     dílse na Laidine i litriú na teanga sin.

2.2 Deilbhíocht

Leanadh de dheilbhíocht na lámhscríbhinní ach ba ghá rialacha áirithe a chur i
bhfeidhm, mar shampla i leagan amach an oird aibítre:

1   Athraíodh *Sé* > *Is é; Sí* > *Is í; Séard* > *Is éard; B'é* > *Ba é; B'í* > *Ba í; Siad* > *Is
     iad; Mara* > *Mura* agus *Marach* > *Murach*. Cloíodh, mar sin féin, le roinnt
     bheag samplaí de *tré, fré, fó, cheithre, chúig, in* in áit *i* roimh chonsan, agus
     fiú amháin roinnt bheag samplaí de *goidé*.

2   I gcás ina bhfuil foirm tháite an bhriathair le fáil ag tús líne sna
     lámhscríbhinní, scríobhadh an fhoirm scartha den bhriathar agus na línte
     á gcur in ord aibítíre. Faightear an fhoirm tháite idir lúibíní cruinne. Níor
     athraíodh foirmeacha malartacha in úsáid na copaile nó de bhriathra
     (luaineacht idir an aimsir ghnáthchaite agus an modh coinníollach go mór
     san áireamh), m. sh, *nár facthas, dá saothraíodh*.

3   Glacadh le nós litrithe an lae inniu maidir le *a(i), o(i), u(i)* sa nginideach
     agus sa tabharthach uatha agus san iolra de réir mar a bhí *a, o, u*, san
     ainmneach, m.sh. clainne (LS *cloinne*), srutha (LS *srotha*) etc.

4   Cloíodh leis an bhfoirm chaighdeánach *Ag teacht* in ionad *Ag tíocht*. Tá an
     dá fhoirm sna lámhscríbhinní ach is coitianta *Ag teacht*.

5   Coinníodh an fhoirm *Ag dul* nuair nach léir ón lámhscríbhinn gur
     Ag gabháil ba chirte a scríobh, mar is í an fhoirm sin is coitianta sna
     lámhscríbhinní, ina bhfuil freisin foirmeacha éagsúla ar nós *Ag goil, guil, góil,
     Ag 'ul, etc.*

6   Rinneadh idirdhealú ar *de* agus *do*, rud nach ndéantar ach go fánach sna
     lámhscríbhinní ina bhfuil foirmeacha éagsúla ar nós *go, gon, gun, etc.* Rinneadh
     idirdhealú freisin idir *chuig* agus *ag*, rud nach ndéantar ach go fánach sna

lámhscríbhinní ina bhfuil foirmeacha mar *ag > chuig; aige > chuige; aici > chuici; agam > chugam etc.* Rinneadh idirdhealú freisin ar *ná* agus *nó*.

7 Cuireadh isteach, nó léiríodh le huaschamóg, gutaí i dtús agus i ndeireadh roinnt focal nach bhfaightear sna lámhscríbhinní de dheasca bá: m.sh. *lá* [a]*rna mhárach, i gCúig*[e] *Laighean, bruach na Sionainn'*, etc. Cuireadh an mhír choibhneasta isteach in áiteanna nach raibh sí le fáil sna lámhscríbhinní mar gheall ar bhá. Níor ceartaíodh gnéithe struchtúrtha den ghramadach nó den chomhaireamh, ar nós meatha nó simplithe sa tuiseal gairmeach nó ginideach, m. sh. *Mullach na Cruach, togha na péine bán, a rúin, ar feadh chúig bhliain.*

8 Scríobhadh an t-alt *an* ina iomlán i gcónaí, cé nach bhfaightear go minic sna lámhscríbhinní ach *a* nó *a'*.

9 Scríobhadh an mhír *ag* ina iomlán i gcónaí, cé nach bhfaightear go minic sna lámhscríbhinní ach *a'* nó *i*.

10 Cuireadh na hathruithe seo i bhfeidhm: *dhom > dom; fhéin > féin; ghá > dhá > dá; thú > tú etc.* Níor athraíodh aon luaineacht in úsáid an tséimhithe ar thúschonsan focail ar lorg *ba*, m. sh. *ba géire.*

11 Scríobhadh roinnt foirmeacha eile mar seo a leanas: *leithi > léi; a choíche > choíchin > choíche; dár ndóigh > ár ndóigh > ar ndóigh; ariamh > riamh.*

3 **Clár Theideal na nAmhrán:** Is éard atá anseo, clár, in ord aibítre, de theidil na n-amhrán, nó dá gcéadlínte idir lúibíní cruinne sna cásanna nach dtugtar ainm ar leith ar an amhrán. Cuireadh na hathruithe a bhfuil imlíniú déanta orthu faoi 2.2 agus 2.3 thuas i bhfeidhm ar na teidil. I ndiaidh gach teidil, nó gach céadlíne, tugtar uimhir gach amhráin, mar atá in *Clár na nAmhrán.*

4 **Clár na nAinmneacha Dílse:** Is éard atá anseo, clár de na hainmneacha dílse atá sna hamhráin, chomh maith leis na laethanta agus na séasúir, in ord aibítire. Ní gá gur i gcéadlínte na n-amhrán atá na hainmneacha dílse. Más i dteideal an amhráin atá an t-ainm, luaitear uimhir an amhráin mar atá sé in *Clár na nAmhrán.* Má luaitear an t-ainm i dteideal agus i véarsa, cuirtear uimhir an véarsa ina luaitear é i ndiaidh na camóige: m.sh. Brídín Bhéasaí **29**, 1. Tá ainmneacha daoine cláraithe

faoi ainm baiste agus faoi shloinne araon: m.sh. scríobhtar *Liam Ó Raghallaigh* faoi *Ó Raghallaigh, Liam*, agus faoi *Liam Ó Raghallaigh*.

5   **Clar na nAithriseoirí:** Is éard atá anseo, clár d'ainmneacha agus de shloinnte na ndaoine ar scríobhadh na hamhráin síos uathu, a gcuid seoltaí, a n-aoiseanna agus uimhreacha na n-amhrán a thug siad don bhailitheoir, mar atá siad in *Clár na nAmhrán*. Measadh gurbh fhearr litriú na n-ainmneacha pearsanta agus na sloinnte a fhágáil mórán mar a scríobhadh iad sna lámhscríbhinní; leasaíodh litrithe i gcás roinnt bheag logainmneacha.

6   **Clar na mBailitheoirí:** Is éard atá anseo, clár d'ainmneacha agus de shloinnte na mbailitheoirí, a gcuid seoltaí, agus uimhreacha na n-amhrán a bhailigh siad. Measadh gurbh fhearr litriú na n-ainmneacha pearsanta agus na sloinnte a fhágáil mórán mar a scríobhadh iad sna lámhscríbhinní; leasaíodh litrithe i gcás roinnt bheag logainmneacha.

7   **Clár na gCumadóirí:** Is éard atá anseo, clár d'ainmneacha agus de shloinnte na gcumadóirí, agus aon eolas eile atá ar fáil fúthu, chomh fada agus a thugtar an t-eolas sin in *Clár na nAmhrán*. Measadh gurbh fhearr litriú na n-ainmneacha pearsanta agus na sloinnte a fhágáil mórán mar a scríobhadh iad sna lámhscríbhinní; leasaíodh litrithe i gcás roinnt bheag logainmneacha.

8   **Clár na nÁiteanna:** Is éard atá anseo, clár de na háiteanna a luaitear i seoltaí na n-aithriseoirí, agus uimhreacha na n-amhrán lena mbaineann siad. Rinneadh leasú caighdeánach sa litriú i gcás roinnt bheag logainmneacha.

Buíochas

Ní bheadh dul agam an saothar seo, dá laghad é, a chur i gcrích gan chabhair an iliomad daoine agus institiúidí a bhfuil mo bhuíochas ó chroí ag dul dóibh.

Tá mé faoi chomaoin mhór ag foireann Roinn na Nua-Ghaeilge agus Roinn Bhéaloideas Éireann, An Coláiste Ollscoile, Baile Átha Cliath. Tá mé an-bhuíoch den Ollamh Pádraig A. Breatnach, MRIA, a mhol dom a dhul i mbun na hoibre an chéad lá riamh agus a raibh tacaíocht agus spreagadh leanúnach le fáil uaidh agus mé i mbun an tsaothair. Tá mé buíoch freisin den Ollamh Séamas Ó Catháin, Ceann Roinn Bhéaloideas Éireann (–2004) a thug cead dom úsáid a bhaint as áiseanna na roinne.

Tá mo bhuíochas ó chroí ag dul do mo chomhghleacaithe a thug cabhair, spreagadh agus cuideachta dom agus mé ag dul don saothar seo. Orthu sin bhí an Dr. Ríonach uí Ógáin a rinne moltaí úsáideacha agus a roinn a cuid saineolais leis an bhféile is dual di; an tOllamh Angela Bourke, MRIA, a léirigh suim san ábhar agus a rinne moltaí úsáideacha i leith chlárú na n-amhrán; agus Emer Ní Cheallaigh, Roinn Bhéaloideas Éireann, a chuir an uile chomaoin orm agus mé ag scrúdú na lámhscríbhinní.

Is don Ollamh Seosamh Watson a chuir an uile chóir orm lena ghairmiúlacht agus a dhílseachtsan agus é ag stiúradh na hoibre is mó atá mo bhuíochas tuillte. Murach a fheabhas is a thug sé treoir dom, ní móide go gcríochnófaí an saothar seo in aon chor.

ROINN I

Amhráin Ghrá

A. Amhráin an Ógfhir

1   **A Chailín Bhig Óig na Gruaige Breá Buí**
CBÉ 657:302; 1 x 4. Aithriseoir: Máire Ní Fhlatharta (60), An Cheathrú Rua.
Bailitheoir: Peadar Ó Gríofa, 1 Lúnasa 1932.
v.1 A chailín bhig óig, na gruaige breágh buidhe

2   **Ar Maidin Chiúin, Cheomhar Nuair a D'éirigh Mé sa bhFómhar**
CBÉ 829:67–68; 1 x 2, 1 x 4, 1 x 2. Aithriseoir / Bailitheoir: Tadhg S.
Ó Concheanainn, 1942.
v.1   Air maidin chiúin cheómar nuair a d'eiri' mé 'sa bhfóghmhar, té chashaí
sa ród 'om ach stóirín mo chroidhe
v.2   'S nach mise'n cadhan aontraic air a' taébh siúd go Chroc na Coille
v.3   Nach mise 'tá síos leis gon a' pós' údan a bheith díanta, má's fad geárr í'n
oidhche, ní chodló' mé'n t-am

3   **A Mháire, a Ghrá, Is Tú Atá ' mo Chrá**
CBÉ 617:372–75; 4 x 4. Aithriseoir: Maidhc Ó Curraoin (Maidhc Curran) (56),
Rathún, Gaillimh. Bailitheoir: Seán Mac Artúir, 24 Bealtaine 1939.
v.1   A Mháire, a ghrá, is tú tám chrádh, och tabhair do lámh go dlú dhom
v.2   A bhlá na gcaor, ó thárla mé go claoite, tré le greann duit
v.3   Ach thug mé grádh do chailín bháin ar thaobh an gháirdín pónaire
v.4   A ghrá is a rún, dá ngluaishá liom go tír i long as Éire

4   **Amhrán an Ghabha**
(a)   Do Mhíle Fáilte, a Bhuachaillín
CBÉ 829:83–86; 4 x 4, 1 x 3, 3 x 4. Aithriseoir: Seán Ó Flatharta (Seáinín Sheáin)
(c.62), An Lochán Beag, Indreabhán. Bailitheoir: Tadhg S. Ó Concheanainn,

2 Bealtaine 1942. Deirtear gurb é Raiftearaí a rinne an t-amhrán.

v.1   Do mhíle fáilte, 'bhochaillín, 'níos ó na tíor' ó dheas

v.2   Diomú Rígh na h-Aoine go'n té a dhíbir mo ghrádh uaim

v.3   Ar m'eirighe dhom-sa 'ndé, dar liom péin go ra'n mhaidin crúa'

v.4   Nach aoibheann go na h-éiníní 'léimeann's go hárd i mbárr gach tuím

v.5   Is dhá mba dú' í'n fhairrge 'sa talamh 'bheith 'na pháipéar bán

v.6   Agus a *landlady* na páirte, tá'n bás 'mo chroidhe lé tart

v.7   Chaith mé bliadhain go spóirteamhail air mo sheólta i dtúin a' tighe

v.8   Agus chaith mé bliadhain is rá' ag obair snáthaide i gCúige Laighean

(b)   CBÉ 826:86–89; 7 x 4. Aithriseoir: Anna Ní Ghriallais (21), Cill Bhriocáin, Ros Muc. Bailitheoir: Monica Ní Mhaodhbh, 12 Bealtaine 1942.

v.1   Muise, chaith mé bliadhain 's ráithe in mo ghabha i gCúige Laighin

v.2   Óra, soir atá mé 'tarraint 's nach fada uaim mo stór

v.3   Nach breágh nach dteagann tú a Sheáin 's mé 'fháil ó mo mhuinntir héin

v.4   Marach mé bheith dána, gheobhfainn teach ó mo mhuinntir héin

v.5   Diombhadh Rí na hAoine go'n té 'dhíbir mo ghrádh i bhfad uaim

v.6   Níor chualas 's ní bhfuaireas aon sgéala uaidh le mí

v.7   D'eirigh mé Dia Céadaoin agus bhí an mhaidin fuar

(c)   CBÉ 969:277–79; 7 x 4. Aithriseoir: Seosamh Mac Liam (31), An Baile Láir, Cor na Rón, Indreabhán. Bailitheoir: Calum I. Mac Gill-Eathain, 11 Nollaig 1944.

v.1   Marach bás mo mháithrín, gheofainn árus ó mo mhuintir fhéin

v.2   A *landlady* na páirte, tá an bás thrí mo chroí le tart

v.3   Tuige nach dteagann tú lá éicin is mé fháil ó mo mhuinntir fhéin?

v.4   Buachaillín deas óg mé, fuair mé foghlam nach bhfuair a lán

v.5   Cha mé bliain is rátha ag obair snáthaid i gCúige Laighean

v.6   Ó sí mo ghrá-sa Máirín, is deas a bhréagochat sí mo leanbh bán

v.7   Seal a bhí mé im óigfhear, níor bheó mé ach a' pléidhe le mrá

(d)   CBÉ 1833:119–20; 2 x 2, 3 x 3. Aithriseoir: Máire Ní Mháille (72), 52 Cooke's Terrace, Bóthar Mór, Gaillimh. Bailitheoir: Ciarán Bairéad, 19 Iúil 1973.

v.1   Tuige nach dtigeann tú a Sheáin, a's mé fháil ó mo mhuintir fhéin

v.2   Sin é'n nidh nach bhfuil siad sásta, an cás siúdan 'fheiceál réidh

v.3   Ná teagaigí in mo láthair gan cart a thabhairt líonta leat

v.4   Ba 'gus caoirigh bána ⁊ páirceanna ina gcuirfinn féar v.5   Chaith mé bliain a's rátha ag obair le snáthaid i gCúige Laighean

(e)   CBÉ 825:161–62; 3 x 4. Aithriseoir: Anna Ní Ghriallais (21), Cill Bhriocáin, Ros
Muc. Bailitheoir: Monica Ní Mhaodhbh, 21 Aibreán 1942.

v.1   Bhí mise maidin Domhnaigh in mo cheólainín ag bínn an tighe
v.2   Diombhá Rí na hAoine ar an té a dhíbir mo grádh i bhfad uaim
v.3   Dhá mbeinn-se in mo éinín 's leat a d'eireóchainn ó thom go tom

5   Amhrán Fhoirnis [sic]
CBÉ 1105:112–13; 5 x 2, 1 x 1, 2 x 2. Aithriseoir: Seán Ó Lorcáin (70), An Doirín,
Leitir Móir. Bailitheoir: Tomás P. Ó Broin, Lúnasa 1947.

v.1   Scríofa mé leitir go For(i)nis i mbárach, ceannó' mé páipéar agus stampa
dhá phínn["]
v.2   A samhail ní fheiceá in Éirinn ná in Árainn, sí an phlanndóg bhreágh
áluinn romhat í sa tslighe
v.3   Níor thóig sé ach seachtain go bhfuair mise freagra 'gus céad míle fáilte
romham 'un a' tighe
v.4   Fuair mé currach ó Sheáinín a' lá sin is thug mise m'aghaidh ar a'
bhfarraige síos
v.5   Níor thóig mé ach leath-uair ó d'fhágas Áill Mártain go ra' mé i
gcrumpán Mhaidhc Máirtín 'gus téad á'm i dtír
v.6   Ní fiú pínn go leith thú le brea(th)nú sa mbád ort ach tá tú chomh láidir
le athair a' laogh
v.7   Bhí *Tom* Ó Cealla(igh) is buidéal is gach lámh leis, teánn liom análl nó
an óla tú braon?
v.8   Sé an t-(o)ileán is folláine ó Mheiriocá análl é, níl gasúr ná páiste ná
malrach ánn tínn

6   An Bhainseoigín
(a)   CBÉ 72:18–20; 6 x 4. Aithriseoir: Pádraig Ó Cualáin (21), An Teach Mór,
Indreabhán. Pádraig Ó Finneadha, Nollaig 1930–Eanáir 1931.

v.1   Tá an bhainseóigín seo cúmhartha, ní luigheann drúcht uirthe nán
teasbach
v.2   Chuadhamar le na chéile ag déanamh réidteach go teach a' t-sagairt
v.3   A stóirín ó, ná tréig mé, mar gheall ar mé bheith follamh

v.4   B'ait liom fear ar foghnamh i dtús an fhóghmhair agus ráithe an earraigh

v.5   Tóigfidh mé mo sheólta go Dúithche Sheóigigh ar maidin

v.6   B'ait liom fear láidhe, fear sleaghain agus fear sluaisde

(b)   Cuaichín Ghleann Néifinn'

CBÉ 1138:501–03; 6 x 4. Aithriseoir: Seán Ó Cualáin (Seáinín Beag) (75), An Teach Mór, Indreabhán. Bailitheoir: Pádraig Ó Flatharta, 1941.

v.1   Tá an bhainseóigín seo cumhartha is ní luigheann an drúcht uirthi ná teasbach

v.2   Agus chuadhmar le na chéile ag déanamh réidhteach go teach a' tsagairt

v.3   'Gus a stóirín ó, ná tréig mé, mar gheall ar mé bheith folamh

v.4   B'ait liom an fear ar fóghnamh i dtús an fhóghmhair agus ráithche an earraigh

v.5   Tóigfídhe mé mo sheólta go Duithche Sheóigeach ar maidin

v.6   B'ait liom fear láidhe, fear sleagháin agus fear sluaisde

(c)   CBÉ 1702:223–24; 5 x 4. Aithriseoir: Bríd Bean Uí Shúilleabháin (50), Inbhear, Ros Muc. Bailitheoir: Proinnsias de Búrca, 28 Samhain 1965.

v.1   Tá an bhainnseóigín seo cúmhartha, ní luigheann drúcht uirthe ná teasbach

v.2   'S b'ait liom fear ar fóghna i dtús an fhóghmhair agus ráithe an earra

v.3   'S b'ait liom fear ar fóghna, fear láidhe agus fear sluaiste

v.4   'S tóigfhidh mé mo sheólta go Dúithche Sheóigeach ar maidin

v.5   Tá féar fada agus fásach i ngleanntaí áluinn i bhfad ó bhaile

(d)   CBÉ 851:133–34; 1 x 4, 1 x 2, 3 x 4. Aithriseoir: Pádraig Ó Cualáin (Pádraig Pheatsa) (86), Cor na Rón, Indreabhán. Bailitheoir: Calum I. Mac Gill–Eathain, 5 Deireadh Fómhair 1942.

v.1   Tá féar fada ꞿ fásach i ngleannta áluinn i bhfad ó bhaile

v.2   Is cuma liom cé déarfach aon neach, ní mo chéad-searc a déarfach tada

v.3   Muise, dilleachtán bocht cráidhte mé, gan mathair, gan athair

v.4   Tá an tamhnóigín seo ina fhásach is ní luigheann drúcht ora na fearthainn

v.5   Is minic a d'ól mé, is mo dhóthain ar aonach

7 **An Bhruinneall Phéacach**

CBÉ 1138:470–72; 7 x 4. Aithriseoir: Áine Bean Uí Fhlatharta (54), Cor na Rón Thoir, Indreabhán. Bailitheoir: Pádraig Ó Flatharta, 1941.

v.1 A bhruinnilí phéacaigh, 's tú mhéaduigh an osna in mo lár

v.2 'S nach mise an fear cúthal a' siubhal cúigí 's gan aithne orm ann

v.3 Ná pós an fear go deo a mbeidh aige dhá chroidhe

v.4 Agus gheobhfainn togha céile dom féin dá mbeinn feileamhnach dó

v.5 Bhí mé i gcion mhór ag mo stóirín seal fada den tsaoghal

v.6 Nuair a thiocfas an Bhealtaine, fásann bárr glas ar a' bhféar

v.7 'S a stóirín mo chléibh, 'sé mo léan na' bhfuil tú dom i ndán

8 **An Binsín Luachra**

(a) CBÉ 607:242–44; 7 x 4. Aithriseoir: Seán Ó Laoi (87), Cuileán, An Cheathrú Rua. Bailitheoir: Brian Mac Lochlainn, 1938.

v.1 Bhí mé maidin cheo 's mé 'gol a bóithrín go h-Inis Meán

v.2 Gus a chailín a' bhinnsín luachra, an trugh leat mo bheart ar lár?

v.3 'S a chailín a bhinnsín luachra, glac suaimhneas ꝝ fan go réidh

v.4 Ise: Ní mhealltha tú le do chlúnaidheacht mé, a bhuachaillín, níl math dhuit ánn

v.5 Casú lom Dia Luain í ꝝ fuadar fúithe a goil a snámh

v.6 B'fhurasta aithint an uair sin nuair a luathuigh mé go h-óg le mraoi

v.7 Níl stoc arm 's níl bróg orm 's níl stól a'm le a suidhthinn síos

(b) CBÉ 825:128–30; 5 x 4. Aithriseoir: Sean Ó Maodhbh (32), Cill Bhriocáin, Ros Muc. Bailitheoir: Monica Ní Mhaodhbh, 19 Aibreán 1942.

v.1 'S a chailín sgoth na luachra, 's truagh liom do bheart ar lár

v.2 Níl stoca agam 's níl bróg 'am 's níl stól 'am lé go suidhfhinn síos

v.3 'S ní mheállfadh tú mise, a bhuachaill, lé do chluanaidheacht 's níl maith dhuit ánn

v.4 Gheáll tú giní 's punnt dhom agus bhí súil a'm a bheith cur na cheánn

v.5 'S nach olc an congantóir dhomsa thú lá an fhóghmhair 's mé baint an lín

(c) Cailín Deas na Luachra

CBÉ 969:140–42; 5 x 4. Aithriseoir: Seosamh Mac Liam (31), An Baile Láir, Cor na Rón, Indreabhán. Bailitheoir: Calum I. Mac Gill-Eathain, 15 Nollaig 1944.

v.1 A chailín deas na luachra, an trua leat mo bheart ar lár?

v.2   Ní mhealla tú le do chluanaidheacht mé, a bhuachaillín, níl ma dhuit ann

v.3   Chua mé le mo chonfairt go tórannaí Uí Bhriocáin síos

v.4   A gclos tú leat mé, Chúpid deas, múinte na n-iomall tréan?

v.5   Níl stoca agam is níl bróig agam, níl stól agam a suidhinn síos

(d)   CBÉ 109:268; 1 x 2, 1 x 4, 1 x 3, 1 x 4. Aithriseoir: Pádraig Mac Donnchadha, Ros an Mhíl. Bailitheoir: Tomás P. Ó Broin, [*c*.1935].

v.1   Tá mo theach-sa ghá fhuadach is ní buan atá mé in aice an tighe

v.2   A chailín a' bhínnse luachair, an truagh leat mo bheart ar lár?

v.3   Is go dtiúbhrainn cuairt is céad ar an taobh údan mbíonn mo ghrá

v.4   Nach mór é an t-ughdar bróin dhom mo 'chón is doilgheas croidhe

(e)   CBÉ 1280:494–95; 3 x 4. Aithriseoir: Michael Bheairtlín Ó Mainnín (*c*.33), Ros Muc ⁊ Darach Ó Clochartaigh (*c*.73), Portach Mhaínse. Bailitheoir: Séamus Mac Aonghusa, 1944.

v.1   Tá mo bhean-sa 'cuartach is ní buanach í i n-aice tighe

v.2   Nárbh' olc an cúngantóir dhom tú lá fóghmhair is mé 'baint a' lín

v.3   Nach lag a' fear 'sa Márta mé, mar is fánach a bhínn 'sa ló

(f)   CBÉ 657:302; 1 x 4. Aithriseoir: Máire Ní Fhlatharta (60), An Cheathrú Rua. Bailitheoir: Peadar Ó Gríofa, 1 Lúnasa 1932.

v.1   A cailín bhig an bhinnse luachra, (nó) ar truagh leat mo bheart ar lár

9   An Cailín Deas

CBÉ 851:258–59; 3 x 4, 1 x 2, 1 x 4. Aithriseoir: Pádraig Ó Caola (67), An Lochán Beag, Indreabhán. Bailitheoir: Calum I. Mac Gill-Eathain, 26 Samhain 1942.

v.1   Nuair a théighim ag an Aifreann Dia Dúmhnaigh is a fheicim an óige cruinn

v.2   Le finne, le gile, le breághachta, go seasaí sí i ngárda a' ríogh

v.3   D'eirghe mé ar maidin Dia Céadaoin, is d'éaluigh mé ar maidin fhuar

v.4   Éalocha mé thríd a' snámh leat is ní báthfar muid le congamh Dé

v.5   Athair croidhe na páirte, tá a' bás i mo chroidhe le tart

10   An Cailín Fearúil, Fionn

(a)   CBÉ 826:173–76; 6 x 4, 1 x 3. Aithriseoir: Bríd Bean Uí Shúilleabháin (30), Cill Bhriocáin, Ros Muc. Bailitheoir: Monica Ní Mhaodhbh, 19 Meitheamh 1942.

v.1 Dá mbeadh cupla bó ag mo stóirín, 's deas mar sheólainn iad

v.2 'S a stóirín, ná bíodh brón ort ná tada faoí

v.3 *So fair-maiden don't be unaisy, nor troubled in your mind*

v.4 Nach truaigh gan mise in mo éinín 's clúmhach orm go chuile dhath

v.5 *I wish I was a small bird with feathers of every kind*

v.6 'S nach é an truaigh gan mé mo bhádóir, no in mo cheannaidhe snámh

v.7 *I wish I had a small boat or a merchant-man to be*

(b) Sliabh Uí Fhloinn

CBÉ 669:181–83; 5 x 4. Aithriseoir: Éamonn Ó Finneadha, An Lochán Beag, Indreabhán. Bailitheoir: Colm Ó Finneadha, 7 Deireadh Fómhair 1939.

v.1 Dhá mbeadh cúpla bó ag mo stóirín, 's deas a sheólfainn iad

v.2 Cén fáth nach dtagann tú is fall a chuir ar an bpáirc a mill tú aréir

v.3 'S iomda lá breagh aérach a bhíos ar thaobh an chruic úd shiar

v.4 Go dtagadh an tuille bháidhte ar na gamhnaibh 'd'ith an féar

v.5 Brón go deo ar an eallach mar is rud é atá neamh-bhuan

(c) CBÉ 669:159–60; 4 x 4. Aithriseoir: Cuimín Ó Neachtain (68), Gleann Mhac Muirinn, Casla. Bailitheoir: Colm Ó Finneadha, *c.* 1933.

v.1 Dhá mbeadh cúpla bó ag mo stóirín, is deas a sheólfainn iad

v.2 Is a stóirín, ná bíodh brón ort anois ná dada faoi

v.3 Is nach truagh gan mé i Sasana i mo cheannaidhe trágha

v.4 Is nach truagh gan mé im' éinín agus clúmhach orm mar 'chaon cheann

(d) Stóirín Geal mo Chroí

CBÉ 824:132–33; 4 x 4. Aithriseoir: Seán Ó Maodhbh (32), Cill Bhriocáin, Ros Muc. Bailitheoir: Monica Ní Mhaodhbh, 13 Márta 1942.

v.1 A stóirín, ná bíodh brón ort, ná buail is ná bris mo chroidhe

v.2 Is truagh nach bhfuil mé i n-Árd Mhágh, in mo cheannuidhe snáth

v.3 Dhá mbeadh bó nó dhó agam a stóirín, sheólainn iad le fonn

v.4 Is dhá mbeadh píopa fada geal a'm agus tobac le cur ann

(e) Sliabh Uí Fhloinn

CBÉ 829:143; 2 x 4. Aithriseoir: Pádraig Ó Cualáin (*c.*35), An Lochán Beag, Indreabhán. Bailitheoir: Tadhg S. Ó Concheanainn, 3 Meitheamh 1942.

v.1 Dhá mbeach cupla bó ag mo stóirín, nach deas mar sheól'ainn iad v.2   'S a stóirín, ná bíodh brón ort, é sin ná brisiú croidhe

11   **An Caol-Stailín Uasal**
(a)   An Mhear-Stail
        CBÉ 414:35–37; 11 x 2. Aithriseoir: Eoghan Ó Flatharta (46), Na Foraí Maola
        Thiar, Bearna. Bailitheoir: Éamonn Ó Confhaola, 1937.
        v.1   Ag dul dom trí droichead an Choileap ⁊ mé ar tóruidheacht mo
                reamhain go chailín deas
        v.2   Bhí cailín beag óg ann ciúin stocach, ⁊ í ná le leabadh an t-uabhras na
                luighe
        v.3   Ó óganaíbh óig a cúil uasail, ní cheap tú mé fuadach mar mhnaoí
        v.4   Ní féidir go leigfeadh do chroidhe dhuit, mo leithéid a claodh go h-óg
        v.5   A bhruinnilin ciuin mhaiseach, ciuin céillidhe, ná bíodh ort sa buaitre ar
                bith
        v.6   Má thug mé gean síos go do gheall, cí an uair sin ⁊ gur ceap mé tú fuadach
        v.7   Is agam ata an méar stail is feóire, is é an marcach is leógánta i dtír
                reabach
        v.8   Gur mheas mé thú a thógáil mar mhnaoí, bhí do dí ghrá ní bi deirge ná
                an rósa
        v.9   Nuair a chuala siad mo sgéal sa na thaobh, go mo ruaige a cuir cuanta a
                bhí aontuigh ⁊ a mhear stail a bhí go reabach
        v.10   Chrom sí ar ghéar gol ⁊ ar chaoin, gur mhaom sí fuil sróine ar a raoill
        v.11   Mas aithmhéala a ghlac tú an mo thaobh sa, tóig spóirt ⁊ pleisiúr do
                chionn an chomhairle

(b)   Buachaill *Milroy*
        CBÉ 590:163–66; 8 x 2. Aithriseoir: Sorcha Ní Chonfhaola (68), An Cnoc,
        Indreabhán. Bailitheoir: Colm Ó Finneadha, 20 Eanáir 1939.
        v.1   A Neile, ná bíodh doighileas ná brón ort, ná nídh a bith nach luadh leat
                na thaobh
        v.2   Thug mé fancy dod' gheal chíoth ar uaigneas, gur cheap mé thú luadh
                liom mar mhnaoí
        v.3   Nach fada mé tarraingt sa triall ort, nó gur chaith mé mo bhliain leat 's
                mo ráithe
        v.4   Ach anois ó tá mé follamh 's go bhfuil Dia linn, nach fairsing 's nach fial
                é an saoghal mór

v.5 Dar m'fhocal dhuit, a chailin donn, go snámhfainn le mo sgafaire de bhuachaill *Milroy*

v.6 Sa bhruinneal a tháinig thar tórainn, gur cheap mé thú luadh liom mar mhnaoí

v.7 A bhruinneal mhóin-mheasamhail, mhóin-chéillidhe, gur fhág go do ghéar chur 's go do chaoin

v.8 Dheamhan a' féidir go leigfeadh do chroidhe dhuit mo leithide a chlaodh go bog óg

(c) CBÉ 607:56–58; 7 x 4. Aithriseoir: Seosamh Mac Donnchadha, Ros an Mhíl. Bailitheoir: Brian Mac Lochlainn, 1938.

v.1 A' gol anuas dam ó dhroithead a' Tuath-Mhámhan, dhearc mé an stuaim go chailín

v.2 A Neilí, ná bíoch doiligheas ná brún ort faoi ar dúdhrú leat i mo thaobh-sa go fóill

v.3 D'ísle mé anuas go mo chaol-stail gur thug mé mo thaobh deas gon mhraoi

v.4 Nach fada mo tharraint i's mo thrial ort, 's mé a catha mo lae leat i's mo bhlian

v.5 Dár m'fhocal gach caltha domhain go snámhthainn, ní aon scafaire g'óig-fhear i m'fhear groidhe

v.6 Nach brúnach a bhí uaisle na tíre nuair a chualadar an scéal úd i mo thaobh

v.7 D'fhiarruigheas gon innir chiúin chéillidhe, cé'n fáth a géar-ghul ná a caoin

(d) CBÉ 969:282–84; 6 x 4. Aithriseoir: Seosamh Mac Liam (31), An Baile Láir, Cor na Rón, Indreabhán. Bailitheoir: Calum I. Mac Gill-Eathain, 12 Nollaig 1944.

v.1 A' góil dom thar dhroithead (dhroichead) an t-suaimhnis is mé ar thuairisg mo rauim (roghain) go chailín

v.2 Thug mé geainsín dá bán-chris ar uaigneas, cé gur mheas mé í fhuadach mar mhraoí

v.3 D'ísle mé anuas go mo chael-stail is thug mé mo thaebh deas go'n ghaoith

v.4 Geallaim duit, an cala daunn go snámhainn le mo sgafaire go bhuachaill geal grai (groidhe)

v.5 Nach buara bhí uaisle na h-Éireann nuair a chuala siad an sgléip ud i m'aghaidh

v.6 Nach fad' é mo tharraint is mo thriall ort, cathú mo bhliana is mo lae

(e)   CBÉ 826:126–28; 6 x 4. Aithriseoir: Seán Ó Maodhbh (32), Cill Bhriocáin, Ros Muc. Bailitheoir: Monica Ní Mhaodhbh, 16 Meitheamh 1942.

v.1   Ar ghuil dhom thar dhroichead an tsuaircis 's mé ar thuairisg mo roghain go chailín

v.2   'S fada an lá tarraint 's triall mé, a' caitheamh mo bhliana 's mo laé

v.3   Thar an gealadh mór anonn go snamhainn lé sgafaire go bhuachaill groidhe

v.4   A Bhrídín, ná bíodh doileas ná brún ort faoi aon spóirt a dhéanfar mo thaobh

v.5   D'ísligh mé anuas go mo each buidhe 's thug mé mo thaobh deas go'n mhnaoi

v.6   Nach buathra bhí uaisle na hÉireann nuair a chuala siad an gleó seo mo thaobh

(f)   CBÉ 524:368–70; 6 x 4. Aithriseoir: Eoghan Ó Flatharta (40), Na Foraí Maola Thiar, Bearna. Bailitheoir: Proinnsias de Búrca, 24 Feabhra 1938.

v.1   A guil dom thríd droichead a' t-suaibhris ꜰ mé ar thóruíocht mo roghainn go chailín

v.2   A ógánaigh óig a chúil uasal, má mheas tú mé fhuadach mur mhraoí

v.3   A bhruinnilín mhaiseach, chiúin, chéillidh, ná bíodh ort-sa buaidhredh ar bith faoí

v.4   Is agam atá an mhear stail is feóraí, agus an marcach is leóganta i dtír

v.5   Chruinne mór uaisle na h-Éireann tráth ar chuala siad mo sgéal-sa ina thaobh

v.6   Thurluing mé anuas go mo chaol stail agus thug mé mo thaobh deas go'n mhraoí

(g)   CBÉ 1280:571–73; 6 x 4. Aithriseoir: Maidhcil (Tom Dick) Williams (48), Inis Bearachain, Leitir Móir. Bailitheoir: Séamus Mac Aonghusa, [1945]. Fonn: 'Cailín Deas Crúite na mBó'.

v.1   A' goil dom thar dhroichead a' Tuairnis 's mé ar thuairisc mo roghan go chailín

v.2   D'íslí' mé 'nuas go mo chaíol-stail is thug mé mo thaobh deas go'n mhraoi

v.3   Geallaim duit a' caladh domhain go snámhainn le mo scafaire go bhuachaill geal groidhe v.4 A Neilí ná bíodh doilgheas ná brón ort faoi scléip ar bith déarfar in m'aghaidh

v.5 Nach buartha bhí uaisle na h-Éireann nuair a chualadar a' scléip úd in m'aghaidh

v.6 Nach fada mo tharraint 's mo triall ort nuair a chualadar a' scléip úd in m'aghaidh

(h) CBÉ 840:481–82; 4 x 4. Aithriseoir: Pádraig Ó Cualáin (Pádraig Pheatsa), Cor na Rón, Indreabhán. Bailitheoir: Calum I. Mac Gill-Eathain, 17 Deireadh Fómhair 1942.

v.1 A Neillín, ná bíoch doilgheas ná brón ort faoi thada dár chualais i mo thaobh

v.2 D'ísligh mise anuas go mo chaol-stail is thuc mé mo thaobh deas go'n mhraoi

v.3 Is a stóirín, nach fada mé triall ort, ar chath mé mo bhlian leat is mo ráth

v.4 Bhí mise gabhail lá ar aonach a' Tórla is mé ar thuaraisg mo stór go chailín

(i) CBÉ 607:565–66; 3 x 4. Aithriseoir: Micil Ó Curraoin, Indreabhán. Bailitheoir: Brian Mac Lochlainn, 1938.

v.1 A tíocht dom ó aonach a' Túrlaigh 's mé ar thóruigheacht a stuadh-bhean go chailín

v.2 A Neilín, ná bíoch ort aon bhuaidhre faoi nídh a bith ghar chuala tú i mo thaobh

v.3 Ise: Maise creid uaim an domhain a shnámhthainn i ndiadh mo scafirín áluinn g'fhear groidhe

(j) CBÉ 1280:417; 1 x 4. Aithriseoir: Michael Bheairtlín Ó Mainnín, Ros Muc. Bailitheoir: Séamus Mac Aonghusa, [1944].

v.1 Bhí mé lá 'guil thrí Dhroichead a' Tuairín 's ánn a dhearc mé an stuama (sic) cailín

12 An Chaora Ghlas

CBÉ 669:164–67; 8 x 2. Aithriseoir: Cuimín Ó Neachtain (68), Gleann Mhac Muirinn. Bailitheoir: Colm Ó Finneadha, *c*.1933.

v.1 A ógánaidhe óig, a néalta thríd an gceo, le go d'tugas-sa mo ghean go léir dhuit

v.2 Muise, tuige a mhíle stór, nach bhfuil peaca ar bith chómh mór [...]

v.3   Amuigh annseo i mBlán Ríogh 'seadh do rinne mise an gníomh do bhí
        follasach ag an saoghal láimhe

v.4   Dhearc mé soir [...] ó thuaidh agus ó dheas dhom agus níor dhearc mé an
        chluain fásaigh

v.5   Is dá dteighinn-se anonn de'n Spáinn agus a thigheacht abhaile slán, do
        ghrádh-sa ní thiúbharfaidh d'aon mhnaoi

v.6   Dhá dteighfeadh lucht ime de'n Spáinn agus an mhuir anonn do
        shnámh, nó an cnoc atá go hárd i Néifin

v.7   Is orm-sa atá an máighistir is measa anocht le fágháil, cé gur soineannta é
        clár a éadain

v.8   An chaora ghlas a' snámh, an mada ruadh is é lán, mise agus mo ghrádh
        in aoinfheacht

13   An Clár Bog Déil

(a)   CBÉ 607:245–47; 11 x 4. Aithriseoir: Seán Ó Laoi (87), Cuileán, An Cheathrú
        Rua. Bailitheoir: Brian Mac Lochlainn, 1938.

v.1   Is i gCaladh Mhuínse atá mo mhian-sa go síodúil sámh

v.2   'S a Mhuire dhílis, goidéard (=goidé an rud) a dhianthas mé g'uireasa mrá

v.3   'S a bhean uasal, glac suaimhneas ꝛ fan go lá

v.4   Searc mo chléibh a thug mé dhuit i lár sráid Thír Eoin

v.5   Eighre a chogair ꝛ gluais ar cholú lúm péin gun mhaghaill

v.6   Agus shíl mise, a dhílis, nach ndianthá mo shlad

v.7   Bun a ghiolca(igh) a bhéarthainn duit-se ꝛ bárr a fhraoigh

v.8   Mheallthainn-se an cailín faoi'n mhúin amach

v.9   Grádh ceangail níor thug mise go aon bhean beo

v.10   Nú a gcuimhnigheann tú ar an oidhthe a bhíomar sa ngleann?

v.11   Mheallthainn lúm í gun ba ná punta ná mórán spré

(b)   CBÉ 969:496–98; 6 x 4. Aithriseoir: Maitiú Mór Ó Tuathail (88), Na Creagáin,
        Indreabhán. Bailitheoir: Calum I. Mac Gill-Eathain, 9 Feabhra 1945.

v.1   Ná síl gur b'íseal mise ach 's uasal

v.2   Grá tobann níor thugas g'aon bhean fós

v.3   I gCala Mhaighinnse seal do bhíos-sa is mé go súgach sámh

v.4   An cuimhne leat an oidhche údan a ro a' fiadhach 'sa ngleann

v.5   Truaigh ghéar gan mise is tú fhéin thall

v.6   Inghean bodach go ghrá codach, ní shanntochainn í

14   **An Dochartach agus an Bhainis**

(a)   Bacach an Bhóthair

CBÉ 607:30–32; 1 x 4, 1 x 3, 1 x 4, 1 x 3, 8 x 4. + curfá dhá líne. Aithriseoir: Pádraig (Peait) Mac Donnchadha, Ros an Mhíl. Bailitheoir: Brian Mac Lochlainn, 1938.

v.1   D'eirigh mise tráthnúna Dúna(igh)

v.2   Mo chleith mhór fhada i mo láimh a'm

v.3   Casú dham Donncha – a leabharsa ba lághach é

v.4   Tugann sé ceathrú tobac dham ga dhéirce

v.5   Bhuail mise an doras go claoidhte tréach

v.6   Bhí mise i mo dhuine bocht aosta

v.7   Tháinic sin agam-sa, croidhe na féile

v.8   Leag sí fúm ar a gclár é

v.9   Chualas an griodal ghá stróice

v.10 Fuaireas droch-bhaltha le gaoithe

v.11 Bhí go math go dtáinic an oidhthe

v.12 Nuair a casfar a sagart airíst dam

Curfá: *Jig ꞵ ríl ꞵ high-cashel wheel* etc.

(b)   CBÉ 794:289–93; 8 x 8. Aithriseoir: Máire Bean Uí Dhonnchadha (62) Maighros, Carna. Bailitheoir: Monica Ní Mhaodhbh, 15 Lúnasa 1941.

v.1   Ghluais mé orm tráthnona Dia Dómhnaigh

v.2   Tháinic mé isteach go lúthmhar éadhtrom

v.3   Casadh liom Donnchadha, leabharsa ba chóir é

v.4   Tháinic sí anuas, an chiúin bhean bhéasach

v.5   Bhí mé a chois dorais sgathamh fada de'n oichche

v.6   Leig mise mo chloigeann annuas ar mo chléith

v.7   Tháinic mé arais i dtaca an mheadhon-oichche

v.8   An t-Athair *Hugh Óg*, croidhe na féille

15   **An Fear Ceoil**

(a)   An Cailín Deas Óg

CBÉ 1133:207–08; 7 x 2. Aithriseoir: Seán Ó Flatharta (Seáinín Sheáin) (*c.*60), An Lochán Beag, Indreabhán. Bailitheoir: Tomás de Bhaldraithe, Nollaig 1937.

v.1   Cailín deas óg in mo dhiaidh go rí-mhór, 's fada ó mo bhrón nach bhfaca mé í

v.2   Ba bhinne í go mór ná'n an lile is ná'n rós, tá deallraí ó'n ór ar fad 'na dlaoi

v.3 Ór tusa an fear ceóil a shiubhlanns go leor, fágh dhomsa an tseóid bheas
agam mar mhraoi

v.4 Bíodh sí deas óg, gan mhairg, gan bhrón, críonna go leor ar chuile
shórt slighe

v.5 Tá's ag Dia dílis dhá mbéadh mo sgéal dhá n-innseacht, gur hiomdha lá
aoibhinn a chaith mé le spóirt

v.6 Nuair nár chínn Dia liom an pósadh a dhíonamh, is maith an clann 's tír
mé le ragairne ⁊ ól

v.7 Mo mhallacht go brách go aon fhear óg mar táim, nach ndearcfadh a' cás
sul má chaithfeadh sé léim

(b)   CBÉ 811:479–80; 5 x 2, 1 x 1. Aithriseoir: Seán Ó Flatharta (Seáinín Sheáin) (60),
An Lochán Beag, Indreabhán. Bailitheoir: Tadhg S. Ó Concheanainn, Nollaig
1941–Eanáir 1942. Mícheál Mac Suibhne a rinne.

v.1 Is lághach iad na mrá, tá'n urchóid ionntabh, nach féidir lé fáidh ná filí
cur síos

v.2 Ó's tus' an fear ceóil a shiúbhlann's go leór, fágh dhomsa céile 'bheidheas
agam mar mhraoí

v.3 Is tá's ag a' saol seo go bpós'ainn mo mhian, d'aindheóin a gaolta 'sa
maireann dhá dream

v.4 Is tá's ag Dia dílis 's deamhan gar dhom cur síos air, gur iomdhaí lá
aoibhinn 'chaith mé le spóirt

v.5 Níl mé 'sa mbaile seo ach bliain is trí rá' 's ní rinne mé ádhbhar iomair ná éid

v.6 ....
Ach a' t-aon bhean amháin a dtug mé di grádh, níl agam lé rádh ach mo
bheannacht 'chur lé'

(c)   CBÉ 829:66–67; 5 x 2, 1 x 1. Aithriseoir: Seán Ó Flatharta (Seáinín Sheáin)
(c.62), An Lochán Beag, Indreabhán. Bailitheoir: Tadhg S. Ó Concheanainn, 2
Bealtaine 1942.

v.1 Is lághach iad na mrá, tá'n urchóid ionntab, ní féidir lé fáidh ná filí cur síos

v.2 Ó's tusa'n fear ceóil a shiúbhlann's go leór, fágh dhom-sa céile 'bheidheas
agam mar mhnaoi

v.3 'S tá fhios ag a' saol go bpós'ainn mo mhian, d'aindheóin a gaolta 's a
maireann dhá dream

v.4   Is tá's ag Dia dílis is dheamhan gar dhom cur síos air, gur 'iomdhaí lá
        aoibhinn a chaith mé lé spóirt

v.5   Níl mé 'sa mbaile seo ach bliadhain is trí rátha, 's ní rinne mé ádhbhar
        iomair (?) ná éid

v.6   ....

        .... Ach a' t-aon bhean amháin a dtug mé dhi grádh, níl agam lé rádh
        ach mo bheannacht 'chur lé'

(d)   An Cailín Deas Óg

        CBÉ 100:19–21; 3 x 4. Aithriseoir: [?]. Bailitheoir: Eibhlín Ní Fhátharta, [*c*.1917].

v.1   Tá cailín deas óg mo dhiadh-sa go mór gus fada leí orno go bhfeiceadh sí
        mé

v.2   Is agam bheadh sí a gciomion [?] a t-saoghal 's gcionnan a muirnín is a
        mbanann lei bhei[?]

v.3   Níl mé sa áit seo acht bliadhain is trí radh, ní mó na go dearnadh mé
        imod ná éad

(e)   CBÉ 969:546, 1 x 3. Aithriseoir: Maidhc Ging (*c*.40), An Teach Mór, Indreabhán.
        Bailitheoir: Calum I. Mac Gill-Eathain, 19 Feabhra 1945.

v.1   Más tusa an fear ceóil a shiulanns go leór, fágh thusa dhom seóid a bheas
        agam mar mhraoi

v.2   Bhí cailín deas óg i mo dhia-sa ar a' mbóthar, is fada mo bhrón nach
        bhfaca mé í

16   An Gabhairín Donn

        CBÉ 442:434–37; 6 x 2, 1 x 4. Aithriseoir: Seán Ó Lorcáin (75), An Doirín, Leitir
        Móir. Bailitheoir: Eibhlín Ní Standúin, 16 Nollaig 1937.

v.1   Ag Caisleán na Finne, cois inir Chill Chuain atá an ainnir a thug buaidh
        ar áilneacht

v.2   Tá a dhá cích cruinn mar an eala ar snámh 'sa leicne mar an rós ins
        an ngáirdín

v.3   'Sa stór, a bhruinneal, má dhéanann tú an pósadh, go dearbha is
        brónach fhágfhair

v.4   Fíor fhíon donn-daithte 'gus beatha-uisge ar bord, sin agus beóir
        mhaith Mhártan

v.5   D'fhága sise scríobhtha ar bhord an ríogh go dtug sí an chraobh go h-Éirinn

v.6   'Sa dtosach na róid seadh shiubhaileanns a cóisde agus eachrí óg
a léimneacht

v.7   Tá ceathar 'gus céad a seinm ar théada agus cheithre bean déag
i ngrádh leób

17   **An Lon Dubh**

CBÉ 443:52–54; 1 x 5, 6 x 3. Aithriseoir: Eoghan Ó Flatharta (40), Na Foraí Maola
Thiar, Bearna. Bailitheoir: Éamonn Ó Confhaola, 16 Samhain 1937.

v.1   Buacaillín deas óg mé agus tógadh mé ar bruach

v.2   Ba deise í féachaint ná airgead agus ná ór an t-saoghail

v.3   Togh an t-saor ar fóna mé, dheanfainn long agus bád mór

v.4   Diompfainn taobh an aonaigh na diaidh sin le mo chailín bán

v.5   A bhfuil go chléirigh an Albain ⁊ iad a bheith ar aon chlár amháin

v.6   A lun dubh, teirigh an áirde sa teach úd ar thaobh an chnuic arís dhuit

v.7   Chonnaic tú mé agus bí mo shúile leata sul má fuair mé freagra

18   **Bím san Oíche ag Ól, Bím sa Ló ar mo Leaba**

CBÉ 829:350–51; 5 x 2 + curfá 2 líne. Aithriseoir: Seán Ó Flatharta (Seáinín
Sheáin) (*c.*62), An Lochán Beag, Indreabhán. Bailitheoir: Tadhg S. Ó
Concheanainn, 13 Meitheamh 1942.

v.1   Bím san oí' ag ól, bím sa ló air mo leaba

v.2   *Where were you all the day*, cá ra' tú 'réir 's ó mhaidin?

v.3   Buailim siar a' bó'r,'chaon lá beó mar chleachtainn

v.4   Chua' mé siar a' bó'r, is chua' mé 'níar lé cladach

v.5   Grádh mo chroidhe mo stór, 'sí nach ndéarhach tada

Curfá: Stáw *the tow-row-row*, stáw *the tow-row-raddy* etc.

19   **D'éirigh Mé ar Maidin Dé Céadaoin**

(a)   CBÉ 1138:475–76; 9 x 2. Aithriseoir: Pádraig Ó Cualáin (Pádraig Pheatsa) (84),
Cor na Rón, Indreabhán. Bailitheoir: Pádraig Ó Flatharta, 1941.

v.1   D'éirig mé ar maidin Dé Céadaoin 's níor choisric mé m'éadan faríor

v.2   Rug mé ar an arm ba ghéire is chuimil mé a béal don chloich mhín

v.3   Codhladh ní fhéadaim a dhéanamh ag mo chroidhe atá dhá réabadh i
mo lár

v.4   Tá a cúilín 'na lúibíní ag casadh agus a béilín nár pógadh ariamh

v.5   Is a Neillí, má dhéanann tú an pósadh 's go bhfágfaidh tú an óige
do dhiaidh

v.6   Nuair a ghabhas tú 'un Aifrinn Dia Domhnaigh 's nach bhfuigh tú aon
phóg ó do mhian

v.7   Is luath liom mo chuid seomraí dá réabadh, nó mo chóntra dá gearradh
ag na saoir

v.8   Shiubhail mise gleanntáinín sléibhe agus cnuic a bhí géar ós a gcíonn

v.9   B'ait liom fear sluaisde is fear láidhe, fear a bhéarfadh ar thuaigh is
ar shleaghan

(b)   CBÉ 969:193–94; 6 x 2. Aithriseoir: Maidhc Ging (*c*.37), An Teach Mór,
Indreabhán. Bailitheoir: Calum I. Mac Gill-Eathain, 22 Nollaig 1944.

v.1   D'éire mé ar maidin Dia Céadaoin is níor chosraic mé m'éadan fairíor

v.2   Rug mé ar an arm ba géire, chuimil mé a bhéal go chloch mhín

v.3   Is cola ní fhéadaim a dhíona ag mo chroidhe atá dhá réaba in mo lár

v.4   Is a Neilí, má dhíonann tú pósa, is go bhfáca tú an óige in do dhia

v.5   Nuair a thiocas tú ón Aifreann Dia Dómhna is nach ngeobha tú aon
phóg ó do mhian

v.6   Shiubhail mise gleanntánaí sléibhe is cruc a bhí géar as a mbárr

(c)   CBÉ 563:187–88; 5 x 4. Aithriseoir: [?]. Bailitheoir: Tomás Mac Diarmada (Tom
Pheadaí), An Lochán Beag 1938.

v.1   D'eirigh mé ar maidin Dé Céadaoin 's níor choisrig mé m'éadan faraoir

v.2   Codhladh ní fhéadaim a dhéanamh ag mo chroidhe tá dhá réabadh in
mo lár

v.3   'S Neillí, má ghníonn tusa an pósadh 's go bhfágadh tú 'n óige do dhiaidh

v.4   Is luadh liom mo chuid seomraí dhá réabadh 'gus mo chónra dhá
gearradh ag na saoir

v.5   Shiubhail mise gleánntánaí sléibhe 'gus cnuic a bhí géar as a mbárr

(d)   CBÉ 72:67–69; 4 x 4, 1 x 2. Aithriseoir: Beartla Ó Cualáin (16), An Lochán Beag,
Indreabhán. Bailitheoir: Pádraig Ó Finneadha, Nollaig 1930–Eanáir 1931.

v.1   D'éirigh mé ar maidin Dé Céadaoin 's níor choisric mé m'éadan fairíor

v.2   Codladh ní fhéadaim a dhéanamh ag mo chroidhe tá dhá réabadh in mo lár

v.3   A's a Neillí, má dhéanann tú an pósadh a's go bhfágfaidh tú an óige
do dhiaidh

    v.4   Is luath liom mo chuid seómraí dá réabadh, nó mo chónra dá gearradh
           ag na saoír

    v.5   B'ait liom fear sluaisde as fear láidhe, fear a bhéarfadh ar thuaigh a's
           ar shleaghan

(e)   CBÉ 811:299–300; 4 x 4. Aithriseoir: Áine Bean Uí Choncheanainn (62), An
        Spidéal. Bailitheoir: Tadhg S. Ó Concheanainn, 3, 4, 5 Samhain 1941.

    v.1   D'éirigh mé ar maidin Dé Céadaoin is níor choisric mé m'éadan faraoir

    v.2   Suaimhneas ní fhéadaim a dhíanamh, tá mo chroidhe 'á réabadh 'mo lár

    v.3   Is a Neilí, má tá tú ag uil a' pósadh agus a' fágáil na h-óige do dhiaidh

    v.4   Bhí me tráthnóna Dé Céadaoin i mo sheasamh i ndoras tigh Sheáin

(f)   CBÉ 432:410–11; 1 x 5, 1 x 3, 1 x 2. Aithriseoir: Máirtín Ó hIarnáin (60), An Tismeáin,
        An Cheathrú Rua. Bailitheoir: Liam Mac Coisdealbha, 13 Nollaig, 1937.

    v.1   D'eiríos ar maidin Dé Céadaoin 's dhiún ar choisric mé m'éadan
              céad faraoir

    v.2   Óra shiúil mise coillte ꞁ sléibhte ꞁ cruic a bhí géar as a mbárr

    v.3   [...] Ó, is dhiún únnsa 'ar bith céille in mo cheann

20   **An Té le arb Oth Leis É, Gabhfaidh Mé an Ród Seo Siar**

    CBÉ 657:302; 1 x 4. Aithriseoir: Máire Ní Fhlatharta (60), An Cheathrú Rua.
    Bailitheoir: Peadar Ó Gríofa, 1 Lúnasa 1932.

    v.1   An té lé'r b'oth leis é, gabhfaidh mé an ród seo siar

21   **An Tuirne Lín**

    CBÉ 840:476–78; 2 x 4, 1 x 2, 1 x 3, 2 x 4. Aithriseoir: Pádraig Ó Cualáin (Pádraig
    Pheatsa) (84), Cor na Rón, Indreabhán. Bailitheoir: Calum I. Mac Gill-Eathain,
    18 Deireadh Fómhair 1942.

    v.1   D'eitigh mé fear airgid is d'eitigh me fear óir

    v.2   Sgéal go robh ar do chúmharsannaí, níor buala riamh leat mé

    v.3   Ní go do mhéin a thuc mé spéis ariamh ach go do leagan a bhí go deas

    v.4   Céad slán go bhlianta 'sa tacaí seo, ba deas mo thúirne lín

    v.5   Is tráth-núinín Dia Dúmhna seadh rinne tú mo chreach

    v.6   Is bainfidh mise a' chaoin-t-slat a shíomhfach as a bárr

22 Aréir ag Teacht ó Chuartaíocht Dom

CBÉ 1280:15–16; 4 x 4. Aithriseoir: Nóra Seoige, Cuileán, An Cheathrú Rua. Bailitheoir: Séamus Mac Aonghusa, 1942.

v.1 'Sa gcuímríonn tusa, a chailín deas, na laenntaí aoibhne a bhí a'inn sa saoghal

v.2 Agus beir mo mhallacht go deó deó go'n te chuaidh idir mé 'gus tú

v.3 'S buachaill mé fuair foghluim, 'gus in aois mo sgóir dhom seadh thuit mé 'ngrá

v.4 Is nach bocht an scéal le rádh a'm é go bhfuil fán orm féin ó thús mo shaoghail

23 Baile an Róba

CBÉ 90:477–78; 3 x 4. Aithriseoir: [?]. Bailitheoir: Mr. Joseph Hanley, 17 Iúil 1930. [Bailíodh an t-ábhar sa Tuairín nó i Leitir Mealláin].

v.1 I mBaille an Róba sa tá mo chomhnuigh, is tá cumha ann mhór orm i meas lei

v.2 Subhal na móinte faoí is na gcoillte clóbhair, ní bheadh brón orm na brise croidhe

v.3 D'eilthin mac dhuit is ingin gléageal, is thóigfinn [...] le súgh mo chroidhe

24 Bean an Fhir Rua (1)

(a) CBÉ 1700:193–95; 10 x 4. Bailitheoir: Mícheál Breathnach (72), Gleann Mhac Muirinn, Casla. Bailitheoir: Proinnsias de Búrca, 16 Eanáir 1965.

v.1 A bhruinneal gan smál, a bhfuil an deallrú deas in do ghruadh

v.2 Nuair théim-se thart síos, ina phríosúin cheangailte cruadh

v.3 Tabhair leitir uaim sgríobhtha, síos go baile chois cuain

v.4 A pheata ruadh an sgéim, 'sé mo chéad beannacht leat go lá an luadh

v.5 Tá crann insa ngáirdín a bhfásann air duilliúr is bláth buí

v.6 Muise nár théigh mise go'n tsaol seo choidhchin agus nár chaille mé an greann

v.7 M'óch, arsa'n táiliúr, nach geárr ó mo cholainn an uaigh

v.8 Ó is níl tuile dhá mhéad nach dtráthuíonn ach na grástaí ó Fhlathas anuas

v.9 Ó is tá an sagart dhá dtreórú Dé Dómhna' gach aon seachtú lá

v.10 Bhí a mbeatha lé fáil a'inn gan saothrú ó Fhlathas anuas

(b)   CBÉ 669:172–74; 6 x 4. Aithriseoir: Bairbre Ní Fhinneadha (28), An Lochán
       Beag, Indreabhán. Bailitheoir: Colm Ó Finneadha, 8 Deireadh Fómhair 1939.

v.1   'S a bhruinneal gan smál, a bhfuil an deallramh deas in do ghruaidh

v.2   Nuair a theighim-se thart síos, bím i bpríosún ceangailte cruaidh

v.3   Tabhair leitir uaim scríobhtha, síos go dtí an baile cois cuain

v.4   A pheata ruadh na sgéimh, sé mo chéad bheannacht leat go lá an Luain

v.5   'S nár théigh mé de'n t-saoghal seo agus nár chaillfidh mé an greann

v.6   Tá crann amuigh ins an ngáirdín ar a bhfásann duilleabhair is bláth buidhe

25   Bideach na gCarad

(a)   CBÉ 607:15–17; 6 x 4. Aithriseoir: Seán Mac Donnchadha (60), Ros an Mhíl.
       Bailitheoir: Brian Mac Lochlainn, 1938.

v.1   A Bhideach na gCarad, tuig feasta nach sodhgrú (súgradh) é

v.2   Is mílse póg Bhideach ná uisce Loch Éirne ar fad

v.3   Gotha mé go Sasana agus ceannótha mé gáirdín úbhall

v.4   Tá dútha mín milis ag Bideach taobh tháll gon t-sruth

v.5   Tá mise bocht falltha 's a Mhuire, nach mór a scéal!

v.6   A aoin-mhic Mhuire, a chuir cuileann thríd a bhféar a' fás

(b)   CBÉ 1767:305–06; 5 x 4. Aithriseoir: Pádraig Bradley (Pádraig Berry) (51), Poll Uí
       Mhuirinn, Leitir Mealláin. Bailitheoir: Ciarán Bairéad, 5 Deireadh Fómhair 1964.

v.1   A's a Bhideach na gCara, tuig feasta nach súgradh é

v.2   A Bhríd Thomáis Mhrucha, beirim a' barr leat fhéin

v.3   Gabhfad go Gaille go gceannaí mé gáirdín úll

v.4   Ó a's má tá mise folha', dair m'fhocal 'uit gur mhór a' scéal

v.5   Ó a's Aon-Mhac Muire, ó chuir tú an cuileann thríd a' bhféar a' fás

(c)   Bid Bhán na gCarad
       CBÉ 825:152–54; 5 x 4. Aithriseoir: Sean Ó Maodhbh (32), Cill Bhriocáin, Ros
       Muc. Bailitheoir: Monica Ní Mhaodhbh, 21 Aibreán 1942.

v.1   'S a Bhid Bhán na gCarad, tig feasta nach súgradh é

v.2   Rachadh go Sasana 's ceannócha mé gáirdín ubhall

v.3   Tá gáirdín bhinn mhilis ag Bid Bhán taobh tháll go'n trúth

v.4   Nach deas í an eala nuair a bhíonn sí ar an tuinn a' snámh

v.5   'S a Bhid Bháin a' Thomáis Mhurcadha, molaimse an bárr leat héin

(d) CBÉ 969:176–77; 4 x 4. Aithriseoir: Seosamh Mac Liam (31), An Baile Láir, Cor na Rón, Indreabhán. Bailitheoir: Calum I. Mac Gill-Eathain, 20 Nollaig 1944.

v.1   Rachad go Gaille go gceannuighidh mé gáirdín úbhal

v.2   Is a Bhideach na gCarad, tuig feasta nach saugra é

v.3   Nach deas í an eala nuair a luigheann sí ar a' taoille ar snámh

v.4   Má tá mise fala, dar m'fhocal ba mhór an sgéal

(e) CBÉ 657:305; 2 x 4. Aithriseoir: Máire Ní Fhlatharta (60), An Cheathrú Rua. Bailitheoir: Peadar Ó Gríofa, 1 Lúnasa 1932.

v.1   A Bhideach na gCarad, tuig feasta nach sugradh é

v.2   Gabhfad go Sasana go gceannuighidh mé gáirdín óir

26 Brídín Bhéasaí

(a) CBÉ 607:47–55; 20 x 2. Aithriseoir: Seán Mac Donnchadha (60), Ros an Mhíl. Bailitheoir: Brian Mac Lochlainn, 1938.

v.1   Phásthainn Bríghdín Bhéasach gun cóta, bróg ná léine, a stóir mo chroidhe, dhá bhféadthainn é go dtroiscthinn leat naoi dtráth

v.2   Tá a gruadh ar dhath na gcaorthan, sí cuaichín bháirr na gcraobh í, i do gheallúint ná dian bréag lom ach eighrí leis a lá

v.3   Gheit mo chroidhe le buaidhre agus sgannthra mé naoi n-uaire, an mhaidin úd ar chuala mé nach raibh sí rúm le fáil

v.4   Dhá dteightheá go binn Cruaiche gus fághaim amach do thuairisc – rachach a saol go cruadh orm nú leanthainn féin mo ghrádh

v.5   'Sí úghdar m'osna 's m'éagcaoin, maidin chiúin ghár eirigheas, a chuach na lúb 's na bpéarlaí, nach damsa a bhí tú i ndán

v.6   Sheinnthinn ceol ar théadraí go binn le bárra mo mhéara, thréigthinn mrá na h-Éireann agus leanthainn thú sa snámh

v.7   A finne, a gile 's a breaghcha, ní sgríobhthach *Virgil* i ráithe, a dá chíoch gheala bhána mar an eala atá ar a tuínn

v.8   Budh mhílse lom blas a póigín ná mil na mbeach 's é reoidhte, bu deas é a seasa i mbróigín gas a cúilín fáinneach fíonn

v.9   'Á bhfeictheá réalt an eolais a' teacht ort i lár a' bhóthair, dhéarthá héin gur seoid í a thóigteach ceo nú draoidheacht

v.10   A dá chíoch corrach lóchrann, mhol mé í 's níor mhór dhom, í 'n-a seasa a deana lóchrainn 'gus í ceaptha as cúir a' t-saoil

v.11   Tosótha mé thíos ag Breachlain gus rachad go Bun Céise, thrídh

            Shligeach gus Loch Éirne a thiúbhras mé mo scríob

v.12   Níl croc ná gleanntá sléibhe ná baile-cuain i n-Éirinn, nach racha mé ghá
            h-éalú ánn 's nach gcuartótha mé mo mhian

v.13   Dúdhairt *Mercury* gur dóigh leis gur *Pluto* a sciob a t-seoid leis, mar is
            iomdha gárda mór ata a' goil eidir mé 'gus í

v.14   Cé gur tuirseach brúnach a chaith me léith' mo bhróga, ga siorruidhe a
            diana lóchrain 's nach gcoluighim néal san oidhe

v.15   Nach é *Pluto* an priannsa clamparach a sciob uaim mo mhian i's
            m'annsacht, [...] nár theip i n-aon chath ariamh

v.16   Is iomdha finneán cráidhte a gol rúm i's contóirt bháidhte, mar tá
            thunder-bolts ghá gárdáil 's dá losca linn ins gach taobh

v.17   Níor mhór dhom cúna' láidir mar níl mé mór le [...], agus b'fhéidir dó
            mé a bhátha dhá mbeirthead sé orm thíos

v.18   Tá cabhainn (?) insa Spáinn mar gheall ar bhainríoghain Máire, a
            bhíonns a brúgha 's a cárna gus a' coinneál na nGaedheal síos

v.19   Fiannta Finn níor mhór dhom, Ascar 's Gadhall Mac Múirne, Cúch
            Cholainn na laoch crógannta gus ní cara dúinn a díth

v.20   'S go gcloistheá i dtír na h-óige, fuaim na bhfeara móra, nuair a
            thosóthad siad a' stróice gus a' gearra rúmpab síos

(b)   CBÉ 825:481–86; 7 x 4. Aithriseoir: Seán Ó Maodhbh (32), Cill Bhriocáin, Ros
     Muc. Bailitheoir: Monica Ní Mhaodhbh, 8 Bealtaine 1942

v.1   Phósainn Brídín Bhéusaigh, gan cóta, bróg ná léine, a stór mo chroidhe,
            dhá mbéidir liom throisginn leat naoí dtráth

v.2   Do gheit mo chroidhe le buaidhreadh agus sgannra mé naoí n-uaire, an
            mhaidin úd a chuala mé nach raibh tú romham lé fáil

v.3   'S é ádhbhar m'osna 's m'éagchaoin gach maidin moch ghá n-eirighim, a
            chúl na lúib 's na bpéarlaí nach tú bhí dhom i ndán

v.4   Dhá bhfeicfeá réalt an eolais 's í tiacht i mbéal an bhóthair, déarfá go mba
            seód uait do thógfadh ceó 's draoidheacht

v.5   Deir Mercurí gur dóigh gurb é Plutó sgiob an tseóid leis, 's gur b'iomdha
            gárda mór tá gábháil idir mé 's í

v.6   Níor mhór dhom congus (cóngas) láidir, níl mé mór lé Charon, b'éidir
            dhó mé a bháthadh dhá dtiginn ina líon

v.7   Fianna Fionn níor mhór dhom, Osgar 's Goll Mac Móirne, Cúchulainn
            an laoch cróganta nar chlis i gcath riamh

(c)   CBÉ 607:39–40; 5 x 2. Aithriseoir: [?]. Bailitheoir: Brian Mac Lochlainn, 1938.

v.1   Phasthainn Brighdín Bhéasach gan stoca, bróg ná léine, a stóir mo
      chroidhe, á mbfhéidir lom ga dtroiscthinn leat naoi dtráth

v.2   Do ghruadh ar dhath a' chaorthain 's do chúilín bárr na sléibhte, do
      gheallúint ná dian bréag lom ach eirigh leis a lá

v.3   Gheit mo chroidhe le buaidhre, sgannra sé naoi n-uaire, an mhaidin úd
      ar chualas ná ro tú rúm le fáil

v.4   Dhá bhfeicteá réalt an eolais a gail thart rút sa mbóthar, shílteá go
      mbudh seoid í a thóigtheach ceo nú draoidheacht

v.5   Rachainn síos go Bréadhain ó Chorca go Bun Céise, níl baile cuain i
      n-Éirinn nach dtiúbhra mé mo scríob

27   **Bríd Ní Ghaora (1)**

(a)   Bád Chlann Dhonncha

CBÉ 525:459–61; 1 x 6, 1 x 2, 3 x 4, 1 x 6, 2 x 4. Aithriseoir: Eoghan Ó Flatharta (40),
Na Foraí Maola Thiar, Bearna. Bailitheoir: Proinnsias de Búrca, 13 Aibreán 1938.

v.1   Agus bhí mé maidin shamhra a rabh mé súgach maith go leór

v.2   Níor sgríoc mé ariamh go mhúr ar bith le dúiteach ná lé ceó

v.3   'S dá bhfeictheá bád chlann Dhonnchadha tráth a dtéigheath sí amach
      'un seóil

v.4   Agus a' díol ort a Bhríghid Ní Dhaortha, is tú a bhí spraoidhiúil thar
      na mrá

v.5   Agus tosóchaidh mé a' deana tighe dhuit ⁊ fágfha mé na báid

v.6   Ó is fada buan an bealach é ⁊ mé a' tarraing ar a gClár

v.7   Agus tabhair mo chóntra deanta leat go thogha na gciap ⁊ na gcláir

v.8   'S a guil anuas thríd Choigéal dhom, lá an ghaoth anoir

(b)   CBÉ 1722:11–13; 6 x 4. Aithriseoir: Seosamh Seoige, An Cnoc, Leitir Mealláin.
Bailitheoir: Fionán Mac Colum, 1966. Michael Mharcais, Maínis a rinne.

v.1   Chaith mé an bhliain anuraidh leat mar bhí mé óg gan chéill

v.2   Céad slán do'n gheimhreamh anuraidh, ba deas mar bhí mé fhéin

v.3   Nach iomadh maidin Dómhnaigh chaith mé súgach maith go leór

v.4   Mo ghrádh thú a Bhríghid Ní Ghaora, is tú an rí-bhean thar na mná

v.5   Iompócha mé an gleánn díreach leat mar dhéanfadh an báidín seóil

v.6   Faigíbh mo chómhanthra déanta de thogha na péinne bhán

(c) CBÉ 811:472–73; 4 x 4. Aithriseoir: Seán Ó Flatharta (Seáinín Sheáin) (60), An Lochán Beag, Indreabhán. Bailitheoir: Tadhg S. Ó Concheanainn, Nollaig 1941– Eanáir 1942.

v.1   Tá pian i mbéal mo chléibh 'chuir'each na céadta fear 'un báis

v.2   Go deimhin a Bhríghid Ní Ghaora, 's tú bhí caoitheamhail thar na mrá

v.3   Dhá mba thus' a d'imtheóch' is mise fanacht 't'áit

v.4   Cuirí' cuntra geal orm amach ó thogha na gclár

(d) CBÉ 1265:94–95; 4 x 4. Aithriseoir: Áine Ní Ghriallais (*c*.65), An Aill Bhuí, Ros Muc. Bailitheoir: An tAth. Piaras de Hindeberg, S.J., [*c*.1950].

v.1   Nach iomdhaí maidin Dhumhnaigh (a) rabh mé súgach deas go leor

v.2   Mo ghreá-s(a) í Bríd Ní Ghaora, bhí sí síodúil thar na mrá

v.3   Más tusa/ise is túisce imeos is mise fanacht beó

v.4   Cuirí conra gheal orm go thogha na péinne is fearr

(e) CBÉ 851:135; 1 x 4, 1 x 5. Aithriseoir: Pádraig Ó Cualáin (Pádraig Pheatsa) (86), Cor na Rón, Indreabhán. Bailitheoir: Calum I. Mac Gill-Eathain, 5 Deireadh Fómhair 1942.

v.1   Mo ghrá thú a Bhrighid Ní Ghaodhra, mar is tú is míne ná na mrá

v.2   Siúbhailfidh mé na Líbeartaí is tiompall Uachtar Árd

28   Buachaillín Deas, Óg

(a) Is Buachaillín Deas, Óg Mé

CBÉ 645:272–76; 11 x 4, 1 x 7. Aithriseoir: Cáit Ní Mhainnín (20), An Turloch, Ros Muc. Bailitheoir: Bríd Ní Mhainnín, 28 Meán Fómhair 1939.

v.1   Is buachaillín deas óg mé thug mór-ghean do mhnaoi

v.2   Is anois a' teacht an fhóghmhair, tá súil agam le roinnt

v.3   Tá féar fada agus fásach san áit a gcómhnuigheann sí

v.4   Nach truagh gan mé 'mo chomhnuidhe i n-aice le mo mhian

v.5   Is nach iomdha cailín áluinn ó Ghaillimh go Tír-Niaidh

v.6   Dubhairt mo mhuinntir liom-sa a dhul ag iarraidh mná

v.7   Chaith mé an bhliadhain anuraidh leat faoi bhrón 's faoi bhriseadh croidhe

v.8   Agus trathnóna Dia Domhnaigh rinneadh ó mo chreach

v.9   'S a Thigearna, ní féidir nó tá bean eicínt le fághail

v.10   Má théidheann tú 'un aonaigh, bíodh an chaora agat 's a h-uan

v.11   Níl mé ar an mbaile seo acht bliadhain agus trí lá

v.12   Sé mo léan nár pósadh mé le stóirín gheal mo chroidhe

(b)   CBÉ 90:463–65; 8 x 4. Aithriseoir: [?]. Bailitheoir: Mr. Joseph Hanley, 17 Iúil
1930. [Bailíodh an t-ábhar sa Tuairín nó i Leitir Mealláin].

v.1   Buachaillín deas óg mé tug mór gean go mhnaoi

v.2   Anois ag tigeacht gon fhoghmhair, tá súil agam le roinnt

v.3   Is truaigh níl mé an mo chómhnuigh in aice lé mo mhaon

v.4   Dá mbeadh sí liom-sa pósta, thógfach sí mo chroidhe

v.5   Séard dubhairt mo deaide liomsa duil ag lorg mnaoi

v.6   Tá féir fada is fásach i's an áit a bhfuil mo mhaoin

v.7   Ní tiubarfinn-se mo stóirín ar mór chuid cailíní

v.8   Chaith mé an [...] anuirthe faoi brón is brise croidhe

(c)   CBÉ 90:445–47; 2 x 4, 1 x 6, 5 x 4. Aithriseoir: [?]. Bailitheoir: Mr. Joseph Hanley,
17 Iúil 1930. [Bailíodh an t-ábhar sa Tuairín nó i Leitir Mealláin].

v.1   Is buachaillín deas óg mé thug mórán geana do mhnaoi

v.2   Acht anois ag teacht an fhoghmhair, tá súil agam le roinnt

v.3   Is truaigh gan mé mo chómnuidhe san áit a bhfuil mo mhian

v.4   Is ní bhéarfadh mé mo stóirín ar airgead nó ar mhaoin

v.5   Séard dubhairt mo Dheaidí liomsa, dul ar lorg mnaoí

v.6   Tá féar fada is fásach ins na gleannta a bhfuil mo mhian

v.7   Is nach iomdha cailín aluinn ó Ghaillimh go Tír-Nígh

v.8   Chaith me an bhliadhain anuraidh faoi bhrón is briseadh croidhe

(d)   CBÉ 1280:553–54; 4 x 4, 1 x 2, 3 x 4. Aithriseoir: Meaigí Mháirtín Seoige (bean
Choil Sheáin Tom Ó Ceallaigh) (c.30), An Trá Bháin. Bailitheoir: Séamus Mac
Aonghusa, [1945].

v.1   Buachaillín deas óg mé thug mór-ghean go mhraoi

v.2   Anois a' teacht go'n fhoghmhar tá súil agam lé roinnt

v.3   Duairt mo Dheaidí liúm-sa guil ar thuairisc mraoi

v.4   Is iomú cailín óg-deas ó Chasla go B'leá Cliath

v.5   Ní thiúrfainn-se mo stóirín ar mhórán go'n ór buidhe

v.6   Tá féar fada's fásach 's na gleanntaí 'mbíonn mo mhian

v.7   Truagh! níl mé 'mo chomhnaí in-aice le mo mhian

v.8   Chaith mé'n bhliain anurtha faoi bhrón is briseadh croí

(e)   CBÉ 825:150–52; 6 x 4. Aithriseoir: Sean Ó Maodhbh (32), Cill Bhriocáin, Ros Muc. Bailitheoir: Monica Ní Mhaodhbh, 21 Aibreán 1942.

      v.1   Buachaillín deas óg mé thug mórghean go mhnaoí
      v.2   Chaith mé an geimhridh anuraidh leat faoi bhrún 's faoi bhriseadh croidhe
      v.3   Anois a' tiacht go'n fhóghmhar, tá súil agam le roinnt
      v.4   Nach iomdha cailín áluinn ó Ghaillimh go Bóthar Buidhe
      v.5   Ní thiubhrainn-se mo stóirín ar mhór-chuid ná ar mhaoin
      v.6   Nach truagh gan mé mo chomhnuidhe in aice lé mo mhian

(f)   An Buachaillín Buí

      CBÉ 250:133–34; 4 x 4. Aithriseoir: Tomás Breathnach (80), An Cnoc, Indreabhán. Bailitheoir: Bríd Ní Chollaráin, 1936.

      v.1   Is buachaillín deas óg mé a thug grádh geal do mhraoí
      v.2   Anois ar thigheacht an fhoghmhair, tá súil agam le roinnt
      v.3   Tá féar fada agus fásach ins an áit a bhfuil mo rún
      v.4   Nach truagh nach mé in mo chomhnuidhe in aice le mian mo cheann

29   Caitilín Tirial

      CBÉ 811:318–20; 10 x 4. Aithriseoir: Áine Bean Uí Choncheannain (62), An Spidéal. Bailitheoir: Tadhg S. Ó Concheanainn, 3, 4, 5 Samhain 1941.

      v.1   Níl aon teach leanna ó thighthe Bhol Uisge aniar
      v.2   'Sé mo chreach-mhaidhne, má rugadh mé 'riamh
      v.3   'S nach orm atá an mersa is an sgiúrsa ó mo Dhia
      v.4   Dhá mbeinnse ar mo leaba trí rá' nú bliadhain
      v.5   Shíl mé, riu, 'chuisle, is shíl mé riu stór
      v.6   Dhá mbeit sé cur shneachta is gan flaim air an aér
      v.7   'Gus h-iomdhaí siúd éinín is faoilleáinín bán
      v.8   Dhá mbeinn-se 'mo "*major*" nú i m' "*admiral fleet*"
      v.9   Truagh ghéar gan mise 's mo Chaitlín Triall
      v.10   Gó' (gabhfa) mé go Gaillimh go gceannuighidh mé ciall

30   Coinleach Glas an Fhómhair

(a)   CBÉ 1280:560–62; 7 x 4. Aithriseoir: Cóil Sheáin Tom Ó Ceallaigh (*c.*45), An Trá Bháin. Bailitheoir: Seamus Mac Aonghusa, 1945.

      v.1   Ar choinnleach glas an fhóghmhair a stóirín a dhearc mé thú
      v.2   Nach é an truagh nach bhfuil mé 'Sasana is mo chailín deas as Éirinn liom

v.3   D'éiríos ar maidin Chéadaoin ⁊ duairt liom féin go ra'n mhaidin fuar

v.4   A stóirín ná bíodh fearag ort, is fada 'steach tá breanthú mrá

v.5   Cheannuíos buidéal réice dhom péin 's go mo mhíle stór

v.6   A Mháire 's deise deárla' mo chrádha ghéar nach bhfuil mé 'gus tú

v.7   Fuair mé leitir scríobhtha ó mo *sweetheart* ⁊ casaoid chrua'

(b)   CBÉ 484:64–66; 4 x 4, 1 x 3, 2 x 5. Aithriseoir: Máirtín Ó Flatharta (60), Doire Locháin, An Spidéal. Bailitheoir: Áine Ní Chonfhaola, 20 Márta, 1939.

v.1   A chuinnleach glas an fhóghmhair, a stóirín, seadh dhearc mé thú

v.2   Chuir mé leitir sgriobhtha chuig grádh mo chroidhe ⁊ innti casaid chruaidh

v.3   Sé mo léan ghéar gan mise i Sasana ⁊ cailín beag as Éirinn liom

v.4   Cheannuigh mé buidéal dhom fhéin is do stór mo chroidhe

v.5   Ó d'imthigh tú thar sáile ⁊ d'fhág tú fán orthab go deire thiar

v.6   Is a fhear na stocaí bána, tá tú go fánach de bharraibh an tsaoghail

v.7   Cuirimse dioghbháil bhróin ar an óig mhnaoí nar fhan mar bhí

(c)   CBÉ 607:555–56; 5 x 4. Aithriseoir: Seán Mac Eoin, Cuileán, An Cheathrú Rua. Bailitheoir: Brian Mac Lochlainn, 1938.

v.1   Ar choinnleach glas an fhúbhair, a stóirín, seadh dhearc mé thú

v.2   'S is cuma lom-sa héin céard a déarfar lom luath na máll

v.3   Agus fuair mé leitir scríobhtha ó mo *sweetheart* ⁊ casaoid chruadh

v.4   D'eirigheas go moch Dia Céadaoin ⁊ d'éagcaoineas go ro an mhaidin cruadh

v.5   'S nach beag a dochar dhomsa a bheith faoi bhrún ⁊ faoi bhrise croidhe

(d)   CBÉ 1702:156–57; 4 x 4. Aithriseoir: Bríd Bean Uí Shúilleabháin (50), Inbhear, Ros Muc. Bailitheoir: Proinnsias de Búrca, 1966.

v.1   'S ar choinnleach glas an fhóghmhair, a mhíle stóirín, dhearc mé thú

v.2   'S chuir mé leitir sgríobhtha chuig mo mhíle grádh agus casaoid chruadh

v.3   Nach cuma liom-sa céard a bheidh siad a' luadh ná rádh

v.4   Agus cheannuíos buidéal réidhteach dhom péin agus go mo mhíle stór

(e)   CBÉ 90:490; 3 x 4. Aithriseoir: [?]. Bailitheoir: Mr. Joseph Hanley, 17 Iúil 1930. [Bailíodh an t-ábhar sa Tuairín nó i Leitir Mealláin].

v.1   Is a cailín an beinsin luachair, no an truagh leat mo bheart ar lár

v.2   Is ar choinnleach glas an fhóghmhair, a mhíle stóirín, seadh ghearc mé tú v.3   Cuir mé leitir scríobhfadh ag mo *sweet heart* is caosaid cruadh

(f)   CBÉ 90:559–60; 1 x 4, 1 x 3, 1 x 1. Aithriseoir: [?]. Bailitheoir: Mr. Joseph Hanley
       17 Iúil 1930. [Bailíodh an t-ábhar sa Tuairín nó i Leitir Mealláin].
       v.1   Ar cíonlach glas an bfóghmhair, a stóirín, seadh dhearc me thú
       v.2   Chuir mé leitir scríobhtha ag mo grádh geal is casaid chruaidh
       v.3   Is sí cuacín bharr na gcraobh í, is peacóigín an bhrollaigh bán

(g)   CBÉ 1280:12; 2 x 4. Aithriseoir: Gearóid Ó Laoi, Ros Cathail, Uachtar Ard.
       Bailitheoir: Séamus Mac Aonghusa, 1 Lúnasa 1942.
       v.1   Éirigh is tar i n-aith-ghiorra go'n áit a mbíonn mo stóirín ann
       v.2   Marach an díthchéille, gheofainn árus ó mo mhuinntir féin

31   **Comhairle Antaine Niúil don Chailín**
       CBÉ 79:373A–374; 2 x 2, 1 x 3, 5 x 2. Aithriseoir: Maitias de Búrca, Baile an
       tSléibhe, Ros an Mhíl. Bailitheoir: Marcus Ó Flatharta.
       v.1   Bhí bean nó dhó nó thrí a'am agus chuir mé i gcrí go léir iad
       v.2   Dá dteightheá liom a shiúirín, bhéarfainn duit biadh gan éadach
       v.3   Tá sgéal beag a'am le n-aithris duit ar fhaitchios go ndéanfainn breag leat
       v.4   Mo mhallacht de mhná a' leanna, siad a lag mo phóca
       v.5   Níor mhinic iarann seisrigh a'am ar maidin a' teacht ó'n gceárdcha
       v.6   Ach dá gcastaoi isteach i dteach do'n bhaile mé, níor bhfada liom a' lá sin
       v.7   Níor mhinic mo léine ghlan orm ar maidin go moch Dia Dómhnaigh
       v.8   Dá gcastaí sgata cailíní orm ba mhían liom sgathamh a chaith leóbsan

32   **Cuairt an Lao**
       CBÉ 811:467–68; 3 x 4. Aithriseoir: Seán Ó Flatharta (Seáinín Sheáin) (60), An
       Lochán Beag, Indreabhán. Bailitheoir: Tadhg S. Ó Concheanainn, Nollaig 1941–
       Eanáir 1942.
       v.1   Cuairt a' Laogh góil thríd an aithbhuaile
       v.2   Is é mo léan géar gan mé 'm'éinín druideóige
       v.3   Mo thruagh géar gan mise 's mo chon'airt go h-árd faoí shliabh

33   **Cuirfidh Mise an tEarrach Seo is Fágfaidh Mé É ag Fás**
(a)   CBÉ 840:478–80; 7 x 4, 1 x 5. Aithriseoir: Pádraig Ó Cualáin (Pádraig Pheatsa)
       (84), Cor na Rón, Indreabhán. Bailitheoir: Calum I. Mac Gill-Eathain, 18

Deireadh Fómhair 1942.

v.1   Cuirfidh mise an t-earrach seo is fágaidh mé é fás

v.2   Chúmharsannaí ⁊ a chúmhairleachaí, nach truagh libh mé bheith tinn

v.3   Is truagh gan mise i mBeárna, Conntae a' Chláir nó i mBaile Uí Liagh

v.4   Da mba mise a' cúmairleach a bheac ar Éirinn, nach deas mar leigiseóchainn fhéin do bhrón

v.5   Ach a dteaga an t-earrach, ceannóchad tala' is beidh árus agam dhom fhéin

v.6   Is má théigheann tú chug an aonach, tabhair a' chaora leat, a holann is an t-uan

v.7   Tá teach mór fada lár a bhaile i gcúmhnaidheann stór mo chroidhe

v.8   Díonfad caisleán glé-geal ar thaebh Ros a' Mhíl

(b)   CBÉ 840:327–29; 3 x 4, 1 x 2, 2 x 4. Aithriseoir: Máirtín Ó Fátharta (45), An Teach Mór, Indreabhán. Bailitheoir: Calum I. Mac Gill-Eathain, 2 Deireadh Fómhair 1942.

v.1   Cuirfidh mise an t-earrach seo is fágaidh mé é 'fás

v.2   Sgéal go robh ar do chúmharsannaí nár moladh ariamh leat mé

v.3   Ní go do bhéal a thuc mé spéis ariamh ach do leagan a bhí go deas

v.4   ....

         ....

         Mo leigheas-sa níl i nÉirinn ná ag dochtúirí Chrí Fáil

v.5   Ach a dteaga an t-earrach, ceannóchad tala' 's beidh árus a'm dhom fhéin

v.6   Má théigheann tú 'an aona', tabhair a' chaora leat, a h-olann 's a h-uan

34   Dá Siúlfása go Gaillimh agus Droichead an Chláirín

CBÉ 1703:1–4; 13 x 2. Aithriseoir: Mícheál Breathnach (62), Gleann Mhac Muirinn, Casla. Bailitheoir: Proinnsias de Búrca, 28 Eanáir, 1966.

v.1   Is dhá siúilteá-sa go Gaille agus Droichead a' Chláirín, ó bhéal na Trá Báine go mullach na Cruach

v.2   A cúilín donn casta atá a guil thar a básta, is nach bhfuil rós insa ngáirdín is áile ná a gruadh

v.3   Is a dhá súilín ghlas atá chomh cruinn leis an áirne, ná rabh tada níos áile ag aon ainnir ina luadh

v.4   A samhail go chailín níl tóigthe faoi'n bpláinéid, in Éirinn ná in Árainn ná ó dheas ná ó thuaidh

v.5   Níl comhairse ar na bailtí, bean, leanbh ná páiste, nach ánn atá a gceann stáisiún ó mhaidin go Luan

v.6 Nuair 'fhágfhas sí an baile beidh mo bheannacht go brách léi, beidh mo chúig mhíle slán léi go dtéigh mé san uagh

v.7 Nach hiomdhaí tráthnóinín deas samhra a tháinic mé treasna na ngleannta agus análl thríd an áth-ín ag an *hall*-ín ó thuadh

v.8 Nuair a castaidhe isteach mé bhí do bhéilín a' gáirí, agus a Rí Gheal na nGrásta, nárbh áluinn do shnuadh

v.9 Bhí an *taepot* dhá ghlana a'd, an cupán agus an *saucer*, bhí im ar an bpláta agus cácaí ina gcruach

v.10 Nuair a bhéas mise sa tala agus lobhfhas mo chrámha, agus bhéas tú mílte thar sáile ar thala chois cuain

v.11 Ní leanfhadh ró-fhada é ach is rí-bhocht an cás é, beidh an abhainn a guil lé fána agus an eas-ín a' srúth

v.12 An fhad agus bhéas nead ag an bhfainleóg ná an fiach dubh a' grághaíl, crann ubhall insa ngáirdín ná an eala ar an gcuan

v.13 Is cuma cé'n i bhfus na bainis é, ceól ná pléidhráca, a bhéas tart insan áit seo agus muid leagtha san uaigh

35 D'fhág Mise an Baile Seo go Deireanach Aréir

CBÉ 1634:71–73; 11 x 2. Aithriseoir: Neainín Bean Uí Chonfaola, Cladhnach, An Cheathrú Rua. Bailitheoir: Ciarán Bairéad, 21 Aibreán 1959.

v.1 D'fhág mise an baile seo go deir'nach aréir

v.2 Triúr ban óg a d'ime liom, ceathar a bhí 'mo dhiadh

v.3 Is ait a' maor i mbaile mé, ní dheanfainn troid ná gleo

v.4 Shaothróinn arán is fataí di, cruithneach agus eorna mhór

v.5 Dheanfainn céachta Ghaedhealach a réabfadh tala ghlas

v.6 Níl tuile bith dhá mhéad nach snámhfainn as mo neart

v.7 Thiúbhrainn go teach a' leana thú agus d'ólfadh muid giní óir

v.8 Cheannaigh mo stóirín raicín dom a chosain gine buidhe

v.9 Má thagann mo stór annseo máireach, ná cuiridh aon fháilte faoi

v.10 Bainidh an hata dhá cheann agus ná tugaidh aon sásamh faoi

v.11 Ta mo ghruaig le fánadh agus gan aon ruadhóg uirthe a d'fháiscfeadh í

36 Éirigh Suas, a Chúinín

CBÉ 442:1091–10; 2 x 2, 2 x 4. Aithriseoir: Seán Ó Lorcáin (68), An Doirín, Leitir Móir. Bailitheoir: Eibhlín Ní Standúin, 16 Samhain 1937 v.1   Eirigh suas a Chúinín, agus teanam liom in siubhail

v.2   Mo chreach agus mo bhrón gan mé is tú faoi choillte dlúth

v.3   Mar sé radharc do shúl a spreag mise ar dtús is a bhain mo dhúil as caitheamh an bhidhe

v.4   Nuair a theidhim-se síos go h-íochtar tíre 'g iarraidh mná gus dhá mealladh liúm

37   Grá

CBÉ 177:128–30; 1 x 2, 1 x 3, 1 x 2. Aithriseoir: Mairéad Bean Uí Riagáin (63), An Coilleach, An Spidéal. Bailitheoir: Mícheál Ó Riagáin, 1935.

v.1   Tá grádh agam do Mháirín le céad fada 'riamh

v.2   Is fliuch fuar an bealach é seo siar thríd an móin

v.3   Beidh na péiste ag teacht dhá féachaint 'chaon mhaidin Luain

38   Grá mo Chroí do Chúilín

CBÉ 442:120–21; 1 x 4, 1 x 2, 2 x 4. Aithriseoir: Pádraig Mac Donnchadha (77), Leitir Caladh, Leitir Móir. Bailitheoir: Eibhlín Ní Standúin, 18 Samhain 1937.

v.1   Grádh mo chroidhe do chúilín traillseach deas

v.2   Thiubharainn póg mhilis taobh amuigh dod' bhéilín deas

v.3   Mo laogh is mo leana, fág cois caladh mé

v.4   Gleánn a mbíonn fasgadh ann, bíonn fóthanáin ann is féar

39   Grianán Ban Éireann

(a)   CBÉ 786:268–70; 6 x 4. Aithriseoir: Seán Ó Conchubhair (50), Leitir Móir. Bailitheoir: Proinnsias de Búrca, 1 Nollaig. 1941.

v.1   Is minic a thóigeas mo dhóthain ar aonach

v.2   A raibh tú i gCill Achaidh nó in Áird na Cille Clumhthaigh?

v.3   Dhá mbéinnse in mo ghiúistís is mo chúl leis an ngárda a'm

v.4   Ceó meala lá seaca faoí choillte dubha daraigh

v.5   Nach mailíseach a dubhradh go raibh mise is mo chéad searc

v.6   Dhá mbéinn-se in m'iasgaire ag Tighearna Bhinn Éadair

(b)   CBÉ 801:171–73; 6 x 4. Aithriseoir: Seán Mac Donnchadha (60), Inis Eirc, Leitir Mealláin. Bailitheoir: Proinnsias de Búrca, 19 Eanáir 1942.

v.1   Is minic a thóigeas mo dhóthchain ar aonach

v.2   A rabh tú i gCill Achaidh nó in Áird na Cille Clúmhaigh?

v.3   Dhá mbéinn-se in mo ghiúisdís is mo chúl leis an ngárda a'm
v.4   Ceó meala lá seaca faoí choillte dubha daraigh
v.5   Nach mailíseach adubhradh go rabh mise is mo chéad searc
v.6   Dhá mbéinn-se in m'iascaire ag Tighearna Bhinn Éadair

(c)   CBÉ 1702:365–66; 6 x 4. Aithriseoir: Seosamh Mac Liam (48), Inis Bearachain,
Leitir Móir. Bailitheoir: Proinnsias de Búrca, 11 Eanáir 1966.
v.1   Is minic a thóigeas mo dhóthcan ar aonach
v.2   A rabh tú i gCill Achaidh nó in Áird na Cille Clúmhaigh?
v.3   Dhá mbéinn-se in mo ghiústís is mo chúl leis an ngárda a'm
v.4   Ceó meala lá seaca faoí choillte dubha daraigh
v.5   Nach mailíseach adúrú go rabh mise is mo chéad searc
v.6   Dhá mb'einnse in m'iascaire ag tighearna Bhinn Éadair

(d)   CBÉ 969:17–19; 6 x 4. Aithriseoir: Pádraig Ó Fátharta (24), An Baile Láir, Cor
na Rón, Indreabhán. Bailitheoir: Calum I. Mac Gill-Eathain, 15 Samhain 1944.
Mícheál Peircín a rinne.
v.1   Ceól meala lá seaca faoi chaillte dubh daraighe
v.2   Nach mailíseach a húradh go ro mise is mo chéid-searc
v.3   Nach truagh gan mé im iasgaire ag Tighearna Bhínn Éadair
v.4   Dá mbeinn-se in mo ghiúistis is mo chúl leis a' ngárda
v.5   Dá mbeinn-se is mo stóirín tránóna cér mhisde
v.6   A ro tú i gCill Áirne nó i n-árus Chill Chlúmhaigh?

40   Lá Fhéile Pádraig (1)

(a)   CBÉ 794:330–32; 6 x 4. Aithriseoir: Bríd Bean Uí Chonaire (52), An Siléar, Ros
Muc. Bailitheoir: Monica Ní Mhaodhbh, 3 Lúnasa, 1939.
v.1   Nach truagh Mhuire mise lá fhéil' Pádraic 's mo theanga comh bán le cailc
v.2   Imtheóchaidh mé amach faoí na tíortha, comh giobach le caoirín ghlas
v.3   Sé mo chreach mhaidhne is mo chrádh nach bhfeicim-se Máire a' tigheacht
v.4   Eirigh 's cuir ort do chuid éadaigh is teanam liom héin chun siúbhail
v.5   Eirigh agus cuir ort do chuid éadaigh is teanam liom héin chun siubhail
v.6   Nach truagh gan mise 's mo chéad searc ar mhullach an t-sléibhe thuas

(b)   CBÉ 851:471–73 6 x 4. Aithriseoir: Pádraig Ó Fátharta (23), An Baile Láir, Cor na
Rón, Indreabhán. Bailitheoir: Calum I. Mac Gill-Eathain, 26 Eanáir, 1943.

v.1   Nach truagh Muire mise lá fhéile Pádraig 's mo theanga chomh bán le cailc
v.2   Imtheóchaidh mé amach faoi na tiorthaí, chomh giobach le caoirín ghlas
v.3   Sé mo chreach mhaidne 's mo chrádh nach bhfeicim-se Máire a' tigheacht
v.4   Eirigh is cuir ort do chuid éadaigh agus teannam liom fhéin 'un siúbhail
v.5   Eirigh is cuir ort do chuid éadaigh agus teannam liom fhéin 'un siúbhail
v.6   Nach truagh gan mise is mo chéad-searc ar mhullach an t-sléibhe thuas

41   Long Mhór na mBúrcach

(a)   CBÉ 1211:499–502; 3 x 2, 8 x 2. Aithriseoir: Seosamh Ó Tuathail (40), Leitir Caladh, Leitir Móir. Bailitheoir: Cóilín Ó Maoilchiaráin, 17 Meán Fómhair 1951.

v.1   Chaith mé seacht seachtmhainí i Mainistir na Múinte
v.2   Chuaidh mo mhuinntir go Baile an Róba ag baint mo chónra go bhárr na ngéaga
v.3   Agus eireóchaidh mé amáireach le fáinne an lae ghléigeal
v.4   Tá mo ghrá-sa mar bhláth na n-áirní anois i dtús an t-samhraidh
v.5   Tráth shuain dhá siubhaileann sí amach faoi na múinte, tá boladh na n-ubhall ar feadh a h-amhairc ins gach ceárd
v.6   Sé a dubhairt mo stór liom dhá bhfághainn blas a póigín, go mba mhilse go mór í ná an beóir is ná an mhil
v.7   Is a bhfuil faoi'n domhan mór is ní thóigfeadh sé an brón díom, nó go gcloisfead glór do chinn nó siolla as do fhlúit
v.8   Nuair a chuirim mo dhá lámh thart-sa anall, tá mil ar gach ball díot faoi bhárra mo mhéara
v.9   Bruinnealaín chiúin deas, lághach, macánta, múinte, fial, fairsing ar fongnamh, ciúin, aigeanta, tláith
v.10 Dhá mba liom fhéin an Eoraip, Corcaigh agus Londain, Sasana anonn leis agus é fhághail ó dhom fhéin
v.11 Dhá mbeadh soitheach mór agam is í bheith lán de'n sgoth-plúirín, is gur dhuit fhéin a thiubhfainn í, a charad mo chroidhe

(b)   CBÉ 969:229–30; 8 x 2. Aithriseoir: Seosamh Mac Liam (31), An Baile Láir, Cor na Rón. Bailitheoir: Calum I. Mac Gill-Eathain, 4 Nollaig 1944. Mícheál Peircín a rinne.

v.1   Éistigí a dhaoine go n-innsighí mé dhaoib-se, tá mearú ar m'íntinn nach dtuigeann a lán v.2   Bhí cris mar an aol is í leacaí geal mín, bhí gruaig léithe síos is í fillte as a bárr

v.3   Is moch moch amáireach seadh thiocas mé láithreach, go bhfeice mé planndóg an t-sonais 's an t-séan

v.4   Nuair a shíneann sí a dhá láimh gheal tharm anall, beidh mil ins gach ceáird faoi bharra (a) dlú-méar

v.5   Nuair a shiúbhlann an cúilfhínn amach a' siúbhal na múintigh, beidh barra na n-úbhal ar feadh radharc ins gach ceáird

v.6   Ainnirín chúmhara, mhocánta, mhúinte, fairsinn, fial, fiúnntach, ciúin aigeannta lách (lághach)

v.7   Dhá mba liom péin Eúroip ó Chorca go Lúndain, Sasana anúnn leis is é bheith agam dhom péin

v.8   Long mhór na mBúrcach is í lán le sgoth plúirín, is gur ort féin a bhrunnainn í, a charaid mo chléibh

(c)   CBÉ 1211:489–91; 3 x 2, 4 x 4. Aithriseoir: Seosamh Ó Tuathail (40), Leitir Caladh, Leitir Móir. Bailitheoir: Cóilín Ó Maoilchiaráin, 17 Meán Fómhair 1951.

v.1   Stadaí a dhaoine, nó go n'innseóchaidh mé nídh dhaoibh, tá mearbhall ar m'intinn nach dtuigeann a lán

v.2   Bhí a crios mar an aol agus a leaca geal mín is a cúilín ina dlaoitheachaí fighte go bárr

v.3   Nach moch moch amáireach a rachfas mé an bealach, nó go gcloisidh mé plandóg an tsonais is an t-séan

v.4   Tá m'intinn chomh sásta le naidhneán i gcliabhán

v.5   Agus baramhail le mo bharamhail go bhfaca mé aréir thú

v.6   Is nach aoibhinn do na cábáin a dtéigheann mo ghrá ag ól ann

v.7   Dhá mbeinnse is mo mhíle stóirín tráthnóna is cé nar mhiste

(d)   CBÉ 1280:569–70; 3 x 4, 1 x 2. Aithriseoir: Seán Mháirtín Seoige, Inis Bearachain, Leitir Móir. Bailitheoir: Séamus Mac Aonghusa, [1945].

v.1   Éistigí 'dhaoine 'gus 'nósfa mé dhaoib-se, tá mearúl ar m'ínntinn nach dtuigeann a lán

v.2   Nach éard duairt mo stór liom 'a mblaisfinn g'á póigín, gur mílse go mór í ná mil is ím úr

v.3   Nuair a shíneann sí 'dhá láimh-dheas tharam-sa 'náll, teigheann mil ins gach ceáird ar bárra na gcraobh

v.4   Ná'r mba liom-sa féin Eúróip, 'bfhuil ó Chorca' go Lúnndain, Bleá'

Cliath fháil brúnnta 's é bheith agam dhom péin

(e)   CBÉ 607:99–100; 1 x 4, 1 x 5, 1 x 4, 1 x 2. Aithriseoir: Pádraig (Peait) Mac Donnchadha (73), Ros an Mhíl. Bailitheoir: Brian Mac Lochlainn, 1938.

v.1   Eirighígí a dhaoine go ndúise mé an fhiadh a chuir mearúil i m'intinn nach dtuigeann a lán

v.2   Eighreotha mé amáireach 'gus racha mé láithreach, go bhfeice mé an planndóg a' t-sonais 's a' t-séin

v.3   Á mbudh lam-sa ór an Euróip, Corca ⁊ Lúnndain, Albain á'n iúl ⁊ é dhom péin

v.4   Sin 's luing mhór na mBúrcach ⁊ í 'fháil go lucht plúirín, nár rí-dheas an áit go chuilfhionn a theacht fá' n-a déint

42   Mailsín Chnoc an Easair

(a)   CBÉ 969:280–82; 9 x 2. Aithriseoir: Seosamh Mac Liam (31), An Baile Láir, Cor na Rón. Bailitheoir: Calum I. Mac Gill-Eathain, 12 Nollaig 1944.

v.1   Lá da rabhas a' fiadhach, i lár na tíre a' triall

v.2   Fileann an grá fo phian, is dócha táim do dhia'

v.3   Ba deas í a' bróig is a' t-sraon, is a cois níor mhór is níor chaol

v.4   Bhí a mamaí díonmhar géar, as ucht a croí is a cléibh

v.5   Bhí a rusg (rosg) mar réalt an-dlú, planndóg bhéasach chiúin

v.6   Chuala mé dha rá, ag sagart agus uachtarán

v.7   Faoi thuairim sgéim (sgéimh) na mrá, nuair a chua faoi'n sall a cáil

v.8   Clann Donnachaí ón gCéis, Malaí Bhán na gcraebh

v.9   Ba binne lium guth a cínn, ná na ceólta sídhe

(b)   CBÉ 829:88–89; 1 x 4, 1 x 2, 1 x 5. Aithriseoir: Seán Ó Flatharta (Seáinín Sheáin) (c.62), An Lochán Beag, Indreabhán. Bailitheoir: Tadhg S. Ó Concheanainn, 2 Bealtaine 1942.

v.1   Lá dá rabhas ar sliabh, i measg na tíre triall

v.2   Ba deas é 'seas' i mbróig, a cois níor chaol 's níor mhór

v.3   Chuala mé dhá rádh, ag sagart Ochtar Árd

43   Mairéad Ghléigeal

CBÉ 78:95–96; 5 x 4. Aithriseoir: M. Bean Uí Fhátharta, Inbhear, Ros Muc. Bailitheoir: Cáit Ní Mhainnín, 1933.

v.1 Díth bróg air an té 'd'orduigh dhom codladh liom péin

v.2 Is a Mhaighréad ghléigeal, óg na n-orlaoí fighte go féar

v.3 Is a Mhaighréad ghléigeal, níor chéile duitse leadaidhe buidhe

v.4 Ba é a dul idir an dair agus an craiceann ud go mba mór a céim

v.5 Is fada liom péin go nglaoidheadh an coileach go h-ard

44 Mairéad Ní Cheallaigh

CBÉ 627:261–63; 6 x 2. Aithriseoir: Máirtín Ó Tuairisg (64), An Lochán Beag. [Bailíodh an t-ábhar i dTearmann Naomh Breandáin, Baile Loch an Riach]. Bailitheoir: Seán Ó Flannagáin, 22 Bealtaine 1939.

v.1 Míle seacht gcéad trí fichid a's a naoi déag, an aois a ceapadh d'Aon Mhac Mháire

v.2 A bruithe seanga séimhe, os cíonn a rosga réidhe, agus a dha cích gheala gléasta un pása (páis)

v.3 An phlánnda milis, cóir atá a' fás in a buinneán óg, a thug bárr na gileachta fós ó Vénus

v.4 Sí a shára na trí seóid a bhí i gclampar faoi'n mball óir, nuair a tharrainíodar a ceo ar Hélen

v.5 Is fíor-sgotha Ceallach tréin, is díob an leanbh séimh, a's do shéal (síol) Chrochúir dho thaoibh a máthar

v.6 A's nach críonna an fear a déarfadh nach n-éileófaí aon phighinn spré, le ainnirín na gcraobh fholt fáinneach

45 Mairéad Nic Suibhne Bhán

(a) CBÉ 1138:499–501; 9 x 4. Aithriseoir: Seán Ó Cualáin (Seáinín Beag) (75), An Teach Mór, Indreabhán. Bailitheoir: Pádraig Ó Flatharta, 1941.

v.1 Tá réalta ar an spéir agus gabhann siad ann

v.2 Is b'fhada liom uaim go ngluaiseadh solus an lae

v.3 A Hannraoi, díthbroid ort, 's tú a d'fhága go trom chroidhtheach mé

v.4 Dubhras agus deireas is ní cheilim ar aon fhear é

v.5 Thóig mé mo sheólta agus d'imthigh mé i gcéin

v.6 A bhean údaigh thall, atá i lár a' chóta dhuibh

v.7 Óig-mnaoí áluinn, is tusa a d'fhága mo chroidhe go dúbhach

v.8 Bhí mise lá liom féin a' siubhal na trágha

v.9 Gabhail eidir an dair agus an croiceann cé gur cruaidh, cruaidh an sgéal

(b)   CBÉ 72:48–50; 7 x 4. Aithriseoir: Tomás Ó Concheanainn (58), An Púirín, Indreabhán. Bailitheoir: Pádraig Ó Finneadha, Nollaig 1930–Eanáir 1931.

    v.1   Tá réalta ar an aér agus gabhann siad ann

    v.2   A Hannraoí, dith bróid ort, tusa a d'fhága go trom-chroidhtheach mé

    v.3   A bhean údaigh thall, atá i lár an chóta dhuibh

    v.4   Dúbhras agus deirim agus ní cheilim ar aon fhear é

    v.5   Thóig mé mo sheólta agus d'imir mé *game*

    v.6   Óig-bhean áluinn, is tusa d'fhága mo chroidhe-sa dúbhach

    v.7   Gabhail idir an dair agus an croiceann cé gur cruadh, cruadh an sgéal

(c)   CBÉ 225:393–95; 6 x 4. Aithriseoir: Pádraig Ó Confhaola, An Chré Dhubh, An Spidéal. Bailitheoir: [?], Samhradh 1927.

    v.1   Tá na réalta ar an aer agus gabhann siad ann

    v.2   Dúbhraí agus deirim is ní cheilfead ar mhórán ó

    v.3   Thóg mé mo sheólta agus d'imthigh mé i gcéin

    v.4   A Hannraoi Bhrúin, nach trom-chroidheach a d'fhágaidh tú mé

    v.5   A bhean údan thall, atá i lár an ghúna dhuibh

    v.6   Ag dul idir an dair ⁊ an craiceann nach cruaidh cruaidh an chéim

46   Máire Inis Toirc

(a)   CBÉ 563:183–84; 8 x 2. Aithriseoir: [?], An Lochán Beag, Indreabhán. Bailitheoir: Tomás Mac Diarmada 1938.

    v.1   Dhíbir an sagart mé 'mach fud na ngleannta, tá mo chliú cáillte 'gus caithfidh mé rith

    v.2   Casadh ar oileán mé 's fiadháin an áit é, thug mise seársa thríd na lár soir

    v.3   Seachrán na fairrige thóig as an áit mé, ar sholáthar mo bháidín a d'imthigh le sruth

    v.4   Leag sise 'nuas agam bórd a raibh fíon ar, eirigh id shuidhe nó go n-ólfadh muid deoch

    v.5   Dá gcastaí an ainnir liom d'aithneochainn aríst í, beannacht na naomh léithe 's na croidhe na raibh 'n t-olc

    v.6   Dá dtéigheadh sise Gaillimh le Beartlín an bádóir, 's iomdhaí fear áluinn a dhearcadh a *dress*

    v.7   Bhí peictiúr na coróineach ar thosach a cóiste, piostal na póca 's é lán i n-a glaic

    v.8   Beidh mulaí 'gus asail ánn 's caiple rith rásaí, bratachaí 'náirde i mbárr gach aon cleith

(b)   CBÉ 76:66–67; 5 x 2. Aithriseoir: [?], An Spidéal. Bailitheoir: Seán Mac
       Giollarnáth, 1932.

v.1   Dhíbir an sagart mé amach fud na ngleánnta, tá mo chliú cáillte agus
       caithfidh mé rith

v.2   Casadh ar oileann mé is ba fíadháin an áit sin, is thug mise seársa liom tré
       na láthar soir

v.3   Sé seachrán na fairrge a thóig as an áit mé, ag soláthar mo bháidín a
       d'imthigh le srutha

v.4   Thug sí ina tighthe mé ar uair an mheádhan oidhche, bhí teine aice thíos
       a théicheadh a dhá cois

v.5   Bhí capaill agus asail agus múillídhe ag ritheach rása ann, is bhí bratachaí
       bána ann ar bhárr gach aon chléith

47   Máire Ní Ghríofa

(a)   CBÉ 1767:92–93; 1 x 4, 1 x 3, 4 x 4, 1 x 1. Aithriseoir: Máirtín Ó Confhaola
       (Máirtín Mhurcha) (45), Cladhnach, An Cheathrú Rua. Bailitheoir: Ciarán
       Bairéad, 2 Aibreán 1964.

v.1   Nach iomú maidin Domhna' a chaith mé súgach maith go leor

v.2   Ó's mo ghrádh-   ·hú a Mháire Ní Ghríofa, is tú ba mhíne ariamh ná mrá

v.3   Ó's 'a shiúlfainn-se na Líomairtí a's thart timpeall Uachtar Árd

v.4   Ó ꞁ fáití conra deanta dhom a's í gearrtha as togha na gcláir

v.5   Ó's a Thiarna, nach é'n feall é a's nach bhfuil aon nidh le rá

v.6   Ó's níor tháinic mé ariamh i dtír ann nach mbíodh a' fáilte acab romham
       i's gach áit

v.7   Ach anois atá mé ag eirí aosta a's ní ghó mé trasna caoláire na Gaillimhe
       aríst go bráth

(b)   CBÉ 825:125–27; 5 x 4. Aithriseoir: Sean Ó Maodhbh (32), Cill Bhriocáin,
       Ros Muc. Bailitheoir: Monica Ní Mhaodhbh, 19 Aibreán 1942.

v.1   Ó grádh mo chroidhe le m'anam thú seachas a bhfuil beó

v.2   Dhá bhfeicteá bád chlánn Dhonncadha gach lá dhá dteigheadh sí chun
       seóil

v.3   Mo ghrádh-sa Máire Ní Ghríobhtha, sí budh mhíne thar na mrá

v.4   Is iomdha sin maidin Domhnaigh bhí mé súgach maith go leór

v.5   Nuair a imtheóchas mé as an tír seo 's nuair a dibreóchar mé as an mbád

(c)   CBÉ 829:278–79; 2 x 4, 1 x 4, 1 x 4, 1 x 2. Aithriseoir: Pádraig Ó Cualáin (*c.*41),
An Lochán Beag, Indreabhán. Bailitheoir: Tadhg S. Ó Concheanainn, 10
Meitheamh 1942.

v.1   Nach iomdhaí maidin Dúna 'cha' mé súgach ma' go leór
v.2   Mo ghrádh thú 'Mhá'r' Ní Ghríomhtha, 's tú ba críonna ná na mrá
v.3   Do cha' mé mí i Muighinis, mí eile 'san Trá Bhán
v.4   Tá pian i mbéal mo chléibh' 'chuireach na céadta fear 'un báis
v.5   Ó fág mo ríbín ínti is iad ró-dheas air mo cheánn

(d)   CBÉ 1767:239–40; 2 x 4, 1 x 3, 1 x 4. Aithriseoir: Máirtín Ó Confhaola (Máirtín
Mhurcha), Cladhnach, An Cheathrú Rua. Bailitheoir: Ciarán Bairéad, 2 Lúnasa
1964.

v.1   'Snach iomú lá breá fómhair a chaith mé súgach maith go leor
v.2   Ó's mo ghrá-sa 'ú a Mháire Ní Ghríofa, is tú ba mhíne ná na mrá
v.3   Tá togha mrá óga i Muínis le mé chaoineadh lá mo bháis
v.4   Bíodh (fáigí) contra déanta dhom 's í gearrtha as togha na gcláir

(e)   CBÉ 825:475–76; 3 x 4. Aithriseoir: Anna Ní Ghriallais (21), Cill Bhriocáin, Ros
Muc. Bailitheoir: Monica Ní Mhaodhbh, 7 Bealtaine 1942.

v.1   Ó grádh mo chroidhe lé m'anam thú seachas a bhfuil beó
v.2   Dhá bhfeictheá-sa bád Chlánn Dhonncadha gach lá ghá dtéigheadh sí
       'un seóil
v.3   'S iomdha maidin Domhnaigh bhí mé súgach deas go leór

48   Máire Nic Thaidhg Óg

CBÉ 76:150–52; 2 x 4, 1 x 6, 1 x 8, 1 x 7. Aithriseoir: [?]. Bailitheoir: Máire (Tim)
O'Sullivan, 1932–3.

v.1   Nuair eirigheannamsa ar maidin ⁊ fheicim an chuach
v.2   Eirigh do sheasamh, a dhearbhráthair ó
v.3   Tá folt trom daite is é síos léithi go féar
v.4   Budh furtham dhomsa fanacht go ngoirfhadh an chuach
v.5   Dá bhfághainn so bean is dhá mhíle punt mar spré

49   Máire Nic Suibhne Óg (1)

CBÉ 225:389; 6 x 4. Aithriseoir: Pádraig Ó Confhaola, An Chré Dhubh, An
Spidéal. Bailitheoir: [?], Samhradh 1927.

v.1   "Éirigh 'do shuidhe a mhic agus éirigh 'do shuidhe a stór"

v.2   Dá bhfághainn-se le bean eile, chúig mhíle cead

v.3   Sé mo léan gan mé 's an bhean údan is annsa liom faoi'n ngréin

v.4   Nuair eirigheas an ainnirín go h-árd ins an sliabh

v.5   "A Mháire Bháin, is tú ainnir agus rúnsearc mo chléibh"

v.6   Is úire 'gus is deise í ná an drúcht is ná an féar

50   **Máire** *Stanton*

CBÉ 248:451–57; 12 x 2. Aithriseoir: [?], An Cnoc, Indreabhán. Bailitheoir: Seán Ó Cualáin, 1936.

v.1   Tá pósaidh glégeal ar bhruach na céibhe agus bhuail sí Deirdre le sgeúmh ꞓ gnaoi

v.2   Tá lasadh is gu' inntí 'réir a chéile, is binne a béilín ná an cuach ar chraobh

v.3   Dhá bhfeicfeá an spéir-bhean is í gabhtha gléasta, lá breágh gréine sa tsráid sí a' siubhal

v.4   Tá grádh na céadta i gclár a h-éadain, is geal a féachaint le réalt a' luain

v.5   Tá a folt a' casadh leí síos go glúnaibh, ag silleadh is ag lúbadh go béal a [...]

v.6   Agus siúd í an chuilfionn is gile múinte d'ar oscail súil is dá maireann beó

v.7   Tá a com caol cailce is tá a gruadh mar an rós, is a dhá chích cómh cruinn ós cómhair a croidhe

v.8   *Virgil, Cisero* nó cómhacht ómais, ní thiubhradh i gcoimhneas a sgéimh is a gnaoi

v.9   Ag siubhal nó ag damhsa dá bhfeictheá an plannda, do bheitheá 't-annsacht do bláth na gcraobh

v.10   Cúmhachta *Samson* nó *Alexander*, ár ndóigh ní shanntóchainn in áit mo mhian

v.11   Thug sí mana dhom go moch le pléisiúr, leag sí 'séat' agam ins a' chlúid

v.12   Do bhuail mé labhairt is cómhradh leí, is múinte d'fhéach sí orm, blas na n-ubhall

51   **Máirín Deas Bhéal Toinne**

CBÉ 90:488–89; 5 x 2. Aithriseoir: [?]. Bailitheoir: Mr. Joseph Hanley, 17 Iúil 1930. [Bailíodh an t-ábhar sa Tuairín nó i Leitir Mealláin].

v.1   A Máirín deas bhél tuine, plúr na mban go deimhin, toguigheadh as an gcluifeadh, maidin moch ciún ceó v.2 Bhí na píopa aca sinim, cuile ceol da binne, sin is rach eile, thiar i Doras mór

v.3 Más as Breatan a gluais an *lady*, ní maiseadh a bhí sí gléasta, níor raibh uirthí fiú na léine ná an alainn ar a druim

v.4 Más bean atá tú 'éiliú, ceapaigh amoch spré, ní lachan é ná géabha is sin ná tuirnín lín

v.5 Inghean rí as Breatain, gluais go Connama, ar toraigheach fear feasa ach an droch-uair de féin

52 Máirín Seoige

(a) CBÉ 72:10–11; 6 x 2. Aithriseoir: Seán Ó Cualáin (65), An Teach Mór, Indreabhán. Bailitheoir: Pádraig Ó Finneadha, Nollaig 1930–Eanáir 1931. Mícheál Mac Suibhne a rinne.

v.1 Ag dul trí Chunga dhom seach dhearc mé an chúilfhionn, 'sí mian gach cúig' í de chailín óg

v.2 'Sí is deise, mhalaí, mhúinte, dá bhfacaidh súil ar bith go fóill

v.3 Níor sheas an ainnir liom acht seal beag bídeach, mar bhí sí caoíeamhail ar dheágh mhéin

v.4 D'éirigh an solus 'na brollach líonmhar, agus gheit mo chroidhe chomh mear le éan

v.5 Chuaidh mé 'un cainnte le mnaoí de'n chomharsain, "cé hí an t-seóid bhí gabháil rómham san tslíghe?"

v.6 Brainnse geanamhail de'n fhuil ar foghnamh, nár sheas a ngnó le haon-fhear ariamh

(b) CBÉ 225:391–93; 4 x 4. Aithriseoir: Pádraig Ó Confhaola, An Chré Dhubh, An Spidéal. Bailitheoir: [?], Samhradh 1927.

v.1 Ag dul thrí Chunga dom seadh dhearc mé an chúilfionn, ba í mian na cúige í de chailín óg

v.2 Tá mo mháithrín go buadhartha cráidhte, ó shíorshiubhal na mbóithrí seo anois le bliadhain

v.3 Shiubhail mé leat-sa ar fud na h-Éireann, mar bhí díth-céille orm is gach baile cuain

v.4 Dar na mionnaí duit agus dar na móidí, níl mé i ngrá acht anois le bliadhain

(c)   CBÉ 526:226–27; 1 x 4, 1 x 3, 1 x 4. Aithriseoir: Seán Ó Flatharta (Seáinín Sheáin) (56), An Lochán Beag, Indreabhán. Bailitheoir: Proinnsias de Búrca, 25 Aibreán 1938.

v.1   A guil thrídh Chunga dhom 'seadh dhearc mé an chúilfhionn, sí mian a cúige í go chailín óg

v.2   Níor sheas an ainnir liom ach seal beag bídeach, mar bhí sí caoitheamhail ar dheágh méin

v.3   Fuair mé seanachas lé bean go'n chomhairse, go dté hí an t-seóid a bhí a' guil rómham sa t-slíghe

53   Mal Dubh an Ghleanna

(a)   CBÉ 414:26–28; 6 x 2, 1 x 1, 2 x 2 Aithriseoir: Eoghan Ó Flatharta (46), Na Foraí Maola Thiar, Bearna. Bailitheoir: Éamonn Ó Confhaola, 12 Meán Fómhair 1937.

v.1   Siud é t-all mo theach ⁊ níl díon air ná sgrath, ach é déanta ar thaobh an bhóthair

v.2   Nach críona a bhíonn an bheach nuair a dhéanann sí nead, le greann ⁊ le teas an fhóghmair

v.3   Tá bó agam ar shliabh ⁊ gan duine agam na dhiaidh [...]

v.4   Níl ⁊ ní bheidh feasta mé liom féin, mo shamhail ⁊ mé i dtús mo óige

v.5   Tá mo ghrádh sa daisce [...], mar sí siúd nach bhfuair aon náire

v.6   Ní aon mhac mharcach ó Thuath Mhumhan go Gaillimh ná thart arís go h-Úll í Mháille

v.7   Tá inghin ag an Iarla ⁊ tá sí go piaclach, chuir sí teachtaire mo dhiaidh le í phósadh

v.8   Acht dá bhfuighinn sa fhéin mo reamhain ar mrá óga deasa an domhain, gur bí Mall dubh an ghleanna an bhean a thóg mé

v.9   Dá bhfuinn fhéin bean muirneach, bean eile Laigheanach, bean ⁊ dá chéad bó léithe

(b)   Bó agam ar Shliabh

CBÉ 826:194–96; 4 x 4. Aithriseoir: Anna Ní Ghriallais (21), Cill Bhriocáin, Ros Muc. Bailitheoir: Monica Ní Mhaodhbh, 24 Meitheamh 1942.

v.1   Tá bó-ín 'am ar shliabh 's fada mé 'na diaidh, ó cháill mé chiall lé náire

v.2   Nach críonna í an mheach nuair a dhéanann sí a nead, le grian agus le teas an fhóghmhair

v.3   Dá bhfuighinn-se bean ón Loinseach 's bean eile ón bhFrínnseach nó ínghean an Rí lé pósadh

v.4 Níl aon mhac caillighe ó Éirne go Gaillimh ná as sin go Úmhall Uí Mháille

(c) Éamonn an Chnoic

CBÉ 1280:562–63; 4 x 4. Aithriseoir: Cóil Sheáin Tom Ó Ceallaigh (c.45), An Trá Bháin. Bailitheoir: Séamus Mac Aonghusa, [1945].

v.1 Sin é thiar mo theach is gan díon air ná scrath 's é díonthaí ar leath-taoibh a' bhóthair

v.2 'Ógánaí bhig óig a tháinic orm-sa mar cheó, ná'r gheáll tú 's ná rinne tú bréag liom?

v.3 I ngleanntán uaigneach fraoigh má castar orm í, is in-aisle (?) a bheith ag seinm ceóil di

v.4 Cé h-é sin amuigh atá a' réabadh mo chuid tothra – atá ag éisteacht in mo dhoras dúinte

54 Mná Deasa Locha Riach

(a) CBÉ 811:305–06; 9 x 4. Aithriseoir: Áine Bean Uí Choncheanainn (62), An Spidéal. Bailitheoir: Tadhg S. Ó Concheanainn, 3, 4, 5 Samhain 1941.

v.1 Dhá mba liomsa Port Omna agus Béal Átha Luain
v.2 *If I had Portumna and Lisburn Town*
v.3 Ní cheideó'ainn ar m'áit thú, ar mo chapall ná ar mo shrian
v.4 *'Tis sooner than my horse and the bridle that is dear*
v.5 A Neilí Bhán, suidh análl liom, 'stú cuisle geal mo chléibh
v.6 *Oh Nelly Bawn, sit here by me for you're my heart's delight*
v.7 Tabhair mo bheannacht go Connachta mar is ann a bhíonn's a' greánn
v.8 *Bring my blessing to Connacht for it is a sporting place*
v.9 Faraor ghéar nár cailleadh mé amu' ar a' sliabh

(b) Neilí Bhán

CBÉ 1138:520–21; 5 x 4. Aithriseoir: Pádraig Ó Flatharta (61), Cor na Rón Thoir, Indreabhán. Bailitheoir: Pádraig Ó Flatharta, 1941.

v.1 Dá mba liomsa Port Omna agus Baile Locha Riach
v.2 Ní chreideóchainn ar mo chapall, ar a diallaid ná ar a srian
v.3 A Neilí Bhán, 's mé i ngrádh leat, 's tú cuisle agus grádh mo chléibh
v.4 Tabhair mo bheannacht go Connachta mar is ann a bhíodh an greánn
v.5 Acht is truagh ghéar nár cailleadh mé amuigh ar an sliabh

(c)   CBÉ 826:219–21; 5 x 4. Aithriseoir: Mairéad Bean Uí Ghriallais (57), Cill Bhriocáin, Ros Muc. Bailitheoir: Monica Ní Mhaodhbh, 24 Bealtaine 1942.

v.1   'S thug mé grádh dhuit agus mé mo pháiste, 's mé tarcuisneach go'n chéill

v.2   Ní chreideócnainn ar mo chapaillín, dhá n-abruigheann 's an trían

v.3   'S a Mháirín, 's tú mo ghrádh-sa, 's cairidín mo chroidhe

v.4   'S a mhic a' duine chonnaic mise suarach go leór

v.5   Acht ghá mbeadh lán na páirce bán a'm go loiligeach 's go laoí

55   **Mná Spéiriúla Ros an Mhíl**

(a)   CBÉ 1638:279–81; 8 x 2, 1 x 1. Aithriseoir: Máirtín Ó Tuathail (87), 5 Quay Lane, Gaillimh. Bailitheoir: Ciarán Bairéad, 5 Lúnasa 1958

v.1   Bhí'n ghaoith dtua' go siorraidhe a' spréachadh agus mé aonraic lá agus oí

v.2   Ní bean a bhí 'mo dhé-sa ach na céadta ar fud a' tsaoghail

v.3   Shnámhfainn-sé as Cionn tSáile thar sáile gan aon bhaoghal

v.4   Bhí mé 'bhfad as Éirinn, sgatha a' léightheoireacht's a scríobh

v.5   Galúin a' cuir thar bárr ann agus píontaí a' goil thar maoil

v.6   Bhí mé i gcoláiste i gCalifórnia 'measc mrá óga ag 'oghluim dlighe

v.7   Níl sé pósta fós in Árainn ná beirthe i Ros a' Bhíl

v.8   Nach bpósfainn bean as Árainn 'á bhfaighinn áird i Ros a' Bhíl

v.9   Tá súil le Dia 's le Muire a'm go gcaithfe mé an chuid eile i Ros a' Bhíl

(b)   CBÉ 1676:89–90; 6 x 2. Aithriseoir: Máirtín Ó Confhaola (Máirtín Mhurcha) (c.45), Cladhnach, An Cheathrú Rua. Bailitheoir: Ciarán Bairéad, 14 Meitheamh 1961.

v.1   Bhí'n ghaoth dtua' go síorrui' a' spréacha agus mé aonraic lá 'gas oi'

v.2   Ní bean a bhí 'mo dhé-sa ach na céadta ar fud a' tsaoghail

v.3   Shnámhfainn as Cill tSáile thar sáile gan aon bhaoghal

v.4   Bhí mé i bhfad as Éirinn, scatha a' léightheoireacht 's a' scríobh

v.5   Bhí galúin a' goil thar bárr ann a's piontaí a' goil thar maoil

v.6   Nach mairg ariamh a dubhairt é, nach fíor go ra' mé grínn

(c)   CBÉ 1767:78–79; 5 x 4, 1 x 2. Aithriseoir: Máirtín Ó Confaola (Máirtín Mhurcha) (45), Cladhnach, An Cheathrú Rua. Bailitheoir: Ciarán Bairéad, 2 Aibreán 1964.

v.1   A's tá'n ghaoth 'dtua go síoraí a' spréachadh a's mé aonraic lá 'gus oi'

v.2   Óra shnáfainn-se as Cil tSáile thar sáil gan aon bhaol

v.3   Galúin a' cuir ar bárr ann as piontaí a goil ar maoil v.4   A's a fear a bhuailfeadh inniu é [...]

v.5   A's má fhágann Dia mo shlainte agam, góa mé abhaile anois aríst

v.6   Cé go bhfeicfidh mé Condae Chláir uaim, Órán Mór a's chuile thaobh

56   Muirnín na Gruaige Báine

(a)   Iníon Thomáis Mháirtín

CBÉ 442:III–14; 2 x 2, 1 x 4, 4 x 2, 1 x 3. Aithriseoir: Seán Ó Lorcáin (68), An Doirín, Leitir Móir. Bailitheoir: Eibhlín Ní Standúin, 16 Samhain 1937.

v.1   I mBaile na h-Inse thiar atá mo ghrádh le blian, mar is ainm dí sé grianán an tsamhraidh

v.2   Dhá mbeidhinn-se ar stad mo chiall ná go bhfuighinn í ar mo roghainn, chaithinn dhíom dá chuid do'n chlampar

v.3   Ag droichead na h-Aibhne Móire 'seadh chomhnuidheann mo ghrádh an tseóid, sí ainnirín na ndualraí fáinneach

v.4   Tigse féin a shuain nó maighdean óg o'n mBuain, ar thulán no lúb chnoc sléibhe

v.5   Chois coillte mór na slat mar bheadh éan 'gus é déanamh nead, agus fásach ann go barra a méara

v.6   Dhá dteidhinn-se 'nois leat siar go duithche Uí Bhriain, bheadh mo muinntir in mo dhiaidh go cráidhte

v.7   Nach beag mo ghnóth ar shliabh, níl teine a'm ann ná bidhe, ná rud ar bith acht fiadhach na h-aon chuin

v.8   'S gabhail a chodladh dhom-sa aréir 'gus mé ar leaba chlúmhach mo luighe, seadh chonnaic mise an spéir bhean mhúinte

(b)   CBÉ 100:23–25; 7 x 2. Aithriseoir: [?]. Bailitheoir: Eibhlín Ní Fhátharta, [c.1917].

v.1   Is fada mise tinn mo luighe ar chúl mo chinn, is marc agam ar ghreim mo mhéar

v.2   Is truagh nach sa gcill a bíos, nó a faire mo cháirde gaol, nó ar mhullaigh cnuic gan díon, gan árús

v.3   Ní chomnóchaidh innt gan spás go dteigheadh do'n Droichead Árd, go mbreatnuighidh mé ar bhárr na sgéimhe

v.4   I mBaile na h-Inse tíar atá mo ghrádh le bliadain, 's is áilne i ná grían an tsamhradh

v.5   Dheanfainn bád is long, sriufrann í go cruinn, sniomfainn gad is deanfainn céachta v.6 Tá siad ghá síor-radh go dtug mo ghrádh do mhná, is níor thug mé riamh mo ghean acht do chuigear

v.7 Is gile a bíob is a brágha ná cubhar na tuinne ar an tráigh, is ná aol a bheadh ann lá bhreagh gréine

(c) I mBaile na hInse Thiar

cbé 67:175–76; 4 x 4. Aithriseoir: [?] Ó Gábháin, Casla. Bailitheoir: Pádraig Ó Flatharta, *c.*1930.

v.1 I mBaile na hInse shiar atá mo ghrádh le bliain, sé samhail di grian a tsamhraidh

v.2 Amuich an áit a mbíonn na dramanaí dá ndiol, 's ag Baile breagh na hInse tá sí

v.3 Shiar ag bruach na Sionainn móire seadh chomhnuigheann sí an óig mhnaoi, 'sé 's ainm bláth na hóige an fláinra

v.4 Dheanfainn páirt dhe luing 's do stiúrfhainn í go cruinn, do shníomhfhainn gad 's do dheanfhainn ceárta

(d) Is Fada Mise Tinn

cbé 72:70–71; 4 x 2. Aithriseoir: Beartla Ó Cualáin (16), An Lochán Beag, Indreabhán. Bailitheoir: Pádraig Ó Finneadha, Nollaig 1930–Eanáir 1931.

v.1 Is fada mise tinn 'mo luidhe ar chúl mo chinn, agus marc agam ar ghreim mo mhéara

v.2 Is truagh nach sa gcill a bhíos nó ag faireadh mo cháirde gaoíl, nó ar chnocán gan díon, gan árus

v.3 A's i mBaile na hInse thiar 'tá mo ghrádh le bliadhain, agus is áilne í ná grian an tsamhraidh

v.4 Dhéanfainn bád a's long agus stiúróchainn í do'n chuan, shníomhfainn gad agus dhéanfainn céachta

(e) cbé 90:556; 2 x 4. Aithriseoir: [?]. Bailitheoir: Mr. Joseph Hanley, 17 Iúil 1930. [Bailíodh an t-ábhar sa Tuairín nó i Leitir Mealláin].

v.1 I mBaile na hInse thiar atá mo ghrádh le bliadhain, is aluinn í ná grian an fhoghmhair

v.2 Tá mo cheachta le sgur is mo bhanla le cur, is an méid úd eile le dhéanamh

57 **Mura bhFeicfidh Mé Ach do Scáile Amuigh i Lár na Sráide**
CBÉ 1016:69; 2 x 2. Aithriseoir: Mícheál Ó Mainnín (72), Ros Muc. Bailitheoir: Máirtín Ó Mainnín, 1947.

v.1 Muna bhfeicfidh mé ach do sgáile amuigh i lár na sráide, gheobhfá céad míle fáilte gan áireamh ar phóig

v.2 Sí bean an óil atá i gceist, fear an óil ⁊ a phócaibh folamh

58 **Nach Deacair Liom Féin mo Ghearráinín Aerach a Chosaint ar Fhéaracht i bPáirce [sic]**
CBÉ 851:132–33; 1 x 4, 1 x 5. Aithriseoir: Pádraig Ó Cualáin (Pádraig Pheatsa) (86), Cor na Rón, Indreabhán. Bailitheoir: Calum I. Mac Gill-Eathain, 5 Deireadh Fómhair 1942.

v.1 Nach deacair liom péin mo ghiorrainín aerach a choisint ar fhéaracht i bpáirce

v.2 Is fasacht an saegheal gur phóg me do bhéal, naoi n-uaire is céad le rachmuis

59 *Nancy* Bhéasach
CBÉ 826:291–95; 7 x 4. Aithriseoir: Anna Ní Ghriallais (21), Cill Bhriocáin, Ros Muc. Bailitheoir: Monica Ní Mhaodhbh, 15 Meitheamh 1942.

v.1 A Nansaí bhéasach, chiún bhean chéillí, ar cailleadh na céadta go do bhárr

v.2 Nach deas an obair ar mhala sléibhe a' deana léighinn agus fóghluim ann

v.3 Nach náireach an sgéal ag mrá go cínnte mé bheith go mo luadh leat mar chéile

v.4 A Nansaidh bhéasach, a stór ná tréig mé, 's gheobhfa tú saidhbhreas mór ar báll

v.5 'S mo léan géar gan mise 's tú, sin (san?) oileán Úmhall seal in aonfheacht

v.6 Nach bocht an cás in a dtug an bás mé, báisteach 's fuacht i gclár m'éadain

v.7 'S béarfad mo mhionna go mhrá Chrích-Fódhla, ór ní bréag ba chóir a chuir i gcéill dhóib

60 *Nancy Walsh*
(a) CBÉ 607:62–65; 12 x 2. Aithriseoir: Seosamh Mac Donnchadha, Ros an Mhíl. Bailitheoir: Brian Mac Lochlainn, 1938.

v.1 Tá ádhbhar cailín óig taobh thíos gon gheata mór, a dtug mo chroidhe-sa gean go h-óg dhi v.2 Tá a brollach corrach bán gus a mallaí caol deas domhain, tá a dá súil cho craínn le áirne

v.3 Lodhair sí lom go tláth ⁊ dúdhairt sí a mhíle grádh, bíoch foighid agad ga dteaga an oidhthe

v.4 Dhá mbeinn i's tú i Sliabh Cháird nú ar mhullach na Leaca Bearna, san áit ar chaith mé 'gus tú céad lá sínte

v.5 Bidh cínnte dhe a rúin chroidhe dhá bhféadainn-se cur síos, go molthainn mo mhian gun aimhreas

v.6 Céad buidheachas mór le Dia, níor chaill mé leat mo chiall, cé gur math a chó mé as mar gheall ar do chúilín fainneach

v.7 Sí Bhéanus rí gach nídh, sgríobh *Homer* ar a' gcraobh, [...]

v.8 *Juno*, céile an rí, nú *Mynerva* nuair a bhí a dís, a tabhairt un réim in-ar láthair

v.9 Dhá mbudh lom an Fhrainnc 's a' Spáinn gus a bhfuil o'n t-Sionnan go buan, go dtiúbhrainn é ar a bheith leat sínte

v.10 Dhá ngluaisteá lom-sa an ród, bhéarthainn marcuigheacht duit is spóirt, ins gach uile bhaile mór i n-Éirinn

v.11 Leide go mo stór dhá bhfactheá a gol an ród, gur solas í i gceó lá geimhre

v.12 Tá a brollach corrach bán ar dhath an t-siúcra bháin, tá a dá súil mar bhioch díse ar chlár a' rinnce

(b) CBÉ 825:368–71; 6 x 4. Aithriseoir: Anna Ní Ghriallais (21), Cill Bhriocáin, Ros Muc. Bailitheoir: Monica Ní Mhaodhbh, 22 Aibreán 1942.

v.1 Comhnuigheann cailín óg taobh shíos go'n gheata mór, a dtug mo chroidhe istigh gean dhí

v.2 Labhair sí liom go tláith, séard dubhairt sí a mhíle grádh, bíodh foigid agat go dteagadh an oidhche

v.3 'S cínnte a rúin chroidhe dhá bhféadainn-se sgríobh síos, go meállfainn mo mhian gan aimhreas

v.4 Leide go mo stór dhá bhfeictheá ag tiacht san ród, budh í réalt sa gceó í lá geimhridh

v.5 Bhénus théis gach nídh a sgríobh Homer ar a gnaoí, [...]

v.6 Dhá mbudh liomsa an Fhrainnc 's an Spáinn 's ón tSionainn nuas go Bóinn, thiubhrainn í 's a bheith leat sínte

(c) CBÉ 1280:288–89; 4 x 4, 1 x 2. Aithriseoir: Meaigí Mháirtín Seoige (bean Chóil

Sheáin Tom Ó Ceallaigh) (*c.*30), An Trá Bháin, Tír an Fhia. Bailitheoir: Séamus Mac Aonghusa, [1943–45].

v.1 Comhnuíonn cailín óg ar thaobh an bhóthair mhór a dtug mo chroí go mór-mór grá dhi

v.2 Labhair sí liom go lághach ⁊ duairt sí 'mhíle grá, bíodh foighid agat go dteagaí an oídhche

v.3 leide uaidh mo stór 's í fheiceál tíocht a' ród, nach í'n solas thríd a' gceó í maidin gheímhre

v.4 Ghúr ba liom-sa 'n Fhrainnc 's Spáinn 's a tSiona 'mach go bárr, ó ba leat a mhíle grá ach a bheith liom sínte

v.5 Míle glóir le Dia nár cháill mé leat mo chiall, cé gur gar a chua mé dhó a chúilín fainneach

61 Neilí

(a) CBÉ 441:317–19; 6 x 4. Aithriseoir / Bailitheoir: Tomás Ó Lochlainn, Bun an Charnáin, Leitir Móir, Meán Fómhair 1937.

v.1 Is minic a d'ól mé mo dhothain lá féile

v.2 Á bhfeictheá mo Neili ar maidin Dé Domhna'

v.3 Á bhfeictheá mo Neili ar maidin chiúin cheóbánaigh

v.4 Nach aoibhinn dhon chábán a gcodluigheann mo ghrádh ann

v.5 'S truagh gan mé 'm ghiuistís 's mo chúl a'm leis an ngárda

v.6 Is truagh gan mé in m'iasgaire ag Iarla Bhinn Éadair

(b) CBÉ 524:376–78; 6 x 4. Aithriseoir: Eoghan Ó Flatharta (40), Na Foraí Maola Thiar, Bearna. Bailitheoir: Proinnsias de Búrca, 24 Feabhra 1938.

v.1 'S a Neilí ⁊ a Neilí, a' dtiocthá ag an aonach

v.2 Dhá bhfeictheá mo Neilín ar maidin lae fóghmhair

v.3 Ceó meala lá seaca ar na coillte dlúth daraigh

v.4 Ó a Dhia, dhá mbéinn ⁊ meidhreach chúl ómra

v.5 'S truagh gan mé in mo ghiúisdís ⁊ mo chúl leis a' ngárda

v.6 'S truagh gan mé in m'iascaire thiar ag Bínn Éadair

(c) CBÉ 414:38–40; 1 x 3, 1 x 4, 1 x 3, 1 x 4, 2 x 3, 1 x 2. Aithriseoir: Eoghan Ó Flatharta (46), Na Foraí Maola Thiar, Bearna. Bailitheoir: Éamonn Ó Confhaola, 15 Meán Fómhair 1937.

v.1 I dtiocfá cun an aonaigh ag áil fionn

v.2　Dá bhfeicfeá Neillín ar maidin laé fóghmhair
v.3　Ceó mealla, tá sead ar na coillte dlúth daoraigh
v.4　Giorra tú ar mo laetheannta ⁊ mhéaduigh tú ar mo gharla
v.5　Is tú mo ghean ghrádh faoí na coillte le méir an tráthnóna
v.6　Chúig mhíle púnt ⁊ é a fhágail ar mo dá láimh dom
v.7　Lár Loch Éirne a deireóchainn chaon oidhche go dteighinn síos

(d)　CBÉ 607:21–23; 3 x 4, 1 x 3, 1 x 4. Aithriseoir: Seán Ó Fátharta (66), Baile an tSléibhe, Ros an Mhíl. Bailitheoir: Brian Mac Lochlainn, 1938.

v.1　'Truagh gan mé i m'iascairín 's mé thiar ag Bínn Éadain
v.2　'S a Neilín, a Neile, a' dtiocthá 'un an aona'?
v.3　Á mbeinn-se i mo ghiúistís 's mo chúl leis a ngárda
v.4　'S a Neilín, a shiúirín, is tú lúibín Loch Éirne
v.5　Bhí cúigear mrá táirne ánn cho stuama 's tá i n-Éirinn

62　Neilí Bhán

(a)　CBÉ 432:407–09; 5 x 4. Aithriseoir: Cóilín Ó Griallais (Cóilín Ghriallais), An Rinn, An Cheathrú Rua. Bailitheoir: Liam Mac Coisdealbha, 13 Nollaig, 1937.

v.1　Thiar i n-Inis Bó Báine tá teach ag mo mháithrín héin
v.2　Ó's á bhfeiceá-sa Neilí an chúil bháin, is a brollach geal áluinn mín
v.3　Turus go Baile Átha Luain, seadh d'fhága mé breóite tínn
v.4　Mo bhrón ort-sa a chailín deas óg, is na h-aithris go deó orm é
v.5　Cá bhfios nach maith í an chríonnacht, thárla an óige 'fáil geárr

(b)　Neil an Chúil Bháin

CBÉ 76:153–55; 4 x 4, 1 x 3. Aithriseoir: [?]. Bailitheoir: Máire (Tim) O'Sullivan, [1932–3].

v.1　Thuas a n-Innis Bó Báine tá teach ag mo mháithrín féin
v.2　Brón ort a Pháidín Sheáin Mhóir, is ná aithris go deó orm é
v.3　Níl fhios nach maith í an críonacht ó thárla an oichche seo geárr
v.4　Dá bhfeicfá Nell an Chúl Bháin, is a brollach deas áluinn mín
v.5　Turas go Baile Lá Leóin, sé d'fhága mé breóite tinn

63　Nóirín mo Mhian

(a)　CBÉ 249:58–62; 7 x 4, 2 x 5. Aithriseoir: Pádraig Ó Ceannabháin, An Cnoc, Indreabhán. Bailitheoir: Bríd Ní Chollaráin, 1938.

v.1   I gCaisleán a' Bharraigh seadh chodal mé aréir
v.2   Is fada mé ag imtheacht ag tuairisg bean tighe
v.3   Déanaidh mé caisleán dhen cnocánín bhán
v.4   Tá mo theach ins an ardán is a dhá cheann le gaoith
v.5   Is mar a árduigheas an ghealach seadh isligheanns an ghrian
v.6   Nach aoibheann do na h-éininí a eirigheas go h-árd
v.7   Taobh thiar de'n claidhe na thorrainn tá stóirín mo chroidhe
v.8   Tá na ba bán ag géimneach is tá na laoidín ag ól
v.9   Trathnóna Dia Luain is é a' báisteach go trom

(b)   Caisleán an Bharraigh
       CBÉ 811:341–43; 9 x 4. Aithriseoir: Dónall Ó Finneadha (78) An Baile Ard, An
       Spidéal. Bailitheoir: Tadhg S. Ó Concheanainn, 8 Samhain 1941.
v.1   I gCaisleán a' Bharra 'seadh chodail mé 'réir
v.2   Máirnéalach luinge mé tháinic análl
v.3   Taobh thiar do'n chlaidhe teórainn atá stóirín mo chroidhe
v.4   Agus is fada mé in uaigneas ar thuairisg bean tighe
v.5   Sé'n chomhairle thug mo Deadaí dhom gana aon deóir ól
v.6   Tá mo theach ins an árd 'sa dhá cheánn lé gaoith
v.7   Déanfa mé caisleán ar chrocáinín árd
v.8   Dhá bhfeicteá-sa Nóirín 'sí a' siúbhal leis a' tuínn
v.9   Ar chuala sibh an sgéal údan a d'eirigh do'n chailín

(c)   A Chailín Bhig, Uasail
       CBÉ 1722:97–100; 7 x 4, 1 x 5. Aithriseoir: Beartla Ó Flatharta *(Barley Tom
       Flaherty)* [An Cnoc, Indreabhán]. Bailitheoir: Pádraig Ó Ceannaigh, 1936.
v.1   I gCaisleán a' Bharraigh seadh chodail mé aréir
v.2   Is fada me ag imtheacht ar thuairisg bean-sidhe
v.3   Déanfaidh caisleán ar chnocáinín bán
v.4   Tá mo theaichín-se ar an ardán is tá a dhá cheann sa ngaoith
v.5   Mar ardiugheanns a' gheallach seadh isligheann an ghrian
v.6   Nach aoibhinn do na h-éininí a éirigheas go h-árd
v.7   Taobh de chlaidhe na teórann tá stoirín mo chroidhe
v.8   Tá ba bán ag géimhneach is tá na laoigh óg á diúl

(d)   CBÉ 307:342–46; 2 x 4, 1 x 3, 4 x 4. Aithriseoir: Máire Ní Chonfhaola, Scoil
       an Droma, Leitir Mealláin. Bailitheoir: Seán Ó Dochartaigh O.S., Oileán
       Gharumna (1918–20).
       v.1   Taobh shiar de claidhe na tórann tá stóirín mo croidhe
       v.2   Gheall mo stóir spré dhom, céad ⁊ dhá bhó
       v.3   Sé'n chomhairle chuir m'athair orm gan aon dóir ól
       v.4   Mar arduigheann an ghealach seadh ísligheann an ghrian
       v.5   Déanamh mé teaichín ar chnocáinín bán
       v.6   Tá mo theaichín san árdán agus a dhá cheann san ghaoith
       v.7   Dhá mbeidhinn-se mo chaiptín nó mo mháistear ar luing

(e)   Tuairisc Bean Tí [sic]
       CBÉ 209:321–22; 6 x 4. Aithriseoir: Pádraig Ó Céidigh (*c.*50), Seanadh Gharráin,
       An Spidéal. Bailitheoir: Stiofán Ó Confhaola, 1935.
       v.1   Is fada mé ag imtheacht ag toraidheacht bean tighe
       v.2   Is truagh gan mé pósta le stór geal mo chroidhe
       v.3   Go bhfásadh dhá sgiathán ar mo ghuailnibh anuas
       v.4   Ar aill an tighe mhóir mhóir is ann a chomhnuigheas is a bhíos mo
              ghrádh bán
       v.5   Nár fhágh mé bás choidhche go gcaithfeadh mé dhom an mí-ádh
       v.6   Mar bhíos grian ós comhair dubhathán seadh tá m'intinn faríor

(f)   CBÉ 1722:345–47; 6 x 4. Aithriseoir: Pádraig Ó Fátharta, Ros Muc. Bailitheoir:
       Mícheál Seoige.
       v.1   Tá mo theach ar an árdán agus an dá cheann le gaoth
       v.2   Déanfaidh mé teach ar chnocáinín árd
       v.3   Is fada mé ag fuaidreamh ar thuairisg bean tighe
       v.4   I gCaisleán a' Bharraigh seadh chodail mé aréir
       v.5   Ó nach aoibhinn go na héiníní a éirigheann go hárd
       v.6   Nach truagh gan mé ins na hIndiachaibh, ins an bhFrainnc na sa Spáinn

(g)   Claí na Teorann
       CBÉ 1138:517–18; 6 x 4. Aithriseoir: Pádraig Ó Flatharta (61), Cor na Rón Thoir,
       Indreabhán. Bailitheoir: Pádraig Ó Flatharta, 1941.
       v.1   Taobh thall de chlaidhe na teórann tá stóirín mo chroidhe
       v.2   Ní dhéana mé imirce 's ní dhéana mé ól

v.3 Comhairle a chuir mo *Dady* orm gan a bheith 'g'ól

v.4 Déanfa mé caisleán ar thaebh an chnuic bháin

v.5 Dá mbéinnse 'mo chaiptín nó mo *major* ar long

v.6 Tá mo theachín ar an árdán is a dhá cheánn sa ngaoith

(h) CBÉ 248:435–39; 5 x 4. Aithriseoir: Tomás Ó Flatharta (61), An Cnoc, Indreabhán. Bailitheoir: Pádraig Ó Ceannaigh, 20 Lúnasa 1936.

v.1 I gCaisleán a' Bharraigh seadh chodail mé aréir

v.2 Is fada mé ag imtheacht ar thuairisg bean (caoin)

v.3 Déanfaidh caisleán ar chnocáinín bán

v.4 Tá mo theaichín-se ar an ardán is tá a dhá cheann sa ngaoith

v.5 Mar arduigheanns an gheallach seadh isligheann an ghrían

(i) CBÉ 926:247–48; 5 x 4. Aithriseoir: Máire Ní Dhiollúin (20), An Teach Mór, Indreabhán. Bailitheoir: Calum I. Mac Gill-Eathain, 1943.

v.1 Tá mo theachín ar an árdán is a dhá cheann 'sa ngaoith

v.2 Déanfa' mé caisleán ar chrocáinín bán

v.3 Guil trí Mhuigh Eó dhom is mé cómhra' le mraoi

v.4 I gCaislean a Bharra' seadh chodail mé réir

v.5 Nach fada mé tóraidheacht ar thuairisg mhrá tighe

(j) A Chailín Bhig, Uasail

CBÉ 248:425–27; 4 x 4. Aithhriseoir: Pádraig Ó Ceannabháin, An Cnoc, Indreabhán. Bailitheoir: Pádraig Ó Ceannaigh, 1936.

v.1 I gCaisleán a' Bharraigh a chodail mé aréir

v.2 A chailín bhig uasail na gruaige breagh buidhe

v.3 Is tá mo theaicín ar an árdán is a dhá cheann sa ngaoith

v.4 Agus déanfaidh mise caisleán ar thaoibh a' chnuic bháin

(k) A Chailín Bhig, Uasail

CBÉ 1722:75–76; 3 x 4. Aithhriseoir: Pádraig Ó Ceannabháin, An Cnoc, Indreabhán,. Bailitheoir: Pádraig Ó Ceannaigh, 1936.

v.1 I gCaisleán a Bharraigh a chodail mé aréir

v.2 A chailín bhig uasail na gruaige breagh buidhe

v.3 Tá mo theaicín san árdán is a dhá cheann le gaoith

v.3 Agus déanfaidh mise cuisleán ar thaoibh an chnuic bháin

(l)   Ar Chúl an Chlaí Teorann

CBÉ 826:217–18; 4 x 2. Aithriseoir: Mairéad Bean Uí Ghriallais (57), Cill Bhriocáin, Ros Muc. Bailitheoir: Monica Ní Mhaodhbh, 22 Bealtaine 1942.

v.1   Ar chúla chlaidhe na teórainn atá mo stóirín ina suidhe

v.2   Mar ísleanns an ghealach 's mar árduineans an ghrian

v.3   Truagh gan mé mo chaiptín nó mo mháighistir ar an long

v.4   'S gealladh mar spré dhom-sa céad 's dhá bhó

64   **Nóra Bhán**

(a)   CBÉ 1138:510–11; 7 x 2. Aithriseoir: Pádraig Ó Flatharta (61), Cor na Rón Thoir, Indreabhán. Bailitheoir: Pádraig Ó Flatharta, 1941.

v.1   Tráthnóna deirneach Dia Luain 'gus é ag báisteach 'seadh casadh tigh Sheáin mé is shuithe mé síos

v.2   Ba dheirge a dhá gruadh ná an caor-caorthann 's ba ghile bhínn í ná an eala ar snámh

v.3   Ba mhaith an teach é tigh *Frank* 'ac Conghaile a deir lucht an aonaigh a bhí a' tarraingt ann

v.4   Nach an truagh liom Nóra Bhán a bheith ar thamhnach sléibhe, gan í a bheith gléasta le sioda geal

v.5   Tá maighistir sgoile 'san teach i gcomhnaidhe ann is tá roinnt don ór buidhe go fairsing ann

v.6   'Sí an cailín óg í is deise m'eólas, tá sí tóigfidhe ar leabhar 's ar pheánn

v.7   'Sé mo léan dheacrach is mo chreach mhaidhne gan mé go h-óg is bhí mé lá

(b)   CBÉ 248:429–33; 7 x 2. Aithriseoir: Pádraig Ó Ceannabháin (60), An Cnoc, Indreabhán. Bailitheoir: Pádraig Ó Ceannaigh, 17 Lúnasa 1936.

v.1   Trathnona deireannach Dé Luain is é a' báisteach, casadh tighe Sheáin mé agus shuidhe mé síos

v.2   Ghnothuigh muid uilig é – na an chaor-chaorthainn, ba gile mín í ná an eala a' snámh

v.3   De réir mo thuairim bhí sí tóigthe, fuair sí eólas ar leabhar is ar pheann

v.4   Nach é an truagh an spéir-bhean bheith ar thamhnach sléibhe i leabaidh bheith gléasta le síoda bán

v.5   Dhá mbeadh dhá chead óir agam is mé bheith gan phósadh agus mé bheith go h-óg leat, a Nóra Bhán

v.6   Tá mac Rí Sheamius a' teacht dá h-éileamh agus an *Prince of Wales* as an nGearmán

v.7 Is ó thárla ag imtheacht tú, ar choimrigh Dé tú is go dtugaidh Dia slán tú thar muir gan bádhadh

(c) CBÉ 1722:94–96; 7 x 2. Aithriseoir: Pádraig Ó Ceannabháin (60), An Cnoc, Indreabhán. Bailitheoir: Pádraig Ó Ceannaigh, 1936.

v.1 Trathnóinín deireannach Dé Luain 'sé a' baisteach, casadh tighe Sheáin mé ⁊ shuidhe mé síos

v.2 Gnothuigh muid uilig é – na an caor-chaorthainn, ba gile mín í ná an eala a snámh

v.3 De réir mo thuairim bhí sí tóigthe, fuair sí eólas ar leabhar ⁊ ar pheann

v.4 Nach é an truagh dhon spéar-bhean bheith ar thamhnach sléibhe leabaidh bheith gléasta le síoda bán

v.5 Dhá mbeadh dhá chead óir agam is mé bheith gun phósadh, is mé bheith go h-óg leat, a Nóra Bhán

v.6 Tá mac Rí Sheamuis a' teacht dá h'éileamh agus *Prince of Wales* as an nGearmán

v.7 Is ó thárla ag imtheacht tú, ar choimrigh Dé tú, is go dtugaidh Dia slán tú thar muir gan bádhadh

(d) CBÉ 1133:210; 6 x 2. Aithriseoir: Seán Ó Flatharta (Seáinín Sheáin) (c.60), An Lochán Beag, Indreabhán. Bailitheoir: Tomás de Bhaldraithe, Nollaig 1937.

v.1 Tarnóinín deireannach Dia Luain 's é 'báisdeach, casadh tígh Sheáin mé agus shuidh mé síos

v.2 A gruadh ba dheise dheirge í ná an caorthann, agus a héadan ba ghile mhíne ná'n eala ar snámh

v.3 Tá sí tóigthí le sgoil is le foghluim, fuair sí eolas ar leabhar is ar pheann

v.4 Is maith an teach é tígh Frainnc Conaola mar dubhairt na daoine a tharrainigheas ann

v.5 Nach truagh í bheith tóigthe ar thamhnach sléibhe (var. nach é an truagh é í bheith ar thamhnach sléibhe), nach mbeadh sí gléasta le síoda bán

v.6 Tá *Prince a' Wales* ag teacht dhá héiliú agus Rí na Gréige as an Ghearmáin

(e) Iníon Fhrainc 'ic Conaola
CBÉ 607:59–61; 5 x 4. Aithriseoir: Seosamh Mac Donnchadha, Ros an Mhíl.
Bailitheoir: Brian Mac Lochlainn, 1938.

v.1   Tráthnúna deireannach Dé Luain 's é báisteach, casú tigh Sheáin mé gus do shuidhe mé síos

v.2   Is cóir a teach é tigh Frainnc 'ic Anfhaola deir na daoine lom a thairrnigheanns ánn

v.3   'S nach b'é an truaigh i bheith ar thulach sléibhe, gun í bheith gléasta le síoda bán

v.4   Truagh gun mise anois mar budh mhian liom 's dhá mhíle gon ór buidhe a bheith a'm i mo láimh

v.5   Nach mór i gceist anois againn Bhéanus seal i n-Éirinn, ce go mbudh mhór é a cáil

(f)   CBÉ 250:137–39; 4 x 2, 1 x 4. Aithriseoir: Pádraig Ó Ceannabháin (60), An Cnoc, Indreabhán. Bailitheoir: Bríd Ní Chollaráin, 1936.

v.1   Trathnóna Dia Luain ⁊ é a' báisteach go trom, casadh i dtighe Sheáin mé ⁊ shuidhe mé síos

v.2   Acht nuair a lean mé an t-seannachas mar cé dhár diobh í, gur le Frainc Confaoghala a geibinn cailín breagh

v.3   Bhí máighistir sgoile aicill 'san teach i gcomhnuidhe agus neart dhen óir buidhe dhe fairsing ann

v.4   Dá mbeitheá dá chéad uair agam agus mé a bheith gan pósadh, agus mé a bheith go h-óg leat aon uair amháin

v.5   Is pebrí fear óg a bhfuil do phóg i ndán dhó, ní baoghalach bás dhó ná an galra dubh

(g)   Frainc ' Conaola
         CBÉ 811:482–84; 5 x 2. Aithriseoir: Seán Ó Flatharta (Seáinín Sheáin) (60), An Lochán Beag, Indreabhán. Bailitheoir: Tadhg S. Ó Concheanainn, Nollaig 1941– Eanáir 1942. Frainc Confhaola a rugadh agus a tógadh i Maigh Cuillinn a rinne.

v.1   Tarnúna deireannach aréir 'sé báisteach, casú tígh Sheáin mé ⁊ shuidhe mé síos

v.2   Ba deise, deirg' í ná'n caorthann caorthann, 's mba ghil' a mhín' í ná'n eal' air snámh

v.3   Tá sí tóigthí 'e réir mo thóirim (thuairim), fúair sí eolas air leabhar 's air pheánn

v.4   Is ma' an teach é tigh Frainc Conghaola a dúbhairt na daoiní 'bhíonn's a' tarrain't ánn v.5   Nach é'n trúaighe mo Núra Bhán 'bheith air thonna' shléibhe, gon í bheith gléasta leis a' síoda bán

(h)   Frainc ' Conaola

CBÉ 1634:226–27; 2 x 2, 1 x 3, 2 x 2. Aithriseoir: Neainín Bean Uí Chonaola, Cladhnach, An Cheathrú Rua. Bailitheoir: Ciarán Bairéad, 23 Feabhra 1960.

v.1   Trathnóinín deirneach Dé Luain 's é báisteach, casadh tigh Sheáin mé ⁊ shuidh mé síos

v.2   Nuair a chua' mé 'un seanchas go cé dhár díobh í, ba le Frank Conaola an fhaoileán breá

v.3   Tá fuisce fairsing ann ⁊ biadh gan chuntas le fágháil ag feara fáil [...]

v.4   Sé mo léan go bhfuil sí tóigthí, go bhfuair sí eolas ar leabhar 's ar pheann

v.5   Tá Rí na Frainncce a' tigheacht 'á héiliú, An Fhrainnc, an Ghréig ⁊ an Ghearamán

(i)   Frainc ' Conaola

CBÉ 1800:161–62; 3 x 4. Aithriseoir: Colm Ó Cliseam (35), Baile na hAbhann, An Tulach. Bailitheoir: Cóilín Ó Maoilchiaráin, [1971–72].

v.1   Oíche chúin dhubh seadh casadh tighe Sheáin mé agus shuí mé síos

v.2   Óir tá sí tóigthe le scoil is le foghluim, mar fuair sí eolas ar leabhar is ar pheann

v.3   Ó is nach í an truaigh í a bheith ar thamhnach sléibhe, gan í a bheith gléasta le síoda bán

(j)   CBÉ 1841:53–54; 1 x 3, 1 x 2, 1 x 3. Aithriseoir: Neainín Ní Neachtain [Bean Uí Chonfhaola] (90), Cladhnach, An Cheathrú Rua. Bailitheoir: Ciarán Bairéad, 5 Aibreán 1967

v.1   Ó tarnóna deir'nach Dé Luain a's é báisteach, ó casadh tí Sheáin mé agus shuigh mé síos

v.2   Ó is ait a' teach é tí Frainc Conaola lena doire mhuínir ó tharr'níonns ann

v.3   Tá'n Fhrainc's an Ghréig ann a' tíocht á h-éiliú, agus *Prince o' Wales* agus a' Ghearamáin

(k)   Frainc ' Confhaola

CBÉ 1280:8; 1 x 4, 1 x leathlíne. Aithriseoir: Peadar Mac Fhualáin (33), Bothúna, An Spidéal. Bailitheoir: Séamus Mac Aonghusa, 9 Iúil 1942.

v.1   Tráthnóinín deirionnach Diardaoin 'sé báisteach, seadh casadh tigh
Sheáin mé 'gus shuidhe mé síos

v.2   Is maith an teach é tigh Frank Conghaola [...]

65   Nóra Ní Chonchúir Bhán

(a)   CBÉ 72:45–47; 10 x 2. Aithriseoir: Tomás Ó Concheannain (58), An Púirín,
Indreabhán. Bailitheoir: Pádraig Ó Finneadha (17), Nollaig 1930–Eanáir 1931.
Mícheál Mac Suibhne a rinne.

v.1   'S fadó fuair mé seans ar chailín óg san ngleann, agus geallamhaint ar í
fhagháil le pósadh

v.2   Sí do chumann a bhí gearr 's a chlis orm 's gach gábhadh, nó go sínfear
mé faoí chláracha cómhra

v.3   Nach h-ait mar thug mé gnaoídh do chailín óg sa tír, mar is orm-sa bhí
dith na céille

v.4   Anois ó tá mé cinnte gur bhain fear eile díom í, a stóirín, tá mo chroidhe
dhá réabadh

v.5   Tá mo dhoilgheas croidhe chomh mór agus nach mairfidh mé mí beó,
agus ní miste liom gach sógh dá bhfuighe mé

v.6   Marach lucht na mbréag, rachainn fá do dhéint, ar maidin 's ar gach aon
tráthnóna

v.7   Nach moch agus nach mall a shileann mo shúile deór, agus m'ósna go
rí-mhór mar gheall air

v.8   Leitir i ndiaidh an éin, mise bheith in do dhéidh, agus níor aithris mé mo
phianta mór duit

v.9   Nach fada na trí ráithe chaith mé ar thaobh an chruic úd thall, ní raibh
fosgadh ar bith a'm ann ná dídean

v.10   'Bhfuil galra ar bith le fagháil chomh claoídhte ar fad le grádh, cé go
sgaipeann an bás le fán na daoíne

(b)   CBÉ 1138:506–07; 9 x 2. Aithriseoir: Pádraig Ó Flatharta (61), Cor na Rón Thoir,
Indreabhán. Bailitheoir: Pádraig Ó Flatharta, 1941.

v.1   'S fadó 'fuair mé seans ar chailín óg sa ngleann, is geallamhaint ar í
fhághail le pósadh

v.2   Nach maith mar thug gnaoidhe do chailín óg sa tír, mar's ormsa bhí dith
na céille

v.3   Anois ó tá mé cinnte gur bhain fear eile díom í, acht a stóirín, tá mo chroidhe dá réabadh

v.4   Tá mo dhoiligheas croidhe chomh mór 's nach mairfidh mé mí beó, agus ní miste liom gach sógh dá bhfuighe mé

v.5   Marach lucht na mbréag, rachainn-se fá do dhéint, ar maidin 's ar gach aon tráthnóna

v.6   Nach moch agus nach mór a shileann mo shúile deór, agus m'osna go rí-mhór mar gheall air

v.7   Leitir i ndiaidh an éin, mise bheith in do dhiaidh, agus níor aithris mé mo phian atá mór dhuit

v.8   Nach fada na trí raithe chaith mé ar thaobh an chnuic ud thall, ní raibh fosgadh ar bith a'm ann ná dídean

v.9   Bhfuil galra ar bith le fághail chomh claoidhte bocht le grádh, cé go sgaipeann an bás le fán na daoine

(c)   CBÉ 607:575–76; 8 x 2. Aithriseoir: Bríd Ní Scanláin, Baile an tSléibhe, Ros an Mhíl. Bailitheoir: Brian Mac Lochlainn, 1938.

v.1   Is fada ó fuair mé an fáil ar chailín óg sa ngleann, agus geallúint dom í fháil le pósa'

v.2   Níor b'é do chumann a fuaireas gearr a' goil eadrainn gach lá, nú ga síntear mé i's tú i gcláraí conra

v.3   Is moch ⁊ diún a thuillenns mo shúl deor, agus m'osna go rí-mhór mar gheall ort

v.4   Tá mo dhoiligheas croidhe cho' mór ⁊ nach mairthe mé mí beo, agus a stóirín, tá mo chroidhe ghá réaba

v.5   Marach lucht na mbréag, rachainn fá do dhéint, ar maidin ⁊ gach aon tráthnúna

v.6   Leitir i ndiadh an éid, dhom-sa a bheith i do dhéidh, 'gus ní bhaineann dhuit mo phianta móra

v.7   Is fada na trí ráithe a chaith mé ar bhárr a' chruic siúd tháll, gun fasca a' bith agam ánn ná dídean

v.8   Níl rud a' bith le fáil níos claoidhte bocht ná an bás, mar sgaipeann sé ga fánach daoine

(d)   CBÉ 826:232–34; 6 x 2. Aithriseoir: Bríd Bean Uí Shúilleabháin (30), Cill Bhriocáin, Ros Muc. Bailitheoir: Monica Ní Mhaodhbh, 2 Meitheamh 1942.

v.1   Is fada ó thug mé grádh go chailín óg sa ngleánn, 's geallú dhom í fháil le pósa

v.2 Nach moch 's nach neóir mar ghoilleanns mo shúil deóir, 's m'osna go
rí- mhór mar gheall ort

v.3 Leitir in ndiaidh an éag 's agam dul do dhéidh, 's deamhan a' mhaithe mé
mo sgéal go deo dhuit

v.4 'S nach iomdha oidhche 's lá chaith muid ar thaobh an chruic úd tháll, 's
gan fasga 'ainn ar stoirm na ar bháisteach

v.5 Tá do chúilín clannach buidhe agus é a' tuitim léithe síos, 's ní
innsinnigheann sí ghá thrían ghá sgéal dhom

v.6 Níl rud ar bith le fáil 's claoidhte bocht ná an grádh, cé go sgaipeann sé
go fánach daoine

(e) CBÉ 225:385–87; 5 x 4. Aithriseoir: Pádraig Ó Confhaola, An Chré Dhubh, An
Spidéal. Bailitheoir Mícheál Ó Droighneáin O.S., Na Forbacha, Samhradh 1927.

v.1 Is fadó fuair mé aithne ar chailín óg san áit, agus geallamhaint ar í
fhághail le pósadh

v.2 Nach ait mar thug mé gnaoi do chailín óg sa tír, mar is orm a bhí díth na
céille

v.3 Nach moch agus nach mór a shileas mo shúil deór, agus m'osna go
rímhór mar gheall ort

v.4 Marach lucht na mbréag, rachainn faoi do dhéint, ar maidin agus 'chaon
tráthnóna

v.5 Is fada na trí ráidhthe chaith mé ar thaobh an chnuic úd thall, gan
fasgadh ar bith a'm ann ná dídean

(f) CBÉ 811:461–63; 4 x 4. Aithriseoir: Seán Ó Flatharta (Seáinín Sheáin) (60), An
Lochán Beag, Indreabhán. Bailitheoir: Tadhg S. Ó Concheanainn, Nollaig 1941–
Eanáir 1942. Mícheál Mac Suibhne a rinne.

v.1 Is fad' ó fuair me seans air chailín óg 'sa ngleánn, is geallamhaint a'm í
fháil le pósa

v.2 'S fuide ná trí rá' 'chaith mé 'r thaobh a' chruic úd tháll, gun fasg' ar bich
a'm ánn ná dídean

v.3 Dhá dteighinn-se go'n Spáinn 'sa theacht aríst análl, do ghrádh-sa ní
thiúbhr'ainn g'aon bhean

v.4 'S a ógánaí chaoin, air leig mé leat mo ghnaoí, mar is orm a bhí seal
an díthcéille

(g)   CBÉ 1800:165–66; 3 x 4. Aithriseoir: Colm Ó Cliseam (35), Baile na hAbhann, An Tulach. Bailitheoir: Cóilín Ó Maoilchiaráin, [1971–72].

    v.1   Agus fada a fuair mé fáil ar chailín óg sa ngleann, agus geallúint agam í a fháil le pósadh

    v.2   Nach fada iad na trí ráithche a chaith mé ar thaobh an chnoic úd thall, gan fascadh ar bith agamsa ná dídean

    v.3   Is leitir in dhiaidh an éig dhomsa a bheith in do dhiaidh, agus níor bhain mé mo phian go deo dhíom

(h)   Úna Ní Chnochúir Bhán

    CBÉ 851:56–57; 1 x 5. Aithriseoir: Mícheál Mac Fhlannchadha (Micil Choilm) (38), An Teach Mór, Indreabhán. Bailitheoir: Calum I. Mac Gill-Eathain, 24 Deireadh Fómhair 1942.

    v.1   Nach fada thuc mé grá go chailín óg sa ngleann, agas geallúint ar í fhaghailt le pósa

66   Péarla an Chúil Bháin

    CBÉ 100:21–22; 3 x 4. Aithriseoir: [?]. Bailitheoir: Eibhlín Ní Fhátharta, [*c*.1917].

    v.1   Is truagh gan mé i Sasana, ins an bFrainnc nó ins an Spáinn

    v.2   A Mháire, cuirim léan ort, is búdhartha d'fagadh tú mé

    v.3   Ar luighe dhom ar mo leabaidh, gan suaimhneas fhaghail ann

67   Péarla Deas an Chúil Bháin

(a)   Péarla Deas an tSléibh' Bháin

    CBÉ 1138:480–83; 9 x 4. Aithriseoir: Pádraig Ó Cualáin (Pádraig Pheatsa) (84), Cor na Rón, Indreabhán. Bailitheoir: Pádraig Ó Flatharta, 1941.

    v.1   Muise, cheithre lá dhéag, gan bhréag, a chaith mise ar an sliabh

    v.2   Muise, tosuighthe ag ól, is ólamuid canna don leánn

    v.3   Muise, marach an t-ól, bheadh cóta beag deas ar mo dhruim

    v.4   Muise, 'sé mo léan géar, gan mé mo lacha bheag bhán

    v.5   Sé mo chreach agus mo chrádh, nach bhfuil éadach orm ná bláth

    v.6   Is cluinim iad dá luadh is dá rádh, agus is cainnt í 'thuigeas a lán

    v.7   Níl aon chrann 'san gcoill nach ndtionntóchadh a bhun ós a bhárr

    v.8   Muise cia'n mhaith dhom é dá ndéanfainn brat ins an ngleann

    v.9   Is cia an mhaith dhom fhéin é dá ndéanfainn muileann ar mhóin

(b)   An Lachóigín Bhán

CBÉ 811:343–45; 8 x 4. Aithriseoir: Dónall Ó Finneadha (78), An Baile Ard,
An Spidéal. Bailitheoir: Tadhg S. Ó Concheannain, 8 Samhain 1941.

v.1   Marach a' t-ól, bheadh cóitín deas ar mo dhruím

v.2   Cruinnigidh anuas, go n-ólfa muid canna go'n leánn

v.3   'Sa chailín bhig óig, ná pós a' sean-dhuine liath

v.4   Agus cheithre lá dhéag, gan bhréig, a chaith mé ar shliabh

v.5   Is é mo léan géar, gan mé 'mo lachóigín bhán

v.6   'Á bhfeiceá an boc-bán cé go m'áluinn an marcach é 'tígheacht

v.7   Tá'n oidhche seo fuar, is drúcht na maidhne 'g'uil thríom

v.8   'Sé mo léan géar, nach ndíanann sé sneachta 'gus sioc

(c)   CBÉ 969:254–55; 5 x 4. Aithriseoir: Seosamh Mac Liam (31), An Baile Láir, Cor na
Rón, Indreabhán. Bailitheoir: Calum I. Mac Gill-Eathain, 9 Nollaig 1944.

v.1   Cha mé mo shaol a' déana leanna 'sa ngleann

v.2   Teannaimí 'g ól, go n-óla muid canna go'n leann

v.3   Níl crann ins a' gcoill nár iompa bhun i n-a bhárr

v.4   Go deireannach aréir, gan bhréig, seadh choinic mé 'n bás

v.5   Cé'n mha' dhom péin, dhá ndéanainn tarú go bhó

68   Peigí Mistéil [sic]

(a)   Peigín Leitir Móir

CBÉ 209:315–18; 8 x 4. Aithriseoir: Pádraig Ó Céidigh (*c.*50), Seanadh Gharráin,
An Spidéal. Bailitheoir: Stiofán Ó Confhaola, 1935.

v.1   B'ait liom bean d'eimreócadh cleas 's nach gclisfeadh ar a grádh

v.2   Is mine a dreach ná clúmh mín geal 's na cubhar na tuille tráig

v.3   A stór mo chroidhe, ná tréig do mhian acht breathnuigh isteach san gcás

v.4   Dá bhfághainn-se caoi nó áit le suidhe, ní stadfainn bliadhain is lá

v.5   Lonnradh an óir i bhfolt mo stór ag fás go fainneach fionn

v.6   Tá breághacht as gile sull as cuisle slásadh deas dá réir

v.7   Mo ghrádh faoí dhó na mná go deó gidh d'fhág siad mise tinn

v.8   Do b'ait liom dórtadh bheith ar phórter as cannaidh lán de leánn

(b)   Peigín, a Mhíle Stóirín

CBÉ 1211:524–28; 4 x 4, 1 x 5, 2 x 2, 1 x 4. Aithriseoir: Seosamh Ó Tuathail (40),
Leitir Caladh, Leitir Móir. Bailitheoir: Cóilín Ó Maoilchiaráin, 17 Meán

Fómhair 1951.

v.1 B'ait liom bean a d'imreóchadh beart is nach gclisfeadh ar a grádh

v.2 Is míne a dreach ná clúmh mín geal is ná cubhar na tuinne ar trághadh

v.3 A stór mo chroidhe, ná tréig do mhian acht breathnuigh isteach sa gcás

v.4 Dhá bhfághainn-se caoi nó áit le suidhe, ní stadfainn bliadhain is lá

v.5 A bhláth na n-ubhal, a b'áilne snuadh, ná duilleabhar bhárr na gcraobh

v.6 Mo ghrádh faoi dhó na mná go deó mar d'fhág siad m'intinn lag

v.7 B'fhearr liom póg ó Pheigín a stór 'gus fághaim ar uaigneas í

v.8 B'ait liom dúrta fhágháil ar phorter agus cannaí lán le leán

(c) Cóstaí Mheiriceá

CBÉ 443:47–49; 1 x 2, 4 x 3, 3 x 2. Aithriseoir: Eoghan Ó Flatharta (40), Na Foraí Maola Thiar, Bearna. Bailitheoir: Éamonn Ó Confhaola, 16 Samhain, 1937.

v.1 Dhá bhfuighinn se caoí nó áit le suidhe, ní chaithfinn bliadhain mar atáim

v.2 Ní rugadh i dtír aon bhean [...] a bhéarfadh [...] an bárr

v.3. Bláth an fháinne, is deise a ghile a leagas súil is béal air

v.4 Tá dath an óir i gcúl mo stór agus í deanta go faineach dlú

v.5 Níl mil ná meach faoí Cháisg air anois Dia Luain

v.6 Dá mbeadh mo phócaí teann, cailín óg ar cheann an stóil i ndeanfainn sugra agus greánn

v.7 B'ait liom bean a thiocfadh isteach ⁊ suidheach i buil a grádh

v.8 Sé cumg caol sang na bhfáinne glas, sí Peigín atá mé i rádh

(d) Cailín an Chúil Bháin

CBÉ 811:459–61; 6 x 4. Aithriseoir: Seán Ó Flatharta (Seáinín Sheáin) (60), An Lochán Beag, Indreabhán. Bailitheoir: Tadhg S. Ó Concheanainn, Nollaig 1941–Eanáir 1942.

v.1 B'ait liom bean a d'imreóch' cleas 's nach gceilleach orm grádh

v.2 'Stór mo chléibh, ná tréig mé ach breathn' isteach 'sa gcás

v.3 Is mín' a cneas ná clúch mín geal ná cúbhar na tuinn' air thrá

v.4 Dhá bhfuíghinn-se slighe nú áit le suídhe, ní chúnó'ainn mí go brách

v.5 Tá lonrra'n óir i gcúl mo stóir 's é fighte fáinneach buidhe

v.6 Mo ghrádh faoí dhó na mrá go deó ó d'fhág siad mise tínn

(e) CBÉ 825:131–33; 4 x 4. Aithriseoir: Sean Ó Maodhbh (32), Cill Bhriocáin, Ros Muc. Bailitheoir: Monica Ní Mhaodhbh, 19 Aibreán 1942.

v.1 'S b'ait liom bean a d'imreóchadh cleas 's nach gcliseadh ar a grádh

v.2 'S nach míne a dreach ná clúmhach mín-geal 's ná cúbhar na tuille ar tráigh

v.3 Dhá bhfághainnse caoí nó áit le suidhe, ní stopainn bliadhain 's lá

v.4 A stór mo chroidhe, ná tréig do mhian acht breathnuigh isteach sa gcás

(f) Gile is Finne

CBÉ 76:161–62, 4 x 4. Aithriseoir: [?]. Bailitheoir: Máire (Tim) O'Sullivan, [1932–3].

v.1 Tá gile is finne fuil is cuisne ⁊ lasa breágh dá réir

v.2 B'ait liom tóir fhághail ar *porter* ⁊ cannaí lán go leán

v.3 Dá mbeadh agam cóir nó deis lé suidhe, ní chongeóchainn mí go bráth

v.4 Tá cúl mo stór ar dhath an óir is é fighta fánla fion

(g) Peigín an Chúil Bháin

CBÉ 1768:180–81; 3 x 4. Aithriseoir: Pádraig Bradley (Pádraig Berry) (49), Poll Uí Mhuirinn, Leitir Mealláin. Bailitheoir: Ciarán Bairéad, 12 Deireadh Fómhair 1969.

v.1 Ba mhait liom bean a dheanfadh pleain's nach gclisfeadh ar a grán

v.2 Dhá bhfághainn-se caoi no áit le suí, ní stadfainn mí go bráth

v.3 'Snach mb'fhearr liom a ceaig ó Pheigín 'á bhfághainn in uaigneas í

69 **Peigín Leitir Móir**

CBÉ 824:121–24; 1 x 4, 11 x 2 + curfá 2 líne. Aithriseoir: Neain Bean Uí Ghriallais (Neain Dhonnchadha) (66), Cill Bhriocáin, Ros Muc. Bailitheoir: Monica Ní Mhaodhbh, 27 Feabhra 1942.

v.1 Eirigh suas a Pheigín 's seas ar bhárr an áird

v.2 Nach cumasach 's nach ceannasach an rud a dubhairt Frank Óg

v.3 Chuir mise beirt go Sasana a' ceannacht parasol

v.4 Chuir mise sgéala isteach aici go gceannóchain bád mór

v.5 Chuir mise sgéala isteach aici go gceannóchainn cathaoir óir

v.6 Chuir mé sgéala isteach aici go gceannóchainn leaba chlúmhach

v.7 Chuir mise sgéala isteach aici go gceannóchainn taépot óir

v.8 Chuaidh mé siar an bealach seo go deireannach aréir

v.9 Triur ban óg a d'éaluigh liom 's ceathar a d'fhan mo dhiaidh

v.10 Go gcuire Dia ar mo leas mé, níl mé críonna fós

v.11 Dhá bhfeicteá Taimín Thomáis thiar sa georra mhór

v.12 Tá adharachaí ar a ceathrúnaí 's tochas in a tóin

Curfá: 'S ó goirm goirm í 's goirm í mo stór etc.

70 **Róisín Dubh**

(a) CBÉ 231:539–42; 7 x 4. Aithriseoir: Máirtín Ó Confhaola (Máirtín Ceannaí) (*c*. os cionn 80 bl), An Gleann Mór, An Cheathrú Rua. Bailitheoir: An Bráthair Lúcás, Meán Fómhair, 1935.

v.1 Nach fada an léim do chaith mé aréir léi, ní indé ná indiu
v.2 A Róisín, is tú do mhairbh mé a's nár mba feárrde dhuit
v.3 Dá bhfeicfeá-sa mo Róisín ag a' bpobal í
v.4 Dá bhfeicfeá-sa mo Róisín ag a' teampull í
v.5 Dá bhfeicfeá-sa mo Róisín taobh thall de'n t-sruth
v.6 Dá bhfeicfeá-sa mo Róisín taobh tháll de'n t-sruth
v.7 Ó a Róisín, ná bíodh brón ort faoi'n ar éirigh dhuit

(b) CBÉ 90:472–73; 1 x 4, 1 x 3, 4 x 4. Aithriseoir: [?]. Bailitheoir: Mr. Joseph Hanley, 17 Iúil 1930. [Bailíodh an t-ábhar sa Tuairín nó i Leitir Mealláin].

v.1 A Róisín, ná bíodh brón ort ná cás anios
v.2 A Dia dhílis, céard do dhéanfas mé mo imthigheann tú uaim
v.3 Coinneac mé Dia Domnaigh ag an séipéal í
v.4 Fuair me féirín lá aonaigh ó chailín deas
v.5 Is fada an reamse a subhal mé féin, o indé go dtí indiu
v.6 Choinneach mé mo Róisín taobh thall go tsroth

(c) CBÉ 811:366–67; 5 x 4, 1 x 2. Aithriseoir: Dónall Ó Finneadha (78), An Baile Ard, An Spidéal. Bailitheoir: Tadhg S. Ó Concheanainn, 8 Samhain 1941.

v.1 A Róisín, ná bíodh brón ort fá nár eirigh dhuit
v.2 Fada 'n réim seo, a shiúbhail mé fhéin leat 's ní indé ná indiu
v.3 A Róisín, 's tú mharbhu' mé 's nár ba feáirrde thú
v.4 Bun a' ghiolcaighe a bhéarfainn duit-se agus bárr an fhraoigh
v.5 A dhreáirín, dhá bhfeictheá 'sa teampall í
v.6 ....

....

Iarraim péin ar Rígh na gCréacht a chrú'aigheann's gach luibh

(d) CBÉ 969:498–500; 2 x 4, 1 x 3, 1 x 5, 2 x 4. Aithriseoir: Maitiú Mór Ó Tuathail (88), Na Creagáin, Indreabhán. Bailitheoir: Calum I. Mac Gill-Eathain, 9 Feabhra 1945.

v.1   Bun a' ghiolca do bhéarainn duit-se [...]

v.2   Cheal nach fada a' réim a cha' mé fhéin leat, ní indé ná indiu

v.3   A Róisín, is tusa a mhara mise is ní mba feairrde dhuit

v.4   Ach anois a Róisín, ná bíoch brón ort faoi ní ar bith dhár thárla dhuit

v.5   Tá na bairillí seo anois fada is tá fóiséid lán

v.6   Dá bhfeiceá ag a' seipéal í Dia Dúna

(e)   CBÉ 443:50–52; 5 x 4. Aithriseoir: Eoghan Ó Flatharta (40), Na Foraí Maola
        Thiar, Bearna. Bailitheoir: Éamonn Ó Confhaola, 11 Samhain, 1937.

v.1   Tá mise ag imtheacht agus Mac Muire go ngnochuigh dhom

v.2   A Róisin, ná bíodh brón ort faoí na eirig dhuit

v.3   Is fada an réim siúd a dtug mé fhéin ó indhiú go dtí indhé

v.4   Dhá mbeadh seasrach agam, threabhfainn an aghaidh gach cnoc

v.5   Shiubhailinn fhéin drúcht leat agus bár na gcnuc

(f)   CBÉ 524:368–70; 5 x 4. Aithriseoir: Eoghan Ó Flatharta (40), Na Foraí Maola
        Thiar, Bearna. Bailitheoir: Proinnsias de Búrca, 24 Feabhra 1938.

v.1   Ó tá mise ag imtheacht ⁊ Mac Muire go ngróthaigh dom

v.2   A Róisín, ná bíodh brón ort faoí 'nar eirigh dhuit

v.3   Is fada an réim siúd a thug mé fhéin ó indhé go dtí indhiu

v.4   Dhá mbeadh seisreach agam, threabhfhainn in-aghaidh na gcroc

v.5   Shiubhailfhinn fhéin drúcht leat ⁊ bárr na gcruic

(g)   CBÉ 90:458; 1 x 3, 1 x 4. Aithriseoir: [?]. Bailitheoir: Mr. Joseph Hanley, 17 July
        1930. [Bailíodh an t-ábhar sa Tuairín nó i Leitir Mealláin].

v.1   A Róisín, ná bíodh brón ort ná cás anois

v.2   Tá grádh agam mo lár duit lé bliadhain anois

71   Róisín Dubh an Ghleanna
        CBÉ 90:564–65; 1 x 4, 1 x 2. Aithriseoir: [?]. Bailitheoir: Mr. Joseph Hanley, 17
        Iúil 1930. [Bailíodh an t-abhar seo sa Tuairín nó i Leitir Mealláin].

v.1   Tá ciollta is bán chruic ag bun Sliabh Pardharthagh is duilbhear bánglas
        faoí barr an tsuim

v.2   Is bínne an bán sruith is é ag ruitheach le fánaidh is na héanlaith go
        breagh bínn ar barr na gcraobh

72   Ros an Mhíl Cois Cuain

(a)   CBÉ 811:399–400; 8 x 4. Aithriseoir: Seán Ó Cadhain (62), An Cnocán Glas, An
      Spidéal. Bailitheoir: Tadhg S. Ó Concheanainn, 30 Samhain 1941.

v.1   'Shiubhlfhainn cuid mha' g'Éirinn leat is Baile na Creige tháll

v.2   Ní' maga' leat ná bréag é, a chéad searc mo chroidhe

v.3   Is i Ros a Mhíl cois cuain 'tá rún is searc mo chléibh

v.4   Bochaillín deas óg mé 'thug mór-ghean go mhraoí

v.5   Bochaillín deas óg mé 's ní féidir a'rú 'rádh

v.6   Go ndíantar fíon Spáinneach go'n fhairrge seo siar

v.7   'Á mbeadh agam-sa cóistí air bhóithrí a' ríogh

v.8   'Á ndíanainn-se teach mór 'uit air thaobh Ros a Mhíl

(b)   CBÉ 801:165–67; 8 x 4. Aithriseoir: Seán Mac Donnchadha (60), Inis Eirc, Leitir
      Mealláin. Bailitheoir: Proinnsias de Búrca, 19 Eanáir 1942.

v.1   Shiubhailfhinn cuid mhaith g'Éirinn leat is baile na Gréige tháll

v.2   Ní a' magadh leat ná bréag é, a chéad searc mo chroidhe

v.3   I Ros a' Mhíl chois cuain 'tá rún ꞁ searc mo chléibh

v.4   Buachaillín deas óg mé a thug mór ghean go mhraoí

v.5   Buachaillín deas aerach mé is ní féidir athrú a rádh

v.6   Go ndeantar fíon Spáinneach go'n fhairge seo thiar

v.7   Dhá mbeadh agam cóistí ar bhóithrí an rí

v.8   Dá ndeanainn-se teach mór dhuit ar thaobh Ros a' Mhíl

(c)   CBÉ 607:10–13; 8 x 4. Aithriseoir: Seán Mac Donnchadha (60), Ros an Mhíl.
      Bailitheoir: Brian Mac Lochlainn, 1938.

v.1   I Ros a' Mhíll chois cuain tá rún i's searc mo chléibh

v.2   Go ndianfar fíon dodhann daithte go bhun 's go bharr a' fhraoigh

v.3   Buachaillín deas óg mé 'gus ní féidir athrú a rádh

v.4   Dhá mbíoch a'm-sa cóistí ar bhóithrí a' rí

v.5   Níl maga a bith ná bréag, a chéad searc mo chroidhe

v.6   Buachaillín deas óg mé a thug mór-ghean go mhraoi

v.7   Shiúdhalthainn furmhór Éireann leat agus taltha na Gréige tháll

v.8   Buachaillín beag falltha mé, gun mór-chuid go mhaoin

(d)   Bóithrí Ros an Mhíl (Cois Cuain)
      CBÉ 1280:2–5; 8 x 4. Aithriseoir: Peadar Mhac Fhualáin (33), Bothúna, An

Spidéal. Bailitheoir: Séamus Mac Aonghusa, 9 Iúil 1942.

v.1   Buachaillín deas óg mé thug mórán gean do mhraoi

v.2   I Ros a Mhíl cois cuain tá rún agus searc mo chroí

v.3   Ní a' magadh leat ná a' bréagadh, a phéarla an chúil fhinn

v.4   Dá mbeadh sin agam-sa, cóistí ar bhóithrí an ríogh

v.5   Is chaith mé na seacht mbliadhna ge mo dhaorú 'gas ge mo chrá

v.6   Shiúlainn-se roínnt mhaith d'Éirinn leat ⁊ talú na Gréige tháll

v.7   Dhéanfainn-se fíon Spáinneach dh'n fharraige mhór seo siar

v.8   Buachaillín deas aerach mé 's ní féidir athrú fháil

(e)   CBÉ 829:138–40; 3 x 4, 1 x 3, 3 x 4. Aithriseoir: Pádraig Ó Cualáin (*c.*35), An Lochán Beag, Indreabhán. Bailitheoir: Tadhg S. Ó Concheanainn, 3 Meitheamh 1942.

v.1   'Ros a' Mhíl chois cuain tá ruain ⁊ searc mo chléibh

v.2   Tá péarl' an chúilín domhan (donn) daitht' ánn go bhun's go bhárr na gcraobh

v.3   Is buachaillín rí-aerach mé's ní féidir a'rú rádh

v.4   Dhían'ainn bád 'na dhé' seodh nach leig'each aon deóir isteach

v.5   Is buachaillín rí-óg mé thug mórghean go mhnaoí

v.6   Ghó'inn tímpeall Éireann leat is Baile na Creige tháll

v.7   Tá mé le seach' mblíana go mo phíana' 'sgo mo chrá'

(f)   Ros an Mhíl

CBÉ 492:189–90; 5 x 4. Aithriseoir: [Bríd] Ní Scanláin, Ros an Mhíl. Bailitheoir: An Bráthair P. T. Ó Riain, [*c.*1935].

v.1   Is a Ros a Bhíl cois cuain tá rún is searc mo chléibh

v.2   Déantar leann dubh daithte do bhun ⁊ do bharr an fhraoigh

v.3   Buachaillín lághach aerach mé is ní féidir athrú a rádh

v.4   Dhéanfainn céachta Gaelach a d'fhuirfeadh talamh glas

v.5   Buachaillí rí-óg thug mór gheann do mhnaoi

(g)   Bóithrín Ros an Mhíl

CBÉ 378:38–40; 4 x 4. Aithriseoir: An comhluadar tí Sheáin Mhic Fhualáin, Poll Uí Mhuirinn, Leitir Mealláin. Bailitheoir: An tAthair Eric Mac Fhinn, *c.*1928

v.1   Dhéanfhainn-se teach mór dhuit ar bhóithrín Ros a Mhíl

v.2   Líonfhainn-se fíon Spáinneach dhon fhairrge 'bhfághainn-se siar

v.3   Dhearc mé fhéin aréir í 'n-a réaltóigín sa gceó

v.4   Buachaillín deas aerach mé agus ní féidir 'athrú a rádh

73   San Aimsir Aoibhinn, Aerach Tráth a Rabhas-sa Féin i mo Scafaire

CBÉ 1025:294–96; 4 x 2 + curfá 4 líne. Aithriseoir: Maidhc Ging (*c.*40), An Teach
Mór Thiar, Indreabhán. Bailitheoir: Calum I. Mac Gill-Eathain, 1945.

v.1   San aimsir aoibhinn aerach trá rabhas-sa fhéin i mo sgafaire, ag
imtheacht a' cluas-fheadaola is a' buachailleacht na mbó

v.2   Arsa mise lá go róganta le baintreach mhór na binibí, "ar mar sin fhéin
atá tú in do chomhnaí mar atáit?"

v.3   Thug sí ruaig is rása go fearagach isteach 'n-a tigh, agus gruaim ar a
haghaidh a bhaineach gáirí as a' saol

v.4   Gach maidin is tránóna nach mise bhí go suineannta, a' surú le mo
stóirín is gá fáisce le mo chroí

Curfá: Bím a' smaoiniú ar na sméara is na h-éanla ins na croinn (í) etc.

74   'Sé Fáth mo Bhuartha
(a)

CBÉ 72:75–77; 10 x 2. Aithriseoir: Beartla Ó Cualáin (16), An Lochán Beag,
Indreabhán. Bailitheoir: Pádraig Ó Finneadha, Nollaig 1930–Eanáir 1931.

v.1   'Sé fáth mo bhuadhartha nach bhfaghaim cead cuarta 'sna gleannta
uaigneach 'a mbíonn mo ghrá

v.2   Níl gaoth adtuaidh ann, níl fear fuath ann; tá caladh a's cuan ann ag loing
's ag bád

v.3   Tá an fiadh 's an laogh ann, tá bric 'na scaoíth ann; tá'n ealla go
h-aoibhneach ar an loch 's í snámh

v.4   Ní ar shliabh go cinnte tá stór mo chroidhe-sa, acht ar thaltaí aoibhne
'dtig toradh ar chrann

v.5   Is ar shliabh go cinnte atá stór mo chroidhe-se, 's ní chodlaim oidhche
acht ag déanamh bróin

v.6   Ba bhinne liom uaim thú sna gleannta uaigneach ná ceileabhar cuach a's
ná ceól na n-éan

v.7   Shíl mé stóirín, mar bhí tú óg-deas, go ndéanfá fóghluim a's éalódh liom

v.8   Ag siúbhal na móinte as na gcoillte cnómhar, ní bheidh orm brón ná
doibheann croidhe

v.9   A rún 's a chéadsearc, an bhfuil tú 'géisteacht le gach rud dá bhfuil mé
ag rádh

v.10   Bhruith tú mo chroidhe istigh de ló agus d'oidhche a's a Dhia dhílis, nach claoídhte táim

(b)   CBÉ 826:158–60; 8 x 2. Aithriseoir: Seán Ó Maodhbh (32), Cill Bhriocáin, Ros Muc. Bailitheoir: Monica Ní Mhaodhbh, 17 Meitheamh 1942.

v.1   Sé fáth mo bhuadhra nach bhfághaim ceart cuarta sna gleánntaí uaigneach a mbíonn mo ghrádh

v.2   Níl ar shliabh ná ar mhínleac tá stór mo chroidhe-se, acht at thaltaí míne baint torthaí cránn

v.3   Tá an bhó 's tá an laogh ánn, 's tá bric na sgaoth ann, tá an eala go h-aoibhinn ar an tuinn 's í a' snámh

v.4   Ní ar shliabh go cínnte tá stór mo chroidh-se 's ní chodluidhim oidhche acht a' deana' brón

v.5   B'fheárr liom uaim í sna gleánntaí uaigneach ná ceileabhar na gcuach 's ceól na n-éan

v.6   Siubhal na móintí 's na coilltí clover, ní bheadh orm brón ná briseadh croí

v.7   A rún 's a chéad searc, an bhfuil tú g'éisteacht le gach aon nídh ghá mbím a rádh

v.8   'S bheó tú mo chroidhe stigh go ló 's go oichche, 's a Dhia dhílis, nach claoidhte atáim

(c)   CBÉ 248:459–63; 7 x 2. Aithriseoir: [?]. Bailitheoir: [Seán Ó Cualáin (?) 1936].

v.1   Sé fáth mo bhuadhartha nach bhfághainn cead cainnte 'sna gleanntaibh uaigneach i n-a mbíonn mo ghrádh

v.2   Níl gaoith adtuaidh ann, níl fearthainn buan ann, tá caladh is cuan ann ag long is ag bád

v.3   Is ar sliabh go cinnte atá stór mo croidhe-se is ní chodlaim oidhche nach ag déanamh bróin

v.4   Ba bhinne liom agam í ins na gleanntaibh uaigneach ná ceileabhar cuaiche agus ná ceól na n-éan

v.5   A rún is a chéad-shearc, nó an bhfuil tú ag éisteacht le gach aon nídh dá bhfuil mé a rádh

v.6   Ag siubhal na móinte is na coillte clobhar, ní bheadh orm brón nó duibhthean croidhe

v.7   Bhreoidh tú mo chroidhe istigh de ló is d'oidhche, sa dhiaidh, nach cráidhte atáim

75 **'Sé mo Léan Géar nach bhFuil Mise agus mo Chonairt sa Sliabh**
CBÉ 825:384–86; 6 x 4. Aithriseoir: Anna Ní Ghriallais (21), Cill Bhriocáin, Ros
Muc. Bailitheoir: Monica Ní Mhaodhbh, 24 Aibreán 1942.

v.1   Sé mo léan géar nach bhfuil mise gus mo chonairt sa sliabh
v.2   'S d'athruigh tú mo lúib agus liath tú mo cheann
v.3   Ní mairfidh mé liom héin do dhiaidh, a mhíle stóirín
v.4   Tá tú go mo chuir ar lár 's go bráthach, ní innseóchadh nídh
v.5   Níl acht míle ó Chluan Meala go Caiseal Mhic Léin
v.6   'S tá cailín beag óg in uachtar an bhaile seo mbím

76 ***Steve* Mháirtín**
CBÉ 824:261–63, 4 x 4, 1 x 3, 2 x 4. Aithriseoir: Anna Ní Ghriallais (21), Cill
Bhriocáin, Ros Muc. Bailitheoir: Monica Ní Mhaodhbh, 26 Márta, 1942.

v.1   Tá mac ag *Steve* Mháirtín, níl a leitheide sa tír
v.2   Comhairle dhíb-se, a bhuachaillí, bhfuil agai guil in cinn
v.3   Téigheann sé amach go Cliara anois agus aríst
v.4   Tá sé gar go mhí na Nodlag 's tógfadh sise *leave*
v.5   Shoraí dhíb-se a Fhianna Fáil, nach sibh a rinne an feáll
v.6   Shoraí dhuit-se a *Chonnolly*, nuair a chuaidh tú ar an *leave*
v.7   Bíonn a peictiúr in a phóca aige go ló 's go oichche

77 ***Swinging Down the Lane***
CBÉ 826:215–16; 1 x 4, 1 x 2, 2 x 4. Aithriseoir: Mairéad Bean Uí Ghriallais (57),
Cill Bhriocáin, Ros Muc. Bailitheoir: Monica Ní Mhaodhbh, 21 Bealtaine 1942.

v.1   I oft times think of childhood days and the tricks we used to play
v.2   Sure, oh I'd give this world to be with rosy Nell again
v.3   Our village boys used to go fishing to the brook
v.4   But soon a cloud of sorrow came, a nice young lad from town

78 **Taimín, mo Mhíle Stóirín**
CBÉ 1025:299–300; 3 x 4. Aithriseoir: Pádraig Ó Tuairisg (19), Cor na Rón,
Indreabhán. Bailitheoir: Calum I. Mac Gill-Eathain, 14 Feabhra 1945.

v.1   A Teaimín, mo mhíle stóirín, na glac brón na brise croí
v.2   Sí Bríd Ní Riagáin a' rógaire, níor chreideas ariamh nárbh í
v.3   Dar mo mhionna is dar mo mhóide is ar a' stóilín a suidhim síos

79 Taobh Thoir de Ghaillimh

CBÉ 826:222–23; 1 x 4, 1 x 3, 1 x 2. Aithriseoir: Mairéad Bean Uí Ghriallais (57), Cill Bhriocáin, Ros Muc. Bailitheoir: Monica Ní Mhaodhbh, 25 Bealtaine 1942.

v.1 Nach truagh gan mé taobh thoir go Ghaille 's stór mo chroidhe bheith ar láimh liom

v.2 Mo chreach agus mo chrádh 'réis a bhfuil mé rádh, má chonnaic mé lé dhá bhliain déag thú

v.3 Foighid leat go fóill, go bhfeice tú go leór 's cula maith cóireamhail go'n bhréidín

80 *The Banks of the Lee*

CBÉ 1017:319–21; 4 x 2 + curfá 2 líne. Aithriseoir: Mícheál Ó Mainnín, Fornocht, Corr na Móna. Bailitheoir: Máirtín Ó Mainnín, 18–28 Meán Fómhair 1947.

v.1 *When fond lovers meet down beneath the green bower, [...]*

v.2 *Don't stay too late on the high lands my Mary, do not stay too late on the high lands from me*

v.3 *I kissed her pale lips that were once like the roses, her lily white arm from her bosom I drew*

v.4 *I plucked for her roses, some blooming Irish roses, I plucked for her roses, the finest ever grew*

Curfá: *I loved her dearly, true and sincerely, there is no one in this wide world I loved more than you*

81 Tráthnóinín Ciúin, Cábánach is Mé ag Dul an Bóithrín [sic]

CBÉ 378:42; 2 x 2. Aithriseoir: An comhluadar tí Sheáin Mhic Fhualáin, Poll Uí Mhuirinn, Leitir Mealláin. Bailitheoir: An tAthair Eric Mac Fhinn, *c*.1928

v.1 Tráthnóinín ciúin cábánach is mé a' gabhail a' bóithrín, cé chífinn sa róidín ach stóirín mo chroidhe

v.2 Is a' bhfuil nidh ar bith níos breaghcha ná grian os cionn sáile, ná pabhsae geal áluinn fó bharra gach tóin

82 Tráthnóinín Ó, Dé Domhnaigh

(a) CBÉ 109:270–71; 4 x 4. Aithriseoir: Mícheál Ó Donnchadha, Ros an Mhíl. Bailitheoir: Tomás P. Ó Broin, [*c*.1935].

v.1 Tráthnóinín ó, Dé Domhnaigh, seadh rinneadh ó mo chreach

v.2 Nuair thiocfas ó, lá Lughnas', déanfaidh duine eicínt thar tír v.3   Má theigheann tú ar an aonach, tuga' caora leat, asalann is a thóin

v.4   Tá an triúr ban tóirne (túirne) 's fearr atá 'san áit

(b)   CBÉ 825:400–02; 4 x 4. Aithriseoir: Anna Ní Ghriallais (21), Cill Bhriocáin, Ros Muc. Bailitheoir: Monica Ní Mhaodhbh, 30 Aibreán 1942.

v.1   Trathnóna Dia Domhnaigh, seadh rinneadh ó mo chreach

v.2   'S a Thighearna, ní féidir nó tá bean eicient le fáil

v.3   Má théigheann tú 'un an aonaigh, bíodh an chaora a'd is a huan

v.4   Níl mé ar an mbaile seo acht bliadhain agus trí lá

83   Úna Bhán

(a)   CBÉ 607:577–79; 11 x 4. Aithriseoir: Bríd Ní Scanláin, Baile an tSléibhe, Ros an Mhíl. Bailitheoir: Brian Mac Lochlainn, 1938.

v.1   Na ceithre Úna ⁊ na ceithre Anna ⁊ na ceithre Máire ⁊ na ceithre Núra

v.2   A shúl is glaise ná ligin anuas a' bhraoin

v.3   Rachainn leat ar bhárra slat nú i luing faoi sheol

v.4   Tá an sneachta ar lár ⁊ tá bláth cho dearg le fuil

v.5   Mo scrúd' thú a Úinín Nic Dhiarmada Óg

v.6   Nach cóir a dúdhairt páiste na ngeal-chíoch é

v.7   A Úna Bhán, is tú do mhara mo chiall

v.8   A Úna Bhán, is úbhall sa ngáirdín thú

v.9   Gus a dhreitheáir, 'á bhfeiceá insa teampall í

v.10   Sé mo léan géar gun mé i mo phréachán dudh

v.11   A Úna Bhán, nach gránna an luighe sin ort

(b)   CBÉ 1722:164–68; 11 x 4. Aithriseoir: [? Bríd Ní Scanláin, Baile an tSléibhe, Ros an Mhíl]. Bailitheoir: Mícheál Ó Scanláin.

v.1   Na cheithre Úna, na cheithre Áine, ná cheithre Mháire is na cheithre Nóra

v.2   A shúile is glaise nach leigeann anuas an braon

v.3   Rachainn leat ar barra slat i loing faoi sheol

v.4   Tá an sneachta ar lár is tá an bláth chómh dearg le fuil

v.5   Mó scrútú tú Úna Mhic Dhiarmuid Óig

v.6   Nach cóir a dubhairt páisdí na ngeal chioch é

v.7   A Úna Bhán, is tú do mharbh mo chiall

v.8   A Úna Bhán, is ubhall sa ngairdín thú

v.9   A dhearbráthair, dá bhfeicfheá ins an teampall í

v.10   Sé mo léan gan mé mo phréachán dubh

v.11   A Úna Bhán, nach grádhna an luighe sin ort

(c)   CBÉ 231:534–36; 2 x 4, 1 x 3, 4 x 4. Aithriseoir: Máirtín Ó Confhaola (Máirtín Ceannaí) (**c.** os cionn 80 bl.), An Gleann Mór, An Cheathrú Rua. Bailitheoir: An Bráthair Lúcás, Meán Fómhair 1935. Tomás Ó Coisdealbha a rinne.

v.1   A Úna, is tú bhain díom mo chroidhe

v.2   A Úna, a inghean Mhic Diarmuid Óig

v.3   Tá an sneachta seo ar lár agus barr air chómh dearg le fuil

v.4   Thu [...] leis an ngáirdín thú

v.5   [...] mar dubhairt páisde na ngeal-bhrághad é

v.6   A Úna Bhán, a mhíle gradh, nach gránda an luighe sin ort

v.7   Rinne mé píopa fada díreach agus tobac a bheith 'na cheánn

(d)   CBÉ 654:649–51; 1 x 3, 3 x 4, 1 x 3. Aithriseoir: Seán Tom (85), Scailp an Chait, Indreabhán. Bailitheoir: Bríd Ní Fhátharta, 19 Lúnasa 1938.

v.1   Fuair mé sgéala go raibh mo charad in luighe ar leabaidh an bháis

v.2   Mo chúig céad sgrúdú thú, a Úna Nic Diarmuid Mór

v.3   Is nach laghach a dubhairt pairtí na ngeal chíoc é

v.4   Is fliuch fuar é mo chuairt ar an mbaile seo aréir

v.5   Dhá mbeadh píopa fada díreach agam agus tobac a bheith na bhárr

(e)   CBÉ 1017:355; 1 x 4. Aithriseoir: Mícheál Ó Mainnín, Fornocht, Corr na Móna. Bailitheoir: Máirtín Ó Mainnín, 18–28 Meán Fómhair 1947.

v.1   A Úna bhráda, nach náir liom an codhladh atá ort

84   Úna Dheas Ní Nia

(a)   CBÉ 824:173–75; 6 x 2. Aithriseoir: Anna Ní Ghriallais (21), Cill Bhriocáin, Ros Muc. Bailitheoir: Monica Ní Mhaodhbh, 23 Márta 1942.

v.1   Dhá mbeinn mar bhíos lá eicient, gan aois gan crapadh cnámh, ní choinneóchadh an saol Ádham mé ón áit a mbeadh mo mhian

v.2   Dhá mbudh liom-sa a bhfuil i bPáras faoí chumhachta Bonapárte, saidhbhreas Rí na Frainnce 's é fháil uilig le roinnt

v.3   Nach mór an t-ádhbhar éagnach mar rugadh i bhfad roimh ré í, sul ar cailleadh an dreám ba thréine nach mbéarfar aríst i choidhche v.4   Dhá mbeadh sí thuas in éinfeacht, in imne bheith na céile, san ám a raibh na Gréagaí i gcogadh leis an Traoí

v.5   Úna mhaiseach mhódhamail, chuireadh sí slacht ar mrá Chríoch Fódhla, lé oideachas, le eolas, le crógantacht 's le gnaoí

v.6   Tá a cúl ar dhath an ómra, lag radharcach deas glórmhach, tá a gruadh ar dhath an rósa a mbeadh clúmhach an lile thríd

(b)   CBÉ 72:27–0; 4 x 4. Aithriseoir: Éamonn Ó Finneadha (69), An Lochán Beag, Indreabhán. Pádraig Ó Finneadha, Nollaig 1930–Eanáir 1931. Mícheál Mac Suibhne a rinne.

v.1   Shiúbhail mé roinnt mhór d'Éirinn, Sasana fré chéile, Aifric agus Éigipt 's gach uile baile cuain

v.2   A com ba ghile ná an sneachta 's ná an síoda, ma's fada gearr an oidhche 's ort ba mhian liom a bheith cainnt

v.3   Dá mbadh liomsa bhfuil i bPárrthas faoí chomhachta Bhonoparte, saidhbhreas Ríogh na Spáinne 'sé fhagháil ar fad as roinnt

v.4   A cúilín trillseach glórnra, lag lúbach i ngar dá glúnaibh, a béilín tanaidhe beóil-mhilis 's an gile ag briseadh thríd

B. Amhráin na hÓgmhná

85   An Boc Bán

(a)   CBÉ 413:33–36; 8 x 4. Aithriseoir: Mícheál Ó Fúaláin (52), Baile na Cille, Leitir Mealláin. Bailitheoir: Eibhlín Ní Standúin, 16 Deireadh Fómhair 1937.

v.1   Dhá bhfeicthá an boc bán, budh áluinn ar marcuidheacht é tigheacht

v.2   Bliain sa'n oidhche aréir seadh réab na capaill an fál

v.3   D'athnóchainn mo ghrádh taobh tháll do gheataí B'l'á Cliath

v.4   Is gheobhaigh mé bás le grádh do leagann do shúl

v.5   'S dearbhrathairín óg, nach óg mar mharbhuigh tú mé

v.6   Sé mo léan a mhíle stór, níl an bóthairín a' tigheacht chun do thighe

v.7   Dhá dteightheá do'n Ghréig no ealódh go Sasana anonn

v.8   'S a Taimín, a mhíle stóirín, ná tréig mé go luath ná go máll

(b)   Taimín Bán

CBÉ 824:151–52; 4 x 4. Aithriseoir: Seosamh Ó Griallais (37), Cill Bhriocáin, Ros

Muc. Bailitheoir: Monica Ní Mhaodhbh, 25 Feabhra 1942.

v.1   'S a Taimín, a mhíle stóirín, ná tóg suas ar chómhrá ar bith mé

v.2   Sé mo léan géar gan bliadhain ar fad ins an lá

v.3   Sé mo léan géar gan mo bhoithrín isteach 'un do thighe

v.4   Dhá bhfeiceá mo ghrádh-sa, ba h-áluinn an marcach é tigheacht

(c)   An Bhean Dubh ón Sliabh

CBÉ 248:419–21; 4 x 4. Aithriseoir: Pádraig Ó Ceannabháin (60), An Cnoc, Indreabhán. Bailitheoir: Pádraig Ó Ceannaigh, 17 Lúnasa 1936.

v.1   Gheóbhaidh mé bás le grádh do leagan do shúil

v.2   Agus siúd é an buc bán is nach aluinn an marcach é tígheacht

v.3   Muise deanfad teach mór má bhíom beo ar an gcnoc údan thiar

v.4   Is níor mhisde liom péin da mbeadh bliadhain ar fad ins a' lá

(d)   An Bhean Dubh on Sliabh

CBÉ 1722:89–90; 1 x 3, 3 x 4. Aithriseoir: Pádraig Ó Ceannabháin (60), An Cnoc, Indreabhán. Bailitheoir: Pádraig Ó Ceannaigh, 1936.

v.1   Gheóbhaidh mé bás le grádh do leagan do shúl

v.2   Agus siúd é buck bán is nach aluinn an marcach é a' tigheacht

v.3   Muise deanfad teach mór má bhíom beo ar an gcnoc údan thiar

v.4   Is níor mhisde liom péin dhá mbeadh bliadhain ar fad ins a' lá

(e)   Taimín, a Mhíle Stóirín

CBÉ 1722:168–69; 3 x 4. Aithriseoir: [? Bríd Ní Scanláin, Baile an tSléibhe, Ros an Mhíl]. Bailitheoir: Mícheál Ó Scanláin.

v.1   A Taimín, a mhíle stóirín, ná tóig suas mé ar chómhráidhtí béil

v.2   Dá bhfeicfeá an boc bán is nár b'álainn an marcach é tigheacht

v.3   Bliadhain san oidhche aréir seadh réab na capaill an fáll

86   An Buachaillín Bán

CBÉ 563:184–86; 7 x 4. Aithriseoir: [?], An Lochán Beag, Indreabhán. Bailitheoir: Tomás Mac Diarmada, 1938.

v.1   Gus buachaill caol árd é mo ghrádh is é lom tanaidhe i ngruaidh

v.2   Sa bhuachaillín bháin, nach lághach 's nach deas é do shnódh

v.3   Sa bhuachaillín bháin, nach lághach 's nach deas é do sgéal

v.4   'S nach iomdhaí áit fhánach a ndearnadh mé leat mo shoisgéal v.5   Is a gcuíninuigheann tú ar an oidhche úd a rabhamar le chéile sa ngleann

v.6   Agus tá siad dá rádh go bhfuil grádh ag Neansaidh dom féin

v.7   'S tá go leór go na mná go bhfuil a ngrádh aca ar bhara 'gcuid béil

87   An Draighneán Donn

(a)   CBÉ 231:558–60; 7 x 4, 1 x 2. Aithriseoir: Máirtín Ó Confhaola (Máirtín Ceannaí) (c. os cionn 80 bl.), An Gleann Mór, An Cheathrú Rua. Bailitheoir: An Bráthair Lúcás, Meán Fómhair 1935.

v.1   Fuair mé féirín lá aonaigh ó bhuachaill óg deas

v.2   Cúilín gruaige atá ar an mbuachaill 's é fighte go barr

v.3   Dhá mbeinn-se mo bhádóir, nach deas mar a shnámhfainn an fhairrge siar

v.4   I gceart clisde nach breágh nach dtuigeann tú's mé thabhairt ó'n bpian

v.5   Tá ráille dho chailín óg deas ar na bóithrí seo mo dhiaidh-se

v.6   Síleann céad bean gur leób fhéin mé nuair ólaim leann

v.7   Fear gan chéill a chaithfeadh léim thar a' gclaidhe (ó) bhéadh árd

v.8   Tá mé réidh leat go lá an t-sléibhe nó go ndéanfar an chonra chaol

(b)   CBÉ 378:36–38; 4 x 4. Aithriseoir: An comhluadar tí Sheáin Mhic Fhualáin, Poll Uí Mhuirinn, Leitir Mealláin. Bailitheoir: An tAthair Eric Mac Fhinn, *c.*1928

v.1   Dhá mbéinn 'mo bhádóir, is deas a shnámhfainn an fhairrge siar

v.2   'S a chuid 's a chumainnín, ó thárla ag imtheacht thú, go bhfillidh tú slán

v.3   Tabhair do mhallacht dho do dheadaí is dho do mháithrín fhéin

v.4   Is go síleann céad bean gur leóthab fhéin mé nuair ólaim leann

88   An Raicín Álainn

(a)   CBÉ 1798:161–63; 1 x 4, 1 x 3, 4 x 4, 1 x 2. Aithriseoir: Neainín Bean Uí Confhaola (86), Cladhnach, An Cheathrú Rua. Bailitheoir: Ciarán Bairéad, 5 Iúil 1965.

v.1   D'fhága mise an baile seo go deir'nach aréir

v.2   Is ait a' maor i mbaile mé, ní dheanaim troid ná gleo

v.3   Míle ab fhearr liom-sa agam an buachaillín deas óg

v.4   Muise rinne mé céachta Ghaolach a réapfadh tala' glas

v.5   Má thagann mo stór anseo i máireach, ná cuiridh aon fháilte faoi

v.6   Cheanna' mo stóirín raicín dhom a choisin gine buí

v.7   Tá mo ghruaig le fánadh a's gan aon ruóg 'am a d'fháiscfeadh í

(b)   CBÉ 1775:13–15; 5 x 4. Aithriseoir: Neainín Bean Uí Chonfhaola (92), Cladhnach,

An Cheathrú Rua. Bailitheoir: Ciarán Bairéad, 1 Eanáir, 1970.

v.1 D'fhága mise an baile seo go deir'nach aréir

v.2 Is ait a' maor i mbaile mé, ní dheanfainn troid ná gleo

v.3 Rinne mé céachta Gaolach a réapfadh tala' glas

v.4 Cheanna' mo stóirín raicín dom a chosain giní buí

v.5 Tiocfa' mo stór anseo i máireach a's na cuirí aon fháilte faoi

(c) CBÉ 1138:489–90; 4 x 4, 1 x 5. Aithriseoir: Pádraig Ó Cualáin (Pádraig Pheatsa) (84), Cor na Rón, Indreabhán. Bailitheoir: Pádraig Ó Flatharta, 1941.

v.1 Bhí mise lá breágh fóghmhair ag gabhail an ród seo siar

v.2 Bhí sé óg go leór againn an spóirt a chur 'un cinn

v.3 Tiocfaidh sé an ród seo amáireach is cuirfeadh céad fáilte faoí

v.4 Cheannuigh mo stóirín racín dom a chosain gine buidhe

v.5 Is a dtaitneóchadh raicín óir leat a chosain gine buidhe

(d) CBÉ 826:90–92; 4 x 4. Aithriseoir: Anna Ní Ghriallais (21), Cill Bhriocáin, Ros Muc. Bailitheoir: Monica Ní Mhaodhbh, 11 Bealtaine 1942.

v.1 Bhí me lá breágh gréine 's mé guil an ród seo siar

v.2 Bhí mé glic go leor leis an spóirt seo chuir chun cínn

v.3 'S nach brónach an bhean óg go lá mé, a stoirín-ó, dubhairt sí

v.4 Gabhadh sé an ród seo i mbáireach agus cuirfhid céad fáilte faoí

(e) CBÉ 829:276–77; 4 x 4. Aithriseoir: Pádraig Ó Cualáin (c.41), An Lochán Beag, Indreabhán. Bailitheoir: Tadhg S. Ó Concheanainn, 10 Meitheamh 1942. Fonn: 'Tipperary so far away'.

v.1 Bhí mé lá breágh gréine a' góil a' ród seo siar

v.2 Ó bhí mé glic go leór leis a' spóirt a chur in cínn

v.3 Ach tiocfa sé'n ród seo 'máireach is cuirí' céad fáilte faoi

v.4 Is nach brónach an bhean go lá mé, a stóirín ó, a dubhairt sí

(f) CBÉ 825:285–86; 4 x 3. Aithriseoir: Anna Ní Ghriallais (21), Cill Bhriocáin, Ros Muc. Bailitheoir: Monica Ní Mhaodhbh, 16 Aibreán 1942.

v.1 Siod é siar an bóthair é agus mo raca in a phóca shíos

v.2 Mo raicín héin 's fearr liom nach gcoisneóchadh thar dhá phínn

v.3 Tiocfadh mo ghradh-sa i mbáireach agus na cuir aon fháilte faoí

v.4 Mar a dtige tú an lá a gheáll tú, go mbáidhtear ins an gcorrach thú

89 **Bádóirín Thír an Fhia**

(a) CBÉ 1138:522–23; 6 x 4. Aithriseoir: Pádraig Ó Flatharta (61), Cor na Rón Thoir, Indreabhán. Bailitheoir: Pádraig Ó Flatharta, 1941.

v.1 Tá pian i mbéal mo chléibh a chuirfeadh na céadta fear 'un báis
v.2 Nach é an truagh nár éag tú is tú go h-óg i dtús do shaoghail
v.3 Bhfuil bean ar bith 'san áit a mbeadh mo chás aici le mí?
v.4 Thug mé grádh do thailliúr mar ba dhomsa fhéin ba chóir
v.5 Comhairle dhaoibh-se a chailíní, má thógann sibh uaim é
v.6 Nach deas an rud go bhean ar bith a mbeadh mo chás aici le mí

(b) CBÉ 840:229–30; 5 x 4. Aithriseoir: Máire Bean Uí Chualáin (44), An Lochán Beag, Indreabhán. Bailitheoir: Calum I. Mac Gill-Eathain, 23 Meán Fómhair 1942.

v.1 Tá pian i mbéal mo chléibhe a chuireach na céadta fear chun báis
v.2 Sé mo léan nár éag mé go hóg i dtús mo shaoghail
v.3 A' bhfuil bean ar bith 'san áit seo a bheach mo chás aici le mí
v.4 Thug mé gean go tháilliúr, dar liom na dóigh ba chóir
v.5 Comhairle dibh-se a chailíní, ma thoigeann sibh uaim í

(c) CBÉ 829:281–82; 5 x 4. Aithriseoir: Pádraig Ó Cualáin (*c.*41), An Lochán Beag, Indreabhán. Bailitheoir: Tadhg S. Ó Concheanainn, 10 Meitheamh 1942.

v.1 Tá pian i mbéal mo chléibh' chuireach na céadta fear 'un báis
v.2 Is é mo léan nár éag mé's mé go hóg i dtúis mo shaoghail
v.3 An bhfuil bean ar bith 'san áit seo nach mbeach á's aice 'na dhia'
v.4 Thug mé gean go tháilliúr, tear liom fhéin go fóill
v.5 Cóirle dhíbh-se a chailíní, má thóigeann sibh uaim é

(d) CBÉ 524:421–23; 2 x 4, 2 x 6, 1 x 4. Aithriseoir: Eoghan Ó Flatharta (40), Na Foraí Maola Thiar, Bearna. Bailitheoir: Proinnsias de Búrca, 24 Feabhra 1938.

v.1 Tá pian i mbéal mo chléibhe a chuirfheadh na céadta fear 'un báis
v.2 Agus thug mé gean go tháiliúr, dar liom go mba dho ba chóir
v.3 Cá bhfuil bean ar bith san áit seo a mbeadh mo sgéal aice le mí
v.4 Thiubhrfhainn cómhairle go na cailíní, má ghlacann siad uaim é
v.5 Nach deas an rud go bhean ar bith dar liom-sa fhéin a cliú

(e)   An Táilliúirín Thiar

CBÉ 250:69–70; 4 x 4. Aithriseoir: Bean Uí Choisdealbha, An Cnoc, Indreabhán. Bailitheoir: Bríd Ní Chollaráin, 1936.

v.1   Tá pian i mbéal mo chléibhe a chuireadh na ceadtaí fear 'un báis

v.2   Nach é mo léan nár éag mé is mé go hóg i dtuas mo shaoghal

v.3   Mo chomhairle dhiobh-sa a chailíní, má thóigeann sibh uaim é

v.4   Nach deas an rud do bhean ar bith dá leí ba dhó a chóir

90   Bainis Thigh na Móinte

(a)   CBÉ 1025:241–42; 6 x 4. Aithriseoir: Seosamh Mac Liam (*c.*31), An Baile Láir, Cor na Rón, Indreabhán. Bailitheoir: Calum I. Mac Gill-Eathain, 29 Eanáir 1945.

v.1   Éireócha mé amáireach le fáinne a' lae ghil

v.2   Nach aoibhinn go na múinte a siúlann mo stór air

v.3   Dhá mbeinn-se is mo stóirín tránóna, cér mhisde

v.4   Nach mise an cadhan aonraic ar thaobh Chruic na Coille

v.5   Cha mé seacht seachtaini i Mainistir na Buaile

v.6   Chua mo mhuinntir go Baile an Róba cuir mo chóntra dhá díona

(b)   CBÉ 654:631–33; 2 x 8, 1 x 4. Aithriseoir: [?]. Bailitheoir: Bríd Ní Fhátharta, 19 Lúnasa 1938.

v.1   Chaith mé seacht seachtmhainí ar bhainis Tigh na Móinte

v.2   Is nár ba fada go bhfeicidh mé do leitir fá na séala

v.3   Is cailín deas óg mé gan an t-eólas ná an ghliocas

91   Caisleán Uí Néill

(a)   CBÉ 607:44–46; 7 x 4. Aithriseoir: Stiofán Ó Flatharta (70), Baile an tSléibhe, Ros an Mhíl. Bailitheoir: Brian Mac Lochlainn, 1938.

v.1   Ach a dteaga an samhra, a mhíle grádh, rachad ar cuairt

v.2   Tá an gáirdín seo n-a fhásach, a mhíle grádh, nú an miste leat é?

v.3   Is i gCaisleán Rí Néill atá an t-é údaigh a bhain díom-sa mo chliú

v.4   'S nach mise atá tuirseach ó shíor-shiúbhal na múinte seo siar

v.5   Shíl mé sgatha a chéad searc, nach mbíoch aon tíochas eidir mé 's thú

v.6   'S céad slán ga'n oidhthe aréir, (sé mo léan gun an oidhthe anocht ar a tús)

v.7   'S marach mo dhíthcéille 's lághach aerach a chaithfinn mo shaol

(b)   CBÉ 1211:508–11; 6 x 4. Aithriseoir: Seosamh Ó Tuathail (40), Leitir Caladh,

Leitir Móir. Bailitheoir: Cóilín Ó Maoilchiaráin, 17 Meán Fómhair 1951.

v.1   Céad slán do'n oidhche aréir, sé mo léan géar gan í anocht ar a tús

v.2   Tá an gáirdín seo i bhfásach is a ghrádh bán, a' dtuigeann tú é?

v.3   Is i gCaisleán Uí Néill atá an té a bhain díom mo chliú

v.4   Cé'n fáth anois a ghrádh bán i dtús a' tsamhraidh nach dtagann tú ar cuairt

v.5   Ag ballaí an tighe mhóir tá rún agam tuirse mo chroidhe

v.6   Dheamhan crocán dhá aéraighe ins na léige nach n-aithneóchainn thú

(c)   CBÉ 840:482–83; 1 x 3, 5 x 4. Aithriseoir: Pádraig Ó Cualáin (Pádraig Pheatsa) (84) Cor na Rón, Indreabhán. Bailitheoir: Calum I. Mac Gill-Eathain, 17 Deireadh Fómhair 1942.

v.1   Céad slán go'n oidhche réir, is é mo léan nach í 'n oidhche nocht ar a tús

v.2   Tá na gáirdín seo i bhfásach, a mhíle grádh, nó a' miste leat é

v.3   Agas i gCaisleán Uí Néill tá 'n té bhain díom mo snuadh

v.4   Agas tá mise in mo shuidhe ó d'eirghe a' ghealach aréir

v.5   Agas níl diúin crocán dá aeirighe, lá gréine nach n-aithneochainn mo ghrádh

v.6   Is dá beinn-se 'sa nGréig, ar ndó, ná Sasana thall

(d)   CBÉ 414:23–25; 2 x 2, 2 x 3, 1 x 2, 1 x 3, 2 x 2, 1 x 3, 1 x 2. Aithriseoir: Eoghan Ó Flatharta (46), Na Foraí Maola Thiar, Bearna. Bailitheoir: Éamonn Ó Confhaola, 10 Meán Fómhair 1937.

v.1   Faoríor gan mé an áit ecint, an áil le na Innuca thiar

v.2   Ní bó caora ná gabhna a santon, sé mo leath sa mar spré

v.3   Céad slán don oidhche aréir nach é mo léan ghéar gan an oidhche anocht in a thús

v.4   An fhad ᚱ bhí sé dhá chur fhéin i gcéill dhom, ní féidir liom codhladh go ciúin

v.5   Níl cailín dá spéireamhail, mo léan ghéar, nach gclusfinn uirte cluan

v.6   Tá mo ghrádh go mo shéanadh le céile fear eile ᚱ nach truagh

v.7   Beidh bó ᚱ caoire ᚱ iad go ceannte faoí bun Chnoc na dTuaidh

v.8   Tá an dúthaigh ar fad i bhfásta nó a ghrádh geal an mhiste leat é

v.9   Ó d'éaluigh sí Máirín, mo ghrádh, go Cuislean Uí Néill

v.10   Sé an shabhail a bhéarfainn go mo chéad shearc ᚱ go leagan a shúl

(e)   CBÉ 825:188–89; 5 x 4. Aithriseoir: Anna Ní Ghriallais (21), Cill Bhriocáin, Ros Muc. Bailitheoir: Monica Ní Mhaodhbh, 23 Aibreán 1942.

v.1   Céad slan go'n oidhche aréir, sé mo léan géar nach anocht a bhí tús

v.2   Tá an gáirdín seo na fhásach, a mhíle céad grádh, 's mise liom héin

v.3   'S i gCaisleán Uí Néill atá an péarla ban dhíomsa mo grádh

v.4   Ba mhilse liom do phóigín ná an róis a thagans ar bláth

v.5   Tá luing ar an gcéibh seo 's béaradh sí mise go'n Spáinn

(f)   CBÉ 829:286–87; 4 x 4. Aithriseoir: Pádraig Ó Cualáin (*c.*41), An Lochán Beag,
       Indreabhán. Bailitheoir: Tadhg S. Ó Concheanainn, 10 Meitheamh 1942.

v.1   Tá'n gáirdín 'sa bhfásach, a mhíle grádh, nú an misde leat é

v.2   'Sa gCaisléan Uí Néill tá'n té 'bhain 'íom an iú'air

v.3   Tá mise mo shuidhe ó d'eir' an ghealach aréir

v.4   Níl cnocán dá aeraighe lá gréine nach n-aithneó'ainn mo ghrádh

92   Dónall

       CBÉ 840:464–66; 5 x 4. Aithriseoir: Maidhc Ging (35), An Teach Mór,
       Indreabhán. Bailitheoir: Calum I. Mac Gill-Eathain, 5 Deireadh Fómhair 1942.

v.1   Eirighe suas a Dhómhnaill, is ná bíoch brón ort ná tada faoi

v.2   Eirighe suas a ghrá geal, is cuir fál ar do chuid féir

v.3   Gheall tú cuid is maoin dom is maoir a bheith ar mo thréad

v.4   Tiocfa an ghaoth Márta ar na gárrantaí 's a bhféar

v.5   Shíl tú an aithrighe dhíona ach bhí tú rud beag mall

93   Dónall Óg

(a)   An tSeanbhean Chríonna

       CBÉ 90:482–85; 10 x 4, 1 x 3, 1 x 4. Aithriseoir: [?]. Bailitheoir: Mr. Joseph Hanley,
       17 Iúil 1930. [Bailíodh an t-ábhar sa Tuairín nó i Leitir Mealláin].

v.1   A tseanbhean críonna, cuirim dighe is deacair ort

v.2   Nuair a théighimsi féin ar aonach ná ar margadh

v.3   Dair siad liomsa go bhfuil me malartach

v.4   Tá mo chroidhe istigh brúite briste

v.5   Tá mo chroidhe istigh sa chomh dubh le áirne

v.6   Fuair me póigín is ní ó claidhre é

v.7   Agus shíl mé héin ariamh nárbh mhisde

v.8   Cuaidh mo mhuinntir uilig go Sasana

v.9   Geall tú dhomhsa is rinne tú bréag liom

v.10   Gheall tú dom guídh nach misde

v.11 Tiucfa mar ghrádhsa in bealach seo imáireach

v.12 Thainic mé aréir ag daras an thall úd thall

(b)   CBÉ 824:178–80; 8 x 4. Aithriseoir: [?]. Bailitheoir: Monica Ní Mhaodhbh, 1942.

v.1   A Dhomhnaill Óg, má theidhir thar fairrge

v.2   Do gheall tú dhom-sa nídh nar bhféidir

v.3   Do gheall tú dhom-sa nídh ba dheacair dhuit

v.4   Thug mé grádh dhuit 's mé beag bídeach

v.5   Siúd é an Domhnach ar a dtug mé grádh dhuit

v.6   Dubhairt mo mháthairín liom gan labhairt leat

v.7   Muise a mháthairín, tabhair mé héin dhó

v.8   Bhain tú thior dhíom 's bhain tú thiar dhíom

(c)   Cró na gCaorach

CBÉ 1138:466–67; 7 x 4. Aithriseoir: Áine Bean Uí Fhlatharta, Cor na Rón Thoir, Indreabhán. Bailitheoir: Pádraig Ó Flatharta, 1941.

v.1   Nuair a theighim-se siar 'seadh bhíos mo chúl leat

v.2   Tiocfadh mo ghrádhsa 'san ród seo amáireach

v.3   Gheall tú dhomsa is rinneadh tú bréag liom

v.4   Tá mo chroidhe istigh chomh dubh le áirne

v.5   Tá mo chroidhe istigh bruighte briste

v.6   Thug mé grádh dhuit is mé beag bídeach

v.7   Sgéal ar an ngrádh údan, nach mairig a thug é

(d)   CBÉ 824:149–50; 6 x 4. Aithriseoir: Seosamh Ó Griallais (37), Cill Bhriocáin, Ros Muc. Bailitheoir: Monica Ní Mhaodhbh, 25 Feabhra 1942.

v.1   Dá dteiginn-se siar, aniar ní thiocfainn

v.2   Tá mo chroidhe comh dubh lé áirne

v.3   Tá mo chroidhe-se brúighte briste

v.4   Tá mo ghrádh-sa ar dhath na sméartha

v.5   Is mór dom-sa an baile seo fhágail

v.6   Fuagraim an grádh, is mairg a thug é

(e)   CBÉ 1025:300–01; 5 x 4. Aithriseoirí: Maidhc Ging (*c*.40) (vv.1–4) ⁊ Siobhán Ní Dhiollúin, An Teach Mór, Indreabhán (v.5). Bailitheoir: Calum I. Mac Gill-Eathain, 13 Feabhra 1945.

v.1 Cathú amach mé is an oidhche a' báisteach
v.2 Gheall tú dhom-sa is rinne tú bréag liom
v.3 Thug mé grá dhuit is mé beag bídeach
v.4 Sgéal ar a' ngrá nach mairg a thug é
v.5 Nuair a theighim fhéin go Tobar Pháraig

(f)   CBÉ 90:431–32; 4 x 4. Aithriseoir: Bean Antoine Uí Dhónaill, Baile an tSagairt, An Spidéal. Bailitheoir: [?].

v.1 A Dhomhnaill Óig, is a phlúr na ngaisgeacht
v.2 Geall tú aréir dom agus rinne tú bréag liom
v.3 Geall tú aréir dom agus rinne tú bréag liom
v.4 Pós a dhrearbhrathair sul a thagas an aois ort

(g)   Grá Buan, Daingean
CBÉ 378:26; 1 x 4. Aithriseoir: An comhluadar tigh Sheáin Mhic Fhualáin, Poll Uí Mhuirinn. Bailitheoir: An tAthair Eric Mac Fhinn, *c.*1928

v.1 Thug mé grádh dhuit agus mé beag bídeach

(h)   CBÉ 1280:574; 1 x 4. Aithriseoir: Baibín Seoige (Baibín Raighille) (máthair Sheáin Mháirtín Seoige) (*c.*60), Inis Bearachain, Leitir Móir. Bailitheoir: Séamus Mac Aonghsusa, [1945].

v.1 Má thagann tú choidhchin teara 'san oidhche

94   *Kelly* na Buaile
CBÉ 1017:355; 2 x 4. Aithriseoir: Mícheál Ó Mainnín, Fornocht, Corr na Móna. Bailitheoir: Máirtín Ó Mainnín, 18–28 Meán Fómhair 1947.

v.1 'S a Kelly na Buaile, nach buadharta a d'fháguigh tú mé
v.2 'S a Kelly bán, a théagair, tréig tusa feasta na mná

95   Nach Iomaí Buachaill Dóighiúil a Bhí Seal Liom i nGrá
CBÉ 657:304; 3 x 2. Aithriseoir: Máire Ní Fhlatharta (60), An Cheathrú Rua. Bailitheoir: Peadar Ó Gríofa, 1 Lúnasa 1932.

v.1 'S nach iom siúd buachaill dóigheamhail a bhí seal liom i ngrádh
v.2 A mhílseóirín 's a bhladairín, 's a chneamhaire a bhí mór
v.3 'S anois nuair nach bhfuair tú agam-sa sin, ná cuid ar bith ná maoin

96 **Na hÉiníní**

(a) CBÉ 969:541–43; 6 x 4. Aithriseoir: Máirtín Ó Finneadha (36), An Lochán Beag, Indreabhán. Bailitheoir: Calum I. Mac Gill-Eathain, 19 Feabhra 1945.

v.1 Nach aoibhinn go na h-éiníní a éirigheanns go h-árd

v.2 Nach aoibhinn go'n tala ar a siúlann a bhróga

v.3 A' goil tríd a' móinfhéar dom go mall, mall aréir

v.4 Galar bocht claoite do-sgaoilte é 'n grá

v.5 Nuair a laighim-se ar mo leaba sé m'osna a bhíonns go mór

v.6 Ó, ógánaigh na gcarad, tuige ar imthe tú uaim

(b) CBÉ 248:439–41; 3 x 4. Aithriseoir: Tomás Ó Flatharta (61), An Cnoc, Indreabhán. Bailitheoir: Pádraig Ó Ceannaigh, 20 Lúnasa 1936.

v.1 Nach aoibhinn do na h-éiníní a éirigheas go h-árd

v.2 Taoibh de chlaidhe na teórainn tá stoirín mo chroidhe

v.3 Tá na ba bán a' géimhneach is tá na laoighdín a' diúl

(c) CBÉ 969:546–47; 1 x 2, 1 x 4. Aithriseoir: Maidhc Ging (*c.*40), An Teach Mór, Indreabhán. Bailitheoir: Calum I. Mac Gill-Eathain, 19 Feabhra 1945.

v.1 Goil thríd a' móin-fhéar go mall mall aréir

v.2 A choiste is a ruain, nó an trua leat mise a bheith tinn

97 **Tá na Ba Bána ag Géimneach**

CBÉ 607:66–68; 10 x 4. Aithriseoir: Pádraig Mac Donnchadha (Peait) (73), Ros an Mhíl. Bailitheoir: Brian Mac Lochlainn, 1938.

v.1 Tá na ba bán a' géimneach 's níl na laighannta ghá ndiúl

v.2 Tá úbhallaí buidhe ⁊ áirní a fás ar bhárr cranna

v.3 Níl grian as cíonn duibheacáin ná righin a's cíonn báis

v.4 Bheirim-se mo mhallacht ga lucht dianta na mbréag

v.5 Tá na cruic i's na gleannta a goil eidir mé 's tú

v.6 'S a ghrádh gheal, bhfuil tú 'g éisteacht ná a bhfíllthir go brách?

v.7 Bíonn drúcht in do shúla 's bíonn lasa in do chínn

v.8 Nach aobhainn go na múiníní a shiúdhlann mo stór

v.9 'S nach geall le bláth na n-áirne mo ghrádh bán i dtús a' t-samhra

v.10 Gus a dhreitheáracha dhílis, tá mo théarma lib caithte

98   Tá na Páipéir dá Saighneáil

(a)   CBÉ 1211:492–94; 6 x 4. Aithriseoir: Seosamh Ó Tuathail (40), Leitir Caladh, Leitir
        Móir. Bailitheoir: Cóilín Ó Maoilchiaráin, 17 Meán Fómhair 1951.

v.1   Tá na páipéir dhá síneáil agus tá na saighdiúirí ag dul anonn

v.2   Ag luighe dhom 'san oidhche, sí m'osna bhíonns mór

v.3   Nuair a éirighim amach go h-uaigneach agus fhéachaim uaim ar na cruic
        úd tháll

v.4   Is tá a fhios ag Dia dílis gur iomdha smaoineadh cruadh deacrach

v.5   Tá mo stocaí agus mo bhrógaí is iad stróicthe liom síos

v.6   Agus díleachta bocht cráidhte mé, gan athair ná máthair

(b)   CBÉ 840:339–40; 5 x 4, 1 x 2. Aithriseoir: Maidhc Ging (35), An Teach Mór,
        Indreabhán. Bailitheoir: Calum I. Mac Gill-Eathain, 8 Deireadh Fómhair 1942.

v.1   Tá na paipéir dhá sighneáil is tá na saighdiúirí a' guil anunn

v.2   Nuair a luighim-s' ar mo leaba, sí m'osna a bhíonns go mór

v.3   Nuair eirighim-se amach go h-uaigneach is féachaim uaim ar a' gcroc ud
        thall

v.4   Tá giní i dteach an óil orm is níor ólas ariamh pínn

v.5   Níl aon fhear i n-Éirinn a dhíonfach eagcoir ar mo shamhail

v.6   Tá mo chroidhe istigh na leac 's na ghual dubh, is fear mo thruaigh, níl
        ach Rí na nGrást

(c)   CBÉ 307:348–50; 5 x 4. Aithriseoir: Mairéad Ní Chonfhaola, Scoil an Droma,
        Leitir Mealláin. Bailitheoir: Daltaí le Seán Ó Dochartaigh O.S., Oileán
        Gharumna (1918–20).

v.1   Tá na páipéir dá signál ꝛ tá na saighdiúir ag dul anonn

v.2   Ag luighe dom san oidhche gínom osna bhíos mór

v.3   Nuair eirighim amach go huaigineach ꝛ nuair a bhreathnuighim uaim ar
        an gcnoc úd tháll

v.4   Tá fhíos ag Dia dílis gur iomdha smaointa cruaidh deacrach

v.5   Tá mo stocaí is mo bhróga stróicthe liom síos

(d)   CBÉ 72:65–67; 5 x 4. Aithriseoir: Beartla Ó Cualáin (16), An Lochán Beag,
        Indreabhán. Bailitheoir: Pádraig Ó Finneadha, Nollaig 1930–Eanáir 1931.

v.1   Tá na páipéir dá sighneáil a's tá na saighdiúir ag dul anonn

v.2   Nuair a luighim ins an oidhche, déanaim osna bhíonns go mór v.3   Nuair éirighim amach go huaigneach agus bhreathnuighim ar an gcnoc úd thall

v.4   Tá mo stocaí a's mo bhróga a's iad stróicthe liom síos

v.5   Agus dílleaichtín bocht cráidhte mé a fágadh faoi leathtrom

99   Tógfaidh Mé mo Sheolta

(a)   CBÉ 90:439–41; 1 x 4, 1 x 2, 1 x 4, 1 x 3, 1 x 4, 1 x 3. Aithriseoir: [?]. Bailitheoir: [?].

v.1   Tógfaidh mé mo sheólta go Duithche Sheogach ar maidin

v.2   Is a bhuachailín, is gile míne ná an síoda is ná an sneachta

v.3   Thiubhrainn-se cuairtín bídeach go lathach caoitheamhail ag do leabaidh

v.4   Chuaidh muid i dteannta a chéile ag deanamh réidhteach go dtí teach an t-sagairt

v.5   Is a stóirín, ná fág do diaidh mé mar gheall ar mhaoin na ar eallach

v.6   Ní de'n fhigheadóir ná de'n táiliúr thug mé grádh ariamh ná taitneamh

(b)   CBÉ 969:545–46; 1 x 4, 1 x 3. Aithriseoir: Maidhc Ging (*c.*40), An Teach Mór, Indreabhán. Bailitheoir: Calum I. Mac Gill-Eathain, 19 Eanáir 1945.

v.1   Ní g'fhigheadóir ná go tháilliúir thug mé grá ariamh ná taithneamh

v.2   Truagh gan mé i mbárr sléibhte nó go h-árd os cionn a' bhaile

100   *Yonder Hill*

CBÉ 824:236–37; 6 x 4. Aithriseoir: Neain Bean Uí Ghriallais (Neain Dhonnchadha) (66), Cill Bhriocáin, Ros Muc. Bailitheoir: Monica Ní Mhaodhbh, 25 Márta 1942.

v.1   *I wish I was on yonder hill*

v.2   Siúbhal – siúbhal agus siúbhal a ruan

v.3   *I wish, I wish and I wish in vain*

v.4   Nach truagh gan mé ar an gcnoc údan tháll

v.5   Suidhe mé síos ar chnocán bán

v.6   *Good bye, good bye* a mhuirnín bán

c. Amhráin Ghrá Chléirigh

101   An Cais[i]deach Bán

(a)   CBÉ 1211:494–98; 6 x 2, 5 x 4. Aithriseoir: Seosamh Ó Tuathail (40), Leitir Caladh,
        Leitir Móir. Bailitheoir: Cóilín Ó Maoilchiaráin, 17 Meán Fómhair 1951.

v.1   Thug mé an ruaid údaí go mullach na cruaiche agus chugat anuas an
        tSléibhe Bháin

v.2   D'at mo ghualaí go dtí mo chluasaibh agus fuair mé fuagra glan géar ón mbás

v.3   Ar cheann a' staighre atá plúr gach maighdean agus siúd í meidhreóg a'
        bhrollaigh bháin

v.4   Dhéanfainn teach mór dí ar thaobh an bhóthair agus chuirfinn cóiste
        breágh faoi na clann

v.5   Nach aisteach an réasún le gur chuir tú i gcéill dom, nach bhfásann an féar
        acht thríd an talamh aníos

v.6   Nach bhfuil brígh ná spreacadh i dteas na gréine agus go dteigheann na
        héisg ar an muir anonn

v.7   Chaith mé seal beag ag fóghluim Béarla agus dubhairt na cléireacha go
        maith í mo chainnt

v.8   Chaith mé i gcoláiste go dtí ám mo bheartha agus bhí mé ar árd-sgoil ar
        feadh chúig bhliadhain

v.9   Is rí-mhór m'fhaitchíos rómhat a Rí na nGrásta, nach bhfuil sé i ndán
        dhom go dtiocfainn saor

v.10   Siúd í análl í an eala bhán deas agus í chomh gléasta le cuach ar chraobh

v.11   Níl bun cíbe ná tullán timcheall ná gleannta aoibhinn an mbíonn mo ghrádh

(b)   An Bráthair Buartha

        CBÉ 484:67–68; 1 x 2, 3 x 4, 1 x 2, 1 x 4, 1 x 2. Aithriseoir: Máirtín Ó Flatharta (60),
        Doire Locháin, An Spidéal. Bailitheoir: Áine Ní Chonfhaola, 24 Márta 1938.

v.1   Thug mé an chuairt udaigh go barr na trágha agus thart anuas go sliabh

v.2   Maidin dár eirigheas ⁊ mé i siubhal coille craobhaighe seadh dhearc mé
        spéir bhean ⁊ í baint cró

v.3   Nach meabhrach cleasach a chur tú i gcéill dhom, nach bhfása an féar thríd
        an talamh aníos

v.4   Níl mé ins an bpobal seo ach le bliain ⁊ trí rátha agus níor bhaist mé páiste
        gan cead ón gcléir

v.5   Dhá mbeinn-se in mo bhádóir nach deas mar shnámhfainn gach cuan ⁊

gach ceárd dhá mbíonn mo mhian

v.6 Ar cheann an staighre tá plúr gach maighdean, muinnte, bheinne ⁊ bhrollaigh bháin

v.7 Dá mbeadh sin agam-sa, gunna, grán ⁊ púdar, mharbhóchainn cúpla lachan bhána

(c) CBÉ 90:442–44; 6 x 4. Aithriseoir: [?]. Bailitheoir: Mr. Joseph Hanley, 17 Iúil 1930. [Bailíodh an t-ábhar sa Tuairín nó i Leitir Mealláin].

v.1 Thug mé an ruaig údan ó mhullach na cruaiche agus chugat anuas an t-sléibhe bháin

v.2 Ag ceann an staighre tá plúr gach maighdean, sí siúd maighre óg an bhrollaigh bháin

v.3 Nach aisteach an reasun gur chuir tú i gcéill dhom, nach bhfásfadh an féar tríd an talamh aníos

v.4 Bhí mé sealad ag foghluim Béarla agus dubhairt na cléir go mba mhaith mo chainnt

v.5 Bhí mé i gcoláiste go h-am mo bheartha agus ins an ar sgoil ar feadh chúig bhliadhain

v.6 Siúd í tharainn an eala bhain dheas agus í chomh gleasta le bean ar bith

(d) CBÉ 669:167–71; 6 x 4. Aithriseoir: Tomás Ó Ráighne (40), Leitir Mucú, Camus. Bailitheoir: Colm Ó Finneadha, 7 Deireadh Fómhair 1939.

v.1 Thug mé an ruaig úd ó mhullach na cruaiche chugat anuas 'un an t-Sléibhe Bháin

v.2 Ar cheann an staighre tá plúr gach maighdean, sí siúd meidhreóg an bhrollaigh bháin

v.3 Nach aisteach an réasún le gur chuir tú i gcéill dhom, nach bhfásfadh an féar thríd an talamh aníos

v.4 Bhí mé seal maith a' fóghluim Béarla agus dubhairt an chléir go mba mhaith mo chainnt

v.5 Bhí mé i gcoláiste go h-am mo bhearrtha 'gus ins an árd scoil ar feadh chuig bhliadhain

v.6 Siúd í tharainn í an eala bhán dheas agus í chómh gléasta le bean ar bith

(e) CBÉ 826:57–60; 6 x 4. Aithriseoir: Anna Ní Ghriallais (21), Cill Bhriocáin, Ros Muc. Bailitheoir: Monica Ní Mhaodhbh, 10 Bealtaine 1942.

v.1 Thug mé an ruaig údan ó mhullach na cruaiche chugat anuas an t-Sléibhe Bháin

v.2   Ar cheann an staighre 'tá plúr gach maighdean, siúd í meidhreóg an bhrollaigh bháin

v.3   Nach aisteach an réasún lé gur chuir tú i gcéill dhom, nach bhfásfadh an féar thríd an talamh aníos

v.4   Muise, bhí mé seala ag foghluim Béarla 's dubhairt na cléire go mba mhaith mo chainnt

v.5   Ó bhí mé i gcoláiste go h-am mo bheárrtha agus ins an Árd-Sgoil ar feadh chúig mbliain

v.6   Siúd í tharainn an eala bháin dheas agus í chomh gléasta lé bean ar bith

(f)   CBÉ 851:291–93; 6 x 4. Aithriseoir: Bairbre Ní Dhiollúin (25), An Teach Mór, Indreabhán. Bailitheoir: Calum I. Mac Gill-Eathain, 3 Nollaig 1942.

v.1   Thuc mé an ruaig udan ó mhullach na cruaiche agus chugat anuas an Sliabh Bán

v.2   Ag ceann na staighre tá plúr na maighdean, siúd í meidhreóig a' bhrolla' bháin

v.3   Nach aisteach a' réasún le gur [...] tú i gcéill dom, nach bhfásann a' fear tríd a' tala' aníos

v.4   Bhí mé sealad a' fóghlam Béarla agus dubhairt na cléir' go mba mhath mo chainnt

v.5   Bhí mé i gcoláiste go h-am mo bhearrtha agus ins an árd-scoil ar feadh chúig bhlian

v.6   Siúd í tharainn í an eala bhán deas agus í chomh gléasta le bean ar bith

(g)   CBÉ 378:64–68, 4 x 4. Aithriseoir: Bean Uí Chualáin (Bean Mhicil Mhóir Uí Chualáin), Poll Uí Mhuirinn, Leitir Mealláin. Bailitheoir: An tAth. Eric Mac Fhinn, Lúnasa 1930.

v.1   Bhí mé lá breagh a' gabhail malainn shléibhe, cé d'fheicfhinn ach a' spéirbhean agus í a' baint cnó

v.2   Níl mé ar a' mbaile seo ach le bliadhain is ráithe, níos bhaisd mé páisde ach le cead ón gcléir

v.3   Is nach ait na bréag' a chuir tú i gcéill dom, nach bhfásann an féar thríd a' tala' aníos

v.4   Dhá mbeadh agam-sa grán is púdar, is deas a mharbhóchainn cúplín lachan ar móin

(h)   CBÉ 90:557–559; 4 x 4. Aithriseoir: [?]. Bailitheoir: Mr. Joseph Hanley, 17 Iúil
1930. [Bailíodh an t-ábhar sa Tuairín nó i Leitir Mealláin].

v.1   Thug mé an ruaig údan ó mhullach na cruaiche chugat anuas 'un an
       tSléibhe Bhán

v.2   Ar cheann an staighre tá plúr gach maighdean, sí siúd meidheóig an
       bhrollagh bháin

v.3   Nach aisteach an réasúir le gur chuir tú i gcéill dom, nach bhfásfadh an
       féir tríd an talamh aníos

v.4   Agus bhí mé sealad ag foghluim Béarla agus dubhairt an chléir gur mba
       mhaith mo chainnt

(i)   CBÉ 231:566–67; 3 x 4. Aithriseoir: Sorcha Ní Fhlatharta, An Gleann Mór, An
Cheathrú Rua. Bailitheoir: An Bráthair Lúcás, 8 Feabhra 1936.

v.1   Thug mé an ruaig úd ó mhullach na Cruaiche agus thart anuas go dtí
       bun Sliabh Bán

v.2   Ag ceann an staighre bhí plúr gach maighdean, siúd í meidhreóg an
       bhrollaigh bháin

v.3   Nach aisdeach an réasún ar chuir tú i gcéill dhom, nach bhfásann an féar
       thríd an talamh aníos

102   Ag Dul Chun Aifrinn

(a)   CBÉ 1211:511–14; 10 x 4. Aithriseoir: Seosamh Ó Tuathail (40), Leitir Caladh,
Leitir Móir. Bailitheoir: Cóilín Ó Maoilchiaráin, 17 Meán Fómhair 1951.

v.1   Ag dul chun Aifrinn dom go moch Diardaoin

v.2   Éist, a Bhríghdín, is ná goil deóir

v.3   Nach deas an sagairtín é stór mo chroidhe

v.4   Dhá mba bean í mo mháithrín mar bhean sa tír

v.5   Tá an oidhche seo garbh is tá sí fuar

v.6   Siad cruic Dhúthaigh Sheóigeach a bhris mo chroidhe

v.7   Díol agus deóracht ar lucht na mbréag

v.8   Ní dhéarfainn tada leat ar chúl a' chlaidhe

v.9   Is truagh gan mise is mo mhúirnín bán

v.10   Ní dhéarfainn tada leat a dhuine chóir

(b)   Brón ar an bhFarraige

CBÉ 1138:465–66; 6 x 4. Aithriseoir: Áine Bean Uí Fhlatharta (54), Cor na Rón

Thoir, Indreabhán. Bailitheoir: Pádraig Ó Flatharta, 1941.

v.1　Tá an oidhche seo dorcha is tá sí fuar

v.2　Brón ortsa, a mhíle grádh

v.3　Brón ar an bhfairrghe mar is í atá mór

v.4　Nach deas an sagartín é stór mo chroidhe

v.5　Éist a Bhideach, is nó goil aon deóir

v.6　Nuair a theighim-se ar an margadh go moch Diardaoin

(c)　Cnoc Uí Dhonncha

CBÉ 824:159–60; 6 x 4. Aithriseoir: Seán Ó Maodhbh (32), Cill Bhriocáin, Ros Muc. Bailitheoir: Monica Ní Mhaodhbh, 25 Feabhra 1942.

v.1　A Chnoc (croc) Uí Dhonnacha, is tú a bhris mo chroidhe

v.2　Diomadh is deacair go lucht na mbréag

v.3　Ní dhéarfainn tada leat ar chúl an chlaidhe

v.4　Truagh gan mise 's mo mhúirnín bán

v.5　Ní abróchainn tada leat a dhuine chroidhe

v.6　Brón agus deacair ort a Loch-na-gCeann

(d)　CBÉ 824:176–77; 5 x 4. Aithriseoir: Seán Ó Maodhbh (32), Cill Bhriocáin, Ros Muc. Bailitheoir: Monica Ní Mhaodhbh, 24 Márta 1942.

v.1　Gul 'un Aifrinn dhom go moch Diardaoin

v.2　Is deas an sagartín é stór mo chroidhe

v.3　Éist – éist a stóirín 's ná síl deóir

v.4　Siad Cnuic Dhúithe Sheóigeach a dhubh mo chroidhe

v.5　Tá an oidhche dorcha 's tá sí fuar

(e)　Tiocfaidh an Samhradh

CBÉ 1280:11; 4 x 4. Aithriseoir: Gearóid Ó Laoi, Ros Cathail, Uachtar Ard. Bailitheoir: Séamus Mac Aonghusa, 31 Iúil 1942.

v.1　Níl mo ghrá-sa du' ná buí

v.2　*The summer is coming and the grass is green*

v.3　*The night is dark and very cold*

v.4　*Well, my love knows that I can card and spin*

(f)　CBÉ 1264:567, 2 x 4. Aithriseoir: S. Ó Gríofa, Ros Muc. Bailitheoir: An tAth Piaras de Hindeberg S. J, Samhradh 1950.

v.1   Is deas an sagart é stór mo chroí

v.2   Éist, a Bhirsach na gCarad, 's ná goil deoir

(g)   CBÉ 657:302; 1 x 4. Aithriseoir: Máire Ní Fhlatharta (60), An Cheathrú Rua. Bailitheoir: Peadar Ó Gríofa, 1 Lúnasa 1932.

v.1   Tá mé tinn agus nílim slán

D. Dánta Dúlra

103   An Sceilpín Draighneach

(a)   CBÉ 826:155–57; 6 x 4. Aithriseoir: Seán Ó Maodhbh (32), Cill Bhriocáin, Ros Muc. Bailitheoir: Monica Ní Mhaodhbh, 17 Meitheamh 1942.

v.1   Agus maidin chiúin ghár eirigheas amach ar fud na gcoillte

v.2   Nach trua gan mé mo smóilín, is deas d'ealóchainn thríd an mbóithrín

v.3   Tá mrá an leanna a' caoine 's nár fhóire orra Mac Íosa

v.4   Tá mo ghrádh ar chúla an gháirdín, sí an chú, sí an lúth, sí an láir í

v.5   Buaile mé go h-Egypt nó go oileán lé na thaobh sin

v.6   Tá mo mhuinntir ar chuile thaobh dhíom 's ní fhéadaim comhrá dheana

(b)   CBÉ 969:258–60; 5 x 4. Aithriseoir: Seosamh Mac Liam (31), An Baile Láir, Cor na Rón, Indreabhán. Bailitheoir: Calum I. Mac Gill-Eathain, 9 Nollaig 1944.

v.1   Maidin chiúin dar éiríos amach faoi bhárr na gcaillte

v.2   A stóirín, cé'n fá nach sgríobhann tú agam cúpla líne?

v.3   A stóirín, tóir do lámh dhom i ngan-fhios go do mháthair

v.4   Nárbh olc an tosach téagair an bheirt ud a chuir ó chéile

v.5   Tránóinín a' tigheacht ón gceól dom, cé casaí dhom ach mo stóirín

(c)   CBÉ 708:327–29; 4 x 4. Aithriseoir: Mairéad Ní Chualáin, Na hUaimíní, Scoil an Chnoic, Leitir Mealláin. Bailitheoir: An tAth. Eric Mac Fhinn, 1938.

v.1   Maidean chiúin dár eirigheas amach faoi bharra coilltí

v.2   Tráthnóinín a' teacht ón gceol dom, do dhearc mé fhéin an óg-mhnaoi

v.3   A Sheáinín, seo mo lámh dhuit i nganfhios do mo father

v.4   A stóirín, cé nach sgríobhann tú agam cúpla líne

(d)   CBÉ 248:381–83; 3 x 2. Aithriseoir: Tomás Ó Flatharta (61), An Cnoc,

Indreabhán. Bailitheoir: Pádraig Ó Ceannaigh, 15 Lúnasa, 1936.

v.1 Maidin chiúin dár eirigheas amach tré bharraibh coillte

v.2 Is ann a dhearc mé maighdean ar bhruach a' sgeilpín droighneach

v.3 Dhiumhan a bhfuil beo in Éirinn nó is tú mo ghrádh m'éadan

(e) CBÉ 432:401–02; 3 x 4. Aithriseoir: Máirtín Ó hIarnáin (60), An Tismeáin, An Cheathrú Rua. Bailitheoir: Liam Mac Coisdealbha, 13 Nollaig 1937.

v.1 Maidin chiúin dár eiríos amach faoi bharra coillte

v.2 Ó is nach minic a d'ól mé píonnta, leathchróinn is sé píghne

v.3 Anúnn go Meiricá má fhéadaim anois a' tíocht gon tséasúr

(f) Rachaidh Mé go Meiriceá

CBÉ 109:272; 2 x 4. Aithriseoir: Mícheál Ó Donnchadha, Ros an Mhíl. Bailitheoir: Tomás P. Ó Broin, [c.1935].

v.1 Rachaidh mé má fhéadaim, go Meiriceá i ndiaidh an tséasúir

v.2 Nach breágh, a stór, nach sgríobhann tú leitir in aghaidh na míosa

(g) CBÉ 249:63; 2 x 4. Aithriseoir: Tomás Breathnach (c.80), An Cnoc, Indreabhán. Bailitheoir: Bríd Ní Chollaráin, 1938.

v.1 Maidin ciúin dár eirigheas amach ar fud na coillte

v.2 Nach truaigh gan mise in m'éinín nó in mo eanacháinín glé geal

104 **An Táilliúr**

CBÉ 1211:522–24; 5 x 4. Aithriseoir: Seosamh Ó Tuathail (40), Leitir Caladh, Leitir Móir. Bailitheoir: Cóilín Ó Maoilchiaráin, 17 Meán Fómhair 1951.

v.1 Bhí mé lá breágh samhraidh ins na gleanntaibh amach is me i gcónn na mbó

v.2 Ní deileadóir mo ghrádh-sa acht ceann féarmair ar chuid is ar mhaoin

v.3 Ar chuala tú nó bhfaca tú fear ar bith a cháill a ghrádh

v.4 Buachaillín deas óg mé is go bhfóiridh orm Rí na nGrást

v.5 Ní dhéanfaidh mé aon lá téagair nó go dtéigh mé faoi na h-oileáin suas

105 **Baile Uí Laoigh**

(a) CBÉ 90:474–76; 7 x 4. Aithriseoir: [?]. Bailitheoir: Mr. Joseph Hanley, 17 Iúil 1930. [Bailíodh an t-ábhar sa Tuairín nó i Leitir Mealláin].

v.1 Ag dul ag Aifrionn diom le toil na Grásda, se bhí ag báisteach agus suidh mé síos v.2 Nuair a fuairas an tairisgint níor leigis ar cáirde é, ráinis gáire agus geit mo chroidhe

v.3 Nac aoibhinn éareac ar taobh an tsléibhe is mé breatnú síos uaim ar Bhaille *Lee*

v.4 Shiabhail mé Sasna is an Fhraince fré chéale, a' Spáinn is an Ghréag is ar ais a ríst

v.5 Sí Máire Ní Ienne an stáid bhainn bhaiseach ba deise bain is báille nuadh

v.6 Bhí fuailte aig ceasa leite ar dhath na sméartha is solas réagleoll na dtach sa drúcht

v.7 Réalta an eolas as grian an fóghamh is cúilín ómra is cuid go tsaoghal

(b) CBÉ 825:192–94; 6 x 2. Aithriseoir: Anna Ní Ghriallais (21), Cill Bhriocáin, Ros Muc. Bailitheoir: Monica Ní Mhaodhbh, 23 Aibreán 1942.

v.1 Dul 'un a n-Aifreann dhom le toil na ngrásta, bhí an lá na bháisteach agus d'athruigh ghaoth

v.2 Labhair mé léithi go múinte mánla 's do réir a cáilideacht seadh d'freagair sí

v.3 Nuair a fuair mé an tairsgint níor leig mé ar cáirde, rinneadh mé gáire agus gheit mo chroidhe

v.4 Leagadh bord againn a raibh gloine agus cárt air agus cúilín deas lé m'ais na suidhe

v.5 Nach aoibhinn aérach ar thaobh an tsléibhe ag breathnú síos uait ar Baile Uí Líadh

v.6 Cé'n bhrígh an méid sin go bhfuigh mé léargús ar spéir na gréine bhí lé m'ais na suidhe

(c) CBÉ 826:151–54; 6 x 4. Aithriseoir: Seán Ó Maodhbh (32), Cill Bhriocáin, Ros Muc. Bailitheoir: Monica Ní Mhaodhbh, 11 Meitheamh 1942.

v.1 Muise, guil ag an Aifreann dhom le toil na ngrásta, bhí an lá na bháisteach 's d'árda gaoith

v.2 Nuair a fuair mé an tairisgint níor leig mé ar cáirde é, rinne mé gáire agus gheit mo chroidhe

v.3 Nach aoibhinn aérach ar thaobh an t-sléibhe ag breathnú síos ar Bhaile Uí Lía

v.4 Shiubhal mé Sasana 's an Fhrainc tré chéile, an Spáinn, an Ghréig agus ar m'ais aríst

v.5 Sí Máire Ní Eidhin an stáid-bhean bhéasach ba dheise méin agus b'áille gnaoí

v.6 A réalta an t-soluis 's a ghrian an fhóghmhair, a chúilín ómra agus a chuid go'n t-saol

(d) CBÉ 90:572–73; 4 x 4, 1 x 1. Aithriseoir: [?]. Bailitheoir: Mr. Joseph Hanley, 17 Iúil 1930. [Bailíodh an t-ábhar sa Tuairín nó i Leitir Mealláin].

v.1 Ag dul cuig an Aifrean dom ar thoil na Grásta is bhí an lá baisteach agus d'árduigh gaoith

v.2 Nuair a fuáir mé an tairiscint níor leig mé as cáirde agus rinne mé gáire ⁊ gheit mo chroidhe

v.3 Is aoibhinn aerach ar thaobh an sleibhe ag breathnuigh síos uainn ar Bail Uí Liagh

v.4 Do siubhlaidh Sasanna agus an Frainnc le chéile, an Spann agus an Ghréig is ar ais aríst

v.5 Is sí Máire Ní Edín an stáid bean béasach ba deise méine is ba aille gnaoí

106 Bruach na Carraige Báine

(a) Taobh na Carraige Báine

CBÉ 829:141–42, 4 x 4. Aithriseoir: Pádraig Ó Cualáin (*c.*35), An Lochán Beag, Indreabhán. Bailitheoir: Tadhg S. Ó Concheanainn, 3 Meitheamh 1942.

v.1 D'eiri' mé fhéin air maidin go moch, go h-árd amach sa bhfóghmhar

v.2 Is treabhadóir mise do threabh'ainn is d'fhursainn, is ma' mar tá's sin ag na córsannaí

v.3 B'fhearr liom fhéin ná Éire uileog, ná soybhreas Rí na Spáinne

v.4 A stóirín chiúin chailce, má's dual go mbeir agam, beidh caoi ⁊ baill air do cháirdí

(b) CBÉ 825:487–88; 3 x 4. Aithriseoir: Neain Ní Dhroighneáin (20), An Aill Bhuí, Ros Muc. Bailitheoir: Monica Ní Mhaodhbh, 12 Bealtaine 1942.

v.1 D'eirigh mé héin ar maidin go moch, i bhfad amach sa bfoghmhar

v.2 Is treabhadóir mise, do threabhfhainn 's d'fuirsinn agus tá is é siúd ag na comharsan

v.3 'S measa liom héin ná Éire uilig 's ná saidhbhreas Rí na Spáinne

107 Donncha Ó Dálaigh

(a) CBÉ 443:55–57; 1 x 2, 1 x 1, 2 x 2, 1 x 1, 3 x 2. [Leagan amach an amhráin mírialta].

Aithriseoir: Eoghan Ó Flatharta (40), Na Foraí Maola, Bearna. Bailitheoir: Éamonn Ó Confhaola, 17 Samhain 1937.

v.1 Maidin chiúin cheómhar dhá eirigheas amach sa bhfógmar, cé feicfinn ach an óig mhnaoí dul tharm sa t-slighe

v.2 Ar na braontóga bána seadh chomhnuidheann mo ghrádh sa, [...] gur aoibhinn léithe mé

v.3 Sí mo searc agus mo Róisín í, sí bláth na mbláth cúra í, sí an samra agus an fuacht í idir Nodlaig agus Cáisg

v.4 Ní í acht an t-éin-bhean amháin a dtug mo chroidhe grádh dhí, níl agam le rádh acht mo bheannacht a chur leithe

v.5 Cuimhneadh ar mo mhúirnín i mbeinn agus mo ghrádh i gcomhnuidhe, ach, a Dhia, í ag fear eile pósta uaim

v.6 Imthighthe ⁊ éaluighthe agus ní miste liom fhéin é, ní taobh leithe atá Éire agus martluid le fághail

v.7 Dá bhfuighinn bás amáireach ⁊ mé a bheath go mo thóra, nó chaoin go gceanluidhe ar chróchar mé le dhul ar a cill

v.8 Dhá ndeibhfeinn dhuit páiste i gcionn bliadhna nó trí raite, ó Dhia, cá bhfuighfinn *father* go mo leanb bán óg

(b)   Dónall Ó Dálaigh
CBÉ 1138:527–28; 7 x 2. Aithriseoir: Máirtín Ó Cualáin (Beartla), An Lochán Beag, Indreabhán. Bailitheoir: Pádraig Ó Flatharta, 1941.

v.1 Tá mo pháircín faoí chlaidhe is faoí fhál dhuit 's tá sé in am é cíosadh liom punt nó dhó

v.2 Dá mbeinnse do mo thóramh nó sínte 'san gconnra, cláracha mo chónnra a' gabhail annseo aniar

v.3 Mo chreach mhaidhne bhrónach is deas a leanfinn tríd an gceó thú, mar labhruigheas an fiach dubh ar maidin chiúin cheó

v.4 Imthigh agus éaluigh agus dheaman ar misde liom fhéin é, ní taobh leat atá Éirinn ná do mhaltraid le fághail

v.5 Leitir ag a *father* agus sgéala ag a mháthairín agus thart síos le fána a ógánaighe óig

v.6 Nach maith, maith, le fághail é 's nach rí-mhaith le fághail é 's 'bhfuil nidh ar bith níos áilne ná cailín deas óg

v.7 D'oilneóchadh sí páiste i gcionn bliadhain nó trí ráiththe, 's a Dhia, cá bhfuighfinn athair do mo leanbh bán ó

108 Eochaill

(a) CBÉ 840:310–11; 9 x 2. Aithriseoir: Pádraig Ó Cualáin (Pádraig Pheatsa) (86), Cor na Rón, Indreabhán. Bailitheoir: Calum I. Mac Gill-Eathain, 28 Meán Fómhair 1942.

v.1 Ar maidin foghmhair is mé siul go Eóchaill, céard a chas ins an ród dhom ach stór mo chroidhe

v.2 Leag mé mo lámh ar a brághad le fórsa, is d'iarr mé póigín ar stór mo chroidhe

v.3 Seo mo leabhar dhuit nach bhfuil mé pósta, ach gur buachaill óg mé thuc gean go mhraoi

v.4 Chuirfinn *high-caul* cap ort go'n fhaisiún ró-dheas, gún' agas cleóc agus láimhiní

v.5 Chath mé blian ar aimsir ar shúil a' bhóthair, a bhí idir Eóchaill is Ceapach Chuinn

v.6 Thuc mise liom í go bhruach na Bóirne, is thuc mé mo bhóide dí go bpósainn í

v.7 Lean a máthair mé in mo dhia' 'sa mbóthar, gan stoca, ná bróig ach a gruaig leí síos

v.8 Níor éiligh sí an ainnirín bhí úr 'na h-óige, is níor loirg sí Eochaill na Ceapach Chuinn

v.9 Go'n earrach a bheirim-s' í, idir críon is óg iad, is ní ghabhaidh mé 'n bóthar go deó na choí'n

(b) CBÉ 1105:38–39; 3 x 4, 1 x 3, 2 x 4. Seán Ó Lorcáin (75), An Doirín, Leitir Móir. Bailitheoir: Tomás P. Ó Broin, Lúnasa 1947.

v.1 Maidin Dhómhnaigh is mé goil go hEochaill, cé casfaí sa ród liom ach stór mo chroidhe

v.2 Mo láimh is m'fhocal duit nach bhfuil mé pósta, ach gur buachaill óg mé thug gean go mhraoi

v.3 Tá mé in aimhreas ort go bhfuil tú pósta, is ná cuir aon stró orm a' siúl sa tslighe

v.4 Is i dtús a' tsamhraidh beidh mé triall go *Flanders*, ach níl a'm ach aimhreas go bhfillhead choidhin

v.5 Níl sé ach tamall beag ó d'fhág mé Eochaill, is ní leicidh an brón dom-sa fille aríst

v.6 Lean mo mháthair go géar sa ród muid, bhí (a) cois gan bhróig is a *cape* le gaoith

109   Seoladh na nGamhna sa bhFásach

(a)   Maor na Coille

CBÉ 524:386–89; 14 x 2. Aithriseoir: Eoghan Ó Flatharta (40), Na Foraí Maola
Thiar, Bearna. Bailitheoir: Proinnsias de Búrca, 24 Feabhra 1938.

v.1   Agus d'eire mé fhéin go moch ar maidin ⁊ mé a' siubhal na coille go fánach

v.2   D'fhiafra mé fhéin go dté dhár b'as í, nó cé'n taobh díom a dtáinic

v.3   D'fhiafra' mé fhéin ó cé'r dhár b'as í, nó cén taobh díom a dtáinic

v.4   Óra, tá crann giumhasaí i gciúmhais na coille seo, a dtiocthá liomsa go lá
ann faoí

v.5   Tá cead saor ó mhaor na coille an féar a bheith in-aisge go lá aca

v.6   Tá cead saor ó mhaor na coille an féar a bheith in-aisge go lá aca

v.7   Bheirim péin mo mhallacht go mhaor na coille ⁊ go'n dí siúd a d'fhága le
fán mé

v.8   Fóill!, fóill! a chailín, ní tusa a rinne tada, is cleas é a rinne do mháithrín

v.9   A chailín úd thiar i mbéal an phobail, go maire tusa fhéin do chóiriú

v.10   Tá mé in do dhiaidh le bliadhain ⁊ tuille, níor chuir mé ariamh i gcás é

v.11   Cé siúd amuigh ag fuinneóg mo rúma, ar maidin go moch Dé Dómhna

v.12   Tá mé fuar ⁊ mé fliuch salach, go bhárr a bheidh amuigh ar gárda

v.13   Siúd é an fáth le gur phós mé an stálaí, mur bhí sé sonaidhe sásta

v.14   Níor mhór dhom péin as fheabhas mo ghraithí, gach uair dhá dtigeann a'
ráig siúd

(b)   Maor na Coille

CBÉ 414:29–31; 10 x 2. Aithriseoir: Eoghan Ó Flatharta (46), Na Foraí Maola
Thiar, Bearna. Bailitheoir: Éamonn Ó Confhaola, 15 Meán Fómhair 1937.

v.1   D'eirigh mé fhéin go moc ar maidin, mé siubhal na coille go fánach

v.2   D'iarr mé fhéin dhi cé dhar b'as í, nó té an taobh dhíom a dtainic tú?

v.3   Tá crann giumhise i ciúmis na coille seo, i dtiocfa liomsa go lá ann

v.4   Tá cead saor ó mhaordha na coille seo, mar sé siúd a dfhág le fán mé

v.5   Fóill, fóill a chailín (a deir sé), ní thusa a rinne tada, acht cleas a bhí ann a
rinne do mháithrín

v.6   Seo póg ar bhár mo dhá láimh dhuit, ó chailín úd an siar i mbéal an
phobail

v.7   Tá mé do dhiaidh le bliadain ⁊ tille, ní cuir mé aríamh i gcás é

v.8   Té é sen amuigh ag doras mo sheomra, ar maidin go moch Dé
Domnaigh?

v.9   Bain díot do chuid éadaigh ⁊ luighe liom an do léine, éireóchad muid le
       chéile an do shlainte

v.10   Bhí sé na bhuachaillín deas maiseach, ní fearr nú a stáca ⁊ ní mor dom
       féin feabhus

(c)   CBÉ 563:188–89; 8 x 2. Aithriseoir: [?]. Bailitheoir: Tomás Mac Diarmada, 1938.

v.1   Siubhalfadh na coille seo go huaigneach Dia Céadaoin, casadh orm óig-
       bhean ins an bhfásach

v.2   Tá cráinín caorthann a lúb na coille seo agus gheobhfadh muid dídeann
       go lá ánn

v.3   Dá mbeadh fhios ag mo mhuinntir go mbéinn-se leat-sa, lucht na
       mbréag agus an aimhris

v.4   Bheirim-se mo mhallacht d'aon bhean feasta, a d'fhágadh an teach ó'n a
       máithrín

v.5   An bhean ar meisge 'gus an fear ar buille, sin iad an dreám nár b'fheárr liom

v.6   Cé hé siúd tháll ag doras tigh mo rúin, go moch ar maidin Dé
       Dómhnaigh

v.7   Tá mé tínn agus mé fliuch salach, go bhárr a bheith a' faire ar gárda

v.8   B'fheárr liom féin mé 'chur chois balla, nó mé lasadh a dteinnte cnámha

(d)   CBÉ 811:484–85; 6 x 2. Aithriseoir: Seán Ó Flatharta (Seáinín Sheáin) (60), An
       Lochán Beag, Indreabhán. Bailitheoir: Tadhg S. Ó Concheanainn, Nollaig 1941–
       Eanáir 1942.

v.1   D'eiri' mise fhéin ins a' samhra' 'nura' 's mé 'siúl na coille go fánach

v.2   D'fhia'ru' mé dhi-se go cér dhár b'as í, nú go té'n taobh dhaom (díom)
       a dtáinic

v.3   Seisean:
       Tá cránn giúmhaisí 'gciúis na coille agus gheobhfa muid a dídean go lá ánn

v.4   Tá mé tuirseach ⁊ mé fliuch salach, th'éis a bheith 'faire air gárda

v.5   Dhá mbeach fhios ag mo mhuínntir go bhfuil mé t'aice, ag luch' na
       mbréag 'san aybhris (aimhreas)

v.6   Bheirim-se mo mhallacht g'aon bhean feasta, fhácas a' bail' ó'n a máithrín

(e)   Seoladh na nGamhna sa bhFásach
       CBÉ 829:56–57; 6 x 2. Aithriseoir: Seán Ó Flatharta (Seáinín Sheáin) (c.62), An
       Lochán Beag, Indreabhán. Bailitheoir: Tadhg S. Ó Concheanainn, 2 Bealtaine 1942.

v.1 Nuair a d'eiri' mé fhéin 'sa samhra' 'nura', mé siúbhal na coille go fánach

v.2 D'ia'ra mé dhi-se go cér dhár bas í, nú go cé'n taobh 'íom a dtáinic

v.3 Tá cránn giúsaí' 'gciúis na coille agus gheofa muid dídean go lá ann

v.4 Tá mé tursach 's mé fliuch salach, thréis a bheith 'faire air gárda

v.5 Dha mbeach fhios ag mo mhuínntir go bhfuil mé i t'aice, tá lucht na mbréag san aimhris

v.6 Bheirim-se mo mhallacht g'aon bhean feasta, fhághas a' bail' ó na má'irín

(f) CBÉ 1280:491; 1 x 4, 1 x 3, 1 x 2. Aithriseoir: Maidhcil Bheairtlín Ó Mainnín, (*c.*33), Ros Muc. Bailitheoir: Séamus Mac Aonghusa, 1944.

v.1 Lá ghá rabhas ar chiúmhais na coille 's mé 'góil a' bealach go fánach

v.2 Tá cead saíor a'ad ó mhaíor na coille seo, anocht agus dá bhfantá ráithe

v.3 Bheirim-se mo mhallacht go mhaíor na coille seo mar 's eisean a d'fhága le fán mé

e. Amhráin na Mná Mídhílse

110 Aililiú, na Gamhna

CBÉ 825:181–83; 6 x 4. Aithriseoir: Anna Ní Ghriallais (21), Cill Bhriocáin, Ros Muc. Bailitheoir: Monica Ní Mhaodhbh, 23 Aibreán 1942.

v.1 Níor b'fheárr liomsa ribín orm ná buarach

v.2 'S cailín beag gan chiall thú 's ní féidir liom thú mhúnadh

v.3 Is beag é mo spéis in do fhidil ná do chlára

v.4 B'fheárr liom muigín bainne géir nó beagáinín go'n leamnacht

v.5 Siad mo chuid gamhna na gamhna geala

v.6 Beirim-se mo mhallacht go'n tsagart a phós mé

111 An Seanduine

CBÉ 624:188–92; 8 x 4. Aithriseoir: Mícheál Ó Conaill (30), Uachtar Ard. Bailitheoir: Proinnsias de Búrca, 29 Aibreán 1939.

v.1 Is doilbh dúbhach deórach, an pósadh do gealladh dom, go hóg mé cheangal le sean donán

v.2 A teacht gan eólas nár ró-mhór go mbfearra dhuit, luighe ar do leabaidh is codladh go sámh v.3   Dhá gcuirteá-sa i gcóiste siubhal bóithre fada mé, ór 'na ceathaibh a thabhairt im' láimh

v.4   A shiúirín na gcarad, mo theastas má's méinn leat, gheobhair aer ar maidin ar dhruim giorráin

v.5   A chailíní óga, mo chomhairle má ghlacann sibh, cé gur atuirseach dúbhach atáim

v.6   Is mó ceannsúir, a rún, a bheith eadrainn, rósta ar bhearraibh ar thaobh ceann cláir

v.7   Bhéarfainn-se an cíos is é a dhíol ar an dtairngne, d'aoinne ghlacfhadh mo sgéal 'na láimh

v.8   Ar mo luighe ar mo leabaidh deineadh aisling trém néall dhom gur airigheas gur cailleadh mo shean donán

112   An Seanduine Dóite

(a)   CBÉ 824:117–20; 1 x 5, 1 x 7, 4 x 4, 1 x 2, 2 x 4. Aithriseoir: Neain Bean Uí Ghriallais (Neain Dhonnchadha) (66), Cill Bhriocáin, Ros Muc. Bailitheoir: Monica Ní Mhaodhbh, 26 Feabhra 1942.

v.1   'S thuas ar an mbóthar casadh sagart liom

v.2   Chuir mé mo s! n-duine go Baile an Róba

v.3   Chuir mise mo shean-nduine síos go Doir-Íochtar

v.4   Chuir mise mo shean-nduine síos ins an gcomhra

v.5   Dhá bhfághainn-se mo shean-nduine báidhte i bpoll móna

v.6   Dá bhfághadh mo shean-nduine mó mar ba chóir dhó

v.7   An Seanduine:
        Chuirinn-se cruithneacht 's fataí dhuit, sin is chuile shórt

v.8   An Bhean:
        Míle b'fhearr liom agam buachaillín deas óg

v.9   An Sean-Duine:
        Ná raibh tú beó acht mí [...]

(b)   CBÉ 868:193–94; 3 x 4, 1 x 2, 1 x 4, 1 x 3. + curfá 4 líne. Aithriseoir: Maidhc Ging (35), An Teach Mór, Indreabhán. Bailitheoir: Calum I. Mac Gill-Eathain, 23 Feabhra 1943.

v.1   Chuir mé mo shean-duine siar go Ros Gréige

v.2   Chuir mé mo shean-duine 'un Aifreann Dia Dómhna'

v.3   Dá bhfaghainnse mo shean-duine báidhte i bpoll móna

v.4 Chuir mé mo shean-duine isteach ins a' gcónra
v.5 D'eirghe mo shean-duine lár a' mheadhon-oidhche
v.6 Chuir mé mo shean-duine ag iarra' cléibh móna
Curfá: Is oró sheanduine, sheanduine dóighte *etc.*

(c) CBÉ 1774:20–21; 6 x 4. Aithriseoir: Máirtín Ó Confhaola (Máirtín Mhurcha), Cladhnach, An Cheathrú Rua. Bailitheoir: Ciarán Bairéad, 9 Nollaig, 1964.

v.1 'Hai óire a sheanuinne, a sheanuinne dóite
v.2 Chuir mé mo sheanuinne síos go Ciarraí
v.3 A's ai óire sheanuinne, a sheanuinne dhóite
v.4 Chuir mé mo sheanuinne isteach isteach ins a' chomhra
v.5 Chuir mé mo sheanuinne ag Aifreann a' Domhna'
v.6 A's ai óire a sheanuinne, a sheanuinne dhóite

(d) CBÉ 441:288–89; 1 x 1, 2 x 3, + curfá 2 líne (i ndiaidh vv. 2–3). Aithriseoir: Máire Bean Mhic Dhiarmada (Máire Tom), An Lochán Beag. Bailitheoir: An tAth. Eric Mac Fhinn, 24 Iúil 1936.

v.1 Buillín mór tuistiún i gcoirnéal a léine
v.2 Chuir mé mo sheanduine (sheannuine) síos Baile an Róba
v.3 Chuir mise mo sheanduine isteach ins a' gcomhra
Curfá: Saigheara sheanduine, sheanduine dóighte *etc.*

(e) CBÉ 811:478–79; 1 x 2, 1 x 4, 1 x 7 + curfá 2 líne. Aithriseoir: Seán Ó Flatharta (Seáinín Sheáin) (60), An Lochán Beag, Indreabhán. Bailitheoir: Tadhg S. Ó Concheanainn, Nollaig 1941–Eanáir 1942.

v.1 'G ionnsaí na leacrachaí garabha, mhaol' an beidheach a chluasa
v.2 Bhí an sean-fhear 'na ly (luighe) air a' leaba
v.3 Chuir mé mo shean-nduine 'mach air a' gcríathrach
Curfá: Sair a shean-nduine, 'shean-nduine, sair a shean-nduine dhóighte etc.

113 Bean an Daill Bháin

(a) CBÉ 414:32–34; 2 x 4, 1 x 3, 2 x 4, 1 x 3. Aithriseoir: Eoghan Ó Flatharta (46), Na Foraí Maola Thiar, Bearna. Bailitheoir: Éamonn Ó Confhaola, 17 Meán Fómhair 1937.

v.1 A bhean a chroidhe óig, cuir deirce amach an a daill
v.2 Nach leadach mar spalpunn an chainnt

v.3   Tá sí i gCill Éine, mo léan ꝛ leac ar a ceann

v.4   Ó chuir mé olan na caorach cun an aonaigh amach go *New Port*

v.5   Le faitchios gac stroinse a gheobfad tart ar mheisce sa t-sráid

v.6   Níl bean sa saoghal nach ndéanad le fear eile an cainnt

(b)   CBÉ 524:368–70; 1 x 3, 1 x 4, 1 x 3, 1 x 4, 1 x 6, 1 x 4. Aithriseoir: Eoghan Ó Flatharta (40), Na Foraí Maola Thiar, Bearna. Bailitheoir: Proinnsias de Búrca, 24 Feabhra 1938.

v.1   A bhean a' chroidhe óig, cuir déirce amach 'un a daill

v.2   Bhí do bhean annseo indé ꝛ thú fhéin indhiu ar a bonn

v.3   Ach tá sí i gCill Éinne, mo léan ꝛ leac ar a ceann

v.4   Níl tada agam péin faoí réir mur mblaistheá go'n bheóir

v.5   Agus ceannód-sa róipín ró-dheas deanta go'n chráib

v.6   Nach mór a' fear éad agam fhéin tú a radaire daill

114   Bean an tSeanduine

(a)   CBÉ 826:54–56; 6 x 4. Aithriseoir: Anna Ní Ghriallais (21), Cill Bhriocáin, Ros Muc. Bailitheoir: Monica Ní Mhaodhbh, 10 Bealtaine 1942.

v.1   'S a' tigheacht aniar ó Bhalla dhom dhá mhíle amach ón gClár

v.2   Ise

      Muise brón ar mo mhuinntir a phós mé chomh h-óg

v.3   Eisean:

      'S nach deas an fear i mbaile mé, níl dúil agam sa n-ól

v.4   Ise:

      Míle b'fhearr liom agam an buachaillín deas óg

v.5   Eisean:

      Más cailín do'n t-saghas sin thú 's go bhfuil dúil agat sa n-ól

v.6   Ise:

      Muise míle b'fearr liom ag iarradh déirce 's mo mháilín ar mo dhruim

(b)   CBÉ 669:161–63; 6 x 4. Aithriseoir: Beartla Ó Cualáin (24), An Lochán Beag, Indreabhán. Bailitheoir: Colm Ó Finneadha, 6 Deireadh Fómhair 1939.

v.1   Ag teacht abhaile as Gaillimh dhom is mé a tarraingt ar an gClár

v.2   Brón ar an muinntir a phós mé chómh hóg

v.3   Nach deas an fear i mbaile mé agus gan dúil agam san ól

v.4   Míle b'fhearr liom agam an buachaillín deas óg

v.5   Más cailín óg de'n t-saghas sin thú 's go bhfuil dúil agat san ól

v.6   Míle b'fhearr liom ag iarraidh na déirce is mo mhála ar mo dhruim

(c)   Giolla an tSrutháin Mhóir

CBÉ 829:69–70; 5 x 4. Aithriseoir: Seán Ó Flatharta (Seáinín Sheáin) (*c*.62), An Lochán Beag, Indreabhán. Bailitheoir: Tadhg S. Ó Concheanainn, 2 Bealtaine 1942.

v.1   A' teacht ó aonach Bhalla dom 's mo tharraingt air a' gClár

v.2   Is mai'n fear i mbaile mé 's ní dhían'ainn troid ná gleó

v.3   Míle bhfeárr liom agam (ar sise) an buachaillín deas óg

v.4   Más cailín beag mí-rathamhail thú bhfuil dúil agat 'san ól

v.5   Má fheiceann tú 'g 'uil thart mé 'gus málaí orm go léir

115   Seán Ó Maonaigh

CBÉ 250:80–82; 4 x 2, 2 x 3. Aithriseoir: Tomás Breathnach (80), An Cnoc, Indreabhán. Bailitheoir: Bríd Ní Chollaráin, 1936.

v.1   Shíl mé a dhaoine go raibh mé críonna agus meallta ar dhaoine a bhí glic go leor

v.2   Thug mé abhaile é is glan mé suas é is chuir mé síos é i bpota mór

v.3   Níl pigheann agam acht luach do bhríste agus céard a dhéanas tú le tigheacht an Cásg

v.4   Is buan mo mhallacht ort a Sheáin Uí Mhaoine, is tú a d'fheach an t-slighe mé a chuir 'un báis

v.5   Eirigh a cailín agus tabhair an Bíobla agus déan an fhírinne anois le Cáit

v.6   Beidh sé agam-sa i ndiaidh Sheáin Uí Mhaonaigh nó go gcuireadh sé a bhríste nó a luach ar fághail

116   Táilliúr an Mhagaidh

(a)   Siobhán Ní Cheallaigh

CBÉ 1138:519–20; 9 x 4. Aithriseoir: Pádraig Ó Flatharta (61), Cor na Rón Thoir, Indreabhán. Bailitheoir: Pádraig Ó Flatharta, 1941.

v.1   Dul síos ag an tobar a chuir mé an fáinne amughadh

v.2   A chuachín, cia ndéanfadh tú fhéin do nead

v.3   A Shiubháin Ní Cheallaigh, nach deas é do shnuadh is do dhath

v.4   A thailliúir a mhaga', nach postamhúil a d'iarr tú bean

v.5   Go deimhin, a tháilliúir, ní phósfa mé thú mar fhear

v.6   Rachadh go Gaillimh agus ceannóchadh mé puintín lín

v.7   Nach dona an rud searrach ar iomaire bhán gan féar

v.8   Nach luath chuir mo *Dady* liom capall ag iarraidh mná

v.9   Bhí mé oidhche ghealaithe cois aille 's mé a déana' grínn

(b)   CBÉ 607:553–54; 7 x 4. Aithriseoir: Seán Mac Eoin, Cuileán, An Cheathrú Rua.
Bailitheoir: Brian Mac Lochlainn, 1938.

v.1   A' goil síos 'uig a' tobar seadh fuair mise an fáinne amúgha

v.2   An áit a mbíonn fasca, bíonn fóthanáin ánn ⁊ féar

v.3   Gus a tháilliúir a' mhaga', nach postúil mar d'iarrthá bean

v.4   Gus a dhaoine nach minic teach maith ag a' táilliúr héin

v.5   Gus a Dhia 's a Mhic Dara, nach deas a' rud céile mná

v.6   Gus 'á mbíoch 's siúd agam-sa go ro tusa amugh aréir

v.7   Gus a tháilliúir a' mhaga, ní phóstha mé thú mar fhear

(c)   Thíos ag an Tobar
CBÉ 824:137–39; 7 x 4. Aithriseoir: Seosamh Ó Griallais (37), Cill Bhriocáin, Ros
Muc. Bailitheoir: Monica Ní Mhaodhbh, 15 Márta 1942.

v.1   Ós thíos ag an tobar seadh chuir mise an fáinne amugha

v.2   Agus thíos i gCill-Choinnil bhí rún agus searc mo chroidhe

v.3   'S a tháilliúr a' mhaga, nach postamhail thú ag iarra bean

v.4   A Rígh na Cruinne, an tráth leigeas an fáinne amúgha

v.5   D'eirigh mé ar maidin agus chuaidh mé 'un an aonaigh mhóir

v.6   'S a tháilliúir a' mhagadh, ní phósfa mé thú mar bhean fhear

v.7   Chuaidh mé go Gaillimh agus cheannuigh mé puintín lín

(d)   CBÉ 442:118–19; 2 x 4, 1 x 3, 2 x 4. Aithriseoir: Pádraig Mac Donnchadha (77),
Leitir Caladh, Leitir Móir. Bailitheoir: Eibhlín Ní Standúin, 18 Samhain 1937.

v.1   A tháilliúir a' mhagaidh, ní phósadh mé thú mar fhear

v.2   A tháilliúir a' mhagaidh, nach suimramhail a d'iarrfá bean

v.3   Is óg a chuir m'athair liom capall a g'iarraidh mná

v.4   A Mháirín Ghaillimh, nach deas iad do phéirín bróg

v.5   Chuaidh mé go Gaillimh go gceannuighinn ann túirne lín

(e)   CBÉ 824:134–36; 5 x 4. Aithriseoir: Seán Ó Maodhbh (32), Cill Bhriocáin, Ros
Muc. Bailitheoir: Monica Ní Mhaodhbh, 15 Márta 1942.

v.1   Céad slán feasta go sheachtain san oidhche aréir

v.2 Muise, thíos ag an tobar seadh chuir mise an fáinne amúgha

v.3 'S nach postamhail a chuir t-athair fút capall ag iarra' mrá

v.4 Racha mé go Gaillimh go gceannuighe mé túirne lín

v.5 Nach truagh sin searrach ar iomaire bán gan féar

(f) CBÉ 1016:72; 1 x 4. Aithriseoir: Mícheál Ó Mainnín (72), Ros Muc. Bailitheoir: Máirtín Ó Mainnín, 1947.

v.1 A chuaichín na finne, cá rachaidh tú le do nead?

F. Amháin an Fhir Mhídhílis

117 An Chiomach

(a) CBÉ 1634:328–30; 7 x 4, 1 x 6, 1 x 4. Aithriseoir: Bríd Ní Churraoin (24), An Baile Láir, Ros an Mhíl. Bailitheoir: Ciarán Bairéad, 5 Márta 1960.

v.1 Céad slán go bhliain's a' taca seo nár dheas i mo chulaith éadaigh

v.2 Comhairle díbh-se bhuachaillí, an chuid agaí' atá gan pósadh

v.3 D'eirigh mise ar maidin, nigh mé m'éadan a's mo lámha

v.4 D'eirigh mise aríst a's rug mé ar mo láidhe

v.5 Tá scéilín beag eile agam a's tá náire orm é innsint

v.6 Soraidh de mar phósadh, nach mairg ariamh a dhean é

v.7 Dá mbeadh ór buidhe agam-sa a's airgead in mo phóca

v.8 Iarraim-se ar Mac Dara, an lá 'máireach go ra 'na bháistigh

v.9 Ach cuirí' amach mo bhean agam a's cuirí amach go beo í

(b) CBÉ 76:156–59; 8 x 4. Aithriseoir: [?]. Bailitheoir: Máire (Tim) O'Sullivan, [1932–3].

v.1 D'eirigh mé ar maidin, nigh mé mo éadan is mo lámha

v.2 Céad slán go bhliadhain sa taca seo, budh deas í mo chulaith éadaigh

v.3 Mo chomhairle díbse bhuachaillí, an méid agaí tá gan phósadh

v.4 Nuair eirigheam fhéin ar maidin ⁊ theideann a gcéim an láidhe

v.5 Tá sgéilín beag lén aithris am gus tá náire orm é innsean

v.6 Brón go deo ar an bpósadh mar is mairg ariamh a rinne é

v.7 Go dtuga Dia gus Muire g'an lá amáireach a bheith na bháistidh

v.8 Dá mbeadh ór buidhe agamsa nó airgead an mo phóca

(c) CBÉ 811:314–16; 8 x 4. Aithriseoir: Áine Bean Uí Choncheannain (62), An

Spidéal. Bailitheoir: Tadhg S. Ó Concheanainn, 3, 4, 5 Samhain 1941.

v.1   Bliadhain i dtús a' taca seo is deas mar bhí mé gléasta

v.2   D'eirigh mé ar maidin, nigh mé m'éadan is mo lámha

v.3   D'eirigh mé ar maidin is chua' mé i gcionn mo láighe

v.4   Cúmhairle dhíbh-se 'bhuachaillí, an méid agaí tá gan pósadh

v.5   Tá sgéilín eile lé n-aithris a'm is tá náire orm é innseacht

v.6   Iarraim ar Dhia 'sair Mhuire, an lá amáireach go raibh 'na ghála

v.7   'Á mbeadh ór buidhe agam-sa agus airgead i mo phóca

v.8   Brón go deó ar a' bpósadh, nach mairg 'riamh 'gníonn's é

(d)   CBÉ 824:101–04; 8 x 4. Aithriseoir: Neain Bean Uí Ghriallais (Neain Dhonnchadha) (66), Cill Bhriocáin, Ros Muc. Bailitheoir: Monica Ní Mhaodhbh, 8 Márta 1942.

v.1   Céad slán go bhliain an taca seo nach deas mar bhí mé gléasta

v.2   Iarram-se ar Dhia agus ar Mhuire, an lá i mbáireach a bheith na bháisteach

v.3   Tá sgéilín beag eile a'm 's tá náire orm é aithris dhuit

v.4   D'eirigh mé ar maidin 's chuaidh amach i gcionn mo láighe

v.5   D'eirigh mé ar maidin 's nígh mé m'éadan 's mo lámha

v.6   Comhairle dhíb-se a bhuachaillí, an méid agaí atá gan pósadh

v.7   Dhá mbeadh ór buidhe agam-sa 's airgead in mo phócaí

v.8   Diombhadh Dé go'n phósa, nach mairg ariamh a rinne

(e)   CBÉ 607:69–81 [uimhriú mícheart]; 7 x 4. Aithriseoir: Pádraig Mac Donnchadha (Peait) (73), Ros an Mhíl. Bailitheoir: Brian Mac Lochlainn, 1938.

v.1   Céad slán go bhlian a' taca seo nár dheas í mo chultha éada

v.2   D'eighre mé ar maidin, nigh mé m'éadan 's mo lámha

v.3   Eighrighim ar maidin agus teighim i gcíonn mo láidhe

v.4   Léan go ro ar a bpósa, nach mairg ariamh a ghníonns é

v.5   Tá sgéal agam le n-aithris gus tá náire orm é ínnseacht

v.6   Iarraim-se ar Dhia 's ar Mhuire, i n-a ghála go ro sé amáireach

v.7   Á mbeach ór buidhe agam-sa agus airgead i mo phóicín

(f)   CBÉ 563:261–63; 6 x 4. Aithriseoir: [?], An Lochán Beag, Indreabhán. Bailitheoir: Tomás Mac Diarmada, 1938.

v.1   Céad slán go bhliain sa taca seo nár dheas í mo chulaith éadaigh v.2   Agus d'eirigh mé ar maidin 's nigh mé m'éadan is mo lámha

v.3   Tá sgéal agam le n-aithrist dhíbh 's tá náire 'rm é ínnseacht

v.4   D'eirigh mé ar maidin agus chuaidh i gcránn mo láidhe

v.5   'S a bhuachaillí 'sa chaillíní, 'n méid agaí' tá gan pósadh

v.6   Is h-orraidh uaidh mar phósadh, is mairg óra ghníon's é

118   **An Tuirnín Lín**

CBÉ 250:135–36; 3 x 4 + curfá 4 líne. Aithriseoir: Tomás Breathnach (80), An Cnoc, Indreabhán. Bailitheoir: Bríd Ní Chollaráin, 1936.

v.1   An bliadhain sul a phósas stór mo chroidhe

v.2   Nuair a airigheann sí mise a teacht un tighe

v.3   Tá bean agam fhéin is nár náireach mé í

Curfá: Ach mo bhean is mo chlann is mo thúirlín líon *etc.*

119   **Comhairle do na Scafairí**

CBÉ 657:305; 2 x 4. Aithriseoir: Máire Ní Fhlatharta (60), An Cheathrú Rua. Bailitheoir: Peadar Ó Gríofa, 1 Lúnasa 1932.

v.1   Comhairle dhíb-se a scafairí, an chuid agaibh atá gan phósadh

v.2   Mar phós mise an ghiobach mar bhí cúpla bó de spré […]

120   **Fuisió *Roudalum Row***

(a)   CBÉ 969:290–92; 2 x 2, 1 x 3, 6 x 2 + curfá. Aithriseoir: Seán Ó Tuairisg (*c.*50), An Lochán Beag, Indreabhán. Bailitheoir: Calum I. Mac Gill-Eathain, 12 Nollaig 1944.

v.1   Bhí mise oidhche i mBleá'n Ríogh, bhí cailín a' tighe ar leaba liom

v.2   Tá inghean ag Donnacha Brún agus tá sí gan mún' ó rugadh í

v.3   Bhí mise lá góil 'un na céibhe, casadh Ó Néill is an sagart liom

v.4   Nach bog atá an phis ins na mrá, fairíor crua deacrach nach dtiteann sí

v.5   Dhá bhfághainn-se cailín deas óg a mbeach oiread cac bó go phis innte

v.6   Sé'n áit ar chodail mé aréir, ar thuláinín féir ag tí *Mhorrissey*

v.7   Dhá mbeinn-se thuas ar an árd agus tusa bheith tháll 'sa duibheacán

v.8   Bhí mé lá thuas ins an aer, shíl mé go dtitinn 'sa bhfarraige

v.9   Chuir mé mo bhean ag a' trá, cóta mór fir mar tic ora

Curfá: Fuisió *roudelum row*, fuisió *roudelum* cailleachaí *etc.*

(b)   Bainne na nGabhar

CBÉ 400:120–21; 4 x 2 + curfá 2 líne. Aithriseoir: Máire Bean Mhic Dhiarmada

(Máire Tom), An Lochán Beag, Indreabhán. Bailitheoir: An tAth Eric Mac
Fhinn, 25 Iúil 1936.

v.1   Tá bean ag Micil Liam Aodha 's ní rachat sí aonach ná margadh
v.2   Bhí mé lá 'dhul 'un na céibhe, casadh Ó Néill is a' sagart dom
v.3   Tá inghean ag Peatsaí Sheáin Mhóir, tá sí chomh mór le fear ar bith
v.4   Dá bhfeictheá-sa Micil a Mhéara a' dhul un an aona' is gan falach air
Curfá: Fuisí ó rabhdalum ramh, fuisí ó rabhdalam cailleachaí etc.

(c)   CBÉ 851:293–94; 4 x 2 + curfá 2 líne. Aithriseoir: Meait Ó Diollúin (60), An
       Teach Mór, Indreabhán. Bailitheoir: Calum I. Mac Gill-Eathain, 3 Nollaig 1942.
       v.1   Bhí mise oidhche i mBéal Áth an Ríogh is bhí cailín a' tighe ar leaba liom
       v.2   Dá bhfuighinn-se bainne na ngabhar, is siúcra donn a bheith leataighthe air
       v.3   Bhí mise lá guil a' sliabh, casadh Meait thiar is a' sagart liom
       v.4   Dá mbeinn-se thíos ins a' ngleann is Seoirse bheith thuas sa duibheacán
       Curfá: Fuisio *roudelum row*, fuisió *roudelum* cailleachaí *etc.*

(d)   CBÉ 825:399. 1 x 2 + curfá 2 líne. Aithriseoir: Anna Ní Ghriallais (21), Cill
       Bhriocáin, Ros Muc. Bailitheoir: Monica Ní Mhaodhbh, 30 Aibreán 1942.
       v.1   Chuir mé mo bhean ag an tráigh, shíl mé go mbáithfí sa gcladach í
       Curfá: Fuisi ó radalum rabh, fuisi ó radalum cailleach í *etc.*

G. Bailéid Ghrá

121   An Eascann

(a)   Eascann is Lúib Uirthi
       CBÉ 824:184–86; 7 x 4. Aithriseoir: Anna Ní Ghriallais (21), Cill Bhriocáin, Ros
       Muc. Bailitheoir: Monica Ní Mhaodhbh, 22 Márta 1942.
       v.1   Céard fhágas tú ag do dhreatháir, a dhreathairín ó?
       v.2   Céard fhágas tú ag t-athair, a dhreathairín ó?
       v.3   Céard fhágas tú ag do mhaithrín, a dhreathairín ó?
       v.4   Céard fhágas tú ag do pháistí, a dhreathairín ó?
       v.5   Céard fhágas tú ag do dheirbhsiúr, a dhreathairín ó?
       v.6   Céard a fhágas tú ag do bhean phósta, a dhreathairín ó?
       v.7   Céard a thug do bhean phósta dhuit, a dhreathairín ó?

(b)   CBÉ 811:480–82; 6 x 4. Aithriseoir: Seán Ó Flatharta (Seáinín Sheáin) (60), An Lochán Beag, Indreabhán. Bailitheoir: Tadhg S. Ó Concheanainn, Nollaig 1941– Eanáir 1942.

v.1   "Céard a fúair tú ag do dhínnéar, a dhreá'irín ó?"
v.2   "Céard fhág'as tú ag do dhreá'irín, a dhreá'irín ó?"
v.3   "Céard fhág'as tú ag do dhrour, a dhreá'irín ó?"
v.4   "Céard fhág'as tú ag do pháistí, a dhreá'irín ó?"
v.5   "Is céard fhág'as tú ag do mháthair, a dhreá'irín ó?"
v.6   "Is céard fhága's tú ag do bhean-phóst', a dhreá'irín ó"

(c)   CBÉ 840:80–81; 6 x 4. Aithriseoir: Maidhc Ging (35), An Teach Mór, Indreabhán. Bailitheoir: Calum I. Mac Gill-Eathain, 23 Lúnasa, 1942.

v.1   Cé robh tú ó mhaidin, a bhuachaillín óg
v.2   Céard a fuair tú ar do dhinnéar, a bhuachaillín óg?
v.3   Céard fhágas tú ag t'athair, a bhuachaillín óg?
v.4   Céard fhágas tú ag do mháithrín, a bhuachaillín óg?
v.5   Céard fhágas tú ag do bhean-phósta, a bhuachaillín óg?
v.6   Cé math leat thú chur, a bhuachaillín óg?

122   *Banks of Claudy*

CBÉ 826:259–62; 8 x 8. Aithriseoir: Peadar Ó Griallais (68), An Gairfeanach, Ros Muc. Bailitheoir: Monica Ní Mhaodhbh, 18 Meitheamh 1942.

v.1   *As I roved out one evening, all in the month of May*
v.2   *I stepped up to this fair-maid and put her in surprise*
v.3   *Kind Sir, it's the way to Clody Banks, will you be kind to show*
v.4   *Those are the banks of Clody, the ground where on you stand*
v.5   *If Johnnie had been here this night, he'd keep me from all harm*
v.6   *'Tis six long months and better since Johnnie left this shore*
v.7   *When she heard this dreadful news, she fell in deep despair*
v.8   *When he saw her loyalty, no longer he could stand*

123   *Bonny Irish Boy*

CBÉ 826:169–72; 3 x 4, 1 x 3, 3 x 4. Aithriseoir: Bríd Bean Uí Shúilleabháin (30), Cill Bhriocáin, Ros Muc. Bailitheoir: Monica Ní Mhaodhbh, 19 Meitheamh 1942.

v.1   *His name I love to mention, in Ireland he was born*
v.2   *It was in Londonderry, the city of role and game*

v.3   *I paid my passage to New York and when I landed there*
v.4   *I went to Philadelphia and from there to Baltimore*
v.5   *One night as I lay on my head, I dreamt I was his bride*
v.6   *'Twas early the next morning, a knock came to my door*
v.7   *So now that we are married, he never shall go to sea*

124   Ceataí an Chúil Chraobhaigh
(a)   CBÉ 1138:461–63; 4 x 4, 4 x 2. Aithriseoir: Áine Bean Uí Fhlatharta (54), Cor na
        Rón Thoir, Indreabhán. Bailitheoir: Pádraig Ó Flatharta 1941.
v.1   Tá an teine seo coiglighthe agus an solus ar fad múchta
v.2   Shiubhailfinn-se na chúig ród leat is shíl mé nár mhisde
v.3   Ó 'ra Sheáin Bháin, 'sa Sheáin Bháin, a' gcuimhnuigheann tú ar do
        mhargadh
v.4   Dhá mbeadh [...] lán g'ór agam, nó cóirín lán d'airgead
v.5   'Sa Sheáin Bháin, 'sa Sheáin Bháin, nó an aithnuigheann tú mise
v.6   Ní tú Ceaite an Chúil Chraobhaigh, is níl aon cheó go do shamhail ann
v.7   Ó nach aoibheann don óg mhnaoí a mbeidh mo stór-sa le dhul abhaile léithí
v.8   Acht anois ó tá mé breóidhte is gurb é is dócha gur gearr a mhaireas mé

(b)   CBÉ 840:194–96; 2 x 4, 1 x 5, 3 x 4. Aithriseoir: Máire Nic Dhonnchadha, (Bean
        Choilm Mhic Fhlannchadha) (46), An Teach Mór Indreabhán. Bailitheoir:
        Calum I. Mac Gill-Eathain, 21 Meán Fómhair 1942.
v.1   Dá mbeach buiscín lán le ór agam agas coirrín lán le airgead
v.2   Is a Sheáinín, is a Sheáinín, a gcuimhnigheann tú ar do mhargaidh
v.3   A choidhche neo go deó, neo gur phós tú mo chúmharsa béal dorais uaim
v.4   Tabhair mo mallacht go do mháthair agas go mór mór dhó t'athair
v.5   A Sheáinín, a Sheáinín, an aithnigheann tú Ceaitín?
v.6   A Cheaitín, a Cheaitín, a Cheaitín mo chroidhe thú

125   *Foolish Rake*
        CBÉ 824:238–39; 1 x 4, 1 x 6, 3 x 4. Aithriseoir: Neain Bean Uí Ghriallais
        (Neain Dhonnchadha) (66), Cill Bhriocáin, Ros Muc. Bailitheoir: Monica Ní
        Mhaodhbh, 21 Márta 1942.
v.1   *I am a young fellow that ran out my lambs in vain*
v.2   *In Waterford City, we wasted our clothes to change*
v.3   *When we landed in London, the* pólíos *were on the quay*

v.4   *When her daughter was simple and I was a foolish rake*

v.5   D'imthigh muid linn gur shroich muid an Cnocán Léan

126   *John O'Reilly*

CBÉ 826:241–44; 8 x 4. Aithriseoir: Bríd Bean Uí Shúilleabháin (30), Cill Bhriocáin, Ros Muc. Bailitheoir: Monica Ní Mhaodhbh, 3 Meitheamh 1942.

v.1   *As I rowed out one evening, down by a river side*

v.2   *My love he was a fisherman, his age was scarce eighteen*

v.3   *John O' Reilly was my true love man, reared near the town of Bray*

v.4   *So mother dear, don't be severe, where will you send my love*

v.5   *When Eileen got the money, to Reilly she did run*

v.6   *When Reilly got the money, next day he sailed away*

v.7   *It was three months after as she was waiting by the shore*

v.8   *He found a letter on her and it was written with blood*

127   *Jolly Coachman*

CBÉ 824:198–99; 3 x 2. Aithriseoir: Neain Bean Uí Ghriallais (Neain Dhonnchadha) (66), Cill Bhriocáin, Ros Muc. Bailitheoir: Monica Ní Mhaodhbh, 21 Márta 1942.

v.1   *I am a jolly young coachman, my fortune I mean to advance*

v.2   *I took it and viewed it all over and then let it down to a smile*

v.3   *I smoke my pipe and tobaccy, I walk out as neat as I can*

128   *Kilbricken Boys*

CBÉ 824:249–50; 4 x 2, 1 x 4. Aithriseoir: Neain Bean Uí Ghriallais (66), Cill Bhriocáin, Ros Muc. Bailitheoir: Monica Ní Mhaodhbh, 25 Márta 1942.

v.1   *Three bunches of green ribbon, three bonny bunches I'll put on*

v.2   *Green stands to grieve my love, and red stands for joy*

v.3   *Go and tell my father, his talk is of small use*

v.4   *Kilbricken boys so fair and true are now on the run across the Suir*

v.5   *Kilbricken boys are on the way and they will be off to-morrow*

129   *Lovely Irish Maids*

CBÉ 826:166–69; 3 x 4, 1 x 3, 3 x 4. Aithriseoir: Bríd Bean Uí Shúilleabháin (30), Cill Bhriocáin, Ros Muc. Bailitheoir: Monica Ní Mhaodhbh, 18 Meitheamh 1942.

v.1   *As I roved out one evening all in the month of May*

v.2   *I had not walked more than a mile when first I did spy*
v.3   *When you'll be in America and those Yankee maids you'll see*
v.4   *When I'll be in America and those Yankee maids I'll see*
v.5   *It's many the youth that leaving home, bound for America*
v.6   *I am a youth that's leaving home, bound for America*
v.7   *Those handsome lovers as there due nigh now with a kind embrace*

130   Malaí Ní Mhaoileoin
(a)   CBÉ 1138:497–98; 7 x 4. Aithriseoir: Seán Ó Cualáin (Seáinín Beag) (75), An
        Teach Mór, Indreabhán. Bailitheoir: Pádraig Ó Flatharta, 1941.

v.1   A's a dtiocfá a baint an aitinn liom, a Mhallaí Ní Mhaoileoin
v.2   D'tiocfá amach sa ngáirdín liom, a Mhallaí Ní Mhaoil Eóin
v.3   An dtiocfá 'un an teampuill, a Mhallaí Ní Mhaoil Eóin
v.4   Chuaidh mé amach sa' ngáirdín, mo chreach is mo chrádh
v.5   Ceard sin atá tú dhéanamh, a ógánaigh óig?
v.6   Tháinic Mal ar cuairt a'm dhá uairín roimh an lá
v.7   Tiocfadh an bás ar cuairt agat dhá uairín roimh an lá

(b)   CBÉ 72:72–74; 3 x 4, 1 x 3, 3 x 4. Aithriseoir: Beartla Ó Cualáin (16), An Lochán
        Beag, Indreabhán. Bailitheoir: Pádraig Ó Finneadha, Nollaig 1930–Eanáir 1931.

v.1   A's a' dtiucfá baint na haitinn liom, a Mholly Ní Mhaoil Eóin?
v.2   D'tiucfá amach san ngáirdín liom, a Mholly Ní Mhaoíl Eóin?
v.3   An dtiucfá 'un an teampaill liom, a Mholly Ní Mhaoíl Eóin?
v.4   Chuaidh mé amach san ngáirdín, mo chreach agus mo bhrón
v.5   Céard sin atá tú a' dhéanamh, a ógánaigh óig?
v.6   Tháinig Mol ar cuairt agam dhá uairín roimh an lá
v.7   Tiucfaidh an bás ar cuairt agat dhá uairín roimh an lá

(c)   Anna Ní Mhaoileoin
        CBÉ 1025:296–98; 1 x 4, 2 x 6, 1 x 7, 1 x 8. Aithriseoir: Maidhc Ging (c.40), An
        Teach Mór, Indreabhán. Bailitheoir: Calum I. Mac Gill-Eathain, 1945.

v.1   A dtioca a' baint an aiteann liom, Anna Ní Mhaoil-Eóin
v.2   A dtioca ar chúl a' teampuill liom, Anna Ní Mhaoil-Eóin
v.3   A dtioca amach 'sa ngáirdín liom, Anna Ní Mhaoil-Eóin
v.4   Chua sí amach 'sa ngáirdín, mo chreach agus mo bhrón

v.5   Tháinig Mall ar cuairt agam dhá uairín roimh a' lá

131   *Sailor Boy*

CBÉ 826:176–78; 4 x 4. Aithriseoir: Bríd Bean Uí Shúilleabháin (30), Cill Bhriocáin, Ros Muc. Bailitheoir: Monica Ní Mhaodhbh, 19 Meitheamh 1942.

v.1   *On a cold frosty morning as the rain fell down, the stormy wind did blow*
v.2   *Last night as I landed in Queenstown shore, I had a cause to cry*
v.3   *My father he was drowned at sea and my mother it broke her heart*
v.4   *The lady knelt down on her window high and opened her cottage door*

132   *Seven Irish Maids*

CBÉ 826:263–68; 12 x 4. Aithriseoir: Peadar Ó Griallais (68), An Gairfeanach, Ros Muc. Bailitheoir: Monica Ní Mhaodhbh, 18 Meitheamh 1942.

v.1   *All ye that love the shamrock green, attend both young and old*
v.2   *On the 18th day of April, our gallant ship set sail*
v.3   *Some of those young Irish boys, as soon as they did land*
v.4   *Seven of those young Irish boys were going through George's St.*
v.5   *He brought them in an ale-house and called for drinks go leór*
v.6   *They looked at one another, those words to him did say*
v.7   *Twelve Yankees and soldiers, where in without delay*
v.8   *The Irish blood began to rise, one of these hero's said*
v.9   *The Irish boys got on their feet, which made the Yankees frown*
v.10   *You would swear it was a slaughter-house wherein the soldiers lay*
v.11   *A French man of great fame had seen what they did do*
v.12   *Before I could conclude these words, let young and old unite*

133   *Willie Leonard*

CBÉ 825:434–37; 7 x 4. Aithriseoir: Anna Ní Ghriallais (21), Cill Bhriocáin, Ros Muc. Bailitheoir: Monica Ní Mhaodhbh, 3 Bealtaine 1942.

v.1   *Early one morning, Willie Leonard arose*
v.2   *They talked as they walked until they came to a lane*
v.3   *Willie took courage and he swam the lake 'round*
v.4   *Early the first morning, his sister arose*
v.5   *Early the second morning, his mother came there*
v.6   *Early the third morning, his uncle came there*
v.7   *The day of his funeral, it was a grand sight*

H. Aislingí Grá

134   An Aill Eidhneach

(a)   CBÉ 607:1A–3; 8 x 4. Aithriseoir: Seán Mac Donnchadha (60), Ros an Mhíl. Bailitheoir: Brian Mac Lochlainn, 1938. Mícheál Peircín a rinne.

v.1   A' gol thríd an Áth Leidhneach dhom go deidheaimach tráthnúna

v.2   Bhuail sí ceo draoidheachta orm ┐ dhiúmhan rud bu léir dam

v.3   Sheas mé suas díreach le mian a bheith ag éisteacht

v.4   Suidh síos ┐ dean moill bheag – ní baol duit – ┐ bídh ag góil fhuínn

v.5   Go dimhin ní gun *breed* mé ┐ ní mian lom é chur i gcúnntas

v.6   Deir Gearóid Óg Mór, ár ndú gur leis féin mé

v.7   Thóg Mac Rí Laighean mé le draocht as mo chóistí

v.8   Ainnsin chrom mé mo cheann síos le fúnn a bheith ag éisteacht

(b)   CBÉ 824:129–31; 7 x 4. Aithriseoir: Seán Ó Maodhbh (32), Cill Bhriocáin, Ros Muc. Bailitheoir: Monica Ní Mhaodhbh, 12 Márta 1942.

v.1   Ag dul síos an Aill-Eidheannach go dian-mhoch Dia Domhnaigh

v.2   Bheannuigh mé héin dí do réir mar bhí m'fhoghluim

v.3   Go deimhin, ní mise aon duine go'n méid sin

v.4   Bhuail slám go cheó draoidheachta mé 's dheamhan pioc ba léir dhom

v.5   Thóg Mac Rí Laighean mé le draoidheacht as mo chóiste

v.6   Sheas mé suas díreach lé mian a bheith ag éisteacht

v.7   Chrom mé mo cheann síos lé náire a bheith ag éisteacht

(c)   CBÉ 969:19–20; 5 x 4. Aithriseoir: Pádraig Ó Fátharta (24), An Baile Láir, Cor na Rón, Indreabhán. Bailitheoir: Calum I. Mac Gill-Eathain, 15 Samhain 1944. Mícheál Peircín a rinne.

v.1   Góil tríd an Aill Aidhneach dom go daiín-mhoch Dia Dómhna'

v.2   Bheannuigh mé féin di go réir mar bhí m'eolas

v.3   Go deimhin ní mise aon duine go'n méid sin

v.4   Bhuail slám go cheó draoidheachta mé is 'daiean faic ba léir dhom

v.5   Chrom mé mo cheánn síos fúm le náire bheith ag éisteach

135.   Cailín Deas Crúite na mBó

CBÉ 825:133–35; 4 x 4. Aithriseoir: Sean Ó Maodhbh (32), Cill Bhriocáin, Ros Muc. Bailitheoir: Monica Ní Mhaodhbh, 19 Aibreán 1942.

v.1 Tá bliadhain nó níos mó 'am ag éisteacht lé cogadh doiligheasach mo bhrón

v.2 Tá a súile mar lonnradh na gréine ag sgaipeadh thrídh spéartha an cheóigh

v.3 Dhá bhfuighinn-se Árd Thighearnas na h-Éireann agus éudaige síoda 's sróil

v.4 Mara bhfuil sé in ndán dhom bheith in éanfheacht leis an spéirbhean ró-dhílis úd fós

136 Máire Nic Suibhne Óg (2)

(a) CBÉ 72:51–53; 8 x 2. Aithriseoir: Tomás Ó Concheanainn (58), An Púirín, Indreabhán. Bailitheoir: Pádraig Ó Finneadha, Nollaig 1930–Eanáir 1931.

v.1 Táilliúr mé gan dabht, tá mo réic ar fud an domhain, tá na céadta ban 'mo dhiaidh san éileamh

v.2 Anois nach lag an fhoghail mé féin agus mo shnáthaid lom, nuair a glaóidhtear orainn ar leabhar na héileamh

v.3 Ag dul a' chodladh domsa aréir ar leaba clúmhach liom féin, facthas dom go dtáinig an spéirbhean

v.4 Ba mhíne croidhe a dá láimh ná'n ealla ar cuan 's í ar snámh, bhí a com cailce mar an gclár ba mhíne

v.5 Tá tinneas i mo cheann agus chaill mé mo mheabhair, is duine mise a chrádhúigh an saoghal so

v.6 Aithris dom a stór, dá dtiúbhradh sí dom póg, do gach uile ghníomh eile is mó a dhéanfainn

v.7 Dhóghfainn an sliabh agus dhúiseóchainn an ghrian, agus thógfainn beó na Fianna Éireann

v.8 Tharraing sí orm ceó i ngleáinín draoídheachta an smóil, ní mé beó cá gcomhnuigheann an spéir-bhean

(b) CBÉ 1138:491–92; 8 x 2. Aithriseoir: Pádraig Ó Cualáin (Pádraig Pheatsa) (84), Cor na Rón, Indreabhán. Bailitheoir: Pádraig Ó Flatharta, 1941.

v.1 Táilliúr mé gan dabht, tá mo réic ar fud an domhain, tá na céadta bean mo dhiadh 'san éileamh

v.2 Anois nach lag an fhoghuil mé fhéin is mo shnáthad liom, nuair a ghlaoidhfear orm ar leabhar na héileamh

v.3 A' dul a chodhladh dhomsa aréir ar leaba chlumach liom fhéin, facthas dhom go dtáinic an spéirbhean

v.4   Ba mhíne croidhe a dhá láimh n'an eala ar an gcuan is í a' snámh, bhí a
        com cailce mar an gclár ba mhíne

v.5   Tá tinneas mo cheánn is chaill mé mo mheabhair, is duine mise a chrádh
        an saol seo

v.6   Aithris dhom a stór, dá dtiubhradh sí dom póg, do gach uile gníomh eile
        is mó a dhéanfainn

v.7   Dhóghfainn an sliabh agus dhuiseochainn an ghrian, agus thógfainn beó
        na Fianna Éireann

v.8   Tharraing sí orm ceó i ngleann draoidheachta an smóil, ní mé beó cá
        gcomhnuigheann an spéirbhean

1. Caismirtí Grá

137   An Buachaillín Caol, Ard

CBÉ 607:91–93; 9 x 4. Aithriseoir: Seosamh Mac Donnchadha, Ros an Mhíl.
Bailitheoir: Brian Mac Lochlainn, 1938.

v.1   Ise:
        Buachaill caol árd é mo ghrádh gus é lom tanuidhe cruadh

v.2   Eisean:
        A Cheataí na gCuach, an truagh leat mise a bheith tinn?

v.3   Ise:
        Is ar a mbuachaillín ciúin atá tús ⁊ deire mo scéil

v.4   Eisean:
        A gcuímrigheann tú ar an oidhe úd a ro muid ar fad sa teach mór?

v.5   Ise:
        A bhuachaillín bháin, nach breágh 's nach deas é do shnuadh

v.6   Eisean:
        Tá a lán ga na mrá a mbíonn a ngrádh acab ar bhárra a méar

v.7   Eisean:
        Tioctha mé ar cuairt faoi thuairm an bhaile a mbínns

v.8   Ise:
        Insa mbaile údan thiar atá mo thriall 's mo tharraint gach lá

v.9   Eisean:
        Ceathar atá uaim ⁊ doiligh lom iad 'fheiceáilt ar cuairt

138   Bríd Ní Ghaora (2)

CBÉ 825:477–80; 8 x 4. Aithriseoir: Seán Ó Maodhbh (32), Cill Bhriocáin, Ros Muc. Bailitheoir: Monica Ní Mhaodhbh, 7 Bealtaine 1942.

v.1   Eisean:

Chaith mé an bhliadhain anuraidh leat mar bhí mé óg gan chéill

v.2   Ise:

Céad slán go'n gheimhridh anuraidh agus ná cuir orm aon bhréag

v.3   Ise:

Céad slán go bhliain an taca seo, ní mar sin a bhí mé héin

v.4   Eisean:

Má ghrádh tú Bhríd Ní Ghaora, 's tú an bhean a bhí síodamhail lághach

v.5   Imtheóchadh mé as an gleánn leat mar a d'imtheóchadh an bád seóil

v.6   'S iomdha maidin Domhnaigh a bhí mé siamsamhail maith go leór

v.7   Ise:

Gearrtar amach mo chonnra go fíor sgoth as togha na gcláir

v.8   Eisean:

Tá pian i mbéal mo chléibh a chuireadh na céadta fear 'un báis

139   Cailín Deas

CBÉ 654:659–63; 10 x 2. Aithriseoir: Séamus Ó Fátharta, An Cnoc, Indreabhán. Bailitheoir: Bríd Ní Fhátharta, 19 Lúnasa 1938.

v.1   O's an cailín deas ó'n taobh ó dheas, an truagh leat fear mar atá mé

v.2   Labhair mise léithe do chomhrádh chiúin, an raibh tú ariamh ar an meatar

v.3   Nuair a théidheann mise siar go teach an leanna, is romham nach mbíonn an fháilte

v.4   D'éirigh sé an tailliúr suas na sheasamh is thug an bhean ar láimh leis

v.5   D'eirigh an sglabhaidhe suas na sheasamh is bhain sé an bhean de'n tailliúr

v.6   Shoraidh dhíot-sa a shean-*boy* salach, nach é t-obair a bheith cairtadh na sráide

v.7   Nach é an rud a dubhairt bean an tighe le na leanbh, nach comhluadar ar bith an sglabaidhe

v.8   Níor mhaitigh liom-sa ceól ná fidil, ná ceoltóir cliste do thailliúr

v.9   Ba mhaitigh liom-sa cruacha móra coirce a mbeadh faisgadh is díon ortha ón mbáisteach

v.10   Tiocfaidh an saoghal fós agus beidh do phócaí folamh agus nótaí agam-sa sa gcomhra

140 **Na Ba Ciardhubha agus Bána**

(a) CBÉ 1138:483–85; 8 x 2, 1 x 3, 2 x 2, 1 x 4. Aithriseoir: Pádraig Ó Cualáin (Pádraig Pheatsa) (84), Cor na Rón, Indreabhán. Bailitheoir: Pádraig Ó Flatharta, 1941.

v.1 Ó thug mise spéis dhuit, a spéirbhean, ar dtús, 's gur leag mé mo láimh ar do bháin-chnis

v.2 Bheadh do loiligh deas bó tráthnóna ag a' gcró 's do leaba glun cóirighthe ó ló mrá seomra

v.3 Sise:
Ní bhéarfainn mo láimh dhuit go deó deó le fonn, go dtéighidh sgéala fá rún chuig mo mháithrín

v.4 Seisean:
Ná géill do bhréaga 'na don té chuir futha siubhal, níor mhinic mo chliú-sa ag teach a' tabhairne

v.5 Sise:
An lá a d'ólfá-sa coróin níor mhairg leat púnt, ag roinnt do chuid óil ar mhná óga gan fonn

v.6 Chuaidh mise féin an t-aith-ghiorra anonn 's ní bhfuair mé 'n-aon chúinne ar a tsráid é

v.7 Dá fhad dá raibh an bóthar níor dubhairt sé suidh síos, ná caith dhíot do chóta go n-ólfair cárt dighe

v.8 Casadh mé isteach 'sa' seanteacháin suarach, bhí seanbheanín suarach 'n-a suidhe ann

v.9 Bratóigín suarach aniar ar a druim 's gan fasgadh na díon uirri o'n mbáistigh

v.10 Cá bhfuil na stácaí 'bhí timcheall do thighe, nó cá bhfuil na caoirigh gan aireamh

v.11 Éist, éist a stóirín, stad is bí ciúin, go dteighidh do chuid caoirigh 'un an aonaigh romhainn

v.12 Ó bhí mé chomh haerach ar dtús 's gur ghéill mé go do slighe

(b) CBÉ 590:147–51; 1 x 1, 10 x 2. Aithriseoir: Sorcha Ní Chonfhaola (69), An Lochán Beag, Indreabhán. Bailitheoir: Colm Ó Finneadha, 9 Eanáir 1939.

v.1 Buclaí do bhróga, luach coróin agus punt, sa stóirín, ní thiubharfá do láimh dhom

v.2 Ní thiubharfainn mo láimh dhuit go deó deó le fonn, go dteightheá le fonn ag mo mháithrín v.3 Ná geill do na bréaga ná té chuir futha siubhal, ní minic mo chliú ar thigh tabhairne

v.4 Nuair a d'ól tusa coróin, níor mhairg leat púnt, roinnt do chuid óil ar mhná óga dhá bhfoghail

v.5 Chuaidh sise fhéin in áith-giorra anonn, agus ní bhfuair sí in aon chuainne ar an t-sráid é

v.6 Éist, éist a chuisle, stad is bí ciúin, go dtéigh mo chuid caoire 'na n-aonaigh seo rómham

v.7 Tá mé cur garranntaí prataí 'gus stácaí ar a mbonn, mo pháirceannaí tá lán de ba cior-dhubh gus bána

v.8 Tháinig sí aige annsoin de ghlan shiubhal, bhí sean-bheainín shuarach sa gclúid 'na suidhe

v.9 Ó fhad da raibh an bóthar, níor dubhairt sé suidh síos, ná leag diot do clóicín go nólfair cárt dígh

v.10 Cá bhfuil na stácaí 'bhí timcheall do thíghe, nó cá bhfuil na caoire bhí i ndáil leó

v.11 Ó bhí mé chómh dith-céillaidhe gur ghéill mé do do shlighe, imthigheadh ann méid sa spéir leis an ngaoth

141 Slán agus Beannacht le Buaireamh an tSaoil

(a) CBÉ 1211:519–22; 5 x 2, 1 x 3, 1 x 2. Aithriseoir: Seosamh Ó Tuathail (40), Leitir Caladh, Leitir Móir. Bailitheoir: Cóilín Ó Maoilchiaráin, 17 Meán Fómhair 1951.

v.1 *One morning in June* is mé ag dul a' spaisteóireacht, casadh liom cailín is ba ro-dheas a gnaoi

v.2 *I asked her her name* nó cén rud beannuighe chas ins an áit thú, *my heart it will break if you don't come along with me*

v.3 Cailín deas óg mé ó cheanntar na fairrge, is tógadh go cneasta mé i dtosach mo shaoghail

v.4 A chuisle is a stór, a' n'éistfeá liom tamaillín, *and I'll tell you a story a* b'ait le do chroidhe

v.5 *Go away you bold rogue, you are trying to plater me,* is go mb'fhearr éan in do láimh ná dhá éan ar a' gcraobh

v.6 Cheannóchainn té dhuit is glas maith in aice, sin is gúna *Irish cotton* de'n faisiún tá daor

v.7 *Early next morning we'll send for the clergyman,* agus beidh muid ceangailte i ngan fhios do'n tsaoghal

(b)   CBÉ 826:96–98; 4 x 4. Aithriseoir: Seán Ó Maodhbh (32), Cill Bhriocáin, Ros
        Muc. Bailitheoir: Monica Ní Mhaodhbh, 12 Bealtaine 1942.

   v.1   *One morning in June*'s mé guil spaisteóireacht, casadh liom cailín ba ró-
           dheas a gnaoi

   v.2   Muise cailín beag óg mé ó cheanntar Cois-Fharraige, tóigeadh go creasta
           mé i dtúis mo shaoghail

   v.3   *All go you bould rogue you are wanting to flatter me*, 's fearr éan ar an láimh
           ná ghá éan ar an gcraobh

   v.4   *There's an ale-house near by* agus beidhmíd go maidin ann, *if you are
           satisfied*, a ghrádh geal mo chroidhe

J. Caismirtí Magaidh

142   Amhrán an Tae (1)

(a)   CBÉ 209:326–29; 13 x 2. Aithriseoir: Pádraig Ó Céidigh (*c.*50), Seanadh Gharráin,
        An Spidéal. Bailitheoir: Stiofán Ó Confhaola, 1935.

   v.1   Trátnóna Dia Sathairn ag dul faoí don ghrian seadh chonnaic mé
           lánamhain i ngarraidhe leó féin

   v.2   Muise, bíonn tusa i gcomhnuidhe cur síos ar an taé is an lá mbíonn sé
           agat ní fheictear agat é

   v.3   Cia an t-slighe atá agam-sa nó cá bhfuighinn duit é acht ceánn de na
           cearca a raibh ubh aca aréir

   v.4   Tá mise dhá cheapadh gur suarach an t-slighe bheith ag obair dhuitse
           gan tada dhá chíonn

   v.5   Sé n-iarfá de obair i gcaitheadh do shaoghail, ag caitheamh tobac is dhá
           leigeann le gaoth

   v.6   Dhá dteidhinn go Gaillimh nó soir go hÁth Cínn, anonn go Cinn
           Mhara no amach go Tráigh Lí

   v.7   Muise, d'imthigh tú cheana ⁊ tháinig tú aríst, ní fhacamar agat cróin
           sgilling ná pinghinn

   v.8   Stop do bhéal feasta a amaid de sraoill nó buailfidh mé buille ort a
           bhrisfeas do dhruim

   v.9   Má tá mise m'amadán is go bhfuilim mo shraoil, léine ar mo chraiceann
           chomh dubh leis an daol

   v.10   Rud adeir mé leat cheana a deirfinn leat é, mar a n-éisteadh tú feasta le glóraibh mo bhéil

v.11 Tá mise le fada ag coinneáilt an tighe is nó cóir go bhfeicfeá mo dheoch ná mo ghreim

v.12 Chuaidh mé go Gaillimh go réidhteóchainn le fear dlighe, ní bhfuighinn cead a bheith ag cainnt leis gan leathghine buidhe

v.13 Bhí an lánamhain sa Spidéal ar maidin an lae, deamhan blas a deárnú acht ag cur ar a réidh

(b)   CBÉ 630:417–22; 13 x 2. Aithriseoir: Seán Ó Donnchadha (64), Adragool, Cluain Aoibh, Maigh Cuilinn. Bailitheoir: Seán Mac Artúir, 12 Meitheamh. 1939.

v.1 Tráthnóna Dé Satharn roimh dul faoi an ghréin seadh chonnaic mé lánamhan i ngarrdha leo féin

v.2 An Fear:
Bíonn tusa i gcomhnuidhe cur síos ar an tae, lá bhíos sé agat ní fheicim acht é

v.3 An Bhean:
Cén tslighe atá agam 'sa, cá bhfuinn duit é? acht ag ceangal dhá ceirc a raibh ubh aca aréir

v.4 An Fear:
Tá mise dhá cheapú gur suarach an t-slighe bheith ag obair duit-se gan tada dá chíonn

v.5 An Bhean:
Sé níartha (iarrfá) d'obair, do chaith tú do shaoghal ag caitheamh tobac is dá leigint le gaoth

v.6 An Fear:
Dá dtéinn go Gaillimh nó soir go hÁth Cinn, anonn go Cinn Mhara nó amach go Trá Lí

v.7 An Bhean:
Muise d'imigh tú sheana is tháinic tú arís, ní fhacamar agat coróin, sgilling na pinghinn

v.8 An Fear:
Stop do bhéal feasta a amaid do shtraoil nó buailfe mé buille a bhriseas do dhruim

v.9 An Bhean:
Má tá mise im amaid is go bhfuilim im shtraoil, léine ar mo chroiceann chomh dubh leis an daol

v.10   An Fear:

      An rud a dubhairt mé leat cheana a deirim leat é, mara n-éiste tú feasta le glórtha mo bhéil

v.11   An Bhean:

      Tá mise le fada ag coinneál an tighe 's ní cóir go bheichá mo dheoch nó mo ghreim

v.12   Chuaidh sé go Gaillimh go réidhteach le fear dlighe, ní bhfuighí é bheith cainnt leis gon leath ghiuní bhuidhe

v.13   Bhí an lánamhain 'sa Spidéal ar maidin an lae agus dheamhan blas a rinneadh acht a chur ar ar an réidh

(c)   CBÉ 811:370–71; 7 x 4. Aithriseoir: Dónall Ó Finneadha (78), An Baile Ard, An Spidéal. Bailitheoir: Tadhg S. Ó Concheannain, 8 Samhain 1941.

v.1   Eirigh i do sheasamh a shramaid go shraoill agus fágh tobac dhom nó brisfead do dhruím

v.2   D'imthigh tú cheana is tháinic tú 'ríst, is ní fhaca muid agat crúin, sgillin' ná píghinn

v.3   Is maith a' tslí' atá a'msa go ngeobhfainn dhuit é, rud a d'ith tú faoi Nodlaig níor íoc tú fós é

v.4   'Sé thuigim is mheasaim gur súarach a' nídh bheith a' ceannacht tobac 'sdá sgaoile le gaoith

v.5   A úinseachín shalach is a chailleach a' taé, is a' lá mbíonn sé agat ní fheiceann muid é

v.6   'Á dteighinn-se go Gailli' nú soir go Bleán Ríogh, anúnn go Cínn Mhara nú 'mach go Tráighlí

v.7   Chuaidh siad go Gailli' a' ceannacht fear dlí is ní labhrót sé smid gan leath-ghine bhuidhe

(d)   CBÉ 775:545–46; 6 x 4. Aithriseoir: Mícheál Ó Mainnín, An Turlach, Ros Muc. Bailitheoir: Proinnsias de Búrca, 30 Aibreán 1941.

v.1   Tráthnóna Dé Sathairn a' guil faoí go'n ghréin 'seadh choinic mé lánamhain sa ngarraidhe leób fhéin

v.2   Muise bíonn tusa a gcúmhnaí a' cuir síos ar an tae is an lá bhíonns sé agat ní feictear a'd é

v.3   Cé'n t-slíghe atá agamsa, cé bhfuighinn-se duit é, ach a' ceangal dhá chirc a rabh ubh aca aréir v.4 Tá mise dhá cheapadh gur suarach an t-slíghe bheith ag obair dhuit-se gan tada á chíonn

v.5 Muise d'imthi' tú cheana is tháinic tú aríst, ní fhaca muid agat coróin, sgilling ná pinghin

v.6 Stop do bhéal feasta 'amaid go sthraoil ná buailfhe mé buille ort a bhrisfheas do dhruim

143 An Seanduine Cam

(a) CBÉ 1774:86–88; 12 x 2. Aithriseoir: Pádraig Ó Máille (60), Cladhnach, An Cheathrú Rua. Bailitheoir: Ciarán Bairéad, 12 Nollaig 1964.

v.1 Ó's bhí aithne a'm a's eolas ar sheanfhear sách dóiúil, sé'n áit a ra' a chónaí ó thíos ins a' ngleann

v.2 Ó rinne sé comhairle bean óg a phósadh a's go gcoinneot sé a chúrsa seacht n-uaire níos fearr

v.3 "Muise nach suarach a nidh dhuit" (adeir sí) "bualadh faoi mhraoi 'bith 'gus fios ag do chroí 'stigh nach dtiubhradh dhuit grá["]

v.4 "Nár thug mé go leor duit" (adeir sé), "airgead a's ór buí, báid bheaga, báid mhóra agus capall a's cárr["]

v.5 Sin ⁊ chaon tsórt eile dá gcuirfeá-sa spéis ann, ó fiú an parasól le tabhairt leat in do láimh

v.6 "Muise dá dtiubhrá-sa mór-chuid" (adeir sí), "len ith ⁊ len ól dom, ó saibhreas Rí Seorsa a's nár mhór é le rá["]

v.7 "Muise nuair nach nglacann tú comhairle" (adeir sé), teara ar do thóraíocht, ó cuir ort do bhróga a's do chlóca ar do bhráid["]

v.8 "Nuair a thiocfas an oiche" (adeir sé) "a's nach bhfuigh tusa dídean, ó tosó tú a' caoine a's gan maith a' bith dhuit ann["]

v.9 "Muise nach suarach an nidh dhom" (adeir sí) "mo shamhail go mhraoi bheith a' caithe mo shaoil amú leat-sa gan sugradh gan greann["]

v.10 "Á ngeofainn-se dídean', (adeir sí) "tímpeall na [...], is mé 'd'fhéatfadh a' geimhreadh a chaithe go sáimh["]

v.11 "Muise 'á mbeifeá chomh críonna" (adeir seisean) "a's ba chóir go bhean-tí a bheith is tú 'd'fhéadfadh a' geimhreadh a chaithe go sáimh["]

v.12 "Nach ní mar sin a bhí tú' (adeir sé) "ach lán go dhroch-smuintí mar is iomaí droch-intinn a thigeas go mhrá["]

(b) CBÉ 669:183–87; 2 x 2, 4 x 2, 2 x 2. Aithriseoir: Peadar Ó Donnchadha (28),

Baile na mBroghach, Indreabhán. Bailitheoir: Colm Ó Finneadha, 8 Deireadh Fómhair 1939.

v.1 Bhí aithne 'gus eólas 'am ar shean-fhear sáthach dóigheamhail, sé'n áit a raibh cómhnaidhe air shíos ins an ngleann

v.2 Dhá dtugthá gach nídh dom dar cruthuigheadh sa saoghal seo, tá fhios 'ad go rí mhaith nach dtiúbharfad dhuit grádh

v.3 Nach dtug mé go leór dhuit airgead is ór buidhe, báid bheaga is báid mhóra, capall is carr

v.4 Sin is gach aon nídh a gcuirthea spéis ann, go fiú an pearasól le tabhairt leat in do láimh

v.5 Dhá dtugthá an mór shaoghal le n-ithe 'gus le n-ól dhom, saidhbhreas Rí Sheóirse ba mhór é le rádh

v.6 Nuair nach nglacfaidh tú cómhairle, teigh ar a thoruigheacht, cuir ort do chuid bróga is do chlóca ar do bhrághaid

v.7 Is suarach an nídh dhom mo shamhail de mhnaoi bheith ag caitheamh an gheimhreadh gan súagradh na greann

v.8 Dhá mbeiththeá chómh críonna 's ba cheart do bhean tíghe bheith, is tú d'fhéadfadh an geimhreadh a chaitheamh go sámh

(c) CBÉ 825:449–53; 3 x 2, 1 x 4, 1 x 2, 3 x 4. Aithriseoir: Anna Ní Ghriallais (21), Cill Bhriocáin, Ros Muc. Bailitheoir: Monica Ní Mhaodhbh, 5 Bealtaine 1942.

v.1 Bhí aithne 'am 's eolas ar sean-fhear sáthach dóigheamhail, sé an áit a rabh comhnuidhe air thíos ins an ngleánn

v.2 Rinne sé comhairle bean óg a phósadh go gcoinneóchadh sé a chúrsaí seacht n-uaire níos fearr

v.3 Ise:
Ba suarach an tslighe dhuit thú bualadh faoí mnaoi ar bith 's fios agat go rí-mhaith nach dtiubharfadh dhuit grádh

v.4 Eisean:
Nach dtug mé go leór dhuit, airgead 's ór buidhe, báid bheaga 's báid mhóra, capaill 's cáirr

v.5 Ise:
Dhá dtugthá an mór-shaol lé n-ithe 's lé n-ól dhom, saidhbhreas Rí Seóirse, badh mhór é le radh

v.6 Eisean:
Nuair nach nglacfadh tú comhairle, teirigh a' tóruidheacht, cuir ort do

chuid bróga do chlóca ar do bhráighid

v.7   Ise:

'S suarach an nídh dhom mo shamhail go mnaoí ar bith, ag caitheamh mo saoil leat gan súgradh ná greann

v.8   Eisean:

Ghá mbeitheá chomh críonna 's budh cheart go bhean tighe bheith 's tú d'fhéadfadh an geimhreadh chaitheamh go sáimh

144   An tSeanbhean Liath

(a)   CBÉ 1833:117–19; 6 x 2, 1 x 3. Aithriseoir: Máire Ní Mháille (72), 52 Cooke's Terrace, Gaillimh. Bailitheoir: Ciarán Bairéad, 19 Iúil 1973.

v.1   Lá a goil Gaille dhom a's mé tursach tárr'ní, cé casfaí sa tsráid dhom ach a' tsean-bhean lia

v.2   Ní fear meata mé a's ní tursach atá mé, ach má tá'n puirsín lán agad, teann aniar

v.3   "Seo dhuit é seo" adeir sí, " a's na h-aithris go bráth é, a's beidh rial na cáirde anseo do dhiaidh["]

v.4   Go ra máithrín dhona acab nach ndeanfadh cás dhób, dhá mbeadh siad rátha no bliain gan bhia

v.5   Tuig gur bean a bhain a' t-úl sa ngáirdín, cuir cúl do láimhe leis a' tseanbhean liath

v.6   Á' mairfeadh mo *Daddy* dhom go lá mo phósta, bheinn a' rith i gcóistí le clann a' rí

v.7   Bliain's a' taca seo sea cuireadh i gcóntra é, sé liagh go h-óg mé ⁊ ní le aois

(b)   CBÉ 1630:45–46; 1 x 1, 1 x 3, 5 x 2. Aithriseoir: Colm Ó Maille, Na Cúlachaí, Maigh Cuilinn. Bailitheoir: Proinnsias de Búrca, 11 Deireadh Fómhair, 1962.

v.1   Muise, chas an tseanbhean dom agus í rialltaí geárrtha, an ceathrú lá agus mé a' gul aniar

v.2   Go t-aon fearr meathta thú nó an marbh atá tú, ná a' rachfhá i gcleamhnas leis an tseanbhean liath

v.3   Muise chas an sagart dom is d'aithris mé an cás dó, go raibh ceathrar páistí go lag in mo dhiadh

v.4   Muise fill abhaile a pheacaidh gránda, mar is measa go mór thú ná an té a bhrath Dia

v.5 Ó b'fheárr liom ceangailte go long trí ráithe agus leath na dtráití mé a bheith gan biadh

v.6 Ní seanbhean mise ach cailín óg deas, a fuair sgoil agus fóghluim as tús mo shaoil

v.7 Bhí culaith gheal orm go'n tsíoda is breáichte agus mo haitín slíocaí ar dhath na sméar

(c) CBÉ 840:489–90; 1 x 2, 1 x 1, 4 x 2. Aithriseoir: Máire Bean Mhic Fhlannacha, (47), An Teach Mór, Indreabhán. Bailitheoir: Calum I. Mac Gill-Eathain, 18 Deireadh Fómhair 1942.

v.1 Tigheacht abhaile dom is mé tuirseach taírrní, an ceatramhadh lá sul chua an coga' siar

v.2 An mac bacach thú no fan mar tá tú, nó a' ndíonfá cleamhnas leis a' tsean-bhean liath

v.3 Ní seanbhean mise ach cailín óg deas, fuair scoil is fóghlam as tús mo shaoghail

v.4 Tá buclaí airgid in mo bhróga gíosca, is mo hata ciar-donn ar dath na sméar

v.5 Ní mac bacach mise is ní caoch atá mé, má tá an pursa láidir agat, teara' aniar

v.6 Ach leag mé fúm í go ndíanfainn fórsa, go mbeach sí le tórramh agam ar a gclár gan 'wine'

145 Dár mo Mhóide, Ní Phósfainn Tú Mar Tá Tú Díomhaoineach, gan Mhaith
CBÉ 829:87–88; 3 x 4. Aithriseoir: Seán Ó Flatharta (Seáinín Sheáin) (*c*.62), An Lochán Beag, Indreabhán. Bailitheoir: Tadhg S. Ó Concheanainn, 2 Bealtaine 1942.

v.1 Dár mo mhóide ní phós'ainn thú mar tá tú díomhaoineach gon mha'

v.2 Nárbh é'n díthcéille go mór 'om fhéin mo phlé bheith 'am leat in aon bheart

v.3 Dhá mbeinn fhéin pósta lé mo stóirín, thóighinn lóistín thuas tighe Jack

146 Nóra Chríonna
CBÉ 824:108–11; 1 x 6, 1 x 4, 1 x 5, 10 x 4. Aithriseoir: Neain Bean Uí Ghriallais (Neain Dhonnchadha) (66), Cill Bhriocáin, Ros Muc. Bailitheoir: Monica Ní

Mhaodhbh, 19 Márta 1942.

v.1   'S ó mo leana, chuaidh Daidí 'un criathra

v.2   Cáil do spré *says* Nora Ní Cheallaigh?

v.3   Tháinic mé isteach i dteach go'n bhaile

v.4   Nach é an truagh mise a bheith bocht

v.5   Sé mo ghabhairín-se gabhairín na cíbe

v.6   *Sugar-lo-cabbage-ó* adeir Dáigh Ó Fianna

v.7   *Where are you going says* Sean Ó Fianna?

v.8   *Whats the price* adeir Sean Ó Fianna?

v.9   D'imthigh Nóra léithi abhaile

v.10   *I'll have to go* leat adeir Seán Ó Fianna

v.11   *Come home with me* adeir Seán Ó Fianna

v.12   *Come under a bush* adeir Seán Ó Fianna

v.13   Racha mé abhaile adeir Seán Ó Fianna

147   Óra Mhíle Grá

(a)   CBÉ 442:335–39; 29 x 1 + curfá aonlíneach roimh gach véarsa. Aithriseoir: Tomás de Búrca (77), Leitir Caladh, Leitir Móir. Bailitheoir: Eibhlín Ní Standúin, 12 Nollaig 1937.

v.1   Nach truagh mé caitheamh na miotán 'sa bhfuil do shíodaí i Meireacá

v.2   Taobh ó dheas do chéibh *New York* seadh *land*álfhas mé tháll

v.3   Nach fada ó bhaile a ruaigeadh mé baint ruacainn do'n Tráigh Bháin

v.4   Tá pricíní ina mbuilcíní ar phluicíní mo ghrádh

v.5   Nach iad na fir na claidhrí 'gus an eirighe atá faoi mhná

v.6   Ar chúl an chlaidhe 'sa ghealach ar m'aghaidh 's mé comhrádh le mo ghrádh

v.7   Tá grádh do thriúr 's do cheathar a'm 'gus seacht ngrádh do aon fhear amháin

v.8   Míle Dia dhá réidhteach, nach iomdha aeraghail in mo cheánn

v.9   Síleann mná gan eolas go bhfuil ór ag saora báid

v.10   Níl mo stóirín ó in Éirinn 'gus dhá mbeadh fhéin ní fhanainn ann

v.11   D'athnóchainn ar do leicne go bhfuil eitinn in do dhreám

v.12   Nach truagh mé tarraingt mhóna 'gus gur fear ar foghnamh é mo ghrádh

v.13   Nach truagh mé tarraingt chabhairlighe is gur fear countair é mo ghrádh

v.14   *Boxty* do na grabairí agus *crackers* do na mnáibh

v.15   Dhá mbeadh droichead ar an bhfairrge is fadó a bheidhinn-se tháll v.16   Tá tinneas cinn ar leath mo chinn ó d'imthigh an gréasuidhe bán

v.17   Thuit mo chúilín gruaige dhíom le buaidhreadh 'n diaidh mo ghrádh

v.18   Tuitfhaidh an lá ina bháistigh 's déanfar líbín do na mnáibh

v.19   Nach aoibhann dhom 's cead cainnte agam le toghadh na bhfear is fearr

v.20   Saothrú an airgead pósta i g*California* 'tá mo ghrádh

v.21   Tomhais an bhóthair fhada síos go Gaillimh atá mo ghrádh

v.22   Báinín atá sa bhfasiún acht seacéad atá ar mo ghrádh

v.23   Chuile lá na dhíle acht lá na h-íocuidheacht a bheith go breágh

v.24   Tá díol a rí do theach cheánn-tuighe ag mo stóirín ann-siúd tháll

v.25   Ar oileán atá mo stóirín is gheobhainn milleán dhá dteighinn ann

v.26   Nach aoibheann dhom 's gan brón orm 's mo stór ar leaba an bháis

v.27   An bhlian seo caitheamh na miolán 's dheamhan blian airíst go bráthach

v.28   Dhaimseóchainn *jig* na maidhne lár na leabthan le mo ghrádh

v.29   Ná raibh cailleach ar an mbaile nach raibh ar maidin ós cionn cláir

Curfá: 'Sóra mhóra mhóra 'gus óra a mhíle grádh

(b)   CBÉ 824:112–16; 28 x 1. + curfá aonlíneach [mírialta]. Aithriseoir: Neain Bean Uí
         Ghriallais (Neain Dhonnchadha) (66), Cill Bhriocáin, Ros Muc. Bailitheoir:
         Monica Ní Mhaodhbh, 20 Márta 1942.

v.1   Tá an Gríobhthach thoir tigh Bhideach agus captaen faoí na cheann

v.2   Gur bé eascon Aill-na-Ceilpe a d'fhág an lasadh sa mbean ghearr

v.3   Gur i mbád go h-oileán Neide 'ghabhas bean an t-smiomhachán

v.4   Gur bé bruithneoga Chlochar na Trosgan a d'fhág an briosgarnach in
         Dáig Stiopháin

v.5   Chrup sí an méirín fhada agus shín sí an mhéirín ghearr

v.6   Ní phósainn Máire an Leachta ar a bhfuil go ór ar na h-oileáin

v.7   Tá *steamer* faoí trí sheólta guil pholl an Ghlais–Oileain

v.8   Ní racha mé 'un clada, tiocfadh sliogán in mo sháil

v.9   'S gur taobh thiar go Chnoc an Chaisil a bhain mé an buaithrín go mo
         ghrádh

v.10   Tá fuisge tigh *Joe Reilly* bhainfeadh *cider* as na mrá

v.11   Siar is aniar lé abhainn tochas a thoineach atá mo ghrádh

v.12   Tá hata bán ar amadán 's ceann eile ar mo ghrádh

v.13   Magadh leis na hamadáin 's dá-ríre lé mo ghrádh

v.14   Is fada siubhal an coinín 's tá sé crochta ar taobh tigh Sheáin

v.15   *I would not spoil my family with Connolly's at all* v.16 Ag iarraidh cíor 's raca chuaidh Cillín ar an Mám

v.17 *My love has a jaunting car, a common car and all*

v.18 Is fadó phósainn baintreach marach faitchios go bhfuighinn bás

v.19 *My love is out of fashion since he wears the* báinín bán

v.20 Tá *whiskers* air lé truailachas is deabhal órlach in a dhrár

v.21 Siod í síos bád Jeanín, 's bád 's Aine 's *Geary* cám

v.22 Tá bád mo stóirín bomáilte ó thuaidh go na h-oileáin

v.23 Gur a' tarraint stuff as Gaillimh sa Morning Star atá mo ghrádh

v.24 Tá bád mo stóir a' tornáil ó Chnoc Mordáin go dtí an ceann

v.25 Is fuide liom go Domhnach ná bhfuil rómham go féilte an Seáin

v.26 Truagh gan mé ar maidin ar flaiginí *St. Paul*

v.27 Racha mé go Sasana i d*travelling bag* mo ghrádh

v.28 Stripáilte na léine gearra péine tá mo ghrádh

Curfá: 'S óra mhíle grá *etc.*

(c) CBÉ 90:466–67; 16 x 1 + curfá aonlíneach roimh gach véarsa. Aithriseoir: [?]. Bailitheoir: Mr. Joseph Hanley, 17 Iúil 1930. [Bailíodh an t-ábhar sa Tuairín nó i Leitir Mealláin].

v.1 Chuile lá na dhíle ach lá an aonaigh bheith go breágh

v.2 Tuite an lá na dhíle is déanfar líbín go mo ghrádh

v.3 Nach é mo chroidhe tá iseal is a Dhia dílis is maith fádh

v.4 Nach dubh an oidce í is an ghealach na suidhe ag an té nach bfacha a grádh

v.5 Ní fhaca me lé seachtmhain tú ⁊ níl fhios agam cén fáth

v.6 ....

(Scríofa le peann luaidh ea bhí an véarsa seo agus tá sé glanta amach)

v.7 Taobh ó dheas go céibh *New York* a *land*áilis mé thall

v.8 Soir is siar ní ghabhfadh go dtéigh mé ar an mbád

v.9 Nach deas an maighistir sgoile dhéanfadh Seán Ó Suillabhán

v.10 Dhá mbeadh *piper* ar do liopa, dhéanfádh bobarún níos feárr

v.11 Nach árd é cruicín Ciaraighe is teigheann na préacháin thar a bhárr

v.12 Níl an sóra móra ach cómhrá bhíon's ag mná

v.13 Nach cóir mar dubhart an fhíocha nach raibh ríocan leis na mná

v.14 Nach fada ó bhaile bóithrí Gaillimh is bíonn mo tarraing ann

v.15 Tá madrí ann bhaile tafaint is tá na gaduighthe ar fágháil

v.16 Nach aoibhinn dhom is gan brón orm is mo stór ar leabadh an bháis

Curfá: Sóra mhíle grádh *etc.*

148 Peigín *Audley*

(a) Bainis Pheigín *Audley*

CBÉ 461:23–27; 13 x 2. Aithriseoir: Cóilín Mac Donnachadha (35), Béal an Daingin. Bailitheoir: Mícheál Seoige, 5 Eanáir 1938.

v.1 Tá sgéilín beag le n-aithris agam faoi bhainis Peigín Fhadli a raibh comhnuidhe i dTigh *Naughton* thuas i mbárr an chnuic

v.2 Séard dubhairt Máire Bhreathnach leis, sin í ar an tealach í, tá súil agam le seachtmhain leat, is fada bhí tú amuigh

v.3 Mas seanchus atá ag teastáil uait is gur sin a thóig a baile tú, chuala mé gabhail tarm na bhfuil agat ach bó

v.4 Dá mba bean tú bheadh bairneach, bheadh teach is feilm talamh agad, suarach duine a sgar tú leis, ní bhfuair tú air acht sgór

v.5 Pinghin ariamh níor chaill mé de, tá chuile phingin i dtaisge agam, bíodh tusa cinnte dearbhtha nach bhfuil mé deanamh bréag

v.6 Dá mbronnta Connamara orm de mheadhchain óir is airgead, ní coiruighadh tú mo leabaidh dhom an dá lá bhéas mé beo

v.7 Nighinn do léine dhuit, do bhricfasta fhághail ar maidin dhuit, mharbhóchainn cearc is lachainn dhuit is da réir sin chuile short

v.8 Annsin labhair Tuathal go haigeanta, thauin sé lei is dhearc sé í, is go réir mar tá tú freagairt dhom, gearr a bhéas tú beo

v.9 Ná maslaidh go tapaidh mé mar is cailín muinte geannamhail mé, inghean Mhaiteas Fhadli rugadh ar Áill na mBrón

v.10 Anois thárla masla mé is na gcoinneochaidh tú do mhargadh, ní bhéidh sé morán achair go dtugaidh mé ort próis

v.11 Tá fiadhnaisi triur fear agam chonnaic tú go mo leanamhaint trasna na garrantaibh is amach go Loch an Óir

v.12 Annsin bhí Tuathal in aithmheala nuair a thosuigh Peigín ag bagairt air, dubhairt sé lei ná bíodh fearg ort, ní raibh idir muid ach greann

v.13 Lá údan a pósadh, bhí bainis ann ar feadh seachtmhaine, bhí poitín ann na barrlí ag fear is bean le n-ól

(b) CBÉ 645:263–67; 2 x 3, 1 x 2, 1 x 3, 6 x 2, 1 x 3. Aithriseoir: Siobhán Ní Ghriallais (29), An Gairfeanach, Ros Muc. Bailitheoir: Bríd Ní Mhainnín, 28 Meán Fómhair 1939.

v.1 Tá sgéilín beag le n-aithris agam faoi'n bhaintreach Peige Ní Áille, comhnuidheann sí tighe Neachtain thiar ar thaobh a' chnuic

v.2 Éirigh a Pheige, is sear thú féin go siubhafaidh muid na garrantaí, go
dtuga mé dhuit seanchus air an áit a bhfuil tú le dhul

v.3 Dá mba bean thú fhéin bheadh barraineach, bheadh teach is feilm
talamhna agat agus 's suarach dona a sgar tú leis gan feóirling fhághail air
acht dhá sgór

v.4 Ó píghinn ariamh níor chaith mé dhe, tá chuile phíghinn i dtaisge agam,
bíodh tusa cinnte dearbtha nach bhfuil mé a' déanamh bréag

v.5 Do gheit mo chroidhe le buaidhreamh, agus sgannradh mé naoi n-uaire,
an mhaidin nó a chuala mé nach raibh sí agam le fághail

v.6 Do réir mar tá tú a' breathnughadh dhom, ní bhreathnuigheann tú ro-
shlachtmhar dhom 's tá mé san aimhreas ort nach mairfidh mé i bhfad beó

v.7 Ná masla mé chomh tapaidh sin mar cailín múinte measamhail mé,
inghean Mhaitis Áille a chaith seal ar na Bróin

v.8 Dá mbronntaí Connamara dhom, a bhfuil ann faoi ór is airgead, ní
fheicfear in do leaba mé an dá lá 's bhéidheas me beó

v.9 Chonnaic an baile ar maidin thú a' comhrádh liom sna garrantaí, 's béidh
sgéal an sgéal seo faoi cheann seachtmhaine le réidhteach ag Sean Mac
Giollarnáth

v.10 Annsin bhí Toole go feargach nuair a thoisigh Peige a' bagairt air, 'séard
'dubhairt sé ná bíodh fearg ort, níl idir muid ach greann

v.11 An lá údan ar pósadh iad, bhí bainis ar feadh seachtmhaine ann, bhí
poitín ánn 'na bhairrillí ag fear agus bean óg

(c) CBÉ 786:261–64; 9 x 2. Aithriseoir: Seán Ó Conchubhair (50), Leitir Móir.
Bailitheoir: Proinnsias de Búrca, 1 Nollaig 1941.

v.1 Tá sgéilín beag lé'n aithris a'm faoí'n mbainntreach Peigín *Audley* a
chómhnuigheas ag tigh *Naughton* thiar ar bharr a' chruic

v.2 'Sé dubhairt Máire Bhreathnach leis, "sin í ar an teallach í", tá muid a'
súil leat lé seacht seachmhaine is nach fada atá tú amuigh

v.3 Má's seanachas atá a' teastáil uait is gur b'é sin a thugas abhaile thú,
chuala mé a gul tharm nach rabh ag ach caora is bó

v.4 Dhá mba fear thú a bheadh sáthach barrainneach, bheadh teach agat is
feilm thalamhna, nach dona bocht a sgar tú leis is ní bhfuair tú air ach sgór

v.5 Pinghin ariamh níor chaith mé dhe, tá chuile phinghin i dtaisgedhe, bí
thusa cinnte dearbhtha nach bhfuil me a' deana aon bhréag

v.6 Annsin labhair Toole go h-aigheannta, theann sé léi is dhearc sé í, do réir mar tá tú a' freagairt dhom, ní i bhfad a bhéas tú beó

v.7   Anois thárla mé masluighthe agat is nár choinni' tú do gheallamhnas, ní
        bheidh sé mórán achair go dtugaidh mé dhuit próis

v.8   Dá mbronntá Connamara orm do mheádhchan óir is airgid, ní
        chóirióchaidh mé do leabaidh dhuit an fhad is bhéas mé beó

v.9   Tá fiadhnaise triúr fear agam a choinic go mba leanacht thú, treasna thré
        na garranntaí is siar go Loch an Óir

(d)   CBÉ 824:254–57; 9 x 2. Aithriseoir: Anna Ní Ghriallais (21), Cill Bhriocáin, Ros
      Muc. Bailitheoir: Monica Ní Mhaodhbh, 26 Márta, 1942.

v.1   Tá sgeilín beag le n-aithris a'm faoi bhaintreach Peigín Addilí,
        comhnuigheann sí tighe Neachtain, thuas ar thaobh an chnuic

v.2   Tá, deir Máire Bhreathnach, siúd í ar an teallach í, tá sí súil leat lé seacht
        seachtainí 's nach fada atá tú amuigh

v.3   Más seanchas atá teastáil uait 's gur b'in é 'thug an bealach thú, ta sgéala
        fáighte cheanna a'm nach bhfuil a'd acht caora 's bó

v.4   Dhá mbudh bean thú héin bheadh barainneach, bheadh teach 's feilm
        talmhana a'd, nach suarach dona a sgar tú leis, ní bhfuair tú air acht sgór

v.5   Pinghinn riamł 'or chaith mé dhe, tá chuile phínn i dtaisge a'm dhe, bí
        thusa cínnte dearbhuighthe nach bhfuil mé deana aon bhréig

v.6   Dhá mbronntá Connamara orm go meadhchain g'ór 's airgead, ní
        chóireócha tú mo leaba dhom an dá lá 's bheidheas mé beo

v.7   Chonnaic a raibh ar an mbaile thú go mo leanamhaint míle beala, suas
        thrí na garrantaí 's amach trí Loch an Óir

v.8   Labhair *Toole* annsin go h-aigeanta, theánn sé léithi 's dhearc se í, go réir
        mar tá tú freagairt, ní mhaire tú i bhfad beó

v.9   Ná masluigh mé chomh tapa sin mar is cailín múinte geanamhail mé,
        inghin Mhatias *Addili* bhí seal i nAill na Brúin

(e)   CBÉ 969:262–65; 8 x 2 [Tá v.8 le fáil ar lch 288]. Aithriseoir: Seosamh Mac Liam (31),
      An Baile Láir, Cor na Rón. Bailitheoir: Calum I. Mac Gill-Eathain, 9 Nollaig 1944.

v.1   Tá sgéilín beag le n-aithris agam faoi bhaintreach Peigí Neadalaí a
        chomhnaigheanns ag tí Neachtain thiar ar bhárr a' chruic

v.2   Séard dúirt Máire Bhreathnach – "sin í ar a' teallach í, tá muid ag súil leat
        le seacht seachtainí, nach fada atá tú 'muigh"

v.3   Más seanachas atá 'teastáil uait is gur b'in é thug as baile thú, chuala mé goil tharam nach ro á't ach caora is bó

v.4 Dhá mba fear thú bheach sáthach barrainneach, bheach teach is feilm thalúna á't, nach dona bocht a sgar tú leis is ní bhfuair tú air ach scór

v.5 Pínn ariamh níor cha mé dhe ach chuile phínn i dtaisge agam, bí thusa cinnte dearafa nach bhfuil mé díona bréag

v.6 Annsin labhair *Toole* go h-aigeannta, do tháin' sé léi is dhearc sé í, go réir mar tá tú freagairt dhom, ní i bhfad a bheas tú beó

v.7 Anois thála mé masluí agat is níor choinne tú do ghealltanas, ní bheidh sé mórán achair nó go dtuga mé ort próis

v.8 Tá fínisí triúr fear agam a choinic dhá mo leanacht thú, treasna thrí na garrantaí is siar go Loch an Óir

v.9 Dhá mbrúnntá Conamara orm is do mheádhchain óir is airgid, ní luighe mé 'sa leaba leat an fhad is bheas tú beó

(f) CBÉ 1702:359–61; 9 x 2. Aithriseoir: Seosamh Mac Liam (48), Inis Bearachain, Leitir Móir. Bailitheoir: Proinnsias de Búrca, 11 Eanáir 1966.

v.1 Tá sgéilín beag lé n-aithris a'm faoi'n mbainntreach Peigín *Audley*, a chomhnuíonns ag tí *Naughton* thiar ar bhárr an chruic

v.2 'Séard adúirt Máire Bhreathnach leis, "sin í ar an teallach í", tá muid a' súil leat le seacht seachtmhaine is nach fada atá tú amuigh

v.3 Má's seanachas atá a' teastáil uait 'is gurb é sin a thug as baile thú, chuala mé a gul tharm nach rabh agat ach caora agus bó

v.4 Dhá mba fear thú a bheadh sáthach barrainneach, bheadh teach agat agus feilm thalúna, nach dona bocht a sgar tú leis is ní bhfuair tú air ach sgór

v.5 Pingin ariamh níor chaith mé dhe, tá chuile phingin i dtaisge dhe, bí thusa cinnte dearbhtha nach bhfuil mé a' díona aon bhréag

v.6 Annsin labhair *Toole* go hargannta, theann sé léi agus dhearc sé í, do réir mar tá tú a' freagairt dhom ní i bhfad a bhéas tú beó

v.7 Anois ó thárla mé maslaithe agat agus nár choinnigh tú do gheallúnas, ní bheidh sé mórán achair go dtugaidh mé dhuit próis

v.8 Dhá mbronnfhá Conamara orm do mheadhchon óir is airgid, ní chóireóchaidh mé do leabaidh dhuit an fhad agus bhéas mé beó

v.9 Tá fiadhnaise triúr fear agam a chonnaic go mo leanacht thú treasna thríd na garrannta agus siar go Loch an Óir

к. Amhráin Éagsúla Ghrinn

149   An Súisín Bán

(a)   CBÉ 824:140–43; 8 x 4. Aithriseoir: Seán Ó Maodhbh (32), Cill Bhriocáin, Ros
       Muc. Bailitheoir: Monica Ní Mhaodhbh, 16 Márta 1942.

v.1   Agus cé'n cat mara a chas sa n-áit seo mé

v.2   Is bean agus fear a casadh dhom uair sa lá

v.3   Agus sé súgh na h-eorna a thóig an buaidhreadh seo im cheann

v.4   'S a cháirdí gaoil, caoinidh m'ádhbhar héin

v.5   Is buachaill óg mé agus bhaininn bárr go'n ghaoth

v.6   Má bhíonn tú liom, bí liom os comhair an t-saoghail

v.7   Is rinne mé cleas i dteach Uí Dhomhnaill aréir

v.8   Chuirinn, bhaininn agus sgapainn síol ins an gcré

(b)   CBÉ 1280:567–68; 8 x 4. Aithriseoir: Seán Mháirtín Seoige, Inis Bearachain,
       Leitir Móir. Bailitheoir: Séamus Mac Aonghusa, [1944]

v.1   Casú bean orum dhá uair roimh a' lá

v.2   'S é súgh'n ghráinn' eórna a tháirníonns gleó mór agus cath

v.3   A chailín dheas, do leas ná'r dhíona' tú

v.4   Dhá mbeadh spré ag a' gcat nach deas mar phósfaí é

v.5   Cé'n cat mara a chas 'un na h-áite seo mé

v.6   A Rí na bhFeart cé as a ndíontha' mé bród

v.7   Thíos i Sligeach a fuair mé eolas ar na mrá

v.8   Rinne mise cleas i dteach Uí Dhómhnaill aréir

(c)   CBÉ 969:174–75; 6 x 4. Aithriseoir: Seosamh Mac Liam (31), An Baile Láir, Cor
       na Rón, Indreabhán. Bailitheoir: Calum I. Mac Gill-Eathain, 20 Nollaig 1944.

v.1   Thíos i Sligeach a chuir mé eólas ar na mrá

v.2   A Rí na bhFear, cé as a ndúna mé bród

v.3   A cháirde Gaeil, caoiní amáireach mé –

v.4   Rinne mé cleas i dteach Uí Dhónaill aréir

v.5   Dhá mbeach spréidh ag a' gcat, is deas mar pósaí é

v.6   Chainic mé fear agus bean dhá uair roimh a' lá

(d)   CBÉ 829:283–84; 1 x 4, 1 x 3, 3 x 4. Aithriseoir: Pádraig Ó Cualáin (*c*.41), An Lochán
       Beag, Indreabhán. Bailitheoir: Tadhg S. Ó Concheanainn, 10 Meitheamh 1942.

v.1   Má bhíonn tú liom, bí liom, mo ghrádh gheal mo chroidhe

v.2   An gcluin tú leat mé, dhianghrádh, atá ag iarraidh grádh

v.3   B'ait liom bean a d'fhanach bliadhain lé na grádh

v.4   Céard é'n cat mara a sheól an bealach seo mé

v.5   Má bhíonn tú liom, bí liom, a ghrádh gheal mo chroidhe

150   A Sheáin, a Mhic mo Chomharsan

(a)   CBÉ 794:380–84; 11 x 2. Aithriseoir: Mícheál Ó Maodhbh (43), Cill Bhriocáin, Ros Muc. Bailitheoir: Monica Ní Mhaodhbh, 10 Bealtaine 1941.

v.1   A Sheáin, a mhic mo chomharsain, má tá tú dul a' pósadh, rud nar dhubhairt mé fós leat, téigh go Tír an Fiadh

v.2   Má fhágann tú tuar is cóir í, tabhair isteach i dtigh an óil í, cuir na suidhe ar stól í agus do leath-láimh faoi na com

v.3   An fear a bhíos ró-náireach ar a thiacht i láithreach, ní théigheann leis an báire 's ní eireócha leis an chraoibh

v.4   Is deas é do theach comhnuidhe, tá'n sonas ann i gcómhnuidhe, tá seift ann agus lón 's tú i ndán a thiacht i dtír

v.5   Beidh do bheithidhigh seólta i bpáirceanna do ghabhaltas, féadfa tú a bheith ag ól seal ó d'eirigh an t-arbhar saor

v.6   Tá tú anois in imnidhe gan bean a bheith ar do choimhrighe, ní bhfuighir an saoghal níos suaimnidhe acht com's beidheas tú gan í

v.7   Dhá mbudh leat na céadta punta 's a leigean amach ar *interest*, sin is gach uile chompóirt a bheadh ar fud do thighe

v.8   Tá cruithneacht agus eorna lé ceangal ins an bhfóghmhar, teastuigheann an-rógh uainn le bheith a' saothrú an lín

v.9   Má phósann tú an bháirseach, beidh aithmhéala go brathach ort, beidh do mhailí gearrtha 's do cneada a' deanamh braon

v.10   B'ait liom bean go cinnte a mbeidh aici an dá intinn, annsin an dara poinnte bheith go maith i gcionn an t-saoil

v.11   Beidh a dath go hiompuighthe ar maidin tar éis d'ionnsuighthe, dibreóchaidh sí do mhuinntir 's crithnóchadh sí do chroidhe

(b)   CBÉ 826:210–14; 11 x 2. Aithriseoir: Seosamh Ó Griallais (35), Cill Bhriocáin, Ros Muc. Bailitheoir: Monica Ní Mhaodhbh, 13 Bealtaine 1942.

v.1   A Sheáin, a mhic mo chomharsan, má tá tú guil a' pósadh, rud nar dhubhairt mé fós leat, teigh go Tír-an-Fhiadh

v.2   Má fhághann tú mar is cóir í, tabhair isteach i dteach an óil í, cuir na
suidhe ar stól í agus do leath-láimh faoí na ceann

v.3   An fear a bhionns ró-náireach ar a theacht i láthair, ní theigheann leis an
báire agus ní bheidh aige an chraoibh

v.4   'S deas é do theach comhnuidhe, tá an sonas ann i gcomhnuidhe, tá seift
ann agus lón 's tú i ndon a thiacht i dtír

v.5   Beidh do bheithidhigh seólta i bpáirceannaí do ghabhaltais, féadfa tú
bheith g'ól seal ó d'eirigh an t-arbhar saor

v.6   Tá tú anois faoí imnidhe gan bean a bheith ar do choimrighe, ní
bhfuighir an saol níos suaimhnide acht chomhns bheidheas tú gan í

v.7   Dhá mbudh leat-sa na céadtaí punt agus a leigean amach ar *interest*, sin 's
chuile chompóirt a bheadh ar fud do thighe

v.8   Tá cruithneacht agus eorna lé ceangal ins an bhfóghmhar, teastuigheann
anrógh uainn a bheith a' saothrú an lín

v.9   Má phósann tú an bháirseach beidh aithféal go bráth ort, beidh do
mhailí gearrtha 's do chneada ag deanamh braon

v.10   B'ait liom bean go cínnte a mbeadh aici an dá íntinn, annsoin an dara
poinnte bheith go maith i gcíonn an tsaoil

v.11   Beidh a dath ar maidin iompuithe tar-éis thusa a ionnsuidhe,
dhíbreóchadh sí do mhuinntir 's chriothneóchadh sí do chroidhe

(c)   CBÉ 1770:111–12; 1 x 2, 1 x 1, 1 x 2. Aithriseoir: Áine Nic Oireachtaigh (Anne
Geraghty) (76), Tullach Uí Chadhain, Maigh Cuilinn. Bailitheoir: Ciarán
Bairéad, 12 Iúil 1967.

v.1   A Sheáin, a mhic mo chomharsan, má tá tú a' goil a' pósadh, sé mo
chomhairle dhuit a ghoil gon Ghort Fhraoigh

v.2   Má phósann tusa an rálach, beidh agatsa scéal cráití, beidh do mhalaí
gearrtha ⁊ do chreacha a' deana braoin

v.3   [...], tabhair leat go teach an óil í, agus cuir na suíomh ar stól í, agus cuir
do dheas-láimh faoina ceann

151 Cailleach an Airgid

CBÉ 312:251–52; 2 x 4. Aithriseoir: Tomás Ó Lochlainn (34), Tearmann Naomh
Breandáin, Baile Loch an Riach. Bailitheoir: Liam Mac Coisdealbha, 17 Feabhra
1937.

v.1   'Sí mo mhamó í, goirim go deó í, 'sí mo mhamó í, cailín an airgid

v.2   A' tochras 's a' sníomh a chathas sí an oí', a' nigheachán a' lín ⁊ dhá chíora le gairimid

v.3 'Sí mo mhamaí í, 'sí mo mhamó í, 'sí mo mham mór í, cailleach an airgid

v.4 Bhí galtán an rí 'cuir gail uaithe is maoídhm, ag méad a cuid tinntre' síos cuan na Gaillimhe

152 Cailleach A[i]rd Bhéarra

(a) CBÉ 67:149–51; I x 4, I x 3, 2 x 4, I x 2. Aithriseoir: [?] Ó Gábháin, Casla. Bailitheoir: Pádraig Ó Flatharta [*c*.1931].

v.1 Casadh a' chailleach dhom shiar ag Árd Bhéartha 's mé 'teacht ó aonach i Donach a Dí

v.2 Bhreathnuigh mé tharm go dtugfhainn di éuch, ba gile í ná an eala agus ba dhuibhe ná an sméar

v.3 Chuaidh sí 'un 'a fairrige go snáimhfheadh sí é, agus b'fhuide bhí taobh ná an cnoc údan shíos

v.4 Tá teine bheag faduigh(the) ag Cearbhall Ó Néill, is mú ná Mágh Maidhean agus ná Croc Ros-a Mhíl

v.5 Coill ghlas na Aeraigh do bhain sí go léir agus gan groithe bith dho'n méid sin aici ach mar chongnamh ádhbhar cléibh

(b) CBÉ 1105:111, 4 x 2. Seán Ó Lorcáin (70), An Doirín, Leitir Móir. Bailitheoir: Tomás P. Ó Broin, Lúnasa 1947.

v.1 Casú an chailleach dhom a' teacht ó Árd Bhéarha is í tarraingt ar aonach Dúnach-ó-dee

v.2 Bhí (a) póca lán g'fhataí naoi mbairillí dhéag, agus airead Cheann Acaill go chrap ar a méir

v.3 Bhí tine bheag fadaithe ag Cearbhall Ó Néill, ba mhó ná Mám Éan is ná Croc Ros a Bhíl

v.4 Bhruith sí a cuid fataí is róast sí a cuid éisc, agus shín sí ar a' leaba go gcollaíot sí néall

153 Martin *Cripple*

CBÉ 969:252–54; 7 x 4. Aithriseoir: Seosamh Mac Liam (31), An Baile Láir, Cor na Rón, Indreabhán. Bailitheoir: Calum I. Mac Gill-Eathain, 4 Nollaig 1944.

v.1 *My name is Martin Cripple and my age is forty two*

v.2 *I am fond of Mary Stallion and I know she love me too*

v.3 *My true love she's neat, likewise she looks so fine and clean* v.4   *Early on Friday morning, my love was at the road*

v.5   *Quickly I stepped up to her and those to her did say*

v.6   *For the answer that she gave me, I had no more to say*

v.7   *Next Sunday night will be my delight – to the music I will go*

154   Ní Baintreach a Bhí i nDúgán

CBÉ 77:311; 1 x 4. Aithriseoir: Cóilín Ó Clochartaigh, Leitir Caladh, Leitir Móir. Bailitheoir: Áine Nic Con Iomaire, [1934].

v.1   Ní baintreach a bhí in Dúbhgán go dtí'n chéad am ar goideadh a shábh

155   Treabhfaidh Mé agus Rómhróidh agus Cuirfidh Mé an Síol

CBÉ 443:366–67; 2 x 4. Aithriseoir: Liam Mac Artúir (63), Cor Cuilinn, Maigh Cuilinn. Bailitheoir: Seán Mac Artúir, 17 Nollaig 1937.

v.1   Treabhfha mé an rómhrócha agus cuirfhí mé an síol, is bainfhí mé an fóghmhair go héasgí

v.2   Tháinic mé isteach i dteach na caillighe aréir, bhí súil agam go mbeadh le fághail agam annsin loisdín agus suipéar

ROINN II

Caointe

A. Caointe faoi Dhaoine a Bádh

156 **Amhrán na Trá Báine (1)**

(a) Currachaí Trá Báine

CBÉ 645:148–52; 2 x 7, 3 x 4, 1 x 3, 4 x 4. Aithriseoir: Cáit Ní Mhainnín (40), Cill Bhriocáin, Ros Muc. Bailitheoir: Bríd Ní Mhainnín, 11 Meán Fómhair 1939.

v.1   Faraor géar nar cailleadh mé an lá baisteadh mé go hóg

v.2   Mo mhíle slán le Éirinn, is breágh é an t-earrach fhéin

v.3   Mo bheangacht leis an teach údan a chaith mé seal de mo shaoghal

v.4   Nuair a bhí teach agam-sa, faraor nar fhan mé ann

v.5   Shíl mé go raibh fabhar agam leis an bhfear a rinne an bád

v.6   Bhí cion ar *Phat* 's ar *Tom* agam 's caitheadh an-mhór na ndiaidh

v.7   A Mhicil Bán, a dhearáirín, ó dá dtagadh sibh i dtír

v.8   Go bhfóiridh Dia ar na dílleachtaí 'tá fágaidhthe le fán

v.9   D'fhágadh siad an caladh uaim ar maidin leis an lá

v.10 A chuisleachaí 's a chomhairleachaí ná tóigidh orm é

v.11 Is mór an truagh anois mé 's mé ag imtheacht le fán

(b) Amhrán Bhríd' Ní Mháille

CBÉ 1775:4–8; 2 x 2, 1 x 6, 2 x 4, 1 x 3, 4 x 4, 1 x 2. Aithriseoir: Neainín Bean Uí Churraoin, (68), An Baile Láir, Ros an Mhíl. Bailitheoir: Ciarán Bairéad, 30 Lúnasa 1969.

v.1   D'fhága sibh a' caladh uaim ar maidin leis a' lá

v.2   Mo bheannacht go na curachaí ┐ mo mhallacht go na báid

v.3   Micil Bán ba mheasa liom thrí bhfacas go fhir beo ariamh

v.4   A' cuimneach libh, a chailíní, an lá ar fhága mé an Trá Bháin

v.5   Mo bheannacht leis a' teach údan ar chaith mé seal mo shaol

v.6   An fear a choinneodh ceart dom é, céad faríor fuair sé bás v.7   Tá caithe ⁊ cáin ar Éirinn bhocht ⁊ m'anam-sa féin nár chóir

v.8   A' cuimreach libh, a chailíní, an lá fadó a ra' mé tinn?

v.9   D'eirigh Baibín *Flaherty* 'gus chuir sí uirthi a' seál

v.10   Muise go bhfóiridh Dia ar mo dhri'húr bhocht atá thiar ar a' Trá Bháin

v.11   Á gcuirinn ins a' roilic sibh, ní bheadh leath-shuim a'm ann

(c)   CBÉ 1767:86–90; 3 x 4, 1 x 7, 1 x 5, 1 x 4, 1 x 3, 2 x 5, 2 x 4. Aithriseoir: Máirtín Ó Confhaola (45), Cladhnach, An Cheathrú Rua. Bailitheoir: Ciarán Bairéad, 2 Aibreán 1964.

v.1   Ó's, a' gcuímhníonn sibh, a chailíní, an lá'r fhága' mé an Trá Bháin

v.2   Mo chúig chéad slán' leat 'Éirinn bhocht, nach bhfeicfear 'om péin go cóir

v.3   Ní h-é sin go *South Boston*, dean obair no lig 'ó

v.4   Ó d'eirigh mé lá na dhé siúd 's chua mé ag obair ar a' *screen*

v.5   Sé adúirt Páraic *Connolly* nach bpósfadh sé fhéin Bríd

v.6   Teirigh abhaile anois 'baint carraigín san áint a chaith tú sean gon tsaol

v.7   Acha d'fhágadar a' cala' uaim ar maidin leis a' lá

v.8   Tháinic a' méid a cheannadar i dtír gon chaisleán 'íos

v.9   Hóraí dhaoib, a dhrearachaí, nach dteagann isteach i dtír

v.10   Ó's nach cuma leis a' gCeallach é, ó, sé tá istigh san áit

v.11   A' breathnú ar a' mbóithrín a mbíodh muid a' goil thríd

(d)   CBÉ 801:168–71; 10 x 4. Aithriseoir: Seán Mac Donnchadha (60), Inis Eirc, Leitir Mealláin. Bailitheoir: Proinnsias de Búrca, 19 Eanáir 1942.

v.1   Mo mhíle slán lé Éirinn, is breágh deas é an samhradh fhéin

v.2   Mo bheannacht leis an teach údan ar chaith mé seal go'n tsaoghal

v.3   Nuair a bhí teach agam-sa, faraor níor fhan mé ánn

v.4   Shíl mé go rabh fabhar a'm leis an bhfear a rinne an bád

v.5   Nach dona an rud a chaill mé leis, driothárachaí mo chroidhe

v.6   Bhí cion ar Phait is ar *Tom* agam is cathú mór ina ndia'

v.7   D'fhága siad an cala amach ar maidin leis a' lá

v.8   Go bhfóire Dia ar na díleachtaí a d'fhága sibh lé fán

v.9   A Mhicil bán, a dhriotháirín, dhá dtagadh sibh i dtír

v.10   Faraor géar nár cailleadh mé an lá a baisteadh mé go h-óg

(e)   CBÉ 824:168–72; 10 x 4. Aithriseoir: Anna Ní Ghriallais (21), Cill Bhriocáin, Ros Muc. Bailitheoir: Monica Ní Mhaodhbh, 25 Márta 1942.

v.1   Mo mhíle slán lé Éireann, is breágh é an t-earrach héin

v.2   Mo bheannacht leis an teach údan ar chaith mé seal go'n t-saol

v.3   An uair a bhí teach agam-sa, faríor nar fhan mé ánn

v.4   Shíl mé go raibh fabhar 'am leis an bhfear a rinne an bád

v.5   Nach dona an rud ar cháill mé leis, dreáthrachaí mo chroidhe

v.6   Bhí cion ar *Phat* 's ar *Tom* agam is caithe mór na ndiaidh

v.7   D'fhág sibh an cala amach ar maidin leis an lá

v.8   Go bhfóire Dia ar na dílleachtaí a d'fhág sibh le fán

v.9   A Mhicil bháin, a dheathairín, dhá dteagadh sibh i dtír

v.10   Faríor géar nár cailleadh mé an lá baisteadh mé go h-óg

(f)   Bríd Ní Mháille

CBÉ 826:161–65; 10 x 4. Aithriseoir: Bríd Bean Uí Shúilleabháin (30), Cill Bhriocáin, Ros Muc. Bailitheoir: Monica Ní Mhaodhbh, 18 Meitheamh 1942.

v.1   Mo mhíle slán le Éirinn bhocht, 's breá é an t-earrach héin

v.2   Nuair a bhí teach agam-sa, faríor níor fhan mé ann

v.3   Mo bheannacht leis an teach údan ar chaith mé seal go'n t-saol

v.4   Shíl mé go rabh fabhar 'am leis an bhfear a rinne an bád

v.5   Bhí cion ar *Phat* 's ar *Tom* 'am 's caithe mór na ndiaidh

v.6   Nach dona an rud a cháill mé leóth, dreáthaireacha mo chroidhe

v.7   D'fhága siad an cala uaim ar maidin leis an lá

v.8   Go bhfóiridh Dia ar na dílleachtaí a d'fhága sibh le fán

v.9   'S faríor géar nár cailliú mé an lá ar baistiú mé go h-óg

v.10   'S a Mhicil Bháin, a dhriotháirín, dhá dteagadh sibh i dtír

(g)   CBÉ 1138:514–17; 8 x 4, 1 x 5, 1 x 4. Aithriseoir: Tomás Ó Gríofa (58), Cor na Rón, Indreabhán. Bailitheoir: Pádraig Ó Flatharta, 1941.

v.1   A' bhfuil cuimhne agaibh-se, a chailíní, an lá ar fhága mé an Tráigh Bháin?

v.2   Níl deirbhsiúirín a'm is níl dearbhráthairín a'm, is níl mo mháthairín beó

v.3   Go bhfoiridh Dia ar mo dheirbhsiúirín bhocht atá thiar 'san Tráigh Bháin

v.4   Mo mhallacht do na currachaí is mo mhallacht do na báid

v.5   Thorraighe dhaoibhse, a dhearbhráithreacha, nach dtagann isteach faoí thír

v.6   A gcuimhnuigheann sibhse, a dhearbhráithreacha, an lá fadó a raibh mé tinn

v.7   A's d'éirigh *Miss McDonagh* is chuir sí uirthi a seál

v.8   Tá caitheamh is cáin ar Éirinn bhocht agus sílim féin nach cóir

v.9   Mo mhíle slán le Éirinn bhocht, nár bhreágh an rud an tEarrach fhéin v.10   Mo bheannacht leis an teach údan ar chaith mé seal don tsaoghal

(h)   Máire Ní Mháille
       CBÉ 413:90–93; 2 x 4, 1 x 6, 6 x 4. Aithriseoir: Pádraig Ó Donnchadha (76), Leitir
       Caladh, Leitir Móir. Bailitheoir: Eibhlín Ní Standúin, 21 Deireadh Fómhair 1937.
       v.1   Mo mhallacht do na curracha 's mo bheannacht do na báid
       v.2   Míle slán do'n teach údan a raibh an t-aos óg ann cruinn
       v.3   Soir le taoile tuille is anoir le taoile trághamh
       v.4   Báthadh Tam is Peadar ann is bhí caitheamh mór ina ndiaidh
       v.5   Bhfuil cuimhne agaibh-se, a chailín, nuair a d'fhág mé an Trágh Bhán
       v.6   Tá cathúghadh is cáin ar Éirinn bhocht acht sílim fhéin nach cóir
       v.7   Bhfuil cuimhne agaibh-se, a chailíní, ar an ám ar raibh mé tinn
       v.8   D'eirigh *Miss O'Donnall* is chuir sí uirrthi *shawl*
       v.9   Ní slur ar bheith orm a bheith i stór na ragannaí

(i)   CBÉ 811:316–18; 2 x 4, 1 x 5, 5 x 4. Aithriseoir: Áine Bean Uí Choncheannain (62),
       An Spidéal. Bailitheoir: Tadhg S. Ó Concheannainn, 3, 4, 5 Samhain 1941.
       v.1   Is faríor ghéar nár cailleadh mé an lá ar baistigheadh mé go h-óg
       v.2   Sheóladar as Gaillimh 'mach air maidin leis a' lá
       v.3   Mo bheannacht go na currachaí 's mo mhallacht go na báid
       v.4   Báitheadh Peaits is *Tom* orm is bhí cúmha agam na ndiaidh
       v.5   Is shoraidh uaibh, a cheathar dearbhráithríní, nach dteagann isteach i dtír
       v.6   Is go bhfoire Dia ar mo dheirbhshiúirín bhoicht atá thiar ar a Tráigh Bháin
       v.7   Is a' gcuímreach libhse, 'dhreárachaí, 'lá fadó 'raibh mé tínn
       v.8   Tá caith(eamh) is cáine' air Éirinn bhoicht agus cheapfainn fhéin nár chóir

(j)   CBÉ 307:328–34; 4 x 4, 1 x 3, 3 V 4. Aithriseoir: Mairéad Seoige, Scoil an Droma, Leitir
       Mealláin. Bailitheoir: Seán Ó Dochartaigh O.S., Oileán Gharumna [1918–20].
       v.1   Fairíor géar nar caillúghadh mé an lá baisteadh mé go hóg
       v.2   Go bhfoiridh Dia ar a ndearbhshúirín shoir ins an Trá Bháin
       v.3   D'fhágadh sibh amach uaim dhá uair roimh an lá
       v.4   Tá cúmha 'ndiaidh Pheaits ⁊ *Tom* agam agus caiththe mór na ndiaidh
       v.5   Hora dhíbh-se, a dhéarbhratharacha, nach dtagann isteach i dtír
       v.6   D'fhágadh sibh as Gaillimh dhá uair roimh lá
       v.7   Bhfuil fhios agaibh-se, a chomhursana, an lá ar fhág mise an Tráigh Bháin
       v.8   Bhfuil fhios agaibh-se, chailíní, an lá fadó a raibh mé tinn

(k) CBÉ 1770:325–27; 7 x 4. Aithriseoir: Pádraig Ó Máille (60), An Baile Láir, Cor na Rón. Bailitheoir: Ciarán Bairéad, 20 Nollaig 1967.

v.1 Tá caithe ⁊ cáin ar Éire bhocht ⁊ shílfinn fhéin nár chóir

v.2 Céad slán gon lá údaí a d'fhága mé an Trá Bháin

v.3 Mo mhallacht go na curachaí a's mo bheannacht go na báid

v.4 D'fhága siad an caladh uainn ar maidin leis a' lá

v.5 Bádh *Tom* is Peadar bhí caith' mhór a'm 'na ndiaidh

v.6 Haraí uaibh, a dhearachaí, nár tháinic isteach i dtír

v.7 A gcuimníonn sibh, a dheárachaí, an lá fadó a ra' mé tinn

(l) CBÉ 1797:50–52; 7 x 4. Aithriseoir: Pádraig Ó Máille (67), An Baile Láir, Cor na Rón, Indreabhán. Bailitheoir: Ciarán Bairéad, 8 Eanáir 1972.

v.1 Tá caitheadh ⁊ cáin ar Éire bhocht ⁊ shílfinn féin nár chóir

v.2 Céad slán gon lá údaí a d'fhága mé'n Trá Bháin

v.3 Mo mhallacht go na curachaí a's mo bheannacht go na báid

v.4 D'fhága siad amach a' cala' ann ar maidin leis a' lá

v.5 Bádh *Tom* ⁊ Peadar ⁊ bhí caithe mhór a'm 'na ndiaidh

v.6 Hurai uaibh, a dhrearacha, nár tháinic isteach i dtír

v.7 A gcuimhníonn sibh-se, a dhreabhracha, ar a' lá fadó a bhí mé tinn

(m) CBÉ 775:553–54; 3 x 4, 1 x 2, 1 x 3, 1 x 4. Aithriseoir: Mícheál Ó Mainnín, An Turloch, Ros Muc. Bailitheoir: Proinnsias de Búrca, 30 Aibreán 1941.

v.1 Faraor géar nár cailleadh mé an lá a' baisteadh mé go hóg

v.2 Bheirim-se mo mhallacht go na curachaí ⁊ mo bheannacht go na báid

v.3 Nuair a báthadh *Tom* is Peadar orm, bhí cathamh mór 'na ndia'

v.4 Chaoinfheadh sean mhrá an bhaile sibh, i gcleamhnas is i ngaoil

v.5 Tá caitheamh is cáin ar Éirinn is a m'anam fhéin nár chóir

v.6 A gcuimhneach libh-se, a chailíní, an lá fada a rabh mé tinn

(n) CBÉ 1063:204–05; 6 x 4. Aithriseoir: [Bríd] Ní Scanláin, Ros an Mhíl. Bailitheoir: An Bráthair P. Ó Riain, 1937.

v.1 Hurraibh uaibh, a dhearbhratharacha, nach dtagann isteach i dtír

v.2 A chómharsanaibh, an cuimneach libh an lá ar fhág mise an Tráigh Bháin?

v.3 A chomhursanaibh, an cuimneach libh an uair do bhí tinn

v.4 D'eirigh Bean Uí Dhomhnaill is chuir sí ortha a seál

v.5 Tá caith is cáin ar Éirinn bhocht is silim féin nach cóir v.6   Is ní phósfainn Seáinín Andriú, an strónsa fada buidhe

157   An Cladach Dubh
CBÉ 1767:290–93; 1 x 2, 1 x 3, 6 x 2. Aithriseoir: Pádraig Bradley (Pádraig Berry) (51), Poll Uí Mhuirinn, Leitir Mealláin. Bailitheoir: Ciarán Bairéad, 5 Deireadh Fómhair 1964.

v.1   I dtús an fhomhair san oíche Dé h-Aoine, sea deanadh an mhísc ar shean's ar óg

v.2   Nach íontach an íntleacht, an tuiscint cínn, a bhí ag a' seanfhear úd a dúirt "ná crochaidh seolta láithreach"

v.3   Ná fágaidh a n-aithreachaí 'na ndiaidh ná a máithrín, ná fágaidh a gcáirde ná a muíntir fhéin

v.4   Muise, d'ionta an drochas ar fud na h-Éireann a's ní bhfuighfeá léargas a' bith in do (do) shlí

v.5   Fara chua' na h-éiníní, chuadar 'un t-suain in éinfheacht go bárr na ngéag a's go bun na gcraobh

v.6   Bhí buachaillí óga ann a bhí croíhiúl siamsúil, a dhéanfadh gníomhartha le rith's le léim

v.7   Nár thugadar a gcúl go thaltaí moinfhéir, go shléibhte drúchtúla na mBeanna Beol

v.8   Má's i Meiriocá thall a luíos a gcrámha, sa nGearamáin nó in Aifric mhóir

158   Eanach Cuain [sic]
(a)   CBÉ 630:462–69; 10 x 4. Aithriseoir: Martin Davoran (66), Cor Cuilinn, Poll na gCloch, Maigh Cuilinn. Bailitheoir: Seán Mac Artúir, 25 Meitheamh, 1939.

v.1   Má 'áim 'se sláinte is fada bhéas tráchtadh ar an méid do báitheadh as Eanach Cuain

v.2   Nár mhór an t-iongnadh ós cómhair na ndaoine a bhfeicsint sínte ar chúl a chinn

v.3   Annsiúd Dia h-Aoine, chluinfeá an caoineadh ag tígheacht gach taoibh agus greadadh bos

v.4   Milleán géar ar an ionad céadna, nár lasa realt ann is nár éirghe grian

v.5   Baile an Clár a bhí in aice láimhe, níor leig an t-ádh díobh a ghál aníos

v.6   A Rí na nGrásta chruthuigh Neimh is Páras, is, a Dhia, cé'n cás duinn beirt nó triúr

v.7   Bhí aithre is máithre ann, mná 'gus páistí, ag gol is ag gáríl is ag silt na ndeór v.8 A Sheághain Uí Chosgair, bu mhór an sgéal thú gur sheas tú riamh i luing nó i mbád

v.9 Bhí Máirín Ní Rúain ann, bunán glégil, an cailín spéireamhail bhí 'ainn san áit

v.10 Losga sléibhe agus sgalla clébhe ar an áit ar éagadar, a' milleán crú

(b) CBÉ 90:568–72; 1 x 2, 2 x 4, 1 x 4, 6 x 4. Aithriseoir: [?]. Bailitheoir: Mr. Joseph Hanley, 17 Iúil 1930. [Bailíodh an t-ábhar sa Tuairín nó i Leitir Mealláin].

v.1 Ma bfághaimsa slainte is fada a bheas tráchta ar an méid a baidhuigh in Anach Cúin

v.2 Nach mór an t-iongnadh as comhar na n-daoine iad d'fheiceal sinte ar chul a gcinn

v.3 Anniúd Dia hAoine a cluinfeadh an caoineadh ag teacht gach taobh is ag greadagh bos

v.4 Do baidhuigh an meid ud ag triall in infeacht go Gaillamh ar aonach go moch Diardaoin

v.5 Baile Cláire a bhí in aice láimhe is níor leig an t-áth doib gol aníos

v.6 A Ríogh na nGrásta a cruthaigh neamh agus pálais, is, a Dhia, ciar cháis dúinn beirt no triúr

v.7 Bhí ataracha agus mátharaca ann ag gol is ag garail is ag silt na ndeóir is mná dá réir

v.8 A Phádraic Ó Cosgail, ba mhór an sgéal thú is seas tú ariamh i luing no i mbáid

v.9 Bhí Máire Ní Ruadhán ann, beanín gleigeal, an cailín speirear a bhí againn san áit

v.10 Losgadh sléibhe agus sgalaidh cleibhe ar an áit a racaidar, is millan cruaidh

(c) CBÉ 826:61–63; 3 x 4. Aithriseoir: Bean Uí Ghriallais (72), Cill Bhriocáin, Ros Muc. Bailitheoir: Monica Ní Mhaodhbh, 3 Bealtaine 1932.

v.1 If my health is spared I'll be long relating of that boat that sailed out of Anach Cuain

v.2 What wild despair was on all the faces, to see them there in the light of day

v.3 And then on Friday, you would hear them crying on every side as their hard they wrung

(d)   CBÉ 90:493; 1 x 2. Aithriseoir: [?]. Bailitheoir: Mr. Joseph Hanley, 17 Iúil 1930.
       [Bailíodh an t-ábhar sa Tuairín nó i Leitir Mealláin].
       v.1   Mo fagamsa sláinte is fada beis trácht air an méid a báitheadh as Anach
              Cuain

159   Fuisce *Tom* Sheáin
       CBÉ 825:190–91; 3 x 4. Aithriseoir: Anna Ní Ghriallais (21), Cill Bhriocáin, Ros
       Muc. Bailitheoir: Monica Ní Mhaodhbh, 23 Aibreán 1942.
       v.1   Sé fuisge Tom Sheáin d'fhága mise gan mac
       v.2   A Antoine, nach bodhar tú nach gcluineann mo ghlaoidh
       v.3   Mo mhallacht-sa héin go Mac Éil a rinne an bád

160   Liam Ó Raghallaigh
(a)   CBÉ 72:58–61; 8 x 4. Aithriseoir: Beartla Ó Cualáin, (16), An Lochán Beag,
       Indreabhán. Bailitheoir: Pádraig Ó Finneadha, Nollaig 1930–Eanáir 1931.
       v.1   Baintreabhach agus maighdean a rinne Dia dhíom go h-óg
       v.2   An raibh tú ar an triúr údaigh a chuaidh go Cill Choinnigh?
       v.3   An gcuimnigheann tú ar an lá úd a raibh an tsráid seo lán de mharcaí?
       v.4   Tá do láirín ruadh bliadhna gan iarann, gan marcach
       v.5   Níor mhór liom do *William Reilly* bheith na chliamhain ag an righ
       v.6   Ní áirighim croidhe cráidhte ag do mháthairín agus ag t-athair
       v.7   Muise an saor úd a rinne an bád úd, an dá láimhín go gcaillfidh sé
       v.8   Tá do shúilíní ag na péistibh 's tá do bhéilín ag na portáin

(b)   CBÉ 1138:507–10; 8 x 4. Aithriseoir: Pádraig Ó Flatharta (61), Cor na Rón Thoir,
       Indreabhán. Bailitheoir: Pádraig Ó Flatharta, 1941.
       v.1   Baintreabhach agus maighdean a rinne Dia dhíom go h-óg
       v.2   An raibh tú ar an triúr úd a chuaidh go Cill Choinnigh?
       v.3   An gcuimnigheann tú ar an lá úd a raibh an t-sráid seo lán de mharcaigh?
       v.4   Tá do láirín ruadh bhliadhna gan iarann, gan marcach
       v.5   Níor mhór liom do *William Reilly* a bheith i n-a chliamhain ag an rígh
       v.6   Ní áirighim croidhe cráidhte bheith ag do mháthairín agus ag t'athair
       v.7   Muise an saor úd a rinne an bád, an dá láimh go gcaillfidh sé
       v.8   Tá do shúilíní ag na péiste is do bhéilín ag na portáin

(c)   *William Reilly*

CBÉ 413:37–39; 7 x 4. Aithriseoir: Mícheál Ó Cualáin (52), Baile na Cille, Leitir Mealláin. Bailitheoir: Eibhlín Ní Standúin, 16 Deireadh Fómhair 1937.

v.1   'S baintreabhach agus maighdean a rinne Dia dhíom go hóg

v.2   Níor mhór liom do *William Reilly* a bheith na chliamhain ag rí

v.3   'S ar cuimhneach libh an lá úd a raibh an tsráid seo lán le marcaigh?

v.4   Ar b'ionghantas croidhe cráidhte bheith ag do mháithrín is ag d'athair

v.5   'S a raibh tú ar an triúr úd a chuaidh go Cill Choinnigh?

v.6   Is an saor a rinne an bád úd an dá láimhín go gcailleadh sé

v.7   Tá do shúilíní ag na péiste, 's do bhéilín ag na portáin

(d)   *Willie Reilly*

CBÉ 826:92–95; 7 x 4. Aithriseoir: Seán Ó Maodhbh (32), Cill Bhriocáin, Ros Muc. Bailitheoir: Monica Ní Mhaodhbh, 12 Bealtaine, 1942.

v.1   An cuimhne libh-se an oidhche úd bhí an t-sráid seo lán go eachraí

v.2   Mo bhaintreach 's 'mo mhaighdean a fágadh mé go h-óg

v.3   Cé an t-ionghanthas sgéal cráidhte a bheith ag t-athair 's do mháthair

v.4   'S níor mhór liom do Liam Ó Raghallaigh a bheith 'na chliamhain ag an rí

v.5   Tá do shúilí ag na péistí 's do bhéal ag na portáin

v.6   Muise beannacht Dé go'n triúr a chuaidh go Cill-Éinnean

v.7   Mo mhallacht go na saortha a rinne an bád

(e)   CBÉ 231:565–66; 6 x 4. Aithriseoir: Sorcha Ní Fhlatharta, An Gleann Mór, An Cheathrú Rua. Bailitheoir: An Bráthair Lúcás, 8 Feabhra 1936.

v.1   An cuimhneach libh-se an oidhche raibh an tsráid seo lán de mharcaigh?

v.2   Baintreabhach agus maighdean a rinne Dia dhíom go h-óg

v.3   Ní h-iongnadh liom Liam *Reilly* bheith in a chliamhain ag an rí

v.4   Tá do shúile ag na péiste a's tá do bhéal ag na portáin

v.5   Bheirim-se mo bheannacht do'n triúr a chuaidh go Cill Éinde

v.6   Bheirimse mo mhallacht do'n t-saor a rinne an bád

(f)   CBÉ 484, 85–86; 1 x 4, 3 x 2, 1 x 3 Aithriseoir: Máirtín Ó Flatharta (60), Doire an Locháin, An Spidéal. Bailitheoir: Áine Ní Chonfhaola, 3 Aibreán 1938.

v.1   Baintreabhach & maighdean rinne Dia díom go hóg

v.2   Triallacán in Athair *Peter* bhí in aois a cheithre sgóir

v.3   Ní áirighim do bhean phósta, a mhíle stóirín, nar chóir bheith ar do leaba v.4   Truagh má chuaidh muid le na chéile, truagh nár thréig tú le mo linn

v.5   Ní miste do *William Reilly* bheith in-a chliabhain ag an ríogh

v.6   Tá do shúilíní ag na péiste, do bhéilín ag na portáin

(g)   *William Reilly*

CBÉ 90:491–92; 5 x 4. Aithriseoir: [?]. Bailitheoir: Mr. Joseph Hanley, 17 Iúil,
1930. [Bailíodh an t-ábhar sa Tuairín nó i Leitir Mealláin].

v.1   Nach bainteach agus mo maighdean d'fhága Dia mé go hóg

v.2   An raibh tú ar an triúr úd a chuaidh go Cill Choinnigh?

v.3   Tá do súille ag na péiste is tá do béilín ag na portáin

v.4   An cuimhneach leat an lá siud an raibh an tsráid seo lán go marcuigh

v.5   An saor a rinne an bád seo, an dá láimh go gcailleid sé

(h)   *William Reilly*

CBÉ 1767:241–42; 1 x 5, 1 x 4, 1 x 2. Aithriseoir: Máirtín Ó Confhaola,
Cladhnach, An Cheathrú Rua. Bailitheoir: Ciarán Bairéad, 2 Lúnasa 1964.

v.1   As is baintreach ⁊ maighdean a rinne Dia dhaom go h-óg

v.2   Ó a's' á mbeinn-se sa mbád a' lá sin a's mo dhá láimhín a bheith ar a scód

v.3   Dhá dteinn-se go Cil tSáile 's an t-adhmad a cheannacht daor

(i)   CBÉ 1775:73; 3 x 4. Aithriseoir: Peadaí Ó Curraoin (Peadaí Curran) (69), An
Caorán, Ros an Mhíl. Bailitheoir: Ciarán Bairéad, 10 Bealtaine 1969.

v.1   Baintreach ⁊ maighdean a rinne Dia dhíom go h-óg

v.2   Bhí sagairt ⁊ bhí bráithre ann ⁊ iad a trácht ar mo bhainis

v.3   Á dtéadh sé go Cil Sáile ⁊ a' t-adhmad a cheannacht daor

161   Sagart na Cúile Báine

(a)   CBÉ 801:150–52; 1 x 4, 4 x 2, 1 x 3, 1 x 2. Aithriseoir: Colm Ó Maoiliadh (62),
Leitir Mealláin. Bailitheoir: Proinnsias de Búrca, 17 Eanáir 1942.

v.1   Thug mise cuairt go tobar Loch Dún ⁊ chugat anuas lé fánaidh

v.2   Go Conndae Mhuigheó má théigheann tú go deó, cuir fios ar an bhfear
      go Sheóigeach

v.3   Teirigh ar do ghlúiní ⁊ aithris do rún dó, gur peacach thú a ghluais gach
      ceárdaí

v.4   Eirigh suas go dtéigh muid 'un siubhail 's go bhfuigh muid léas ó'n
      bPápa

v.5 Tá Conndae Mhuigheó faoí leath trom go deó, ó cailleadh an t-aon mhac Seóige

v.6 'S chuirfheat sé ar an eolas an té nach mbeadh cóir 's mhuinfheat sé an chéird dó díreach

v.7 Eirigh suas, go dtéigh muid 'un siubhail is go bhfuigh muid sagart na Cúile Báine

(b) CBÉ 1702:369–70; 1 x 4, 4 x 2, 1 x 3. Aithriseoir: Seosamh Mac Liam (48), Inis Bearachain, Leitir Móir. Bailitheoir: Proinnsias de Búrca, 11 Eanáir 1966.

v.1 Thug mise cuairt go tobar Loch Dúin agus chugat anuas le fánaidh

v.2 Go Conndae Mhuigheó má théann tú go deó, cuir fios ar fhear do Sheóigeach

v.3 Teirigh ar do ghlúiní agus aithris do rún dó, gur peacach tú a ghluais gach ceárda

v.4 Eirigh suas, go dtéigh muid 'un siúil, is go bhfuígh muid léas ó'n bPápa

v.5 Tá Conndae Mhuigheó faoi leatrom go deó, ó cailleadh an t-aonmhac Seóige

v.6 Is chuirfheadh ar eólas an té nach mbeadh cóir is mhúinfheadh sé a cheird dó

(c) CBÉ 1676:132–33; 1 x 3, 4 x 4. Aithriseoir: Mícheál Ó Ceallaigh (67), An Máimín, Leitir Móir. Bailitheoir: Ciarán Bairéad, 13 Meitheamh 1961.

v.1 Thug mise an chuairt go tobar Mhac Duach a's thart anonn le fána

v.2 Go Conndae Fuigheo má theigheann tú go deo, cuir tuairisc ar fhear go Sheoigeach

v.3 Eirigí suas go dteigh muid 'un siubhail, go bhfágh muid cead ó'n Eaglais

v.4 Tá Conndae Fuigheo faoi liatrom go deo, ó cailleadh an t-aon mhac Seoigeach

v.5 Níor bh'iontaighe liom péin dhá lasadh a' t-aer, na réalta cho du' le an áirne

(d) CBÉ 775:555–56; 2 x 4, 1 x 2, 1 x 8. Aithriseoir: Mícheál Ó Mainnín, An Turloch, Ros Muc. Bailitheoir: Proinnsias de Búrca, 30 Aibreán 1941.

v.1 Thug mise cuairt go tobar Mhic Duach is thart anuas le fána

v.2 Go Conndae Mhuigheó má théigheann tú go deó, cuir tuairisg ar fhear go Sheóigeach

v.3   Eirigidh suas go dtéigh muid 'un siubhail, go bhfuigh muid siúd
       ó'n bPápa

v.4   Eirigidh suas go dtéigh muid 'un siubhail, go bhfágh muid sagart na
       gruaige báine

B. Caointe faoi Dhaoine a Maraíodh

162   An tAthair Mícheál Ó Gríofa

CBÉ 829:291–93; 6 x 2. Aithriseoir: Pádraig Ó Cualáin (*c.*41), An Lochán Beag,
Indreabhán. Bailitheoir: Tadhg S. Ó Concheanainn, 10 Meitheamh 1942.
Seosamh Ó Donnchadha, Baile na mBroghach a rinne.

v.1   Nach brónach mar atá mé is nach cráidhte iad mo smaointe, is mo
       cheánn cromtha síos fúm a' dearca air a' bhfód

v.2   Nach ins a' ngleánn feálltach seo a rinniú an mí-ádh, is bei' caint air a'
       ngníomh sin in Éirinn go deó

v.3   A Dhia 's a Chríost, nár ba fuar fliuch an oí' í, sinneán crua' gaoithe, rópa
       roimhe air a' mbó'r

v.4   Mar sgaipeas na faol-choin thrí státaí na mBáltach, nuair a ruaigeas a' cáll
       iad a' soláthar an lóin

v.5   Chroch siad 'un beal' 'ú a shagairt 's a chléirigh, faoi dhuibhthean na
       spéire 's na héin ina suan

v.6   Trí bliadhna dhuit fhéin a bheith i seirbhís Dé, chua' droch-bheart i
       bhfeidhm lé thú ruaige' gon tsaoghal

163   An Cropaí Bocht

(a)   Bás an Chropaí

CBÉ 1275:264–65; 7 x 2. Aithriseoir: [?]. Bailitheoir: Cáit Ní Mhainnín (?),
Conamara.

v.1   Sínte ar thaobh an t-sléibhe chonnaic mé an Cropaigh bocht

v.2   Bhí sé i bhfad ó n-a cháirde, 'bhfad ó n-a thigh 's a mhnaoi

v.3   Ins an mbotháinín sléibhe, bhí a bhean ag gol a's ag caoi

v.4   "A Mháthair: ná bí ag caoineadh, ná bí ag briseadh do chroidhe["]

v.5   "Ní fhéadaim, a mhic, ní fhéadaim, tá cnapán mór ar m'ucht["]

v.6   "A Mháthair, tá Dia cineálta, ní leigfidh Sé dochar dhó["]

v.7   Ach d'fhan sé san áit ar thuit sé, an piléar in a ucht

(b) An Saighdiúir Bocht

CBÉ 775:547–48; 3 x 4, 1 x 2. Aithriseoir: Mícheál Ó Mainnín, An Turloch, Ros Muc. Bailitheoir: Proinnsias de Búrca, 30 Aibreán 1941.

v.1 Sínte ar thaobh an t-sléibhe 'seadh choinic mé Cropaí bocht

v.2 Ins an mbotháinín beag sa sléibhe, bhí a bhean ag gol is a' caoineadh

v.3 Ní fhéadaim a mhic, ní fhéadaim, tá crap an-mhór ar m'ucht

v.4 Ach d'fan san áit ar thuit sé is an piléar trí n-ucht

(c) CBÉ 1159:214–15; 3 x 4. Aithriseoir: Bríd Ní Fhátharta (30), Cor na Rón Láir, Indreabhán, agus [19, Royal Street, Allston, Mass, U.S.A.]. Bailitheoir: Séamas S. de Bhal, Iúil, 1945.

v.1 Sínte ar thaoibh an tsléibhe sea chonnaic mé an Crapaí bocht

v.2 Sa mbotháinín sléibhe sea chonnaic mé bean ag gol 's ag caoineadh

v.3 Ní fhéadaim, a mhic, ní fhéadaim; tá cnapán mór ar m'ucht

c. Caointe faoi Dhaoine a Cailleadh

164 Amhrán Mháirtín Mhóir

(a) CBÉ 1800:20–23; 15 x 2. Aithriseoir: Pádraig Seoige (56), An Cnoc, Leitir Mealláin. Bailitheoir: Bairbre Ní Mhaoilchiaráin agus Pádraig Ó Maoilchiaráin, 1972.

v.1 Bliain go Samhain seo seadh déanamh an creachadh, ní hé amháin ar Ghaillimh ach ar chuile thír

v.2 Nuair a chuaidh an scéal brónach seo ar fud na h-áite, bhí lag is láidir i ndólás faoi

v.3 Trathnóna Dia Domhnaigh seadh tógadh amach é as an bpálás áluinn ar chaith sé a shaol

v.4 Bhí an déarbhrathair Tomás ann is é go buartha cráidhte, is an dochtúr Micheál, is beag nár bhris a chroidhe

v.5 Lá ar na mháireach bhí Aifreann árd air, bhí an séipéal lán is é ag dul thar maoil

v.6 Níl bóthar treasna ná coirnéal sráide ó d'fhágfá an séipéal go dtí an tórnóg aoil

v.7 Bhí a chuid capaill ceangailte istigh ins na stablaí, a gceann le fána is a gcluasa síos v.8   Bhí a chuid báid móra tarrnuighthe san dug an lá úd, ón ngáirdín pléisiúir go dtí an soitheach síl

v.9   Bhí na healaí geala san gcuan an lá úd, aniar ó Árainn is ó Shruth na Maol

v.10   Bhí fiche cárr ann is iad lán de bhláthanna, na pasaidh b'áilne dhár fhás ar chraobh

v.11   Ní file mise cé nar dual dom cliseadh, níl mórán ealadhain istigh in mo cheann

v.12   Dhá mbeithfeá tslighthe is an chroch le fághail agat is gan aon tsúil agat go dtiocfá saor

v.13   Annsiúd seadh chluinfeá an canntan cráidhte, iad féin le chéile ag déanamh dólás faoi

v.14   Bhí sé i gceist go raibh *De Valera* go mór in aghaidh mar gheall ar pháirtíocht

v.15   Níl íseal ná uasal dhár thriall ar Mháirtín nar thug sé bíadh dhóib agus lóistín oidhche

(b)   CBÉ 1311:140–42; 9 x 2. Aithriseoir: [?]. Bailitheoir: Cóilín Ó Maoilchiaráin, Deireadh Fómhair, 1952.

v.1   'Gus bliadhain go h-ám seo 'seadh deinadh an chreach mhór, ní hé amháin ar Ghaillimh acht ar chuile cheárd sa tír

v.2   Nuair a chuaidh an sgéal cráidhte ar fud na h-áite, bhí lag is láidir i ndólás faoi

v.3   Nuair a tógadh amach é as a phálás alúinn, tráthnóna samhraidh agus an ghrian go buidhe

v.4   Bhí árd Aifrionn ann lá ar na bháireach, bhí an séipéal lán is ag cur thar maoil

v.5   Ní raibh píosa bealaigh ná coirnéal sráide ann ó gheata an tséipéil go dtí an toirneóig aoil

v.6   Bhí caiple Mháirtín sa stábla an lá úd, a gceann le fánadh 'sa gcluasa síos

v.7   Bhí a chuid báid mhóra 'sa gcuan an lá úd, gan croidhe, gan misneach ná focal grínn

v.8   Bhí na healaí bána sa gcuan an lá sin, aníar ó Árainn is ó Shruth an Mhaoil

v.9   An té dhéanfadh cuir is a mbéadh an bás i ndán dó, ní raibh cál faitcís bheith aige faoi

165 **Brón ar an mBás**

CBÉ 1275:263–64; 5 x 4. Aithriseoir: [?]. Bailitheoir: Cáit [?] Ní Uaithnín, Conamara.

v.1 Brón ar an mbás, 's dubh mo chroidh-se

v.2 A gabháil an t-sléibhe dhom tráthnóna

v.3 Do ghlaoidh mé ort is do ghlór ní chualas

v.4 'S a úaigh fhód-ghlas na bhfuil mo leanabh

v.5 Brón ar an mbás, ní féidir a shéanadh

166 **Caoineadh an Mhic i nDiaidh a Mháthar**

CBÉ 794:219–25; 20 x 4. Aithriseoir: Mícheál Ó Maodhbh (47), Cill Bhriocáin, Ros Muc. Bailitheoir: Monica Ní Mhaodhbh, 12 Lúnasa 1939.

v.1 Tosuigh a Mháirtín is dean do chumhaidh

v.2 A mháthair dhílis, fuair mé sgéala

v.3 Mo chroidhe atá briste 'gus cé h-iongnadh

v.4 Acht ní fhacas do leaca glégeal

v.5 Ní fhacas do bhéilín binn mar céirseach

v.6 Acht chonnacas fir is mrá go leór ann

v.7 An lon-dubh, an fhuiseóg agus an chéirseach

v.8 Níor seoladh bó feadh na laéthibh

v.9 Acht d'imthigheadar lé uaigneas i gcúinne

v.10 Ní h-iongnadh anois mo chroidhe a bheith réabtha

v.11 Braon glas maidne, grian-lasta crúchta

v.12 Nach deas é an t-ubhall i mbárr na géige

v.13 Ba bhreágh í do shochraid san am céadhna

v.14 Tugaidh libh gach aon lán láimhe

v.15 Go mba glas é an féar ag luathughadh

v.16 Gairfidh an chuach go binn san samhradh

v.17 Fásfaidh bláth aríst ar ghéagaibh

v.18 Nuair a bhí mé beag bídeach mo pháiste

v.19 Cé congbhócaidh uaim-se mo chodladh

v.20 Cé thug sugh sugh a croidhe lé n-ól dhom

167 **Caoineadh Mhíchíl Bhreatnaigh**

(a) CBÉ 526:230–32; 10 x 2. Aithriseoir: Beartla Ó Flatharta (20), An Lochán Beag, Indreabhán. Bailitheoir: Proinnsias de Búrca, 25 Aibreán 1938.

v.1 Nuair a shiubhailim-se isteach i roilig Chois Fharraige, tá na sluaite mín marbh ina luighe ánn faoí'n bhfód

v.2 'S a Dhia sgoth na uaisle, 'sé mo thruagh thú a bheith sínte, nach
suanmhar ꝛ nach claoidhte mar a chodhleagheann's tú an t-am

v.3 'S a phrionsa na Gaedhilge, a mhic léigheanta a charaid, a' dtiocfá sa
gceanntar do shamhail-sa go héag

v.4 Tá tonnta na mara a' buala ꝛ a' clasgairt i bhfoisgeacht chúig acra go
leabaidh an deágh Ghaedhil

v.5 Tá an bheárna seo fágthaí gan líona sa náisiún ó tháinic a' bás go do
dhíbirt faoí'n gcré

v.6 Tá smúit ar Loch Measg ꝛ ar scoil Thúr Mhic Éide, níl éirim ná pléisiúr
lé fáil insan áit

v.7 Nach fada an lá é ó d'imthigh tú a Mhichil uainn, agus ó fágadh san ithir
do chóntra chaol chláir

v.8 Ní chloiseann tú torann ná sruthán a' gluaiseacht lé fánaidh na gcroc in
do thír dhúthchais féin

v.9 Ní fheiceann tú an sneachta ina luighe ar na beannaibh ná na h-éin insan
earrach a' ceileabhar go bínn

v.10 Agus nuair nach bhfuil goir a'ainn thú fheiceál sa mbóithrín ar theacht a'
tráthnóna nó lé h-eirigh a' lae

(b) CBÉ 1025:42–44; 8 x 2. Aithriseoir: Tomás Ó Diollúin, Scoil Shailearna,
An Cnoc, Indreabhán. Bailitheoir: Seán Ó Confhaola, 1942. Seosamh Ó
Donnchadha (File Bhaile na mBroghadh) a rinne.

v.1 Nuair shiubhailimse isteach i roilig Chois Fhairrge, tá na sluaighte mín
marbh 'na luí ann faoí'n bhfód

v.2 A fhíor sgoth na h-uaisle, 'sé mo thruagh thú bheith sínte, 's nach
suanmhar 's nach claoidhte mar chodlaigheas tú an t-am

v.3 A phrionsa na Gaedhilge, a mhic léighin is a charad, a' dtiocadh sa
gceanntar do shamhail go h-éag

v.4 Tá tonnta na mara a' bualadh 's ag clasgairt 'bh'foighseacht chúig acra de
leaba an deágh-Ghaedhal

v.5 Tá'n bheárna seo fágthaí gan líonadh 'san náisiún ó tháinig a' bás de do
dhíbirt faoí'n gcré

v.6 Tá smúit ar Loch Measga 's ar sgoil Thúir-Mhic-Éadaigh, níl éirim ná
pléisiúr le feiceál san áit

v.7 Ó's nach fada an lá ó d'imthigh tú a Mhícheáil uainn 's d'fhág tú san iarthar do chónra chaol chláir

v.8   Nuair nach bhfuil goir a'inn thú 'fheiceál tré bhóithrín na smaointe, ar theacht a' tráthnóna nó le eirigh a' lae

(c)   CBÉ 249:31–32; 4 x 2. Aithriseoir: Mártan Ó Cualáin, An Lochán Beag, Indreabhán. Bailitheoir: Bríd Ní Chollaráin, 1938.

v.1   Nuair a shiubhailim-se isteach a roilig Cois Fhairrge, tá na sluidhte mín marbh 'na luighe ann faoi'n bhfód

v.2   Is a iarsmaí is a h-uaisle, 'sé mo thruaigh thú bhéith sínte, nach suanmhar is nach claoidhte mar a chodluigheas tú an t-am

v.3   Tá teinnte na mara ag bualadh is ag clasgairt i bhfuiseach cúig acra i leaba an deagh ghaoil

v.4   Is nach fada an lá ó d'imigh ár Mhichíl uainn is gur fágadh 'san iarthar thú ar comhnra caol cláir

(d)   CBÉ 1762:51–52. 3 x 2. Aithriseoir: [?]. Bailitheoir: Seán Ó Coisdealbha, 1968.

v.1   Nuair a shiubhailim-se isteach i roilig Cois Fharraige, tá na céadta mín marbh na luí ann faoín bhfód

v.2   A fhíor scoth na n'uaisle, sé mo thrua thú bheith sínte, nach fonnmhar is nach claoite a chodlíonns tú an t-am

v.3   Tá tonnta na mara ag buala is ag clasgairt i bhfoisgeacht chúig acra go leaba an deá-Ghael

(e)   CBÉ 492:216; 1 x 2. Aithriseoir: [?]. Bailitheoir: An Bráthair P. T. Ó Riain, *c.*1935.

v.1   Nuair a shiubhailighim isteach i reilig Cois Fharraige, feicim na milte mín marbh sínte fen bhfód

168   Caoineadh *Pharnell*

CBÉ 355:176–80; 20 x 4. Aithriseoir: Tadhg Ó Curraoin (32), Na Poillíní, Na Forbacha. Bailitheoir: Éamonn Ó Confhaola, 10 Bealtaine 1937.

v.1   Sé cumha mo chroidhe agus dith na h-Éireann

v.2   Fear léigheanta, líomhtha, croidheamhail, cródha

v.3   Bile don chrann nar chrom chumh Seoirse

v.4   Rí gan coróin ar fhód ghlas Éirinn

v.5   Ó d'éag an laoch, tá Éire buaidheartha

v.6   Faoi dhorcadas domhain, mo ghreim dubh dóigte

v.7   Sead faol chuin *Shaeran* do mharbhuigh go géar é

v.8   Níor b'ionghnadh Galla-phoic Sacsan i sgrúdú

v.9   Cá b'ionghnadh aicme Bhreatain dhá thraochadh

v.10   Cá bhfuighinn curra do bfearr ná na Gaedil

v.11   Mar mheasaim do mhealladh an t-aicme seo tréig é

v.12   Do gheall Uilliam mór acht ár saoí do thréigean

v.13   Do chuir chugainn eachaire mar cheannairt na séire

v.14   Do chuir anall againn árd run cléireach

v.15   Do gheall sé dhúinn ar theacht an-réim dó

v.16   Do gheall sé tuilleach gach duine is daor-bhruid

v.17   Is na bráithre léigheanta leis chaoin ceannsa

v.18   Cáil iongantach croidhe do mhaoidheadh go déigeannach

v.19   Seo ceacht do mhuin an t-ughdar gle dhúinn

v.20   Mo thír bhocht ocrach, dhochrach, leanmhar

169   Cathaoir Mac Cába

CBÉ 1017:353–54; 4 x 4. Aithriseoir: Mícheál Ó Mainnín, Fornocht, Corr na Móna. Bailitheoir: Máirtín Ó Mainnín, 18–28 Meán Fómhair 1947.

v.1   Ba tú seabac na hÉirne agus Déirdre de Chlainne Bhaoisgne

v.2   Ní tréan mo labhairt ⁊ ní hé sin mo chúis náire

v.3   Is fada mo thriall ⁊ mé ag siubhal an ród seo liom péin

v.4   Barramhail do mo bharramhail gur imthigh tú féin uaim

170   Chuir Mé Síos mo Stóirín ins an gCóinrín ar Chúl a Cinn

CBÉ 851:131; 1 x 3, 1 x 4. Aithriseoir: Pádraig Ó Cualáin (Pádraig Pheatsa) (86), Cor na Rón. Bailitheoir: Calum Mac Gill-Eathain, 6 Samhain 1942. Aindriú Ó Múgáin, An Baile Nua, Cor na Rón a rinne.

v.1   Chuir mé síos mo stóirín ins a' gcóinrín ar chul a cinn

v.2   D'fhága mé mo mhúirnín ins a' ngarraí beag sínte

171   Dán Aodha Óig Uí Ruairc

CBÉ 1062:300–01; 3 x 4. Aithriseoir: [?]. Bailitheoir: Seán Ó Confhaola, 1941.

v.1   Ar maidin Dia Luain, 'sa drúcht 'seadh rinneadh an feall

v.2   Brón ort a Éadhmuinn, nach dtáinig chugam ar cuairt

v.3   Tá smúit ar an spéir agus ní éirigheann an ghealach gan smál

172 Dochtúir *Jennings*

CBÉ 825:445–48; 3 x 4, 1 x 2, 2 x 4. Aithriseoir: Anna Ní Ghriallais (21), Cill Bhriocáin, Ros Muc. Bailitheoir: Monica Ní Mhaodhbh, 4 Bealtaine 1942.

v.1 A dhochtúr *Jennings*, céad faríor cráidhte, 's tú fuair bás uainn i dtúis do shaoghail

v.2 Dhá mbeadh fios agamsa go rabh an bás ort, d'imtheóchainn go fánach i ndiaidh mo chinn

v.3 Sé mo léan géar nach i bhfairrge a bhí tú, nó i bhfad ó do mhuinntir tháll sa Spáinn

v.4 Nuair a bhreathnuighim síos ar Pholl an Chorainn, cé'r chás dhom bliain acht aríst go deo

v.5 Bhí piopaí geala ann agus fuisge ghá dhóirteadh, fíon agus beóir agus go leór ghá roinnt

v.6 Leath na cúige bhí faoí na chúmhachta agus ba é sin an t-ughdar go bhfuair sé bás

173 Eoghan Cóir

(a) CBÉ 90:562–64; 5 x 4. Aithriseoir: [?]. Bailitheoir: Mr. Joseph Hanley, 17 Iúil 1930. [Bailíodh an t-ábhar sa Tuairín nó i Leitir Mealláin].

v.1 Nach é seó an sgéal deacrach sa tír seó, an anacan chroidhe agus brón

v.2 Bhí gnaoí agus gean ag gach naon air, an sean duine críonn is an óg

v.3 Tá Aontaine Ó Gabhan ag chaoinaidh is ní bheidh Seán Ó Baoghall i bhfad beó

v.4 Ba ro mhaith ag tógail an cíos é, ba beag aige mí no dhó

v.5 Aon agus seacht san líne agus ocht do chuir síos faoi dhó

(b) CBÉ 775:549–50; 4 x 4. Aithriseoir: Mícheál Ó Mainnín, An Turloch, Ros Muc. Bailitheoir: Proinnsias de Búrca, 30 Aibreán 1941.

v.1 Nach é seo an sgéal deacair sa tír seo, an anachain chroidhe ꝺ bhróin

v.2 Bhí graoí ꝺ gean ag gach aon air, an sean duine críon is an t-óg

v.3 Tá Antoine Ó Gabháin a' caoineadh 's ní bheidh Seán Ó Baoghail i bhfad beó

v.4 Ba ró-mhaith a' tógáil cíos é, ba bheag aige mí ná dhó

174 Paitchín Ó Ceallacháin

CBÉ 413:135–37; 1 x 3, 2 x 2, 1 x 3. Aithriseoir: Pádraig Ó Clochartaigh (77), Baile na

Cille, Leitir Mealláin. Bailitheoir: Eibhlín Ní Standúin, 5 Deireadh Fómhair 1937.

v.1 Athriseóchaidh mé sgéal dhuit agus go deimhin féin ní bréag é, níl neach dhá gclos mo sgéal nach mbeidh claon 'gus sileadh deór

v.2 A Phaitchín, breith 'as buadh dhuit, gnothachtáil in aghaidh an t-sluagh dhuit, sonas as na cuanta dhuit agus fuasgail as gach ceáird

v.3 Tá na h-eascoin dhá sgóladh is iad a gearradh a chuid feóla, tá na portáin ag tógáil lóisdín agus teach comhnuidhe istigh ina cheann

v.4 Is aige-san a bhí an mháthair a roinnfeadh bidhe is anlann, is dhá dteagadh Feara Fáil ann, ní raibh cás ar bith uirrthi faoi

175 Plúr is Scoth na Féile, Ba Tú an tÚdar Ceart ar Ghaeilge

CBÉ 826:183–84; 2 x 4, 1 x 5. Aithriseoir: Bríd Bean Uí Shúilleabháin (30), Cill Bhriocáin, Ros Muc. Bailitheoir: Monica Ní Mhaodhbh, 21 Meitheamh 1942.

v.1 Plúr 's sgoth na féile, ba thú an t-ughdar ceart ar Ghaédhilge, ba tú an bunnán breá gan aon locht ón nGréig go dtí an bárr

v.2 Mar is iomaí marcach spéireamhail ar chúlóg dathamhail gléasta, thiocfadh faoi do dhéint 's tú bheith deireannach 'un báis

v.3 Níl meas a' tiacht ar ghéaga 's níl tora tiacht in éinfeacht, níl teas ar bith sa ngréin 's níl an féar glas ag fás

176 Sail Óg Rua

(a) CBÉ 969:260–62; 7 x 2. Aithriseoir: Seosamh Mac Liam (31), An Baile Láir, Cor na Rón, Indreabhán. Bailitheoir: Calum I. Mac Gill-Eathain, 9 Nollaig 1944.

v.1 Dhá mbeach fhios ag daoine leath mar bhím-se an trá ud a smaoínighim ar mo Sail Óg Rua

v.2 Tá faiteas báis orm nach bhfuighe mé choín thú i gcionn mo thí ná ag mo leanbh bán

v.3 Dhá bpósainn mábla go chailín ghránna, ní thóiceach a lán orm a bheith gul n-a dia

v.4 I n-aois a sé déag sé phós mé fhéin í is nár dheas a' féirín í ag fear le fáil

v.5 Mo ghrá do bhéilín nár chúm aon bhréag dhom, do bhráid gheal ghlé-geal mar an eala bhán

v.6 B'fhearr liom go mór mór in mo dhia 'sa ród thú ag bleán mo bhó nó a' gléasa mo bhia

v.7 Nach fada uaim síos i n-íochtar tíre, is gur dubh í an oidhche nó thriallainn ann

(b)   CBÉ 851:10–12; 7 x 2. Aithriseoir: Máire Bean Mhic Fhlannchadha (Máire Níc Dhonnchadha) (47), An Teach Mór, Indreabhán. Bailitheoir: Calum I. Mac Gill-Eathain, 16 Deireadh Fómhair 1942.

v.1   I n-oileán Néifin atá mo rún 's mo chéad searc, a bhean a leig mé lei mo rún 's mé óg

v.2   Go mb'fhearr liom go mór i mo dhia' 'sa ród í ag bleaghan na mbó nó a' réiteach mo bhiadh

v.3   Dá bpósainn Mala, a' chailleach ghránna, thóigeath sé go leór orm a bheith a' guil na dia

v.4   Gur i n-aois a sé-déag a fuair mé fhéin í, nach ba deas a' féirín í ag fear le fághail

v.5   Mo ghrádh do bhéilín nar chúm na bréaga is do bhrat breágh glé-geal mar sneacht ar áill

v.6   Ní bhíonn fios ag daoine chomh brónach is bhím-se nuair a smaoinighim ar mo Shail Óg Ruadh

v.7   Ach ar ghar dhom smaointiú go bhfuighead aríst tú, i mbun mo thighe istigh nó mo leainbhín bán

(c)   Oileán Néifinn'

CBÉ 826:235–37; 7 x 2. Aithriseoir: Bríd Bean Uí Shúilleabháin (30), Cill Bhriocáin, Ros Muc. Bailitheoir: Monica Ní Mhaodhbh, 2 Meitheamh 1942.

v.1   In oileán Néifinn 'tá mo rún 's mo chéad shearc 's leig mé léithe mo rún go h-óg

v.2   In aois a sé déag seadh fuair mé héin thú 's nar dheas an féirín tú ag fear le fáil

v.3   Mo ghrádh do bhéilín nár dhubhairt na bréaga 's do dhá ghruadh glégeal mar an eala ar snámh

v.4   Ghá bpósainn sean-bhean go chailleach ghránna, thóigfidhe a lán orm bheith caithe na diaidh

v.5   'S ghá mbeadh fhios ag daoine chomh buadhra 's bhímse, tráth smaoinighim ar mo Shaileóg Ruadh

v.6   Tráth smaoinighim nach bhfuighe mé choidhche thú, i gcionn do thighe ná in do leanna bán

v.7   'S nach mb'fhearr liom go mór-mhór mo dhiaidh sa ród thú bleághaint mo bhó ná 'gléas mo bhiadh

(d)   CBÉ 786:373–74; 6 x 2. Aithriseoir: Seán Ó Conchubhair (50), Leitir Móir.
Bailitheoir: Proinnsias de Búrca, 3 Nollaig. 1941.

v.1   In Oileán Éadaigh tá mo rún is mo chéad searc 's léithe a leig mé mo rún
is mé óg

v.2   Mo ghrádh do bhéilín nár chum ariamh na bréagaí 's do bhráigh breágh
gléigeal mar bheadh sneachta ar aill

v.3   Bhítheá sínte síos liom go ló is g'oidhche 's gur ar do bhráigh gheal
bhíodh mo láimh

v.4   Ba dheas a céad chás is ba ró-dheas a cead searc 's a dhá súil mar réalta
maidin bhreágh

v.5   B'fheárr liom go mór mór in do dhiaidh sa ród í, a' bleághan mo bhó ná
a' gléas mo bhiadh

v.6   Tá fuil mo chroidhe isti' dhá thabhairt 'na bhraonta, is, a Dhia, cé'n
t-ionghnadh in diaidh grádh mo chroidhe

(e)   CBÉ 1800:162–64; 4 x 4. Aithriseoir: Colm Ó Cliseam (35), Baile na hAbhann.
Bailitheoir: Cóilín Ó Maoilchiaráin, [1971–72].

v.1   In Oileán Éifeann a bhí mo rún is mo chéad searc agus leig mé leí mo
rún is mé óg

v.2   Is gur in aois a sé déag a fuair mé féin í, is ba ró dheas an féirín í ag fear le
fáil

v.3   Is dhá bpósfainn slamóigín go sheanbhean ghránna, nach dtóigfeadh sé
go leór orm gan a bheith ag caitheamh i na diaidh

v.4   Is ní gá dhom smaoineadh go bhfuighe mé arís thú i gcíonn do thighe nó
i do leana bán

177   **Seán Mac Uidhir an Ghleanna**

CBÉ 969:532–35; 1 x 2, 1 x 1, 1 x 3, 3 x 4. Aithriseoir: Maitiú Mór Ó Tuathail (88), Na
Creagáin, Indreabhán. Bailitheoir: Calum I. Mac Gill-Eathain, 10 Feabhra 1945.

v.1   [...] fan go n-inneósa mé dhaoib cé cailleadh, sé Seán Mac Uidhir a'
ghleanna agus dhiúin sin árachar a ghéim

v.2   Nach beag deas iad na meachain is go dtuga se dhóib slighe
mhaireachtáil, is gur chinn sé ar *Aristotle* iad fháil amach sa léigheann

v.3   Sé mo léan, mo dhíth is mo dheacair, ní bás a fuair gan peaca, a liachtaí lá
breá fada a cha mé is í liom

v.4   Beirim-se mo mhallacht go neach ar bith ar a tala a chuireach a leana fhéin a chola agus tart ar a bhéal

v.5 Go ndéantar fuil go'n gheallach nó im go chlocha glasa, nó muillte chach mada nó cara gach bó

v.6 Ag éirí dhom-sa ar maidin seadh chualas an fhuaim dhá casa, ag gran an t-samhraidh taithneamhach ag ceól deas binn na n-éan

178   Tá Litir faoi Rún ag an gCúilinn le Seachtain

CBÉ 851:153–54; 2 x 4. Aithriseoir: Seán Ó Tuairisg (47), An Lochán Beag, Indreabhán. Bailitheoir: Calum I. Mac Gill Eathain, 6 Samhain 1942.

v.1 Tá leitir faoi rún ag a' gcúilinn le seachtain

v.2 Ní éinín dhá éasca ná iolrach dhá mhéad

179   Tomás Ó Dálaigh

CBÉ 826:238–40; 6 x 2. Aithriseoir: Bríd Bean Uí Shúilleabháin (30), Cill Bhriocáin, Ros Muc. Bailitheoir: Monica Ní Mhaodhbh, 3 Meitheamh 1942.

v.1 Tomás Ó Dálaigh d'fhág fán agus scaipe ar aos óg

v.2 Tá na h-eala ar na cuanta naoi n-uaire níos duibhe ná an sméir

v.3 'S ghá siúbhlá na cúig chúige, ar mhóine cruadh deise 's méin

v.4 Ba é siúd an chraobh áluinn ins gach ceárd ghá ndeacha sé riamh

v.5 Sgéal cráidhte ag an mbás, an flath gránna nach é rinne an feáll

v.6 'S ghá mbeinn-se mo chléireach 's umhal éasga do bhéarfainn ar pheánn

D. Caointe Faoi Dhaoine Daortha

180   Ag Ionsaí Síos Dom go Béal Átha Néifinn'

CBÉ 1025:314–15; 1 x 4, 1 x 3, 4 x 8. Aithriseoir: Mícheál Ó Gríofa. Bailitheoir: Calum I. Mac Gill-Eathain, 28 Feabhra 1945.

v.1 Ag ionnsaighe síos dom go Béal Átha Nífinn, is ar mo chroí-sa nach ro aon mhairg

v.2 Beirim mo mhallacht go na pílers, siad a shíl mé a chuir i bhfad ó bhaile

v.3 Cuirim mo bheannacht agus mo chúig céad slán chuig mo mháithrín go Conamara

v.4 Shiubhail mé 'tua bhuí is bailte móra, thart Duthaigh Sheóigeach agus Conamara

181 Amhrán an Speirthe (1)

(a)   CBÉ 1280:5–7; 5 x 4, 1 x 2, 1 x 4. Aithriseoir: Peadar Mhac Fhualáin (33), Bothúna, An Spidéal, Bailitheoir: Séamus Mac Aonghusa, 9 Iúil 1942.

v.1   'Stá tréaraidhe chuir a' tréas orum, Dia dhá réidhteach ꞁ Muire

v.2   Scríobhfa mise leitir faoi séal' ag Ó Néill mar a bhfuil a' sagart

v.3   Bhí máistir i mBaile an Tóchair, ceánnphort óg a bhí ánn tamall

v.4   Cuirigí scéala ag mo mháithrín atá go buartha insa mbaile

v.5   Is ar maidin Dé Donai 's mé mo luighe ar mo leaba

v.6   Tá mo chamán agus mo liathróid fá n-iasacht faoi'n mbaile

v.7   Cuirí-se connradh dhéanta 'rum go fíor-scoth na gclár

(b)   CBÉ 607:563–64; 4 x 4. Aithriseoir: Micil Ó Curraoin, Indreabhán. Bailitheoir: Brian Mac Lochlainn, 1938.

v.1   Tá *Cleary* a cur tréas orm, Dia ghá réidhteach ꞁ Muire

v.2   Nach truagh mé blian chruadh anois go mo ruaigeadh i bhfad ó bhaile

v.3   Tá duine uasal i mBaile an Tóchair a bhí in-a mháistir orm tamall

v.4   Bhí mise lá breagh a siúbhal sléibhte Chonamara

(c)   CBÉ 801:190–91; 1 x 4, 1 x 6, 1 x 5. Aithriseoir: Seán Ó Cadhain (73), Inis Bearachain, Leitir Móir. Bailitheoir: Proinnsias de Búrca, 20 Eanáir 1942.

v.1   Bhí mé lá breágh gréine a' siubhal sléibhte Chonamara

v.2   Tá críaraí a' cuir tréas orm, Dia dhá réidhteach ꞁ Muire

v.3   Tá duine uasal maith san áit seo, máighistir óg a bhí orm sgathamh

182 Donncha Bán

(a)   CBÉ 607:547–49; 11 x 4. Aithriseoir: Bríd Ní Scanláin, Baile an tSléibhe, Ros an Mhíl. Bailitheoir: Brian Mac Lochlainn, 1938.

v.1   A Dhonncha bhoicht, a dheitheáirín dhílis

v.2   A Dhonncha Bháin bhoicht, eirigh i do sheasa

v.3   A Dhonncha Bháin bhoicht, níor b'é an chroch bu dual duit

v.4   Muise, ní in-a dhiadh a rí atá mise

v.5   Tá spré Dhonncha Bháin anocht a' tíocht abhaile

v.6   Dhá mbioch an tír seo mar bu chóir di

v.7   A bhean úd tháll a rinne do gháire

v.8   A Dhonncha Bháin, a phlúir na ngaisgidheach

v.9   Tá mo chroí istigh cho' dudh le háirne

v.10   Tá mo chroidhe-sa brúighte briste

v.11   Nuair a thiocthas mise héin anois abhaile

(b)   CBÉ 76:328–30; 2 x 4, 1 x 6, 5 x 4, 1 x 5. Aithriseoir: Peadar Ó Neachtain (21), An Coilleach, An Spidéal. Bailitheoir: Áine Ní Chonaill, 15 Lúnasa, 1930.

v.1   A Dhonnchadha Bháin, is tú mo bhúaidhreadh

v.2   Ba bhinne liom do ghuth ná guth na cuaiche

v.3   Tá an fhuiseóg ag labhairt is tá'n lá ag gealadh

v.4   Táim ag teacht ar feadh na h-oidhche

v.5   Ó 'bhean údan thall a rinne fúm-sa gáire

v.6   Narbh fhurst' d'aithne dhom-sa go raibh mo dhearbhráthair caillte

v.7   A Dhonnchadha Bháin, níorbh í an chroch ba dhual dhuit

v.8   Tá spré Dhonnchadha Bháin ag teacht abhaile

v.9   Dá mbeitheá in do shagart (arsa sise leis an sagart) [...]

(c)   CBÉ 90:111–14; 2 x 4, 1 x 6, 6 x 4. Aithriseoir: Peadar Ó Neachtain (*c.*20), An Coilleach, An Spidéal. Bailitheoir: Áine Ní Chonaill, 1931.

v.1   A Dhonncadha Bháin, is tú mo bhúaidhreadh

v.2   Ba bhinne liom do ghuth ná guth na cúaiche

v.3   Tá an fhuiseóg ag labhairt 's an lá ag gealadh

v.4   Táim ag teacht ar feadh na h-oidhche

v.5   A bhean údán tháll a rinne fúm-sa gáire

v.6   Nar bhfurst d'aithne domsa go raibh mo dhearbhrathar caillte

v.7   A Dhonnchadha Bháin, níorbh í an chroch ba dhúal duit

v.8   Tá spré Dhonnchadha Bháin ag teacht chughainn abhaile

v.9   Dá mbeitheá 'do shagart (arsa sise leis an sagart) mar ba chóir dhuit

(d)   CBÉ 1484:172–73; 1 x 4, 1 x 2, 1 x 5, 3 x 3. Aithriseoir: Beartla Ó Conaire (77), Ros Cíde, Ros Muc. Bailitheoir: Proinnsias de Búrca, 1957.

v.1   Is fada a shiúl mé ó thuit an oíche

v.2   Is maith atá 'fhios agam-sa cé a bhain dhíom thú

v.3   Ach óchón ó, nach ciúin í an oíche

v.4   Agus tá do chapall ar iarra agus níl iarann ar a cosa

v.5   Ach a Dhonncha Bán bhoicht, á n-eireóchthá in do sheasa

v.6   Cuirfhidh mé sgéal chuig do mháithrín

183 **Lá Fhéile Caillín**

(a)   CBÉ 811:292–94; 7 x 4. Aithriseoir: Áine Bean Uí Choncheanainn (62), An Spidéal. Bailitheoir: Tadhg S. Ó Concheanainn, 3, 4, 5 Samhain 1941.

v.1   Is amáireach lá'l Cáilthín is nach deas an áit 'bheith 'gConamara

v.2   Is a Taimín, a mhíle stóirín, a bhfuil fóirínt a' bith i ndán dúinn

v.3   Is a dheirbhshiúirthín dhílis, tabhair a' méid seo leat abhaile

v.4   Is ar maidin Dé Céadaoin is mé triall isteach ar Ghaillimh

v.5   Agus ar maidin Dé h-Aoine 'gus mé fágáil amach Ghaillimh

v.6   Agus cuirim léan ort a Uilliam Daly, brón mór ort agus deacair

v.7   Nach iomdhaí lá breágh aerach a chaith mé ar Shléibhte Chonamara

(b)   **Neidí Rua**

CBÉ 1138:463–64; 6 x 4. Aithriseoir: Áine Bean Uí Fhlatharta (54), Cor na Rón Thoir, Indreabhán. Bailitheoir: Pádraig Ó Flatharta, 1941.

v.1   Amáireach lá fhéile Caithlín 's nach deas an áit a bheith i gConnamara

v.2   Is a dhearbhráthairín, tabhair an méid seo leat abhaile

v.3   Is a dhearbhráthairín dhílis, bhfuil fuasgailt ar bith i ndán dúinn

v.4   Ar maidin Dé Céadaoin 's mé a' triall isteach ar Ghaillimh

v.5   Ar maidin Dia ! oine 's mé a' fágáil amach Ghaillimh

v.6   'S nach iomdha lá breágh aérach chaith mé ar shléibhte Chonnamara

184 **Príosún Chluain Meala**

CBÉ 1722:178–80; 6 x 4. Aithriseoir: [? Bríd Ní Scanláin, Baile an tSléibhe, Ros an Mhíl]. Bailitheoir: Mícheál Ó Scanláin.

v.1   Chuaidh mise ⁊ mo cháirde go tigh Phádraig Uí Bhriain

v.2   Ar maidin amáireach ar mo sháit leaba mo luighe

v.3   Cuireadh sa bpríosún mé i gcarcair Chluain Mheala

v.4   Ceanglaigeadh go dian mé le iarainn faoi thrí

v.5   Tá mo shrian is mo dhiallaid ar iarraidh le tamall

v.6   A chomrádaide is a chroídhe na páirte, má tá sé i ndán domsa casadh

185 **Séamas Ó Murchú**

(a)   CBÉ 413:40–44; 11 x 4. Aithriseoir: Mícheál Ó Cualáin (52), Baile na Cille, Leitir Mealláin. Bailitheoir: Eibhlín Ní Standúin, 16 Deireadh Fómhair 1937.

v.1   Amáireach lá'il Pádhraic, an chéad lá de'n tseisiún

v.2   'S Neillí Ní Riagáin, ó thug tú do'n bhás mé

v.3 De'n cheathrar mná túirne i bhfearr a bhí in Éirinn

v.4 'S a dhearbhráthairín dhílis, tabhair abhaile mo hata

v.5 Chuaidh mo mhuinntir go Baile an Róba cur mo chónra dhá déanamh

v.6 Tá mo chónra dhá déanamh ag an saor atá in Gaillimh

v.7 Agus truagh níl mé in m'iasgaire ar thaobh Bhaile an t-Sléibhe

v.8 Agus a bhuachaillí Bhaile an t-Sléibhe, seo comhairle a bheirim díbhse

v.9 Chuaidh mé fhéin is mo chéad searc go tobar Rí an Domhnaigh

v.10 Is a bhuachaillí Bhaile an t-Sléibhe, seo comhairle a thugaim díbhse

v.11 'S nach iomdha lá aerach a chaith me ar shléibhte Chonnamara

(b)   CBÉ 231:562–64; 1 x 4, 1 x 3, 8 x 4. Aithriseoir: Máirtín Ó Confhaola (Máirtín Ceannaí) (os cionn 80 bl), An Gleann Mór, An Cheathrú Rua. Bailitheoir: An Bráthair Lúcás, Meán Fómhair 1935.

v.1 'Sé i mbáireach lá 'le Pádhraic, an chéad lá de'n t-seisiúin

v.2 Tá spéir-bheann i nGleann 'a bPúca bhfuil aoirde mo láimh dho ghruaim ar a héadan

v.3 'S a chomráduithe Bhaile an t-Sléibhe, tabhair mo chómhradh leat abhaile

v.4 'Sé an sgéal a chuirim-se agaibh, a sgafairí Bhaile an t-Sléibhe

v.5 Nach truagh gan mé (i) mo iasgaire thiar i mBinn Éadain

v.6 Tá mo liathróid ar iarraidh 's tá mo chamán faoi'n rata

v.7 Nach truagh gan mé (i) mo fhraochóg ar thaobh Bhaile an t-Sléibhe

v.8 Tá mo mhuinntir i mBaile an Róba baint mo chróchair do bharr géaga

v.9 'S a dhreatharachaí dílis, ná bígigh ar meisge

v.10 Tá mo liathróid is mo chamán faoi na chaonach liath faoi'n leaba

(c)   Amhrán Shéamais Uí Mhurchú

CBÉ 607:24–27; 6 x 6, 1 x 2, 1 x 4. Aithriseoir: Seán Ó Fátharta (66), Baile an tSléibhe, Ros an Mhíl. Bailitheoir: Brian Mac Lochlainn, 1938. Séamus Ó Murcha a rinne.

v.1 Is iomú lá aerach a chaith mé ar shléibhte Chonamara

v.2 Tá mo láirín gun iarran 's beidh sí an bhlian seo go baileach

v.3 'Gas a chomrádaí dhílis, ná bígí ar misce

v.4 Tráthnúna Dé-Céadaoin 's mé i mo chola ar mo leaba

v.5 Amáireach lá'l' Páraic, an chéad lá go'n t-seisiún

v.6 Tá do mháistir a' tíocht thar sáile 's tá fáilte a'm roimhe abhaile

v.7 Mise Séamus Ó Murcha, an fear a b'fhearr a bhí i n-Éirinn v.8   'S a dhreatheáireacha dílis, tugaí mo chuid éada' abhaile

(d)   CBÉ 1275:255–58; 7 x 4. Aithriseoir: [?]. Bailitheoir: Cáit [?] Ní Mhainnín,
        Conamara.
        v.1   Eidir B'l'Ái'n Rígh agus an Cárán tá áilleán ban Éireann
        v.2   Ní mar bláth bán na n-áirnidhe a bhíonn mo ghrádh-sa i dtús
                an t-samhraidh
        v.3   Tá mo chroidhe istigh comh héadtrom leis an leinbhín i gcliabhán
        v.4   Is truagh gan mé mo fhraochóigín ar thaobh mala an t-sléibhe
        v.5   Is fada liom go bhfeice mé do leitir faoi sgeala
        v.6   Tá mo chuid móna gan gróigeadh 's dheamhan síon deóir ar mo bhóthán
        v.7   Síos chois na coilleadh tá an bhean-dubh atá gruamdha

(e)   CBÉ 829:71–72; 5 x 4. Aithriseoir: Seán Ó Flatharta (Seáinín Sheáin) (*c.*62), An
        Lochán Beag, Indreabhán. Bailitheoir: Tadhg S. Ó Concheanainn, 2 Bealtaine
        1942. An Dall Mac Cuarta a rinne an t-amhrán.
        v.1   Air maidin lá fhéile Pádhraic, a' chéad lá go'n tseisiún
        v.2   'S a Mháire Ní Mh'rcha, ó thug tú suas go'n bhás mé
        v.3   Tá cúigear ban túirní a'm chomh breágh is 'tá in Éirinn
        v.4   Tá mo chuid múna gon grúaigea' is dheamhan sin deóir i mo bhothán
        v.5   Nach é'n truaighe nach bhfuil mé mo dhosáinín raithnighe

(f)   CBÉ 969:272–73; 5 x 4. Aithriseoir: Seosamh Mac Liam (31), An Baile Láir, Cor
        na Rón, Indreabhán. Bailitheoir: Calum I. Mac Gill-Eathain, 9 Nollaig 1944.
        v.1   Nach é 'n truaí gan mé in mo fhraochóg ar thaobh Bhaile an t-Sléibhe
        v.2   A dhriofúirín dhílis, tabhair abhaile mo hata
        v.3   Tá mo chumán (chamán) is mo liathróid is caoineach liath orab faoi'n leaba
        v.4   A bhuachaillí Bhaile an t-Sléibhe, sé'n sgeal a chuirim ugaí (chugaibh)
        v.5   A Nóra Ní Dhorcha, ós tú thóig ón mbás mé

(g)   CBÉ 840:224–25; 2 x 4, 1 x 2, 1 x 3. 1 x 4. Aithriseoir: Máire Bean Mhic
        Fhlannchadha (Máire Ní Dhonnchadha), An Teach Mór, Indreabhán.
        Bailitheoir: Calum I. Mac Gill-Eathain, 21 Meán Fómhair, 1942.
        v.1   Nach é máireach lá féille Pádraig, an chéad lá go'n t-seisiún
        v.2   Tá mo mhuintir a' tigheacht ar Eochaill a' bainnt mo cruacha go bharr géaga
        v.3   Mo chunntra fágháil díonta ó Eamonn Uí Mhaurín

v.4 Cúigear ban túirne chomh múinte agas siubhail Éire
v.5 Dá mbeinnse in mo fhraochóg ar thaobh seo Baile 'n tSléibhe

(h) CBÉ 1767:249–50; 4 x 4. Aithriseoir: Neainín Bean Uí Chonfhaola, Cladhnach, An Cheathrú Rua. Bailitheoir: Ciarán Bairéad, 2 Lúnasa 1964.
v.1 Óra amáireach lá'il Páraic, an chéad lá gon tseisiún
v.2 Ó's nach trua gan mé mo fhraochóg ar thaobh Bhaile an tSléibhe
v.3 Óra a dhreathríní dílis, tabhair mo chomhra 'mo bhaile
v.4 Ó's 'a mbeinn-se in mo Shéamus Ó Mrucha mar bhí mé, ó, fadó

(i) Neilí Ní Riagáin
CBÉ 378:26; 1 x 3. Aithriseoir: An comhluadar tí Sheáin Mhic Fhualáin, Poll Uí Mhuirinn, Leitir Mealláin. Bailitheoir: An tAthair Eric Mac Fhinn *c.*1928
v.1 Agus a Neili Ní Riagáin, nuair nár rogha leat mé phósadh

186 Tomás Bán Mac Aogáin
(a) CBÉ 824:153–55; 8 x 4. Aithriseoir: Seosamh Ó Griallais (37), Cill Bhriocáin, Ros Muc. Bailitheoir: Monica Ní Mhaodhbh, 25 Feabhra 1942.
v.1 'S a' gul ó theach na tórra chuir mé eolas ar mo mhian
v.2 'S tháinic Tomás Bán ar cuairt a'm 's mé in uaigneas liom héin
v.3 'S a chomharsainí 's a chormhlaichaí, ná tóigí orm é
v.4 Muise, tá cuire go Cill-Choinnigh orainn 's caithe a gul ánn
v.5 A Thomáis Bháin, go cínnte, is tú rún is searc mo chléibh
v.6 A Thomáis Bháin Mhic Aodhgáin, sé mo léan thú ghul i gcéin
v.7 'S ní slad mainistreach ná teampuill a rinne stór mo chroidhe
v.8 Beidh gárda breágh láidir a' tiacht lé stór mo chroidhe

(b) CBÉ 563:190–192; 8 x 4. Aithriseoir: [?], An Lochán Beag, Indreabhán. Bailitheoir: Tomás Mac Diarmada, 1938.
v.1 A tigheacht ó theach na tórramh dhom seadh dhearc mé stór mo chroídhe
v.2 Tháinic Tomás Bán ar cuairt agam 's mé n-uaigneas beag liom féin
v.3 Sa chomharsanaí sa chómhairleachaí, ná tóigidh orm é
v.4 Ní slad mainistir ná teampuill a rinne stór mo chroídhe
v.5 Sa Thomáis Bháin, go cínnte, is tú searc is grádh mo chroidhe
v.6 'S a Thomáis Bháin Mhic Aodhagáin, sé mo léan thú ghabhail i gcré

v.7   Tá cuireadh go Cill Choinnigh orm 'gus caithfidh mé dul ánn

v.8   Tá garda breágh láidir a tigheacht le stór mo chroidhe

(c)   Taimín Bán

CBÉ 1138:511–13; 7 x 4. Aithriseoir: Pádraig Ó Flatharta (61), Cor na Rón Thoir, Indreabhán. Bailitheoir: Pádraig Ó Flatharta, 1941.

v.1   Ag teacht ó theach na tórramh dhom a chuir mé eolas ar mo mhian

v.2   Tháinic Taimín Bán ar cuairt agam 's mé in uaigneas liom fhéin

v.3   Is a chomharsanna is a chomhairleacha, ná tóigidh orm é

v.4   Tá cuireadh go Cill Choinnigh orm is caithfe mé dhul ann

v.5   A Thomáis is a annsacht, is tú searc is stór mo chroidhe

v.6   A Thomáis Bháin Mhic Aodhagáin, 'sé mo léan tú a dhul i gcéin

v.7   Ní slad ar mhainistir ná ar theampall a rinne stór mo chroidhe

(d)   Taimín Bán

CBÉ 90:433–35; 2 x 4, 1 x 5, 1 x 3, 3 x 4. Aithriseoir: Bean Antoine Uí Dhónaill, Baile an tSagairt, An Spidéal. Bailitheoir: [?].

v.1   Réidh tigeacht an torramh dhom seadh connaiceas stór mo chroidhe

v.2   Sé Taimín Bán da riargán, níor mhaith liom thú bhéith tinn

v.3   Thomáis Bhán, 's a *handsome*, is tú rún is grádh mo chroidhe

v.4   Ní mar ghealltar bhólach *Stanton* cuirfear Tomás Bán mo léan

v.5   Is a dheirbhshiureachaí 's dearbhratharachaí, ná tógaidh orm é

v.6   Tá cuireadh go Cill Choinnigh 'am is caithfidh mé dhul ann

v.7   Beidh tomáint 'ainn an Nodlaig seo má's fíor do chlann na Gall

(e)   CBÉ 840:329–31; 6 x 4. Aithriseoir: Máirtín Ó Fátharta (45), An Teach Mór, Indreabhán. Bailitheoir: Calum I. Mac Gill-Eathain, 2 Deireadh Fómhair 1942.

v.1   Aréir a' tigheacht ón tórramh dhom seadh dhearcas stór mo chroidhe

v.2   Tháinic Tomás Bán ar cuaird agam agus mé i n-uaigneas liom fhéin

v.3   Is a chúmharsannaí 's a chúmhairleachaí, na tóigidh orm é

v.4   Tá cuire go Cill Choinne orainn is cathfa mé ghuil ann

v.5   A Thomáis Bháin Mhic Aodhagáin, sé mo léan thú ghuil i gcill

v.6   Ní slad mainistir ná teampuill a rinne stór mo chroidhe

(f)   Taimín Bán Ó Riagáin

CBÉ 378:32–34; 5 x 4. Aithriseoir: An comhluadar tí Sheáin Mhic Fhualáin, Poll

Uí Mhuirinn, Leitir Mealláin. Bailitheoir: An tAthair Eric Mac Fhinn, [*c*.1928].

v.1   Truagh gan mise i nÁrainn, i gConndae an Chláir nó i mBaile Uí Laoi

v.2   Tráthnóinín 'tigheacht ón tórramh dhom 'seadh dhearc mé stór mo chroidhe

v.3   'S a Taimín, a mhíle stóirín, nach n-aithnigheann tú do mhian?

v.4   'S a chailíní 's a readairí, nach deas mar mheall tú mé

v.5   Ros Comáin bhéas a' tiomáint faoi Nodlaig seo má's fíor

(g)   CBÉ 378:68, 1 x 2, 1 x 4. Aithriseoir: Bean Uí Chualáin, Poll Uí Mhuirinn, Leitir Mealláin. Bailitheoir: An tAth. Eric Mac Fhinn, 16 Lúnasa 1930.

v.1   Is crochfar é go cinnte mura bhfuil ag grásta Dé

v.2   Tá gárda breagh láidir a' teacht le stór mo chroidh

E. Caointe faoi Dhaoine Eile

187   Carraigín an Fhásaigh

(a)   CBÉ 969:275–77; 10 x 2. Aithriseoir: Seosamh Mac Liam (31), An Baile Láir, Cor na Rón, Indreabhán. Bailitheoir: Calum I. Mac Gill-Eathain, 11 Nollaig 1944.

v.1   Nach mise an trua Mhuire is mé ar Charraigín an Fhásaí, a' gul is a' gáire is a' díona bróin

v.2   Fill is fóir ar mháthair a' pháiste, is, a Dhia, tá láidir, fill is fóir

v.3   An 'iúd é an ghrian atá os cionn mo sgáile nó an gheallach áluinn os cionn an t-slua

v.4   Níor mhinic 'san oidhche ba mha liom trácht ort, do chúilín fáinneach a bhí ar dhath an óir

v.5   A Neilí, a chailín deas, dhá ngluaisteá an ród liom, ba deas é do lóistín a' tigheacht go'n oidhche

v.6   Bheach fíon is beóir ar a' mbaurd le n-ól á'inn is sgata ban óg le n-a n-ais na suidhe

v.7   Dhá mbeach fhios agam-sa nach tú bhí i n-dán dom, ní dhíonainn-se gáire ná saugra (súgradh) leat

v.8   Bean is fiche a bhí seal i ngrá liom is i dtrí lán báid acab, níor chuir mé suim

v.9   Bhí cula gheal ora go'n t-síoda a b'áille, is mil dhá fáisce as gruaig a cinn

v.10   Ach thárla go bhfuil tú anois ar thí mé thréisgint is nach bhfuil aon spré á'm a thiúrainn dhuit

(b)   CBÉ 563:181–82; 9 x 2. Aithriseoir: [?], An Lochán Beag, Indreabhán. Bailitheoir: Tomás Mac Diarmada, 1938.

v.1   M'fhocal dhuit, a chailín bhig, dá ngluaisteá an ród liom, go mbadh dheas é do lóisdín a tigheacht na hoidhche

v.2   Buidéal beorach 's é líonta ar bord a'm 'gus dís ban óg deas le bheith dhá roinnt

v.3   Dhá mbeadh fhios agamsa nár tú bhí ndán dom, ní dhéanainn gáiridhe ná súgradh leat

v.4   Bean is fiche acab bhí anuraidh i ngrádh liom 's a dtí lán báid acab níor chuir mé suim

v.5   Bhí culaith gheal uirthe don tsíoda Spáinneach 'gus mil dá fáisgeadh as gruaig a cínn

v.6   Chaith mé seacht seachtmhaine 'gabhail go Carraigín an Fhásaigh, 'gol sa gárthaighil 'sa déanamh bróin

v.7   A Dhia, déan truaighe go mháthair an pháiste, a Mhic Muire na nGrásta, tar is fóir

v.8   Nach geal 's nach glégeal a nígheann do léine, a sníomhainn bréidín agus anraith chaol

v.9   D'oillfinn maicín dhuit 'gus ingean ghléigeal 'gus thóigfinn féin iad le súgh mo chroídhe

(c)   CBÉ 72:62–64; 9 x 2. Aithriseoir: Beartla Ó Cualáin, (16), An Lochán Beag, Indreabhán. Bailitheoir: Pádraig Ó Finneadha, Nollaig 1930–Eanáir 1931.

v.1   M'fhocal duit, a chailín, dá ngluaisteá an ród liom, gur deas é do lóistín ag teacht do'n oidhche

v.2   Buidéil bheóir agus iad líonta ar bórd [...]

v.3   Dá mbéadh fhios agamsa nach tú bhí ndán dom, ní dhéanfainn gáire ná súgradh leat

v.4   Nach deas, nach glégeal a nighfinn do léine, shníomhfainn bréidín agus anairt chaol

v.5   D'oilfinn maicín duit agus inghean glégeal a's thógfainn féin iad ar m'ais aríst

v.6   Bean a's fiche aca bhí dúnta i ngrádh liom a's i dtrí lán páirce níor chuir mé suim

v.7   Bhí culaith gheal uirthi de'n tsíoda Spáinneach a's mil le fáisgeadh as gruaig a cinn

v.8   Nach mise an truagh Mhuire ag gabhail go Carraigín an Fhásaigh, ag gol
's ag garrthaoíl 's ag déanamh bróin

v.9   A Dhia, déan truagh do mháthair an pháiste, 's a mhic Mhuire na
nGrásta, tara agus fóir

(d)   CBÉ 1138:473–74; 9 x 2. Aithriseoir: Pádraig Ó Cualáin (Pádraig Pheatsa) (84),
Cor na Rón, Indreabhán. Bailitheoir: Pádraig Ó Flatharta, 1941.

v.1   M'fhocal duit, a chailín deas, dá ngluaistheá an ród liom, gur deas é do
lóistín ag teacht don oidhche

v.2   Buidéal beóir agus iad líonta ar bord ann is cead caint agus comhrádh [...]

v.3   Dá mbeadh fios agamsa nach tú bhí i ndán dom, ní dhéanfain gáire ná
sugradh leat

v.4   Nach deas is nach glégeal a níghfinn do léine, sníomhfainn bréidín agus
anairt chaol

v.5   D'oilfinn maicín dhuit agus inghean glégeal is thógfainn féin iad ar
m'ais arís

v.6   Bean a's fiche aca bhí dúnta i ngrádh liom 'sa dtrí lán páirce níor chuir
mé suim

v.7   Bhí culaith gheal uirthi den tsíoda Spáinneach agus mil dá fáisgeadh as
gruaig a cínn

v.8   Nach mise an truagh Mhuire a' gabhail Carraigín an Fhásaigh, ag gol 's
ag gárrthail 's ag déanamh bróin

v.9   A Dhia, déan truagh do mháthair an pháiste, 'sa Mhac Muire na nGrást
tar agus fóir

(e)   CBÉ 607:18–20; 5 x 4. Aithriseoir: Seán Mac Donnchadha (60), Ros an Mhíl.
Bailitheoir: Brian Mac Lochlainn, 1938.

v.1   A Neilí, a chailín deas, a' ngluaisteá an ród liom, ba deas do lóistín a'
teacht gon oidhe

v.2   Ceathar-ar-fhichid go mhrá bhí i ngrádh lom agus lán na páirce nár chuir
mé suim

v.3   Is siúd í an ghrian as cíonn a t-sáile 'gus a' gheallach áluinn as cúir a t-saoil

v.4   A mbíoch 's agam-sa nach tú bhí i ndán dom, sodhgrú ná gáire a bith ní
dhianthainn leat

v.5   Nach truagh sin cailín deas ar Charraig an Fhásaigh, a' gul 's a' gáirthíl 's
a' deana bróin

188   Dá mBeinnse ag an bhFarraige nó i Sléibhte i bhFad ó Thír

CBÉ 1702:221–22; 1 x 3, 1 x 4, 1 x 3. Aithriseoir: Siobhán Ní Shúilleabháin (10), Inbhear, Ros Muc. Bailitheoir: Proinnsias de Búrca, 23 Samhain 1965.

v.1   Dhá mbéinn-se ag an bhfairge ná i sléibhte i bhfad ó thír

v.2   A Dhia dhílis, céard a dhíonfhas mé, tá an teach seo agus a bhfuil ar fad ánn

v.3   Má cailltear mé an geimhreadh seo, cuiridh mé go beó

189   Is Iomaí Deoraí ag Dul na mBóithre

CBÉ 825:194–96; 1 x 2, 1 x 4, 7 x 2. Aithriseoir: Anna Ní Ghriallais (21), Cill Bhriocáin, Ros Muc. Bailitheoir: Monica Ní Mhaodhbh, 23 Aibreán 1942.

v.1   'S iomdha deoraidhe a' guil na bóithre acht fághann sé dídean go moch no máll

v.2   'S iomdha tímpist agus contabhairt ghránna a ndeachas ánn 's na mílte romham

v.3   Bhuail mé liom go calamach láidir, gur nigh mé mo chrámha i Loch i Léin

v.4   Nuair a chonnaic mé agam aríst an lá breágh agus grian an tsamhradh ag teannadh liom

v.5   'S iomdha píonos 's cárdáil a fuair mé, an ghaoth go mo cháthadh ó bhínn go bínn

v.6   'S moch ar maidin a chuaidh mé ar fásach agus ní fheicfeá mo leithéid ghá ghrinn do shúil

v.7   D'fhan mé ar an gcaoi sin ar feadh trí ráithe nó go raibh fuacht an gheimhridh tiacht go tréan

v.8   D'fhan mé annsin ar feadh trí ráithe, fuar básuighthe mar ba gúathach liom

v.9   Tá mé anois i lár loch Chill Áirne, an ghaoi go mo cháthadh ó thuinn go tuinn

190   Máire Ní Mhongáin

(a)   CBÉ 775:557–59; 13 x 2. Aithriseoir: Mícheál Ó Mainnín, An Turloch, Ros Muc. Bailitheoir: Proinnsias de Búrca, 1 Bealtaine 1941.

v.1   Bhí triúr mac a'm a bhí oiltí tóigthí, ba geárr ba lón dom iad céad faraor géar

v.2   Ní raibh suim ar bith agam sa mac a b'óige cé gur lághach an leanbh a bhí ánn, Peadar fhéin

v.3   Mo Pheadar muirneach a bhí oilte múinte is chua' ar cúntar lé a bheith ní bhfeárr v.4   Is tá súil le Muire agam go bhfuighe sé umhlíocht is beagán cúnta ó Righ na nGrást'

v.5   A bhfuil truaigh in Éirinn is mó ná mise i ndia' an chéad mhic a chrádh mo chroidhe

v.6   Nuair a fheicim gach bean aca is a gclann in éinfheacht, caillim mo radharc ┐ meabhair mo chinn

v.7   Mac gan chuma a liostáil liom-sa, nach dtiocfhadh ar cuairt oidhche ná lá

v.8   Thug mé scoil dhuit is beagán fóghluim 's do réir mo chúmhacht mar a rabh ní b'fheárr

v.9   Cá bhfuil truaigh in Éirinn ach mac is máthair tá a gul lé fán ar a chéile choidhe'

v.10   Tháinic tinneas orm is chaill mé mórán is níl luach na cóntra a'm anois faraor

v.11   Bhain sé an chlann díom a bhí oilte tóigthe is tá muirighín óg orm is mé lag ina gcionn

v.12   Is dhá mba' i mBaile na Cille agam bheadh do chrámhaí, ní bhéinn chomh brónach ná leath in do dhia'

v.13   Ní hé sin a mharbhuigh mé dhá mhéad mo dhólás ná a rinne gual dubh go mo chroidhe 'mo lár

(b)   An Triúr Maicín

CBÉ 1767:235–37; 7 x 2. Aithriseoir: Neainín Bean Uí Chonfhaola, Cladhnach, An Cheathrú Rua. Bailitheoir: Ciarán Bairéad, 2 Lúnasa 1964.

v.1   Bhí triúr mac agam a bhí oilte tóigthí a's ba ghearr na lón dom iad, céad faríor géar

v.2   A's a Pheadair, a mhúirnín, a bhí céillí stuama a's a d'imigh ar chúntar le bheith ní b'fhearr

v.3   Ní rud a' bith a mharaigh mé ná chráigh go deo mé ach a' dárna pósadh a dheana ar ais aríst

v.4   Muise a Pheadair, a mhúirnín, a's bhí oilte stuama a's bhí groí na gcomharsan ort fhad's bhí tú ann

v.5   Muise d'eiríos amach, ó, ar chlochaí árda a's chonaic mé báidín a' goil aniar

v.6   D'iarr mé ímpí, ó, ar Rí na nGrásta, ó, í chuir isteach a'm 'gus isteach i dtír

v.7   Ó's thá'la deire mo sheanchas mo chomhrá deanta, ní labhród choí'n nó go dtéigheat sa gcíll

(c)   An Triúr Mac

CBÉ 825:245–47; 3 x 4, 1 x 7. Aithriseoir: Seosamh Ó Griallais (34), Cill
Bhriocáin, Ros Muc. Bailitheoir: Monica Ní Mhaodhbh, 10 Aibreán 1942.

v.1   Bhí triúr mac 'am bhí oilte tóigthe 's ba gearr ba lán dhom iad céad faríor
géar

v.2   Mo Pheadar múirneach a bhí oilte múinte, a chuaidh i gcontar lé bheith
níos feárr

v.3   Nuair a fheicim-se mrá na gcomharsan agus a gclánn fré chéile, liath mo
cheann agus gheit mo chroidhe

v.4   Níorbh é sin héin a chrádh chomh mór mé, acht an pósadh seo a dheana
ar ais aríst

(d)   Triúr Mac

CBÉ 811:485–86; 3 x 2, 1 x 1. Aithriseoir: Seán Ó Flatharta (Seáinín Sheáin) (60),
An Lochán Beag, Indreabhán. Bailitheoir: Tadhg S. Ó Concheanainn, Nollaig
1941–Eanáir 1942.

v.1   Bhí triúr mac agam a bhí oilte tóighí, ba gheárr ba lón dom iad, céad
faríor géar

v.2   Ní ra' suím ar bich agam 'san mac a b'óige té go mba lághach a' stóirín é
Peadar fhéin

v.3   Ní rud ar bich 'mar'a' mé ná chrádh go mór mé ach rinne mé'n pós' úd
air m'ais airís

v.4   ....
Nach gur bé'n dualgas nuair a sgaipeanns's a' cúallacht, nach bhfileann
siad go búanach [?] airís

(e)   CBÉ 90:471–72; 3 x 2. Aithriseoir [?]. Bailitheoir: Mr. Joseph Hanley, 17 Iúil 1930.
[Bailíodh an t-ábhar sa Tuairín nó i Leitir Mealláin].

v.1   Bhí triúr mac agam bhí oilte tóigthe is ba ghearr an lón dom iad céad
faréir géar

v.2   A Peadar murnaic, a bhí oilte múnte is a chuaidh ar chúntar lé beith
ní bfhearr

v.3   Dá bur i mBaile na Cille a bheadh a chnámha, ní beinn ag caiteamh
comh mór na diadh

F. Caointe Deoraíochta

191 Amhrán Chamais

(a) CBÉ 1800:69–71; 8 x 4. Aithriseoir: Seosamh Ó Maoilchiaráin, nó Cáit Ní
Mhaoilchiaráin (78 agus 68 faoi seach), Camus Uachtair. Bailitheoir: Cóilín
Ó Maoilchiaráin [1972].

v.1 A Chamus na Fouirnéis, mo chúig mhíle slán leat, nach mba ró-dheas an
áit thú teacht d'oidhche féile Muire Mór

v.2 'Sé Camus an áit sin is deise dá b'facais, mar níl aon áit níos fear ná é
thart thimcheall faoi'n spéir

v.3 Mo ghrádh-sa tú Túr Chamuis, mo chúig mhíle slán leat, mar is tú an áit
is aérighe dhá bhfuil thart in aon áit

v.4 Uachtar Árd is Gleann Gomhla, Gleann Trasna is Gleann Gomhla,
Ciarraí 'gus Achaill agus na hoileáin ó thuaidh

v.5 Tá 'chuile shaghas éan ann d'ár fhás aríamh clúmh air, ag seinim go h-árd
is go meidhreach ar chraobh

v.6 Nuair a bhí mise i gCamus ba dheacair mé shasú, go siúbhailinn na Státaí
thart síos agus suas

v.7 Tá na comharsannaí ann is deise d'ár dhéileáil thú aríamh leo agus arnó
tá an mhóin ann a ghabhfadh chun seóil

v.8 Dhá dtagadh an bás do mo choinne-sa amáireach, 'sé a n-iarrfainn do
spás air seachtmhain nó dhó

(b) Amhrán Túr Chamais [sic]
CBÉ 1211:238–40; 7 x 2. Aithriseoir: Áine Ní Mhaoilchiaráin (20), Camus
Uachtair. Bailitheoir: Cóilín Ó Maoilchiaráin, 24 Lúnasa 1951. Beairtle Ó
Méalóid a rinne an t-amhrán.

v.1 A Chamus na Fuirnise, mo chúig mhíle slán leat, nach mba ró-dheas an
áit thú teacht d'oidhche Fhéile Muire Móir

v.2 Tá na comharsannaí ann is geanamhla dhár chruthuigh ariamh an tÁrd-
Rí, tá céad míle fáilte ann roimh shean agus óg

v.3 Tá chuile shaghas éan ann dhár fhás ariamh clumh air, tá an druid ann is
an smóilín is an lonndubh ar an gcraobh

v.4 Tá an fheamuinn 'sa gcladach go fairsing le fágháil ann is tá an ceann
leasú le fágháil ann gan pinginn

v.5 Anois a Túr Chamuis, mo chúig mhíle slán leat, cé go bhfeicfeá as
Gaillimh 'gus bárr Uachtar Árd

v.6   Nuair a bhí mise i gCamus ba deacair mé a shású, go siubhailinn na
       Státaí thart síos agus suas

v.7   Dhá dtagadh an bás de mo choinne-sa amáireach, ní iarfainn de spás air
       ach seachtmhain nó dhó

(c)   CBÉ 1138:528–30; 6 x 2. Aithriseoir: Máirtín Ó Cualáin (Beartla), An Lochán
       Beag, Indreabhán. Bailitheoir: Pádraig Ó Flatharta, 1941.

v.1   'S a Chamus na Foirníse, mo chúig mhíle slán leat, badh rí-dheas an áit
       thú teacht d'oiche fhéil' Muire Mór

v.2   [...] tá sin is céad míle fáilte ann roimh sean is óg

v.3   Tá'n fheamain 'sa gcladach go fairsing le fághail ann 'gus togha an t-sean
       leasughadh le faghail ann gan pinghinn

v.4   Anois a *Tower* Chamuis, nach rí dheas an áit thú, mar d'fheicfeá as
       Gaillimh, Uachtar Árd, is Co. Mhuigheó

v.5   Nuair a bhí mise i gCamus ba dheacair mé shásughadh, nó gur shiubhail
       mé na státaí síos agus suas

v.6   Dá dtagadh an bás mo choinnigh-sa amáireach, déarfainn spás air,
       seachtmhain nó mí

192   Amhrán na mBád

CBÉ 1774:96–99; 1 x 4, 1 x 3, 7 x 4. Aithriseoir: Máirtín Ó Confhaola (Máirtín
Mhurcha), Cladhnach, An Cheathrú Rua. Bailitheoir: Ciarán Bairéad, 9
Nollaig, 1964.

v.1   Ó a's tá scéal anois len inseacht a'm faoi Chonamara anseo a's chuil' áit

v.2   A's a léan mar fuair mé tuairisc air, go bhfuil úsáid acab le deana ánn

v.3   A's thainic beirt análl ó Dooras ánn a' cuartú go leor báid

v.4   Ach anois ó tá siad in aiféala, gan aon mhaith dhóib ann

v.5   Ó caithfidh muid a ghoil go Cil Rois ag a' *saw-mill* chuile lá

v.6   Agus d'imiodar go Sasana uainn anois a's go Meiriocá

v.7   Ó ⁊ d'imigh mise an t-am siúd 's bhí mo chroí'n taobh istigh ghá ár

v.8   Ó *line*-áileadh i *Holyhead* muid a's bhí bus a' fanacht linn ánn

v.9   Ó ⁊ baineadh as mo chleachtadh mé, ní fheicfidh mé sin go bráth

193   An Abhainn Mhór

(a)   An Cóta Mór Stroicthe

CBÉ 1722:159–63; 11 x 4. Aithriseoir: [? Bríd Ní Scanláin, Baile an tSléibhe, Ros an Mhíl]. Bailitheoir: Mícheál Ó Scanláin.

v.1   Tá mo chóta mór stroicí ó Dhómhnach ך sé ag sileadh liom sios

v.2   Céad slan de'n Abhainn Mhór, sé an truagh gan mé anócht le na taobh

v.3   Tá mo riuitíní gearrtha is ní áirím an phian atá mo thaobh

v.4   Céad slán do'n oidhche aréir, sé mo léan gan í anócht ar a tús

v.5   Marach mo dhíth-céille, is deas éarach a chaithfhinn mo shaoghal

v.6   Tá a lán don aos óg, nuair a shaothruigheann siad scilling ná cróin

v.7   Tá mé i ngrádh le dhá réag is a Dhia ghlégeal, nach bocht é mo chás

v.8   Tá mo mháithrín go h-aonraic léithí fhéin ar chaladh na mbád

v.9   Chúns bhéas mé beo i nÉirinn, ní thréigfheadh mé imirt ná ól

v.10   A thógha Sheáin Uí Chaola, is deas a shíl tú go n-éileóchainn-se leat

v.11   Dheamhan a leigfheadh mé an cóta mór stroicí amach as an tír

(b)   CBÉ 825:184–87; 7 x 4. Aithriseoir: Anna Ní Ghriallais (21), Cill Bhriocáin, Ros Muc. Bailitheoir: Monica Ní Mhaodhbh, 23 Aibreán 1942.

v.1   Céad slán leat Abhainn Mhór, sé mo bhrón gan mé 'nocht lé do thaobh

v.2   Marach óige 's dithcéille, 's deas aérach mar chaithinn mo shaol

v.3   Tá mo mháithrín tinn tréith-lag lé héin 's í ar chaladh na mbád

v.4   Tá go leór leór a shíleans dhá saothruidís gine sa lá

v.5   Tá mo chóta mór stróichthe ó Dhomhnach 's é ag sileadh liom síos

v.6   Trathnóna tiacht ón ól dom 's mé go brónach lag tuirseach tinn

v.7   Má fhillim go hÉirinn, ní thréigfidh mé imirt ná ól

(c)   An Cóta Mór Stróicthe
       CBÉ 1138:530–32; 5 x 4, 1 x 3. Aithriseoir: Máirtín Ó Cualáin (Beartla), An Lochán Beag, Indreabhán. Bailitheoir: Pádraig Ó Flatharta, 1941.

v.1.   'Stá mo chóta mór stroicidhe, óchón, is é a' sileadh liom síos

v.2.   A' teacht o'n gceól dhom 's mé breóidhte, lag, tuirseach o'n oidhche

v.3.   Feicimse daoine nuair a shaothruigheann siad giní nó dhó

v.4.   Is a Shaidhbh Sheáin Uí Chaolaidh, is deas a shíl tú go n-éalochainn-sa leat

v.5.   Is marach an díthcéile, is deas aerach a chaithfinn mo shaoghal

v.6.   Tá mo mháthairín tinn tréan lag na haontraic ar chaladh na mbád

(d)   Mo Chóitín Mór Stróicthe
       CBÉ 1133:203–04; 5 x 4. Aithriseoir: Seán Ó Flatharta (Seáinín Sheáin) (*c*.60), An Lochán Beag, Indreabhán. Bailitheoir: Tomás de Bhaldraithe, Nollaig 1937–

Eanáir 1938.

v.1   Tá mo rúitíní gearrtha, ní áirighim an phían tá mo chroidhe

v.2   Tá mo chóitín mór stróicthe, ochón, is é ar sileadh liom síos

v.3   Tarnóinín Dé Céadaoin mé ag tarraint abhaile ar mo thigh

v.4   Tá céad fear in Éirinn, dhá saothruigheadh siad gine sa ló

v.5   Dáir m'aois is dáir m'óige, dáir an stóilín a suidheann muid air síos

(e)   CBÉ 1767:214–15; 1 x 4, 1 x 3, 1 x 4, 1 x 2. Aithriseoir: Máirtín Ó Conflaola
      (Máirtín Mhurcha), Cladhnach, An Cheathrú Rua. Bailitheoir: Ciarán Bairéad,
      15 Iúil 1964.

v.1   A's céad slán go Teamhain Mhór, nach é mo bhrón's gan mé anocht le do
      thaobh

v.2   Ó's tá cúna le Rí na nGrást am nach mbeidh fán orm ach tamall's cén
      bhrí

v.3   A's trathnóinín beag deirnach a's mé a' triall 'un a tí

v.4   Ó's' á siúilfinn-se na gleanntaí ó Ghaillimh go [...]

(f)   CBÉ 90:459–60; 3 x 4. Aithriseoir: [?]. Bailitheoir: Mr. Joseph Hanley, Dublin, 17
      Iúil 1930. [Bailíodh an t-ábhar sa Tuairín nó i Leitir Mealláin].

v.1   Tá mo chóta mór stróice ó Dhomhnach is é ag sileadh liom síos

v.2   Céad slán leat (dhuit) Abhainn Mhór, is é mo léan gan mé anocht lé do
      thaobh

v.3   Shílin mo chéadsearc, gá saoreach sé gine sa ló

194   An Deoraí

CBÉ 829:274–75; 2 x 4, 3 x 2. Aithriseoir: Pádraig Ó Cualáin (*c.*41), An Lochán
Beag, Indreabhán. Bailitheoir: Tadhg S. Ó Concheanainn, 10 Meitheamh 1942.
Mícheál Breathnach a rinne.

v.1   Is é mo chaoi nach bhfuil mé'n Éirinn, air bhánta féarach air oileán siar

v.2   Tráth rowis im' óglach, go croidheamhail spóirtiúil 'seadh bhíos faoi
      shólás i gCrí Fáil

v.3   An mac ba mheasa liom 'guil thar sáile, gach slí is fághaltas a ghealla' dhó

v.4   A inghín gheanamhail, céad faraor d'fhágais, mo mhíle slán dhuit ó lár
      mo chroidhe

v.5   Air thala' a mhuínntir go lá's g'oídhche seadh bhíonn's a' smaoiniú an
      deóraidhe Gaedheal

195   An Deoraí Thar Sáile

CBÉ 250:53–55; 2 x 4, 1 x 5. Aithriseoir: Tomás Mac Coisdealbha, An Spidéal. Bailitheoir: Bríd Ní Chollaráin, 1936.

v.1   Tá gleann beag ró aoibheann in Éirinn, agus baile beag talmhan sa gleann

v.2   Tá ardán in aice na coilleadh, agus tobar beag fíor uisge faoí

v.3   Ó! nach truaigh mé ar thaobh seo na mara, im dheoraidhe gan beodhacht, gan brigh

196   Bánchnoic Éireann Óighe

CBÉ 1275:261–62; 3 x 4. Aithriseoir: [?]. Bailitheoir: Cáit Ní Mhainnín (?), Conamara.

v.1   Beir beannacht ó'm chroidhe go tír na h-Eireann, bán chnuic Éireann Óigh'!

v.2   Bíonn barra bog slím ar chaoin-chnuic Éireann, bán-chnuic Éireann Óigh'!

v.3   Tá gasra líonmhar i dtír na h-Éireann, bán-chnuic Éireann Óigh'

197   Contae Mhaigh Eo

CBÉ 811:294–96; 5 x 5, 1 x 2, 2 x 5, 1 x 2, 1 x 5, 1 x 3, 1 x 2. Aithriseoir: Áine Bean Uí Choncheannain (62), An Spidéal. Bailitheoir: Tadhg S. Ó Concheanainn, 3, 4, 5 Samhain 1941.

v.1   Liostáil mé le "sáirgint" a gabhail sráid a' bhaile mhóir

v.2   Tá chúig phinghin déag amuigh orm i gConndaé Mhuigheó

v.3   Nach h-iomdhaí bó is caora ag mo mhuinntir-sa i Muigheó

v.4   Marach bás mo mháithrín, bheinn-se maith go leór

v.5   A chomrádaí dhílis, táim tinn lag go leór

v.6   ....

....

Nach iomdhaí cailín muintreach is buachaill socair suaímreach

v.7   I sluipín Pháidí Linnsigh 'seadh bhímse a' díanamh bróin

v.8   Tá druideógaí na h-Ainge ag eirghe amach go mór

v.9   Sean-fhocal é nár bréagnuigheadh, is glas iad na cruic is nach féarmhar

v.10   Tá croc na Ceathramhan Caoile imridheach go leór

v.11   ....

....

Nuair a shíl mé a ghuil go h-Éirinn, ag a' mbean dubh a bhí mé i ngéibheann

v.12   Tá formáil thart timpeall ar ubhlaí blasta buidhe

198   Cúl na [?] gCaillí

CBÉ 250:22–24; 4 x 4. Aithriseoir: Caitlín Ní Choisdealbha, An Cnoc, Indreabhán. Bailitheoir: Bríd Ní Chollaráin, 1936.

v.1   Is fada gcéin indiú na h-éan ó baintibh Innse Fáil

v.2   Le mo thaobh, tá bean dá dtugas gean is an mhaighdean ionnmhuin róis

v.3   Tig ciall le h-aois, dá mbeinn-se aríst im óige mar bhíos tráth

v.4   Beannacht buan dá raibh dár gcuan, dá dtugas gean is grádh

199   Dónall Meirgeach

CBÉ 794:350–53; 5 x 5, 1 x 3. Aithriseoir: Máire Bean Uí Dhonncadha (62), Maighros, Carna, Bailitheoir: Monica Ní Mhaodhbh, 18 Iúil 1941.

v.1   Ar bhord Locha Céis do hoileadh mé héin agus sí an fhairrge mo fréamh dhúthchais

v.2   Níl sé acht ráithe agus seachtain ó d'fhág mé an baile agus mé lán de spuir agus do éadach

v.3   Tabhair mo bheannacht agus mo phóg leat-sa ins an ród mar bheadh siolla de'n ghlóir ghaoithe

v.4   Léan agus deacair ar a gcéad duine a cheap é mar ghléas deanta beatha é an pósadh

v.5   Mo chreach agus mo dhíth nach aigeanta do bhíos ad' eirghe in mo thigh Dia Dómhnaigh

v.6   A Athair ó na Ruain, nach meathta an chúis lé gur chuir tú lé buaidhreadh an t-saoghail mé

200   *Emigration*

CBÉ 633:537–39; 10 x 2. Aithriseoir: Áine Ní Loideáin (29), An Gleann Mór, An Cheathrú Rua. Bailitheoir: Máirtín Ó Mainnín, 22 Lúnasa 1939.

v.1   I'm leaving dear old Ireland in the merry month of June

v.2   *To an Irish girl has caused me with sad tear in her eyes*

v.3   *Kind Sir, I ask one favour and has granted me to stay*

v.4   *Take those flowers to my brother for I've got no other*

v.5   *Tell him since he left us how bitter was our lot*

v.6   *Our trouble were so many and our friends so very few* v.7   *Three leaves of shamrock of the Irish land shamrock*

v.8   *Oh darling son come back to me, she often used to say*

v.9   *Her grave I watered with my tears and where those flowers grow*

v.10   *Tell him since he left us, how bitter was our lot*

201   Erin Far Away

CBÉ 633:539–41; 6 x 2, 3 x 4. Aithriseoir: Áine Ní Loideáin (29), An Gleann Mór, An Cheathrú Rua. Bailitheoir: Máirtín Ó Mainnín, 22 Lúnasa 1939.

v.1   The sun it went down in a pale blue sky as the deadly fight was over

v.2   The moon shone bright on the battlefield where a wounded soldier lays

v.3   A passing comrade heard the moan and saw where the sufferer lay

v.4   Come soft and gentle comrades, it's the reason I can stay

v.5   A lock of my hair I pray you'll take to my mother – she is over the sea

v.6   Her vision is bright before my eyes, it's the reason I can say

v.7   Fare well to my loving sister, it's a year since I seen her face

v.8   Tell my brothers I nobly fought as my father before me did

v.9   It is comrades all around them (him) to bid him there last farewell

202   Erin, Grá mo Chroí

CBÉ 825:437–39; 5 x 4. Aithriseoir: Anna Ní Ghriallais (21), Cill Bhriocáin, Ros Muc. Bailitheoir: Monica Ní Mhaodhbh, 3 Bealtaine 1942.

v.1   *At the setting of the sun when my daily work is done, as I rambled down the sea-shore for a walk*

v.2   *Oh, Erin grádh mo chroidhe, you are the only place for me, you are the fairest that my eyes could ever see*

v.3   *It is hard to bid adieu to the girl I always knew, shall I ever see my darling any more?*

v.4   *The turf is burning bright in my own dear home tonight, and the snow is falling to the door*

v.5   *I broke my Mammie's heart the day I did depart, shall I ever see my Daddie any more?*

203   Is Mó Lá Aoibhinn a Chaith Mé Thiar in Abhainn Chromghlinn'?

CBÉ 851:131–32; 2 x 2, 1 x 3. Aithriseoir: Pádraig Ó Cualáin (Pádraig Pheatsa) (86), Cor na Rón, Indreabhán. Bailitheoir: Calum I. Mac Gill-Eathain, 6 Samhain 1942. Aindriú Ó Múgáin, An Baile Nua, Cor na Rón a rinne.

v.1   Is mó lá aoibhinn (a deir sé) a chath mise thiar in Abhainn Chruimlinn
       agas bhí uisge guil síos orm farsainn go leór

v.2   A *Chieftainín* shalach a thóig as a' mbaile mé, ó mo chuid daoine
       muintireach bhí carthannach le chéile go leór

v.3   Sí an *Chieftain* a' soitheach is gleóite 'd'fhág amach Éirinn le fada, bhí
       cáblaí, tuighe, eórna ora ⁊ blaic fuíde móna, is a taobhannaí cóirighthe
       ón lathach

204   *Kilbricken*

CBÉ 825:428–30; 3 x 4, 1 x 7. Neain Bean Uí Ghriallais (Neain Dhonnchadha) (66),
Cill Bhriocáin, Ros Muc. Bailitheoir: Monica Ní Mhaodhbh, 3 Bealtaine 1942.

v.1   *If I was in Kilbricken, I would think myself at home*

v.2   *A cuckoo is a pity bird, it sings as it flies*

v.3   *If I was a lark and had wings and could fly*

v.4   *The reason my love likes me as you may understand*

205   Lobhadh na bPrátaí

(a)   Fear Chois Fharraige

CBÉ 607:94–95; 8 x 2. Aithriseoir: Stiofán Ó Flatharta (70), Ros an Mhíl.
Bailitheoir: Brian Mac Lochlainn, 1938.

v.1   Bhí mise lá i nGaille 's mé buaidheartha cráidhte 's marach súl le bheith
       ní b'fhearr a'm, ní mhairthinn beo

v.2   Nú go ndeachamar amach ar a bpodhall báidhte atá eidir Árainn agus
       Órán Mór

v.3   Maidin lae ghár eirigheamar – ní ra sé báisteach ach bhí gaoth bhreagh
       ánn agus fuair muid cóir

v.4   A Oileáin Phádraic, mo chúig chéad slán duit mar is ánn a d'fhás mé ⁊
       mo shinnsear rúm

v.5   Tráthnúna Nolac seadh d'eighre an gála 's bhí faitíos cráidhte arrain go
       mbíoch muid thíos

v.6   Ní ar bheatha a bhí aire againn ná ar shaidhbhreas saolta ach a' guibhe
       Críost agus Naoimh Póil

v.7   Nuair a bhí muid i *mBaltimore*, nach muid a bhí bródúil gus a Dhia cé
       leór 'áinn é ⁊ a thíocht i dtír

v.8   Ach pócaí falltha bocht, ní bhfuair sé aon chúmharsa ná fios a lóistín ar
       bhruach na h-oidhe

(b) CBÉ 90:609–11; 7 x 2. Aithriseoir: [?], An Lochán Beag, Indreabhán. Bailitheoir: Pádraig Ó Finneadha, *c*.1930.

v.1 Ag dul trí Ghaillimh dhúinn is muid buaidheartha cráidhte, marach súil a bheith ní bhfeárr againn, ní mhairfeadh muid beó

v.2 Cuaidh muid amach ar an bpoillín báithte atá idir Árainn agus Órán Mór

v.3 Maidin mhoch dár eirigh muid do bhí sé a' báisteach, bhí gaoth bhreágh áluinn ann agus fuair muid cóir

v.4 A Oileán Phádruic, mo mhíle slán leat, mar is ann a d'fhás mé 's mo shinnsear rómham

v.5 Trathnóna oidhche Nodlaig seadh neartuigh an gála agus shíl muid an t-ám údaigh go mbead muid shíos

v.6 Nuair a bhuaileamar talamh nach muid a bhí áthasach 's a Dhia cé'n ár dhúinn 'sa theacht slán i dtír

v.7 Acht pócaí follamha bocht, ní bhfuair siad an cóir sin ná fios aon lóistín ó thús na h-oidhche

(c) CBÉ 868:381–84; 7 x 2. Aithriseoir: [?] Bean Uí Fhlatharta (62), Baile an Logáin, Cor na Rón, Indreabhán. Bailitheoir: Pádraig Ó Flatharta, 28 Samhain 1942. Duine de mhuintir Fhátharta as na Minna a rinne.

v.1 A' gabhail tré Ghaillimh dúinn agus muid buartha cráidhte, mar shúil a bheith ní b'fheárr againn, ní mhairfeadh muid beó

v.2 Chuaidh muid amach ar an bpoillín baidhte atá éidir Gaillimh agus Orán Mór

v.3 Maidin mhoch dár eirigh muid, bhí sé a' báisteach bhí gaoith bhreágh áluinn ann agus fuair muid cóir

v.4 Oileán Phádhraic, mo mhíle slán leat, mar is ann a d'fhás mé agus mo shinnsir rómham

v.5 Tráthnóna oidhche Nodhlag 'seadh neartuigh an gála is shíl muid an t-am úd go mbeadh muid thíos

v.6 Labhair fear beannuighthe linn a raibh a gcroidhe leis is thug sé i dtír muid [...] *Bailltemore*

v.7 An té raibh airgead aige bhí ithe is ól aige 'gus a leaba cóirighthe ó bhruach na hoidhche

(d) CBÉ 1138:495–97; 7 x 2. Aithriseoir: Seán Ó Cualáin (Seáinín Beag) (75), An Teach Mór, Indreabhán. Bailitheoir: Pádraig Ó Flatharta, 1941.

v.1 A' gabhail tré Ghaillimh dhuinn is muid buadhartha cráidhte, marach súil le bheith ní bhfeárr againn, ní mhairfeadh muid beó

v.2 Chuaidh muid amach ar an bpoillín báidhte atá eidir Árrainn agus Orán Mór

v.3 Maidin mhoch dár éirigh muid bhí sé a' báisteach, bhí gaoith breágh áluinn ann is fuair muid cóir

v.4 Oileán Pádhraic, mo chúig mhíle slán leat, mar is ann a d'fhás mé is mo mhuinntir rómham

v.5 Tráthnóna oidhche Nodlag 'seadh neartuigh an gála is shíl muid an t-am úd go mbeadh muid thíos

v.6 Acht labhair fear beannuighthe linn a raibh ár gcroidhe leis is thug sé saor muid go *Bailtemore*

v.7 An té raibh airgead aige, bhí ithe is ól aige agus a leaba cóirruighthe ó bhruach na hoidhche

(e) CBÉ 840:337–38; 1 x 2, 1 x 3, 5 x 2. Aithriseoir: Maidhc Ging (60), An Teach Mór, Indreabhán. Bailitheoir: Calum I. Mac Gill-Eathain, 3 Deireadh Fómhair 1942.

v.1 A' guil thrí Ghaille dhúinn is muid buadhartha cráidhte, marach súil a bheith ní bhfhearr a'inn ní mhairfeach muid beó

v.2 Chua' muid amach ar a' bpoillín báidhte bhí idir Árainn is Orán Mór

v.3 Maidin mhoch dar eirigh muid, bhí sé báisteach, bhí gaoth bhreágh láidir ann is fuair muid cóir

v.4 Bhí dhá chéad is naonbhar againn a' gul 's a' caoine, bhí an t-óg is an críon ann 'na suidhe ar bórd

v.5 Mo mhíle slán leat a Oileán Phádraig mar is ionntad a d'fhás mé is mo shinnsear romham

v.6 Nuair a bhuail muid tala' ann nach muid a bhí áthasach is a Dhia, céard a b'ádh dhinn is muid a thabhairt i dtír

v.7 Ach pócaí fala', ní bhfuair sé an chóir sin ná fios a lóistín ag teacht go'n oidhche

(f) CBÉ 1025:16–18; 4 x 2, 2 x 3. Aithriseoir: Pádraig Ó Cualáin, An Teach Mór, Indreabhán. Bailitheoir: Seán Ó Confhaola, 1942.

v.1 A' dul trí Ghaillimh dhúinn agus muid buadhara cráidhte, marach súil le 'bheith ní bhfeárr, ní mhaireadh muid beó v.2 Chuaidh muid amach ar a bpoilín báidhte atá idir Árainn agus Sgeirde Mór

v.3 Ach tháinig maidin bhreágh le beagán báistighe, bhí an ghaoth go nádúra agus fuair muid cóir

v.4 A Oileán Phádraic, mo chúig chéad slán leat mar is ann a d'fhás mé agus mo mhuintir romham

v.5 Tráthnóna oidhche Nodlag d'eirigh gála, shaoil muid an oidhche sin raibh muid thíos

v.6 Nuair a bhuail muid talamh nach muid a bhí spleádarach, a Dhia, cé'n t-iongnadh 's muid a thabhairt slán a dtír

(g) CBÉ 72:39–41; 4 x 2, 1 x 3, 1 x 4. Aithriseoir: Pádraig Ó Cualáin (22), An Teach Mór, Indreabhán. Bailitheoir: Pádraig Ó Finneadha, Samhradh 1928.

v.1 Ag dul trí Ghaillimh dhuinn 's muid go buadhartha cráidhte, marach súil bheith ní b'fhearr againn, ní mhairfeadh muid beó

v.2 Chuadhmar amach ar an bpoillín báidhte tá idir Árainn agus Órán Mór

v.3 Maidin mhoch dár éirigheamar, bhí sé a' báisteach, bhí gaoth bhreágh áluinn ann agus fuair muid cóir

v.4 A Oileán Phádhraig, mo mhíle slán leat, mar is ann a d'fhás mé 's mo shinnsear romham

v.5 Trathnóna oidhche Nodlaig seadh neartuigh an gála agus shíl muid an t-am údaigh go mbéadh muid thíos

v.6 Nuair a shroicheamar talamh nach muid a bhí áthasach 's a Dhia cé'n náir dúinn agus muid theacht slán i dtír

(h) Oileán Phádraig

CBÉ 1133:215; 4 x 2, 1 x 1, 1 x 3. Aithriseoir: Maidhc Ging, An Teach Mór, Indreabhán. Bailitheoir: Tomás de Bhaldraithe, Nollaig 1937.

v.1 'Gul thrí Ghaillimh dhom is mé buadhartha cráidte, marach súil bheith ní b'fheárr dhom, ní mhairfinn beo

v.2 Chuaidh muid amach ar an bpoillín báidhte [...]

v.3 Maidin mhoch gur eirigh muid, bhí sé báisdeach, bhí gaoth bhreágh áluinn ann is fuair muid cóir

v.4 Mo mhíle slán leat a Oileán Pháraic, mar is ann a d'fhás mé is mo shinnsir romham

v.5 Nuair a bhuail muid an talamh nach muid a bhí áthasach, is a Dhia, céard a b'áil dhúinn is a thigheacht slán i dtír

v.6   Té raibh airgead aige, bhí 'g ⁊ ól aige agus a leaba cóirighthe ó dhrúcht
       na hoidhche

(i)   CBÉ 231:366–68; 1 x 2, 2 x 3, 1 x 4, 1 x 3. Aithriseoir: Micil Mac Fhlannchadha, An
       Teach Mór, Indreabhán. Bailitheoir: [?] 26 Lúnasa 1935.
       v.1   Ag dul thrí Ghaillimh dom 's muid buartha cráidhte, marach súil a
              bheith níos fearr a'inn ní mhairfeadh beó
       v.2   Chuaidh muid amach ar a bpuillín báidhte bhí h-eidir Árainn ⁊ Órán Mór
       v.3   Mo chúig chéad slán leat a Oileáin Phádhraic, mar is ann a d'fhás mé
              agus mo shinnsear rómham
       v.4   Tráthnóinín Nodlaig seadh neartuigh an gála agus shíl muid an t-ám sin
              go raibh muid thíos
       v.5   An té raibh airgead aige, bhí ithe 'gus ól aige 's bhí a leaba cóirighthe ó
              bhruach na h-oidhche

(j)   Oileán Phádaig
       CBÉ 1798:347–48; 2 x 2, 1 x 1, 1 x 2. Aithriseoir: Seán Ó Curraoin (79), An Baile
       Láir, Ros an Mhíl. Bailitheoir: Ciarán Bairéad, 28 Lúnasa 1965.
       v.1   'Oileán Pháraic, mo chúig chéad slán leat, mar is ann a d'fhás mé a's mo
              shinsear romham
       v.2   A' fágáil Ghaille dhuinn a's muid buartha cráite agus gan fios ná fáirnis
              'ainn a bhfillfeadh aríst
       v.3   Bhí fear naofa ann a's labhair Dia a chroí leis agus thug Dia i dtír muid
              go *Baltimore*
       v.4   Cé raibh airgead aige bhí ithe 'gus ól aige, bhí a leaba cóirí ó bhruach na h-oí'

(k)   CBÉ 1770:144–45; 3 x 2, 1 x 1. Aithriseoir: Seán Ó Curraoin (81), An Baile Láir,
       Ros an Mhíl. Bailitheoir: Ciarán Bairéad, 31 Deireadh Fómhair 1967.
       v.1   A Oileán Pháraic, mo chúig chéad slán leat, mar is ann a d'fhás mé a's mo
              shinnsir romham
       v.2   A' fágáil Ghaille dhúinn ⁊ muid buartha cráite agus gan fhios ná fáirnéis
              a'inn a bhfillfeadh muid choí'n
       v.3   Bhí fear naofa ann ar labhair Dia 'na chroí leis, gur thug sé i dtír muid
              go *Báltimore*
       v.4   Ní ra ag pócaí folla bocht ach buaileadh sé bóithre agus gheofa lóistín
              amach faoi'n tír

(l) Oileán Phádraig

CBÉ 1133:214; 2 x 2, 2 x 3. Aithriseoir: Seán Ó Flatharta (Seáinín Sheáin) (*c.*60), An Lochán Beag, Indreabhán. Bailitheoir: Tomás de Bhaldraithe, Nollaig 1937.

v.1 Gul thrí Ghaillimh dhom is mé buadhartha cráidte [...]

v.2 Tharraing (sic) dhúinn ar an bpoillín báidhte idir Árainn agus Órán Mór

v.3 Tarnóna oidhche Nodlag d'eirigh an gála, shíl muid an lá sin go raibh muid réidh

v.4 Nuair a bhí muid i m*Baltimore*, bhí muid go bródúil, a Chríost té'r mhór linn é ó tháinic muid i dtír

(m) CBÉ 1798:21–22; 2 x 2. Aithriseoir: Pádraig Ó Máille (Pádraig Sheáin Uí Mháille) (67), An Baile Láir, Cor na Rón, Indreabhán. Bailitheoir: Ciarán Bairéad, 20 Nollaig 1972.

v.1 A Oileán Pháraic, mo chúig chéad slán leat, ins an áit a d'fhás mé a's mo shinsir romham

v.2 Nach beag a' chuimhne a bhí am sa saol siúd, go mbeinn-se sínte sa Shieftain ⁊ tart ar mo scóig

206 Mo Bháidín

CBÉ 1800:139–41; 5 x 4. Aithriseoir: Beartla Ó Confhaola (65), Casla. Bailitheoir: Cóilín Ó Maoilchiaráin, [1971–72]. Peadar Ó Báille a rinne.

v.1 Mo mhíle slán le mo bháidín atá go fánach i Rossabhéil

v.2 Is tá mo theachaín i lár a' ghabhaltais 'gus bóithrín ag tóin a' tighe

v.3 Is nach iomdha sin contabhairt mhór ariamh in m'óige a ndeachas thríd

v.4 Is tá mé i bhfad as Éirinn, tá mé imthighe do ló agus d'oidhche

v.5 'Gus shil mo shúile deóra le brón agus briseadh croí

207 *Patrick Sheelay* [Sheehan]

CBÉ 825:115–16; 4 x 4. Aithriseoir: Neain Bean Uí Ghriallais (Neain Dhonnchadha) (66), Cill Bhriocáin, Ros Muc. Bailitheoir: Monica Ní Mhaodhbh, 18 Aibreán 1942.

v.1 *My name is Patrick Sheelay, my age is twenty four*

v.2 *My father died and closed his eyes, outside his cabin door*

v.3 *For three long months in search of work, I wandered far and near*

v.4 *O rosie up, said the corporal, your lazy hear is out*

208   **San Áit a mBíodh an Bord Againn, a mBíodh an Buidéal Maith Fuisce Againn is Cárt**

CBÉ 1767:215–16; 1 x 7. Aithriseoir: Máirtín Ó Confhaola (Máirtín Mhurcha), Cladhnach, An Cheathrú Rua. Bailitheoir: Ciarán Bairéad, 15 Iúil 1964.

v.1   San áit a mbíodh a' bord ainn, a mbíodh an buidéal maith fuisci ainn

        a's cárt

ROINN III

Amhráin Mholta

A. Amhráin Mholta Daoine

209   A Bhuachaillí an Bhaile Seo

CBÉ 851:397–98; 3 x 4, 1 x 2. Aithriseoir: Pádraig Ó Flatharta (58), Baile an Logáin, Cor na Rón, Indreabhán. Bailitheoir: Calum I. Mac Gill-Eathain, 15 Nollaig, 1942.

v.1   A bhuachaillí a' bhaile seo, atá go laghach spóirteamhail, beidh airgead póca againn go gcaithtear a' Cháisc

v.2   Mach thar na Criogáin agas soir ag Druim Cúnga, ní chumhnócha muid anois go dtéighidh muid siar ag tigh Cheárr

v.3   Níl dochtúir Sasunach ná fear da ghrinneacht a d'fhéadach innseacht cé bhfhuil sí fás

v.4   Tháinic leáns aige ón réigiún is ní rabh glaca aige léi sin go ndeacha sé fhéin dá h-iarra gon Spáinn

210   Amhrán De Valéra

CBÉ 1767:231–33; 1 x 4, 1 x 3, 2 x 2, 1 x 3, 2 x 4. Aithriseoir: Máirtín Ó Confhaola (Máirtín Mhurcha), Cladhnach, An Cheathrú Rua. Bailitheoir: Ciarán Bairéad, 2 Lúnasa 1964.

v.1   Ó sid é an fear measúil a bhí againn ó 'nÉirinn, ó rinne sé an smaoiniú [...]

v.2   Tá an aois a's óige buíoch go maith fós, ó fir as mrá pósta a's a gclann siúd 'á réir

v.3   Tá chaon duine sásta dhá bhfuil ins a' stáisiún, na baintreachaí mrá seo nach bhfuair aon phínn fós

v.4   Ach tá siad a' guive air maidin's trathnóna a's ag an Aifreann Dé Domhna' [...]

v.5   Ag greamannaí feola ghá bruith ⁊ ghá róstadh a's nach maith an cúna g'Éirinn a' méid a bhí ánn

v.6   Níor fhéadadar bád a chuir timpeall na hÉireann ná drannadh leis na

Paddies tí *Wimpy* tao' tháll

v.7   A's 'té d'fheicfeadh na Sasanaigh ó ba mhór a' truaí iad, dá dtóigeál sna sráideannaí ag na *Scotland Yard*

211   **Amhrán na mBlácach**

(a)   CBÉ 339:47–48; 7 x 2. Aithriseoir: Máirtín Ó Flatharta (60), Doire Locháin, An Spidéal. Bailitheoir: Éamonn Ó Confhaola, 28 Márta 1937.

v.1   Ag guil thrídh Bheárna siar dhom, ba luam lag é mo thriall, ins na Forbacha seadh fuair mé árus

v.2   Bhí seifte ar fud a lámha ⁊ an margadh i ngar dhóibh, le na gcíos a dhéanamh amach i gcomhnuidhe

v.3   Bhí iasgach ann le slat ⁊ bhí na líonta gól na mbreac, bhí Aifreann ann lá saoire agus Domhnach

v.4   Bhí aithne ag a lán ar Andriú Buidhe Blácach, bhí col-ceathar dó ag *Lord Nudent* pósta

v.5   Óra siúbhal áir an gleanna ⁊ páirt go Cho. an Chláir, thug mé cuairt ar Áirinn ⁊ dhearc mé taltaí bána

v.6   Shiúbhal mé Corcaigh ⁊ Tuaim, Cill Aobhinn, Blá Luainn ⁊ sa gClochán a bhí mé lár na bháireach

v.7   Bhí mé ag ól fionn ⁊ *brandy* in aonfheacht le clann Riocard go raibh mé súagach

(b)   CBÉ 525:333–35; 1 x 4, 4 x 2, 1 x 3. Aithriseoir: Máirtín Ó Flatharta (60), Doire Locháin, An Spidéal. Bailitheoir: Proinnsias de Búrca, 29 Márta 1938.

v.1   A' guil thrídh Bheárna siar dhom Luan lá go raibh mo thriall, ins na Forbacha 'seadh d'iarr mé árus

v.2   Ó bhí iascach ánn lé breac, bhí iascach ánn lé slat, óra bhí na líonta a' gabhail na mbreac [...]

v.3   Óra shiubhail mé Corca ⁊ Túaim, Túr Mhic Éada, Aibheann ⁊ Bl' Átha Luain ⁊ sa gClochán a bhí mé lá'r na bháireach

v.4   Óra tá an Dálach leis gan bhréig ⁊ clann Riocaird ar a thaobh, bhí col-ceathar dhó ag *Lord Jordan* póstaí

v.5   Óra shiubhail mé an gleann, páirt go Chonndae a' Chláir, agus thug me cuairt ar Árainn

v.6   Tá iasg ann in aghaidh an lá agus a' mbád nuair a bhíonn sí a' snámh, nuair a théigheanns sí siar an fhairge go spéireamhail

212   Amhrán Shéamais Bheartla

(a)   CBÉ 607:5–9; 10 x 2. Aithriseoir: Seán Mac Donnchadha (60), Ros an Mhíl.
Bailitheoir: Brian Mac Lochlainn, 1938.

v.1   I Ros a' Mhíll tá an scafaire atá meanmnach mín-tréithrach, a dtugas
searc mo chléibh dó 'gus ní shéantha mé choidhthe

v.2   Mar bhí sé bríoghmhar pearsanta ins gach uile bháll gun tarcuisne, mar
bhí gruaig a chínn casta eir i n-a dlaodhacha breagha óir

v.3   Chonnaic mé lá i nGaille é 'gus is agam bhí an t-íontas ánn, ghá
bhféadthach fear tíre a' bith blaodhach i n-a stór

v.4   Bhí fuisge a' teacht i n-a channaí ánn, leann muláilte a bhí bríoghmhar,
sin i's *decanters* fíon a' gol tímpeall ar bhórd

v.5   'Siúd é an fear nár facthas ariamh easba ar a phóca, bu mhinic i dteach an
ósta é go mothúil i n-a shuidhe

v.6   Dhá dtigeach bruidhean nú achrann ánn 'sé dhianthach eatrob
réidhteach, sé chúnóthach leis a lagar 'gus nach séanthach a ghaol

v.7   Nach mór i gceist Ó Conaill a'inn 's a chuid argúinteacht' Béarla, nach
fada a' rúl ag Clanna Gaedheal ga ndianthad sé dóibh cabhair

v.8   Ní h-é sin go mhac Beartlaiméid – i n-ainm dó-san Séamus, á'n
mbainrioghain fuair mé scéala ga géar faoi n-a ghraoi

v.9   Bás nár fhágha mé i bpeaca cé gur beag a mhath beo mé, go bhfeice mé
cóistí faoí mhórán gá chloínn

v.10   Teínnte crámha lasta insna bailteacha le lóchrann, agus band a
seineamhaint ceoil ('gas nach ró-dheas a chroidhe)!

(b)   CBÉ 442:428–32; 6 x 2, 1 x 3, 1 x 4. Aithriseoir: Seán Ó Lorcáin (75), An Doirín,
Leitir Móir. Bailitheoir: Eibhlín Ní Standúin, 16 Nollaig 1937. Feilim Mac
Cumhaill a rinne.

v.1   A Ros a' Mhíl atá an preabaire, fear meanamach mín tréitheach, le go
dtug mé searc mo chléibh dhó 'gus ní shéanfhaidh mé é choidh'e

v.2   Mar bhí sé luthmhar pearsanta go chuile bháll do'n tarcuisne is bhí
gruaig a chinn a craithe mar bheadh dlaoidhthe do'n ór

v.3   Nár thagadh iongnabh ar bith ins na bailteacha is nar chloineadh muid é
choidhche, níos mó ná thiocfhas d'áth ort, a ghnaoidh na mban óg

v.4   Mar tá sé luthmhar pearsanta go chuile bháll gan tarcuisne 'gus is binne
ná na h-earagáin, glórtha a bhéil

v.5   Mar sin é an fear nar facas easbaidh ar bith ar a phóca. 'gus b'iondamhail i dteach an ósta é gan é go bródamhail ina shuidhe

v.6 Dhá dtosnuigheadh troid no achrann an sé dhéanfhadh réidhteach
eatorra, sé chuideóchadh leis an lagar is nach séanfhadh an gaol

v.7 Nar mhór i gceist *O'Connell* ain'n le seanachus is Béarla is chuaidh sagairt
a crinniú déirce dhó in Éirinn le h-aghaidh cíos

v.8 Chonnaic mé lá nGaillimh é agus rinne mé an-iongantas, go
bhféadfhadh aon fhear tíre bheith glaodhach ina sgór

213 **An Cin[n]íneach**

CBÉ 607:567; 2 x 2, 1 x 1, 1 x 2. Aithriseoir: Micil Ó Curraoin, Indreabhán.
Bailitheoir: Brian Mac Lochlainn, 1938.

v.1 Ólamuid sláinte an Chínínigh Luan Cincíse faoi bhratacha, sé
dheanthach na scaifíní a d'iompóch suas an fód

v.2 Dhianthadh sé na báiléir ⁊ na ráillí i dtighthe *factory*, *draw-bridge* ar
uisce, an áit a gcúnaigheann fear 's céad

v.3 Dhianthadh sé an smól le cur sa túirne, uaghaim ⁊ a tlúín ghairmint,
céachta Gaedhealach a scoilteach glan an fód

v.4 Á bhfeiceadh sibse an Cíníneach 's é ag imeacht 's a caipín eir, dar a
leabhar-seo bu mhinic meas eir ⁊ iarracht mhór tighe an óil

214 ***Bartley* Gabha**

CBÉ 794:305–09; 7 x 8. Aithriseoir: Colm Ó Conaire (65), An Siléar, Ros Muc.
Bailitheoir: Monica Ní Mhaodhbh, 10 Lúnasa 1939.

v.1 Is é *Bartley* an glan-chearduidhe is fearr ins an tír seo

v.2 Dheanfadh glas phláta go sásta agus eochair

v.3 Bioráin, spuir géara, sé dheanfadh go stuamdha

v.4 Fairrge muilionn páipéaith 's na tiber air fheabhas

v.5 Ghléasfadh sé cóiste, cathaoir 's barra láimhe

v.6 Buclaí do bhrógaibh daoine mór is ban uasal

v.7 Dheanfadh sé geata bheadh a g'oscailt 's a dúnadh

215 **Blácach Thóin na Craoibhe**

CBÉ 72:21–26; 6 x 2. Aithriseoir: Éamonn Ó Finneadha (69), An Lochán Beag,
Indreabhán, Pádraig Ó Finneadha, Nollaig 1930–Eanáir 1931.

v.1 Níl sionnach ins an tír seo a dhéanfadh áirneán oidhche, a mharbhóchadh uan ná caora ar an gcomharsain

v.2 A chuid gadhar bhreac' a's bána ag eirghe ar na hárda 's an mada ruadh dá chásnadh ar na bóithrí

v.3 Sé'n breitheamhnas a ghníos sinn i gcomhnuidhe, é sgaoíleadh rómhainn síos go Páirce na Cloiche Maoile

v.4 Dheamhan sin girrfhiadh crúbach ó Ghaillimh go Cill Chonaill ná thart go hÁill Bhán Bheárna

v.5 A bhearrfadh ruibe geamhair ar maidin insan drúcht, nach n-íocfadh sé dúbailt an fhásach

v.6 Dá bhfeicteá sgoth na mBlácach ar maidin Luan Cásga, ar thalamh Ghleann na Sgáile go ceól-bhinn

v.7 Dá dtugadh Rí na nGrást, an *minor* a riar do chách, go sgaipfeadh sé ar dháta Rí Seóirse

216 Bríd Bhán Ní Oisín

(a) CBÉ 688:466–69; 8 x 4. Aithriseoir: [?] Bean Uí Chonfhaola. Bailitheoir: Seán Ó Confhaola [*c*.1938].

v.1 Tá go leór de na h-amhranaibh is dóigh liom bréagach

v.2 A Bhríghid Bhán Ní Oisín, bheirim an craobh dhuit

v.3 Is breághtha í ná dí-dó, crann soillse na Spáinne

v.4 An t-am a dtug *Jocub* an t-abhall óir do na *ladies*

v.5 A Rí na n-Giúdaighe dá ndearcá-sa Bríghid

v.6 Ní ar líne na *Strongbohnian* ná de shliocht na n-Graméileans

v.7 Giofta ó Chríost í an té dhó a bhfuil sí i ndán

v.8 Níor bhfuide dhuit a' cur síos ar Thaibhnín Teóin Óig

(b) CBÉ 811:469–70; 4 x 4. Aithriseoir: Seán Ó Flatharta (Seáinín Sheáin) (60), An Lochán Beag, Indreabhán. Bailitheoir: Tadhg S. Ó Concheanainn, Nollaig 1941–Eanáir 1942. Seán Bacach Ó Guairim a rinne.

v.1 Ó's a Bhríghid Bhán Ní Oisín, bheirim-se an *sway* dhuit

v.2 Cúigear ban táirní 'chúa' 'steach i mo rúma

v.3 Is breá'ch' í ná *Dido*, cránn soillse na Spáinne

v.4 Muis' a Bhríghid Bhán Ní Oisín, molaim go h-éag thú

(c) Bríd Mhaith Ní Oisín

CBÉ 250:140–41; 3 x 4, 1 x 5. Aithriseoir: Pádraig Ó Ceannabháin (60), An Cnoc,

Indreabhán. Bailitheoir: Bríd Ní Chollaráin, 1936.

v.1   Eistigidh liom-sa go n'osaidh mé sgéal dhíob

v.2   Is breagach a n'eireogann crann sailligh na Spáinne

v.3   Is *gifte* ó Críost an té a bhfuil sí i ndán dhó

v.4   An *tinsel* clumhach bardail is síoda mín naipcín tláth

(d)   CBÉ 248:411–13; 3 x 4. Aithriseoir: Pádraig Ó Ceannabháin (60), An Cnoc, An Spidéal. Bailitheoir: Pádraig Ó Ceannaigh, 17–19 Lúnasa 1936.

v.1   Ó éistigidh liom-sa go neósaidh mé sgéal díbh

v.2   Is breaghtha í ná *Dido*, crann soilse na Spáinne

v.3   Is *gift* í ó Chríost an t-é a bhfuil sí i ndán dó

217   Loin[g]seach Bhearna

(a)   CBÉ 829:271–73; 8 x 2. Aithriseoir: Pádraig Ó Cualáin (*c.*41), An Lochán Beag, Indreabhán. Bailitheoir: Tadhg S. Ó Concheanainn, 10 Meitheamh 1942.

v.1   Dían'ár draéd óir air Phowell an Eistire fós is bei' airgead, a stór, roimh an máighistir

v.2   Bíonn fíon is *punch* go leór, beidh adharca ar bórd, na slainnte fear dhá n-ól trí ráithe

v.3   Tá luingeas ag a' Línseach a rinniú ins a' tír seo, go choyilte 's go chraoínnte a d'fhás 'ób

v.4   Nach mór a' spóirt 'sa tír nuair a bheidheas an chabhlach cruínn, tioca' slat' i seóil faoi shíodaí bána

v.5   Céard a dhíanas muid annsiúd má theigheann sé cho'ín anúnn, tiocha'n dúí uileog faoi smúit mar gheáll air

v.6   Linseach áluinn óir 'bhfuil *diamonds* as do chómhair, go dteaga iasg air 'chuile chuan mar gheáll ort

v.7   Fás' an chruithneach fhéin ins gach áit 'á siúbhlann sé, ach chomh paitionnta 's 'tá féar i mBeárna

v.8   Tá inghín Rí na nGréig a' fáil bháis le cúmha 'na dhé', is níor chodail a súl néal le rá'tha

(b)   CBÉ 339:49–50; 2 x 1, 4 x 2, 1 x 3, 1 x 4 [leagan amach an amhráin mírialta]. Aithriseoir: Máirtín Ó Flatharta (60), Doire Locháin, An Spidéal. Bailitheoir: Éamonn Ó Confhaola, 28 Márta 1937.

v.1   Ós go ndéanfar droichead óir ar Pholl an Aistire fós, beidh buadha

Connacht ag Linseach Bheárna

v.2 Tá airm seasta gol a teacht ⁊ déanamh spóirt [...]

v.3 Céard a dhéannas siad annsin, beidh an dúthaigh ar fad faoí smóid, mar gheall ar Leinseach Ghleann nDeóir

v.4 Tá na meachain ag gul ó shiúbhal dh'ól mhealla le teánn cúthach, tá na h-éiníní a ligeann a gclumhach le fanadh

v.5 Go bhfásann an chruithneacht tréan gach áit dá siúbhalann sé, go tréan 's 'tá féir i mBeárna

v.6 Sé an chomhairle a thug mo Dadí dom gan aon deóir 'ól

v.7 Tá fóghmhar seo i mbliadhna a gul n-aghaidh na mban óg

v.8 Ní dhéanamh mé imirt ⁊ ní dhéanamh ná ól

(c) Amhrán na Loin[g]seach

CBÉ 526:461–63; 5 x 4. Aithriseoir: Pádraig Ó Fátharta (48), Bearna. Bailitheoir: Proinnsias de Búrca, 12 Bealtaine, 1938.

v.1 Déanthaidhear droichead óir ar Pholl an Eistre fós lé airgead as stór a' mháighistir

v.2 Tá loinis ag a' Loinnseach nach bhfuil a leithide insa tír, dhá choill fhéin ⁊ dhá chroinnte a deárnadh

v.3 Céard a dheanfhas muidí annsiúd ach go dtéigh an t-oidhre óg anuan, beidh na daoine ar fad faoí smúit mar gheall air

v.4 Tá an tír seo ar fad ar fán ó d'imthigh as a' Loinseach, níl sonas ánn ná ádh mar bhíodh

v.5 Agus fásfa cruithneacht mhaol san áit a siubhaileann sé chomh fairsing ⁊ atá féar i mBeárna

(d) CBÉ 669:110–13; 4 x 4. Aithriseoir: Pádraig Ó Cualáin (28), An Lochán Beag, Indreabhán. Bailitheoir: Colm Ó Finneadha, 20 Meán Fómhair 1939.

v.1 'S déanfar droichead óir ar Phol an Eistre fós 's beidh airgead i bpócaí an mháighistir

v.2 Tá luingis ag an Loinnseach a rinneadh ins a' tír seo do choillte is do chrainnte d'fhás dhó

v.3 Cad a dhéanfas muid annsúd má theigheann sé choidhchinn anonn, tuitfidh an dúithche uilig faoi smuit mar gheall air

v.4 Fásann cruithneacht féin ins gach áit a siúbhalann sé chomh paiteanta is tá féar i mBeárna

218   **Micil Bhaba Chití**

CBÉ 654:637–38; 3 x 4. Aithriseoir: Seán Tom (85), Scailp an Chait, Indreabhán.
Bailitheoir: Bríd Ní Fhátharta, 19 Lúnasa 1938.

v.1   Bhí mise a fáirneáil la gréine, is bhí tart orm féin ó mhin-bhuidhe

v.2   Bhí an t-arán ann ba bhreaghtha 'bhí in Éirinn, is cead ag saoghal Éabha
'dhul thríd

v.3   Gléasfadh mé suas iad na paistí, agus lásaí breagh óra leó síos

219   **Moladh ar Shleádóir**

CBÉ 1676:92; 1 x 4, 1 x 2. Aithriseoir: Máirtín Ó Confhaola (Máirtín Mhurcha),
Cladhnach, An Cheathrú Rua. Bailitheoir: Ciarán Bairéad, 14 Meitheamh 1961.

v.1   Óra, a bhuachaillí, a bhfuil fear a bith le fagháil

v.2   Ní ra' sleagh'dóir a' bith go maith a'inn le Cóil a' Coisleala a bhí san áint

220   **Seoigigh Inis Bearachain**

CBÉ 1767:216–17; 1 x 3, 1 x 4, 1 x 5, 1 x 4. Aithriseoir: Máirtín Ó Confhaola
(Máirtín Mhurcha), Cladhnach, An Cheathrú Rua. Bailitheoir: Ciarán Bairéad,
15 Iúil 1964.

v.1   Ó's a Sheoigigh   is Bearachain, nach mór anois sibh le rá

v.2   Sa gcuimhníonn sibh a' lá údan a ra'n Tóstal i mBó'r na Trámh

v.3   A's á mhéad dár ól sibh d'uibheachaí a' cuir spreacadh ar a' gcuid análachaí

v.4   Ó déanadh tintí crámha dhaoibh as bhí fáilte romhaith i's chuil áit

221   **Tomás Ó Fathaigh**

(a)   CBÉ 442:104–07; 5 x 2, 1 x 3, 2 x 2. Aithriseoir: Seán Ó Lorcáin (68), An Doirín,
Leitir Móir. Bailitheoir: Eibhlín Ní Standúin, 16 Samhain 1937.

v.1   Sé Tomás Ó Fathaigh an gabha soineannta sásta 'gus sé an comhladar
sáimh é le tigheacht ina tighe

v.2   Tharraing sé amach í agus rinne sé a plátáil agus budh ghéire ná an rásúr
a rinne sé í

v.3   Chaith sé ar an talamh í no gur fhuaradh sí in fhínnis, bhí a guaillí
breágh bríoghmhar 's í spreachamhail cuile áit

v.4   Bhí leanabhí leathamhail 'gus bean mhúinte ghnaoidheamhail 'gus
chaith muid an oidhche sin súgach go leór

v.5   Láighe agus pitséar agus iarann do'n chéachta, sleánta breágh géara a
bhainfeadh an mhóin

v.6 An ceathramhach 'gus an marcach 'gus an speal fao'n a faobhar, tuagh láimhe do'n tsaor agus graiféad báid mhóir

v.7 Héméid 'gus háméid agus ráipéir glasa míne 'gus sleaghacha an líomháin do'n iasgaire ár ndóigh

v.8 Shiubhail mise Sasana is binn do Phort Láirge, *Milltown* 'gus *Malbay* 'gus Co. Mhuigheó

(b) CBÉ 1764:534–35; 7 x 2. Aithriseoir: Áine Nic Oireachtaigh (70), Tullach Uí Chadhain, Maigh Cuilinn. Bailitheoir: Proinnsias de Búrca, 24 Aibreán 1969.

v.1 'Sé Tomás Ó Fathaigh an gabha soineannta sáimh agus an comhluadar sásta le teacht in do thí

v.2 Sheas sé ar an teallach gur dhearg sé a phíopa agus gur fhuaraí sé in ár bhfioghnais amuigh as a gcómhair

v.3 Bhuail mé faoí m'ascaill é agus thug se ina tí mé, bhí caor fheóil go'n rí ann gléasta ar bourd

v.4 Innseóchaidh mé anois dhíbh chomh fada agus tá mé in ann, níor facthas dom fhéin a ndeann sé gan stróbh

v.5 Cruidhte an chapaill, an stíoróip agus an béalbhach, buclaí na Féinne agus réidhtíonn gach ceárd

v.6 Do shiúil mé Cill Choinne agus roinnt go Phort Láirge, Béal Átha na Báid atá i gConndae Mhuigheó

v.7 Má shiúilfhinn fhéin Banba, a thogha in do cheárdchaí, ní castar in mo *walk* liom in áit ar bith róm

(c) CBÉ 607:28–29; 6 x 2. Aithriseoir: Pádraig Mac Donnchadha (Peait), Ros an Mhíl. Bailitheoir: Brian Mac Lochlainn, 1938. Seán Ó Donnchadha, Casla, a rinne an t-amhrán.

v.1 'Sé Tomás Ó Fatha' an gabha suineannta sásta, an cúlódar sásta le thiocht 'un a thighe

v.2 Leag sé ar a taltha í go ndearna sé pláta, bu géire ná an rásúr seadh rinne sé í

v.3 Bhuail mé faoi m'ascail í 's thug sé 'un a tighe mé, bhí caoir-fheoil – díol Rí ánn —   leagtha ar bodhard

v.4 Ínnseotha mé anois dhíob cho fada 's tá i m'éirim, gach uile nídh a dhiantad sé gun aon stró

v.5 Dheanthad sé cruithbhí gan chapall, a' stiaróip 's a béalmhach, sleaghacha liabháin an iascaire ár ndú

v.6   Shiúbhal mise Gailli(mh) ꝛ bhínn go Phort Láirge, Béal Átha na Bláighe
        agus pláinéid Mhuigh Eo

(d)   Séamas Ó Fathaigh
        CBÉ 840:314–15; 6 x 2. Aithriseoir: Meait Ó Diollúin (60), An Teach Mór,
        Indreabhán. Bailitheoir: Calum I. Mac Gill-Eathain, 29 Meán Fómhair 1942.
        v.1   Séamus Ó Fatha' an gabha soinneanta sásta, an cualodar laghach le teacht
                'na tighe
        v.2   Tharrain sé mach í is rinne sé plátáil, níos géire ná'n rásúr 'seadh rinne sé í
        v.3   Cath sé ar a' tala' í is dhearg sé phíoba no gur fhuaraigh sí in' fhínis
                (fhianuis) annsiúd os a chómhair
        v.4   Bhuail sé faoi'n asgail í is thuc sé 'un a' tighe mé, bhí caor-fheoil díol
                ríogh aige bruithte ar bórd
        v.5   Innseócha' mé anois dhuit chomh fada le m'éilimh, an chuile short ní
                dhá ndíonfainn gan stróbh
        v.6   Na cruidhte go'n chapall, na stioróip 's a' bhéalbhach, bucla na sraona is
                reaicí go'n t-seól

(e)   CBÉ 70:165–67; 1 x 2, 2 x 4, 3 x 2. Bailitheoir: Miss. Kathleen Macken, 1925.
        v.1   Sé Tomás Ó Fathaigh an gabha sineánta sáimh is an comhluadar sásta le
                theacht chun a thighthe
        v.2   Do tharraing sé amach í agus rinne sé plátáil, chomh géar le aon rásúr do
                rinne sé í
        v.3   Do bhuail mé faoí m'asgail í is do thug 'un a thighthe mé, bhí caorfheóil,
                díall Rí ann gléasta ar bhórd
        v.4   Cruighthe don chapall, stíoróib is béalbheach, buclaibh na spoine is
                séicin don treór
        v.5   Do shiubhail mé Cill Choinnigh agus roinnt de Portláirge, Béal Atha an
                Bháid agus Conndae Mhuigheó
        v.6   Dhá siúbhlainn féin Banba, a shamhail do cheirdhe ní casfídh in mo
                walk liom in áit ar bith romham

(f)   CBÉ 633:430–32; 1 x 2, 1 x 3, 1 x 1, 1 x 4, 2 x 2. Aithriseoir: Peadar Ó Donnchadha
        (38), Ros an Mhíl. Bailitheoir: Máirtín Ó Mainnín, 4 Lúnasa 1939.
        v.1   Sé Tomás Ó Fathaigh an gabha soineannta cóir, an comhluadar sásta lé
                tigheacht i naon tighe

v.2   Chaith sé ar a' talamh í nó go ndeargóch sé a phíopa, nó gur fhuaraigh sí in fhiadhnuis amach ós a chomhair

v.3   Ag leanabaidhe geanamhail 's ag bean mhúinte ghnaoidheamhail 's nár chaitheamar an oidhche sin súgach go leor

v.4   Innseóchaidh mé anois duit chomh fada agus is léir dom, chuile nidh a dheanfadh sé dhe gan aon stróbh

v.5   Dhéanfadh sé na cáblaí, na geclass agus na glais agus na wingless, sleaghacha líamháin don iasgaire ar nóigh

v.6   Shiubhail mise Gaillimh agus ceann de Phort Láirge, Oileán na bPláigh agus pláinéad Mhuigheó

(g)   CBÉ 109:264–65; 4 x 4. Aithriseoir: Pádraig Mac Donnchadha (Peait), Ros an Mhíl. Bailitheoir: Tomás P. Ó Broin [*c.*1935]. Seán de Bhailís (fíodóir) a rinne.

v.1   Tomás Ó Fathaigh an gabha soineanda sásta, an comhladar (comhluadar) sámh le thigheacht chun a thigh

v.2   Chaith sé ar an talamh gur dhearg sé a phíopa, gur fhuaraigh sé m'fhiadhnais amuigh os mo chomhair

v.3   Innsigh (innseochaidh) mé anois dhíbh chomh fada is tá i m'éirim, gach uile short nídh a dhéanfadh gan stró

v.4   Dhéanfadh sé na grátaí, na geataí, na glais is na windlass, sleaghiacha, líomháin do'n iasgair ár ndó

(h)   CBÉ 1833:120–21; 1 x 3, 1 x 4, 1 x 3. Aithriseoir: Máire Ní Mháille (72), 52 Cooke's Terrace, Gaillimh. Bailitheoir: Ciarán Bairéad, 19 Iúil 1973.

v.1   'Sé Tomás Ó Fatha' an fear sonanta sásta [...]

v.2   Chua' muid go Gaille go gceannóinn-se láí, sé'n chaoi a ra'n cás am, ní ghlacfat sé pínn

v.3   Inseo' mé anois dhuit cho fada a's tá m'eolas, tille a dheanfat sé gan aon stró

B. Amhráin Mholta Áiteanna

222   Amhrán an [?] tSúisteor'

CBÉ 1722:171–72; 1 x 2, 1 x 3, 2 x 2. Aithriseoir: [? Bríd Ní Scanláin, Baile an tSléibhe, Ros an Mhíl]. Bailitheoir: Mícheál Ó Scanláin.

v.1   Beirim an bárr do Litir ó hÁird le fairsinge ⁊ le féile daoine v.2   Tá bean ins an áit is nuair eirigheann sí ar árd, is cosamhail le stráic do shraoil í

v.3   An mála bhíos lán, a bhíos ruithte cruadh teann, seasfeadh sé i láthair an bhóthair

v.4   Nuair a theigheann sé thar ám a ndinnéar a fhághail, is failligeadh uainn gránn a ruscadh

223   Amhrán Bhoth Bhrocháin

CBÉ 1235:134–38; 13 x 4. Aithriseoir: Seosamh Ó Donnchadha, An Aird Mhóir, Carna. Bailitheoir: Cóilín Ó Maoilchiaráin, 5–6 Márta, 1952. Tomás Ó Céidigh a rinne.

v.1   Is deas an baile é an baile seo, an té d'fhéadfadh fanacht ann

v.2   Ní cúrsaí sgéil nó magaidh é is ní bréag atá mé rádh

v.3   Is iomdha nídh ann thairis sin is innseóchadh é ar ball

v.4   Nuair a thiocfas ráithche an earraigh, dá mbeadh leasú ag éirighe gann

v.5   Dhá mbeadh tamall beag le spáráil agat amach faoi Féilteain Seáin

v.6   Tá chuile chineál caitheamh aimsire ann a n-iarrfadh fear a fhágháil

v.7   Tá fouiléaracht go fairsing is fíadhach den chunntas ann

v.8   Tá an mhóin is fearr sa gconndae dhá bainnt i mBodhbhrochain

v.9   Tá gluaisteáin mhóra dhá tarraingt as, timcheall leith-chéad chuile lá

v.10   An té a mbeadh suim i móin aige is a chaithfeadh séasúr ann

v.11   Tá obair sheasta ag carannaí dhá tarraingt chuile lá

v.12   Sláinte do lucht cladaigh is go mór mhór do na mnáibh

v.13   wAnois ó chuir i ngéill dhaoibh é, tá an méid seo agam le rádh

224   Amhrán na mBolmán

CBÉ 1634:272–73; 4 x 4, 1 x 3. Aithriseoir: Stiofán Ó Flatharta (75), An Trá Bháin. Bailitheoir: Ciarán Bairéad, 22 Márta 1960.

v.1   Tá'n fhairrge a' léimreacht ⁊ na h-éisc 'á loscadh faoi'n áill

v.2   Mairg a déarfadh nach Gaedhealach a' baile é'n Tráigh Bháin

v.3   Ar maidin a' lae sin do bin Aifrionn d'eistí i seal geárr

v.4   A' goil síos ag tigh *Kheane* dhom féin a's mé ag iarra' 'bheith 'n-ám

v.5   Ní áibhéil ná bréag a rádh nach ra' bolamáin ánn

225   Amhrán Ros an Mhíl

CBÉ 1280:13–14; 1 x 4, 1 x 6, 5 x 4. Aithriseoir: Mícheál Ó Confhaola, Doire an Fhéich, Casla. Bailitheoir: Séamus Mac Aonghusa, 1942.

v.1   Bhí mé lá breágh seoladh le Beairtlín óg, fear gan mhísc

v.2   Go deimhin árnó bhí fáilte romhainn, dhá mhéad é i gcóisir cuirfí chun bídh

v.3   Annsiúd a bhí 'n poball óigfhear ba deise bhreaghtha chumhra bláth

v.4   Dá bhfeictá na mná óga maidin Dúna' ag crú na mbó

v.5   Níor bhaol duit galra báis ach ráth an tsamhra i Ros a' Mhíl

v.6   Bhí coilltí ann is rásaí agus móinín báire 'sgai seód á bhreaghcha ann dhá bhfuightheá 'dtír

v.7   Fíon is beóir a tíocht i gcóndaí 'sé dhá dhórtadh ar fud a' tíghe

226   Amhrán Shléibhte Chill Ráine

CBÉ 578:63–65; 2 x 2, 1 x 3, 2 x 2, 1 x 3. Aithriseoir: Stiofán Ó Confhaola (72), Na hAille, Indreabhán. Bailitheoir: Seán Ó Confhaola, 15 Deireadh Fómhair 1938. Nioclás Chathail (Ó Tiarnaigh) a rinne.

v.1   Anois ag teacht d'oidhche Bhealtaine, déanamh mo soláthar, ar ghiodán talmhana fhághail a gcuirfinn ann glac *swades*

v.2   Siúd é an gleann aoibhinn agus molamuid é choidhche, tá chuil' nídh sa saoghal ann da ndéanadh duitse greann

v.3   Bhí ba breacha ag géimneach agus caoirigh bána ag méidhligh ann, dhá siubhalfhainn ar fad Éirinn, a sabhail siúd ní b'fuighinn

v.4   Ní ormsa a bhí an t-ádh an lá ar fhág mé amach m'árus, a ndeachaidh mé go fánach im' spailpín ag an tír

v.5   Ní hé siúd an gleann aoibhinn agus na molagidh se é choidhche, níl nídh ar bith ins an saoghal ann a dhéanadh duit-se aon ghreann

v.6   Bhí do bhotháinín gan díon ann, gan doras leis na h-ingse, bhí tú fhéin i do shraoíl ann agus gan falach id thimcheall

227   Amhrán Thaobh Chnoc [?] Aduaidh

CBÉ 1211:292–97; 15 x 2. Aithriseoir: Pádraig Ó Tuathail, Leitir Caladh, Leitir Móir. Bailitheoir: Cóilín Ó Maoilchiaráin, 3 Meán Fómhair, 1951. Seosamh Ó Finneadha as Both Bhracháin a rinne.

v.1   Tá cur síos ins an seanchas ar Spidéal 's ar Bheárna, taobh Uachtar Árd is Loch Coirb ó thuaidh

v.2   Ó thosuighim ag cainnt air is nach féidir é cháineadh, ní fhaca mé a mháighistir i n-áit ar bith fós

v.3   D'fhág mise cheana é gan úghdar ná adhbhar mar ba deacair mé shásamh go siúbhailinn go leór

v.4 Chaith mise i Lonndain dhá bhliadhain is trí ráithe, is ba ró-dheas an áit é, bhí sé ráidhte ag go leór

v.5 Tá an sean-fhear 'sa tsean-bhean chomh croidheamhail le páistí ann, ag síor-imirt chártaí, ag damhsa is ag ceól

v.6 Ní teach ar an mbaile a dtiocfá aon ám ann a mbeadh dúil i ngreim aráin agat nó i mblogam le n-ól

v.7 Tá íseal is uasal ag caitheamh na féile ann, i chuile shaghas géim dhá bhfuil spéis acu ann

v.8 Tá beithidhig agus ealach ag tigheacht ann dhá slánnú, geimhridh 'gus Márta is amach go tús Iúil

v.9 Tá caiple na gcladaigh ar dhramannaí a chéile ann ó thiocfas an séasúr le pléisiúr sa bhfraoch

v.10 Tá an abhainn a' gabháil treasna ann thrí íochtar an bhaile, a bhfuil iasg ann chomh fairsing is atá uisge le n-ól

v.11 Tá an sgoil go h-an-ghar ann i gceann thiar a' bhaile, a bhfuil léigheacht ann dhá tagairt is dhá cheartú go cóir

v.12 'San ám atá caithte bhí leigheas ar an mbaile againn, le teann uisge beatha agus siamsa againn dhá ól

v.13 Nach mé fhéin atá i dteannta nach bhféadfadh dhe blaiseadh, le faitchíos roimh m'athair mar ní ólfadh sé deóir

v.14 Má tá mé a' rá tada nach bhfuil fíor ann ná taithneamhach, más maith libh mé a fhreagairt, cuir ceist ós mo chómhair

v.15 Ní leanfad ró-fhada mar tá an t-ám a' teacht gairid, níl lá ar bith dhá fhad nach dtagann an tráthnóin

228 An Muileann

CBÉ 688:355; 2 x 2. Aithriseoir: [?]. Bailitheoir: An tAth. Eric Mac Fhinn, Poll Ui Mhuirinn, Leitir Mealláin, 1938–40.

v.1 Nach deas an áit a bhfuil a' teach ag Féidhlim, muilleóir tréitheach na h-áilleachtaí

v.2 Níl gaoithe ná grian thaganns san aer ann nach bhfuil a' géarthú thrí ná ballaí

229 An Spá

CBÉ 378:70, 1 x 2. Aithriseoir: An comhluadar tí Sheáin Mhic Fhualáin, Poll Uí Mhuirinn, Leltir Mealláin. Bailitheoir: An tAth. Eric Mac Fhinn,

16–17 Lúnasa 1930.

v.1   Dhá dtagadh sinn ann, sean-bheainín cam a mbéadh pian i n-a láimh
       agus í lán dho sgoilteach

230   Tulaigh B[h]ruíne

CBÉ 76:27, 2 x 2. Aithriseoir: [?], An Spidéal. Bailitheoir: Seán Mac Giollarnáth,
1932.

v.1   Nach aoibhinn is nach aerach a mholann siad na sléibhte, is gan uilig sa
       méid sin nach glóra buidhe

v.2   Tá laogh aig an mbó ann, tá searrach aig an láir ann, tá bainibh aig an
       gcráin ann, agus leanbh aig an mnaoí

231   Carraig an Mhatail

CBÉ 824:164–67; 3 x 4, 1 x 3, 1 x 5. Aithriseoir: Seán Ó Maodhbh (32), Cill
Bhriocáin, Ros Muc. Bailitheoir: Monica Ní Mhaodhbh, 23 Márta 1942.

v.1   A Charraig a' Mhatail, mo chúig céad slán leat, ba rí dheas an áit thú seal
       do'n t-saol

v.2   Nuair a cloisim-se na daoine a' moladh a dtíre, geiteann mo chroidhe
       bocht istigh in mo lár

v.3   Níor ghéill tú ariamh go aon chaiptín dhá m'airde cúmhachta, ná go aon
       t-soitheach troda ghá raibh lé fágháil

v.4   Bhí triúr dreáthair agat go thogha na ngaolta, an molt, an t-uan, agus an
       t-uascán

v.5   Tá tú annsin ó thús an díle, níor bhain tú caoineadh as aon bhean sa
       n-áit

232   Céibh Chill Rónáin
(a)

CBÉ 786:267–68; 7 x 2. Aithriseoir: Seán Ó Conchubhair (50), Leitir Móir.
Bailitheoir: Proinnsias de Búrca, 1 Nollaig. 1941.

v.1   Lá dár sheól mé lé Inis Meadhoin siar, bhí an lá ina ghála ꞵ d'árda gaoth

v.2   Bhí dóchas láidir agam as Rí na nGrásta, is ar Mhuire Máthair, sgread mé
       glaoidh

v.3   Ar chéibh Chill Rónáin 'tá na fir is múinte a bhfuil fá'n Eóroip ar fad lé fáil

v.4   Níl breac ar marbhuigheadh i dtraim ná i d*trawler* nach bhfuil ar an ród
       lé'n ais a' snámh

v.5   Nuair a thagann an *yacht* faoí chulaith ghléigeal agus *packet station* aicí lé h-aghaidh Mheiriceá

v.6 Ní dhéanfainn ionghantas dhá bhfasfhadh síoda ar chrainnte fionn thríd an tala breágh

v.7 Ní fheictheá achrann ánn mar d'fheictheá i dtíortha, ach a' deana siamsa, greann is spóirt

(b) CBÉ 801:164–65; 7 x 2. Aithriseoir: Seán Mac Donnchadha (60), Inis Eirc, Leitir Mealláin. Bailitheoir: Proinnsias de Búrca, 19 Eanáir 1942.

v.1 Lá dár sheól mé lé Inis Meadhoin siar, bhí an lá ina ghála ๆ d'árduigh gaoth

v.2 Bhí dóchas láidir agam as Rí na nGrásta, 's ar Mhuire Mháthair, sgread mé glaoidh

v.3 Ar chéibh Chill Rónáin tá na fir is múinte dhá bhfuil faoí'n Eúróip ar fad le fáil

v.4 Níl breac ar marbuigheadh i dtraim ná i d*trawler* nach bhfuil ar a' ród lé'n ais a' snámh

v.5 Nuair a thagann an *yacht* faoí na culaith gléigeal agus *packet station* aici lé haghaidh Mheiriceá

v.6 Ní dhéanfhainn ionghantas dhá bhfásfadh síoda ar chrainnte fíon thríd an tala breágh

v.7 Ní fheictheá achrann ánn mar d'fheictheá i dtíortha, ach a' deana siamsa, greann is spóirt

(c) CBÉ 1702:364–65; 7 x 2. Aithriseoir: Seosamh Mac Liam (48), Inis Bearachain, Leitir Móir. Bailitheoir: Proinnsias de Búrca, 11 Eanáir 1966.

v.1 Lá dár sheól mé lé Inis Meadhoin siar, bhí an lá ina ghála agus d'árduigh gaoth

v.2 Bhí dóchas láidir agam as Rí na nGrásta, 's ar Mhuire Mháthair, sgread mé glaoidh

v.3 Ar chéibh Chill Rónáin tá na fir is múinte dhá bhfuil fá'n Eúróip ar fad lé fáil

v.4 Níl breac ar maruíodh i dtram ná i dtrálar nach bhfuil ar an ród lé n-ais a' snámh

v.5 Nuair a thagann an yacht faoí na culaith gléigeal agus packet station aicí lé h-aghaidh Mheiriceá

v.6 Ní dhíonfhainn íonntas dhá bhfasfhadh síoda ar chrainnte fíon thríd an tala breá

v.7   Ní fheicim achrann ánn mar 'd'feictheá i dtíortha, ach a' díona siamsa,
       greann is spóirt

(d)   Amhrán Árann
       CBÉ 90:478–80; 4 x 4. Aithriseoir: [?]. Bailitheoir: Mr. Joseph Hanley, 17 Iúil
       1930. [Bailíodh an t-ábhar sa Tuairín nó i Leitir Mealláin].
       v.1   Lá dár sheól mé le Innis Meadhon soir, d'árda an gála is d'arthe an
              ghaoth
       v.2   Ar chéibh Cill Rónán tá [...] is fúinte dhá bhfuil ins an Európ ar fad le fáil
       v.3   Ní deanfann iongantas dhá bhfásach síoda as croinnte fíonn trís an
              talamh breágh
       v.4   Nach mór an t-aobnas ar fud na tíre, an t-oileán naomhta tá múinte cóir

233   Cill Liadáin
(a)   CBÉ 1275:239–43; 9 x 4. Aithriseoir: [?]. Bailitheoir: Cáit [?] Ní Mhainnín,
       Conamara.
       v.1   Anois teacht an earraigh beidh an lá dul chun síneadh a's tar éis na Féil'
              Bríghde, ardó mé mo sheól
       v.2   Fágaim le h-uadhachta go n-éirigheann mo chroidhe-se, mar éirigheanns
              an ghaoth nó mar sgapas an ceó
       v.3   Bíonn cruithneacht a's coirce, fás eórna 'gus lín ánn, seagal i gcraobh ánn,
              'rán plúir agus feóil
       v.4   Tá gach uile shórt ádhmuid dá'r chóir dó chur síos ánn, bíonn sicamórs's
              beech ánn, coll, giúbhas a's fuinnseóg
       v.5   Tá an chuach 's an smólach ag freagairt a chéile ánn, tá an lon-dubh 's an
              chéirseach ar gur os a gcómhair
       v.6   Tá an láir ánn 's an searrach a bhfochair a chéile, an t-seisreach's an
              cheuchta, an treabhach 's an síol
       v.7   Tá an t-uisge san loch agus abhnacha líonta, na coracha déanta 's na
              líonta i gcóir
       v.8   Tá an eilit 's an fiadh 's gach uile shórt "gaem" ánn, an madadh-ruadh
              'léimnigh, an broc 's an míol buidhe
       v.9   Fághann díleachta 's baintreabhach cabhair a's réidhteach, slíghe bídh a's
              éadaigh a's talamh gan cíos

(b)   Anois Teacht an Earraigh

CBÉ 443:342–46; 3 x 4, 1 x 2, 3 x 4. Aithriseoir: Judah Ó Conchubhair (62), Cor Cuilinn, Maigh Cuilinn. Bailitheoir: Seán Mac Artúir, 11 Nollaig, 1937.

v.1   Anois tígheacht an earraigh, beidh an lá [...] cun sínú, taréis lá fhéile Bhrighe, tósnochaidh mo sheól

v.2   Ó fágaim le h-úacht ann go n-eirigheann mo chroidh se, mar eireóchas an ghaoth nuair mar scapas an ceó

v.3   Tá cur agus treabha ann agus leasú gan aoileach, is iomdha sin nídh ann nár labhrais go fóill

v.4   Ta an t-oirleach agus Achall, tá an fiadhach dubh ón géis ann, an seabhach as Loch Éirne ann is an fhuiseóg ón Mumhainn

v.5   Tá an láir ann agus tá an searrach i bhfochar a chéile, an trearse a's an céacht ag treabhadh ar a síl

v.6   Tá an t-uisge san loch ann 's na haibhneacha líonta, na corracha déanta is na líota i gcóir

v.7   Fá'n dileactaí baintreabhaigh comhair is an áit ann, slighe bheatha agus éadach agus talamh gan chíos

(c)   CBÉ 491:362; 1 x 2. Aithriseoir: Siobhán Ní Fhátharta, Scoil Mhuire, An Spidéal. Raiftearaí a rinne.

v.1   Anois ar theacht den Earraigh tá an lá dul chun síneadh, agus tar éis na Féile Bríghde, árdóchadh mo sheól

(d)   CBÉ 491:365; 1 x 2. Aithriseoir: Máire Ní Fhátharta, Scoil Mhuire, An Spidéal. Raiftearaí a rinne.

v.1   Anois ar theacht an Earraigh tá an lá ag dul chun síneadh, is tar éis na féile Bríghde, árdóchadh mo sheól

234   Cnocán an Aonaigh

CBÉ 824:161–63; 8 x 2. Aithriseoir: Seán Ó Maodhbh (32), Cill Bhriocáin, Ros Muc. Bailitheoir: Monica Ní Mhaodhbh, 22 Márta 1942.

v.1   Cnocán an Aonaigh an áit aoibhinn áluinn ag Eisgear na mBraithre in aice Bhleá'n Rí

v.2   Séamus 's Labhrás a thug mé ins an láthair, an séan 's an t-ádh go raibh ar an dís

v.3   Ar ghoirm na gcoileach, bhuail muid an t-árus, bhí an oidhche fuar báisteach agus fuinneadh 'san n'gaoth

v.4   Bhí an cárt ar a' rasta agus cos ins an mbairle, an gloine ar an gclár agus bean a' tighe riar

v.5   Fíor-shláinte an *whiskey* is a fhághail in ám áirid, níl aon bhean óg dhá bhreághtha nach dtógadh sé a croidhe

v.6   'S comhluadar sagairt é, easbog 's bráthair, 's bíonn sé sa láthair ar an mbord ag an rí

v.7   Breugfadh sé'n bhanaltra, an leanbh 's an gárlach, giústís an bhaile, constábla 's fear dlighe

v.8   Bhí mise i gCorcaigh 's i gCluan-Meala na Féile, i gCill-Chainnigh, i mBínn Éadair, i dTuaim 's i mBleán-Rí

235   Cnoc Leitir Móir

(a)   CBÉ 413:70–72; 7 x 2. Aithriseoir: Pádraig Ó Donnchadha (76), Leitir Caladh, Leitir Móir. Bailitheoir: Eibhlín Ní Standúin, 13 Deireadh Fómhair 1937.

v.1   Is mór i gceist Árainn le deiseacht is le breághta, *Milltown* is *Mallbay* is B'l'á Cliath na Slógh

v.2   Shiubhail mise an méid sin is tuilleadh nach dtráchtfhinn, náit a mbíodh agam neart siamsa is ceól

v.3   Tá mór-uisle na tíre do shamhradh is do gheimhreadh ag fliadh is ag féasta ag Prionnsa Thír Eóghain

v.4   Tá na meacha go laetheamhail ar bharra na gcraobh ann, mil ann chomh farrsaing 's is féidir í ól

v.5   Tá na h-aibhneacha sgeithte 's na carraidheacha líonta, tá na gamhna breith laogh 's na liónta i gcóir

v.6   Tá an fiach dubh as Acaill 'sa t-iolrach ó'n nGréig ann, tá an seabhach as Loch Éirne 's na h-ealaí ó'n Róimh

v.7   Tá na soithidhigh dhá stríocadh 's iad ar fad líonta le biotáile bríoghmhar, *brandy* 's beóir

(b)   CBÉ 484:61–63; 2 x 4, 1 x 3, 1 x 4, 1 x 2, 1 x 3. Aithriseoir: Máirtín Ó Flatharta (60), Doire Locháin, An Spidéal. Bailitheoir: Áine Ní Chonfhaola, 17 Márta, 1938.

v.1   Ní fhaca mé aon áit ó bhí mé mo pháiste bhaineadh an barr go Chnoc Letir Móir

v.2   Cúl gaoithe, aghaidh gréine, minleach barr sléibhe, tá slata fás dhéanad as cléibh lóid

v.3   Nach beannuighthe naomhtha an áit a bheith sínte ar thamhnachaí mine
        Chnoc Litir Móir

v.4   Nach deas an áit Árainn le gile ꝛ le breághtha, *Milltown* ꝛ *Mallta* ꝛ
        Ballinasloe

v.5   Ó nach beannuighthe naomhtha an áit a bheith sínte ar thamhnachaí
        míne chnoc Litir Mhóir

v.6   Tá an fhaocha ꝛ tá'n portán ꝛ ballach agus tá'n bradán i leimneach ann ꝛ
        tá'n liomhán i triall ann ón bhfairrge mhór

236   Cúirt an tSrutháin Bhuí

(a)   CBÉ 248:383–89, 2 x 2, 2 x 4, 1 x 2, 1 x 2, 1 x 3, 1 x 2, 1 x 3, 1 x 4, 1 x 2, 1 x 4.
        Aithriseoir: Tomás Ó Flatharta (61), An Cnoc, Indreabhán. Bailitheoir: Pádraig
        Ó Ceannaigh, 15 Lúnasa, 1936.

v.1   Nach deas an féirín gabhtha gléasta Cúirt an tSrutháin Bhuidhe

v.2   Nach deas an spóirt tigheacht an fhóghmhair Cúirt an tSrutháin Bhuidhe

v.3   Cé ghabhfadh a' ród is cé ghéillfeadh doibh [...]

v.4   Ar feadh mo shaoghal, ní chuirfinn síos da mbéinn a sgríobhadh le peann

v.5   Tá luing seól a' tigheacht le seól ann ag Bainríoghan na Sáirdín

v.6   Tá luach na gcéadta istigh le chéile i gCúirt an tSrutháin Bhuidhe

v.7   San am ar léigheadh ar fud na réigiúin [...]

v.8   Ní le fios na draoidheachta a dearnadh í ach le obair stuaim na láimhe

v.9   Nach iomdha sin sórt nár cainnteadh fós air i gCúirt an tSrutháin Bhuidhe

v.10   Céad sa ló níor mhór liom dhóibh – do Cholm ꝛ dá mhnaoi

v.11   Tá mo dhráir (dhríotháir) cúmhachtach láidir, Mac Eoin Uí Chlochartaigh

v.12   Tá an chúirt seo i lár na tíre agus moltar í an bárr

(b)   CBÉ 829:79–83; 9 x 4. Aithriseoir: Seán Ó Flatharta (Seáinín Sheáin) (*c*.62), An
        Lochán Beag, Indreabhán. Bailitheoir: Tadhg S. Ó Concheanainn, 2 Bealtaine 1942.

v.1   Is deas an áit a' tigheacht gon fhúghmhar Cúirt a' tSr'áin Bhuidhe

v.2   Nuair a bhíonn's na *ladies* ar fad gléasta 's iad ag góil go'n tSr'án Buidhe

v.3   Nuair a f'air sí'n méid sin réidh fré chéile, bh'ail sí orrab draoidheacht

v.4   Tá luach na gcéadta 'stí' fré chéile i gCúirt a' tSr'áin Bhuidhe

v.5   Tá 'lán néithe eile nár dhúbhairt mé fós i gCúirt a' tSr'áin Bhuidhe

v.6   Níor deárnadh 'riamh 'bhfus ná thmáll aon chúirt a bfheárr ná í

v.7   Tá'n chúirt bhreágh díanta i lár na tíre agus molú lé' 'n bárr

v.8   'San am air léighiú 'sa b*population* Cúirt a' tSr'áin Bhuidhe v.9 Níor mhór liom céad in aghaidh gach lae go Bhalas is dhá mhnaoi

(c) CBÉ 826:179–82; 4 x 4, 1 x 3, 3 x 4. Aithriseoir: Bríd Bean Uí Shúilleabháin (30), Cill Bhriocáin, Ros Muc. Bailitheoir: Monica Ní Mhaodhbh, 21 Meitheamh 1942.

v.1 Nach deas an féirín gabhtha gléasta Cúirt an t-Srutháin Bhuidhe

v.2 An té theidheanns an ród 's a ghéilleans dhó san ám a mbíonn sí i gcaoi

v.3 Nach mór an spóirt a' tiacht go'n fhoghmhair Cúirt an t-Sruthán Bhuidhe

v.4 Nach iomdha sin sórt nar chainnte mé fós i gCúirt an t-Sruthán Bhuidhe

v.5 Urlár márble, teach ceann sgláta, gáirdín díol an rí

v.6 Bhíomar sásta láir na bháireach mar bhíomar uilig buidheach

v.7 Tá an chomhair seo deanta i lár na tíre 's moltar léithe an bárr

v.8 Ní mór sinn céad in aghaidh gach laé do Cholum 's ghá mhnaoí

(d) CBÉ 249:71–73; 6 x 4. Aithriseoir: Tomás Ó Flatharta, An Lochán Beag, Indreabhán. Bríd Ní Chollaráin, 1938.

v.1 Is deas an féirín gabhtha gléasta Cúirt an t-Sruthán Bhuidhe

v.2 Té théigheanns an ród is gheilleanns de 's a am a mbíonn sa gaoth

v.3 Ar feadh mo shaoghal ní chorruighím dá mbeinn-se dhá sgriobh le peann

v.4 Nach deas an spóirt a tigheacht an fhoghmhair Cúirt an t-Srutháin Bhuidhe

v.5 Fós ní dhearnadh i bhfus ná thall aon chúirt fós ní b'fheárr ná í

v.6 Tá luach na gcéadta ann istigh tré chéile ann i gCúirt an t-Srutháin Bhuidhe

(e) CBÉ 775:542–43; 2 x 2, 1 x 5, 1 x 4, 2 x 3. Aithriseoir: Mícheál Ó Mainnín, An Turloch, Ros Muc. Bailitheoir: Proinnsias de Búrca, 30 Aibreán 1941.

v.1 Is deas an féirín a gheobhthá gléasta ar chúirt an t-Srutháin Bhuidhe

v.2 Tá gáirdín pléisiúir lé na taobh a dhéanfadh óg go'n aois

v.3 [...] ní chuirfhinn síos á mbeínn á sgriobh le peann

v.4 D'fhág sí réidhteach agam féin mar cheap sí mé a bheith grinn

v.5 Tá an breac a' snámh is an mhíoltóg á mhealla is an fiach dubh i ngleannta fraoigh

v.6 Tháinic Rí na Gréige ag iarra sgéala, cé'n chaoí a ndeárnadh í

(f)   CBÉ 645:130–31; 1 x 4, 1 x 3, 2 x 4. Aithriseoir: Mícheál Ó Mainnín (40), Cill
       Bhriocáin, Ros Muc. Bailitheoir: Bríd Ní Mhainnín, 2 Meán Fómhair, 1939.
       v.1   Tá an chúirt seo déanta i lár na tíre agus moltar léithe an bárr
       v.2   Níor mhór sin céad bó mhaol do Cholm is dhá mhnaoi
       v.3   Tá na lachain a' snámh 's an broc teann, fiach dubh na ngleanntán fraoigh
       v.4   Níl aon cheard i bhfus ná tháll a chualthas ar cur síos

(g)   CBÉ 209:325; 3 x 4 Aithriseoir: Pádraig Ó Céidigh (*c.*50), Seanadh Gharráin, An
       Spidéal. Bailitheoir: Stiofán Ó Confhaola, 1935.
       v.1   Tá an chúairt seo déanta i lár na tíre is moltar léithe an bárr
       v.2   Ní mór sin céad i n-aghaidh gach lae do Cholm is dá mhnaoí
       v.3   Tá an lacha ag snámh ann is an broc dhá bheánn ann [...]

237   **Cúirtín Bhaile na hAbhann (1)**

       CBÉ 231:408–10; 5 x 4. Aithriseoir: Máirtín Ó Confhaola (Máirtín Ceannaí) (os
       cionn 80 bl), An Gleann Mór, An Cheathrú Rua. Bailitheoir: An Bráthair Lúcás,
       Meán Fómhair 1935. Is é féin a rinne an t-amhrán.
       v.1   Tá teach ins an tír seo chómh breagh agus tá le fághail
       v.2   Sí bhí déanta faoi'n adhmad bhí go breágh
       v.3   Tráthnóna geimhridh a's fear a dhul análl
       v.4   Nó dá maireadh Mícheál Ó Suibhne fhéin, is fada chuirfeadh sé a cháil
       v.5   Tá seisean a' dhul á dhéanamh ar ais aríst leis an gcaoi bhéas go breágh

238   **Cúirtín Bhaile na hAbhann (2)**

       CBÉ 231:406–08; 1 x 4, 1 x 3, 1 x 4, 1 x 2. Aithriseoir: Máirtín Ó Confhaola
       (Máirtín Ceannaí) (*c.* os cionn 80 bl), An Gleann Mór, An Cheathrú Rua.
       Bailitheoir: An Bráthair Lúcás, Meán Fómhair 1935. Seán Cábach a rinne.
       v.1   I mBaile na h-Abhann atá an cúirtín is deise dá rinneadh fós
       v.2   Tá Brighid Mháire Dhearg i ngrádh liom agus tá sí le ráithe tinn
       v.3   Tá leitir agus fiche ón Spáinn acab agus bean agus ádh do'n t-saoghal
       v.4   Mara ndéanfaidh sé aithrighe in ám ann, cuirfidh mé a cháil faoi'n tír

239   **Cúl na Binn'**
(a)   CBÉ 72:7–9; 9 x 2. Aithriseoir: Seán Ó Cualáin (Seáinín Beag) (65), An Teach
       Mór, Indreabhán. Bailitheoir: Pádraig Ó Finneadha, Nollaig 1930 –Eanáir 1931.
       v.1   Tá leitir sgríobhtha in mo phóca thíos le cur gan spás go Cúl na Binn

v.2 Mara bhfágha mé fóirithint ó Righ na nGrást, in mo shláinte mar bhí mé ariamh

v.3 Dá mbeadh fhios ag buachaillí uileog in Éirinn go raibh mé éagcaoíneach, lag, tinn

v.4 Ghléasfainn bainfheis dóibh fleadh a's féasta, 'sin's dá réir 's gach uile ghléas ceóil

v.5 Séard dúbhairt fear as Acaill liom ná bíodh díthcéille ort, ag gol 's ag éagcaoín i ndiaidh Chúl na Binn

v.6 Báid a's eangacha bead leat in éindigh 's bhéarfamuid éadáil abhaile ó'n tuinn

v.7 Dá dtugtá bean dom agus dhá fhichead bó léi agus acra móinféir in aghaidh an chinn

v.8 B'fhearr liomsa acra de'n bhogach bháidhte tá idir an Máimín agus Inse Droighean

v.9 In Oileán Éifinn 'tá an saileán géar-glas, an chuach 'san tradhnach ar bharra géaga

(b) CBÉ 1138:503–05; 8 x 2. Aithriseoir: Seán Ó Cualáin (Seáinín Beag) (75), An Teach Mór, Indreabhán. Bailitheoir: Pádraig Ó Flatharta, 1941.

v.1 Tá leitir sgríobhtha 'mo phóca thíos le cur gan spás go Cúl na Binn

v.2 Mara bhfágha mé fóirint ó Rí na nGrásta, in mo shláinte mar bhí ariamh

v.3 á mbeadh fhios ag buachaillí uile in Éirinn go raibh mé éagchaoineach, lag, tinn

v.4 Ghléasfainn bainféis dhóibh, fleadh agus féasta, sin dá réir de 'chuile ghléas ceóil

v.5 'Séard dubhairt fear as Acaill liom ná bíodh díthcéille ort, ag gol na 'g éagcaoin i ndiaidh Cúl na Binn

v.6 Báid agus eangacha bhéadh leat in éindigh 's bhéarfaimid éadáil abhaile o'n tuinn

v.7 Dá dtugthá bean dom agus dá fhichead bó léithí agus acra móinféir in aghaidh an chínn

v.8 B'fheárr liomsa acra den bhogach bháidhte atá idir an Máimín agus Inis Droigheann

(c) CBÉ 1634:365–66; 5 x 2. Aithriseoir: Neainín Bean Uí Chonfhaola, Cladhnach, An Cheathrú Rua. Bailitheoir: Ciarán Bairéad, 17 Bealtaine 1960.

v.1   Tá litir scríobhtha in mo phóca thíos le cuir gan spás a' bith go Cúl na Binn

v.2   'Á mbeadh 'ios ag a' scata fear údan tao' thua' go Néifin go bhfuil mé lag, éagcaoineach, breoite, tinn

v.3   Tá scata fear acab ar thaobh na mbóithrí a chuirfeadh i gcóir mé ó tá mé tinn

v.4   Sé'n áint a gcuirfidh sibh mé, i n-éinfheacht le mo dheáirín a thug a' báire leis as chuile thír

v.5   Ach ní fheicfear muid go lá an bháis mar beidh muid bailí as a' tír

(d)   CBÉ 442:440–42; 3 x 4, 1 x 3. Aithriseoir: Seán Ó Lorcáin (75), An Doirín, Leitir Móir. Bailitheoir: Eibhlín Ní Standúin, 16 Nollaig 1937.

v.1   Tá litir scríobhtha a'm in mo phóca le cur gan mhoill go Cúl na Bínn

v.2   Dhá mbeadh fhios ag buachaillí atá ó thuaidh do Néifin, go bhfuil mise éagaoineach, lag, marbh, tinn

v.3   Casadh fear as Acaill dhom, séard dubhairt sé tá dí-céille ort ag gol 's ag éagainn ar Chúl na Bínn

v.4   Bhfuil do bháid is d'eangacha aniar ó Acaill, saidhbhreas Sheóirse 'sé fhághail uilig cruínn

(e)   CBÉ 90:436–37; 1 x 4, 1 x 6, 1 x 5. Aithriseoir: Bean Antaine Uí Dhónaill, Baile an tSagairt, An Spidéal. Bailitheoir: [?].

v.1   Tá litir sgríobtha in mo phóca shíos le cur gan spás ar bith go Cló na Binn

v.2   Sé dubhairt fear as Acra liom, "ná bíodh ort dith-chéile, ag gol is ag éagcaoin i ndiaidh Cló na Binn"

v.3   Dá mbéadh fhios ag buacaillí cródha de' Neifon, go bhfuil mé ag éagcaoin ar mo leabaidh tinn

(f)   An Fhraoch Uaibhreach
CBÉ 1767:218; 1 x 4. Aithriseoir: Neainín Bean Uí Chonfhaola, Cladhnach, An Cheathrú Rua. Bailitheoir: Ciarán Bairéad, 15 Iúil 1964.

v.1   Tá leitir scríofta in mo phóca thíos le cuir gan spás a' bith go Cúl na Bínn

(g)   CBÉ 1841, LCH, 52–53; 1 x 5. Aithriseoir: Neainín Ní Neachtain [Bean Uí Chonfhaola) (90), Cladhnach, An Cheathrú Rua. Bailitheoir: Ciarán Bairéad, 5 Aibreán 1967.

v.1   Ó's tá leitir scríofa in mo phóca thíos go bhfuil mé gan spás ar bith go h-Árd na gCrai'

240 Doire an Fhéich Chasla

(a) CBÉ 231:528–32; 10 x 2. Aithriseoir: Máirtín Ó Confhaola (Máirtín Ceannaí) (*c.* os cionn 80 bl), An Gleann Mór, An Cheathrú Rua. Bailitheoir: An Bráthair Lúcás, Meán Fómhair 1935. Seán Ó Donnchadha (Seán Fíodóir) a rinne.

v.1 A Dhoire Néidh Chasla, mo chúig mhíle slán duit, ba rí-lághach an áit thú tigheacht oidhche le Muire Mór

v.2 Sé an gnás a bhí ag baile 'gainn dréir dlighe na h-Eaglais', an t-Aifreann 's an páidrín 's chaon nidh mar is cóir

v.3 Má tá mise ag imtheacht, céad glóire dho'n tÁrd Rí, níl pighinn ag aon *hawker* le glaodhach ar mo scór

v.4 Sé ráidhte na mbacaigh, na slaiseálidhe gránda, chuir néall in mo cheann le linn aithris do'n choróinn

v.5 Eireóchaidh mé fhéin maidin i mbáireach, ní choinneóchadh an t-Aifreann mé go dtabharfaidh mé seársa go Cuan an Fhir Mhóir

v.6 Tá *Flaherty* na n-oileáin 'na ndaoine uaisle lághacha, is fada chuaidh a gcáil 's go ndeachaidh do'n Róimh

v.7 Go h-Innse Bó Cinne, gabhfad Dé Domhnaigh, agus d'eirigh liom ionad fhághailt éasga go leór

v.8 'Sbáin sé teach fada dhom 'leath-taoibh a' chuain, ghabháltas chúig phúnt agus feamain go leór

v.9 Nach fada mé ag éisteacht le suim mór dho bhliadhanta, nach ndeachaidh mé go dtí é le feabhas 's bhí a cháil

v.10 Saoghal fada faoi shláinte ag a bhfuil in do radhairce (radharc), i n-onóir dho'n ghrian agus saidhbhreas gach lá

(b) CBÉ 72:4–6; 8 x 2, 1 x 1. Aithriseoir: Seán Ó Cualáin (Seáinín Beag) (65), An Teach Mór, Indreabhán. Bailitheoir: Pádraig Ó Finneadha, Nollaig 1930–Eanáir 1931. Seán Fíodóir a rinne.

v.1 A Dhoire 'n Fhiadh Chasla, mo chúig mhíle slán leat, ba rí-dheas an áit thú teacht oidhche fhéil' Muire Mór

v.2 Bhíodh sin agam deagh-theagasg 'réir dlighidh na hEaglais', an tAifreann 'san páidrín 's gach nidh mar is cóir

v.3 Anois ó tá mise ag imtheacht, céad glóire do'n Árd Righ, níl pighinn ag aon chách le glaodhach i mo sgóig

v.4 'Sé ráidhte na mbacach 's na gceannaidhe mála, thóig néall i mo cheann ó shíor-aithris gach ló

v.5 Ní choingbheóchadh an t-easbog mé ar maidin amáireach, go dtugaidh
mé an seársa údan go Cuan an Fhir Mhóir

v.6 Chuaidh mé go h-Inse Bó Finne Dé Domhnuigh, d'éirigh liom
iomluigheacht fhagháil easgaidh go leór

v.7 Thasbáin seisean teach mór fada leath-taobh an chuain dhom, gabhaltas
naoí bpunt agus feamainn go leór

v.8 Nach fada d'fhanas le suim fhada bhliadhanta, le leisge dhul a' triall ort
théis fhad's chuaidh do cháil

v.9 A Phádraig Uí Fhlaitheartaigh, socair, ciúin, ciallmhar, go bhfeicidh mé
liath thú agus ciall ag do chlann

(c) CBÉ 1138:486–87; 8 x 2. Aithriseoir: Pádraig Ó Cualáin (Pádraig Pheatsa) (84),
Cor na Rón, Indreabhán. Bailitheoir: Pádraig Ó Flatharta, 1941.

v.1 A Dhoire'n Fhiaidh Chasla, mo chúig mhíle slán leat, ba rí-dheas an áit
thú teacht oidhche fhéil' Muire Mór

v.2 Bhíodh sin agam deagh-theagasg de réir dlighe na hEaglais', an tAifreann
'san paidrín 's gach nidh mar is cóir

v.3 Anois ó tá mise ag imtheacht, céad glóire don Árd Rí, níl piginn ag aon
chách le glaodhach i mo sgóig

v.4 'Sé ráidhte na mbacach 'sna gceannaidhe mála, thóig néall i mo cheann ó
shíor aithre gach lá

v.5 Ní choingbheóchadh an tEasbog ar maidin amaireach mé, go dtugaidh
mé an seársa údan go Cuan an Fhir Mhóir

v.6 Chuaidh mé go hInse Bó Cinne Dia Domhnaigh, d'éirigh liom cóir
fhághail éasgaidh go leór

v.7 'Spáin seisean teach mór fada leath taobh an chuain dom, gabhaltas naoí
bpunt agus feamain go leór

v.8 Nach fada a d'fhanas le suim fada bliadhanta, le leisge dhul a' triall ort
tréis mo chuid dochais

(d) CBÉ 526:228–29; 6 x 4. Aithriseoir: Tomás Ó Flatharta (74), An Lochán Beag,
Indreabhán. Bailitheoir: Proinnsias de Búrca, 25 Aibreán 1938.

v.1 A Dhoire Niadh Chasla, mo chúig mhíle slán leat, is rí-láthach an áit thú
a tigheacht oidhch'l Muire mór

v.2 Bhíodh againn teagasg do réir dlíghe na h-Eaglais, an t-Aifrionn ๅ a'
paidrín ๅ gach nídh mar is cóir

v.3 Ní choinneóch *headquarter* mé ar maidin ambáireach, go dtug mé an seáirse údaí Cuan an Fhir Mhóir

v.4 Chuaidh mé go h-Inse Mhaith Cinne Dé Dómhna, agus d'eirigh liom iomruíocht innte éasga go leór

v.5 Thasbáin sé teach fada i leath-taobh a chuain dom, gabhaltas naoí bpunt leis ⁊ feamuinn go leór

v.6 Saoghal fada lé séan ag a bhfuil in do theighleach, is onóir a ghrianáin ⁊ saidhbhreas gach lá

(e) CBÉ 811:397–98; 6 x 4. Aithriseoir: Seán Ó Cadhain (62), An Cnocán Glas, An Spidéal. Bailitheoir: Tadhg S. Ó Conceannain, 30 Samhain 1941

v.1 A Dhoire Né' Chasla, mo chú' céad slan leat, ba rí-lághach an áit thú tígheacht Of'l' Muire Mór

v.2 Bhíodh againn deágh-theagasc 'réir dlighe na h-Eáglais', an t-Aifreann 'sa páidrín 's gach ní mar is cóir

v.3 Má tá mé 'g imtheacht céad glóir' go'n Árd-Rígh, níl píghinn ag aon neach lé blaoch ar mo stór

v.4 Casú' air Ins' Mhic Éinde Dé Dúna' mé, is d'eirigh liom iomlucht 'fháil sgiopthaí go leór

v.5 'Spáin sé teach fada leath-taobh a' chuain 'om, a ra' góltas (gabhaltas) chúig phunt leis is feamuinn go leór

v.6 Nach orm bhí an mí-ádh an fhad úd go bhlianta, nach ndeacha mé 'tríall air théis fhad 's chúa 'cháil

(f) CBÉ 829:312, 2 x 2. Aithriseoir: Seán Ó Flatharta (Seáinín Sheáin) (62), An Lochán Beag, Indreabhán. Bailitheoir: Tadhg S. Ó Conceanainn, 13 Meitheamh 1962.

v.1 A Dhoire Né Chasla (deir sé), mo chúg mhíle slán leat, ba rí-dheas an áit thú teacht Of'l' Muire Mór

v.2 Bhíoch sin agam deágh-theagasc 'réir dlighe na h-Eáglais, an t-Aifreann 'sa páidrín 'sgach nídh mar is cóir

241 *Formoyle*

(a) CBÉ 1631:137–41; 16 x 2. Aithriseoir: Mícheál Breathnach (59), Gleann Mhac Muirinn. Bailitheoir: Proinnsias de Búrca, 10 Nollaig 1962.

v.1 *You friends and all neighbours I would like to remind you, as a real*

	sportsman I most spent my life
v.2	*From all parts of the world the birds are all singing, the hawk and the pheasant are high in the sky*
v.3	*As for budgies and pigeons and birds I can't mention, you can hardly re-picture of those in your life*
v.4	*From the lakes and the mountains the rivers are flowing, the sea-trout and salmon are jumping up high*
v.5	*The hare and the rabbit they live there in batches, grouse laying and watching during all the springtime*
v.6	*It is strickly preserved by head keepers and bailiffs and thousands of labourers who are all occupied*
v.7	*Its six story buildings that is well regulated with all accomadation that can be surely supplied*
v.8	*From England and Scotland and Europe all over, they are crossing the ocean to enjoy their spare time*
v.9	*It's surrounded by mountains and green wood all over for all things are growing that's good for mankind*
v.10	*I am sorry to tell you my good days are over, though my youthful motion I can't realise*
v.11	*It's a credit to Connaught and to its good-hearted owner that is very well known through the whole British Isle*
v.12	*I can't continue much longer, the cocks are all crowing, the white heather growing and flowers blooming high*
v.13	*I might as well finish for I will shortly be going, I have travelled all over through Erin's Green Isle*
v.14	*It was wealthy and healthy with fresh air all over, as for bedding and clothing that are all in full style*
v.15	*The pears and the apples, the grapes and bananas, spuds, turnips and cabbage grow all in that soil*
v.16	*Good bye to the mountains and long rivers flowing, to all friends I have known I am leaving behind*

(b)   *The Lovely Green Valleys around Formoyle*
    CBÉ 1702:26–29; 16 x 4. Aithriseoir: Mícheál Breathnach (62), Gleann Mhac
    Muirinn, Bailitheoir: Proinnsias de Búrca, 18 Meán Fómhair 1965.
v.1	*You friends and old neighbours I would like to remind you that as a real*

v.1   *sportsman I most spent my life*

v.2   *From all parts of the world the birds are all singing, the lark and the pheasant are high in the sky*

v.3   *As for budgies and pigeons and birds I can't mention, you can hardly re-picture all those in your life*

v.4   *From the lakes and the mountains the rivers are flowing, the sea-trout and salmon are jumping up high*

v.5   *The hare and the rabbit, they live there in batches, grouse laying and watching during all the springtime*

v.6   *It is strickly preserved by head keepers and bailiffs and thousands of labourers who are all occupied*

v.7   *Its six story buildings that is well regulated with all accommadation that can be surely supplied*

v.8   *From England and Scotland and Europe all over, they are crossing the ocean to enjoy their spare time*

v.9   *It is surrounded by mountains and green wood all over for all things are growing that's good for mankind*

v.10   *I am sorry to tell you my good days are over, though in my youthful motion I can't realise*

v.11   *It's a credit to Connaught and to its good-hearted owner that is very well known through the whole British Isle*

v.12   *I can't continue much longer, the cocks are all crowing, the white heather growing and flowers blooming high*

v.13   *I might as well finish for I will shortly be going, I have travelled all over through Erin's Green Isle*

v.14   *It looked wealthy and healthy with fresh air all over, as for bedding and clothing that are all in full style*

v.15   *The pears and the apples, the grapes and bananas, spuds, turnips and cabbage grow all in that soil*

v.16   *Goodbye to the mountains and long rivers flowing, to all friends I have known I am leaving behind*

242   Gleann Mhac Muirinn

CBÉ 1631:142–44; 8 x 4. Aithriseoir: Mícheál Breathnach (59), Gleann Mhac Muirinn. Bailitheoir: Proinnsias de Búrca, 10 Nollaig 1962.

v.1   Tá cliú agus cáil an bhaile seo i bhfad agus i ngeárr v.2 An té is fuide a shiúil níor leag sé súil agus níor casadh air aon áit

v.3 Dhá dtagtá thart sa samhra ánn nó thart faoí Fhéil Chinn Seáin

v.4 Níor chualas fós ag sean ná óg go bhfuil a mháighistir in aon áit

v.5 An té a ghabhfhadh ceart sa seanachas, tá poinntí i bhfad níos feárr

v.6 Níl mórán páirt go Shasanna, go'n Fhrainnc ná go'n Spáinn

v.7 Nach cliú go'n cheann thiar g'Éirinn baile sléibhe mar an Gleann

v.8 Giorróchaidh mise feasta mar níl a'msa mórán am

243 *Glenicmurrin*

CBÉ 1700:168–71; 7 x 4, 1 x 2. Aithriseoir: Mícheál Breathnach (62), Gleann Mhac Muiriann. Bailitheoir: Proinnsias de Búrca, 17 Eanair 1965.

v.1 *In a lonesome townland in the west of Ireland, I was bread and born in the month of June*

v.2 *The scythe for mowing and the hook for reaping are the only weapons that can be produced*

v.3 *We are all surrounded by lovely mountains, lakes and rivers and valleys green*

v.4 *The times are passing like sea waves flashing, with singing, dancing and gambling too*

v.5 *From South Australia our friends are sailing, from Pensilvania and Isle of Man*

v.6 *They can enjoy their holiday until the last of Autumn, without thunder, storm on lake or land*

v.7 *It has the loveliest scenery in the west of Ireland with the Aran Islands in Galway Bay*

v.8 *To shorten verses without fun or joking or even boasting as you understand*

244 Na Gleannta

CBÉ 688:353–55; 7 x 4. Aithriseoir: [?], Poll Uí Mhuirinn. Bailitheoir: An tAth. Eric Mac Fhinn, 1938–40.

v.1 Molamaid an Gleann Eidhneach atá thiar ag Ceann Bóirne

v.2 Tá gleann ag Ó Domhnaill chomh breágh is tá i nÉirinn

v.3 Sgéal ort a Mhaighnigh, bhí riamh leis na bréaga

v.4 Molamaid na gleannta le gleannta Molára

v.5 Thíos in Inis tá an féasta chuirfheadh rughachas

v.6 Tá gleann ag Ó Cochláin i gceart-lár a' bhóthair

v.7 Tá gleann ag Mac *Majors*, ní féidir é bhualadh

245   Páirc an Chnocáin Mhóir

CBÉ 824:125–26; 4 x 4. Aithriseoir: Neain Bean Uí Ghriallais (Neain
Dhonnchadha) (66), Cill Bhriocáin, Ros Muc. Bailitheoir: Monica Ní
Mhaodhbh, 19 Márta 1942. Is í an t-aithriseoir a rinne an t-amhrán.

v.1   gCuala sib-se trácht ariamh ar Pháirc an Chnocáin Mhóir
v.2   Tháinic aéroplane as Sasana ar cuairt go'n Chnocán Mhóir
v.3   Tá an rapairín sa gcathaoir ann 's *piano* aige ceól
v.4   Siorraí (Hiorraí) dhíot-sa rapairín, tá do bhróga caithte cám

246   Amhrán na Trá Báine (2)

(a)   Pobal na Trá Báine

CBÉ 1767:304–05; 6 x 4. Aithriseoir: Pádraig Bradley (Pádraig Berry) (51), Poll Uí
Mhuirinn, Leitir Mealláin. Bailitheoir: Ciarán Bairéad, 5 Deireadh Fómhair 1964.

v.1   Níl ins an gcruinniú nach an t-aon bhaile amháin
v.2   Ar mhullach na leighnaí ar maidin bhreá chiúin
v.3   Sé'n t-afrac breá is áille é atá go h-árd ar gach taobh
v.4   Ní oileán in éineacht a mhéadaíonn mo ghrá
v.5   Ó a bhaile na Tráí Báine faoi chuimne mo shaoil
v.6   Sé mo ghuive le Dia go mbeidh sonas as sógh

(b)   CBÉ 307:362–64; 5 x 4. Aithriseoir: Labhrás Ó Curraoin (Rang 4), Scoil na Trá
Báine. Bailitheoir: Daltaí le Seán Ó Dochartaigh O.S., Oileán Gharumna, 5
Márta 1920.

v.1   Ar mhullach Áil Inaigh ar maidin bhreagh ciúin
v.2   Sé t-amharc breagh álainn tá ann ar gach taobh
v.3   Tá nidh eile ann a mheaduigheann mo grádh
v.4   Iarraim ar Dia go mbéidh sonas is sogh
v.5   Tá baile na Trágha Báine faoi cúmhdach na naoimh

247   Tá Áras sa Tír Seo a Bheir Cabhair do na Daoine

CBÉ 825:277–81; 8 x 4. Aithriseoir: Seán Ó Maodhbh (32), Cill Bhriocáin, Ros
Muc. Bailitheoir: Monica Ní Mhaodhbh, 8 Aibreán 1942.

v.1   Tá árus sa tír seo bheir cabhair go na daoine 's níor bhfada liom
        choidhche bheith trácht air
v.2   Níl Búrcach sa gcúige seo, Blácach na Brúnach, Frinnseach ná sinnsear
        síol Dálach

v.3   Tá iasg ins an abhainn ánn agus tortha ar chránn ann, duilleabhar breágh
       glas agus sméurtha

v.4   Tá coillte breágh réidh ánn agus báinte ghá réir sin, tá gealach ánn, grian
       agus réalta

v.5   Boird ánn ghá leagan agus cócairí ag freastal, miasa ánn agus gréithe ghá
       dhaoire

v.6   Dinnéir ghá réir sin ghá ullmhú 's ghá réidhteach, *turkeys*, *pullets* 's
       géabha

v.7   Mrá maithe an domhain le féile agus feabhais, annsiúd atá an bhean aca's
       féile

v.8   Bíonn an searrach ag láir ann 's an banú ag cráinn ánn 's an loilighteach
       ar maidin ag géimneach

248   Tá Oileán Aerach, Álainn, Spéisiúil Suite ar Charraig Chrua
CBÉ 1025:399–400; 3 x 4. Aithriseoir: Pádraig Ó Flatharta (25), Cor na Rón,
Indreabhán. Bailitheoir: Calum I. Mac Gill-Eathain, 20 Aibreán 1946. Is é an
t-aithriseoir a rinne an t-amhrán.

v.1   Tá oilean aerach áluinn speisiúil suite ar charraig chrua

v.2   Agas maidin dhrúchta, dhearc mé 'nuas ó mhullach an chruic bháin

v.3   Tá cosán draoidheachta treasna 'n taoille, tirim i n-am trá

c. Amhráin Mholta Bád

249   Amhrán na Curaí
CBÉ 607:557–58; 4 x 4. Aithriseoir: [?]. Bailitheoir: Brian Mac Lochlainn, 1938.
Tomás Ó Ceallaigh as an Trá Bháin a rinne.

v.1   Grádh mo chroidhe mo churraichín mar is eici a bhéas an geall

v.2   Mo ghrádh thú, a Thomáis Shabha, is tú an máistir ar na saoir

v.3   Tháinic fear as Ros Camán go gceannuigheadh sé mo bhád

v.4   D'eighre a ro sa mbaile amach a' breathnú ar a' spóirt

250   Amhrán na mBád a Bhí ina gCónaí
CBÉ 1211:115–18; 2 x 4, 1 x 3, 1 x 2, 1 x 4, 1 x 2, 1 x 3. + curfá 1 líne i ndiaidh vv. 2–7.
Aithriseoir: [?]. Bailitheoir: Cóilín Ó Maoilchiaráin, Lúnasa 1951.

v.1   Dhá b'fheicfeá Riobárd *Barry* agus é ina sheasamh ar Chaorán Chárna v.2   Dhá bhfeicfeá *Clear the Way* agus í ag gabháil amach as Árainn

v.3   Dhá bhfeicfeá *Clear the Way* is í ag gabhail anoir amáireach

v.4   Gabhail siar le oileán Mhanann di, bhí fraoch oileán ar sgamradh

v.5   Dhá bhfeicfeá an *Common Door* is í ag gabháil amach ag iasgach

v.6   Gabháil suas le *River Jorden* dí seadh casadh don *fleet* í

v.7   Tá *Clear the Way* go huaigneach i bhfaile buaille le ráithche

Curfá: Is líontar dúinn an crúisgín is bíodh sé lán

251   An tSailchuach

(a)   CBÉ 824:192–96; 5 x 4. Aithriseoir: Seán Ó Maodhbh (32), Cill Bhriocáin, Ros Muc. Bailitheoir: Monica Ní Mhaodhbh, 29 Feabhra 1942.

v.1   Na h-iasgairí an tráth sheolas as Gaillimh le teann fóirse, O'Conaill úd ba mhór é a cháil

v.2   Sé Páraic Seóige an ceárdaidhe, bheirim héin an bárr dhó, go paiteanta a' cur adhmad lé chéile

v.3   Dhá bhfeiceá an t-Sail-Chuach an tráth thig sí ar na cuanta, a bratachaí breágh uasal léi in áirde

v.4   Cuirim-se an t-Sail-Chuach ar chuimhrighe Dé 's Mhic Duach, mar sí an bád 's deise mánla dar déanadh

v.5   Lá na gaoithe móire bhí mé innti ag seóla, 's beidh [...] a'm go deó ar an lá sin

(b)   Páidín Seoige

CBÉ 90:566–68; 4 x 4. Aithriseoir: [?]. Bailitheoir: Mr. Joseph Hanley, 17 Iúil 1930. [Bailíodh an t-ábhar sa Tuairín nó i Leitir Mealláin].

v.1   Sé Páidín Seóige an cairdagh is molam fhéin an barr dó, go paitanta chuir amuid le chéile

v.2   Ar cuimhnigh Dia is Mhic Duach sin seadh fuáir mise an Sail Chuach, is sí an báid is deise múnla dá ndearna

v.3   Droch-blais ar na tanntaibh nach dtagann ins an láthair nó go bhfeicfidís na framaí le chéile

v.4   Oidhche na gaoith móra bhí mé ionnta ag seóladh is beidh cuimhne go deó agam ar an lá sin

(c)   CBÉ 811:367–69; 3 x 4, 1 x 2. Aithriseoir: Dónall Ó Finneadha (78), An Baile Ard, An Spidéal. Bailitheoir: Tadhg S. Ó Concheannain, 8 Samhain 1941. Féilim Mac

Cumhaill a rinne.

v.1   Lá dhá raibh sí seoladh, lá na gaoithe móire, chroch muid orra cuid seólta is beidh cuímre a'ainn go deó ar a' lá úd

v.2   Chrochfadh sí a ceánn siar lá stoirme is gála agus d'fhliuchat sí gan aimhreas na seólta

v.3   'Sé Páidín Seóige an ceárduidhe, molaim péin an bárr leis mar ba mhaith é 'cuir ádhmuid lé chéile

v.4   Cuirim-se an tSail Chuach ar choimrighe Dé is Mhic Duach, sí an bád is deise múnla í dár deárnadh (ú)

252   Ard Inis Bearnan

CBÉ 829:61–63; 4 x 4. Aithriseoir: Seán Ó Flatharta (Seáinín Sheáin) (*c*.62), An Lochán Beag, Indreabhán. Bailitheoir: Tadhg S. Ó Concheanainn, 2 Bealtaine 1942. Seán Mac Conmara a rinne.

v.1   D'eiri' mé'r maidin ar Árd Inis Bearnan agus dhearc mé'n phláinéid faoi dhuibhthean go mór

v.2   Bhí ceathar air dic aice ⁊ iad ina léine agus fear eile 'féachaint in aireachais chrua'

v.3   D'ionnsu' sí tharainn amach fó na sléibhte is in aice Mhám Éin a chua' sí 'un suain

v.4   Tá'n Turcach's a' Franncach a' triall thar sáile 's tá'n sneachta dhá chatha' go hárd ins a' spéir

253   **Púcán Mhicil Pháidín**

(a)   CBÉ 492:190–92; 9 x 2. Aithriseoir: [Bríd] Ní Scanláin, Ros an Mhíl. Bailitheoir: An Bráthair P. T. Ó Riain, *c*.1935.

v.1   A Chríost nar mhór an áilneacht i bpúcán Mhicil Pháidín nuair a sheól sí amach as Árainn, d'árdaigh sí an crann nua

v.2   Ní raibh samhail ar bith le fáil aici ach ar nós an bradán fearna a bhíodh ag imtheacht ón a námhaid is nar sparáil ariamh siúbhal

v.3   Is i *Roundstone* lá arna bháreach seadh thosuigh an gleó is an sáruigheacht, séard d'ardaigh sagar Chárna iad a cuir go dtí Céide Mór

v.4   Bhí timcheall is míle daoine na seasamh ar druim an Mhaislín, bhí púcán Bhaidhsín roimpi a bhí déanta le h-aghaidh an tsiúbhail

v.5   A Chríost nár mhór an spórt ar maidin lá na rástaí nuair a sheól sí as Céibh Chárna ⁊ é na ghála mhór

v.6 Agas séard é Micil Pháidín, buachaillín ciúin mánla, is do réir mar deir
na mná a bhí go maith i dteach an óil

v.7 Bhí cailín óg in Árainn a rabh tuille is céad i ngrádh leis agus thug sí searc
is grádh dó trígh a bhfaca sí go fhir fós

v.8 Tá sé anns ó ráidhte ón *Allen Line* sé tairnigtha agus sgéala [...] beag bád
seoil

v.9 Taobh thiar de Leac na gCaorach tá an *Allen Line* don stríocadh, is níor
bhuail sí [...]

(b) CBÉ 811:381–83; 9 x 2. Aithriseoir: Dónall Ó Finneadha (78), An Baile Ard, An
Spidéal. Bailitheoir: Tadhg S. Ó Concheannain, 8 Samhain 1941. Seán Bacach Ó
Guairim a rinne.

v.1 A Chríost nár mhór an áilleacht í púcán Mhicil Pháidín an lá ar sheól sí
'mach as Árainn 's air árdu' sí an crann nua

v.2 'Samhail ní raibh le fághail ach ar nús a' bhradán feárna', d'imtheóchadh
ó'n a námhaid is nár spáráil a dhíol siúil

v.3 A Chríost nár mhór an áilleacht í maidin lá na rástaí nuair a d'fhága sí
céibh Chárna is é 'na ghála mór

v.4 Aniar ó Leac na gCaorach 'seadh sháith sí suas 'sa ngaoith, is na fairrgí
bhí 'na tímpeall gur imthigh sí in a ceó

v.5 Bhí tuilleadh is míle daoiní 'na seasa ar Chruach na Caoile mar bhí
púcán Mhuighinnse stríochta is bhí sí díanta l'aghaidh a' tsiúbhail

v.6 'Séard é Micil Pháidín buachaillín ciúin mánla, do réir mar dúbhairt na
mrá linn go mba lághach é i dteach an óil

v.7 Tá cailín óg in Árainn a bhfuil bó is céad i ndán di, is thug sí searc is
grádh dhó seachas a bhfaca sí d'fhir fós

v.8 Is anois ó tá sé ráidhte, is an eala linne tárrnuí', sgéala theacht as
"*Malbay*" ag iarra' leath báid seóil

v.9 Aniar ó Leac na gCaorach tá an eala linn seo stríocthaí', níor bhuail sí
meillsgeán Mhuighinnse ó tháinic sí 'san áit

(c) CBÉ 1767:247–48; 5 x 2, 1 x 1. Aithriseoir: Máirtín Ó Confhaola, Cladhnach, An
Cheathrú Rua. Bailitheoir: Ciarán Bairéad, 2 Lunasa 1964.

v.1 Ó's a Chríost nár mhór an áilleacht í púcán Mhicil Pháidín lá ar fhága sí
céibh Chárna a's ar árda sí an crann nua

v.2 Ach i *Rous'ton* lá'r na mháireach sé thosaigh an gleo's a' sárú a's gurb é ordú sagart Chárna iad a chuir thar Sceirde Mór

v.3 A's dheamhan ceann gona naoi gcinn siúd a bhí timpeall Crua' na Caoire
nuair a bhí'n bhratach ins a' gcrann aici a's a cuid fir i dteach an óil

v.4 Aniar ag Crua na Caoire sé thosa' an bád á líonadh, nárbh ait an galún
taoscaí é paopa Aindi Mhóir

v.5 Bhí eolas ar a dhream ainn i dtaobh athar ⁊ máthar ainn, a's nach iomú
fear a chraithfeadh láimh leis a' goil sráid a bhaile mhóir

v.6 Ach amach anseo faoi'n bhfómhar atá siad ó le pósadh, beidh seacht n-oi'
ainn ag ól, ag spraoi 'gus a' ceol

(d) CBÉ 1833:60–62; 5 x 2, 1 x 3. Aithriseoir: Neainín Bean Uí Fhiannachta (68),
Sruthán an Mheana, An Cheathrú Rua. Bailitheoir: Ciarán Bairéad, 1973.

v.1 Nár mhór an áilleacht a bhí i bPúcán Mhicil Pháidín an lá ar fhága sí
Cuimpeán Chárna ⁊ d'árda sí an crann nua

v.2 An fharraige bhí sí a' cáthadh go ra' sí a' cuir báistí [...] ar dhá thaobh an
chuain

v.3 Dheamhan ceann gona naoi gcinn siúd a bhí timpeall Crua' na Caoile,
nuair a bhí púcán Mhicil striocaí ⁊ agus a cuid fir i dteach an óil

v.4 Sé dúirt Cathasaigh Mhuínis go ra'sí deanta ó thogha na saora, agus ná ra
bád a' bith deanta a bhí 'nann í bhualadh amach

v.5 Bhí eolas ar a dhream ainn i dtaobh athar ⁊ i dtaobh má'ir, agus gur iomú
fear a chaith leis a' goil sráid a bhaile mhóir

v.6 Ach's gearr go mbeidh siad pósta a's iad socraí agus ní bheidh smid air
aríst go deo

254 Seanbhád na bhFaochan

CBÉ 76:166–69; 1 x 2, 1 x 3, 3 x 6. Aithriseoir: [?]. Bailitheoir: Máire (Tim)
O'Sullivan, [1932–3].

v.1 Nar bheag a b'fhiú an seanbhád nuair a thosugh sí ar fhaochain, anois tá
sí cinnt ar a bhfuil aca ánn

v.2 Tá sí chomh sleamhain lé asgain sa taoile, gur seó mór gan tsaoghal í ó
lámh Mharcus Sheáin

v.3 Níl oileán fairrge dá gcloiseadh mbeidh faochain aniar ó thuin Mhuinse
⁊ thart gan Trá Mháin

v.4 Níl aimhreas agamsa nach maith iad na faochain mar tá siad cur síodí ar
mhná Litir Móir

v.5 Ní rithfadh mé Maiteas mar sé bhíons dá dtráchtáil soir chuile lá gan dada dhó

255 *Submarine* Sheáin an Charraigín

CBÉ 969:170–74; 9 x 2. Aithriseoir: Seosamh Mac Liam (31), An Baile Láir, Cor na Rón, Indreabhán. Bailitheoir: Calum I. Mac Gill-Eathain, 20 Nollaig 1944. Pádraig Seoige as Inis Bearachain a rinne.

v.1 Nach mór a dheis sa mbaile seo an submarine seo Sheáin a' Chairrigín, chath sí ráth an earra' tairrní suas 'sa dug

v.2 Tá Pádraig Jeaic n-a *ghang* innte is tóice sé Maidhc Teaim innte, an fígheadóir atá ins na garranntaí is a chliamhain Máirtín Beag

v.3 Deasuigheadh suas thar cionn í le *tic*'s le píosaí bafedi (bafeadaí), muirtéal ar a ceathrunaí is í *sheet*áilte le *tin*

v.4 Sé *Jimmy* Seóige a dheasa í, chuir sé dhá throigh dhéag go sheas innte, chuir sé áit na ngunnaí amach innte agus cruadhach amu n-a ngob

v.5 (i) Sa Spáinn a bhí sí a' chéad uair is bhí sí amu' n-a *battleship*, aimsir coga *Vastapool*, tháinig sí ón muir

v.6 Nuair a d'unnsa sí na fairrigí theis a' chriú seo ghoil isteach innte, bhí colg rith amach ora mar d'fheiceá ar chearc ghuir

v.7 Chuir sé sgéal 'uig an *Admiral* anúnn go Lúndain Shasana, *Camperdam* a chuir amach léi go dtraoíálaidis *trip*

v.8 Amach ag a' Loch Dhearg chuir an tailliúr caoin faoi fhairrge í, bhí *submarine* ón nGearmán a' díona aige anoir

v.9 Tá ómós thall i Sasana go mhuintir Inis Bearrachain faoi'n mbád atá tigheacht 'un fairrge as nach bhfuil a' tigheacht as áit ar bith

[I nóta i CBÉ 969: 177, tugtar an véarsa seo mar v.5 den amhrán thuasluaite]

v.5 (ii) Dhá mbeach duine eile mar Peaitín ann, shiúbhlainn trip innte go hAlbain, dhá mbeach aon chor 'sa bhfarraige, ní bheach aon ghá le cruit

D. Amhráin Mholta Eile

256   **Agamsa Atá an tSlat Iascach [sic] Is Deise Atá san Iartháil [sic]**
CBÉ 1280, 566; 1 x 8. Aithriseoir: Seán Mháirtín Seoige, Inis Bearachain, Leitir
Móir. Bailitheoir: Séamus Mac Aonghusa, [1945].

v.1   A'am-sa tá'n tslat iascach is deise 'tá san Iartháil

257   **Amhrán an Tae (2)**
CBÉ 441:315–17; 8 x 2. Aithriseoir / Bailitheoir: Tomás Ó Lochlainn, Bun
an Charnáin, Leitir Móir, Meán Fómhair 1937. Peadar Ó Maoláin as Inis
Bearachain a rinne.

v.1   Fear an ghearráin donn, bhadrálfhadh sé an domhan, mar tá'n diabhal ar
a chrostaidheacht 's ar a sháruigheacht

v.2   Á mbéinn-se fhéin 'ndon sgríobh agus fios agam faoi'n dlighe, rachainn i
mbannaí dhib go seachnó'díos mo shráid-sa

v.3   Nach deas an linbh é i dtír meireach é bheith daor, seachas gasúir a
bheith a' caoineachán 's a' gárthaighil

v.4   Tá eolas a'm ar nidh go cabhair-sgáil thinnis cinn, an lá nach
bhfuighfhinn aon bhraon de ní bhéinn sásta

v.5   Á mbéadh an slaghdán ort le mí bhí sé 'ndon a thóigeáil díot, ar maidin 's
a chur a' tarraingt ar an sáspan

v.6   Tá folLántas ann 's brigh gan dabht do bhean an tighe sa tae seo atá 'dul
thart ar fud na háite

v.7   Tá prionnsa fir sa tír, 'sé 'n chéad fhear é chuaidh tríd 's deas í 'mhéin
agus a cháilidheacht

v.8   Tá sé ceart ar chuile chaoi mar tá 'n tseamróg ar a thaobh, fear
measamhail é 'dtaobh athar agus máthar

258   **Amhrán na Scillinge**
CBÉ 312:282–84; 7 x 2. Aithriseoir: Tomás Ó Lochlainn [?] (34), Tearmann
Naomh Breandáin, Baile Loch an Riach. Bailitheoir: Liam Mac Coisdealbha, 17
Feabhra 1937.

v.1   Tá grá a'm go mo sgilling is (tá) dhá ghrá a'm go mo sgilling, is feárr liom
an sgilling ná'n searrach is ná'n láir

v.2   Tá grá go mo dheich bpíne á'm is (tá) dhá ghrá go mo dheich bpíne á'm,
is feárr liom an deich bpíne ná'n laogh is ná 'n bhó

v.3 Tá grá go m'ocht bpíne á'm is dhá ghrá go m'ocht bpíne á'm, is fearr liom ocht bpíne ná'n chaora is ná 'n t-uan

v.4 Tá grá go mo shé píne á'm is dhá ghrá go mo shé píne á'm, is feárr liom an sé píne ná'n mionán is ná'n gabhar

v.5 Tá grá á'm go mo thoistiún is dhá ghrá á'm go mo thoistiún, is feárr liom an toistiún ná 'n lacha 's ná a h-ál

v.6 Nach mise bhíonns críonna nuair ólaim chúig phíonnta a' machtnú 's a' smaoiniú ar nídheannaí go leór

v.7 Tá grá go mo dhá phínn á'm is dhá ghrá á'm go mo dhá phínn á'm, is feárr liom a' dhá phínn seo ná a bhfaca mé fós

259 Amhrán na Speile

CBÉ 633:426–27; 5 x 2. Aithriseoir: Pádraig Ó Donnchadha (28), Ros an Mhíl, Casla. Bailitheoir: Máirtín Ó Mainnín, 3 Lúnasa 1939.

v.1 Bail ó Dhia orm féin agus ar mo speal a bhí breágh géar, 'sí a bhainfeadh an féar ins an ngáirdín

v.2 Dá bhfeictheá mo speal ghéar nuair a d'ólfadh sí cuid tae is go mbainfeadh sise an radharc as do shúile

v.3 Nuair a chromaim uirrí síos go leiginn féin mo sgidh, bíonn cúl na gaoithe agas aghaidh na gréine liom

v.4 Bhainfeadh sí an ceann de na clocha glasa chomh réidh lé barran fata, sin agus na coillte a bhí go dlúth lé na chéile

v.5 Imtheóchaidh mé le cóir i ndiaidh an Turlach Mór nó go mbainidh mise an fheóil dá chnámha

260 Amhrán Phíopa Ainde Mhóir

CBÉ 1211:250–52; 2 x 4, 1 x 3, 1 x 4, 1 x 6. Aithriseoir: Áine Ní Mhaoilchiaráin (20), Camus Uachtair, Camus. Bailitheoir: Cóilín Ó Maoilchiaráin, 24 Lúnasa 1951.

v.1 Casadh isteach tí *Phaddy* Mór mé maidin gharbh gheimhridh

v.2 D'fhiafruigh me dhe cé'r baineadh nó meastú a mbeadh sé daor leis

v.3 Casadh *Pat a' Lord* isteach is go deimhin sé bhí graoidheamhail

v.4 Casadh Pádraig Breathnach dom is é gabháil amach tí an pheelir

v.5 Éirigh 'gus cuir rafail air is ná feicim in do straois é

261 Bróga *Johnny Golden*

CBÉ 524:373–75; 4 x 4, 1 x 5. Aithriseoir: Eoghan Ó Flatharta (40), Na Foraí

Maola Thiar, Bearna. Bailitheoir: Proinnsias de Búrca, 24 Feabhra 1938.

v.1   'S bhí mé lá a gul go Gaille ⁊ theasta péire bróg uaim

v.2   Chaith siad seal san arm ar shaighdiúirí Rí Seóirse

v.3   Nuair fhághaim-se féin mo pháighe is geárr a mhaireann's sí dhá hól dom

v.4   Labhair-se féin dá bhfeictheá í, déarthá go mba dheas a' t-seóid í

v.5   Anois tá mo shubstáint caithte ⁊ deoul bean agam ná bróga

262   Lá Fhéile Pádraig (2)

CBÉ 630:406–08; 5 x 4. Aithriseoir: Séamus Ó Droighneáin (60), Cluain Aoibh, Maigh Cuilinn. Bailitheoir: Seán Mac Artúir, 8 Meitheamh 1939.

v.1   Ní lá ar feadh na bliadhna a thógas croidhte Gaedheal

v.2   Nuair a tháinig an naomh go h-Éirinn i measg págánach fadó

v.3   Ar mhullach mhóir Cruaiche Padhraic seadh ghuidhe sé oidhche is ló

v.4   Chuala Dia na h-urnuighthe agus tháinic toradh as a nguidhthe

v.5   Nuair a thig lár na Márta an lá seo is dílse dúinn

263   Láí Antaine Dhuibh

CBÉ 524:371–72; 9 x 4. Aithriseoir: Eoghan Ó Flatharta (40), Na Foraí Maola Thiar, Bearna. Bailithe : Proinnsias de Búrca, 24 Feabhra 1938.

v.1   'S bhí mise lá breágh a goil go Bl' Átha an Ríogh

v.2   Ó chuir mé ceist air is d'fhreagair sé í

v.3   D'fhiafhruigh mé dhó go dté'r b'ainm a' ghabha

v.4   D'eirigh mé fhéin ar maidin go moch

v.5   Labhair sé liom-sa go fáilí, ciúin

v.6   Rug sé ar a' teanachair chuige ina láimh

v.7   Ghlan sé an teallach gur chuir sé teine síos

v.8   Brígh ⁊ spreaca go rabh in do láimh

v.9   Thiocfhadh sí i dtala ⁊ gheárrfadh sí an fhréamh

264   Píopa Ainde Mhóir
(a)

CBÉ 1722:184–86; 5 x 4. Aithriseoir: [? Bríd Ní Scanláin, Baile an tSléibhe, Ros an Mhíl]. Bailitheoir: Mícheál Ó Scanláin.

v.1   Bhí mise oidhche shaoire i dTír an Fhiaidh is mé teacht ó cheól

v.2   Cuirim mo bheannacht sios agat le gaoith a Aindi Mhóir

v.3   Sí do bhean a líonn é ⁊ ní le tuighe ná scroibh

v.4   Bhí mise lá aonaigh i gCill Bhrighide ⁊ mé ag ól

v.5   Ag dul go h-Inís Niadh dhom le locht caorach ⁊ bó

(b)   CBÉ 442:421–23; 1 x 4, 1 x 6, 3 x 4. Aithriseoir: Seán Ó Lorcáin (75), An Doirín, Leitir Móir. Bailitheoir: Eibhlín Ní Standúin, 16 Nollaig 1937.

v.1   Bhí mé lá ag aonach i gCill Bhríghde is mé 'g ól

v.2   An bhean a thug dhom líonta é, go deimhin tá mé buidheach di

v.3   Is tusa fhéin a líon é is ní le tuighe é gan stróbh

v.4   Bhí mé oidhche shaoire i dTír-an-Fhiadh ag an gceól

v.5   Dul siar go h-Innis Nídhe dhom le locht buaile is caorach

(c)   CBÉ 250:77; 2 x 4. Aithriseoir: Tomás Breathnach (80), An Cnoc, Indreabhán. Bailitheoir: Bríd Ní Chollaráin, 1936.

v.1   Is maith an galún taosga atá i bpíopa Andy Mór

v.2   Nach brónach mé ar maidin agus ní taise liom trathnóna

265 Tuirne Mháire

(a)   CBÉ 786:557–58; 2 x 4, 1 x 7, 1 x 5. Aithriseoir: Anraoi Ó Tuathail (60), Leitir Móir. Bailitheoir: Proinnsias de Búrca, 18 Nollaig 1941.

v.1   'Sé túirne Mháire an túirne sásta, déarfadh lán nach bréag é

v.2   A Mháire, a ruain, beidh an Nodhlaic ag teacht go luath le cúna an Árd Rí

v.3   Ní hí mo bhean-sa bean an túirne ach Máirín mhúinte bhéasach

v.4   Marbhuigh mart is cuir i dtaisge é, ná tabhair aon bhlas dhe dhom-sa

(b)   CBÉ 840:325–26; 2 x 4, 1 x 3. Aithriseoir: Meait Ó Diollúin (60), An Teach Mór, Indreabhán. Bailitheoir: Calum I. Mac Gill-Eathain, 2 Deireadh Fómhair 1942.

v.1   Sé túirne Mháire an túirne sásta, shiúbhail sé páirt mhaith g'Éirinn

v.2   Preab 'sa ngríosa' ag bean-tighe shúgach, freastal triúr a' cárdaí?

v.3   ....

       Chuireat sé 'n túirne i bhfoirm 'sa i dtiún is trí chois úr o'n Spainn faoi

ROINN IV

Amhráin Cháinte

A. Amhráin Cháinte Daoine

266 **Amhrán faoi Fhear a Chuaigh Thart ag Díol Droch-Éadach [sic]**
CBÉ 1774:89–91; 3 x 4, 3 x 3, 1 x 4, 1 x 5. Aithriseoir: Máirtín Ó Confhaola
(Máirtín Mhurcha), Cladhnach, An Cheathrú Rua. Bailitheoir: Ciarán Bairéad,
9 Nollaig, 1964.

v.1   Ó a's tá fear anseo as a' Mhuíneach a' goil tímpeall ins an áit

v.2   Ó shiúil mise na réigiúin óra anois ins chuil áit

v.3   Tá éadach ó Inis Bearachain a'm, Leitir Mulláin's a' Trá Bháin

v.4   'S á dhéine 'á n-oibreo mise anois, ní bheidh a leath réidh 'am go bráth

v.5   Bhí mise a' caint le fear as Órán a's d'insigh mé dhó an cás

v.6   "Ó cuirfidh mise ar an eolas thú" (adeir sé) "a's ní bréag atá mé a rá["]

v.7   Tá sé seo a' siúl na h-Éireann a's beidh aithne air uiliug ar báll

v.8   Tá'n buachaill seo imí anois uainn a's tá'n t-airgead tugthaí aige as an áit

267 **An Sagart Ó Dónaill**
(a)   CBÉ 593:324–25; 8 x 2 + curfá 2 líne. Bailitheoir: [?] Bean Bairéad, Maigh
Cuilinn. Bailitheoir: Tomás Bairéad, *Irish Independent*, 11 Samhain 1938.

v.1   Nach céasta fada í an oichche, mo chroidhe chomh trom le bróin mhuilinn

v.2   Nuair a theighimse chuig an Aifreann De Dómhnaigh, 'gus buailim
bóthar mar cleachtach liom

v.3   B'fhearr liomsa 'siubhal na sráide, brat ar mo bhrághaid mar phluid orm

v.4   Shiubhail mé i bhfus agus thall, i Móta Ghráinn' Óige a rugadh mé

v.5   Mo mhallacht go deo ar na mná, 'siad a bhain díomsa mo shagairtín

v.6   Dhiúltaigh tú Peadar 's Pól, dhiúltaigh ór agus airgead

v.7   Ní mar gheall ar airgead ná ór d'iompuigh mé i gcóta an mhinistéir

v.8   Dhá bhfeictheá-sa Neilí Dé Dómhnaigh, hata 'gus clóicín dubh uirthi

Curfá: Fill a ruan-ó 'gus ná himthigh uaim etc.

(b)   Fill, Fill a Rúin Ó [sic]

CBÉ 1280:9–10; 3 x 2 + curfá 4 líne. Aithriseoir: Gráinne Ní Chonluain, Baile an tSagairt, An Spidéal. Bailitheoir: Séamus Mac Aonghusa, 1942.

v.1   B'fhearr liom-sa 'g imtheacht sa tsráid, pluid ar mo bhráid agus cleith agam

v.2   Da bhfeicfeá-sa Neilí Dé Domhna', hata 'gus clóicín dubh uirthe

v.3   Mo mhallacht go deó ar na mrá, 'siad a bhain díom-sa mo shagairtín

Curfá: Fill, fill a rúin ó etc.

268   Cac i Mála

CBÉ 627:274–75; 1 x 4. Aithriseoir: Máirtín Ó Tuairisg (64), An Lochán Beag, Indreabhán. Bailitheoir: Seán Ó Flannagáin, 22 Bealtaine, 1939.

v.1   A' dhul siar ag a' Spidéal seach cháill mé mo náire

269   Fiach Sheáin Bhradaigh

(a)   CBÉ 225:375–83; 39 x 2, 1 x 3. Aithriseoir: Mícheál Ó Confhaola; An Spidéal. Bailitheoir: Máire Bean Uí Dhroighneáin [?], Samhradh 1927.

v.1   Leanfaidh mé an cúrsa de réir na n-úghdar agus sgriofad údhacht i bhfuirm dáin

v.2   Fillidh mallacht Sheáin de Búrc ort, peacadh an ubhaill ort d'ith Éabha is Ádhaimh

v.3   Níl gar ag cainnt ná ag déanamh rúin air, is caint í dúbhradh is chuaidh i gcúis go h-árd

v.4   An t-iarna, an chuilt, an phluid is an súsa, an chaora, an t-uan, an bhó is an láir

v.5   Le claidheamh is sgiúirse géar a lúbfas, ionnsóchad tú ó chúl go sáil

v.6   Na cosa go gcaillidh tú ó do ghlúinibh, radharc do shúl is lúch do lámh

v.7   Fiabhrus creathach, fáil is fuacht ort, sin go luath ort is galra báis

v.8   Dóghadh croidhe is gráin ort, bacaighe is truaill ort, rith 'gus ruaige ort is fuacht ag do dháimh

v.9   Bearradh crosach is lomadh Luain ort, is nár theighidh ort úir ná cómhra chláir

v.10   Neasgóid chléibh is feolún fuar ort, criothán, múchaí is sile sidheáin

v.11   Briathra malluighthe agus bun na Cruaiche, na Cille Ruaidhe ⁊ Bhaile an Chláir

v.12   Teachtuire sgiobtha nach bhfuilleó' 's nach gclisidh, bí agam anseo go moch i mbáireach v.13   Ó Domhnalláin, Ó Fearghail, Ó Cearbhaill is Ó Máille, sinnsear lán-gheal Uí Dhomhnaill

v.14   I dtír 's i dtalamh tá cuntas le fada gur fir a ghníodh *action* na Bláca

v.15   Sáirséalaigh tiocfaidh is ní theipfidh Pluincéadaí, Mórdhaí na Tarta, triallfaid mar dhuine

v.16   Iarla Chill Alaidh 's easbog Chinn Mhara, tiocfaidh le luthgháir is le áthas

v.17   Cruinneó' siad ar fad ó Chorcaigh go Biorra, Chluain Meala, Cill Choinnigh is Port Láirge

v.18   Labhaireó' *Lord Dillon* le réasún is tuisgint agus déanfaidh an t-oireachtas gáire

v.19   Ní mór duinn lucht faire chur ar Shliabh Bachta, ar Bharúin 's ar bhéal chursa an rása

v.20   Prionnsa Thír Eoghain ag cúmhdach a dhuithche féin, idir Criogán is Droichead a' Chláirín

v.21   I lár Bh'l'eá'n Ríogh tá Labhrás is Tadhg, is Cathair Uí Eidhin ag na Blácaigh

v.22   Má ghabhann sé síos ní imtheó' sé saor, tá an marcach is an *bill-hook* go láidir

v.23   Níl aon fhiagaidhe na sheasamh ó dhorus Chúirt Bhalla, go Gaillimh nó as sin go Ceánn Léime

v.24   'gCluin tú a Sheáin Bhradaigh, déan t-aithrighe go maidin, níl párdún ná coimire i ndan dhuit

v.25   Ach ag ithe 'gus ag gearradh, 'g imtheacht thart i ngach bealach, ag líonadh do phaca is do mhála

v.26   Labhair *Lord Dillon* le réasún is tuisgint agus rinne an t-oireachtas gáire

v.27   *Fair play* agus fairsinge tugaidh do'n fhear seo, deirim-se go bhfuil arrúintí báis air

v.28   *Larry Killacky* nar umhlaigh riamh na ghaisce, chaith an gaduidhe is a chú as a' mála

v.29   Ar bhéala an t-sean-bhaile bhí *hunters* dá ngreadadh agus sgonnsaí dá gcaitheadh le fána

v.30   Bhí naoi míle marcach ar thaobh Chnuic Ghaillimh, chúig mhíle bean agus páiste

v.31   Nár mhór ar an gcuideachta mar chailleamar Uillioc acht fastuighmis Piarsaigh 'gus Bláca v.32 Ag tigh Pheadair na Clasach bhí na *blazers* na seasamh agus d'iompuigh sé síos bóthar Áth Eascrach

v.33 Rug sé ar a *wallet* siar tríd Ghleann Cluisne agus tóin Chonamara le fána

v.34 Thóg sé bád seóil i gCuan an Fhir Mhóir agus d'fhuagair sé coimirc ar Árainn

v.35 Níor shuidheamar síos 's níor sheasamar ar talamh gur fhuagair cath ar Mháirtín Ó Máille

v.36 Nó gur thiomáin sé anonn é ar Chéibh Chinn Mhara, le faitchios go gcaillfeadh sé an stát leis

v.37 Ó nuair a shíl sé dul tharta taobh eile de'n Sgairbh, seadh chaill sé a cholg is a mhála

v.38 I lár Lios a' Loma chuaidh *Venison* roimhe agus bhain sé de píosa de'n mhása

v.39 Chruinnigh na bailte ó Eadhdhruim go Ceapaigh agus d'fhaduigheadar síos teinte cnámha

v.40 Bhí *brandy* agus fíon d'á sgaipeadh go fial ann, bhí gloine ag gach fear agus cárta

(b) Seán a' Búrca

CBÉ 74:482–83; 1 x 2, 1 x 1, 3 x 2, 1 x 1, 3 x 2, 2 x 1, 2 x 2. Aithriseoir: Seoirse Ó Cartúir, Cinn Mhara, Camus. Bailitheoir: Bríd Ní Chartúir [*c*.1933.]

v.1 Léighimíd an cúrsa de réir an ughdair mar bhuail tú fúmsa ar bheagán fáth

v.2 Is fada o'n lá dubhradh gur bí an chroch ba dual dhuit, ó shlad tú an triúr i gCondae an Chláir

v.3 Níl aon nídh a ghoidfí ó thír go Tuabhainn nach in ualach Sheáin a gheabhfaidhe a tuairisg

v.4 Níl talaidhe ó mhagadh é fiach seo Sheáin Bhradaigh, acht seilg gan brabach, gan básta

v.5 Ó Cearamhail, Ó Néill ó sinnsear glan Gaedhil, Ó Domnail, Ó Néill [...]

v.6 Thoir ar na Míne tá sunóg mo dhuine is ní chlisfeadh sé mac na deagh-mháthar

v.7 Thiar ag Ros Leathan 'seadh dhuigheamar Seán Bradach le fáinne an lae ar maidin

v.8 Ar thaobh Leac na Dona chuaidh *Venus* roimhe is bhain cleith as a mhála

v.9 Thóig sé bád seóil i gCuan an Fhir Mhóir agus d'fhuagair sé cuimhnidhe ar Árainn v.10 Ní shuidheamar is níor sheasamar gur fhuagreamhar sealans is battle ar Mháirtín Ó Máille

v.11 Le fáinne an lae ar maidin bhí againn fios freagra, leitir is séala uirthi faisgthi

v.12 A Phrionnsa Thír Eoghain, coimeád do dhuithche nó caillfidhe tú Tuaim is slis Bhearna

v.13 Bhí Séamus Ó Treasa is Domhnall ina aice ag déanamh sur-sopa is plearáca

(c) CBÉ 355:99–102; 12 x 2, 1 x 3. Aithriseoir: Mícheál Ó Confhaola (70), An Spidéal. Bailitheoir: Éamonn Ó Confhaola, 17 Aibreán 1937.

v.1 Leanfa mé an cúrsa do réir an úghdair ⁊ sgríobhfadh údhacht i bhfuirim dáin

v.2 Fillidh mallacht Seáin a Búrca ort, peacadh an ubhaill ort d'ith Éaba is Adham

v.3 Níl gar a cainnt na a déanamh brún air mar is caint a dubhradh chuaidh i gcuis go h-árd

v.4 An t-iarna, an chuilt, an phluid ⁊ an súsa, an chaora, an t-uan ⁊ an bhó gus an láir

v.5 Le claidheamh is sgiúrse géar a labhras, lonnróchadh tú ó chúl go sáil

v.6 Na cosa go gcaillidh tú ó na glúine, radharc do shúl is luth do lámh

v.7 Do ghruaige go dtuitfe is do mhailí diombuidhe is nár fhana cluais ort ach amháin an áit

v.8 Sgamhach iongan is galra cúil ort, smior na súgh nár raibh an do chnáimh

v.9 An ghaoth a séideadh go géar ó thuaidh ort is tú i gcoirnéal fuar do chuaille fáil

v.10 Diomhbhuadh ar fad go dtagoidh anuas ort is breitheamhnas luath ort mara bhfuil tú sáthach

v.11 Bí agam go moch annseo mbáireach go gcuirfidh mé cuireadh ag na h-iondúirí is sine

v.12 Sinnsear lán geal Ó Dhomhnail, Ó Néill, Ó Briain, is Ó hEadhra

v.13 Gearaltaigh, Brúnaigh, Buitléaraigh ⁊ Búrcaigh, Loingsigh, Frinnsigh is Dálaigh

270 Maidhc Mhaidhcil

CBÉ 824:258–60, 10 x 2. Aithriseoir: Anna Ní Ghriallais (21), Cill Bhriocáin, Ros Muc. Bailitheoir: Monica Ní Mhaodhbh, 26 Márta, 1942.

v.1   Shoraigh dhíot-se, a *Mhike Mhichael* Seáinín, nach tú bhí cráidhte as túis
        do shaoil

v.2   Shíl tú go raibh agat acht a bheith ag imtheacht lé *Mag* Mhicil Pháidín,
        acht faríor cráidhte, ní mar sin a bhí

v.3   Cluineadh i gCamus é agus siar Coill Sáile, gol 'sa gárthail 's sgaithtí
        gabháil-fhuinn

v.4   Bhí *Mike* an t-ám sin go dtí 'n a bhásta muigh sa sáile lé briseadh croidhe

v.5   Theachtá i leith chuile oidhche airneáin 's tú chomh beárrtha le sagairtín

v.6   Innseóchadh mé anois díbh an *crowd* a bhíodh ánn, bhíodh *Mick* Bartle
        ann i rith ar Bhid teach na leachtaí

v.7   Bhíodh *Sonny* Thomáis ann go múinte mánla agus é go sásta na shuidhe
        lé na dtaobh

v.8   Shora dhíot-sa, *Mike Michael* Sheainín, nar chuir an fáinne uirthi i dtúis
        a saoil

v.9   Sgríobh sí leitir análl as *Malden*, nach mairfeadh sí beó acht mí

v.10   Chuala *Mike* go raibh an sgéal seo ráidhte, séard dubhairt sé go gcuireadh
        sé an piléar thríd

271   Nár Dheas an Cailín Tíre Mé Nuair a Phós Mé Traimpín Mhaínse
        CBÉ 969:270–71; 5 x 2. Aithriseoir: Seosamh Mac Liam (31), An Baile Láir, Cor
        na Rón, Indreabhán. Bailitheoir: Calum I. Mac Gill-Eathain, 9 Nollaig 1944.
        Pádraig Seoige a rinne.

v.1   Nár dheas an cailín tíre mé nuair a phós mé traimpín Mhagh-Innse, bhí
        gúna fada síoda is raca breá in mo chúl

v.2   Má bhí tú leath chomh breá sin, níor chuala muid aon cháil ort, choinic
        mise an lá sin thú is thú chomh cám le lúb

v.3   Ná ro tú beó tránóna amáireach, nár thug mé an *sway* as Árainn, le gile
        agus le breácha is le deise mo chuid siúbhail

v.4   A chailleachín ghránna, go rud atá chomh cám leat, cé'n fá ar thug mé
        grá dhuit nó ar phós mé ariamh thú

v.5   A shean druinneóirín ghránna go rud atá chomh cám leat, dhá dtugainn
        liom-sa i mbád thú is thú bhadha amuigh 'sa gcuan

B. Amhráin Cháinte Áiteanna

272   Amhrán Bhord na Móna (1)

CBÉ 1767:218–20; 5 x 4, 1 x 5, 1 x 2, 4 x 4. Aithriseoir: Máirtín Ó Confhaola (Máirtín Mhurcha), Cladhnach, An Cheathrú Rua. Bailitheoir: Ciarán Bairéad, 15 Iúil 1964.

v.1   A's d'fhága muid an baile seo ar maidin moch Déardaoin

v.2   Ó's a dheamhan a gcodlódh ceannaí reaigeannaí ar a' bpluid a bhí os a' gcíonn

v.3   Ó mar ní h-é mórán a bhí le fáil agat le thú 'chothú ann 'á réir

v.4   Thagadh sé ar maidin lena *rule* a's lena shlat

v.5   Ó 'acha, nuair a fuair mé an pháí Dé Sathairn bhí mé a' glumáil leis a' bh*foreman*, ó, go h-árd

v.6   Ach sábháilfidh mé an oiread's a thiubhras trasna mé ar a' mbád bán

v.7   Ó's mo mhallacht go Chill Dara [...] do shlainte ann

v.8   Ó's nuair a *sack*-áilfeadh *Mc Alpine* 'ú, bhí feilméaraí neart ánn

v.9   Ó's a Thiarna, nach mé a shaothra' an t-airgead a's gan aon antró le fáil

v.10   Nuair a d'fheicfeá a' tíocht san oi' iad go mbeifeá a' deana faoisdin do bháis

v.11   Ó's, a Thiarna, ná ra' airgead ann, ach bhí contúirt ann 'á réir

273   Amhrán Chill Dara

CBÉ 1211:164–67; 6 x 4. Aithriseoir: Colm Ó Maoilchiaráin (65), Camus Uachtair. Bailitheoir: Cóilín Ó Maoilchiaráin, 19 Lúnasa 1951.

v.1   An lá a ndeachaigh muid 'Cill Dara agus ar fhág muid an Tráigh-Bháin

v.2   An oidhche a ndeachaidh muid don champa, beidh cuimhne agam air go bráthách

v.3   Ar a seacht a chlog ar maidin bhí an briocfasta le bheith réidh

v.4   An lá ar hórduigheadh chun an phortaigh muid, bhí fir ann as chuile áit

v.5   Mo mhallacht-sa do'n bharra mar ba é ba mheasa dhá raibh ann

v.6   An lá ar fhág muid Cill Dara is a dtáinig muid ar an traen

274   Amhrán Sheanadh Phéistín

(a)   CBÉ 633:427–29; 8 x 4. Aithriseoir: Pádraig Ó Donnchadha (28), Ros an Mhíl. Bailitheoir: Máirtín Ó Mainnín, 3 Lúnasa 1939.

v.1   Innseóchaidh mise sgéal dibh anois faoi Sheana Phéistín mar táthar ag troid agus ag marbhadh a chéile ann anois ar bheagán fáth

v.2   Muna socruighidh *De Valera*, nó arm an *Freestate* é, feicidh tusa réabadh
Seana Phéistín curtha as áit

v.3   Níl plean ar bith dá mbhféidir a bhfeárr a gcuimhneóchainn féin air, a
bfhusa a dhéanfadh réidhteach ná teach pobail a dheanamh ann

v.4   Óir tiocfaidh an lá ina dhiaidh sin a bhfagfuidh siad na sléibhte 's
glaodhfar orraibh in éinfeacht, a chréatúir, tar éis a mbáis

v.5   Dá mbéidhinnsé ar shráid an *Station* ins an áit ar chaith mé séasúr,
bheadh Máirtín le mo thaobh ann 's *fair play* agam le fághail

v.6   Dé Dubhánaigh ina dhiaidh sin, an fear a bfhearr i nÉirinn, chuala mé
dhá léigheadh é agus na seandaoine dhá rádh

v.7   Mar sheasfadh muid le chéile, ní hionann sin agus lucht sléibhe, ach ón
gcladach a bhí ár dtréithe, de thoghadh na bhfear a bfheárr

v.8   Mar ní lasfaidh na réalta 's ní bheidh solus ar na spéartha ann, ach teinnte
agus tóirneach pléasgadh, de oidhche agus de ló

(b)   CBÉ 824:213–15; 4 x 2, 1 x 3, 2 x 2. Aithriseoir: [?]. Bailitheoir: Monica Ní
Mhaodhbh, 1942.

v.1   Innseócha mé sgéal dhíb anois faoí Sheana Phéistín, tá siad ag ithe 's a'
gearradh chéile ann anois ar bheagán fáth

v.2   Mar a socró *De Valera*, nó arm an *Free State* é, feicidh sib-se réaba 's Seana
– Phéistín curtha as áit

v.3   Níl plean ar bith b'fearr a dheana dhá gcuimreóchainn héin air, a b'fearr a
dhéanadh réidhteach ná teach pobail a dheana ánn

v.4   Mar tiocfadh an lá na dhiaidh sin a bhfága sibh na sléibhte, glaodhaith
orraí i n-éindigh, na gcréatúr tar éis a mbáis

v.5   Dá mbeithinn ar shráid an *Station* sa n-áit ar chaith mé séasúr, bheadh
Máirtín lé mo thaobh a'm 's *fairplay* agam le fáil

v.6   Dhá mbeadh muid beirt le chéile 's muid armáilte réidhtí, ní hé an chaoí
a bheadh ar Éireann agus ní *Free-States* a bheadh ánn

v.7   Ach anois ó tá mé réidh libh 's mé sgaramhaint ó mo chéad searc, beidh
smál ar Sheana-Phéistín nach sgaradh leis go bráthach

275   Bainis an tSleacháin Mhóir

(a)   CBÉ 1684:313–14; 5 x 4. Aithriseoir: Máirtín Ó Máille (74), Doire Fhátharta, An
Cheathrú Rua. Bailitheoir: Proinnsias de Búrca, 20 Lúnasa 1964. Raiftearaí a
rinne an t-amhrán.

v.1 An féasta a bhí ar an t-Slígheáin Mhóir, dúirt go leór gur sheas sí seachtmhain

v.2 Bhí cuireadh ar bheag agus ar mhór ánn, ní rabh cuir ná tóir ánn ar lucht cótaí breaca

v.3 Bhí toirín téip a'd ánn, mórán gréidhí bán agus breaca

v.4 Leitir faoí sgéal a chuadh sa méir agus shiúil sí Éire in imtheacht seachtmhain

v.5 Nuair a shéid an ceól agus thosa an damhsa, is iomú stól a bhí lé balla

(b) CBÉ 90:565, 1 x 4, 1 x 2. Aithriseoir: [?]. Mr. Joseph Hanley, 17 Iúil 1930. [Bailíodh an t-ábhar sa Tuairín nó i Leitir Mealláin].

v.1 Feasta a bhí ar an t-Sleadháin Mor agus deir go leor gur mhair sí seachtmhain

v.2 Annsiúd a d'feictu an mor sluaigh mhór, fir go leór agus óg mná deasa

276 Cúirt Bhalla

CBÉ 442:114–17; 7 x 4. Aithriseoir: Seán Ó Lorcáin (68), An Doirín, Leitir Móir. Bailitheoir: Eibhlín Ní Standúin, 16 Samhain 1937.

v.1 Dhá bhfeictheá cúirt Bhalla i lár Cho. Mhuigheó

v.2 Dhá bhfeictá an t-óigfear 's é amuigh ins an ngáird

v.3 A óigfhir óg uasal, a fuaideadh sa mbruighinn

v.4 A dhaoine uaisle na tíre, fáighaí loinge dhíb fhéin

v.5 A dhearbráthaireacha na páirte, agus a mhic cháirde na gcarad

v.6 A bhainliath na mbáire, sé mo chrádh thú a bheith i dtalamh

v.7 Níl éinín dhá bhigeacht ná iolrach dhá mhéad

c. Amhráin Cháinte Eile

277 Amhrán an Bhacstaí

CBÉ 607:33–34; 6 x 4. Aithriseoir: Pádraig Mac Donnchadha (Peait) (73), Ros an Mhíl. Bailitheoir: Brian Mac Lochlainn, 1938.

v.1 *Boxty-bread* ní dhianfar sa mbaile seo airíst choidhin, mar tá ánró uaidh nach bhfuil 's ag a lán é

v.2 Théis é siúd a bheith dianta, tá sé garú, roínnseach 'gus ní mú ná go ndianthadh sé an sclábhuidhe

v.3   Oidhthe Nolac Mhór seadh fagú ar a stól é agus d'fhiarra na páistí cé'n
        t-arán é

v.4   Agus lodhair a t-seanbhean chríona a bhí tháll sa gclúid g'ós íseal, "is *boxty*
        é atá dianta le ráithe["]

v.5   I n-Iarras Mór tá m'árus, tá mo chúnaidhe ánn le ráithe – cé gur rí-dheas
        an áit é ag fear slamra

v.6   Cé gur doiligh liom é chána 's go bhfuil an géim is fearr ánn, tá an
        cheaircín 's a h-áilín i n-aoineacht

278   Amhrán na Creathnaí (1)

(a)   CBÉ 825:287–89; 2 x 4, 1 x 5. Aithriseoir: Máire Ní Chonaire (Máire Aibhistín)
        (84), Snámh Bó, Ros Muc. Bailitheoir: Monica Ní Mhaodhbh, 31 Márta 1942.

v.1   Sé mo léan géar gan mé sa mbaile a mbíonn an chreanach ánn

v.2   Tá mo chrois-se briste go bhárr an obair léan

v.3   Éistse mé leis an gcreanach seo agus tógfadh mé mo sgíth

(b)   CBÉ 824:127–28; 2 x 4. Aithriseoir: Máire Ní Chonaire (Máire Aibhistín) (86),
        Snámh Bó, Ros Muc. Bailitheoir: Monica Ní Mhaodhbh, 5 Márta 1942.

v.1   Sé mo léan géar gan mé sa mbaile a mbíonn an chreanach a' fás

v.2   Beidh tobac agam no cáillfidh leath na méar

279   Amhrán an Mhadra Uisce

        CBÉ 378:454–56; 1 x 4, 1 x 5, 2 x 4. Aithriseoir: Seosamh Ó hEidhin (80), An
        Cnoc, Leitir Mealláin. Bailitheoir: Eibhlín Ní Standúin, 25 Iúil 1937. Micil Ó
        Clochartaigh (Micil Dhiarmada) a rinne.

v.1   Caithfear é thóigeáil go h-Aoine seo chugainn

v.2   A iasgairín gránna, is olc an bás a fuair tusa

v.3   Is beag do dhíol truaighe ma fuair tú bás dona

v.4   A chailíní óga (a deir sé), nach tútach a d'ith sibh

280   Amhrán Bhord na Móna (2)

        CBÉ 1767:90–92; 2 x 4, 1 x 6, 1 x 4, 1 x 7. Aithriseoir: Máirtín Ó Confhaola
        (Máirtín Mhurca) (45), Cladhnach, An Cheathrú Rua. Bailitheoir: Ciarán
        Bairéad, 2 Aibreán 1964.

v.1   Tá scéal len aithríst a'm a's tá náire orm í inseacht, ní scéal le plúchadh é
        'hús ná tháll

v.2 Tá'n bhean's a' gasúr ann a' *wheel*áil mona a's tá'n túiméad comhartha má bhíonn siad mall

v.3 I bportaigh dearglach go dtí na nglúine, mar bheadh lonnú fómhair i dtaltaí bán

v.4 Sé beatha an tsean-duine tobac a's paopa ó a's fiú an únsa, níl aige le fáil

v.5 Mara gcabhraf' Muire orainn no Rí-Mhac a' Dhomhna' no a' bád breá 'fháil ó Mheiriocá

281 An Dúidín

CBÉ 442:433–34; 3 x 2. Aithriseoir: Seán Ó Lorcáin (75), An Doirín, Leitir Móir. Bailitheoir: Eibhlín Ní Standúin, 16 Nollaig 1937.

v.1 Sgéal cruaidh ort a dhúidín gránna, gan lúdh, gan láthar mar's tú rinne mo chreach

v.2 Nuair a shíleanns Máire thú bheith i gceánn an bháid aici, a tarraingt suas nó a déanamh leas

v.3 Tá do haitín lásaí ar do bhaithis faisgithe agus díol Ó hÓra do shlabhra *watch*

282 An Saighdiúirín

CBÉ 630:428–31; 8 x 2. Aithriseoir: Seán Ó Donnchadha (64), Adragool, Cluain Aoibh, Maigh Cuilinn. Bailitheoir: Seán Mac Artúir, 12 Meitheamh 1939.

v.1 Ins an oidhche Lá Fhéil Pádraig, bhíos i dteach tabhairn, bhí giní in mo láimh-deis do bhfeárr a bhí agam

v.2 Mar bhí mise in mo amadán, glaodhadh go h-árd orm, dhéanaidis acracht (?) díom, gradam is sult

v.3 Dá mbéadh fhios ag mo mháithrín, í a bheith go cráidhte, an cartadh is an carnadh a fuair mé ó shoin

v.4 Bhí *"wheel to the left about"*, iompuigh ar do láimh dheis agam, *"attention"* is *"march on"* is *"hold up your chin"*

v.5 Níor bhfada go bhfaca-sa gunna ar mo bhaiclín, *"shoulder belt"* orm agus *"putch"* ar mo chrios

v.6 Bhí cótáidh ar mo chnapa agam, sluig ar mo cheannastar is croinn dubh bhí gléasta agam

v.7 Bhí *"forage cap"* orm, bhí dhá *"spatterdash"* orm, bhí píopa tobac agam, réidhteóir is *"brush"*

v.8   Nach mé a bhí go lag aca ag iompar mo *knapsack* dhóibh, mé ag mairseáil
        na mbóthar gan feóirling agam

283   Bróga *Khennedy*

(a)   CBÉ 1634:352–54; 2 x 4, 2 x 3, 2 x 4, 1 x 2. Aithriseoir: Neainín Nic Dhonnchadha
        [Bean Uí Churraoin]. Bailitheoir: Ciarán Bairéad, 11 Aibreán 1960.

v.1   Chua mé soir tigh *Larry* ar maidin moch Diardaoin

v.2   Bhí togha na mine choirce aige ⁊ togha na mine bhuidhe

v.3   Bhí cúrsa ann ⁊ *Connor* ⁊ Pádhraic na Crapuí

v.4   Casadh gréasuí i nGaille dhom thíos ag a' bPóirse Caoch

v.5   Cuireadh 'un bainse orm soir go Ros a Bhíl

v.6   Ba geall le plumpaighil thoirnighe a bhuailfí ar thóin a' tighe

v.7   Mar chuirfeá sneachta leis a' teine sé chaoi ar leagh a gcuid bonnachaí

(b)   CBÉ 90:486–87; 1 x 3, 1 x 4, 2 x 3, 1 x 4, 1 x 2. Aithriseoir: [?]. Bailitheoir: Mr.
        Joseph Hanley, 17 Iúil 1930. [Bailíodh an t-ábhar sa Tuairín nó i Leitir Mealláin].

v.1   Níl fear ar bith inois ara comh [?] le *Larry* héin

v.2   Coinneagadh leis an teine iad no gor doghadh a gcuid buinn

v.3   Deimin bróg deimfá anois aca da níocád giní buidhe

v.4   Chuaidh mé ar a caineadh, móla mé iad aríst

v.5   Chuaidh cuireadh an brainse orm siar go *Rosaveel*

v.6   Bhí plúr chumh maith is bhí i nGaillimh agus *tea* is siúcra saor

ROINN V

Amhráin na nDaoine

A. Amhráin faoin Ól

284 **Ag Tóraíocht Braon Óil a Thomhais Mise an Bóthar**

CBÉ 79:317–19; 10 x 2. Aithriseoir: Stiofán Ó Confhaola (*c.*90), Ard na Graí, Doire an Fhéich, Casla. Bailitheoir: Bríd Nic Con Iomaire. Is é an t-aithriseoir a rinne an t-amhrán.

v.1 Ag tóruigheacht braoin óil a thomhais mise an bóthar go ndeacha mé tigh *Churley* go Camus

v.2 Dhéanfainn a'm fhéin acht ní fhéadfainn a dhéanamh mar tá saighdiúir im' ghárdáil 's im' fhaire

v.3 Leag sé ar *round table* trosgán deas gréidhe, bhí an citeal 's é fiuchta ar an teallach

v.4 Tá 'n *stillhouse* 'n-a sheasamh faoi íochtar Chnuic Chamuis 's tá mé ag tabhairt dúbláil go tréan as

v.5 Beidh máighistreas *factory* anall as Gleann Chatha ann, beidh an cailín, beidh an buachaill, beidh an mótar

v.6 Beidh an *flute* ann, beidh an *fiddle*, beidh an cláirseach ag seinim, beidh an droma dhá lasgadh ann go croidheamhail

v.7 Suidhigidh síos 's ólaigidh *round punch* mar tá sibh tuirseach ag damhsa

v.8 Cúig phunta dhéag 's níl sin 'na bhréag, bhí glaoidhte sa *reckon*áil ar maidin

v.9 Tháinig mótar *John Jack* ann ar a sé a chlog ar maidin mar 'sé bhí go cóir is go flaitheamhail

v.10 Muise *bad cess to John Jack* gur chroch tú mé leat 's níor fhág tú mé i gCamus go maidin

285 **Amhrán an Phoitín (1)**

CBÉ 1774:5–8; 1 x 4, 1 x 3, 3 x 4, 1 x 3, 4 x 4. Aithriseoir: Máirtín Ó Confhaola

(Máirtín Mhurcha), Cladhnach, An Cheathrú Rua. Bailitheoir: Ciarán Bairéad,
9 Nollaig, 1964.

v.1   Tá'n worm a' tíocht thrí Gharamna a's tá'n pota istigh i dTír 'n Fhí

v.2   Ó 'gus tá *spy-glass* anois le fáil acab, nach mbeidh a léith'de istigh in aon tír

v.3   Bhí mé a' caint le Máirtín Learaí ar a' maidin moch Déardaoin

v.4   Ó bhí mé istigh ag tí *Frank Gorman* a' cur síos ar a' saol

v.5   Thug sé a' tseanamóir muid a's d'insigh sé dhuinn é go bínn

v.6   Bhain sé ag an altóir iad ⁊ bhain sé gealladh dhób cho'in

v.7   Ó 'gus chuir sé *Sonny* Mharcuis thart a' Máimín a's Tír 'n Fhí

v.8   Ó bhí Tomás Seoige ansin ⁊ a' bairille *petrol* lena thaobh

v.9   Ó's anois tá siad scannraí a's ní thiocfa siad as cho'ín

v.10   Ó's nach mbíodh muid (adeir siad) i nDoire an Fhé ag chuile chúirt gach
        mí

286 **Amhrán an Phoitín (2)**
(a)   CBÉ 1133:205–06; 6 x 2, 1 x 4. Aithriseoir: Seán Ó Flatharta (Seáinín Sheáin)
        (*c.*60), An Lochán Beag, Indreabhán. Bailitheoir: Tomás de Bhaldraithe, Nollaig
        1937–Eanair 1938.

v.1   Is deas an rud poitín sa tír seo, d'íocfadh sé cíos is *poor law*

v.2   Nuair fhicimse an gloine 'gul tímpeall, na buachaillí thímpeall an chláir

v.3   Tá cairtín le faghail agam tímpeall, is cáirde trí mhí faoi'n reicneáil

v.4   Is iomdha buachaill an-láidir a chuaidh le trí ráithe insa gcré

v.5   Tá céad fear in Éirinn nach r'ól (.i. nár ól) ariamh sgilling, nach minic a
        sgaoil an bothán

v.6   Bhí sean-bheainín thiar i dTír an Fhiadh, ní raibh aici ach caoirín amháin

v.7   Nuair a thosaigh an poitín a' teacht tímpeall, tháinic Seán Dubh is na
        peelers ann

(b)   CBÉ 1280:9; 1 x 4, 1 x 2. Aithriseoir: Peadar Mhac Fhualáin (33), Bothúna, An
        Spidéal. Bailitheoir: Séamus Mac Aonghusa, 9 Iúil 1942. Fonn: "The Man of the
        West".

v.1   Bhí beainín thiar i dTír Madha 's ní raibh aici 'ch aon chaora amháin

v.2   'Snach maith a' rud poitín 'sa tír seo, d'iocait sé cíos is '*poor law*'

287 **Amhrán an Leanna**
        CBÉ 1722:174–77; 2 x 2, 1 x 6, 3 x 2. Aithriseoir: [? Bríd Ní Scanláin, Baile an

tSléibhe, Ros an Mhíl]. Bailitheoir: Mícheál Ó Scanláin.

v.1 D'eirigh me ar maidin is chuir mé orm mo ghrár, is rith mé den t-seáirse go ndeacha mé síos

v.2 Ghlaoidh sé ar Phádhraig Bheartla mar bhí sé faoi cás dó, dubhairt sé leis teanna análl go suidfidís síos

v.3 Beirim mo bheannacht do chlann Stiofán Táilliúr, don chailín, don mháthair is do thaobhánaigh an tíghe

v.4 Dá mbeadh an póta ⁊ an bhorm báidhte agam, bhí arm mo láimh, budh é a h-ainm di craoibh

v.5 Beirim mo mhalacht d'aon fear go bráth, a shocróchas a gráta ann aríst le na shaoghal

v.6 Ní áirím Seán Pheadair, an fear bocht a shíl siad a bhánú, is an fear a bhí i bpáirt leis a chuir do dhruim tighe

288 An Bonnán Buí

CBÉ 829:306–07; 1 x 3, 4 x 2. Aithriseoir: Seán Ó Flatharta (Seáinín Sheáin) (*c*.62), An Lochán Beag, Indreabhán. Bailitheoir: Tadhg S. Ó Concheanainn, 13 Meitheamh 1942.

v.1 Éinín a' phíobáin rubhach, mo léan 'do luíghe thú faoi bhun na dtúm

v.2 A bhunnáin bhuidhe, mo léan do luíghe thú 's do ghéaga sínte faoi bhun na gcránn

v.3 'S é'r' dúbhairt mo stór liom, gan a bheith ag ól, nach mair'inn beó ach seal beag geárr

v.4 Níl saoghal ná sláinte na díbirt angair ag aon fhear go bráthach nach mbei' 'g ól na díghe

v.5 Ní ba ná caoire a bhí mé ag éiliú, an lún du' ná'n chéirseach ná'n t-éinín glas

289 Bainne Dubh na Féile

(a) An Róisteach

CBÉ 1700:196–98; 1 x 1, 1 x 3, 1 x 2, 1 x 4, 2 x 3, 1 x 2, 1 x 4. + curfá 2 líne i ndiaidh vv. 3–6. Aithriseoir: Mícheál Breathnach (72), Gleann Mhac Muirinn, Casla. Bailitheoir: Proinnsias de Búrca, 16 Eanáir 1965.

v.1 Cheanna an Róisteach bó ar an aonach

v.2 Ó d'imthigh sí ar iarra uaimse lá teinnte agus tóirneach

v.3 Céad fáilte abhaile rómhat (adeir sé) a chúrach a bhraonach v.4   Muise cheannuigh an Róisteach bó ar an aonach

v.5   Tá muintir Uachtar Árd anois a' blaiseadh anois go'n bhraon seo

v.6   Muise d'imthigh sí ar iarraidh uaimse lá teinntí agus toirnigh

v.7   Bhí ceathrar ar an tsluagh ánn, bhí seisear as an Róimh ánn

v.8   An té a d'ólfadh braon ar maidin de, mharbhóth sé na péiste

Curfá: Nó a' dtigeann tú mo chás a bhean an tabhairne agus mé
        a' blaodhach ort *etc.*

(b)   CBÉ 811:312–14; 6 x 4 + curfá dhá líne. Aithriseoir: Áine Bean Uí Choncheannain
        (62), An Spidéal. Bailitheoir: Tadhg S. Ó Concheannainn, 3, 4, 5 Samhain 1941.

v.1   Bhí bóín bheag a'm-sa, 'sé a h-ainm Dubh na Féile

v.2   A dóthain thabhairt le caith' dhi trí bharaillí bra(iche) in-éinfheacht

v.3   An té d'ólfadh braon ar maidin dhe, is deas a mharbhóch' sé na péiste

v.4   Tá sagairt agus bráithre a' blaiseadh go'n bhraon úd

v.5   Tá *"sequels"* agus *"warrants"*, *"Orangemen"* agus *"Quakers"*

v.6   Cheannuigh an Róisteach bó ar an aonach

Curfá: Nú a' dtuigeann tú mo chás a bhean a' tábhairne is mé glaodhach ort *etc.*

(c)   An Maol
        CBÉ 654:635–37; 2 x 4, 1 x 2 + curfá dhá líne. Aithriseoir: Seán Tom (85), Scailp
        an Chait, Indreabhán. Bailitheoir: Bríd Ní Fhátharta, 19 Lúnasa 1938.

v.1   Ní bó í mo bhó-sa mar bhó aon fhear

v.2   I gCo. Chiarraidhe a fuair mé fhéin í

v.3   Tá an tulán ar an teine is na builg dhá séideadh

Curfá: 'D'tuigeann tú mo chás a bhean an tábhairne is mé glaodach ort etc.

290   Cárt den Leann Láidir
        CBÉ 1722:173–74; 3 x 4, 1 x 6. Aithriseoir: [? Bríd Ní Scanláin, Baile an tSléibhe,
        Ros an Mhíl]. Bailitheoir: Mícheál Ó Scanláin.

v.1   Dá mbeadh cárt de'n leann láidir agam sul má d'eireochadh an ghrian

v.2   Cois le mo chois ⁊ teann liom anall

v.3   Tá bean thóir agam ⁊ bean eile thiar

v.4   Tá a lan aca a thóganns maoin chaorach is bó

291   Fiuiriú le mo Chrúiscín Lán
(a)   CBÉ 248:421–23; 4 x 4 + 1 líne curfá. Aithriseoir: Pádraig Ó Ceannabháin (60),

An Cnoc, Indreabhán. Bailitheoir: Pádraig Ó Ceannaigh, 17 Lúnasa 1936.

v.1 Nuair a theighim-se siar, bíonn an ghrían im éadan

v.2 Agus má fhaghaim-se bás chaoin, fágfaidh mé le m'údhacht

v.3 Is nach aoibhinn don fhear údaí a chuir a bhean i gcónra

v.4 Is tá trí nídh in mo chroidhe nár dhual dhom

Curfá: Agus fiuiriú le mo chruisgín agus dhiumhan deór ann

(b) CBÉ 1722:91–93; 4 x 4 + 1 líne curfá. Aithriseoir: Pádraig Ó Ceannabháin (60), An Cnoc, Indreabhán. Bailitheoir: Pádraig Ó Ceannaigh, 1936.

v.1 Nuair a theighim-se siar, bíonn an ghrian im éadan

v.2 Agus má fhaghaim-se bás chaoin, fágfaidh mé le m'udhacht

v.3 Is nach aoibhinn don fhear úd í chuir a bhean i gconra

v.4 Is tá trí nídh in mo chroidhe nár dhual dhom

Curfá: Agus fiuiriú le mo chruisgín agus dhiumhan deór ann

292 Is Minic a D'ól Mé Pionta, Leathchoróin is Sé Pingine

CBÉ 969:273–75; 5 x 2. Aithriseoir: Seosamh Mac Liam (31), An Baile Láir, Cor na Rón, Indreabhán. Bailitheoir: Calum I. Mac Gill-Eathain, 9 Nollaig 1944.

v.1 Is minic a d'ól mé pionnta, lea-chróin is sé pínne, bheadh tart go bharr na hoidhche orm is nach claoite bocht an sgéal

v.2 Ach feasta beidh mé críonna is ní óla mé dhá phínn rua, tosocha mé díona tíoghbhuis (tighis) is tá sé lua go leór

v.3 An té tá i n-gol (gabhal) na h-óige, níor mhór dhó saidhbhreas Sheóirse, is nach tiúra Rí na Glóire go fhear a chaite a shá

v.4 Té nach bhfuil sáthach críonna, ní bheidh sé ar fóna (fóghnamh) choín, is olc í an bhróig is an bhríste is beidh dhá chaoine fós

v.5 Páirt eile go mo théire is ní shanntóchainn maoin le pléire, go bpósainn bean i n-a léine, gan feóirling gheal ná rua

293 Mac Mhaitiais Mhóir

(a) CBÉ 786:275–76; 6 x 4, 1 x 3. Aithriseoir: Seán Ó Conchubhair (50), Leitir Móir. Bailitheoir: Proinnsias de Búrca, 1 Nollaig 1941.

v.1 Is a mhac Mhaitiais Mhóir, ná bíodh brón ort do phota a chuir síos

v.2 Thiar ar an gClaidhe Árd tá an tearm ag arm an rí

v.3 Nach mise an cadhan aonraic is mo ghléas ag arm an rí

v.4 D'eiri' sé Seán bocht go seársa amach sa ló

v.5   Go deimhin, a Sheáin, níor mhór liom dhá ndoirtí do bhó
v.6   Níl bothán in Éirinn níos féile ná bothán na crónach
v.7   Is brón ort a spiadóir, is do díoghbháil ná rabh ar an tír

(b)   CBÉ 801:148–50; 6 x 4, 1 x 3. Aithriseoir: Colm Ó Maoiliadh (62), Leitir
        Mealláin. Bailitheoir: Proinnsias de Búrca, 17 Eanáir 1942.
        v.1   'S a mhac Mhaitiais Mhóir, ná bíodh brón ort do phóta a chuir síos
        v.2   Thiar ar an gclaidhe árd tá an teárm' ar arm an rí
        v.3   Nach mise an cadhan aonraic is mo ghléas ag arm an rí
        v.4   D'eiri' sé Seán bocht, go sheársa amach insa ló
        v.5   Go deimhin, a Sheáin, níor mór liom dhá ndoirtí do bhó
        v.6   Níl bothán in Éirinn níos féile ná bothán na crónach
        v.7   Is brón ort a spiadóir, is do dhíoghbháil ná rabh ar an tír

(c)   CBÉ 1702:371–72; 6 x 4, 1 x 3. Aithriseoir: Seosamh Mac Liam (48), Inis
        Bearachain. Bailitheoir: Proinnsias de Búrca, 11 Eanáir 1966.
        v.1   Is a mhac Mhaitiais Mhóir, ná bíodh brón ort do phota a chuir síos
        v.2   Thiar ar an gclaidhe árd tá an téarm ar arm an rí
        v.3   Nach mise an cadhan aonraic is mo ghléas ag arm an rí
        v.4   D'eirigh Seán bocht go sheársa amach sa ló
        v.5   Go deimhin, a Sheáin, níor mhór liom dhá ndoirtí do bhó
        v.6   Níl bothán in Éirinn níos féile ná bothán na crónach
        v.7   Is brón ort a spiadóir, is do dhíoghbháil ná rabh ar an tír

294   Tae *Dick Toole*
        CBÉ 824:190, 5 x 4, 1 x 5. Aithriseoir: [?]. Bailitheoir: Monica Ní Mhaodhbh, 1942.
        v.1   Tá tae ag *Dick Toole* chomh breágh 's atá lé fáil
        v.2   'S feárr go mór an t-ól é ná an fuisge 's ná an leánn
        v.3   Saoghal fada ag *Father Connolly* chuir deire leis go bráthach
        v.4   Lá cheanna bhí mé i nGaillimh fanacht leis an traén
        v.5   Séard dubhairt Colm Mhaitiú liom, nach seasfadh muid é
        v.6   Beidh súil anois ar báll againn mar a chruthóchas *De Valér'*

B. Amhráin faoin Tobac

295 Amhrán an Tobac
CBÉ 1211:233–36; 7 x 4. Aithriseoir: Áine Ní Mhaoilchiaráin (20), Camus
Uachtair. Bailitheoir: Cóilín Ó Maoilchiaráin, 24 Lúnasa 1951.

v.1   Sgríobfaidh mé leitir Ghaedhilge chuig *De Valera* suas sa Dál

v.2   Is luibh é an tobac beannuighe tá fás ó thús a' tsaoghail

v.3   Is mór an truagh sean-daoine atá 'sa mbaile tinn

v.4   Dhá mbéadh píosa dhe ina do phóca agat nó ar cheann an stóil le t-ais

v.5   Nuair a smaoinigim-se ceart 'san oidhche air is mé ar an leabaidh liom fhéin

v.6   Nach é mo thruagh nach b'fhuil a fhios agam cé'n áit a b'fhuil sé a' fás

v.7   Casadh fear ar maidin dom, ó, bhí an páipéar ina láimh

296 Amhrán an Phíopa Tobac
CBÉ 1635:125–29; 1 x 2, 1 x 3, 4 x 2, 1 x 3, 1 x 2, 2 x 3, 4 x 2. Aithriseoir: Colm Ó
hUiginn (69), 8 Palmyra Avenue, Gaillimh. Bailitheoir: Ciarán Bairéad, 19 Meán
Fómhair 1960.

v.1   Ar Oileán a' tSionnainn seadh ceannuigheadh mo phíopa agus bhí sé sin
       líonta le togha an tobac

v.2   Ach nuair a d'fhága sé 'mach é, thóig gardaí an rí é agus cuireadh san
       oidhche é faoi bholtaí ⁊ glas

v.3   Thóig sé sé mhí air a' trialla go dtí mé agus rinne mé íontas a' píopa
       bheith lán

v.4   Séard dubhradar "osglaigí an doras no dathó sé'n saoileáil [...]

v.5   Bhí an bhean ins a' gclúid a's í a' breathnú go grinn air agus bhí'n t-allus
       'na bhraon ar mo mhailí

v.6   B'éigin 'om síne gan faillí a dheana [...]

v.7   Nuair a dhúisigheas ar maidin a's mé tóraidheacht a' phíopa agus cérbh
       iontas dhá cheann a bheith follamh

v.8   Má dheanann tú smaoiniú go bhfágfa tú 'ríst mé, ní bheidh ann ach cúis
       dlí ⁊ camlae

v.9   Agus tá sé i's gach stáisiún dhár leag tú do mhála ann, go pheictiúr ann
       thuas ar a' mballa

v.10   A's go mba deise in do bhéal é i láthair lucht Béarla ná cleite as a ngé ⁊ fata

v.11   B'éigin 'om clár fhágháil nach ra' ann ach é phlánáil, sinc ⁊ ruainne
       oakum ⁊ teara

v.12   Ach leag mise suas é go dtugainn dó scith agus áit dheas le síne ar a' gcartúr

v.13   Ach nuair a cheannuighim-se ruainne a n-íocfa mé cróin air, níl an luaith ar a thóin leath na seachtmhain

v.14   Tá sé na shuí a' tabhairt gail 'ób thart timpeall 'gus go deimhin tá a cháil achar fada

297   Amhrán i dTaobh an Tobac

CBÉ 442:432–33; 1 x 5, 1 x 4. Aithriseoir: Seán Ó Lorcáin (75), An Doirín, Leitir Móir. Bailitheoir: Eibhlín Ní Standúin, 16 Nollaig 1937.

v.1   Dhá bhfeictheá an chailleach a tigheacht ins an sliabh

v.2   Is daoire é ná an *mollasis* a theidheanns ar an tae

298   Lá gan Tobac

CBÉ 775:551–52; 8 x 4. Aithriseoir: Mícheál Ó Mainnín, An Turloch, Ros Muc. Bailitheoir: Proinnsias de Búrca, 30 Aibreán 1941.

v.1   Maidin dár eirigheas, bhí fúm ghul amach

v.2   Céard d'fheicinn-se fúm ach ruainín amháin

v.3   Thugas mo mhallacht ⁊ dhírigheas mo dhruim

v.4   Níor mhaith liom imtheacht ach chua' mé a' siubhal

v.5   Isteach liom i siopa, shuidhe mé liom síos

v.6   Tabhair unsa tobac dhom go bhfuigh mé mo phágh

v.7   'Séard a d'innis sé dhom ghul amas as an teach

v.8   Tháinic mé abhaile ríméadach go maith

c. Amhráin faoi Ghadaíocht

299   Amhrán an Dráir

CBÉ 824:291–93, 7 x 2, 1 x 3. Aithriseoir: Neain Bean Uí Ghriallais (Neain Dhonnchadha) (66), Cill Bhriocáin, Ros Muc. Bailitheoir: Monica Ní Mhaodhbh, 26 Márta 1942.

v.1   An té thug mo dhrár uaim go gcrapa Dia a láimh, go gcaille sé an lúth 's an taca

v.2   Nuair a thiocfas an bás, ní bhfuighe sé an tríáil go gcaithidh sé gluaise 'un a' bheala

v.3   Nuair a thiocfas Lá an t-Sléibhe, gheobha muid sgéala go cé thug mo dhrár uaim 'un beala

v.4 Tiocfadh Mac Dé tabhairt breithe ar an méid sin 's toghadh sé Héin a Chuid asta

v.5 Eireóchadh mé i mbáireach ar thuairisg mo dhráirín 's rí bheag an t-eolas atá agam

v.6 Aníos Uachtarárd comh fada 's bhí lá, chuartuigh muid Inbhear 's Camus

v.7 A Dhiarmuid dhílis, ná tabhair m'ainm síos leis 's deanadh mé drár dhuit comh maith leis

v.8 Chuala mé an sáirgint gá léigheamh as na páipéir go mbeadh margadh mór againn feasta

300 Amhrán na Creathnaí (2)

(a) Creathnach Cheann Bóirne

CBÉ 127:701–05; 6 x 2, 1 x 4, 1 x 2, 1 x 1, 2 x 2. Aithriseoir: [?]. Bailitheoir: Seán Ó Confhaola, Iúil-Lúnasa 1928.

v.1 Tráthnóna Dia Domhnaigh ar dhrochóirí dhó san seadh tháinig fear ceóil ar an mbaile

v.2 Pinghinn ní raibh i gcó' liom ach píosa leath-chorónach agus cheannuigh mé a luach istigh i n-Gaillimh

v.3 A ghiolla gan chomhairle, a chuaidh briseadh mo chóra agus go dtug tusa leat mo chuid creannuigh

v.4 Tiocfadh an lá fós 's beidh t-anam 'san scála dá mheádhchan ag Mícheál Árd Aingeal

v.5 Sagart ná bráthair ní móide bheadh ar uair do bháis agad, bean, leanbh, páisde ná easbog

v.6 Siubhailfadh mé an tír, mé féin 's na pílers go bhfágh mise greim ar an n-gaduidhe

v.7 Tráthnóna aréir, facthas dom féin go raibh mé ag féasda ag Cnoc Barúin

v.8 Labhair mé go múinte, chítear dom-sa, agus d'fhiarr mé uirthe máilín na creanaighe

v.9 Annsoin labhair mé go láidir agus d'fhastuigh mé an mála agus bhain mise de é go tapaidh

v.10 A Phádraic Uí Mháille, ná bíodh náire ná cás ort, go deimhin ní agadsa a bhí an chreanach

v.11 Beidh bacaí dhá n-gleárraidh ar dhaoinibh bheadh ráidhteach má baintear go brách thú as t-ainm

(b)   CBÉ 607:559–60; 7 x 2. Aithriseoir: Seán Mac Eoin, Cuileán, An Cheathrú Rua.
       Bailitheoir: Brian Mac Lochlainn, 1938.

v.1   Ar maidin Dé Dúna casú na droch-dhaoine dhomsa – seadh tháinic fear
       ceoil 'un a bhaile

v.2   Ní ra pínn a' bith a' góil liom ach píosa leath-chrúnach agus
       cheannuigheas a luach istigh i nGaille

v.3   Gus a Phalacs Uí Mháille, ná bíoch ortsa náire, go dimhin ní tú a ghoid
       a' chreathnach

v.4   Racha mé ar maidin go dtí sean-Riobard Mháirtín ga bhfuighe mise
       uaidh *search-warrent*

v.5   Chuala mé aréir go ro sé ag *Pat* 'Maol' mar is eige tá an deis le í a
       cheangailt

v.6   Sagart ná bráthair ná ro lá a bháis ánn, bean, leana, páiste ná easbog

v.7   Oileán a' Taoibh nú Carraig a' Mhaoim nú bainríoghan na bruighne atá
       a' tarraint

(c)   CBÉ 801:188–90; 2 x 2, 1 x 3, 2 x 2, 1 x 1, 1 x 2. Aithriseoir: Seán Ó Cadhain (73),
       Inis Bearachain. Bailitheoir: Proinnsias de Búrca, 20 Eanáir 1942.

v.1   Tráthnóna Dé Dómhnaigh, a' hocht ar an uair 'seadh tháinic fear ceóil ar
       a' mbaile

v.2   Dheamhan pinghin a bhí a' gabhail liom ach píosa leath-chorónach gur
       cheanna mé a luach thuas i nGailli'

v.3   A dhuine go'n chómhairle a bhuail faoí mo chómhra is a chroch ar do
       dhruim leat mo *wallet*

v.4   Bean, malrach, ná páiste ná rabh i láthair do bháis a'd, sagart ná bráthair
       ná easbog

v.5   A Phádhraic Uí Mháille, ná bíodh ort náire, ní ort atá faisnéis na
       creathnaigh

v.6   Is gurb' é an fáth a bhíonns ag mrá a' tabhairt bodach Ó Máille ort, go
       ghrádh a bheith a' trácht ar na hearraidhe

v.7   Bhí mise i nGailli' tráth 'tháinig an mail is mé a bhain na *tacklings*
       go'n chapall

(d)   CBÉ 786:371–72; 2 x 2, 1 x 3, 1 x 2, 1 x 3, 1 x 2. Aithriseoir: Seán Ó Conchubhair
       (50), Leitir Móir. Bailitheoir: Proinnsias de Búrca, 3 Nollaig 1941.

v.1 Tráthnóna Dé Dómhnaigh, a hocht ar an uair 'seadh tháinic fear ceóil ar
    an mbaile

v.2 Dheamhan pinghin a bhí a' gabhail liom ach píosa leath chrónach is
    cheanna mé a luach thuas i nGaillimh

v.3 A dhuine gan chómhairle, a bhuail faoí mo chómhra is a chroch ar do
    dhruim leat mo *wallet*

v.4 Bean malrach ná páiste ná rabh i láthair do bháis agat, sagart ná bráthair
    ná easbog

v.5 A Phádraic Uí Mháille, ná bíodh ort náire, ní ort atá faisnéis na
    creathnuigh

v.6 Bhí mise in Gaillimh tráth 'tháinic an mail is mé a bhain na tacklings
    go'n chapall

301 An Gréasaí agus an Táilliúr

CBÉ 1211:503–08; 17 x 2. Aithriseoir: Seosamh Ó Tuathail (40), Leitir Caladh,
Leitir Móir. Bailitheoir: Cóilín Ó Maoilchiaráin, 17 Meán Fómhair 1951.

v.1 Táilliúr:
    A ghréasaidhe, a ghadaidhe, má fhághaim-se greim ort, beidh mullach
    tinn agat is ní bheidh tú slán

v.2 Gréasaí:
    Más gadaidhe mise, tá tobac a'm is fuighleach, is a tháilliúir chlaoidhte,
    ní leat tada a rádh

v.3 Táilliúr:
    I dteannta gaduidheacht, séard thú ríste, níl call é innseacht mar is agam-
    sa a tá fhios

v.4 Gréasaí:
    Ba mhaith dhuit agat mé le h-aghaidh gréasaidheacht, is ná masla aríst
    mé gon fios cé'n fáth

v.5 Táilliúr:
    Chuir mise slacht cheana ort gan blátha ná buidheachas, rud ba doilighe
    a dhéanamh le do cholainn chám

v.6 Gréasaí:
    Má tá slacht orm-sa, ní ort-sa a bhuidheachas mar bhí mé díreach ó thóin
    go ceann

v.7 Táilliúr:
    Ní a' tabhairt breith ort é, ní leat fabha bhainnt díom-sa mar le mo

chuimhne cinn, tá mé i ndon é rádh

v.8 Gréasaí:

Má tá tú ag aireachas ar a bhfuil mé dhéanamh, is beag í do shlighe gan tada dhá bhárr

v.9 Táilliúr:

Tá sin soiléar is éasgaidh a mhiniú is ó d'iarr tú é dhéanamh, ó, seo é an fáth

v.10 Gréasaí:

Muise bheadh tusa fadó ann mar bhí sé tuillte agat, acht níl ar chulaith an phríosúin acht aon déanamh amháin

v.11 Táilliúr:

Is fearr mo leath-láimh-sa ag bórd is ag suidheachán is bíonn mé ag sgríobh léithí agus m'aghaidh ón bpeann

v.12 Gréasaí:

Má fuair tusa oideachas is tú fhéin atá dhá innseacht agus ar an teagasg críostaidhe, níor thug tú áird

v.13 Táilliúr:

Ní ag amdháil anachain ná fógha go Críost é, ná Dhá ainm naomhtha atá Ina Ríoghacht go h-árd

v.14 Gréasaí:

Dhá mhéad é d'athcuighne, ní bhfuighidh tú impidhe, mar ní saighdiúr le Críost thú le go bhfuighidh tú áird

302 An Phluid Phósta

CBÉ 442:107–08; 4 x 4. Aithriseoir: Seán Ó Lorcáin (68), An Doirín, Leitir Móir. Bailitheoir: Eibhlín Ní Standúin, 16 Samhain 1937.

v.1 Is am-sa a bhí an chúisóigín budh deise a bhí sa tír

v.2 Anois a shagairt bheannuidhe, a bhíos a teagasc daoine a bhíos gan chéill

v.3 Má's locht seócaí a thug leób í abhaile ina dtighe

v.4 A h-éagairín 'gus a h-éagairín, ná leig do chomann le naoi

303 Bríd an Oileáin

CBÉ 824:181–83, 2 x 4, 1 x 6, 1 x 7. Aithriseoir: Anna Ní Ghriallais (21), Cill Bhriocáin, Ros Muc. Bailitheoir: Monica Ní Mhaodhbh, 24 Márta 1942.

v.1 Anois a Bhríd an Oileáin, nach ort a bhí an léan

v.2 D'íoc tú an bus as Garumna ar luach an choicín féir

v.3   An b'iod é tighe *Tom* Pheadar a bhfuil a cháil faoi'n saol

v.4   Anois a Bhríd an Oileáin, dhá mbeitheá mar is cóir

304   Pluid Dhorcha Leára

(a)   CBÉ 1280:555–60; 13 x 4. Aithriseoirí: Cóil Sheáin Tom Ó Ceallaigh (*c*.45), An Trá Bháin, Tír an Fhia (vv. 1–11), Seán (Mháirtín) Seoige, Inis Bearachain, Leitir Mór (v.12), Seán Ó Curraoin, (*c*.45), An Aird Mhóir, Carna (v.13). Bailitheoir: Séamus Mac Aonghusa, [1945].

v.1   Nach suarach a' *pashtime* a ceapú dhom, faríor, a' tóruíocht phluid dhoracha Leára!

v.2   D'éirí mé'r maidin is rug mé mo mhaide liom 's chua' mise 'mach ag tigh Leára

v.3   Thóig mise'n traen ar uair a' dó-dhéag agus chua' mé go *Queenstown* a' lá sin

v.4   'Á mbeit sí 'sa siúmra ag Beairtlí Ó Cúna', chaithit sé 'mach ar a' tsráid í

v.5   Na mrá bhí ghá sheilibh, bhí siad faoi dheifir, níor thóig siad a' crios ach ar cheánn de

v.6   Ach chuala tú'n *battle* bheas thiar a'am ar chaisín? is tósó' sé 'n chéad lá go Mhárta

v.7   Bhí mise'n lá cheana 's mé'r fálróid i nGailli' – mé 'fanacht go snamhfadh na báid ánn

v.8   A chailín óig gheanúil, féibrí cé b'as thú, ní maith liom thú mhaslú 'n sa gcás seo –

v.9   Tháinic *Lord Lasdóne* a' marcuíocht ar chapall is d'iarr sé síothchán is párdún –

v.10   Tháinic cúnntas ag *Tommy* ó Stiofán Ó Cealla', bhí stampa 'gus séalth' oirthe fáiscthí –

v.11   Tháinic leitir ag Colm anuas ó rí Lochlainn 'gus stampa 'gus séalth' oirthe fáiscthí

v.12   Bhí mise'n lá cheana 'tóirt a' bháid ar a' gcala 'gus chonnaic me 'n feithideach gránna –

v.13   Ar maidin Déardaoin 's mé 'guil ag a' *steam* (?) (*steamer*?) 'seadh chuala mé'n caoineachan cráidhte –

(b)   CBÉ 969:254–58; 8 x 2, 1 x 3, 3 x 2. Aithriseoir: Seosamh Mac Liam (31), An Baile Láir, Cor na Rón, Indreabhán. Bailitheoir: Calum I. Mac Gill-Eathain, 9 Nollaig 1944.

v.1   D'éire mé maidin is d'árda mé maide liom is bhuail mé amach go dtí Lára

v.2   An taobh a bhí ceart di, bhí fianach mór fada air is a taobh eile chomh mín le tún pláta

v.3   Thóg mise an traen ar uair a' dó dhéag agus chua mé go Queenstown a' lá sin

v.4   Théis a' méid sochair a fuair mé dhá lorg, ó Chorca go bun Crua Pháraig

v.5   Dhá mbeat sé 'sa siúmra ag Beartle Ó Cúnaill, chathat sé 'mach ar a' t-sráid í

v.6   Séard dúirt Muiréad le Aindí – "cuir thusa abhaile í, sílim gur b'é an plean is feárr duit["]

v.7   Bhí mise an lá theana (cheana) falróid i nGaille is mé fanacht go snámhach an bád dhom

v.8   Is rí-olc í m'aithne nó is tú Aindí Ó Cealla, teann análl nó go gcratha mé lámh leat

v.9   Anois, a bhean gheanúil, hébrí cé as thú, ní ma liom thú mhasla 'sa gcás seo

v.10   Bhí mise lá theana tóirt an bád soir thar cara is choinic mé féideach gránna

v.11   Ghlaodh mé ar a' mada go ruaiginn ón teach é ar fhaitíos go sgannróchat sé 'n páiste

v.12   Níl cailín óg geanúil dhá ndíontar an cleamhnas nach mbíonn a súile i bpluid Shorcha Lára

(c)   CBÉ 441:319–20; 6 x 2. Aithriseoir / Bailitheoir: Tomás Ó Lochlainn (37), Bun an Charnáin, Leitir Móir, Meán Fómhair 1937.

v.1   D'eirigheas ar maidin is thug mé mo mhaide liom agus d'ionnsuigh mé amach chuig tigh Leárai

v.2   Bhí olann mhór fhada ar 'n taobh a bhí ceart di, an taobh eile chomh mín leis a' bpláta

v.3   Aimsir baint fhataí agus faisgighte 'n bhacsti seadh goideadh 'n phluid dhorcha ó Leárai

v.4   Ní rabh stróice' ná gearra' uirthe, poll dóighte ná tada nuair a tairnigheadh go Gaille' 'ndiaidh báid í

v.5   Ní h-é dubhairt mac Radai gur tairnigheadh mar shail í 's bhí an *Connacht* Chaimpín san mbád linn

v.6   Tháinig sé 'dtír léithe ó dheas dhe Thír 'n Fhiaidh agus thug sé 'n tigh í ag Leárai

(d)   CBÉ 824:246–48; 1 x 4, 1 x 2, 2 x 4, 1 x 3. Aithriseoir: Neain Bean Uí Ghriallais (Neain Dhonnchadha) (66), Cill Bhriocáin, Ros Muc. Bailitheoir: Monica Ní Mhaodhbh, 25 Márta 1942.

v.1   Rug me héin ar mo mhaide agus bhuail mise soir ag tighe Leára

v.2   Bhí fear agus fiche ar an *jury* laé indiú, lé teacht go do chionntú ar maidin i mbáireach

v.3   Bhí mé lá cheana agus bhí gráinín beag braich agam, ar na pólíos a bhí áird agam

v.4   Má tá sí ar an talamh anuas ó na Flaithis, tá sí ag *Bartley* Ó Cuana le h-aghaidh Bhríd Bheag agus an dhá pháiste

v.5   Tá an *steamer* i gCaisín le seachtain, an Rúiseach 's an Turcach 's an Spáinneach

305   Shoraidh Ortsa, a Phádraig

CBÉ 840:309–11; [uimhriú mícheart]. 4 x 2. Aithriseoir: Pádraig Ó Cualáin (Pádraig Pheatsa) (86), Cor na Rón, Indreabhán. Bailitheoir: Calum I. Mac Gill-Eathain, 28 Meán Fómhair 1942.

v.1   Araí ort-sa Pádraig, ná rinne tú stáca, go'n choirce Gallda, thiar le tún do thighe

v.2   Tá faisiún grástúil ag daoiní a ráit, bheith luath lamhach ó thuiteach oidhche

v.3   Níl broínte uachtar go gcastar tuaithfeal, ar a' cé bhuail faoi mo chumadán

v.4   A chómharsa, gé duit i n-aimsir féile níor chuir mé céis ar an duine faoi

D. Amhráin faoi Rudaí a Cailleadh

306   Amhrán an Chléibhín

CBÉ 578:60–62; 3 x 2, 1 x 3, 3 x 2. Aithriseoir: Stiofán Ó Confhaola (72), Na hAille, Indreabhán. Bailitheoir: Seán Ó Confhaola, 15 Deireadh Fómhair 1938. Deirtear gurb é Nioclás Ó Tiaraigh (Nioclás Chathail) a rinne an t-amhrán.

v.1   Ag gabhal dom amach agus mé ag tarraingt ón sliabh agus mé ag iarraidh bheith triall ar an mbóithrín

v.2   Nó go n-iompóchadh mé liath beidh mé ag caitheamh 'na dhiaidh mar bhí sé ag fóingt go han mór dhom

v.3   Bheirimse d'aon fhear ins an áit a thiobharadh dhom tuairisg mo chléibhín

v.4   Tá sé le fán agus níl sé le fághail mar gur casadh é i sáinn nach léar dhom v.5   Chaith *Patch* agus Seán tamall de lá ag gabhal anonn is análl da éileamh

v.6   A shean chléibhín cam, nach tusa 'bhí teann nuair a tharraing mé aníos
        as an drám tú

v.7   Ó chuaidh tú ar an móin agus nár thaithnigh tú liom agus go raibh tú an
        tugtha de bhreágha

307   An Gúinín

(a)   An Molt

CBÉ 1133:209; 6 x 2. Aithriseoir: Seán Ó Flatharta (Seáinín Sheáin) (*c*.60), An
Lochán Beag, Indreabhán. Bailitheoir: Tomás de Bhaldraithe, Nollaig 1937.

v.1   Dardaoin seo chuaidh tharainn, tímpeall am ádara, bhí bulc ban á
        mbáthadh amuigh ag an Molt

v.2   Ar fhilliúint amach dhuinn ar ais go hÁrainn, bhí bean insa mbád agus
        thosaigh sí ag gol

v.3   Thosaigh Seán Breathnach a' meangaireacht gáire, éist thusa a Mháire is
        ná bí ag gol

v.4   Nuair a chuala an stíomer é tháinic sí i láthair, d'eirigh an caiptín go léim
        ar an dick

v.5   Tá trólars na Gaillimhe le seóla Dé Céadaoin, ar thóraidheacht an phrae
        úd go Cuan an Fhóid Duibh

v.6   Sgríobhfaidh mé leitir chuiche chomh luath as is féidir, go bhfuil tuairisg
        an chéimbric ar bord ag Sail Cun

(b)   CBÉ 811:463–64; 5 x 2. Aithriseoir: Seán Ó Flatharta (Seáinín Sheáin) (*c*.60), An
        Lochán Beag, Indreabhán. Bailitheoir: Tadhg S. Ó Concheanainn, Nollaig 1941–
        Eanáir 1942.

v.1   Tráthnúna Dé Sathairn, tímpeall ám ádra (eadartha), bhí balc ban 'á
        mbáth' air a' mult

v.2   A' filliúint amach 'úinn ar ais go h-Árainn, bhí bean ins a' mbád ⁊ thosu
        sí 'gol

v.3   Thosu' Seán Breathnach a' meangaireacht gháirí', eist 'usa 'Mháire 's ná
        bí a' gol

v.4   Tá 'trollers' na Gaillimhe lé seóla' Dé Céadaoin, air thóraidheacht a' phré
        úd go Cúan an Fhóid Duibh

v.5   Nuair a chúal' an caiptín é, tháinic sé láithreach is chua' sé go léim go
        h-árd air a' '*deck*'

308   Bróg Mhánais Mhóir

(a)   CBÉ 688:472–74; 7 x 2. Aithriseoir: [?]. Bailitheoir: Seán Ó Confhaola, [*c.*1938].

v.1   Bróig agus leathstoca a d'imthigh ó Mhánus ar Charraig na dTrácht agus
       nach ciotach an caoi

v.2   Má casadh sa mbealach í agus gur casadh an sluagh sídhe léithe a
       d'imthigh de'n t-saoghal seo 's nach bhfilleadh go deó

v.3   A mhná údaigh Gharumna, a gcara 's gcoimirce, cá bhfhios ag Críost
       nach ndéanfainn leas díobh fós

v.4   Tá *sloop* an rí ag faire uirthe ó ar maidin Dia Céadaoin, nó gur casadh ar
       a chéile iad ag tráigh Inis Thiar

v.5   Bhí púdar dhá losgadh mar bheadh sneachta dhá shéideadh, piléir ag
       pléasgadh agus iad ag imtheacht le gaoth

v.6   Tá cailleachí an bhaile seo agus míle hu rá aca, go mbeidh tobac as
       Gansey fairsing sa tír

v.7   Ná tógaidh i gCois Fhairrge buataisí a bheith ar Mhánus, ní rachadh sé a
       feamna soir go h-Áill Fhín

(b)   CBÉ 1798:337–38; 2 x 2, 1 x 1, 1 x 2, 1 x 1. Aithriseoir: Maidhc Ó Curraoin
       (Maidhc Stiopháin), Brownville. Bailitheoir: Ciarán Bairéad, 19 Lúnasa 1965.

v.1   Bróig ⁊ leath stoca a d'imigh ó Mhánus, ag Carraig a' Trácht a's nach
       ciotach a' chaoi

v.2   A mhrá udaí Gharamna, i gcara a's i gcuímre, [...]

v.3   Marach a' t-óigfhear a bhí cliste ag a chapall a bhí níofa (líofa?), bheadh
       sé scartha óna mhuintir go deo deo 'gus choi'n

v.4   Ní íontas a' bith liomsa bróg a bheith ar Mhánus, scarfat sé feamna soir
       go Áth Lín

v.5   Dhean sí togha an *Mhin-o'-War* í ar thosach a' fleet, a' marú na
       bhFrannca ag chúna gon rí

(c)   CBÉ 654:699; 2 x 2. Aithriseoir: Bríd Ní [?] (85), Na hAille, Indreabhán.
       Bailitheoir: Bríd Ní Fhlatharta, Na hAille, 6 Meán Fómhair 1939.

v.1   Bróg is leath stóca a d'imthigh ó Mhaghnus, ag Carraig an tSrutháin is
       nach ciotach an chaoi

v.2   A mhuinntir Gharmna, a chara is a gcuimhne, cá bhfios nach
       ndéanfainn-se leas dibh-se fós

309   Casóg Éamainn Mhóir

(a)   CBÉ 226:153–61; 8 x 2. Aithriseoir: Tomás Mac Diarmada (Tom Pheadaí), An
       Lochán Beag, Indreabhán. Bailitheoir: An tAth. Eric Mac Fhinn [? 1936].

v.1   An ceathrú lá fichead de Eanair, ag dul ag íoc an chíos go Gaillimh
       dhom, seadh casadh dhom an casóigín is í sínte i lár an bhóthair

v.2   Ag dul soir ag tigh *Dan* an Asail dom seadh chuir an láirín smeach aiste,
       tráth 'bhfuair sí bala'n bhacsti ar chasóig Éamuinn Mhóir

v.3   A bhuachaillí is a chailíní, éistidh liom-sa tamaillín nó go n-innseóchaidh
       fá'n bhfear úd díbh a bhíos ag dul an bhóthair

v.4   Sé Pádhraic Ó Céidigh an carraera is Colm Mháirtín as na hAille, is leo a
       casadh an chasóigín an lá úd ar an mbóthar

v.5   Nuair a chuaidh Éamonn Gaillimh agus chuir sé beagán fáisnis, d'innis
       sé don sáirgent gur chaill sé a chóta mór

v.6   Chuaidh sé tigh Ó *Gorman* gur chuir sé'n sgéal sa bpáipéar, priondáladh
       fá láthair é ar thóir an chóta mhóir

v.7   Níl baile cuain sa tír seo nach ndeachaidh sgéal thart timcheall, siar go
       Ros a' Mhíl is amach go hÁrainn Mhóir

v.8   Tá reigiment ar an Rinn Mhóir le teacht amach Dia hAoine, ar
       thóirigheacht a háibín úd, is í casóg Éamuinn Mhóir

(b)   CBÉ 563:257–59; 7 x 2, 1 x 3. Aithriseoir: [?], An Lochán Beag, Indreabhán.
       Bailitheoir: Tomás Mac Diarmada, 1938.

v.1   An ceathramhadh lá fichead go Eanair 'gabhail ag íoc an chíos go
       Gaillimh dhom, seadh casadh liom an chasóigín 's í sínte i lár an bhóthar

v.2   'Gabhail soir ag tígh *Dan* an asail dhom seadh chuir an láirín smeac aisti,
       nuair a fuair sí boladh an bhacstaí ar chasóig Éamoinn Mhóir

v.3   A bhuachaillí 'sa chaillínní, 'nois éistigídh liom tamaillín, go
       n-innseóchaidh mé [...] bhfear úd díbh a bhíonns a gabhail an bhóthar

v.4   Sé Pádraic Ó Céidigh 'n caeréara 's Colm Mháirtín as na h-Aille, 's leób a
       casadh an chasóigín an lá úd ar an mbóthar

v.5   Nuair a chuaidh Éamon Gaillimh agus chuir sé beagán faisnéis, d'inns sé
       dhon sáirgint gur cháill sé a chóta mór

v.6   Chuaidh sé tígh Ó *Gorman* gur chuir sé'n scéal 'sa bpáipéar, priondáladh
       faoí láthair é ar thóir an chóta mhóir

v.7   Níl baile cuain sa tír seo nach ndeacaidh sgéal' thar tímpeall, siar go Ros
       a Mhíl agus amach go hÁrainn Mhór

v.8   Tá reigmint as an Rínn Mhóir le thigheacht amach Dia hAoine, ar tóraidheacht an chábín úd, sí casóig Éamuin Mhóir

E. Amhráin faoin *Dole*

310 Amhrán an *Dole*

(a)   CBÉ 633:425–26; 8 x 2. Aithriseoir: Pádraig Ó Donnchadha (28), Ros an Mhíl, Casla. Bailitheoir: Máirtín Ó Mainnín, 3 Lúnasa 1939.

v.1   Siod é an fear measamhail atá againn i nÉirinn, thug conghnadh do chaoinne i bhfus agus thall

v.2   Anois tá gach aoinne ins an tír mar a chéile, na feilméara is tréine dá rabh againn sa n-áit

v.3   Tá búistéara i nÁrainn a bhfuil meas ⁊ cáil air, tá aithne ins gach áit air ag sean is ag óg

v.4   Tá an aois is an óige buidheach go maith fós de, fir agus mná pósta, iad féin agus a gclann

v.5   Tá daoine sean aosta a' fághail ½ sobharn 'chaon Aoine, agus páistí i n-aois míosa a' fághail bainne le n-ól

v.6   Tá gach duine fásta dhá fhágháil ins an áit seo, ach na baintreabhacha mná seo nach bhfuair aon phinghinn fós

v.7   Níl sagart ná cléireach i ndon mise a bhréagnú, ná aon dochtúr ins na réigiúin ó Mheiriocá anall

v.8   Tá a gcuid airgid féin dá dhéanamh istigh i nÉirinn, biadh agus éadach den chineál is feárr

(b)   CBÉ 512:54–57; 7 x 2. Aithriseoir: Seosamh Ó hEidhin (28), An Cnoc, Leitir Mealláin. Bailitheoir: Eibhlín Ní Standúin, 5 Bealtaine 1938.

v.1   Seo é an fear measamhail atá againn in Éirinn, thug congnamh do gach aon fhear abhus agus tháll

v.2   Tá gach fear ins an áit anois mar a chéile, na feilméarí tréana a bhí againn 'san áit

v.3   Tá búistéara in Árainn a bhfuil meas agus cáil air, tá aithne ins gach áit air ag sean agus óg

v.4   Tá gach duine ins an áit seo anois go rí-shásta, acht na baintreabhacha mná nach bhfuair aon phighinn fós

v.5   Chaith siad ráithe an fhóghmhair a dul ar a nglúnaibh, a guidhe go
dubhrachtach an grásta seo fhágháil

v.6   Dhá nglacadh sibh comhairle leis an bhfear measamhail graoidheamhail,
sibh a d'fhéadfadh an geimhreadh a chaithdeadh go sáimh

v.7   Tá sean-ndaoine aosda a fágail leath-sobern Dia h-Aoine, agus páisdí lag
míosa fágháil bainne le n-ól

311   Caismirt faoin *Dole*

CBÉ 1800:120–23; 1 x 5, 1 x 10, 3 x 8, 1 x 4. Aithriseoir: Pádraig Mac Donnchadha
(*c*.58), Leitir Caladh, Leitir Móir. Bailitheoir: Cóilín Ó Maoilchiaráin, [1971–72].
Deirtear gurb é Mícheál Ó Donnchadha, An Aird Mhóir a rinne.

v.1   Go mbeannaigh Dia isteach anseo, céad fáilte romhat chun an tighe

v.2   As oifig atá i nGaillimh mé, chuaigh mé thart mar gheall ar an dole

v.3   Ó d'éirigh scior an focal uaim, bhí iomarca agam le rádh

v.4   Tá seanachas maith fáite agat nár ba fearrde an té a chuaigh scríobh

v.5   Tá a deir an tseanlady, bárdal atá bacach agus gandal atá caoch

v.6   Go mo mhíle párdún agat is céad fáilte romhat chun an tighe

312   Troid faoin *Dole*

CBÉ 633:432–33; 8 x 4. Aithriseoir: Peadar Ó Donnchadha (38), Ros an Mhíl.
Bailitheoir: Máirtín Ó Mainnín, 4 Lúnasa 1939.

v.1   Tráthnóinín deireannach Dé Luain agus é báistigh, 's mé ag tarraingt
análl ar a' Tulaigh Mhóir

v.2   Sheas mé tamaillín nó go ndeanainn éisteacht, ná go bhfáighinn féin
léargas cá rabh an gleó

v.3   A Dhia agus a Mhuire, nár bhocht an sgéal é, lé léigheadh i nÉirinn ná sa
nGaedhealtacht mhór

v.4   Mar a socruighidh an sagart é ná De Valera, ní bheidh ann ach réabadh
agus marbhadh mór

v.5   Tá Maidhc ag íoc air agus Pat dá shéanadh, nó tá an páipéar bréagach a
mbíonn sé ann

v.6   Thánaic Maidhc abhaile agus é millte stróicthe 's bhí an fhuil chomh
reóidhte air lé teara ar bháid

v.7   Dia dhár réiteach nár bhocht an sgéal é, ar thalamh sléibhe ná talamh bán

v.8   Níl fraoch 's níl cíb ann níl féar ná cílighe ann, níl fasgadh ná dídean ann
ag laogh ná bó

F. Amhráin faoin gCúirt

313 Amhrán faoi Fhíneáil

CBÉ 1764:304–07; 10 x 4. Aithriseoir: Mícheál Breathnach (67), Gleann Mhac Muirinn. Bailitheoir: Proinnsias de Búrca, 6 Feabhra 1969. Is é an t-aithriseoir a rinne an t-amhrán.

v.1   *Well* anois a chómharsannaí, is minic a thaganns sé in m'intinn gur chualas daoiní idir sean is óg

v.2   Ach dhá mbeadh fios na faille acab, ní mar síltear a bítear, ach ná lú le *sweep* iad nuair a thosa an *dole*

v.3   Chuiridís múisg ar mhada dhá mbeadh trosga míosa air, a bhfuil istigh sa tír seo le seafóid dole

v.4   'Sí an scéim is mailísí í le cuimhne daoine nár chuala aon Chríostaí dhár rugadh fós

v.5   Níl dlí na talún ann ná mórán Críostuíocht, tá cead i dtír ann ag beag agus ag mór

v.6   Tiubhrfar chuig ainm cúirte tú le ghuil ort fíneáil agus costas dlígheadóir atá i bhfad ró-mhór

v.7   An té a fuair mórán oideachais má léigh sé an Bíobla, ní mar d'orduigh Críost é na adúirt Naomh Pól

v.8   Ach dá maireadh an Coileánach mar bhí sé díreach, ba fear dhá thír é agus fear i mbróig

v.9   Nár mhór an sgannail agus nár b'olc an mhísg í, i dTaoiseach dílis a chuir faoí'n bhfód

v.10   'Sé an t-ainm rialta atá anois sa tír seo, mar bheadh bád lá gaoithí a bheadh gan aon t-seól

314 Amhrán Sheáin Fhíodóir

(a)   CBÉ 248:414–17; 10 x 2. Aithriseoir: Pádraig Ó Ceannabháin (60), An Cnoc, Indreabhán. Bailitheoir: Padraig Ó Ceannaigh, 17–19 Lúnasa 1936.

v.1   'Sa 'ceathramha lá Márta seadh ghléas mé mo dhubhán le tinsel clumhach bardach […]

v.2   Thóg mé mo *walk*, mo shlat in mo láimh, sinn is beirt páisde a' maoirseacht

v.3   Ceithre chinn déag de liathán gan bhréag bhí éagtha agam go díreach

v.4   D'fhreagair mé raidhte ⁊ rinne mé gáire agus chriothnuigh gach ball díom ⁊ cér bh'iongnadh v.5   *Summons* san chúirt fuair mé Dé Luain is é *signeáilte* ó ghiúistís is ó *pace*

v.6   Leitir faoi rún thug sé féin dom agus labhair sé go ciuin is go réidh liom

v.7   Chrom mé mo cheann ꝛ d'fhág mé slán aige agus d'imthigh roinnt sgáth gan bhréag díom

v.8   Tráth glaoidheadh ar a' gcás agus mionnadh na baillí, an díreach is an cam fré na chéile

v.9   Nuair chuaidh m'ainm síos le dul ina phríosún, sin ꝛ beirt a bhí daor' liom a sheoladh

v.10   Don ghiuistís tráth ar shíneas ꝛ mhínigh sé an sgribhinn agus an teastas bhí mar ba chóir dó

(b)   CBÉ 1722:85–88; 10 x 2. Aithriseoir: Pádraig Ó Ceannabháin (60), An Cnoc, Indreabhán. Bailitheoir: Pádraig Ó Ceannaigh, 1936.

v.1   'Sa ceathramhadh lá Márta seadh ghléas mé mo dhubhán le tinsel clumhach bardach [...]

v.2   Thóg mé mo *walk*, mo shlat in mo láimh, sinn is beirt páisde a' maoirseacht

v.3   Ceithre chinn déag de liathán gan bhréag bhí éagtha agam go díreach

v.4   D'fhreagair mé raidhte is rinne mé gáire agus chriothnuigh gach ball díom ꝛ cér bh'iongnadh

v.5   *Summons* an cúirte seadh fuair mé Dia Luain 'sé sineáilte ó ghiúistis is ó *pace*

v.6   Leitir faoi rún thug sé féin dom agus labhair sé go ciuin is go réidh liom

v.7   Chrom mé mo cheann ꝛ d'fhág mé slán aige agus d'imthigh roinnt sgath gan bhréag díom

v.8   Tráth glaoidheadh ar a' gcás ꝛ mhionn na baillí, an díreach is an cam fré na chéile

v.9   Nuair chuaidh m'ainm síos le dul sa bpríosún, sin ꝛ beirt a bhí daoradh liom a sheoladh

v.10   Don ghiuistís tráth ar shíneas ꝛ mhínigh sé an sgribheann agus an teastas bhí mar ba chóir dó

(c)   CBÉ 72:1–3; 2 x 4, 6 x 2, 1 x 1. Aithriseoir: Seán Ó Cualáin (Seáinín Beag) (65), An Teach Mór, Indreabhán. Bailitheoir: Pádraig Ó Finneadha, Nollaig 1930– Eanáir 1931.

v.1   An ceathramhadh lá Mhárta seadh ghleas mé mo bháidín le *tinsel* clúmhach bárdail as síoda

v.2 Cheithre cinn déag de liatháin gan bhréig bhí agam éagtha go díreach

v.3 Mhealladar Seán ó thalamh go barr agus dúbhairt siad leis gan corruighe as an áit 'snár bhaoghal dó

v.4 *Summons* 'un cúirt a fuair mé Dé Luain agus é sighneálta ó ghiústís 's ó pheása

v.5 Leitir faoí rún thug seisean dom agus labhair sé go ciúin a's go réidh liom

v.6 D'úmhluigheas go talamh dhó agus thugas dó slán agus d'imthigh roinnt sgáth gan bhréig díom

v.7 Nuair a blaodhadh ar mo chás mhionnuigh na báillí, an díreach 's an cam tré na chéile

v.8 Tharraing mé aníos mo lámh ó mo thaobh leis an leitir a bhí in mo phóca

v.9 Acht beirimse ar mhaor, brisim a dhruim, ní cáineadh a dhéanfaí acht spóirt díom

(d) CBÉ 442:99–103; 2 x 4, 6 x 2, 1 x 4. Aithriseoir: Seán Ó Lorcáin (68), An Doirín, Leitir Móir. Bailitheoir: Eibhlín Ní Standúin, 16 Samhain 1937. Seán Fíodóir a rinne.

v.1 An ceathramhadh lá Márta seadh ghléas mé mo dhubhán le tinsel clúmhach bárdail is síodaí

v.2 Thóig mé mo *walk* is mo shlat in mo láimh, mé fhéin is beirt pháistí baoise

v.3 Chroch mé mo cheánn is d'freagair mé an freagra, chriothnuigh gach báll díom is níorbh iongnadh

v.4 Mhealleadar Seán bocht le meallaí falsi, gan corraidhe as an áit is nar bhaoghal dom

v.5 *Summons* 'un cúirte a fuair mé Dia Luain, 's é *sign*áilte ó ghúistís Ó *Patten*

v.6 Litir faoí rún a thug seisean dhum is labhair sé go ciúin is go réidh liom

v.7 Chrom mé mo cheánn is d'fág mé slán aige is d'imthigh roinnt sgáth gan aon bhréig díom

v.8 Nuair a fiosruigheadh mo chás, mhionnaigh na báillí, an díreach 'sa cam thrí na chéile

v.9 Tám a raibh m'ainm shíos le ghabhail ina phríosúin i measg tuille a bhí daor le na seóladh

(e) CBÉ 607:41–43; 1 x 4, 1 x 3, 7 x 2. Aithriseoir: Stiofán Ó Flatharta (70), Baile an tSléibhe, Ros an Mhíl. Bailitheoir: Brian Mac Lochlainn, 1938.

v.1 An ceathrú lá Mhárta seadh ghléas mé mo dhúbhán le feisteas clúmhach bárdail i's síodaí

v.2 Nuair a labhair Colm Pháidín aniar le mo shála "tá tú ar fáil a Sheáin Fígheadóir"

v.3 Mhealladar Seán, á gheallúint go Pháras gun corruighe as an áit 's nár bhaol dó

v.4 *Summons* 'un cúirte seadh fuair mé Dia Luain, saghnáilte ó ghiúistís 's ó "aiféis"

v.5 Thug sé sin dam-sa leitir faoi rún agus labhair sé go ciúin 's go réidh lom

v.6 Chrom mé mo cheann ꞵ thug mé dhó slán agus d'imthe roínnt sgáth gun bhréig dhíom

v.7 San ám ar blaodhú ar mo chás, mhionna na báirsí, an díreach 's an cam thrídh n-a chéile

v.8 'S nuair a chó m'ainm síos i measc tuille a bhí daor, le ghol 'un a phríosúin ar aon chor

v.9 An giúistís tráth ar shíneas, nuair a chonnaic sé an scríbhinn, an teastas nár bh'fiú mé ná i ngar dhó –

(f) CBÉ 840:225–26; 4 x 2, 1 x 1, 1 x 2. Aithriseoir: Máire Nic Dhonnchadha (Bean Choilm Mhic Fhlannchadha) (46), Bailitheoir: Calum I. Mac Gill-Eathain, 21 Meán Fómhair 1942. Seán Fíodóir a rinne.

v.1 An ceathrú la fichead go Márta, ghléas mé dubhán le *tinsel*, clúmhach bárdal is síoda

v.2 Ceitre cinn déag go liathain gan bréig, a bhí agam annsiúd dhá chóimhriú

v.3 Breathna' mé tharam go h-iseal ꞵ go h-árd 's crioth i ngach ball diom ꞵ níorbh iongantas

v.4 Thug mé an seárs' úd chug an Spidéal an lá siúd, go misneamhail i lathair gach aon fhear

v.5 Ná taisbean do nóta go dtrialarfar tú, is da méid í do chúise í, ní baoghal duit

v.6 Bhí m'ainm thíos le dhul 'un a phríosúin, is tuille bhí daor lena seóladh

(g) CBÉ 250:142–43; 1 x 4, 1 x 3, 1 x 2, 1 x 3. Aithriseoir: Pádraig Ó Ceannabháin (60), An Cnoc, Indreabhán. Bailitheoir: Bríd Ní Chollaráin, 1936.

v.1 Ceithre cinn déag de leagain gan bréug a bhí íoctha eagcaoin agam go díreach

v.2 Sonnas 'san gcúirt a fuair mé Dia Luain is é sighneálta ó ghiustiús na bréige

v.3 Ná tuighbhean dhe nóta go driothála thú agus dhár mhéud iad a cúis, ní beag dhuit

v.4 Chuaidh mé ar seársa go Spidéal an lá sin go maiseamhail i láthair gach aon fhear ós mo chomhair

315 An Chúirt Bhréige

(a) CBÉ 829:287–91; 14 x 2. Aithriseoir: Pádraig Ó Cualáin (*c*.41), An Lochán Beag, Indreabhán. Bailitheoir: Tadhg S. Ó Concheanainn, 10 Meitheamh 1942. Pádraig Ó Flatharta a rinne.

v.1 Aimsir na Nodlag a bhí caithte go tráthamhail, bhí an Céideach go fánach 's ba cráidhte 'bhí 'chroí

v.2 D'eiri' sé'n mhaidin seo mar dhéaras mé'r báll leat, go dtiúbhrat sé'n seársa a thóigeach a chroidhe

v.3 Fear éasga' air a chois é ⁊ sgurach breágh láidir, bhuail'each sé báire 'n aghaidh stoirm is gaoth

v.4 Ba geárr a bhí siúbhalt' aige soir tríd a' Trá Mhór go bhfaca sé'n phráinn 'chuir á's air a chroidhe

v.5 Chroch sé'r a dhruím é is d'im'i' 'sna fásga', go n-ólat sé 'shá' dhe sál 'dtioc'ach an oí'

v.6 Níor bhfada bhí ritht' aige gur casú 'na chúrsa, Seán Mór Ó Cúláin 's feistí 'un tuínn

v.7 Chua'n Céideach abhaile ag 'ól is ag éagcaoin, dúbhart sé leis fhéin go n-oybríot sé'n dlí

v.8 Nuair a chuala an Cualánach céard a bhí díoanta, smaoini' sé'r chéipear a chuirit sé 'un cinn

v.9 Bhí an Céideach cho' healadhíanta, níor cháill sé sa léigheann é, dhá gcastaí a léithide i mbealach na slighe

v.10 Bhí spiadóirí mallaí' ag *cross*-bhó'r a' Mháma, is thug siad na mionnaí go bríoghmhar 's go beó

v.11 Tháinic a' lá is bhí'n chúis seo le réidhteach, ba mhíllteach a' sgéal é lé tárlú 'n aon tír

v.12 Bhí Máirtín Ó Tuairisg a' seasa' go'n Stát ánn, ba deacair a léithide 'fháil in aon chríoch

v.13   Bhí Seáinín Ó Flatharta, an seanchaidhe léigheannta, a' saora' Sheáin
        Shéamuis go ciallmhar 's go cruínn

v.14   'Sé deire an tseanchais is críochnú 'n chúirt bhréige, gur daorú Seán
        Shéamuis le príosún sé mhí

(b)   CBÉ 645:333–37; 14 x 2. Aithriseoir: Pádraig Ó Flatharta (21), An Lochán Beag,
       Indreabhán. Bailitheoir: Colm Ó Finneadha, 12 Lúnasa 1939.

v.1   Aimsir na Nodlag a bhí caithte go tráthamhail, bhí an Céideach go
        fánach 's ba cráidhte 'bhí chroidhe

v.2   D'eirigh sé an mhaidin seo mar déarfas mé ar ball leat, go dtiúbharfadh
        sé an seársa a thóigfheadh a chroidhe

v.3   Fear éasgaidh ar a chois é 'gus sgurach breagh láidir, bhuailfeadh sé báire
        in aghaidh stoirm is gaoth

v.4   Ba ghearr a bhí siúbhalta aige soir thrid an Tráigh Mhóir go bhfaca sé an
        phrághainn a chuir áthas ar a chroidhe

v.5   Chroch sé ar a dhruim é is d'imthigh 'sna fásgaibh, go n-ólfadh sé 'sáith
        dó sul dtiocfadh an oidhche

v.6   Níor bhfada 'bhí rithte aige gur casadh 'na chúrsa, Seán Mór a' Cúaláin
        's é feistigh 'un tuinn

v.7   Chuaidh an Céidigheach abhaile a' gol is ag éagcaoin 'gus dubhairt sé leis
        fhéin go n-oibreóchadh sé'n dlíghe

v.8   Nuair a chuala an Cúalánach céard a bhí déanta, smaoinigh sé ar
        chéipear a chuirfeadh sé 'un cinn

v.9   Bhí an Céidigheach chómh h-ealainta, níor chaill sé sa léigheann é, dhá
        gcastaoi a leithide i mbealach na slíghe

v.10   Bhí spiadóirí mallaidhe ag cros bhóthar a' Mháma 'gus thug siad na
        mionnaí go bríoghmhar 's go beo

v.11   Tháinig an lá 's a bhí an chúis seo le réidhtheach, ba mhillteach an scéal é
        le tárlú 'n aon tír

v.12   Bhí Máirtín Ó Tuairisg a 'seasa' don stáit ann, ba dheacair a leithide
        'fhághail in aon chríoch

v.13   Bhí Seáinín Ó Flaithbheartaigh, an seanchaidhe léigheanta a' saoradh
        Sheáin Shéamuis go ciallmhar 's go cruínn

v.14   Sé deire an t-seanchais 's criochnúgadh 'n chúirt bhréige, gur daoradh
        Seán Shéamuis le príosún sé mhí

(c)   CBÉ 601:268–71; 14 x 2. Aithriseoir: [?]. Bailitheoir: Pádraig Ó Flatharta [?].

v.1   Aimsear na Nodlag a bhí caithte go tráthamhail, bhí an Céideach go fánach 's ba chráidhte bhí chroidhe

v.2   D'éirigh sé an mhaidin seo mar dearfas mé ar ball leat, go dtiubhradh sé an seársa a thóigfeadh a chroidhe

v.3   Fear éasgaidh ar a chois é 'gus sgurrach breagh láidir, bhuailfeadh sé báire n'aghaidh stoirm 's gaoith

v.4   Ba gheárr a bhí siúbhalt' aige soir tríd an Tráigh Mhóir go bhfaca sé an phráinn chuir áthas air a chroidhe

v.5   Chroch sé ar a dhruim é 's d'imthigh sna fasgaidh, go n-ólfadh sé sháith dhi sul dtiocfadh an oidhche

v.6   Níor bhfada bhí rithte aige gur casadh na chúrsa, Seán Mór Ó Culáin 's é feistighthe 'un tuinn

v.7   Chuaidh an Céideach abhaile a' gol is ag éagcaoin, dubhairt sé leis féin go n-oibreóchadh sé an dlighe

v.8   Nuair a chuala an Cualánach céard a bhí déanta, smaoinigh sé ar chéipear a chuirfeadh sé 'un cinn

v.9   Bhí an Céideach chomh healadhanta, níor chaill sé sa leigheann é, dá gcastaoí a léitheid i mbealach na slighe

v.10   Bhí spiadoirí mallaigh' ag cros-bhóthar an Mháma 'gus thug siad na mionnaí go bríoghmhar 's go beó

v.11   Tháinig an lá 's bhí an chúis seo le réidhteach, ba mhillteach an sgéal é le tárlú in aon tír

v.12   Bhí Máirtín Ó Tuairisg a' seasa don Stáit ann, ba dheacair a leithid fhághail in aon chríoch

v.13   Bhí Seáinín Ó Flaitheartaigh an seanchaidhe leigheannta a' saoradh Sheáin Shéamuis go ciallmhar 's go cruinn

v.14   Sé deire an t-seanchais 's críochnú 'n chuirt bhréige gur daoradh Seán Shéamuis le príosún sé mhí

(d)   CBÉ 526:296–97; 7 x 4. Aithriseoir: Beartla Ó Flatharta (17), An Lochán Beag. Bailitheoir: Proinnsias de Búrca, 28 Aibreán, 1938.

v.1   Aimsir na Nodhlac a bhí caithte go tráthamhail, bhí an Céideach go fánach ⁊ ba cráidhte a bhí a chroidhe

v.2   Fear éasga ar a chois é, sgorach breágh láidir, bhuailfheach sé báire in aghaidh stoirm ⁊ gaoth

v.3   Chroch sé ar a dhruim é ⁊ d'imthigh ins na fásgaidh, go n-ólfhach sé
        sáith as sul dhá dtiocfhach an oidhche

v.4   Chuaidh an Céideach abhaile ag osnaighil ⁊ ag éagcaoin agus dubhairt sé
        leis fhéin go n-oibreóch sé an dlígh

v.5   Bhí an Céideach chomh ealadhanta ⁊ níor chaill sé sa léighean é, dhá
        gcastaidh a leithide i mbealach ná i slíghe

v.6   Bhí go maith nó go rabh an chúirt seo lé réidhteach, ba mhillteach an
        sgéal é le tárlú in aon tír

v.7   Bhí Seáinín Ó Flatharta, an seanachaidhe léigheanta a' saoradh Sheán
        Shéamuis go ciallmhar ⁊ go cruinn

316   Béal Átha Néifinn'

(a)   CBÉ 1138:469–70; 8 x 2. Aithriseoir: Áine Bean Uí Fhlatharta (54), Cor na Rón
        Thoir, Indreabhán. Bailitheoir: Pádraig Ó Flatharta, 1941.

v.1   Ar a dhul síos dhom go Béal Átha'n Éifinn, nach é mo chroidhe istigh a
        bhí gan mhairg

v.2   Dhearc mé chugam thríd an ród í, 'sí mo mhíle ró-dheas as Baile an
        Raithnigthe

v.3   Cuirimse mo bheannacht is mo chúig chéad slán leatsa a mháthairín go
        Connamara

v.4   Bhéinnse a' rinnce ar na bóithre leatsa, a stóirín, a chroidhe gan mharach

v.5   Shiubhail mé tuaithe buidhe is bailte móra, thart Duithche Sheóigeach
        agus Connamara

v.6   Ní fhacthas bean ar bith aníos le rádh a dtiubharfainn grádh ar bith di ná
        taithneamh

v.7   Beirim-se mo mhallacht do na pílers mar 'siad a shíl mé chur i bhfad ó
        bhaile

v.8   Labhair an bréith liomsa análl go mín lághach, sin naoí mí ort i
        bpríosiún Ghaillimh

(b)   Béal Átha Aoibhinn
        CBÉ 76:163–65; 2 x 2, 1 x 4, 3 x 2, 1 x 3. Aithriseoir: [?]. Bailitheoir: Máire (Tim)
        O'Sullivan, [1932–3].

v.1   Dul aníos dhom trí Bhéal Átha Aobhinn, an mo chraoidh istigh nach
        raibh aon mairg

v.2 Dhearc mé chugam thríd an ród í, sí an aoileann óg breagh as Baile an Charra

v.3 Bheirim-se mo bheannacht go mo mháithrín, mo chúig mhíle slán léithi go Conamara

v.4 Bheirim-se mo mhallacht go na *peelers* thíll mé dhíbirt a bhfad ó bhaile

v.5 Labhair an breitheamh liom go chomhrádh ciún, tá naoí mí ort a bpríosún Ghaillimh

v.6 Bhí builín píngne a'inn is é gheárfá faoí fhaobhar pinta buidhe is é go dtí na leath le bainne

v.7 Shiúbhaileas tuatha is bailte móra, thart Dúithce Seóigeach is Conamara

G. Amhráin faoin bPríosún

317 Amhrán an Phríosúin

(a) Amhrán an Phoitín

CBÉ 607:561–62; 7 x 2. Aithriseoir: Bean Mhíchíl Uí Churraoin, An Tulach. Baile an hAbhann. Bailitheoir: Brian Mac Lochlainn, 1938.

v.1 Ní le mailís a chú' mé i bpríosún, le gaduíocht caorach ná le cúrsaí mrá

v.2 *Sergent Sweeney,* mo mhallacht féin duit is tú an mac maoir a bhí i gConndae an Chláir

v.3 Gléasú suas mé le cula shuarach, caipín cluasach ⁊ seaicéad gearr

v.4 Chonnaic mé an triúr úd a teacht a'm leis an éadáil agus lán mo bhéil acab i sáspan cáirt

v.5 Bhí fear –⁊–fiche againn amuigh i n-aineacht agus bhí an *turn-key* rúinn amuigh san *yard*

v.6 Unsa sambó a d'fhághainn ar mo dhínnéar agus ag a naoi a chlog aon ghrím amháin

v.7 Nach ait na smaointí a thagann thrím-se, 'gus a laghad imnidhe atá ar mo chlainn

(b) CBÉ 840:381–83; 6 x 2, 1 x 3. Aithriseoir: Mícheál Mac Fhlannchadha (Micil Choilm) (38), An Teach Mór, Indreabhán. Bailitheoir: Calum I. Mac Gill-Eathain, 5 Deireadh Fómhair 1942.

v.1 Fuair mé leitir le guil 'un a príosúin, an áit ar shíl mé a choidhche ná dtiocfainn ann v.2   Gleasadh suas mé le cuilín shuarach, caipín cluasach agus jaicéad gearr

v.3   Nach iomdhaí smaoiniú a bhí rith trí m'intinn is nár bheag an imnidhe a bhí ar mo chlann

v.4   Bhí muid na dtrosg ann ó Luan go Céadaoin agas dhiúin a bhféadfach muid tada rádh

v.5   Braoinín cócoa a robh bala bréan air is nár dh'in é éadail linn é fhághail

v.6   Tugadh bearra' orm le sean-strop rásúr nach ngearrach preátaí ná cóilis úr

v.7   Chua trí chéad againn amach i n-einfheacht, is bhí *turn*-kéa romhainn san ngeárd (*yard*)

(c)   CBÉ 526:287–88; 2 x 2, 1 x 3, 2 x 2, 1 x 3, 1 x 2. Aithriseoir: Seán Ó Cualáin (Seáinín Beag) (66), An Teach Mór, Indreabhán. Bailitheoir: Proinnsias de Búrca, 28 Aibreán 1938.

v.1   'Gus ní le mailís ar bith a chuaidh mise i bpríosún, lé gaduíocht caorach ná lé cúrsaí mrá

v.2   Is a *Shergeant* Gárman, bheirim-se mallacht dílis duit agus nár ba fada go rabh tú sínte sa roilic lé taobh do mhrá

v.3   Go bhfuair mé leitir sgríobhtha síos go'n phríosún, an áit ar shíl mé nach ngabhfhainn go deó ná go brách

v.4   Thigeach triúr leis an éadáil a'am ⁊ gan acab ach lán mo bhéil go sáspan cáirt

v.5   Bhíoch fear ⁊ fic againn in éinfheacht ⁊ an *turn key* romhainn amach sa *yard*

v.6   'S a thighearna ⁊ a Chríost, a liachtaighe smaointigh a thigheach thrídh mo chroidhe

v.7   Ó muise m'anam go bhfuil nídh beag eile a'am-sa nár chainntigheas fós air, mh'anam tobac ná tae ná rabh siad ánn

(d)   CBÉ 824:105–07; 1 x 2, 1 x 3, 3 x 2, 2 x 3. Aithriseoir: Neain Bean Uí Ghriallais (Neain Dhonnchadha) (66), Cill Bhriocáin, Ros Muc. Bailitheoir: Monica Ní Mhaodhbh, 18 Márta 1942.

v.1   'S a Sháirgint mhalluighthe, mallacht Chríost dhuit, 's nár ba fada go síntear thú le h-ais do mhrá

v.2   Thug tú leitir dhom síos 'un a' phriosúin, sa n-áit ar shíl mé nach rachainn go bráthach

v.3   Gléasadh suas mé lé culaith-ín shuarach, stoca dubh 's an ceann eile bán

v.4   Thigeadh triúr aca leis an éadail, lán mo bhéil's *saucepan* cáirt v.5   Unnsa sambó d'áinn ar mo dhinnéar, agus ag an naoí chlog aon ghreim amháin

v.6   Briseadh cloch ó mhaidin go faoithin, 's an ghaoth a 'gul timceall thríd na lár

v.7   Nach deas na smaointí a' thagans thríom-sa, 's an laighead an imnidhe atá air mo chlann

(e)   CBÉ 1774:3–5; 3 x 2, 1 x 1, 2 x 2, 1 x 3. Aithriseoir: Máirtín Ó Confhaola (Máirtín Mhurcha), Cladhnach, An Cheathrú Rua. Bailitheoir: Ciarán Bairéad, 9 Nollaig 1964.

v.1   Bheirim mo mhallacht duit a Shearaint *Gorman*, a mhac a Mhuinigh a cuireadh aníos a'inn as *Donegal*

v.2   Nuair a cuireadh mise ann, ní le gadaíocht caorach é ná cúrsaí mrá

v.3   Tugadh soir mé i lár na cúirte agus cuireadh síos mé go príosún Luimnigh

v.4   A's dheamhan a' fear 'á láidreacht a chaithfeadh sé mhí ann nár mhaith claoite a bheadh a chráimh

v.5   Tháinic triúr a'm le mo bhéilí agus lán mo bhéil acab i sáspan cáirt

v.6   Tugadh dhom-sa (adeir sé) lé caipín cluasach, péire bróga agus léine gheal

v.7   Seod é'n príosún a dhaoiní muintreacha, sé mo chomhairle dhaoibh, ná téigí ann

(f)   CBÉ 1350:602–04; 1 x 3, 3 x 2, 2 x 4, 1 x 3. Aithriseoir: Mícheál Ó Flatharta (78), Tearmann Naomh Breandáin, Baile Loch an Riabhach. Bailitheoir: Ciarán Bairéad, 10 Lúnasa 1954.

v.1   Fuair mé litir le ghoil 'na phríosúin, an áit nár shíl mé nach ngabhainn (ngafainn) go bráth

v.2   [...] mallacht Chríost duit, mar bhí tú go mo bhladaracht anois le míocha

v.3   Is iomdhaí smuaintí a theigheanns thríomsa, a' bhean bhocht atá 'saothrú an t-saoghail dom

v.4   Gleasadh suas mé leis a' gculaith shuarach, caipín cluasach ┐ jaicéad gearr

v.5   Agus ceathar acab leis an éadáil, lán mo bhéil as sáspan cairt

v.6   A briseadh clochaí ó mhaidin go dtí'n oidhche agus a' ghaoith a goil treasnaí thrí na lár

(g)   CBÉ 775:544–45; 1 x 3, 4 x 2. Aithriseoir: Mícheál Ó Mainnín, An Turloch, Ros Muc. Bailitheoir: Proinnsias de Búrca, 30 Aibreán 1941.

v.1   A sháirsint mhalluí, mallacht Chríost ort mar b'fhada go rabh tú síntí lé hais do mhraoí

v.2 Ní mar gheall ar mhailíse ar bith é gaduíocht chaorach ná cuirsí mrá

v.3 Gléasú suas mé i gculaithín shuarach caipín cluasach ┐ bríste gearr

v.4 Unsa sambó d'fhághaimís ar a ndinnéar agus ag an naoí chlog aon ghreim amháin

v.5 A' brise' cloch ó mhaidin go h-oidhche is an ghaoth thart timpeall a gul trí mo lár

(h)   CBÉ 627:295–98; 1 x 3, 2 x 5 Aithriseoir: Micilín Ó Flatharta (68), Tearmann Naomh Breandáin, Baile Loch an Riach. Bailitheoir: Seán Ó Flannagáin, 26 Bealtaine 1939.

v.1 Fuair mé leitir le dhul 'un a phríosúin, áit a shíl mé nach dtiocfhainn go brách

v.2 Mallacht Chríost duit mar bhí tú dho mo bhladaracht anois le míche (=mí)

v.3 Thagadh ceathar acub leis an éadáil, lán mo bhéil sa sáspan cáirt

318   Cúirt Mhallaithe Dhoire an Fhéich

(a)   CBÉ 432:403–06; 7 x 4. Aithriseoir: Cóilín Ó Griallais (Cóilín Ghriallais) (22), An Rinn, An Cheathrú Rua. Bailitheoir: Liam Mac Coisdealbha, 13 Nollaig 1937.

v.1 Cuiriú mí mhór fhada orm i gCúirt bhallaí Dhoir' an Fhéidh

v.2 Ó an chéad tseachtain a bhí mé istigh ann 'sé tháinic an Sárgint *Kay*

v.3 A' dárna seachtain a bhí mé istigh ánn fuair mé brochán mine buí

v.4 Ór' ordú amach Dé Sathairn muid a' máirseáil ins a' yárd

v.5 Gul aníos as Beárna dhom seadh casú *Mr. Gaoner* orm

v.6 Ó ní íontas a' bith i nGarumna mo bhean-sa a ghoil un cínn

v.7 Tá mo chapaillín gan strathrú is tá an bád tárnuí' ar a' bhféar

(b)   CBÉ 786:265–66; 5 x 4. Aithriseoir: Seán Ó Conchubhair (50), Leitir Móir. Bailitheoir: Proinnsias de Búrca, 1 Nollaig. 1941.

v.1 Cuireadh mí mhór fhada orm i gCúirt mhalluighthe Dhoire an Fhiadh

v.2 Ní rabh mé i bhfad isti' ánn nuair a tháinic tighearna an dlíghe

v.3 An chéad t-seachtmhain a raibh mé isti' ann fuair mé brochán min bhuidhe

v.4 Cuireadh amach Dé Sathairne muid a' máirseáil ins an *yard*

v.5 Tá mo ghiorrán gan srathrú is mo bha ag ithe féir

(c)   CBÉ 801:162–63; 5 x 4. Aithriseoir: Aithriseoir: Seán Mac Donnchadha (60), Inis
        Eirc, Leitir Mealláin. Bailitheoir: Proinnsias de Búrca, 19 Eanáir 1942.

v.1   Cuireadh mí mhór fhada orm i gcúirt mhalluighthe Dhoire an Fhiadh

v.2   Ní rabh mé i bhfad isti' ánn nuair a tháinic tighearna an dlíghe

v.3   An chéad tseachtmhain a rabh mé isti' ánn fuair mé brochán min bhuidhe

v.4   Cuireadh amach Dé Sathairne muid a' máirseáil insa *yard*

v.5   Tá mo ghiorrán gan strathrú is mo ba ag ithe féir

(d)   CBÉ 1702:362–63; 5 x 4. Aithriseoir: Seosamh Mac Liam (48), Inis Bearachain,
        Leitir Móir. Bailitheoir: Proinnsias de Búrca, 11 Eanáir 1966.

v.1   Cuireadh mí mhór fhada orm i gcúirt mhallaithe Dhoire an Fhiadh

v.2   Ní rabh mé i bhfad istigh ánn nuair a tháinic tighearna an dlighe

v.3   An chéad t-seachtmhain a rabh mé istigh ánn fuair mé brochán min bhuí

v.4   Cuireadh amach Dé Sathairn muid a' máirseáil insa *yard*

v.5   Tá mo ghiorrán go'n srathrú is mo sheisreach ag ithe féir

319 Ócum an Phríosúin

(a)   CBÉ 786:202–04; 8 x 4, 1 x 5. Aithriseoir: Seán Ó Conchubhair, (50), Leitir Móir.
        Bailitheoir: Proinnsias de Búrca, 26 Samhain 1941. Tomás Ó Lochlainn, Bun an
        Chárnáin, Leitir Móir a rinne.

v.1   Molaim súgh na h-eórna go deó deó is choidhche

v.2   Trathnóna sa samhradh is mo leaba deanta síol agam

v.3   Oscluigheadh an stór dhom a rabh ócum a cuir thar maoil ánn

v.4   Ba cosamhail le barrach a baineadh go líon é

v.5   Bhí mac Rí Lochlainn ina chodla go suimhneach

v.6   Nach mise a bhíonns go tuirseach ag tochras is a' spíonadh

v.7   Nach mise a bhíonns go tuirseach gach Dómhnach is lá saoire

v.8   Tarraingíochthar súgh na h-eórna fós ins na h-ísleáin

v.9   Molaim súgh na h-eórna go deó deó is choidhche

(b)   CBÉ 801:145–48; 8 x 4, 1 x 5. Aithriseoir: Colm Ó Maoiliadh (62), Leitir Mealláin.
        Bailitheoir: Proinnsias de Búrca, 17 Eanáir 1942.

v.1   Molaim súgh na heórna go deó deó is choidhche

v.2   Tráthnóna sa samhradh is mo leaba deanta síos agam

v.3   Oscluigeadh an stór dhom a rabh ócum a' cur thar maol ánn

v.4   Ba cosamhail lé barach a baineadh go líon é

v.5   Bhí mac Rí Lochlainn ina chodhla go suaimhneach
v.6   Nach mise a bhíonns go tuirseach a' tochras is a' snaomadh
v.7   Nach mise a bhíonns go tuirseach gach Dómhnach is lá saoire
v.8   Tairneóchthar súgh na heórna fós ins na hísleáin
v.9   Molaim súgh na heórna go deó deó is choidhche

(c)   CBÉ 1702:353–55; 8 x 4, 1 x 5. Aithriseoir: Seosamh Mac Liam (48), Inis
       Bearachain. Bailitheoir: Proinnsias de Búrca, 11 Eanáir 1966.
       v.1   Molaim súgh na heórna go deó deó agus 'choidhche
       v.2   Tráthnóna sa samhradh agus mo leaba díonta síos agam
       v.3   Oscluíodh an stór dhom a rabh ócum a' cur thar maol ann
       v.4   Ba cosúil le barach a baineadh de líon é
       v.5   Bhí mac Rí Lochlainn ina chodhla go suimhneach
       v.6   Nach mise bhíos go tuirseach ag tocras agus a snaomadh
       v.7   Nach mise bhíos go tuirseach gach Dómhnach agus lá saoire
       v.8   Tairneófar súgh na h-eórna fós ins na h-ísleáin
       v.9   Molaim súgh na h-eórna go deó deó agus choidhche

(d)   CBÉ 1634:331–33; 1 x 4, 1 x 1, 6 x 4. + curfá dhá líne i ndiaidh gach véarsa.
       Aithriseoir: Bríd Ní Churraoin (24), An Baile Láir, Ros an Mhíl. Bailitheoir:
       Ciarán Bairéad, 5 Márta 1960.
       v.1   Molaim sugh na h-eornan go deo deo a's choidh'n
       v.2   A's go bhfágfa sugh na h-eorna na h-óglaigh ghá spíona
       v.3   Nuair a osglaidh dhom-sa an stór a raibh ócam a goil thar maoil ann
       v.4   Shílfeá gur barrach a baineadh go'n líon é
       v.5   Nach mise 'bhíonns go tuirseach a' tochras a's a' sníomhadh
       v.6   Tráthnóinín ins a' samhradh a's mo leaba deanta síos a'm
       v.7   Oidhche a ra' Mac Uí Lochlainn 'na chodladh go suaimhneach
       v.8   Nach mise a bhíonn's go brónach gach Domhnach ⁊ lá saoire
       Curfá: Seán *Forde* a bheith 'na ghiúistís, a chomhairleoch na daoine etc.

(e)   CBÉ 1774:101–03; 8 x 4, + 2 líne curfá. Aithriseoir: Pádraig Ó Máille, (60),
       Cladhnach, An Cheathrú Rua. Bailitheoir: Ciarán Bairéad, 9 Nollaig 1964.
       v.1   Ó's molfa mise sú na h-eorna go deo deo ⁊ choí'n
       v.2   Ó fosclaíodh dhom-sa stór a ra *oakum* thar maoil ann
       v.3   Oíche dá raibh Lochlainn 'na chodladh go suímneach

v.4   Nach mise a bhíonns go brónach gach Domhnach a's lá saoire

v.5   Nach tursach an obair a bheith ghá thochras' ghá shníomhadh

v.6   Nach olc é mo ghean ar an tsean-bhean do shníomh é

v.7   Tá fataí ⁊ fásach a' fás in *yard* a' phríosúin

v.8   A's nach é'n truaí nach bhfuil tóir ag rí Seorsa ar a' bhfíon

Curfá: Ram didil órum, sé *oakum* an phríosún etc.

320   Seán Ó Direáin

CBÉ 1722:19–22; 8 x 2. Aithriseoir: [?]. Bailitheoir: Fionán Mac Colum, 1966. Is é Seán Ó Direáin as Leitir Mealláin a rinne an t-amhrán.

v.1   Trathnoinín Sathairn i ndeireadh an fhóghmhair a bhí an sgéal brónach i bhfad 's i ngeárr

v.2   Lá ar na mháireach, ní raibh an t-oileán sásta go bhfáighidís tuairisg cá ndeacha Seán

v.3   Nach grádhna an beart is nach buadhartha an sgéal é, a dearnadh leis an nGaedhéal a bfheárr san áit

v.4   Nuair a fuair muid amach cé raibh sé, chuaidh muid go dtí é, thosnuigh sé ag gáiridhe is chraith sé a cheánn

v.5   Rud eile a dúbhairt sé tá go mór ar m'inntin, go maithfidh Críost dóibh é, a rinne an feáll

v.6   Thosnuigh na bláthanna ag tuitim de na géagaibh, níor labhair an chéirseach ná an lonn-dubh breágh

v.7   Is geárr uainn breitheamhanus ar lucht na tíre, beidh siad ag caoineadh ach béidh siad máll

v.8   Béidh daoine ag fuagairt ánn, ar chnuic ina gcuimse (ina milltíbh), beidh an mhaighdean mhín ánn faoí na culaith bhán

H. Amhráin faoin bPósadh

321   Amhrán *Tom* Pheaits

CBÉ 1211:129–34; 15 x 2. Aithriseoir: [?]. Bailitheoir: Cóilín Ó Maoilchiaráin, Lúnasa 1951.

v.1   Sgéal tá mé aithris do thír is do thalamh, dhá aithris do lag is do láidir

v.2   Séard a dubhairt sean-*Tom*, glan leat as m'amharc, ní thiubharfaidh me síneáilte an áit dhuit

v.3   Tá mac thíos ag Beairtle a chuaidh soir an lá cheana mar d'fheicfeá sean-
       choileach Mhártan

v.4   Annsin labhair an chailleach, "ar tú 'bhí annseo an lá cheana, baint na
       slat 'sa ngáirdín["]

v.5   Go deimhin anois a *Annie*, tá tú de mo mhaslú, cé raibh tú nuair a
       roinneadh an bhreághtha

v.6   Tá do loirgní breacaighthe a'd go siorraidhe sa teaghlach, ní leigeann an
       leisge dhuit a fhagáil

v.7   Nach é *Tom* a bhí amplach nuair a ghoid sé na badlaigh, bhí Bairbre
       thuas ar an áiléar

v.8   Bhí Séamus na Corran ag imtheacht ag tochailt, bheadh sé a'm-sa dhá
       gcailltí mo mháthair

v.9   Séard a dubhairt mac Mhic Dara, meastú mbeadh aon tseans a'm-sa má
       bhíonn an tsean-lánamhain sásta

v.10   Go dian mhoch ar maidin siud, anoir sean *Tom* 'gus cáca aige thíos ar
       thoin mála

v.11   Bhuail faitchíos Tom bocht 'gus rith sé soir treasna, lean *Timín Tom* é lé
       tlú ceardchann

v.12   Séard dubhairt mac na baintreabhaigh, dhá dtugtá mé an bealach, beidh
       agat 's céad fáilte

v.13   Séard dubhairt an *pan-cake*, tá cleamhnas le fada a'm le sean Bhairbre
       Mháirtín

v.14   Séard dubhairt Séamuisín bosach, "a chlaidhre ná bac leis, téighre ag
       tarraingt an phinsin go Cárna["]

v.15   Séard dubhairt mac Stiopáin *Larry*, tá teach 's talamh agam-sa, socruigthe
       istigh 'dtóin na h-Áirde

322   An Pósadh

CBÉ 90:449–50; 5 x 2. Aithriseoir: [?]. Bailitheoir: Mr. Joseph Hanley, 17 Iúil
1930. [Bailíodh an t-ábhar sa Tuairín nó i Leitir Mealláin].

v.1   Is mairg a thógas nó thugas mar roghain, aon bhean ar an domhan seo,
       silim

v.2   Mó chóta mór coirp gan caitheamh gan dul, ba mhaith iad mó stocaí ን
       mo bhrogaí

v.3   Bhí cóta de'n *fleece* orm de'n éadach bá daoire dhá bhfaca mé i Sligeach
       ar m-eolas

v.4   Bhí hum agus ham, cliabh agus tráigh, ardu gainimh agus aoiligh

v.5   Bhí luithne de'n fhuinneóig le cur ins an gcuinneóg le h-aigh na paiteóige a rugadh

323   Molaigí Féin an Céipéar

CBÉ 840:312–13; 5 x 2. Aithriseoir: Máire Bean Mhic Fhlannchadha (47), An Teach Mór, Indreabhán. Bailitheoir: Calum I. Mac Gill-Eathain, 28 Meán Fómhair 1942.

v.1   Molaigí fhéin a' céapar go togha na bhfear i nÉirinn, is agam bhí an cailín is speiriúla dár rugadh ariamh 'san áit

v.2   Is mór a' cheist é 'n Blácach, ar fheabhas is a fuair sé fóghlum, ag Peadar Ó Donncadha, a mháighistir, a bhí i measc na strainnséirí

v.3   Agas an leaba bhí le aghaidh an lanamhain, is ora díonadh an cleas gránna, briseadh a cuid adhmaid is cuireadh ó chéile í

v.4   Ní thiúbhrainn mionnaí bréige a dtóigeadh go na *chainies*, muigíní is cuid *tae-pots* briste go bhárr na h-oidhche

v.5   An fuisge bhí le roinnt ann nuair bheach a' pósa díonta, tugadh amach 'san oidhche é is deabhal deóir a fágadh ann

324   Tháinig Mé Isteach i dTeach Ósta

CBÉ 840:466–67; 1 x 3, 2 x 4. Aithriseoir: Pádraig Ó Flatharta (23), Cor na Rón, Indreabhan. Bailitheoir: Calum I. Mac Gill-Eathain, 5 Deireadh Fómhair 1942.

v.1   Tháinic mé 'steach i dteach-ósta is d'fhiafraigh an óig-bhean dhíom

v.2   Captaon mise bhí i n-Éirinn is chath mé mo théarma ar loing

v.3   Rachainn go Iorrus thiar anseo thiar, i n-áit a mblightear go fíor na bá

I. Amhráin faoin Tinneas

325   Amhrán an Fliú [sic]
(a)

CBÉ 307:336–40; 2 x 2, 1 x 4, 5 x 2. Aithriseoir: Éamonn Ó Lochlainn, Scoil an Droma, Leitir Mealláin. Bailitheoir: Daltaí le Seán Ó Dochartaigh O.S., Oileán Gharumna (1918–20). Máirtín Ó Cualáin, An Trá Bháin a rinne, *c*.1920.

v.1   Bliadhain do Lá'l Pádraic nach sinn a bhí láidir nuair bhí bratach na hÉireann in airde

v.2   Bhí mé i Sasana, i *Haddersfield*, 's maith tá fhios agam d'ainm a Mhártín

v.3 Thug mise a dhubhshlán a n-imríochadh sé cártaí, ní himreóchadh a mh-
anam ní aithneochainn an rí

v.4 Ní iompróchadh bád Bhairtlín a raibh le theacht de marach go bhfuair sí
lift ó bhád Mhártín

v.5 Chuaidh sé go hInnis Earc go dtí Marcuisín, guir thug sé ag doras an
bháis é

v.6 Chonnaic sé "Iarrnán" ó thuaidh dhe'n Chnoc Fionn agus é déanamh
caol díreach ar Árainn

v.7 Gluaisteán as Gaillimh thug chugainn do'n tír é, bhí diol a chuid earraigh
tigh *Ghorman*

v.8 Chuaidh sé go hÁrainn isteach i mbád mónadh agus ní raibh againn aon
chaitheadh na diaidh

(b) CBÉ 1767:302–03; 6 x 2. Aithriseoir: Pádraig Bradley (Pádraig Berry) (51), Poll
Uí Mhuirinn, Leitir Mealláin. Bailitheoir: Ciarán Bairéad, 5 Deireadh Fómhair
1964. Máirtín Berry a rinne.

v.1 Bliain go lá'il Páraic nach muide a bhí láidir nuair a bhí bratach na
h-Éireann, nuair a bhí sí crochta in áirde ainn

v.2 Muise, bhí mise i Sasana, a's bhí mé i *Huddhersfield*, is maith a tá's amsa
t-ainm a Mháirtín

v.3 Ní fhaca mé aríst é go dtí san oíche Déardaoin a's shearbháil sé *Ned* agus
Cáitín

v.4 Ní iompródh bád Bheairtlín a ra' le thíocht ann, ach fuair sí fhéin *lift* ó
bhád Mháirtín

v.5 Ní fhaca mé aríst é go dtí san oíche Déardaoin, a's é a' deana caol-díreach
ar Árainn

v.6 Agus chua' sé go dtí Marcuisín go h-Inis Seirc agus thug sé ag doras a' bháis é

326 Amhrán an Fluensí (*Influenza*)
CBÉ 851:13–15; 7 x 4. Aithriseoir: Séamus Ó Cearra (Séamus Chearra) (80),
Clochar na gCon, Indreabhán. Bailitheoir: Calum I. Mac Gill-Eathain, 20
Deireadh Fómhair 1942.

v.1 A' guil amach a' doras dhom is mé i ngreim mo láighe

v.2 Mhuise, ní ghabhaidh mé 'uig a' teine is ní théithidh mé mo lámha

v.3 D'iarr mé cara is cuimirce air, nó cé'n leigheas a bh'fhearr dhom

v.4 Luighe mé cois na tine is cuireadh sios a' sáspan
v.5 Chath mé ar a' tala' síos go sgiobaí uaim a' láighe
v.6 Muise teannam chug a' teach anois, is catha mé níos fearr leat
v.7 Catha mé dhuil treasna, amach ag tighe an Fhátharta

327 Amhrán an *Rheumatism*

CBÉ 1635:122–25; 4 x 2, 1 x 3, 1 x 2, 1 x 3, 1 x 2, 2 x 3, 1 x 4, 1 x 2. Aithriseoir: Colm Ó hUiginn (69), 8 Palmyra Avenue, Gaillimh. Bailitheoir: Ciarán Bairéad, 19 Meán Fómhair 1960. Is é féin a rinne an t-amhrán.

v.1 Nuáir a theighim-se amach, tá maide teannta ar mo chúram agus sé'n phian i's na glúine a d'fhág mé 'na chlé
v.2 Thiubhrainn-se leigheas duit 'á ndeantá mo chomhairle, a neartóch a' siubhal duit ⁊ misneach dá réir
v.3 Muise, caithfe tú fhreagairt má tá sin 'do chomhachta mar má tá leigheas ins a' sugh sin, tá cuid mhaith 'na chlé
v.4 Le maide 'na láimh nó péire go h-únduail, agus iad ag iarra a bheith corruighe nuair atá 'n-am tae
v.5 Ach sé uisce na bhfataí is mó 'chloisfeá ar sriúl ann, agus déarfainn go mb'fhiú dhib é sheansáil
v.6 Ach nuair a thiocfas tú bhailí, níl tú 'n-ann iompú, tá'n phian i's na glúine do bhasca
v.7 Dhá mbeadh deileadóir maith ann, dheanfadh sé saothrú, tá go leor maidé tímpil a' teastáil a choinneoch thú díreach
v.8 Nuair a luighfeas tú ar do leaba ⁊ bheidheas tú ghá síne, tá pian a' goil go croí thríot ⁊ go barra do lámh
v.9 Caithfe tú gail ⁊ sasó tú t'intinn ach tá's ag mo chroí 'stigh gu' b'in é bhfuil ann
v.10 Dhá mbeadh sé sáthach fighte a'm no curta le chéile mar d'fheicfeá an breidín a' tigheacht as a' tslinn
v.11 Chuir mise scéala ag máistirí Gaedhilge, má bhí siad ag iarra' fear teangan
v.12 Ach dhá ndeantaí é scríobh chul chuadar i n-aois, sa gcaoi go mbeadh sé le léigheamh ag na gasúir

328 Lá Fhéile Bríde

CBÉ 90:453–55; 5 x 2. Aithriseoir: [?]. Bailitheoir: Mr. Joseph Hanley, 17 Iúil 1930.

[Bailíodh an t-ábhar sa Tuairín nó i Leitir Mealláin].

v.1   Nach mé tá go haisteach teacht do Lá Fhéile Brighde, is gan bheith in
       don tada dhéanamh 's tá dona go leór

v.2   Táim ag gearrán ar sgoilteacha 's ar phiannta san oidhche, na cnámhanna
       críonna 's an aois ag tigheacht mór

v.3   Bhí mé sgathamh in don obair a dhéanamh, í chur an cinn is mé
       sanntach go leor

v.4   Ní sé sin dom feasta, d'authre mé claonadh, is mo shuaimhneas a glacadh
       aríst le mo ló

v.5   Níl agam ach bharacail go bhfuil muid 'nár gCríostaidhthe, faoi obair an
       tsaoghal seo déanfa muid gleo

ROINN VI

Amhráin faoi Ainmhithe agus Éin

A. Amhráin faoi Ainmhithe

329 Ag Dul trí *Bhoston* Bliain go hAm Seo

CBÉ 1738:182, 2 x 2. Aithriseoir: Seán Ó Curraoin (Seán Mhicí), (80), An Baile Láir, Ros an Mhíl. Bailitheoir: Ciarán Bairéad, 21 Eanáir 1967.

v.1   Ag goil thrí *Bhoston* bliain go h-am seo, ba deas an áit é ag na cailíní

v.2   Muintir Gharumna ⁊ na Trá Báine agus muintir Árann a' goil 'un dlí

330 Amhrán Sheáin Bháin

CBÉ 824:187–89; 2 x 4, 1 x 5. Aithriseoir: Póilín Bhreatnach (30), Cill Bhriocain, Ros Muc. Bailitheoir: Monica Ní Mhaodhbh, 24 Márta 1942. Cóil Mhicil Phádraig a rinne an t-amhrán.

v.1   Anois a Sheáin, nach mór é m'imnidhe nach bhfuighidh tú an chaora slán go bráthach

v.2   Dhá bhfuighteá scríobhtha é ó Sáirgint *Peelers* is a chur ag *Sweeney* go h-Uachtarárd

v.3   Tá aghaidh na ndaoine ann go ló 's g'oidhche, ag iarra pléisúr ar Oileán Sheáin

331 Amhrán Sheanbhó Chonchúir

CBÉ 1211:135–38; 7 x 4. Aithriseoir: [?]. Bailitheoir: Cóilín Ó Maoilchiaráin, Lúnasa 1951.

v.1   Tá sé ráidhte le Tom Bhairbre gur fear é rinne claidhrigheacht

v.2   Chuaidh Conchubhar bocht ag jobaireacht mar ba fear é bhí gan eolas

v.3   Thug Conchubhar bocht abhaile é 'gus chuaidh sé snaoidheachán ar a h-útha

v.4   Chruinnigh Máire congnamh go dtosuighidís dhá feannadh

v.5   Séard dubhairt Stephen Staffa, "caithtear síos i bpoll í["]

v.6   Tá daoine dhá thabhairt faoi bharamhail anois gur facthas ins an
       mbruinn í

v.7   Chaith an t-sean-bhó bhocht trí seachtmhainí sínte i mbarr an tsléibhe

332   An Banbh Glas

(a)   CBÉ 1800:135–37; 4 x 2, 1 x 3, 1 x 3, 1 x 2. Aithriseoir: Beartla Ó Confhaola (65),
       Casla. Bailitheoir: Cóilín Ó Maoilchiaráin, [*c.*1971]. Seán Ó Donnchadha, Leitir
       Mealláin a rinne.

v.1   Chuaigh mé go Gaillimh ag iarraidh údar crannach mar bhí sé ráite go
       raibh na bannibh saor

v.2   Is gur ar an margadh a chuir mé i mála iad agus chuir mé i *yard* iad ag
       Mac Uí Laoidh

v.3   Is nach úd é an t-airgead (a deir sé) a chuir mé go fánach, óra amach go
       Maree chuig Mac Uí Laoidh

v.4   Is nach mé a bhí ag aireachtáil go luachfar láidir nó gur dhúirt na páistí
       go raibh an mhuicín réidh

v.5   Chuaigh mise síos (a deir sé) ar bhruach na taoille, bhí mo chúl le baille
       agam is m'aghaidh ar Árainn

v.6   Acht níl aon mhaith sa seanachas, tá mo chreach-sa déanta, is gur d'fhág
       mé thíos í (a deir sé) ag béal na trágh

v.7   Acht dhá mbeadh an mhuicín agamsa (a deir sé) le haghaidh na Féile
       Bríde, bheadh mo phócaí líonta ar fad le ór

(b)   CBÉ 76:68–69; 5 x 2. Aithriseoir: Mícheál Ó Coisdealbha (30), An Pháirc, An
       Spidéal. Bailitheoir: Seán Mac Giollarnáth, 1932.

v.1   Chuaidh mé go Gaillimh ag iarraidh údar cránach mar bhí sé i
       gcáilidheacht go rabhadar saor

v.2   Thug mé liom é is chuir mé i mála é nó gur chuir mé ar geárd é tíghthe
       Sheághain Uí Laidhe

v.3   Thug *Tom* Pháidín cliú agus cáil air gurbh é an banabh ba sásta é a d'fhág
       a shráid aríamh

v.4   Nach mise, mo léan, a bhí go lúthmhar láidir nó gur dhúbhairt na páistí
       go raibh an banabh réidh

v.5   Chuir mé tobac air agus coinnle bána is an lá ar na bháireach go doimhin
       i gcré

(c)   CBÉ 1798:19–20; 5 x 2. Aithriseoir: Pádraig Ó Máille (Pádraig Sheáin Uí Mháille), (67), An Baile Láir, Cor na Rón, Indreabhán. Bailitheoir: Ciarán Bairéad, 20 Nollaig 1972. Tomás Ó Múgáin a rinne.

v.1   Chua mé go Gaille ag ceannacht údar cránach mar bhí sé i gcáilíocht go ra' siad saor

v.2   Casadh bean orm a's í lár na sráide [...]

v.3   'Lá'r na mháireach chua mé gon rása sin ar chruic   ar ghleannta, go ndeacha mé láireach go Bobhrochán

v.4   Ab é'n banú glas é nó a' bhfuil sé caillte nó a' bhuil aon fháil é thabhairt ar a' saol aríst

v.5   Ní raibh caith' tobac inte ná imirt chártaí ná ag eirí in áirde ná' a deana aeir

(d)   CBÉ 840:488–89; 1 x 4, 2 x 5, 1 x 6. Aithriseoir: Peadar Ó Mógáin (60), Cor na Rón, Indreabhán. Bailitheoir: Calum I. Mac Gill-Eathain, 18 Deireadh Fómhair 1942.

v.1   D'eirgheas maidin fóghmhair ⁊ fuair mé cúmhairle ó mo mhuintir fhéin

v.2   Tháinic muinntir a' bhaile isteach a' díona' cunntais is ní dhianfac cúpar é i ngábhadh a saoghail

v.3   Nuair gheobhas mé fairnéis cé 'n deacha Máirín, beidh páipéar bán aice ⁊ íocfaidh sí é

v.4   Chuir mé *raddle* ora síos i mála, is bhí sí aníos sa gcárr ag Maitias Thaidhg

333   An Bhó Bhán

(a)   CBÉ 1638:254–56; 1 x 3, 1 x 4, 1 x 2, 3 x 4, 1 x 6, 1 x 4. Aithriseoir: Máirtín Ó Tuathail (87), 5 Quay Lane, Gaillimh. Bailitheoir: Ciarán Bairéad, 5 Lúnasa 1958

v.1   Chuir mé scéal ar Phéilim cé'n taobh a ra'n bhó bhán

v.2   Ag ionnsuí 'mach faoi Mhál *Bay* dhom go h-árd i mbun na gcruic

v.3   Go b'é Éamon Eoghain a d'fheánn í, Pheilipín a bhain a ceann dhi

v.4   Ach ní mhór go'n bhó bhan trí oileán Árainn dhi fhéin

v.5   Bhí mise lá breá aerach ag iascach ar charraidheachaí an Ghró Mhóir

v.6   Thiar ag Carla Fíona seadh chaith mise an oidhche aréir

v.7   Cuirigí scéal ag Báitéar na páipéir a léigheamh

v.8   Ach aréir a' tigheacht ó chuairt dom seadh chonnaic mé an bhó bhán

(b)   CBÉ 794:377–79; 4 x 4, 1 x 2, 1 x 4. Aithriseoir: Máire Bean Uí Dhonnchadha (62), Maighros, Carna. Bailitheoir: Monica Ní Mhaodhbh, 5 Iúil 1941.

v.1   Tráthnóinín aoibhinn aérach i gCill Bhríghde ⁊ mé ag ól v.2   Bhí sean-bhean ins an gclúid a' tabhairt diúl do'n bhó bháin

v.3   Níor mhór leis an mbó bhán Oileán Árainn fuithe héin

v.4   Ag dul anuas ón gcruaich fuair mé tuairisg ar mo bhó bhán

v.5   Ag dul siar faoí Mhóin na h-Éile leig sí an ghéim a b'airde

v.6   Chuaidh *Bartley* 'un an aonaigh lé na straoiseacháinín bó

(c)   CBÉ 825:323–25; 4 x 4, 1 x 6. Aithriseoir: Anna Ní Ghriallais (21), Cill Bhriocáin, Ros Muc. Bailitheoir: Monica Ní Mhaodhbh, 18 Aibreán 1942.

v.1   Trathnóinín aoibhinn aérach i gCill Bhríghde 's mé ag ól

v.2   Bhí seanbhean sa gclúid a' tabhairt diúl go'n bhó bhán

v.3   Níor mhór go'n bhó bhán oileán Árainn fúithe héin

v.4   Ag guil anuas ón gcruach, fuair mé tuairisg mo bhó bhán

v.5   Chuaidh *Bartley* 'un a' n-aonaigh lé na straoiseacháinín bó

(d)   CBÉ 1700:198–99; 3 x 4. Bailitheoir: Mícheál Breathnach (72), Gleann Mhac Muirinn, Casla. Bailitheoir: Proinnsias de Búrca, 16 Eanáir 1965.

v.1   Chuadh Beairtlín ina n-aona lé na straoiseacháinín bó bhán

v.2   Níor mhór go'n bhó bán trí oileán Árainn fútha fhéin

v.3   Chuir mé sgéal siar chuig *Frazer*, fear díonta na mbáid fán

(e)   CBÉ 1833:122; 1 x 4, 1 x 6. Aithriseoir: Máire Ní Mháille (72), 52 Cooke's Terrace, Gaillimh. Bailitheoir: Ciarán Bairéad, 19 Iúil 1973.

v.1   Fág scéal sa mbaile ag Feilim go bhfuair mise an bhó bhán

v.2   Níor mhór leis i' mbó bhán trí oileán Árann fútha fhéin

(f)   CBÉ 1833:145–46; 1 x 4, 1 x 3. Aithriseoir: Seán de Bhailís (96), 52 Cooke's Terrace, Bóthar Mór, Gaillimh. Bailitheoir: Ciarán Bairéad, 19 Iúil 1973.

v.1   Aréir a' teacht ó chuairt dom sea chonaic mé an bhó bhán

v.2   Tiúbhra' tú scéala ag Féilim gurb é a chuir an bhó bhán ar féarach a's go gcaithfidh sé í fhaire

334 An Cat Bán

CBÉ 840:315–16; 4 x 4. Aithriseoir: Meait Ó Diollúin (60), An Teach Mór, Indreabhán. Bailitheoir: Calum I. Mac Gill-Eathain, 30 Meán Fómhair 1942.

v.1   Nár leigidh Dia slán cé mharbhuigh mo chat

v.2   Chuir mé mo chat ar oileán ar cuaird

v.3   Chuir mé mo chat síos a' Sliabh Bán

v.4   Chuir mé mo chat síos a' Sliabh Caoin

335   An Fíorstailín Bán

(a)   An tAsailín

CBÉ 72:223–26; 1 x 3, 6 x 2, 1 x 3, 1 x 2. Aithriseoir: Beartla Ó Cualáin (17), An Lochán Beag, Indreabhán Bailitheoir: Pádraig Ó Finneadha, Nollaig 1930– Eanáir 1931.

v.1   Go deimhin a *Mr. Feeney*, ní maith liom é le n-innseacht, an sgéilín úd a chualaidh mé a d'éirigh dhuit aréir

v.2   Dá mbeitheá-sa sáthach crionna agus imtheacht i ngan fhios do na daoine, dhul go bráthair eicínt a's do sgéal a innseacht dó

v.3   Níl am ar bith san oidhche d'tigeadh teannta ar na Críostaidhte, nach ar an stailín bán a ghlaoidhfidhe mar b'shiúd í 'n coisidhe b'fhearr

v.4   Tá cnoc in íochtar tíre agus béidh rástaí ann Dé hAoine, beidh maighistir na seacht ndraoidheacht ann a d'imthigh uainn do'n tsaoghal

v.5   Béidh sgonnsa aon troigh déag ann, béidh trinnse lena thaobh ann 's beidh marcaigh go tréan mo léan dá gheur anuas

v.6   Ní raibh neart ar bith ag Colm air mar 'sar a bhí a chúmhdach, bhí a chailín deas ag fanacht leis 'na seasamh cois a sgonnsa

v.7   Bhí fear ag siúbhal a' tsléibhe ⁊ fuair sé ticead ar an bhféar glas, leig sé ar a' taobh deas an fíor-stailín bán

v.8   Níl *jaunting* car na cóiste ná *common-cargo* go mór mhór, nach gcrochfadh sí gan strómh ar bith go dtéigheadh sí an taobh ó thuaidh

v.9   Cuiridh sgéala ag mo mhuinntir siar chuig an Sruthán Buidhe, nach bhfeicfear san tír choidhchinn an fíor-stailín bán

(b)   CBÉ 1138:524–27; 1 x 3, 5 x 2, 1 x 3, 1 x 2. Aithriseoir: Máirtín Ó Cualáin (Beartla), An Lochán Beag, Indreabhán. Bailitheoir: Pádraig Ó Flatharta, 1941.

v.1   Go deimhin a Mhac Uí Fheinneadha, ní maith liom fhéin le n-innseacht, an sgéilín siúd a chuala mé a d'eirigh dhuit aréir

v.2   Dá mbeitheá sathach críonna is imtheacht i ngan fhios do na daoine, a dhul go dtí braithre éicint is do sgéal a innseacht dhó

v.3   Tá cnoc in iochtar tíre 's beidh rástaí ann Dia hAoine, beidh máighistir na seacht ndraoidheachta ann a d'imthigh uainn den t-saoghal seo

v.4   Beidh sgonnsa aon troigh déag ann 's beidh trinnse le na taobh ann, beidh marcaigh go tréan ann mo léan is iad dá gcur anuas

v.5   Ní raibh neart ar bith ag Colm air mar is ann a bhí a cúmhdach, bhí a chailín deas a' fannacht leis thíos ag an sgonnsa

v.6   Bhí fear ag siubhal an tsléibhe is fuair sé ticéad ar an bhféar glas, is léig sé ar a thaobh deas faoi'n fhíor stailín bán

v.7   Níl cárr ar bith na cóiste ná cairt go mór mór, nach gcrochadh sí gan stróbh ar bith go dteigheadh sí an taobh ó thuaidh

v.8   Mo ghrádh do chroidhe glé-geal 's tú an t-asailín a bhí spéireamhail, nó gceannóch' ór na hÉireann thú nó an féidir liom tú fhághail

(c)   CBÉ 617:495–96; 1 x 2, 1 x 3, 1 x 5, 1 x 2. Aithriseoir: Pádraig Ó Finneadha (54), An Lochán Beag, Indreabhán. Bailitheoir: Tomás Mac Diarmada, [1938].

v.1   Go deimhin a *Mr. Feeney*, ní maith liom féin le n-innseacht, an sgéilín úd a chuala mé a d'eirigh dhuit aréir

v.2   Ach anois ar theacht an gheimhridh seadh dhruid sí leis an ngríosach agus dóghadh a taobh deas díreach, is, a Chríost, nár mhór an feáll

v.3   Ní raibh neart a' bith ag Colm ar mar is ar a bhí í chúindach, bhí a chailín deas a' fanacht leis 'na seasamh ag teach a sgonnsa

v.4   Bhí fear a' siúbhal sléibhe, fuair sé ticéad ar a' bhféar glas 's léigh sé ar a thaobh deas faoi'n bhfíor-stailín bhán

336   An Luch a Ghearr an Píosa

(a)   CBÉ 231:433–37; 2 x 3, 1 x 6, 1 x 6, 1 x 3, 4 x 4, 1 x 2, 1 x 4. Aithriseoir: Máirtín Ó Confhaola (Máirtín Ceannaí), (*c.* os cionn 80 bl), An Gleann Mór, An Cheathrú Rua. Bailitheoir: An Bráthair Lúcás, Meán Fómhair 1935.

v.1   Tháinic luch isteach agam 's ní ar mhaithe liom a bhí sí

v.2   A Réamonn *Cooke*'s a Reamonn *Cooke*, go gcuiridh Muire an t-adh ort

v.3   Chuaidh sí amach an Daingean, deir Eibiceach na *Waters*

v.4   D'ionnsuigh sí *Liverpool* ag 'ul a' ceannacht culaith síoda

v.5   A Liaim, (adeir sé) is mór an mhairg faoi a' luch a chur go dtí mé

v.6   Dá mbeadh aguisín agam-sa chómh h-árd le *Gibralter*

v.7   Deamhan siúd luch i nGarumna a gheárrfadh mo chuid bréidín

v.8   A Uaitéar óg, bíodh misneach agat, troidfidh muid an cúpla

v.9   Dhul anuas ag tig Pháidín dhom, le cóntráil na h-oidhche

v.10   Tá cat ag Páidín Pheadair a throidfeadh ar *fair play* í

v.11   Teacht isteach ar maidin dhom 'sí a' gearradh srang a' túirne

(b)   CBÉ 633:434–36; 1 x 4, 2 x 2, 2 x 4, 5 x 2. Aithriseoir: Peadar Ó Donnchadha (38), Ros an Mhíl, Casla. Bailitheoir: Máirtín Ó Mainnín, 4 Lúnasa 1939.

v.1   Thánaic luch isteach agam agus ní ar mhaithe liom a bhí sí

v.2   Ag dul amach thar Daingean di agus í feargach faoi í dhíbirt

v.3   Rug se ar an ticéad uaith' agus d'fhiaruigh sé cé scríobh é

v.4   Réamonn *Cooke*, mo bheannacht dhuit, Mac Dé go gcuiridh an tádh ort

v.5   Thánaic sí isteach an geata chuige chomh ceannasach le sáirgeant

v.6   Chart mise na ballaí go dtí an chloch i bfhuide síos ann

v.7   Thánaiceas lá isteach uirrí agus í ag gearradh sreang an túirne

v.8   Chaitheas an oidhche ag faire uirrí agus mé ag imtheacht ar mo ghlúine

v.9   Chuaidh an luch go Sasana ag ceannacht culaith shíoda

v.10   B'fheárr liom liostáil ins an arm ná anocht ar bhord an steamer

(c)   CBÉ 708:475–79; 9 x 4. Bailitheoir: Mairéad Ní Chualáin, Scoil an Chnoic, Leitir Mealláin, 1938.

v.1   Tháinig luch isteach agam 'gus ní ar mhaithe liom a bhí sí

v.2   Tháinig mise isteach uirthi 'gus í a' gearradh srang an túirne

v.3   D'eirigh cut Aint Eibhlín agus d'fhiafruigh sé cé an dligheadh é

v.4   Ó, 'gus a Liam, ná creid an chailleach, ní mise a ghearr an bréidín

v.5   'Gabhail amach na pasannaí dhi go dearcadh díbrigh'

v.6   'Dhul isteach an geata dhí chomh ceannasach le sairgint

v.7   "Dhá mbéadh maisín agam-sa chomh mór le Giobaráltar["]

v.8   Bhí mé an oidhche cheana 'gus mé a' teacht as tigh Pádhraic

v.9   Nuair a chonnaic sí an gárda 'teacht, thosuigh sí a' sgreadach 'gus a' gárthaighil

(d)   CBÉ 413:82–86; 1 x 6, 3 x 4, 1 x 6, 2 x 3, 2 x 4. Aithriseoir: Pádraig Ó Donnchadha (76), Leitir Caladh, Leitir Móir. Bailitheoir: Eibhlín Ní Standúin, 21 Deireadh Fómhair 1937.

v.1   Is a mhaistir, a mbeadh aon mhisneach ad go dtroideadh muid an comhairic

v.2   Casadh go *Val* Ceannuidhe í 'sí ag ionnsuidhe amach go Luimneach

v.3   Shíos ag garraidhe an tobair seadh chuala mise an siamsa

v.4   Tháinig mise isteach uirrthi 's í gearradh sreanga túirne

v.5   Mo leath-scéal níl le gabhail (adeir sí), tá fearg ag an tír liom

v.6   A Réamon *Cooke*, mo bheannacht dhuit, go gcuireadh Muire an tádh ort

v.7   D'ionnsuigh sí Cois Fharraige, chuir *challange* ar an mBlácach v.8   Thug sí éitheach a chailleació, ní mise a ghearr do bhréidín

v.9   I gcomhairse Chnoc Uí Dhonnacha, ní bhfuighe tú ann aon dídean

(e)   CBÉ 607:36–38; 3 x 4, 1 x 2, 3 x 4. Aithriseoir: Pádraig (Peait) Mac Donnchadha, Ros an Mhíl. Bailitheoir: Brian Mac Lochlainn, 1938. Réamonn Cooke a rinne an t-amhrán.

v.1   Tháinic luch isteach agam gas ní ar mhatha lam a bhí sí

v.2   'S a goil amach thrídh Dhaingin di gas í caillte faoi n-a díbirt

v.3   A Réamoin Chúc, mo bheannacht dhuit, Mac Dé go gcuire an t-ádh ort!

v.4   Tháinic sí isteach a geata cho ceannasach le sáirdint

v.5   Muise, a Réamoin, is mór é m'fhearg leat faoi'n luch a chur go dtí mé

v.6   Tháiniceas lá isteach uirthe 's í a' gearra' sreang a' túirne

v.7   Chó an luichín go Sasana a' ceannacht cultha shíoda

(f)   CBÉ 312:507–10; 6 x 4 + curfá 2 líne. Aithriseoir: Tomás Ó Lochlainn (34), Tearmann Naomh Breandán, Baile Locha Riach. Bailitheoir: Liam Mac Coisdealbha, 22 Márta 1937.

v.1   Tháinic luichín beag isteach 'ugum is gheárr sí srang mo thúirne

v.2   Tháinic luichín eile 'ugum is ní ar mhatha liom a bhí sí

v.3   Tháinic cut m'aint Eibhlín is dúirt gur deas a' chaoi é

v.4   Cuiriú amach thar Daingean í is a *caractar* leithe sgríobhtha

v.5   'Réamon Cúg, mo bheannacht duit, is Mac Dara 'cuir an áth (ádh) ort!

Curfá: *Is dydle dom, dydle dom*, mása mádra mdhéaram – *etc.*

(g)   CBÉ 77, 111–12; 1 x 4, 1 x 3, 1 x 4, 1 x 3, 1 x 4. Aithriseoir: Tomás Ó Fátharta, An Spidéal. Bailitheoir: Mícheál Ó Riagáin, [*c.*1934].

v.1   Chuaidh an luch síos go *Liverpool* 'ceannacht culaith shíoda

v.2   Chuir sé thar posanna í 'chuir *challenge* ar na máighistrí

v.3   Tháinig cat mór Eibhlín ⁊ ceartuigheadh an sgéal go grinn dó

v.4   Gheárr sí slabhraín deas orm go fada lé mo shnaomhadh

v.5   Leag mise an balla síos go dtí an chloch iochtair

(h)   CBÉ 829:284–86; 5 x 4. Aithriseoir: Pádraig Ó Cualáin (*c.*41), An Lochán Beag, Indreabhán. Bailitheoir: Tadhg S. Ó Concheanainn, 10 Meitheamh 1942.

v.1   Tháinic luch air cuairt agum is ní air mha' liom a bhí sí

v.2   Chuir mé 'mach in aingeal í 's a car-ac-ter lé sgríofa

v.3　B'fhearr liomsa liostáil ná 'dhuil air thóir a' tsaothair
v.4　Tháinic mise 'steach ura 's í 'gearra' srang an túirne
v.5　Tháinic cat m'aint Eibhlín ʔ d'fhia'ra' cá'id ó rinniú 'n dlí seo

337　An Seanchat Glas
(a)　CBÉ 72:54–57; 14 x 2. Aithriseoir: Tomás Ó Concheannain (58), An Púirín,
Indreabhán. Bailitheoir: Pádraig Ó Finneadha, Nollaig 1930–Eanáir 1931.

v.1　Tá mo shean-chat glas dá shíor-ghoid as ó fuair sé a mhaicín sínte
v.2　Níl siúbhal an bhealaigh ann, níl cúmhdach a' teallaigh ann, bíonn sé ag
　　　gol 's ag caoíneadh
v.3　Mo chat múinte, nár chuir múisiam fós ariamh ar m'intinn
v.4　Ba deas glas dó, ba rí-dheas dath dhó, bhí a fhiacail corr-ghlas díreach
v.5　Thug sí abhaile é, chuir sí ar a' leaba é agus chaith sí seal dá chaoineadh
v.6　Gur cineál Protastún bhí ann ar feadh na seacht n-aithreacha, d'íosfadh
　　　sé feóil Dé hAoine
v.7　Chaitheamar tórramh maith go leór air, sean iasg mór agus im úr
v.8　Úghdar faidhlidheacht chomh maith 's bhí in Éirinn, caitín glégeal
　　　Bhríghde
v.9　Nár dheas an t-seoid ina suidhe ar bord, caitín gleóite Bhríghde
v.10　A liachtaí cleas a mhúin a mhaim dó, chínn sé ar mháighistir
　　　draoídheachta
v.11　Cuirfímíd sgéala ó thuaidh 's ó dheas anois ag teacht na Féil' Bríghde
v.12　Chloisfeá an seanchus amuigh sna garrdhannta aca agus iad dá innseacht
v.13　Cuirfimíd an seól faoí'n bpíosa spóirt mar chuaidh faoí'n *trawler* briste
v.14　Aniar ar ais aríst ó dheas agus treasna trí Ros Cílle

(b)　CBÉ 1138:477–79; 14 x 2. Aithriseoir: Pádraig Ó Cualáin (Pádraig Pheatsa) (84),
Cor na Rón, Indreabhán. Bailitheoir: Pádraig Ó Flatharta, 1941.

v.1　Tá mo shean chat glas dhá shíor ghoid as ó fuair sé a mhaicín sínte
v.2　Níl siubhal an bhealaigh ann ná cúmhdach a' teallaigh agus bíonn sé a'
　　　gol agus a' caoineadh
v.3　Mo chat bocht múinte, nár chuir múisiam fós ariamh ar mo intinn
v.4　Ba dheas glas dó, ba rí-dheas dath dhó, bhí a fhiacail corr glan díreach
v.5　Thug sí abhaile é is chuir sí ar a' leaba é agus chaith sí seal dá chaoineadh
v.6　Is cineál Pratastún a bhí ann ar feadh seacht n-aithreacha agus d'íosfadh
　　　sé feóil Dia hAoine

v.7   Chaith muid torramh maith go leór air, sean iasg mór agus im úr

v.8   Úghdar faidhlidheacht chomh maith is bhí in Éirinn, caitín glégeal
       Bhrighde

v.9   Nach deas an tseóid 'na suidhe ar bord, 'sé caitín gleóite Bhrighde

v.10   'S a liachtaí cleas a mhúin a mháthair dó, chínn sé ar mháighistir
       draoidheachta

v.11   Cuirfimíd sgéala ó thuaidh is ó dheas, anois a' teacht na Féile Brighde

v.12   Chloisfeá an seachas amuigh san ngarraidhe aca agus iad dá innseacht

v.13   Cuirfimíd seóla faoi'n bpíosa spóirt mar chuaidh faoi'n *stroller* bríste

v.14   Aniar ar ais arís ó dheas agus treasna tré Ros Cíle

(c)   Cat Bhríde
       CBÉ 442:423–27; 3 x 4, 2 x 6, 1 x 3. Aithriseoir: Seán Ó Lorcáin (75), An Doirín,
       Leitir Móir. Bailitheoir: Eibhlín Ní Standúin, 16 Nollaig 1937. Féilim Mac
       Cumhaill a rinne an t-amhrán.

v.1   Tá mo shean-chut glas dhá shíor-goid as ó fuair sé a mhaisin sínte

v.2   Mo chut fóghmhair, nar chuir múaisím ariamh in m'intinn

v.3   Thug sí abhaile é 'gus chuir sí ar an leaba é 'gus chaith sí seal dhá
       chaoineadh

v.4   Budh cineál Protasdún le lín seacht n-athaireacha é, d'íosfhadh sé feóil
       Dia h-Aoine

v.5   Tháinig cnoic ar dhruim an chuit chomh mór le jug trí phionnta

v.6   'S iomdha *plan* a mhúin a mhaimín dhó, 'gus bhuaileadh sé máighistir
       draoidheachta

338   An tSeanbhó Riabhach
       CBÉ 654:645–47; 6 x 2. Aithriseoir: [?]. Bailitheoir: Bríd Ní Fhátharta, Na hAille,
       Indreabhán, 19 Lúnasa 1938.

v.1   Tráthnóinín lá saoire seadh dubhairt mé le Brighdín, go mba mhaith an
       ceart le déanamh a dhul suas ar an mbóthar

v.2   D'éirigheas amach agus shiubhlas leis míle, agus a dul soir ag tigh an
       Mhaorla seadh cheannuigh mé an bhó

v.3   Dhá dtéidheann-se ar an aonach ró cheannochainn bó dhíreach, a
       mbeadh slacht agus laogh léithi agus leamhnacht le n-ól

v.4   Má tá sí chomh caithte is go bhfuil sí chomh claoidhte, b'féidir an
       creatúr nach bhfuair sí aon chóir

v.5   Go deimhin a Mhicil, shíleas go rabhais críonna, go deimhin héin nílim ach simplidhe go leór

v.6   An méid a chuaidh annsin ar do thír-se, budh é a ndualgas a bheith críonna go leór

339   Casadh Mise ar Aonach [na] Gaillimh'

CBÉ 1025:401–02; 4 x 4 + curfá 4 líne. Aithriseoir: Pádraig Ó Flatharta (25), Cor na Rón, Indreabhán. Bailitheoir: Calum I. Mac Gill-Eathain, 20 Aibreán 1946. Is é an t-aithriseoir a rinne an t-amhrán.

v.1   Casadh mis' ar aenach Gaille ceannacht staicín ꞁ asal óg

v.2   Le cantal mór bhuail mé ar thóir an asail óig a d'ime uaim

v.3   A cheannaí ghránna ar bheagán náire, is at-sa 'ta mo asal dubh

v.4   Liom abhaile, d'árdaigheas m'asal, luthmhor, láidir, éasgaí, dubh

Curfá: Ó mo bhrón, mo chrá go deó, an mí-adh mór a buaileadh liom

340   Cat an Roisín

CBÉ 1800:125–28; 2 x 7, 2 x 8 1 x 6. Aithriseoir: Pádraig Mac Donnchadha (*c.*58), Leitir Caladh, Leitir Móir. Bailitheoir: Cóilín Ó Maoilchiaráin. Mícheál Ó Donnchadha, An Aird Mhóir a rinne.

v.1   Bheirim mo sheacht mallacht dó mar d'fhága sé gan aon bhróig mé

v.2   Ní raibh fhios ar tharla tada go dtí maidin lá ar na amárach

v.3   Chuaigh triúr sa 'Fág an Bealach' nó gur ardaigh siad trí seolta

v.4   Ar chuala tusa ariamh é agus d'féadfadh sé gur fíor é

v.5   Mar dhá mbeadh fios ag *Herr Hitler* i raibh a leithide seo in Éirinn

341   Seanbhó *Sweeney*

CBÉ 811:336–38; 7 x 4. Aithriseoir: Dónall Ó Finneadha (78) An Baile Ard, An Spidéal. Bailitheoir: Tadhg S. Ó Concheannain, 8 Samhain 1941. Colm de Bhailís a rinne an t-amhrán.

v.1   A chailín a bhuail fúm-sa trathnúna is d'ith mo dhrár

v.2   Innis dom cé dhár díobh thú, cé mbíonn tú nú cá mbíonn do dhreám

v.3   Bhuail seilg i mo thaobh mé, is chínn orrab mé 'dhíana slán

v.4   Marach do dhíthchéille, is lághach a d'fhéadfá-sa seal a chaithe' ann

v.5   A Chuilm, gabh do chiall 'ugat 's ná h-éiligh aon rath aríst go deó

v.6   Má dhíol sé i gConndaé Chiarraidhe thú 's nár iarr sé ort ach punt nú dhó

v.7   Labhair sí is táinic glór dhi, faoi dhó 's níor thuig mé í

342 Seán Cábach agus Micil Chearra

CBÉ 231:402–04; 4 x 2. Aithriseoir: Máirtín Ó Confhaola (Máirtín Ceannaí) (*c.* os cionn 80 bl), An Gleann Mór, An Cheathrú Rua. Bailitheoir: An Bráthair Lúcás, Meán Fómhair 1935.

v.1   D'éirigh mé fhéin maidin lá gréine, bhí tart orm fhéin ó mhin bhuidhe

v.2   Bhí plúr ann chómh maith agus bhí in Éirinn, cead ag síol Éabha dhul thríd

v.3   Ní cháinfinn-se Cearra ar go leór, mar níor mhór leis do'n í

v.4   Gléasfaidh mé suas í le cóistí (nó cótaí) agus bratachaí óir le n-a taoibh

343 Seanghearrán Mhánais Mhóir

CBÉ 654:697–99; 3 x 2. Aithriseoir: Brighid Ní [?](85), Na hAille, Indreabhán. Bailitheoir: Bríd Ní Fhátharta, 6 Meán Fómhair 1939.

v.1   Ó aonach an Spidéil a d'imthigh an giorrán is chuaidh sé le cladaigh go Bearna

v.2   Casadh dhó oifigeach airm is shocruigh sé leis go cheann ráithe

v.3   Bhí mé lá in Gaillimh mo sheasamh le balla is cé 'd'fheiceann a dul tharm ach Máirtín

B. Amhráin faoi Éin

344 Amhrán an Dreoilín

CBÉ 1211:127–29; 6 x 2. Aithriseoir: [?]. Bailitheoir: Cóilín Ó Maoilchiaráin, Lúnasa 1951.

v.1   Maidin Dé h-Aoine, Lá Fhéile Stiofáin naomtha, bhí dreóillín is craobh againn i bhfastódh

v.2   Nach aerach 's nach croidheamhail, nach spóirteamhail a bhí muid, súil le lá spraoi a bheith againn

v.3   Bhí gadhar sa gcarnaoile, fear píce dhá sgaoileadh, an cailleach dhá mhaoidhheamh 's ní dhá bhagairt

v.4   Labhair mé go groidheamhail le cailleach a' tinnteáin 'gus dubhairt céard a chas mé an bealach

v.5   Éist is bí críonna (adeir sí) nó tosóchaidh mé ag caoineadh, is dona an lá ar casadh isteach thú

v.6   Chomh fada 'gus chuaidh muid 'san mbaile beag suarach, ó thuaidh 'gus ó dheas is trí na cheart-lár

345   **Amhrán na Lachan**

(a)   CBÉ 1634:325–27; 9 x 2. Aithriseoir: Bríd Ní Churraoin (24), An Baile Láir, Ros an Mhíl. Bailitheoir: Ciarán Bairéad, 5 Márta 1960. Máirtín Choilm Mháirtín, An Tuairín a rinne an t-amhrán.

v.1   Cé ghoid mo chuid lachain le cur síos sa mbácús, scaip ⁊ fán air ar deire a shaoghail

v.2   Nuair a d'eirighinn ar maidin is mé goil ar a' mbóthar, chuirinn ceann no dhó de na huibheachaí síos

v.3   Muise, d'eirigheas ar maidin go marbhuighinn an bárdal, rugas ar a' gcloich fhaobhair go ngéaruighinn an scian

v.4   Dhá dteagadh an duine sin go dtí mé ag iarra' párdún, a' siubhal ar a' ghlúine a's a lámha bheith faoi

v.5   Anois, óra 'Mháirtín, tá mé a diarra do phárdún, ná cuir scaipe ná fán ar m'anam-sa choidhin

v.6   Thug tú ceithre cínn cheana uaim taca na Féile Pádhraic, a's níor fhága tú ceann a'm a bheirfeadh uibhín

v.7   Sé dúbhairt an sagart é 'dhíbirt thar sáile nó é fhágáilt i gcárr thíos i gConndae na Midhe

v.8   Má cuirtear san tala' é a's gan aon mhaithteanas fáighte aige, réabfaidh sé cláir a's tiocfa' sé aníos

v.9   Beidh sé 'na thaisí chois claidhe ⁊ bearna, beidh sé ann go lá deire an tsaoghail

(b)   CBÉ 1211:253–56; 6 x 2, 1 x 3. Aithriseoir: Áine Ní Mhaoilchiaráin (20), Camus Uachtair. Bailitheoir: Cóilín Ó Maoilchiaráin, 24 Lúnasa 1951.

v.1   An té ghoid mo chuid lachain le cur ins an mbácús, sgaipeadh 'gus fán air go   lá deireadh an tsaoghail

v.2   Nuair a d'éirigh mé ar maidin go mbainin an ceann de mo bhárdal, rug mé ar an gcloch fhaobhair go ngéaraínn mo sgian

v.3   Dhá dtagadh sé chugam-sa ag iarraidh mo phárdún, ag imtheacht ar a ghlúinibh 'sa lámha bheith faoi

v.4   Nuair a d'éirighinn ar maidin is mé ag gabháil ar an mbóthar, chuirinn ceann nó dhó de na huibheacha síos

v.5   Thug tú uaim cheana iad taca na Féile Mártan is níor fhág tú ceann faoi mo mhéarachaibh mín

v.6   Séard a d'orduigh na sagairt é chur thar sáile nó é fhagáil le cár i gConndae na Midhe

v.7 Má cuirtear 'san talamh é is gan maitheamhnas fáighte aige, réabfaidh sé cláir agus tiocfaidh sé aníos

346 An Charóg Liath

CBÉ 829:279–80; 3 x 8, 1 x 4. Aithriseoir: Pádraig Ó Cualáin (*c.*41), An Lochán Beag, Indreabhán. Bailitheoir: Tadhg S. Ó Concheanainn, 10 Meitheamh 1942.

v.1 D'eiri' mé go moch Déardaoin

v.2 Chuireas sgéala siar ag Féidhlim caoin

v.3 Cúirlíghim 'íb-se 'mráha caoín

v.4 Níor mhisde liom a charóig liath

347 Cearc agus Coileach

(a) An Sprochaille Mór

CBÉ 811:474-76; 14 x 4. Aithriseoir: Seán Ó Flatharta (Seáinín Sheáin) (60), An Lochán Beag, Indreabhán. Bailitheoir: Tadhg S. Ó Concheanainn, Nollaig 1941–Eanáir 1942.

v.1 Coileach is cearc a d'imthi' lé chéile, shiúbhlaidear Éirinn gur brisiú a gcroidhe

v.2 Saorú in Inis ón mbré' 'só'n "*major*" iad, gur duine gon chéill 'chuir ionntabh sgaoill

v.3 "Ochón" 'deir a' chearc 'sí a góil air a' leaba', nach brónach 's nach deacrach é ádhbhar mo sgéil

v.4 "Tá mé 'mo bhaintreach a' teacht go lá'n earra' is gráinne ní phiochad dhá ngóhá 'sa gcré["]

v.5 D'eiri mrá'n bhaile seo 'mach lá'r na mháireach, nígheachán a gcuid snáth' ꝛ bhí acab gleó mór

v.6 Siúd é'n coileach is mar' é 'Mháire, is lea'n í chráig 'sa sprochaille mór

v.7 Tharnuigheadar acab sgian gharbh gun faobhar, is leagadar a cheánn anuas ar a' stól

v.8 Thiomáin sé 's thíolac sé in ainm a' Ríabhach, "céard tá sibh a' dhíana' 's gan baint agaí' dhó["]

v.9 Nach 'úd é an coileach bhí clibhearach (?) féitheach, shiúbhlann's go tréan 'sa labhruigheann's go h-árd

v.10 D'iarr sé port aigeanta ó fhaision na Gréige, an "*cock o' hay*" nú "*wallet o' straw*" v.11 Nach go coileach a' bhaile seo rinniú a' sampla nuair a rugú faoí rún air is bainiú dhe'n ceánn

v.12 Buailiú faoi'n tein' é is bainiú a' clúmhach gho, d'itheadar triúr é is ceathar bhí ánn

v.13 Bhreathnu' mé tharam isteach ins a' gclúid ánn, bhí "rapa lé hút'" (?), torann is gleó

v.14 Bhí tinncéaraí 'g obair ánn, *madget* is múille, ceannuigh' ag cliú is cleiteachaí rúin

(b) CBÉ 826:430–32; 1 x 2, 2 x 4, 1 x 2. Aithriseoir: Seán Ó Maodhbh (32), Cill Bhriocáin, Ros Muc. Bailitheoir: Monica Ní Mhaodhbh, 16, Meitheamh, 1942.

v.1 D'eirigh mé 'mach annseo maidin Dia Luain, mo chú 's mo ghadhair 's mo ghunna in mo láimh

v.2 Ar a ghuil thart dhom ar doras na cáirte, bhí rabalaé-huth ann torann 's gleó

v.3 Bhí tincéara ag obair ann, *budget*'s a mhúille, cíoradóir, racadóir, fidéalara súgach

v.4 Chruinnigh móra an bhaile isteach aríst láir na bháireach suíomh a gcuid suaithe gan iomada gleó

v.5 A n-anam 's a gcorp ar an bhfear atá síos, céard tá dúil agaibh dheana ar mo choileachín óg

(c) CBÉ 354:123–25; 1 x 8, 1 x 6, 2 x 4. Aithriseoir: Micil Ó Maoldomhnaigh (75), Tulach Uí Chadhain, Maigh Cuilinn. Bailitheoir: Pádraig Ó Maoldomhnaigh, 12 Bealtaine 1937.

v.1 Cearc agus coileach a d'imthigh le chéile, shiúbhleadar Éire gur briseadh a croidhe

v.2 Anois seo é an coileach ar a ndearna do sampla, piocadh na súile as agus baineadh dó an ceann

v.3 "M'ochón", 'deir an chearc is í a dul ar an locha, nach brónach is nach deacar é adhbhar mo sgéil

v.4 Muise tá mé mo bhaintreabhach anois tigheacht an earraigh 's gráinne ní iosfad go rachad sa gcré

(d) Amhrán na Circe

CBÉ 786:369–70; 2 x 6, 1 x 14. Aithriseoir: Seán Ó Conchubhair (50), Leitir

Móir. Bailitheoir: Proinnsias de Búrca, 3 Nollaig. 1941.

v.1   Bhí cearc ag Seán Bán is ba deise í ná an phéacóg, ubh ꞇ céad a rug sí sa lá

v.2   D'eirigh mrá an bhaile seo amach lá'r na bháireach a' gealú a gcuid snáithe
        is ag iomardú a gceóil

v.3   Nuair a chuala sé an fheidil dhá réabadh, chuaidh sé go léim amach ar an
        gclár

(e)   CBÉ 969:465; 2 x 4. Aithriseoir: Maidhc Ging (*c.*40), An Teach Mór, Indreabhán.
        Bailitheoir: Calum I. Mac Gill-Eathain, 20 Eanáir 1945.

v.1   Bhí coileachín agam-sa le aghaidh na féile Mártan is mhara na mrá é le
        dúil ins a' bhfeóil

v.2   Gúg-gúg arsa a' chearc is í goil ar a' lota, nach trom is nach tuirseach é
        deire mo sgéil

(f)   CBÉ 1738:183, 1 x 3. Aithriseoir: Seán Ó Curraoin (80), An Baile Láir, Ros an Mhíl.
        Bailitheoir: Ciarán Bairéad, 21 Eanáir 1967.

v.1   Cearc ꞇ coileach a d'imigh le chéile, shiúileadar Éire go dtáinic tuirse ar a
        gcroí

348   Géabha Shorcha

CBÉ 378:28–30; 3 x 2, 1 x 1. Aithriseoir: An comhluadar tí Sheáin Mhic
Fhualáin, Poll Uí Mhuirinn, Oileán Gharumna. Bailitheoir: An tAthair Eric
Mac Fhinn, *c.*1928

v.1   Ag Loch a' Chaoile tá an sleátar déanta is go lagadh Críost an té rinne an t-ár

v.2   Sgríobh mé cárta thart go Málbae, go Cionntsáile agus go Tráighlí

v.3   Bhí plód an-deas agam dho thogha na bplaeman is ba mhór an sgéal iad a
        chur 'un fáin

v.4   Diombuadh (diomú) Pheadair iad mar gheall ar ghéabha is ná bíodh a'
        t'anam gléigeal ar dhath a' ghuail

ROINN VII

Amhráin Spraíúla

A. Amhráin Spraíúla

349 Amhrán an Phúca

CBÉ 630:422–27; 1 x 2, 7 x 4. Aithriseoir: Seán Ó Donnchadha (64), Eadargúil, Cluain Duibh, Maigh Cuilinn. Bailitheoir: Seán Mac Artúir, 12 Meitheamh 1939.

v.1   Éireócha mé ar maidin in ainm an Domhnaigh agus rachadh mé in mo chomhnuí ar chnocainín bán

v.2   Sé iomrá na gcailleach is na sean daoine críonna d'fhág mearbhall ar m'intinn is néall in mo cheann

v.3   A chomhsura (?) dílse, tar dom cóna agus díbreócha an púca amach as an áit

v.4   Cuirfe mé sgonnsa é le iomaire an Lionáin, is ní leigfe mé aniar é thar Mám an Tuirc Mhóir

v.5   Sé Maitias Ó Dubháin an fíoránach luthmhar, crann seasta na cúise nár chlis in aon ghá (bhadh)

v.6   Tá muinighin maith agam-sa as gríomh Phádraic Seóige, go bhfeicfá sé fós é le cumas a chnámh

v.7   Chuaidh an púca go Gaillimh ar maidin Dé h-Aoine ag iarraidh ábhair brístí de'n éadaí a beár

v.8   A chómhsunaí dílse is a bhuachaillí óga, an méad aca thuiginn's cruadhtan mo chás

350 Amhrán na Críonaí
(a)

CBÉ 563:263–66; 10 x 2. Aithriseoir: [?], An Lochán Beag. Bailitheoir: Tomás Mac Diarmada, 1938.

v.1   Ar an gceathramhadh lá fichead go gheímhidh seach chuir mé mo Chríonach 'un seóil v.2   Ba í an bád í ba deise faoí na pláinéid, dár deárnadh sa tír seo 'riamh fós

v.3   'S a gcuala sib gur cailleadh mo Chríonach a dtús ráith' 'n gheimhridh 'sa ngábh

v.4   Nach iomdhaí fear maith d'fhág sí sínte a bhfuil ininn (inchinn) dá smíochadh as a cheánn

v.5   Is tharthaídh (léan) ort a chaiptín na Críonaigh, nuair thug tú í tímpeall ó'n gCeánn

v.6   Is faraoír nach ndeárnadh mé *Light-House* ar Chaorán na nGabhar thiar a n-am

v.7   'Sa Mhaitiais, má cháill tusa an pínsin, caithfidh tú innseacht cé'n t-ám

v.8   Níor bhinne liom ceól-sídhe ná cláirsíghe, ná'n *band* gidh gur rí-bhreágh a chuid ceóil

v.9   Sheól sí amach caladh 'n Bhainnse agus chuir sí ancaire amach ánn

(b)   An Chríonach

CBÉ 72:42–43; 8 x 2. Aithriseoir: Pádraig Ó Cualáin (22), An Teach Mór, Indreabhán. Bailitheoir: Pádraig Ó Finneadha, Nollaig 1930–Eanáir 1931.

v.1   An gcualaidh tú gur cailleadh an Chríonnach i dtús ráithe an gheimhridh san ngábhadh

v.2   Is iomdha fear maith d'fhág sí sínte a bhfuil a inchinn dá spíonadh 'n-a cheann

v.3   Brón ort a chaiptín na Críonnaighe, nuair a tháinig tú aníos ó'n Muir Mhóir·

v.4   Dá seasteá le taobh Chruaich' na Coille a's t-ancoire a sgcaoíleadh le tráigh

v.5   Is a'm a bhí an Chríonnach dob áilne, dár shnámhuigh na pláineid faoí sgóid

v.6   Níor chualaidh tú arm ag máirseáil, ná'n *band* cé ba bhreágh é chuid ceóil

v.7   'Sa Mhaitiais má chaill tú an pinsiún, caithfidh tú innseacht cé'n t-am

v.8   Tá sé in oifig an ríogh agus níl sé ina líne níos fearr

(c)   CBÉ 492:213–14; 6 x 4, 1 x 2. Aithriseoir: [?]. Bailitheoir: An Bráthair P. T. Ó Riain, c.1935.

v.1   Truagh géar ní dhearna mé *lighthouse* ar Charrán na nGabhar thiar in am

v.2   Ar an gcúigiú lá fichead don earrach, seadh lochtuigheas mo Críonacht san Spáin

v.3   Naoi míle os cionn Contae na Bainrioghne, seadh chuir mé mo

Críonacht un seoil

v.4   Sgéal ort a chaiptín an Crinighe, nach tharraig tú gaoith mar ba cóir

v.5   Chuir mise leitir go hÉigipt, ó, an bhFrainnc ꓘ don Spáinn

v.6   A Mhuire, nach ba truagh ghéar í an Crinacht nuair a lag sí ina tigheacht o'n gCeann

v.7   Sin é an tráth a thoruigh na sonraigh ag guachaillt agus an t-am a ndeachaigh an caiptín naoi n-uaire san gcrann

351   An Bumbalach

CBÉ 1798:338–39; 2 x 4. Aithriseoir: Maidhc Ó Curraoin (Maidhc Stiopháin), Brownville, Gaillimh. Bailitheoir: Ciarán Bairéad, 19 Lúnasa, 1965. Mícheál Breathnach a rinne.

v.1   Bhí beirt fhear an lá údan thíos i ngarrantaí na ceartain

v.2   Ansin, faoi gheit, do phreabadar a's ritheadar in éineacht

352   An Céilí Mór

CBÉ 824:264–66, 6 x 2. Aithriseoir: Anna Ní Ghriallais (21), Cill Bhriocáin, Ros Muc. Bailitheoir: Monica Ní Mhaodhbh, 26 Márta, 1942.

v.1   Trathnóinín deireannach 's muid a tiacht as Cárna, chuala muid trácht ar an gcéilidhe mór

v.2   Bhí mac *Mhag Johnny* ánn 's é cainnt lé gárdaí 's chraith muid láimh leótha, sean 's óg

v.3   Chuaidh muid abhaile 's muid lán t-sásta 's réidhtí na *boys* iad héin amach un ceóil

v.4   Chuaidh muid amach go brúnach cráidhte, acht mar sin héin chuaidh muid go Snábó

v.5   Dubhairt *John Phat* 's *Mike Mhichael* Sheáinín ghuil go Doire-Fhátharta ag iarradh *beer*

v.6   Bhí *Bab-Pat* ann 's Máirtín Sheáin Bháin, chuaidh siad go fárr-doras nuair a d'ól siad braon

353   Bríd Chleansa

CBÉ 1703:160–64; 20 x 4. Aithriseoir: Mícheál Breathnach (62), Gleann Mhac Muirinn, Casla. Bailitheoir: Proinnsias de Búrca, 25 Aibreán 1966.

v.1   Anois a Bhríd Chlansa, nach muid atá i dteannta, ag an gcontúirt mhór aisteach atá thuas insa spéir

v.2 Is anois a Cháit Báire, nach sílthea go mbeadh náire ort, nuair nach dtigeann thú an cás breá nach ndúinthea do bhéal

v.3 Muise anois a Bhríd Chlansa, má tá fios a'm-sa tada, 'sé do chloigeann-sa atá follamh mar ní thigeann tú an sgéal

v.4 Muise anois a Cháit Báire, ná tabhair dhóib údar gáirí, nach hí an inntlíocht is feárr í a chuadh fós insa spéir

v.5 Má tá sé mórán chomh maith sin, níl sé mórán lé rátha, ó chuadh ceann acab in áirde ach níor tháinic uaidh sgéal

v.6 Muise anois a bhean chríona, nach mór an chéim síos é, ar an inntlíocht is íontaigh ó rugadh Mac Dé

v.7 Muise anois a Bhríd Chlansa, mar buil le móla a'd-sa feasta, ach do sheanchrúsga lasta atá thuas insa spéir

v.8 Muise an rud a dúirt mé leat cheana, a shean óinnseach bhradach, tá an domhan fút a' maga agus ní íonú dhóib é

v.9 Má theastuíonn uaim-se marcuíocht níl cál dhom a ghuil chomh fada, le do sheanbhuidéal deataigh atá thuas insa spéir

v.10 Muise tá súil le Dia a'm-sa má mhaireann tú feasta, nach bhfuil ort ach eirigh ar maidin agus thú fhéin fháil faoí réir

v.11 Muise anois a Bhríd Chlansa, nach sílteá go bhfuil aois céille feasta a'd, tá tú beagáinín sgaipthe agus ní thóigim ort é

v.12 Níl suidheachan ná sgaipe a baint lé Bríd Chlansa, ach bíonn go leór dhá mbíonn a maga, bíonn a leath fúthab fhéin

v.13 *Well*, tá súil lé Dia a'm-sa nach ngabhfhaidh cónra ná clár ort, go mbeidh fhios a'd go rabh Cáit Báire atá an ceann ceart go'n téad

v.14 An scéal a leantar ró-fhada, ní thagann maith as ná cáirde, tá seanchapall bán a'm agus dhá n-innsínn dhí é

v.15 Muise 'sé an té a cheap amach é, sean Rúiseach bradach, ní rabh ánn ach é a sgalla nó é a lasa gan bhréig

v.16 Agus anois a Cháit Báire, ó chaithfheas mé a rádh leat, ar ó Shonnaí Aindriú, an ráille, a d'fhóghluim tú an léighean?

v.17 Muise anois a Bhríd Chlansa, ó chuadh tú chomh fada, níor casadh orm níos measa agus shiúil mé go leór

v.18 Mar dtaithnigh sé go maith leat níl cal dhuit leis baca, 'sé an teachtaire is éasga ar an tala é dár rinníodh ariamh fós

v.19 Leis an bhfear atá sa ngealla a chuir faoí fhuacht agus faoí anshógh, mar bhfóiridh Bríd Chlansa air, beidh se suarach go leór

v.20   Má tá taithneamh ná slacht ánn níl Bríd Chlansa a' cuir isteach air, ach
eirigh suas ar maidin agus cuir an raca in do chúl

354   Cailleach Sheáin Uí Ghríofa

(a)   CBÉ 825:430–33; 5 x 4, 3 x 2, 1 x 3, 2 x 4.. Aithriseoir: Neain Bean Uí Ghriallais
(Neain Dhonnchadha), (66), Cill Bhriocáin, Ros Muc. Bailitheoir: Monica Ní
Mhaodhbh, 30 Bealtaine 1942.

v.1   Nach deas a d'fhás an coiricín

v.2   Siod amach an fhairrge é

v.3   *There goes my love again*

v.4   Cailleach chríonna liath í

v.5   Bhí pus 's gruaim ag imtheacht uirrí

v.6   Casadh an sáirgint mór ar chailleach Sheáin Uí Ghríobhtha

v.7   Bhuail sí domsa 's failm air agus d'fhága sise sínte é

v.8   Tugadh isteach sa m*Barack* é agus thosuigh siad ghá chaoineadh

v.9   Casadh annsin *Tom Keane* dí agus d'fhiafruigh go haigeanta

v.10   Nuair a chuala an chailleach é thosuigh sí ghá chaoineadh

v.11   Beadh braoinín *poteen* fairsing a'inn

(b)   CBÉ 688:305; 1 x 4. Aithriseoir: [?], An Lochán Beag, Indreabhán. Bailitheoir: An
tAth. Eric Mac Fhinn, 24 Aibreán 1938.

v.1   Is deas a dfhás a' coiricín

355   Chuaigh Mise Chun na Ceárta

CBÉ 1833:121; 1 x 2, 1 x 3. Aithriseoir: Máire Ní Mháille (Bean Sheáin de Bhailís),
(72), 52 Cooke's Terrace, Gaillimh. Bailitheoir: Ciarán Bairéad, 19 Iúil 1973.

v.1   Chua mise 'na cearta, ábhar mo láí a bhí am thiar ar mo dhroím

v.2   Píosa go tslig' ⁊ paiste gon sleán agus luibín iarainn gon tsáspan

356   Fágaim le hUacht is le hAithrí

CBÉ 657:303; 2 x 4. Aithriseoir: Máire Ní Fhlatharta (60), An Cheathrú Rua.
Bailitheoir: Peadar Ó Gríofa, 1 Lúnasa 1932.

v.1   Fágaim le h-údhacht is le h-aithrighe 's ní dhéanfaidh mé magadh ná bréag

v.2   A bhfuil d'fheamuinn istigh ag Seán Pheadair, 's a chuid *guano* a chuir air
dá réir

357   Gairdín Leitir Móir

CBÉ 231:544–46; 4 x 2. Aithriseoir: Máirtín Ó Confhaola (Máirtín Ceannaí), (*c.* os cionn 80 bl), An Gleann Mór, An Cheathrú Rua. Bailitheoir: An Bráthair Lúcás, Meán Fómhair 1935.

v.1   Cuirfidh mé sgéal anonn thar sáile, ag Micil Pháirtí má tá sé beó

v.2   Tá inghean agam-sa, is léithe an méid siúd, maith a thabharfadh spré díthe ach go mbeidh sí mór

v.3   Tá Cúirt an Chaisil ann, umar éisc ann, siléir gléigeal faoi na tóin

v.4   D'fásfadh sméar ann agus inniúin gállda ann, padsaethe bána ann agus an *sugar loaf*

358   Nach Againn a Bhí an Tiomáint ar Chapaill Ros Comáin

CBÉ 825:15–16; 2 x 2, 1 x 3. Aithriseoir: Neain Bean Uí Ghriallais (Neain Dhonnchadha), (66), Cill Bhriocáin, Ros Muc. Bailitheoir: Monica Ní Mhaodhbh, 2 Aibreán 1942.

v.1   Nach a'inn a bhí an tiomáint ar chaiplí Roscommán, g'imtheacht ar seachrán gan eolas

v.2   Tháinic mé isteach ag an gcaille dhubh-bhuidhe, g'eirghe na seasamh níor mhaiseach é a gnaoí

v.3   Nó naipicín druimfhionn go bhreacán an tsiopa, 's mo ghúna go *Briston* na Frainnce

359   Na *Yanks*

CBÉ 969:265–69; 10 x 2. Aithriseoir: Seosamh Mac Liam, An Baile Láir, Cor na Rón, Indreabhán. Bailitheoir: Calum I. Mac Gill-Eathain, 9 Nollaig 1944. Pádraig Seoige as Inis Bearachain a rinne.

v.1   A gcuala sib aon trácht ar a' mbeirt yeanks a d'fhág an áit seo, shiubhladar na státaí is ar ais análl aríst

v.2   Nuair a tháinig siad 'uig tí *Ghorman* ní ro fhios acab cé'n áit é, thosaigheadar a' cuir fáirnéis ar dhaoine a d'fhág an saol

v.3   Labhair sé leób, *Frank Gorman*, nuair a choinic sé chomh Gállda iad, "*are ye from Claregalway, what brought ye to Tiernee?*["]

v.4   Marcus Chiaráin as a' Máimín, bhí sé ánn go tráthúil, chuir sé rób fáilte is d'aurda (arduigh) iad 'un a' tí

v.5   *Festy* Phaits Uí Árta, casadh dhóib ag céibh a' Mháimín, is d'fhiara sé ar as Cárna iad, nú aniar as Inis Ní v.6 Chuadar go h-Albain Lá Fhéil Páraig, is chathadar suas le rátha ann, is thóigeadar a' bád ar ais análl aríst

v.7 Nuair a d'fhágadar na Státaí, bhí sé n-a stoirm is n-a ghála, tinntí taurní (tóirní) is báisteach, is sneacht dhá chatha thríd

v.8 *Frank* Jeaicín is Maicil Nábla, chua siar leób 'uig tí Sheáinín, casadh Peadar Cháit dhóib a bhfuil a bhean le fada tinn

v.9 Tá an t-Oileán Iarach seo an-sáinní mara bhfuigheá bealach báid ais, bíonn siad ag achrann ann is a' cábhlach is ag iarra na bPoilís

v.10 Bhí Joeín is Dan go lách linn, is bhí cú orainn dhá bhfágáil, d'fhága siad 'sa mbád muid, amuigh sa Sruthán Buí

360 Ní Phósfaidh Mé an tIascaire

CBÉ 250:19–21; 9 x 2. Aithriseoir: Liam Ó Buachalla, Coláiste Chnoca [Chonnacht], An Spidéal. Bailitheoir: Bríd Ní Chollaráin, 1936.

v.1 Ní phósaidh mé an t-iasgaire, an t-iasgaire, an t-iasgaire

v.2 Ní phósaidh mé an caoladóir, an caoladóir, an caoladóir

v.3 Ní phósaidh me an celpadóir, an celpadóir, an celpadóir

v.4 Ní phósaidh mé an gabha dubh, an gabha dubh, an gabha dubh

v.5 Ní phósaidh me an t-iasgaire, an t-iasgaire, an t-iasgaire

v.6 Ní phósaidh mé an gliomadóir, an gliomadóir, an gliomadóir

v.7 Ní phósaidh mé an tailiúirín, an táiliúirín, an táiliúirín

v.8 Ní phósaidh mé an caoladóir, an caoladóir, an caoladóir

v.9 Ní phósaidh mé an ceilpeadóir, an ceilpeadóir, an ceilpeadóir

361 Tháinig Mé Isteach chuig do Mháithrín ar dTús

CBÉ 1264:559, 2 x 2. Aithriseoir: S. Ó Gríofa, Ros Muc. Bailitheoir: An tAth Piaras de Hindeberg, S. J, Samhradh 1950.

v.1 Tháinic mé isteach ag do mháithrín ar dtús, bhí bratóigín suarach anuas ar a brághaid

v.2 Bhí pisínín rua ar an teallach ann thíos, is seana-bhean chríonna an chlamhsáin

362 Turcaí na Céibhe

CBÉ 1774:84–85; 2 x 4, 1 x 3, 1 x 7. Aithriseoir: Máirtín Ó Confhaola, Cladhnach, An Cheathrú Rua. Bailitheoir: Ciarán Bairéad, 9 Nollaig, 1964. Deirtear gurb é Johnny Shéamuis Sheáin (Ó Donnchadha) a rinne.

v.1   Chuala mise scéal' á léamh ins na bhéarsí faoi turcaí na céibhe a ghró
       Tom Mhicil *Tom*

v.2   Sé Maitiú, mo léan, a chaill óra an méid sin nuair a chaith sé deich
       spéiread in áit cuilead hart

v.3   Scilling a' céad' 'bhí íoc ar na *dates* ann a's cé mhéad é sin ar a thugann
       isteach?

v.4   A's ó bhí muid 'na seasa' ar ard Pháidín Shéamuis a's bhí síonaíl a's
       béiciuch ag na h-*engines* a' teacht

B. Caismirtí Spraíúla

363   Aithriseoireacht na Sceiche

CBÉ 794:294–99; 6 x 2, 1 x 4, 7 x 2. Aithriseoir: Máire Uí Dhonncadha (62),
Maighros, Carna. Bailitheoir: Monica Ní Mhaodhbh, 5 Iúil 1941.

v.1   Tá sé dhá aithrise ag muinntir na h-áite gur mise an fear láighe is fearr ins
       an tír

v.2   Séard dubhairt sean-Mharcuis, an fear ba chríonna san áit acht níor
       mhaith leis a' rádh mar bhí sé leath-chaoch

v.3   Lá amháin a ndeachaigh mé isteach in mo gháirdín, mo thuagh agus mo
       shábh agus mo shean-phiocóid chaol

v.4   Thoisigh mé a' gearradh agus ag obair go láidir, bhí a mbunáilte gearrtha
       sul dhar bhlais mé de'n bhiadh

v.5   Innseóchaidh mé sgéal díbh ar shean-sgeich grándha bhí a' fás ins an áit
       seo tá mé a' seancus dhíb

v.6   An chéad iarraidh a' tharraing mé, bhuail mé ar an t-sáil í, briseadh an
       tábhach agus leónadh mo thaobh

v.7   An Sgeach:
       Shoraidh dhuit, a thuataí, mar a tusa bhí sáinneach, nár fhan ó mo
       chrámhaí agus mé in deire mo shaoghail

v.8   Má tá tusa anseo ó aimsir Naomh Pádraig, tá sé in ám agat bás fhághail
       má cáilltear thú choidhche

v.9   Ní annsach liom thusa mar shean-sgeach ghrándha a bheith in aice lé
       m'árus ná thimpeall mo thíghe

v.10   Sin í an bhréag is mo a chumadh na áithbhéil, níor thúisge orm cábaí ná
       bráithlín geal mín

v.11   Ní éiste mé feasta lé leith-sgéal ná ráidhte acht cuirfe mé an sábh seo glan trí do chroidhe

v.12   Dhá dtugtá-sa spás dhom no go gcaithtí an fóghmhar agus go dtigeadh na h-áltaí amach as gach blaosg

v.13   Ní bhéarfa mé spás dhuit, a shean raicleach báirsighe agus níor thuill sé ariamh onóir an té mholas é héin

v.14   Cuma liom faoí an domhan céard a déarfas aoinne liom, tiubhrad thú lé fánaidh agus ó ghrinneall so fhréamh

364   Amhrán an Charraigín

(a)   CBÉ 1133:211; 1 x 2, 3 x 4, 1 x 3. Aithriseoir: Seán Ó Flatharta (Seáinín Sheáin), (*c.*60), An Lochán Beag, Indreabhán. Bailitheoir: Tomás de Bhaldraithe, Nollaig 1937.

v.1   Is deas an rud an cairrgín a dubhairt an bhean aréir

v.2   Dhá mbeadh cupla maide rámha agam agus báidín beag dhom fhéin

v.3   Annsin a labhair an sgafaire bhí barúlach dó fhéin

v.4   Annsin a labhair an chailleach bhí bliadhain le cois an chéad

v.5   Ceannochaidh mé gúinín manntach faisiúnta agus jackéad go'n árd léan (árd-líon?)

(b)   CBÉ 627:338–40; 1 x 6, 2 x 4. Aithriseoir: Máirtín Ó Tuairisg (64), An Lochán Beag, Indreabhán. Bailitheoir: Seán Ó Flannagáin, 1939.

v.1   An Bhean:
       Racha mise a' baint a' charraigín a's dá triomú leis an ngréin

v.2   An Sgafaire:
       Annsin a labhair a' sgafairín a bhí barúlach dhó fhéin

v.3   An Chailleach:
       Annsin a labhair a' chailleach a bhí bliain le cois a' chéid

(c)   CBÉ 209:147–49; 3 x 4. Aithriseoir: Bríd Ní Fhátharta, Na hAille, Indreabhán. Bailitheoir: An tAth. Eric Mac Fhinn.

v.1   O's nach deas an rud an carraigín adubhairt an bhean aréir

v.2   Dhá mbeadh dhá mhaide rámha agam is baidín beag dhom féin

v.3   O's nach séard adubhairt an chailleach is í bliadhain le cois an chéad

(d)   CBÉ 926:250; 1 x 5. Aithriseoir: Pádraig Ó Flatharta (58), Baile an Logáin, Cor na

Rón, Indreabhán. Bailitheoir: Calum I. Mac Gill-Eathain, 7 Márta 1943.

v.1 "A dtiocfa' tú a' baint a' chairrigín" a dubhairt a' bhean aréir

365 An Gréasaí

CBÉ 825:158–60; 4 x 4. Aithriseoir: Seán Ó Maodhbh (32), Cill Bhriocáin, Ros Muc. Bailitheoir: Monica Ní Mhaodhbh, 21 Aibreán 1942.

v.1 An Talmhaidhe:
Páirt go mo thréartha 's dheanfainn cliath agus céachta, bheárfainn-se caoirigh agus dar fiadh bhaininn móin

v.2 An Gréasaidhe:
Páirt go mo thréara nuair a theidhim 'un aona, deanamh éitheach 's mo chis bhreágh bhróg

v.3 An Talmhaidhe:
Páirt go mo thréara nuair a theidhim ar aonach, lé mo sgata caorach agus mo sean-bhó

v.4 An Gréasaí:
Is iomdha cailín a mealladh romhat-sa agus tá an deas in a cuid ragannaí

366 Art (hAirt) Ó Ceallaigh

CBÉ 811:339–41; 10 x 4 + loinneog. Aithriseoir: Dónall Ó Finneadha (78), An Baile Ard, An Spidéal. Bailitheoir: Tadhg S. Ó Concheannain, An Spidéal, 8 Samhain 1941.

v.1 An Sagart:
Bhí mé seal fada a' siubhal tíre

v.2 An Sagart:
D'eirigh hAirt ina sheasamh le buile 'slé baorsa

v.3 Art:
Níor mhinic sin *travel*éara a' teacht 'un mo thighe-sa

v.4 An Sagart:
Brón ar an athair a fuair do shaothar

v.5 Art:
Ba chóra dhuitse sgathamh 'chaith chois sgonnsa nó díoga

v.6 An Sagart:
Ní feasach mé tábhairne a' bith bheith i mo thímpeall

v.7 hAirt:
Tá'n ghaoth fada 's an ghealach ag eirighe

v.8   An Sagart:
       Muise, 'hAirt, ní chuirfe tú amach mé chomh bog is sílir

v.9   D'eirigh hAirt 'na sheasamh le buile is le baorsa

v.10   An Sagart:
       Ní h-eadh mise agus ní mé choidhchinn

Loinneog: Óchón

367 Conchúr Táilliúr agus Séamas Ó Ceallaigh

(a) CBÉ 414:210–13; 10 x 2. Aithriseoir: Labhrás Ó Confhaola (88), Baile na hAbhann,
An Tulach. Bailitheoir: Áine Ní Chonfhaola, 5 Deireadh Fómhair 1937.

v.1   Tráth Dé Luain seadh ghléas mé chun siubhail go ndéanainn mo luasa ag
       an damhsa

v.2   Bhí Coimín sa gclúid ⁊ é éisteacht le *music*, ní baisteach aon smúla fé'n
       am sin

v.3   Crochubhair spága bhréige bhrága, cén fáth i dtráchta ar dhromaí

v.4   Bhí bainbh ⁊ crainn agat lochra go grána, ní raibh do sgéala

v.5   Séamus Ó Ceallaigh an fear fuar le fada, sé is buan do mhallacht a mháthar

v.6   Ar fhilleamhaint abhaile gan sproga, gan fleasga, d'ith sé beatha gan náire

v.7   Má bhí sean-athair agam, bhí seala san arm go haimsir cogaidh rí Séamus

v.8   Bhí raibéad bhreágh thairis, claidheamh go sgábach agus an raibéad
       bheágh ⁊ iad gá sglaise go [?]

v.9   Má bhí mise seal [...] muilinn go slachtmhar, dhéanainn go
       bhaintreabhacha siar-mhill?

v.10   A Shéamuis Uí Thuathail, níl doghuirm chomh uasal na [...] agus nach
       dtairnuighe anuas sa dán seo thú

(b) CBÉ 811:452–54; 10 x 2. Aithriseoir: [?]. Bailitheoir: Tadhg S. Ó Concheanainn.

v.1   Trathnúna Dia Luain 'seadh ghluais mis' 'un siubhail go ndían'ainn mo
       lúta (argóint) ag a' damhsa

v.2   Bhí caimín sa gclúid ánn ag éisteacht le *músic*, chuir mé cac air a
       smúrlach (béal) 'san ám sin

v.3   'Séamuis Uí Thú'aill, níl do ghairm cho' h-uasal nach dtairneó'faí 'nuas
       ins a' dán thú

v.4   Sé Séamus Ó Cealla' 'n fear fuar lé fada, 'sé is búan dó mallacht a mháthar

v.5   Ar fhilliúint abhaile go'n spíogarlach fleasga, léig mé a bheatha go náire

v.6   An Ceallach:

Má bhí mo shean-athair-sa seal ins an arm, aimsir choga Rígh Séamus

v.7   Béarat sé air sceabard air ráipéir 'sair chlaimhí, dhíanat sé 'nglasa'
       lé faébhar

v.8   Air dhíoghbháil na beatha go shiúmra tá falla', tharrain' sin droch-ghalra
       'do ghlúine

v.9   Conchúr:
       Níl mola' ná meas ag 'uil go do shean-athair mar bhí sé 'na mhuil'eóir 'sa
       tír seo

v.10   An Ceallach:
       Bhí mo dhean-a'ir-sa seal i muileann a' casa', rinne sé go bhaintreachaí
       síor-mheilt

(c)   CBÉ 654:653–57; 9 x 2. Aithriseoir: Tadhg Ó Confhaola, An Cnoc, Indreabhán.
       Bailitheoir: Bríd Ní Fhátharta, Lúnasa 1938.

v.1   Concubhar:
       Séamus Ó Ceallaigh, fear fuar le fada, sé is bun do mhallacht a mháthar

v.2   An sprochaille fléascach, cé an chaoi a léigfidh do bheatha gan náire

v.3   Tá an Ceallach chomh géagach is nach n-iarrfaidh sé dréimre go
       gcrochaidh sgláta ar na rátaí

v.4   I bpríosún na céibhe a chaith sé a théarma agus boltaí cruadh géar air ann
       fáisguighthe

v.5   Sé mheasaim go cinnte gur a cogaint a chíre mar tá boladh na thimcheall
       go gránna

v.6   An Ceallach:
       A Choncubhair ghránna, cé an chiall a dtrachtfá ar dhaoine, nach bhfaca
       Dia d'árus Nodlaig ná Cáisg

v.7   Sé is ionann do phocán an aimsir le sgalla maith brochán, líonann sé an áth

v.8   Ní fhaca mé tigheacht thú ná do mhaingín fé t'asgail [...]

v.9   Concubhar:
       Má bhí sean athair agam a chaith seal san arm, aimsir cogadh Rí Séamus

(d)   CBÉ 526:238–40; 1 x 4, 1 x 2, 2 x 4, 1 x 5. Aithriseoir: Seán Ó Flatharta (Seáinín
       Sheáin) (56), An Lochán Beag, Indreabhán. Bailitheoir: Proinnsias de Búrca, 25
       Aibreán 1938.

v.1   Tráthnóna Dé Luain a ghluais mise 'un siubhail go ndeanainn mo lúta ag
       a' damhsa

v.2   A Shéamuis Uí Thuathail, níl do ghoirim chomh h-uasal nach
dtairneóchthaí anuas insa dán thú

v.3   Sé Séamus Ó Cealla an fear fuar le fada, 'sé is buan dó mallacht a mháthar

v.4   Má bhí mo shean athair-sa seal insan arm, aimsir choga Rí Séamus

v.5   Bhí do shean athair seal i muileann a' casa ꜰ b'olc an éadáil insa tír é

(e)   CBÉ 688:616–18; 1 x 3, 1 x 4, 1 x 2, 1 x 4. Aithriseoir: [?]. Bailitheoir: Seán Ó
Confhaola [1938–40].

v.1   Conchubhar:
Adeir daoine a bhuachaill, gur bréaga do thuairim, gur cladhaire bocht
suarach do cháillidheacht

v.2   An File:
Má chaith mise seal ꜰ muileann go slachtmhar, mhill mé do bhaintreacha
saor ann

v.3   Conchubhar:
Nach postamhail thusa a' caint liom, a shean phartláin shalach, ar
saighdiúreacht a fáisgiú do mhuinntir

v.4   An File:
Má bhí sean athair agam-sa a chaith seal ins an arm, aimsir chogaidh rí
Séamuis

368   Pádraig "a' Mhac"

(a)   CBÉ 1768:185–87; 5 x 2, 1 x 1. Aithriseoir: Pádraig Bradley (Pádraig Berry) (49),
Poll Uí Mhuirinn, Leitir Mealláin. Bailitheoir: Ciarán Bairéad, 12 Deireadh
Fómhair 1969.

v.1   Chuala mé i gCárna ná léamh as a' bpáipéar go mba rí-mhaith a' táilliúr é
Páraic a' Mhac

v.2   Nuair a chuala táilliúr Cheaiteog a' scéal a bhí ráite, chaith sé uaidh a
shiosúr a's rinne se stad

v.3   A Bhaibín, a leana, cuir síos cupán tae dhom, caith agam mo bhéilí ꜰ
rithfidh mé amach

v.4   A' goil amach ag an Áill Leacach a thosa' sé a' pléascadh a's bhí sé 'na
phucán amach ag a' bpleainc

v.5   Mar tá sé ar Sheán *Dick* a's nach álainn a' ball é a's nach ndéanfat sé
bráithlín go Sheán a's go Mheaig

v.6   Nár thug tú go Poll Uí Mhuirinn é ag táilliúirín Bhideach é, a's ar ndú bheadh a ball a'd mar mbeadh a'd ach a leath

(b)   CBÉ 1800:137–39; 4 x 3, 1 x 2. Aithriseoir: Beartla Ó Confhaola (65), Casla.
Bailitheoir: Cóilín Ó Maoilchiaráin [1971–72]
    v.1   Chuala mé *Gorman* dhá léamh as an bpáipéar, go mba ró dheas an tailliúr
            é Páraic a Mhac
    v.2   Nuair a chuala Tailliúr Ceathóg go raibh sé sin ráite, leag sé uaidh a
            shnáthaid is rinne sé stad
    v.3   Muise diabhal siosúr na miosúr (a deir sí) a bhéarfas go brách air, nó go
            bhfuighe mise na mónlaí ó Pháraic a' Mhac
    v.4   Muise suigh sí a tháilliúr (a deir sí) go gcaithfidh tú an píopa, go raibh
            maith agat a Pháraic, níl mé i caithe' aon tobac
    v.5   Ach sé Seáinín Sheáin Shéamuis a chuaigh síos go Luimneach, nó go
            bhfuigheadh sé uaidh scríobhtha na dindiurí ceart

369   Raiftearaí agus an tUisce Beatha
CBÉ 606:288–90; 3 x 4, 1 x 2, 1 x 4, 1 x 2. Aithriseoir: Tomás de Bhailís, An
Sruthán, An Cheathrú Rua. Bailitheoir: Brian Mac Lochlainn, 1938.

    v.1   Tráthnóna Dé hAoine, lá aonaigh Chille Chríosta 's mé ag ól tigh
            Pháidín Uí Chearra
    v.2   Leath do mhaon shaolta ⁊ ar shiúdhal ort ariamh agus fág é gun sgíth ag
            bean leanna
    v.3   Cé (=an té) chruinnigheas na céadta le cruadhas i's díthcéille, nach
            bhfliuchann a bhéal ⁊ tart eir
    v.4   Chois sgannsa ná díoga má cailltear fear choidhin, ga bhríghin a bheith
            comhrádhach leat-sa
    v.5   An Fuisge:
            Nach fad mé ag éisteacht [...] agus caithte mé pléarca lib feasta
    v.6   Dhiún gréasaidhe ná táilliúr a dtug ariamh rátha nach mbeannóthach sa
            t-sráid dom ar maidin

c. Amhrán na mBréag

370 An tAmhrán Bréagach

(a) CBÉ 1402:370–79; 19 x 4. Aithriseoir: Mícheál Ó Conaire (57), Ros Muc.
Bailitheoir: Ciarán Bairéad, 29 Nollaig 1954.

v.1 Céard déarfá le Gaillimh a chuir shallenge (*challenge*) ar Chonndae an Chláir

v.2 Bhí mé lá 'goil go Gaillimh le deatach a's gála mór

v.3 Chonnaic mé asal ar méadh ⁊ é ag iascach trosc

v.4 Bhí mé la breágh i gcois aille 'gas mé go greannmhar a' deana' grinn

v.5 Chonnaic mé corca mar phota ag bean óg sa nGréig

v.6 Chonnaic mé'n Pápa ⁊ é 'cárdáil olann Dé Luain

v.7 Tháinig an chuileog 's an mhíoltóg ar ancaire i mbéal na trágha

v.8 Deanfad teach stileach ar mhullach na Sceirde Mhóir

v.9 Tá figheadóir i gCámus ar b'ainm dó sálaí laogh

v.10 Tá Riocard na gCoinneal ⁊ é 'seinnm ar chláirseach ceoil

v.11 Chonnaic mé mada' lá sneachta 'na shuidhe ar stól

v.12 Cé'n mhaith dhom a bheith 'cainnt ar a bhfaca mé g'iongantais fós

v.13 Ag abhainn fhada an Ghlionnáin seadh chonnaic mé'n t-ionganas mór

v.14 Fuair mé nead meachain ar a' mBreachlainn ⁊ í lán go mhil

v.15 Tá Liocan 'na ghirrfhiadh ⁊ Croc Mordán 'na dhiaidh ins a' tóir

v.16 Chonnaic mé cricker (*cricket*) ⁊ piostal aige ar chúl an bhaic

v.17 Chonnaic mé Liath-Charraig ⁊ í 'cuir shallenge ar Oileán a' Laoigh

v.18 Chonnaic mé crotach go pusach ag ól cárt díog

v.19 Chonnaic mé soitheach 's í seoladh thrí Árainn mhór

(b) CBÉ 442:208–14; 12 x 4. Aithriseoir: Áine Ní Standúin (19), Leitir Caladh, Leitir
Móir. Bailitheoir: Eibhlín Ní Standúin, 6 Nollaig 1937.

v.1 Bhí mé lá i gCasla, bhí fairrge ann agus gála mór

v.2 Chonnaic mé báidín a gabhail i leith le taobh Árainn Mhór

v.3 Ó 'gus chonnaic mé roc i gCill Choca 's é bleághan na bó

v.4 Chonnaic mé cnoc ina phota ag mnaoi óig sa nGréig

v.5 Chonnaic mé criogar 'gus piosdal aige ar chúl an bhack

v.6 Cé deir tú le Gaillimh bhuail *challenge* ar Cho. An Chláir

v.7 Séard dubhairt Bearthlín Gríobhtha mar is fear é a bhí lán de sgáth

v.8 Tá figheadóir i gCamus dar b'ainm dó Sál Ó Lu

v.9   Cé'n gar dhom a bheith cainnt ar a bhfaca mé d'ionghantais fós

v.10   Tá an bheach is an mhíoltóg ar ancoire i mbéal na trágha

v.11   Gur fuair mé nead lachan ar an mbreachlinn aréir amuigh

v.12   Is cén ghar dhom a bheith cainnt ar a bhfaca mé d'ionghantais fós

(c)   Táilliúir an Mhagaidh

CBÉ 231:412–16; 10 x 4, 1 x 3, 1 x 2. Aithriseoir: Máirtín Ó Confhaola (Máirtín Ceannaí) (*c.* os cionn 80 bl), An Gleann Mór, An Cheathrú Rua. Bailitheoir: An Bráthair Lúcás, Meán Fómhair 1935.

v.1   Bhí mé lá i gCasla a raibh fairrge ann a's gála mór

v.2   Chonnaic mé gheatha (*yacht*) a dhul treasna thrí Árainn Mhór

v.3   Chonnaic mé roc i gCill Choladh 's é bleaghadh na bó

v.4   'S tá an bheach 's tá an mhíolltóig ar ancaire i mBéal na Tragha

v.5   Bhí i gcaladh i bPort Mhuirbhthigh, chuir mé mo bhád 'un seóil

v.6   Céard deir tú le Gaillimh a chuir *challenge* ar Chondae an Chláir

v.7   Chonnaic mé cearc 's í a *skutch*áil lín

v.8   Fuair mé nead lachain ar a' mBachlainn aréir amuigh

v.9   Ní áirighim a' chainnt ar a bhfeaca mé d'íonghantas fós

v.10   Chonnaic mé asal a's fear marbh 'na shuidhe ins an ród

v.11   Chonnaic mé fear ins a' ngealach 'sé ar chúl a chinn

v.12   Chonnaic mé siungán ag ciceál míol mór faoi thír

(d)   CBÉ 101:246–56; 10 x 4. Aithriseoir: Mícheál Ó Clochartaigh (*c.*65), Letir Mealláin. Bailitheoir: Seán Ó Cadhla, [1924].

v.1   Chonnaic mé Gaillimh ag cur *challenge* ar Chondae an Chláir

v.2   Chonnaic mé seangán agus é ag *whip*páil míl mhóir i dtír

v.3   Chonnaic mé gheat (*yacht*) a' dul treasna tríd Árainn Mhór

v.4   Chonnaic mé asal ar mhaigh a's é ag iarraidh truisc

v.5   Chonnaic mé *pistol* ag creagar ar chúl a bhaic

v.6   Chonnaic mé ruc ag déanamh guirl agus é ag bleaghadh na mbó

v.7   Chonnaic mé pota mar chorcán ag bean óig sa nGréig

v.8   Tá fígheadóirí i nGarumna, is ainm dó *Saul* a' Laoigh

v.9   Tá arán againn go fairsing ar bord an ríogh

v.10   Déanfad teach stilleach go deimhin ar Sgeirde Mhór

(e)   CBÉ 829:264–67; 1 x 4, 1 x 3, 2 x 4, 1 x 3, 1 x 2, 2 x 4, 1 x 2. Aithriseoir: Peadar Mac Fhualáin (*c*.45), Bothúna, An Spidéal. Bailitheoir: Tadhg S. Ó Concheanainn, 9 Meitheamh 1942.

v.1   Bhí mé lá nGailli', lá stoirm' ┐ gála mór

v.2   Channaic mé bád ag 'uil siar lé taobh Árainn Mhór

v.3   Tá Dún Leac na bhFoireann a' teacht aniar lé cóir

v.4   Tá Cuisleán na gCupáin ag imtheacht air trá' Thír Úin (Eoghain)

v.5   Chonnaic mé muic mhara a' marcaidheacht air chapall faoi na péire spuir

v.6   Mhar'a' siad a' rún ┐ bhain siad a' craiceann go haigeanta 'nuas 'á thúin

v.7   Muis' a tháilliúir a' mhaga', nach postúil a d'fhiarr tú bean

v.8   Dhá bhfeictheá-sa 'n t-asal ar meatha' (ancoire) 's é marbhú trusg

v.9   Chonnaic mé bean a' cur cochaill taobh thiar gon ghrian

(f)   CBÉ 432:88–91; 8 x 2. Aithriseoir: Pádraig Ó Clochartaigh (75), Baile na Cille, Garumna. Bailitheoir: Liam Mac Coistealbha, 8 Samhain 1937.

v.1   Ó 'gus chonnaic mé Gaille 'cur challenge (*pron.* Seallange) ar Chúntae an Chláir

v.2   Ó 'gus chonnaic mé asal ar meath ┐ é ag iarra trosg

v.3   Ó 'gus chonnaic mé geat a gul treasna thrí Áráinn Mhóir

v.4   Ó 's tá Árainn againn go fairsing ar bhourd a' rí

v.5   Ó 'gus chonnaic mé roc i gcínn goirt ┐ é 'bleán na mbó

v.6   Chonnaic mé sinngán a' rópeáil míol mór i dtír

v.7   Tá figheadóir i nGarumna is ainm dó Sál a' Laoí

v.8   Ó 'gus dianfad teach stileach go dimhin ar Sgeirde Mór

(g)   CBÉ 1635:282–83; 4 x 2, 1 x 4, 1 x 6, 2 x 4. Aithriseoir: Máirtín Ó Máille (65), Doire Fhátharta Beag, An Cheathrú Rua. Bailitheoir: Ciarán Bairéad, 13 Nollaig, 1959.

v.1   Chonaic mé fuiseog ar fhuinneog ┐ í *strip*-eáilte a daimhsiú ríl

v.2   Chonnaic mé dreoilín ar *deck* ┐ é *strip*-eáilte a' píceáil seoil

v.3   Chonnaic mé mada lá seaca 'na shuidhe ar a' stól

v.4   Chonnaic mé cearc i n-a croiceann ┐ í *strip*-eáilte a' *scratch*áil lín

v.5   Chonnaic mé *cricker* ┐ a phiostal ar chúl an bheaic

v.6   Chonnaic mé'n t-asal a's é ag iascach

v.7   Bhí mé lá i nGaillimh ┐ bhí stoirm ann ┐ gála mór

v.8   Tá Árainn againn go fairsing ar bhord a' rí

(h) CBÉ 400:80–83; 7 x 4. Bailitheoir: Seosamh Ó Lapáin, Sráid na Céibhe, Gaillimh a sgríobh síos ó bhádóir ag an Dug, Nollaig, 1936.

v.1 Tá loch fhada an Túirín ag Siubháinín Dhuda i mbag

v.2 Choinneacas roic (breac) Fhinn i gcinn guirt is é a seoladh bó

v.3 Tháinic cuan mara ag tom sgeacha taobh análl don chuan

v.4 Tá cnoc Leitir Caladh na rapar ar Phroinseas Mhór

v.5 Choinneac mé bád a dul trasna trí Aráinn Mhór

v.6 Bhíos an lá cheana sa ngarraidhe is mé gabhail tré líon

v.7 Coinneac's crotach go pusach ag ól cáirt dígh

(i) CBÉ 76:170–72; 2 x 4, 1 x 6, 3 x 4. Aithriseoir: [?]. Bailitheoir: Máire (Tim) O'Sullivan, [1932–3].

v.1 Chuala mé Gaillimh cur cainnte ar Condae an Chláir

v.2 Chonnac mé an *yacht* a dul trasna tríd Árain Mhór

v.3 Tá Árainn againn go fairsin ar bhórd an rí

v.4 Chonnac mé mada lá seaca na shuidhe ar stól

v.5 Chonnaic mé asal ar meadh is é ag iasgach trosg

v.6 Chonnaic mé cearc 'na craiceann ⁊ í a scratcháil línn

(j) CBÉ 378:54; 2 x 2. Aithriseoir: An comhluadar tigh Sheáin Mhic Fhualáin, Poll Uí Mhuirinn, Oileán Gharumna. Bailitheoir: An tAthair Eric Mac Fhinn, *c.*1928

v.1 Chonnaic mé eascoin a' léigheamh aifrinn ar chúl a' chruic

v.2 Chonnaic mé Croc Leitir Caltha mar rapar ar Phroinnsias Óg

ROINN VIII

Amhráin do Pháistí

371 A Chailín Bhig Óig, An bhFuil Náire Ort?

CBÉ 1134:205; 2 x 4 + curfá. Aithriseoir: Máire Seoige, (Bean Choilm Bhreathnaigh), An Sídheán, An Spidéal. Bailitheoir: Leon Ó Broin, An Roinn Airgeadais, Baile Átha Cliath, Meán Fómhair 1935.

v.1 A chailín bhig óig, an bhfuil náirí (náire) ort

v.2 Nár théigh tú abhaile go bpóstar thú

372 Amhrán an Táilliúra

(a) CBÉ 1722:82; 1 x 4. Aithriseoir: Pádraig Ó Ceannabháin (60), An Cnoc, Indreabhán. Bailitheoir: Pádraig Ó Ceannaigh, 1936

v.1 A thailliuirín, a thailliuirín, is a thailliuirín an éadach

(b) CBÉ 248:411; 1 x 4. Aithriseoir: Pádraig Ó Ceannabháin (60), An Cnoc, Indreabhán. Bailitheoir: Pádraig Ó Ceannaigh, 17–19 Lúnasa 1936.

v.1 A tháilliúirín, a tháilliúirín, is a tháilliúirín an éadach (-aigh)

373 An Páistín Fionn

CBÉ 209:323–24; 4 x 4 + curfá 3 líne. Aithriseoir: Pádraig Ó Céidigh (c.50), Seanadh Gharráin, An Spidéal. Bailitheoir: Stiofán Ó Confhaola, 1935.

v.1 Grádh mo chroidhe mo pháisdín fionn

v.2 Cara mo chroidhe mo pháisdín fionn

v.3 Do bhí me naoí n'oidhche in mo luighe go bocht

v.4 Tréigfeadh mo charaid 's mo cháirde gaoil

Curfá: Is tusa mo rún is mo ghrádh geal

374 A Mháirín, An Ligfidh Tú Chun Aonaigh Mé?

(a) CBÉ 250:93; 1 x 3, 3 x 4. Aithriseoir: Tomás Breathnach (80), An Cnoc, Indreabhán. Bailitheoir: Bríd Ní Chollaráin, 1936.

v.1   A Mháirín, an leigidh tú don aonaigh mé?
v.2   A Mháirín, an leigidh tú don aonaigh mé?
v.3   A Mháirín, an leigidh tú don aonaigh mé?
v.4   Tá éanín agam-sa agus tá sé óg

(b)   CBÉ 657:304; 1 x 3, 1 x 4. Aithriseoir: Máire Ní Fhlatharta (60), An Cheathrú
       Rua. Bailitheoir: Peadar Ó Gríofa, 1 Lúnasa 1932.
       v.1   Beidh aonach i mbárach i mBaile an Chláir
       v.2   Má théigheann tú 'un an aonaigh, tabhair a' chaora leat, an t-olann 's
              a h-uan

375   Bhuail Mé Siar an Bóthar
CBÉ 400:86–87; 6 x 2 + curfá 2 dhá líne. Aithriseoir: Máire Bean Mhic
Dhiarmada (Máire Tom) agus a hiníon, Áine (Neain Pheadaí), An Lochán Beag,
Indreabhán. Bailitheoir: An tAth. Eric Mac Fhinn, 28 Lúnasa 1936.
v.1   Bhuail mé siar a' bór agus tháinig mé aniar le cladach
v.2   [...] is páirt dhe Chonamara
v.3   Fear as Uachtar Árd agus bean as Béal a' Daingin
v.4   Bím san oidhche ag ól agus bím sa ló ar mo leaba
v.5   Shiubhail mé thoir is thiar is páirt dhe Chonamara
v.6   Fear as Uachtar Árd agus bean as Béal a' Daingin
Curfá: Sáda tabhró rabh, sáda tabhró readaí etc.

376   Brón Ort a Ghrian
CBÉ 491:141; 1 x 2. Aithriseoir: An comhluadar tí Phádraig Uí Chonfhaola, An
Chloch Mhór, Baile na hAbhann. Bailitheoir: An tAth. Eric Mac Fhinn.
v.1   Muise brón ort a ghrian, mara fada thú ag 'ul siar nó an ra' tusa siar
       ar aimsir?

377   Cá bhFaighimid Cóiste do Mháire Nic Conraoi?
CBÉ 825:398; 1 x 4 + curfá 4 líne. Aithriseoir: Anna Ní Ghriallais (21), Cill
Bhriocáin, Ros Muc. Bailitheoir: Monica Ní Mhaodhbh, 30 Aibreán 1942.
v.1   Cá bhfuighmíd cóiste go Mháire Ní Con Ríogh?
Curfá: Habú mo leanbh, 's habú mo laogh

378   Capaillín an tSléibhe

(a)   CBÉ 786:270–71; 5 x 4 + curfá 2 líne. Aithriseoir: Seán Ó Conchubhair (50),
Leitir Móir. Bailitheoir: Proinnsias de Búrca, 1 Nollaig. 1941.

v.1   A chapaillín, a chapaillín, is a chapaillín an tsléibhe

v.2   Mo ghamhain dubh, mo mhallacht dhuit, is deacair dhom é a dhéanamh

v.3   Dhá mbeadh píopa fada cailce agam is bosga lán do shnaoisín

v.4   Ceannuí clúmhach ar maidin mé is pedléara tráthnóna

v.5   Is ait an fear ag baile mé is dhéanfainn muileann éadaigh

Curfá: *Freder ler lerel, freder ler lerel etc.*

(b)   CBÉ 1702:367–68; 5 x 4 + curfá 2 líne. Aithriseoir: Seosamh Mac Liam (48), Inis
Bearachain. Bailitheoir: Proinnsias de Búrca, 11 Eanáir 1966.

v.1   A chapaillín, a chapaillín agus a chapaillín an tsléibhe

v.2   Mo ghamhain dubh, mo mhallacht duit is deacair dhom é dhíona

v.3   Dhá mbeadh píopa fada cailce agam is bosga lán lé snaoisín

v.4   Ceannuidhe clúmhach ar maidin mé is peidléara tráthnóna

v.5   Is ait an fear ag baile mé, dhíonfhainn muileann éadaigh

Curfá: *Freder ler level, freder ler level etc.*

(c)   CBÉ 378:58–62; 1 x 4, 1 x 2, 1 x 3, 1 x 2, 1 x 4. + curfá dhá líne. Aithriseoir: [?]
Ó Lochlainn, Poll Uí Mhuirinn. Bailitheoir: An tAthair Eric Mac Fhinn, 16
Lúnasa, 1930.

v.1   Dá mbéadh píopa fada cailce agam is bosga lán dhon snaoisín

v.2   Ó cailleadh bodóg mhaith orm ó chomhthrom an lae chéadna

v.3   Maith a' fear i mbaile mé, ó dhéanfhainn muileann éada'

v.4   Tá fairionín beag eile agam – bím a' rith ar bha mo chomhursa

v.5   Do chapaillín is a chapaillín is a chapaillín a' tsléibhe

Curfá: *Is spurallúral áralom is spurallúral éarom etc.*

(d)   CBÉ 441:320–22; 3 x 4 + churfá 2 líne. Aithriseoir / Bailitheoir: Tomás Ó
Lochlainn, Bun an Charnáin, Leitir Móir, Meán Fómhair 1937.

v.1   Hup hup a chapaillín, a chapaillín a' tsléibhe

v.2   Á mbéadh píopa fada cailce agam 's bosga lán dhe shnaoisín

v.3   A ghamhain dubh, mo mhallacht dhuit mar 's tusa a rinne 'n réaba'

Curfá : Slat is rópa 's ull ar mo shúiste, mára, madarum éarum

(e)   CBÉ 1770:182–83; 1 x 5, 1 x 4. Aithriseoir: Neainín Bean Uí Churraoin (66), An
      Baile Láir, Ros an Mhíl. Bailitheoir: Ciarán Bairéad, 29 Márta 1968.

   v.1   A chapaillín, a chapaillín, a chapaillín a' tsléibhe

   v.2   'Á mbeadh píopa fada cailce agam, bosca lán go shnaosín

379   D'éirigh Tadhg Aréir

   CBÉ 825:398. 1 x 5. Aithriseoir: Anna Ní Ghriallais (21), Cill Bhriocáin, Ros Muc.
   Bailitheoir: Monica Ní Mhaodhbh, 30 Aibreán 1942.

   v.1   D'eirigh Tadhg aréir, chuaidh sé fiadhach ar ghirrfhiadhachaí

380   Sodar, a Pheadair, a Pheadair

(a)   CBÉ 248:378–79; 3 x 2. Aithriseoir: Pádraig Mac Diarmada (48), An Lochán
      Beag, Indreabhán. Bailitheoir: Pádraig Ó Ceannaigh, 15 Lúnasa 1936.

   v.1   'S h-íerra (a) Pheadair, a Pheadair, 's h-íerra (a) Pheadair a bhuachaill

   v.2   'S h-íerra (a) Pheadair, a Pheadair, 's h-íerra (a) Pheadair a bhuachaill

   v.3   'S h-íerra (a) Pheadair, a Pheadair, 's h-íerra (a) Pheadair a bhuachaill

(b)   CBÉ 249:57. 1 x 2, 1 x 4. Aithriseoir: Pádraig Mac Diarmada, An Cnoc,
      Indreabhán. Bailitheoir: Bríd Ní Chollaráin, 1938.

   v.1   Saidhir a Pheadair, a Pheadair, saidhir a Pheadair a bhuachaill

   v.2   Saidhir a Pheadair, a Pheadair, saidhir a Pheadair a bhuachaill

381   Seol, a Bhuachaillín, Seol do Bhó

(a)   CBÉ 312:252–54; 1 x 2, 2 x 4 + curfá 5 líne. Aithriseoir: Tomás Ó Lochlainn (34),
      Tearmann Naomh Breandán, Baile Loch an Riabhach. Bailitheoir: Liam Mac
      Coisdealbha, 17 Feabhra 1937.

   v.1   Ó bhí mise lá ar thaobh a' chnoic is mé 'ruaige na sionna' le fána

   v.2   Ní h-é mo choileach is aoirde glaoí

   v.3   Dhá bhfághainn-se cailín deas críonn glic

   Curfá   Is óró 'bhuachaillín, seól do bhó etc.

(b)   CBÉ 250:94; 1 x 4, 1 x 3 + curfá 3 líne. Aithriseoir: Tomás Breathnach (80), An
      Cnoc, Indreabhán. Bailitheoir: Bríd Ní Chollaráin, 1936.

   v.1   Chaith mé mo mhaide le píosa gabhair

   v.2   Dá mbeadh fhios agam-sa go raibh sí amuigh

   Curfá: Híre bhuachallín, seol do bhó *etc.*

382 Suantraí

CBÉ 1275:259; 2 x 4. Aithriseoir: [?]. Bailitheoir: Cáit [?] Ní Mhainnín, Conamara.

v.1   Seóithín seothó, mo stór é mo leanbh, mo sheód gan chealg, mo chuid
de'n t-saol mhór

v.2   Ar mhullach an t-sidhe, tá sídheóga geala, faoi chaoin-ré an earraigh ag
imirt a spóirt

ROINN IX

Amhrán Spailpíní

383   An Spailpín Fánach

(a)   CBÉ 811:407–09; 5 x 4, 1 x 6. Aithriseoir: Máirtín Beag Ó Cadhain (71), An Cnocán
       Glas, An Spidéal. Bailitheoir: Tadhg S. Ó Concheanainn, 30 Samhain 1941.

v.1   Bliadhain 'san oídh' 'réir 'seadh d'fhága mé'n baile agus d'éaluigheas ó mo
       mhái'rín

v.2   'San chéad lá 'n-Éirinn air liostáil mise, 's mé 'bhí súgach sásta

v.3   Céad míle slán gon dú' (dúithche) bhí 'sa mbaile agus go'n oileán
       grádhmhar

v.4   Bhí mise lá 's mé triall air Ghailli' is tháinic múr mór báistighe

v.5   D'eiri' bean a' leanna go ró-mhoch air maidin, "Móra dhuit, a Spailpín
       Fánach!"

v.6   Bhí mise lá air shráid Chill' Choinni' 'mo sheasa suas le stábla

(b)   CBÉ 100:17–19; 4 x 4. Aithriseoir: [?]. Bailitheoir: Eibhlín Ní Fhátharta, [c.1917].

v.1   Go deó deó rís ní ragadh go Caiseal a' díol na réic mo shláinte

v.2   Im spailpín fánach fágadh mise a seasamh ar mo shláinte

v.3   Mo chuig céad slán cum duthaighe m'athar 'gus cum an oileán gradhmhar

v.4   Dá dtigeadh an Franncach anall tar calaith sa campa daingean laidir

(c)   CBÉ 617:376–79; 3 x 4. Aithriseoir: Spailpín (40), Páirc na Sceiche, Gaillimh.
       Bailitheoir: Seán Mac Artúir, 24 Bealtaine 1939.

v.1   Go deó deó ní rachad go Caiseal a díol nó ag réach mo shláinte

v.2   Im spailpín fánach fágadh mise ag seasú ar mo shláinte

v.3   Cúig céad slán le dútí m'athar is chun an oileáin grámhar

ROINN X

Amhráin Mharaíochta

384   Ag Teacht ón Daircín Dom agus Mé ag Faire an Bháidín

CBÉ 1833:116–17; 2 x 4. Aithriseoir: Máire Ní Mháille (72), 52 Cooke's Terrace, Gaillimh. Bailitheoir: Ciarán Bairéad, 19 Iúil 1973.

v.1   A' tíocht ón dairicín dom a's mé a' faire an bháidín, bhuail faitíos cráite mé go mbrisfí í

v.2   Nár dheas an mhaltrait a bhí le fáil am, marach Seáinín ꝛ Coluimín, bhí Bid ꝛ Neainín ann

385   Amhrán an Bhádóra

CBÉ 630:436–37; 4 x 4. Aithriseoir: Seán Ó Donnchadha (64), Adragool, Cluain Aoibh, Maigh Cuilinn. Bailitheoir: Seán Mac Artúir, 12 Meitheamh. 1939.

v.1   A bhárc banamh, tú in ancair na donrach nárd

v.2   Trá gleasuim-se na héadach gan fiar, gan chám

v.3   A dhílinn, a chrón charraig garbh gan sgáth

v.4   Is cuimhne liom a dubhart daolann gur carraig mé de ghnáth

386   Amhrán Dhúiche Sheoigeach

CBÉ 824:156–58; 6 x 4. Aithriseoir: Seán Ó Maodhbh (32), Cill Bhriocáin, Ros Muc. Bailitheoir: Monica Ní Mhaodhbh, 25 Feabhra 1942.

v.1   Tráthnúna oidhche Bhealtaine ar bealaigh ní nar chleacht mé

v.2   Chuimrigh mé sa n-ám sin ar mo mháithrín 's ar *Biddy* ó

v.3   Ní as ceann an mhaide rámha a bhain tú rán i dtúis do shaoghail

v.4   Nuair a tháiniceamar 'un a' trágha, bhí fáilte ag chuile dhuine róin

v.5   Annsoin a ceistnigheadh Seán bocht, cé'n náisiún nó cé'n bunú é

v.6   Ar maidin lá'r na bháireach bhí an samhra breágh geall a'inn (againn)

387   Amhrán na Cíonaí

CBÉ 826:208–10; 4 x 2. Aithriseoir: Anna Ní Ghriallais (21), Cill Bhriocáin, Ros

Muc. Bailitheoir: Monica Ní Mhaodhbh, 13 Bealtaine 1942.

v.1   Ar chuala sibh an chreach a rinneadh i gCill Bhríde trathnóna Dia h-Aoine nuair a d'árduigh an ghaoth mhór

v.2   Thánic *Paddy* abhaile agus dhearc sé go h-ionghantach, ghlaoidh sé go h-íseal amach ar Bhríd Mhór

v.3   Aníos arsa an Cíonach atá mé sluigeadh go díreach agus a liachtaí sin oidhche a chaith mé lé spóirt

v.4   Bhí áit agam go'n easbog agus go mhór-uaisle na tíre, brandy agus fíon agus fuisge lé n-ól

388   Amhrán na Muiríní

CBÉ 1211:515–19; 10 x 4. Aithriseoir: Seosamh Ó Tuathail (40), Leitir Caladh, Leitir Móir. Bailitheoir: Cóilín Ó Maoilchiaráin, 17 Meán Fómhair 1951.

v.1   Ar maidin Dia Céadaoin d'éirigh mé fhéin agus Seán

v.2   Chuaidh muid síos ar an gcéibh is thug muid téad linn a bhí trí fichid feágh

v.3   Nuair a chaithfeas tú amach í, ó, tóg do chuid marcanna i n-ám

v.4   Chuaidh sé sa gclochar ar an bpoinnte is bhuail sí an áit thíos

v.5   Is chuaidh muid isteach Leitir Caltha le na deasú is diabhal maith bhí dhúinn ann

v.6   Dubhairt Seán leis go dtiocfadh acht ní cuartaigheacht a tháinig muid aníos

v.7   Is chuaidh muid siar go Cill Chíaráin is níor thóg sé i bhfad ag gabhail ann

v.8   Anois tá an *dredge* deasuighthe acht cé'n mhaith sin, tá na muiríní gann

v.9   Mo thruaighe na créatúir 'tá dhá dtóraigheacht amuigh chuile lá

v.10   An tseachtmhain seo caithte thóg sé ainm gach fear a bhí ann

389   Amhrán na Seanbhád a Bhí i gConamara

CBÉ 1774:21–25; 1 x 6, 2 x 7, 1 x 4, 1 x 5, 2 x 4. Aithriseoir: Máirtín Ó Confhaola (Máirtín Mhurcha), Cladhnach, An Cheathrú Rua. Bailitheoir: Ciarán Bairéad, 9 Nollaig, 1964.

v.1   'S tá scéal len aithrist am-sa anois a's níl aon náire orm é ínseacht

v.2   Bhíodh trí seolta móra *bark*áilte orthab 'mu a's togh' na bhfáinne

v.3   Ó nach cuma leis na Muímhnigh, nach cuma ceaig a bheith le fáil

v.4   Ó is minic a bhí na báid siúd, bhí siad a' seasa' i ga' chuil ait v.5   Ó's ní cháinfidh an t-am sin a' bádóir ach bhí meas aige le fáil

v.6   Ó's tá na báid sin anois ar fad ithte a's iad caite le ballaí an tSráin

v.7   Ó agus tháinic óra *De Valera* againn ⁊ deanadh *leader* 'ó ar an áit

390 An Bádóir

(a)   CBÉ 90:480–82; 5 x 4. Aithriseoir: [?]. Bailitheoir: Mr. Joseph Hanley, 17 Iúil 1930. [Bailíodh an t-ábhar sa Tuairín nó i Leitir Mealláin].

v.1   Ar maidin Diardaoin, mo léan géar seadh gluais mé 'un siubhail

v.2   'S lár ar na bareach, bhí gála an is srotanna cruadh

v.3   Cé dágradh Mac Dé, mo léan géar ós as agam tá fios

v.4   Sé mo chreach is mo díth, faraor, is mé anois atá sa ngnuas

v.5   Ní hé sin bu cas liom dhá mbeadh mo crámha i dtaisge san uaigh

(b)   CBÉ 669:188–91; 5 x 4. Aithriseoir: Éamonn Ó Finneadha (77), An Lochán Beag, Indreabhán. Bailitheoir: Colm Ó Finneadha, 9 Deireadh Fómhair 1939. Fear de mhuintir Ghuairim as Maínis, Carna a rinne.

v.1   Ar maidin Diardaoin, mo léan ghéar seadh ghluais mé 'un siúbhail

v.2   Lá ar na bháireach, bhí gála ann is srothanna cruaidh

v.3   Cé d'agradh Mac Dé, mo léan ghéar ó's agam-sa tá fhios

v.4   Sé mo chreach 'sa díth, faraoir is mé anois tá sa ngluais

v.5   Ní hé sin ba chás liom dhá mbeadh mo chnámha i dtaisge san uaigh

391 An Chiaróg

(a)   CBÉ 969:284–87; 13 x 2. Aithriseoir: Seosamh Mac Liam (31), An Baile Láir, Cor na Rón. Bailitheoir: Calum I. Mac Gill-Eathain, 12 Nollaig 1944.

v.1   A gcuala tú an sglábhaidheacht a fuair sí an t-sean-chiaróg a' goil i n-aghaidh taoille tráwa 'un na Caisle

v.2   Rith Tún go sheáirse dúiseacht Mhrocha is Mháire is bígí n-a suidhe anois go tapaidh

v.3   Séard adubhairt Tún "is bád ma í ar iúmra is tá sí thar cionn a' goil treasna["]

v.4   Shiúbhail sí go spóirtiúil go Cora Mhial Mhóir nó gur thosa sé taurnáil Chuan Chaisín

v.5   Tá sí seo díonta le céad is trí mhíle is tá fhios ag an saol gur fada á'inn í

v.6   Gheofa mise cunntas ó bhean a' t-siopa mhóir, má tá sí 'san aois tá tú cheapa

v.7   Dá mbeinn-se gan feóirlinn, luach bairr-iall mo bhróige, ní dhíolainn go deó ar thobac í

v.8   Choinic mé an saoghal ná ro luach cárt min-bhuí á't nú gráinne in do phíopa le catha

v.9   "Nach aisteach an cás é", adeir Mrocha le Máire, "ag eire 'san am seo go mhaidin["]

v.10   Séard adubhairt Máire – "Tá an bealach an-tráthúil is ba mha liom go bhfeicinn mo dheaide["]

v.11   Cé'n chás é, adeir Máire, ach deabhal duine ag na páistí is dúirt Cáit – beidh muid máll ag an Aifreann

v.12   Séard dúirt Seán Pháraig – má théigheann sib 'sa gcláróg, tugaí lib tine 'ráin agus fataí

v.13   Nuair a thóig Mrocha n-a cheann suas an chainnt adubhairt Máire, tharrainn sí a' maide rámha isteach treasna

(b)   CBÉ 1722:14–18; 13 x 2. Aithriseoir: Pádraig Seoige, Inis Bearachain, Leitir Móir. Bailitheoir: Fionán Mac Colum, 1966. Is é an t-aithriseoir a chum an t-amhrán.

v.1   A gcuala tú an sglabhuígheacht a fuair an t-sean-chlaróg in aghaidh taoille-trághadh do na Caislibh

v.2   Rith Túna de sheársa ag dúiseacht Mhuruchadh 'is Mháire is bídis na suidhe anois go tapaidh

v.3   Sé'rd a dúbhairt Máire "tá an bealach am tráthamhail, is b'ait liom go bhfeicfinnn mo Dhaide["]

v.4   Sé'rd dúbhairt Seán Phádhraic "má théidheann sibh san gClaróg, tugaidh libh aráin agus fataí["]

v.5   Annsin a dúbhairt Túna "is togha bád é ar iomrádh is tá sí thar cíonn ar a treasna["]

v.6   Nuair a thosnuigheadar dhá sháith leis na maidí-rámha, dúbhairt Cáit "beidh muid máll ag an Aifreann["]

v.7   Nuair a thóig Murchuradh ina cheánn an chainnt a dúbhairt Máire, tharainn sé an maide-rámha isteach treasna

v.8   "Tá sí seo déanta le céad is cheithre mhíle is tá a fhios ag an saoghal gur fada againn í["]

v.9   "Gheobhfa mise cúnntas ó bhean an t-siopa mhóir, má tá sí san aois tá tú cheapadh["]

v.10   "Dhá mbeinn-se gan feóirling ná luach barraol bróige, ní dhíolfainn go deo ar thobac í["]

v.11 Nuair a chaithfeadh drúgha ina diaidh ag dul siar an cuan is
thosnuígheadh sí ag smúthracht Chuan Chaisín

v.12 "Bhí an lá ina fheóitheann mhór is gan a'inn ach droch sheól is muid dhá
tabhairt ar an Áird Mhóir chuig bean Chonragh["]

v.13 "Chonnaic mé ag saoghal nach raibh ad luach cárt mine buidhe, ná
gráinne i do phíopa le caitheamh["]

392 **An** *S.S. Cornubia*

CBÉ 400:123–24; 12 x 2. Aithriseoir: [?]. Bailitheoir: An tAth. Eric Mac Fhinn,
1936 [?].

v.1 Tháinig sí treasna na bhfairrgí tréana, threabh sí na réagúin ó thuaidh is
ó dheas

v.2 Chonnaic sí críocha 'raibh an ghrian ann go gléineach 'sna máirnéalaigh
sgréachghaoil 's fágháil bháis leis an tart

v.3 Chonnaic sí'n áit a raibh torthaí ar ghéagáin, chomh fairsing le spréidh-
mhóin ar phortaí Achaidh Airt

v.4 Tháinig sí Gaillimh i ndeiridh an t-séasúir le lastas is éadáil ó Ghlascú
isteach

v.5 Shéid an ghaoth 'niar go tolltach ar tréan-mhuir, ruaig sí na h-éanlaith
thar Thullach a' Leathair

v.6 Comhairligheadh dhon chaiptín ar maidin an lae sin, fanacht go
dtéaltuigheadh an gairbhthean seal

v.7 'Teacht anoir ag an iothlainn bhí'n fhairrge spréachta, bhí Seán agus
Séamus thíos i ndiaidh raic

v.8 Chruinnigh na Locháin 'sgach duine ar a' bhFéasóig, sean-duine 's
naoidheanán, sgurach is fear

v.9 Sgaoileadh na sgola 'san óige fré chéile, níor bh'fios céard é a n-éadáil
nuair thiocfadh an caiptín isteach

v.10 Sheas an caiptín go stáideamhail ar dhroichead na loing bháidhte,
chuaidh sé de sheársa anonn go dtí an stiúir

v.11 Bheithfeá i nÁrainn agus thiar i gCoill Sáile fhad's chaitheadar a' fálróid
ar bhord na Cornúb'

v.12 Tháinig an máta 'san caiptín 'na theannta 'san fhoireann ba bhreaghtha
dár sheol ar a' gcuan

393 Cladach an Locháin

CBÉ 829:308–10; 10 x 2. Aithriseoir: Seán Ó Flatharta (Seáinín Sheáin) (*c*.62),
An Lochán Beag, Indreabhán. Bailitheoir: Tadhg S. Ó Concheanainn, 13
Meitheamh 1942.

v.1   Trathnúna lae Márta i gcurrach air sáile, an fhairrge fághaí ag ridirí 'n tseoil

v.2   Ná foyleáin go sgáthmhar air Charraig Bhéal Trá, ní leig'each an eágla
      dhób corruí' 'mach fós

v.3   An rún dú' a' fálróid anúnn is análl, is rí-bheag é a bheánn air shneachta
      ghaoth 'dtua'

v.4   An chailleach dhu' luaithneach is rí-bheag a buaidhre', 'cur na
      dtúnntrachaí tuartha siar ghó gon crádh

v.5   Bantríoghan na spéire 'sa domhan thiar go haerach, a' dathú na réalta
      cho' buidhe leis an ór

v.6   D'eiri' an ghealach go cúthal ins an oirthear, gorm na spéire mar chosán
      di siúd

v.7   Shéid an ghaoth phréachtach anuas ó na sléibhte, 'chrath an bhrídeóig in
      umar na dtúnn

v.8   Air sraéúint a' chlada bhí an ghealach 'na haonar, mar áilleán gheal
      gléasta a' sgairt' air a' gcuan

v.9   Teach soluis go sgéineamhail aniar ó Cheánn Léime, ceánn eile go
      spéireamhail ag Boireann Mhic Cúmhaill

v.10 Níl an t-oileán le feiceál 'tá faoi dhraoidheacht leis na cianta, an amhla'
      gur fuar leis a dhreach sháth 'níos?

394 Cuan an Fhir Mhóir
(a)   CBÉ 1634:17–20; 4 x 2, 1 x 3, 8 x 2. Aithriseoir: Neainín Bean Uí Chonfhaola (88),
      Cladhnach, An Cheathrú Rua. Bailitheoir: Ciarán Bairéad, 24 Feabhra 1960.

v.1   D'eirigh mo mhuintir ar maidin agus sheol siad amach ag a' mbád

v.2   Ní ra' siad ach amach ag béal Chasla nuair a bhreathnuigh Pádhraic i
      ndiaidh an bháid

v.3   A Mhylín, eirigh 'do sheasa agus bain anuas an seol tosaigh go beo

v.4   A Mhylín, coinnigh do mhisneach agus taosc amach uisce go beo

v.5   Tháinic aingeal anuas ó na Flaithis ann agus sheas sé ar bhárr a' chrann
      seoil

v.6   Ní bhíonn muid aon Domhnach ó'n Aifrionn agus coinnigheann muid
      a' paidrín suas

v.7 An ólann sibh aon phionta tigh Saile nó aon phionta tigh chloinn Pheadair Mhóir?

v.8 Ní leigfidh mé 'steach tigh chlann Saile thú ná 'steach tigh chlann Pheadair Mhóir

v.9 Má thagann an oi' sin go garbh agus go mbeidh sé a' cinnt orainn an bád a thabhairt suas

v.10 Tháinic Pádhraic abhaile an oi' siúd agus bhí a mháthair sínte os cionn cláir

v.11 'S a Phádhraic, má ghníonn tú choidhchin smaoiniú ar aon bhean tighe a chuir i m'áit

v.12 Tá mise anois ag eirghe an-aosta agus na fiacla ag bogadh in mo cheánn

v.13 Is a Phádhraic, má ghníonn tusa smaoiniú ar mé 'chuir go moch Dé Máirt

(b) CBÉ 378:70–76, 11 x 2. Aithriseoir: An comhluadar tí Sheáin Mhic Fhualáin, Poll Uí Mhuirinn. Bailitheoir: An tAth Eric Mac Fhinn, 16–17 Lúnasa 1930. Bairbre Nic Dhonnchadha as an gCeathrú Rua a rinne. Fonn: 'Eoghan Cóir'.

v.1 D'eirigh mo mhuinntir ar maidin is shiubhladar siar ag a' mbád

v.2 Ní raibh siad ach tuairim 's leath-bealaigh nuair a bhreathnuigh Pádraig i ndiaidh an bháid

v.3 "A Mhaidhlín, eirigh in do sheasa' is leag an seol tosaigh go beó["]

v.4 Tháinig aingeal anuas as na Flaithis is sheas se ar bhárr an chrainn seóil

v.5 "Ar fhan tú aon Domhnach ón Aifreann nó ar choinnigh tú an páidrín suas?

v.6 "Níor fhan mé aon Domhnach ón Aifreann is choinnigh mé an páidrín suas["]

v.7 "Corr-thamall ghabhainn isteach tigh chlann Saile is corr-thamall isteach tigh Pheadair Mhóir

v.8 An tAingeal:
"Ní leigfhead tú isteach tigh chlann Saile, ní leigfhead ná isteach tigh Pheadair Mhóir["]

v.9 Pádraig:
"Má thagann an oidhche chomh garbh is go gcaitheamaid an cás a thabhairt suas["]

v.10 Ní ghlacfhadh sí sgilleacha geala, ní ghlacfhadh sí pighneachaí ruadha

v.11 Nuair a thiocfhas Pádhraic abhaile, beidh Baibín roimhe os cionn cláir

(c)   Pádraig Bhaibín

CBÉ 1767:80–83; 2 x 4, 1 x 3, 4 x 2, 1 x 2. Aithriseoir: Máirtín Ó Confhaola (45), Cladhnach, An Cheathrú Rua. Bailitheoir: Ciarán Bairéad, 2 Aibreán 1964.

v.1   Ó'uise, d'eirigh mo mhuintir-sa ar maidin a's sheoladar amach ag a' mbád

v.2   Ó, a Mhylín, ó, eirigh 'do sheasa a's bain anuas an seol tosa' go beo

v.3   Thainic aingeal anuas ó na Flaithis ainn a's sheas sé ar bhárr an crainn seoil

v.4   Ní ra' muid aon Domhnach ón Aifreann a's choinníodh muid an páidirín suas

v.5   Ní ligfidh mé isteach tí chlann Saile 'ú ná 'steach go dtí Meaig Pheadair Mhóir

v.6   Ní ghlacfadh sí airgead geal uainn, ní ghlacfadh sí pínniochaí rua

v.7   A's a Pháraic, má 'níonn tú choí'n smuiniú ar aon bhean tí a chuir in m'áit

v.8   Go bhfeicidh mé an bád a' tíocht thímpeall ón Spidéal no thaobh Chontae a' Chláir

(d)   Pádraig Bhaibín

CBÉ 1767:83–86; 6 x 4, 1 x 5, 1 x 4. Aithriseoir: Máirtín Ó Confhaola (Máirtín Mhurcha) (45), Cladhnach, An Cheathrú Rua. Bailitheoir: Ciarán Bairéad, 2 Aibreán 1964.

v.1   Ó d'eirigh mo mhuintir-sa ar maidin ┐ shiúladar amach ag an mbád

v.2   Ó, a Mhylín, ó eirigh in do sheasa a's bain anuas an seol tosa' go beo

v.3   Thainic aingeal anuas ó na Flaithis ainn a's sheas sé ar bhárr an crainn seoil

v.4   Ní ra' muid ariamh ón Aifreann as choinníodh muid an páidirín suas

v.5   Ní ligfidh mé isteach tí chlann Saile 'ú ná isteach go dtí Meaig Pheadair Mhóir

v.6   Thainic Páraic abhaile óra an oí siúd ┐ bhí Baibín sínte os cionn cláir

v.7   A's a Pháraic, má 'níonn tú choí'n smuiniú ar aon bhean tí a chuir in m'áit

v.8   Ó's bím maraí le imrí nuair a smuiním ar chuile dhroch-lá

395   D'iompaigh Sí Tharainn Amach trí na Sléibhte

CBÉ 208:373–75; 1 x 4, 1 x 2. Aithriseoir: [?], An Chloch Mhór, Baile na hAbhann. Bailitheoir: An tAth Eric Mac Fhinn, *c.* 1936].

v.1   D'iompuigh sí tharainn amach trí na sléibhte, i n-aice Máighe Maeon a thiocfaidh sí chun cuain v.2   Ba láidre ag teacht í ná neart Fiannu Éireann, na h-aicstoir i dtéachdh a ghaisge ar a' trá

396   Faraor go Dubhach, Mar a Dhíol Mé mo Bhó

CBÉ 624:195; 4 x 2. Aithriseoir: Mícheál Ó Conaill (30), Uachtar Ard. Bailitheoir: Proinnsias de Búrca, 10 Aibreán 1939.

v.1   Agus faríor go dubhach mar a dhíol mé mo bhó is mar cheannuigheas bád mór gan bhuidheachas

v.2   Agus bhí mise lá a' dul síos leis a' gCeánn agus briseadh láingéar mo phíce

v.3   Tháinic meall in mo láimh chomh mór lé mo cheánn, aon ghalún amháin is nó taoisginn

v.4   'S dá bhfeicfinn-se an lá go mbéinn sgartha lé bád, ní dheachainn sa ngábh a chaoin

397   Ghléas Muid an *Venus* Amach le Culaith Sheoil

CBÉ 1634:281; 1 x 4, 1 x 2. Aithriseoir: Seán Ó Curraoin (Seán Mhicí) (74), An Baile Láir, Ros an Mhíl. Bailitheoir: Ciarán Bairéad, 5 Márta 1960.

v.1   Ghléas muid a' Bhénus amach le culaith sheoil

v.2   I n-éindigh d'fhágadar Gaillimh agus i n-éindigh a chroch siad seol

398   Leac na gCualann

CBÉ 868:384; 1 x 4, 1 x 3. Aithriseoir: Bean Uí Fhlatharta (62), Baile an Logáin, Cor na Rón, Indreabhán. Bailitheoir: Pádraig Ó Flatharta, 28 Samhain 1942.

v.1   Lá na gaoith dtuaidh 'seadh a d'fhuadaigh uainn an bád

v.2   Nach a dtaga an bád abhaile beidh tobac aici go leór

399   Maitias Ó Gríofa

CBÉ 840:356–57; 4 x 4. Aithriseoir: Maidhc Ging (35), An Teach Mór, Indreabhán. Bailitheoir: Calum I. Mac Gill-Eathain, 5 Deireadh Fómhair 1942.

v.1   Séard dubhairt Maitias Ó Gríobhtha mar is fear é bhí lán go sgáth

v.2   Ar maidin Dia Dúmhna' seadh d'fhága mé céibh *Roundstone*

v.3   Bhí an mial mór 's an easconn ar ancair' i mbéal na trábh (sic)

v.4   Is faríor cruaidh deacair nár fhan mise i n-aice mo mhraoi (sic)

400 Séimín

CBÉ 811:477–78; 5 x 4. Aithriseoir: Seán Ó Flatharta (Seáinín Sheáin) (60), An Lochán Beag, Indreabhán. Bailitheoir: Tadhg S. Ó Concheanainn, Nollaig 1941–Eanáir 1942.

v.1 Dhá bhfeictheá-sa Seáinín a' tígheacht 'un a céibhe, ba leathan 's ba tréitheach a' fear é 'gceann báid

v.2 Tháinic *Ned Farrell* is d'fhia'ra' sé cé sin, duine gon chéill é 'sná tugaí' air áird

v.3 Ní cineál *pick-pockets* 'bhí 'Micil Réamoinn, níor fhóghluim sé riamh é ná aon fhear dhá dhreám

v.4 Ní h-eanann is sibhse, 'lucht salach na déirce nach ra' agai' riamh nach gort' ꝛ cáll

v.5 Ba chóra dhuit 'bheith 'nGailli' a' fóghluim na gréasaidheacht', do mhanra 'do bhéal is t-iall (snátha) i do láimh

401 Seoirse Ó Máille

(a) CBÉ 969:151–54; 2 x 2, 1 x 3, 6 x 2. Aithriseoir: Maitiú Mór Ó Tuathail (88), Na Creagáin, Indreabhán. Bailitheoir: Calum I. Mac Gill-Eathain, 18 Nollaig 1944.

v.1 A chéad lá go mhí agas go fhoghmhar seadh chrochamar na seólta, ag afarc ar na cóstaí agas a' góil a mhinneóg siar

v.2 Gur dhóirteamar le fána i n-aghaidh fairrge agas gála, go n-deacha muid go'n táiche [?] sin mar 's ann a bhí a triall

v.3 An fhairrge úd a léim sí agus las na tonnta tréan, leagamar na seólta agus níor thrá faillighe dhúinn é

v.4 Nach ait a' chliú is an náire dhúinn an bealach údan a shárú agas gan aon duine san áit ach an námhaid ar gach taobh

v.5 Bhí *cutters* bheaga is mhóra ann agus píolóití eile leób, bhí na luingis eile ag Seóirse ann is bhí an tóir ar fad 'n-a ndia

v.6 Bhí criú na luinge i n-aon chor ag afarc ar chlár éadain, ag iarra cabhair a dhéana is gan aon ghar dhóib ann

v.7 Bhí a lámha féin tóicí ar tharraint a gcuid rópaí, an craiceann údaí stróicí agas an fheóil amach ón gcrámh

v.8 Anois a' tígheacht go hÉirinn, tá fíon rua, *brandy* agus tae linn, tobac agas demaen (?)[...]

v.9 Nach í mo shoitheachín a bhí brúite ar tharraint a cuid glúine, na boltaí úd a' lúba agus ní nár dhóib fhéin é

(b) CBÉ 824:251–53; 6 x 2. Aithriseoir: Anna Ní Ghriallais (21), Cill Bhriocáin, Ros Muc. Bailitheoir: Monica Ní Mhaodhbh, 25 Márta, 1942.

v.1 An chéad lá go mhí an fhoghmhair seadh chrochamar ar seoltaí, tarraingt ar na cóstaí chun Tóin an Bhunnáin siar

v.2 Thart le Roinn na Maoile, síos go cruach na Caoille, an currach lé na taobh sin agus trádh Bhríd na ndiaidh

v.3 Teanadh dhúinn le Árainn mhéaduigh orainn gála, bhí cúrsaí istigh ar tráigh a'inn 's ní ba tráth faillighe é

v.4 An fhairrge gur ghéim sí 's las na tonnta tréana, chruinnigh na spéarthaí 's mhéaduigh an ceó

v.5 Bhí bowrd na luinge ar aon chor ag dearca ar chlár m'éadain 's a' súil lé cabhair a dheana 's gan éan mhaith dhóibh ánn

v.6 Bhí *cutters* bheag 's mhór ánn, pileótaí salach leótha, luingisí Sheóirse sa tóir uilig mo dhiaidh

ROINN XI

Amhráin faoin gCreideamh

402   Amhrán na *Jumpers*

CBÉ 378:456–57; 4 x 4. Aithriseoir: Seosamh Ó hEidhin (80), An Cnoc, Leitir Mealláin. Bailitheoir: Eibhlín Ní Standúin, 25 Iúil 1937. Micil Ó Clochartaigh a rinne an t-amhrán.

v.1   Beidh *battle* amáireach ag ceannphort na n-abhas

v.2   Tá strachaile buidhe ann is a ghrúis mar dhroch mhada

v.3   Beidh *battle* ag *Cranver*, sin ceann do na h-abhais

v.4   An gcuala sibh an díos úd a díbreadh as Acaill

403   Amhrán Shéamais Uí Chonchúir

(a)   CBÉ 793:388–92; 10 x 2, 1 x 6. Aithriseoir: Mícheál Ó Maodhbh (45), Cill Bhriocáin, Ros Muc. Bailitheoir: Monica Ní Mhaodhbh, 20 Meán Fómhair 1941.

v.1   Dá bhfaighinn-se fhéin culaith éadaigh a mbeadh ór a' sileadh leithe, in ómós dán a dheanamh i dtaobh Clainne Gall

v.2   Dhá mbeinn-se daingean dílis i gcreideamh an leinbh Íosa, an Rí atá os cionn na Ríghte 's shaothruigh an treiseadh fháil

v.3   Máire chúmhartha ghléigeal, inghean *Anna 's Jacob*, is glaine ná'n gath gréine tigheacht trí siúnta lá breágh

v.4   Maighdean ghlan gan bhréag thú, bainríoghan an domhain go léir thú, m'impidhe ort 's ná tréig mé in éiric mo cháin

v.5   Tá'n tríomhadh peacadh léighte chomh tugtha in mo chlaonta, 's dhá mbeinn chomh fada sléachta 's bhí Éabh agus Ádhamh

v.6   Feóirling ruadh ní thiubhrainn ar ónóir ná an déirce, d'fhear ar bith nach ngéillfeadh don aon phearsa amháin

v.7   An té is mo saidhbhreas saolta, is beag de théigheas i gcré leis, sgaoilteóigín gan éifeacht is caol-chomhra chláir

v.8   A pheacachaí ná sílidh, gur ar nos an chine daonna, thúirling an leanbh Íosa fuair aoibhneas na nGrást v.9   Sí Máire an bhean nár chuimhnigh peacadh ar bith a' dheanamh, mar thig na h-ubhla milse ar thaobh deas na gcrann

v.10   B'fhearr liom fhéin gan éirim ar mo ghlúine ag iarraidh déirce, mar gheall ar ní gan éifeacht sul chlaonfainn do'n dream

v.11   Sí plúr gach uile sgéal í, snuadh gach uile sgéim í, sí'n t-ughdar í nach féidir dá h-uireasbaidh bheith slán

(b)   CBÉ 824:345–48, 9 x 2. Aithriseoir: Póilín Bhreathnach (30), Cill Bhriocáin, Ros Muc. Bailitheoir: Monica Ní Mhaodhbh, 18 Márta, 1942.

v.1   Dá bhfúghainn-se culaith éadaigh mbeadh ór a' sileadh léithe, ar son dán a dheana i dtaobh Chloinne Gáll

v.2   A pheacaigh, ná sílígh gur ar nós an chine daonda shíolruigh an leanbh Íosa fuair aoibhneas na nGrást

v.3   Nach í Muire an bhean nar smaoinigh ar pheaca ar bith a dheanamh, acht mar thig na h-ubhlaí milse ar thaobh dheas na gcránn

v.4   Maighdean ghlan gan bhréig í, inghean *Anna 's Jacob*, is gile í ná an gath gréine thaganns thrí *China* lá breágh

v.5   Níor rugadh 'gus ní bhéarfar, go shagart ná go chléireach an té a bhfuil fios mo thréithre aige acht an t-Aon Phearsa amháin

v.6   An tríomha peaca a léightear go daingean in mo chlaonta, dá mbeinnse agat i sléachta agus bhí Édhamh agus Ádhamh

v.7   Nach fánach an t-slighe dhom-sa m'anam héin a scrúdú, ar chnagaire go'n dúithche ar chúnntas é fháil

v.8   An cholainn bhradach bhréagach ar chúl a cinn ag Hérod, is an t-anam bocht dhá chéasadh tabhairt éiric ins gach cáin

v.9   Nach shiod é an lá mbeidh an t-éagnach ag croinnte 's clocha ag pléasga, beidh an fhairrge na muir-théachta chomh h-éadtrom le smál

(c)   CBÉ 868:259–61. 1 x 3, 3 x 2, 1 x 3, 1 x 1, 1 x 5. Aithriseoir: Maitias Mór Ó Tuathail, Na Creagáin, Indreabhán. Bailitheoir: Calum I. Mac Gill-Eathain, 1942.

v.1   Sé tús m'óige, ní robh mo mhuintir chomh acfhuineach is go dtiúbhrach siad domsa morán fóghlaim ná oideachas ar Bhéarla

v.2   Dá mbeinnse a leath chomh soghluaisteach ⁊ bhí daoine eile, sé'n áit i mbeinn i mo shuidhe go stáidiúil thall 'sa teampall mór

v.3   Badh 'in é domsa (adeir sé) i mo chroidhe fhéin a chrúga' ar nós a' mhada dúthchais agus atá m'anam a bheith dá sgrúda' tabhairt cúnntais orm go géar v.4   Mar ní bhfuair mise ó mo chlaonta sé go molfainn lucht Liútair ar aon chor, a' chuid agat is tréine

v.5   Tá an lá seo (adeir sé) le thigheacht orainn, beidh clocha ꞓ crainnte a' pléasga agus beidh Muire ina losga' sléibhe chomh héadtrom le spal

v.6   Mar is stócach múinte bhí ionnam-sa nuair a thosa' tú cuir cogar orm a ghuil trí leabhar *Free-Masons*

v.7   Diúltaigh go na cúmhairleachaí anois (adeir a' ministéara) agus ná géill go lucht fuath na bréige

(d)   CBÉ 109:266; 1 x 2, 1 x 1, 1 x 2. Aithriseoir: Pádraig Mac Donnchadha, Ros an Mhíl. Bailitheoir: Tomás P. Ó Broin, [c.1935].

v.1   Nár bh'ait an cara dhom-sa tá m'anam bocht gá sgrúdú, ar chragaire de'n dúithche ar chunndar da bh'faghabh

v.2   A chomhursana nár sílibh, gur síolrú mar na daoine, rinne an leanbh Íosa fuair aoibhneas na nGrást

v.3   Dá bhfaighinn-se culaith éadaigh a mbeadh ór ar sileadh léithé, ar chunndar an dán seo a dhéanamh do shéimh Chlainne Gall

(e)   CBÉ 250:95; 2 x 2. Aithriseoir: Aithriseoir: Tomás Breathnach (80), An Cnoc, Indreabhán. Bailitheoir: Bríd Ní Chollaráin, 1936.

v.1   Dá bhfághainn-se culaith éadaigh [...] ar chúntar as dán a dhéanamh, is é bheith in-aghaidh clainne Gaedheal

v.2   Ní ghabhainn-se le mo chlaonta, sliocht Lutair a bhuail in uachtar, nach dtionntoch ar mo lámh clé, a n-Aon Mhac na nGrást

404   Sicíní Bhríd' Éamainn

(a)   CBÉ 811:328–32; 13 x 4. Aithriseoir: Dónall Ó Finneadha (78) An Baile Ard, An Spidéal. Bailitheoir: Tadhg S. Ó Concheanainn, 8 Samhain 1941. [?] Osborne as Maigh Cuilinn a rinne an t-amhrán.

v.1   Is a' gcuala tú nú 'bhfaca tú an sgrios a bhí in Éirinn?

v.2   D'fhága sin iad go h-anshóightheach, a' sgreadach is a' géar-ghol

v.3   Bhí mé lá 'gabhail a' bealach is casú isteach tigh Éamuinn mé

v.4   Ní bhfuair mé mórán sgoile 'riamh ná oideachas ar Bhéarla

v.5   Diúltu' go na h-eachrais sin is ná h-éiligh a' creidea' Gaedhealach

v.6   Annsin a' d'fhiafru' mé do'n chailleachín a' dtiúbhrat sí "*foundation*"

v.7   A chómharsannaí na gcarad, ná géilligidh-se d'Éamonn

v.8   Siod é'n rud a chuir a' fearg orm nuair a dúbhairt sí gan splé a' bith

v.9   Nuair a léigeann's siad 'sa Laidin iad, baineann sé dhá n*duty*

v.10   Muise, má mhúineadar do "*lesson*" dhuit, níor fhosglaidheadar do shúile

v.11   Dhá dteightheá-sa 'un a' tsagairt ㄱ dólás ar do chroidhe 'stigh

v.12   Dhá dtéighinn-se a' tabhairt a' turais, ní ag sagart ná ag bráthair é

v.13   Nach mór a' peaca marbhtha mé chrochadh ná mé chéasadh

(b)   CBÉ 72:34–38; 3 x 4, 3 x 3, 2 x 4, 1 x 2, 1 x 4, 2 x 2. Aithriseoir: Éamonn Ó Finneadha (69), An Lochán Beag, Indreabhán. Bailitheoir: Pádraig Ó Finneadha, Nollaig 1930–Eanáir 1931. Seoirse Osborne as Maigh Cuilinn a rinne an t-amhrán.

v.1   A' gcualaidh tú nó bhfacaidh tú sgrios ar bith i nÉirinn

v.2   D'fhága sin faoí leathtrom iad 'na ndílleachtaidhthe beag' laga

v.3   Bhí mé lá ag gabhail an bealach ann agus chuaidh mé isteach tigh
       Éamoinn

v.4   Eisean:
       Ní raibh mo mhuintir acmhuinneach agus d'fhág sin i leith na h-aimsire mé

v.5   Ise:
       Diúltaigh do na h-eagair sin agus séan an creideamh Gaédhealach

v.6   Dream iad na sagairt atá dá mbeathú lena mbéal féin

v.7   Eisean:
       Má thósuigheann siad ag paidreóireacht, má's Gréigis é nó Laidean

v.8   Má théigheann tú ag an Aifreann agus dólás ar do chroidhe istigh

v.9   Ise:
       Ba leór dhuit a rádh le leanbh bán le oinseach nó le amadán

v.10   D'fhiafruigh mé do'n chailleóg, an dtiúbhradh sí *foundation*

v.11   Is coileán múinte socair bhí ann tráth ar thosuigh sí ag cur cogaidh orm

v.12   Tháinig scéala as Sasana gur buadhadh le Ó Connaill ann

(c)   CBÉ 630:385–91; 6 x 4, 1 x 6, 1 x 4, 1 x 2, 1 x 4. Aithriseoir: Séamus Ó Droighneáin (60), Cluain Aoibh, Maigh Cuilinn. Bailitheoir: Seán Mac Artúir, 6 Meitheamh, 1939.

v.1   Ar chuala sibh nó ar bhfaca sibh aon sgrios ariamh in Éirinn

v.2   D'fhág sin na creatúir bocht ag screadach is ag géar ghol

v.3   Bhí mé ag dul an bealach (ar sé) agus bhuail mé isteach 'd'thigh Éamoinn

v.4   An Fear:
       Ní bhfuair mé mórán sgoile ariamh ná oideachas ar Bhéarla

v.5   An Bhean:
Diúltaigh an Aifreann agus séan an creideamh Gaedhealach

v.6   An Fear:
Nuair a thiocfas tú ag an sagart (ar seisean) agus dólás ar do chroidhe istigh

v.7   An Bhean:
Nuair a thiocfainn sí ag iarraidh maitheanais (ar sise) ní ar shagart é ná ar bhráthair ar bith

v.8   An Fear:
Má léigheann siad na paidreacha (ar seisean) baineann sin dá n'duty

v.9   An Bhean:
Annsin d'éirigh sí go feargach agus d'iafruigh sí go sgléipeach

v.10   An Fear:
Nach mór an peaca marbhach mé a chrochadh nó mé a chéasadh

(d)   CBÉ 231:426–30; 1 x 3, 1 x 2, 6 x 4, 2 x 5. Aithriseoir: Máirtín Ó Confhaola (Máirtín Ceannaí) (*c.* os cionn 80 bl), An Gleann Mór, An Cheathrú Rua. Bailitheoir: An Bráthair Lúcás, Meán Fómhair 1935. Séamus Osborne a rinne.

v.1   A' chuala tú nó an bhfeaca tú an scrios a dearnadh in Éirinn

v.2   D'fhág sé iad faoi leatromach ag sgreadach a's ag béiceadh

v.3   Bhí mise lá ag 'ul a bealach (deir a' mada) 's casadh mé (i d)tig Éamoin

v.4   Ní bhfuair mé mórán scolaidheacht' (adeir an coileán) ná oideachas ar Bhéarla

v.5   Diúltaigh dho na h-aifrinn (deir a' cailleach) agus séan an creideamh Gaedhleach

v.6   Fuair mé amach sa seanchas go raibh tú seal (i) do *Quaker*

v.7   Séard adubhairt an chailleach liom faoí spéachadh

v.8   Má thosuigheann siad ag paidreál (deir an coileán) baineann sin dá n*duty*

v.9   Níor léigh tú riamh an *Testament*, ní bhfuair tú ádhbhar cainnt na h-ughdar

v.10   Má thugaim-se an turas (deir an chailleach), ní h-ag sagart nó ag bráthair

ROINN XII

Amhráin Mhorálta

405 An tSlis

(a) CBÉ 72:14–17; 8 x 4. Aithriseoir: Seán Ó Cualáin (Seáinín Beag) (65), An Teach Mór, Indreabhán. Pádraig Ó Finneadha, Nollaig 1930–Eanáir 1931. Brian Ó Finneadha a rinne an t-amhrán.

v.1 'Sagamsa bhí na searbhfoghantaidhe b'fhearr a bhí san domhan

v.2 Leag ar mo lámh í agus tháinig an gála adtuaidh

v.3 Fada na seacht seachtmhainí chaith sí in iomara báidhte

v.4 Chuir sí leitir agamsa i bhfuirm tarraingthe sgríobhtha

v.5 Brón ar an airgead, is mairg bhíos gan roinnt de

v.6 Nuair bhíonns an costas caithte agus deireadh 'n spáráin spíonta

v.7 Chuir sgaipeadh a's fán an Chaitliocaigh agus ag méadú persecution

v.8 Cuirimíd a n-impídhe agus a n-athchuinge suas chuig Righ na nGrást

(b) CBÉ 1138:493–95; 7 x 4. Aithriseoir: Seán Ó Cualáin (Seáinín Beag) (75), An Teach Mór, Indreabhán. Bailitheoir: Pádraig Ó Flatharta, 1941.

v.1 Is agamsa a bhí an searbfhoghantaidhe a b'fheárr a bhí ar an domhan seo

v.2 Leag mé as mo láimh í muis is tháinic an gala adtuaidh

v.3 'S nach fada na seacht seachtmhanaidhe a chaith sí ar na tonnta báidhte

v.4 Chuir sí leitir agamsa is í i bhfuirm tarrainghthe sgriobhtha

v.5 Is cosamhail í le réic bocht a d'imtheóchadh roimhe ar fud na réigiúin

v.6 'Sé an tochtnaidh Rí hAnnraoí a d'fhuasgail é de réir mar dubhairt na húghdair

v.7 Cuirimíd a n-impidhe agus i n-athchuinghe suas chuig Rí na nGrásta

406 Bean an Fhir Rua

CBÉ 669:175–80; 14 x 4. Aithriseoir: Pádraig Ó Finneadha (22), An Lochán Beag, Indreabhán. Bailitheoir: Colm Ó Finneadha, 8 Deireadh Fómhair 1939.

v.1 Smaoinigh gur céasadh aon mac Mhuire ar a' gcrann

v.2   A dhuine gan áird, ná trácht-sa ar sheachtmhain ná Luan
v.3   A dhuine gan chéill, ná tréig-se Flaithis na nDúl
v.4   Tiocfaidh Lá an t-Sléibhe 's beidh an scéal seo dhá tharraingt anuas
v.5   Siúd é lá an léin, a léimfhidh na mairbh ón uaigh
v.6   Nach iomda lá aerach ar eirighe sí amach is an ngleann
v.7   'S iomda sin féirín, gan bhréig, a d'fhág sí na diaidh
v.8   Níl siosúr ná miosúr, ná snáithe dár dhúbail sé 'riamh
v.9   A tháilliúir tá ar fán, má's áil leat feasta bheith buan
v.10   Hercules láidir, do crádhadh san teine le mnaoi
v.11   Cailleadh le Blánaid, Mac Dáire 's Cú Chulain cruaidh
v.12   Tuig gur le Aofa do claoidheamh Clann Lir ins an snámh
v.13   Beidh an shíoluig ó Ádhamh an lá úd i bhfiadhnaise an uain
v.14   Deir Raiftearaí fhéin, go h-éag, nach maithfear an drúis

407 **Lá Fhéile Pádraig (3)**
(a)   CBÉ 607:551–52; 5 x 4. Aithriseoir: Bríd Ní Scanláin, Baile an tSléibhe, Ros an Mhíl. Bailitheoir: Brian Mac Lochlainn, 1938.

v.1   Lá 'l' Páraic, ní hé m'áit a bheith a' faire na haon-bhó
v.2   A annsacht, ná sannta caile ná sríl
v.3   A chéad searc, ná lig do chumann le mnaoi
v.4   Má théigheann tú 'un an aona, túbhair a chaora leat 's a t-uan
v.5   A mhic a duine chonnaic mise suarach go leor

(b)   CBÉ 1722:169–71; 5 x 4. Aithriseoir: [? Bríd Ní Scanláin, Baile an tSléibhe, Ros an Mhíl]. Bailitheoir: Mícheál Ó Scanláin.

v.1   Lá Fhéile Pádraig, ní hé an áit a bheith ag faireadh na haon bhó
v.2   Annsa, ná santuigh caille na sraoil
v.3   Do chéad searc, ná leig do chumann le mnaoi
v.4   Má theigheann tú chuig an aonaigh, beir an chaora leat ⁊ an t-uan
v.5   Fiche duine chonnaic mise suarach go leor

ROINN XIII

Amhráin faoin bPolaitíocht

A. Amhráin faoi Chúrsaí Polaitíochta

408 Amhrán an Tae (3)

CBÉ 825:248–50; 8 x 4. Aithriseoir: Seán Ó Maodhbh (32), Cill Bhriocáin, Ros Muc. Bailitheoir: Monica Ní Mhaodhbh, 15 Aibreán 1942. Tadhg Ó Sé a rinne. Fonn: 'Slide a Bonnet trimmed with Blue'.

v.1   Leath uinsín a deir Deaidó

v.2   Dia ghá réidhteach a deir Mamó

v.3   Droch-rath ar *Hitler* a deir Deaidó

v.4   'S cár fhág tú *Churchill* a deir Mamó

v.5   Acht cár fhág tú do cháirtín a deir Deaidó

v.6   D'fhágas m'anam a deir Mamó

v.7   Cairtín gánn é a deir Deaidó

v.8   Ó bhó-bhó a deir Mamó

409 Amhrán *Hitler*

CBÉ 708:319–27; 19 x 2. Aithriseoir: Áine Ní Iarnáin, Na hUaimíní, Scoil an Chnoic, Leitir Mealláin. Bailitheoir: An tAth. Eric Mac Fhinn, Meán Fómhair 1938.

v.1   Da dtosuigheadh an cogadh sin nár bhocht an saoghal é is an tír seo líonta le chuile dhream

v.2   Anall as *Germany* an duine céadtach, 'sé *Hitler* bréagach atá mé a' rádh

v.3   Bhí Baile Átha Cliath lán leo as an tír thart timcheall, is as chuile réigiún bhí thart san áit

v.4   Lá deire an tsaoghail a bhí siad a' dul a dhéanamh – 'sé bhí na daoine ar fad a' rádh –

v.5   Ní raibh íseal ná uasal dá raibh sa tír sin nach raibh a' caoineadh ag iarraidh teacht anall v.6   Rith gach a raibh i Sasana anall go hÉirinn, a gceann fré chéile is a n-intinn árd

v.7   Nach í an bád bán úd a rinne an saothrú ar mhuinntir na tíre dhá dtabhairt anall

v.8   Bhí Sasana cartaigh' uilig thart timcheall, a' déanamh trinsí le dhul i bhfolach ann

v.9   Ní raibh truagh i n-aon tír níos mó ná 'nÉirinn, is a muinntir fhéin a bheith fágtha thall –

v.10   Bhí na fir a' sgreadach is na mná a' caoineadh, nuair a chonnaic siad na trinsí a bhí le h-aghaidh a mbáis

v.11   Stopadh na busannaí is dúnadh na *stations* is ní raibh aon traen ag imtheacht ann

v.12   Dunadh na bancannaí uilig 'n-a dtimpcheall, bhí an pacáil déanta is gan aon phighinn le spáint

v.13   Dúnadh na sgoiltreacha annsiúd Dia hAoine, na páisdí fhéin. bhí siad dhá gcur amach faoi'n tír

v.14   Bhí muinntir na hEorpa cruinn le chéile, an Pápa fhéin, bhí sé istigh 'n-a lár

v.15   Nach é *Clamberlane* a rinne an smaoineadh nuair a chuir sé an sgéal úd amach Dia Máirt

v.16   Ach tugaidh a mallacht dó uilig a dhaoine, an fear a shíl sibh a chur ar fán

v.17   Níl aon dochar anois sa méid sin mar tiubhra sé comhairle dhon té a bhí ann

v.18   Ach cé'n mhaith bheith a' seanchus ó thárla an fábhar déanta, is tá deire arís leis go dtagadh an Cháisg

v.19   Annsiúd Dia hAoine bhí ortha an ríméad nuair bhí an socrú déanta má tá aon mhaith ann

410   **Amhrán Sheáin Uí Chinnéide (*President Kennedy*)**
CBÉ 1774:9–15; 8 x 4, 1 x 5, 1 x 4, 1 x 6, 3 x 4, 1 x 2, 6 x 4. Aithriseoir: Máirtín Ó Confhaola (Máirtín Mhurcha), Cladhnach, An Cheathrú Rua. Bailitheoir: Ciarán Bairéad, 9 Nollaig, 1964.

v.1   Ta scéal anois le tárlú i Státaí Mheiriocá

v.2   Sul ár tháinic an t-óglach ann, bhí caint air i's chuil áit

v.3   A's sul ár tháinig óra an comhaire, a's a ra'n t-ólachán thart san áit

v.4   Tá na náisiúin uiliug a' troid a's ní suímris 'bheidheas ann

v.5   A's nuair a chuala *De Valera* go ra sé *electe*áiltí tí tháll

v.6   Ó's ná bac le h-óra, corraí sé adeir *John Fitzgeraly* ar *wire* análl v.7 Ós nuair a tháinic, óra, a' Cinnéideach go h-Éirinn a' seachtú lá

v.8 Bhí na *peelers* a's na sagairt ann a's a ra go dhochtúirí san áit

v.9 Ó's chua sé go h*O'Connell Street*, a's bhí fáilte roimhe ann

v.10 Dúirt sé go mb'iad na h-Éireannaigh na fir ab fhearr le fáil

v.11 Ó bhí sibh sa gcreide' Caitiligeach, a's níor shéan sibh aon áit

v.12 Ó 'gus tháinic sé go Gaille, a's bhí na sluaite ánn gach ceárd

v.13 Ach tá daoine anois ó tóigthí as, (adeir sé) go maith 'gus d'fhéatfá rá

v.14 Ó's (adeir sé) má fheágann sibh coí'n Conamara, a's a ghoil anonn ar a *Yankeeshtar*

v.15 Tá Éireannaigh go leor i Meiriocá i's chuil áit in Éirinn iad a's níl mórán acab ann

v.16 Ó's sul ar fhág tú an *Shannon* Airpórt uainn bhí sluaite in do dhiaidh

v.17 Ó 'gus nach beag a chuimhne a bhí agat-sa nach dtiocfá ainn ar báll

v.18 Go dtiubhrá isteach na náisiúin a's go mbeadh suimneas ann le fáil

v.19 Gur thugadar fhéin isteach dhó tharas fear a' bith a bhí in aon áit

v.20 Mar tá sé, óra ráite, spiadóir a bhí ann

v.21 Go mallaitear a's go milltear é as go gcuirear i mbairille é mór bán

411. An Cogadh Mór

(a)   CBÉ 786:204–07; 11 x 2. Aithriseoir: Seán Ó Conchubhair, Leitir Móir. Bailitheoir: Proinnsias de Búrca, 26 Samhain, 1941. Peadar Ó Mealláin as Inis Bearachain a rinne an t-amhrán.

v.1 Dhéanfainn píosa cainnte mar gheall ar na Sinn Féiners, ach tá mé fhéin ró-aonraic is gan aon fhear le fáil

v.2 Dá n-abruighinn focal fabhrach a thóigfheadh páirt le Éire, chrochfaidhe mé go haerach as géagán ar chrann

v.3 Ba mhaith é dlíghe Shasana is níl aon mhaith dá shéanadh, bheadh sean-ndaoine tóigthe suas go brách

v.4 Níl tráthnóna ar bith ná maidin dá gcrochfaidhe síos an *tae pot*, nach fiadhnaise mé fhéin go mbeadh ríméad ar an gclann

v.5 Go deimhin ní bheidh mo bheannacht-sa ar an German ná ar a chuid *air boats,* b'fhearr liom-sa insa gcré é na buadhachtáil ar bith fháil

v.6 'Séard é an *German* bladaire go phlanndóir is é bréagach, ní lé cás go na Sinn Féiners a thóigfheadh se leó lámh

v.7 Ní fhaca muide tada uaidhe a dhéanfadh leas g'Éirinn, theastuigh sé uaidh fhéin is é go géar ina chal

v.8 Níorbh é sin go mhac na banríoghan, ba mhaith a bhí sé g'Éirinn, nuair a tháinic sé ⁊ a chléireach análl san *Men o' War*

v.9 Bhí éadach is fataí aige lé h-aghaidh gach uile chréatúr, duine ar bith a déarfhadh go mbíodh sé ina chal

v.10 Ní chreidfhinn fhéin ó'n sagart go bhfuighidís maiththeannas ar aon chor, lé n-ár fhágadar i gcré in éiric is i gcáin

v.11 Tá eagla orm is faitcíos mór go ngeobhfhaidh siad na *bayonets*, 's nár dhubhairt Colm Cille aon bhréag san méid a bhí sé a rádh

(b) CBÉ 1702:356–58; 11 x 2. Aithriseoir: Seosamh Mac Liam (48), Inis Bearachain. Bailitheoir: Proinnsias de Búrca, 11 Eanáir 1966.

v.1 Déarfhainn píosa cainnte mar gheall ar na Sinféiners, ach tá mé fhéin ró-aonraic agus gan aon fhear lé fáil

v.2 Dhá n-abhruínn focal fabhrach a thóigfheadh páirt lé Éire, crochfaidh mé go h-aerach as géagán ar chrann

v.3 Ba mhaith é dlíghe Shasanna agus níl aon mhaith dhá shéana, bheadh sean ndaoine tóigthe suas go brách

v.4 Níl tráthnóna ar bith ná maidin dhá gcróchfaidh síos an *tae-pot*, nach fiadhnaise mé fhéin go mbeadh ríméad ar an gclann

v.5 Go deimhin ní bheidh mo bheannacht-sa ar an *German* ná ar a chuid *airboats*, b'fheárr liom-sa insa gcré é na' buadhachtáil ar bith fháil

v.6 'Séard é an *German* bladaire de phlanndáil is é bréagach, ní lé cás de na Sinnféiners a thóigfheadh sé leóbh láimh

v.7 Ní fhaca muide tada uaidh a dhíonfadh aon leas d'Éirinn, theastuigh sé uaidh fhéin agus é go géar ina chall

v.8 Níor b'é sin do mhac na banríon is maith a bhí sé d'Éirinn, nuair a tháinic sé agus a chléireach análl san *Men o' War*

v.9 Bhí éadach agus fataí aige lé h-aghaidh gach uile chréatúr, duine ar bith a déarfhadh go mbeadh sé ina chall

v.10 Ní chreidfhinn fhéin ó'n sagart go bhfuíghidís maiththeannas ar aon chor, lé 'n ar fhágadar i gcré in éiric is i gcáin

v.11 Tá eagla orm agus faitcíos mór go ngeobhfaidh siad na *bayonets*, 's nár dhúirt Colm Cille aon bhréag insan méid a bhí sé a rádh

(c) CBÉ 801:158–61; 11 x 2. Aithriseoir: Seán Mac Donnchadha (60), Inis Eirc, Leitir Mealláin. Bailitheoir: Proinnsias de Búrca, 19 Eanáir 1942. Peadar Ó Mealláin as Inis Bearachain a rinne an t-amhrán.

v.1   Dheanfhainn píosa cainnte mar gheall ar na Sinn Féiners, ach tá mé
fhéin ró-aonraic is gan aon fhear lé fáil

v.2   Dá n-abruighinn focal fabhrach a thóigfheadh páirt lé Éire, crochfaidh
mé go haerach as géagan an chrainn

v.3   Ba mhaith é dlíghe Shasana is níl aon mhaith dhá shéanadh, bheadh sean
ndaoine tóigthe suas go brách

v.4   Níl tráthnóna ar bith ná maidin dá gcrochfhaidhe síos an *tea-pot*, nach
fiadhnaise mé fhéin go mbeadh ríméad ar an gclann

v.5   Go deimhin ní bheadh mo bheannacht-sa ar an *German* ná ar a chuid *air
boats*, b'fheárr liomsa insa gcré é ná buadhachtáil ar bith 'fháil

v.6   'Séard é an *German*, bladaire go phlanndóir ⁊ é bréagach, ní lé cás go na
Sinn Féiners a thóigfheat sé leó lámh

v.7   Ní fhaca muide tada uaidhe a dheanfhadh aon leas d'Éirinn, theasta sé
uaidh fhéin ⁊ é go géar ina chál

v.8   Níorb' é sin go mhac na banríoghana ba mhaith a bhí sé g'Éirinn, nuair a
tháinic sé fhéin ⁊ a chléireach análl sa *Men o' War*

v.9   Bhí éadach ⁊ fataí aige lé haghaidh gach uile chréatúr, duine ar bith a
déarfhadh go mbíot sé ina chal

v.10   Ní chreidfhinn fhéin ó'n sagart go bhfuighidís maithteannas ar aon chor,
lé n-ar fhágadar i gcré in éiric is i gcáin

v.11   Tá eagla orm is faitcíos mór go ngeobhfhaidh siad na *bayonets*, 's nár
dhubhairt Colm Cille aon bhréag sa méid a bhí sé a rádh

(d)   CBÉ 1280:564–66; 5 x 4. Aithriseoir: Seán Mháirtín Seoige, Inis Bearachain,
Leitir Móir. Bailitheoir: Séamus Mac Aonghusa, [1945?]. Peter Ó Mealláin, Inis
Bearachain a rinne.

v.1   Dhíonfainn píosa cainnte dhíb mar gheall ar na 'Sinn-Féiners' mar tá mé
'nois go h-aontraic is gan aoinfhear le fáil

v.2   Ba mhaith é dlíghe an tSasana' agus molamuid go h-aer é mar bheadh
sean-aoiní go h-Éireann tóigthí suas go brách

v.3   B'éard é'n *German* bladaire go phleandóir 's é bréagach, ní ar mhaithe leis
na Gaedhil bhochta thóigfit se dhóthab lámh

v.4   Go deivin ní bheadh mo bheannacht ag a' *German* ná 'g a chuid *airboats*,
mar b'fhearr liom insa gcré ná é grúchtáil a' bith fháil

v.5   Bhí éadach is bhí fataí aige le h-aghaidh chuile chréatúir is duine 'bith
a déarfadh go ra' sé 'n-a dháll –

412 **Lá na Fola**

CBÉ 526:289–98; 18 x 4, 1 x 5. Aithriseoir: Beartla Ó Flatharta (17), An Lochán Beag, Indreabhán. Bailitheoir: Proinnsias de Búrca, 28 Aibreán 1938.

v.1 Smaoinigh a cháirde, go bhfuil lá na fola a' tiacht

v.2 A dhriothárachaí óga na páirte, tá an lá sin anois i ngar dhúinn

v.3 Nuair a bhuailfheas clog cogadh na Frainnce ⁊ a' cloisfear a sgread leis a' ngaoith

v.4 Nach bródamhail mar bhreathnuigheanns tú a Pháras, gach maidin chiúin áluinn gan smúit

v.5 Céard é seo in uachtar an pháipéir a bhfuil creath in do láimh ⁊ tú dhá léigheamh

v.6 Féach ar na loingisí fada ⁊ iad a' tigheacht ina scata ar a' spéir

v.7 Féach ortha anois ⁊ iad a' dórta pléasgáin ina sgórtha ins gach sráid

v.8 Féach ar na daoinidh atá sgannruí ⁊ iad a' rith le na n-anam ó'n bpian

v.9 Féach ar na lasrachaí dearga, beidh an baile i gceann liathuaig ina luath

v.10 Tiubhrfha mé m'aghaidh go dubh bhrónach ar na treinsí ar chúl na gcroc

v.11 Tá boladh ar ghail nimhneach sa ngaoth

v.12 Tá seisean ag seile le fána ⁊ é ag sluge go mall faoí'n gcré

v.13 Cé'n fáth iad a tréigsint a' t-siamsa ní thigim an nídh sin fós

v.14 Agus fágfha slán ag na tréan fhir nach siúlfhi ar an bhféar go lá Luain

v.15 Uaill ó'n torpedó go cinnte ⁊ é a' bualadh in-aghaidh taobh na long

v.16 Cloisim crónán long aeir dá h-ionnsuigh ó'n spéir atá sí

v.17 Tá an Impire a gcantabhairt go géar ach chonnaic sí laetheannta maith

v.18 Mar tuilleann tú basgadh ⁊ an plúcadh a fuair Sodam na drúise lá

v.19 Ní fheicthídhear a' teacht go lá an t-Sléibhe iad as na réagúin ar thuiteadar ánn

413 **Muintir Shinn Féin**

CBÉ 442:121–24; 9 x 2, 1 x 3. Aithriseoir: Pádraig Mac Donnchadha (77), Leitir Caladh, Leitir Móir. Bailitheoir: Eibhlín Ní Standúin, 18 Samhain 1937.

v.1 Is fada le fán í Éire mo chrádh 's a muinntir dhá crochadh 's dhá céasadh

v.2 Níl aon mhaith dhá rádh le daoine ins an áit, mar ní chreideann siad an sgéal le na mhíniú

v.3 Is fada taobh tháll sean-Donal *Boyle* gan ceart a' bith a thabhairt do Éirinn

v.4 D'imthigh Ó Néill agus an dream a bhí tréan agus níor tháinig ó shoin thrí Éirinn

v.5 Mar thugadar sgéal do'n domhan go léir, gach oileán, ríoghacht agus státa

v.6 Sé *De Valera* Uachtarán na h-Éireann is molamuid go h-éag é mar charad

v.7 Cumhacht Mhic Dé go sábhála é, is go dtugadh slán é thar sáile

v.8   Dhá mbeidhinn-se in ann scríobh acht farior géar níl, sin é fhágas mo
       chroidhe-se cráidhte

v.9   B'úd é an chraobh nar ghlac ariamh bríb, i bpríosún a cuireadh chun báis é

v.10   Sé deire mo sgéil is creidigidhe é, go mbeidh Parliment Gaedhealach
       ina seasamh

414   Scéal an Chogaidh

CBÉ 1676:92–101; 1 x 5, 1 x 4, 2 x 3, 4 x 4, 1 x 2, 1 x 4, 2 x 3, 5 x 4, 1 x 3, 1 x 4, 1 x 3,
5 x 4, 1 x 5, 3 x 4, 1 x 5. Aithriseoir: Máirtín Ó Confhaola (Máirtín Mhurcha),
Cladhnach, An Cheathrú Rua. Bailitheoir: Ciarán Bairéad, 14 Meitheamh 1961.

v.1   Chaith mé'n samhra anura' ag cumhdach muintir Sheáin

v.2   Má tá an coga a' tosuighe ar *Hitler*, ní bheidh aon *phetrol* le fágháil

v.3   Bhí daoine a' goil ar a *Shannon*, sé'n bealach a bhí aca ná báid

v.4   Sé'n pleain a cheap *Holleran*, mise a's Peaitsín Bán

v.5   Agus bhí sé a' deana airgid ar lucht na mbáinín bán

v.6   Nuair a tháinic *Devileer* 'na [...] ar Éirinn, thug sé busannaí 'gas mótars
       amach san áint

v.7   Ní ra' aon nduine le fágháil ag Sasana le ghoil ag obair i n-aon áint

v.8   Sé *De Viléaraí* a bhí smeairteáiltí, mar sé chuir *passport* i n-a láimh

v.9   Shábháil sé Cúig Uladh go maith le ra' ánn

v.10   Nár laga' Dia thú a *Hitler*, is tú fhéin a' fear a b'fhearr

v.11   Bhí sé a' goil amú ar Shasana, ar a' bhFrainnc 's ar Mheiriocá

v.12   Chuir sé análl na *fly saucers* a bhí a cuir lasrachaí wób's chuil áint

v.13   Chuaidh sé faoi *Norway* is faoi *Pholand* cúplá lá

v.14   A's thóicfeadh sé na h-*aer'dromes* a bhí 'stigh aige 'san áint

v.15   Ach rinne *Hitler* ar *Russia*, sí t-oileán is mo í a bhí le fágháil

v.16   Chua' sé cho fada le *Stalingrad* ז ní ra' sé 'n-ann deana ní b'fheárr

v.17   Bhíodar go mór ז ná ra' a léithidí le fágháil

v.18   Dhá ndeanadh muid ar *Mhoscow* (adeir sé), ní bhuaillí muid go bráth

v.19   Ach 'á gcoinnigheadh muid a' buachaill a d'ime go Meiriocá

v.20   Bhí coga idir Meiriocá's a' *Jap* le fada riamh a' lá

v.21   Ní ra' laogh ariamh ag a' mbó ánn ná éan ins an ubh

v.22   Thainic siad thart 'na dhia' sin i b*plane* os a chionn go h-árd

v.23   Tá chuile leigheas sa stuf, tá leigheas ann le h-aghaidh T.B. anois ז chuil áint

v.24   Dhá bhfuigheadh sibh mí eile bheadh a' domhan agai le fágháil

v.25   Níor bhfearr leob ag ithe a mbéile ná iad a' scaoile isteach go h-Éirinn v.26   Bhí siad ag imeacht chuile Dhomhnach a' meairtseáil ar fud chuil áint

v.27   Tá fear maith tháll i *Germany* a nglaoidhtear air *Lord Haw-Haw*

v.28   Mar bhí 'os aige go ra' sí *neutral* ⁊ nach mbomáilfí í go bráth

v.29   Feoil chapaill is franncaʼ is mó a bhí le fágháil

v.30   Bhí na *Germans* ar fad i Sasana, ní ra' páí a' bith acab le fágháil

415   The Banner of the Free

CBÉ 826:268–70; Aithriseoir: Peadar Ó Griallais (68), An Gairifeannach, Ros
Muc. Bailitheoir: Monica Ní Mhaodhbh, 18 Meitheamh 1942.

v.1   *He lay upon the battle-field at Niche-Conmne-Tighe*

v.2   *His comrades gathered around him and from their eyes tears fell*

v.3   *The raised him from that bloody ground to see his flag once more*

v.4   *A smile o'er spread his pallet face, he feebly gasped to breath*

416   The Valleys of Knockanore [sic]

CBÉ 826:245–47, 2 x 4, 1 x 3, 3 x 4. Aithriseoir: Bríd Bean Uí Shúilleabháin (30), Cill
Bhriocáin, Ros Muc. Bailitheoir: Monica Ní Mhaodhbh, 5 Meitheamh 1942.

v.1   *Our hero boys all brave and true, no counsel they would take*

v.2   *At* Gort na nGleánn, *so ragged high, our hero boys took shade*

v.3   *Dalton and Walsh stood side by side, with Lyons they did agree*

v.4   *When those boys were put standing with rifles fixed to fire*

v.5   *One day I met Daltons mother and this to me did say*

v.6   *God bless her brave* Sinn Féin *boys wherever they may go*

B. Aislingí Polaitiúla

417   A Bhean an Tí

CBÉ 811:369–70; 3 x 4 + curfá ceithre líne. Aithriseoir: Dónall Ó Finneadha (78),
An Baile Ard, An Spidéal. Bailitheoir: Tadhg S. Ó Concheanainn, 8 Samhain 1941.

v.1   Aréir mo thárla (?) in-árus chúmhang

v.2   Is cé'n aca (?) go'n treibh ba mhian leat a theacht

v.3   Ar mo leabthaí aréir, 'mo luighe gan suan

Curfá: Is ó 'bhean a' tighe, a bhfuil buaidhriú ort etc.

418   Erin's Green Shore

CBÉ 633:535–37; 10 x 2. Aithriseoir: Áine Ní Loideáin (29), An Gleann Mór, An Cheathrú Rua. Bailitheoir: Máirtín Ó Mainnín, 22 Lúnasa 1939.

v.1   *One evening so late as I rambled, on the banks of a clear parting stream*

v.2   *I dreamed I beheld a fair female, her equals I never saw before*

v.3   *I quickly addressed this fair damsel, my jewel come tell me your name*

v.4   *She resembled the Goddess of Beauty (Venus) and of Freedom the mantle she wore*

v.5   *I know you are a true son of Granoe, and my secrets to you I'll enfold*

v.6   *I am a daughter of Daniel O'Connell, and from England I lately came over*

v.7   *Her eyes were like two sparkling diamonds or the star on a cold frosty night*

v.8   *She resembled the Goddess of Freedom and green was the mantle she wore*

v.9   *In transports of joy I awaken, and find I have been in a dream*

v.10   *May the heavens above be her guardian for I know I shall see her no more*

419   Maighdean na hÉireann

CBÉ 607:86–90; 10 x 2. Aithriseoir: Seán Mac Donnchadha (60), Ros an Mhíl. Bailitheoir: Brian Mac Lochlainn, 1938.

v.1   Aréir i's mé go suanmhar 's mé i mo luighe ar leaba chruaidh, 's mé a' cuímriú ar gach cruadh-chúis ghá ro réidh faoi mo chuir

v.2   A cois bu deise i mbróigín, a cúilín fighte cóiriúl, bhí sé creathach cúmbhar 'gus é ar sile léith' go sáil

v.3   D'fhiarra mé go'n óig-mhraoi cén cine ná cé'r díobh í, ná an baile cuain a mbíonn sí ann nú ar bean í a thuit i mbrún

v.4   Ar tú Pálas nú ar tú Bhéanas a bhí pósta ag Bholcan bhéil duidh, Herro, nú, Dido nú Laudomio [...]

v.5   Fios m'ainm-sa ó's mian leat i dteanga chliste Ghaidhilge, gur bean mé atá i bhfad faoi phian 's gun mórán a' bith ga phóg

v.6   Ach beidhmid ainnsiúd ar thaobh cruic faoí bhrataí uaithne na hÉireann, agus muid a cur a gcuid fearaibh le chéile 'gus an námhaid ar a gcúir

v.7   Beidh na Sasanaigh i dteannta ánn, beidh *Presbyterians* fán lag, beidh na Quakers go milis meallta ánn gun aimhreas a bith faoi bhrún

v.8   Tá catha móra ⁊ geallta i n-ifreann eidir námhaid, bíonn na ministéirí a' damhsa ánn ghá rúnfairt ⁊ ghá ndógha

v.9   Tá fógraí móra i Lundain ghá dtabhairt isteach 'un cunntais, ach léir mar deir siad linne, ní eighreotha sin lóbh

v.10   Tá sgata g'fheara tréana insa bhFrainnc ghá gcur le chéile, i n'airm agus i n-éada agus gach aon nídh i gcóir

c. Mairgní ar Chás na hÉireann

420   An Imirce

CBÉ 829:293–75; 1 x 3, 10 x 4.. Aithriseoir: Pádraig Ó Cualáin (*c.*41), An Lochán Beag, Indreabhán. Bailitheoir: Tadhg S. Ó Concheanainn, 10 Meitheamh 1942. Pádraig Ó Flatharta a rinne.

v.1   Nach brónach atá an Ghaedhealtacht dhá fagáil chuile lá

v.2   Nach brónach cráidht' an sgéal é lé n-aithris chuile lá

v.3   A cháirdí Gael 's a dhreáireachaí, éistí lé mo ránn

v.4   Nach diúbhr'aí deis go Ghaedhilgeóirí go sgaipidís an ceó

v.5   Tá Banba bhocht go cráidhte is go meathta ós ár gcómhair

v.6   Tá'n tobar a bhí úr-ghlan, bhí lán's a' guil thar maoil

v.7   Tá cainteoirí ma' paitionnta lé Béarla mór Sheáin Bhuidhe

v.8   Tá'n limistéar seo fágthaí gan meas a' bith ná suím

v.9   Ach d'imthigheadar thar sáile uainn, an dreám ab annsa linn sa tír

v.10   Ó Crochúr tréan 'bhí láidir, Mac M'rcha f'air a' cíos

v.11   Dhá mbeinn-se 'n ann mo línte 'bhreaca' síos go cruínn

421   Anois ó le Fada, Tá Éirinn dá Ciapadh

CBÉ 1630:66–7; 5 x 2. Aithriseoir: Mícheál Breathnach (60), Gleann Mhic Muirinn, Casla. Bailitheoir: Proinnsias de Búrca, 12 Deireadh Fómhair 1962.

v.1   Anois ó lé fada tá Éirinn dhá ciapú ag saighdiúirí agus ag pílears ó Sasanna análl

v.2   Ach, tá *volenteers* Chorca a' cruinniú lé chéile, agus ag oibriú go tréan ar son an oileáin

v.3   Tá *de Valera* ina chaiptín agus bhí *Collins* ina *leader* agus *O'Malley* ins na treinsí i ngleanntaí an Mhám

v.4   Nár mhór le rádh Éirinn nuair a throid *Hugh* Ó Néill, great *Hugh* Ó Donnell agus *great* Brian Ború

v.5   Tá Lonnduin thrídh lasa agus Sasana dóighte, lé neart ola mótair agus roinnt *parraffin*

422   Caoineadh Eachroma

CBÉ 825:377–79, 1 x 8, 1 x 7, 2 x 8, 1 x 3, 1 x 5, 2 x 4, 1 x 5. Aithriseoir: Seán Ó Maodhbh (32), Cill Bhriocáin, Ros Muc. Bailitheoir: Monica Ní Mhaodhbh, 24 Aibreán 1942.

v.1　'S a dhaoine a bhfuil maoin nó spré agaibh

v.2　An uair a chuala i suaimhneas an laé úd

v.3　Ocht seachtainí a chaith *siege* lé Gaedheal bocht

v.4　'S dona an spíd a mheatha Gaédheala

v.5　Bhí na Breathnaigh a' tiacht isteach ar chuile thaobh dhínn

v.6　An ceannaidhe tobac, sé a bhrath ár ngéibheann

v.7　Clánn a chloinne go rabh marú a chéile

v.8　'S iomdha duine uasal bhí cóir 's bhí glégeal

v.9　Bhi mrá annsin a' caoineadh lé chéile

423　Dónaillín

CBÉ 250:52–53; 4 x 2. Aithriseoir: Tomás Ó Coisdealbha, An Cnoc, Indreabhán. Bailitheoir: Bríd Ní Chollaráin, 1936.

v.1　A Dhomhnaillín, tá ceol, tá ceol na bpíopa ag glaodhach sinn in aghaidh an sgriosadóir

v.2　Má bfillidh tú is an grian geal ins na spéartaibh no ina ló ar bántaibh Innse Fáil

v.3　Má fhillidh tú agus é tar éis na h-oidhche, má bhím-se ar lár le brón is briseadh croidhe

v.4　Acht cluinidh mé freagar dhom dá ísleadh, le dochas croidhe seadh cluinidh mé thú a ghrádh

424　Filleadh Aodha Rua Uí Dhónaill

CBÉ 250:85–90; 7 x 4. Aithriseoir: Mártan Ó Cualáin, An Lochán Beag, Indreabhán. Bailitheoir: Bríd Ní Chollaráin, 1936.

v.1　Is lionta anocht atá Caisleán an Uisge, is lonnrach gach fuinneóg ó thalamh go díon

v.2　Féach!, cheana tá an nuaidheacht ar mhór leath na tíre, tá teachtaire luthmhar a' bualadh na slighe

v.3　Glór, glór go Tír Connaill lá bím-se gan eub [?], suas, suas gach clann crodha ón bhFhinn go Ros Eoghain

v.4　Nios sia ná bigidh as gruaim in bhur gcroidhte, lá dóchas a' briseadh ar Éirinn go leor

v.5　Is diomhaoin le blianta a bhí gliocas gach láimhe, is meirgeach a d'eirigh gach píce ar a gceann

v.6　Ó Thoraidh go tapaidh, laoch coise is marcach ó chnocaibh a's gleannta ar fud Dhún na nGall

v.7   Ná fanaidh, tá cnámha seana sinnsir Uí Dhomhnaill a' glaodhach orm go
Flaithis lá fógraidh ar gclann

425 Nach Brónach Do Bhí Éire Nuair a D'imigh Scoth a Clann

CBÉ 76:32–36; 10 x 4, 1 x 8. Aithriseoir: Peadar Ó Gráinne, An Spidéal.
Bailitheoir: Seán Mac Giollarnáth, 1932.

v.1   Nar bhrónach do bhí Éire nuair a d'imthigh sgoth a clann

v.2   Nar bhrónach é an smaoineadh dhuinn gur díbreadh iad amach

v.3   Ba doilléar dubh na néallta a bhí an lá sin ins an spéir

v.4   Ba gear agus ba h-árd an caoineadh a bhí an lá sin ins an ngaoth

v.5   Agus fós tá an caoineadh sin níos géire ag fás gach bliadhain

v.6   Mo mhallacht air an Sasanach is mo mhallacht air a shliocht

v.7   An fhad is bhí siad againn, ní raibh eágla in aon chroidhe

v.8   A Í Néill, a stór, go suaimhníghthe tú i síóthchán chiuin choidhche

v.9   Agus lé do thaobh a tá sínte síos ins an gcréafóig fhuar úd tháll

v.10   Ó, a Dhia mhaith, nach trom an láimh a leag tú ar ár dtír

v.11   A Dhia mhaith, nach trom do láimh a tá dhá gcoinbheál faoí ghéar smacht

426 Séafraí Ó Dónaill

CBÉ 207:211–14; 6 x 2. Aithriseoir: [?]. Bailitheoir: Seán Ó Confhaola, [*c*.1928]

v.1   Céad faraor cruaidh deacrach ar bheith dho lag traochta, gan lúdh in a
ghéaga 'sé ag saothrú an bháis

v.2   Céad faraor arsa Seafraidh, nach mairg nach bhféadainn, ullmú 'gus
gléasadh 'gus breith ar mo lann

v.3   Bailighidh clann Dhómhnaill i dteannta a chéile 's tugtar dóibh sgéula ó
leabaidh mo bháis

v.4   Tugtar amach mé 'sa gcath i n-aghaidh Néilligh 's ná curtar i gcré mé is
ná dúntar na cláir

v.5   Tosuigheadh an sgeanadh, an smíachadh 's an réabadh, tráth tháinig na
chéile na clanna go teann

v.6   Do throid gaisgidh Séafraidh go dána is go faobhrach 's Tír Conaill 's
laochradh do basgadh is do crádhadh

D. Amhráin faoi 1798

427 Donncha Brún (Amhrán na bhFrancach)

(a) CBÉ 231:536–38; 1 x 2, 1 x 1, 4 x 2. Aithriseoir: Máirtín Ó Confhaola (Máirtín Ceannaí) (*c.* os cionn 80 bl), An Gleann Mór, An Cheathrú Rua. Bailitheoir: An Bráthair Lúcás, Meán Fómhair 1935.

v.1   An t-am a n-eirighim ar maidin ⁊ théighim in éadan mo láidhe, ní chuirim sáthadh go gcloisim sgéal

v.2   Bhí an t-arm Sasanach ar fad dhá phlúchadh ar fheabhas a' phúdair bhí ag Clanna Gaedhil

v.3   An cúigeadh lá fichead de mhí na Lughnusa, tháinic an Franncach go *Bantry Bay*

v.4   A Dhonnchadha Brún, dá mbeitheá lámh liom, chraithfainn lámh leat ach ní le gradh dhuit é ach le fonn tú ghabháil (góil)

v.5   Nach iomdha buachaill breágh chuir tú thar sáile, atá ag teacht anall a's a gcongnaimh leób

v.6   Thug siad a' *battle* ag Cros Maoilfhíona, ag Bearna Gaoithe seadh léagadh an tréad

(b) Amhrán na bhFrancach (1798)
CBÉ 72:31–33; 5 x 4. Aithriseoir: Éamonn Ó Finneadha (69), An Lochán Beag, Indreabhán. Pádraig Ó Finneadha, Nollaig 1930–Eanáir 1931.

v.1   An ceathramhadh lá fichead de mhí na Lúghnasa, tháinig na Franncaigh fúinn i m*Bantry Bay*

v.2   D'éirigh mé ar maidin agus rug mé ar mo láidhe, níor thugas ráthadh nó go gcualas sgéal –

v.3   A Dhonnchadha Brún, craithim lámh leat, ní le grádh dhuit é acht le fonn thú 'ghabhail

v.4   Tá Seán Ó Ciobháin agus an tAthair Maolradh ag fagáil an tsaoghail seo ar bheagán sogh

v.5   Dá mbadh domsa bheadh an t-im dá dhéanamh, is deas sleamhain slíogtha bhéadh mo bhróg

(c) Donncha de Brún
CBÉ 250:83–84; 5 x 2. Aithriseoir: Tomás Breathnach (80), An Cnoc, Indreabhán. Bailitheoir: Bríd Ní Chollaráin, 1936.

v.1   Nuair a eirigim-se ar maidin, beirim-sé ar mo láighe, ní chuirim-se sábh
       go gloineann sgéal

v.2   Chuaidh na buachalla go Cruach an lá úd, an t-arm Sasanach leis an
       Eaglais Dé

v.3   I gCaisleán Breathnaigh i gcum na h-oidhche, bhí naoí míle marbh le dul
       i gcré

v.4   Féach na liachtaí buachalla maithe a chuir tú thar sáile atá a' tigheacht
       anall arís

v.5   Tá Seághan Mac Giobúin agus an t-Athair Uí Maolaidhe ann, agus ní
       eiteach ná bréaga a cheap siad ariamh

428   Sliabh na mBan

CBÉ 1159:211–14; 6 x 4. Aithriseoir: Bríd Ní Fhátharta (30), Cor na Rón Láir,
Indreabhán, [a bhí ina cónaí ag an seoladh seo: 19, Royal Street, Allston, Mass,
U.S.A.]. Bailitheoir: Séamas S. de Bhal, Iúil, 1945.

v.1   Is oth liom féin bualadh an lae úd do dhul ar Ghaeil bhocht' na mílte slad

v.2   Mo léan, léan, ar an dream gan éifeacht nár fhan le hÉirinn is d'oíche stad

v.3   Sé Rós do bhreoidh, do chlaoidh go deo sinn, mar ar fágadh mór-chuid
       dhínn sínte lag

v.4   Is mó fear aosta is craobhaire gléigeal de réir a chéile do gabhadh le seal

v.5   Tá an Francach faobhrach is a loingeas gléasta le cranna géara ar muir le seal

v.6   Tá na cábaigh móra ag iarraidh eolais, tá an aimsir óg is an chabhair ag teacht

429   Tháinig na Francaigh go Cill Ala

CBÉ 492:216, 1 x 2. Aithriseoir: [?]. Bailitheoir: An Bráthair P. T. Ó Riain, *c*.1935.

v.1   Tháinig na Franncaigh go Cill Ala, an t-arm dearg go Béal an Átha

E. Amhráin faoi Chogadh na Talún

430   Amhrán na Ceathrún Rua (1)

CBÉ 811:334–36; 8 x 2. Aithriseoir: Dónall Ó Finneadha (78) An Baile Ard, An
Spidéal. Bailitheoir: Tadhg S. Ó Concheanainn, 8 Samhain 1941. Peaits Bheartla
Seoige as Camus a rinne an t-amhrán.

v.1   Tá súil le Muire is le Rígh na nGrásta, go bhfuighe muid sásamh ins a'
       gCeathramhan Rua

v.2 Beidh *Parnell* "grandáilte" ann is *O'Sullivan* láidir, *Dillon* áluinn agus *Father* Keane

v.3 Nár mhór a' "*sight*" a ra' tígheacht i mbáid ánn, as oileáin Árainn is taobh amach go chuan

v.4 Ní raibh aon chruinniú ariamh anuas ó Bhleá Cliath, mar bhí an lá údan ar a' gCeathramhan Rua

v.5 Bhí briseadh claimhí ann is gunnaí is *baynets*, lé maidí láimhe is a' gabhail 'un cínn

v.6 Is deas an áit é i leith ó'n bhFáirche, marach giodán grándha atá air a' mBóthar Buidhe

v.7 Bhí *Tom* Ó Flaithearta ann, a' buachaill sásta, na grásta go bhfágha sé nach a dtéighe sé i gcéill

v.8 Tá súil le Muire agam 's le Rígh na Glóire, go bhfuighe muid sásamh ar a' námhaid 'tá air a dtí

431 Amhrán na Ceathrún Rua (2)

CBÉ 67:204; 2 x 4, 1 x 2. Aithriseoir: [?] Ó Gabháin, Casla. Bailitheoir: Pádraig Ó Flatharta, 1931. Neansa Learaí a rinne an t-amhrán.

v.1 Bhí muinntir Chlaidhneach ann agus fir mhaithe an tSrutháin ⁊ nar mhór a feall iad a chur faoi ghreim

v.2 Bhí Colm a Bhailís ann, ba é an fear a b'fhearr é (var. as Doire Fhagharta) a chaith a sáirsint ar chúl a chínn

v.3 Bhí trí chéad fear ann as oileán Árann, isteach as Mál Bé agus as Drochadaí

432 Saol Fada go bhFaighe Captaein is Deartháireacha Dílse
(a)

CBÉ 811:332–34; 6 x 4. Aithriseoir: Dónall Ó Finneadha (78) An Baile Ard, An Spidéal. Bailitheoir: Tadhg S. Ó Concheanainn, 8 Samhain 1941.

v.1 Saol fada go bhfágha caiptíní is dreárachaí dílis

v.2 A's cén ceart a bhí ar thalamh acab ach an oiread leis a' gcreideamh Gaedhealach

v.3 Na grásta go bhfágha an fear údan a thug an "*downfall*" ar *Lord Lietrim*

v.4 Dhá maireadh *Lord O'Connell* mar sé fuair an *Emancipation*

v.5 Dhá mba 'nois a mhairfheadh Cromail is é bheith 'díanamh an tsléacht úd

v.6 Anois a Chromail mhallaí', nar mhór é do dhíthcéille

(b)　CBÉ 442:437–39; 5 x 4. Aithriseoir: Seán Ó Lorcáin (75), An Doirín, Leitir Móir.
Bailitheoir: Eibhlín Ní Standúin, 16 Nollaig 1937.

v.1　Anois atá Caitliocaighe 'gus dearbráthacacha dílis
v.2　Dhá maireadh *Lord O'Connell* dhúinn mar sé fuair *Emancipation*
v.3　Trócaire go bhfágh an fear a chuir dhá chosa *Lord Leitrim*
v.4　Dhá mbadh anois a mhaireadh Cromaill 'gus é bheith dhéanamh an tsléacht úd
v.5　Budh é Dochtúr h-Annraoi fear cosunta na nGaedheal

F. Amhráin faoi na Buachaillí Bána

433　Amhrán an Speirthe

(a)　CBÉ 1138:487–89; 5 x 4. Aithriseoir: Pádraig Ó Cualáin (Pádraig Pheatsa) (84),
Cor na Rón, Indreabhán. Bailitheoir: Pádraig Ó Flatharta, 1941.

v.1　Thiar i gConamara 'seadh thug mé mo long i dtír
v.2　Tá'n Brúnach go brónach is é a' teacht o'n Mám
v.3　A Mharcuis, tá dubh-bhrón ort cia gur fada chuaidh do cháil
v.4　Cé hé sin arsa inghean Éamoin tá speireadh na mbó
v.5　I Leath Choill seadh sáruigheamh Uilleac gan bhréag

(b)　CBÉ 72:78–79; 3 x 8. Aithriseoir: Máirtín Ó Tuairisg (57), An Faiche Beag,
Gaillimh. Bailitheoir: Pádraig Ó Finneadha (17), Nollaig 1930 – Eanáir 1931.

v.1　I gConnamara seadh tharraing mé mo long i dtír
v.2　Tá dubhrón ort a Mharcais, cé gur mór é do cháil
v.3　I Leamhchoill seadh sáruigheadh Uillioc gan bhréig

(c)　CBÉ 829:313–14; 2 x 4. Aithriseoir: Seán Ó Flatharta (Seáinín Sheáin) (62), An
Lochán Beag, Indreabhán. Bailitheoir: Tadhg S. Ó Concheanainn, 13 Meitheamh
1942.

v.1　Cé hé sin adeir inghín Éamuinn 'tá 'speire' na mbó?
v.2　Thiar i gConamara 'seadh thug mé mo long i dtír

434　Seán Mac Giobúin agus an tAthair Maolra

CBÉ 607:239–41; 3 x 4, 1 x 3, 2 x 4. Aithriseoir: Seán Ó Laoi (87), An Cuileán, An
Cheathrú Rua. Bailitheoir: Brian Mac Lochlainn, 1938.

v.1　Tá Seán 'ac Giobúin ⁊ a' t-Athair Maolra a' catha a' t-saoil seo lag go leor v.2 A Mhaighdin bhéasach, atá i ríoghacht an aoin-mhic, fóir ar na créatúir atá amugh faoi'n gceo

v.3 A Dhonncha Bhrúin bhoicht, chraithinn lámh leat, ní le grá dhuit ach le fúnn thú a ghódhail

v.4 Tá sé aithriste is fadó ó luadhú é gur loisciú *troops* úd, nár baistiú fós a ndream

v.5 A' tigheacht go'n earrach seo, dianthamuid sléachta, speirtheamuid céad i's dhá mhíle bó

v.6 Tá ball dearg a'inn a' tígheacht thar sáile 's a chaltach láidir eige a' gol aniar

435 Scorach Ghleannáin

CBÉ 793:488–90; 3 x 2, 1 x 3, 2 x 2. Aithriseoir: Mícheál Ó Maodhbh (45) Cill Bhriocáin, Ros Muc. Bailitheoir: Monica Ní Mhaodhbh, 10 Bealtaine 1939.

v.1 D'eirigh mé ar maidin agus níor bhris mé mo théalacan go dtug mé an seársa úd go gleann Dhoire Tuirc

v.2 Chroch mé ar mo dhruim í tré chnuic is tré ghleannta, tuláin bhí géar agus sléibhte a bhí bog

v.3 Níor lé Tadhg fada b'faillighe é, fuair sé mé i ngéibheann, thug sí trí mhí gléigheala dhom ins an teach údan thoir

v.4 Má fhágaim-se mí ar thalamh na h-Éireann, ní fhágfa mé Caidhin i mbárr-sléibh ná duine dhá threibh

v.5 Fágaim mo bheannacht ag Muighruis fré chéile, ag Tomás Ó Neachtain ag Cearra na gCaorach

v.6 Ní fhaca mé ocras ariamh ar aon chréatúr, fad's bheadh gé ar a' tsráid nó bó ar an gcnoc

G. Amhráin faoin nGaeilge

436 Amhrán na nGaeilgeoirí

CBÉ 231:396–400; 1 x 3, 7 x 4. Aithriseoir: Máirtín Ó Confhaola, (Máirtín Ceannaí) (*c.* os cionn 80 bl), An Gleann Mór, An Cheathrú Rua. Bailitheoir: An Bráthair Lúcás, Meán Fómhair 1935. Is é an t-aithriseoir a rinne an t-amhrán.

v.1 Éistigh liom-sa feasta go n-innseóchacdh mé cé'n sort sgéil a rinne fear Chois Fhairrge

v.2 Nach fear gan chéill a shanntóchadh é le dhul a dhéanamh píosa cainnte

v.3 Cuirfidh mé leitir faoi n-a séala ag Séamus atá thall i Sasana v.4   Bhí ceann na nGaedhilgeóirí, an dochtúir féin ann, Mac Enri dho mar ainm

v.5   Nár mhór an *sight* an méid sin an t-ám a raibh siad cruinnighthe le chéile baileach

v.6   Bhí muid maith go leór i dtaobh (n)'a Gaedhilge nó go dtáinig an dream nár measc nách raibh acu ach leath a dteanga

v.7   Nach iomdha géilleadóireacht a chuaidh ariamh ar Chlanna Gaedhil agus b'éigean dóib-san seasamh

v.8   Bhí ain-spríd a'inn i-n Éirinn, Donnchadh Brún a bhí i gCaisleán a' Bharra'

437   **Seo Gráin do na Daoine Gan Anam, Gan Chroí**

CBÉ 471:382–85; 2 x 2, 1 x 4, 7 x 2. Aithriseoir: Parthalán Ó Loideáin (60), An Rinn, An Cheathrú Rua. Bailitheoir: Brian Mac Lochlainn, 28 Márta 1938. Is é an tAth. Bháitéar Conway a bhí sa gCeathrú Rua a rinne an t-amhrán.

v.1   Seo gráin go na daoine gun anam, gun chroidhe, nach ngrádhuigheann ár dteanga ⁊ ceol bínn ár dtír'

v.2   Ach cloisim-se daoine i ngach lá insa mí a' blaodhach go hárd uainn i dtír-ghrádhuighe mhóir

v.3   Tá an dream sin i gcónaidhe go léir a gcainnt féin, na saighdiúirí tréana insna daoracha fíor

v.4   Badh mhath leis a dream seo bheith i dtaltha gun chíos, badh mhath lób a ndlíghe a dhianthaí iad féin

v.5   Ach tracht leis a dream sin ar theangaidh a dtír, an teanga do ladhair ina dtír-sinnsir fadó

v.6   Ach tráct lób ar shean-amhrán blasta na mbárd agus sein dóib an ceol is binne sa dadhan

v.7   Sé'n freagra ba dóighthí a fháil uathab radh (ó Sheán Buidhe), "tá teanga bhur n-oileáin anois marú go deo["]

v.8   Is fíor iad na foclaí a dúdhairt an sean-rádh: bíon meas ar na daoiní ag a bhfuil meas orthab féin

v.9   Is deas a rud saoirse – níl nídh cho daor, is math a rud a taltha gur cháin ná gun chíos

v.10   Ach bfhearr lomsa daoirse ar an oileán go deo agus bfhearr liom an talta a bheith mar tá

438   **Teanga na nGael**

(a)   Teanga ar dTíre

CBÉ 825:163–66; 9 x 2. Aithriseoir: Sean Ó Maodhbh (32), Cill Bhriocáin, Ros Muc. Bailitheoir: Monica Ní Mhaodhbh, 22 Aibreán 1942.

v.1 Molaim ar dtús an tAthair Ó Gramhna, go dtuga Dia compóirt dhó i bPálás na Naomh

v.2 Sí an teanga 's sine í, sí an teanga 's áille, sí an teanga 's breághta feictear dhom héin

v.3 Is fada chaith Sasana ag iarradh í a bháitheadh, dá fágáil faoí fhán, faoí leathtrom 's faoí léan

v.4 Dhá maireadh na laochraí bhí seal ins an áit seo, bheadh muid i ndiaidh sásamh ar ar caitheadh go'n tsaol

v.5 Bhí mallacht chuile bhacach, chuile bhodhrán 's chuile dháll aici, mallacht chuile pháiste a labhair as a bhéal

v.6 Ní mholaim an t-athair acht cáinim an mháthair a thóigfeadh a clánn gan sgríobh ná léigh

v.7 B'olc í a n-obair agus ní minic a bhí an t-ádh ar an té a bhí dána in aghaidh seirbhís Dé

v.8 Baisteadh Clánn Chromaill ar chuile chonstábla mar siad a thóig láimh leó gan scath chuir ar shliabh

v.9 'S na spiodóirí a sheas dhóibh 's a rinne ceann dhóib, lé bheith a brúghadh sa gcárnán, clann bhocht na nGaedheal

(b) CBÉ 1275:227–29; 9 x 2. Aithriseoir: [?]. Bailitheoir: Cáit Ní Mhainnín (?), An Cheathrú Rua.

v.1 Molaim ar dtús an t-Athair Ó Gramhna, go dtugaidh Dia árus dhó i bpárlús na naomh

v.2 Sí an teanga is sine í, sí an teanga is áille í, sí an teanga is breághtha í feicear dhom fhéin

v.3 Is fada chaith Sasana ag iarraidh í bháthadh, dhá fágáil lé fán faoí leath-trom agus faoí léan

v.4 Dá mairfeadh na laochra bhí seal ins an áit seo, bheadh muid i ndiaidh sásamh ar a chaitheamh d'on t-saol

v.5 Bhí mallacht gach bacach, gach bochtán is gach dáll aice, mallacht gach páiste dár labhair as a bhéal

v.6 Ní molaim an t-athair ach cáinim an mháthair a thóigfeadh a gclánn gan sgríobhadh ná léighinn

v.7 B'olc í an obair agus níor mhinic a bhí an t-ádh ar an té bhí an-dána i n-aghaidh seirbhís Dé

v.8   Baisteadh clánn Cromaill ar a chuile Chonstabla mar is iad a thóig láimh gan sgáth chur ar shliabh

v.9   Na spíodáirí a sheas dhóibh is go ndeárna siad ceánn diobh, le bheith brúghadh ins an gcárrán, clánn bocht na nGaedhal

(c)   CBÉ 624:156–57; 3 x 2, 1 x 1, 2 x 2. Aithriseoir: Pádraig Ó Diollúin (80), An Gort Riabhach, Maigh Cuilinn. Bailitheoir: Proinnsias de Búrca, 22 Aibreán 1939. Is é an t-aithriseoir a rinne an t-amhrán.

v.1   Molaim-se ar dtús an t-Athair Ó Gráine ⁊ go dtuga Dia arus dó i bpálás na naomh

v.2   'Sí an teanga í is binne, 'sí an teanga í is áile, 'sí an teanga í is feárr muise feictear dhom péin

v.3   'Sí a labhair Colm Cille, 'sí a labhair Naomh Pádraic, labhair na fáigh, 'sí a labhaireanns muid fhéin

v.4   Ach labhruigidh anois í ⁊ léigidh go dána í ⁊ sgapfaidh ins gach ceárd dhá sgartann an ghréin

v.5   Ní mholaim-se an t-athair ach cáinim a' mháthair a thóigfeach a gclann suas gan sgríobh ná léigheamh

v.6   Baisteadh clann Chromail ar chuile chonstábla, mar siad a thóig páirt leis a chuile shórt sgléip

Amhráin Imris

439. **Amhrán an Bháis (1)**

(a) Amhrán Bhás Ghlinn Chatha

CBÉ 1211:150–54; 3 x 2, 1 x 1, 2 x 2, 2 x 1, 2 x 2. Aithriseoir: Colm Ó Maoilchiaráin (65), Camus Uachtair. Bailitheoir: Cóilín Ó Maoilchiaráin, 19 Lúnasa 1951. Colm de Bhailís a rinne an t-amhrán.

v.1 D'fhága mise an baile seo agus casadh ar oileán fairrge mé, casadh i dteach measamhail mé agus ba bhréag athrú a rádh

v.2 Is gur b'séard a shaoil mé 'gus cheap mé, dá gcaithfinn ráithche an earraigh ann, nach seasfainn beo an tseachtmhain ann [...]

v.3 An tú *Hercules* a bhí fadó ann, nó *Neptune* rí na fairrge, nó *Grampard* rí na nGrampardaí bhí rómham sa ruille béim

v.4 Is mise an bás atá faoi ghoin, is mé is fearr na sibh uilig, tá mé ag cómhrádh libh anocht gus beidh sibh a'm dhom fhéin

v.5 Nuair a chuala mise an argúinteacht a chuir an créatúr salach as, d'éirigheas in mo sheasamh chomh sgiobtha 'gus d'fhéad mé é

v.6 Stop (adeir sé) 'gus leig m'anam liom 'gus béarfaidh mé mo gheallamhaint dhuit, más fada gearr a mhairfeas mé nach dtiocfad fá do dhéin

v.7 Ní b'fhuighidh tú amuigh i nGleann Chatha mé mar is annamh bhíonns mo tharraingt ann, 'sin é an áit nach dtaitnigheann liom is ní bh'fuighidh tú ann mé

v.8 Acht ar ghiorrú an sgéil 'san aithgiorra, nuair a ba mhian liom fhéin scaramaint uaidh, seadh bhuail mé tharam *bother* air 'gus túin mé cráimh a ghéill

v.9 Sgread mná, leanbh is paistí an chruic nuair a chuala siad an ar-ag ghranna ghual a chuir an créatúr salach as

v.10 Acht beannacht Dé dhaoibh is gabhaigí an bheirt, ceangluigí iad de cúpla cloich, sgaoiligí iad siar le sruth is nar fhilidh siad go héag

(b)   CBÉ 1684:32–33; 1 x 3, 1 x 2, 1 x 3, 2 x 2, 1 x 4, 1 x 2. Aithriseoir: Stiofán Mac Donnchadha (69), Cnoc Carrach, Na Minna. Bailitheoir: Proinnsias de Búrca, [? 1963].

v.1   D'fhága mé an baile amach agus chuadh mé ar oileán fairge, casadh mé i dteach geanúil ba bréag dom athrú a rádh

v.2   Dhá gcaithfhinnse rátha an earra ánn, nach gceapfhainn a mbéinn seachtmhain ánn, sé an áit ar cóiriú leaba dhom agus mé a' cómhrádh leis an mbás

v.3   Nó an é *Jupiter* a bhí fadó ánn nó *Hercules* a bhí ceannasach nó *Neptune* fhéin na fairge a tháinic ó'n Muir Thréan

v.4   Ní mé *Jupiter* a bhí fadó ann nó *Hercules* a bhí ceannasach nó *Neptune* géar na fairge a tháinic ó'n Muir Thréan

v.5   Nuair a labhair sé liom go colgach, sin é a laimhsigh mise m'armair, ó shíl mé a theacht chomh fada leis agus ní bhfuair mé agam é

v.6   Ó éist liom agus leig m'anam liom, [...] má's fada geárr a mhairfheas tú ní thiocfhad faoí do dhéint

v.7   Àgus tá fir na h-áite ar gárda amuigh romh an gcúpla is gráine ar bith, ní bhfuair siad i bhfus ná tháll é ná i gceáird ar bith faoí'n ngréin

(c)   CBÉ 1634:364–65; 2 x 2, 1 x 1, 1 x 2, 1 x 1, 1 x 2. Aithriseoir: Neainín Bean Uí Chonfhaola, Cladhnach, An Cheathrú Rua. Bailitheoir: Ciarán Bairéad, 17 Bealtaine 1960.

v.1   D'fhága mise an baile seo go ndeacha mé ar oileán fairrge, casadh i dteach mé a's ní bréag dhom athrú a rádh

v.2   [...] 'tú Grampalaí na Grampalaí, bhí a' rith sa roille béim

v.3   Mise an bás atá faoi Ghuill, is mé is fearr ná sibh uiliug, tá mé a' cainnt libh anocht agus beidh sibh a'm péin

v.4   Stop, (adeir sé) 's leig m'anam liom [...] agus má's fada gearr a mhairfeas mé, nach ngeobfá ann mé

v.5   Dhá mbeitheá amuich i nGlinn Chatha agam, san áit a bhfuil mo Bhab agam, ní bheitheá leath cho ceannasach a's go ndeanfá orm é

v.6   Sé'n áit a bhfuil siad anois, thíos i mBearna [...] dóibh fhéin

(d)   CBÉ 1767:242–44; 5 x 2. Aithriseoirí: Máirtín Ó Confhaola (vv. 1–4), Neainín Bean Uí Chonfhaola (v.5), Cladhnach, An Cheathrú Rua. Bailitheoir: Ciarán Bairéad, 2 Lúnasa 1964.

v.1 D'fhága mise an baile seo go ndeacha mé ar oileán farraige, casadh i
dteach measúil mé a's ní bréag 'om athrú a rá

v.2 An tú Hoirceas a bhí fadó ann nó Nepson thiar na farraige nó Grampallaí
na nGrampallaí a bhí a rith sa rúille béin

v.3 'Stop', (adeir sé) 'a's tiubhair m'anam 'om a's tiubhra mé mo gheallúint
'uit, má's fada gearr a mhairfeas mé nach gheofa tú ann mé

v.4 Ach dhá mbeifeá amuich i nGlinn Chatha agam-sa, an áit a bhfuil mo
bhata agam, throidfinn amach sa ngarraí thú ⁊ gheofainn ort *fair play*

v.5 Mise an bás atá faoi ghoin, is mé is fearr ná sibh uiluig, tá mé a' caint libh
anocht ⁊ beidh sibh a'm am péin

(e) CBÉ 1833:142–44; 1 x 3, 1 x 2, 1 x 4. Aithriseoir: Seán de Bhailís (96), 52 Cooke's
Terrace, Bóthar Mór, Gaillimh. Bailitheoir: Ciarán Bairéad, 19 Iúil 1973.

v.1 D'fhága mise an baile gur casadh ar oileán farraige mé [...]

v.2 Chonaic mise a' teacht agam é, bhuail mé cúpla *bother* air [...]

v.3 D'ionta' mé tharam ⁊ d'imigh mé sna garantaí, idir driseachaí ⁊ sceachaí [...]

(f) CBÉ 1280:486–87; 2 x 1, 1 x 2. Beartla Ó Conaire, Ros Cíde, Ros Muc.
Bailitheoir: Séamus Mac Aonghusa, 1944.

v.1 Mara gcaithfinn ach ráithe 'n earraigh ánn agus go sí00lfinn nach mbeinn
seachtmhain ánn, marach an áit ar cóiriú leaba dhom agus mé 'córa leis
a' mbas

v.2 An Bás:
Ghá mbeitheá-sa 'nGlinn Chatha 'san áit a bhfuil mo *mhob* agam [...] a
sheasfadh dom *fair-play*

v.3 [...] ní bheidh mise 'nGlinn Chatha a'ad, níl mo tharaingt ánn

440 Amhrán an Bháis (2)

CBÉ 829:236–37; 2 x 4, 1 x 5, 1 x 4. Aithriseoir: Máirtín Ó Finneadha (60), An
Spidéal. Bailitheoir: Tadhg S. Ó Concheanainn, 9 Meitheamh 1942.

v.1 Bhí mise lá ar thaébh a' dúin

v.2 Bíodh Ó Briain agat ⁊ Tighearna 'n Chláir

v.3 Throid mise 'n Gearaltach adeir a' bás

v.4 Ar 'éir mo mheas má theighim leat a cur spáirn

441 Amhrán na Taise

(a) CBÉ 127:694–99, 8 x 2, 1 x 4, 4 x 2. Aithriseoir [?]. Bailitheoir: Seán Ó Confhaola, Iúil-Lúnasa 1928. Mícheál Mac Suibhne a rinne an t-amhrán.

v.1 Tráthnóna deirneach de mhí na Bealtaine, bhain beagan sáin dom mar gheall ar mhnaoí

v.2 Tháinig faitchios orm, crith agus eagla agus a neithe nar nár dom, do gheit mo chroidhe

v.3 Cé hé sud in tosaigh orm ar bhéal na beárnan, níl mé dána le dul ar m'aghaidh

v.4 Bhí neithe beag liom de chomhucht an Ard Rí 's chuir mé cainnt air as ucht mo Dhia

v.5 Labhair sé liom annsoin de chómhrádh mhánla agus dubhairt go raibh gárda láidir agam nár chlis ariamh

v.6 Labhair mé arís leis de chómhrádh tláth agus do choinnigheas cainnt air gur éirigh grian

v.7 An tú Cúchullainn a fuair buaidh ar na céadtaibh le neart do géagaibh agus lúdh do chúaim

v.8 An tú Plúteó an prinse damnaighe rinne árr tighe na bhFiann

v.9 Ní mé Cúchullain a fuair buaidh ar na céadtaibh le neart mo ghéaga ná lúdh mo chúaim

v.10 Ní mé Plúteó, an prinse damnaighe rinne árr tighe na bhFiann

v.11 An tú Herculaculas nó Eilis Mórgan, nó an raibh tú cróganta sgrios na draoí

v.12 Ní mé Herculaculas ná Eilis Mórgan, ní raibh mé cróganta sgrios na draoí

v.13 Acht is goire go do sheanchus ná labhair go fóill liom, níl in do chómhrádh acht glóra díom

v.14 Acht i g-crich na Turcaighe seadh bhíons mo chómhnuidhe, tá mé pósta le tuille 's mí

(b) An Turcach Mór
CBÉ 79:219; 1 x 4, 1 x 3, 1 x 4. Aithriseoir: Seoirse Ó Cartúir, Cinn Mhara, Camus. Bailitheoir: Bríd Ní Chartúir, 1930.

v.1 An ceathramhadh lá fichead do mhí na Bealtaine seadh bhain beagán fán don i ngeall ar mhnaoi

v.2 Ansin, d'fhiafruigh mé dhí an tú an prionsa danmaighe a rinneadh áras in Ifrinn thíos

v.3 Ní mé an prionsaí damnaighe a rinneadh áras in Ifrinn thíos

442 An Bás

CBÉ 794:280–83; 1 x 3, 4 x 4, 1 x 3, 2 x 4 + loinneog malartach aonlíneach.
Aithriseoir: Máire Bean Uí Dhonnchadha (62), Maighros, Carna. Bailitheoir:
Monica Ní Mhaodhbh, 15 Márta 1941.

v.1 Ar eirghe dhom ar maidin, chuaidh mé ag amarc ar an airnéis
v.2 Mheas mé a dhul chun bladair leis mar bhí fhios agam go raibh sé láidir
v.3 Tá Doiminic Cosgair thiar annsin, tá sé gan maith, gan foghnamh
v.4 Ní ghlacfa mé do shean-dhuine uait, níl aon ghraithe agam go fóill dhe
v.5 Is dona an t-ám a dtáinic tú is an t-earrach ann go díreach
v.6 Ní glacfadh mé do leith-sgéal uait ná sean chainteannaí de'n t-sórt sin
v.7 A Mháire, tá mé a' sgaramhaint leat, mo mhíle grádh go deó thú
v.8 Andy Mac Giolla Easbuig, ceannphort Sliabh na Daoile

443 An Bás agus an Muilleoir

(a) An Muilleoir Bán

CBÉ 524:368–70. Aithriseoir: Eoghan Ó Flatharta (40), Na Foraí Maola Thiar,
Bearna. Bailitheoir: Proinnsias de Búrca, 24 Feabhra 1938.

v.1 Im' iaisle facthas dom 's mé i lár mo shuain
v.2 Annsiúd a chonnaic le fáinne an lae
v.3 Annsiúd a labhair sé 's níor chaoin é a ghlór
v.4 Má's tú an t-árd ghaisgidheach ar feadh an domhain mhóir
v.5 Mharbhuigh mé an Gearaltach 's ba mhaith a' fear é
v.6 Bíodh Ó Briain agat ⁊ tighearna an Chláir
v.7 Beidh Ó Briain agam ⁊ tighearna an Chláir
v.8 Tá Seán ⁊ Pádhraic in-aon bu...[?] amháin
v.9 Bhí mé lá breágh a gul go Tuaim
v.10 Bhí mé lá breágh ar Chroc a' Duadh

(b) CBÉ 969:288–90; 7 x 4. Aithriseoir: Seosamh Mac Liam (31), An Baile Láir, Cor
na Rón, Indreabhán. Bailitheoir: Calum I. Mac Gill-Eathain, 12 Nollaig 1944.

v.1 Bhí mise lá breá a' góil síos go *Tuam*
v.2 Bíoch Ó n Crochúir át nú Dúnall óg
v.3 Ní bheidh Ó n Crochúir agam nú Dúnall óg
v.4 Más gaisgidheach thusa mar tá tú rá
v.5 Is má táim caol caite, ní náir dhom é
v.6 Gabhaim-se párdún ag Rígh na nDúl
v.7 Leag mé an Gearaltach is ba gaisgidheach é

444 An Dá Shíogaí

CBÉ 793:589; 2 x 4. Aithriseoir: Máire Ní Chonaire (Máire Aibhistín) (85), Snámh Bó, Ros Muc. Bailitheoir: Monica Ní Mhaodhbh, 12 Bealtaine 1941.

v.1   Tháinic mé isteach go dtí síogaidhe Ratha Cruachán

v.2   Tháinic mé isteach go dtí Finnbheara Meadha

445 An tIolrach Mór

(a)   CBÉ 969:20–23; 5 x 2, 1 x 6, 3 x 2. Aithriseoir: Pádraig Ó Fátharta (24), An Baile Láir, Cor na Rón, Indreabhán. Bailitheoir: Calum I. Mac Gill-Eathain, 15 Samhain 1944.

v.1   D'éirigh mise ar maidin go feargach Dia Dómhna', chuir mé orm mo bhrógaí is mé goil go Tír Ní

v.2   Ghlaodh sé sraoill is amaid air, leidhb, amadán is úinseach, cineál chlainne glúbhais ba mhó bhí sa tír

v.3   An tIolrach:

Gabh do chiall i gceart at is ná masluighe mé ar a' gcóir sin, bhí t'athair ar na rógairí ba mhó a bhí 'sa tír

v.4   Teire thusa abhaile agus aithris féin go Nóra, an t-ainm a bhí ar an óg-mhraoi bhí sgalla' a cinn

v.5   An Fear:

Thug tú h'éitheach, a sglabaire, níor itheadar i gcóir é, ná rud ar bith go'n t-sort sin nach mbeach mórán dhíob buidheach

v.6   Chuir sé *challenge* bocsála orm ar maidin lá'r-na-bháireach, go dtroiteach muid gan aimhreas le fáinne geal a' lae

v.7   A chúrsannaí, ar chuala sib an gríomh a rinne Féilim, nuair a throid sé an beithidheach éigéal a b'éifeachtaí le fáil

v.8   Chitheá an tine chreasaí a bhí ag na h-airm a' goil tré chéile, leath-uair roimh luighe gréine seadh b'éigin dó a rá

v.9   Ach an darna daurn a tharraing sé, bhuail sé ar chráimh a' ghéill é, ní magadh ar bith ná bréag chuir sé néal ina cheann

(b)   CBÉ 607:82–85; 6 x 2, 1 x 1, 1 x 2. Aithriseoir: Seán Ó Fátharta (66), Baile an tSléibhe, Ros an Mhíl. Bailitheoir: Brian Mac Lochlainn, 1938.

v.1   D'eighre mise ar maidin ga feargach Dé Dúna, bhain mé dhíam mo bhróga 's mé goil go Tír an Fhiaidh

v.2   Thug mé sraoill i's amadán eir, mac chamalóid 's mac úinsighe, cineál Bhriain a Chlóbhair agus mór chaillighe bhuidhe v.3 An tIolrach:

Glac do chiall i gceart a'd héin 's ná masla mé cho mór sin, d'ar m'fhocal 's d'ar mo mhúide, ní thóigthinn ort aon chíos

v.4 Ach teyhre féin abhaile gus fiarruigh é go Núra, cén t-ainm a bhí ar an óig-bhean a bhí a' seóladh a chínn

v.5 An Fear:

Thug tú éidheach a strachaile, níor ith siad héin i gcáir é, ná nidh a bith gan trácht sin nach ra mórán acab buidheach

v.6 Ghléas sé eir a chultha ghaisge, a chuid airm 's a chuid éada', 'gus bhí claibhte eige bu géire dhá mbfhéidir leis a fháil

v.7 Tharrain sé gárda bacsál orm bu leithne ná Bínn Éadain, ach shíl mé héin san ám sin nach ra goir agam theacht slán

v.8 An chéad iarra a tharrain mé, bhuail mé ar chrámh a ghéill é, tuiteann sé 's ní bréag nach ra néal i n-a cheann

(c) CBÉ 829:257–58; 2 x 4. Aithriseoir: Peadar Mac Fhualáin (*c.*45), Bothúna, An Spidéal. Bailitheoir: Tadhg S. Ó Concheanainn, 9 Meitheamh 1942.

v.1 I nGleánn a' Duine Mhairbhe 'seadh chas a' tIolrach Mór 'om, ba gheárr lé dúbhachán mún' é, go pró (?) a bhí ina shuidhe

v.2 Teiri', cas abhaile ⁊ fiorá go Núra, cé thug an coilín óg wó ba gleóite 'leig'each glaoi

446 An Ministir agus an Bás

(a) CBÉ 1133:201A–202; 4 x 4, 1 x 3, 1 x 5, 2 x 4. Aithriseoir: Seán Ó Flatharta (Seáinín Sheáin) (*c.*60), An Lochán Beag, Indreabhán. Bailitheoir: Tomás de Bhaldraithe, Nollaig 1937–Eanair 1938.

v.1 Cé (h)é siúd thall a' teacht go dtí mé

v.2 Mise an bás atá ag teacht go dtí thú

v.3 Fóil, fóil, a bháis, goité 'n lóin a thiubhrad síar liom

v.4 Tá plátaí airgid is urradh thighe a'd

v.5 Cé ndeacha na gaisgidhthe bhí le mo linnsa

v.6 Tá gach duine acab sin a réir a ngniomhthraí

v.7 Bíom go hárd agus bíom go híseal

v.8 Tá mise ag imtheacht uait, tá go leor le díonamh a'm

(b) CBÉ 811:471–72; 4 x 4. Aithriseoir: Seán Ó Flatharta (Seáinín Sheáin) (60), An Lochán Beag, Indreabhán. Bailitheoir: Tadhg S. Ó Concheanainn, Nollaig 1941– Eanáir 1942.

  v.1 Té hé siúd tháll a' teacht go dtí mé

  v.2 An Bás:
    Mise an bás atá 'teacht go dtí tú

  v.3 An Ministéara:
    Fóill, a bháis, go bhfeicear té'n luan thiúbhras síos mé

  v.4 An Bás:
    Bhí pócaí airgid a'd ⁊ urra-shuidhe (?) a'd

(c) Mac an Mhinistir agus an Bás

  CBÉ 627:346–47; 1 x 3, 1 x 8. Aithriseoir: Máirtín Ó Tuairisg (64), An Lochán Beag, Indreabhán. Bailitheoir: Seán Ó Flannagáin, 1939.

  v.1 Mac a' Mhinistéara:
    "Cé h-é siud tháll a' teacht go dtí mé"

  v.2 An Bás:
    "Mise an bás agus ná glac bíodhgadh"

447 An Síogaí

CBÉ 851:469–71; 5 x 2. Aithriseoir: Pádraig Ó Fátharta (23), Cor na Rón, Indreabhán. Bailitheoir: Calum I. Mac Gill-Eathain, 26 Eanáir 1943.

  v.1 Ag dul aníos an Cimín Árd dom agus mé cuartaigheacht tigh Bhríghid Sheáinín, seadh choinic mise an sgaile le crónachán na hoidhche

  v.2 Bhuail faitchios mé agus sgátha nuair choinic mé an rud gránnda, shíl mé gurb é an bás é mar bhreathnaigh sé chomh caol

  v.3 Labhair sé liom go fáillighe, "ná bíodh faitchios ort ná eagla, ní fear siubhail as Dún na nGall mé, ceannaidhe mála ná fear sídhe["]

  v.4 Cé d'fheiceach é faoi láthair, go deimhin, níor dheas a' ball é, bhí gob air ar nós bárdal agus muinéal fada caol

  v.5 Dá bhfághainn saoghal Mháir' Ní Mháille bhí 'na cómhnaidhe amuigh 'sa Máimín, ní chasfaidhe léithid ann dhom, am ar bith san oidhche

448 Bidí Bhán na Páirte

CBÉ 607:96–98; 6 x 2. Aithriseoir: Stiofán Ó Flatharta (70), Baile an tSléibhe, Ros an Mhíl. Bailitheoir: Brian Mac Lochlainn, 1938.

v.1   An Píobaire:

       A Laicí (=Maoilsheachlainn), cuirim tréas ort, nú innis dom cé'n réasún

       nach dteagann tú lom agus réidhteach agus t'innín a chur i gcrí

v.2   Athair na Mná Óige:

       Sheas sí ar an áirdín agus labhair sí lom go dána, "A dheadaí ná bíoch cás

       ort faoin rud atá mé a rádh["]

v.3   Athair na Mná Óige leis an Iníon:

       A Bhiddy Bhán na Páirte – cé gur doiligh lom le rádh é – sé is dóghach

       (=dóigh) lom a mhúirnín gur bean thú a chaill do chiall

v.4   An Píobaire:

       Ná chaill mise héin an léargus, níor chaill mé meabhair na méara, ach

       dhianthainn spóirt i's pléisiúir gach aon oidhe ga mo mhraoi

v.5   An tAthair:

       Nach mb'fhearr 'uit ga mór mór fear eicínt a phósa, a bhaintheach

       cruintheacht duit ⁊ eorna agus mórán ó gon lín

v.6   An Iníon (leis an b'Píobaire)

       'S gur b'éard dúdhairt mo Dheadaí lomsa, nach léir dom cug thar cóiste

       's go mbuailfí buachaill bó orm a phósthainn i n-áit a' rí

449 Cailleach na Bruíne

CBÉ 209:319–20; 4 x 4. Aithriseoir: Pádraig Ó Céidigh (*c*.50), Seanadh Gharráin,
An Spidéal. Bailitheoir: Stiofán Ó Confhaola, 1935.

v.1   Ag bealach na h-Ulaidh dhom seadh chonnaic mé 'tionghantas dhá

       chineál dhá dhéanamh ann le piocóid is gró

v.2   Dá mbeinn-se in mo sheasamh ar an gcarraig cheann míosa, ní

       athróchadh an ghaoith is ní bhfuighinn aon chóir

v.3   Nuair a leanas an seanchas, d'fhiafruigheas cér díobh í nó cá raibh a

       gaolta nó maireann siad beó

v.4   Marach mise bheith cabach ní fhiafreóchainn cér díobh thú acht

       dheargeóchainn mo phíopa nó sin leigfinn dhó

450 Cailleach na Luibhe

CBÉ 786:273–74; 1 x 4, 1 x 2, 1 x 6, 1 x 4, 1 x 5, 1 x 4. Aithriseoir: Seán Ó
Conchubhair (50), Leitir Móir. Bailitheoir: Proinnsias de Búrca, 1 Nollaig, 1941.

v.1   A Chianáin, go mbeannuigh Críost fhéin duit

v.2   An tú iníon Domhan Deirge nó an tú iníon Domhan Déirdre?

v.3 Ní mé inín Domhan Deirge, ní mé inín Domhan Déirdre

v.4 Diúc na Domhan Deirge, diúc na Domhan Déirdre

v.5 Má tá uras agat ó mo chéile

v.6 A ácaidh salach, ná rabh slacht ná séan ort

451 Cathal Ó Dúda

(a) CBÉ 1722:77–81; 11 x 2. Aithriseoir: Pádraig Ó Ceannabháin (60), An Cnoc, Indreabhán. Bailitheoir: Pádraig Ó Ceannaigh, 1936.

v.1 Rugadh mé in Iorrus dho Chathal Ó Dúda, fear a bhí múinte, measamhail go leór

v.2 D'éirigh mé amach ar maidin sa drúcht, mo chú is mo chúpla gadhar liom ann

v.3 Cé d'fheicinn dul tharam ach Máire chiúin, áluinn, ba deise í ⁊ ba bhreághta í agus bhí a folt mar an ór

v.4 Bhí bord ar a teallach a raibh chuile sort biadh air, *tanker* mór fíona a líonfadh naoi gcart

v.5 Chóirigh sí leapacha faoi bhratacha síoda agus dúbhairt sí liom sín ⁊ codladh go sámh

v.6 "Éirigh i do shuidhe" (a deir sí) "a Chathal Uí Dhúda, gluais aníos ó Iorrus go Mám"

v.7 Gabh amach ar a teallach 's thar bhalla na cúirte, bain as is bí a' siúbhal go n-eirigh an lá

v.8 Chuaidh mé amach ar a' teallach is thar bhallaí na cúirte, dhread mé an bóthar naoi n-uaire ní b'fheárr

v.9 Casadh isteach mé i dteach Pheadar Thuamba, bhí cearca go leór ann gan coileach, gan ál

v.10 Diumhan criathradóir, meanadóir, rothadóir [?] dá m'bfhearr ad tóir nach annsiúd a bhí cruinn

v.11 Bhí an bád faoi na fuireann, bhí an long faoi na seól, bhí an brocán is an rón ⁊ gadhair (?) na mbeann

(b) CBÉ 248:405–09; 1 x 4, 9 x 2. Aithriseoir: Pádraig Ó Ceannabháin (60), An Cnoc, Indreabhán. Bailitheoir: Pádraig Ó Ceannaigh, 17–19 Lúnasa 1936.

v.1 Rugadh mé in Iorrus go Cathal Uí Dhúda, fear a bhí múinte measamhail go leór

v.2 D'éirigh mé amach ar maidin sa drúcht, mo chú is mo chúpla gadhar liom ann v.3   Cé d'fheicfinn dul tharm ach Máire chiúin, áluinn, ba deise í, ba breaghta í is bhí a folt mar an óir

v.4   Bhí bord ar a' teallaigh a raibh chuile short bidh ann, tankard mór fíona a líonfadh naoi gcárt

v.5   Chóirigh sí leabadh faoi bratacha síoda agus dubhairt sí liom síneadh 'gus codladh go sámh

v.6   Eirigh do shuidhe (deir sí) a Chathal Ó Dúda, gluais aníos as Iorrus dhá Mám

v.7   Gabh amach ar a' teallach is thar bhalla na cuairte, bain as is bí a' siubhal go n-éirigh an lá

v.8   Chuaidh mé amach ar a teallach is tar bhalla na cúirte, ghread mé an bóithrín naoi n-uaire ní bfheárr

v.9   Casadh isteach mé i dteach Pheadair Uí Thuamba, bhí cearca go leór ann gan coileach, gan ál

v.10   Dhiumhan criathradóir, meanadóir, rocadóir, dá mbfhearr a dtór nach annsiúd a bhí cruinn

v.11   Bhí an bád faoi na fuireann, bhí an long faoi na seól, bhí an roc ann is an rón agus ...(?)

(c)   Amhrán na Bruíne

CBÉ 1638:256–57; 5 x 2. Aithriseoir: Máirtín Ó Tuathail (87), 5 Quay Lane Gaillimh. Bailitheoir: Ciarán Bairéad, 5 Lúnasa 1958.

v.1   D'eirigh mé 'mach ar maidin sa drúcht, mo chú a's mo ghadhar a's mo ghunna i mo láimh

v.2   Cé fífinn a goil tharm ach *Molly* chiúin álainn, ba deise í a's ba bhreácht' í a's bhí a folt mar an ór

v.3   Bhí bord ar a h-ealaí, bhí chuile dheis biadh ann, bhí ancaird mór fíon' ann a líonfadh naoi gcáirt

v.4   Chóirigh sí'n leaba le bratachaí síoda, dubhairt sí liom síneadh ┐ codladh go sáimh

v.5   Eirigh do shuidhe a mhic Chathail Uí Dhúbhda agus gluais thusa aníos as doras dá lámh

(d)   CBÉ 250:99–101; 1 x 4, 4 x 3. Aithriseoir: Pádraig Ó Ceannabháin (60), An Cnoc, Indreabhán. Bailitheoir: Bríd Ní Chollaráin, 1936.

v.1   Rugadh mé in Iris arsa Cathal Ó Dubhda, an fear a bhí múinte maiseamhail go leor

v.2　Té a b'feichinn dul tharam acht Máire chiúin áluinn, ba dheise is ba breaghthe í is bhí an folt mar an óir

v.3　Dar brigh mo charabhata, chaith mé mo dhiall dó, is níor lúide ná míosa ag imtheacht on gclár

v.4　Eirigh do shuidhe a mhic Cathair Uí Dubda, gluais aníos as Irís dá na Mám

v.5　Go Caisleán a' Bharraigh má théigheann tú de shiubhal ann, beidh tú ar na cumhachta a bhfuil i gCnoc Meadha

452　Le hÉirí na Gréine ar Maidin is Mé Aonraic

CBÉ 1025:400–01; 5 x 2. Aithriseoir: Pádraig Ó Flatharta (25), Cor na Rón, Indreabhán. Bailitheoir: Calum I. Mac Gill-Eathain, 20 Aibreán 1946. Is é an t-aithriseoir a rinne an t-amhrán.

v.1　Le éirigh na gréine ar maidin 's mé aonair, a' taisteal a' t-sléibhe anuas ón gCis Bháin

v.2　Dhearc mé in m'aice is thart in mo thaempal, mhéada' mo mhisneach is d'árdaigheas mo cheann

v.3　Teara in mo ghaobhar a stáid-bhean gan éalann is aithris do sgéal dhom nó údar do chrá

v.4　"An tú an mhaighdeann-mhara nó bain-ríoghan na Gréige nó a bhfuil tú i ngéibheann ar thala Chrí Fáil?["]

v.5　"Ní mé an mhaighdeann mhara ná bain-ríoghan na Gréige is níl mé i ngéibheann ar thala Chrí Fáil["]

453　Loch na Naomh
(a)　CBÉ 414:210–13; 1 x 1, 9 x 2, 1 x 1. Aithriseoir: Labhrás Ó Confhaola (88), Baile na hAbhann, An Tulach. Bailitheoir: Áine Ní Chonfhaola, 5 Deireadh Fómhair 1937.

v.1　Tráth aréir agus mé liom fhéin 'gus mé i déanamh aer ag Loch Uan na Gruathre

v.2　Leig sí mo thaobh leis an saighead glan géar ag d'fág sí leasrú ar mo chroidhe

v.3　Tá mé tuathach, cropach, gruamda, páirt go mo stáin ar easba mná

v.4　Nuair fuair mé sgéala ar fhios do thréithre, nóra near gan thú fhághail annsiúd

v.5　Siúd cé'n taobh casad mo liun né gan tú dhághail, dearc go grinn mé searc mo chroidhe thú v.6   Tá meabhair do chinn ⁊ guth do bhéil, má's fíor dubhairt tú anois le noiméad

v.7   Bhfuil sé in Éirinn ná in réagúin, níl faoi'n saoghal d'athróchadh grádh

v.8   Ní sásóchadh siúd mé in áit a cliú, gan ceangal dlú ⁊ caibeach dfághail

v.9   Go dtuga sgéala go na créatúir i raibh sé i drém dóibh seal gan tsaoghal

v.10   Tá lóchran sidhe lé clár cinn ríghthe an tráth sin oidhche le fonn tú fhághail

v.11   Luingisí i spinneáil, muilinn i swingeáil, spóirt an tsaoghail an fonn thú fhághail

(b)   Loch na bhFaol

CBÉ 793:435–38; 10 x 2. Aithriseoir: Máire Nic Con Iomaire (42), Camas. Bailitheoir: Monica Ní Mhaodhbh, 10 Meitheamh 1940.

v.1   Go deireannach aréir agus mé dul liom héin 's mé a deanamh ar éadan Loch na bhFaol

v.2   Las na réalta ins na spéartha go bhfuair mé léargas beag ar mhnaoí

v.3   Óig-bhean mhúinte, ná buail fúm-sa, dearc mo shnuadh nach bhfuil mé slán

v.4   Ná tuig 's ná síl go gcuirfe tú dhíot mé is a liachtaí rí breágh a chuir mé 'un báis

v.5   Má's í an fhírinne atá tú dheanamh, suidheamuid síos go n-eirighe an lá

v.6   A bhfuil in Éirinn de'n ór fré-chéile 's a bhfaca mé dhá réir de'n t-saidhbhreas breagh

v.7   Tabhair dhom spás go ceann naoí lá go gcuirfe mé mo chárta amach faoí'n tír

v.8   Imthigh agus dean sin agus bí agam anseo aríst mar tá mo *fleet* ó dheas de'n cheann

v.9   Nach annsiúd bhíodh an lóchrann ag gunnaí móra, slataí seóil a *fly*áil ann

v.10   Nach ann a bhíos an chúisneáil tráth theidheas siad ar thúirneáil, ceólta sidhe agus sgoilteadh cránn

(c)   An Bhean Sí

CBÉ 1722:180–83; 10 x 2. Aithriseoir: [? Bríd Ní Scanláin, Baile an tSléibhe, Ros an Mhíl]. Bailitheoir: Mícheál Ó Scanláin.

v.1   An t-am seo aréir ⁊ mé liom féin agus mé ag triall im' aonar ar Loch na Niaidh

v.2   Theann na réalta amach ó'n spéir go bhfuair mé learguisín ar mhnaoi v.3 Tháinic smaointe tré mo chlaonta, bheannúghadh aríst do'n mheidire mná

v.4 Teann aníos liom ⁊ dearc go grinn mé, mise an aoileann óg ó'n nGréig

v.5 Staid a chiúin bhean ⁊ ná buail fum-sa, dearc mo shnuth nach bhfuil mé slán

v.6 Ná tuig is ná síl go gcuirfeadh tú dhíot mé is a liachtaigh rígh breágh a chuir mé chun báis

v.7 Más fior gach nídh dá bhfuil tú innsint, suidhe muid síos go n-eirighidhe lá

v.8 Bhfuil i nÉirinn ⁊ bíodh siad in aoinfeacht, go b'siud fré chéile an tsaidhbhreas bhreágh

v.9 Tabhair dom spás go ceann naoi lá go dtugadh mé an chuairt úd amach faoi an tír

v.10 Imthigh leat agus déan sin ⁊ bí agam annseo aríst agus geabhfaidh tú mo *fleet* ó dheas den Ceann

(d) An Bhean Sí

CBÉ 72:12–13; 1 x 3, 7 x 2. Aithriseoir: Seán Ó Cualáin (Seáinín Beag) (65), An Teach Mór, Indreabhán. Bailitheoir: Pádraig Ó Finneadha, Nollaig 1930–Eanáir 1931. Mícheál Mac Suibhne a rinne.

v.1 Trathnóna dhomsa [...] 's mé ag tarraingt ar loch aníos

v.2 Óigbhean bhean mhúinte, éist liomsa, agus dearc mo shnuadh nach bhfuil mé slán

v.3 Ná tuig agus ná síl go gcuirfeá dhíot mé agus a liachtaí Rí maith a chuir mé 'un báis

v.4 Ma's í an fhírinne tá tú innseacht, suidhfimíd síos nó go n-éirighe an lá

v.5 An a bhfuil in Éirinn ag déanamh ort fré chéile agus dá réir sin de'n tsaidhbhreas bhreágh

v.6 Eisean:
Tabhair dom spás go ceann naoí lá go dtugaidh mé an seársa údaigh amach faoi'n tír

v.7 Ise:
"Fuidh leat agus déan, bí agamsa-sa aríst, tá mo fhlít ó dheas do'n Cheann["]

v.8 *Sloop* ag *sinkeáil*, brig ag swingáil, agus spóirt a' tsaoghail ag *"Men a' War"*

(e) CBÉ 840:412–14; 1 x 3, 6 x 2. Aithriseoir: Maidhc Ging (35), An Teach Mór, Indreabhán. Bailitheoir: Calum I. Mac Gill-Eathain, 11 Deireadh Fómhair, 1942.

v.1 Tráthnoinín deireannach is me ag imtheacht liom fhéin is mé díona ar éadann Loch na bhFiadh

v.2 Óig-bhean mhúinte, ná buail fúm-sa, dearc ar mo snuadh nach bhfuil
mé slán

v.3 Ná tuig is ná síl go gcuirfidh tú mé dhíot is a liachtaí rí breágh dhár chuir
mé chun báis

v.4 Más í an fhírinne atá tú á dhíona, suidhfidh muid síos go n-eirghidh a' lá

v.5 Tabhair dhom spás go ceann naoi lá go gcuirfidh mé mo chárta amach
faoi'n tír

v.6 Imthigh leat is dian, agas bí agam-s' annseo 'ríst agus beidh do *fleet* ó
dheas go'n cheann

v.7 Annsiúd a bhí a chúisneáil, tráth ndeacha siad thar cóirneáil, bhí slat is
seóil a' *fly*-áil árd

(f) CBÉ 969:463–64; 1 x 3, 6 x 2. Aithriseoir: Maidhc Ging (*c*.40), An Teach Mór,
Indreabhán. Bailitheoir: Calum I. Mac Gill-Eathain, 20 Eanáir 1945.

v.1 Tránóinín deireannach annsiúd Dia h-Aoine is mé a' díona ar éadan dom
le Loch na [?]

v.2 Óigh-bhean mhúinte, ná buail fúm-sa mar dearc mo shnua nach bhfuil
mé slán

v.3 Ná tuig is ná síl go gcuire tú dhíot mise is a liachtaí rí breá do chuir mé
'un báis

v.4 Más í an fhírinne atá tú á dhíona, suidhe muid síos go n-eireó an lá

v.5 To'r'om spás go cheann naoi lá go gcuire mé mo cháil amach faoi'n tír

v.6 Imigh leat is dían, ach bí agam-sa annseo aríst, is beidh do flít ó dheas
go'n cheann

v.7 Annsiúd a bhí a' chúisneáil 'n trá ndeachadar ar thiúrneáil, bhí slata seóil
ag *fly*áil árd

(g) An Bhean Sí
CBÉ 1138:467–68; 6 x 2. Aithriseoir: Áine Bean Uí Fhlatharta (54), Cor na Rón
Thoir, Indreabhán. Bailitheoir: Pádraig Ó Flatharta, 1941.

v.1 Tráthnóinín aréir is mé liom féin 's mé a triall ar éadan Locha' Mhaoil

v.2 Las mo ghuailne suas go tréan lag, le eagla Dé is gan fhios cia faoí

v.3 Óig bhean mhúinte, ná bac liomsa, acht dearc mo shnuadh nach bhfuil
mé slán

v.4 Ná tuig agus ná síl go gcuirfeá dhíot mé 's liachtaoí rí breágh a chuir mé
'un báis

v.5   Tabhair dhomsa spás go ceánn naoí lá go dtiubharfad an chuairt úd
        amach faoín tír

v.6   Tuga leat is déan sin agus bí agamsa annseo ar an bpoinnte, is gheobhfa
        tú an bhruíonn ó dheas don áill

(h)   Banríon Loch na Ní
        CBÉ 413:87–89; 2 x 4, 3 x 2, 1 x 4. Aithriseoir: Pádraig Ó Donnchadha (76), Leitir
        Caladh, Leitir Móir. Bailitheoir: Eibhlín Ní Standúin, 21 Deireadh Fómhair
        1937. Colm de Bhailís a rinne.

v.1   An t-am seo aréir 's mé siubhal liom fhéin is mé déanamh ar éadan Loch
        na Nídhe

v.2   Tabhair dhom spás go ceann naoi lá go dtughadh mé an *walk* seo amach
        faoi an tír

v.3   Stad a chiúin bhean 's ná buail fúm, dearc mo shnuadh nach bhfuil mé
        slán

v.4   Mas fíor gach nídhe dhá bhfuil tú innsint, suidhe muid síos go n-eirighe lá

v.5   A bhfuil sé in Éirinn, bíodh sé in éindigh, siúd fré chéile do'n
        tsaidhbhreas breagh

v.6   Tháinig smaoiniú trí mo chlaonta, ceannughadh airíst do'n mhaighre mná

454   *Mary Mack*
        CBÉ 79:319–20; 8 x 2. Aithriseoir: Máire Bean Uí Chonfhaola, Ard na Graí,
        Doire an Fhéich, Casla. Bailitheoir: Bríd Nic Con Iomaire. Marcus Ó
        hUaithnín a rinne.

v.1   *Mary Mack* is í plúr na mban, tá ball searc ort thar mhnáibh an t-saoghail

v.2   Chuaidh do cháil ó thuaidh is dheas gur tú réalt na maidhne 's tús an
        cheóigh

v.3   'Sí is deise bláth 's a gruagh ag fás 's ag fallughadh páirt dá petticoat

v.4   Airgead Éire a fhágháil fré chéile 's a leagann rómham de'n t-saidhbhreas
        breágh

v.5   A óig bhean chiúin, breathnuigh romhat agus dearc mo thnúth
        (shnuadh) sa nach bhfuil mé slan

v.6   Acht tabhair dom spás go ceann naoi lá go dtuga mé *walk* amach faoi'n tír

v.7   Tig leat agus déan agus bí agam-sa annseo arís mar tá mo *fleet* ó dheas
        de'n Cheann

v.8   Tháinig smaointe trí mo chlaontaibh, beannughadh aris do'n oighre mná

455 Mora is Muire Duit, a Ainnir na dTéad Geal Dlúth

CBÉ 786:555–56; 1 x 4, 1 x 6, 1 x 7, 1 x 8. Aithriseoir: Annraoi Ó Tuathail (60), Leitir Móir. Bailitheoir: Proinnsias de Búrca, 18 Nollaig 1941.

v.1 Mor is Muire dhuit a ainnir na dtéad gheal dlúth

v.2 Sul dá ndeasuigheas go ró-dheas orm is go dtéigh muid 'un siubhail

v.3 Má tá caisleán fada geal agat ᚾ iarluíocht fú'

v.4 Muise fan ᚾ bíodh foighid a'd ᚾ gheabhthair faisiún gach sórt

456 Seán Mac Séamais

(a) CBÉ 607:109–11; 1 x 4, 1 x 2, 1 x 6, 1 x 4, 1 x 8, 1 x 7. Aithriseoir: [?]. Bailitheoir: Brian Mac Lochlainn, 1938.

v.1 Go mbeannuighe Dia dhuit a Sheáin 'ic Séamuis

v.2 Bainríoghain na Bruighne:
An tú Róise Mhór nó an tú Déadra?

v.3 An Bhean Eile:
"Go dimhin a bhean ní mé ceachtar gon méid sin["]

v.4 Bainríoghan na Bruighne:
"Go dimhin a bhean sin, tá tú réidh leis["]

v.5 An Bhean Eile:
"Cé (= an té) atá leath-tromach ó mo chéile["]

v.6 "An dún sea a bhfuil tú a Sheáin 'ic Séamuis["]

(b) CBÉ 607:120–22; 1 x 7, 1 x 4, 1 x 9, 1 x 4, 1 x 29. Aithriseoir: Seosamh Mac Donnchadha, Ros an Mhíl. Bailitheoir: Brian Mac Lochlainn, 1938.

v.1 An Bhean Saolta:
'Neach claonta, go mbeannuighe Críost duit

v.2 Bainríoghain na Bruighne:
Aithris dom-sa tús do scéil-sa

v.3 An Bhean Saolta:
Go dimhin a bhean, ní mé ceachtar gon méid sin

v.4 Bainrioghain na Bruighne:
Go dimhin a bhean, tá tú 'rádh leis

v.5 An Bhean Saolta:
'A té atá leath-tromach ó mo chéile

Clár Chéadlínte na nAmhrán agus na Véarsaí

A [?] ácaidh salach [sic], ná raibh slacht ná séan ort. **450**, 6.

A ainnirín chúmhra, mhacánta, mhúinte, fairsing, fial fiúntach, ciúin [sic] aigeanta lách. **41b**, 6.

(Maise) A Airt, ní chuirfidh tú amach mé chomh bog is a shílir. **366**, 8.

A Anraí Bhrúin, nach tromchroíoch a d'fhága tú mé. **45c**, 4.

A Anraí, díth broid ort, is tú (tusa) a d'fhága go tromchroíoch mé. **45a**, 3; **45b**, 2.

A ansacht, ná santaigh caille[ach] ná sraoill. **407a**, 2; **407b**, 2.

A Antaine, nach bodhar tú nach gcluineann mo ghlao. **159**, 2.

(Ó) (Agus) A Aonmhic Mhuire, a (ó) chuir (tú) cuileann tríd an bhféar ag fás. **25a**, 6; **25b**, 5.

A athair chroí na páirte, tá an bás i mo chroí le tart. **9**, 5.

A Athair ó na Rúin [sic], nach meata an chúis le gur chuir tú le buaireamh an tsaoil mé. **199**, 6.

A Bhaibín, a leanbh, cuir síos cupán tae dom, caith chugam mo bhéile agus rithfidh mé amach. **368a**, 3.

(Ó) A bhaile na Trá Báine, faoi chuimhne mo shaoil. **246a**, 5.

A bhanlia na mbáire [sic], is é mo chrá tú a bheith i dtalamh. **276**, 6.

A bhean an chroí óig, cuir déirce amach chun an daill. **113a**, 1; **113b**, 1.

(Ó) (Is) A bhean an tí, an bhfuil buaireamh ort. **417**.

A bhean uasal, glac suaimhneas agus fan go lá. **13a**, 3.

(Ó) A bhean úd (údan) thall, a rinne do gháire (a rinne gáire fúmsa). **182a**, 7; **182b**, 5; **182c**, 5.

A bhean údaí thall, atá i lár an chóta (ghúna) dhuibh. **45a**, 6; **45b**, 3; **45c**, 5.

A bhearrfadh ribe geamhair ar maidin insa drúcht, nach n-íocfadh sé dúbailt an fhásaigh. **215**, 5.

A bhfuil d'fheamainn istigh ag Seán Pheadair, is a chuid *guano* a chur air dá réir. **356**, 2.

A bhfuil de bháid is d'eangacha aniar ó Acaill, saibhreas Sheoirse is é a fháil uilig cruinn. **239d**, 4.

A bhfuil de chléirigh in Albain agus iad a bheith ar aon chlár amháin. **17**, 5.

(Is) A bhfuil faoin domhan mór is ní thógfadh sé an brón díom, nó go gcloisfead glór do chinn nó siolla as do fhliúit. **41a**, 7.

A bhfuil in Éirinn ag déanamh ort fré chéile (agus) bíodh siad (sé) in eineacht (éindí), agus (is a bhfaca mé) dá réir sin den (gurb shiúd fré chéile an) (is a bhfaca mé dá réir sin den) (siúd fré chéile den) saibhreas breá. **453b**, 6; **453c**, 8; **453d**, 5; **453i**, 5.

A Bhid Bháin Thomáis Mhurcha, molaimse an barr leat féin. **25c**, 5.

(Is) A Bhideach (Bhid Bhán) na gCarad, tuig feasta nach súgradh é. **25a**, 1; **25b**, 1; **25c**, 1; **25d**, 2; **25e**, 1.

A Bhidí Bhán na Páirte, cé gur doiligh liom le rá é, is é is dóigh liom, a mhuirnín, gur bean tú a chaill do chiall. **448**, 3.

A bhláth na gcaor, ó tharla mé go cloíte tréith le greann duit. **3**, 2.

A bhláth na n-úll, ab áille snua ná duilliúr bharr na gcraobh. **68b**, 5.

A bhonnáin bhuí, mo léan in do luí tú is do ghéaga sínte faoi bhun na gcrann. **288**, 2.

(Ós) (Maise) A Bhríd Bhán Ní Oisín, bheirim an chraobh (*sway*) duit (molaim go héag tú). **216a**, 2; **216b**, 1; **216b**, 4.

A Bhríd Thomáis Mhurcha, bheirim an barr leat féin. **25b**, 2.

(Is) A bhruinneall gan smál, a bhfuil an dealramh deas in do ghrua. **24a**, 1; **24b**, 1.

A bhruinnilín chiúin deas, lách, macánta, múinte, fial, fairsing ar fónamh, ciúin, aigeanta, tláth. **41a**, 9.

A bhruinnilín phéacaigh, is tú a mhéadaigh an osna in mo lár. **7**, 1.

A bhuachaillí an bhaile seo, atá go lách spóirtiúil, beidh airgead póca againn go gcaitear an Cháisc. **209**, 1.

(Óra) A bhuachaillí an bhfuil fear ar bith le fáil. **219**, 1.

(Agus) (Is) A bhuachaillí Bhaile an tSléibhe, seo comhairle a bheirim (thugaim) daoibhse (is é an scéal a chuirim chugaibh). **185a**, 8; **185a**, 10, **185f**, 4.

A bhuachaillí is a chailíní, an méid agaibh atá gan phósadh. **117f**, 5.

A bhuachaillí is a chailíní, anois éistigí liom tamaillín, go n-inseoidh mé faoin bhfear úd daoibh a bhíos ag dul an bhóthair. **309a**, 3; **309b**, 3.

A bhuachaillín bháin, nach breá is nach deas é do shnua. **137**, 5.

(Is) A bhuachaillín bháin, nach lách (breá) is nach deas é do shnua (scéal). **86**, 2; **86**, 3; **137**, 5.

(Is) A bhuachaillín, is gile, míne ná an síoda is ná an sneachta. **99a**, 2.

A bruithe seanga séimhe, os cionn a rosca réidhe, agus a dhá c[h]í[o]ch gheala gléasta chun pósae. **44**, 2.

(Agus) (Is) A chailín (bhig) an bhinnsín luachra, (nó) an trua leat mo bheart ar lár (glac
    suaimhneas agus fan go réidh). **8a**, 2; **8a**, 3; **8d**, 2; **8f**, 1; **30e**, 1.

A chailín a bhuail fúmsa tráthnóna is a d'ith mo dhrár. **341**, 1.

A chailín bhig óig na gruaige breá buí. **1**, 1.

A chailín bhig óig, an bhfuil náire ort. **371**, 1.

(Is) A chailín bhig óig, ná pós an seanduine liath. **67b**, 3.

A chailín bhig uasail na gruaige breá buí. **63j**, 2; **63k**, 2.

A chailín deas na luachra, an trua leat mo bheart ar lár. **8c**, 1.

A chailín deas, do leas nár dhéana tú. **149b**, 3.

A chailín óig gheanúil, cibé ar bith cérb as tú, ní maith liom tú a mhaslú sa gcás seo.
    304a, 8

(Is) A chailín scoth na luachra, is trua liom do bheart ar lár. **8b**, 1.

A chailín úd thiar i mbéal an phobail, go maire tusa féin do chóiriú. **109a**, 9.

(Is) A chailíní is a réadairí, nach deas mar a mheall tú mé. **186f**, 4.

A chailíní óga, mo chomhairle má ghlacann sibh, cé gur atuirseach dubhach atáim. **111**, 5.

A chailíní óga, nach tútach a d'ith sibh. **279**, 4.

A chailleachín ghránna de rud atá chomh cam leat, cén fáth ar thug mé grá duit nó ar
    phós mé riamh tú. **271**, 4.

A chairde Gaeil is a dheartháireachaí, éistigí le mo rann. **420**, 3.

(Is) A chairde gaoil (Gaeil), caoinigí m'ábhar féin (amárach mé). **149a**, 4; **149c**, 3.

(Is) A Chamas [sic] na Foirnéis', mo chúig mhíle slán leat, nach mba ródheas (rídheas)
    an áit tú ag teacht d'oíche Fhéile Muire M[h]ór. **191a**, 1; **191b**, 1; **191c**, 1.

A chapaillín, a chapaillín, is (agus) a chapaillín an tsléibhe. **378a**, 1; **378b**, 1; **378e**, 1.

A Charraig an Mhatail, mo chúig céad slán leat, ba rídheas an áit tú seal den tsaol. **231**, 1.

A chéadsearc, ná lig do chumann le mnaoi. **407a**, 3; **407b**, 3.

A Cheaití na gCuach, an trua leat mise a bheith tinn? **137**, 2.

A Cheaitín, a Cheaitín, a Cheaitín mo chroí tú. **124b**, 6.

A cheannaí ghránna ar bheagán náire, is agatsa atá m'asal dubh. **339**, 3.

A Chianáin [?], go mbeannaí Críost féin duit. **450**, 1.

A *Chieftain*ín shalach [sic] a thóg as an mbaile mé, ó mo chuid daoine muintreacha a
    bhí carthanach le chéile go leor. **203**, 2.

A Chnoc Uí Dhonncha, is tú a bhris mo chroí. **102c**, 1.

A Choilm, gabh do chiall chugat is ná héiligh aon rath arís go deo. **341**, 5.

A chomharsa dílse [?], tabhair dom cunamh, agus díbreoidh an púca amach as an áit.
    349, 3.

A chomharsa, gé duit in aimsir féile, níor chuir mé ceist ar an duine faoi. **305**, 4.

A chomharsanaí dílse is a bhuachaillí óga, an méid acu a thuigeanns cruatan mo cháis. **349**, 8.

(Is) A chomharsanaí is a chomhairleacha, ná tógaidh orm é. **186a**, 3; **186b**, 3; **186c**, 3; **186e**, 3.

A chomharsanaí is a chomhairleacha, nach trua libh mé a bheith tinn. **33a**, 2.

A chomharsanaí na gcarad, ná géilligíse d'Éamann. **404a**, 7.

A chomharsanaí, an cuimhneach libh an lá ar fhág mise an Trá Bháin. **156n**, 2.

A chomharsanaí, an cuimhneach libh an uair do bhí [? mé] tinn. **156n**, 3.

A chomharsanaí, ar chuala sibh an gníomh a rinne Féilim, nuair a throid sé an beithíoch éigiallta ab éifeachtaí le fáil. **445a**, 7.

A chomharsanaí, ná sílidh gur síolrú mar na daoine a rinne an leanbh Íosa a fuair aoibhneas na nGrást. **403d**, 2.

(Agus) A chomrádaí dhílis [sic], ná bígí ar meisce. **185c**, 3.

A chomrádaí dhílis, táim tinn, lag go leor. **197**, 5.

(Is) A chomrádaithe Bhaile an tSléibhe, tabhair mo chónra leat abhaile. **185b**, 3.

A chomrádaithe is a chroí na páirte, má tá sé i ndán domsa casadh. **184**, 6.

A Chonchúir ghránna, cén chiall a dtrachtfá ar dhaoine, nach bhfaca Dia d'áras Nollaig ná Cáisc. **367c**, 6.

(Is) (Ó) A Chríost nár mhór an áilleacht í *Púcán Mhicil Pháidín*, nuair (an lá) a sheol (d'fhág) sí amach as Árainn (céibh Charna), (agus) (is) d'ardaigh (ar ardaigh) sí an crann nua. **253a**, 1; **253b**, 1; **253c**, 1.

A Chríost nár mhór an spóirt (an áilleacht) í ar maidin lá na rásaí, nuair a sheol (d'fhága) sí as Céibh Charna agus é ina ghála mór. **253a**, 5; **253b**, 3.

A chuaichín na finne, cá rachaidh tú le do nead. **116f**, 1.

A chuaichín, cá ndéanfaidh tú féin do nead. **116a**, 2.

A chuid gadhar bhreaca agus bhána ag éirí ar na harda, is an madra rua dá chásamh ar na bóithrí. **215**, 2.

(Is) A chuid is a chumainnín, ó tharla ag imeacht tú, go bhfille tú slán. **87b**, 2.

A chuisle is a stór, an éistfeá liom tamaillín, *and I will tell you a story* ab ait le do chroí. **141a**, 4.

A [? chuisle] is a rúin, nó an trua leat mise a bheith tinn. **96c**, 2.

A chuisleachaí is a chomhairleachaí, ná tógaidh orm é. **156a**, 10.

A com ba ghile ná an sneachta is ná an síoda, más fada gearr an oíche is ort ba mhian liom a bheith ag caint. **84b**, 2.

A cos ba deise [sic] i mbróigín, a cúilín fite cóiriúil, bhí sé creathach cumhra agus é ar
    sileadh léi go sáil. **419**, 2.

A cuckoo is a [*? pretty*] *bird, it sings as it flies.* **204**, 2.

A cúilín donn casta atá ag dul thar a básta, is nach bhfuil rós insa ngairdín is áille ná a
    grua. **34**, 2.

A cúilín trilseach [? ag lonradh], lag lúbach i ngar dá glúine, a béilín tanaí beolmhilis is
    an ghile ag briseadh thríd. **84b**, 4.

A dhá c[h]íoch chorrach' lóchrann, mhol mé í is níor mhór dom, í ina seasamh ag
    déanamh lóchrainn agus í ceaptha as comhair an tsaoil. **26a**, 10.

(Is) A dhá s[h]úilín ghlas' atá chomh cruinn leis an airne, ná raibh tada níos áille ag aon
    ainnir ina lua. **34**, 3.

(Is) A dhaoine a bhfuil maoin nó spré agaibh. **422**, 1.

A dhaoine uaisle na tíre, fáighigí loing daoibh féin. **276**, 4.

(Agus) A dhaoine, nach minic teach maith ag an táilliúr féin. **116b**, 4.

(Agus) A dheartháir (-ín), dá bhfeicfeá sa teampall í. **70c**, 5; **83a**, 9; **83b**, 9.

(Is) A dheartháireacha dhílis [sic], ná bígí ar meisce. **185b**, 9.

(Agus) A dheartháireacha dhílis [sic], tá mo théarma libh caite. **97**, 10.

(Is) A dheartháireacha dhílis [sic], tugaigí mo chuid éadaigh abhaile. **185c**, 8.

A dheartháireacha na páirte, agus a mhic chairde na gcarad. **276**, 5.

A dheartháireacha óga na páirte, tá an lá sin anois i ngar dúinn. **412**, 2.

(Is) A dheartháirín dhílis, an bhfuil fuascailt ar bith i ndán dúinn. **183b**, 3.

(Is) A dheartháirín dhílis, tabhair abhaile mo hata. **185a**, 4.

(Is) A dheartháirín óg, nach óg mar a mharaigh tú mé. **85a**, 5.

(Óra) A dheartháiríní dílis [sic], tabhair mo chónra abhaile. **185h**, 3.

A dheirfiúirín dhílis, tabhair abhaile mo hata. **185f**, 2.

(Is) A dheirfiúirín dhílis, tabhair an méid seo leat abhaile. **183a**, 3; **183b**, 2.

(Is) A dheirfiúracha is a d[h]eartháireacha, ná tógaidh orm é. **186d**, 5.

A Dhia agus a Mhuire, nár bhocht an scéal é, le léamh in Éirinn ná sa nGaeltacht mhór.
    312, 3.

A Dhia dhílis, céard a dhéanfas mé, [? leis] an teach seo agus a bhfuil ar fad ann. **188**, 2.

A Dhia dhílis, céard do dhéanfas mé má imíonn tú uaim. **70b**, 2.

A Dhia is a Chríost, nárbh fhuar fliuch an oíche í, sinneán crua gaoithe, rópa roimhe ar
    an mbóthar. **162**, 3.

(Agus) A Dhia is a Mhic Dara, nach deas an rud céile mná. **116b**, 5.

(Ó) A Dhia mhaith, nach trom an lámh a leag tú ar ár dtír. **425**, 10.

A Dhia mhaith, nach trom do lámh atá dá gcoinneáil faoi ghéarsmacht. **425**, 11.

(Ó) A Dhia, dá mbeinn agus meidhir an chúil ómra. **61b**, 4.

A Dhia, déan trua do mháthair an pháiste, is a Mhic Mhuire na nGrásta, tar is (agus) fóir. **187b**, 7; **187c**, 9; **187d**, 9.

(Is) A Dhia, scoth na huaisle, is é mo thrua tú a bheith sínte, nach suanmhar is nach cloíte mar a chodlaíonns tú an t-am. **167a**, 2.

A Dhiarmaid dhílis, ná tabhair m'ainm síos leis, is déanfaidh mé drár duit chomh maith leis. **299**, 7.

A dhochtúir *Jennings*, céad faraor cráite, is tú a fuair bás uainn i dtús do shaoil. **172**, 1.

A Dhoire an Fhéich Chasla, mo chúig mhíle (chéad) slán duit, ba (is) rílách (rídheas) an áit tú ag teacht oíche Fhéile Muire M[h]ór. **240a**, 1; **240b**, 1; **240c**, 1; **240d**, 1; **240e**, 1; **240f**, 1.

A Dhónaill Óig, is a phlúr na [? ngaiscíoch]. **93f**, 1.

A Dhónaill Óig, má théir thar farraige. **93b**, 1.

A Dhónaillín, tá ceol, tá ceol na bpíopa ag glaoch sinn in aghaidh an scriosadóir [sic]. **423**, 1.

A Dhonncha Bháin (bhoicht), níorbh í an chroch ba dual [sic] duit. **182a**, 3; **182b**, 7.

(Ach) A Dhonncha Bháin bhoicht, dá n-éireofá in do sheasamh. **182d**, 5.

A Dhonncha Bháin bhoicht, é ʒh i do sheasamh. **182a**, 2.

A Dhonncha Bháin, a phlúr na ngaiscíoch. **182a**, 8.

A Dhonncha Bháin, is tú mo bhuaireamh. **182b**, 1; **182c**, 1.

A Dhonncha bhoicht, a dheartháirín dhílis. **182a**, 1.

A Dhonncha Brún bhoicht, chroithfinn lámh leat, ní le grá duit ach le fonn tú a ghabháil. **434**, 3.

A Dhonncha Brún, (dá mbeifeá lámh liom), chroithfinn (croithim) lámh leat ach ní le grá duit é ach le fonn tú a ghabháil. **427a**, 4; **427b**, 3.

A dhuine gan aird, ná tráchtsa ar sheachtain ná Luan. **406**, 2.

A dhuine gan chéill, ná tréigse Flaithis na nDúl. **406**, 3.

A dhuine gan chomhairle a bhuail faoi mo chónra is a chroch ar do dhroim leat mo *wallet*. **300c**, 3; **300d**, 3.

A dóthain a thabhairt le caitheamh di, trí bhairille braiche in éineacht. **289b**, 2.

(Is) A fhear na stocaí bána, tá tú go fánach de bharr an tsaoil. **30b**, 6. (Is)

(Is) A fhíorscoth na huaisle (n-uaisle), is é mo thrua tú a bheith sínte, nach suanmhar is nach cloíte mar a chodlaíonn tú an t-am. **167b**, 2, **167d**, 2.

A fine, a gile is a breátha, ní scríobhfadh *Virgil* i ráithe, a dhá c[h]íoch gheala bhána mar an eala atá ar a toinn. **26a**, 7.

A Frenchman of great fame had seen what they did do. **132**, 10.

A ghamhain dhuibh, mo mhallacht duit, mar is tusa a rinne an réabadh. **378d**, 3.

A ghiolla gan chomhairle, a chuaigh ag briseadh mo chónra agus go dtug tusa leat mo chuid creathnaí. **300a**, 3.

(Is) A ghrá geal, an bhfuil tú ag éisteacht nó an bhfillfir go brách. **97**, 6.

A ghrá is a rúin [sic], dá ngluaisfeá liom go tír i long as Éire [sic]. **3**, 4.

A ghréasaí, a ghadaí, má fhaighimse greim ort, beidh mullach tinn agat is ní bheidh tú slán. **301**, 1.

A grua, ba deise, deirge í ná an chaorthann [sic], agus a héadan ba ghile, mhíne ná an eala ar snámh. **64d**, 2.

A iarsma is a uaisle, is é mo thrua tú a bheith sínte, nach suanmhar is nach cloíte mar a chodlaíos tú an t-am. **167c**, 2.

A iascairín ghránna, is olc an bás a fuair tusa. **279**, 2.

A iníon gheanúil, céad faraor d'fhágais, mo mhíle slán duit ó lár mo chroí. **194**, 4.

(Is) A *Khelly* bán [sic], a théagair, tréig tusa feasta na mná. **94**, 2.

(Is) A *Khelly* na buaile, nach buartha a d'fhága tú mé. **94**, 1.

A Laicí, cuirim tréas ort, nó inis dom cén réasún nach dtagann tú liom agus réiteach agus d'iníon a chur i gcrích. **448**, 1.

(Agus) A *landlady* na páirte, tá an bás i (trí) mo chroí le tart. **4a**, 6; **4c**, 2.

(Is) A léan mar a fuair mé tuairisc air, go bhfuil úsáid acu le déanamh ann. **192**, 2.

(Is) A liachtaí cleas a mhúin a mháthair (mhaim) dó, chinn sé ar mháistir draíochta. **337a**, 10; **337b**, 10.

A Liam, is mór an mhairg faoin luch a chur go dtí mé. **336a**, 5.

(Ó) (Agus) A Liam, ná creid an chailleach, ní mise a ghearr an bréidín. **336c**, 4.

A lock of my hair, I pray you will take to my mother – she is over the sea. **201**, 5.

A lon dubh [sic], téirigh in áirde sa teach úd ar thaobh an chnoic arís duit. **17**, 6.

(Is) A mhac Mhaitiais Mhóir, ná bíodh brón ort do phota a chur síos. **293a**, 1; **293b**, 1; **293c**, 1.

A mhaighdean bhéasach, atá i ríocht an Aoinmhic, fóir ar na créatúir atá amuigh faoin gceo. **434**, 2.

A Mháire Bháin, is tú ainnir agus rúnsearc mo chléibh. **49**, 5.

A Mháire is deise dealramh, mo chrá géar nach bhfuil mé agus tú. **30a**, 6.

(Is) A Mháire Ní Mhurchú, ó, thug tú suas don bhás mé. **185e**, 2.

A Mháire, a ghrá, is tú atá'm chrá, och, tabhair do lámh go dlúth dom. **3**, 1.

A Mháire, a rúin, beidh an Nollaig ag teacht go luath le cúnamh an Ard-Rí. **265a**, 2.

A Mháire, cuirim léan ort, is buartha a d'fhága tú mé. **66**, 2.

A Mháire, tá mé ag scarúint leat, mo mhíle grá go deo tú. **442**, 7.

(Is) A Mhairéad ghléigeal, níor chéile duitse leadaí buí. **43**, 3.

(Is) A Mhairéad ghléigeal, óg na n-órdhlaoithe fite go féar. **43**, 2.

A Mháirín deas bhéal toinne, plúr na mban go deimhin, tógadh as an gcluiche, maidin mhoch, chiúin, cheo. **51**, 1.

A Mháirín Ghaillimh', nach deas iad do phéirín bróg. **116d**, 4.

A Mháirín, an ligfidh tú chun aonaigh mé. **374a**, 1; **374a**, 2; **374a**, 3.

(Is) A Mháirín, is tú mo ghrá-sa, is caraidín mo chroí. **54c**, 3.

(Is) A mháistir, an mbeadh aon mhisneach agat go dtroidfeadh muid an comhraic. **336d**, 1.

(Maise) A mháithrín, tabhair mé féin dó. **93b**, 7.

(Is) A Mhaitiais, má chaill tusa an pinsean, caithfidh tú a inseacht cén t-am. **350a**, 7; **350b**, 7.

A Mharcais, tá dobhrón ort, cé gur fada a chuaigh do cháil. **433a**, 3.

A mháthair dhílis, fuair mé scéala. **166**, 2.

A mháthair, ná bí ag caoineadh, ná bí ag briseadh do chroí. **163a**, 4.

A mháthair, tá Dia cineálta, ní ligfidh Sé dochar dó. **163a**, 6.

(Is) A mhic an duine, (a) chonaic mise suarach go leor. **54c**, 4; **407a**, 5.

(Is) A Mhicil Bháin, a dheartháirín, ó, dá dtagadh sibh i dtír. **156a**, 7; **156d**, 9; **156e**, 9; **156f**, 10.

A [? mhilisín] is a bhladairín, is a chneámhaire a bhí mór. **95**, 2.

A mhná údaí Gharmna, a gcara (chara) is a gcoimirce (gcuimhne), cá bhfios ag Críost nach ndéanfainn (-se) leas díobh (daoibhse) fós. **308a**, 3; **308b**, 2; **308c**, 2.

(Is) A Mhuire dhílis, goidéard [sic] a dhéanfas mé d'uireasa mná. **13a**, 2.

A Mhuire nach ba trua géar í an Chríonach nuair a lag sí ina teacht ón gCeann. **350c**, 6.

A Mhylín, coinnigh do mhisneach, agus taosc amach uisce go beo. **394a**, 4.

(Ó) A Mhylín, éirigh i do sheasamh, agus (is) bain anuas (leag) an seol tosaigh go beo. **394a**, 3; **394b**, 3; **394c**, 2; **394d**, 2.

A n-anam is a gcorp ar an bhfear atá thíos, céard atá ag dul agaibh a dhéanamh ar mo choileachín óg. **347b**, 5.

A *Nancy* bhéasach, a chiúinbhean chéillí, ar cailleadh na céadta de do bharr. **59**, 1.

A *Nancy* bhéasach, a stór, ná tréig mé, is gheobhaidh tú saibhreas mór ar ball. **59**, 4.

A neach chlaonta, go mbeannaí Críost duit. **456b**, 1.

A Neilí Bhán, is mé i ngrá leat, is tú cuisle agus grá mo chroí. **54b**, 3.

A Neilí Bhán, suigh anall liom, is tú cuisle geal mo chléibh. **54a**, 5.

(Is) A Neilí is a Neilí, an dtiocfá chuig an aonach (chun an aonaigh)? **61b**, 1; **61d**, 2.

(Agus) A Neilí Ní Riagáin, nuair nár rogha leat mé a phósadh. **185i**, 1.

(Is) A Neilí Ní Riagáin, ó thug tú don bhás mé. **185a**, 2.

A Neilí, a chailín deas, dhá ngluaisfeá an ród liom, ba dheas é do lóistín ag teacht don oíche. **187a**, 5; **187e**, 1.

(Is) A Neilí, má dhéanann tú an pósadh, is go bhfágfaidh tú an óige i do dhiaidh. **19a**, 5; **19b**, 4; **19c**, 3; **19d**, 3.

(Is) A Neilí, má tá tú ag dul ag pósadh, agus ag fágáil na hóige i do dhiaidh. **19e**, 3.

(Is) A Neilín, a shiúirín, is tú lúibín Loch Eirne. **61d**, 4.

A Nóra Ní Dhorchaí, ó, is tú a thóg ón mbás mé. **185f**, 5.

A ógánaigh bhig óig a tháinig ormsa mar cheo, nár gheall tú is nár rinne tú bréag liom? **53c**, 2.

(Is) A ógánaigh chaoin, ar lig mé leat mo ghnaoi, mar is orm a bhí seal an díth céille. **65f**, 4.

(Ó) A ógánaigh na gcarad, tuige ar imigh tú uaim. **96a**, 6.

A ógánaigh óig, a néalta thríd an gceo, le go dtugas-sa mo ghean go léir duit. **12**, 1.

A ógbhean chiúin, breathnaigh romhat, agus dearc mo shnuasa nach bhfuil mé slan. **454**, 5.

A ógbhean mhúinte, ná buail fúmsa (éist liomsa) (ná bac liomsa), agus (mar) dearc mo shnua nach bhfuil mé slán. **453b**, 3; **453d**, 2; **453f**, 2; **453g**, 2; **453h**, 3.

A ógmhnaoi (ógbhean) álainn, is tusa a d'fhága mo chroí go dubhach. **45a**, 7; **45b**, 6.

A óigfhir óig uasa[i]l, a fuadaíodh sa mbruíon. **276**, 3.

A Oileán Phádraig, mo chúig chéad (mhíle) slán duit (leat), mar is ann a d'fhás (insan áit) mé agus mo shinsir (mhuintir) romham. **205a**, 4; **205b**, 4; **205c**, 4; **205d**, 4; **205f**, 4; **205g**, 4; **205j**, 1; **205k**, 1; **205m**, 1.

A óinseachín shalach is a chailleach an tae, is an lá a mbíonn sé agat ní fheiceann muid é. **142c**, 5.

A passing comrade heard the moan and saw where the sufferer lay. **201**, 3.

A Phádraig Uí Choscair, ba mhór an scéal tú, is gur sheas tú riamh i loing nó i mbáid. **158b**, 8.

A Phádraig Uí Fhlatharta, socair, ciúin, ciallmhar, go bhfeice mé liath tú agus ciall ag do chlann. **240b**, 9.

(Agus) A Phádraig Uí Mháille, ná bíodh náire ná cás ort (ort (-sa) náire), go deimhin ní agatsa a bhí (ní tú a ghoid) an chreathnach (ní ort atá fáisnéis na creathnaí). **300a**, 10; **300b**, 3; **300c**, 5; **300d**, 5.

(Is) A Phádraig, má níonn tú choíche smaoineamh ar aon bhean tí a chur i(n) m'áit. **394a**, 11; **394c**, 7; **394d**, 7.

(Is) A Phádraig, má níonn tusa smaoineamh, ar mé a chur go moch Dé Máirt. **394a**, 13.

A pheacaigh, ná sílidh gur ar nós an chine daonna, a thuirling (shíolraigh) an leanbh Íosa a fuair aoibhneas na nGrást. **403a**, 8; **403b**, 2.

A Pheadair mhuirneach [sic], a bhí oilte múinte, is a chuaigh ar chúntar le bheith ní b'fhearr. **190e**, 2.

(Is) A Pheadair, a mhuirnín, a bhí céillí stuama is a d'imigh ar chúntar le bheith ní b'fhearr. **190b**, 2.

(Maise) A Pheadair, a mhuirnín, a bhí oilte stuama, is bhí gnaoi na gcomharsan ort an fhad is bhí tú ann. **190b**, 4.

A Pheaitchín, breith agus bua duit, gnóthachán in aghaidh an tslua duit, sonas as na cuanta duit agus fuascailt as gach ceard. **174**, 2.

A pheata rua na scéimhe, is é mo chéad beannacht leat go lá an Luain. **24a**, 4; **24b**, 4.

(Is) A phrionsa na Gaeilge, a mhic léannta (léinn) is a charaid, an dtiocfaidh sa gceantar do shamhail(-sa) go héag. **167a**, 3; **167b**, 3.

A Phrionsa Thír Eoghain, coimeád do dhúiche nó caillfidh tú Tuaim is slis Bhearna. **269b**, 12.

A réalt an tsolais (eolais) is a ghrian an fhómhair, is a chúilín ómra is a chuid den tsaol. **105a**, 7; **105c**, 6.

A Réamainn *Cooke* is a Réamainn *Cooke*, go gcuire Muire an t-ádh ort. **336a**, 2.

A Réamainn *Cooke,* mo bheannacht duit, Mac Dé (Mac Dara) go gcuire (go gcuire Muire) an t-ádh ort. **336b**, 4; **336d**, 6; **336e**, 3; **336f**, 5.

(Maise) A Réamainn, is mór é m'fhearg leat faoin luch a chur go dtí mé. **336e**, 5.

A Rí na bhFeart, cé as a ndéanfaidh mé bród? **149b**, 6; **149c**, 2,

A Rí na Cruinne, an tráth a ligeas an fáinne amú. **116c**, 4.

A Rí na nGiúdach, dá ndearcfása Bríd. **216a**, 5.

A Rí na nGrásta, a chruthaigh Neamh is Parthas is, a Dhia, cén chás duinn beirt nó triúr. **158a**, 6; **158b**, 6.

A Róisín, is tú (tusa) do (a) mharaigh mé is nárba fearrde duit [sic]. **70a**, 2; **70c**, 3; **70d**, 3.

(Ach) (Anois) (Ó) A Róisín, ná bíodh brón ort faoinar éirigh duit (faoi ní ar bith dár tharla duit). **70a**, 7; **70c**, 1; **70d**, 4; **70e**, 2; **70f**, 2.

A Róisín, ná bíodh brón ort ná cás anois. **70b**, 1; **70g**, 1.

A rúin is a chéadsearc, (nó) an bhfuil tú ag éisteacht le gach rud (ní) dá bhfuil mé ag rá (gach aon ní dá mbím ag rá). **74a**, 9; **74b**, 7; **74c**, 5.

A samhail de chailín níl tógtha faoin bpláinéad, in Éirinn ná in Árainn ná ó dheas ná ó thuaidh. **34**, 4.

A samhail ní fheiceá in Éirinn ná in Árainn, is í an phlandóg bhreá álainn romhat í sa tslí. **5**, 2.

A samhail ní raibh le fáil ach ar nós an bhradáin fearna, d'imeodh óna námhaid is nár spáráil a dhíol siúil. **253b**, 2.

(Is) A Shadhbh Sheáin Uí Chaola, is deas a shíl tú go n-éalóinnse leat. **193a**, 10; **193c**, 4.

(Óra) A Sheáin Bháin, is a Sheáin Bháin, an gcuimhníonn tú ar do mhargadh. **124a**, 3.

(Is) A Sheáin Bháin, is a Sheáin Bháin, nó an aithníonn tú mise. **124a**, 5.

A Sheáin Uí Choscair, ba mhór an scéal tú, gur sheas tú riamh i loing nó i mbád. **158a**, 8.

A Sheáin, a mhic mo chomharsan, má tá tú ag dul ag pósadh, rud nár dhúirt mé fós leat, téigh go Tír an Fhia (is é mo chomhairle duitse, a dhul don Ghort Fhraoigh). **150a**, 1; **150b**, 1; **150c**, 1.

(Is) A Sheáinín is a Sheáinín, an gcuimhníonn tú ar do mhargadh. **124a**, 3.

A Sheáinín, a Sheáinín, an aithníonn tú Ceaitín. **124b**, 5.

A Sheáinín, seo mo lámh duit, i ngan fhios do mo *father*. **103c**, 3.

A Shéamais Uí Thuathail, níl do ghairm chomh huasal nach dtarraingeofaí anuas sa dán seo tú (insa dán tú). **367a**, 10; **367b**, 3; **367d**, 2.

A sheanbhean chríonna, cuirim díth is deacair ort. **93a**, 1.

A sheanchléibhín cam [sic], nach tusa a bhí teann nuair a tharraing mé aníos as an dram tú. **306**, 6.

A sheandroinneoirín ghránna de rud atá chomh cam leat, dá dtugainn liomsa i mbád tú is tú a bháthadh amuigh sa gcuan. **271**, 5.

(Ós) A Sheoigigh Inis Bearachain, nach mór anois sibh le rá. **220**, 1.

(Is) A *Shergeant Gorman*, bheirimse mallacht d[h]ílis duit agus nárbh fhada go raibh tú sínte sa reilig le taobh do mhná. **317c**, 2.

(Is) A *Shergeant* mhallaithe, mallacht Chríost duit, is nárba fada go síntear tú (go raibh tú sínte) le hais do mhná (mhnaoi) (mar bhí tú do mo bhladaireacht anois le mí). **317f**, 2, **317d**, 1; **317g**, 1.

A Shiobhán Ní Cheallaigh, nach deas é do shnua is do dhath. **116a**, 3.

A shiúirín na gcarad, mo theastas más méin leat, gheobhair aer ar maidin ar dhroim gearráin. **111**, 4.

A shúil is glaise ná ligeann anuas an braon. **83a**, 2; **83b**, 2.

A smile overspread his pallet face, he feebly gasped to breath. **415**, 4.

A stóirín chiúin chailce, más dual go mbeir agam, beidh caoi is baill ar do chairde. **106a**, 4.

(Is) A stóirín mo chléibh, is é mo léan nach bhfuil tú dom i ndán. **7**, 7.

(Is) A stóirín ná bíodh brón ort, anois ná tada faoi (ná buail is ná bris mo chroí), (é sin ná briseadh croí) .**10a**, 2, **10c**, 2; **10d**, 1; **10e**, 2.

A stóirín ná bíodh fearg ort, is fada isteach atá breathnú mná. **30a**, 4.

A stóirín, cén fáth nach scríobhann tú chugam cúpla líne. **103b**, 2; **103c**, 4.

(Agus) A stóirín, ó, ná tréig mé, mar gheall ar mé a bheith folamh. **6a**, 3; **6b**, 3.

A stóirín, tabhair do lámh dom i ngan fhios do do mháthair. **103b**, 3.

A stór mo chroí (chléibh), ná tréig do mhian (mé) ach breathnaigh isteach sa gcás. **69a**,
      3; **68b**, 3; **68d**, 2; **68e**, 4.

(Is) A stór, a bhruinneal, má dhéanann tú an pósadh, go dearfa is brónach a fhágfair. **16**, 3.

(Is) A Taimín, a mhíle stóirín, an bhfuil fóirithint ar bith i ndán dúinn. **183a**, 2, **183a**, 2.

(Is) A Taimín, a mhíle stóirín, ná tóg suas ar chómhrá ar bith mé (ná tóg suas mé ar
      chómhráite béil). **85b**, 1; **85e**, 1.

(Is) A Taimín, a mhíle stóirín, ná tréig mé go luath ná go mall. **85a**, 8.

(Is) A Taimín, a mhíle stóirín, nach n-aithníonn tú do mhian. **186f**, 3.

A Taimín, mo mhíle stóirín, ná glac brón ná briseadh croí. **78**, 1.

(Agus) A tháilliúir an mhagaidh, nach postúil a d'iarr tú (mar a d'iarrfá) (tú ag iarraidh)
      bean. **116a**, 4; **116b**, 3; **116c**, 3; **116d**, 2; **370e**, 7.

(Agus) A tháilliúir an mhagaidh, ní phósfaidh mé tú mar fhear (mar bhean fear). **116b**,
      7; **116c**, 6; **116d**, 1.

A tháilliúir atá ar fán, más áil leat feasta a bheith buan. **406**, 9.

A thailliuirín, a thailliuirín, is a thailliuirín an éadaigh. **372a**, 1; **372b**, 1.

A théagairín agus a théagairín, ná lig do chumann le naí. **302**, 4.

(Is) A Thiarna agus a Chríost, a liachtaí smaointe a thigeadh trí mo chroí. **317c**, 6.

(Is) (Ó) A Thiarna nach é an feall é is nach bhfuil aon ní le rá. **47a**, 5.

(Is) (Ó) A Thiarna, nach mé a shaothraigh an t-airgead agus gan aon anró le fáil. **272**, 9.

(Is) (Ó) A Thiarna, nach raibh airgead ann, ach bhí contúirt ann dá réir. **272**, 11.

(Is) A Thiarna, ní féidir nó tá bean éicint le fáil. **28a**, 9; **82b**, 2.

A Thomáis Bháin is a ansacht (*handsome*), is tú searc (rún) is stór (grá) mo chroí. **186c**,
      5; **186d**, 3.

A Thomáis Bháin Mhic Aogáin, is é mo léan tú a dhul i gcéin (gcré) (a bheith tinn).
      186a, 6; **186b**, 6; **186c**, 6; **186e**, 5.

A Thomáis Bháin, go cinnte, is tú rún (searc) is searc (rún) mo chléibh (chroí). **186a**, 5;
      186b, 5.

(Is) A uaigh fhódghlais ina bhfuil mo leanbh. **165**, 4.

A Uáitéir óig, bíodh misneach agat, troidfidh muid an cúpla. **336a**, 8.

A Uí Néill, a stór, go suaimhnithe [sic] tú i síocháin chiúin choíche. **425**, 8.

A Úna [? Bhán], nach náir liom an codladh atá ort. **83e**, 1.

A Úna Bhán, a mhíle grá, nach gránna an luí sin ort. **83a**, 11; **83b**, 11; **83c**, 6.

A Úna Bhán, is tú do [? mhearaigh] mo chiall. **83a**, 7; **83b**, 7.

A Úna Bhán, is úll sa ngairdín tú. **83a**, 8; **83b**, 8.

A Úna, a iníon Mhic Dhiarmaid [sic] Óig. **83c**, 2.

A Úna, is tú a bhain díom mo chroí. **83c**, 1.

Ach a dtaga an bád abhaile, beidh tobac aici go leor. **398**, 2.

Ach a dtaga an samhradh, a mhíle grá, rachfad ar cuairt. **91a**, 1.

Ach a dtaga an t-earrach, (ceannód) talamh is beidh áras agam dom féin. **33a**, 5; **33b**, 5.

Ag abhainn fhada an Ghleannáin is ea chonaic mé an t-iontas mór. **370a**, 13.

Ag ballaí an tí mhóir atá rún [? agus] tuirse mo chroí. **91b**, 5.

Ag bealach na hUlaí dom is ea chonaic mé an t-iontas dá chineál dá dhéanamh ann le piocóid is gró. **449**, 1.

Ag breathnú ar an mbóithrín a mbíodh muid ag dul thríd. **156c**, 11

Ag briseadh cloch ó mhaidin go faoithin (hoíche) (go dtí an oíche), is (agus) an ghaoth ag dul (thart) timpeall (trasna) trína (trí mo) lár. **317d**, 6; **317f**, 6; **317g**, 5.

Ag Caisleán na Finne, cois inbhear Chill Chuain atá an ainnir a thug bua ar áilleacht. **16**, 1

Ag cuimhniú ar mo mhuirnín, dá mbeinn agus mo ghrá i gcónaí, ach, a Dhia, í ag fear eile pósta uaim. **107a**, 5.

Ag droichead na hAibhne Móire is ea chónaíonn mo ghrá an tseoid, is í ainnirín na ndualaí fáinneach'. **56a**, 3.

(Is) Ag dul a chodladh domsa aréir agus mé ar leaba chlúmhaigh i mo luí, is ea chonaic mise an spéirbhean mhúinte. **56a**, 8.

Ag dul a chodladh domsa aréir ar leaba chlúmhaigh liom féin, facthas dom go dtáinig an spéirbhean. **136a**, 3; **136b**, 3.

(Maise) Ag dul ag an Aifreann (chun an Aifrinn) dom le toil na nGrásta, bhí an lá ina bháisteach (is é a bhí ag báisteach) agus d'ardaigh gaoth (shuigh mé síos). **105a**, 1; **105b**, 1; **105c**, 1; **105d**, 1.

Ag dul amach ag an Aill Leacach a thosaigh sé ag pléascadh, agus bhí sé ina phocán amach ag an bPleainc. **368a**, 4.

Ag dul amach an doras dom is mé i ngreim mo láí. **326**, 1.

Ag dul amach na Pasanna di go deacrach díbeartha. **336c**, 5.

Ag dul amach thar Daingean di agus í feargach faoi í a dhíbirt (caillte faoina díbirt). **336b**, 2; **336e**, 2.

Ag dul an tsléibhe dom tráthnóna. **165**, 2.

Ag dul aníos an Cimín Ard dom agus mé ag cuartaíocht tigh Bhríd Sheáinín, is ea chonaic mise an scáile le crónachan na hoíche. **447**, 1.

Ag dul aníos as Bearna dom, is ea casadh *Mr. Gaoner* orm. **318a**, 5.

Ag dul aníos dom trí Bhéal Átha Aobhinn, in mo chroí istigh nach raibh aon mhairg.
316b, 1.

Ag dul anuas ag tigh Pháidín dom, le contráth na hoíche. **336a**, 9.

Ag dul anuas ón gcruach, fuair mé tuairisc ar mo bhó bhán. **333b**, 4; **333c**, 4.

(Is) Ag dul anuas trí Choigéal dom, lá na gaoithe anoir. **27a**, 8.

Ag dul chun Aifrinn dom go moch Déardaoin. **102a**, 1; **102d**, 1.

Ag dul dom amach agus mé ag tarraingt ón sliabh, agus mé ag iarraidh a bheith ag triall
ar an mbóithrín. **306**, 1.

Ag dul idir an dair agus an craiceann cé gur (nach) crua, crua an scéal. **45a**, 9; **45b**, 7; **45c**, 6.

Ag dul isteach an geata di chomh ceannasach le *sergent*. **336c**, 6.

(Is) Ag dul ó theach an tórraimh, chuir mé eolas ar mo mhian. **186a**, 1.

Ag dul siar chuig an Spidéal is ea chaill mé mo náire. **268**, 1.

Ag dul siar faoi Mhóin na hÉile, lig sí an ghéim ab airde. **333b**, 5.

Ag dul siar go hInis Ní dom le lucht caorach agus bó (buaile is caorach). **264a**, 5; **264b**, 5.

Ag dul siar le hoileán Mhanann di, bhí Fraochoileán ar [?] scamradh. **250**, 4.

Ag dul síos chuig an tobar a chuir (is ea fuair) mé an fáinne amú. **116a**, 1; **116b**, 1.

Ag dul síos chuig tigh *Kheane* dom féin agus mé ag iarraidh a bheith in am. **224**, 4.

Ag dul soir chuig tigh *Dan* an asail dom is ea chuir an láirín smeac aisti, nuair a fuair sí
boladh an bhacstaí ar chasóg Éamainn Mhóir. **309a**, 2; **309b**, 2.

Ag dul suas le *River Jordan* dí is ea casadh don *fleet* í. **250**, 6.

Ag dul trí Bhearna siar dom, ba lom lag é (Luan, lá dá raibh) mo thriall, ins na Forbacha
is ea fuair (d'iarr) mé áras. **211a**, 1; **211b**, 1.

Ag dul trí *Bhoston* bliain go ham seo, ba dheas an áit é ag na cailíní. **329**, 1.

Ag dul trí Chonga dom is ea dhearc mé an chúilfhionn, is (ba) í mian gach (a) (na)
cúige í de chailín óg. **52a**, 1; **52b**, 1; **52c**, 1.

Ag dul trí Ghaillimh dúinn is (agus) muid buartha cráite, murach (mar) s(h)úil a bheith
ní b'fhearr againn (dom), ní mhaireadh muid (mé) beo. **205b**, 1; **205c**, 1; **205d**,
1; **205e**, 1; **205f**, 1; **205g**, 1; **205h**, 1 **205i** 1; **205j**, 1.

Ag dul trí Mhaigh Eó dom is mé ag cómhra le mnaoi. **63i**, 3.

Ag dul tríd (síos) an Aill Eidhneach dom go domhainmhoch (deireanach) Dé
Domhnaigh (tráthnóna). **134a**, 1; **134b**, 1; **134c**, 1.

Ag dul tríd an móinéar dom go mall, mall aréir. **96a**, 3; **96c**, 1.

Ag éirí domsa ar maidin is ea chualathas an fhuaim dá casadh, ag grian an tsamhraidh
ag taithneamh ag ceol deas binn na n-éan. **177**, 6.

Ag fágáil Ghaillimh dúinn agus muid buartha cráite, agus gan fios ná fáirnéis againn an
bhfilleadh arís (choíche). **205j**, 2; **205k**, 2.

Ag greamannaí feola dá [m]bruith agus dá róstadh, agus nach maith an cúnamh
d'Éirinn an méid a bhí ann. **210**, 5.

Ag iarraidh cíor is raca a chuaigh Cillín ar an Mám. **147b**, 16.

Ag íolacadh [sic] an Athar *Peter* a bhí in aois a cheithre scóir. **160f**, 2.

Ag ionsaí amach faoi *Mhalbay* dom go hard i mbun na gcnoc. **333a**, 2.

Ag ionsaí na leacracha garbha, mhao[i]l an beithíoch a chluasa. **112d**, 1.

Ag ionsaí síos dom go Béal Átha Neifinn', is ar mo chroí-se nach raibh aon mhairg. **180**, 1.

(Ach) Ag ithe agus ag gearradh, ag imeacht thart i ngach bealach, ag líonadh do phaca is
do mhála. **269a**, 25.

Ag leanaí geanúil [sic] is ag bean mhúinte ghnaíúil, is nár chaitheamar an oíche sin
súgach go leor. **221f**, 3.

Ag Loch an Chaoile atá an *slaughter* déanta, is go laga Críost an té a rinne an t-ár. **348**, 1.

Ag luí dom san oíche, is í m'osna (ním osna) a bhíonns mór. **98a**, 2; **98c**, 2.

Ag saothrú an airgid phósta i g*California* atá mo ghrá. **147a**, 20.

Ag siúl na coille seo go huaigneach Dé Céadaoin, casadh orm ógbhean insa bhfásach.
109c, 1.

Ag siúl na móinte (faoi) is na gcoillte clóbhair (cnómhar) (*clover*), ní bheadh (bheidh)
brón orm ná briseadh (duifean) croí. **23**, 2; **74a**, 8; **74b**, 6; **74c**, 6.

Ag siúl nó ag damhsa dá bhfeicfeá an planda, do [? bhéarfá] d'ansacht do bhláth na
gcraobh. **50**, 9.

Ag tarraingt dúinn ar an bPoillín Báite, idir Árainn agus Órán Mór. **205l**, 2.

Ag teacht abhaile as Gaillimh dom is mé ag tarraingt ar an gClár. **114b**, 1.

Ag teacht abhaile dom is mé tuirseach tarraingte, an ceathrú lá sular chuaigh an cogadh
siar. **144c**, 1.

(Is) Ag teacht aniar ó Bhalla dom dhá mhíle amach ón gClár. **114a**, 1.

Ag teacht anoir ag an iothlainn, bhí an fharraige spréachta, bhí Seán agus Séamas thíos i
ndiaidh raic. **392**, 7.

Ag teacht don earrach seo, déanfaimid sléachtadh, speirfimid céad is dhá mhíle bó. **434**, 5.

Ag teacht gan eolas nár rómhór go mb'fhearra [sic] duit, luí ar do leaba is codladh go
sámh. **111**, 2.

Ag teacht isteach ar maidin dom is í ag gearradh sreang an tuirne. **336a**, 11.

Ag teacht ó aonach Bhalla dom is mo tharraingt ar an gClár. **114c**, 1.

Ag teacht ó theach an tórraimh dom is ea dhearc mé stór mo chroí (a chuir mé eolas ar
mo mhian). **186b**, 1; **186c**, 1.

Ag teacht ón dairicín dom agus mé ag faire an bháidín, bhuail faitíos cráite mé go
mbrisfí í. **384**, 1.

Ag teacht ón gceol dom, is mé breoite, lag, tuirseach ón oíche. **193c**, 2.

Ag teannadh dúinn le hÁrainn, mhéadaigh orainn gála, bhí cúrsaí istigh ar trá againn is ní ba tráth faillí é. **401b**, 3.

Ag tigh Pheadair na Clasach, bhí na *blazers* ina seasamh agus d'iompaigh sé síos bóthar Áth Eascrach. **269a**, 32.

Ag tochrais is ag sníomh a chaitheas sí an oíche, ag níochán an lín is dhá chíoradh le gairmint. **151**, 2.

Ag tomhais an bhóthair fhada síos go Gaillimh atá mo ghrá. **147a**, 21.

Ag tóraíocht braon óil a thomhais mise an bóthar go ndeachaigh mé tigh *Churley* go Camas. **284**, 1.

Agamsa atá an tslat iascach is deise atá san Iartháil. **256**, 1.

Agus hiomaí siúd éinín is faoileáinín bán. **29**, 7.

Aimsir baint fhataí agus fáisceadh an bhacstaí, is ea goideadh an phluid dhorcha ó Leára. **304c**, 3.

Aimsir na Nollag a bhí caite go tráthúil, bhí an Céideach go fánach is ba chráite a bhí a chroí. **315a**, 1; **315b**, 1; **315c**, 1; **315d**, 1.

Aindí Mac Giolla Easpaig, ceannfort Shliabh na Daoile. **442**, 8.

Airgead Éire [sic] a fháil fré chéile, is a leagan romham den saibhreas breá. **454**, 4.

Aithris dom a stór, dá dtabharfadh sí dom póg, do gach uile ghníomh eile is mó a dhéanfainn. **136a**, 6; **136b**, 6.

Aithris domsa tús do scéilse. **456b**, 2.

Aithriseoidh mé scéal duit agus go deimhin féin ní bréag é, níl neach dá gclos mo scéal nach mbeidh claon agus ag sileadh deor. **174**, 1.

All you that love the shamrock green, attend both young and old. **132**, 1.

Amach ag an Loch Dhearg [sic] chuir an táilliúr caoin faoi fharraige í, bhí *submarine* ón nGearmáin ag déanamh aige anoir. **255**, 8.

(Ach) Amach anseo faoin bhfómhar atá siad ó le pósadh, beidh seacht n-oíche againn ag ól, ag spraoi agus ag ceol. **253c**, 6.

Amach thar na Creagáin agus soir ag Droim Conga, ní chónóidh muid anois go dté muid siar chuig tigh Chear'. **209**, 2.

(Is) Amárach Lá Fhéile Caillín, is nach deas an áit a bheith i gConamara. **183a**, 1; **183b**, 1.

(Óra) Is é amárach Lá Fhéile Pádraig, an chéad lá den tseisiún. **185a**, 1; **185b**, 1; **185c**, 5; **185g**, 1; **185h**, 1.

Amuigh an áit a mbíonn na dramanna dá ndíol, is ag Baile breá na hInse atá sí. **56c**, 2.

Amuigh anseo i mBaile Átha an Rí is ea do rinne mise an gníomh do bhí folasach ag an saol [?] láimhe. **12**, 3.

An [?] ceathramhach agus an marcach agus an speal faoina faobhar, tua láimhe don tsaor agus graiféad báid mhóir. **221a**, 6.

An áit a mbíonn foscadh, bíonn feochadáin ann is féar. **116a**, 10.

An b'shiúd é tigh *Tom* Pheadair a bhfuil a cháil faoin saol. **303**, 3.

An bhean a thug dom líonta é, go deimhin tá mé buíoch di. **264b**, 2.

An bhean ar meisce agus an fear ar buille, sin iad an dream nárbh fhearr liom. **109c**, 5.

An bhfuil a fhios agaibhse, a chailíní, an lá fadó a raibh mé tinn. **156j**, 8.

An bhfuil a fhios agaibhse, a chomharsana, an lá ar fhág mise an Trá Bháin. **156j**, 7.

An bhfuil bean ar bith san áit a mbeadh mo chás aici le mí. **89a**, 3; **89b**, 3.

An bhfuil bean ar bith san áit nach mbeadh áthas aici ina dhiaidh. **89c**, 3.

An bhfuil cuimhne agaibhse, a chailíní, ar an am a raibh mé tinn. **156h**, 7.

An bhfuil cuimhne agaibhse, a chailíní, nuair a d'fhág (an lá ar fhága) mé an Trá Bháin. **156g**, 1; **156h**, 5.

An bhfuil galar ar bith le fáil chomh cloíte ar fad (bocht) le grá, cé go scaipeann an bás le fán na daoine. **65a**, 10; **65b**, 9.

(Is) An bhfuil ní ar bith níos breátha ná grian os cionn sáile, ná pósae geal álainn faoi bharra gach tóin. **81**, 2.

An bhfuil sé in Éirinn, ná ins na réigiúin, ní faoin saol a d'athródh grá. **453a**, 7.

An bhfuil trua in Éirinn is mó ná mise, i ndiaidh an chéad mhic a chráigh mo chroí. **190a**, 5.

An bhliain seo ag caitheamh na [? miotáin] is deamhan bliain arís go brách. **147a**, 27.

An bhliain sular phósas stór mo chroí. **118**, 1.

(Is) (Ó) An cailín deas ón taobh ó dheas, an trua leat fear mar atá mé. **139**, 1.

An ceannaí tobac, is é a bhraith ár ngéibheann. **422**, 6.

An ceathrú lá fichead d'Eanáir, ag dul ag íoc an chíosa go Gaillimh dom, is ea casadh liom an chasóigín is í sínte i lár an bhóthair. **309a**, 1; **309b**, 1.

An ceathrú lá fichead de Mhárta, ghléas mé ' dhuán le *tinsel*, clúmhach bárdail is síoda. **314f**, 1.

An ceathrú lá fichead de mhí na Bealtaine is ea bhain beagán fáin dom i ngeall ar mhnaoi. **441b**, 1.

An ceathrú lá fichead de mhí na Lúnasa, tháinig na Francaigh fúinn i m*Bantry Bay*. **427b**, 1.

(Is) An ceathrú lá Márta is ea ghléas mé mo dhuán (bháidín) le *tinsel* (feisteas) clumhach bárdail is síoda (-í). **314a**, 1; **314b**, 1; **314c**, 1; **314d**, 1; **314e**, 1.

An chailleach dhubh luaineach, is ríbheag a buaireamh, ag cur na dtonnta tuartha siar dó gan chrá. **393**, 4.

An chaora ghlas ag snámh, an madra rua is é lán, mise agus mo ghrá in éineacht. **12**, 8.

An chéad iarraidh a tharraing mé, bhuail mé ar an tsáil í (ar chnámh a ghéill é), briseadh an [?] tobhach agus leonadh mo thaobh (titeann sé is ní bréag nach raibh néal ina cheann). **363**, 6; **445b**, 8.

An chéad lá de mhí agus d'fhómhar (an fhómhair) is ea chrochamar na (ár) seolta, ag amharc (tarraingt) ar na cóstaí agus ag dul an [?] Bhinneog (chun tóin an Bhonnáin) siar. **401a**, 1; **401b**, 1.

(Is) An chéad lá in Éirinn ar liostáil mise, is mé a bhí súgach sásta. **383a**, 2.

(Ó) An chéad tseachtain a raibh mé istigh ann, is é a tháinig an *Sergent Kay* (tiarna an dlí) (fuair mé brachán mine buí). **318a**, 2; **318b**, 3; **318c**, 3; **318d**, 3.

An cholainn bhradach bhréagach ar chúl a cinn ag *Herod*, is an t-anam bocht dá chéasadh, ag tabhairt éirice ins gach cáin. **403b**, 8.

An cúigiú lá fichead de mhí na Lúnasa, tháinig an Francach go *Bantry Bay*. **427a**, 3.

An cuimhin leat an lá siúd a raibh an tsráid seo lán de mharcaigh. **160g**, 3.

An cuimhin leat an oíche údan a raibh an fiach sa ngleann. **13b**, 4.

(Is) An cuimhin libh (-se) an lá (oíche) úd a raibh an tsráid seo lán le (de) m(h)arcaigh (d'eachraí). **160c**, 3; **160d**, 1; **160e**, 1.

An cuimhin libh a chailíní, an lá fadó a raibh mé tinn. **156b**, 8.

An cuimhin libh, a chailíní, an lá ar fhága mé an Trá Bháin. **156b**, 4.

(Is) An cuimhin libhse, a dheartháireacha (chailíní), an lá fadó a raibh mé tinn. **156i**, 7; **156m**, 6.

An cuimhneach: *féach* An cuimhin.

(Ach) An dara dorn a tharraing sé, bhuail sé ar chnámh an ghéill é, ní magadh ar bith ná bréag é, chuir sé néal ina cheann. **445a**, 9.

An dara seachtain a bhí mé istigh ann, fuair mé brachán mine buí. **318a**, 3.

(Is) An diabhal ort a Bhríd Ní Ghaora, is tú a bhí spraoíúil thar na mná. **27a**, 4.

(Is) An dtaitneodh raicín óir leat a chosain gine buí. 88c, 5.

(Is) An dtiocfá ag baint an aitinn liom, a Mhalaí (Anna) Ní Mhaoileoin. **130a**, 1; **130b**, 1; **130c**, 1.

An dtiocfá amach sa ngairdín liom, a Mhalaí (Anna) Ní Mhaoileoin. **130a**, 2; **130b**, 1; **130c**, 3.

An dtiocfá ar chúl an teampaill liom, a Mhalaí Ní Mhaoileoin. **130c**, 2.

An dtiocfá chun an aonaigh ag [? gabháil fhoinn]. **61c**, 1.

An dtiocfá chun an teampaill (liom), a Mhalaí Ní Mhaoileoin. **130a**, 3; **130b**, 3.

An dtiocfaidh tú ag baint an charraigín a dúirt an bhean aréir. **364d**, 1.

(No) An dtuigeann tú mo chás, a bhean an tábhairne agus mé ag glaoch ort? **289a**; **289b**; **289c**.

An dún seo a bhfuil tú, a Sheáin Mhic Séamais. **456a**, 6.

(Nó) An é *Jupiter* a bhí fadó ann nó *Hercules* a bhí ceannasach, nó *Neptune* féin na farraige a tháinig ón Muir Thréan? **439b**, 3.

An fear a bhíos (bhíonns) rónáireach ar a theacht i láthair, ní théann leis an báire is ní éireoidh leis (bheidh aige) an chraobh. **150a**, 3; **150b**, 3.

(Is) An fear a bhuailfeadh inniu é, [...]. **55c**, 4.

An fear a choinneodh ceart dom é, céad faraor, fuair sé bás. **156b**, 6.

An féasta a bhí ar an Sleachán Mór dúirt go leor gur sheas sí seachtain. **275a**, 1.

An fhad agus a bhéas nead ag an bhfáinleog nó an fiach dubh ag grágaíl, crann úll insa ngairdín nó an eala ar an gcuan. **34**, 12.

An fhad is a bhí sé dá chur féin i gcéill dom, ní féidir liom codladh go ciúin. **91d**, 4.

An fhad is a bhí siad againn, ní raibh eagla in aon chroí. **425**, 7.

An fharraige gur ghéim sí is las na tonnta tréana, chruinnigh na spéartha is mhéadaigh an ceo. **401b**, 4.

An fharraige úd a léim sí agus las na tonnta tréana, leagamar na seolta agus níor thráth faillí dúinn é. **401a**, 3.

An fharraige, bhí sí ag cáthadh go raibh sí ag cur báistí [...] ar dhá thaobh an chuain. **253d**, 2.

An fuisce a bhí le roinnt ann nuair a bheadh an pósadh déanta, tugadh amach san oíche é is diabhal deoir a fágadh ann. **323**, 5.

An gcloiseann tú leat mé, a *Chupid* deas, múinte [sic] na n-imeall tréan? **8c**, 4.

An gcluin tú a Sheáin Bhradaigh, déan d'aithrí go maidin, níl pardún ná coimirce i ndán duit. **269a**, 24.

An gcluin tú leat mé, a dhianghrá atá ag iarraidh grá. **149d**, 2.

An gcuala: *féach* Ar chuala.

(Ós) An gcuimhníonn sibh a chailíní, an lá ar fhág mé an Trá Bháin. **156c**, 1.

(Is) An gcuimhníonn sibh an lá údan a raibh an Tóstal i mBóthar na Trá? **220**, 2.

An gcuimhníonn sibh(-se), a dheartháireacha, an lá fadó a raibh mé tinn? **156g**, 6; **156k**, 7; **156l**, 7.

An gcuimhníonn tú ar an lá úd a raibh an tsráid seo lán de mharcaigh. **160a**, 3; **160b**, 3.

(Is) (Nó) An gcuimhníonn tú ar an oíche a bhíomar (a rabhamar le chéile) sa ngleann. **13a**, 10; **86**, 5.

An gcuimhníonn tú ar an oíche úd a raibh muid ar fad sa teach mór? **137**, 4.

(Is) An gcuimhníonn tusa, a chailín deas, na laethanta aoibhne a bhí againn sa saol. **22**, 1.

An ghaoth ag séideadh go géar ó thuaidh ort is tú i gcoirnéal fuar i do chuaille fáil. **269c**, 9.

An giúistís tráth ar shíneas, nuair a chonaic sé an scríbhinn, an teastas nárbh fhiú mé ná
      i ngar dó. **314e**, 9

An í siúd an ghrian atá os cionn mo scáile, nó an ghealach álainn os cionn an tslua. **187a**, 3.

An lá a d'ólfása coróin níor mhairg leat punt, ag roinnt do chuid óil ar mhná óga gan
      fonn. **140a**, 5.

An lá a ndeachaigh muid go Cill Dara agus ar fhág muid an Trá Bháin. **273**, 1.

An lá ar fhág muid Cill Dara is a dtáinig muid ar an traen. **273**, 6.

An lá ar hórdaíodh chun an phortaigh muid, bhí fir ann as chuile áit. **273**, 4.

An lá cheana, bhí mé i nGaillimh ag fanacht leis an traen. **294**, 4.

An lá údan ar pósadh iad (an phósadh), bhí bainis (ann) ar feadh seachtaine (ann), bhí
      poitín ann ina bhairillí ag fear is (ag) bean le n-ól (óg). **148a**, 13; **148b**, 11.

(Agus) An leaba a bhí le haghaidh an lánúin [sic], is orthu a déanadh an cleas gránna,
      briseadh a gcuid adhmaid is cuireadh ó chéile í. **323**, 3.

An londubh, an fhuiseog agus an chéirseach. **166**, 7.

An mac ba mheasa liom ag dul thar sáile, gach slí is fáltas a ghealladh dó. **194**, 3.

An mac bacaigh tú nó fan mar atá tú, nó an ndéanfá cleamhnas leis an tseanbhean liath?
      144c, 2.

An mála a bhíos lán, a bhíos rite crua teann, sheasfadh sé i lár an bhóthair. **222**, 3.

An méid a chuaigh ansin ar do thírse, ba é a ndualgas a bheith críonna go leor. **338**, 6.

An oíche a ndeachaigh muid don champa, beidh cuimhne agam air go brách. **273**, 2.

An ólann sibh aon phionta tigh Saile, nó aon phionta tigh chlainn' Pheadair Mhóir?
      394a, 7.

An plánda milis, cóir atá ag fás ina buinneán óg, a thug barr na gileachta fós ó *Venus*.
      44, 3.

(Is) An raibh tú ar an triúr úd (údaí) a chuaigh go Cill Chainnigh? **160a**, 2; **160b**, 2;
      160c, 5; **160g**, 2.

An raibh tú i gCill Achaidh nó in Aird na Cille Clúmhaí (i gCill Airne nó in áras Chill
      Chlúmhaí)? **39a**, 2; **39b**, 2; **39c**, 2; **39d**, 6.

An rón dubh ag fálróid anonn is anall, is ríbheag é a bheann ar shneachta ghaoth
      aduaidh. **393**, 3.

An rud a deir (dúirt) mé leat cheana a déarfainn leat é, mura n-éistí tú feasta le glórtha
      mo bhéil. **142a**, 10; **142b**, 10.

(Maise) An rud a dúirt mé leat cheana, a sheanóinseach bhradach, tá an domhan fút ag
      magadh agus ní hionadh dóibh é. **353**, 8.

(Is) (Maise) An saor (úd) a rinne an bád (úd), an dá láimhín go gcaille sé. **160a**, 7; **160b**,
      7; **160c**, 6; **160g**, 5.

An scéal a leantar rófhada, ní thagann maith as ná cairde, tá seanchapall bán agam agus
dá n-inseoinn di é. **353**, 14.

An sprochaille fleascach, cén chaoi a ligfí do bheatha gan náire. **367c**, 2.

An t-am a dtug *Jocub* an t-úll óir do na *ladies*. **216a**, 4.

An t-am a n-éirím ar maidin agus a théim in éadan mo láí, ní chuirim sá go gcloisim
scéal. **427a**, 1.

An t-am a raibh m'ainm thíos le dhul chun an phríosúin, i measc tuilleadh a bhí
daortha lena seoladh. **314d**, 9.

An t-am seo aréir agus mé ag siúl liom féin, agus (is) mé ag triall i m'aonar ar (déanamh
ar éadan) Loch na Ní. **453c**, 1; **453i**, 1.

An taobh a bhí ceart di, bhí fionnadh mór fada air, is an taobh eile chomh mín le tóin
pláta. **304b**, 2.

(Ach) An t-aonbhean amháin a dtug mé di grá, níl agam le rá ach mo bheannacht a
chur léi. **15b**, 6; **15c**, 6.

An tAthair *Hugh* Óg, croí na féile. **14b**, 8.

An té (cé) a ghoid mo chuid lachain [sic] le cur síos sa (insa) mbácús, scaipeadh agus fán
air ar dheireadh a shaoil (go lá deiridh an tsaoi). **345a**, 1; **345b**, 1.

(Agus) An té a 'fheicfeadh na Sasanaigh, ó, ba mhór an trua iad, dá dtóigeáil sna
sráideanna ag an *Scotland Yard*. **210**, 7.

An té a chruinníos na céadta le cruas is díth céille, nach bhfliuchann a bhéal agus tart
air. **369**, 3.

An té a d'fheicfeadh é faoi láthair, go deimhin, níor dheas an ball é, bhí gob air ar nós
bardail agus muinéal fada caol. **447**, 4.

An té a d'ólfadh braon ar maidin de, is deas a mharódh sé na péiste. **289a**, 8; **289b**, 3.

An té a dhéanfadh coir is a mbeadh an bás i ndán dó, ní raibh call faitís a bheith aige
faoi. **164b**, 9.

An té a fuair mórán oideachais, má léigh sé an Bíobla, ní mar a d'orduigh Críost é ná a
dúirt Naomh Pól. **313**, 7.

An té a ghabhfhadh ceart sa seanchas, tá pointí i bhfad níos fearr. **242**, 5.

An té a mbeadh suim i móin aige is a chaithfeadh séasúr ann. **223**, 10.

(Ach) An té a raibh airgead aige, bhí ithe is ól aige, agus (is) a leaba cóirithe ó bhruach
(dhrúcht) na hoíche. **205c**, 7; **205d**, 7; **205h**, 6; **205i**, 5; **205j**, 4.

An té a théanns (ghabhfadh) an ród is an té a ghéillfeadh (ghéileanns) dóibh (dó) san
am a mbíonn sí i gcaoi. **236a**, 3; **236c**, 2; **236d**, 2.

An té a thug mo dhrár uaim go gcnapa Dia a lámh, go gcaille sé an lúth is an taca. **299**, 1.

An té atá i ngabháil na hóige, níor mhór dó saibhreas Sheoirse, is nach dtabharfaidh Rí na Glóire do fhear a chaite a sháith. **292**, 3.

An té atá leatromach ó mo chéile. **456a**, 5; **456b**, 5.

An té is faide a shiúl, níor leag sé súil agus níor casadh air in aon áit. **242**, 2.

An té is mó saibhreas saolta, is beag de a théann i gcré leis, scaoilteoigín gan éifeacht is caolchónra chláir. **403a**, 7.

An té le arb oth leis é, gabhfaidh mé an ród seo siar. **20**, 1.

An té nach bhfuil sách críonna, ní bheidh sé ar fónamh choíche, is olc í an bhróg is an bríste is béad dá chaoineadh fós. **292**, 4.

An t-iarna, an chuilt, an phluid is an súsa, an chaora, an t-uan, an bhó is an láir. **269a**, 4; **269c**, 4.

An *tinsel* clúmh bardail is síoda mín naipcín tláth. **216c**, 4.

An tráth ar glaodh ar an gcás agus mhionnaigh na báillí, an díreach is an cam trína chéile. **314a**, 8; **314b**, 8.

An tríú peaca a léitear go daingean in mo chlaonta, dá mbeinnse agat ag sléachtadh agus a bhí Éabha agus Ádhamh. **403b**, 6.

An tseachtain seo caite, thóg sé ainm gach fear [sic] a bhí ann. **388**, 10.

'An tú an mhaighdean mhara nó banríon na Gréige, nó an bhfuil tú i ngéibheann ar thalamh Chríoch Fáil?' **452**, 4.

'An tú Cú Chulainn a fuair bua ar na céadta, le neart do ghéaga agus lúth do chom [sic]?' **441a**, 7.

'An tú *Hercules* a bhí fadó ann, nó *Neptune* rí na farraige, nó *Grampard* rí na nGrampardaí a bhí romham sa mbuille béim?' **439a**, 3; **439c**, 2; **439d**, 2.

'An tú *Hercules* nó Eilís *Morgan*, nó an raibh tú cróga i scrios na Traoi?' **441a**, 11.

'An tú iníon Dhomhan Deirge nó an tú iníon Dhomhan Deirdre?' **450**, 2.

'An tú *Pallas* nó an tú *Venus* a bhí pósta ag *Vulcan* bhéaldhubh, *Herro* nó *Dido* nó *Laudomio* [...]?'. **419**, 4.

'An tú *Pluto*, an prionsa damnaithe, a rinne ár tigh na bhFiann?' **441a**, 8.

'An tú Róise Mhór nó an tú Deirdre?' **456a**, 2.

An uair a chualathas suaimhneas an lae úd. **422**, 2.

Anall as *Germany* an duine céadach, is é *Hitler* bréagach atá mé a rá. **409**, 2.

Aniar ag Crua na Caoile is ea thosaigh an bád ag líonadh, nárbh ait an galún taoscadh é píopa Aindí Mhóir. **253c**, 4.

Aniar ar ais arís ó dheas agus trasna trí Ros Cíde. **337a**, 14; **337b**, 14.

Aniar ó Leac na gCaorach is ea sháith sí suas sa ngaoth, is na farraigí a bhí ina timpeall, gur imigh sí ina ceo. **253b**, 4.

Aniar ó Leac na gCaorach tá an [? *Allen Line*] seo stríoctha, níor bhuail sí meilsceán
    Mhaínse ó tháinig sí san áit. 253b, 9.

Aníos Uachtar Ard chomh fada is a bhí lá, chuardaigh muid Inbhear is Camas. **299**, 6.

'Aníos' arsa an C[h]íonach "atá mé slogtha go díreach, agus a liachtaí sin oíche a chaith
    mé le spórt". **387**, 3.

(Maise) Anois a bhean chríonna, nach mór an chéim síos é, ar an intleacht is iontaí ó
    rugadh Mac Dé. **353**, 6.

Anois a bhean gheanúil, cibé ar bith cérb as tú, ní maith liom tú a mhaslú sa gcás seo.
    304b, 9.

Anois a Bhríd an Oileáin, dá mbeitheá mar is cóir. **303**, 4.

Anois a Bhríd an Oileáin, nach ort a bhí an léan. **303**, 1.

(Maise) Anois a Bhríd Chleansa, má tá a fios agamsa tada, is é do chloigeannsa atá
    folamh mar ní thuigeann tú an scéal. **353**, 3.

(Maise) Anois a Bhríd Chleansa, mar a bhfuil le moladh agatsa feasta, ach do
    sheanchrúsca lasta atá thuas insa spéir. **353**, 7.

Anois a Bhríd Chleansa, nach muid atá i dteannta, ag an gcontúirt mór aisteach atá
    thuas insa spéir. **353**, 1.

(Maise) Anois a Bhríd Chleansa, nach sílfeá go bhfuil aois céille feasta agat, tá tú
    beagáinín scaipthe agus ní thóigim ort é. **353**, 11.

(Maise) Anois a Bhríd Chleansa, ó chuaigh tú chomh fada, níor casadh orm níos measa
    agus shiúil mé go leor. **353**, 17.

(Maise) Anois a Cháit Báire, ná tabhair dóibh údar gáire, nach í an intleacht is fearr í a
    chuaigh fós insa spéir. **353**, 4.

(Is) Anois a Cháit Báire, nach sílfeá go mbeadh náire ort, nuair nach dtuigeann tú an
    cás, breá nach ndúnfá do bhéal. **353**, 2.

Anois a Cháit Báire, ó chaithfeas mé é a rá leat, ar ó Shonaí Aindriú, an ráille, a
    d'fhóghlaim tú an léann. **353**, 16.

(Bhuel) Anois a chomharsannaí, is minic a thaganns sé i m'intinn, gur chualathas
    daoine idir sean is óg. **313**, 1.

Anois a Chromail mhallaithe, nár mhór é do dhíth céille. **432a**, 6.

Anois a shagairt bheannaithe, a bhíos ag teagasc daoine a bhíos gan chéill. **302**, 2.

Anois a Sheáin, nach mór é m'imní, nach bhfaighidh tú an chaora slán go brách. **330**, 1.

Anois a *Tower* Chamais, mo chúig mhíle slán leat (nach rídheas an áit tú), cé go
    bhfeicfeá (mar d'fheicfeá) as Gaillimh (Uachtar Ard is Contae Mhaigh Eo) agus
    barr Uachtar Ard. **191b**, 5; **191c**, 4.

Anois ag teacht d'oíche Bhealtaine, ag déanamh mo solátha[i]r ar ghiodán talún a fháil a
   gcuirfinn ann glac *swades*. **226**, 1.

Anois ag teacht go hÉirinn, tá fíon rua, *brandy* agus tae linn, tobac agus demaen (?)[...].
   409a, 8.

(Is) (Ach) Anois ar theacht an fhómhair (ag teacht don fhómhar), tá súil agam le roinnt.
   28a, 2; **28b**, 2; **28c**, 2; **28d**, 2; **28e**, 3; **28e**, 2.

(Ach) Anois ar theacht an gheimhridh is ea dhruid sí leis an ngríosach, agus dódh a
   taobh deas díreach is, a Chríost, nár mhór an feall. **335c**, 2.

Anois atá Caitlicigh agus deartháireacha dílis [sic]. **432b**, 1.

(Ach) Anois atá mé ag éirí aosta is ní ghabhfaidh mé trasna caoláire na Gaillimhe arís go
   brách. **47a**, 7.

(Is) Anois nuair nach bhfuair tú agamsa sin, ná cuid ar bith ná maoin. **95**, 3.

Anois ó chuir [? mé] i gcéill daoibh é, tá an méid seo agam le rá. **223**, 13.

Anois ó le fada, tá Éirinn dá ciapadh ag saighdiúirí agus ag *peelers* ó Shasana anall. **421**, 1.

(Ach) Anois ó tá mé breoite is gurb é is dócha gur gearr a mhairfeas mé. **124a**, 8.

Anois ó tá mé cinnte gur bhain fear eile díom í, a stóirín, tá mo chroí dá réabadh. **65a**,
   4; **65b**, 3.

(Ach) Anois ó tá mé réidh libh is mé ag scarúint ó mo chéadsearc, beidh smál ar
   Sheanadh Phéistín nach scarfaidh leis go brách. **274b**, 7.

(Is) Anois ó tá sé ráite, is an [? *Allen Line*] tarraingthe, scéala a theacht as *Malbay* ag
   iarraidh leathbhád seoil. **253b**, 8.

(Ach) anois ó tá siad in aiféala, gan aon mhaith dóibh ann. **192**, 4.

'Anois óra, a Mháirtín, tá mé ag iarraidh do phárdú[i]n, ná cuir scaipeadh ná fán ar
   m'anamsa choíche'. **345a**, 5.

Anois tá an *dredge* deisithe ach cén mhaith sin, tá na muiríní gann. **388**, 8.

Anois tá gach éinne insa tír mar a chéile, na feilméaraí is tréine dá raibh againn san áit.
   310a, 2.

(Is) (Ó) Anois tá siad scanraithe agus ní thiocfaidh siad as choíche. **285**, 9.

Anois teacht (ar theacht) an earraigh, beidh (tá) an lá ag dul chun síneadh, agus tar éis
   Lá Fhéile Bríde (na Féile Bríde), ardóidh (tosóidh) mé mo sheol. **233a**, 1; **233b**, 1;
   233c, 1; **233d**, 1.

Anois tharla maslaithe mé (mé maslaithe agat) is nach gcoinneoidh (nár choinnigh)
   tú do mhargadh (gheallúntas), ní bheidh sé mórán achair go dtabharfaidh (go
   dtuga) mé ort (duit) próis. **148a**, 10; **148c**, 7; **148e**, 7; **148f**, 7.

Anonn go Meiriceá má fhéadaim, anois ag teacht don tséasúr. **103e**, 3.

Ansin a ceistníodh Seán bocht, cén náisiún nó cén bhunadh [sic] é. **386**, 5.

Ansin a d'fhiafraigh mé den chaillichín an dtabharfadh sí *foundation*. **404a**, 6.

Ansin a dúirt Túna 'is togha bád é ar iomradh, is tá sí thar cionn ar an trasna'. **391b**, 5.

Ansin a labhair an chailleach a bhí bliain le cois an chéid. **364a**, 4; **364b**, 2.

Ansin a labhair an scafaire (scafairín) a bhí barúlach dó féin. **364a**, 3; **364b**, 2.

Ansin bhí *Toole* in aiféala (go feargach) nuair a thosaigh Peige (Peigín) ag bagairt air, dúirt sé léi (is éard a dúirt sé) 'ná bíodh fearg ort, ní raibh (níl) idir muid ach greann'. **148a**, 12; **148b**, 10.

Ansin faoi gheit, do phreabadar agus ritheadar in éineacht. **351**, 2.

Ansin labhair an chailleach, 'ar tú a bhí anseo an lá cheana, ag baint na slat sa ngairdín'.
321, 4.

Ansin labhair *Toole* go haigeanta, theann sé léi is dhearc sé í, is de réir mar atá tú ag freagairt dom, is gearr a bhéas tú beo. **148a**, 8; **148c**, 6; **148e**, 6; **148f**, 6.

Ansiúd a bhí an chúisneáil, tráth a ndeachaigh siad thar choirneál (ar thuirneáil), bhí slata seoil ag *flyáil* ard. **453f**, 7; **453g**, 7.

Ansiúd a bhí an pobal ógfhear ba deise [sic], bhreátha, chumhra bláth. **225**, 3.

Ansiúd a chonaic mé le fáinne an lae. **443a**, 2.

Ansiúd a d'feicfeá an morshlua mór, fir go leor agus ógmhná deasa. **275b**, 2.

Ansiúd a labhair sé is níor chaoin é a ghlór. **443a**, 3.

Ansiúd Dé hAoine (a) chluinfeá an caoineadh ag téacht gach taobh agus (is ag) greadadh bos. **158a**, 3; **158b**, 3.

Ansiúd Dé hAoine, bhí orthu an ríméad, nuair bhí an socrú déanta má tá aon mhaith ann. **409**, 19.

Ansiúd is ea chluinfeá an chantain chráite, iad féin le chéile ag déanamh dóláis faoi.
164a, 13.

Aon agus seacht sa líne agus ocht do chur síos faoi dhó. **173a**, 5.

Ar a dhul síos dom go Béal Átha Néifinn', nach é mo chroí istigh a bhí gan mhairg.
316a, 1.

Ar a dhul thart dom ar dhoras na cairte, bhí [raplahút] ann, torann is gleo. **347b**, 2.

Ar a seacht a chlog ar maidin, bhí an bricfeasta le bheith réidh. **273**, 3.

Ar Aill an Tí Mhóir, is ann a chónaíos is a bhíos mo ghrá bán. **63e**, 4.

Ar an gceathrú lá fichead de gheimhreadh, is ea chuir mé mo *Chríonach* chun seoil. **350a**, 1.

Ar an gcúigiú lá fichead den earrach, is ea lochtaíos mo *Críonach* sa Spáinn. **350c**, 2.

Ar bhéal an tseanbhaile bhí *hunters* dá ngreadadh agus sconsaí dá gcaitheamh le fána.
269a, 29.

Ar bhord Loch Céis do hoileadh mé féin agus is í an fharraige mo fhréamh dhúchais.
199, 1.

Ar cheann an staighre atá plúr gach maighdean, agus siúd í meidhreog an bhrollaigh bháin (múinte, mhéine is bhrollaigh bháin). **101a**, 3; **101b**, 6; **101c**, 2; **101d**, 2; **101e**, 2; **101f**, 2; **101h**, 2; **101i**, 2.

Ar chéibh Chill Rónáin atá na fir is múinte dá bhfuil faoin Eoraip ar fad le fáil. **232a**, 3; **232b**, 3; **232c**, 3; **232d**, 2.

Ar choimrí Dé is Mhic Duach sin is ea fuair mise an t*Sailchuach*, is í an báid [sic] is deise múnla dár dearnadh. **251b**, 2.

(Is) Ar choinleach glas an fhómhair, a mhíle stóirín, a (is ea) dhearc mé tú. **30a**, 1; **30b**, 1; **30c**, 1; **30d**, 1, **30e**, 2; **30f**, 2.

Ar chuala (an gcuala) sibhse trácht riamh ar Pháirc an Chnocáin Mhóir? **245**, 1.

Ar chuala sibh an chreach a rinneadh i gCill Bhríde, trathnóna Dé hAoine nuair a d'ardaigh an ghaoth mhór. **387**, 1.

Ar chuala sibh an dís úd a díbríodh as Acaill? **402**, 4.

Ar chuala sibh an scéal údan a d'éirigh don chailín? **63b**, 9.

Ar chuala sibh aon trácht ar an mbeirt *yanks* a d'fhág an áit seo, shiúladar na Státaí is ar ais anall arís. **359**, 1.

(Is) Ar chuala sibh gur cailleadh mo (an) *Chríonach*, i dtús ráithe an gheimhridh sa ngábh? **350a**, 3; **350b**, 1.

Ar chuala sibh nó an bhfaca sibh aon scrios riamh in Éirinn? **404c**, 1.

Ar chuala tú an sclábhaíocht a fuair sí an tseanchláróg ag dul in aghaidh taoille trá chun (do) na Caisle? **391a**, 1; **391b**, 1.

(Is) Ar chuala tú nó an bhfaca tú an scrios a bhí (ar bith) (a rinneadh) in Éirinn? **404a**, 1; **404b**, 1; **404d**, 1.

Ar chuala tú nó an bhfaca tú fear ar bith a chaill a ghrá? **104**, 3.

Ar chuala tusa riamh é agus d'fhéadfadh sé gur fíor é? **340**, 4.

Ar chúl an chlaí is an ghealach ar m'aghaidh is mé ag comhrá le mo ghrá. **147a**, 6.

Ar chúl chlaí na teorann atá mo stóirín ina suí. **63l**, 1.

Ar cuimhneach: *féach* An cuimhin.

Ar dhíobháil na beatha do sheomraí atá folamh, tharraing sin drochghalar in do ghlúine. 367b, 8.

Ar éirí dom ar maidin, chuaigh mé ag amharc ar an airnéis. **442**, 1.

Ar feadh mo shaoil, ní chuirfinn síos (chorraím) dá mbeinn dá scríobh le peann. **236a**, 4; **236d**, 3; **236e**, 3.

Ar fhan tú aon Domhnach ón Aifreann, nó ar choinnigh tú an paidrín suas?' **394b**, 5.

Ar fhilliúint amach dúinn ar ais go hÁrainn, bhí bean insa (insa) mbád agus thosaigh sí ag gol. **307a**, 2; **307b**, 2.

Ar ghairm na gcoileach, bhuail muid an t-áras, bhí an oíche fuar báisteach [sic] agus fuinne sa ngaoth. **234**, 3.

(Ach) Ar ghar dom smaoineamh go bhfaighead arís tú, i mbun mo thí istigh nó mo leainbhín bán. **176b**, 7.

(Ach) Ar ghiorrú an scéil san aicearra, nuair a ba mhian liom féin scarúint uaidh, is ea bhuail mé tharam *bother* air agus [? ghoin] mé cnámh a ghéill. **439a**, 8.

Ar luí dom ar mo leaba, gan suaimhneas a fháil ann. **66**, 3.

Ar m'éirí domsa inné, dar liom féin go raibh an mhaidin crua. **4a**, 3.

Ar maidin amárach ar mo [?] sháith leaba i mo luí. **184**, 2.

Ar maidin an lae sin [?] do bin Aifreann [?] d'éistí i seal gearr. **224**, 3.

Ar maidin chiúin cheomhar nuair a d'éirigh mé sa bhfómhar, cé a chasfaí sa ród dom ach stóirín mo chroí. **2**, 1.

(Is) Ar maidin Dé Céadaoin is mé ag triall isteach ar Ghaillimh. **183a**, 4; **183b**, 4.

Ar maidin Dé Céadaoin, d'éirigh mé féin agus Seán. **388**, 1.

Ar maidin Dé Domhnaigh casadh na drochdhaoine domsa, is ea tháinig fear ceoil chun an bhaile. **300b**, 1.

Ar maidin Dé Domhnaigh is ea d'fhág mé céibh *Roundstone*. **399**, 2.

(Agus) Ar maidin Dé hAoine agus mé ag fágáil amach Ghaillimh. **183a**, 5; **183b**, 5.

Ar maidin Dé Luain, sa drúcht is ea rinneadh an feall. **171**, 1.

Ar maidin Déardaoin is mé ag dul chuig an *steam*, is ea chuala mé an caoineachán cráite. **304a**, 13.

Ar maidin Déardaoin, mo léan géar is ea gluais mé chun siúil. **390a**, 1; **390b**, 2.

Ar maidin fómhair is mé ag siúl go hEochaill, céard a chas insa ród dom ach stór mo chroí. **108a**, 1.

Ar maidin lá arna mhárach bhí an samhradh breá geal againn. **386**, 6.

Ar maidin Lá Fhéile Pádraig, an chéad lá den tseisiún [sic]. **185e**, 1.

Ar mhullach an tsí, tá síóga geala, faoi chaoinré an earraigh ag imirt an spóirt. **382**, 2.

Ar mhullach mór Chruach Phádraig is ea ghuígh sé oíche is ló. **262**, 3.

Ar mhullach na hAille Eidhnigh ar maidin bhreá chiúin. **246a**, 2; **246b**, 1.

Ar mo leaba aréir, i mo luí gan suan. **417**, 3.

Ar mo luí ar mo leaba, déineadh aisling tré mo néal dom gur airíos gur cailleadh mo sheandonán. **111**, 8.

Ar Oileán an tSionainn' [sic] is ea ceannaíodh mo phíopa, agus bhí sé sin líonta le togha an tobac. **296**, 1.

Ar oileán atá mo stóirín is gheobhainn milleán dá dtéinn ann. **147a**, 25.

Ar shroichint an chladaigh, bhí an ghealach ina haonar, mar áilleán geal gléasta ag scairteadh ar an gcuan. **393**, 8.

Ar thalamh a mhuintir' [sic], de ló is d'oíche, is ea bhíonns smaoineamh an deoraí Gaeil. **194**, 5.

Ar thaobh Leac na Dona, chuaigh *Venus* roimhe is bhain cleith as a mhála. **269b**, 8.

Arbh é an banbh glas é nó an bhfuil sé caillte, nó an bhfuil aon fháil é a thabhairt ar an saol arís? **332c**, 4.

Arbh iontas croí cráite a bheith ag do mháithrín is ag d'athair? **160c**, 4.

(Ach) Aréir ag teacht ó chuairt dom, is ea chonaic mé an bhó bhán. **333a**, 8; **333f**, 1.

Aréir ag teacht ón tórramh dom, is ea chonaiceas (dhearcas) stór mo chroí. **186d**, 1; **186e**, 1.

Aréir is mé go suanmhar is mé i mo luí ar leaba chrua, is mé ag cuimhneamh ar gach cruachúis dá raibh réidh faoi mo chur. **419**, 1.

Aréir mo tharla in áras chúng. **417**, 1.

Arsa mise lá go rógánta le baintreach mhór na [?] binbe, ar mar sin féin atá tú in do chónaí mar atáid. **73**, 2.

As for budgies and pigeons and birds I cannot mention, you can hardly re-picture all those in your life. **241a**, 3; **241b**, 3.

As I roved out one evening, all in the month of May. **122**, 1; **129**, 1.

As I rowed out one evening, down by a riverside. **126**, 1.

'As oifig atá i nGaillimh mé, chuaigh mé thart mar gheall ar an *dole*'. **311**, 2.

At Gort na nGleann, so ragged high, our hero boys took shade. **416**, 2.

At the setting of the sun when my daily work is done, as I rambled down the seashore for a walk. **202**, 1.

B'ait liom bean a d'fhanadh bliain lena grá. **149d**, 3.

(Is) B'ait liom bean a d'imreodh cleas (beart) is nach gclisfeadh ar a grá (nach gceilfeadh orm grá). **68a**, 1; **68b**, 1; **68d**, 1; **68e**, 1.

B'ait liom bean a thiocfadh isteach agus a shuíodh i buil [sic] a grá. **68c**, 7.

B'ait liom bean go cinnte a mbeadh aici an dá intinn, ansin an dara pointe, a bheith go maith i gcionn an tsaoil. **150a**, 10; **150b**, 10.

(Do) B'ait liom doirteadh a bheith (fháil) ar phórtar is (agus) cannaí lán de (le) leann. **68a**, 8; **68b**, 8.

B'ait liom fear ar fónamh i dtús an fhómhair agus ráithe an earraigh (fear láí agus fear sluaiste). **6a**, 4; **6b**, 4; **6c**, 3.

B'ait liom fear láí, fear sleáin agus fear sluaiste. **6a**, 6; **6b**, 6.

B'ait liom fear sluaiste is fear láí, fear a bhéarfadh ar thua is ar shleán. **19a**, 9; **19d**, 5.

B'ait liom tóir a fháil ar phórtar is cannaí lán de leann. **68f**, 2.

B'ait liomsa cruacha móra coirce a mbeadh foscadh is díon orthu ón mbáisteach. **139**, 9.

B'éard é an German bladaire de phlandóir is é bréagach, ní ar mhaithe leis na Gaeil bhochta a thóigfeadh sé dóibh lámh. **411d**, 3.

B'éigin dom clár a fháil nach raibh ann ach é a phlánáil, sinc agus ruainne ócam agus teara. **296**, 11.

B'éigin dom síneadh gan faillí a dhéanamh [...]. **296**, 6.

(Ó) B'fhearr liom ceangailte de long trí ráithe, agus leath na dtráthanna, mé a bheith gan bhia. **144b**, 5.

B'fhearr liom féin gan éirim ar mo ghlúine ag iarraidh déirce, mar gheall ar ní gan éifeacht sula gclaonfainn don dream. **403a**, 10.

B'fhearr liom féin mé a chur cois balla, ná mé a lasadh i dtinte cnámha. **109c**, 8.

B'fhearr liom féin ná Éire uilig, ná saibhreas Rí na Spáinne. **106a**, 1.

B'fhearr liom go mór mór i(n) mo dhiaidh sa ród tú (í), ag bleán mo bhó (na mbó) nó ag gléasadh (réiteach) mo bhia. **176a**, 6; **176b**, 2; **176d**, 5.

B'fhearr liom liostáil insan arm ná anocht ar bhord an *steamer*. **336b**, 10.

B'fhearr liom muigín bainne ghéir ná beagáinín den leamhnacht. **110**, 4.

B'fhearr liom póg ó Pheigín, a stór, agus faighim ar uaigneas í. **68b**, 7.

B'fhearr liom uaim í sna gleannta uaigneach', ná ceiliúr na gcuach is ceol na n-éan. **74b**, 5.

B'fhearr liomsa acra den bhogach bháite, atá idir an Máimín agus Inse Draighin. **239a**, 8; **239b**, 8.

B'fhearr liomsa ag siúl na sráide (imeacht sa tsráid), brat (pluid) ar mo bhráid mar phluid orm (agus cleith agam). **267a**, 3; **267b**, 1.

(Ach) B'fhearr liomsa daoirse ar an oileán go deo, agus b'fhearr liom an talamh a bheith mar atá. **437**, 10.

B'fhearr liomsa liostáil ná a dhul ar thóir an tsaothair. **336h**, 3.

B'fhurasta aithint an uair sin nuair a luadh mé go hóg le mnaoi. **8a**, 6.

B'olc í an obair agus níor mhinic a bhí an t-ádh ar an té a bhí an-dána in aghaidh seirbhís Dé. **438a**, 7; **438b**, 7.

Ba agus caoirigh b[h]ána, agus páirceanna ina gcuirfinn féar. **4d**, 4.

Ba bhinne í go mór ná an lile is ná an rós, tá dealramh ón ór ar fad ina dlaoi. **15a**, 2.

Ba bhinne liom do ghuth ná guth na cuaiche. **182b**, 2; **182c**, 2.

Ba bhinne liom guth a cinn, ná na ceolta sí. **42a**, 9.

Ba bhinne liom uaim tú (agam í) sna gleannta uaigneach[a] ná ceiliúr cuaiche is ná ceol na n-éan. **74a**, 6; **74c**, 4.

Ba bhreá í do shochraid san am céanna. **166**, 13.

Ba dheas a céad chás is ba ródheas a céadsearc, is a dhá súil mar réalta maidin bhreá. **176d**, 4.

Ba dheas é a seasamh i mbróg, a cos níor chaol is níor mhór. **42b**, 2.

Ba dheas glas dó, ba rídheas dath dó, bhí a fhiacail corrghlas díreach. **337a**, 4; **337a**, 4.

Ba dheas í a bróg is an tsrian, is a cos níor mhór is níor chaol. **42a**, 3.

Ba dheirge a dhá g[h]rua ná an chaor chaorthainn, is ba ghile, mhíne í ná an eala ar snámh. **64a**, 2.

Ba dheise deirge í ná an chaor caorthainn, is ba ghile mhíne í ná an eala ar snámh. **64g**, 2.

Ba dheise í ag féachaint ná airgead agus ná ór an tsaoil. **17**, 2.

Ba dheise, d[h]eirge í ná an chaor c[h]aorthainn, is ba ghile, mhíne í ná an eala ar snámh. **64g**, 2.

Ba dhoiléir dubh na néalta a bhí an lá sin insa spéir. **425**, 3.

Ba é ag dul idir an dair agus an craiceann úd go mba mhór a céim. **43**, 4.

Ba é an Dochtúir hAnraí fear cosanta na nGael. **432b**, 5.

Ba é siúd an chraobh álainn ins gach ceard dá ndeachaigh sé riamh. **179**, 4.

Ba fhurasta domsa fanacht go ngairfeadh an chuach. **48**, 4.

Ba geall [sic] le plumpaíl thoirní a bhuailfí ar thóin an tí. **283a**, 6.

Ba géar [sic] agus b'ard an caoineadh a bhí an lá sin insa ngaoth. **425**, 4.

Ba gearr [sic] a bhí siúlta aige soir tríd an Trá Mhóir, go bhfaca sé an phráinn a chuir áthas ar a chroí. **315a**, 4; **315b**, 4; **315c**, 4.

Ba í an bád í ba dheise faoi na pláinéid, dár dearnadh sa tír seo riamh fós. **350a**, 2.

Ba láidre ag teacht í ná neart Fianna Éireann, ná [? Heacstóir] a dtéadh a ghaisce ar an trá. **395**, 2.

Ba leor duit a rá le leanbh bán le hóinseach nó le hamadán. **404b**, 9.

Ba mhaith an teach é tigh Frainc 'ac Conaola a deir lucht an aonaigh a bhí ag tarraingt ann. **64a**, 3.

Ba mhaith duit agat mé le haghaidh gréasaíocht [sic], is ná maslaigh arís mé gan fios cén fáth. **301**, 4.

Ba mhaith é dlí Shasana is (agus) níl aon mhaith dá shéanadh (molaimíd go haer é), bheadh seandaoine na hÉireann tógtha suas go brách. **411a**, 3; **411b**, 3; **411c**, 3; **411d**, 2.

Ba mhaith leis an dream seo a bheith i dtalamh gan chíos, ba mhaith leo a ndlí a dhéanamh iad féin. **437**, 4.

Ba mhaith liom bean a dhéanfadh pleain is nach gclisfeadh ar a grá. **68g**, 1.

Ba mhílse liom blas a póigín ná mil na mbeach is é reoite, ba dheas é a seasamh i mbróigín agus a cúilín fáinneach fionn. **26a**, 8.

Ba mhilse liom do phóigín ná an rós a thaganns ar bhláth. **91e**, 4.

Ba mhíne croí a dhá lámh ná an eala ar cuan is í ar snámh, bhí a com cailce mar an gclár ba mhíne. **136a**, 4; **136b**, 4.

Ba rómhaith ag tógáil cíosa (an chíosa) é, ba bheag aige mí nó dhó. **173a**, 4; **173b**, 4.

Ba shuarach an tslí duit tú bualadh faoi mhnaoi ar bith, is fios agat go rímhaith nach dtabharfadh duit grá. **143c**, 3.

Ba sin é domsa i mo chroí féin a chrúgadh [sic] ar nós an mhadra dúchais agus atá m'anam le bheith dá scrúdú, ag tabhairt cúntais orm go géar. **403c**, 3.

Ba siúd é an chraobh nár ghlac riamh bríb, i bpríosún a cuireadh chun báis é. **413**, 9.

Ba tú seabhac na hEirne agus Deirdre de chlainne [sic] Bhaoiscne. **169**, 1.

Bacstaí do na grabairí agus *crackers* do na mná. **147a**, 14.

(Do) Bádh an méid úd ag triall in éineacht go Gaillimh ar aonach go moch Déardaoin. **158b**, 4.

Bádh *Tom* (Peaits) is Peadar (*Tom*) ann (orm) is bhí caitheamh (cumha) mór (agam) ina ndiaidh. **156h**, 4; **156i**, 4; **156k**, 5; **156l**, 5.

Báid agus eangacha a bheadh leat in éindigh, is béarfaimid éadáil abhaile ón toinn. **239a**, 6; **239b**, 6.

Bail ó Dhia orm féin agus ar mo speal a bhí breá géar, is í a bhainfeadh an féar insa ngairdín. **259**, 1.

Baile an Chláir a bhí in aice láimhe, (is) níor lig an t-ádh dóibh a dhul aníos. **158a**, 5; **158b**, 5.

Bailigí clann Dhónaill i dteannta a chéile, is tugtar dóibh scéala ó leaba mo bháis. **426**, 3.

Bain díot do chuid éadaigh is luigh liom in do léine, éireoidh muid le chéile in do shláinte. **109b**, 9.

(Agus) (Ó) Baineadh as mo chleachtadh mé, ní fheicfidh mé sin go brách. **192**, 9.

(Is) Bainfidh mise an chaoin-tslat a shíomhfadh as a barr. **21**, 6.

Bainigí an hata dá cheann agus ná tugaigí aon sásamh faoi. **35**, 9.

Báinín atá sa bhfaisiún ach seaicéad atá ar mo ghrá. **147a**, 22.

(Is) Baintreach agus maighdean a rinne Dia díom go hóg. **160a**, 1; **160b**, 1; **160c**, 1; **160e**, 2; **160f**, 1; **160h**, 1; **160i**, 1.

Baisteadh Clann Chromail ar chuile chonstábla, mar is iad a thóg lámh (páirt) leo gan scáth a chur ar shliabh (le chuile shórt scléip). **438a**, 8; **438b**, 8; **438c**, 6.

Banríon na spéire is an domhain thiar go haerach, ag dathú na réalta chomh buí leis an ór. **393**, 5.

Barúil de mo bharúil gur imigh tú féin uaim. **169**, 4.

(Agus) Barúil le mo bharúil go bhfaca mé aréir tú. **41c**, 5.

Bás nár fhagha mé i bpeaca cé gur beag an mhaith beo mé, go bhfeice mé cóistí faoi mhórán dá chlann. **212a**, 9.

Bean is fiche acu a bhí seal (anuraidh) (dúnta) i ngrá liom is i dtrí lán báid (páirce) acu níor chuir mé suim. **187a**, 8; **187b**, 4; **187c**, 6; **187d**, 6.

Bean, malrach ná páiste ná raibh i láthair do bháis agat, sagart ná bráthair ná easpag. **300c**, 4; **300d**, 4.

Beannacht bhuan dá raibh dár gcuan, dá dtugas gean is grá. **198**, 4.

(Ach) Beannacht Dé daoibh is gabhaigí an bheirt, ceanglaigí iad de chúpla cloch, scaoiligí iad siar le sruth is nár fhille siad go héag. **439a**, 10.

(Maise) Beannacht Dé don triúr a chuaigh go Cill Éinneáin. **160d**, 6.

(Is) Béarfaidh mé (béarfad) mo mhionna do mhná Chrích [sic] Fódhla, óir ní bréag ba chóir a chur i gcéill dóibh. **59**, 7.

Bearradh crosach is lomadh Luain ort, is nár thé ort úir ná cónra chláir. **269a**, 9.

Before I could conclude these words, let young and old unite. **132**, 11.

Beidh a dath go hiompaithe ar maidin tar éis d'ionsaithe (ar maidin iompaithe tar éis tusa a ionsaí), dibreoidh sí do mhuintir is creathnóidh sí do chroí. **150a**, 11; **150b**, 11.

Beidh an fhliúit ann, beidh an fhidil, beidh an chláirseach ag seinm, beidh an druma dá lascadh ann go croíúil. **284**, 6.

Beidh an tsíológ ó Ádhamh an lá úd i bhfianaise an uain. **406**, 13.

Beidh aonach amárach i mBaile an Chláir. **374b**, 1.

Beidh bacaigh dá ngleáradh ar dhaoine a bheadh ráiteach, má bhaintear go brách tú as d'ainm. **300a**, 11.

Beidh *battle* ag *Cranver*, sin ceann de na hamhais. **402**, 3.

Beidh *battle* amárach ag ceannfort na n-amhas. **402**, 1.

Beidh bó agus caoirigh is iad go ceannte [?] faoi bhun Chnoc na dTuaidh [?]. **91d**, 7.

Beidh daoine ag fógairt ann ar chnoic ina gcuimse (ina millte), beidh an mhaighdean mhín ann faoina culaith bhán. **320**, 8.

Beidh do bheithígh seolta i bpáirceanna do ghabháltais, féadfaidh tú a bheith ag ól seal ó d'éirigh an t-arbhar saor. **150a**, 5; **150a**, 5.

Beidh garda breá láidir ag teacht le stór mo chroí. **186a**, 8.

Beidh máistreás *factory* anall as Glinn Chatha ann, beidh an cailín, beidh an buachaill, beidh an mótar. **284**, 5.

(Ach) Beidh muid (beimid) ansiúd ar thaobh cnoic faoi bhratacha uaithne na hÉireann, agus muid ag cur a gcuid fearaibh le chéile agus an námhaid ar a gcomhair. **419**, 6.

Beidh múillí agus asail ann is capaill ag rith rásaí, bratacha in airde i mbarr gach aon chleith. **46a**, 8.

Beidh na péiste ag teacht dá féachaint gach aon mhaidin Luain. **37**, 3.

Beidh na Sasanaigh i dteannta ann, beidh *Presbyterians* fán lag, beidh na *Quakers* go
    milis meallta ann, gan amhras ar bith faoi bhrón. **419**, 7.

Beidh Ó Briain agam agus Tiarna an Chláir. **443a**, 7.

Beidh *Parnell grand*áilte ann is *O'Sullivan* láidir, *Dillon* álainn agus *Father Keane*. **430**, 2.

Beidh sconsa aon troigh dhéag ann is beidh trinse lena thaobh ann, is beidh marcaigh
    go tréan ann, mo léan dá ghearradh (is iad dá gcur) anuas. **335a**, 5; **335b**, 4.

Beidh sé agamsa i ndiaidh Sheáin Uí Mhaonaigh, nó go gcuireadh sé a bhríste nó a
    luach ar fáil. **115**, 6.

Beidh sé ina thaisí chois claí agus bearna, beidh sé ann go lá deiridh an tsaoil. **345a**, 9.

Beidh súil anois ar ball againn mar a chruthós De Valér'. **294**, 6.

Beidh tiomáint againn an Nollaig seo más fíor do chlann na nGall. **186d**, 7.

Beidh tobac agam nó caillfidh leath na méar. **278b**, 2.

Beir beannacht ó mo chroí go tír na hÉireann, bánchnoic Éireann Óighe. **196**, 1.

(Agus) Beir mo mhallacht go deo, deo don té a chuaigh idir mé agus tú. **22**, 2.

Bhain sé ag an altóir iad agus bhain sé gealladh dóibh choíche. **285**, 6.

Bhain sé an chlann díom a bhí oilte tógtha, is tá muirín óg orm is mé lag ina gcionn.
    190a, 11.

Bhain tú thoir díom is bhain tú thiar díom. **93b**, 8.

Bhainfeadh sí an ceann de na clocha glasa chomh réidh le barrann fata, sin agus na
    coillte a bhí go dlúth lena chéile. **259**, 4.

Bheadh braoinín poitín fairsing againn. **354a**, 11.

Bheadh do loilíocha deas' bó tráthnóna ag an gcró is do leaba glanchóirithe ó [?] ló mná
    seomra. **140a**, 2.

Bheadh fíon is beoir ar an mbord le n-ól againn, is scata ban óg lena n-ais ina suí. **187a**, 6.

(Maise) Bheadh tusa fadó ann mar bhí sé tuillte agat, ach níl ar chulaith an phríosúin
    ach aon déanamh amháin. **301**, 10.

Bheannaigh mé féin di de réir mar a bhí m'fhoghlaim (m'eolas). **134b**, 2; **134c**, 2.

Bhéarfadh sé ar sceabard [?] ar ráipéar is ar chlaidheamh, dhéanfadh sé a nglasadh le
    faobhar. **367b**, 7.

Bhéarfainnse an cíos is é a dhíol ar an [? dtairngnigh], d'aoinne a ghlacfhadh mo scéal
    ina lámh. **111**, 7.

Bheifeá in Árainn agus thiar i gCoill Sáile, an fhad is a chaitheadar ag fálróid ar bhord
    na Cornúb. **392**, 11.

Bheinnse ag rince ar na bóithre leatsa, a stóirín, a chroí gan mharach. **316a**, 4.

Bheirim an barr do [?] Leitir [g]o hard le fairsinge is le féile daoine. **222**, 1.

Bheirim féin mo mhallacht do mhaor na coille, is don digh siúd a d'fhág le fán mé. **109a**, 7.

Bheirim mo bheannacht do chlann Stiofán Táilliúr [sic], don chailín, don mháthair is
do thaobhánaigh an tí. **287**, 3.

Bheirim mo mhallacht d'aon fhear go brách, a shocródh a ghráta ann arís lena shaol.
287, 5.

Bheirim mo mhallacht do na *peelers*, is iad a shíl mé a chur i bhfad ó bhaile. **180**, 2.

Bheirim mo mhallacht duit a *Shergent Gorman*, a mhic an Mhuimhnigh a cuireadh
aníos againn as *Donegal*. **317e**, 1.

Bheirim mo sheacht mallacht dó mar d'fhág sé gan aon bhróg mé. **340**, 1.

(Ach) Bheirimse ar mhaor, brisim a dhroim, ní cáineadh a dhéanfaí ach spórt díom.
314c, 9.

Bheirimse d'aonfhear insan áit a thabharfadh dom tuairisc mo chléibhín. **306**, 3.

Bheirimse mo bheannacht do mo mháithrín, mo chúig mhíle slán léi go Conamara.
316b, 3.

Bheirimse mo bheannacht don triúr a chuaigh go Cill Éinne. **160e**, 5.

Bheirimse mo mhallacht d'aon bhean feasta, a d'fhágfadh (a fhágfaidh) an teach (baile)
óna máithrín. **109c**, 4; **109d**, 6; **109e**, 6.

Bheirimse mo mhallacht do lucht déanta na mbréag. **97**, 4.

Bheirimse mo mhallacht do mhaor na coille seo, mar is eisean a d'fhág le fán mé. **109f**, 3.

Bheirimse mo mhallacht do na curachaí is mo bheannacht do na báid. **156m**, 2.

Bheirimse mo mhallacht do na *peelers* mar is iad a shíl mé a chur (dhíbirt) i bhfad ó
bhaile. **316a**, 7; **316b**, 4.

Bheirimse mo mhallacht do neach ar bith ar an talamh, a chuirfeadh a leanbh féin a
chodladh agus tart ar a bhéal. **177**, 4.

Bheirimse mo mhallacht don sagart a phós mé. **110**, 6.

Bheirimse mo mhallacht don tsaor a rinne an bád. **160e**, 6.

Bhí a chuid báid mhóra tarraingte sa dug (sa gcuan) an lá úd, ón [? n*Gairdín Pléisiúr*] go
dtí an soitheach síl (gan chroí, gan mhisneach ná focal grinn). **164a**, 8; **164b**, 7.

Bhí a chuid capall ceangailte istigh ins na stáblaí, a gceann le fána is a gcluasa síos. **164a**, 7.

Bhí a cneas mar an aol is a leaca geal mín, bhí gruaig léi síos is í fillte as a barr (is a cúilín
ina dlaoithe fite go barr). **41b**, 2; **41c**, 2.

(Mar) Bhí a fhios aige go raibh sí *neutral* agus nach m*bomb*áilfí í go brách. **414**, 28.

Bhí a folt ag casadh léi ar dhath na sméara is solas gléigeal ina diaidh sa drúcht. **105a**, 6.

Bhí a lámha féin tógtha ar tharraingt a gcuid rópaí, an craiceann údaí stróicthe agus an
fheoil amach ón gcnámh. **401a**, 7.

Bhí a mamaí díonmhar géar, as ucht a croí is a cléibh. **42a**, 4.

Bhí a mbeatha le fáil againn, gan saothrú ó Fhlaitheas anuas. **24a**, 10.

Bhí a póca lán d'fhataí, naoi mbairille dhéag, agus oiread Cheann Acla de chnap ar a méir. **152b**, 2.

Bhí a rosc mar réalt an-dlúth, plandóg bhéasach chiúin. **42a**, 5.

Bhí ainsprid againn in Éirinn, Donncha Brún a bhí i gCaisleán an Bharraigh. **436**, 8.

Bhí áit agam don easpag agus do mhóruaisle na tíre, *brandy* agus fíon agus fuisce le n-ól. **387**, 4.

(Ó) (Is) Bhí aithne (agam) is eolas (agam) ar sheanfhear sách dóighiúil, is é an áit a raibh a chónaí (cónaí air), ó, thíos insa ngleann. **143a**, 1; **143b**, 1; **143c**, 1.

Bhí aithne ag a lán ar Aindriú Buí Blácach, bhí col ceathrar dó ag *Lord Nudgent* pósta. **211a**, 4.

Bhí aithreacha is máithreacha ann, mná agus páistí, ag gol is ag gárthaíl is ag silt na ndeor (ag gol is ag gárthaíl, is ag silt na ndeor is mná dá réir). **158a**, 7; **158b**, 7.

Bhí an bád faoina foireann, bhí an long faoina seol, bhí an broc (roc) ann is an rón agus gadhair na mbeann. **451a**, 11; **451b**, 11.

Bhí an bhean insa gclúid agus í ag breathnú go grinn air, agus bhí an t-allas ina bhraon ar mo mhalaí. **296**, 5.

Bhí an cárt ar an rasta [sic] agus cos insa mbaraille, an ghloine ar an gclár agus bean an tí ag riar. **234**, 4.

Bhí an Céideach chomh healaíonta agus níor chaill sé sa léann é, dá gcastaí a leithead i mbealach na slí (ná i slí). **315a**, 9; **315b**, 9; **315c**, 9; **315d**, 5.

Bhí an déartháir Tomás ann is é go buartha cráite, is an dochtúir Mícheál, is beag nár bhris a chroí. **164a**, 4.

Bhí an ghaoth aduaidh go sioraí ag spréachadh agus mé aonraic lá agus oíche. **55a**, 1; **55b**, 1.

Bhí an lá ina fheothan mór is gan againn ach drochsheol, is muid dá tabhairt ar an Aird Mhóir chuig bean Chonraigh. **391b**, 12.

Bhí an lánúin sa Spidéal ar maidin an lae, (agus) deamhan blas a dearnadh (rinneadh) ach a gcur ar an réidh. **142a**, 13; **142b**, 13.

Bhí an míol mór is an eascann ar ancaire i mbéal na trá. **399**, 3.

Bhí an seanfhear ina luí ar an leaba. **112d**, 2.

Bhí an *taepot* dá ghlanadh agat, an cupán agus an *saucer*, bhí im ar an bpláta agus cácaí ina gcruach. **34**, 9.

Bhí an t-arán ann ba bhreátha a bhí in Éirinn, is cead ag an saol Éabha a dhul thríd. **218**, 2.

Bhí an t-arm Sasanach ar fad dá phlúchadh, ar fheabhas an phúdair a bhí ag Clanna Gael. **427a**, 2.

Bhí ard-Aifreann ann lá arna mhárach, bhí an séipéal lán is ag cur thar maoil. **164b**, 4.

Bhí ba breá' ag géimneach agus caoirigh bána ag méileach ann, dá siúlfainn ar fad Éirinn, a samhail siúd ní bhfaighinn. **226**, 3.

Bhí *Bab* Pheait ann is Máirtín Sheáin Bháin, chuaigh siad go fardoras nuair a d'ól siad braon. **352**, 6.

Bhí Baile Átha Cliath lán leo agus an tír thart timpeall, is as chuile réigiún a bhí thart san áit. **409**, 3.

Bhí bainbh agus cráin agat, [?] luchra go gránna, ní raibh do scéala [?]. **367a**, 4.

Bhí beainín thiar i [? dTír an Fhia] is ní raibh aici ach aon chaora amháin. **286b**, 1.

Bhí bean nó dhó nó thrí agam agus chuir mé i gcrích go léir iad. **31**, 1.

Bhí beirt fhear an lá údan thíos i ngarrantaí na ceárta. **351**, 1.

Bhí bóín bheag agamsa, is é a hainm Dubh na Féile. **289b**, 1.

Bhí bord ar a teallach a raibh chuile shórt bia air (bhí chuile dheis bia ann), bhí *tankard* (ancaire) mór fíona ann a líonfadh naoi gcárt. **451a**, 4; **451b**, 4; **451c**, 3.

Bhí bord na loinge ar aon chor ag dearcadh ar chlár m'éadain, is ag súil le cabhair a dhéanamh is gan aon mhaith dóibh ann. **401b**, 5.

Bhí *brandy* agus fíon dá scaipeadh go fial ann, bhí gloine ag gach fear agus cárta. **269a**, 40.

Bhí briseadh claímhí ann is gunnaí is *bayonets*, le maidí láimhe is ag dul chun cinn. **430**, 5.

Bhí buachaillí óga ann a bhí croíúil siamsúil, a dhéanfadh gníomhartha le rith is le léim. **157**, 6.

Bhí builín pingine againn is é a ghearrfá faoi fhaobhar pionta buí, is é go dtína leath le bainne. **316b**, 6.

Bhí cailín deas óg i mo dhiaidhsa ar an mbóthar, is fada, mó bhrón nach bhfaca mé í. **15e**, 2.

Bhí cailín óg in Árainn a raibh tuilleadh is céad i ngrá leis [sic], agus thug sí searc is grá dó trína bhfaca sí d'fhir fós. **253a**, 7

Bhí capaill agus asail agus múillí ag rith rása ann, is bhí bratacha bána ann ar bharr gach aon chleith. **46b**, 5.

Bhí capaill Mháirtín sa stábla an lá úd, a gceann le fána is a gcluasa síos. **164b**, 6.

Bhí ceann na nGaeilgeoirí, an dochtúir féin ann, Mac Éinrí dó mar ainm. **436**, 4. Bhí cearc ag Seán Bán is ba deise [sic] í ná an phéacóg, ubh agus céad a rug sí sa lá. **347d**, 1.

Bhí ceathrar ar an tslua ann, bhí seisear as an Róimh ann. **289a**, 7.

Bhí ceathrar ar deic aice agus iad ina léine, agus fear eile ag féachaint in aireachas crua. **252**, 2.

Bhí cion ar Pheait is ar *Tom* agam is caitheamh mór (an-mhór) ina ndiaidh. **156a**, 6; **156d**, 6; **156e**, 6; **156f**, 5.

Bhí cogadh idir Meiriceá is an *Jap* le fada riamh an lá. **414**, 20.

Bhí coilleachín agamsa le haghaidh na féile Marta[i]n, is mharaigh na mná é le dúil insa bhfeoil. **347e**, 1.

Bhí coillte ann is rásaí, agus móinín báire, is gach seod dá bhreátha ann dá bhfaighfeá i dtír. **225**, 6.

Bhí Coimín sa gclúid agus é ag éisteacht le *music*, níor baisteadh aon smúrla [?] faoin am sin (chuir mé cac ar a smúrlach san am sin). **367a**, 2; **367b**, 2.

Bhí Colm de Bhailís ann, ba é an fear ab fhearr é (as Doire Fhatharta) a chaith an sáirsint ar chúl a chinn. **431**, 2.

Bhí cóta den *fleece* orm, den éadach bá daoire dá bhfaca mé i Sligeach ar m'eolas. **322**, 3.

Bhí cótaí ar mo chnap agam, sloig ar mo *chanister* is crainn dubha a bhí gléasta agam. **282**, 6.

Bhí criú na loinge in aon chor ag amharc ar chlár a éadain, ag iarraidh cabhair a dhéanamh is gan aon ghar dóibh ann. **401a**, 6.

Bhí cúigear ban tuirne ann chomh stuama is atá in Éirinn. **61d**, 5.

Bhí cuireadh ar bheag agus ar mhór ann, ní raibh [?] cuir ná tóir ann ar lucht cótaí breaca. **275a**, 2.

Bhí culaith gheal orm den tsíoda is breátha, agus mo haitín slíoctha ar dhath na sméar. **144b**, 7.

Bhí culaith gheal uirthi den tsíoda Spáinneach (ab áille), is mil dá (le) fáisceadh as gruaig a cinn. **187a**, 9; **187b**, 5; **187c**, 7; **187d**, 7.

Bhí cúrsa ann agus *Connor* agus Pádraig na Cropaí. **283a**, 3.

Bhí *cutters* bheaga is mhóra ann agus píleoití salacha (eile) leo, bhí na loingis eile ag Seoirse ann is bhí an tóir ar fad ina ndiaidh (loingis Sheoirse, is an tóir uilig i mo dhiaidh). **401a**, 5; **401b**, 6.

Bhí daoine ag dul ar an *Shannon*, is é an bealach a bhí acu ná báid. **414**, 3.

Bhí dhá chéad is naonúr againn ag gol is ag caoineadh, bhí an t-óg is an críon ann ina suí ar bord. **205e**, 4.

Bhí do bhean anseo inné is tú féin inniu ar a bonn. **113b**, 2.

Bhí do bhotháinín gan díon ann, gan doras leis na hinsí, bhí tú féin i do shraoil[l] ann agus gan folach i do thimpeall. **226**, 6.

Bhí do sheanathair seal i muileann ag casadh, agus b'olc an éadáil insa tír é. **367d**, 5.

Bhí dóchas láidir agam as Rí na nGrásta, is ar Mhuire Mháthair scread mé glao. **232a**, 2; **232b**, 2; **232c**, 2.

Bhí éadach is bhí fataí aige le haghaidh gach uile (chuile) chréatúr, is duine ar bith a déarfadh go mbíodh (raibh) sé ina chall. **411a**, 9; **411a**, 9; **411c**, 9; **411d**, 5.

Bhí eolas ar a dhream againn i dtaobh athar agus máthar againn, agus nach (gur) iomaí fear a chraithfeadh lámh leis ag dul sráid an bhaile mhóir. **253c**, 5; **253d**, 5.

Bhí fear ag siúl an tsléibhe (sléibhte) agus (is) fuair sé ticéad ar an bhféar glas, is léigh sé ar
an (a) t(h)aobh deas, faoin bhfíorstailín bán. **335a**, 7; **335b**, 6; **335c**, 4.

Bhí fear agus fiche ar jury an lae inniu, le teacht de do chiontú ar maidin amárach. **304d**, 2.

Bhí fear is fiche againn amuigh in éineacht, agus bhí an turn-key romhainn amuigh sa
yard. **317a**, 5.

Bhí fear naofa ann agus labhair Dia ina chroí leis, agus thug Dia i dtír muid go
Baltimore. **205j**, 3; **205k**, 3.

Bhí fiche carr ann is iad lán de bhláthanna, na pósaetha ab áille dár fhás ar chraobh.
164a, 10.

Bhí '*forage cap*' orm, bhí dhá '*splatterdash*' orm, bhí píopa tobac agam, réiteoir is 'brush'.
282, 7.

Bhí fuisce ag teacht ina channaí ann, leann mulláilte a bhí bríomhar, sin is decanters
fíona ag dul timpeall ar bhord. **212a**, 4.

Bhí gadhar sa gcarn aoiligh, fear píce dá scaoileadh, an chailleach dá mhaiomh is ní dá
bhagairt. **344**, 3.

Bhí galtán an rí ag cur gaile uaithi is maidhme, ag méad a cuid tintí síos cuan na
Gaillimhe. **151**, 4.

Bhí galúin ag cur (ag dul) thaɪ   rr ann agus piontaí ag dul thar maoil. **55a**, 5. **55b**, 5;
55c, 3.

Bhí gnaoi agus gean ag gach aon air, an seanduine críon is an t-óg. **173a**, 2; **173b**, 2.

Bhí go maith go dtáinig an oíche. **14a**, 11.

Bhí go maith nó go raibh an chúirt seo le réiteach, ba mhillteach an scéal é le tarlú in
aon tír. **315d**, 6.

Bhí hum agus ham, cliabh agus trá, ardú gainimh agus aoiligh. **322**, 4.

(Ó) Bhí iascach ann le breac, bhí iascach ann le slat, óra, bhí na líonta ag gabháil na
mbreac [...]. **211b**, 2.

Bhí iascach ann le slat is bhí na líonta ag gabháil na mbreac, bhí Aifreann ann lá saoire
agus Domhnach. **211a**, 3.

Bhí Joeín is *Dan* go lách linn, is bhí cumha orainn dá bhfágáil, d'fhág siad sa mbád
muid, amuigh sa Sruthán Buí. **359**, 10.

Bhí leanaí [?] leathamhail agus bean mhúinte ghnaíúil, agus chaith muid an oíche sin
súgach go leor. **221a**, 4.

Bhí lúithne den fhuinneog le cur insa gcuinneog, le haghaidh na paiteoige a rugadh.
322, 5.

Bhí m'ainm thíos le dhul chun an phríosúin, is tuilleadh a bhí daortha lena sheoladh.

314f, 6.

Bhí mac Mheaig *Johnny* ann is é ag caint le gardaí, is chroith muid lámh leo, sean is óg.
352, 2.

Bhí mac Rí Lochlainn ina chodladh go suaimhneach. **319a**, 5; **319b**, 5; **319c**, 5.

Bhí Maidhc an t-am sin go dtína bhásta, amuigh sa sáile le briseadh croí. **270**, 4.

Bhí Máire (Máirín) Ní Ruáin ann, buinneán (beainín) g(h)léigeal, an cailín spéiriúil a
bhí againn san áit. **158a**, 9; **158b**, 9.

Bhí Máirtín Ó Tuairisc ag seasamh don stát ann, ba deacair [sic] a leithéid a fháil in aon
chríoch. **315a**, 12; **315b**, 12; **315c**, 12.

Bhí máistir i mBaile an Tóchair, ceannfort óg a bhí ann tamall. **181a**, 3.

Bhí máistir scoile aici sa teach i gcónaí agus neart den ór buí fairsing ann. **64f**, 3.

Bhí mallacht chuile bhacach (gach bacach), chuile bhodhrán (gach bodhrán) is chuile
dhall (gach dall) aici, mallacht chuile pháiste (gach páiste) a (dár) labhair as a
bhéal. **438a**, 5; **438b**, 5.

Bhí mé (bhíos) an lá cheana sa ngarraí is mé ag dul trí líon. **370h**, 6.

(Maise) Bhí mé (mise) i Sasana, is bhí mé i *Huddersfield*, is maith atá a fhios agam
d'ainm a Mháirtín. **325a**, 2; **325b**, 2.

Bhí mé (mise) lá ag dul an bealach [sic] is (agus) casadh (chuaigh mé) (bhuail) isteach
tigh Éamainn (mé). **404a**, 3; **404b**, 3; **404c**, 3; **404d**, 3.

Bhí mé (mise) lá breá ag dul síos go Tuaim. **443a**, 9; **443b**, 1.

Bhí mé (mise) oíche shaoire i dTír an Fhia is mé ag teacht ó cheol (ag an gceol). **264a**,
1; **264b**, 4.

Bhí mé ag caint le Máirtín Learaí ar maidin moch Déardaoin. **285**, 3.

Bhí mé ag ól fíona agus *brandy* in éineacht le clann Riocáird go raibh mé súgach. **211a**, 7.

Bhí mé an lá cheana agus bhí gráinnín beag braiche agam, ar na *police* a bhí aird agam.
304d, 3.

Bhí mé an oíche cheana agus mé ag teacht as tigh Phádraig. **336c**, 8.

Bhí mé chois dorais scathamh fada den oíche. **14b**, 5.

(Ó) Bhí mé chomh díthchéillí gur ghéill mé do do shlí, imíodh an méid sa spéir leis an
ngaoth. **140b**, 11.

(Ó) Bhí mé chomh haerach ar dtús is gur ghéill mé do do shlí. **140a**, 12.

(Ó) Bhí mé glic go leor leis an spórt seo a chur chun cinn. **88d**, 2; **88e**, 2.

Bhí mé i bhfad as Éirinn, scathamh ag léitheoireacht is ag scríobh. **55a**, 4; **55b**, 4.

Bhí mé i gcaladh i bPort Mhuirbhí, chuir mé mo bhád chun seoil. **370c**, 5.

Bhí mé i gcion mhór ag mo stóirín seal fada den tsaol. **7**, 5.

Bhí mé i gcoláiste go ham mo bhearrtha agus insan ardscoil ar feadh chúig bhliain [sic].

101c, 5; **101d**, 5; **101e**, 5; **101f**, 5.

Bhí mé i gcoláiste i g*California* i measc mná óga ag foghlaim dlí. **55a**, 6.

(Ó) Bhí mé istigh ag tigh Frainc *Gorman* ag cur síos ar an saol. **285**, 4.

(Is) Bhí mé lá ag dul go Gaillimh agus theastaigh péire bróg uaim. **261**, 1.

Bhí mé lá ag dul go Gaillimh le deatach agus gála mór. **370a**, 2.

Bhí mé lá breá (gréine) ag siúl sléibhte Chonamara. **181b**, 4; **181c**, 1.

Bhí mé lá breá ag dul mala sléibhe [sic], cé a d'fheicfinn ach an spéirbhean agus í ag baint chnó. **101g**, 1.

Bhí mé lá breá ag seoladh le Beairtlín óg, fear gan mhísc. **225**, 1.

Bhí mé lá breá ar Chnoc Aduaidh. **443a**, 10.

Bhí mé lá breá gréine is mé ag dul an róid seo siar. **88d**, 1; **88e**, 1.

Bhí mé lá breá i gcois aille agus mé go greannmhar ag déanamh grinn. **370a**, 4.

Bhí mé lá breá samhraidh insna gleannta amach is mé i gceann na mbó. **104**, 1.

Bhí mé lá i gCasla, a raibh (bhí) farraige ann agus gála mór. **370b**, 1; **370c**, 1.

Bhí mé lá i mGaillimh i mo sheasamh le balla, is cé a d'fheicfinn ag dul tharam ach Máirtín. **343**, 3.

Bhí mé lá i nGaillimh, lá stoirme (bhí stoirm ann) agus gála mór. **370e**, 1; **370g**, 7.

Bhí mé lá thuas insan aer, shíl mé go dtitfinn sa bhfarraige. **120a**, 8.

Bhí mé maidin cheo is mé ag dul an bóithrín [sic] go hInis Meáin. **8a**, 1.

Bhí mé maidin shamhraidh a raibh mé súgach maith go leor **27a**, 1.

(Do) Bhí mé naoi n-oíche in mo luí go bocht. **373**, 3.

Bhí mé oíche ghealaí cois aille is mé ag déanamh grinn. **116a**, 9.

Bhí mé scathamh in ann obair a dhéanamh, í a chur chun cinn is mé santach go leor. **328**, 3.

Bhí mé seal fada ag siúl tíre. **366**, 1.

(Maise) Bhí mé sealad (seal maith) ag foghlaim Béarla, agus dúirt an chléir go mba mhaith mo chaint. **101c**, 4; **101d**, 4; **101e**, 4; **101f**, 4; **101h**, 4.

Bhí mise ag [?] fáirneáil lá gréine, is bhí tart orm féin ó mhin bhuí. **218**, 1.

Bhí mise ag caint le fear as Órán agus d'inis mé dó an cás. **266**, 5.

Bhí mise an lá cheana ag tabhairt an bháid ar an gcaladh (soir thar cara), agus chonaic mé an feithideach gránna. **304a**, 12; **304b**, 10.

Bhí mise an lá cheana is mé ar fálróid i nGaillimh, is mé ag fanacht go snámhfadh na báid ann (an bád dom). **304a**, 7; **304b**, 7.

Bhí mise i gCorcaigh is i gCluain Meala na Féile, i gCill Chainnigh, i mBinn Éadair, i dTuaim is i mBaile Átha an Rí. **234**, 8.

(Mar) Bhí mise i m'amadán, glaodh go hard orm, dhéanfaidís [? acracht] díom, gradam is sult. **282**, 2.

Bhí mise i mo dhuine bocht aosta. **14a**, 6.

Bhí mise i nGaillimh tráth ar tháinig an *mail*, is mé a bhain na *tacklings* den chapall. **300c**, 7; **300d**, 6.

Bhí mise lá ag dul an tsléibhe, casadh Meait thiar is an sagart liom. **120c**, 3.

Bhí mise lá ag dul chun na céibhe, casadh Ó Néill is an sagart liom. **120a**, 3; **120b**, 2.

(Agus) Bhí mise lá ag dul síos leis an gCeann agus briseadh láinnéar mo phíce. **396**, 2.

Bhí mise lá aonaigh i gCill Bhríde is mé ag ól. **264a**, 4; **264b**, 1.

Bhí mise lá ar shráid Chill Chainnigh, in mo sheasamh suas le stábla. **383a**, 6.

(Ó) Bhí mise lá ar thaobh an chnoic is mé ag ruaigeadh na sionnaigh le fána. **381a**, 1.

Bhí mise lá ar thaobh an dúin. **440**, 1.

Bhí mise lá breá aerach ag iascach ar charraigeacha an Ghró Mhóir. **333a**, 5.

(Is) Bhí mise lá breá ag dul go Baile Átha an Rí. **263**, 1.

Bhí mise lá breá fómhair ag dul an róid seo siar. **88c**, 1.

Bhí mise lá i nGaillimh is mé buartha cráite, is murach súil le bheith ní b'fhearr agam, ní mhairfinn beo. **205a**, 1.

Bhí mise lá is mé ag triall ar Ghaillimh, is tháinig múr mór báistí. **383a**, 4.

Bhí mise lá liom féin ag siúl na trá. **45a**, 8.

Bhí mise maidin Domhnaigh in mo cheoláinín ag binn an tí. **4e**, 1.

Bhí mise oíche i mBaile Átha an Rí, bhí cailín an tí ar leaba liom. **120a**, 1; **120c**, 1.

Bhí mise tráthnóna Dé Ceadaoin, i mo sheasamh i ndoras tigh Sheáin. **19e**, 4.

Bhí mná ansin ag caoineadh le chéile. **422**, 9.

Bhí mo dheartháirse seal i muileann ag casadh, rinne sé do bhaintreacha síormheilt. **367b**, 10.

Bhí muid (bhíomar) sásta lá arna mhárach mar bhíomar uilig buíoch. **236c**, 6.

Bhí muid ina dtroscadh ann ó Luan go Céadaoin, agus dheamhan a bhféadfadh muid tada a rá. **317b**, 4.

Bhí muid maith go leor i dtaobh na Gaeilge nó go dtáinig an dream nár mheasc agus nach raibh acu ach leath a dteanga. **436**, 6.

Bhí muintir Chladhnaigh ann agus fir mhaithe an tSrutháin, agus nár mhór an feall iad a chur faoi ghreim. **431**, 1.

Bhí muintir na hEorpa cruinn le chéile, an Pápa féin, bhí sé istigh ina lár. **409**, 14.

Bhí na Breatnaigh ag teacht isteach ar chuile thaobh dínn. **422**, 5.

Bhí na fir ag screadach is na mná ag caoineadh nuair a chonaic siad na trinsí a bhí le haghaidh a mbáis. **409**, 10.

Bhí na *Germans* ar fad i Sasana, ní raibh páigh ar bith acu le fáil. **414**, 30.

Bhí na healaí geala (bána) sa gcuan an lá úd, aniar ó Árainn is ó Shruth na Maol. **164a**,
   9; **169b**, 8.

Bhí na *peelers* agus na sagairt ann agus a raibh de dhochtúir san áit. **410**, 8.

Bhí na píopaí acu ag seinm, chuile cheol dá bhinne, sin is gach eile, thiar i nD[ú]ras
   mór. **51**, 2.

Bhí naoi míle marcach ar thaobh Chnoic Ghaillimh', chúig mhíle bean agus páiste.
   269a, 30.

Bhí nithe beaga liom de chumhacht an Ardrí, is chuir mé caint air as ucht mo Dhia.
   441a, 4.

Bhí olann mhór fhada ar an taobh a bhí ceart di, an taobh eile chomh mín leis an
   bpláta. **304c**, 2.

Bhí pictiúr na corónach ar thosach a cóiste, piostal ina póca is é lán ina glaic. **46a**, 7.

Bhí píopaí geala ann agus fuisce dá dhóirteadh, fíon agus beoir agus go leor dá roinnt. **172**, 5.

Bhí pisín rua ar an teallach ann thíos, is seanbhean chríonna an chlamhsáin. **361**, 2.

Bhí plód an-deas agam de thogha na [?] bPléimeann, is ba mhór an scéal iad a chur
   chun fáin. **348**, 3.

Bhí plúr ann chomh maith agus a bhí in Éirinn, cead ag síol Éabha a dhul tríd. **342**, 2.

Bhí plúr chomh maith is a bhí i nGaillimh agus *tea* is siúcra saor. **283b**, 6.

Bhí pócaí airgid agat agus [? earra tí] agat. **446b**, 4.

Bhí púdar dá loscadh mar a bheadh sneachta dá shéideadh, piléir ag pléascadh agus iad
   ag imeacht le gaoth. **308a**, 5.

Bhí pus is gruaim ag imeacht uirthi. **354a**, 5.

Bhí sagairt is bhí bráithre ann is iad ag trácht ar mo bhainis. **160i**, 2.

Bhí Sasana cartaithe uilig thart timpeall, ag déanamh trinsí le dhul i bhfolach ann. **409**, 8.

(Agus) Bhí sé ag déanamh airgid ar lucht na mbáinín bán. **414**, 5.

Bhí sé ag dul amú ar Shasana, ar an bhFrainc is ar Mheiriceá. **414**, 11.

(Mar) Bhí sé bríomhar (luafar) pearsanta ins (do) gach uile (chuile) bhall gan tarcaisne,
   mar (is) bhí gruaig a chinn casta air (ag croitheadh) ina (mar bheadh) dlaoithe
   breá (den) óir (ór). **212a**, 2; **212b**, 2.

Bhí sé i bhfad óna chairde, i bhfad óna thigh is a mhnaoi. **163a**, 2.

Bhí sé i gceist go raibh De Valéra go mór ina aghaidh mar gheall ar pháirtíocht. **164a**, 14.

Bhí sé ina bhuachaillín deas maiseach, níos fearr ná an stáca is ní mór dom féin feabhas.
   109b, 10.

Bhí sé óg go leor againn an spórt a chur chun cinn. **88c**, 2.

Bhí Seáinín Ó Flatharta, an seanchaí léannta, ag saoradh Sheáin Shéamais go ciallmhar
   is go cruinn. **315a**, 13; **315b**, 13; **315c**, 13; **315d**, 7.

Bhí Séamas na [?g]Corrán ag imeacht ag tochailt, bheadh sé agamsa dá gcailltí mo mháthair. **321**, 8.

Bhí Séamas Ó Treasaigh is Dónall ina aice ag déanamh sur-sopa [?] is pléaráca. **269b**, 13.

Bhí seanbheainín thiar i dTír an Fhia, ní raibh aici ach caoirín amháin. **286a**, 6.

Bhí seanbhean insa (sa) gclúid ag tabhairt diúl don bhó bhán. **333b**, 2; **333c**, 2.

Bhí seift ar fud a lámha is an margadh i ngar dóibh, lena gcíos a dhéanamh amach i gconaí. **211a**, 2.

Bhí siad (bhíodar) chomh mór agus nach raibh a leithéidí le fáil. **414**, 17.

Bhí siad ag imeacht chuile Dhomhnach ag *march*áil ar fud chuile áit. **414**, 26.

(Ó) Bhí sibh sa gcreideamh Caitliceach, agus níor shéan sibh aon áit. **410**, 11.

Bhí spiadóirí mallaithe ag crosbhóthar an Mháma, is (agus) thug siad na mionnaí go bríomhar is go beo. **315a**, 10; **315b**, 10; **315c**, 10.

Bhí timpeall is míle daoine ina seasamh ar droim an [?] Mhaisean, bhí Púcán Bhaibsín roimpi a bhí déanta le haghaidh an tsiúil. **253a**, 4.

Bhí tincéir (-í) ag obair ann, budget is a m(h)úille, ceannaithe ag cliú is cleití rúin (cíoradóir, racadóir, fidléara súgach). **347a**, 14; **347b**, 3.

Bhí tine bheag fadaithe ag Cearúll Ó Néill, ba mhó ná Mám Éan is ná Cnoc Ros an Mhíl. **152b**, 3.

Bhí togha na mine coirce aige agus togha na mine buí. **283a**, 2.

Bhí [?] toirín teip agat ann, mórán gréithe bána agus breaca. **275a**, 3.

Bhí *Tom* Ó Ceallaigh is buidéal ins gach lámh leis, 'teann liom anall nó an ólfaidh tú braon?'. **5**, 7.

Bhí *Tom* Ó Flatharta ann, an buachaill sásta, na grásta go bhfaighidh sé nach a dté sé i gcill. **430**, 7.

(Ó) Bhí Tomás Seoige ansin agus an bairille *petrol* lena thaobh. **285**, 8.

Bhí trí chéad fear ann as oileán Árann, isteach as *Malbay* agus as [? Droichead Átha].
   431, 3.

Bhí triúr dearthár agat de thogha na ngaolta, an molt, an t-uan, agus an t-uascán. **231**, 4.

Bhí triúr mac agam a bhí oilte tógtha, ba ghearr ba (an) lón dom iad, céad faraor géar.
   190a, 1; **190b**, 1; **190c**, 1; **190d**, 1; **190e**, 1.

Bhí tuilleadh is míle daoine ina seasamh ar Chruach na Caoile, mar bhí *Púcán Mhaínse* stríocta is bhí sí déanta le haghaidh an tsiúil. **253b**, 5.

Bhí '*wheel to the left about*', iompaigh ar do lámh dheis agam, '*attention*' is '*march on*' is '*hold up your chin*'. **282**, 4.

Bhíodh againn teagasc de réir dlí na hEaglaise, an tAifreann is an paidrín is gach ní mar is cóir. **240d**, 2.

Bhíodh fear agus fiche againn in éineacht agus an *turn-key* romhainn amach sa *yard*.
317c, 5.

Bhíodh sin agam (againn) dea-theagasc de réir dlí na hEaglaise, an tAifreann is an
paidrín is gach ní mar is cóir. **240b**, 2; **230c**, 2; **240e**, 2; **240f**, 2.

Bhíodh Sonaí Thomáis ann go múinte, mánla agus é go sásta ina shuí lena dtaobh. **270**, 7.

Bhíodh trí seolta móra *bark*áilte orthu amuigh agus togha na bhfáinne. **389**, 2.

Bhíodh tú (bhítheá) sínte síos liom de ló is d'oíche, is gurb ar do bhráid gheal a bhíodh
mo lámh. **176d**, 3.

Bhréagfadh sé an bhanaltra, an leanbh is an garlach, giúistís an bhaile, constábla is fear
dlí. **234**, 7.

Bhreathnaigh mé tharam go dtabharfainn di [? éitheach], ba g[h]ile í ná an eala agus ba
dhuibhe ná an sméar. **152a**, 2.

Bhreathnaigh mé tharam go híseal agus go hard, is creath i ngach ball díom agus níorbh
iontas. **314f**, 3.

Bhreathnaigh mé tharam isteach insa gclúid ann, bhí [? raplahút], torann is gleo. **347a**, 13.

(Is) Bhreoigh tú mo chroí istigh de ló is d'oíche, is a Dhia dhílis, nach cloíte (cráite)
atáim. **74b**, 8; **74c**, 7.

Bhruith sí a cuid fataí is róst sí a cuid éisc, agus shín sí ar an leaba go gcodlódh sí néal.
152b, 4.

Bhruith tú mo chroí istigh de ló agus d'oíche, is a Dhia dhílis, nach cloíte atáim. **74a**, 10.

Bhuail faitíos mé agus scátha nuair a chonaic mé an rud gránna, shíl mé gurb é an bás é
mar bhreathnaigh sé chomh caol. **447**, 2.

Bhuail faitíos *Tom* bocht agus rith sé soir trasna, lean *Timín Tom* é le tlú ceártan. **321**, 11.

(Do) Bhuail mé (sé) faoi m'ascaill (faoina ascaill) é (í) agus thug se chun an tí mé, bhí
caoireoil don (díol) rí ann gléasta (bruite) ar bord. **221b**, 3; **221c**, 3; **221d**, 4;
221e, 3.

(Do) Bhuail mé labhairt is comhrá léi, is múinte a d'fhéach sí orm, [? bláth] na n-úll.
50, 12.

Bhuail mé liom go calma láidir, gur nigh mé mo chnámha i Loch an Léin. **189**, 3.

Bhuail mé siar an bóthar, agus tháinig mé aniar le cladach. **375**, 1.

Bhuail mise an doras go cloíte traoch. **14a**, 5.

Bhuail seilg i mo thaobh mé, is chinn orthu mé a dhéanamh slán. **341**, 3.

Bhuail sí domsa [sic] is failm air agus d'fhága sise sínte é. **354a**, 7.

Bhuail slám de(n) (sí) ceo draíochta orm (mé) is deamhan rud (pioc) (faic) ba léir dom.
134a, 2; **134b**, 4; **134c**, 4.

Bí agam go moch anseo amárach go gcuirfidh mé cuireadh chuig na fondúirí is sine. **269c**, 11.

Bí cinnte de, a rúin chroí [sic], dá bhféadfainnse cur síos, go molfainn mo mhian gan amhras. **60a**, 5.

Bile den chrann nár chrom chun Seoirse. **168**, 3.

Bíodh (faighigí) cónra déanta dom is í gearrtha as togha na gclár. **47d**, 4.

Bíodh Ó Briain agat agus Tiarna an Chláir. **440**, 2; **443a**, 6.

Bíodh Ó Conchúir agat nó Dónall Óg. **443b**, 2.

Bíodh sí deas óg, gan mhairg, gan bhrón, críonna go leor ar chuile shórt slí. **15a**, 4.

Bíonn a pictiúr ina phóca aige de ló is de oíche. **76**, 7.

Bíonn an searrach ag láir ann is an banbh ag cráin ann, is an loilíoch ar maidin ag géimneach. **247**, 8.

Bíonn barra bog slim ar chaoinchnoic Éireann, bánchnoic Éireann Óighe. **196**, 2.

Bíonn cruithneacht agus coirce, fás eórna agus lín ann, seagal i gcraobh ann, arán plúir agus feoil. **233a**, 3.

Bíonn drúcht i do shúile is bíonn lasadh i do cheann. **97**, 7.

Bíonn fíon is *punch* go leor, beidh adharca ar bord, sláinte fear dhá ól trí ráithe. **217a**, 2.

Bíonn mé (bím) ag smaoineamh ar na sméara is na héanlaith [sic] insna crainn. **73**.

(Ó) (Is) Bíonn mé (bím) maraithe le himní, nuair a smaoiním ar chuile dhrochlá. **394d**, 8.

Bíonn mé (bím) san oíche ag ól, (agus) bím sa ló ar mo leaba. **18**, 1; **375a**, 4.

(Maise) Bíonn tusa i gcónaí ag cur síos ar an tae, is an lá a mbíonn sé agat ní fheictear (fheicim) agat é. **142a**, 2; **142b**, 2; **142d**, 2.

Bioráin, spoir ghéara, is é a dhéanfadh go stuama. **214**, 3.

Bláth an fháinne, is deise a ghile a leagas súil is béal air. **68c**, 3.

Bliain go Lá Fhéile Pádraig, nach muid (sinn) a bhí láidir nuair bhí bratach na hÉireann in airde. **325a**, 1; **325b**, 1.

(Agus) Bliain go Samhain (h-am) seo is ea déanadh an creachadh (chreach mhór), ní hé amháin ar Ghaillimh ach ar chuile thír (ar chuile cheard sa tír). **164a**, 1; **164b**, 1.

Bliain i dtús an taca seo, is deas mar a bhí mé gléasta. **117c**, 1.

Bliain is an oíche aréir is ea réab na capaill an fál. **85a**, 2; **85e**, 3.

Bliain is an taca seo is ea cuireadh i gcónra é, is é a liath go hóg mé is ní le haois. **144a**, 7.

Bliain san oíche aréir is ea d'fhág mé an baile agus d'éalaíos ó mo mháithrín. **383a**, 1.

Boird ann á leagan agus cócairí ag freastal, miasa ann agus gréithe dá dhaoire. **247**, 5.

Boxty-bread ní dhéanfar sa mbaile seo arís choíche, mar tá anró uaidh nach bhfuil a fhios ag a lán é. **277**, 1.

Brainse gheanúil den fhuil ar fónamh, nár sheas i ngnó le haon fhear riamh. **52a**, 6.

Braoinín cócó a raibh boladh bréan air, is nár sin é an éadáil linn é a fháil. **317b**, 5.

[?] Braonglas maidine, grianlasta crúchta. **166**, 11.

Bratóigín shuarach aniar ar a droim, is gan foscadh ná díon uirthi ón mbáisteach. **140a**, 9.

Brí agus spreacadh go raibh in do lámh. **263**, 8.

Briathra mallaithe agus bun na Cruaiche, na Cille Rua agus Bhaile an Chláir. **269a**, 11.

Bring my blessing to Connacht for it is a sporting place. **54a**, 8.

Bróg agus leathstoca a d'imigh ó Mhánas ar (ag) C(h)arraig na dTrácht (Carraig an
     tSrutháin) agus nach ciotach an chaoi. **308a**, 1; **308b**, 1; **308c**, 1.

Brón agus deacair ort, a Loch na gCeann. **102c**, 6.

Brón ar an airgead, is mairg a bhíos gan roinnt de. **405a**, 5.

Brón ar an athair a fuair do shaothar. **366**, 4.

Brón ar an bhfarraige mar is í atá mór. **102b**, 3.

Brón ar an mbás, is dubh mo chroí-se. **165**, 1.

Brón ar an mbás, ní féidir a shéanadh. **165**, 5.

(Maise) Brón ar mo mhuintir a phós mé chomh hóg. **114a**, 2; **114b**, 2.

Brón go deo ar an bpósadh mar is (nach) mairg riamh a rinne é. **117b**, 6; **117c**, 8.

Brón go deo ar an eallach mar is rud é atá neamhbhuan. **10b**, 5.

Brón ort, a chaptaen na Críonaí, nuair a tháinig tú aníos ón Muir Mhór. **350b**, 3.

Brón ort, a Éamainn, nach dtáinig chugam ar cuairt. **171**, 2.

(Maise) Brón ort, a ghrian, mura fada tú ag dul siar nó an raibh tusa thiar ar aimsir. **376**,
     1.

Brón ort, a Pháidín Sheáin Mhóir, is ná haithris go deo orm é. **62b**, 2.

(Is) Brón ort, a spiadóir, is do dhíobháil ná raibh ar an tír. **293a**, 7; **293b**, 7; **293c**, 7.

Brón ortsa, a mhíle grá. **102b**, 2.

(Agus) Buachaill caol ard é mo ghrá is (agus) é lom tanaí crua (i ngrua). **86**, 1; **137**, 1.

Buachaillín beag folamh mé, gan mórchuid de mhaoin. **72c**, 8.

Buachaillín deas (lách) aerach mé is ní féidir athrú a rá. **72d**, 8; **72f**, 3; **72g**, 4.

Buachaillín deas óg (rí-óg) mé a thug mórghean (mórán geana) do mhnaoi. **72a**, 4; **72b**,
     4; **72c**, 6; **72d**, 1; **72e**, 5; **72f**, 5.

Buachaillín deas óg mé agus tógadh mé ar bruach. **17**, 1.

Buachaillín deas óg mé is go bhfóire orm Rí na nGrást. **104**, 4.

Buachaillín deas óg mé is ní féidir athrú a rá. **72a**, 5; **72b**, 5; **72c**, 3.

Buachaillín deas óg mé, fuair mé foghlaim nach bhfuair a lán. **4c**, 4.

Buaileadh faoin tine é is baineadh an chlúmh dó, d'itheadar triúr é is ceathar a bhí ann.
     347a, 12.

Buailfidh mé go h*Egypt* nó go hoileán lena thaobh sin. **103a**, 5.

Buailim siar an bóthar, gach aon lá beo mar a chleachtainn, **18**, 3.

Búclaí do bhróga, daoine móra is ban [sic] uasal. **214**, 6.

Búclaí i do bhróga, luach coróin agus punt [sic], is a stóirín, ní thabharfá do lámh dom. **140b**, 1.

Buidéal beorach is é líonta ar bord agam (ann), agus dís ban óg deas le bheith dá roinnt (is cead cainte is cómhráidh le stór mo chroí). **187b**, 2; **187c**, 2; **187d**, 2.

Bun an ghiolcaí a (do) bhéarfainn duitse agus barr an fhraoigh. **13a**, 7; **70c**, 4; **70d**, 1.

Cá bhfaighimid cóiste do Mháire Nic Conraoi? **377**, 1.

Cá bhfaighinn curaidh dob fhearr ná na Gaeil. **168**, 10.

Cá bhfios nach maith í an chríonnacht, tharla an óige ag fáil gearr. **62a**, 5.

Cá bhfuil bean ar bith san áit seo a mbeadh mo scéal aici le mí. **89d**, 3.

'Cá bhfuil do spré' *says* Nóra Ní Cheallaigh? **146**, 2.

Cá bhfuil na stácaí a bhí timpeall do thí, nó cá bhfuil na caoirigh gan áireamh (a bhí i ndáil leo). **140a**, 10; **140b**, 10.

Cá bhfuil trua in Éirinn ach mac is máthair, atá ag dul le fán ar a chéile choíche. **190a**, 9.

Cá ndeachaigh na gaiscígh a bhí le mo linnse. **446a**, 5.

Cá raibh tú ó mhaidin, a bhuachaillín ó[i]g. **121c**, 1.

Cáil iontach croí do mhaíodh go déanach. **168**, 18.

(Maise) Cailín deas (beag) óg mé ó cheantar na farraige (Chois Fharraige), (is) tógadh go cneasta mé i dtosach (dtús) mo shaoil. **141a**, 3; **141b**, 2.

Cailín deas óg in mo dhiaidh go rímhór, is fada, ó mo bhrón, nach bhfaca mé í **15a**, 1; Cailleach chríonna liath í. **354a**, 4.

(Ó) Cailleadh bodóg mhaith orm, ó, cothrom an lae chéanna. **378c**, 2.

Cailleadh le Bláthnaid, Mac Dáire is Cú Chulainn crua. **406**, 11.

Cairtín gann é a deir Deaideo. **408**, 7.

Caitheadh amach mé is an oíche ag báisteach. **93e**, 1.

Caithfear é a thógáil go hAoine seo chugainn. **279**, 1.

Caithfidh mé a dhul treasna, amach chuig tigh an Fhatharta. **326**, 7.

(Ó) Caithfidh muid a dhul go Cill Rois ag an *sawmill* chuile lá. **192**, 5.

(Maise) Caithfidh tú freagairt má tá sin in do chumhacht, mar, má tá leigheas insa sú sin, tá cuid mhaith ina chléith. **327**, 3.

Caithfidh tú gail agus sasóidh tú d'intinn, ach tá a fhios ag mo chroí istigh gurb [? sin] é a bhfuil ann. **327**, 9.

Captaen mise a bhí in Éirinn, is chaith mé mo théarma ar long. **324**, 2.

(Is) Cár fhág tú *Churchill*, a deir Mamó. **408**, 4.

Cár fhág tú do chairtín a deir Deaideo. **408**, 5.

Cár mhaith leat tú a chur, a bhuachaillín ó[i]g. **121c**, 6.

Cara mo chroí mo pháistín fionn. **373**, 2.

Casadh an chailleach dom thiar ag (ag teacht ó) Aird Bhéarra, is mé (í) ag teacht
(tarraingt) ó (ar) aonach i [?] nDomhnach Daoi. **152a**, 1; **152b**, 1.

Casadh an sáirsint mór ar chailleach Sheáin Uí Ghríofa. **354a**, 6.

Casadh ansin *Tom Keane* di agus d'fhiafraigh go haigeanta. **354a**, 9.

Casadh ar Inse Mhic Éinne Dé Domhnaigh mé, is d'éirigh liom iomlacht a fháil
scioptha go leor. **240e**, 4.

Casadh ar oileán mé, is fiáin (ba fhiáin) an áit é, is thug mise seársa liom trína lár soir.
46a, 2; **46b**, 2.

Casadh bean orm agus í i lár na sráide [...]. **332c**, 2.

Casadh bean orm dhá uair roimh an lá. **149b**, 1.

Casadh dó oifigeach airm is shocraigh sé leis go ceann ráithe. **343**, 2.

Casadh do *Val* Ceannaí í is í ag ionsaí amach go Luimneach. **336d**, 2.

Casadh dom (liom) Donncha – [? dar] a leabharsa ba lách (chóir) é. **14a**, 3; **14b**, 3.

Casadh fear ar maidin dom, ó, bhí an páipéar ina lámh. **295**, 7.

Casadh fear as Acaill dom, is éard a dúirt sé tá díth céille ort, ag gol is ag éagaoin ar
Chúl na Binn'. **239d**, 3.

Casadh gréasaí i nGaillimh dom, thíos ag an bPóirse Caoch. **283a**, 4.

Casadh isteach mé i dteach Pheadair Uí Thuama, bhí cearca go leor ann gan coileach,
gan ál. **451a**, 9; **451b**, 9.

Casadh isteach tigh Pheaidí Mór mé maidin gharbh gheimhridh. **260**, 1.

Casadh liom Dé Luain í agus fuadar fúithi ag dul ag snámh. **8a**, 5.

Casadh mé isteach sa seanteachín suarach, bhí seanbheainín shuarach ina suí ann. **140a**, 8.

Casadh mise ar aonach [na] Gaillimh', ag ceannach staicín agus asal óg. **339**, 1.

Casadh Pádraig Breathnach dom is é ag dul amach tigh an *pheelir*. **260**, 4.

Casadh Peait an *Lord* isteach is go deimhin is é a bhí gnaíúil. **260**, 3.

Cé a choinneoidh uaimse mo chodladh. **166**, 19.

Cé a d'agródh Mac Dé, mo léan géar, ós is agam (-sa) atá a fhios. **390a**, 3; **390b**, 3.

Cé a d'fheicfinn (chífinn) ag dul tharam ach Máire (Malaí) chiúin, álainn, ba dheise í
agus ba bhreátha í agus bhí a folt mar an ór. **451a**, 3; **451b**, 3; **451c**, 2; **451d**, 2.

Cé a thug sú sú a croí le n-ól dom. **166**, 20.

(Is) Cé acu den treibh ba mhian leat a theacht. **417**, 2.

Cé go bhfeicfidh mé Contae an Chláir uaim, Órán Mór agus chuile thaobh. **55c**, 6.

Cé gur doiligh liom é a cháineadh is go bhfuil an géim is fearr ann, tá an cheaircín is a háilín in éineacht. **277**, 6.

Cé gur tuirseach, brónach a chaith mé léi mo bhróga, go síoraí ag déanamh lóchrainn is nach gcodlaím néal san oíche. **26**, 14.

Cé hé sin amuigh ag doras mo sheomra, ar maidin go moch Dé Domhnaigh. **109b**, 8.

Cé hé sin amuigh atá ag réabadh mo chuid torthaí – atá ag éisteacht i mo dhoras dúnta. **53c**, 4.

Cé hé sin arsa (a deir) iníon Éamainn atá ag speireadh na mbó. **433a**, 4; **433c**, 1.

Cé hé siúd chun tosaigh orm ar bhéal na bearnan, níl mé dána le dhul ar m'aghaidh. **441a**, 3.

Cé hé siúd thall ag doras tigh mo rúin, go moch ar maidin Dé Domhnaigh. **109c**, 6.

Cé hé siúd thall ag teacht go dtí mé. **446a**, 1; **446b**, 1; **446c**, 1.

Cé siúd amuigh ag fuinneog mo rúma, ar maidin go moch Dé Domhnaigh. **109a**, 11.

Céad buíochas mór le Dia, níor chaill mé leat mo chiall, cé gur mhaith a chuaigh mé as mar gheall ar do chúilín fáinneach. **60a**, 6.

Céad fáilte abhaile romhat, [?] a chúrach a bhraonach. **289a**, 3.

Céad faraor crua deacrach ar a bheith go lag, traochta, gan lúth ina ghéaga is é ag saothrú an bháis. **426**, 1.

'Céad faraor' arsa Seafraí, 'nach mairg nach bhféadfainn, ullmhú agus gléasadh agus breith ar mo lann'. **426**, 2.

Céad míle slán don dúiche a bhí sa mbaile agus don oileán grámhar. **383a**, 3.

Céad sa ló níor mhór liom dóibh, do Cholm is dá mhnaoi. **236a**, 10.

Céad slán do bhliain an taca seo, ní mar sin a bhí mé féin. **138**, 3.

Céad slán do bhliain is an taca seo, nár dheas (ba dheas) í mo chulaith éadaigh (nach deas mar a bhí mé gléasta). **117a**, 1; **117b**, 2; **117d**, 1; **117e**, 1; **117f**, 1.

Céad slán do bhlianta is an taca seo, ba deas [sic] mo thúirne lín. **21**, 4.

Céad slan don (duit a)(leat a) Abhainn Mhór, is (nach) é an trua (mo bhrón) gan mé anocht lena (le do) t(h)aobh. **193a**, 2; **193b**, 1; **193e**, 1; **193f**, 2.

Céad slán don gheimhreadh anuraidh agus ná cuir orm aon bhréag. **138**, 2.

Céad slán don gheimhreadh anuraidh, ba dheas mar a bhí mé féin. **27b**, 2.

Céad slán don lá údaí a d'fhága mé an Trá Bháin. **156k**, 2; **156l**, 2.

(Is) Céad slán don oíche aréir, is é mo léan gan (nach í) an oíche anocht ar a tús (is é mo léan géar nach anocht a bhí tús). **91a**, 6; **91b**, 1; **91c**, 1; **91d**, 3; **91e**, 1; **193a**, 4.

Céad slán feasta do sheachtain is an oíche aréir. **116e**, 1

Ceanglaíodh go dian mé le hiarainn faoi thrí. **184**, 4.

Ceannaí clúimh ar maidin mé is peidléara tráthnóna. **378a**, 4; **378b**, 4.

(Agus) Ceannóidh mé (ceannódsa) róipín ródheas déanta den chnáib. **113b**, 5.

Ceannóidh mé gúinín mantach faisiúnta agus jaicéad den ard-léann (ard-líon). **364a**, 5.

Cearc agus coileach a d'imigh le chéile, shiúladar Éire gur briseadh (go dtáinig tuirse ar) a gcroí. **347c**, 1; **347f**, 1.

Céard a d'fheicfinnse fúm ach ruainnín amháin. **298**, 2.

Céard a deir tú (déarfá) le Gaillimh a chuir (bhuail) *challenge* ar Chondae an Chláir. **370a**, 1; **370b**, 6; **370c**, 6.

Céard a dhéanfas muid ansiúd má théann sé choíche (ach go dté an t-oidhre óg) anonn, tiocfaidh (titfidh) an dúiche uilig (beidh na daoine ar fad) faoi smúit mar gheall air. **217a**, 5; **217c**, 3.

Céard a dhéarfas siad ansin, beidh an dúiche ar fad faoi smúit, mar gheall ar Loingseach Ghleann [? na nDeor]. **217b**, 3.

Céard a fhágfas tú ag d'athair, a dheartháirín (bhuachaillín) ó (ó[i]g). **121a**, 2; **121c**, 3.

Céard a fhágfas tú ag do bhean phósta, a dheartháirín (bhuachaillín) ó (ó[i]g). **121a**, 6; **121b**, 6; **121c**, 5.

Céard a fhágfas tú ag do dheartháir (-ín), a dheartháirín ó. **121a**, 1; **121b**, 2.

Céard a fhágfas tú ag do dheirfiúr, a dheartháirín ó. **121a**, 5; **121b**, 3.

(Is) Céard a fhágfas tú ag do mháthair (-ín), a dheartháirín (bhuachaillín) ó (ó[i]g). **121a**, 3; **121b**, 5; **121c**, 4.

Céard a fhágfas tú ag do pháistí, a dheartháirín ó. **121a**, 4; **121b**, 4.

Céard a fuair tú ag (ar) do dhinnéar, a dheartháirín (bhuachaillín) ó (ó[i]g). **121b**, 1; **121c**, 2.

Céard a thug do bhean phósta duit, a dheartháirín ó. **121a**, 6.

Céard é an cat mara a sheol an bealach seo mé. **149d**, 4.

Céard é seo in uachtar an pháipéir, a bhfuil creathadh in do lámh agus tú dá léamh. **412**, 5.

Céard sin atá tú a dhéanamh, a ógánaigh óig. **130a**, 5; **130b**, 5.

(Agus) Ceathar acu leis an éadáil, lán mo bhéil as sáspan cairt. **317f**, 5.

Ceathrar ar fhichead de mhná a bhí i ngrá liom, agus i lán na páirce nár chuir mé suim. **187e**, 2.

Ceathrar atá uaim, is doiligh liom iad a fheiceáil ar cuairt. **137**, 9.

Ceithre cinn déag de liatháin gan bhréag a bhí éagtha agam go díreach (a bhí agamsa ansin da gcómhaireamh). **314a**, 3; **314b**, 3; **314c**, 2; **314f**, 2; **314g**, 1.

(Agus) (Maise) Ceithre lá dhéag, gan bhréag, a chaith mise ar an sliabh. **67a**, 1; **67b**, 4.

Cén bhrí an méid sin go bhfaighidh mé léargas ar spéir na gréine a bhí le m'ais ina suí. **105b**, 6.

'Cén cás é', a deir Máire, 'ach diabhal duine ag na páistí' is dúirt Cáit 'beidh muid mall ag an Aifreann'. **391a**, 11.

(Agus) Cén cat mara a chas san áit (chun na háite) seo mé. **149a**, 1; **149b**, 5.

(Agus) Cén ceart a bhí ar thalamh acu ach an oiread leis an gcreideamh Gaelach. **432a**, 2.

Cén fáth anois, a ghrá bán, i dtús an tsamhraidh nach dtagann tú ar cuairt. **91b**, 4.

Cén fáth iad ag tréigint an tsiamsa, ní thuigim an ní sin fós. **412**, 13.

Cén fáth nach dtagann tú is fál a chur ar an bpáirc a mhill tú aréir. **10b**, 2.

Cén ghar [sic] (mhaith) dom a bheith ag caint ar a bhfaca mé d'iontais fós. **370a**, 12; **370b**, 9; **370b**, 12.

(Ach) Cén mhaith a bheith ag seanchas ó tharla an fábhar déanta, is tá deireadh arís leis go dtaga an Cháisc. **409**, 18.

(Maise) Cén mhaith dom é dá ndéanfainn brat insa ngleann. **67a**, 8.

(Is) Cén mhaith dom féin é dá ndéanfainn muileann ar mhóin. **67a**, 9.

Cén mhaith dom féin, dá ndéanfainn tarbh de bhó. **67c**, 5.

Cén t-iontas scéal cráite a bheith ag d'athair is ag do mháthair. **160d**, 3.

Cén tslí atá agamsa nó cá bhfaighinn duit é, ach ceann de na cearca (ach ag ceangal dhá chearc) a raibh ubh acu aréir. **142a**, 3; **142b**, 3; **142d**, 3.

Ceo (ceol) meala, lá seaca, faoi choillte dubha (dlútha) daraigh. **30a**, 4; **39b**, 4; **39c**, 4; **39d**, 1; **61b**, 3; **61c**, 3.

Cérbh ionadh aicme Bhreatain [sic] dá traochadh. **168**, 9.

Chaith an tseanbhó bhocht trí seachtainí sínte i mbarr an tsléibhe. **331**, 7.

Chaith mé (chaitheas) an oíche ag faire uirthi agus mé ag imeacht ar mo ghlúine. **336b**, 8.

Chaith mé an bhliain (geimhreadh) anuraidh leat faoi bhrón is faoi bhriseadh croí. **28a**, 7; **28b**, 8; **28c**, 8; **28d**, 8; **28e**, 2.

Chaith mé an bhliain anuraidh leat mar bhí mé óg gan chéill. **27b**, 1; **138**, 1.

Chaith mé an samhradh anuraidh ag cumhdach muintir Sheáin. **414**, 1.

Chaith mé ar an talamh síos go scioptha uaim an láí. **326**, 5.

Chaith mé bliain ar aimsir ar [?] shúil an bhóthair, a bhí idir Eochaill is Ceapach Choinn. **108a**, 5.

Chaith mé bliain go spóirtiúil ar mo sheolta i dtóin an tí. **4a**, 7.

(Agus) (Maise) Chaith mé bliain is ráithe ag obair snáthaide (le snáthaid) (i mo ghabha) i gCúige Laighean. **4a**, 8; **4b**, 1; **4c**, 5; **4d**, 5.

Chaith mé i gcoláiste go dtí am mo bhearrtha agus bhí mé ar ardscoil ar feadh chúig bhliain [sic].**101a**, 8.

(Do) Chaith mé mí i Maínis, mí eile sa Trá Bháin. **47c**, 3.

Chaith mé mo mhaide le píosa gabhair. **381b**, 1.

Chaith mé mo shaol ag déanamh leanna sa ngleann. **67c**, 1.

Chaith mé seacht seachtainí ag dul go Carraigín an Fhásaigh, ag gol is ag gárthaíl is ag déanamh bróin. **187b**, 6.

Chaith mé seacht seachtainí ar bhainis Thigh na Móinte. **90b**, 1.

Chaith mé seacht seachtainí i Mainistir na Móinte. **41a**, 1; **90a**, 5.

Chaith mé seal beag ag foghlaim Béarla agus dúirt na cléireacha gur mhaith í mo chaint. **101a**, 7.

Chaith mise i Londain dhá bhliain is trí ráithe, is ba ródheas an áit é, bhí sé ráite ag go leor. **227**, 4.

Chaith muid (chaitheamar) tórramh maith go leor air, seaniasc mór agus im úr. **337a**, 7; **337b**, 7.

Chaith Peaits agus Seán tamall de lá ag dul anonn is anall da éileamh. **306**, 5.

Chaith sé ar an talamh í is (gur) dhearg sé (nó go ndeargódh) a phíopa, nó gur fhuaraigh sí ina fhianaise ansiúd (amach) os a (mo) chomhair. **221d**, 3; **221f**, 2; **221g**, 2.

Chaith sé ar an talamh í nó gur fhuaraigh sí ina fhianaise, bhí a guaillí breá bríomhar is í ag spréachúil chuile áit. **221a**, 3.

Chaith siad ráithe an fhómhair ag dul ar a nglúine, ag guí go dúthrachtach an grásta seo a fháil. **310b**, 5.

Chaith siad seal san arm ar shaighdiúirí Rí Seoirse. **261**, 2.

Chaoinfeadh seanmhná an bhaile sibh, i gcleamhnas is i ngaol. **156m**, 4.

Chart mise na ballaí go dtí an chloch ab fhaide síos ann. **336b**, 6.

(Maise) Chas an sagart dom is d'aithris mé an cás dó, go raibh ceathrar páistí go lag in mo dhiaidh. **144b**, 3.

(Maise) Chas an tseanbhean dom agus í [?] rialta gearrtha, an ceathrú lá agus mé ag dul aniar. **144b**, 1.

(Maise) Cheannaigh an Róisteach bó ar an aonach. **289a**, 1; **289a**, 4; **289b**, 6.

Cheannaigh mé (cheannaíos) buidéal réice dom féin is do mo mhíle stór (do stór mo chroí). **30a**, 5; **30b**, 4, **30d**, 4.

Cheannaigh mo stóirín raicín dom a chosain gine buí. **35**, 8; **88a**, 6; **88b**, 4; **88c**, 4.

Cheannóinn tae duit is glas maith ina aice, sin is gúna *Irish cotton* den fhaisiún atá daor. **141a**, 6.

Chífeá an tine chreasa a bhí ag na hairm ag dul tré chéile, leathuair roimh luí gréine is ea b'éigin dó a rá. **445a**, 8.

Chloisfeá an seanchas amuigh sa (sna) ngarraí (garrantaí) acu agus iad dá inseacht. **337a**, 12; **337b**, 12.

Chnap sí an mhéirín fhada agus shín sí an mhéirín ghearr. **147b**, 5.

Choíche nó go deo, nó gur phós tú mo chomharsa béal dorais uaim. **124b**, 3.

Chóirigh sí an leaba (leapacha) le (faoi) b(h)ratacha síoda, agus dúirt sí liom síneadh agus codladh go sámh. **451a**, 5; **451b**, 5; **451c**, 4.

Chois sconsa ná díoga má chailltear fear choíche, de bhrí a bheith ag cómhrá leatsa. **369**, 4.

Chomh fada agus a chuaigh muid sa mbaile beag suarach, ó thuaidh agus ó dheas is trína cheartlár. **344**, 6.

Chomh fada is a bhéas mé beo in Éirinn, ní thréigfidh mé imirt ná ól. **193a**, 9.

Chonaic a raibh ar an mbaile tú do mo leanacht míle bealaigh suas trí na garrantaí is amach trí Loch an Óir. **148d**, 8.

Chonaic an baile ar maidin tú, ag comhrá liom sna garrantaí, is beidh scéal an scéil seo faoi cheann seachtaine le réiteach ag Seán Mac Giollarnáth. **148b**, 9.

(Ach) Chonaic mé (chonaiceas) fir is mná go leor ann. **166**, 6.

Chonaic mé (chonaiceas) roic (breac) Fhinn i gcinn goirt is é ag seoladh bó. **370h**, 2.

Chonaic mé an Pápa agus é ag cardáil olainn [sic] Dé Luain. **370a**, 6.

Chonaic mé an saol nach raibh luach cárt min bhuí agat, nó gráinne in do phíopa le caitheamh. **391a**, 8; **391b**, 13.

Chonaic mé an t-asal agus é ag iascach. **370g**, 6

Chonaic mé an triúr úd ag teacht chugam leis an éadáil agus lán mo bhéil acu i sáspan cáirt. **317a**, 4.

Chonaic mé asal agus fear marbh ina shuí insa ród. **370c**, 10.

Chonaic mé asal ar meá (mhá) agus é ag iascach (iarraidh) trosc. **370a**, 3; **370d**, 4; **370f**, 2; **370i**, 5.

Chonaic mé bád ag dul siar le taobh Árainn Mhór. **370e**, 2.

Chonaic mé báidín ag dul i leith le taobh Árainn Mhór. **370b**, 2.

Chonaic mé bean ag cur cochaill taobh thiar den ghrian. **370e**, 9.

Chonaic mé cearc ina craiceann agus í *stripe*áilte ag *scratch*áil lín. **370c**, 7; **370g**, 4; **370i**, 6.

Chonaic mé Cnoc Leitir Cala[i]dh mar rapar ar Phroinsias Óg. **370j**, 2.

Chonaic mé corca (cnoc)(pota) mar (ina) phota (chorcán) ag bean (mnaoi) óg sa nGréig. **370a**, 5; **370b**, 4; **370d**, 7.

Chonaic mé criogar agus (a) p(h)iostal aige ar chúl an *bhack*. **370a**, 16; **370b**, 5; **370g**, 5.

Chonaic mé crotach go pusach ag ól cárt dí. **370a**, 18; **370g**, 7.

Chonaic mé Dé Domnaigh ag an séipéal í. **70b**, 3.

Chonaic mé dreoilín ar *deck* agus é *stripe*áilte ag píceáil seoil. **370g**, 2.

Chonaic mé eascann ag léamh Aifrinn ar chúl an chnoic. **370j**, 1.

Chonaic mé fear agus bean dhá uair roimh an lá. **149c**, 6.

Chonaic mé fear insa ngealach is é ar chúl a chinn. **370c**, 11.

Chonaic mé fuiseog ar fhuinneog agus í *strip*eáilte ag daimsiú ríl. **370g**, 1.

Chonaic mé Gaillimh ag cur *challenge* ar Chontae an Chláir. **370d**, 1; **370f**, 1.

Chonaic mé lá i nGaillimh é agus is agam a bhí an t-iontas ann (agus rinne mé an-iontas), dá (go) bhféadfadh aon f(h)ear tíre ar bith a bheith ag glaoch ina stór (scór). **212a**, 3; **212b**, 8.

Chonaic mé Liathcharraig agus í ag cur *challenge* ar Oileán an Lao. **370a**, 17.

Chonaic mé madra lá seaca ina shuí ar an stól. **370g**, 3; **370i**, 4.

Chonaic mé madra lá sneachta ina shuí ar stól. **370a**, 11.

Chonaic mé mo Róisín taobh thall den tsruth. **70b**, 6.

Chonaic mé muc mhara ag marcaíocht ar chapall faoina péire spoir. **370e**, 5.

Chonaic mé *pistol* ag criogar ar chúl an *bhack*. **370d**, 5.

Chonaic mé roc ag déanamh [? goir] (i gcinn goirt) agus é ag bleán na mbó.
370d, 6; **370f**, 5.

(Agus) (Ó) Chonaic mé roc i gCill Choca (Cill Choladh) is é ag bleán na bó.
370b, 3; **370c**, 3.

Chonaic mé seangán agus é ag ciceáil (whipeáil) (rópáil) míol mór faoi thír
(i dtír). **370c**, 12; **370d**, 2; **370f**, 6.

Chonaic mé soitheach is í ag seoladh trí Árainn mhór. **370a**, 19.

Chonaic mé *yacht* (bád) ag dul trasna trí Árainn Mhór. **370c**, 2; **370d**, 3; **370f**, 3; **370h**, 5; **370i**, 2.

Chonaic mise ag teacht chugam é, bhuail mé cúpla *bother* air. **439e**, 2.

Chonaic sé Iarnán ó thuaidh den Chnoc Fionn, agus é ag déanamh caol díreach ar Árainn. **325a**, 6.

Chonaic sí an áit a raibh torthaí ar ghéagáin, chomh fairsing le sprémhóin ar phortaigh Achaidh Airt. **392**, 3.

Chonaic sí críocha a raibh an ghrian ann go gléineach, is na máirnealaigh ag scréachaíl is ag fáil bháis leis an tart. **392**, 2.

Chonaic tú mé agus bhí mo shúile leata sul má fuair mé freagra. **17**, 7.

Chroch mé ar mo dhroim í trí chnoic is trí ghleannta, tuláin a bhí géar agus sléibhte a bhí bog. **435**, 2.

Chroch mé mo cheann is d'fhreagair mé an freagra, chreathnaigh gach ball díom is níorbh ionadh. **314d**, 3.

Chroch sé ar a dhroim é is d'imigh sna foscaí, go n-ólfadh sé a sháith de (as) sula dtiocfadh an oíche. **315a**, 5; **315b**, 5; **315c**, 5; **315d**, 3.

Chroch siad chun bealaigh tú, a shagairt is a chléirigh, faoi dhuifean na spéire is na héin ina suan. **162**, 5.

Chrochfadh sí a ceann siar lá stoirme is gála, agus d'fhliuchfadh sí gan amhras na seolta. **251c**, 2.

Chrom mé mo cheann agus d'fhág mé slán aige (thug mé dó slán), agus (is) d'imigh roinnt scátha gan aon bhréag díom. **314a**, 7; **314b**, 7; **314d**, 7; **314e**, 6

(Ansin) Chrom mé mo cheann síos le fonn (náire) a bheith ag éisteacht. **134a**, 8; **134a**, 7; **134c**, 5.

Chruinnigh Máire cúnamh go dtosóidís dá feannadh. **331**, 4.

Chruinnigh móra an bhaile isteach arís lá arna mhárach, ag suíomh a gcuid suaithe gan iomad gleo. **347b**, 4.

Chruinnigh na bailte ó Eachroim go Ceapaigh agus d'fhadaíodar síos tinte cnámha. **269a**, 39.

Chruinnigh na Locháin is gach duine ar an bhFéasóg, seanduine is naíonáin, scorach is fear. **392**, 8.

Chuaigh an Céideach abhaile ag gol (osnaíl) is ag éagaoin, dúirt sé leis féin go n-oibreodh sé an dlí. **315a**, 7; **315b**, 7; **315c**, 7; **315d**, 4.

Chuaigh an luch (luichín) go Sasana (*Liverpool*) ag ceannach culaith shíoda. **336b**, 9; **336e**, 7; **336g**, 1.

Chuaigh an púca go Gaillimh ar maidin Dé hAoine, ag iarraidh ábhair brístí den éadach ab fhearr. **349**, 7.

Chuaigh *Bartley* (Beairtlín) chun an aonaigh lena straoiseacháinín bó bhán. **333b**, 6; **333c**, 5; **333d**, 1.

Chuaigh Conchúr bocht ag jabaireacht mar b'fhear é a bhí gan eolas. **331**, 2.

Chuaigh cuireadh chun bainse orm siar go Ros an Mhíl. **283b**, 5.

Chuaigh do cháil ó thuaidh is ó dheas, gur tú réalt na maidine is tús an cheo. **454**, 2.

Chuaigh mé (sé) go Gaillimh go réiteoinn (réiteodh) le fear dlí, ní bhfaighinn (ní bhfaighfí) cead a bheith ag caint leis gan leathghine buí. **142a**, 12, **142b**, 12.

Chuaigh mé (sí) amach sa ngairdín, mo chreach agus (is) mo chrá (brón). **130a**, 4; **130b**, 4; **130c**, 4.

Chuaigh mé amach ar an teallach is thar bhallaí na cúirte, ghread mé an bóthar (bóithrín) naoi n-uaire ní b'fhearr. **451a**, 8; **451b**, 8.

Chuaigh mé ar a gcaineadh, mólfaidh mé iad arís. **283b**, 4.

Chuaigh mé ar seársa go Spidéal an lá sin, go maisiúil i láthair gach aon fhear os mo chomhair. **314f**, 4.

Chuaigh mé chun cainte le mnaoi den chomharsa, cé hí an tseoid a bhí ag dul romham
  sa tslí. **52a**, 5.

Chuaigh mé féin is mo chéadsearc go tobar Rí an Domhnaigh. **185a**, 9.

Chuaigh mé go Gaillimh ag iarraidh údar cránach, mar bhí sé ráite (i gcáilíocht) go
  raibh na bainbh (siad) saor. **332a**, 1; **332b**, 1; **332c**, 1.

Chuaigh mé go Gaillimh agus cheannaigh mé puintín (go gceannóinn ann tuirne) lín.
  116c, 7; **116d**, 4.

Chuaigh mé go hInse Bó Finne Dé Domhnaigh, agus d'éirigh liom iomlacht (cóir) a
  fháil (? iomradh inti) éasca go leor. **240b**, 6; **240c**, 6; **240d**, 4.

Chuaigh mé le mo chonairt go teorainneacha Uí Bhreacáin síos. **8c**, 3.

Chuaigh mé siar an bealach seo go deireanach aréir. **69**, 8.

Chuaigh mé siar an bóthar, is chuaigh mé aniar le cladach. **18**, 4.

Chuaigh mé soir tigh *Larry* ar maidin moch Déardaoin. **283a**, 1.

Chuaigh mise (sise) féin an t-aicearra anonn is ní bhfuair mé (sí) in aon chúinne ar an
  tsráid é. **140a**, 6; **140b**, 5.

Chuaigh mise agus mo chairde go tigh Phádraig Uí Bhriain. **184**, 1.

Chuaigh mise chun na ceárta, ábhar mo láí a bhí agam thiar ar mo dhroim. **355**, 1.

Chuaigh mise síos ar bhruach na taoille, bhí mo chúl le baile agam is m'aghaidh ar
  Árainn. **332a**, 5.

Chuaigh mo mhuintir go Baile an Róba ag baint mo chónra de bharr na ngéaga. **41a**, 2.

Chuaigh mo mhuintir go Baile an Róba ag cur mo chónra dá déanamh. **90a**, 6; **185a**, 5.

Chuaigh mo mhuintir uilig go Sasana. **93a**, 8.

Chuaigh muid (chuamar) amach ar an bPoillín Báite, atá idir Árainn agus Órán (Sceirde)
  Mór. **205b**, 3; **205c**, 2; **205d**, 2; **205e**, 2; **205f**, 2; **205g**, 2; **205h**, 2; **205i**, 2.

(Agus) Chuaigh muid (chuamar) lena chéile ag déanamh réitigh go teach an tsagairt.
  6a, 2; **6b**, 2.

Chuaigh muid abhaile is muid lán tsásta, is réitigh na *boys* iad féin amach chun ceoil.
  352, 3.

Chuaigh muid amach go brónach cráite, ach mar sin féin, chuaigh muid go Snámh Bó.
  352, 4.

Chuaigh muid go Gaillimh go gceannóinnse láí, is é an chaoi a raibh an cás agam, ní
  ghlacfadh sé pingin. **221h**, 2.

Chuaigh muid i dteannta a chéile ag déanamh réiteach [réitigh] go dtí teach an tsagairt.
  99a, 4.

(Is) Chuaigh muid isteach Leitir Cala[i]dh lena deisiú is diabhal maith a bhí dúinn ann.
  388, 5.

(Is) Chuaigh muid siar go Cill Chiaráin is níor thóg sé i bhfad ag dul ann. **388**, 7.

Chuaigh muid síos ar an gcéibh is thug muid téad linn a bhí trí fichead feá. **388**, 2.

Chuaigh na buachaillí go Cruach an lá úd, an t-arm Sasanach leis an [sic] Eaglais Dé. **427c**, 2.

Chuaigh sé chomh fada le *Stalingrad* agus ní raibh sé in ann déanamh ní b'fhearr. **414**, 16.

Chuaigh sé faoi *Norway* is faoi *Pholand* cúpla lá. **414**, 13.

(Agus) Chuaigh sé go dtí Marcaisín go hInis Eirc, agus thug sé chuig doras an bháis é. **325b**, 6.

Chuaigh sé go hÁrainn isteach i mbád móna, agus ní raibh againn aon chaitheamh ina dhiaidh. **325a**, 8.

Chuaigh sé go hInis Eirc go dtí Marcaisín, gur thug sé chuig doras an bháis é. **325a**, 5.

(Is) (Ó) Chuaigh sé go *O'Connell Street*, agus bhí fáilte roimhe ann. **410**, 9.

Chuaigh sé sa gclochar ar an bpointe is a bhuail sí an áit thíos. **388**, 4.

Chuaigh sé tigh *O'Gorman* gur chuir sé an scéal sa bpáipéar, priondáileadh faoi láthair é ar thóir an chóta mhóir. **309a**, 6; **309b**, 6.

Chuaigh sí amach an Daingean, a deir Eibiceach na *Waters*. **336a**, 3.

Chuaigh sí chun na farraige go snámhfadh sí é, agus b'fhaide a bhí a taobh ná an cnoc údán thíos. **152a**, 3.

Chuaigh siad (chuadar) go hAlbain Lá Fhéile Pádraig, is chaitheadar suas le ráithe ann, is thógadar an bád ar ais anall arís. **359**, 6.

Chuaigh siad go Gaillimh ag ceannach fear dlí, is ní labhródh sé smid gan leathghine buí. **142c**, 7.

Chuaigh trí chéad againn amach in éineacht, is bhí an *turn-key* romhainn sa *yard*. **317b**, 7.

Chuaigh triúr sa *Fág an Bealach* nó gur ardaigh siad trí seolta. **340**, 3.

Chuala Dia na hurnaithe agus tháinig toradh as a nguí. 262, 4.

Chuala Maidhc go raibh an scéal seo ráite, séard a dúirt sé go gcuirfeadh sé an piléar thríd. **270**, 10.

Chuala mé (chualathas) an grideall dá stróiceadh. **14a**, 9.

Chuala mé an sáirsint dá léamh as na páipéir go mbeadh margadh mór againn feasta. **299**, 8.

Chuala mé aréir go raibh sé ag Peait Maol, mar is aige atá an deis le í a cheangal. **300b**, 5.

Chuala mé dá rá, ag sagart agus uachtarán (ag sagart Uachtar Ard). **42a**, 6; **42b**, 3.

Chuala mé Gaillimh ag cur chainte ar Chontae an Chláir. **370i**, 1.

Chuala mé i gCarna (*Gorman*) dá léamh as an bpáipéar go mba rímhaith (rómhaith) an táilliúr é Pádraig a' Mhac. **368a**, 1; **368b**, 1.

Chuala mise scéal dá léamh ins na véarsaí faoi turcaí na céibhe a ghnóthaigh *Tom* Mhicil *Tom*. **362**, 1.

(Ach) Chuala tú an *battle* a bhéas thiar agam ar Chaisín, is tósóidh sé an chéad lá de Mhárta. **304a**, 6.

Chúig [sic] chéad slán le dúiche m'athar is chun an oileáin ghrámha[i]r. **383c**, 3.

Chuile lá ina dhíle ach lá na híocaíochta (an aonaigh) a bheith go breá. **147a**, 23; **147c**, 1.

Chuimhnigh mé san am sin ar mo mháithrín is ar Bhidí-ó. **386**, 2.

(do) Chuir anall chugainn ardrún cléirigh. **168**, 14.

(Do) Chuir chugainn eachaire mar cheannairt na [?] séire. **168**, 13.

Chuir mé (chuireas) scéala siar chuig Féilim caoin. **346**, 2.

Chuir mé amach [? thar Daingean] í is a *character* léi scríofa. **336h**, 2.

(Ó) Chuir mé ceist air is d'fhreagair sé í. **263**, 2.

(Is) Chuir mé litir scríofa chuig grá mo chroí agus inti casaoid chrua (mo mhíle grá agus casaoid chrua). **30b**, 2; **30d**, 2.

Chuir mé litir scríofa chuig mo *sweetheart* is casaoid chrua. **30f**, 3.

Chuir mé mo bhean chuig an trá, cóta mór fir mar tic uirthi (shíl mé go mbáifí sa gcladach í). **120a**, 9; **120d**, 1.

Chuir mé mo chat ar oileán ar cuairt. **334**, 2.

Chuir mé mo chat síos an Sliabh Bán. **334**, 3.

Chuir mé mo chat síos an Sliabh Caoin. **334**, 4.

Chuir mé mo sheanduine ag iarraidh cléibh móna. **112b**, 6.

Chuir mé mo sheanduine amach ar an gcriathrach. **112d**, 3.

Chuir mé mo sheanduine chuig Aifreann (chun Aifrinn) Dé (an) Domhnaigh. **112b**, 2; **112b**, 5.

Chuir mé mo sheanduine go (síos) Baile an Róba. **112a**, 2; **112c**, 2.

Chuir mé mo sheanduine siar go Ros Gréige. **112b**, 1.

Chuir mé mo sheanduine síos go Ciarraí. **112b**, 2.

(Ó) Chuir mé olann na gcaorach chun an aonaigh amach go *Newport*. **113a**, 4.

Chuir mé *raddle* uirthi síos i mála, is bhí sí aníos sa gcarr ag Maitias Thaidhg. **332d**, 4.

Chuir mé scéal ar Féilim cén taobh a raibh an bhó bhán. **333a**, 1.

Chuir mé scéal siar chuig *Frazer*, fear déanta na mbád fáin. **333d**, 3.

Chuir mé scéala isteach chuici go gceannóinn leaba chlúmhaigh. **69**, 6.

Chuir mé síos mo stóirín insa gcóinrín ar chul a cinn. **170**, 1.

Chuir mé tobac air agus coinnle bána, is an lá arna mhárach, go domhain i gcré. **332b**, 5.

Chuir mise beirt go Sasana ag ceannach *parasol*. **69**, 3.

Chuir mise litir go hÉigipt, ó, an Fhrainc agus don Spáinn. **350c**, 5.

Chuir mise mo sheanduine síos (isteach) insa gcónra. **112a**, 4; **112b**, 4; **112b**, 4; **112c**, 3.

Chuir mise mo sheanduine síos go Doire Íochtair. **112a**, 3.

Chuir mise scéala ag máistirí Gaeilge, má bhí siad ag iarraidh fear teangan. **327**, 11.

Chuir mise scéala isteach chuici go gceannóinn bád mór. **69**, 4.

Chuir mise scéala isteach chuici go gceannóinn cathaoir óir. **69**, 5.

Chuir mise scéala isteach chuici go gceannóinn taepot óir. **69**, 7.

Chuir mise slacht cheana ort gan bláth ná buíochas, rud ba dhoiligh a dhéanamh le do cholainn cham. **301**, 5.

Chuir scaipeadh agus fán ar Chaitlicigh agus ag méadú *persecution*. **405a**, 7.

Chuir sé anall na *fly saucers* a bhí ag cur lasracha uatha ins chuile áit. **414**, 12.

Chuir sé *challenge* bocsála orm ar maidin lá arna mhárach, go dtroidfeadh muid gan amhras le fáinne geal an lae. **445a**, 6.

Chuir sé scéal chuig an *Admiral* anonn go Londain Shasana, *Camperdam* a chur amach léi go dtriallaidís *trip*. **255**, 7.

(Agus) (Ó) Chuir sé Sonaí Mharcais thart an Máimín agus Tír an Fhia. **285**, 7.

Chuir sé thar posanna [sic] í, chuir *challenge* ar na máistrí. **336g**, 2.

Chuir sí litir chugamsa i bhfoirm tairngreachta scríofa. **405a**, 4; **405b**, 4.

Chuireadh siad (chuiridís) múisc ar mhadra dá mbeadh troscadh míosa air, a bhfuil istigh sa tír seo le seafóid *dole*. **313**, 3.

Chuirfeadh sé an tuirne i bhfoirm is i dtiúin is trí chois úr' ón Spáinn faoi. **265b**, 3.

(Is) Chuirfeadh sé ar an eolas an té nach mbeadh cóir, is mhúinfeadh sé an (a) cheird dó díreach. **161a**, 6. **161b**, 6.

Chuirfinn *high-caul cap* ort den fhaisiún ródheas, gúna agus *cloak* agus lámhainní. **108a**, 4.

Chuirfinnse cruithneacht is fataí duit, sin is chuile shórt. **112a**, 6.

Chuirinn, bhaininn agus scaipinn síol insa gcré. **149a**, 8.

Clann a chlainne go raibh ag marú a chéile. **422**, 7.

Clann Dhonncha ón gCéis, Malaí Bhán na gcraobh. **42a**, 8.

Cloiseann mé (cloisim) crónán loinge aeir, dá hionsaí ón spéir atá sí. **412**, 16.

(Ach) Cloiseann mise (cloisimse) daoine i ngach lá insa mí, ag glaoch go hard uainn i [? dtírghrá] mhóir. **437**, 2.

Cluineadh i gCamas é agus siar Coill Sáile, ag gol is ag gárthaíl is scaití ag gabháil fhoinn. **270**, 3.

(Ach) Cluinfidh mé freagra dom dá ísle, le dóchas croí is ea a chluinfidh mé tú, a ghrá. **423**, 4.

Cnocán an Aonaigh, an áit aoibhinn álainn ag Eiscir na mBráthar in aice Bhleán Rí [sic]. **234**, 1.

Cnochúr spágach, bhréige bhrága [?], cén fáth a dtráchtfá ar dhrumaí. **367a**, 3.

(Is) Codladh ní fhéadaim a dhéanamh, ag mo chroí atá dá réabadh in mo lár. **19a**, 3; **19b**, 3; **19c**, 2; **19d**, 2.

Coileach is cearc a d'imigh le chéile, shiúladar Éirinn go dtí gur briseadh a gcroí. **347a**, 1.

Coill ghlas an Aeraigh do bhain sí go léir, agus gan gnó ar bith den mhéid sin aici ach mar chúnamh ábhar cléibh. **152a**, 5.

Coinníodh leis an tine iad nó gur dódh a gcuid boinn. **283b**, 2.

Cois coillte mór na slat mar a bheadh éan agus é ag déanamh nead, agus fásach ann go barr a méara. **56a**, 5.

Cois le mo chois agus teann liom anall. **290**, 2.

Come home with me, a deir Seán Ó Fianna[í]. **146**, 11.

Come soft and gentle comrades, it is the reason I can stay. **201**, 4.

Come under a bush, a deir Seán Ó Fianna[í]. **146**, 12.

Comhairle a chuir mo Dhaidí orm gan a bheith ag ól. **63g**, 3.

Comhairle daoibhse, a bhuachaillí, a bhfuil agaibh dul chun cinn. **76**, 2.

Comhairle daoibhse, a bhuachaillí, an chuid (méid) agaibh atá gan phósadh. **117a**, 2; **117b**, 3; **117c**, 4; **117d**, 6.

Comhairle daoibhse, a chailíní, má thógann sibh uaim í. **89a**, 5; **89b**, 5; **89c**, 5.

Comhairle daoibhse, a scafairí, an chuid agaibh atá gan phósadh. **119**, 1.

Comhairlím daoibhse, a mhná caoin'. **346**, 3.

Comhairlíodh don chaptaen ar maidin an lae sin, fanacht go dtéaltaíodh an gairfean seal. **392**, 6.

(Is) Comhluadar sagairt é, easpag is bráthair, is bíonn sé sa láthair ar an mbord ag an rí. **234**, 6.

Cónaíonn cailín óg taobh thíos den Gheata Mór (ar thaobh an bhóthair mhóir), a dtug mo chroí istigh (go mór mór) gean di. **60b**, 1; **60c**, 1.

Corrthamall ghabhainn isteach tigh chlann Saile, is corrthamall isteach tigh Pheadair Mhóir. **394b**, 7.

(Is) Crochfar é go cinnte mura bhfuil ag grásta Dé. **186g**, 1.

Cruinneoidh siad ar fad ó Chorcaigh go Biorra, Cluain Meala, Cill Chainnigh is Port Láirge. **269a**, 17.

Cruinnígí anuas, go n-ólfaidh muid canna den leann. **67b**, 2.

Cuairt an Lao ag dul thríd an athbhuaile. **32**, 1.

Cúig mhíle punt agus é a fháil ar mo dhá láimh dom. **61c**, 6.

Cúig phunta dhéag is níl sin ina bhréag, a bhí glaoite sa reicneáil ar maidin. **284**, 8.

Cúigear ban tuirne a chuaigh isteach in mo rúma. **216b**, 2.

Cúigear ban tuirne chomh múinte agus a shiúil Éire. **185g**, 4.

Cúilín gruaige atá ar an mbuachaill is é fite go barr. **87a**, 2.

Cuireadh amach Dé Sathairn muid ag máirseáil insa *yard*. **318b**, 4; **318c**, 4; **318d**, 4.

Cuireadh amach thar Daingean í is a *caractar* léi scríofa. **336f**, 4.

Cuireadh chun bain[i]se orm soir go Ros an Mhíl. **283a**, 5.

Cuireadh mí mhór fhada orm i gcúirt mhallaithe Dhoire an Fhéich. **318a**, 1; **318b**, 1; **318c**, 1; **318d**, 1.

Cuireadh sa bpríosún mé i gcarcair Chluain Meala. **184**, 3.

Cuirfidh mé ar sconsa é le hiomaire an Líonáin, is ní ligfidh mé aniar é thar Mám an Toirc Mhóir. **349**, 4.

Cuirfidh mé litir faoina séala chuig Séamas atá thall i Sasana. **436**, 3.

Cuirfidh mé scéal anonn thar sáile, chuig Micil Feáirtí má tá sé beo. **357**, 1.

Cuirfidh mé scéala chuig do mháithrín. **182d**, 6.

Cuirfidh mise an t-earrach seo is fágfaidh mé é ag fás. **33a**, 1; **33b**, 1.

(Ó) Cuirfidh mise ar an eolas tú agus ní bréag atá mé a rá. **266**, 6.

Cuirfidh muid (cuirfimid) an seol (seoladh) faoin bpíosa spóirt mar a chuaigh faoin *trawler* (*stroller*) briste. **337a**, 13; **337b**, 13.

Cuirfidh muid (cuirfimíd) scéala ó thuaidh is ó dheas, anois ag teacht na Féile Bríde. **337a**, 11; **337b**, 11.

(Ach) Cuirigí amach mo bhean chugam is cuirigí amach go beo í. **117a**, 9.

Cuirigí cónra gheal orm amach ó thogha na gclár (de thogha na péine is fearr). **27c**, 4; **27d**, 4.

Cuirigí scéal chuig Bháitéar na páipéir a léamh. **333a**, 7.

Cuirigí scéala chuig mo mháithrín atá go buartha insa mbaile. **181a**, 4.

Cuirigí scéala chuig mo mhuintir siar chuig an Sruthán Buí, nach bhfeicfear sa tír choíche an fíorstailín bán. **335a**, 9.

Cuirigíse cónra dhéanta orm d'fhíorscoth na gclár. **181a**, 7.

(Agus) Cuirim léan ort a *William Daly*, brón mór ort agus deacair. **183a**, 6.

Cuirim mo bheannacht agus mo chúig céad slán chuig mo mháithrín go Conamara. **180**, 3.

Cuirim mo bheannacht síos chugat le gaoth, a Aindí Mhóir. **264a**, 2.

Cuirim sean t*Sailchuach* ar choimrí Dé is Mhic Duach, mar is í an bád is deise múnla dár dearnadh (déanadh). **251a**, 4; **251c**, 4.

Cuirimíd a n-impí agus a n-achainí suas chuig Rí na nGrásta. **405a**, 8; **405b**, 7.

Cuirimse díobháil bhróin ar an ógmhnaoi nár fhan mar a bhí. **30b**, 7.

Cuirimse mo bheannacht is mo chúig chéad slán leatsa a mháithrín go Conamara. **316a**, 3.

Cúl gaoithe, aghaidh gréine, mínleach barr sléibhe, tá slata ag fás a dhéanfadh cléibh
    agus lóid. **235b**, 2.

Cumhacht Mhic Dé go sábhála é, is go dtuga slán é thar sáile. **413**, 7.

Cumhachta *Samson* nó *Alexander*, ar ndóigh, ní shantóinn in áit mo mhian. **50**, 10.

D'aithneoinn ar do leicne go bhfuil eitinn in do dhream. **147a**, 11.

D'aithneoinn mo ghrá taobh thall de gheataí Bhleá Cliath [sic]. **85a**, 3.

D'at mo ghuaillí go dtí mo chluasa, agus fuair mé fógra glan, géar ón mbás. **101a**, 2.

(Is) D'athraigh tú mo lúib agus liath tú mo cheann. **75**, 2.

(Ó) D'éalaigh sí Máirín, mo ghrá, go Caisleán Uí Néill. **91d**, 9.

D'éirigh a raibh sa mbaile amach ag breathnú ar an spórt. **249**, 4.

D'éirigh an ghealach go cúthail insan oirthear, gorm na spéire mar chosán di siúd. **393**, 6.

D'éirigh an sclábhaí suas ina sheasamh is bhain sé an bhean den táilliúr. **139**, 5.

D'éirigh an solas ina brollach líonmhar, agus gheit mo chroí chomh mear le héan. **52a**, 4.

D'éirigh Art ina sheasamh le buile is le baosra. **366**, 2; **366**, 9.

D'éirigh Baibín *Flaherty* agus chuir sí uirthi an seál. **156b**, 9.

D'éirigh bean an leanna go rómhoch ar maidin, 'mora duit, a Spailpín Fánach'. **383a**, 5.

D'éirigh Bean Uí Dhónaill is chuir sí uirthi a seál. **156n**, 4.

D'éirigh cat Aint Eibhlín agus d'fhiafraigh sé cén dlí é. **336c**, 3.

(Maise) D'éirigh mé (d'éiríos) amach ar chlocha arda, is chonaic mé báidín ag dul aniar.
    190b, 5.

D'éirigh mé (d'éiríos) ar maidin Chéadaoin (go moch Dé Céadaoin) agus dúirt liom
    féin (d'éacaoineas) go raibh an mhaidin fuar. **30a**, 3, **30c**, 4.

D'éirigh mé (d'éiríos) ar maidin Dé Céadaoin, is níor (dheamhan ar) choisric mé
    m'éadan, céad faraor. **19a**, 1; **19b**, 1; **19c**, 1; **19d**, 1, **19e**, 1; **19f**, 1.

(Maise) D'éirigh mé (d'éiríos) ar maidin go maróinn an bardal, rugas ar an gcloch
    fhaobhair go ngéaróinn an scian. **345a**, 3.

D'éirigh mé (d'éiríos) ar maidin is rug (thug) (d'ardaigh) mé mo mhaide liom, is (agus)
    chuaigh (d'ionsaigh) mise (mé) amach chuig tigh (go dtí) Leára. **304a**, 2; **304b**,
    1; **304d**, 1.

D'éirigh mé (d'éiríos) maidin fhómhair agus fuair mé comhairle ó mo mhuintir féin.
    332d, 1.

D'éirigh mé amach anseo maidin Dé Luain, mo chú is mo ghadhair is mo ghunna in
    mo lámh. **347b**, 1.

D'éirigh mé amach ar maidin sa drúcht, mo chú is mo chúpla gadhar liom ann (mo chú
    agus mo ghadhar agus mo ghunna i mo lámh). **451a**, 2; **451b**, 2; **451c**, 1.

(Ó) D'éirigh mé an lá ina dhiaidh siúd is chuaigh mé ag obair ar an *screen*. **156c**, 4.

D'éirigh mé ar maidin agus (is) chuaigh mé (amach) i gcionn mo láí. **117c**, 3; **117d**, 4;

D'éirigh mé ar maidin agus chuaigh mé chun an aonaigh mhóir. **116c**, 5.

D'éirigh mé ar maidin agus chuaigh mé i gcrann mo láí. **117f**, 2.

D'éirigh mé ar maidin agus níor bhris mé mo [? théaltacán] go dtug mé an seársa úd go gleann Dhoire Tuirc. **435**, 1.

D'éirigh mé ar maidin agus rug mé ar mo láí, níor thugas [? ráithe] nó gur chualathas scéal. **427b**, 2.

D'éirigh mé ar maidin ar Ard Inis Bearnan, agus dhearc mé an phláinéid faoi dhuifean go mór. **252**, 1.

D'éirigh mé ar maidin Dé Céadaoin, is d'éalaigh mé ar maidin fhuar. **9**, 3.

D'éirigh me ar maidin is chuir mé orm mo dhrár, is rith mé den tseársa go ndeachaigh mé síos. **287**, 1.

D'éirigh mé arís agus rug mé ar mo láí. **117a**, 4;

D'éirigh mé Dé Céadaoin agus bhí an mhaidin fuar. **4b**, 7.

D'éirigh mé féin ar maidin go moch, go hard (i bhfad) amach sa bhfómhar. **106a**, 1; **106b**, 1.

D'éirigh mé féin ar maidin go moch. **263**, 4.

(Agus) D'éirigh mé féin go moch ar maidin, is mé ag siúl na coille go fánach. **109a**, 1; **109b**, 1.

D'éirigh mé féin maidin lae gréine, bhí tart orm féin ó mhin bhuí. **342**, 1.

D'éirigh mé go moch Déardaoin. **346**, 1.

(Agus) D'éirigh mise (mé) ar maidin (is) nigh mé m'éadan is mo lámha. **117a**, 3; **117b**, 1; **117c**, 2; **117d**, 5; **117e**, 2; **117f**, 2.

D'éirigh mise ar maidin go feargach Dé Domhnaigh, chuir (bhain) mé orm (díom) mo bhróga is mé ag dul go Tír an Fhia. **445a**, 1; **445b**, 1.

D'éirigh mise féin insa samhradh anuraidh, is mé ag siúl na coille go fánach. **109d**, 1

D'éirigh mise tráthnóna Domhnaigh. **14a**, 1.

(Agus) D'éirigh *Miss McDonagh* is chuir sí uirthi a seál. **156g**, 7.

D'éirigh *Miss O'Donnell* is chuir sí uirthi seál. **156h**, 8.

D'éirigh mná an bhaile seo amach lá arna mhárach, ag níochán (gealadh) a gcuid snátha agus bhí acu gleo mór (is ag iomard a gcuid ceoil). **347a**, 5; **347d**, 2.

(Ó) (Maise) D'éirigh mo mhuintir (-sa) ar maidin, agus (is) sheol siad (shiúladar) amach (siar) ag an mbád. **394a**, 1; **394b**, 1; **394c**, 1; **394d**, 1.

D'éirigh mo sheanduine i lár an mheánoíche. **112b**, 5.

(Ó) D'éirigh sciorradh focal uaim, bhí iomarca agam le rá. **311**, 3.

D'éirigh sé an mhaidin seo mar a déarfas mé ar ball leat, go dtabharfadh sé an seársa a thógfadh a chroí. **315a**, 1; **315b**, 2; **315c**, 2.

D'éirigh sé Seán bocht, de sheársa amach insa (sa) ló. **293a**, 4; **293b**, 4; **293c**, 4.

D'éirigh sé an táilliúr suas ina sheasamh is thug an bhean ar lámh leis. **139**, 4.

(Ansin) D'éirigh sí go feargach agus d'fhiafraigh sí go scléipeach. **404c**, 9.

D'éirigh Tadhg aréir, chuaigh sé ag fiach ar ghiorriacha. **379**, 1.

D'éiríos amach agus shiúlas leis míle, agus ag dul soir ag tigh an Mhaorla is ea
cheannaigh mé an bhó. **338**, 2.

D'eitigh mé fear airgid is d'eitigh me fear óir. **21**, 1.

D'fhág mé (d'fhágas) m'anam, a deir Mamó. **408**, 6.

D'fhág mé mo mhuirnín insa ngarraí beag sínte. **170**, 2.

D'fhág mise an baile seo agus casadh ar oileán farraige mé (chuaigh (go ndeachaigh)
mé ar oileán farraige), casadh i dteach measúil mé (mé i dteach geanúil) agus ní
bréag (ba bhréag) dom athrú a rá. **439a**, 1; **439b**, 1; **439c**, 1; **439d**, 1; **439e**, 1.

D'fhág mise an baile seo go deireanach aréir. **35**, 1; **88a**, 1; **88b**, 1.

D'fhág mise cheana é gan údar ná ábhar, mar ba deacair [sic] mé a shásamh go siúlfainn
go leor. **227**, 3.

D'fhág sé iad faoi leatrom ag screadach agus ag béiceadh. **404d**, 2.

D'fhág sí réiteach agam féin, mar cheap sí mé a bheith grinn. **236e**, 4.

(Ach) D'fhág siad (sibh) an caladh uaim (amach) ar maidin leis an lá. **156a**, 9; **156b**, 1;
156c, 7; **156d**, 7; **156e**, 7; **156f**, 7; **156k**, 4; **156l**, 4.

D'fhág sibh as Gaillimh (amach uaim) dhá uair roimh (an) lá. **156j**, 3; **156j**, 6.

D'fhág sin faoi leatrom iad ina ndílleachtaí beaga, laga. **404b**, 2.

D'fhág sin iad go hanóiteach (na créatúir bhochta), ag screadach is ag géarghol. **404a**, 2;
404c, 2.

D'fhág sise scríofa ar bhord an rí, go dtug sí an chraobh go hÉirinn. **16**, 5.

(Agus) D'fhága muid an baile seo ar maidin moch Déardaoin. **272**, 1.

D'fhan mé ansin ar feadh trí ráithe, fuar, básaithe mar ba [?] ghnách liom. **189**, 8.

D'fhan mé ar an gcaoi sin ar feadh trí ráithe, nó go raibh fuacht an gheimhridh ag
teacht go tréan. **189**, 7.

(Ach) D'fhan sé san áit ar thit sé, an piléar ina (trína) ucht. **163a**, 7; **163b**, 4.

D'fhásfadh sméar ann agus oinniún gallda ann, pósaetha bána ann agus an *sugar loaf.* **357**, 4.

D'fhiafraigh mé de cár baineadh nó meas tú an mbeadh sé daor leis. **260**, 2.

D'fhiafraigh mé den [? chailleach], an dtabharfadh sí *foundation.* **404b**, 10

D'fhiafraigh mé den ógmhnaoi cén cine nó cér díobh í, nó an baile cuain a mbíonn sí
ann nó ar bean í a thit i mbruíon. **419**, 3.

(Ansin) D'fhiafraigh mé di, 'an tú an prionsa damnaithe a rinne áras in Ifreann thíos.
441b, 2.

D'fhiafraigh mé dó goidé [sic] ar b'ainm an ghabha [sic]. **263**, 3.

D'fhiafraigh mé féin goidé [sic] (ó cé 'r) dárb as í, nó cén taobh díom a dtáinig (tú).
109a, 2; **109a**, 3; **109b**, 2; **109d**, 2; **109e**, 2.

D'fhreagair mé ráite agus (is) rinne mé gáire, agus chreathnaigh gach ball díom agus cérbh ionadh. **314a**, 4; **314b**, 4.

D'iarr mé cara is coimirce air, nó cén leigheas ab fhearr dom. **326**, 3.

D'iarr mé impí ar Rí na nGrásta, í a chur isteach chugam agus isteach i dtír. **190b**, 6.

D'iarr sé port aigeanta ó fhaisiún na Gréige, an '*cock of hay*' nó '*wallet of straw*'. **347a**, 10.

(Agus) (Ó) D'imigh mise an t-am siúd is bhí mo chroí taobh istigh dá ár. **192**, 7.

D'imigh muid linn gur shroich muid an [?] Cnocán Léan. **125**, 5.

D'imigh Nóra léi abhaile. **146**, 9.

D'imigh Ó Néill agus an dream a bhí tréan agus níor tháinig ó shin trí Éirinn. **413**, 4.

(Maise) (Ó) D'imigh sí ar iarraidh uaimse lá tinte agus toirní. **289a**, 2; **289a**, 6.

(Agus) D'imigh siad (d'imíodar) go Sasana uainn anois agus go Meiriceá. **192**, 6.

(Ach) D'imigh siad (d'imíodar) le huaigneas i gcúinne. **166**, 9.

(Ach) D'imigh siad (d'imíodar) thar sáile uainn, an dream ab ansa linn sa tír. **420**, 9.

(Maise) D'imigh tú cheana is tháinig tú arís, ní fhacamar agat coróin, sgilling ná pingin.
142a, 7; **142b**, 7; **142c**, 2; **142d**, 5.

(Ó) D'imigh tú thar sáile agus d'fhág tú fán orthu go deireadh thiar. **30b**, 5.

D'íoc tú an bus as Garmna ar luach an choicín féir. **303**, 2.

D'iompaigh sí tharainn amach trí na sléibhte, in aice Mhám Éan a thiocfaidh sí chun cuain. **395**, 1.

D'iompóinn taobh an aonaigh ina diaidh sin le mo chailín bán. **17**, 4.

D'ionsaigh sí Cois Fharraige, chuir *challange* ar an mBlácach. **336d**, 7.

D'ionsaigh sí *Liverpool* ag dul ag ceannach culaith shíoda. **336a**, 4.

D'ionsaigh sí tharainn amach fó [sic] na sléibhte, is in aice Mhám Éan a chuaigh sí chun suain. **252**, 3.

(Maise) D'iontaigh an [? droch-chás] ar fud na hÉireann, is ní bhfaighfeá léargas ar bith in do shlí. **157**, 4.

D'iontaigh mé tharam agus d'imigh mé sna garrantaí, idir dhriseachaí ᴈ sceacha [...].
439e, 3.

D'oilfeadh sí páiste i gcionn bliana nó trí ráithe is, a Dhia, cá bhfaighinn athair do mo leanbán-ó. **107b**, 7.

D'oilfinn mac duit is iníon ghléigeal, is thógfainn [? iad] le sú mo chroí. **23**, 3.

D'oilfinn maicín duit agus iníon ghléigeal, agus thógfainn féin iad le sú mo chroí (ar m'ais arís). **187b**, 9; **187c**, 5; **187d**, 5.

D'úmhlaigh mé (d'úmhlaíos) go talamh dó agus thugas dó slán agus d'imigh roinnt
scátha gan bhréig díom. **314c**, 6.

Dá [? n-oilfinn] duit páiste i gcionn bliana nó trí ráithe, ó, a Dhia, cá bhfaighinn *father*
do mo leanbh bán, óg. **107a**, 8.

Dá bhfaigheadh mo sheanduine mo [sic] mar ba chóir dó. **112a**, 6.

Dá bhfaigheadh sibh mí eile, bheadh an domhan agaibh le fáil. **414**, 24.

Dá bhfaighfeá scríofa é ó sháirsint *Peelers*, is a chur chuig *Sweeney* go hUachtar Ard. **330**, 2.

Dá bhfaighinn bás amárach is mé a bheith do mo thórramh, nó choíche go gceanglaí ar
chróchar mé le dhul ar an gcill. **107a**, 7.

Dá bhfaighinn féin bean Mhuimhneach, bean eile Laighneach, bean agus dhá chéad bó
léi. **53a**, 9.

Dá bhfaighinn saol Mháire Ní Mháille a bhí ina cónaí amuigh sa Máimín, ní chasfaí a
léithéid ann dom, am ar bith san oíche. **447**, 5.

Dá bhfaighinnse (féin) culaith éadaigh, a mbeadh ór ag sileadh léi, in ómós an dán
seo a dhéanamh i dtaobh (do shéimh) Chlainne Gall (is é a bheith in aghaidh
Chlainne Gael). **403a**, 1; **403b**, 1; **403d**, 3; **403e**, 1.

Dá bhfaighinnse Ardtiarnas na hÉireann agus éadaí síoda is sróil. **135**, 3.

Dá bhfaighinnse bainne na ngabhar is siúcra donn a bheith leata air. **120c**, 2.

Dá bhfaighinnse bean is dhá mhíle punt mar spré. **48**, 5.

Dá bhfaighinnse bean ón Loin[g]seach, is bean eile ón bhFrinseach nó iníon an rí le
pósadh. **53b**, 3.

Dá bhfaighinnse cailín deas óg a mbeadh oiread cac bó de phis inte. **120a**, 5.

Dá bhfaighinnse cailín deas, críonna, glic. **381a**, 3.

Dá bhfaighinnse caoi (slí) nó áit le suí, ní stadfainn (stopfainn) (chónóinn) (chaithfinn)
mí go brách (bliain is lá). **68a**, 4; **68b**, 4; **68c**, 1; **68d**, 4; **68e**, 3; **68g**, 2.

Dá bhfaighinnse dídean timpeall na [? tíre], is mé a d'fhéadfadh an geimhreadh a
chaitheamh go sámh. **143a**, 10.

(Ach) Dá bhfaighinnse féin mo roghain ar mhná óga, deasa an domhain, gurb í Mal
Dubh an Ghleanna an bhean a thóg mé. **53a**, 8.

Dá bhfaighinnse le bean eile, chúig mhíle céad. **49**, 2.

Dá bhfaighinnse mo sheanduine báite i bpoll móna. **112a**, 5; **112b**, 3.

Dá bhfeicfeá ag an séipéal í Dé Domhnaigh. **70d**, 6.

Dá bhfeicfeá an boc bán cé go mb'álainn an marcach é ag teacht. **67b**, 6.

Dá bhfeicfeá an boc bán, b'álainn ar marcaíocht (is narbh álainn an marcach) é ag
teacht. **85a**, 1.

Dá bhfeicfeá an chailleach ag teacht insa sliabh. **297**, 1.

Dá bhfeicfeá an *Clear the Way* agus í ag dul amach as Árainn. **250**, 2.

Dá bhfeicfeá an *Clear the Way* is í ag dul anoir amárach. **250**, 3.

Dá bhfeicfeá an *Common Door* is í ag dul amach ag iascach. **250**, 5.

Dá bhfeicfeá an spéirbhean is í gafa gléasta, lá breá gréine sa tsráid is í ag siúl. **50**, 3.

Dá bhfeicfeá an t-ógfhear is é amuigh insa *yard*. **276**, 2.

Dá bhfeicfeá an t*Sailchuach* an tráth ar thig sí ar na cuanta, a bratacha breá uasal léi in airde. **251a**, 3.

Dá bhfeicfeá bád chlann Dhonncha gach lá dá dtéadh sí chun seoil. **47b**, 2; **47e**, 2.

(Is) Dá bhfeicfeá bád chlann Dhonncha tráth a dtéadh sí amach chun seoil. **27a**, 3.

Dá bhfeicfeá cúirt Bhalla i lár Chontae Mhaigh Eo. **276**, 1.

Dá bhfeicfeá mo ghrá-sa, b'álainn an marcach é ag teacht. **85b**, 4;

Dá bhfeicfeá mo Neilí ar maidin chiúin cheobhráin. **61a**, 3.

Dá bhfeicfeá mo Neilí ar maidin Dé Domhnaigh. **61a**, 2.

Dá bhfeicfeá mo Neilín ar maidin lae fómhair. **61b**, 2; **61c**, 2.

Dá bhfeicfeá mo speal ghéar nuair a d'ólfadh sí a cuid tae, is go mbainfeadh sise an radharc as do shúile. **259**, 2.

Dá bhfeicfeá na mná óga maidin Dhomhnaigh ag crú na mbó. **225**, 4.

Dá bhfeicfeá réalt an eolais is í ag teacht ort i lár (mbéal) an bhóthair (ag dul thart romhat sa mbóthar), déarfá féin gur (shílfeá go mba) seoid í a thógfadh ceo nó draíocht. **26a**, 9; **26b**, 4; **26c**, 4.

Dá bhfeicfeá Riobárd *Barry* agus é ina sheasamh ar Chaorán Charna. **250**, 1.

Dá bhfeicfeá scoth na mBlácach ar maidin Luan Cásca, ar thalamh Ghleann na Scáile go ceolbhinn. **215**, 6.

Dá bhfeicfeá Taimín Thomáis thiar sa georra [sic] mhór. **69**, 11.

Dá bhfeicfeadh sibhse an Ciníneach is é ag imeacht is a chaipín air, dar an leabhair seo ba mhinic meas air agus iarracht mhór i dtigh an óil. **213**, 4.

Dá bhfeicfeása an t-asal ar meath (ancaire) is é ag marú trosc. **370e**, 8.

Dá bhfeicfeása Micil an Mhéara ag dul chun an aonaigh is gan folach air. **120b**, 4.

Dá bhfeicfeása mo Róisín ag an bpobal í. **70a**, 3.

Dá bhfeicfeása mo Róisín ag an teampall í. **70a**, 4.

Dá bhfeicfeása mo Róisín taobh thall den tsruth. **70a**, 5

(Ós) Dá bhfeicfeása Neil (Neilí) an chúil bháin is a brollach geal, álainn, mín. **62a**, 2; **62b**, 4.

Dá bhfeicfeása Neilí Dé Domhnaigh, hata agus clóicín dubh uirthi. **267a**, 8; **267b**, 2.

Dá bhfeicfeása Nóirín is í ag siúl leis an toinn. **63b**, 8.

Dá bhfeicfeása Seáinín ag teacht chun na céibhe, ba leathan is ba thréitheach an fear é i gceann báid. **400**, 1.

(Is) Dá bhfeicinnse an lá go mbeinn scartha le bád, ní rachainn sa ngábh choíche. **396**, 4.

Dá bpósfainn mála (slámóigín) (seanbhean) de chailín (sheanbhean) (chailleach)
ghránna, (ní) thógfadh a lán orm a bheith ag gol (caitheamh) ina diaidh (nach
dtóigfeadh sé go leor orm gan a bheith ag caitheamh ina diaidh). **176a**, 3; **176b**,
3; **176c**, 4; **176e**, 3.

(Is) Dá dhéine dá n-oibreoidh mise anois, ní bheidh a leath réidh agam go brách. **266**, 4.

(Maise) Dá dtabharfá (-sa) mórchuid (an mórshaol) le n-ithe is le n-ól dom, (ó)
saibhreas Rí Seoirse is nár mhór é le rá. **143a**, 6; **143b**, 5; **143c**, 5.

Dá dtabharfá gach ní dom dár cruthaíodh sa saol seo, tá a fhios agat go rímhaith nach
dtabharfad duit grá. **143b**, 2.

Dá dtagadh an bás do mo choinne-sa amárach, is é a n-iarrfainn (ní iarrfainn) de spás air
ach seachtain nó dhó (d'iarrfainn spás air seachtain nó mí). **191a**, 8; **191b**, 7; **191c**, 6.

Dá dtagadh an duine sin go dtí mé ag iarraidh párdúin, ag siúl ar a ghlúine agus a lámha
a bheith faoi. **345a**, 4.

Dá dtagadh bruíon nó achrann ann, is é a dhéanfadh eatarthu réiteach, is é a chúnódh
leis an lagar agus nach séanfadh a ghaol. **212a**, 6.

Dá dtagadh sé chugamsa ag iarraidh mo phárdúin, ag imeacht ar a ghlúine is a lámha a
bheith faoi. **345a**, 3.

Dá dtagadh sin ann, seanbheainín cham a mbeadh pian ina lámh agus í lán de
scoilteacha. **229**, 1.

Dá dtagtá thart sa samhradh ann nó thart faoi Fhéile San Seá[i]n. **242**, 3.

Dá dtéadh lucht ime don Spáinn agus an mhuir anonn do shnámh, nó an cnoc atá go
hard i Néifin. **12**, 6.

Dá dtéadh mé (dtéinnse) go Cill tSáile is an t-adhmad a cheannach daor. **160h**, 3; **160i**, 3.

Dá dtéadh sise go Gaillimh le Beairtlín an bádóir, is iomaí fear álainn a dhearcfadh a
dress. **46a**, 6.

Dá dtéifeása chun an tsagairt agus dólás ar do chroí istigh. **404a**, 11.

Dá dtéinn go Gaillimh nó soir go hÁth Cinn, anonn go Cinn Mhara nó amach go Trá
Lí. **142a**, 6; **142c**, 6; **142b**, 6.

Dá dtéinnse ag tabhairt an turais, ní ag sagart ná ag bráthair é. **404a**, 12.

Dá dtéinnse anois leat siar go Dúiche Uí Bhriain, bheadh mo mhuintir i mo dhiaidh go
cráite. **56a**, 6.

Dá dtéinnse anonn don Spáinn agus a theacht abhaile slán, do ghrá-sa ní thabharfaidh
d'aon mhnaoi. **12**, 5.

Dá dtéinnse ar an aonach go gceannóinn bó dhíreach, a mbeadh slacht agus lao léi agus
leamhnacht le n-ól. **338**, 3.

Dá dtéinnse don Spáinn is a theacht arís anall, do ghrá-sa ní thabharfainn d'aon bhean. **65f**, 3.

Dá dtéinnse siar, aniar ní thiocfainn. **93d**, 1.

Dá dtéiteá (rachfá) don Ghréig nó ealú go Sasana anonn. **85a**, 7.

Dá dtéiteá go binn Cruaiche agus fáighim amach do thuairisc - rachadh an saol go crua orm nó leanfainn féin mo ghrá. **26a**, 4.

Dá dtéiteá liom a shiúirín, bhéarfainn duit bia gan éadach. **31**, 2.

Dá dtigeadh an Francach anall thar caladh, is an campa daingean láidir. **383b**, 4.

Dá dtosaíodh an cogadh sin, nár bhocht an saol é, is an tír seo líonta le chuile dhream. **409**, 1.

Dá dtosaíodh troid nó achrann ann, is é a dhéanfadh réiteach eatarthu, is é a chuideodh leis an lagar is nach séanfadh an gaol. **212b**, 6.

Dá dtugadh Rí na nGrást an *minor*, a riar do chách, go scaipfeadh sé ar dháta Rí Seoirse. **215**, 7.

Dá dtugtá bean dom agus dhá fhichead bó léi, agus acra móinéir in aghaidh an chinn. **239a**, 7; **239b**, 7.

Dá dtugtása spás dom nó go gcaithtí an fómhar, agus go dtigeadh na háltaí amach as gach blaosc. **363**, 12.

Dá fhad dá raibh an bóthar níor dhúirt sé 'suigh síos', ná 'caith (leag) díot do chóta (chlóicín) go n-ólair cárt dí. **140a**, 7; **140b**, 9.

Dá gcaithfinnse ráithe an earraigh ann, nach gceapfainn nach mbeinn seachtain ann, is é an áit ar cóiríodh leaba dom agus mé ag comhrá leis an mbás. **439b**, 2.

Dá gcastaí an ainnir liom d'aithneoinn arís í, beannacht na naomh léi, is ina croí nach raibh an t-olc. **46a**, 5.

(Ach) Dá gcastaí isteach i dteach den bhaile mé, níorbh fhada liom an lá sin. **31**, 6.

Dá gcastaí scata cailíní orm, ba mhian liom scaitheamh a chaitheamh leosan. **31**, 8.

(Ach) Dá gcoinneodh muid an buachaill a d'imigh go Meiriceá. **414**, 19.

Dá gcuirfinn insa reilig sibh, ní bheadh leathshuim agam ann. **156b**, 11.

Dá gcuirteása i gcóiste ag siúl bóithre fada mé, ór ina cheathanna a thabhairt i mo lámh. **111**, 3.

Dá maireadh *Lord O'Connell* dúinn mar is é a fuair an *Emancipation*. **432a**, 4; **432b**, 2.

Dá maireadh na laochra a bhí seal insan áit seo, bheadh muid i ndiaidh sásaimh ar ar caitheadh den saol. **438a**, 4; **438b**, 4.

(Ach) Dá mairfeadh an Coileánach mar bhí sé díreach, ba fear [sic] dá thír é agus fear i mbróg. **313**, 8.

(Nó) Dá mairfeadh Mícheál Mac Suibhne féin, is fada a chuirfeadh sé a cháil. **237**, 4.

Dá mairfeadh mo Dhaidí dom go lá mo phósta, bheinn ag rith i gcóistí le clann an rí.
144a, 6.

Dá mba anois a mhairfeadh Cromail is é a bheith ag déanamh an tsléachta úd. **432a**, 5;
432b, 4.

Dá mba bean (fear) [sic] tú (féin) a bheadh sách barainneach, bheadh teach (agat) is
feirm thalúna (agat), is nach suarach (dona) (bocht) a scar tú leis, ní bhfuair tú
(gan feoirling a fháil) air ach (dhá) scór. **148a**, 4; **148b**, 3; **148c**, 4; **148d**, 4;
148e, 4; **148f**, 4.

Dá mba bean[sic] í mo mháithrín mar bhean sa tír. **102a**, 4.

Dá mba domsa a bheadh an t-im dá dhéanamh, is deas sleamhain slíoctha a bheadh mo
bhróg. **427b**, 5.

(Is) Dá mba dúthaigh [sic] í an fharraige, is an talamh a bheith ina pháipéar bán. **4a**, 5.

(Is) Dá mba i mBaile na Cille agam a bheadh do (a) chnámha, ní bheinn chomh
brónach ná leath in do dhiaidh (ní bheinn ag caitheamh chomh mór ina
dhiaidh). **190a**, 12; **190e**, 3.

Dá mba leat na céadta punt is a ligean amach ar *interest*, sin is chuile chompórd a
bheadh ar fud do thí. **150a**, 7; **150b**, 7.

Dá mba liom an Fhrainc is an Spáinn agus a bhfuil ón tSionainn (anuas) go [? Bóinn] (is an
tSionainn amach go baı   go dtabharfainn é ar a (thabharfainn í is a bheith) (ó ba
leat a mhíle grá ach a) bheith leat (liom) sínte. **60a**, 9; **60b**, 6; **60c**, 4.

Dá mba liom féin an Eoraip ó Chorcaigh go Londain, Sasana anonn leis is é a bheith
agam dom féin (Corcaigh agus Londain, Sasana anonn leis agus é a fháil, ó, dom
féin). **41a**, 10, **41b**, 7.

Dá mba liomsa a bhfuil i bPáras faoi chumhacht *Bhonaparte*, saibhreas Rí na Fraince
(Spáinne) is é a fháil uilig le (as) roinnt. **84a**, 2.

Dá mba liomsa ór na hEorpa, Corcaigh agus Londain, Albain [? anonn] agus é dom
féin. **41e**, 3.

Dá mba liomsa Port Omna agus Béal Átha Luain (Baile Locha Riach) **54a**, 1; **54b**, 1.

Dá mba mise an comhairleach a bheadh ar Éirinn, nach deas mar a leigheasfainn féin
do bhrón. **33a**, 4.

Dá mba tusa a d'imeodh is mise fanacht i d'áit. **27c**, 3.

Dá mbeadh a fhios ag an scata fear údán (na buachaillí) taobh ó thuaidh de Néifin go
bhfuil mé (mise) lag, éagaoineach, breoite (marbh), tinn (ar mo leaba tinn).
239c, 2; **239d**, 2; **239e**, 3.

Dá mbeadh a fhios ag buachaillí uilig in Éirinn, go raibh mé éagaoineach, lag, tinn.
239a, 3; **239b**, 3.

Dá mbeadh a fhios ag daoine leath mar (chomh buartha is) a bhímse, an tráth úd a smaoiním ar mo Shail Óg Rua. **176a**, 1; **176c**, 5.

Dá mbeadh a fhios ag mo mháithrín, í a bheith go cráite, an cartadh is an carnadh a fuair mé ó shin. **282**, 3.

Dá mbeadh a fhios ag mo mhuintir go bhfuil mé i d'aice, ag lucht na mbréag is an amhrais (tá lucht na mbréag san amhras). **109d**, 5; **109e**, 5.

Dá mbeadh a fhios ag mo mhuintir go mbeinnse leatsa, lucht na mbréag agus an amhrais. **109c**, 3.

Dá mbeadh a fhios agamsa go raibh sí amuigh. **381b**, 2.

Dá mbeadh a fhios agamsa nach tú a bhí i ndán dom, ní dhéanfainn(-se) gáire ná súgradh leat (súgradh na gáire ní dhéanfainn leat). **187a**, 7; **187b**, 3; **187c**, 3; **187d**, 3; **187e**, 4.

(Agus) Dá mbeadh a fhios siúd agamsa go raibh tusa amuigh aréir. **116b**, 6.

Dá mbeadh a fios agamsa go raibh an bás ort, d'imeoinn go fánach i ndiaidh mo chinn. **172**, 2.

Dá mbeadh agam (-sa) cóistí ar bhóithrí an rí. **72a**, 7; **72b**, 7; **72c**, 4; **72d**, 4.

Dá mbeadh agam cóir nó deis le suí, ní chónóinn mí go brách. **68f**, 3.

Dá mbeadh agamsa grán is púdar, is deas a mharóinn cúiplín lachan ar mhóin. **101g**, 4.

Dá mbeadh aguisín [?](máisín) agamsa chomh hard (mór) le *Gibraltar*. **336a**, 6; **336c**, 7.

(Ach) Dá mbeadh an mhuicín agamsa le haghaidh na Féile Bríde, bheadh mo phócaí líonta ar fad le hór. **332**, 7.

Dá mbeadh an pota agus an *worm* báite agam, bhí arm in mo lámh, ba é a hainm di craobh. **287**, 4.

Dá mbeadh an slaghdán ort le mí, bhí sé in ann é a thógáil díot, ar maidin is a chur ag tarraingt ar an sáspan. **257**, 5.

Dá mbeadh an tír seo mar ba chóir di. **182a**, 6.

Dá mbeadh bó nó dhó agam, a stóirín, nach deas mar a sheolfainn iad. **10d**, 3.

Dá mbeadh boiscín lán d'ór agam, nó cóifrín lán d'airgead. **124a**, 4; **124b**, 1.

Dá mbeadh cárt den leann láidir agam sul má d'éireodh an ghrian. **290**, 1.

Dá mbeadh cúpla (dhá) maide rámha agam agus (is) báidín beag dom féin. **364a**, 2; **364c**, 2.

Dá mbeadh cúpla bó ag mo stóirín, is deas mar a sheolfainn iad **10a**, 1; **10b**, 1; **10c**, 1; **10e**, 1.

Dá mbeadh deileadóir maith ann, dhéanfadh sé saothrú, tá go leor maidí timpeall ag teastáil a choinneodh tú díreach. **327**, 7.

Dá mbeadh dhá chéad óir agam is mé a bheith gan phósadh, agus mé a bheith go hóg leat, a Nóra Bhán (aon uair amháin). **64b**, 5; **64c**, 5; **64f**, 4.

Dá mbeadh droichead ar an bhfarraige, is fadó a bheinnse thall. **147a**, 15.

Dá mbeadh duine eile mar Pheaitín ann, shiúlfainn *trip* inti go hAlbain, dá mbeadh aon chor sa bhfarraige, ní bheadh aon ghá le cruit. **255**, 5(ii).

(Mar) Dá mbeadh fios ag *Herr Hitler* a raibh a léithide seo in Éirinn. **340**, 5.

(Ach) Dá mbeadh fios na faille acu, ní mar síltear a bítear, ach ná lú [sic] le *sweep* iad nuair a thosaigh an *dole*. **313**, 2.

(Ach) Dá mbeadh lán na páirce báine agam de loilíoch is de lao. **54c**, 5.

Dá mbeadh mo phócaí teann, cailín óg ar cheann an stóil a ndéanfainn súgradh agus greann. **68b**, 6.

Dá mbeadh muid beirt le chéile is muid armáilte réitith', ní hé an chaoi a bheadh ar Éirinn agus ní *Freestates* a bheadh ann. **274b**, 6.

Dá mbeadh ór buí agamsa is (agus) (nó) airgead i mo phóca. **117a**, 7; **117b**, 8; **117c**, 7; **117d**, 7; **117e**, 7.

Dá mbeadh píopa fada cailce agam is bosca lán le de shnaoisín (den snaoisín). **378a**, 3; **378b**, 3; **378c**, 1; **378d**, 2; **378e**, 2.

Dá mbeadh píopa fada díreach agam agus tobac a bheith ina bharr. **83d**, 5.

(Is) Dá mbeadh píopa fada geal agam agus tobac le cur ann. **10d**, 4.

Dá mbéadh píosa de in do phóca agat nó ar cheann an stóil le d'ais. **295**, 4.

Dá mbeadh *piper* ar do liopa, dhéanfá bobarún níos fearr. **147c**, 10.

Dá mbeadh sé ag cur shneachta is gan fleaim ar an aer. **29**, 6.

Dá mbeadh sé sách fite agam no curtha le chéile, mar a d'fheicfeá an bréidín ag teacht as an tslinn. **327**, 10.

Dá mbeadh seisreach agam, threabhfainn in aghaidh gach cnoc (na gcnoc). **70e**, 4; **70f**, 4.

Dá mbeadh sí liomsa pósta, thógfadh sí mo chroí. **28b**, 4.

Dá mbeadh sí sa seomra ag Beartla Ó Cuana, chaithfeadh sé amach ar an tsráid í. **304a**, 4; **304b**, 5.

Dá mbeadh sí thuas in [? éifeacht], in inmhe a bheith ina céile, san am a raibh na Gréigigh i gcogadh leis an Traoi. **84a**, 4.

Dá mbeadh sin agamsa, gunna, grán agus púdar, mharóinn cúpla lacha bhán. **101b**, 7.

Dá mbeadh soitheach mór agam is í a bheith lán den scoth plúirín, is gur duit féin a thabharfainn í, a charaid mo chroí. **41a**, 11.

Dá mbeadh spré ag an gcat, nach (is) deas mar a phósfaí é. **149b**, 4; **149c**, 5.

Dá mbeadh tamall beag le spáráil agat amach faoi Fhéile San Seá[i]n. **223**, 5.

(Maise) Dá mbeadh tú (mbeifeá) chomh críonna is ba chóir (cheart) do bhean tí a bheith, is tú a d'fhéadfadh an geimhreadh a chaitheamh go sámh. **143a**, 11; **143b**, 8; **143c**, 8.

Dá mbeadh tú (mbeifeá) in do shagart mar ba chóir duit. **182b**, 9; **182c**, 9.

Dá mbeadh tú (mbeitheása) sách críonna agus (is) imeacht i ngan fhios do na daoine, a dhul go dtí bráthair éicint agus (is) do scéal a inseacht dó. **335a**, 2; **335b**, 2.

Dá mbeifeá amuigh i nGlinn Chatha agam, san áit a bhfuil mo *mhob* (bhata) agam, ní bheitheá leath chomh ceannasach agus go ndeanfá orm é (throidfinn amach sa ngarraí tú agus gheofainn ort *fair play*). **439c**, 5; **439d**, 4; **439f**, 2.

Dá mbeifeá tligthe is an chroch le fáil agat is gan aon tsúil agat go dtiocfá saor. **164a**, 12.

Dá mbeinn féin pósta le mo stóirín, thógfainn lóistín thuas tigh Jeaic. **145**, 3.

Dá mbeinn is tú i Sliabh [?Cairn] nó ar mhullach na [?] Leaca Bearna, san áit ar chaith mé agus tú céad lá sínte. **60a**, 4.

Dá mbeinn mar a bhíos lá éicint, gan aois, gan crapadh cnámha, ní choinneodh an saol Ádhaimh mé ón áit a mbeadh mo mhian. **84a**, 1.

Dá mbéinn(-se) ar shráid an *Station* san áit ar chaith mé séasúr, bheadh Máirtín le mo thaobh ann (agam) is *fair play* agam le fáil. **274a**, 5; **274b**, 5.

Dá mbeinn(-se) in mo bhádóir, nach (is) deas mar a shnámhfainn an fharraige siar. **87a**, 3; **87b**, 1.

Dá mbeinnse leath chomh soghluaiste agus a bhí daoine eile, is é an áit a mbeinn i mo shuí go stáidiúil, thall sa Teampall Mór. **403c**, 2.

Dá mbeinnse ag an bhfarraige, nó i sléibhte i bhfad ó thír. **188**, 1.

Dá mbeinnse ar [?] stad mo chiall ná go bhfaighinn í ar mo roghain, chaithfinn díom dhá chuid den chlampar. **56a**, 2.

Dá mbeinnse ar mo leaba trí ráithe nó bliain. **29**, 4.

Dá mbeinnse daingean, dílis i gcreideamh an linbh Íosa, an Rí atá os cionn na Ríthe is a shaothraigh an treisiú a fháil. **403a**, 2.

Dá mbeinnse do mo thórramh nó sínte sa gcónra, cláracha mo chónra ag dul anseo aniar. **107b**, 2.

Dá mbeinnse féin in ann scríobh agus fios agam faoin dlí, rachainn i mbannaí daoibh go seachnóidís mo shráidse. **257**, 2.

Dá mbeinnse gan feoirling ná luach barriall mo bhróige, ní dhíolfainn go deo ar thobac í. **391a**, 7; **391b**, 10.

Dá mbeinnse i m'éinín, is leat a d'éireoinn ó thom go tom. **4d**, 3.

Dá mbeinnse i m'fhraochóg ar thaobh seo Bhaile an tSléibhe. **185g**, 5.

Dá mbeinnse i m'iascaire ag Tiarna Bhinn Éadair. **39a**, 6; **39b**, 6; **39c**, 6;

Dá mbeinnse i mo bhádóir, nach deas mar a shnámhfainn gach cuan is gach ceard dá mbíonn mo mhian. **101b**, 5.

(Is) Dá mbeinnse i mo chléireach, is umhal, éasca do bhéarfainn ar pheann. **179**, 6.

Dá mbeinnse i mo *major* nó i m'*admiral fleet*. **29**, 8.

(Ós) Dá mbeinnse i mo Shéamas Ó Murcha', mar a bhí mé, ó, fadó. **185h**, 4.

Dá mbeinnse i mo sheasamh ar an gcarraig go ceann míosa, ní athródh an ghaoth is ní
  bhfaighinn aon chóir. **449**, 2.

Dá mbeinnse in ann mo línte a bhreacadh síos go cruinn. **420**, 11.

Dá mbeinnse in ann scríobh, ach faraor géar níl, sin é a fhágfas mo chroí-se cráite. **413**, 8.

Dá mbéinnse in mo chaiptín nó i mo mháistir (*mhajor*) ar long. **63d**, 7; **63g**, 5.

Dá mbeinnse in mo ghiúistís is mo chúl leis an ngarda (agam). **39a**, 3; **39b**, 3; **39c**, 3; **39d**, 4.

Dá mbeinnse in mo ghiúistís is mo chúl leis an ngarda. **61d**, 3.

Dá mbeinnse is mo mhíle stóirín tráthnóna is cé nár mhiste. **41c**, 7.

Dá mbeinnse is mo stóirín tráthnóna, cér mhiste. **39d**, 5; **90a**, 3.

(Ós) Dá mbeinnse sa mbád an lá sin is mo dhá láimhín a bheith ar an scód. **160h**, 2.

(Is) Dá mbeinnse sa nGréig, ár ndóigh, nó i Sasana thall. **91c**, 6.

Dá mbeinnse thíos insa ngleann is Seoirse a bheith thuas sa duibheagán. **120c**, 4.

Dá mbeinnse thuas ar an ard agus tusa a bheith thall sa duibheagán. **120a**, 7.

Dá mbronntá (mbronntaí) Conamara orm de mheáchan (a bhfuil ann faoi) óir is airgid,
  ní chóireodh tú [sic] mo leaba dom (ní fheicfear in do leaba mé) (ní luífidh me
  sa leaba leat) an dá lá (fhad) a bheidh (bhéas) mé beo. **148a**, 6; **148b**, 8; **148c**, 8;
  148d, 6; **148e**, 9; **148f**, 8.

(Agus) Dá mhéad dár ól sibh d'uibheachaí ag cur spreacadh ar bhur gcuid análacha. **220**, 3.

Dá mhéad é d'achainí, ní bhfaighidh tú impí, mar ní saighdiúir le Críost tú le go
  bhfaighidh tú aird. **301**, 14.

Dá n-abraínn focal fabhrach a thógfadh páirt le hÉire [sic], chrochfaí mé go haerach as
  géagán ar chrann. **411a**, 2; **411b**, 2; **411c**, 2.

Dá ndéanfadh muid ar *Mhoscow*, ní bhuailfí muid go brách. **414**, 18.

Dá ndéanfainnse teach mór duit ar thaobh Ros an Mhíl. **72a**, 8; **72b**, 8.

(Ach) Dá ndéantaí é a scríobh sular chuadar in aois, sa gcaoi go mbeadh sé le léamh ag
  na gasúir. **327**, 12.

Dá nglacfadh sibh comhairle leis an bhfear measúil, gnaíúil, is sibh a d'fhéadfadh an
  geimhreadh a chaitheamh go sámh. **310b**, 6.

Dá ngluaisfeá liomsa an ród, bhéarfainn marcaíocht duit is spórt, ins gach uile bhaile
  mór in Éirinn. **60a**, 10.

Dá seasfá le taobh Chruach na Coille agus d'ancaire a scaoileadh le trá. **350b**, 4.

(Is) Dá siúlfá na chúig [sic] chúige, [? le múineadh, cruth], deise is méin. **179**, 3.

Dá siúlfainn féin Banba, a shamhail de cheardaí, ní chasfaí in mo *walk* liom in áit ar
  bith romham. **221b**, 7; **221e**, 6.

(Ós) Dá siúlfainnse na gleannta ó Ghaillimh go [? Trá Lí]. **193d**, 4.

(Ós) Dá siúlfainnse na *Liberties* is thart timpeall Uachtar Ard. **47a**, 3.

(Is) Dá siúltása go Gaillimh agus Droichead an Chláirín, ó bhéal na Trá Báine go mullach na Cruach [sic]. **34**, 1.

Dalton and Walsh stood side by side, with Lyons they did agree. **416**, 3.

Dar brí mo charbhata, chaith mé mo dhiall dó, is níor lúide ná mí ag imeacht on gclár. **451d**, 3.

Dar m'aois is dar m'óige, dar an stóilín a suíonn muid air síos. **193d**, 5.

Dar mo mhionna is dar mo mhóide is ar an stóilín a suím síos. **78**, 3.

Dar mo mhóide ní phósfainn tú mar tá tú díomhaoineach, gan mhaith. **145**, 1.

Dar na mionnaí duit agus dar na móidí, níl mé i ngrá ach anois le bliain. **52b**, 4.

(Oh) Darling son, come back to me, she often used to say. **200**, 8.

Dé Domhnaigh ina dhiaidh sin, an fear ab fhearr in Éirinn, chuala mé dá léamh é agus na seandaoine dá rá. **274a**, 6.

De réir mar atá tú ag breathnú dom, ní bhreathnaíonn tú róshlachtmhar dom, is tá mé san amhras ort nach mairfidh mé i bhfad beo. **148b**, 6.

De réir mo mheas má théim leat ag cur spairne. **440**, 4.

De réir mo thuairim, bhí sí tógtha, fuair sí eolas ar leabhar is ar pheann. **64b**, 3; **64c**, 3.

Deamhan a bhfuil beo in Éirinn nó is tú mo ghrá i m'éadan. **103d**, 3.

(Is) (Ó) Deamhan a gcodlódh ceannaí reaigeanna ar an bpluid a bhí os ar gcionn. **272**, 2.

Deamhan a ligfeadh mé an cóta mór stróicthe amach as an tír. **193a**, 11.

(Agus) Deamhan an fear dá láidreacht a chaithfeadh sé mhí ann, nár mhaith cloíte a bheadh a chnámh. **317e**, 4.

(Agus) Deamhan ceann de na naoi gcinn siúd a bhí timpeall Chrua na Caoile, nuair a bhí an bhratach insa gcrann aici (púcán Mhicil stríoctha) agus a cuid fir [sic]i dteach an óil. **253c**, 3; **253d**, 3.

Deamhan cnocán dá aeraí insna léige (lá gréine) nach n-aithneoinn tú (mo ghrá). **91b**, 6; **91c**, 5.

Deamhan criathradóir, meanadóir [?], rothadóir dá mb'fhearr agat tóir nach ansiúd a bhí cruinn. **451a**, 10; **451b**, 10.

Deamhan gréasaí ná táilliúr a dtug riamh ráithe nach mbeannódh sa tsráid dom ar maidin. **369**, 6.

Deamhan pingin a bhí ag gabháil liom ach píosa leathchorónach gur cheannaigh mé a luach thuas i nGaillimh. **300c**, 2; **300d**, 2.

Deamhan sin giorria crúbach ó Ghaillimh go Cill Chonaill, ná thart go hAill Bhán Bhearna. **215**, 4.

Deamhan siúd luch i nGarmna a ghearrfadh mo chuid bréidín. **336a**, 7.

Déanadh: *féach* Rinneadh

Déanfaidh mé (déanfad) caisleán gléigeal ar thaobh Ros an Mhíl. **33a**, 8.

(Maise) Déanfaidh mé (déanfad) teach mór má bhím beo ar an gcnoc údán thiar. **85c**, 3; **85d**, 3.

Déanfaidh mé (déanfad) teach stileach ar mhullach an (go deimhin ar) Sceird' Mhó[i]r. **370a**, 8; **370d**, 10; **370f**, 8.

Déanfaidh mé caisleán ar thaobh an chnoic bháin. **63g**, 3; **63j**, 4; **63k**, 4.

Déanfaidh mé caisleán den (ar) chnocáinín bán (ard). **63a**, 3; **63b**, 7; **63c**, 3; **63h**, 3; **63i**, 2.

Déanfaidh mé teach (teachín) ar chnocáinín bán (ard). **63d**, 5; **63f**, 2.

(Is) Déanfar droichead óir ar Pholl an Oistre fós, is beidh airgead, a stór, roimh (i bpócaí) an m(h)áistir (le hairgead as stór an mháistir). **217a**, 1; **217c**, 1; **217d**, 1.

Déantar leann dubh daite de bhun agus de bharr an fhraoigh. **72f**, 2.

Déardaoin seo a chuaigh tharainn, timpeall am eadra, bhí bulc ban dá mbáthadh amuigh ag an Molt. **307a**, 1.

Deir daoine, a bhuachaill, gur bréaga do thuairim, gur cladhaire bocht, suarach do cháilíocht. **367e**, 1.

Deir Gearóid Óg Mór, dar ndóigh, gur leis féin mé. **134a**, 6.

Deir Raiftearaí féin, go héag, nach maithfear an drúis. **406**, 14.

Deir siad liomsa go bhfuil mé malartach. **93a**, 3.

Deisíodh suas thar cionn í le tic is le píosaí beaiféadaí, moirtéal ar a ceathrunaí is í *sheet*áilte le *tin*. **255**, 3.

(Is) Den cheathrar mná tuirne ab fhearr a bhí in Éirinn. **185a**, 3.

Dhaimseoinn *jig* na maidine lán na leabhar le mo ghrá. **147a**, 28.

Dhéanfadh [?] glasphláta go sásta agus eochair. **214**, 2.

Dhéanfadh sé an smól le cur sa tuirne, uaim agus an tlúín ghairmint, céachta Gaelach a scoiltfeadh glan an fód. **213**, 3.

Dhéanfadh sé cruifí don chapall, an stíoróip is an béalbhach, sleánta liamháin an iascaire, ar ndóigh. **221c**, 5.

Dhéanfadh sé geata a bheadh ag oscailt is ag dúnadh. **214**, 7.

Dhéanfadh sé na báiléirí agus na ráillí i dtithe *factory, draw-bridge* ar uisce, an áit a gcónaíonn fear is céad. **213**, 2.

Dhéanfadh sé na cáblaí (grátaí), na geataí agus na glais agus na *wingless*, sleánna líomháin don iascaire, ár ndóigh. **221f**, 5; **221g**, 4.

Dhéanfainn bád ina dhiaidh seo nach ligfeadh aon deoir isteach. **72e**, 4.

Dhéanfainn bád is (páirt de) long agus do shruthfainn (stiúróinn) í go cruinn (don chuan), do shníomhfainn gad is do dhéanfainn céachta. **56b**, 5; **56c**, 4; **56d**, 4.

Dhéanfainn céachta Gaelach a réabfadh (d'fhuirfeadh) talamh glas. **35**, 5; **72f**, 4.

Dhéanfainn chugam féin ach ní fhéadfainn a dhéanamh mar tá saighdiúir do mo ghardáil is do m'fhaire. **284**, 2.

Dhéanfainn píosa cainte mar gheall ar na Sinn Féiners, ach tá mé fhéin ró-aonraic (anois go haonraic) is gan aon fhear le fáil. **411a**, 1; **411b**, 1; **411c**, 1; **411d**, 1.

Dhéanfainn teach mór di ar thaobh an bhóthair agus chuirfinn cóiste breá faoina clann.**101a**, 4.

Dhéanfainnse fíon Spáinneach den fharraige mhór seo siar. **72d**, 7; **72g**, 2.

Dhéanfainnse teach mór duit ar bhóithrín Ros an Mhíl. **72g**, 1.

Dhearc mé chugam tríd an ród í, is í mo mhíle ródheas (an aoileann óg breá) as Baile na Raithní (an [?] Charra). **316a**, 2; **316b**, 2.

Dhearc mé féin aréir í ina réaltóigín sa gceo. **72g**, 3.

Dhearc mé i m'aice is thart i mo thimpeall, mhéadaigh mo mhisneach is d'árdaíos mo cheann. **452**, 2.

Dhearc mé soir [...] ó thuaidh agus ó dheas dom, agus níor dhearc mé an chluain fásaigh. **12**, 4.

Dhíbir an sagart mé amach fud na ngleannta, tá mo chliú caillte agus caithfidh mé rith. **46a**, 1, **46b**, 1.

Dhiúltaigh tú Peadar is Pól, dhiúltaigh [? tú] ór agus airgead. **267a**, 6.

Dhófainn an sliabh agus dhúiseoinn an ghrian, agus thógfainn beo na Fianna Éireann. **136a**, 7; **136b**, 7.

Dia dá réiteach, a deir Mamó. **408**, 2.

Dia dá réiteach, nár bhocht an scéal é ar thalamh sléibhe ná talamh bán. **312**, 7.

(Maise) Diabhal siosúr ná miosúr a bhéarfas go brách air, nó go bhfaighidh mise na múnlaí ó Phádraig a' Mhac. **368b**, 3.

Dílleachta bocht, cráite mé a fágadh faoi leatrom. **98d**, 5.

Dílleachta bocht, cráite mé, gan athair ná máthair (gan mháthair, gan athair). **6d**, 3; **98a**, 6.

Dinnéar dá réir sin dá ullmhú is dá réiteach, *turkeys, pullets* is géabha. **247**, 6

Díol agus [? deacracht] ar lucht na mbréag. **102a**, 7.

Díomá ar fad go dtaga anuas ort, is breithiúnas luath ort mura bhfuil tú sách. **269c**, 10.

Diomá Dé don phósadh, nach mairg riamh a rinne. **117d**, 8.

Díomá is deacair do lucht na mbréag. **102c**, 2.

Diomá Pheadair iad mar gheall ar ghéabha, is ná bíodh an t-anam gléigeal ar dhath an
ghuail. **348**, 4.

Díomá Rí na hAoine don (ar an) té a dhíbir mo ghrá i bhfad uaim. **4a**, 2; **4b**, 5; **4e**, 2.

Díth bróg ar an té a d'ordaigh dom codladh liom féin. **43**, 1.

Diúc ná Domhan Deirge, diúc ná Domhan Deirdre. **450**, 4.

Diúltaigh an tAifreann (do na hAifrinn) agus séan an creideamh Gaelach. **404c**, 5; **404d**, 5.

Diúltaigh do na comhairleacha anois agus ná géill do lucht fuatha na bréige. **403c**, 7.

Diúltaigh do na heachraíos (heagair) sin is (agus) ná héiligh (séan) an creideamh
Gaelach. **404a**, 5; **404b**, 5.

Do chapaillín is a chapaillín is a chapaillín an tsléibhe. **378c**, 5.

Dó croí is gráin ort, bacaigh is truaill ort, rith agus ruaig ort is fuacht ag do dháimh.
269a, 8.

Do ghrua ar dhath na gcaorthann is do chúilín barr na sléibhte, do gheallúint ná déan
bréag liom ach éirigh leis an lá. **26c**, 2.

Do ghruaig go dtite is do mhalaí diomaí, is nár fhana cluais ort ach amháin a n-áit. **269c**, 7.

Do mhíle fáilte, a bhuachaillín, aníos ó na tíortha ó dheas. **4a**, 1.

*Do not stay too late on the highlands, my Mary, do not stay too late on the highlands from
me.* **80**, 2.

Don earrach a bheirimse í, idir críon is óg iad, is ní ghabhfaidh mé an bóthar go deo ná
choíche. **108a**, 9.

Don ghiúistís tráth ar shíneas agus mhínigh sé an scríbhinn, agus an teastas a bhí mar
ba chóir dó. **314a**, 10; **314b**, 10.

Dream iad na sagairt atá dá mbeathú lena mbéal féin. **404b**, 6.

Drochbhlas ar na [?] tanntaibh nach dtagann insa láthair, nó go bhfeicfidís na frámaí le
chéile. **251b**, 3.

Drochrath ar *Hitler*, a deir Deaideo. **408**, 3.

Dúirt *John* Pheait is Maidhc Mhaidhcil Sheáinín a dhul go Doire Fhatharta ag iarraidh
beer. **352**, 5.

Dúirt mé (dúras) agus deirim is ní cheilfead ar aon fhear é. **45a**, 4; **45b**, 4; **45c**, 2.

Dúirt *Mercury* gur dhóigh leis gurb é *Pluto* a sciob an tseod leis, mar is (gurb) iomaí
garda mór atá ag dul idir mé agus í. **26a**, 13; **26b**, 5.

Dúirt mo Dhaidí liomsa a dhul ar thuairisc mnaoi. **28d**, 3.

Dúirt mo mháithrín liom gan labhairt leat. **93b**, 6.

Dúirt mo mhuintir liomsa a dhul ag iarraidh mná. **28a**, 6.

Dúirt sé go mba iad na hÉireannaigh na fir ab fhearr le fáil. **410**, 10.

Dúirt Seán leis go dtiocfadh ach ní ag cuartaíocht a tháinig muid aníos. **388**, 6.

Dúnadh na bancanna uilig ina dtimpeall, bhí an phacáil déanta is gan aon phingin le
taispeáint. **409**, 12.

Dúnadh na scoileanna ansiúd Dé hAoine, na páistí féin, bhí siad dá gcur amach faoin
tír. **409**, 13.

(Is) *Dydle dom, dydle dom,* mása mádra méaram. **336f.**

Éalóidh mé tríd an snámh leat is ní bháfar muid le cúnamh Dé. **9**, 4.

Early next morning we will send for the clergyman, agus beidh muid ceangailte i ngan
fhios don tsaol. **141a**, 7.

Early on Friday morning my love was at the road. **153**, 4.

Early one morning Willie Leonard arose. **133**, 1.

Early the first morning his sister arose. **133**, 4.

Early the second morning his mother came there. **133**, 4.

Early the third morning his uncle came there. **133**, 5.

Éinín an phíobáin [? rubhach], mo léan in do luí tú faoi bhun na dtom. **288**, 1.

Éireoidh mé amárach agus rachaidh mé láithreach, go bhfeice mé an phlandóg an
tsonais is an tséin. **41c**, 2.

Éireoidh mé amárach ar thuairisc mo dhráirín, is ríbheag an t-eolas atá agam. **299**, 5.

Éireoidh mé amárach le fáinne an lae ghil. **90a**, 1.

(Agus) Éireoidh mé amárach le fáinne an lae ghléghil. **41a**, 3.

Éireoidh mé ar maidin in ainm an Domhnaigh, agus rachaidh mé in mo chonaí ar
chnocáinín bán. **349**, 1.

Éireoidh mé féin maidin amárach, ní choinneoidh an tAifreann mé go dtabharfaidh mé
seársa go Cuan an Fhir Mhóir. **240a**, 5.

Éirigh, a chailín, agus tabhair an Bíobla agus déan an fhírinne anois le Cáit. **115**, 5.

Éirigh, a chogair, agus gluais ar chodladh liom féin gan mhoill. **13a**, 5.

Éirigh agus (is) cuir ort do chuid éadaigh is téanam liom féin chun siúil. **40a**, 5; **40b**, 5.

Éirigh agus cuir raifil air is ná feicim in do straois é. **260**, 5.

Éirigh i do sheasamh a amaid de shraoill, agus faigh tobac dom nó brisfead do dhroim.
142c, 1.

Éirigh i do sheasamh, a dheartháir ó. **48**, 2.

Éirigh i do shuí, a (mhic) Chathail Uí Dhúda, agus gluais tusa aníos ó Iorras go Mám.
451a, 6; **451b**, 6; **451c**, 5; **451d**, 4.

Éirigh i do shuí, a mhic, agus éirigh i do shuí, a stór. **49**, 1.

Éirigh is cuir ort do chuid éadaigh is téanam liom féin chun siúil. **40a**, 4; **40b**, 4.

Éirigh suas go dté muid chun siúil, is go bhfaigh muid sagart na Cúile (gruaige) Báine.
161a, 7; **161d**, 4.

Éirigh suas go dté muid chun siúil, is go bhfaighidh muid léas (siúd) ón bPápa (cead ón Eaglais). **161a**, 4; **161b**, 4; **161c**, 3; **161d**, 3.

Éirigh suas, a Chúinín [?], agus téanam liom chun siúil. **36**, 1.

Éirigh suas, a Dhónaill, is ná bíodh brón ort ná tada faoi. **92**, 1.

Éirigh suas, a ghrá geal, is cuir fál ar do chuid féir. **92**, 2.

Éirigh suas, a Pheigín, is seas ar bharr an aird. **69**, 1.

Éirigí, a dhaoine, go [? neosaidh mé an ní] a chuir mearbhall i m'intinn nach dtuigeann a lán. **41e**, 1.

Éirigh, a Pheige, is searr tú féin go siúlfaidh muid na garrantaí, go dtuga mé duit seanchas ar an áit a bhfuil tú le dhul. **148b**, 2.

Éirím ar maidin agus téim i gcionn mo láí. **117e**, 3.

Éist is bí críonna nó tosóidh mé ag caoineadh, is dona an lá ar casadh isteach tú. **344**, 5.

(Ó) Éist liom agus lig m'anam liom, [...] más fada gearr a mhairfeas tú ní thiocfad faoi do dhéin. **439b**, 6.

Éist, a Bhideach (Bhideach na gCarad) (Bhrídín), is ná goil aon deoir. **102a**, 2; **102b**, 5; **102f**, 2.

Éist, éist a stóirín is ná sil deoir. **102d**, 3.

Éist, éist, a stóirín (chuisle), stad is bí ciúin go dté do (mo) chuid caoirigh [sic] chun an aonaigh seo romhainn (romham). **140a**, 11; **140b**, 6.

Éistfidh mé leis an gcreathnach seo agus tógfaidh mé mo scíth. **278a**, 3.

Éistigí, a dhaoine, go n-insí mé daoibhse, tá mearbhall ar m'intinn nach dtuigeann a lán. **41b**, 1; **41d**, 1;

Éistigí liomsa feasta go n-inseoidh mé cén sort scéil a rinne fear Chois Fharraige. **436**, 1.

(Ó) Éistigí liomsa go neosaidh mé scéal daoibh. **216c**, 1; **216d**, 1.

[? Éistigí liomsa sealad], fan go n-inseoidh mé daoibh cé a cailleadh, is é Seán Mac Uidhir an ghleanna agus deamhan sin árach ar a ghéim. **177**, 1.

(Oh) Erin, grá mo chroí, you are the only place for me, you are the fairest that my eyes could ever see. **202**, 2.

(Ó) Fág mo ribín inti is iad ródheas ar mo cheann. **47c**, 5.

Fág scéal sa mbaile ag Féilim go bhfuair mise an bhó bhán. **333e**, 1.

Fágann mé (fágaim) le huacht is le haithrí, is ní dhéanfaidh mé magadh ná bréag. **356**, 1.

(Ó) Fágann mé (fágaim) le huachta (ann) go n-éiríonn mo chroí-se, mar a éiríonns (éireos) an ghaoth nó mar a scaipeas an ceo. **233a**, 2; **233b**, 2.

Fágann mé (fágaim) mo bheannacht ag Maíros fré chéile, ag Tomás Ó Neachtain ag Ceara na gCaorach. **435**, 5.

(Agus) Fágfaidh mé slán ag na tréanfhir nach siúlfaidh [? ar] an bhféar go lá an Luain. **412**, 14.

Faigheann dílleachtaí is baintreacha cabhair agus réiteach (insan áit ann), slí bia agus éadaigh agus talamh gan chíos. **233a**, 9; **233b**, 7.

Faighigí cónra déanta dom is í gearrtha as togha na gclár. **47a**, 4.

Faighigí mo chónra déanta de thogha na péine bán [sic]. **27b**, 6.

Fair play agus fairsinge, tugaidh don fhear seo, deirimse go bhfuil arraingtí báis air. **269a**, 27.

Fairis, chuaigh na héiníní, chuadar chun suain in éineacht, go barr na ngéag is go bun na gcraobh. **157**, 5.

(So) Fair-maiden, don't be uneasy nor troubled in your mind **10a**, 3.

(Maise) Fan agus bíodh foighid agat agus gheobhair faisiún gach sórt. **455**, 4.

Faoi dhorchadas domhain, mo ghreim dubh dóite. **168**, 6.

Faoi thuairim scéimh na mná, nuair a chuaigh [?] faoin sall a cáil. **42a**, 7.

(Is) Faraor crua deacair nár fhan mise in aice mo mhnaoi. **399**, 4.

Faraor gan mé in áit éicint, anall leis na hIndiacha thiar. **91d**, 1.

Faraor géar nár cailleadh mé amuigh ar an sliabh. **54a**, 9.

(Is) Faraor géar nár cailleadh mé an lá ar baisteadh mé go hóg. **156a**, 1; **156d**, 10; **156e**, 10; **156f**, 9; **156i**, 1; **156j**, 1; **156m**, 1.

(Agus) Faraor go dubhach mar a dhíol mé mo bhó is mar a cheannaíos bád mór gan bhuíochas. **396**, 1.

(Is) Faraor nach ndearna mé *lighthouse* ar Chaorán na nGabhar thiar in am. **350a**, 6.

Farewell to my loving sister, it is a year since I have seen her face. **201**, 7.

Farraige, muileann [? páipéir] is na [?] *tiber* ar fheabhas. **214**, 4.

Fásann cruithneacht féin ins gach áit dá (a) siúlann sé, (ach) chomh paiteanta is atá féar i mBearna. **217a**, 7; **217d**, 4.

Fásfaidh bláth arís ar ghéaga. **166**, 17.

(Agus) Fásfaidh cruithneacht mhaol san áit a siúlann sé, chomh fairsing is atá féar i mBearna. **217c**, 5.

Féach ar na daoine atá scanraithe agus iad ag rith lena n-anam ón bpian. **412**, 8.

Féach ar na lasracha dearga, beidh an baile i gceann liathuaig [sic] ina luaithe. **412**, 9.

Féach ar na loingisí fada, agus iad ag teacht ina scata ar an spéir. **412**, 6.

Féach, cheana tá an nuacht ar mhórleath na tíre, tá teachtaire lúfar ag bualadh na slí. **424**, 2.

Féach na liachtaí buachaillí maithe a chuir tú thar sáile, atá ag teacht anall arís. **427c**, 4.

Féach orthu anois agus iad ag doirteadh pléascáin ina scórtha ins gach sráid. **412**, 7.

Fear an ghearráin dhoinn, bhadrálfadh sé an domhan, mar tá an diabhal ar a chrostaíocht is ar a sháraíocht. **257**, 1.

Fear as Uachtar Ard, agus bean as Béal an Daingin. **375**, 3; **375**, 6.

Fear éasca ar a chos é agus scorach breá láidir, bhuailfeadh sé báire in aghaidh stoirm' is gaoith. **315a**, 3; **315b**, 3; **315c**, 3; **315d**, 2.

Fear gan chéill a chaithfeadh léim thar an gclaí a bheadh ard. **87a**, 7.

Fear léannta, líofa, croíúil, cróga. **168**, 2.

Féasta a bhí ar an Sleachán Mór agus deir go leor gur mhair sí seachtain. **275b**, 1.

(Ach) Feasta beidh mé críonna is ní ólfaidh mé dhá phingin rua, tosóidh mé ag déanamh tís is tá sé luath go leor. **292**, 2.

Feiceann mise (feicimse) daoine nuair a shaothraíonn siad gine nó dhó. **193c**, 3.

Feoil chapaill is francaigh is mó a bhí le fáil. **414**, 29.

Feoirling rua ní thabharfainn ar onóir ná ar dhéirce d'fhear ar bith nach ngéillfeadh don aon phearsa amháin. **403a**, 6.

Festy Pheaits Uí Fhatharta, casadh dóibh ag céibh an Mháimín, is d'fhiafraigh sé ar as Carna iad, nó aniar as Inis Ní. **359**, 5.

Fiabhras creathach, [?] fáil is fuacht ort, sin go luath ort is galar báis. **269a**, 7.

Fianna Finn níor mhór dhom, Oscar is Goll Mac Morna, Cú Chulainn an laoch crógánta agus ní cara dúinn a dhíth (nár chlis i gcath riamh). **26a**, 19; **26b**, 7.

Fiche duine a chonaic mise suarach go leor. **407b**, 5.

Fileann an grá fó phian, is dócha táim i do dhiaidh. **45a**, 2.

(Maise) Fill abhaile, a pheacaigh ghránna, mar is measa go mór tú ná an té a bhraith Dia. **144b**, 4.

Fill is fóir ar mháthair an pháiste is, a Dhia atá láidir, fill is fóir. **187a**, 2.

Fill, a rúin ó [sic], agus ná himigh uaim. **267a**.

Fill, fill, a rúin ó [sic]. **267b**.

Fillfidh mallacht Sheáin de Búrca ort, peaca an úill ort a d'ith Éabha is Ádhamh. **269a**, 2; **269c**, 2.

Fíon is beoir ag teacht i gcónaí is é dhá dhóirteadh ar fud an tí. **225**, 7.

Fíorfhíon donn daite agus beatha uisce ar bord, sin agus beoir mhaith Mhártain. **16**, 4.

Fíorshláinte an *whiskey* is é a fháil in am áirithe, níl aon bhean óg dá mbréagfá nach dtógfadh sé a croí. **234**, 5.

Fios m'ainmse ós mian leat i dteanga chliste Ghaeilge, gur bean mé atá i bhfad faoi phian is gan mórán ar bith dá phóg. **419**, 5.

(Agus) Fiuiriú le mo chrúiscín agus deamhan deoir ann. **291a**, **291b**.

Fógraím an grá, is mairg a thug é. **93d**, 6.

Foighid leat go fóill, go bhfeicfidh tú go leor is culaith mhaith chóiriúil den bhréidín. **79**, 3.

Fóill a bháis, go bhfeicfear cén luan a thabharfaidh síos mé. **446b**, 3.

Fóill, fóill a bháis, [?] goidé an lón a thabharfad siar liom. **446a**, 3.

Fóill, fóill a chailín, ní tusa a rinne tada, is cleas é (ach cleas a bhí ann) a rinne do mháithrín. **109a**, 8; **109b**, 5.

For the answer that she gave me, I had no more to say. **153**, 6.

For three long months in search of work, I wandered far and near. **207**, 3.

Fós ní dearnadh abhus ná thall aon chúirt fós ní b'fhearr ná í. **236c**, 5.

(Agus) Fós, tá an caoineadh sin níos géire ag fás gach bliain. **425**, 5.

Fosclaíodh: *féach* Osclaíodh.

Frainc Jeaicín is Maidhcil Nábla a chuaigh siar leo chuig tigh Sheáinín, casadh Peadar Cháit dóibh a bhfuil a bhean le fada tinn. **359**, 8.

Freder ler lerel, freder ler lerel etc. **378a**; **378b**.

From all parts of the world, the birds are all singing, the hawk and the pheasant are high in the sky. **241a**, 2; **241b**, 2.

From England and Scotland and Europe all over, they are crossing the ocean to enjoy their spare time. **241a**, 8; **241b**, 8.

From South Australia our friends are sailing, from Pennsylvania and the Isle of Man. **243**, 5.

From the lakes and the mountains, the rivers are flowing, the sea-trout and salmon are jumping up high. **241a**, 4; **241b**, 4.

Fuair mé (fuaireas) drochbholadh le gaoithe [sic]. **14a**, 10.

Fuair mé amach sa seanchas go raibh tú seal in do *Quaker*. **404d**, 6.

Fuair mé currach ó Sheáinín an lá sin, is thug mise m'aghaidh ar an bhfarraige síos. **5**, 4.

Fuair mé féirín lá aonaigh ó bhuachaill óg (chailín) deas. **70b**, 4; **87a**, 1.

Fuair mé litir le dhul chun an phríosúin, an áit ar (nár) shíl mé choíche nach dtiocfainn ann (go brách) (ngabhfainn go brách). **317b**, 1; **317f**, 1; **317h**, 1.

(Agus) Fuair mé litir scríofa ó mo *sweetheart* agus casaoid chrua. **30a**, 7; **30c**, 3.

(Agus) Fuair mé nead lachan ar an mBreachlainn aréir amuigh. **370b**, 11; **370c**, 8.

Fuair mé nead meachain ar an mBreachlainn agus í lán de mhil. **370a**, 14.

Fuair mé póigín is ní ó chladhaire é. **93a**, 6.

Fuair mé scéala go raibh mo charad ina luí ar leaba an bháis. **83d**, 1.

Fuair mé seanchas le bean den chomharsa, goidé [sic] hí an tseoid a bhí ag dul romham sa tslí. **52c**, 3.

[?] Fuigh leat agus déan, bí agamsa arís, tá mo *fleet* ó dheas den cheann. **453d**, 7.

Fuisió *roudelum row*, fuisió *roudelum* cailleachaí. **120a**; **120b**; **120c**; **120d**.

Gabh amach ar an teallach is thar bhalla na cúirte, bain as is bí ag siúl go n-éirí an lá. **451a**, 7; **451b**, 7.

Gabh do chiall i gceart chugat is ná maslaigh mé ar an gcóir sin, bhí d'athair ar na
    rógairí ba mhó a bhí sa tír. **445a**, 3.

'Gabh mo mhíle pardún agat is céad fáilte romhat chun an tí'. **311**, 6.

Gabhann mise (gabhaimse) pardún ag Rí na nDúl. **443b**, 6.

Gabhfaidh mé go Gaillimh go gceannaí mé ciall. **29**, 10.

Gabhfaidh sé an ród seo amárach agus cuirfead céad fáilte faoi. **88d**, 4.

Gach maidin is tráthnóna nach mise a bhí go soineanta, ag suirí le mo stóirín is dá
    fáisceadh le mo chroí. **73**, 4.

Gairfidh an chuach go binn sa samhradh. **166**, 16.

Galar bocht cloíte, doscaoilte é an grá. **96a**, 4.

(Is) Gealladh mar spré domsa céad is dhá bhó. **63l**, 4.

Gearaltaigh, Brúnaigh, Buitléaraigh agus Búrcaigh, Loingsigh, Frinsigh is Dálaigh.
    269c, 13.

Gearrtar amach mo chónra d'fhíorscoth is togha na gclár. **138**, 7.

Ghabhfainn timpeall Éirinn [sic] leat is Baile na Creige thall. **72e**, 6.

Gheall mo stór spré dom, céad is dhá bhó. **63d**, 2.

(Do) Gheall sé dúinn ar theacht i réim dó. **168**, 15.

Gheall tú aréir dom agus rinne tú bréag liom. **93f**, 2; **93f**, 3.

Gheall tú cuid is maoin dom is maoir a bheith ar mo thréad. **92**, 3.

Gheall tú dom, guí nach miste. **93a**, 10.

Gheall tú domsa is rinne tú bréag liom. **93a**, 9; **93c**, 3; **93e**, 2.

(Do) Gheall tú domsa ní ba dheacair duit. **93b**, 3.

(Do) Gheall tú domsa ní nárbh fhéidir. **93b**, 2.

Gheall tú gine is punt dom agus bhí súil agam a bheith ag cur ina cheann. **8b**, 4.

(Do) Gheall Uilliam mór ach ár saoi do thréigean. **168**, 12.

(Do) Gheall sé [?] tuilleach gach duine is daorbhroid. **168**, 16.

Ghearr sí slabhraín deas orm go mb'fhada liom a shnadhmadh. **336g**, 4.

(Do) Gheit mo chroí le buaireamh agus scanraigh mé (sé) naoi n-uaire, an mhaidin úd
    ar (nuair a) chuala mé (chualathas) nach raibh sí romham (agam) le fáil. **26a**, 3;
    26b, 2; **26c**, 3; **148b**, 5.

(Is) Gheobhaidh mé bás le grá do leagan do shúl. **85a**, 4; **85c**, 1; **85d**, 1.

Gheobhaidh mise cuntas ó bhean an tsiopa mhóir, má tá sí san aois atá tú a cheapadh.
    391a, 6; **391b**, 9.

(Agus) Gheobhainn togha céile dom féin dá mbeinn feiliúnach dó. **7**, 4.

Ghiorraigh tú ar mo laethanta agus mhéadaigh tú ar mo ghalar. **61c**, 4.

Ghlan sé an teallach gur chuir sé tine síos. **263**, 7.

Ghlaoigh mé ar an madra go ruaigfinn ón teach é, ar fhaitíos go scanródh sé an páiste. **304b**, 11.

(Do) Ghlaoigh mé ort is do ghlór ní chualathas. **165**, 3.

Ghlaoigh sé ar Phádraig Bheartla mar bhí sé faoi chás dó, dúirt sé leis teannadh anall go suífidís síos. **287**, 2.

Ghlaoigh sé sraoill is amaid air, leidhb, amadán is óinseach, cineál chlainne [? lóbais] ba mhó a bhí sa tír. **445a**, 2.

Ghléas muid an *Venus* amach le culaith sheoil. **397**, 1.

Ghléas sé air a chulaith ghaisce, a chuid airm is a chuid éadaigh, agus bhí claíomh aige ba ghéire dá mb'fhéidir leis a fháil. **445b**, 6.

Ghléasfadh sé cóiste, cathaoir is barra láimhe. **214**, 5.

Ghléasfainn bainis dóibh, fleá agus féasta, sin is dá réir is gach uile (chuile) ghléas ceoil. **239a**, 4; **239b**, 4.

Ghluais mé orm tráthnóna Dé Domhnaigh. **14b**, 1.

Ghnóthaigh muid uilig é - ná an chaor chaorthainn, ba gile, míne [sic] í ná an eala ar snámh. **64b**, 2; **64c**, 2.

Giorróidh mise feasta mar níl agamsa mórán am'. **242**, 8.

Glac do chiall i gceart chugat féin is ná maslaigh mé chomh mór sin, dar m'fhocal is dar mo mhóide, ní thógfainn ort aon chíos. **445b**, 3.

Gleann a mbíonn foscadh ann, bíonn feochadáin ann is féar. **38**, 4.

Gléasadh suas mé le culaith (i gcuilithín) (leis an gculaith) shuarach, caipín cluasach agus seaicéad gearr (stoca dubh is an ceann eile bán). **317a**, 3; **317b**, 2; **317d**, 3; **317f**, 4; **317**, 3.

Gléasfaidh mé suas í le cóistí (cótaí), agus bratacha óir lena taobh. **342**, 4.

Gléasfaidh mé suas iad na páistí, agus lásaí breá [? óir] leo síos. **218**, 3.

Glór, glór do Thír Chonaill, lá bímse gan [?] eub, suas, suas gach clann chróga ón bhFinn go Ros Eoghain. **424**, 3.

Gluaisteán as Gaillimh a thug chugainn don tír é, bhí díol a chuid earraí tigh *Ghorman*. **325a**, 7.

Go and tell my father, his talk is of small use. **128**, 3.

'Go away you bold rogue, you are trying to plater me', is go mb'fhearr éan in do lámh ná dhá éan ar an gcraobh. **141a**, 5; **141b**, 3.

(Agus) Go bhfága sú na heorna na hóglaigh dá spíonadh. **319d**, 2.

Go bhfása dhá sciathán ar mo ghuailnibh anuas. **63e**, 3.

Go bhfásann an chruithneacht tréan gach áit dá siúlann sé, chomh tréan is atá féar i mBearna. **217b**, 5.

Go bhfeice mé an bád ag teacht timpeall, ón Spidéal nó taobh Chontae an Chláir. **394c**, 8.

(Is) Go bhfóire Dia ar mo dheirfiúirín (a ndeirfiúirín) bhocht atá thiar (thoir) sa Trá Bháin. **156g**, 3; **156i**, 6; **156j**, 2.

(Maise) Go bhfóire Dia ar mo dheirfiúr bhocht atá thiar ar an Trá Bháin. **156b**, 10.

Go bhfóire Dia ar na dílleachtaí atá fágtha (a d'fhága sibh) le fán. **156a**, 8; **156d**, 8; **156e**, 8; **156f**, 8.

Go bhfuair mé litir scríofa síos don phríosún, an áit ar shíl mé nach ngabhfainn go deo ná go brách. **317c**, 3.

Go Caisleán an Bharraigh má théann tú de shiúl ann, beidh tú ar na cumhachta atá i gCnoc Meá. **451d**, 5.

Go Contae Mhaigh Eo má théann tú go deo, cuir fios ar an bhfear (ar fhear) de Sheoigeach. **161a**, 2; **161b**, 2; **161c**, 3; **161d**, 2.

Go deimhin anois, a *Annie*, tá tú do mo mhaslú, cá raibh tú nuair a roinneadh an bhreáthacht. **321**, 5.

Go deimhin ar ndóigh, bhí fáilte romhainn, dá mhéad é i gcóisir a chuirfí chun bia. **225**, 2.

Go deimhin, a bhean sin, tá tú réidh (ag rá) leis. **456a**, 4; **456b**, 4.

Go deimhin, a bhean, ní mé ceachtar den mhéid sin. **456a**, 3; **456b**, 3.

Go deimhin, a Bhríd Ní Ghaora, is tú a bhí caoithiúil thar na mná. **27c**, 2.

Go deimhin, a Mhicil, shíleas go rabhais críonna, 'go deimhin féin nílim ach simplí go leor'. **338**, 5.

Go deimhin, a *Mr. Feeney*, (Mhac Uí Fhínne) ní maith liom é (féin) le n-inseacht, an scéilín úd a chuala mé a d'éirigh duit aréir. **335a**, 1; **335b**, 1; **335c**, 1.

Go deimhin, a Sheáin, níor mhór liom dá ndóirtí do bhó. **293a**, 5; **293b**, 5; **293c**, 5.

Go deimhin, a tháilliúir, ní phósfaidh mé tú mar fhear. **116a**, 5.

Go deimhin, ní bheidh (bheadh) mo bheannachtsa ar an *German* ná ar a chuid *airboats*, b'fhearr liomsa insa gcré é na buachtáil ar bith a fháil. **411a**, 5; **411b**, 5; **411c**, 5; **411d**, 4.

Go deimhin, ní den *bh*reed mé is ní mian liom é a chur i gcuntas. **134a**, 5.

Go deimhin, ní mise aon duine den mhéid sin. **134b**, 3; **134c**, 3.

Go deireanach aréir agus mé ag dul liom féin, is mé ag déanamh ar éadan Loch na bhFaol. **453b**, 1.

Go deireanach aréir, gan bhréig, is ea chonaic mé an bás. **67c**, 4.

Go deo deo arís ní rachaidh (rachad) go Caiseal, ag díol ná ag réic mo shláinte. **383b**, 1; **383c**, 1.

Go dianmhoch an mhaidin siúd, anoir sean-*Tom* agus cáca aige thíos ar thóin mála. **321**, 10.

Go dtabharfá isteach na náisiúin agus go mbeadh suaimhneas ann le fáil. **410**, 18.

(Is) Go dtabharfainn cuairt is céad ar an taobh údán a mbíonn mo ghrá. **8d**, 3.

Go dtaga an tuile bháite ar na gamhna a d'ith an féar. **10b**, 4.

Go dtuga Dia agus Muire don lá amárach a bheith ina bháisteach. **117b**, 7.

Go dtuga scéala do na créatúir a raibh sé ag dream dóibh seal den tsaol. **453a**, 9.

Go gcloisfeá i dtír na hóige, fuaim na bhfeara móra, nuair a thosóidh siad ag stróiceadh agus ag gearradh rompu síos. **26a**, 20.

Go gcuire Dia ar mo leas mé, níl mé críonna fós. **69**, 10.

Go hInse Bó Finne, gabhfad Dé Domhnaigh, agus d'éirigh liom ionad a fháil éasca go leor. **240a**, 7.

Go mallaítear agus go milltear é agus go gcuirfear i mbairille é mór, bán. **410**, 21.

(Agus) Go mba deise [sic] in do bhéal é i láthair lucht Béarla ná cleite as an ngé agus fata. **296**, 10.

Go mba glas é an féar ag [? luathú]. **166**, 15.

Go mbeannaí Dia duit a Sheáin Mhic Shéamais. **456a**, 1.

Go mbeannaí Dia isteach anseo, céad fáilte romhat chun an tí. **311**, 1.

Go ndéanfar droichead óir ar Pholl an Oistre fós, beidh bua Chonnacht ag L[o]in[g]seach Bhearna. **217b**, 1.

Go ndéantar fíon Spáinneach den fharraige seo siar (de bhun is de bharr an fhraoigh). **72a**, 6; **72b**, 6; **72c**, 2.

Go ndéantar fuil den ghealach, nó im de chlocha glasa, nó muillte [? de gach] madra nó cara gach bó. **177**, 5.

Go raibh máithrín dhona acu nach ndéanfadh cás dóibh, dá mbeadh siad ráithe nó bliain gan bhia. **144a**, 4.

(Is) Go síleann céad bean gur leo féin mé nuair a ólaim leann. **87a**, 6; **87b**, 4.

God bless her brave Sinn Féin boys, wherever they may go. 416, **6**.

Goidé [sic] an fear meata tú nó an marbh atá tú, nó an rachfá i gcleamhnas leis an tseanbhean liath. **144b**, 2.

Goodbye to the mountains and long rivers flowing, to all friends I have known I am leaving behind. **241a**, 16; **241b**, 16.

Goodbye, goodbye, a mhuirnín bán. **100**, 6.

Grá ceangail (tobann) níor thug mise d'aon bhean beo. **13a**, 9; **13b**, 2.

Grá mo chroí do chúilín trilseach, deas. **38**, 1.

(Ó) Grá mo chroí le m'anam tú seachas a bhfuil beo. **47b**, 1; **47e**, 1.

Grá mo chroí mo churrachín mar is aici a bhéas an geall. **249**, 1.

Grá mo chroí mo pháistín fionn. **373**, 1.

Grá mo chroí mo stór, is í nach ndéarfadh tada. **18**, 5.

Green stands to grieve my love, and red stands for joy. **128**, 2.

'Gúg-gúg' arsa an chearc is í ag dul ar an lota, 'nach trom is nach tuirseach é deireadh mo scéil'. **347e**, 2.

Gur ag tarraingt stuif as Gaillimh sa *Morning Star* atá mo ghrá. **147b**, 23.

(Is) Gur ar an margadh a chuir mé i mála iad agus chuir mé i *yard* iad ag Mac Uí Laoigh. **332a**, 2.

Gur cineál Protastú[i]n a bhí ann ar feadh na seacht n-aithreacha, d'íosfadh sé feoil Dé hAoine. **337a**, 6.

Gur dhóirteamar [sic] le fána in aghaidh farraige agus gála, go ndeachaigh muid don [?] táiche sin mar is ann a bhí a triall. **401a**, 2.

Gur i mbád go hoileán Neide a ghabhfaidh bean an [? tsníomhacháin]. **147b**, 3.

(Is) Gur in aois a sé déag a fuair mé féin í, is ba ródheas an féirín í ag fear le fáil. **176e**, 2.

(Is) Gur taobh thiar de Chnoc an Chaisil a bhain mé an buaithrín de mo ghrá. **147b**, 9.

Gur thugadar féin isteach dó thar fhear ar bith a bhí in aon áit. **410**, 19.

Gurb é Éamann Eoghain a d'fheann í, Feilipín a bhain a ceann di. **333a**, 3.

Gurb é eascann Aill na Ceilpe a d'fhág an lasadh sa mbean ghearr. **147b**, 2.

(Is) Gurb éard a dúirt mo dhaidí liomsa, nach léir dom [? ceaig] thar chóiste, is go mbuailfí buachaill bó orm a phósfainn in áit an rí. **448**, 6.

Habhú mo leanbh, is habhú mo lao. **377**.

He brought them in an alehouse and called for drinks go leor. **132**, 5.

He found a letter on her and it was written with blood. **126**, 7.

He lay upon the battlefield at Niche-Conmne-Tighe [?]. **415**, 1.

[?] Héméid agus [?] háméid agus ráipéir ghlasa mhíne, agus sleánna an líomháin don iascaire, ár ndóigh. **221a**, 7.

Her eyes were like two sparkling diamonds, or the star on a cold, frosty night. **418**, 7.

Her grave I watered with my tears, and where those flowers grow. **200**, 9.

Her vision is bright before my eyes, it is the reason I can say. **201**, 6.

Hercules láidir, do crádh sa tine le mnaoi. **406**, 10.

His comrades gathered around him and from their eyes tears fell. **415**, 2.

His name I love to mention, in Ireland he was born **123**, 1.

Hup, hup, a chapaillín, a chapaillín an tsléibhe. **378d**, 1.

I [? m'aisling] facthas dom is mé i lár mo shuain. **443a**, 1.

I am a daughter of Daniel O'Connell, and from England I lately came over. **418**, 6.

I am a jolly, young coachman, my fortune I mean to advance. **127**, 1.

I am a young fellow that ran out my lambs in vain. **125**, 1.

I am a youth that is leaving home, bound for America. **129**, 6.

I am fond of Mary Stallion and I know she loves me too. **153**, 2.

I am leaving dear old Ireland in the merry month of June. **200**, 1.

I am sorry to tell you my good days are over, though my youthful motion I cannot realise.
241a, 10; **241b**, 10.

I asked her her name nó cén rud beannaithe a chas insan áit thú, *my heart it will break if*
you don't come along with me. **141a**, 2.

I bportaigh dearglaigh [sic] go dtína nglúine, mar a bheadh lonnú fómhair i dtaltaí bán'.
280, 3.

I bpríosún na céibhe a chaith sé a théarma agus boltaí crua géara air ann fáiscthe. **367c**, 4.

I broke my Mammy's heart the day I did depart, shall I ever see my Daddy any more. **202**, 5.

I cannot continue much longer, the cocks are all crowing, the white heather growing and
flowers blooming high. **241a**, 12; **241b**, 12.

I dreamed I beheld a fair female, her equals I never saw before. **418**, 2.

I dteannta gadaíocht, is éard tú ríste, níl call é a inseacht mar is agamsa atá a fhios. **301**, 3.

I dtír is i dtalamh tá cuntas le fada gur fir a ghníodh *action* na Blácaigh [sic]. **269a**, 14.

(Is) I dtosach an róid is ea shiúlanns a cóiste agus eachraí óga ag léimneach. **16**, 6.

I dtús an fhómhair, san oíche Dé hAoine, is ea déanadh an mhísc ar shean is ar óg. **157**, 1.

(Is) I dtús an tsamhraidh beidh mé ag triall go *Flanders*, ach níl agam ach amhras go
bhfillfead choíche. **108b**, 4.

I gCaisleán an Bharraigh is ea (a) chodail mé aréir. **63a**, 1; **63b**, 1; **63c**, 1; **63f**, 4; **63h**, 1;
63i, 4, **63j**, 1; **63k**, 1.

I gCaisleán Bhreatnaigh, i gcoim na hoíche, bhí naoi míle marbh le dhul i gcré. **427c**, 3.

(Is) I gCaisleán Uí Néill (Rí Néill) atá an té úd (péarla) a bhain díomsa mo chliú
(shnua) (ghrá). **91a**, 3; **91b**, 3; **91c**, 3; **91f**, 2.

(Is) I gCaladh Mhaínse atá mo mhiansa go síodúil, sámh **13a**, 1.

I gCaladh Mhaínse seal do bhíos-sa is mé go súgach, sámh. **13b**, 3.

I gceart cliste, nach breá nach dtigeann tú is mé a thabhairt ón bpian. **87a**, 4.

I gcomharsa Chnoic Uí Dhonncha, ní bhfaighidh tú ann aon dídean. **336d**, 9.

I gConamara is ea tharraing mé mo long i dtír. **433b**, 1.

I gContae Chiarraí a fuair mé féin í. **289c**, 2.

(Ach) I gcríoch na Tuirce is ea bhíonns mo chónaí, tá mé pósta le tuilleadh is mí. **441a**, 14.

I had not walked more than a mile when first I did spy. **129**, 2.

I kissed her pale lips that were once like the roses, her lily white arm from her bosom I drew. **80**, 3.

I know you are a true son of Gráinne, *and my secrets to you I will enfold* [sic]. **418**, 5.

I lár Bhaile Átha an Rí atá Labhrás is Tadhg, is Cathair Uí Eidhin ag na Blácaigh. **269a**, 21.

I lár Lios an Lomtha a chuaigh *Venus* roimhe agus bhain sé de píosa den mhása. **269a**, 38.

I lár Loch Éirne a d'éireoinn 'chaon oíche go dtéinn síos. **61c**, 7.

I Leamhchaill is ea sáraíodh Uilleac gan bhréag (bhréig). **433a**, 5; **433b**, 3.

I loved her dearly, true and sincerely, there is no one in this wide world I loved more than you. **80**.

I mBaile an Róba atá mo chónaí, is tá cumha an-mhór orm i meas léi [?]. **23**, 1.

I mBaile na hAbhann atá an chúirtín is deise dá ndearnadh fós. **238**, 1.

(Is) I mBaile na hInse thiar atá mo ghrá le bliain, mar is ainm di is é grianán [sic] (is áille í ná grian) (is é is samhail di grian) an tsamhraidh (an fhómhair). **56a**, 1; **56b**, 4; **56c**, 1; **56d**, 3; **56e**, 1.

I might as well finish for I will shortly be going, I have travelled all over through Erin's Green Isle. **241a**, 13; **241a**, 13.

I mo bhaintreach is i mo mhaighdean a fágadh mé go hóg. **160d**, 2.

I mo spailpín fánach a fágadh mise, ag seasamh ar mo shláinte. **383b**, 2; **383c**, 2.

I nGleann an Duine Mhairbh is ea chas an tIolrach Mór dom, ba ghearr le dúchán móna é go [?] pramaí a bhí ina shuí. **445c**, 1.

I ngleanntán uaigneach fraoigh, má chastar orm í, is in aisce a bheith ag seinm cheoil di. **53c**, 3.

I oftimes think of childhood days and the tricks we used to play. **77**, 1.

I paid my passage to New York and when I landed there. **123**, 3.

I plucked for her roses some blooming Irish roses, I plucked for her roses, the finest ever grew. **80**, 4.

I quickly addressed this fair damsel, 'my jewel, come tell me your name'. **418**, 3.

I Ros an Mhíl atá an scafaire (preabaire) atá (fear) meanmnach, míntréitheach, a dtugas (le go dtug mé) searc mo chléibh dó agus ní shéanfaidh mé é choíche. **212a**, 1; **212b**, 1.

(Is) I Ros an Mhíl cois cuain atá rún is searc mo chléibh. **72a**, 3; **72b**, 3; **72c**, 1; **72d**, 2; **72e**, 1; **72f**, 1.

I Ros Comáin a bhéas an tiomáint faoi Nollaig seo más fíor. **186f**, 5.

(Ach) (Is) I *Roundstone* lá arna mhárach is ea thosaigh an gleo is an tsáraíocht, is éard a d'ordaigh sagart Charna iad a chur go dtí (thar) Sceirde Mór. **253a**, 3; **253c**, 2.

I slúipín Pháidí Linsigh is ea bhímse ag déanamh bróin. **197**, 7.

I smoke my pipe and tobacco, I walk out as neat as I can. **127**, 3.

I stepped up to this fair-maid and put her in surprise. **122**, 2.

I took it and viewed it all over and then let it down to a smile. **127**, 2.

I went to Philadelphia and from there to Baltimore. **123**, 4.

'I will have to go leat', a deir Seán Ó Fianna[í]. **146**, 10.

I wish I had a small boat or a merchant-man to be **10a**, 7.

I wish I was a small bird with feathers of every kind. **10a**, 5.

I wish I was on yonder hill. **100**, 1.

I wish, I wish and I wish in vain. **100**, 3.

(Oh) (Sure) I would give this world to be with rosy Nell again. **77**, 2.

I would not spoil my family with Connollys at all. **147b**, 15.

Iarla Chill Ala is easpag Chinn Mhara, tiocfaidh le lúcháir is le háthas. **269a**, 16.

Iarrann mé (iarraim) féin ar Rí na gCréacht a chruthaíonn gach luibh. **70c**, 6.

Iarrann mise (iarraimse) ar Dhia is ar Mhuire (Mhac Dara), an lá amárach go raibh ina bháisteach (ghála) (ina ghála go raibh sé amárach). **117a**, 8; **117c**, 6; **117d**, 2; **117e**, 6.

Iarrrann mé (iarraim) ar Dhia go mbeidh sonas is só. **246b**, 4.

Idir Baile Átha an Rí agus an Cárán atá áilleán ban Éireann. **185d**, 1.

If I had Portumna and Lisburn Town. **54a**, 2.

If I was a lark and had wings and could fly. **204**, 3.

If I was in Kilbricken, I would think myself at home. **204**, 1.

If Johnny had been here this night, he would keep me from all harm. **122**, 5.

*If my health is spared, I will be long relating of that boat that sailed out of*Eanach Dhúin. **158c**, 1.

Imeoidh mé amach faoi na tíortha, chomh giobach le caoirín ghlas. **40a**, 2; **40b**, 2.

Imeoidh mé as an ngleann leat mar a d'imeodh an bád seoil. **138**, 5.

Imeoidh mé le cóir i ndiaidh an Turlaigh Mhóir nó go mbainfidh mise an fheoil dá chnámha. **259**, 5.

Imigh agus déan sin agus bí agam anseo arís, mar tá mo *fleet* ó dheas den cheann. **453b**, 8.

Imigh agus éalaigh agus ní (deamhan ar) miste liom féin é, ní taobh léi atá Éire agus maltraid (agus do mhaltraid) le fáil. **107a**, 6; **107b**, 4.

Imigh leat agus (is) déan sin, agus (ach) bí agam (-sa) anseo arís, agus (is) gheobhaidh tú (beidh) mo (do) *fleet* ó dheas den cheann. **453c**, 10; **453f**, 6; **453g**, 6.

In a lonesome townland in the west of Ireland, I was bred and born in the month of June. **243**, 1.

In aois a sé déag, is ea phós (a fuair) mé féin í (tú), is nár (ba) dheas an féirín í ag fear le fáil. **176a**, 4; **176b**, 4; **176c**, 2.

In éindigh a d'fhágadar Gaillimh agus in éindigh a chroch siad seol. **397**, 2.

In Iorras Mhór [sic] atá m'áras, tá mo chónaí ann le ráithe - cé gur rídheas an áit é ag fear slabhra. **277**, 5.

In Oileán Éadaí atá mo rún is mo chéadsearc, is léi a lig me mo rún is mé óg. **176d**, 1.

In Oileán Éifinn atá an saileán géarghlas, an chuach is an traonach ar bharra géaga. **239a**, 9.

In Oileán Néifinn' atá (a bhí) mo rún is mo chéadsearc, an bhean ar (agus) lig mé léi mo rún is mé óg. **176b**, 1; **176c**, 1; **176e**, 1.

In transports of joy I awaken, and find I have been in a dream. **418**, 9.

In Waterford City we wasted our clothes to change. **125**, 2.

Iníon bodach [sic] de ghrá codach, ní shantóinn í. **13b**, 6.

Iníon rí as Breatain, gluais go Conamara ar thóraíocht fear feasa ach an drochuair di féin [sic]. **51**, 5.

Inis dom cé dhár díobh tú, cá mbíonn tú nó cá mbíonn do dhream. **341**, 2.

Insa mbotháinín sléibhe, bhí a bhean ag gol agus ag caí (caoineadh) (is ea chonaic mé bean ag gol is ag caoineadh) . **163a**, 3; **163b**, 2; **163c**, 2.

Insan oíche Lá Fhéile Pádraig, bhíos i dteach tábhairne, bhí gine in mo láimh dheas dob fhearr a bhí agam. **282**, 1.

Inseoidh mé anois daoibh an *crowd* a bhíodh ann, bhíodh Maidhc Bheartla ann ag rith ar Bhid theach na leachtaí. **270**, 6.

Inseoidh mé anois daoibh chomh fada agus atá mé in ann, níor facthas dom féin a ndéanfadh sé gan stró. **221b**, 4.

Inseoidh mé anois daoibh chomh fada is atá i m'éirim, gach uile (shórt) ní a dhéanfadh sé gan aon stró. **221c**, 4; **221g**, 3.

Inseoidh mé anois duit chomh fada le m'éileamh (agus is léir dom), an chuile shórt ní dá ndéanfainn gan stró (chuile ní a dhéanfadh sé de gan stró). **221d**, 5; **221f**, 3.

Inseoidh mé scéal daoibh ar sheansceach ghránna, a bhí ag fás insan áit seo atá mé a sheanchas daoibh. **363**, 5.

Inseoidh mise scéal daoibh anois faoi Sheanadh Phéistín, mar táthar ag troid (ithe) agus (is) ag marú (gearradh) a chéile ann anois ar bheagán fáth. **274a**, 1; **274b**, 1.

Iompóidh mé an gleann díreach leat mar a dhéanfadh an báidín seoil. **27b**, 5.

Is [? follasach] don saol gur phóg me do bhéal, naoi n-uaire is céad le [? rachmas]. **58**, 2.

Is a stóirín, ná fág i do diaidh [sic] mé mar gheall ar mhaoin ná ar eallach. **99a**, 5.

Is a Taimín Bhán [? Úi Riagáin], níor mhaith liom tú a bheith tinn. **186d**, 3.

Is agam a bheadh sí i gciomion [?] an tsaoil is i gcionnan [?] a múirnín is a mbaineann léi a bheith. **15d**, 2.

Is agam a bhí an Chríonach dob áille, dár shnámh na pláinéid faoi scóid. **350b**, 5.

Is agamsa a bhí an chuiseoigín ba d[h]eise a bhí sa tír. **302**, 1.

Is agamsa a bhí na searbhóntaí ab fhearr a bhí sa (ar an) domhan seo. **405a**, 1; **405b**, 1.

Is aigesan a bhí an mháthair a roinnfeadh bia is anlann, is dá dtagadh Feara Fáil ann, ní raibh cás ar bith uirthi faoi. **174**, 4.

Is ait an fear ag baile mé is dhéanfainn muileann éadaigh. **378a**, 5; **378b**, 5.

Is ait an maor i mbaile mé, ní dhéanaim troid ná gleo. **88a**, 2; **88b**, 2.

Is ait an maor i mbaile mé, ní dhéanfainn troid ná gleo. **35**, 3.

Is ait an teach é tigh Fhrainc Conaola lena ndeir an mhuintir a tharraingíonns ann. **64j**, 2.

Is ann a dhearc mé maighdean ar bhruach na sceilpe draighní. **103d**, 2.

Is aoibhinn, aerach ar thaobh an tsléibhe, ag breathnú síos uainn ar Bhaile Uí Laoigh. **105d**, 3.

Is ar an mbuachaillín ciúin atá tús agus deireadh mo scéil. **137**, 3.

Is ar maidin Dé Domhnaigh is mé i mo luí ar mo leaba. **181a**, 5.

Is ar na braontóga bána is ea ' chónaíonn mo ghrá-sa, [...] gur aoibhinn léi mé. **107a**, 2.

Is ar shliabh go cinnte atá stór mo chroí-se, is ní chodlaím oíche ach ag déanamh bróin. **74a**, 5; **74c**, 3.

Is b'fhada liom uaim go ngluaisfeadh solas an lae. **45a**, 2.

Is beag do dhíol trua má fuair tú bás dona. **279**, 3.

Is beag é mo spéis i d'fhidil ná i do [? chláirseach]. **110**, 3.

Is bean agus fear a casadh dom uair sa lá. **149a**, 2.

Is binne an bánsruth is é ag rith le fána, is na héanlaith [sic] go breá binn ar bharr na gcraobh. **71**, 2.

Is bréagach an [?] eireogann crann sailí na Spáinne. **216c**, 3.

Is breátha í ná *Dido*, crann soilse (sailligh) na Spáinne. **216a**, 3; **216b**, 3; **216c**, 3; **216d**, 2.

Is buachaill mé a fuair foghlaim, agus in aois mo scóir dom is ea thit mé i ngrá. **22**, 3.

Is buachaill óg mé agus bhaininn barr den ghaoth. **149a**, 5.

Is buachaillín deas, óg mé a thug mórghean (mórán geana)(grá geal) do mhnaoi. **28a**, 1; **28b**, 1; **28c**, 1; **28d**, 1; **28e**, 1; **28f**, 1.

Is buachaillín rí-aerach mé is ní féidir athrú a rá. **72e**, 3;

Is buan mo mhallacht ort, a Sheáin Uí Mhaonaigh, is tú a d'fhéach an tslí mé a chur chun báis. **115**, 4.

Is cailín beag gan chiall tú is ní féidir liom tú a mhúineadh. **110**, 2.

Is cailín deas óg mé, gan an t-eolas ná an gliceas. **90b**, 3.

Is chaith mé na seacht mbliana do mo dhaoradh agus do mo chrá. **72d**, 5.

Is cineál Protastú[i]n a bhí ann ar feadh na seacht n-aithreacha, agus d'íosfadh sé feoil Dé hAoine. **337b**, 6.

Is cinnte a rúin chroí dá bhféadfainnse scríobh síos, go meallfainn mo mhian gan amhras. **60b**, 2.

Is cluinim iad dá lua is dá rá, agus is caint í a thuigeas a lán. **67a**, 6.

Is coileán múinte, socair a bhí ann tráth ar thosaigh sí ag cur chogaidh orm. **404b**, 11.

Is cóir an teach é tigh Fhrainc 'ac Conaola, a deir na daoine liom a tharraingíonns ann. **64e**, 2;

Is cosúil í le réic bocht a d'imeodh roimhe ar fud na réigiúin [sic]. **405b**, 5.

Is cuimhneach liom a dúirt [?] daolann gur carraig mé de ghnáth. **385**, 4.

Is cuma cén [?] i bhfus na bainis' é, ceol ná pléaráca, a bhéas thart insan áit seo agus muid leagtha san uaigh. **34**, 13.

Is cuma liom cé[ard a] déarfadh aon neach, ní mo chéad searc a déarfadh tada. **6d**,

Is cuma liom faoin domhan céard a déarfas éinne liom, tabharfad tú lé fána agus ó ghrinneall is ó fhréamh. **363**, 14.

(Is) Is cuma liomsa féin céard a déarfar liom luath ná máll. **30c**, 2.

Is daoire é ná an *mollasses* a théanns ar an tae. **297**, 2.

Is deas a d'fhás an cuircín. **354b**, 1.

Is deas an áit ag teacht don fhómhar Cúirt an tSrutháin Bhuí. **236b**, 1.

Is deas an áit é i leith ón bhFairche, murach geadán gránna atá ar an mBóthar Buí. **430**, 6.

Is deas an baile é an baile seo, an té a d'fhéadfadh fanacht ann. **223**, 1.

Is deas an féirín, gafa, gléasta Cúirt an tSrutháin Bhuí. **236d**, 1.

Is deas an rud an carraigín, a dúirt an bhean aréir. **364a**, 1.

Is deas an rud poitín sa tír seo, d'íocfadh sé cíos is *poor law*. **286a**, 1.

Is deas an rud saoirse, níl ní chomh daor, is maith an rud an talamh gan cháin ná gan chíos. **437**, 9.

Is deas an sagartín é stór mo chroí. **102d**, 2; **102f**, 1.

Is deas é do theach cónaí, tá an sonas ann i gcónaí, tá seift ann agus lón is tú in ann a theacht i dtír. **150a**, 4; **150b**, 4.

Is díomhaoin le blianta a bhí gliocas gach lámh, is meirgeach a d'éirigh gach píce ar a gceann. **424**, 5.

Is doilbh, dubhach, deorach an pósadh do gealladh dom, go hóg mé a cheangal le seandonán. **III**, 1,

Is dona an spíd a mheath Gaeil. **422**, 4.

Is dona an t-am a dtáinig tú is an t-earrach ann go díreach. **442**, 5.

Is é a com caol, seang na bhfáinne glas', is í Peigín atá mé a rá. **68b**, 8.

Is é a dúirt an sagart é a dhíbirt thar sáile, nó é a fhágáil i gcarr thíos i gContae na Mí. **345a**, 7.

Is é a dúirt Cathasaigh Mhaínse go raibh sí deanta ó thogha na saortha, agus nach raibh bád ar bith déanta a bhí in ann í a bhualadh amach. **253d**, 4.

Is é a dúirt mo stór liom dá bhfaghainn blas a póigín, go mba mhilse go mór í ná an bheoir is ná an mhil. **41a**, 6.

Is é a dúirt Pádraig *Connolly* nach bpósfadh sé féin Bríd. **156c**, 5.

Is é a mheasaim go cinnte, gur ag cogaint a chíre, mar tá an boladh ina thimpeall go gránna. **367c**, 5.

Is é a n-iarrfá d'obair i gcaitheamh do shaoil (do chaith tú do shaol), ag caitheamh tobac is dá ligean le gaoth. **142a**, 5; **142a**, 5.

Is é a thuigim is a mheasaim gur suarach an ní, a bheith ag ceannach tobac is dá scaoileadh le gaoth. **142c**, 4.

Is é an áit a bhfuil siad anois thíos i mBearna, [le cráiteachán i mbothán bocht, gan mórán fáltais ann ná deis ach clúid acu] dóibh féin. **439c**, 6.

Is é an áit a gcuirfidh sibh mé, in éineacht le mo dheartháirín, a thug an báire leis as chuile thír. **239c**, 4.

Is é an áit ar chodail mé aréir, ar thuláinín féir ag tigh *Mhorrissey.* **120a**, 6.

Is é an breithiúnas a dhéanann sinn i gcónaí, é a scaoileadh romhainn síos go Páirc na Cloiche Maoile. **215**, 3.

Is é an chomhairle a thug mo dhaidí dom (a chuir m'athair orm) gan aon deoir a ól. **63b**, 5; **63d**, 3.

Is é an chomhairle a thug mo dhaidí dom gan aon deoir a ól. **217b**, 6.

Is é an freagra ba dóigh a fháil uathu ag rá, 'tá teanga bhur n-oileán anois marbh go deo'. **437**, 7.

Is é an gnás a bhí ag baile againn de réir dlí na hEaglaise, an tAifreann is an paidrín is gach aon ní mar is cóir. **240a**, 2.

Is é an plean a cheap *Holleran*, mise agus Peaitsín Bán. **414**, 4.

Is é an scéal a chuirimse chugaibh, a scafairí Bhaile an tSléibhe. **185b**, 4.

Is é an t-ainm rialta atá anois sa tír seo, mar a bheadh bád lá gaoithe a bheadh gan aon seol. **313**, 10.

Is é an t-amharc breá is áille é atá go hard (ann) ar gach taobh. **246a**, 3; **246b**, 2.

(Maise) Is é an té a cheap amach é, sean-Rúiseach bradach, ní raibh ann ach é a scalladh nó é a lasadh gan bhréig. **353**, 15.

Is é an t-ochtú Rí hAnraí a d'fhuascail é de réir mar a dúirt na húdair. **405b**, 6.

Is é an t-oileán is folláine ó Mheiriceá anall é, níl gasúr ná páiste ná malrach ann tinn. **5**, 8.

Is é an tsamhail a bhéarfainn do mo chéad searc is do leagan a shúl. **91d**, 10.

Is é *Bartley* an glancheardaí is fearr insa tír seo. **214**, 1.

Is é beatha an tseanduine tobac agus píopa, ó, agus fiú an t-unsa, níl aige le fáil. **280**, 4.

Is é Camas an áit sin is deise dá b'facthas, mar níl aon áit níos fearr ná é thart timpeall faoin spéir. **191a**, 2.

Is é cumha mo chroí agus díth na hÉireann. **168**, 1.

Is é De Valéra a bhí smeairtáilte mar is é a chuir *passport* ina lámh. **414**, 8.

Is é De Valéra Uachtarán na hÉireann, is molfaimid go héag é mar charaid. **413**, 6.

Is é deireadh an tseanchais is críochnú an chúirt bhréige [sic], gur daoradh Seán
　　Shéamais le príosún sé mhí. **315a**, 14; **315b**, 14; **315c**, 14.

Is é deireadh mo scéil is creidigí é, go mbeidh *Parliament* Ghaelach ina seasamh. **413**, 10.

Is é fáth mo bhuartha nach bhfaghaim cead cuarta (cainte) sna gleannta uaigneach' a
　　mbíonn mo ghrá. **74a**, 1; **74b**, 1; **74c**, 1.

Is é fuisce *Tom* Sheáin a d'fhága mise gan mhac. **159**, 1.

Is é iomrá na gcailleach is na seandaoine críonna, a d'fhág mearbhall ar m'intinn is néal
　　in mo cheann. **349**, 2.

Is é is ionann do phocán in aimsir le scalladh maith bracháin, líonann sé an t-áth. **367c**, 7

Is é *Jimmy* Seoige a dheisigh í, chuir sé dhá throigh dhéag de sheas inti, chuir sé áit na
　　ngunnaí amach inti agus cruach amuigh ina ngob. **255**, 4.

Is é léan géar gan bliain ar fad insa lá. **85b**, 2.

Is é Maitias Ó Dubháin an fíoránach lúfar, crann seasta na cúise nár chlis in aon
　　ghábhadh. **349**, 5.

Is é Maitiú, mo léan, a chaill uirthi an méid sin, nuair a chaith sé deich spéireat in áit
　　cuilead hairt. **362**, 2.

Is é mo chaí nach bhfuil mé in Éirinn, ar bhánta féaracha ar oileán siar. **194**, 1.

Is é mo chreach agus mo chrá nach bhfuil éadach orm ná bláth. **67a**, 5.

Is é mo chreach is mo dhíth, faraor, is mé anois atá sa ngluais. **390a**, 4; **390b**, 4.

Is é mo chreach mhaidine is mo chrá nach bhfeicimse Máire ag teacht. **40a**, 3; **40b**, 3.

Is é mo chreach mhaidine má rugadh mé riamh. **29**, 2.

Is é mo ghabhairínse gabhairín na cíbe. **146**, 5.

Is é mo ghuí le Dia go mbeidh sonas is só. **246a**, 6.

Is é mo léan a mhíle stór, níl an bóithrín ag teacht chun do thí. **85a**, 6.

Is é mo léan deacrach is mo chreach mhaidine, gan mé go hóg is a bhí mé lá. **64a**, 7.

Is é mo léan gan mé is an bhean údán is ansa liom faoin ngréin. **49**, 3.

Is é mo léan géar gan mé i m'éinín druideoige. **32**, 2.

(Maise) Is é mo léan géar gan mé i mo lacha bheag (lachóigín) bhán. **67a**, 4.

Is é mo léan géar gan mé i mo phréachán dubh. **83a**, 10; **83b**, 10.

Is é mo léan géar gan mé sa mbaile a mbíonn an chreathnach ann (ag fás). **278a**, 1; **278b**, 1.

Is é mo léan géar gan mise i Sasana agus cailín beag as Éirinn liom. **30b**, 3.

Is é mo léan géar gan mo bhóithrín isteach chun do thí. **85b**, 3.

Is é mo léan géar nach bhfuil mise agus mo chonairt sa sliabh. **75**, 1.

Is é mo léan géar nach i bhfarraige a bhí tú, nó i bhfad ó do mhuintir thall sa Spáinn. **172**, 3.

Is é mo léan géar nach ndéanann sé sneachta agus sioc. **67b**, 8.

Is é mo léan go bhfuil sí tógtha, go bhfuair sí eolas ar leabhar is ar pheann. **64h**, 4.

Is é mo léan mo dhíth is mo dheacair, ní bás a fuair gan pheaca, a liachtaí lá breá fada a
chaith mé is í liom. **177**, 3.

Is é mo léan nár éag mé go hóg i dtús mo shaoil. **89b**, 2; **89c**, 2.

Is é mo léan nár pósadh mé le stóirín geal mo chroí. **28a**, 12.

Is é Pádraig (Páidín) Seoige an ceardaí is bheirim (molaim) féin an barr dó, mar ba mhaith
é (go paiteanta) ag cur (a chuir) adhmad [sic] le chéile. **251a**, 2; **251b**, 1; **251c**, 2.

Is é Pádraig Ó Céidigh an carraera [sic] is Colm Mháirtín as na hAille, is leo a casadh an
chasóigín an lá úd ar an mbóthar. **309a**, 4; **309b**, 4.

(Mar) Is é radharc do shúl a spreag mise ar dtús is a bhain mo dhúil as caitheamh an
bhia. **36**, 3.

Is é ráite na mbacach is na slaiseálaithe gránna (gceannaithe mála), a chuir (thóg) néal in mo
cheann le linn aithris don choróin (ó shíoraithris gach ló). **240a**, 4; **240b**, 4; **240c**, 4.

Is é Rós do bhreoigh is do chloígh go deo sinn, mar ar fágadh mórchuid dínn sínte lag.
428, 3.

Is é seachrán na farraige a thóg as an áit mé, ag soláthar mo bháidín a d'imigh le sruth.
46b, 3.

(Ach) Is é Seáinín Sheáin Shéamais a chuaigh síos go Luimneach, nó go bhfaigheadh sé
uaidh scríofa na dindiúirí ceart'. **368b**, 5.

Is é Séamas Ó Ceallaigh an fear fuar le fada, is é is buan do mhallacht a mháthar. **367a**,
5; **367b**, 4; **367c**, 1; **367d**, 3.

Is é Séamas Ó Fathaigh an gabha soineanta, sásta, an comhluadar lách le theacht chun
an tí. **221d**, 1.

Is é sú an ghráinne eorna a thairníonns gleo mór agus cath. **149b**, 2.

(Agus) Is é sú na heorna a thóg an buaireamh seo i mo cheann. **149a**, 3.

Is é Tomás Ó Fathaigh an gabha (fear) soineanta, sásta (cóir), agus is é an comhluadar
sámh (sásta) é le theacht chun an tí. **221a**, 1; **221b**, 1; **221c**, 1; **221e**, 1; **221f**, 1;
221g, 1; **221h**, 1.

Is é tuirne Mháire an tuirne sásta, déarfadh a lán nach bréag é (shiúil sé páirt mhaith
d'Éirinn). **265a**, 1; **265b**, 1.

Is é tús m'óige, ní raibh mo mhuintir chomh hacmhainneach is go dtabharfadh siad
domsa mórán foghlama ná oideachas ar Bhéarla. **403c**, 1.

(Ach) Is é uisce na bhfataí is mó a chloisfeá ar srúill ann, agus déarfainn go mb' fhiú
díbh é a sheansáil. **327**, 5.

Is éard a d'inis sé dom, a dhul amach as an teach. **298**, 7.

Is éard a d'ordaigh na sagairt é a chur thar sáile, nó é a fhágáil le carr i gContae na Mí.
345b, 6.

Is éard a dúirt an chailleach liom faoi spéachadh. **404d**, 7.

Is éard a dúirt an *pancake*, tá cleamhnas le fada agam le sean-Bhairbre Mháirtín. **321**, 13.

Is éard a dúirt Beairtlín Ó Gríofa mar is fear é a bhí lán de scáth. **370b**, 7.

Is éard a dúirt Colm Mhaitiú liom, nach seasfadh muid é. **294**, 5.

Is éard a dúirt fear as Acaill liom ná bíodh díth céille ort (ort díth céille), ag gol is ag
   éagaoin i ndiaidh Chúl na Binn'. **239a**, 5; **239b**, 5; **239e**, 2.

Is éard a dúirt mac Mhic Dara, meas tú an mbeadh aon seans agamsa má bhíonn an
   tseanlánúin sásta. **321**, 9.

Is éard a dúirt mac na baintrí, dá dtugtá mé an bealach, beidh [sic] agat is céad fáilte. **321**, 12.

Is éard a dúirt mac Stiofáin Learaí, tá teach is talamh agamsa, socraithe istigh i dtóin na
   hAirde. **321**, 15.

Is éard a dúirt Máire Bhreatnach leis, sin í ar an teallach í, tá súil agam le seachtain leat,
   is fada a bhí (atá) tú amuigh. **148a**, 2; **148c**, 2; **148e**, 2; **148f**, 2.

Is éard a dúirt Máire, 'Tá an bealach an-tráthúil, is ba mhaith (b'ait) liom go bhfeicfinn
   mo dheaide'. **391a**, 10; **391b**, 3.

Is éard a dúirt Mairéad le hAindí, 'Cuir tusa abhaile í, sílim gurb é an plean is fearr
   duit'. **304b**, 6.

Is éard a dúirt Maitias Ó Gríofa mar is fear é a bhí lán de scáth. **399**, 1.

Is éard a dúirt mo dheaide liomsa, dul ag lorg mnaoi [sic]. **28b**, 5; **28c**, 5.

Is éard a dúirt mo stór liom, gan a bheith ag ól, nach mairfinn beo ach seal beag gearr. **288**, 3.

Is éard a dúirt Séamaisín bosach, 'A chladhaire ná bac leis, téigh ag tarraingt an phinsin
   go Carna'. **321**, 14.

Is éard a dúirt Seán Phádraig, 'Má théann sibh sa g*Cláróg*, tugaigí libh tine aráin (arán)
   agus fataí'. **391a**, 12; **391b**, 4.

Is éard a dúirt sean-Mharcas, an fear ba chríonna san áit, ach níor mhaith leis a rá mar
   bhí sé leathchaoch. **363**, 2.

Is éard a dúirt sean-*Tom*, 'Glan leat as m'amharc, ní thabharfaidh me *sign*áilte an áit
   duit'. **321**, 2.

Is éard a dúirt *Stephen* Staffa, 'Caitear síos i bpoll í'. **331**, 5.

Is éard a dúirt Túna, 'Is bád maith í ar iomradh is tá sí thar cionn ag dul trasna'. **391a**, 3.

Is éard a dúradar 'Osclaigí an doras nó dathóidh sé an tsíleáil [...]'. **296**, 4.

Is éard é an German bladaire de phlandóir is é bréagach, ní le cás do na Sinn Féiners a
   thógfadh sé leo lámh. **411a**, 6; **411b**, 6; **411c**, 6.

(Agus) Is éard é Micil Pháidín, buachaillín ciúin, mánla, is de réir mar a deir (dúirt) na mná
   linn, a bhí go maith (go mba lách é) i dteach an óil. **253a**, 6; **253b**, 6.

Is fada (faide) na trí ráithe a chaith mé ar bharr (thaobh) an chnoic úd thall, gan foscadh ar bith agam ann ná dídean. **65c**, 7; **65e**, 5; **65f**, 2.

Is fada a chaith Sasana ag iarraidh í a bháthadh, dá fágáil le (faoi) f(h)án, faoí leatrom is (agus) faoi léan. **438a**, 3; **438b**, 3.

Is fada a shiúil mé ó thit an oíche. **182d**, 1.

Is fada ag siúl an coinín is tá sé crochta ar taobh tigh Sheáin. **147b**, 14.

Is fada an lá a dúradh gurb í an chroch ba dual duit, ó shlad tú an triúr i gContae an Chláir. **269b**, 2.

Is fada an réim a shiúil mé féin leat, ó (is ní) inné go dtí inniu. **70b**, 5.

Is fada an réim siúd a thug mé féin ó inniu go dtí inné. **70e**, 3; **70f**, 3.

(Ó) Is fada buan an bealach é agus mé ag tarraingt ar an gClár. **27a**, 6.

Is fada i gcéin inniu na héin ó bhántaibh Inse Fáil. **198**, 1.

Is fada le fán í Éire, mo chrá, is a muintir dá gcrochadh is dá céasadh. **413**, 1.

Is fada liom féin go nglaofaidh an coileach go hard. **43**, 5.

Is fada liom go bhfeicfidh mé do litir faoi shéala. **185d**, 5.

Is fada me ag fuaidreamh ar thuairisc mná tí. **63f**, 3.

Is fada mé ag imeacht ag tuairisc (tóraíocht) mná tí (sí). **63a**, 2; **63c**, 2; **63e**, 1.

Is fada mé ag imeacht ar thuairisc mná caoin'. **63h**, 2.

(Agus) Is fada mé in uaigneas ar thuairisc mná tí. **63b**, 4.

Is fada mise tinn i mo luí ar chúl mo chinn, is marc agam ar ghreim mo mhéara. **56b**, 1; **56d**, 1.

Is fada mo thriall is mé ag siúl an róid seo liom féin. **169**, 3.

Is fada na seacht seachtainí a chaith sí in iomaire báite. **405a**, 3.

Is fada ó fuair mé aithne ar chailín óg san áit, agus geallúint ar í a fháil le pósadh. **65e**, 1.

(Agus) Is fada ó fuair mé seans (fáil) ar chailín óg san ngleann, agus geallúint ar (gealladh dom) í a fháil le pósadh. **65a**, 1; **65b**, 1; **65c**, 1; **65f**, 1; **65g**, 1.

Is fada ó thug mé grá do chailín óg sa ngleann, is gealladh dom í a fháil le pósadh. **65d**, 1.

Is fada taobh thall sean-Dónall *Boyle*, gan ceart ar bith a thabhairt d'Éirinn. **413**, 3.

Is fadó a phósainn baintreach murach faitíos go bhfaighinn bás. **147b**, 18.

Is faide liom go Domhnach ná a bhfuil romham go féile San Seá[i]n. **147b**, 25.

Is fearr go mór an t-ól é ná an fuisce is ná an leann. **294**, 2.

Is fearr mo leathlámhsa ag bord is ag suíochán, is bíonn mé ag scríobh léi agus m'aghaidh ón bpeann. **301**, 11.

Is fíor iad na focail a dúirt an sean-rá, 'bíonn meas ar na daoine ag a bhfuil meas orthu féin'. **437**, 8.

Is fíorscoth Ceallach tréan, is díobh an leanbh séimh, agus do shíol Chnochúir de thaobh a máthar. **44**, 5.

Is fliuch, fuar an bealach é seo siar tríd an mhóin. **37**, 2.

Is fliuch, fuar é mo chuairt ar an mbaile seo aréir. **83d**, 4.

(Ach) Is gaire do do sheanchas ná labhair go fóill liom, níl in do chomhrá ach glórtha díom. **441a**, 13.

(Ach) Is gearr go mbeidh siad pósta agus iad socraithe, agus ní bheidh smid air arís go deo. **253d**, 6.

Is gearr uainn breithiúnas ar lucht na tíre, beidh siad ag caoineadh ach beidh siad mall. **320**, 7.

Is gifte ó Chríost í, an té (dó) a bhfuil sí i ndán (dó). **216a**, 7; **216c**, 3; **216d**, 3.

Is gile a [? píob] is a bráid ná cúr na toinne ar an trá, is ná aol a bheadh ann lá breá gréine. **56b**, 7.

Is gurb é an fáth a bhíonns ag mná ag tabhairt 'bodach Ó Máille' ort, de ghrá a bheith ag trácht ar na hearraí. **300c**, 6.

Is gurb éard a shíl mé agus a cheap mé, dá gcaithfinn ráithe an earraigh ann, nach seasfainn beo an tseachtain ann [...]. **439a**, 2.

Is í (é) údar (ábhar) m'osna is m'éagaoine, gach maidin chiúin dár éiríos (dá n-éirím), a chuach (chúl) na lúb is na bpéarlaí, nach domsa a bhí tú i ndán. **26a**, 5; **26b**, 3.

Is í a bhí déanta faoin adhmad a bhí go breá. **237**, 2.

Is í a labhair Colm Cille, is í a labhair Naomh Pádraig, labhair na fáithe, is í a labharaíonns muid féin. **438c**, 3.

Is í a sháraigh na trí seoid a bhí i gclampar faoin mball óir, nuair a tharraingíodar an ceo ar *Helen*. **44**, 4.

Is í an cailín óg í is deise ar m'eolas, tá sí tógtha ar leabhar is ar pheann. **64a**, 6.

Is í an *Chieftain* an soitheach is gleoite a d'fhág amach Éirinn le fada, bhí cáblaí, tuí, eorna uirthi agus bloic fhóid mhóna, is a taobhanna cóirithe ón [? láib]. **203**, 3.

Is í an scéim is mailísí í le cuimhne daoine, nár chuala aon Chríostaí dár rugadh fós. **313**, 4.

Is í an teanga is sine (binne) í, is í an teanga is áille í, is í an teanga is breátha (fearr) í feictear dom féin. **438a**, 2; **438b**, 2; **438c**, 2.

Is í bean an óil atá i gceist, fear an óil is a phócaí folamh. **57**, 2.

Is í Bríd Ní Riagáin an rógaire, níor chreideas riamh nárbh í. **78**, 2.

Is í cuaichín bharr na gcraobh í, is péacóigín an bhrollaigh bháin. **30f**, 4.

Is í do bhean a líon é agus ní le tuí ná [?] scróib. **264a**, 3,

Is í do chumann a bhí gearr is a chlis orm ins gach gábh, nó go sínfear mé faoi chláir cónra. **65a**, 2.

Is í is deise bláth is a gruaig ag fás, is ag folú páirt dá *petticoat*. **454**, 3.

Is í is deise, [? mhanla], mhúinte, dá bhfaca súil ar bith go fóill. **52a**, 2.

Is í Máire an bhean nár chuimhnigh peaca ar bith a dhéanamh, mar a thig na húlla milse ar thaobh deas na gcrann. **403a**, 9.

Is í Máire Ní Eidhin an stáidbhean bhéasach (mhaiseach) ba deise méin is ab áille gnaoi (snua). **105a**, 5; **105c**, 5; **105d**, 5.

(Ó) Is í mo ghrá-sa Máirín, is deas a bhréagfadh sí mo leanbh bán. **4c**, 6.

Is í mo mhamaí í, is í mo mhamó í, is í mo mham mhór í, cailleach an airgid. **151**, 3.

Is í mo mhamó í, gairm go deo í, is í mo mhamó í, cailín an airgid. **151**, 1.

Is í mo shearc agus mo Róisín í, is í bláth na mbláth cumhra í, is í an sam[h]radh agus an fuacht í idir Nollaig agus Cáisc. **107a**, 3.

Is í plúr gach uile scéal í, snua gach uile scéim í, is í an t-údar í nach féidir dá huireaspaidh a bheith slán. **403a**, 11.

Is í *Venus* rí gach ní, scríobh *Homer* ar an gcraobh, [...] **60a**, 7.

Is iad cnoic Dhúiche Sheoigeach a bhris (a dhubh) mo chroí. **102a**, 6; **102d**, 4.

Is iad mo chuid gamhna na gamhna geala. **110**, 5.

Is iomaí [?] finneán cráite ag dul romham is contúirt bháite, mar tá *thunder-bolts* dá ghardáil is dá loscadh linn ins gach taobh. **26a**, 16.

Is iomaí buachaill an-láidir, a chuaigh le trí ráithe insa gcré. **286a**, 4.

Is iomaí cailín a mealladh romhatsa, agus atá an-deas ina cuid reaigeannaí. **365**, 4.

Is iomaí cailín óg, deas ó Chasla go Baile Átha Cliath. **28d**, 4.

Is iomaí deoraí ag dul na mbóithre ach faigheann sé dídean go moch nó mall. **189**, 1.

Is iomaí duine uasal a bhí cóir is a bhí gléigeal. **422**, 8.

Is iomaí fear maith a d'fhág sí sínte, a bhfuil a inchinn dá spíonadh ina cheann. **350b**, 2.

Is iomaí lá aerach a chaith mé ar shléibhte Chonamara. **185c**, 1.

Is iomaí lá breá aerach a bhíos ar thaobh an chnoic úd thiar. **10b**, 3.

Is iomaí maidin Dhomhnaigh a bhí mé siamsúil maith go leor. **138**, 6.

(Mar) Is iomaí marcach spéiriúil ar chúlóg dathúil gléasta, a thiocfadh faoi do dhéin is tú a bheith deireanach chun báis. **175**, 2.

Is iomaí ní ann thairis sin is inseoidh é ar ball. **223**, 3.

Is iomaí pionós is cardáil a fuair mé, an ghaoth do mo cháthadh ó bhinn go binn. **189**, 5.

Is iomaí pleain a mhúin a mhaimín dó, agus bhuailfeadh sé máistir draíochta. **337c**, 6.

Is iomaí sin féirín, gan bhréig, a d'fhág sí ina diaidh. **406**, 7.

Is iomaí sin maidin Dhomhnaigh a bhí mé súgach maith (deas) go leor. **47b**, 3; **47e**, 3.

Is iomaí smaoineamh a théanns tríomsa, an bhean bhocht atá ag saothrú an tsaoil dom. **317f**, 3.

Is iomaí timpiste agus contúirt ghránna a ndeachas ann is na mílte romham. **189**, 2.

Is lách iad na mná, tá an urchóid iontu nach féidir le fáidh ná filí cur síos. **15b**, 1; **15c**, 1.

Is líonta anocht atá Caisleán an Uisce, is lonrach gach fuinneog ó thalamh go díon. **424**, 1.

Is luath liom mo chuid seomraí dá réabadh, nó (agus) mo chónra dá gearradh ag na saoir. **19a**, 7; **19c**, 4; **19d**, 4.

Is luibh é an tobac beannaithe atá ag fás ó thús an tsaoil. **295**, 2.

Is mairg a thógas nó a thugas mar roghain, aon bhean ar an domhan seo, sílim. **322**, 1.

Is maith an fear i mbaile mé is ní dhéanfainn troid ná gleo. **114c**, 2.

Is maith an fear i mbaile mé, ó, dhéanfainn muileann éadaigh. **378c**, 3.

Is maith an galún taostha atá i bpíopa Aindí Mhóir. **264c**, 1.

Is maith an teach é tí Fhrainc Conaola (mar) a dúirt na daoine a tharrain[g]íos ann (a bhíonns ag tarraingt ann). **64d**, 4; **64g**, 4; **64k**, 2.

Is maith an tslí atá agamsa, go [bhfaighinn] duit é, rud a d'ith tú faoi Nollaig níor íoc tú fós é. **142c**, 3.

Is maith atá a fhios agamsa cé a bhain díom tú. **182d**, 2.

Is measa liom féin ná Éire uilig, is ná saibhreas Rí na Spáinne. **106b**, 3.

Is mílse póg Bhideach ná uisce Loch Éirne ar fad. **25a**, 2.

Is mine a dreach (cneas) ná clúmh mín, geal is ná cúr na tuile trá (toinne ar trá). **68a**, 2; **68b**, 2; **68d**, 3.

(Ó) Is minic a bhí na báid siúd, bhí siad ag seasamh i ngach uile áit. **389**, 4.

Is minic a d'ól mé mo dhóthai 'á féile. **61a**, 1.

Is minic a d'ól mé pionta, leathchoróin is sé pingine, bheadh tart de bharr na hoíche orm is nach cloíte bocht an scéal. **292**, 1.

Is minic a d'ól mé, is mo dhóthain ar aonach. **6d**, 5.

Is minic a thógas mo dhóthain ar aonach. **39a**, 1; **39b**, 1; **39c**, 1

Is mise Séamas Ó Murcha', an fear ab fhearr a bhí in Éirinn. **185c**, 7.

Is mó [?] ceannsúir, a ruin [sic], a bheith eadrainn, róstadh ar bhearaibh ar thaobh ceann cláir. **111**, 6.

Is mó fear aosta is crobhaire gléigeal, de réir a chéile, do gabhadh le seal. **428**, 4.

Is mó lá aoibhinn a chaith mise thiar in Abhainn Chromghlinne, agus bhí uisce ag dul síos orm fairsing go leor. **203**, 1.

Is moch [? agus is mall] agus deamhan a shileanns mo shúil deoir agus m'osna go rímhór mar gheall ort. **65c**, 3.

Is moch ar maidin a chuaigh mé ar foscadh, agus ní fheicfeá mo leithéid dá ghrinne do shúil. **189**, 6.

Is moch, moch amárach is ea thiofas mé láithreach, go bhfeice mé plandóg an tsonais is an tséin. **41b**, 3.

Is mór an trua anois mé is mé ag imeacht le fán. **156a**, 11.

Is mór an trua seandaoine atá sa mbaile tinn. **295**, 3.

Is mór domsa an baile seo a fhágáil. **93d**, 5.

Is mór i gceist Árainn le deiseacht is le breáthacht, *Milltown* is *Malbay* is Baile Átha Cliath na Slua. **235a**, 1.

Is mór i gceist é an Blácach, ar fheabhas is a fuair sé foghlaim ag Peadar Ó Donncha, a mháistir, a bhí i measc na strainséirí. **323**, 2.

Is na bráithre léannta leis, caoin ceannsa. **168**, 17.

Is nach ait na bréaga a chuir tú i gcéill dom, nach bhfásann an féar thríd an talamh aníos. **101h**, 3.

Is nach aoibhinn do na cábáin a dtéann mo ghrá ag ól ann. **41c**, 6.

Is nach iomaí sin contúirt mhór riamh i m'óige a ndeachas thríd. **206**, 3.

Is nach mé a bhí ag aireachtáil go luafar, láidir, nó gur dhúirt na páistí go raibh an mhuicín réidh. **332a**, 4.

Is nach úd é an t-airgead a chuir mé go fánach, amach go *Maree* chuig Mac Uí Laoigh. **332a**, 3.

Is ó gairim gairim í is gairim í mo stór. **69**.

Is óg a chuir m'athair liom capall ag iarraidh mná. **116d**, 3.

Is óra a mhíle grá. **147b**; **147c**.

Is óra, mhóra mhóra agus óra, a mhíle grá. 147a.

Is ormsa atá an máistir is measa anocht le fáil, cé gur soineanta é clár a éadain. **12**, 7.

Is óró a bhuachaillín, seol do bhó. **381a**, **381b**.

Is oth liom féin bualadh an lae úd, do dhul ar Ghaeil bhocht' is na mílte a shlad. **428**, 1.

Is pé ar bith fear óg a bhfuil do phóg i ndán dó, ní baolach bás dó ná an galar dubh. **64f**, 5.

Is rímhór m'fhaitíos romhat, a Rí na nGrásta, nach bhfuil sé i ndán dom go dtiocfainn saor. **101a**, 9.

Is rí-olc í m'aithne nó is tú Aindí Ó Ceallaigh, teann anall nó go gcroithfidh mé lámh leat. **304b**, 8.

Is seo ceacht do mhúin an t-údar glé dúinn. **168**, 19.

(Mar) Is stócach múinte a bhí ionamsa nuair a thosaigh tú ag cur chogair orm a dhul trí leabhar *Freemasons*. **403c**, 6.

Is suarach an ní dom mo shamhail de mhnaoi a bheith ag caitheamh an gheimhridh gan súgradh ná greann. **143b**, 7; **143a**, 7.

Is treabhadóir mise, do threabhfainn is d'fhuirsinn, agus (is maith mar) tá a fhios sin (siúd) ag na comharsan'. **106a**, 2; **106b**, 2.

Is trua gan mé i Sasana, insa bhFraine nó insa Spáinn. **66**, 1.

Is trua gan mé in mo chónaí san áit a bhfuil mo mhian. **28c**, 3.

Is trua gan mé in mo fhraochóigín ar thaobh mhala an tsléibhe. **185d**, 4.

Is trua gan mé pósta le stór geal mo chroí. **63e**, 2.

Is trua gan mise i mBearna, Contae an Chláir nó i mBaile Uí Laoigh. **33a**, 3.

(Ach) Is trua ghéar nár cailleadh mé amuigh ar an sliabh. **54b**, 5.

Is trua nach sa gcill a bhíos, nó ag faire mo chairde gaoil, nó ar mhullaigh cnoic (cnocáin) gan díon, gan áras. **56b**, 2; **56d**, 2.

Is trua, níl mé in mo chónaí in aice le mo mhian. **28b**, 3; **28d**, 7.

Is tú mo [? dhianghrá] faoi na coillte le meidhir an tráthnóna. **61c**, 5.

(Ó) (Óir) Is tusa an fear ceoil a shiúlanns go leor, faigh domsa an tseoid (tusa dom seoid) a bheidh agam mar mhnaoi. **15a**, 3; **15b**, 2; **15c**, 2; **15e**, 1.

Is tusa féin a líon é is ní le tuí é gan stró. **264b**, 3.

Is tusa mo rún is mo ghrá geal. **373**.

Is úire agus is deise í ná an drúcht is ná an féar. **49**, 6.

Isteach liom i siopa, shuigh mé liom síos. **298**, 5.

It has the loveliest scenery in the west of Ireland, with the Aran Islands in Galway Bay. **243**, 7.

It is a credit to Connaught and to its good-hearted owner that is very well known through the whole British Isle. **241a**, 11; **241b**, 11.

It is comrades all around them (him) to bid him their last farewell. **201**, 9.

It is hard to bid adieu to the girl I always knew, shall I ever see my darling anymore. **202**, 3.

It is many the youth that is leaving home, bound for America. **129**, 5.

It is six long months and better since Johnny left this shore. **122**, 6.

It is sooner than my horse and the bridle that is dear. **54a**, 4.

It is strictly preserved by head keepers and bailiffs and thousands of labourers who are all occupied. **241a**, 6; **241b**, 6.

It is surrounded by mountains and green wood all over, for all things are growing that is good for mankind. **241a**, 9; **241b**, 9.

It looked wealthy and healthy with fresh air all over, as for bedding and clothing that are all in full style. **241b**, 14.

It was early the next morning a knock came to my door. **123**, 6.

It was in Londonderry, the city of role and game. **123**, 2.

It was three months after as she was waiting by the shore. **126**, 7.

It was wealthy and healthy with fresh air all over, as for bedding and clothing that are all in full style. **241a**, 14.

Its six-storey buildings that is well regulated with all accommodation that can be surely supplied. **241a**, 7; **241b**, 7.

Jig agus ríl agus high-cashel wheel. **14a**.

John O' Reilly was my true love man, reared near the town of Bray. **126**, 3.

Juno, céile an rí, nó *Mynerva* nuair a bhí an dís ag tabhairt an réim [na réime] [sic] inár láthair. **60a**, 8.

Kilbricken boys are on the way and they will be off tomorrow. **128**, 5.

Kilbricken boys so fair and true are now on the run across the Suir. **128**, 4.

Kind Sir, I ask one favour and has granted [sic] *me to stay.* **200**, 3.

Kind Sir, it is the way to Claudy Banks, will you be kind to show. **122**, 3.

Lá ag dul ' Gaillimh dom is mé tuirseach tairnithe, cé a chasfaí sa tsráid dom ach an tseanbhean liath. **144a**, 1.

Lá amháin a ndeachaigh mé isteach in mo ghairdín, mo thua agus mo shábh agus mo sheanphiocóid chaol. **363**, 3.

Lá arna mhárach chuaigh mé don rása sin ar chnoic agus ar ghleannta go ndeachaigh mé láithreach go Both Bhrocháin. **332c**, 3.

Lá arna mhárach ní raibh an t-oileán sásta, go bhfaighidís tuairisc cá ndeachaigh Seán. **320**, 2.

Lá arna mhárach, bhí Aifreann ard air, bhí an séipéal lán is é ag dul thar maoil. **164a**, 5,

(Is) Lá arna mhárach, bhí gála ann is sruthanna crua. **390a**, 2; **390b**, 2.

Lá dá rabhas ag fiach (ar sliabh), i lár (measc) na tíre ag triall. **42a**, 1; **42b**, 1.

Lá dá rabhas ar chiumhais na coille, is mé ag dul an bealach [sic] go fánach. **109f**, 1.

Lá dá raibh sí ag seoladh, lá na gaoithe móire, chroch muid uirthi a cuid seolta is beidh cuimhne againn go deo ar an lá úd. **251c**, 1.

Lá dár sheol mé le hInis Meáin siar (soir), bhí an lá ina ghála agus d'ardaigh gaoth (d'árdaigh an gála is d'athraigh an ghaoth). **232a**, 1; **232b**, 1; **232c**, 1; **232d**, 1.

Lá deiridh an tsaoil a bhí siad ag dul á dhéanamh, is é a bhí na daoine ar fad a rá. **409**, 4.

Lá Fhéile Pádraig, ní hé m'áit (an áit) a bheith ag faire na haon bhó. **407a**, 1; **407b**, 1.

Lá na gaoithe aduaidh is ea a d'fhuadaigh uainn an bád. **398**, 1.

Lá na gaoithe móire bhí mé inti ag seoladh is beidh [? cuimhne] agam go deo ar an lá sin. **251a**, 5.

Labhair an breitheamh liom (-sa) anall go mín lách (de chomhrá ciúin), sin (tá) naoi mí ort i bpríosún Ghaillimh'. **316a**, 8; **316b**, 5.

(Agus) Labhair an tseanbhean chríonna a bhí thall sa gclúid ós íseal, "is bacstaí é atá déanta le ráithe". **277**, 4.

(Ach) Labhair fear beannaithe linn a raibh ár gcroí leis, is thug sé i dtír (saor) muid go *Baltimore*. **205c**, 6, **205d**, 6.

Labhair *Lord Dillon* le réasún is tuiscint agus rinne an t-oireachtas gáire. **269a**, 26.

Labhair mé arís leis de chomhrá tláth, agus do choinníos caint air gur éirigh grian. **441a**, 6.

Labhair mé go gnaíúil le cailleach an tinteáin agus dúirt céard a chas mé an bealach. **344**, 4.

(Ansin) Labhair mé go láidir agus d'fhostaigh mé an mála agus bhain mise di é go tapa. **300a**, 9.

Labhair mé go múinte, chítear domsa, agus d'iarr mé uirthi máilín na creathnaí. **300a**, 8.

Labhair mé léi go múinte mánla, is de réir a cáilíocht' is ea d'fhreagair sí. 105b, 2.

Labhair mise léi de chomhrá ciúin, an raibh tú riamh ar an [?] *meatar.* **139**, 2.

Labhair sé leo, Frainc *Gorman*, nuair a chonaic sé chomh Gallda iad, '*are you from Claregalway, what brought ye to Tiernee?*' **359**, 3.

Labhair sé liom ansin de chomhrá mánla, agus dúirt go raibh garda láidir agam nár chlis riamh. **441a**, 5.

Labhair sé liom go fáilí, 'ná bíodh faitíos ort ná eagla, ní fear siúil as Dún na nGall mé, ceannaí mála ná fear sí'. **447**, 3.

Labhair sé liomsa go fáilí, ciúin. **263**, 5.

Labhair sí is tháinig glór di, faoi dhó is níor thuig mé í. **341**, 7.

Labhair sí liom go tláth (lách) is dúirt (séard a dúirt) sí, 'a mhíle grá, bíodh foighid agat go dtaga an oíche'. **60a**, 3; **60b**, 2; **60c**, 2.

Labhair *Toole* ansin go haigeanta, theann sé léi is dhearc sé í, de réir mar atá tú ag freagairt, ní mhairfidh tú i bhfad beo. **148d**, 8.

Labhairse féin dá bhfeicfeá í, déarfá go mba dheas an tseoid í. **261**, 4.

(Ach) Labhraigí anois í agus léigí go dána í, agus scaipigí ins gach ceard í dá scairteann an ghrian. **438c**, 4.

Labhróidh *Lord Dillon* le réasún is tuiscint agus déanfaidh an t-oireachtas gáire. **269a**, 18.

Láí agus pitséar agus iarann don chéachta, sleánta breátha géara a bhainfeadh an mhóin. **221a**, 5.

Larry [? *Mullarkey*] nár umhlaigh riamh ina ghaisce, chaith an gadaí is a chú as an mála. **269a**, 28.

Las mo ghuailne suas go tréan lag, le [h]eagla Dé is gan fhios cé faoi. **453h**, 2.

Las na réalta ins na spéartha go bhfuair mé léargas beag ar mhnaoi. **453b**, 2.

Last night as I landed on Queenstown shore I had a cause to cry. **131**, 2.

Le cantal mór a bhuail mé ar thóir an asail óig a d'imigh uaim. **339**, 2.

Le claidhmhe is sciúirse géar a lúbfas (labhrós), ionnsófad (lonnróidh) tú ó chúl go sáil. **269a**, 5; **269c**, 5.

(Agus) Le do thaobh atá sínte síos insa gcréafóg fhuar úd thall. **425**, 9.

Le fáinne an lae ar maidin, bhí againn fios freagra, litir is séala uirthi fáiscthe. **269b**, 11.

Le faitíos gach stróinse a gheobhfad tart ar mheisce sa tsráid. **113a**, 5.

Le finne, le gile, le breáthacht, go seasfadh sí i ngarda an rí. **9**, 2.

Le héirí na gréine ar maidin is mé i m'aonar, ag taisteal an tsléibhe anuas ón gCis Bhán.
452, 1.

Le maide ina lámh, nó péire go hiondúil, agus iad ag iarraidh a bheith ag corraí nuair atá
in am tae. **327**, 4.

Le mo thaobh, tá bean dá dtugas gean, is an mhaighdean ionúin róis. **198**, 2.

Leag mé an Gearaltach is ba ghaiscíoch é. **443b**, 7.

Leag mé ar (as) mo lámh í agus (is) tháinig an gála aduaidh. **405a**, 2; **405b**, 2.

(Ach) Leag mé fúm í go ndéanfainn fórsa, go mbeadh sí le tórramh agam ar an gclár gan
wine. **144c**, 6.

Leag mé mo lámh ar a bráid le fórsa, is d'iarr mé póigín ar stór mo chroí. **108a**, 2.

Leag mise an balla síos go dtí an chloch íochtair. **336g**, 5.

(Ach) Leag mise suas é go dtugainn dó scith agus áit dheas le síneadh ar an gcartúr. **296**, 12.

Leag sé ar an talamh í go ndearna sé pláta, ba géire [sic] ná an rásúr is ea rinne sé í. **221c**, 2.

Leag sé ar *round table* troscán deas gréithe, bhí an citeal is é fiuchta ar an teallach. **284**, 3.

Leag sí fúm ar an gclár é. **14a**, 8.

Leag sise anuas agam bord a raibh fíon air, 'Éirigh i do shuí nó go n-ólfaidh muid
deoch'. **46a**, 4.

Leagadh bord againn a raibh gloine agus cárt air agus cúilín deas le m'ais ina suí. **105b**, 4.

Lean a mháthair mé in mo dhiaidh sa mbóthar, gan stoca, ná bróg ach a gruaig léi síos.
108a, 7.

Léan agus deacair ar a gcéad duine a cheap é, mar gléas déanta beatha é an pósadh. **199**, 4.

Léan go raibh ar an bpósadh, nach mairg riamh a níonns é. **117e**, 4.

Lean mo mháthair go géar sa ród muid, bhí a cois gan bhróg is a *cape* le gaoth. **108b**, 6.

Leanfaidh mé an cúrsa de réir na n-údar agus scríobhfad uachta i bhfoirm dáin. **269a**, 1;
269c, 1.

Leath do mhaoin shaolta agus ar shiúil ort riamh, agus fág é gan scíth ag bean leanna.
369, 2.

Leath na cúige a bhí faoina chumhacht, agus ba é sin an t-údar go bhfuair sé bás. **172**, 6.

Leathuinsín a deir Deaideo. **408**, 1.

Léifidh muid (leifimíd) an cúrsa de réir an údair mar bhuail tú fúmsa ar bheagán fátha.
269b, 1.

Leis an bhfear atá sa ngealach a chur faoi fhuacht agus faoi anó, mura bhfóiridh Bríd
Chleansa air beidh se suarach go leor. **353**, 19.

Leide de mo stór dá bhfeicfeá (is í a fheiceáil) ag dul (teacht) an róid, gur solas í i
gceo (ba réalt sa gceo í)(nach í an solas tríd an gceo) lá geimhridh (maidin
gheimhridh). **60a**, 11; **60b**, 4; **60c**, 3.

Lig mise mo chloigeann anuas ar mo chléith. **14b**, 6.

Lig sí mo thaobh leis an saighead glan, géar agus d'fág sí leasrú ar mo chroí. **453a**, 2.

(Ó) *Line*áileadh i *Holyhead* muid agus bhí bus ag fanacht linn ann. **192**, 8.

L[o]in[g]seach álainn óir a bhfuil *diamonds* os do chomhair, go dtaga iasc ar gach uile chuan mar gheall ort. **217a**, 7.

Liom abhaile a d'árdaíos m'asal lúfar, láidir, éasca, dubh. **339**, 4.

(Is) Líontar dúinn an crúiscín is bíodh sé lán. **250**.

Liostáil mé le sáirsint ag dul sráid an bhaile mhóir. **197**, 1.

Litir chuig a *father* agus scéala chuig a máithrín, agus thart síos le fána, a ógánaigh óig **107b**, 5.

Litir faoi rún a thug sé féin (seisean) dom agus labhair sé go ciúin is (agus) go réidh liom. **314a**, 6; **314b**, 6; **314c**, 5; **314d**, 6.

Litir faoi shéala a chuaigh sa [? *mail*] agus shiúil sí Éire in imeacht seachtain'. **275a**, 4.

Litir i ndiaidh an éid, domsa a bheith in do dhiaidh, agus ní bhaineann duit mo phianta móra. **65c**, 6.

Litir i ndiaidh an éig is agam ag dul in do dhiaidh, is deamhan ar mhaith mé mo scéal go deo duit (agus níor bhain mé mo phian go deo díom). **65d**, 3; **65g**, 3.

Litir i ndiaidh an éin, mise a bheith i do dhiaidh, agus níor aithris mé mo phianta mór' (phian atá go mór) duit. **65a**, 7; **65b**, 7;

Loingisí ag *spin*eáil, muilinn ag *swing*eáil, spórt an tsaoil an fonn tú a fháil. **453a**, 11.

Long mhór na mBúrcach is í lán le scoth plúirín, is gur ort féin a bhronnfainn í, a charaid mo chléibh. **41b**, 8.

Loscadh sléibhe agus scalladh cléibhe ar an áit ar éagadar, is milleán crua. **158a**, 10; **158b**, 10.

Luigh mé cois na tine is cuireadh síos an sáspan. **326**, 4.

(Maise) (Ó) M'anam go bhfuil ní beag eile agamsa nár chaintíos fós air, m'anam tobac ná tae nach raibh siad ann. **317c**, 7.

M'fhocal duit, a chailín bhig (d[h]eas), dá ngluaisfeá an ród liom go mba dheas (gur dheas) é do lóistín ar (ag) t(h)eacht na hoíche. **187b**, 1; **187c**, 1; **187d**, 1.

'M'óch', arsa an táilliúr, 'nach gearr ó mo cholainn an uaigh'. **24a**, 7.

Má bhí mise seal i muileann go slachtmhar, dhéanfainn do bhaintreacha síormheilt. **367a**, 9.

Má bhí seanathair agam (-sa) a bhí (chaith) seal insan (san) arm go haimsir chogadh (aimsir cogadh) Rí Séamas. **367a**, 7; **367b**, 6; **367c**, 9; **367d**, 4; **367e**, 4.

Má bhí tú leath chomh breá sin, níor chuala muid aon cháil ort, chonaic mise an lá sin tú is tú chomh cam le lúb. **271**, 2.

Má bhíonn tú liom, bí liom os comhair an tsaoil (a ghrá geal mo chroí). **149a**, 6; **149d**, 1; **149d**, 5.

Má casadh sa mbealach í agus gur casadh an slua sí léi, a d'imigh den saol seo is nach
bhfillidh go deo. **308a**, 2.

Má chailltear mé an geimhreadh seo cuirigí mé go beo. **188**, 3.

Má chaith mise seal agus muileann go slachtmhar, mhill mé do bhaintreacha saora ann.
367e, 2.

Má chuirtear sa talamh é agus gan aon mhaithiúnas faighte aige, réabfaidh sé cláir agus
tiocfaidh sé aníos. **345a**, 8; **345b**, 7.

Má dhéanann tú smaoineamh go bhfágfaidh tú arís mé, ní bheidh ann ach cúis dlí agus
[?] camlae. **296**, 8.

Má dhíol sé i gContae Chiarraí tú is nár iarr sé ort ach punt nó dhó. **341**, 6.

Má fhágaimse mí ar thalamh na hÉireann, ní fhágfaidh mé Cadhan i mbarr sléibhe ná
duine dá threibh. **435**, 4.

(Is) Má fhágann Dia mo shláinte agam, gabhfaidh mé abhaile anois arís. **55c**, 5.

(Is) (Ó) Má fhágann sibh choíche Conamara, agus a dhul anonn ar an *Yankeestar*. **410**, 14.

Má fhaigheann tú mar is cóir í tabhair isteach i dteach (dtigh) an óil í, cuir ina suí ar stól
í agus do leathláimh faoina com (ceann). **150a**, 2; **150b**, 2; **150c**, 3.

(Agus) Má fhaighimse bás choíche fágfaidh mé le m'uacht. **291a**, 2; **291b**, 2.

Má fhaighimse sláinte is fada a bhéas trácht ar an méid do bádh as (in) Eanach Cuain
[sic]. **158a**, 1; **158b**, 1; **158d**. 1.

Má fheiceann tú ag dul thart mé agus málaí orm go léir. **114c**, 5.

Má fhilleann mé (fhillim) go hÉirinn ní thréigfidh mé imirt ná ól. **193b**, 7.

Má fhilleann tú agus é tar éis na hoíche, má bhímse ar lár le brón is briseadh croí. **423**, 3.

Má fhilleann tú is an ghrian gheal ins na spéartha, nó ina ló ar bhánta Inse Fáil. **423**, 2

Má fuair tusa oideachas, is tú féin atá dá inseacht, agus ar an teagasc Críostaí níor thug
tú aird. **301**, 12.

Má ghabhann sé síos ní imeoidh sé saor, tá an marcach is an *bill-hook* go láidir. **269a**, 22.

Má léann siad na paidreacha, baineann sin dá n*duty*. **404c**, 8.

(Maise) Má mhúin siad (mhúineadar) do *lesson* duit, níor osclaíodar do shúile. **404a**, 10.

Má phósann tú an bháirseach (rálach), beidh aiféala go brách ort (agatsa scéal cráite),
beidh do mhalaí gearrtha is (agus) do chneá (chneácha) ag déanamh braoin.
150a, 9; **150b**, 9; **150c**, 2.

Má tá an cogadh ag tosú ar *Hitler*, ní bheidh aon *phetrol* le fáil. **414**, 2.

Má tá caisleán fada geal agat agus iarlacht faoi. **455**, 3.

(Is) Má táim caol caite, ní náir' dom é. **443b**, 5.

Má tá mé ag imeacht, céad glóire don Ard-Rí, níl pingin ag aon neach le glaoch ar mo
stór. **240e**, 3.

Má tá mé ag rá tada nach bhfuil fíor ann ná taitneamhach, más maith libh mé a
    fhreagairt cuir ceist os mo chomhair. **227**, 14.

Má tá mise ag imeacht, céad glóire don Ard-Rí, níl pingin ag aon *hawker* le glaoch ar mo
    scór. **240a**, 3.

(Agus) (Ó) Má tá mise folamh, dar m'fhocal duit, ba (gur) mhór an scéal. **25b**, 4; **25d**, 4.

Má tá mise i m'amadán is go bhfuilim i mo shraoill, léine ar mo chraiceann chomh
    dubh leis an daol. **142a**, 9; **142b**, 9.

Má tá sé mórán chomh maith sin, níl sé mórán lé ráithe, ó chuaigh ceann acu in airde
    ach níor tháinig uaidh scéal. **353**, 5.

Má tá sí ar an talamh anuas ó na Flaithis, tá sí ag *Bartley* Ó Cuana le haghaidh Bhríd'
    Bheag [sic] agus an dá pháiste. **304d**, 4.

Má tá sí chomh caite is go bhfuil sí chomh cloíte, b'fhéidir an creatúr nach bhfuair sí
    aon chóir. **338**, 4.

Má tá slacht ormsa ní ortsa a bhuíochas mar bhí mé díreach ó thóin go ceann. **301**, 6.

Má tá taitneamh ná slacht ann níl Bríd Chleansa ag cur isteach air ach éirigh suas ar
    maidin agus cuir an raca in do chúl. **353**, 20.

Má tá tú ag aithreachas ar a bhfuil mé a dhéanamh, is beag í do shlí gan tada dá bharr.
    301, 8.

Má tá tusa anseo ó aimsir Naomh Pádraig, tá sé in am agat bás a fháil má chailltear tú
    choíche. **363**, 8.

Má tá urras agat ó mo chéile. **450**, 5.

Má thagann an oíche sin go (chomh) garbh, agus (is) go mbeidh (gcaithfimid) (sé ag
    cinnt orainn) an bád (cás) a thabhairt suas. **394a**, 9; **394b**, 9.

Má thagann mo stór anseo amárach ná cuirigí aon fháilte faoi. **35**, 8; **88a**, 5.

Má thagann tú choíche tar san oíche. **93h**, 1.

Má théann tú ar an aonach tabhair caora leat, asailín is a huan. **82a**, 3.

Má théann tú chuig an Aifreann agus dólás ar do chroí istigh. **404b**, 8.

Má théann tú chuig an aonach, tabhair an chaora leat, a holann is an t-uan. **33a**, 6.

(Is) Má théann tú chun aonaigh, bíodh (tabhair) an chaora leat (agat) is a huan (a
    holann (an t-olann) [sic] is a huan). **28a**, 10; **33b**, 6; **374b**, 2.

Má theastaíonn uaimse marcaíocht, níl call dom [sic] a dhul chomh fada le do
    sheanbhuidéal deataigh atá thuas insa spéir. **353**, 9.

Má thosaíonn siad ag paidreáil, baineann sin dá n*duty*. **404d**, 8.

Má thosaíonn siad ag paidreoireacht, más Gréigis é nó Laidin. **404b**, 7.

Má thugaimse an turas, ní ag sagart ná ag bráthair. **404d**, 10.

Mac gan chuma a liostáil liomsa nach dtiocfadh ar cuairt oíche ná lá. **190a**, 7.

Magadh leis na hamadáin is, dáiríre, le mo ghrá. **147b**, 13.

Maidin chiúin cheomhar dár éiríos amach sa bhfómhar, cé a d'feicfinn ach an ógmhnaoi ag dul tharam sa tslí. **107a**, 1.

(Agus) Maidin chiúin dár éiríos amach ar fud (faoi bharr) na gcoillte (faoi bharra coillte). **103a**, 1; **103b**, 1; **103c**, 1; **103d**, 1; **103e**, 1; **103g**, 1.

Maidin dár éiríos is mé ag siúl coille craobhaí, is ea dhearc mé spéirbhean agus í ag baint chnó. **101b**, 2.

Maidin dár éiríos, bhí fúm a dhul amach. **298**, 1.

Maidin Dé hAoine, Lá Fhéile Stiofáin Naofa, bhí dreoilín is craobh againn i bhfastó.
344, 1.

Maidin Dhomhnaigh is mé ag dul go hEochaill, cé a chasfaí insa ród dom ach stór mo chroí. **108b**, 1.

(Agus) Maidin dhrúchta, dhearc mé anuas ó mhullach an chnoic bháin. **248**, 2.

Maidin lae (mhoch) dár éirigh muid (éiríomar), ní raibh sé ((do) bhí sé) ag báisteach, ach bhí gaoth bhreá álainn (láidir) ann agus fuair muid cóir. **205a**, 3; **205b**, 3; **205c**, 3; **205d**, 3; **205e**, 3; **205f**, 3; **205h**, 3.

Maighdean ghlan gan bhréag í, iníon *Anna* is *Jacob*, is gile í ná an gath gréine a thaganns trí *China* lá breá. **403b**, 4.

Maighdean ghlan gan bhréag tú, banríon an domhain go léir tú, m'impí ort is ná tréig mé in éiric mo cháin'. **403a**, 4.

Máire chumhra ghléigeal, iníon *Anna* is *Jacob*, is glaine ná an gath gréine ag teacht trí shiúnta lá breá. **403a**, 3.

Mairg a déarfadh nach Gaelach an baile é an Trá Bháin. **224**, 2.

Mairnéalach loinge mé a tháinig anall. **63b**, 2.

Mallacht Chríost duit mar bhí tú do mo bhladaireacht anois le mí. **317h**, 2.

(Is) Mar a ardaíonn (ardaíos) (ardaíonns) an ghealach is ea (is ea) islíonn (islíonns) an ghrian. **63a**, 5; **63c**, 5; **63d**, 4; **63h**, 5.

Mar a bhíos grian os comhair dúchan is ea tá m'intinn, faraor. **63e**, 6.

Mar a chuirfeá sneachta leis an tine is é an chaoi ar leá a gcuid bonnachaí. **283a**, 7.

Mar a íslíonns an ghealach is mar a ardaíonns an ghrian. **63l**, 2.

Mar a mheasaim, do mealladh an t-aicme seo, tréig é. **168**, 11.

Mar a scaipeas na faolchoin trí státaí na mBáltach, nuair a ruaigeas an call iad ag soláthar an lóin. **162**, 4.

Maraigh mart is cuir i dtaisce é, ná tabhair aon bhlas de domsa. **265a**, 4.

Marcas Chiaráin as an Máimín, bhí sé ann go tráthúil, chuir sé rompu fáilte is d'ardaigh iad chun an tí. **359**, 4.

Mary Mack, is í plúr na mban, tá ball seirce ort thar mhná an tsaoil. **454**, 1.

Más as Breatain a ghluais an *lady*, ní maiseach a bhí sí gléasta, ní raibh uirthi fiú an léine ná an fhallaing ar a droim. **51**, 3.

Más bean atá tú a éileamh, ceapaigí amach spré, ní lachain é ná géabha is sin ná túirnín lín. **51**, 4.

Más cailín beag, mírathúil tú a bhfuil dúil agat san ól. **114c**, 4.

Más cailín óg den tsaghas sin tú is go bhfuil dúil agat san ól. **114a**, 5; **114b**, 5.

Más fíor gach ní dá bhfuil tú a insint, suífidh muid síos go n-éirí lá. **453c**, 7; **453h**, 4.

Más gadaí mise, tá tobac agam is fuílleach, is a tháilliúir chloíte, ní leat tada a rá. **301**, 2.

Más gaiscíoch tusa mar atá tú a rá. **443b**, 4.

Más í an fhírinne atá tú a inseacht (dhéanamh), suífidh muid síos go n-éirí an lá. **453b**, 5; **453d**, 4; **453f**, 4; **453g**, 4.

Más i Meiriceá thall a luífidh a gcnámha, sa nGearmáin nó in Afraic mhór. **157**, 8.

Más lucht [? seoch] a thug leo í abhaile chun a dtí. **302**, 3.

Más seanchas atá ag teastáil uait is gur sin a thug as baile (an bealach) (gurb é sin a thugann abhaile) tú, chuala mé ag dul tharam (tá scéala faighte cheana agam) nach bhfuil (raibh) agat (aige) ach caora is bó. **148a**, 3; **148c**, 3; **148d**, 3; **148e**, 3; **148f**, 3.

Más tú an t-ardghaiscíoch ar feadh an domhain mhóir. **443a**, 4.

Más tusa (ise) is túisce a imeos is mise fanacht beo. **27d**, 3.

May the heavens above be her guardian, for I know I shall see her no more. **418**, 10.

Mharaigh mé an Gearaltach is ba mhaith an fear é. **443a**, 5.

Mharaigh siad an rón agus bhain siad an craiceann go haigeanta anuas dá thóin. **370e**, 6.

Mheall siad (mhealladar) Seán bocht ó thalamh go barr (le meallaí falsa) (á gheallúint do Pháras), agus dúirt siad leis gan corraí as an áit is nár bhaol dó. **314c**, 3; **314d**, 4; **314e**, 3.

Mheallfainn liom í, gan bha ná punta ná mórán spré. **13a**, 11.

Mheallfainnse an cailín faoin móin amach. **13a**, 8.

Mheas mé a dhul chun bladair leis mar bhí a fhios agam go raibh sé láidir. **442**, 2.

Micil Bán ba mheasa liom trí a bhfacas d'fhir beo riamh. **156b**, 3.

(Maise) Míle ab fhearr liom ag iarraidh déirce is mo mháilín ar mo dhroim. **114a**, 5; **114b**, 6.

Míle ab fhearr liom agam an buachaillín deas, óg. **114a**, 4; **114b**, 4; **114c**, 3.

Míle ab fhearr liom agam buachaillín deas, óg. **112a**, 7.

Míle ab fhearr liomsa agam an buachaillín deas óg. **88a**, 3.

Míle Dia dá réiteach, nach iomaí aeraíl in mo cheann. **147a**, 8.

Míle glóir le Dia nár cháill mé leat mo chiall, cé gur gar a chuaigh mé dó, a chúilín fáinneach. **60c**, 5.

Míle seacht gcéad trí fichid agus a naoi déag, an aois a ceapadh d'Aon-Mhac Mháire. **44**, 1.

Míle slán don teach údan a raibh an t-aos óg ann cruinn. **156h**, 2.

Milleán géar ar an ionad céanna, nár lasa réalt ann is nár éirí grian. **158a**, 4.

Mise an bás atá ag teacht go dtí tú (agus ná glac bíogadh). **446a**, 2; **446b**, 2; **446c**, 2.

(Is) Mise an bás atá faoi ghoin, is mé is fearr ná sibh uilig, tá mé ag comhrá (caint) libh anocht agus beidh sibh agam dom féin. **439a**, 4; **439c**, 3; **439d**, 5.

Mná maithe an domhain le féile agus feabhas, ansiúd atá an bhean acu is féile. **247**, 7.

(Ach) Mo bhean is mo chlann is mo thúirnín lín. **118**, 4.

Mo bheannacht do na currachaí is mo mhallacht do na báid. **156b**, 2; **156i**, 3.

Mo bheannacht leis an teach údan ar chaith mé seal mo shaoil (de mo shaol) (den tsaol). **156a**, 3; **156b**, 5; **156d**, 2; **156e**, 2; **156f**, 3; **156g**, 10.

Mo bhrón ortsa, a chailín deas óg, is ná haithris go deo orm é. **62a**, 4.

Mo chat bocht, múinte (fómhair), nár chuir múisiam fós riamh ar m'intinn. **337a**, 3; **337b**, 3; **337c**, 2.

Mo chleith mhór fhada i mo lámh agam **14a**, 2.

Mo chomhairle daoibhse, a chailíní, má thógann sibh uaim é. **89e**, 3.

Mo chónra a fháil déanta ó Éamann Ó [? Mainnín] **185g**, 3.

Mo chóta mór coirp gan chaitheamh, gan dul, ba mhaith iad mo stocaí agus mo bhróga. **322**, 2.

Mo chreach agus mo bhrón gan mé is tú faoi choillte dlútha. **36**, 2.

Mo chreach agus mo chrá tar éis a bhfuil mé a rá, má chonaic mé le dhá bhliain déag tú. **79**, 2.

Mo chreach agus mo dhíth, nach aigeanta do bhí a fhios agat, éirí i mo thigh Dé Domhnaigh. **199**, 5.

Mo chreach mhaidine bhrónach, is deas a leanfainn tríd an gceo tú, mar a labhraíos an fiach dubh ar maidin chiúin cheo. **107b**, 3.

Mo chroí atá briste agus cé hionadh. **166**, 3.

Mo chúig chéad (mhíle) slán leat a Oileán Phádraig, mar is ionat (ann) a d'fhás mé is mo shinsear romham. **205e**, 5; **205h**, 4; **205h**, 3.

Mo chúig chéad scrúdú tú, a Úna Nic Dhiarmaid [sic] Mhóir. **83d**, 2.

Mo chúig chéad slán chun dúiche m'athar, agus chun an oileáin ghrámhair. **383b**, 3.

Mo chúig chéad slán leat, a Éirinn bhocht, nach bhfeicfear dom féin go cóir. **156c**, 2.

Mo ghamhain dubh, mo mhallacht duit, is deacair dom é a dhéanamh. **378a**, 2; **378b**, 2.

Mo ghrá do bhéilín nár chum (riamh) aon bhréag dom (na bréaga), do bhráid gheal ghléigeal mar an eala bhán (mar a bheadh sneachta ar aill). **176a**, 5; **176b**, 5.

Mo ghrá do bhéilín nár dhúirt na bréaga, is do dhá ghrua ghléigeal' mar an eala ar
	snámh. **176c**, 3; **176d**, 2.

Mo ghrá do chroí gléigeal, is tú an t-asailín a bhí spéiriúil, nó an gceannódh ór na
	hÉireann tú nó an féidir liom tú a fháil. **335b**, 8.

Mo ghrá faoi dhó na mná go deo gidh (mar) d'fhág siad mise tinn. **68a**, 7; **68b**, 6; **68d**, 6.

Mo ghrá tú, a Bhríd Ní Ghaora, is tú an bhean a bhí síodúil lách. **138**, 4.

Mo ghrá tú, a Bhríd Ní Ghaora, is tú an ríbhean thar (mar is tú is míne ná) na mná.
	27b, 4; **27d**, 1.

Mo ghrá tú, a Thomáis Shadhbha, is tú an máistir ar na saoir. **249**, 2.

(Is) (Ó) Mo ghrá-sa (tú a) M(h)áire Ní Ghríofa, is tú (í) ba mhíne (chríonna) riamh
	(thar) ná (na) mná. **47a**, 2; **47c**, 2; **47d**, 2.

Mo ghrá-sa í Bríd Ní Ghaora, bhí sí síodúil thar na mná. **27d**, 2.

Mo ghrá-sa Máire Ní Ghríofa, is í ba mhíne thar na mná. **47b**, 3.

Mo ghrá-sa tú a *Tower* Chamais, mo chúig mhíle slán leat, mar is tú an áit is aeraí dá
	bhfuil thart in aon áit. **191a**, 3.

Mo lámh is m'fhocal duit nach bhfuil mé pósta, ach gur buachaill óg mé a thug gean do
	mhnaoi. **108b**, 2.

Mo lao is mo leanbh, fág cois calaidh mé. **38**, 3.

(Is) Mo léan géar gan mise is tú, san oileán Umha[i]ll seal in éineacht. **59**, 5.

Mo léan, léan ar an dream gan éifeacht nár fhan le hÉirinn istoíche is stad. **428**, 2.

Mo leigheas-sa níl in Éirinn ná ag dochtúirí Chrích [sic] Fáil. **33b**, 4.

Mo leithscéal níl le gabháil, tá fearg ag an tír liom. **336d**, 5.

Mo mhallacht ar an Sasanach is mo mhallacht ar a shliocht. **425**, 6.

(Is) (Ó) Mo mhallacht do Chill Dara [...] do shláinte ann. **272**, 7.

Mo mhallacht do mhná an leanna, is iad a lag mo phóca. **31**, 4.

Mo mhallacht do na currachaí is mo bheannacht do na báid. **156h**, 1; **156k**, 3; **156l**, 3.

Mo mhallacht do na currachaí is mo mhallacht do na báid. **156g**, 4.

Mo mhallacht do na saortha a rinne an bád. **160d**, 7.

Mo mhallacht go brách d'aon fhear óg mar atáim, nach ndearcfadh an cás sulma
	chaithfeadh [sic] sé léim **15a**, 7.

Mo mhallacht go deo ar na mná, is iad a bhain díomsa mo shagairtín. **267a**, 5; **267b**, 3

Mo mhallachtsa don bharra mar ba é ba mheasa dá raibh ann. **273**, 5.

Mo mhallachtsa féin do Mhac Éil a rinne an bád. **159**, 3.

Mo mhíle slán le hÉirinn, is breá (nar bhreá an rud) é an t-earrach (samhradh) féin.
	156a, 2; **156d**, 1; **156e**, 1; **156f**, 1; **156g**, 9.

Mo mhíle slán le mo bháidín atá go fánach i Ros an Mhíl. **206**, 1.

Mo Pheadar muirneach a bhí oilte, múinte is a chuaigh ar chúntar (i gcúntar) a (le) bheith ní b'fhearr. **190a**, 3; **190c**, 2.

Mo raicín féin is fearr liom nach gcosnódh thar dhá phingin. **88f**, 2.

Mo scrúdú tú, a Úna (Úinín) Nic Dhiarmada Óg. **83a**, 5, **83b**, 5.

Mo thír bhocht ocrach, dochrach, léanmhar. **168**, 20.

Mo thrua ghéar gan mise is mo chonairt go hard faoi shliabh. **32**, 3.

Mo thrua na créatúir atá dá dtóraíocht amuigh chuile lá. **388**, 9.

Molaigí féin an céipear de thogha na bhfear in Éirinn, is agam a bhí an cailín is spéiriúla dár rugadh riamh san áit. **323**, 1.

Molaim ar dtús an tAthair Ó Gramhna (Gráinne), go dtuga Dia compórd (áras) dó i bpálás (bparlús) na naomh. **438a**, 1; **438b**, 1; **438c**, 1.

Molaim sú na heorna go deo, deo is choíche. **319a**, 1; **319a**, 9; **319b**, 1; **319b**, 9; **319c**, 1; **319c**, 9; **319d**, 1.

(Is) (Ó) Molfaidh mise sú na heorna go deo, deo agus choíche. **319e**, 1.

Molfaidh muid (molfaimid) an Gleann Eidhneach atá thiar ag Ceann Bóirne. **244**, 1.

Molfaidh muid (molfaimid) na gleannta le gleannta Molára. **244**, 4.

Mora is Muire duit, a ainnir na dtéad geal, dlúth. **455**, 1.

(So) Mother dear, do not be severe, where will you send my love. **126**, 4.

Muintir Gharmna agus na Trá Báine agus muintir Árann ag dul chun dlí. **329**, 2.

Mura bhfaighidh mé fóirithint ó Rí na nGrásta, in mo shláinte mar a bhí mé riamh. **239a**, 2; **239b**, 2.

Mura bhfeicfidh mé ach do scáile amuigh i lár na sráide, gheofá céad míle fáilte gan áireamh ar phóg. **57**, 1.

Mura bhfuil sé i ndán dom a bheith in éineacht leis an spéirbhean ródhílis úd fós. **135**, 4.

Mura dtaitníonn sé go maith leat níl call duit leis bacadh, is é an teachtaire is éasca ar an talamh é dár rinneadh [sic] riamh fós. **353**, 18.

Mura dtige tú an lá a gheall tú go mbáitear insa gcurrach tú. **88f**, 4.

Mura gcabhraí Muire orainn nó Rí-Mhac an Domhnaigh, nó an bád breá a fháil ó Mheiriceá. **280**, 5.

Mura gcaithfinn ach ráithe an earraigh ann agus go sílfinn nach mbeinn seachtain ann, murach an áit ar cóiríodh leaba dom agus mé ag comhrá leis an mbás. **439f**, 1.

Mura ndéanfaidh sé aithrí in am ann, cuirfidh mé a cháil faoin tír. **238**, 4.

Mura socraí an sagart é ná De Valéra, ní bheidh ann ach réabadh agus marú mór. **312**, 4.

Mura socraí De Valéra, nó arm an *Freestate* é, feicfidh tusa (sibhse) réabadh is Seanadh Phéistín curtha as áit. **274a**, 2; **274b**, 2.

Murach an díth chéille, gheofainn áras ó mo mhuintir féin. **30g**, 2.

Murach an t-ógfhear a bhí cliste ag a chapall, a bhí líofa, bheadh sé scartha óna
     mhuintir go deo deo agus choíche. **308b**, 3.

Murach an t-ól, bheadh cóta beag (cóitín) deas ar mo dhroim. **67a**, 3; **67b**, 1

Murach bás mo mháithrín bheinnse maith go leor. **197**, 4.

Murach bás mo mháithrín gheobhainn áras ó mo mhuintir féin. **4c**, 1.

Murach do dhíth céille, is lách a d'fhéadfása seal a chaitheamh ann. **341**, 4.

Murach lucht na mbréag rachainn(-se) faoi do dhéin, ar maidin is ar gach aon
     tráthnóna. **65a**, 6; **65b**, 5; **65c**, 5; **65e**, 4.

Murach m'óige is díth céille, is deas, aerach mar a chaithfinn mo shaol. **193b**, 2.

Murach mé a bheith dána gheobhainn teach ó mo mhuintir féin. **4b**, 4.

Murach mise a bheith cabach ní fhiafróinn cér díobh tú, ach dheargóinn mo phíopa nó
     sin ligfinn dó. **449**, 4.

Murach mo (an) d(h)íth céille, is deas, aerach a chaithfinn mo shaol. **193a**, 5; **193c**, 5.

(Is) Murach mo dhíth céille, is lách, aerach a chaithfinn mo shaol. **91a**, 7.

My father died and closed his eyes outside his cabin door. **207**, 2.

My father he was drowned at sea and my mother, it broke her heart. **131**, 3.

My love has a jaunting car, a common car and all. **147b**, 17.

My love he was a fisherman, his age was scarce eighteen. **126**, 2.

My love is out of fashion since he wears the báinín bán. **147b**, 19.

(Well) My love knows that I can card and spin. **102e**, 4.

My name is Martin Cripple and my age is forty-two. **153**, 1.

My name is Patrick Sheelay, my age is twenty-four. **207**, 1.

My true love she is neat, likewise she looks so fine and clean. **153**, 3.

(Ó) (Is) Ná bac le 'hóra corraí', is é a deir *John Fitzgerald* ar *wire* anall. **410**, 6.

Na cheithre Úna is na cheithre Anna is na cheithre Máire is na cheithre Nóra [sic]. **83a**,
     1; **83b**, 1.

Na cosa go gcaille tú ó do ghlúine, radharc do shúl is lúth do lámh. **269a**, 6; **269c**, 6.

Na crúite don chapall, an (na) stíoróip agus (is) an béalbhach, búcla(í) na Féinne
     (sriana) agus réitíonn gach ceard (reaicí don tseol) (seicín don treoir). **221b**, 5;
     221d, 6; **221e**, 4.

Ná fágaigí a n-aithreacha ina ndiaidh ná a máithrín, ná fágaigí a gcairde ná a muintir
     féin. **157**, 3.

Ná fanaigí, tá cnámha sheanshinsir Uí Dhónaill ag glaoch orm go Flaithis lá fógra ár
     gclann. **424**, 7.

Na faoileáin go [?] scáfar ar Charraig Bhéal Trá, ní ligfeadh an eagla dóibh corraí amach
     fós. **393**, 2.

Ná géill do na bréaga ná don té a chuir fúthu siúl, níor mhinic mo chliúsa ag teach an (tigh) tábhairne. **140a**, 4; **140b**, 3.

Na grásta go bhfaighidh an fear údan a thug an *downfall* ar *Lord Leitrim*. **432a**, 3.

Na hiascairí an tráth a sheolas as Gaillimh le teann fórsa, Ó Conaill úd ba mhór é a cháil. **251a**, 1.

Ná maslaigh go tapaidh mé (mé chomh tapaidh sin) mar is cailín múinte, geanúil mé, iníon Mhaitiais *Audley* a rugadh ar (a bhí seal in) Aill na mBrón. **148a**, 9; **148b**, 7; **148d**, 9.

Na mná a bhí dá sheilbh, bhí siad faoi dheifir, níor thóg siad an crios ach ar cheann de. **304a**, 5.

Ná pós an fear go deo a mbeidh aige dhá chroí. **7**, 3.

Ná raibh cailleach ar an mbaile nach raibh ar maidin os cionn cláir. **147a**, 29.

Ná raibh tú beo ach mí [...] **112a**, 8.

Ná raibh tú beo tráthnóna amárach, nár thug mé an *sway* as Árainn, le gile agus le breátha is le deise mo chuid siúil. **271**, 3.

Ná síl gurb íseal mise ach is uasal. **13b**, 1.

(Is) Na spiadóirí a sheas dóibh is a ndearna siad ceann dóibh, le bheith ag brú insa gcárnán, clann bhocht na nGael. **438a**, 9; **438b**, 9.

Ná tagaigí i mo láthair gan cárt a thabhairt líonta leat. **4d**, 3.

Ná taispeáin do nóta go dtriailfear tú, is dá mhéid í do (an) chúis ní baol (beag) duit. **314f**, 5; **314g**, 3.

Ná tógaidh i gCois Fharraige buataisí a bheith ar Mhánas, ní rachadh sé ag feamnadh soir go hAill Fhinn. **308a**, 7.

Ná tuig is (agus) ná síl go gcuirfidh tú (gcuirfeá) díot mé, is a liachtaí rí breá (maith) a chuir mé chun báis. **453b**, 4; **453c**, 6; **453d**, 3; **453f**, 3; **453g**, 3; **453h**, 4.

Nach aerach is nach croíúil, nach spóirtiúil a bhí muid, ag súil le lá spraoi a bheith againn. **344**, 2.

Nach againn a bhí an tiomáint ar chapaill Ros Comáin, ag imeacht ar seachrán gan eolas. **358**, 1.

'Nach aisteach an cás é', a deir Murcha' le Máire, 'ag éirí san am seo de mhaidin'. **391a**, 9.

Nach aisteach an réasún le gur chuir tú i gcéill dom, nach bhfásann (bhfásfaidh) (bhfásfadh) an féar ach tríd an talamh aníos. **101a**, 5; **101c**, 3; **101d**, 3; **101e**, 3; **101f**, 3; **101h**, 3; **101i**, 3.

Nach ait an chliú is an náire dúinn an bealach údan a shárú, agus gan aon duine san áit ach an námhaid ar gach taobh. **401a**, 4.

Nach ait mar a thug mé gnaoi do chailín óg sa tír, mar is ormsa a bhí díth na céille. **65a**, 3; **65b**, 2; **65e**, 2.

Nach ait na smaointe a thagann tríomsa, agus a laghad imní atá ar mo chlann. **317a**, 7.

Nach ann a bhíos an chúisneáil tráth a théas siad ar thuirneáil, ceolta sí agus scoilteadh crann. **453b**, 10.

Nach ansiúd a bhíodh an lóchrann ag gunnaí móra, slataí seoil ag *fly*áil ann. **453b**, 9.

Nach aoibhinn aerach ar thaobh an tsléibhe (is mé) ag breathnú síos uaim (uait) ar Bhaile Uí Laoigh. **105a**, 3; **105b**, 5; **105c**, 3.

(Ó) Nach aoibhinn do na héiníní a éiríonn (éiríos) go hard. **63a**, 6; **63c**, 6; **63f**, 5; **96a**, 1; **96b**, 1.

Nach aoibhinn do na héiníní a léimeanns go hard i mbarr gach to[i]m. **4a**, 4.

Nach aoibhinn do na móinte (móiníní) a siúlann mo stór (air). **90a**, 2; **97**, 8.

Nach aoibhinn dom is cead cainte agam le togha na bhfear is fearr. **147a**, 19.

Nach aoibhinn dom is gan brón orm is mo stór ar leaba an bháis. **147a**, 26; **147c**, 16.

Nach aoibhinn don chábán a gcodlaíonn mo ghrá ann. **61a**, 4.

(Is) Nach aoibhinn don fhear údaí a chuir a bhean i gcónra. **291a**, 3; **291b**, 3.

(Ó) Nach aoibhinn don ógmhnaoi a mbeidh mo stórsa le dhul abhaile léi. **124a**, 7.

Nach aoibhinn don talamh ar a siúlann a bhróga. **96a**, 2.

Nach aoibhinn is nach aerach a mholann siad na sléibhte, is gan uilig sa méid sin ach glórtha buí. **230**, 1.

Nach ard é cnoicín Chiarraí is téann na préacháin thar a bharr. **147c**, 11.

Nach beag an chuimhne a bhí agam sa saol siúd, go mbeinnse sínte sa *Chieftain* agus tart ar mo scóig. **205m**, 2.

(Ó) (Agus) Nach beag an chuimhne a bhí agatsa nach dtiocfá chugainn ar ball. **410**, 17.

(Is) Nach beag an dochar domsa a bheith faoi bhrón agus faoi bhriseadh croí. **30c**, 5.

Nach beag deas iad na beacha is go dtuga sé dóibh slí mhaireachtál', is gur chinn sé ar *Aristotle* iad a fháil amach sa léann. **177**, 2.

Nach beag mo ghnó ar shliabh, níl tine agam ann ná bia, ná rud ar bith ach fiach na haon [? chon]. **56a**, 7.

(Ó) Nach beannaithe, naofa an áit a bheith sínte ar thamhnacha míne Chnoc Leitir Móir. **235a**, 3; **235b**, 5.

Nach bhfuil brí ná spreacadh i dteas na gréine agus go dtéann na héisc ar an muir anonn. **101a**, 6.

Nach bocht an cás ina dtug an bás mé, báisteach is fuacht i gclár m'éadain. **59**, 6.

(Is) Nach bocht an scéal le rá agam é go bhfuil fán orm féin ó thús mo shaoil. **22**, 4.

Nach bog atá an phis insna mná, faraor crua, deacrach nach dtiteann sí. **120a**, 4.

Nach bpósfainn bean as Árainn dá bhfaighinn aird i Ros an Mhíl. **55a**, 8.

Nach breá nach dtagann tú, a Sheáin, is mé a fháil ó mo mhuintir féin. **4b**, 3.

Nach breá, a stór, nach scríobhann tú litir in aghaidh na míosa. **103f**, 2.

Nach bródúil mar a bhreathnaíonns tú a Phárais, gach maidin chiúin álainn gan smúit.
412, 4.

(Is) Nach brónach an bhean óg go lá mé, a stoirín-ó, a dúirt sí. **88d**, 3; **88e**, 4.

Nach brónach atá an Ghaeltacht dá fágáil chuile lá. **420**, 1.

Nach brónach mar atá mé is nach cráite iad mo smaointe, is mo cheann cromtha síos
fúm ag dearcadh ar an bhfód. **162**, 1.

Nach brónach mé ar maidin agus ní taise liom tráthnóna. **264c**, 2.

Nach brónach, cráite an scéal é le n-aithris chuile lá. **420**, 2.

Nach céasta fada í an oíche, mo chroí chomh trom le bróin mhuilinn. **267a**, 1.

Nach cliú don cheann thiar d'Éirinn baile sléibhe mar an Gleann. **242**, 7.

Nach cóir a dúirt páiste na ngealchíoch (ngealbhrád) é. **83a**, 6; **83b**, 6; **83c**, 5;

Nach cóir mar a dúirt [? na fiacha] nach raibh ríochan leis na mná. **147c**, 13.

Nach críonna a bhíonn an bheach nuair a dhéanann sí a nead, le grian agus le teas an
fhómhair. **53a**, 2; **53b**, 2.

(Agus) Nach críonna an fear a déarfadh nach n-éileófaí aon phingin spré, le [h]ainnirín
na gcraobhfholt fáinneach. **44**, 6.

(Ós) Nach cuma leis an gCeallach é, ó, is é atá istigh san áit. **156c**, 10.

(Ó) Nach cuma leis na Muimhnigh, nach cuma ceaig a bheith le fáil. **389**, 3.

Nach cuma liomsa céard a bheidh siad a lua ná a rá. **30d**, 3.

Nach cumasach is nach ceannasach an rud a dúirt Frainc Óg. **69**, 2.

Nach de choileach an bhaile seo a rinneadh an sampla, nuair a rugadh faoi rún air is
baineadh de an ceann. **347a**, 11.

Nach deacair liom féin mo ghearráinín aerach a choisint ar fhéarach i bpáirce [sic]. **58**, 1.

Nach deas (geal) is nach gléigeal a nífinn do léine, a shníomhfainn bréidín agus anairt
chaol. **187b**, 8; **187c**, 4; **187d**, 4.

Nach deas (mór) an spóirt, ag teacht don fhómhar, Cúirt an tSrutháin Bhuí. **236a**, 2;
236c, 3; **236d**, 4.

Nach deas a d'fhás an cuircín. **354a**, 1.

Nach deas an áit a bhfuil an teach ag Féilim, muilleoir tréitheach na [? háilleachta]. **228**, 1.

Nach deas an áit Árainn le gile is le breáthacht, *Milltown* is *Mabay* is *Ballinasloe*. **235b**, 4.

(Is) Nach deas an fear i mbaile mé, níl (agus gan) dúil agam san ól. **114a**, 3; **114b**, 3.

Nach deas an féirín gafa (a gheofá) gléasta Cúirt (ar Chúirt) an tSrutháin Bhuí. **236a**, 1;
236c, 1; **236e**, 1.

Nach deas an leanbh é i dtír murach é a bheith daor, seachas gasúir a bheith ag
	caoineachán is ag gárthaíl. **257**, 3.

Nach deas an máistir scoile a dhéanfadh Seán Ó Súilleabháin. **147c**, 9.

Nach deas an obair ar mhala sléibhe [sic] ag déanamh léinn agus foghlaim [sic] ann. **59**, 2.

(Ó) (Is) 'Nach deas an rud an carraigín', a dúirt an bhean aréir. **364c**, 1.

Nach deas an rud do bhean ar bith a mbeadh mo chás aici le mí (dar liomsa féin a cliú)
	(dar léi ba dhó ba chóir). **89a**, 6; **89d**, 5; **89e**, 4.

Nach deas an sagairtín é stór mo chroí. **102a**, 3; **102b**, 4.

Nach deas an tseoid ina shuí ar bord, is é caitín gleoite Bhríde. **337b**, 9.

Nach deas é an t-úll i mbarr na géige. **166**, 12.

Nach deas í an eala nuair a bhíonn (luíonn) sí ar an toinn (taoille) ag snámh. **25c**, 4; **25d**, 3.

Nach deas na smaointe a thaganns tríomsa, is a laghad an imní atá ar mo chlann. **317d**, 7.

Nach dona an rud a chaill mé leis (leo), deartháireacha mo chroí. **156d**, 5; **156e**, 5; **156f**, 6.

Nach dona an rud searrach ar iomaire bhán gan féar. **116a**, 7.

Nach dtabharfaí deis do Ghaeilgeoirí go scaipidís an ceo. **420**, 4.

Nach dtug mé go leor duit, airgead is ór buí, báid bheaga is báid mhóra, capall is carr
	(cairr). **143b**, 3; **143c**, 4.

Nach dubh an oíche í is an ghealach ina suí ag an té nach bhfaca a grá. **147c**, 4.

Nach é an rud a dúirt bean an tí lena leanbh, nach comhluadar ar bith an sclábhaí. **139**, 7.

Nach é an trua an (don) spéirbhean a bheith ar thamhnach sléibhe, i leaba a bheith
	gléasta le síoda bán. **64b**, 4; **64c**, 4.

Nach é an trua gan mé i m'fhraochóg ar thaobh Bhaile an tSléibhe. **185b**, 7; **185f**, 1; **185h**, 2.

(Is) Nach é an trua gan mé i mo bhádóir nó i mo cheannaí snámh [snátha]. **10a**, 6.

Nach é an trua liom Nóra Bhán a bheith ar thamhnach sléibhe, gan í a bheith gléasta le
	síoda geal. **64a**, 4;

Nach é an trua mise a bheith bocht. **146**, 4.

Nach é an trua mo Nóra Bhán a bheith ar thamhnach sléibhe, gan í a bheith gléasta leis
	an síoda bán. **64g**, 5.

Nach é an trua nach bhfuil mé i mo dhosáinín raithní. **185e**, 5.

Nach é an trua nach bhfuil mé i Sasana is mo chailín deas as Éirinn liom. **30a**, 2.

(Agus) Nach é an trua nach bhfuil tóir ag rí Seoirse ar an bhfíon. **319e**, 8.

Nach é an trua nár éag tú is tú go hóg i dtús do shaoil. **89a**, 2.

Nach é *Chamberlaine* a rinne an smaoineadh, nuair a chuir sé an scéal úd amach Dé
	Máirt. **409**, 15.

Nach é mo chroí atá íseal, is, a Dhia dílis, is maith an fáth. **147c**, 3.

Nach é mo léan nár éag mé is mé go hóg i dtús mo shaoil. **89e**, 2.

Nach é mo thrua nach bhfuil a fhios agam cén áit a bhfuil sé ag fás. **295**, 6.

Nach é *Pluto* an prionsa clamprach a sciob uaim mo mhian is m'ansacht, [...] nár theip in aon chath riamh **26a**, 15.

Nach é seo an scéal deacrach (deacair) sa tír seo, an anachain chroí agus bhróin. **173a**, 1; **173b**, 1.

Nach é *Tom* a bhí amplach nuair a ghoid sé na ballaigh, bhí Bairbre thuas ar an áiléar. **321**, 7.

(Ó) (Is) Nach éard a dúirt an chailleach is í bliain le cois an chéid. **364c**, 3.

Nach éard a dúirt mo stór liom dá mblaisfinn dá póigín, gur mílse go mór í ná mil is im úr. **41d**, 2.

Nach fada a d'fhanas le suim fhada bhlianta, le leisce a dhul ag triall ort tar éis a fhad is chuaigh do cháil. **240b**, 8; **249c**, 8. (Ó) (Is) Nach fada an lá (é) ó d'imigh tú a Mhíchíl (ár Mícheál) uainn, agus ó fágadh (d'fhág tú) (is gur fágadh) san ithir (iarthar) (tú ar) do chónra chaol chláir. **167a**, 7; **167a**, 7; **167c**, 4.

Nach fada an léim do chaith mé aréir léi, ní inné ná inniu. **70a**, 1.

(Cheal) Nach fada an réim a chaith mé féin leat, ní inné ná inniu. **70d**, 2.

Nach fada mé ag éisteacht [...] agus caithfidh mé pléaráca libh feasta. **369**, 5.

Nach fada mé ag éisteacht le suim mhór de bhlianta, nach ndeachaigh mé go dtí é le feabhas is a bhí a cháil. **240a**, 9.

Nach fada mé ag tóraíocht ar thuairisc mná tí. **63i**, 5.

Nach fada na seacht seachtainí a chaith sí ar na tonnta báite. **405b**, 3.

Nach fada na trí ráithe a chaith mé ar thaobh an chnoic úd thall, ní raibh foscadh ar bith agam ann ná dídean. **65a**, 9; **65b**, 8; **65g**, 2.

Nach fada ó bhaile a ruaigeadh mé ag baint ruacáin [?] den Trá Bháin. **147a**, 3.

Nach fada ó bhaile bóithrí Ghaillimh is bíonn mo tharraingt ann. **147c**, 14.

Nach fada ó thug mé grá do chailín óg sa ngleann, agus geallúint ar í a fháil le pósadh. **65h**, 1.

Nach fada uaim síos í in íochtar tíre, is gur dubh í an oíche nó thriallfainn ann. **176a**, 7.

Nach fánach an tslí domsa m'anam féin a scrúdú, ar chnagaire den dúiche ar chúntas é a fháil. **403b**, 7.

Nach fear gan chéill a shantódh é le dhul ag déanamh píosa cainte. **436**, 2.

(Is) Nach geall le bláth na n-airní mo ghrá bán i dtús an tsamhraidh. **97**, 9.

Nach gránna an beart is nach buartha an scéal é, a dearnadh leis an nGael ab fhearr san áit. **320**, 3.

Nach í an bád bán úd a rinne an saothrú ar mhuintir na tíre dá dtabhairt anall. **409**, 7.

Nach í an trua í a bheith ar thamhnach sléibhe, gan í a bheith gléasta le síoda bán. **64i**, 3.

Nach i mo bhaintreach agus i mo maighdean a d'fhága Dia mé go hóg. **160g**, 1.

Nach í mo shoitheachín a bhí brúite ar tharraingt a cuid glúine, na boltaí úd ag lúbadh agus ní náir dóibh féin é. **401a**, 9.

Nach í Muire an bhean nár smaoinigh ar pheaca ar bith a dhéanamh ach mar a thig na húlla milse ar thaobh deas na gcrann. **403b**, 3.

Nach iad na fir na cladhairí agus an éirí atá faoi mhná. **147a**, 5.

Nach insa ngleann fealltach seo a rinneadh an mí-ádh, is beidh caint ar an ngníomh sin in Éirinn go deo. **162**, 2.

(Is) Nach iomaí áit fhánach a ndearna mé leat mo shoiscéal. **86**, 4.

Nach iomaí bó is caora ag mo mhuintirsa i Maigh Eo. **197**, 3.

Nach iomaí buachaill breá a chuir tú thar sáile, atá ag teacht anall agus a gcúnamh leo. **427a**, 5.

(Is) Nach iomaí cailín álainn ó Ghaillimh go Tír an Fhia (Bóthar Buí). **28a**, 5; **28c**, 7; **28e**, 4.

Nach iomaí cailín muintireach, is buachaill socair, suaimhneach. **197**, 6.

Nach iomaí fear maith a d'fhág sí sínte, a bhfuil a inchinn dá smíochadh as a cheann. **350a**, 4.

Nach iomaí géilleadóireacht a chuaigh riamh ar Chlanna Gael agus b'éigean dóibhsan seasamh. **436**, 7.

(Is) Nach iomaí lá aerach a chaith me ar shléibhte Chonamara. **185a**, 11.

Nach iomaí lá aerach ar éirigh sí amach insa ngleann. **406**, 6.

(Is) Nach iomaí lá breá aerach a chaith mé ar shléibhte Chonamara. **183a**, 7; **183b**, 6.

Nach iomaí lá breá fómhair a chaith mé súgach maith go leor. **47d**, 1.

Nach iomaí maidin Dhomhnaigh a chaith (a raibh) mé súgach maith (deas) go leor. **27b**, 3; **27d**, 1.

Nach iomaí maidin Dhomhnaigh a chaith mé súgach maith go leor. **47a**, 1; **47c**, 1.

(Is) Nach iomaí oíche is lá a chaith muid ar thaobh an chnoic úd thall, is gan foscadh againn ar stoirm ná ar bháisteach. **65d**, 4.

Nach iomaí sin sórt nár caintíodh (chaintigh mé) fós air i gCúirt an tSrutháin Bhuí. **236a**, 9; **236c**, 4.

(Is) Nach iomaí siúd buachaill dóighiúil a bhí seal liom i ngrá. **95**, 1.

Nach iomaí smaoineamh a bhí ag rith trí m'intinn, is nár bheag an imní a bhí ar mo chlann. **317b**, 3.

Nach iomaí tráthnóinín deas samhraidh a tháinig mé trasna na ngleannta, agus anall tríd an áithín ag an *hall*-ín ó thuaidh. **34**, 7.

Nach iontach an intleacht, an tuiscint cinn a bhí ag an seanfhear úd a dúirt 'Ná crochaigí seolta láithreach'. **157**, 2.

Nach lag an fear sa Márta mé mar is fánach a bhínn sa ló. **8e**, 3.

(Ansin) Nach lag an fhoghail mé féin agus (is) mo shnáthaid liom, nuair a ghlaoitear
(ghlaofar) orainn (orm) ar leabhar na héilimh. **136a**, 2; **136b**, 2.

Nach leitheadach mar a spalpann an chaint. **113a**, 2.

Nach luath a chuir mo dhaidí liom capall ag iarraidh mná. **116a**, 8.

Nach mailíseach a dúradh go raibh mise is mo chéadsearc. **39a**, 5; **39b**, 5; **39c**, 5; **39d**, 2.

Nach mairg riamh a dúirt é, nach fíor go raibh mé grinn. **55b**, 6.

(Is) Nach maith an rud poitín sa tír seo, d'íocfadh sé cíos is *poor law*. **286b**, 2.

Nach maith, maith, le fáil é is nach rímhaith le fáil é, is an bhfuil ní ar bith níos áille ná
cailín deas, óg. **107b**, 6.

Nach mb'fhearr duit go mór, mór fear éicint a phósadh, a bhainfeadh cruithneacht duit
agus eorna, agus mórán, ó, den líon. **448**, 5.

(Is) Nach mb'fhearr liom an ceaig ó Pheigín dá bhfaighinn in uaigneas í. **68g**, 3.

(Is) Nach mb'fhearr liom go mór, mór in mo dhiaidh sa ród tú, ag bleán mo bhó ná ag
gléasadh mo bhia. **176c**, 7.

(Ó) (Is) Nach mbíodh muid i nDoire an Fhéich ag chuile chúirt gach mí. **285**, 10.

Nach mé a bhí go lag acu ag iompar mo *knapsack* dóibh, mé ag máirseáil na mbóithre
gan feoirling agam. **282**, 8.

Nach mé atá go haisteach, ag teacht do Lá Fhéile Bríde, is gan a bheith in ann tada a
dhéanamh is tá dona go leor. **328**, 1.

Nach mé féin atá i dteannta nach bhféadfadh de bhlaiseadh, le faitíos roimh m'athair mar
ní ólfadh sé deoir. **227**, 13.

Nach meabhrach, cleasach a chur tú i gcéill dom, nach bhfásfaidh an féar tríd an talamh
aníos. **101b**, 3.

Nach míne a dreach ná clúmh mín, geal is ná cúr na tuile ar trá. **68e**, 2.

(Ós) Nach minic a d'ól mé pionta, leathchoróin is sé pingine. **103e**, 2.

Nach mise a bhíonns críonna nuair a ólaim chúig [sic] phionta, ag machnamh is ag
smaoineamh ar nithe go leor. **258**, 6.

Nach mise a bhíonns go tuirseach (brónach) gach Domhnach is (agus) lá saoire. **319a**, 7;
319b, 7; **319c**, 7; **319d**, 8; **319e**, 4.

Nach mise a bhíonns go tuirseach ag tochras is ag sníomhadh (spíonadh). **319a**, 6; **319b**,
6; **319c**, 6; **319d**, 5.

(Is) Nach mise an cadhan aonraic ar thaobh (ar an taobh siúd de) Chnoc na Coille. **2**, 2;
90a, 4.

Nach mise an cadhan aonraic is mo ghléas ag arm an rí. **293a**, 3; **293b**, 3; **293c**, 3.

(Is) Nach mise an fear cúthail ag siúl cúigí is gan aithne orm ann. **7**, 2.

Nach mise an trua ' Mhuire is mé ag dul ar (go) C(h)arraigín an Fhásaigh, ag gol is ag gáire (gárthaíl) is ag déanamh bróin. **187a**, 1; **187c**, 8; **187d**, 8.

Nach mise atá síos leis gan an pósadh údan a bheith déanta, más fada gearr í an oíche, ní chodlóidh mé an t-am. **2**, 3.

(Is) Nach mise atá tuirseach ó shíorshiúl na móinte seo siar. **91a**, 4.

Nach mise mo léan, a bhí go lúfar, láidir nó gur dhúirt na páistí go raibh an banbh réidh. **332b**, 4.

Nach moch agus nach mall (mór) mar a shileanns (ghoileanns) mo shúil deoir, agus m'osna go rímhór mar gheall air. **65d**, 2; **65e**, 3.

Nach moch, moch amárach a rachfas mé an bealach, nó go gcloisfidh mé plandóg an tsonais is an tséin. **41c**, 3.

Nach mór an deis sa mbaile seo an *submarine* seo Sheáin an Charraigín, chaith sí ráithe an earraigh tairnithe suas sa dug. **255**, 1.

Nach mór an fear éid agam féin tú, a radaire dhaill. **113b**, 6.

Nach mór an peaca marfa mé a chrochadh ná mé a chéasadh. **404a**, 13; **404c**, 10.

Nach mór an spóirt sa tír nuair a bhéas an chabhlach cruinn, tiocfaidh slata seoil faoi shíodaí bána. **217a**, 4.

Nach mór an t-ábhar éagnaigh mar rugadh i bhfad roimh ré í, sular cailleadh an dream ba thréine nach mbéarfar arís choíche. **84a**, 3.

Nach mór an t-aoibhneas ar fud na tíre, an t-oileán naofa atá múinte cóir. **232d**, 4.

Nach mór an t-ionadh os comhair na ndaoine, iad d'fheiceáil sínte ar chúl a gcinn. **158b**, 2.

Nach mór é an t-údar bróin dom, m'óchón, is doilíos croí. **8d**, 4.

Nach mór i gceist anois againn *Venus* seal in Éirinn, cé go mba mhór é a cáil. **64e**, 5.

Nach mór i gceist Ó Conaill againn is a chuid argóinteachta Béarla, nach fada an *rule* ag Clanna Gael dá ndéanadh sé dóibh cabhair. **212a**, 7.

Nach náireach an scéal ag mná go cinnte mé a bheith do mo lua leat mar chéile. **59**, 3.

(Is) Nach olc an cúntóir domsa tú lá an fhómhair is mé ag baint an lín. **8b**, 5.

Nach olc é mo ghean ar an tseanbhean do shníomh é. **319e**, 6.

Nach orm a bhí an mí-ádh an fhad úd de bhlianta, nach ndeachaigh mé ag triall air tar éis a fhad is a chuaigh a cháil. **240e**, 6.

(Is) Nach orm atá an mheirse is an sciúirse ó mo Dhia. **29**, 3.

(Is) Nach postúil a chuir d'athair fút capall ag iarraidh mná. **116e**, 3.

Nach postúil tusa ag caint liom, a shean-Phartláin shalach [sic], ar [? as] saighdiúireacht a fáisceadh do mhuintir. **367e**, 3.

Nach seo é an lá a mbeidh an t-éagnach ag crainn is clocha ag pléascadh, beidh an fharraige ina muirthéachtadh chomh héadrom le smál. **403b**, 9.

Nach siúd é an coileach a bhí cluimhreach féitheach, a shiúlanns go tréan is a labhraíonns go hard. **347a**, 9.

(Maise) Nach suarach an ní dom mo shamhail de mhnaoi a bheith ag caitheamh mo shaoil amú leatsa gan súgradh, gan greann. **143a**, 9.

(Maise) Nach suarach an ní duit bualadh faoi mhnaoi ar bith, agus fios ag do chroí istigh nach dtabharfadh duit grá. **143a**, 3.

Nach suarach an *passtime* a ceapadh dom, faraor, ag tóraíocht phluid dhorcha Leára. **304a**, 1.

Nach trua gan (nach) mé in mo chónaí in aice le mo mhian (in aice le mian mo chinn). **28a**, 4; **28e**, 6; **28f**, 4.

Nach trua gan mé ar an gcnoc údan thall. **100**, 4.

Nach trua gan mé i m'iascaire ag Tiarna Bhinn Éadair (thiar i mBinn Éadair). **39d**, 3; **185b**, 5.

(Is) Nach trua gan mé i Sasana (in Ardmhá), i mo cheannaí trá [snátha]. **10c**, 3; **10d**, 2.

Nach trua gan mé in mo smóilín, is deas a d'éalóinn tríd an mbóithrín. **103a**, 2.

Nach trua gan mé insna hIndiacha, insa bhFrainc ná sa Spáinn. **63f**, 6.

Nach trua gan mé taobh thoir de Ghaillimh is stór mo chroí a bheith ar lámh liom. **79**, 1.

(Is) Nach trua gan mise (mé) i m'éinín is (agus) clúmh orm de chuile dhath (mar gach aon cheann). **10a**, 4; **10c**, 4.

Nach trua gan mise i m'éinín nó in [?] m'eanacháinín gléigeal. **103g**, 2.

Nach trua gan mise is mo chéadsearc ar mhullach an tsléibhe thuas. **40a**, 6; **40b**, 6.

Nach trua í a bheith tógtha ar thamhnach sléibhe, nach mbeadh sí gléasta le síoda bán. **64d**, 5.

Nach trua mé ag caitheamh na miotáin [sic] is a bhfuil de shíodaí i Meiriceá. **147a**, 1.

Nach trua mé ag tarraingt choirlí is gur fear *count*air é mo ghrá. **147a**, 13.

Nach trua mé ag tarraingt mhóna agus gur fear ar fónamh é mo ghrá. **147a**, 12.

(Ó) Nach trua mé ar thaobh seo na mara, in mo dheoraí gan bheocht, gan bhrí. **195**, 3.

Nach trua mé bliain chrua anois do mo ruaigeadh i bhfad ó bhaile. **181b**, 2.

Nach trua Mhuire mise Lá Fhéile Pádraig is mo theanga chomh bán le cailc. **40a**, 1; **40b**, 1.

Nach trua sin cailín deas ar Charraig an Fhásaigh, ag gol is ag gárthaíl is ag déanamh bróin. **187e**, 5.

Nach trua sin searrach ar iomaire bhán gan féar. **116e**, 5.

Nach tuirseach an obair a bheith dhá thochras is dá shníomhadh. **319e**, 5.

Naoi míle os cionn Contae na Banríona, is ea chuir mé mo Chríonach chun seoil. **350c**, 3.

Nárba fada go bhfeice mé do litir faoina séala. **90b**, 2. (Is)

Nárba liomsa féin Eoraip, a bhfuil ó Chorcaigh go Londain, Baile Átha Claith a fháil bronnta is é a bheith agam dom féin. **41d**, 4.

Nár bheag ab fhiú an seanbhád nuair a thosaigh sí ar fhaochain, anois tá sí ag cinnt ar a
  bhfuil acu ann. **254**, 1.

Nár bhrónach do bhí Éire nuair a d'imigh scoth a clann. **425**, 1.

Nár bhrónach é an smaoineamh dúinn gur díbríodh iad amach. **425**, 2.

Nár chaille mise féin an léargas, níor chaill mé meabhair na méara, ach dhéanfainn
  spórt is pléisiúr gach aon oíche do mo mhnaoi. **448**, 4.

Nár dheas an cailín tíre mé nuair a phós mé traimpín Mhaínse, bhí gúna fada síoda is
  raca breá in mo chúl. **271**, 1.

Nár dheas an mhalairt a bhí le fáil agam, murach Seáinín agus Colaimín, bhí Bid agus
  Neainín ann. **384**, 2.

Nár dheas an tseoid ina shuí ar bord, caitín gleoite Bhríde. **337a**, 9.

Nár fhaighe mé bás choíche go gcaithfidh mé díom an mí-ádh. **63e**, 5.

Nár laga Dia tú a *Hitler*, is tú féin an fear ab fhearr. **414**, 10.

Nár lige Dia slán an té a mharaigh mo chat. **334**, 1.

Nár mhór an áilleacht a bhí i b*Phúcán Mhicil Pháidín*, an lá ar fhága sí crompán Charna
  agus d'ardaigh sí an crann nua. **253d**, 1.

Nár mhór an scannal agus nárbh olc an mhísc í, a dTaoiseach dílis a chuir faoin bhfód.
  313, 9.

Nár mhór an *sight* a raibh ag teacht i mbáid ann, as oileáin Árann is taobh amach de
  chuan. **430**, 3.

Nár mhór an *sight* an méid sin, an t-am a raibh siad cruinnithe le chéile baileach. **436**, 5.

Nár mhór an t-ionadh os comhair na ndaoine, a bhfeiscint sínte ar chúl a gcinn. **158a**, 2.

Nár mhór ar an gcuideachta mar a chailleamar Uilleac, ach fostaimis Piarsaigh agus
  Blácaigh. **269a**, 31.

Nár mhór i gceist *O' Connell* againn le seanchas is Béarla, is chuaigh sagairt ag cruinniú
  déirce dó in Éirinn le haghaidh cíos'. **212b**, 7.

Nár mhór le rá Éirinn nuair a throid *Hugh* Ó Néill, *great Hugh O'Donnell* agus *great*
  Brian Ború. **421**, 4.

Nár thaga ionadh ar bith ins na bailte is nár chluine muid é choíche, níos mó ná
  thiocfaidh d'ádh ort, a ghnaoi na mban óg. **212b**, 3.

Nár thé tú abhaile go bpósfar tú. **371**, 2.

(Is) (Maise) Nár théigh mise (mé) den tsaol seo choíche agus nár chaillidh mé an
  greann. **24a**, 6; **24b**, 5.

Nár thug mé go leor duit, airgead is ór buí, báid bheaga, báid mhóra agus capall is carr.
  143a, 4.

Nár thug tú go Poll Uí Mhuirinn ag táilliúirín Bhideach é, agus ar ndóigh bheadh an
ball agat mura mbeadh agat ach a leath. **368a**, 6.

Nár thugadar a gcúl do thaltaí móinéir, do shléibhte drúchtúla na mBeanna Beol'. **157**, 7.

Nárbh ait an cara domsa, tá m'anam bocht dá scrúdú, ar chnagaire den dúiche ar
chúntar dá bhfághadh. **403d**, 1.

Nárbh é an díth céille go mór dom féin mo phlé a bheith agam leat in aon bheart. **145**, 2.

(Is) Narbh é an trua í a bheith ar thulach sléibhe, gan í a bheith gléasta le síoda bán.
64e, 3.

Narbh fhurasta aithne domsa go raibh mo dheartháir caillte. **182b**, 6; **182c**, 6.

Narbh olc an cúntóir dom tú lá fómhair is mé ag baint an lín. **8e**, 2.

Narbh olc an tosach téagair an bheirt úd a chur ó chéile. **103b**, 4.

Neascóid chléibh is fiolún fuar ort, creathán, múchadh is seile siáin. **269a**, 10.

(Oh) Nelly Bawn, sit here by me, for you're my heart's delight. **54a**, 6.

Next Sunday night will be my delight, to the music I will go. **153**, 7.

Ní [?] slur ar a bheith orm a bheith i stór na reaigeannaí. **156h**, 9.

Ní ag admháil anachain ná fogha do Chríost é, ná dá ainm naofa atá ina ríocht go hard.
301, 13.

Ní ag tabhairt breithe ort é, ní leat fogha a bhaint díomsa, mar le mo chuimhne cinn, tá
mé in ann é a rá. **301**, 7.

Ní áibhéil ná bréag a rá nach raibh bolmáin ann. **224**, 5.

Ní áirím an chaint ar a bhfaca mé d'iontais fós. **370c**, 9.

Ní áirím croí cráite ag do mháithrín agus ag d'athair. **160a**, 6; **160b**, 6.

Ní áirím do bhean phósta, a mhíle stóirín, nár chóir a bheith ar do leaba. **160f**, 3.

Ní áirím Seán Pheadair, an fear bocht a shíl siad a bhánú, is an fear a bhí i bpáirt leis a
chur de dhroim tí. **287**, 6.

Ní ansacht liom tusa mar sheansceach ghránna, a bheith in aice le m'áras ná thimpeall
mo thí. **363**, 9.

Ní aon mhac marcaigh ó Thuamhain go Gaillimh, ná thart arís go hUmhall Uí Mháille.
53a, 6.

Ní ar bheatha a bhí aire againn ná ar shaibhreas saolta, ach ag guí Chríosta agus Naomh
Póil. **205a**, 6.

Ní ar líne na *Strongbohnians* ná de shliocht na nGraméilian*s*. **216a**, 6.

Ní ar shliabh go cinnte (ná ar mhínleach) atá stór mo chroí-se, ach ar thaltaí aoibhne a
dtig toradh ar chrann. **74a**, 4; **74b**, 2.

Ní ar shliabh go cinnte atá stór mo chroí-se, is ní chodlaím oíche ach ag déanamh
bróin. **74b**, 4.

Ní as ceann an mhaide rámha a bhain tú arán i dtús do shaoil. **386**, 3.

Ní ba ná caoire a bhí mé a éileamh, an lon dubh ná an chéirseach ná an t-éinín glas. **288**, 5.

Ní baintreach a bhí i nDúgán go dtí an chéad am ar goideadh a shábh. **154**, 1.

Ní bean a bhí i mo dhiaidhsa ach na céadta ar fud an tsaoil. **55a**, 2; **55b**, 2.

(Is) Ní bhéarfadh mé mo stóirín ar airgead ná ar mhaoin. **28c**, 4.

Ní bhéarfaidh mé spás duit, a sheanraicleach báirsí, agus níor thuill sé riamh onóir an té a mholas é féin. **363**, 13.

Ní bhéarfainn mo lámh duit go deo deo le fonn, go dté scéala fá rún chuig mo mháithrín. **140a**, 3.

Ní bheidh Ó Conchúr agam ná Dónall Óg. **443b**, 3.

Ní bhfaighidh tú amuigh i nGlinn Chatha mé mar is annamh a bhíonns mo tharraingt ann, sin é an áit nach dtaitníonn liom is ní bhfaighidh tú ann mé. **439a**, 7.

Ní bhfuair mé mórán scoile (scolaíochta) riamh ná oideachas ar Bhéarla. **404a**, 4; **404c**, 4; **404d**, 4.

Ní bhfuair mise ó mo chlaonta, go molfainn lucht Liútair ar aon chor, an chuid agat is tréine [...]. **403d**, 4.

Ní bhíonn a fhios ag daoine chomh brónach is a bhímse, nuair a smaoiním ar mo Shail Óg Rua. **176b**, 6.

Ní bhíonn muid aon Domhnach ón Aifreann, agus coinníonn muid an paidrín suas. **394a**, 6.

Ní bó í mo bhó-sa mar bhó aon fhear. **289c**, 1.

Ní bó, caora ná gamhna a shantóinn, is é mo leath-sa mar spré. **91d**, 2.

(Ó) (Is) Ní cháinfidh an t-am sin an bádóir ach bhí meas aige le fáil. **389**, 5.

Ní cháinfinnse Cearra ar go leor, mar níor mhór leis [? dom] í. **342**, 3.

Ní cheadóinn ar m'áit tú, ar mo chapall ná ar mo shrian. **54a**, 3.

Ní chloiseann tú torann ná sruthán ag gluaiseacht, le fána na gcnoc in do thír dhúchais féin. **167a**, 8.

Ní choinneodh an t-easpag (*headquarter*) mé ar maidin amárach, go dtuga mé an seársa údan go Cuan an Fhir Mhóir. **240b**, 5; **240c**, 5; **240d**, 3.

Ní chónóidh inti gan spás go dté don Droichead Ard, go mbreathnóidh mé ar bharr na scéimhe. **56b**, 3.

Ní chreideoinn ar mo chapaillín, dá n-abraíonn is an trian. **54c**, 2.

Ní chreideoinn ar mo chapall, ar a diallait ná ar a srian. **54b**, 2.

Ní chreidfinn féin ón sagart go bhfaighidís maithiúnas ar aon chor, lenar fhágadar i gcré in éiric is i gcáin. **411a**, 10; **411b**, 10; **411c**, 10.

Ní cineál *pick-pockets* a bhí i Micil Réamainn, níor fhoghlaim sé riamh é ná aon fhear dá
dhream. **400**, 3.

Ní cúrsaí scéil nó magaidh é is ní bréag atá mé a rá. **223**, 2.

Ní deileadóir mo ghrá-sa ach ceann [? féarmhair] ar chuid is ar mhaoin. **104**, 2.

Ní dhéanfaidh mé aon lá téagair nó go dté mé faoi na hoileáin suas. **104**, 5.

Ní dhéanfaidh mé imirce is ní dhéanfaidh mé ól. **63g**, 2.

Ní dhéanfaidh mé imirt is ní dhéanfaidh ná ól. **217b**, 8.

Ní dhéanfainn iontas dá bhfásfadh síoda ar chrainnte fíona tríd an talamh breá. **232a**, 6;
232b, 6; **232c**, 6; **232d**, 3.

Ní dhéarfainn tada leat ar chúl an chlaí. **102a**, 8; **102c**, 3.

Ní dhéarfainn tada leat, a dhuine chóir (chroí). **102a**, 10; **102c**, 5.

Ní do do bhéal a thug mé spéis riamh ach do leagan a bhí go deas. **33b**, 3.

Ní do do mhéin a thug mé spéis riamh ach do do leagan a bhí go deas. **21**, 3.

Ní do(n) fhíodóir ná do(n) táilliúr a thug mé grá riamh ná taithneamh. **99a**, 6; **99b**, 1.

Ní éinín dá éasca ná iolrach dá mhéad. **178**, 2.

Ní éistfidh mé feasta le leithscéal ná ráite, ach cuirfidh mé an sábh seo glan trí do chroí.
363, 11.

Ní fear meata mé is ní tuirseach atá mé, ach má tá an puirsín lán agat, teann aniar. **144a**, 2.

Ní feasach mé tábhairne ar bith a bheith in mo thimpeall. **366**, 6.

Ní fhaca mé (fhacthas) bean ar bith anois le rá a dtabharfainn grá ar bith di ná
taitneamh. **316a**, 6.

Ní fhaca mé (fhacthas) do bhéilín binn mar chéirseach. **166**, 5.

(Ach) 'Ní fhaca mé (fhacthas) do leaca g[h]léigeal'. **166**, 4.

Ní fhaca mé ag teacht tú ná do mhaingín faoi d'ascaill [...]. **367c**, 8.

Ní fhaca mé aon áit ó bhí mé i mo pháiste a bhainfeadh an barr de Chnoc Leitir Móir.
235b, 1.

Ní fhaca mé arís é go dtí san oíche Déardaoin, agus é ag déanamh caol díreach ar
Árainn. **325b**, 5.

Ní fhaca mé arís é go dtí san oíche Déardaoin, agus *sherve*bháil sé *Ned* agus Cáitín. **325b**, 3.

Ní fhaca mé le seachtain tú is níl a fhios agam cén fáth. **147c**, 5.

Ní fhaca mé ocras riamh ar aon chréatúr, an fhad is a bheadh gé ar an tsráid nó bó ar an
gcnoc. **435**, 6.

Ní fhaca muidne tada uaidh a dhéanfadh aon leas d'Éirinn, theastaigh sé uaidh féin is
(agus) é go géar ina chall. **411a**, 7; **411b**, 7; **411c**, 7.

Ní fhéadaim, a mhic, ní fhéadaim, tá cnapán mór (cnap an-mhór) ar m'ucht. **163a**, 5;
163b, 3; **163c**, 3.

Ní fheiceann tú an sneachta ina luí ar na beanna, ná na héin insan earrach ag ceiliúr go binn. **167a**, 9.

Ní fheicfeá (-im) achrann ann mar a d'fheicfeá i dtíortha, ach ag déanamh siamsa, greann is spóirt. **232a**, 7; **232b**, 7; **232c**, 7.

Ní fheicfear ag teacht go lá an tSléibhe iad as na réigiúin ar thiteadar ann. **412**, 19.

(Ach) Ní fheicfear muid go lá an bháis, mar beidh muid bailithe as an tír. **239c**, 5.

Ní file mise cé nár dual dom cliseadh, níl mórán ealaíne istigh in mo cheann. **164a**, 11.

Ní fiú pingin go leith tú le breathnú sa mbád ort ach tá tú chomh láidir le hathair an lao. **5**, 6.

(Is) Ní gá dom smaoineadh go bhfaighidh mé arís tú, i gcionn do thí ná do leanbh bán. **176e**, 4.

(Maise) Ní ghabhfaidh mé chuig an tine is ní théifidh mé mo lámha. **326**, 2.

Ní ghabhfainnse le mo chlaonta sliocht Liútair a mholadh in uachtar, nach dtiontódh ar mo lámh chlé, in Aon-Mhac na nGrást. **403e**, 2.

Ní ghlacfadh mé do leithscéal uait ná seanchainteanna den tsórt sin. **442**, 6.

Ní ghlacfadh sí scilleacha geala (airgead geal uaim), ní ghlacfadh sí pinginí rua. **394b**, 10; **394c**, 6.

Ní ghlacfaidh mé do sheanduine uait, níl aon ghnó agam go fóill de. **442**, 4.

Ní hé a dúirt mac Radaí gur tairníodh [sic] mar shail í is bhí an *Connacht Champion* sa mbád linn. **304c**, 5.

Ní hé mise agus ní mé choíchin. **366**, 10.

Ní hé mo choileach is airde glao. **381a**, 2.

(Ó) (Mar) Ní hé mórán a bhí le fáil agat le tú a chothú ann dá réir. **272**, 3.

Ní hé sin a mharaigh mé, dá mhéad mo dhólás, ná a rinne gual dubh de mo chroí i mo lár. **190a**, 13.

Ní hé sin ba chas liom dá mbeadh mo chnámha i dtaisce san uaigh. **390a**, 5; **390b**, 5.

Ní hé sin do mhac Bheartlaiméid, [?] in ainm dósan Séamas, ón mbanríon a fuair mé scéala go géar faoina ghnaoi. **212a**, 8.

Ní hé sin do *South Boston*, déan obair nó lig dó. **156c**, 3.

Ní hé sin dom feasta, d'athraigh mé claonadh, is mo shuaimhneas a ghlacadh arís le mo ló. **328**, 4.

Ní hé siúd an gleann aoibhinn agus na molaigíse é choíche, níl ní ar bith insa saol ann a dhéanfadh duitse aon ghreann. **226**, 5.

Ní hí mo bheansa bean an tuirne, ach Máirín mhúinte, bhéasach. **265a**, 3.

Ní hionadh anois mo chroí a bheith réabtha. **166**, 10.

Ní hionadh liom Liam *Reilly* a bheith ina chliamhain ag an rí. **160e**, 3.

Ní hionann is sibhse, a lucht salach na déirce, nach raibh agaibh riamh ach gorta agus call. **400**, 4.

(Ó) Ní hiontas ar bith i nGarmna mo bheansa a dhul chun cinn. **318a**, 6.

(Maise) Ní ina dhiaidh, a rí, atá mise. **182a**, 4.

Ní iompródh bád Bheairtlín a raibh le theacht de (ann), murach go bhfuair (ach fuair) sí féin *lift* ó bhád Mháirtín. **325a**, 4; **325b**, 4.

Ní iontas ar bith liomsa bróg a bheith ar Mhánas, scarfadh sé feamainn soir go hAill Fhinn. **308b**, 4.

Ní [h]lá ar feadh na bliana a thógas croíthe Gael. **262**, 1.

(Mar) Ní lasfaidh na réalta is ní bheidh solas ar na spéartha ann ach tinte agus toirneach ag pléascadh d'oíche agus de ló. **274a**, 8.

Ní le fios ná draíocht a dearnadh [sic] í ach le obair stuama na lámh. **236a**, 8.

(Agus) Ní le mailís ar bith a chuaigh mé (mise) i bpríosún, le gadaíocht caorach ná le cúrsaí mná. **317a**, 1; **317c**, 1.

Ní leanfad rófhada mar tá an t-am ag teacht gairid, níl lá ar bith dá fhad nach dtagann an tráthnóin. **227**, 15

Ní leanfaidh rófhada é ach is ríbhocht an cás é, beidh an abhainn ag dul le fána agus an easín [sic] ag sruth. **34**, 11.

'Ní ligfidh mé isteach tigh chlann Saile tú, ná isteach tigh chlann (go dtí Meaig) Pheadair Mhóir'. **394a**, 8; **394c**, 5; **394d**, 5.

'Ní ligfidh mé tú isteach tigh chlann Saile, ní ligfead ná isteach tigh Pheadair Mhóir'. **394b**, 8.

Ní mac bacaigh mise is ní caoch atá mé, má tá an *purse* láidir agat, tar aniar. **144c**, 5.

Ní magadh leat ná bréag é, a chéadsearc mo chroí (a phéarla an chúil fhinn). **72a**, 2; **72b**, 2; **72c**, 5; **72d**, 3.

Ní mar bhláth bán na n-airní a bhíonn mo ghrá-sa i dtús an tsamhraidh. **185d**, 2.

Ní mar gheall ar airgead ná ór a d'iompaigh mé i gcóta an mhinistéir. **267a**, 7.

Ní mar gheall ar bhólacht *Staunton* a chuirfear Tomás Bán, mo léan. **186d**, 4.

Ní mar gheall ar mhailís ar bith é, gadaíocht caorach ná cúrsaí mná. **317g**, 2.

Ní mar sin a bhí tú ach lán de dhrochsmaointe, mar is iomaí drochintinn a thigeas do mhná. **143a**, 12.

'Ní mé an mhaighdean mhara ná banríon na Gréige, is níl mé i ngéibheann ar thalamh Chrích [sic] Fáil'. **452**, 5.

Ní mé an prionsa damnaithe a rinne áras in Ifreann thíos. **441b**, 3.

Ní mé Cú Chulainn a fuair bua ar na céadta le neart mo ghéaga nó lúth mo chom. **441a**, 9.

Ní mé *Hercules* ná Eilís *Morgan*, ní raibh mé cróga i scrios na Traoi. **441a**, 12.

Ní mé iníon Dhomhan Deirge, ní mé iníon Dhomhan Deirdre. **450**, 3.

Ní mé *Jupiter* a bhí fadó ann ná *Hercules* a bhí ceannasach ná *Neptune* géar na farraige a tháinig ón Muir Thréan. **439b**, 4.

Ní mé *Pluto*, an prionsa damnaithe, a rinne ár tigh na bhFiann [sic]. **441a**, 10.

Ní mhairfidh mé liom féin i do dhiaidh, a mhíle stóirín. **75**, 3.

Ní mheallfaidh tú le do chluanaíocht mé, a bhuachaill (bhuachaillín), níl maith duit ann. **8a**, 4; **8c**, 2.

(Is) Ní mheallfaidh tú mise, a bhuachaill, le do chluanaíocht is níl maith duit ann. **8b**, 3.

Ní mholaim(-se) an t-athair ach cáinim an mháthair a thógfadh a (g)clann gan scríobh ná léamh. **438a**, 6; **438b**, 6; **438c**, 5.

Ní miste do *William Reilly* a bheith ina chliamhain ag an rí. **160f**, 5.

Ní mór duinn lucht faire a chur ar Shliabh Bachta, ar Bharúin is ar bhéal chúrsa an rása. **269a**, 19.

Ní mór sin céad in aghaidh gach lae do Cholm is dá mhnaoi. **236c**, 8; **236g**, 2.

Ní [h]oileán in éineacht a mhéadaíonn mo ghrá. **246a**, 4.

Ní ormsa a bhí an t-ádh an lá ar fhág mé amach m'áras, a ndeachaigh mé go fánach i mo spailpín ag an tír. **226**, 4.

Ní phósfaidh mé an caoladóir, an caoladóir, an caoladóir. **360**, 2; **360**, 8.

Ní phósfaidh me an ceilpeadóir, an ceilpeadóir, an ceilpeadóir. **360**, 3; **360**, 9.

Ní phósfaidh mé an gabha dubh, an gabha dubh, an gabha dubh. **360**, 4.

Ní phósfaidh mé an gliomadóir, an gliomadóir, an gliomadóir. **360**, 6.

Ní phósfaidh mé an tailliúirín, an táilliúirín, an táilliúirín. **360**, 7.

Ní phósfaidh mé an t-iascaire, an t-iascaire, an t-iascaire. **360**, 1; **360**, 5

Ní phósfainn Máire an Leachta ar a bhfuil d'ór ar na hoileáin. **147b**, 6.

Ní phósfainn Seáinín Aindriú, an stróinse fada buí. **156n**, 6. (Is)

Ní rachaidh mé chun cladaigh, tiocfaidh sliogán i mo sháil. **147b**, 8.

Ní raibh a fhios ar tharla tada go dtí maidin lá arna mhárach. **340**, 2.

Ní raibh ag pócaí folmha bochta ach buaileadh sé bóithre, agus gheofá lóistín amach faoin tír. **205k**, 4.

Ní raibh aon chruinniú riamh anuas ó Bhaile Átha Cliath, mar a bhí an lá údan ar an gCeathrúin Rua. **430**, 4.

Ní raibh aon duine le fáil ag Sasana le dhul ag obair in aon áit. **414**, 7.

Ní raibh caitheamh tobac inti ná imirt chártaí, ná ag éirí in airde ná ag déanamh aeir. **332c**, 5.

Ní raibh íseal ná uasal dá raibh sa tír sin nach raibh ag caoineadh ag iarraidh teacht anall. **409**, 5.

Ní raibh lao riamh ag an mbó ann ná éan insan ubh. **414**, 21.

Ní raibh mé i bhfad istigh ann nuair a tháinig tiarna an dlí. **318b**, 2; **318c**, 2; **318d**, 2.

Ní raibh mo mhuintir acmhainneach agus d'fhág sin i leith na haimsire mé. **404b**, 4.

Ní raibh muid aon Domhnach (riamh) ón Aifreann, agus choinníodh muid an páidrín suas. **394c**, 4; **394d**, 4.

Ní raibh neart ar bith ag Colm air mar is air (ann) a bhí an cumhdach (í a chumhdach), bhí a chailín deas ag fanacht leis ina seasamh cois (thíos ag) (ina seasamh ag teach) an sconsa. **335a**, 6; **335b**, 5; **335c**, 3.

Ní raibh pingin ar bith ag dul liom ach píosa leathchorónach agus cheannaíos a luach istigh i nGaillimh. **300b**, 2.

Ní raibh píosa bealaigh ná coirnéal sráide ann, ó gheata an tséipéil go dtí an tornóg aoil. **164b**, 5.

Ní raibh samhail ar bith le fáil aici ach ar nós an bhradáin fearna a bhíodh ag imeacht óna namhaid is nár spáráil riamh siúl. **253a**, 2.

Ní raibh siad ach amach ag béal Chasla (ach tuairim is leath bealaigh) nuair a bhreathnaigh Pádraig i ndiaidh an bháid. **394a**, 2; **394b**, 2.

Ní raibh sleádóir ar bith go maith againn le Cóil Ó Coisteala a bhí san áit. **219**, 2.

Ní raibh stróiceadh ná gearradh uirthi, poll dóite ná tada nuair a tairníodh [sic] go Gaillimh i ndiaidh báid í. **304c**, 4.

Ní raibh suim ar bith agam sa mac ab óige, cé gur lách an leanbh a bhí ann, Peadar féin (cé go mba lách an stóirín é Peadar féin). **190a**, 2; **190d**, 2.

Ní raibh trua in aon tír níos mó ná in Éirinn, is a muintir féin a bheith fágtha thall. **409**, 9.

Ní rithfeadh mé [sic] Maitias mar is é a bhíonns dá dtráchtáil, soir chuile lá gan tada dó. **254**, 5.

Ní rud ar bith a mharaigh mé ná a chráigh go deo mé ach an dara pósadh a dhéanamh ar ais arís (ach rinne mé an pósadh úd ar m'ais arís). **190b**, 3; **190d**, 3.

Ní seanbhean mise ach cailín óg deas a fuair scoil agus foghlaim as tús mo shaoil. **144b**, 6; **144c**, 3.

Ní shásódh siúd mé in áit a cliú, gan ceangal dlúth agus [? cábach] d'fháil. **453a**, 8.

(Is) Ní slad mainistreach (ar mhainistir) ná teampaill (ná ar theampall) a rinne stór mo chroí. **186a**, 7; **186b**, 4; **186c**, 7; **186e**, 6.

Ní [?] talmhaí ó mhagadh é fiach seo Sheáin Bhradaigh, acht seilg gan bhrabach, gan bhásta. **269b**, 4.

Ní thabharfainn mionnaí bréige a [? thógfadh] do na *chainies*, muigíní is cuid *taepots* briste de bharr na hoíche. **323**, 4.

Ní thabharfainn mo lámh duit go deo deo le fonn go dtéiteá le fonn chuig mo mháithrín. **140b**, 2.

Ní thabharfainnse mo stóirín ar mhórchuid cailíní (den ór buí) (ná ar mhaoin). **28b**, 7; **28d**, 5; **28e**, 5.

Ní tréan mo labhairt is ní hé sin mo chúis náire. **169**, 2.

Ní tú Ceaite an Chúil Chraobhaigh is níl aon cheo de do shamhail ann. **124a**, 6.

Nífinn do léine duit, do bhricfeasta a fháil ar maidin duit, mharóinn cearc is lachain duit is, da réir sin, chuile shórt. **148a**, 7.

Níl a fhios nach maith í an chríonnacht ó tharla an oíche seo gearr. **62b**, 3.

Níl ach an t-aon bhean amháin a dtug mo chroí grá di, níl agam le rá ach mo bheannacht a chur léi. **107a**, 4.

Níl ach míle ó Chluain Meala go Caiseal Mhic Léin. **75**, 5.

Níl agam ach [? barúil] go bhfuil muid inár gCríostaithe, faoi obair an tsaoil seo, déanfaidh muid gleo. **328**, 5.

Níl am ar bith san oíche a dtigeadh teannta ar na Críostaithe, nach ar an stailín bán a ghlaofaí mar ba shiúd í an coisí ab fhearr. **335a**, 3.

Níl amhras agamsa nach maith iad na faochain, mar tá siad ag cur síodaí ar mhná Leitir Móir. **254**, 4.

Níl an t-oileán le feiceáil atá fá   dhraíocht leis na cianta, an amhlaidh gur fuar leis a dhreach a sháthadh aníos. **393**, 10.

Níl aon cheard abhus ná thall ar chualathas air cur síos. **236f**, 4.

Níl aon dochar anois sa méid sin, mar tabharfaidh sé comhairle don té a bhí ann. **409**, 17.

Níl aon fhear in Éirinn a dhéanfadh éagóir ar mo shamhail. **98b**, 5.

Níl aon fhiagaí ina sheasamh ó dhoras Chúirt Bhalla, go Gaillimh nó as sin go Ceann Léime. **269a**, 23.

Níl aon mhac caillí ón Éirne go Gaillimh ná as sin go hUmhall Uí Mháille. **53b**, 4.

Níl aon mhaith dá rá le daoine insan áit, mar ní chreideann siad an scéal lena mhíniú. **413**, 2.

(Ach) Níl aon mhaith sa seanchas, tá mo chreachsa déanta is gur fhág mé thíos í ag béal na trá. **332a**, 6.

Níl aon ní a ghoidfí ó thír go Tuamhain, nach in ualach Sheáin a gheofaí a t[h]uairisc. **269b**. 3.

Níl aon teach leanna ó thithe Bhoth Loiscthe aniar. **29**, 1.

Níl baile cuain sa tír seo nach ndeachaigh scéal thar timpeall, siar go Ros an Mhíl agus amach go hÁrainn Mhór. **309a**, 7; **309b**, 7.

Níl bean sa saol nach ndéanfadh le fear eile an chaint. **113a**, 6.

Níl bothán in Éirinn níos féile ná bothán na corónach. **293a**, 6; **293b**, 6; **293c**, 6.

Níl bóthar trasna ná coirnéal sráide ó d'fhágfá an séipéal go dtí an tornóg aoil. **164a**, 6.

Níl breac a maraíodh i dtraim ná i d*trawler*, nach bhfuil ar an ród lena ais ag snámh.
232a, 4; **232b**, 4; **232c**, 4.

Níl brónna uachtair go gcastar tuathal ar an té a bhuail faoi mo [?] chumadán. **305**, 3.

Níl bun cíbe ná tulán timpeall, ná gleannta aoibhinn 'ina mbíonn mo ghrá. **101a**, 11.

Níl Búrcach sa gcúige seo, Blácach ná Brúnach, Frinseach ná sinsear shíol Dálach. **247**, 2.

Níl cailín dá spéiriúla, mo léan géar, nach [? gcuirfinn] uirthi cluain. **91d**, 5.

Níl cailín óg geanúil dá ndéantar an cleamhnas, nach mbíonn a súile i bpluid Shorcha
Leára. **304b**, 12.

Níl carr ar bith ná cóiste ná cairt go mórmhór, nach gcrochfadh sí gan stró ar bith go
dtéadh sí an taobh ó thuaidh. **335b**, 7.

Níl cnoc ná gleannta sléibhe ná baile cuain in Éirinn nach rachaidh mé dá héileamh
ann is nach gcuardóidh mé mo mhian. **26a**, 12.

Níl cnocán dá aeraí lá gréine nach n-aithneoinn mo ghrá. **91f**, 4.

Níl comharsa ar na bailte, bean, leanbh ná páiste, nach ann atá a gceann stáisiúin ó
mhaidin go Luan. **34**, 5.

Níl crann (aon chrann) insa gcoill, nach n-iontódh (nár iompaigh) a bhun as a (ina)
bharr. **67a**, 7; **67c**, 3.

Níl deirfiúirín agam is níl deartháirín agam, is níl mo mháithrín beo. **156g**, 2.

Níl dlí na talún ann ná mórán Críostaíocht', tá cead i dtír ann ag beag agus ag mór. **313**, 5.

Níl dochtúir Sasanach ná fear dá ghrinneacht, a d'fhéadfadh a insint cá bhfuil sí ag fás.
209, 3.

Níl éinín dá bhigeacht ná iolrach dá mhéad. **276**, 7.

Níl fear ar bith anois ar a chomh [...] le Learaí féin. **283b**, 1.

Níl fraoch is níl cíb ann níl féar ná cílí ann, níl foscadh ná dídean ann ag lao ná bó. **312**, 8.

Níl gaoithe ná grian a thaganns san aer ann nach bhfuil ag géaradh trí ná ballaí. **228**, 2.

Níl gaoth aduaidh ann, níl fear fuatha (fearthainn buan ann) tá caladh is cuan ann ag
loing is ag bád. **74a**, 2; **74c**, 2.

Níl gar ag caint ná ag déanamh rúin air, is caint í a dúradh is a chuaigh i gcúis go hard.
269a, 3; **269c**, 3.

Níl grian os cionn duibheagáin ná righne os cionn báis. **97**, 3.

Níl insa gcruinniú ach an t-aon bhaile amháin. **246a**, 1.

Níl íseal ná uasal dár thriall ar Mháirtín, nár thug sé bia dóibh agus lóistín oíche. **164a**, 15

Níl *jaunting car* na cóiste, ná *common-cargo* go mórmhór, nach gcrochfadh sí gan stró ar
bith go dtéadh sí an taobh ó thuaidh. **335a**, 8.

Níl mé ar an mbaile seo ach bliain agus trí lá. **28a**, 11; **82b**, 4.

Níl mé ar an mbaile seo ach le bliain is ráithe, níor bhaist mé páiste ach le cead ón
    gcléir. **101g**, 2.

Níl mé insa bpobal seo ach le bliain is trí ráithe, agus níor bhaist mé páiste gan chead ón
    gcléir. **101b**, 4.

Níl mé sa mbaile (san áit) seo ach bliain is trí ráithe, is ní dhearna mé ábhar [? Iomrá] ná
    éid (ní mó ná go ndearna mé [? iomard] ná éad). **15b**, 5; **15c**, 5; **15d**, 3.

Níl meas ag teacht ar ghéaga is níl toradh ag teacht in éineacht, níl teas ar bith sa ngréin
    is níl an féar glas ag fás. **175**, 3.

Níl mil ná mbeach faoi Cháisc air anois Dé Luain. **68b**, 5.

Níl mo ghrá-sa dubh ná buí. **102e**, 1.

Níl mo stóirín-ó in Éirinn agus dá mbeadh féin ní fhanainn ann. **147a**, 10.

Níl moladh ná meas ag dul do do sheanathair, mar bhí sé ina mhuilleoir sa tír seo. **367b**, 9.

Níl mórán páirt' de Shasana, den Fhrainc ná den Spáinn. **242**, 6.

Níl oileán farraige dá gcloiseadh go mbeidh faochain aniar ó thóin Mhaínse agus thart
    don Trá Bháin. **254**, 3.

Níl pingin agam ach luach do bhríste agus céard a dhéanfaidh tú le teacht don Cháisc. **115**,
    3.

Níl plean ar bith dá mb'fhéidir ab fhearr dá gcuimhneoinn féin air, ab fhusa (fhearr) a
    dhéanfadh réiteach ná teach pobail a dhéanamh ann. **274a**, 3; **274b**, 3.

Níl rud ar bith le fáil níos cloíte bocht ná an bás, mar scaipeann sé go fánach daoine. **65c**, 8.

Níl sa [?] sóra mhóra ach comhrá a bhíonns ag mná. **147c**, 12.

Níl sagart ná cléireach in ann mise a bhréagnú, ná aon dochtúir ins na réigiúin ó
    Mheiriceá anall. **310a**, 7.

Níl saol ná sláinte ná díbirt angair ag aon fhear go brách nach mbeidh ag ól na dí. **288**,
    4.

Níl sé ach ráithe agus seachtain ó d'fhág mé an baile agus mé lán de spoir agus d'éadach.
    199, 2.

Níl sé ach tamall beag ó d'fhág mé Eochaill, is ní ligfidh an brón domsa filleadh arís. **108b**,
    5.

Níl sé pósta fós in Árainn ná beirthe i Ros an Mhíl. **55a**, 7.

Níl síocháin ná scaipeadh ag baint le Bríd Chleansa, ach bíonn go leor dá mbíonn ag
    magadh, bíonn a leath fúthu féin. **353**, 12.

Níl sionnach insa tír seo a dhéanfadh airneán oíche, a mharódh uan ná caora ar an
    gcomharsain. **215**, 1.

Níl siosúr ná miosúr, ná snáth dár dhúbail sé riamh. **406**, 8.

Níl siúl an bhealaigh ann, níl (ná) cúmhdach an teallaigh (ann), agus bíonn sé ag gol is ag caoineadh. **337a**, 2; **337b**, 2.

Níl stoca orm (agam) is níl bróg orm (agam), níl stól agam lena (le go) suífinn síos. **8a**, 7; **8b**, 2; **8c**, 5.

Níl tada agam féin faoi réir mura mblaisfeá den bheoir. **113b**, 4.

Níl teach ar an mbaile a dtiocfá aon am ann, a mbeadh dúil i ngreim aráin agat nó i mbolgam le n-ól. **227**, 6.

Níl tráthnóna ar bith ná maidin dá gcrochfaí síos an taepot, nach fianaise mé féin go mbeadh ríméad ar an gclann. **411a**, 4; **411b**, 4; **411c**, 4.

Níl tuile ar bith dá mhéad nach snámhfainn as mo neart. **35**, 6.

(Ó) (Is) Níl tuile dá mhéad nach dtráigheann ach na grástaí ó Fhlaitheas anuas. **24a**, 8.

Níl, agus ní bheidh feasta, mé liom féin, mo shamhail agus mé i dtús m'óige. **53a**, 4.

Níor bhaol duit galar báis ach ráithe an tsamhraidh i Ros an Mhíl. **225**, 5.

Níor bhinne liom ceol sí ná clairsí, ná an *band* gidh gur ríbhreá a chuid ceoil. **350a**, 8.

Níor chuala mé (chualathas) fós ag sean ná óg go bhfuil a mháistir in aon áit. **242**, 4.

Níor chuala mé (chualathas) is ní bhfuaireas aon scéala uaidh le mí. **4b**, 6.

Níor chuala tú arm ag mairseáil, ná an *band* cé go mba bhreá é a chuid ceoil. **350b**, 6.

Níor dearnadh riamh abhus ná thall aon chúirt ab fhearr ná í. **236b**, 6

Níor éiligh sí an ainnirín a bhí úr ina hóige, is níor lorg sí Eochaill ná Ceapach Choinn. **108a**, 8.

'Níor fhan mé aon Domhnach ón Aifreann, is choinnigh mé an paidrín suas' **394b**, 6.

Níor fhéadadar bád a chur timpeall na hÉireann, ná drannadh leis na *Paddies* tigh *Wimpy* taobh thall. **210**, 6.

Níor ghéill tú riamh d'aon chaptaen dá mb'airde cumhachta, ná d'aon tsoitheach troda dá raibh le fáil. **231**, 3.

Níor le Tadhg fada ab fhaillí é, fuair sé mé i ngéibheann, thug sí trí mhí g[h]léigeala dom insa teach údan thoir. **435**, 3.

Níor léigh tú riamh an *Testament*, ní bhfuair tú ábhar cainte na n-údar. **404d**, 9.

Níor mhaith liom imeacht ach chuaigh mé ag siúl. **298**, 4.

Níor mhinic iarann seisrí agam ar maidin ag teacht ón gceárta. **31**, 5.

Níor mhinic mo léine ghlan orm, ar maidin go moch Dé Domhnaigh. **31**, 7.

Níor mhinic san oíche a ba mhaith liom trácht ort, do chúilín fáinneach a bhí ar dhath an óir. **187a**, 4.

Níor mhinic sin traibhléara ag teacht chun mo thí-se. **366**, 3.

(Is) Níor mhiste liom féin dá mbeadh bliain ar fad insa lá. **85c**, 4; **85d**, 4.

Níor mhiste liom, a charóig [sic] liath. **346**, 4.

Níor mhór dom cúnamh (cógas) láidir mar níl mé mór le *Charon*, agus b'fhéidir dó mé a bháthadh dá mbéarfadh sé orm thíos (dá dtiginn ina linn). **26a**, 17; **26b**, 6.

Níor mhór dom féin as feabhas mo ghnoithí, gach uair dá dtigeann an ráig siúd. **109a**, 14.

(Ach) Níor mhór don bhó (leis an mbó) bhán trí oileán Árann di (fúithi) féin. **333a**, 4; **333b**, 3; **333c**, 3; **333d**, 2; **333e**, 2.

Níor mhór liom (sin) céad in aghaidh gach lae (bó mhaol), do *Wallace* (Cholm) is dá mhnaoi. **236b**, 9; **236f**, 2.

(Is) Níor mhór liom do Liam Ó Raghallaigh (*William Reilly*) a bheith ina chliamhain ag an rí. **160a**, 5; **160b**, 5; **160c**, 2; **160d**, 4.

Níor rugadh agus ní bhéarfar, do shagart ná do chléireach an té a bhfuil fios mo thréithe aige acht an tAon Phearsa amháin. **403b**, 5.

Níor rugadh i dtír aon bhean [? riamh] a bhéarfadh [? uait] an barr. 68c, 2.

Níor seoladh bó ar feadh na laethanta. **166**, 8.

Níor sheas an ainnir liom ach seal beag bídeach, mar bhí sí caoithiúil ar dhea-mhéin. **52a**, 3; **52c**, 2.

Níor shuíomar (síos) is níor sheasamar (ar talamh) gur fhógair (fhógraíomar) *challange* is *battle* (cath) ar Mháirtín Ó Máille. **269a**, 35; **269b**, 10

Níor stríoc mé riamh do mhúr ar bith le [? deatach] ná le ceo. **27a**, 2.

(Ó) (Is) Níor tháinig mé riamh i dtír ann nach mbíodh an-fháilte acu romham ins gach áit. **47a**, 6.

Níor thóg mé ach leathuair ó d'fhágas Aill Mhartain go raibh mé i gcrompán Mhaidhc Mháirtín agus téad agam i dtír. **5**, 5.

Níor thóg sé ach seachtain go bhfuair mise freagra, agus céad míle fáilte romham chun an tí. **5**, 3.

Níorbh ait liomsa ceol ná fidil ná ceoltóir cliste de tháilliúr. **139**, 8.

Níorbh é do chumann a fuaireas gearr ag dul eadrainn gach lá, nó go síntear mé is tú i gcláir c[h]ónra. **65c**, 2.

Níorbh é sin do mhac na banríona, ba mhaith a bhí sé d'Éirinn, nuair a tháinig sé agus a chléireach anall sa *Men of War*. **411a**, 8; **411b**, 8.

Níorbh é sin féin a chráig chomh mór mé ach an pósadh seo a dhéanamh ar ais arís. **190c**, 4.

Níorbh fhada a bhí rite aige gur casadh ina chúrsa Seán Mór Ó Cualáin is é feistithe chun toinn. **315a**, 6; **315b**, 6; **315c**, 6.

Níorbh fhada go bhfacasa gunna ar mo bhaclainn, '*shoulder belt*' orm agus '*putch*' ar mo chrios. **282**, 5.

Níorbh fhaide duit ag cur síos ar Shaidhbhnín Teoin Óig. **216a**, 8.

Níorbh fhearr leo ag ithe a mbéile ná iad ag scaoileadh isteach go hÉirinn. **414**, 25.

Níorbh fhearr liomsa ribín orm ná buarach. **110**, 1.

Níorbh ionadh Gallphoic Sacsan a scrúdú. **168**, 8.

Níorbh iontaí liom féin dá lasfadh an t-aer, na réalta chomh dubh leis an airne. **161c**, 5.

Níos sia ná bígí is gruaim in bhur gcroíthe, lá dóchais ag briseadh ar Éirinn go leor. **424**, 4.

Nó go ndeachaigh muid (ndeachamar) amach ar an bPoll Báite, atá idir Árainn agus Órán Mór. **205a**, 2.

Nó go n-iompóidh mé liath, beidh mé ag caitheamh ina dhiaidh, mar bhí sé ag fóint go han-m[h]ór dom. **306**, 2.

Nó gur thiomáin sé anonn é ar Chéibh Chinn Mhara, le faitíos go gcaillfeadh sé an stát leis. **269a**, 36.

Nó naipcín [?] droiminne de bhreacán an tsiopa, is mo ghúna de *Bhriston* na Fraince. **358**, 3.

(So) Now that we are married he never shall go to sea. **123**, 7.

Nuair a airíonn sí mise ag teacht chun tí. **118**, 2.

Nuair a bádh *Tom* is Peadar orm, bhí caitheamh mór ina ndiaidh. **156m**, 3.

Nuair a bhéas mise sa talamh agus a lobhfas mo chnámha, agus a bhéas tú mílte thar sáile ar thalamh chois cuain. **34**, 10.

Nuair a bhí mé beag bídeach i mo pháiste. **166**, 18.

Nuair a bhí mise i gCamas, ba dheacair mé a shasamh, go siúlfainn (nó gur shiúil mé) na Stáit thart síos agus suas. **191a**, 6; **191b**, 6; **191c**, 5.

Nuair a bhí muid i m*Baltimore*, nach muid a bhí (bhí muid go) bródúil, agus a Dhia (Chríost) cé leor (cér mhór) againn é is a theacht (ó tháinig muid) i dtír. **205a**, 7; **205l**, 4.

Nuair a bhí teach agamsa, faraor nár (níor) fhan mé ann. **156a**, 4; **156d**, 3; **156e**, 3; **156f**, 2.

Nuair a bhíonns an costas caite agus deireadh an spáráin spíonta. **405a**, 6.

Nuair a bhíonns na *ladies* ar fad gléasta is iad ag dul don tSruthán Buí. **236b**, 2.

Nuair a bhreathnaím síos ar Pholl an Chorráin, cér chás dom bliain ach arís go deo. **172**, 4.

Nuair a bhuail muid (bhuaileamar) (shroich muid) (shroicheamar) talamh, nach muid a bhí áthasach (spleodrach) is, a Dhia, céard ab ádh dúinn is a theacht (cén t-ionadh is muid a thabhairt) slán i dtír. **205b**, 6; **205e**, 6; **205f**, 6; **205g**, 6; **205h**, 5.

Nuair a bhuailfeas clog cogaidh na Fraince agus a chloisfear a scread leis an ngaoth. **412**, 3.

Nuair a chaithfeadh [sic] dorú ina diaidh ag dul siar an cuan, is thosaíodh sí ag smúracht Chuan Chaisín. **391b**, 11.

Nuair a chaithfeas tú amach í, ó, tóg do chuid marcanna in am. **388**, 3.

Nuair a chasfar an sagart arís dom. **14a**, 12.

Nuair a chastaí isteach mé, bhí [sic] do bhéilín ag gáire, agus a Rí Gheal na nGrásta, nárbh álainn do shnua. **34**, 8.

(Ach) Nuair a cheannaímse ruainne a n-íocfaidh mé coróin air, níl an luaith ar a thóin leath na seachtain'. **296**, 13.

Nuair a chloisimse na daoine ag moladh a dtíre, geiteann mo chroí bocht istigh in mo lár. **231**, 2.

Nuair a chonaic mé chugam arís an lá breá agus grian an tsamhraidh ag teannadh liom. **189**, 4.

Nuair a chonaic sí an garda ag teacht, thosaigh sí ag screadach agus ag gárthaíl. **336c**, 9,

Nuair a chromaim uirthi síos go ligfinn féin mo scíth, bíonn cúl na gaoithe agus aghaidh na gréine liom. **259**, 3.

Nuair a chuaigh an scéal brónach seo (cráite) ar fud na háite bhí lag is láidir i ndólás faoi. **164a**, 2; **164b**, 2.

Nuair a chuaigh Éamann ' Gaillimh agus chuir sé beagán faisnéis, d'inis sé don sáirsint gur chaill sé a chóta mór. **309a**, 5; **309b**, 5.

(Is) Nuair a chuaigh m'ainm síos i measc tuilleadh a bhí daortha le dhul chun an phríosúin ar aon chor. **314e**, 8.

Nuair a chuaigh m'ainm síos le dhul chun an phríosúin (sa phríosún), sin agus beirt a bhí daortha liom a sheoladh. **314a**, 9; **314b**, 9.

Nuair a chuaigh mé chun seanchais go cé dhár díobh í ba le Frainc Conaola an fhaoileann bhreá. **64h**, 2.

Nuair a chuala an captaen é tháinig sé láithreach is chuaigh sé de léim go hard ar an *deck*. **307b**, 5.

Nuair a chuala an chailleach é, thosaigh sí dá chaoineadh. **354a**, 10.

Nuair a chuala an Cualánach céard a bhí déanta, smaoinigh sé ar chéipear a chuirfeadh sé chun cinn. **315a**, 8; **315b**, 8; **315c**, 8.

Nuair a chuala an *steamer* é, tháinig sí i láthair, d'éirigh an captaen de léim ar an *deck*. **307a**, 4.

(Agus) Nuair a chuala De Valéra go raibh sé *elect*eáilte thall. **410**, 5.

Nuair a chuala mise an argóinteacht a chuir an créatúr salach as, d'éiríos i mo sheasamh chomh scioptha agus a d'fhéad mé é. **439a**, 5.

Nuair a chuala sé an fhidil dá réabadh, chuaigh sé de léim amach ar an gclár. **347d**, 3.

Nuair a chuala táilliúr Cheaiteog an scéal a bhí (go raibh sé sin) ráite, chaith (leag) sé uaidh a shiosúr (shnáthaid) agus (is) rinne sé stad. **368a**, 2; **368b**, 2.

Nuair a chuirim mo dhá lámh thartsa anall, tá mil ar gach ball díot faoi bharra mo mhéara. **41a**, 8.

Nuair a cuireadh mise ann, ní le gadaíocht caorach é ná cúrsaí mná. **317e**, 2.

Nuair a d'éirigh mé ar maidin go mbaininn an ceann de mo bhardal, rug mé ar an gcloch fhaobhair go ngéaróinn mo scian. **345b**, 2.

Nuair a d'éirigh mé féin sa samhradh anuraidh, mé ag siúl na coille go fánach. **109e**, 1.

Nuair a d'éirínn ar maidin is mé ag dul ar an mbóthar, chuirinn ceann nó dhó de na huibheacha síos. **345a**, 2; **345b**, 4.

(Ach) Nuair a d'fhág sé amach é, thóg gardaí an rí é agus cuireadh san oíche é faoi bholtaí agus glas. **296**, 2.

Nuair a d'fhágadar na Státaí bhí sé ina stoirm is ina ghála, tinte toirní is báisteach, is sneachta dá chaitheamh tríd. **359**, 7.

Nuair a d'fheicfeá ag teacht san oíche iad, go mbeifeá ag déanamh faoistean do bháis. **272**, 10.

Nuair a d'ionsaigh sí na farraigí tar éis an criú seo a dhul isteach inti, bhí colg ag rith amach orthu mar a d'fheicfeá ar chearc ghoir. **255**, 6.

Nuair a d'ól tusa coróin, níor mhairg leat punt, ag roinnt do chuid óil ar mhná óga dá bhfoghail. **140b**, 4.

Nuair a dhúisíos ar maidin agus mé ag tóraíocht an phíopa agus cérbh íontas dá cheann a bheith follamh. **296**, 7.

Nuair a éirím féin ar maidin is a théann i gcéim an láí. **117b**, 4.

Nuair a éirím(-se) amach go huaigneach agus fhéachaim (bhreathnaím) uaim ar an gcnoc (na cnoic) úd thall. **98a**, 3; **98b**, 3; **98c**, 3; **98d**, 3.

Nuair a éirímse ar maidin agus a fheicim an chuach. **48**, 1.

Nuair a éirímse ar maidin, bheirimse ar mo láí, ní chuirimse sábh go gcluineann scéal. **427c**, 1.

Nuair a éiríos an ainnirín go hard insa sliabh. **49**, 4.

Nuair a fhágfas mé an baile, beidh mo bheannacht go brách léi, beidh mo chúig mhíle slán léi go dté mé san uaigh. **34**, 6.

Nuair a fhaighimse féin mo pháí, is gearr a mhaireanns sí dá hól dom. **261**, 3.

Nuair a fheicim gach bean acu is a gclann in éineacht, caillim mo radharc agus meabhair mo chinn. **190a**, 6.

Nuair a fheicimse an ghloine ag dul timpeall, na buachaillí timpeall an chláir. **286a**, 2.

Nuair a fheicimse [sic] mná na gcomharsan agus a gclann fré chéile, liath mo cheann agus gheit mo chroí. **190c**, 3.

Nuair a fiosraíodh mo chás, mhionnaigh na báillí an díreach is an cam trína chéile. **314d**, 8.

Nuair a fuair mé an phá Dé Sathairn, bhí mé ag glumáil leis an bh*foreman*, ó, go hard. **272**, 5.

Nuair a fuair mé an tairiscint, níor lig mé ar cairde é, rinne mé gáire agus gheit mo chroí. **105a**, 2; **105b**, 3; **105c**, 2; **105d**, 2.

Nuair a fuair mé scéala ar fhios do thréithe, [?] nuair' an-ghear gan tú a fháil ansiúd. **453a**, 4.

Nuair a fuair muid amach cá raibh sé, chuaigh muid go dtí é, thosnaigh sé ag gáire is chroith sé a cheann. **320**, 4.

Nuair a fuair sí an méid sin réidh fré chéile, bhuail sí orthu draíocht. **236b**, 3.

Nuair a ghabhfas tú chun Aifrinn Dé Domhnaigh is nach bhfaighidh tú aon phóg ó do mhian. **19a**, 6.

Nuair a gheobhas mé fáirnéis cá ndeachaigh Máirín, beidh páipéar bán aice agus íocfaidh sí é. **332d**, 3.

Nuair a glaodh ar mo chás mhionnaigh na báillí an díreach is an cam trína chéile. **314c**, 7.

Nuair a hosclaíodh domsa an stór a raibh ócum ag dul thar maoil ann. **319d**, 3.

Nuair a imeos mé as an tír seo is nuair a dhíbreofar mé as an mbád. **47b**, 4.

Nuair a labhair Colm Pháidín aniar le mo shála, 'Tá tú ar fáil, a Sheáin Fhíodóir'. **314e**, 2.

Nuair a labhair sé liom go colgach, sin é a láimhsigh mise m'armar, ó, shíl mé a theacht chomh fada leis agus ní bhfuair mé agam é. **439b**, 5.

(Ach) Nuair a lean mé an seanchas mar cé dhár díobh í, gur le Frainc Conaola a gheobhainn cailín breá. **64f**, 2.

Nuair a leanas an seanchas, d'fhiafraíos cér díobh í, nó cá raibh a gaolta nó an maireann siad beo. **449**, 3.

Nuair a léann siad sa Laidin iad, baineann sé dá n*duty*. **404a**, 9.

Nuair a luífeas tú ar do leaba agus a bhéas tú dá síneadh, tá pian ag dul go croí tríot agus go barra do lámh. **327**, 8.

Nuair a luím insan oíche, déanaim osna a bhíonns go mór. **98d**, 2.

Nuair a luímse ar mo leaba, is é (í) m'osna a bhíonns go mór. **96a**, 5; **98b**, 2.

(Ó) (Is) Nuair a *sack*álfadh *McAlpine* tú, bhí [sic] feilméaraí neart ann. **272**, 8.

Nuair a shéid an ceol agus thosaigh an damhsa, is iomaí stól a bhí le balla. **275a**, 5.

Nuair a shíl mé a dhul go hÉirinn, ag an mbean dubh a bhí mé i ngéibheann. **197**, 11.

(Ó) Nuair a shíl sé a dhul thart an taobh eile den Scairbh, is ea chaill sé a cholg is a mhála. **269a**, 37.

Nuair a shíleanns Máire tú a bheith i gceann an bháid aici, ag tarraingt suas nó ag déanamh leas'. **281**, 2.

Nuair a shíneann sí a dhá láimh dheas' (gheal') tharam(-sa) anall, téann (beidh) mil ins gach ceard ar (faoi) bharra na gcraobh (a dlúthmhéar). **41b**, 4; **41d**, 3.

Nuair a shiúlaimse isteach i reilig Chois Fharraige, tá (feicim) na sluaite mín marbh ina luí (sínte) (ann) faoin bhfód. **167a**, 1; **167b**, 1; **167c**, 1; **167d**, 1; **167e**, 1.

Nuair a shiúlann an chúileann amach ag siúl na móinte, beidh barra na n-úll ar feadh
radhairc ins gach ceard. **41b**, 5.

Nuair a smaoinímse ceart san oíche air is mé ar an leaba liom féin. **295**, 5.

Nuair a thagann an *yacht* faoi (-na) c(h)ulaith ghléigeal, agus *packet station* aici le
haghaidh Mheiriceá. **232a**, 5; **232b**, 5; **232c**, 5.

Nuair a thagann sí ag iarraidh maithiúnais, ní ar shagart é ná ar bhráthair ar bith. **404c**, 7.

Nuair a tháiniceamar [sic] chun na trá, bhí fáilte ag chuile dhuine romhainn. **386**, 4.

(Ó) (Is) Nuair a tháinig an Cinnéideach go hÉirinn an seachtú lá. **410**, 7.

Nuair a tháinig an naomh go hÉirinn i measc págánach fadó. **262**, 2.

Nuair a tháinig De Valéra ina [...] ar Éirinn, thug sé busanna agus mótars amach san áit.
414, 6.

Nuair a tháinig siad chuig tigh *Ghorman* ní raibh a fhios acu cén áit é, thosaíodar ag cur
fairnéise ar dhaoine a d'fhág an saol. **359**, 2.

Nuair a théann mise siar go teach an leanna, is romham nach mbíonn an fháilte. **139**, 3.

Nuair a théann sé thar am a ndinnéar a fháil, is faillíodh uainn grán a rúscadh. **222**, 4.

Nuair a théim chuig an Aifreann Dé Domhnaigh, is a fheicim an óige cruinn. **9**, 1.

Nuair a théimse amach tá maide teannta ar mo chúram agus is é an phian ins na glúine
a d'fhág mé ina chlé. **327**, 1.

Nuair a théimse ar an margadh go moch Déardaoin. **102b**, 6.

Nuair a théimse chuig an Aifreann De Domhnaigh, agus buailim bóthar mar [is]
cleachtach liom. **267a**, 2.

Nuair a théimse féin ar aonach nó ar mhargadh. **93a**, 2.

Nuair a théimse siar bíonn an ghrian i m'éadan. **291a**, 1; **291b**, 1.

Nuair a théimse siar is ea bhíos mo chúl leat. **93c**, 1.

Nuair a théimse síos go híochtar tíre, ag iarraidh mná agus dá mealladh liom. **36**, 4.

Nuair a théimse thart síos bím i bpríosún cheangailte chrua [sic]. **24a**, 2, **24b**, 2.

Nuair a thig lár na Márta, an lá seo is dílse dúinn. **262**, 5.

Nuair a thiocfas an bás, ní bhfaighidh sé an triail go gcaithfidh sé gluaiseacht chun an
bhealaigh. **299**, 2.

Nuair a thiocfas an Bhealtaine, fásann barr glas ar an bhféar. **7**, 6.

Nuair a thiocfas an oíche is nach bhfaighidh tusa dídean, ó tosóidh tú ag caoineadh is
gan maith ar bith duit ann. **143a**, 8.

Nuair a thiocfas Lá an tSléibhe gheobhaidh muid scéala [de] cé a thug mo dhrár uaim
chun bealaigh. **299**, 3.

Nuair a thiocfas mise féin anois abhaile. **182a**, 11.

Nuair a thiocfas Pádraig abhaile, beidh Baibín roimhe os cionn cláir. **394b**, 11.

Nuair a thiocfas ráithe an earraigh, dá mbeadh leasú ag éirí gann. **223**, 4.

(Ach) Nuair a thiocfas tú abhaile, níl tú in ann iompú, tá an phian ins na glúine do do bhascadh. **327**, 6.

Nuair a thiocfas tú chuig an sagart agus dólás ar do chroí istigh. **404c**, 6.

Nuair a thiocfas tú ón Aifreann Dé Domhnaigh, is nach bhfaighidh tú aon phóg ó do mhian. **19b**, 5.

Nuair a thiocfas, ó, lá Lúnasa, déanfaidh duine éicint thar tír. **82a**, 2.

Nuair a thóg Murcha' ina cheann suas an chaint a dúirt Máire, tharraing sí an maide rámha isteach trasna. **391a**, 13; **391c**, 7.

Nuair a thosaigh an poitín ag teacht timpeall, tháinig Seán Dubh is na *peelers* ann. **286a**, 7.

Nuair a thosaíodar dá sáith leis na maidí rámha, dúirt Cáit 'Beidh muid mall ag an Aifreann'. **391b**, 6.

Nuair a tógadh amach é as a phálás alainn tráthnóna samhraidh agus an ghrian go buí. **164b**, 3.

(Agus) Nuair nach bhfuil gar againn tú a fheiceáil sa mbóithrín (trí bhóithrín na smaointe), ar theacht an tráthnóna nó le héirí an lae. **167a**, 10; **167b**, 8.

(Maise) Nuair nach nglacann (nglacfadh) tú comhairle, téigh (téirigh) ar do thóraíocht, ó, cuir ort do bhróga is do chlóca ar do bhráid. **143a**, 7; **143b**, 6; **143c**, 6.

Nuair nár chinn Dia liom an pósadh a dhéanamh is maith an chlann sa tír mé le ragairne agus ól. **15a**, 6.

Nuair a théim féin go Tobar Phádraig. **93e**, 5.

Ó aonach an Spidéil a d'imigh an gearrán is chuaigh sé le cladaigh go Bearna. **343**, 1.

(Agus) Ó bhí muid ina seasamh ar Ard Pháidín Shéamais, agus bhí síonaíl agus béiceach ag na h*engines* ag teacht. **362**, 4.

'Ó bhó-bhó', a deir Mamó. **408**, 8.

Ó Cearúill, Ó Néill ó shinsir ghlan-Ghael, Ó Dónaill, Ó Néill [...]. **269b**, 5.

Ó chuaigh tú ar an móin agus nár thaithin tú liom, agus go raibh tú an-tugtha do bhreága. **306**, 8.

Ó Conchúir tréan a bhí láidir, Mac Murcha' a fuair an cíos. **420**, 10.

Ó d'éag an laoch, tá Éire buartha. **168**, 5.

Ó Donalláin, Ó Fearaíl, Ó Cearúill is Ó Máille, sinsir lán-gheala Uí Dhónaill. **269a**, 13.

Ó mo bhrón, mo chrá go deo, an mí-adh mór a buaileadh liom. **339**.

(Is) Ó mo leanbh, chuaigh Daidí chun criathraigh. **146**, 1.

O rise ye up, said the corporal, your [? laze in here] is out. **207**, 4.

Anois ó tá mise ag imeacht, céad glóire don Ard-Rí, níl pingin ag aon chách le glaoch i mo scóig. **240b**, 3; **240c**, 3.

(Is) Ó tharla ag imeacht tú, ar choimrí Dé tú is go dtuga Dia slán tú thar muir gan báthadh. **64b**, 7; **64c**, 7.

Ó Thoraigh go tapaidh, laoch coise is marcach, ó chnoic agus gleannta ar fud Dhún na nGall. **424**, 6.

Ó thosaíonn mé (thosaím) ag caint air is nach féidir é a cháineadh, ní fhaca mé a mháistir in áit ar bith fós. **227**, 2.

(Ach) Óchón ó, nach ciúin í an oíche. **182d**, 3.

(Mo) 'Ochón' a deir an chearc is í ag dul ar an leaba (lota), nach brónach is nach deacrach é ábhar mo scéil. **347a**, 3; **347c**, 3.

Ocht seachtainí a chaith *siege* le Gael bocht. **422**, 3.

Oíche a (dá) raibh Mac Uí Lochlainn ina chodladh go suaimhneach. **319d**, 7; **319e**, 3.

Oíche chiúin dhubh [...] is ea casadh tigh Sheáin mé agus shuigh mé síos. **64i**, 1.

Oíche na gaoithe móire bhí mé inti ag seoladh is beidh cuimhne go deo agam ar an lá sin. **251b**, 4.

Oíche Nollag Mhór is ea fagadh ar an stól é agus d'fhiafraigh na páistí cén t-arán é. **277**, 3.

Oileán an Taoibh nó Carraig an Mhadhm', nó banríon na bruíne atá ag tarraingt. **300b**, 7.

Ólfaidh muid (Ólfaimid) sláinte an Chinínigh Luan Cincíse faoi bhratacha, is é a dhéanfadh na [?] scaifíní a d'iompódh suas an fód. **213**, 1.

On a cold frosty morning as the rain fell down, the stormy wind did blow. **131**, 1.

On the eighteenth day of April our gallant ship set sail. **132**, 2.

One day I met Dalton's mother and this to me did say. **416**, 5.

One evening so late as I rambled on the banks of a clear, parting stream. **418**, 1.

One morning in June is mé ag dul ag spaisteoireacht casadh liom cailín is ba ródheas a gnaoi. **141a**, 1; **141b**, 1.

One night as I lay on my head I dreamt I was his bride. **123**, 5.

(Óir) Ordaíodh amach Dé Sathairn muid ag máirseáil insa *yard*. **318a**, 4.

(Is) Óró a sheanduine, a sheanduine dóite. **112b**; **112c**, 1; **112d**, **112e**.

Osclaíodh an stór dom a raibh ócum ag cur thar maoil ann. **319a**, 3; **319b**, 3; **319c**, 3; **319e**, 2.

Our hero boys all brave and true, no counsel they would take. **416**, 1.

Our troubles were so many and our friends so very few. **200**, 6.

Our village boys used to go fishing to the brook. **77**, 3.

Páirt de mo thréithe is dhéanfainn cliath agus céachta, bheárfainnse caoirigh agus, dar fia, bhainfinn móin. **365**, 1.

Páirt de mo thréithe nuair a théim ar aonach le mo scata caorach agus mo s[h]eanbhó. **365**, 3.

Páirt de mo thréithe nuair a théim chun aonaigh ag déanamh éithigh is mo chis bhreá bróg. **365**, 2.

Páirt eile de mo thréithe is ní shantóinn maoin le [?] pléire, go bpósfainn bean ina léine, gan feoirling gheal ná rua. **292**, 5.

(Mar) Phós mise an ghiobach mar bhí cúpla bó de spré [? léi], **119**, 2.

Phósfainn Brídín Bhéasaí gan cóta, bróg ná léine, a stór mo chroí, dá bhféadfainn (mb'fhéidir liom) é go dtroiscfinn leat naoi dtráth. **26a**, 1; **26b**, 1; **26c**, 1.

Pingin ní raibh ag gabháil liom ach píosa leathchorónach, agus cheannaigh mé a luach istigh i nGaillimh. **300a**, 2.

(Ó) Pingin riamh níor chaith (chaill) mé de, tá gach uile phingin i dtaisce agam, bí (bíodh) tusa cinnte dearfa nach bhfuil mé ag déanamh aon bhréag (bréige). **148a**, 5; **148b**, 4; **148c**, 5; **148d**, 5; **148e**, 5; **148f**, 5.

Píosa den tslige agus paiste den tsleán agus lúibín iarainn den sáspan. **355**, 2.

Plúr is scoth na féile, ba tú an t-udar ceart ar Ghaeilge, ba tú an buinneán breá gan aon locht, ón nGréig go dtí an barr. **175**, 1.

(Ach) Pócaí folmha bocht', ní bhfuair sé (siad) aon chomharsa (an chóir sin), ná fios a (aon) lóistín ar bhruach (ó thús) na hoíche (ag teacht don oíche). **205a**, 8; **205a**, 7; **205e**, 7.

Pós, a dheartháir, sula thagas [sic] an aois ort. **93f**, 4.

Preab sa ngríosach ag bean tí shúgach, freastal triúir ar cardaí. **265b**, 2.

Prionsa Thír Eoghain ag cumhdach a dhúiche féin, idir Creagán is Droichead an Chláirín. **269a**, 20.

Quickly I stepped up to her and those to her did say. **153**, 5.

Rachaidh mé (rachad) go Gaillimh agus ceannóidh mé puintín lín. **116a**, 6.

Rachaidh mé (rachfad) go Sasana (Gaillimh) agus ceannóidh mé gairdín úll (óir). **25a**, 3; **25b**, 3; **25c**, 2; **25d**, 1; **25e**, 2.

'Rachaidh mé abhaile', a deir Seán Ó Fianna[í]. **146**, 13.

Rachaidh mé ar maidin go dtí sean-Riobard [sic] Mháirtín, go bhfaighidh mise uaidh *search-warrant*. **300b**, 4.

Rachaidh mé go Gaillimh go gceannaí mé tuirne lín. **116e**, 4.

Rachaidh mé go Sasana i d*travelling bag* mo ghrá. **147b**, 27.

Rachaidh mé, má fhéadaim, go Meiriceá i ndiaidh an tséasúir. **103f**, 1.

Rachaidh mise ag baint an charraigín agus dá triomú leis an ngréin. **364b**, 1.

Rachainn go hIorras thiar anseo thiar, an áit a mblitear go fíor na ba. **324**, 3.

Rachainn leat ar bharra slat nó i loing faoi sheol. **83a**, 3; **83b**, 3.

Rachainn síos go Breadhain, ó Chorcaigh go Bun Céise, níl baile cuain in Éirinn nach
dtabharfaidh mé mo scríob. **26c**, 5.

Ram didil órum, is é ócum an phríosúin. **319e**.

Rí gan choróin ar fhód ghlas Éireann. **168**, 4.

Rinne (dhéan) sí togha an *Mhen of War*, í ar thosach an *fleet*, ag marú na bhFrancach ag
cúnamh don rí. **308b**, 5.

(Ach) Rinne *Hitler* ar *Russia*, is í an t-oileán is mo í a bhí le fáil. **414**, 15.

(Maise) Rinne mé céachta Gaelach a réabfadh talamh glas. **88a**, 4; **88b**, 3.

(Is) Rinne mé cleas i dteach Uí Dhónaill aréir. **149a**, 7; **149b**, 8; **149c**, 4.

Rinne mé píopa fada, díreach agus tobac a bheith ina cheann. **83c**, 7.

(Ó) Rinne sé comhairle bean óg a phósadh, (is) go gcoinneodh sé a chúrsa seacht
n-uaire níos fearr. **143a**, 2; **143c**, 2.

(Ó) Rinneadh (déanadh) tinte chnámha daoibh is bhí fáilte romhaibh ins chuile áit. **220**, 4.

Rith gach a raibh i Sasana anall go hÉirinn, a gceann fré chéile is a n-intinn ard. **409**, 6.

Rith Túna de shéirse ag dúiseacht Mhurcha' is Mháire, is bígí (bídís) ina suí anois go
tapa. **391a**, 2; **391b**, 2.

Rud eile a dúirt sé atá go mór ar m'intinn, go maithfidh Críost dóibh é a rinne an feall.
320, 5.

Rug mé ar an arm ba ghéire, is chuimil mé a bhéal do(n) chlo(i)ch mhín. **19a**, 2; **19b**, 2.

Rug mé féin ar mo mhaide agus bhuail mise soir chuig tigh Leára. **304d**, 1.

Rug sé ar a *wallet* siar tríd Ghleann Cluisne agus tóin Chonamara le fána. **269a**, 33.

Rug sé ar an teanchair chuige ina lámh. **263**, 6.

Rug sé ar an ticéad uaithi agus d'fhiafraigh sé cé a scríobh é. **336b**, 3.

Rugadh mé in Iorras do (arsa) C(h)athal Ó Dúda, an fear a bhí múinte, measúil go leor.
451a, 1; **451b**, 1; **451d**, 1.

Sa mbaile údan thiar atá mo thriall is mo tharraingt gach lá. **137**, 8.

Sa Spáinn a bhí sí an chéad uair is bhí sí amuigh ina *battleship*, aimsir chogadh
Vastapool, tháinig sí ón muir. **255**, 5(i)

(Ach) Sábhálfaidh mé an oiread is a thabharfaidh trasna mé ar an mbád bán. **272**, 6.

Sáda tabhró rabh, sáda tabhró readaí *etc.* **375**.

Sagart ná bráthair ní móide a bheadh ar uair do (ná raibh lá an) bháis agat, bean,
leanbh, páiste ná easpag. **300a**, 5; **300b**, 6.

Saidhir a Pheadair, a Pheadair, is saidhir a Pheadair a bhuachaill. **380a**, 1; **380a**, 2; **380a**,
3; **380b**, 1; **380b**, 2.

Sáirséalaigh tiocfaidh is ní theipfidh Pluincéadaigh, Móraigh an Tarta, triallfaid mar
dhuine. **269a**, 15.

San aimsir aoibhinn, aerach tráth a rabhas-sa féin i mo scafaire, ag imeacht ag cluas-
   fheadaíola [sic] is ag buachailleacht na mbó. **73**, 1.
San áit a mbíodh an bord againn, a mbíodh an buidéal maith fuisce againn agus cárt.
   208, 1.
San am ar glaodh ar mo chás mhionnaigh na báirsigh an díreach is an cam trína chéile.
   314e, 7.
San am ar léadh ar fud na réigiún (sa bpopulation) Cúirt an tSrutháin Bhuí.
   236a, 7; **236b**, 8.
San am atá caite bhí leigheas ar an mbaile againn, le teann uisce beatha agus siamsa
   againn dá ól. **227**, 12.
Saol fada ag *Father Connolly* a chuir deireadh leis go brách. **294**, 3.
Saol fada faoi shláinte ag a bhfuil in do radharc, in onóir don ghrian agus saibhreas gach
   lá. **240a**, 10.
Saol fada go bhfaighidh caiptíní is deartháireacha dílis [sic]. **432a**, 1
Saol fada le séan ag a bhfuil in do theaghlach, is onóir an ghrianáin agus saibhreas gach
   lá. **240d**, 6.
Saoradh in Inis ón mbréith is ón *major* iad, gur duine gan chéill a chuir iontu scaoll.
   347a, 2.
Scafach iongan is galar cúil ort, smior ná sú ná raibh in do chnáimh. **269c**, 8.
Scaoileadh na [?] scóla is an óige fré chéile, níorbh fhios céard é a n-éadáil nuair a
   thiocfadh an captaen isteach. **392**, 9.
Scéal ar an ngrá údan, nach mairg a thug é. **93c**, 7; **93e**, 4.
Scéal atá mé a aithris do thír is do thalamh, dá aithris do lag is do láidir. **321**, 1.
Scéal beag agam le n-aithris duit ar fhaitíos go ndéanfainn bréag leat. **31**, 3.
Scéal cráite ag an mbás, an phlá ghránna nach é a rinne an feall. **179**, 5.
Scéal crua ort, a dhúidín ghránna, gan lúth, gan láthair mar is tú a rinne mo chreach.
   281, 1.
Scéal go raibh ar do chomharsanaí níor (nár) moladh riamh leat mé. **33b**, 2; **21**, 2.
Scéal ort, a chaptaen na Críonaí, nár tharraing tú gaoth mar ba chóir. **350c**, 4.
Scéal ort, a Mhuimhnigh a bhí riamh leis na bréaga. **244**, 3.
Scilling an céad a bhí [siad a] íoc ar na *dates* ann, agus cé mhéad é sin ar a dtugann
   isteach? **362**, 3.
Scread mná, leanbh is páistí an chnoic nuair a chuala siad an [?] ar-ag ghránna ghua[i]l a
   chuir an créatúr salach as [...]. **439a**, 9.
Scríobh mé cárta thart go *Malbay*, go Cionn tSáile agus go Trá Lí. **348**, 2.
Scríobh sí litir anall as *Malden*, nach mairfeadh sí beo acht mí. **270**, 9.

Scríobhfaidh mé litir chuici chomh luath agus is féidir, go bhfuil tuairisc an [?]
  chéimbric ar bord ag Sail *Quinn*. **307a**, 6.

Scríobhfaidh mé litir Ghaeilge chuig De Valéra suas sa Dáil. **295**, 1.

Scríobhfaidh mé litir go Foirnis amárach, ceannóidh mé páipéar agus stampa dhá
  phingin. **5**, 1.

Scríobhfaidh mise litir faoina séala chuig Ó Néill mar a bhfuil an sagart. **181a**, 2.

Seachrán na farraige a thóg as an áit mé, ar sholáthar mo bháidín a d'imigh le sruth. **46a**, 3.

Sead fhaolchon *Shaeran* do mharaigh go géar é. **168**, 7.

Seal a bhí mé i m'ógfhear, níor bheo mé ach ag plé le mná. **4c**, 7.

Séamas is Labhrás a thug mé sa láthair, an séan is an t-ádh go raibh ar an dís. **234**, 2.

Seán *Forde* a bheith ina ghiúistís, a chomhairleodh na daoine. **319d**.

Seanfhocal é nár bréagnaíodh, is glas iad na cnoic is nach féarmhar. **197**, 9.

Searc mo chléibh a thug mé duit i lár shráid Thír Eoghain. **13a**, 4.

Seo amach an fharraige é. **354a**, 2.

Seo duit é seo, is na haithris go brách é, is beidh rial na [g]cairde anseo i do dhiaidh. **144a**, 3.

(Anois) Seo é an coileach ar a ndearnadh dó sampla, piocadh na súile as agus baineadh
  de an ceann. **347c**, 2.

(Ó) Seo é an fear measúil a bhí againn in Éirinn, ó rinne sé an smaoineamh [...]. **210**, 1.

Seo é an fear measúil atá againn in Éirinn, a thug cúnamh do dhaoine (gach aon fhear)
  abhus agus thall. **310a**, 1; **310b**, 1.

Seo é an príosún, a dhaoine muintreacha, is é mo chomhairle daoibh, ná téigí ann. **317e**, 7.

Seo é an rud a chuir an fhearg orm nuair a dúirt sí gan [?] spleá ar bith. **404a**, 8.

Seo é siar an bóthar é agus mo raca ina phóca thíos. **88f**, 1.

Seo gráin do na daoine gan anam, gan chroí, nach ngráíonn ár dteanga agus ceol binn
  ár dtír'. **437**, 1.

Seo í síos bád Jeanín, is bád Áine is *Geary* cam [sic]. **147b**, 21.

Seo mo leabhar duit nach bhfuil mé pósta, ach gur buachaill óg mé a thug gean do
  mhnaoi. **108a**, 3.

Seo póg ar bharr mo dhá lámh duit, ó chailín úd [? atá thiar] i mbéal an phobail. **109b**,
  6; **109b**, 6.

Seoithín seothó, mo stór é mo leanbh, mo sheoid gan chealg, mo chuid den tsaol mór.
  382, 1.

Sergeant Sweeney, mo mhallacht féin duit, is tú an mac maoir a bhí i gContae an Chláir.
  317a, 2.

Seven of those young Irish boys were going through George's Street. **132**, 4.

Shábháil sé Cúige Uladh chomh maith lena raibh ann. **414**, 9.

Shaothróinn arán is fataí di, cruithneacht agus eorna mhór. **35**, 4.

She resembled the Goddess of Beauty, and of Freedom the mantle she wore. **418**, 4.

She resembled the Goddess of Freedom, and green was the mantle she wore. **418**, 8.

Sheas an captaen go stáidiúil ar dhroichead na loinge báite, chuaigh sé de sheársa anonn go dtí an stiúir. **392**, 10.

Sheas mé suas díreach le mian (fonn) a bheith ag éisteacht. **134a**, 3; **134b**, 6.

Sheas mé tamaillín nó go ndéanfainn éisteacht, nó go bhfaighinn féin léargas cá raibh an gleo. **312**, 2.

Sheas sé ar an teallach gur dhearg sé a phíopa, agus gur fhuaraigh sé inár bhfianaise amuigh ós a gcomhair. **221b**, 2.

Sheas sí ar an airdín agus labhair sí liom go dána, 'A dhaidí, ná bíodh cás ort faoin rud atá mé a rá'. **448**, 2.

(Mar) Sheasfadh muid le chéile, ní hionann sin agus lucht sléibhe, ach ón gcladach a bhí ár dtréithe, de thogha na bhfear ab fhearr. **274a**, 7.

Shéid an ghaoth aniar go tolltach ar thréanmhuir, ruaig sí na héanlaith [sic] thar Thulach an Leathair. **392**, 5.

Shéid an ghaoth phréachtach anuas ó na sléibhte, chraith [sic] An Bhrídeog in umar na dtonn. **393**, 7.

Sheinnfinn ceol ar théada go binn le barr mo mhéara, thréigfinn mná na hÉireann agus leanfainn tú sa snámh. **26a**, 6.

Sheol sí amach caladh Mháinse agus chuir sí ancaire amach ann. **350a**, 9.

Sheoladar as Gaillimh amach ar maidin leis an lá. **156i**, 2.

(Agus) Shíl mé féin riamh nár mhiste. **93a**, 7.

Shíl mé go raibh fabhar agam leis an bhfear a rinne an bád. **156a**, 5; **156d**, 4; **156e**, 4; **156f**, 4.

Shíl mé scathamh, a chéadsearc, nach mbíodh aontíos idir mé is tú. **91a**, 5.

Shíl mé, a dhaoine, go raibh mé críonna agus meallta ar dhaoine a bhí glic go leor. **115**, 1.

Shíl mé, a stóirín, mar bhí tú óg deas, go ndéanfá foghlaim is éalú liom. **74a**, 7.

Shíl mé, riu, a chuisle, is shíl mé, riu a stór. **29**, 5.

(Agus) Shíl mise, a dhílis, nach ndéanfá mo shlad. **13a**, 6.

(Agus) Shil mo shúile deora le brón agus briseadh croí. **206**, 5.

Shíl tú an aithrí a dhéanamh ach bhí tú rud beag mall. **92**, 5.

Shíl tú go raibh agat ach a bheith ag imeacht le Meaig Mhicil Pháidín, ach faraor cráite, ní mar sin a bhí. **270**, 2.

Shílfeá gur barrach a baineadh den líon é. **319d**, 4.

Shiúil mé (shiúlas) tuaithe buí is bailte móra, thart Dúiche Sheoigeach agus (is) Conamara. **316a**, 5; **316b**, 7.

Shiúil mé abhus agus thall, i Móta Ghráinne Óige a rugadh mé. **267a**, 4.

(Óra) Shiúil mé an gleann agus páirt de Chontae an Chláir, thug mé cuairt ar Árainn is dhearc mé taltaí bána. **211a**, 5; **211b**, 5.

(Do) Shiúil mé Cill Chainnigh agus roinnt de Phort Láirge, Béal Átha na Báighe atá i gContae Mhaigh Eo. **221b**, 6; **221e**, 5.

Shiúil mé Corcaigh agus Tuaim, Tuar Mhic Éadaigh, Cill Aoibhinn, Baile Átha Luain, is sa gClochán a bhí mé lá arna mhárach. **211a**, 6; **211b**, 3.

Shiúil mé leatsa ar fud na hÉireann, mar bhí díth céille orm ins gach baile cuain. **52b**, 3.

Shiúil mé roinnt mhór d'Éirinn, Sasana fré chéile, Afraic agus Éigipt is gach uile bhaile cuain. **84b**, 1.

(Do) Shiúil mé Sasana is an Fhrainc fré (le) chéile, an Spáinn is an Ghréig is ar (m') ais arís. **105a**, 4; **105c**, 4; **105d**, 4.

Shiúil mé thoir is thiar, is páirt de Chonamara. **375**, 2; **375**, 5.

Shiúil mé tuath [?] bhuí is bailte móra, thart Dúiche Sheoigeach agus Conamara. **180**, 4.

Shiúil mise an méid sin is tuilleadh nach dtráchtfainn, an áit a mbíodh agam neart siamsa is ceoil. **235a**, 2.

Shiúil mise Gaillimh agus binn (ceann) de Phort Láirge, Béal Átha (Oileán) na B(l) áighe agus pláinéid Mhaigh Eo. **221c**, 6; **221f**, 6.

(Óra) Shiúil mise gleanntáinín sléibhe agus (is) cnoic a bhí géar os a gcionn (as a mbarr). **19a**, 8; **19b**, 6; **19c**, 5, **19f**, 2.

(Ó) Shiúil mise na réigiúin, óra, anois ins chuile áit. **266**, 2.

Shiúil mise Sasana is binn de Phort Láirge, *Milltown* agus *Malbay* agus Contae Mhaigh Eo. **221a**, 8.

Shiúil sí go spóirtiúil go Cora Mhichíl Mhóir nó gur thosaigh sé ag tornáil Chuan Chaisín. **391a**, 4.

Shiúlfainn cuid (roinnt) mhaith (formhór) d'Éirinn leat is Baile na Creige (Gréige) thall. **72a**, 1; **72b**, 1; **72c**, 7; **72d**, 6.

Shiúlfainn féin drúcht leat agus barr na gcnoc. **70e**, 5; **70f**, 5.

Shiúlfainnse na chúig [sic] ród leat is shíl mé nár mhiste. **124a**, 2.

(Óra) Shnámhfainn(-se) as Cionn tSáile thar sáile gan aon bhaol. **55a**, 3, **55b**, 3; **55c**, 2.

(Is) Shoraidh (léan) ort a chaptaen na Críonaí, nuair a thug tú í timpeall ón gCeann. **350a**, 5.

Shoraidh daoibh(-se), a dheartháireacha, nach dtagann isteach i dtír (faoi thír). **156c**, 9; **156g**, 5; **156j**, 5; **156n**, 1.

Shoraidh daoibhse, a Fhianna Fáil, nach sibh a rinne an feall. **76**, 5.

(Is) Shoraidh de (uaidh) mar phósadh, nach (is) mairg riamh (ora) a rinne (níos) é. **117a**, 6; **117e**, 6.

Shoraidh díotsa, a Mhaidhc Mhaidhcil Sheainín, nár chuir an fáinne uirthi i dtús a
    saoil. **270**, 8.

Shoraidh díotsa, a ropairín, tá do bhróga caite, cam. **245**, 4.

Shoraidh díotsa, a shean-*boy* salach [sic], nach é d'obair a bheith ag cartadh na sráide. **139**, 6

Shoraidh duit, a thuata, [?] mar 'a tusa a bhí sáinneach, nár fhan ó mo chnámha agus
    mé i ndeireadh mo shaoil. **363**, 7.

Shoraidh duitse a *Chonnolly*, nuair a chuaigh tú ar an *leave*. **76**, 6.

Shoraidh ortsa, a Phádraig, nó rinne tú stáca den choirce Gallda thiar le tóin do thí. **305**, 1.

Shoraidh uaibh, a cheathair deartháireacha, nach dtagann isteach i dtír. **156i**, 5.

Shoraidh uaibh, a dheartháireacha, nach dtáinig (nár tháinig) isteach i dtír. **156k**, 6; **156l**, 6.

Shoraigh díotsa, a Mhaidhc Mhaidhcil Seáinín, nach tú a bhí cráite as tús do shaoil. **270**, 1.

Siar is aniar le habhainn ag tochais a thóna atá mo ghrá. **147b**, 11.

Síleann mná gan eolas go bhfuil ór ag saora bád. **147a**, 9.

Síleann mo chéadsearc, dá saothraíodh sé gine sa ló. **193f**, 3.

(Mar) Sin é an fear nár facthas easpa ar bith ar a phóca, agus b'iondúil i dteach an ósta é
    gan é go bródúil ina shuí. **212b**, 5.

Sin é an ní nach bhfuil siad sásta an cás údan a fheiceáil réidh. **4d**, 2.

Sin é thiar mo theach is gan díon air ná scraith, is é déanta ar leataobh an bhóthair. **53c**, 1.

Sin í an bhréag is mó a cumadh nó áibhéil, níor thúisce orm cábaí ná braillín geal, mín.
    363, 10.

Sin is gach aon tsórt eile (ní) dá gcuirfeása spéis ann, ó fiú an parasól le tabhairt leat in
    do lámh. **143a**, 5; **143b**, 4.

Sin is long mhór na mBúrcach agus í a fháil de lucht plúirín, nár rídheas an áit do
    chúileann a theacht fána déint. **41e**, 4.

Sinsir lán-Ghael, Ó Dónaill, Ó Néill, [? Ó Cáthain], Ó Briain, is Ó hEara. **269c**, 12.

Sínte ar thaobh an tsléibhe is ea chonaic mé an Cropaí bocht. **163a**, 1; **163b**, 1; **163c**, 1.

(Agus) Siúd é an boc bán is nach álainn an marcach é ag teacht. **85c**, 2; **85d**, 2.

Siúd é an coileach is maraigh é, a Mháire, is leathan í an chrág sa sprochaille mór [sic].
    347a, 6.

Siúd é an Domhnach ar a dtug mé grá duit. **93b**, 5.

Siúd é an fáth le gur phós mé an [?] stálaí, mar bhí sé sona sásta. **109a**, 13.

Siúd é an fear nár facthas [sic] riamh, easpa ar a phóca, ba mhinic i dteach an ósta é go
    mothúil ina shuí. **212a**, 5.

Siúd é an gleann aoibhinn agus molfaimid é choíche, tá chuile ní sa saol ann dá
    ndéanfadh duitse greann. **226**, 2.

Siúd é lá an léin, a léimfidh na mairbh ón uaigh. **406**, 5.

Siud é thall mo theach is níl díon air ná scraith, ach é déanta ar thaobh an bhóthair. **53a**, 1.

(Agus) Siúd í an chúileann is gile, múinte dár oscail súil is dá maireann beo.**50**, 6.

(Is) Siúd í an ghrian os cionn an tsáile, agus an ghealach álainn os comhair an tsaoil. **187e**, 3.

Siúd í anall í, an eala bhán, deas, agus í chomh gléasta le cuach ar chraobh. **101a**, 10

Siúd í tharainn an eala bhán, deas, agus í chomh gléasta le bean ar bith. **101c**, 6; **101d**, 6;
   101e, 6; **101f**, 6.

Siúil, siúil agus siúil, a rúin. **100**, 2.

Siúlfaidh mé an tír, mé féin is na *peelers*, go bhfaighidh mise greim ar an ngadaí. **300a**, 6.

Siúlfaidh mé na *Liberties*, is timpeall Uachtar Ard. **27e**, 2.

Sláinte do lucht cladaigh is go mórmhór do na mná. **223**, 12.

Slat is rópa is úll ar mo shúiste, mára, madarum éarum. **378d**.

Sloop ag *sink*eáil, bric ag *swing*áil, agus spórt an tsaoil ag an *Men of War*. **453d**, 8.

Smaoinigh gur céasadh Aon-Mhac Mhuire ar an gcrann. **406**, 1.

Smaoinigh, a chairde, go bhfuil lá na fola ag teacht. **412**, 1.

(Óra) Soir atá mé ag tarraingt, is nach fada uaim mo stór. **4b**, 2.

Soir is siar ní ghabhfaidh mé go dté mé ar an mbád. **147c**, 8.

Soir le taoile tuile is anoir le taoile trá. **156h**, 3.

Some of those young Irish boys, as soon as they did land. **132**, 3.

(But) Soon a cloud of sorrow came, a nice young lad from town. **77**, 4.

(Is) Spurallúral áralom is spurallúral éarom *etc.* **378c**.

Stad, a chiúinbhean agus (is) ná buail fum(-sa), dearc mo shnua nach bhfuil mé slán.
   453c, 5; **453i**, 3.

Stadaigí a dhaoine, nó go n-insí mé ní daoibh, tá mearbhall ar m'intinn nach dtuigeann
   a lán. **41c**, 1.

Stáw *the tow-row-row*, stáw *the tow-row-raddy.* **18**.

Stop agus (is) lig (tabhair) m'anam liom (dom) agus béarfaidh (tabharfaidh) mé mo
   gheallúint duit, agus más fada, gearr a mhairfeas mé nach dtiocfad fá do dhéin
   (bhfaighidh tú ann mé). **439a**, 6; **439c**, 4; **439d**, 3.

Stop do bhéal feasta, a amaid de shraoill, nó buailfidh mé buille ort a bhrisfeas do
   dhroim. **142a**, 8; **142b**, 8; **142d**, 6.

Stopadh na busanna is dúnadh na *stations* is ní raibh aon traen ag imeacht ann. **409**, 11.

*Stripe*áilte ina léine ag gearradh péine atá mo ghrá. **147b**, 28.

Suaimhneas ní fhéadaim a dhéanamh, tá mo chroí dá réabadh in mo lár. **19e**, 2.

'*Sugar-lo-cabbage-ó*', a deir Daigh Ó Fianna[í]. **146**, 6.

Suífidh mé síos ar chnocán bán. **100**, 5.

Suigh síos agus déan moill bheag, ní baol duit is bí ag gabháil fhoinn. **134a**, 4.

Clár Amhrán Mhaigh Cuilinn

(Maise) Suigh síos, a tháilliúir go gcaithfidh tú an píopa, 'Go raibh maith agat, a
Phádraig, níl mé ag caitheamh aon tobac'. **368b**, 4.

Suígí síos is ólaigí *round punch* mar tá sibh tuirseach ag damhsa. **284**, 7.

Sul dá ndeasaíos go ródheas orm is go dté muid chun siúil. **455**, 2.

(Ó) (Is) Sular fhág tú *Shannon Airport* uainn bhí sluaite i do dhiaidh. **410**, 16.

(Agus) Sular tháinig an comhaireamh agus a raibh an t-ólachán thart san áit. **410**, 3.

Sular tháinig an t-óglach ann, bhí caint air ins chuile áit. **410**, 2.

Summons chun cúirte is ea fuair mé Dé Luain is é *sign*eáilte ó ghiúistís is ó phéasa (áiféis)
(*O' Patten*) (na bréige). **314a**, 5; **314b**, 5; **314c**, 4; **314c**, 5; **314e**, 4; **314g**, 2.

Tá [?] fairionín beag eile agam, bím ag rith ar bha mo chomharsan. **378c**, 4.

Tá a brollach corrach bán agus a malaí caol deas donn, tá a dhá s[h]úil chomh cruinn le
hairne. **60a**, 2.

Tá a brollach, corrach bán ar dhath an tsiúcra bháin, tá a dhá súil mar bheadh dísle ar
chlár ag rince. **60a**, 12.

Tá a com caol cailce is tá a grua mar an rósa, is a dhá c[h]íoch comhchruinn os comhair
a croí. **50**, 7.

Tá a cúilín ina lúibíní ag casadh, agus a béilín nár pógadh riamh. **19a**, 4.

Tá a cúl ar dhath an ómra, lagradharcach, deas, glórmhar, tá a grua ar dhath an rósa a
mbeadh clúmh an lile thríd. **84a**, 5.

Tá a dhá c[h]í[o]ch cruinn, mar an eala ar snámh, is a leicne mar an rós insa ngairdín.**16**, 2.

(Is) Tá a fhios ag an saol seo go bpósfainn mo mhian, d'ainneoin a gaolta is a maireann
dá dream. **15b**, 3; **15c**, 3.

(Is) Tá a fhios ag Dia dílis dá mbeadh mo scéal dá inseacht (is deamhan gar dom cur síos
air), gur iomaí lá aoibhinn a chaith mé le spóirt **15a**, 5; **15b**, 4; **15c**, 4.

(Is) Tá a fhios ag Dia dílis gur iomaí smaoineamh crua, deacrach. **98a**, 4; **98c**, 4.

Tá a folt ag casadh léi síos go glúine, ag sileadh is ag lúbadh go béal a [? bróg]. **50**, 5.

Tá a gcuid airgid féin dá dhéanamh istigh in Éirinn, bia agus éadach den chineál is fearr.
310a, 8.

Tá a grua ar dhath na gcaorthann, is í cuaichín bharr na gcraobh í, i do gheallúint ná
déan bréag liom ach éirigh leis an lá. **26a**, 2.

Tá a lán acu a thógann maoin chaorach is bó. **290**, 4.

Tá a lán de na mná a mbíonn a ngrá acu ar bharra a méar. **137**, 6.

Tá a lán den aos óg, nuair a shaothraíonn siad scilling nó coróin. **193a**, 6.

Tá a lán nithe eile nár dhúirt mé fós i gCúirt an tSrutháin Bhuí. **236b**, 5.

Tá a súile mar lonradh na gréine, ag scaipeadh trí spéartha an cheo. **135**, 2.

Tá ábhar cailín óig taobh thíos den Gheata Mór, a dtug mo chroí-se gean go hóg di. **60a**, 1.

Tá aghaidh na ndaoine ann de ló is d'oíche, ag iarraidh pléisúir ar Oileán Sheáin. **330**, 3.

Tá an abhainn ag dul trasna ann trí[d] íochtar an bhaile, a bhfuil iasc ann chomh fairsing is atá uisce le n-ól. **227**, 10.

Tá an aois agus óige buíoch go maith fós dó (de), fir is (agus) mná pósta agus a gclann siúd dá réir (iad féin agus a gclann). **210**, 2; **310a**, 4.

Tá an bháinseóigín seo cumhra, ní luíonn drúcht uirthi ná teaspach. **6a**, 1; **6b**, 1; **6c**, 1.

(Is) Tá an bheach is an mhíoltóg ar ancaire i mbéal na trá. **370b**, 10; **370c**, 4.

Tá an bhean is an gasúr ann ag *wheel*áil móna, agus tá an nóiméad comhartha má bhíonn siad mall. **280**, 2.

Tá an bhearna seo fágtha gan líonadh sa náisiún, ó tháinig an bás do do dhíbirt faoin gcré. **167a**, 5; **167b**, 5.

Tá an bhó is an lao ann, tá bric ina scaoth ann; tá an eala go haoibhinn ar an tonn is í ag snámh. **74b**, 3.

Tá an breac ag snámh is an mhíoltóg dá mhealladh is an fiach dubh i ngleannta fraoigh. **236e**, 5.

Tá an Brúnach go brónach is é ag teacht ón Mám. **433a**, 2.

Tá an buachaill seo imithe anois uainn agus tá an t-airgead tugtha aige as an áit. **266**, 8.

Tá an Ceallach chomh géagach is nach n-iarrfaidh sé dréimire go gcrochfaidh scláta ar na rataí. **367c**, 3.

Tá an chuach is an smólach ag freagairt a chéile ann, tá an lon dubh is an chéirseach ar gor os a gcomhair. **233a**, 5.

Tá an chúirt (chóir) (bhreá) seo déanta i lár na tíre agus moltar (moladh) léi an barr. **236a**, 12; **236b**, 7; **236c**, 7; **236f**, 1; **236g**, 1.

Tá an *Clear the Way* go huaigneach i [? bhfaile buaille] le ráithe. **250**, 7.

(Óra) Tá an Dálach leis gan bhréig agus clann Riocáird ar a thaobh, bhí col ceathrar dó ag *Lord Jordan* pósta. **211b**, 4.

Tá an dream sin i gcónaí [? de réir] a gcaint féin, na saighdiúirí tréana insna daora fíor'. **437**, 3.

Tá an dúiche ar fad i bhfásach, nó a ghrá geal, an miste leat é. **91d**, 8.

Tá an eilit is an fia is gach uile shórt *game* ann, an madra rua ag léimnigh, an broc is an míol buí. **233a**, 8.

Tá an fhaocha is tá an portán is ballach agus tá an bradán ag léimneach ann is tá an liamhán ag triall ann ón bhfarraige mhór. **235b**, 6.

Tá an fharraige ag léimneach agus na héisc dá loscadh faoin aill. **224**, 1.

Tá an fheamainn sa gcladach go fairsing le fáil ann, is (agus) tá an [?] ceann leasú (togha an tseanleasaithe) le fáil ann gan phingin. **191b**, 4; **191c**, 3.

Tá an Fhrainc is an Ghréig ann ag teacht dá héileamh, agus *Prince of Wales* agus an Ghearmáin. **64j**, 3.

Tá an fhuiseog ag labhairt is tá an lá ag gealadh. **182b**, 3; **182c**, 3.

Tá an fiach dubh as Acaill is an t-iolrach ón nGréig ann, tá an seabhac as Loch Éirne is na healaí ón Róimh. **235a**, 6.

Tá an fia is an lao ann, tá bric ina scaoth ann; tá an eala go haoibhinn ar an loch is í ag snámh. **74a**, 3.

Tá an fómhar seo i mbliana ag dul in aghaidh na mban óg. **217b**, 7.

Tá an Francach faobhrach is a loingeas gléasta le cranna géara ar muir le seal. **428**, 5.

Tá an gairdín seo i bhfásach, is a ghrá bán (a mhíle grá), an dtuigeann tú é (nó an miste leat é) (a mhíle céad grá is mise liom féin). **91b**, 2; **91c**, 2; **91e**, 2.

Tá an gairdín seo ina fhásach, a mhíle grá, nó an miste leat é. **91a**, 2; **91f**, 1.

(Is) Tá an ghaoth aduaidh go síoraí ag spréachadh is mé aonraic lá agus oíche. **55c**, 1.

Tá an ghaoth fada is an ghealach ag éirí. **366**, 7.

Tá an Gríofach thoir tigh Bhideach agus captaen faoina cheann. **147b**, 1.

Tá an Impire i gcontúirt go géar, ach chonaic sí laethanta maith. **412**, 17.

Tá an lá seo le theacht orainn, beidh clocha agus crainn ag pléascadh, agus beidh Muire ina loscadh sléibhe chomh héadrom le [? smál]. **403c**, 5.

Tá an lacha (na lachain) ag snámh is an broc dá bheann (teann), fiach dubh na ngleanntán fraoigh. **236f**, 3; **236g**, 3.

Tá an láir ann is (agus tá) an searrach i bhfochair a chéile, an tseisreach is an céachta, an treabhach is (ag treabhadh ar) an síol. **233a**, 6; **233b**, 5.

Tá an limistéar seo fágtha gan mheas ar bith ná suim. **420**, 8.

Tá an mhóin is fearr sa gcontae dá baint i mBoth Bhrocháin. **223**, 8.

Tá an oíche seo dorcha (garbh) is tá sí fuar. **102a**, 5; **102b**, 1; **102d**, 5.

Tá an oíche seo fuar, is drúcht na maidine ag dul thríom. **67b**, 7.

Tá an ropairín sa gcathaoir ann is *piano* aige ag ceol. **245**, 3.

(Ó) (Is) Tá an sagart dá dtreorú Dé Domhnaigh gach aon seachtú lá. **24a**, 9.

Tá an scoil go han-ghar ann i gceann thiar an bhaile, a bhfuil léacht ann dá tagairt is dá ceartú go cóir. **227**, 11.

Tá an seanfhear is an tseanbhean chomh croíúil le páistí ann, ag síorimirt chártaí, ag damhsa is ag ceol. **227**, 5.

Tá an sneachta ar lár is tá bláth (barr) air chomh dearg le fuil. **83a**, 4; **83b**, 4; **83c**, 3.

Tá an *steamer* i gCaisín le seachtain, an Rúiseach is an Turcach is an Spáinneach. **304d**, 5.

Tá an *stillhouse* ina sheasamh faoi íochtar Chnoic Chamais is tá mé ag tabhairt dúbláil go tréan as. **284**, 4.

Tá an tamhnóigín seo ina fhásach, is ní luíonn drúcht uirthi ná fearthainn. **6d**, 4.

Tá an tine seo coigilte agus an solas ar fad múchta. **124a**, 1.

Tá an t-iolrach as Acaill, tá an fiach dubh ón gCéis ann, an seabhac as Loch Éirne is an fhuiseog ón Mumhain. **233b**, 4.

Tá an tír seo ar fad ar fán ó d'imigh as an L[o]in[g]seach, níl sonas ann ná ádh mar a bhíodh. **217c**, 4.

Tá an tobar a bhí úrghlan, a bhí lán is ag dul thar maoil. **420**, 6.

Tá an tOileán Iarach seo an-sáinnithe mura bhfaighfeá bealach báid as, bíonn siad ag achrann ann is ag [?] cábhlach is ag iarraidh na b*Police*. **359**, 9.

Tá an tríú peaca léite chomh tugtha in mo chlaonta, is dá mbeinn chomh fada ag sléachtadh is a bhí Éabha agus Ádhamh. **403a**, 5.

Tá an triúr ban tuirne [? sa mbaile seo] is fearr atá san áit. **82a**, 4.

Tá an t-uisce sa loch ann agus na haibhneacha líonta, na coracha déanta is na líonta i gcóir. **233a**, 7; **233b**, 6.

Tá an tulán ar an tine is na boilg dá séideadh. **289c**, 3.

Tá an Turcach is an Francach ag triall thar sáile, is tá an sneachta dá cháthadh go hard insa spéir. **252**, 4.

Tá an *worm* ag teacht trí Gharmna agus tá an pota istigh i dTír an Fhia. **285**, 1.

Tá Antaine Ó Gábháin ag caoineadh, is ní bheidh Seán Ó Baoill i bhfad beo. **173a**, 3; **173b**, 3.

Tá arán (Árainn) againn go fairsing ar bhord an rí. **370d**, 9; **370f**, 4; **370g**, 8; **370i**, 3.

Tá áras sa tír seo a bheir cabhair do na daoine is níorbh fhada liom choíche a bheith ag trácht air. **247**, 1.

Tá ardán in aice na coille, agus tobar beag fíoruisce faoi. **195**, 2.

Tá arm seasta [? i gcóir] ag teacht is ag déanamh spóirt, [? ag amharc ar an ógfhear álainn]. **217b**, 2.

Tá bád mo stóirín *bomb*áilte ó thuaidh de na hoileáin. **147b**, 22.

Tá bád mo stór ag tornáil ó Chnoc Mordáin go dtí an ceann. **147b**, 24.

Tá baile na Trá Báine faoi chumhdach na naomh. **246b**, 5.

Tá Ball Dearg againn ag teacht thar sáile, is a chabhlach láidir aige ag dul aniar [sic]. **434**, 6.

Tá Banba bhocht go cráite is go meata os ár gcomhair. **420**, 5.

Tá bean ag Micil Liam Aodha is ní rachfadh sí ar aonach ná margadh. **120b**, 1.

Tá bean agam féin is nár náireach mé í. **118**, 3.

Tá bean insan áit is nuair a éiríonn sí ar ard, is cosúil le stráic de shraoill í. **222**, 2.

Tá bean thoir agam agus bean eile thiar. **290**, 3.

Tá beithígh agus eallach ag teacht ann dá slánú, geimhreadh agus Márta is amach go tús Iúil. **227**, 8.

Tá bliain nó níos mó agam ag éisteacht le cogadh doilíosach mo bhróin. **135**, 1.

Tá bó agam ar shliabh agus gan duine agam ina diaidh [? ó chaill mé mo chiall le nóchar]. **53a**, 3.

Tá bóín agam ar shliabh, is fada mé ina diaidh, ó chaill mé ' chiall le náire. **53b**, 1.

Tá boladh ar ghail nimhneach sa ngaoth. **412**, 11.

Tá breáichte is gile, [? fuil] is cuisle is lasadh deas dá réir. **68a**, 6.

Tá Bríd Mháire Dhearg i ngrá liom agus tá sí le ráithe tinn. **238**, 2.

Tá búclaí airgid in mo bhróga ag gíoscadh, is mo hata ciardonn ar dhath na sméar. **144c**, 4.

Tá búistéara in Árainn a bhfuil meas agus cáil air, tá aithne ins gach áit air ag sean is ag óg. **310a**, 3; **310b**, 3.

Tá cabhair insa Spáinn mar gheall ar Bhanríon Máire, a bhíonn ag brú is ag carnadh agus ag coinneáil na nGael síos. **26a**, 18.

(Is) Tá cailín beag, óg in uachtar an bhaile seo a mbím. **75**, 6.

Tá cailín deas, óg i mo dhiaidhsa go mór, agus is fada léi, ar ndóigh, go bhfeicfidh sí mé. **15d**, 1.

Tá cailín óg in Árainn a bhfuil bó is céad i ndán di, is thug sí searc is grá dó seachas a bhfaca sí d'fhir fós. **253b**, 7.

Tá cailleacha an bhaile seo agus míle hurá acu, go mbeidh tobac as *Gansey* fairsing sa tír. **308a**, 6.

Tá cainteoirí maithe paitianta le Béarla mór Sheáin Bhuí. **420**, 7.

Tá cáirtín le fáil agam timpeall, is cairde trí mhí faoin reicneáil. **286a**, 3.

Tá Caisleán na gCupán ag imeacht ar thrá Thír Eoghain. **370e**, 4.

Tá caitheamh is cáineadh ar Éirinn bhocht is (agus) (ach) m'anam(-sa) (sílim) (cheapfainn) féin nár chóir. **156b**, 7; **156g**, 8; **156h**, 6; **156i**, 8; **156k**, 1; **156l**, 1; **156m**, 5; **156n**, 5.

Tá capaill na gcladach ar dhromanna a chéile ann, ó thiocfaidh an séasúr le pléisiúr sa bhfraoch. **227**, 9.

Tá cat ag Páidín Pheadair a throidfeadh ar *fair play* í. **336a**, 10.

Tá catha móra agus geallta in ifreann idir námhaid, bíonn na ministéir ag damhsa ann dá n-únfairt agus dá ndó. **419**, 8.

Tá céad fear in Éirinn nár ól riamh scilling, nach minic a scaoil an bothán. **286a**, 5.

Tá céad fear in Éirinn, dá saothraíodh siad gine sa ló. **193d**, 4.

Tá cead saor agat ó mhaor na coille seo, anocht agus dá bhfanfá ráithe. **109f**, 2.

Tá cead saor ó mhaor na coille, an féar a bheith in aisce go lá acu (mar is é siúd a d'fhág le fán mé). **109a**, 5; **109a**, 6; **109b**, 4.

Tá ceathrar agus céad ag seinm ar théada agus ceithre bhean déag i ngrá leo. **16**, 7.

Tá chúig phingin [sic] déag amuigh orm i gContae Mhaigh Eo. **197**, 2.

Tá chuile chineál caitheamh aimsire ann a n-iarrfadh fear a fháil. **223**, 6.

Tá chuile leigheas sa stuf, tá leigheas ann le haghaidh *T.B.* anois agus chuile áit. **414**, 23.

Tá chuile shórt adhmaid dár chóir dó a chur síos ann, bíonn *sycamore*s is *beech* ann, coll, giúsach agus fuinnseog. **233a**, 4.

Tá *Cleary* ag cur tréas orm, Dia dá réiteach agus Muire. **181b**, 1.

Tá cliú agus cáil an bhaile seo i bhfad agus i ngearr. **242**, 1.

Tá cnoc in iochtar tíre agus beidh rásaí ann Dé hAoine, beidh máistir na seacht ndraíocht ann a d'imigh uainn den saol. **335a**, 4; **335b**, 3.

Tá cnoc Leitir Cala[i]dh ina rapar ar Phroinseas Mór. **370h**, 4.

Tá Cnoc na Ceathrún Caoile imníoch go leor. **197**, 10.

Tá coillte breá réidh ann agus bánta dá réir sin, tá gealach ann, grian agus réalta. **247**, 4.

Tá coillte is bánchnoic ag bun Sliabh [? Phartraí] is duilliúr bánglas faoi bharr an tsuim [sic]. **71**, 1.

Tá Contae Mhaigh Eo faoi leatrom go deo, ó cailleadh an t-aonmhac Seoige. **161a**, 5; **161b**, 5; **161c**, 4.

Tá cosán draíochta trasna na taoille, tirim in am trá. **248**, 3.

Tá crainnín caorthainn i lúb na coille seo, agus gheobhaidh muid dídean go lá ann. **109c**, 2.

Tá crann amuigh insa ngairdín a bhfásann air (ar a bhfásann) duilliúr is bláth buí. **24a**, 5; **24b**, 6.

(Óra) Tá crann giúsaí i gciumhais na coille seo, an dtiocfá liomsa go lá ann faoi (agus gheobhaidh muid dídean go lá ann). **109a**, 4; **109b**, 3; **109d**, 3; **109e**, 3. (Óra)

(Is) Tá criathraigh ag cur (an) tréas orm, Dia dá réiteach agus Muire. **181a**, 1; **181c**, 2.

Tá cruithneacht agus eorna le ceangal insa bhfhómhar, teastaíonn anró uainn le bheith ag saothrú an lín. **150a**, 8; **150b**, 8.

Tá cúigear ban tuirne agam chomh breá is atá in Éirinn. **185e**, 3.

(Maise) Tá cuireadh go Cill Chainnigh orainn (agam) is caithfidh mé a dhul ann. **186a**, 4; **186b**, 7; **186c**, 4; **186d**, 6; **186e**, 4.

Tá Cúirt an Chaisil ann, umar éisc ann, siléir ghléigeala faoina tóin. **357**, 3.

Tá cúl mo stór ar dhath an óir is é fite [? fáinneach] fionn. **68f**, 4.

Tá cumha i ndiaidh Pheaits is *Tom* agam agus caitheamh mór ina ndiaidh. **156j**, 4.

(Ós) Tá cúnamh le Rí na nGrásta agam, nach mbeidh fán orm ach tamall, is cén bhrí. **193e**, 2.

Tá cur agus treabhadh ann agus leasú gan aoileach, is iomaí sin ní ann nár labhair mé air go fóill. **233b**, 3.

Tá cur síos sa seanchas ar Spidéal is ar Bhearna, taobh Uachtar Ard is Loch Coirib ó thuaidh. **227**, 1.

(Ach) Tá daoine anois tógtha as, go maith agus d'fhéadfá a rá. **410**, 13.

Tá daoine dá thabhairt faoi bharúil anois gur facthas insa mbruíon í. **331**, 6.

Tá daoine seanaosta ag fáil leathsabhran [sic] 'chaon Aoine, agus páistí in aois míosa ag fáil bainne le n-ól. **310a**, 5.

Tá dath an óir i gcúl mo stór [sic] agus í déanta go fáinneach dlúth. **68c**, 4.

Tá De Valéra ina chaptaen agus bhí *Collins* ina *leader*, agus *O'Malley* ins na trinsí i ngleannta an Mhám'. **421**, 3.

Tá díol an rí de theach ceann tuí ag mo stóirín ansiúd thall. **147a**, 24.

(Agus) Tá do chapall ar iarraidh agus níl iarann ar a chosa. **182d**, 4.

Tá do chúilín [? fáinneach] buí agus é ag titim léi síos, is ní insíonn sí dhá thrian dá scéal dom. **65d**, 5.

Tá do haitín lásaí ar do bhaithis faiscthe, agus díol Ó hÓra [sic] de shlabhra *watch*. **281**, 3.

Tá do láirín rua bhliana gan iarann, gan mharcach. **160a**, 4; **160b**, 4.

Tá do loirgní breactha agat go síoraí sa teaghlach, ní ligeann an leisce duit é a fhágáil. **321**, 6.

Tá do mháistir ag teacht thar sáile is tá fáilte agam roimhe abhaile. **185c**, 6.

Tá do shúile (shúilíní) ag na péiste is (tá) do bhéal (bhéilín) ag na portáin. **160a**, 8; **160b**, 8; **160c**, 7; **160d**, 5; **160e**, 4; **160f**, 6; **160g**, 3.

Tá dobhrón ort a Mharcais, cé gur mór é do cháil. **433b**, 2.

Tá Doiminic Coscair thiar ansin, tá sé gan mhaith, gan fhónamh. **442**, 3.

Tá druideoga [? na n-aingeal] ag éirí amach go mór. **197**, 8.

Tá duine uasal i mBaile an Tóchair a bhí ina mháistir orm tamall. **181b**, 3.

Tá duine uasal maith san áit seo, máistir óg a bhí orm scathamh. **181c**, 3.

Tá Dún Leac na [?] bhFoireann ag teacht aniar le cóir. **370e**, 3.

Tá dúthaigh m[h]ín, m[h]ilis ag Bideach taobh thall den tsruth. **25a**, 4.

Tá éadach ó Inis Bearachain agam, Leitir Mealláin is an Trá Bháin. **266**, 3.

Tá eagla orm is (agus) faitíos mór go bhfaighidh siad na bayonets, is nár dhúirt Colm Cille aon bhréag sa (insa) méid a bhí sé a rá. **411a**, 11; **411a**, 11; **411c**, 11.

Tá éinín agamsa agus tá sé óg. **374a**, 4.

Tá Éireannaigh go leor i Meiriceá, as chuile áit in Éirinn iad agus níl mórán acu ann. **410**, 15.

Tá eolas agam ar ní de [?] chabhairscáil thinnis cinn, an lá nach bhfaighinn aon bhraon de ní bheinn sásta. **257**, 4.

Tá faisiún grástúil ag daoine a rá a bheith lúthlámhach ó thiteadh oíche. **305**, 2.

Tá faitíos báis orm nach bhfaighidh mé choíche tú, i gcionn mo thí ná ag mo leanbh bán. **176a**, 2.

Tá fataí agus fásach ag fás i *yard* an phríosúin. **319e**, 7.

(Ó) (Agus) Tá fear anseo as an Mhuimhneach ag dul timpeall insan áit. **266**, 1.

Tá féar fada agus (is) fásach san áit a gcónaíonn sí (a bhfuil mo mhaoin) (a bhfuil mo rún) (insna gleannta a bhfuil mo mhian). **28a**, 3; **28b**, 6; **28c**, 6; **28d**, 6, **28e**, 3.

Tá féar fada agus fásach i ngleannta álainn [sic] i bhfad ó bhaile. **6c**, 5; **6d**, 1.

Tá fear maith thall i *Germany* a nglaoitear air *Lord Haw-Haw*. **414**, 27.

Tá fianaise triúr fear agam a chonaic tú do mo leanúint (do mo leanúint tú), trasna trí na garrantaí is (agus) amach (siar) go Loch an Óir. **148a**, 11; **148c**, 9; **148e**, 8; **148f**, 9.

Tá fíodóir i gCamas (nGarmna) darb (is) ainm dó Sálaí Lao (Sál Ó Lú) (Saul an Lao). **370a**, 9; **370b**, 8; **370d**, 8; **370f**, 7.

(Agus) Tá fir na háite ar garda amuigh roimh an gcúpla is gráinne ar bith ní bhfuair siad abhus ná thall é, ná i gceard ar bith faoin ngréin. **439b**, 7.

Tá *Flahertys* na n-oileán ina ndaoine uaisle lácha, is fada a chuaigh a gcáil is go ndeachaigh don Róimh. **240a**, 6.

Tá foghlaeireacht go fairsing is fiach den chuntas ann. **223**, 7.

Tá fógraí móra i Londain dá dtabhairt isteach chun cuntais, ach léir mar a deir siad linne, ní éireoidh sin leo. **419**, 9.

Tá follántas ann is brí, gan dabht do bhean an tí, sa tae seo atá ag dul thart ar fud na háite. **257**, 6.

Tá folt trom, daite is é síos léi go féar. **48**, 3.

Tá formaoil thart timpeall ar úlla blasta, buí. **197**, 12.

Tá fuil mo chroí istigh dá thabhairt ina bhraonta, is, a Dhia, cén t-ionadh i ndiaidh grá mo chroí. **176d**, 6.

Tá fuisce fairsing ann is bia gan chuntas [...] le fáil ag Feara Fáil. **64h**, 3.

Tá fuisce tí *Joe Reilly* a bhainfeadh *cider* as na mná. **147b**, 10.

Tá gach aon duine sásta dá bhfuil insa stáisiún, na baintreacha mná seo nach bhfuair aon phingin fós. **210**, 3.

Tá gach duine acu sin de réir a ngníomhartha. **446a**, 6.

Tá gach duine fásta dá fháil insan áit seo, ach na baintreacha mná seo nach bhfuair aon phingin fós. **310a**, 6.

Tá gach duine insan áit seo anois go ríshásta, ach na baintreacha mná nach bhfuair aon phingin fós. **310b**, 4.

Tá gach fear insan áit anois mar a chéile, na feilméaraí tréana a bhí againn san áit. **310b**, 2.

Tá gach uile shaghas éan [sic] ann dár fhás riamh clúmh air, ag seinm go hard is go
    meidhreach ar chraobh (tá an druid ann is an smóilín is an lon dubh ar an
    gcraobh). **191a**, 5; **191b**, 3.

Tá gairdín mín milis ag Bid Bhán taobh thall den tsruth. **25c**, 3.

Tá gairdín pléisiúir lena taobh a dhéanfadh óg [sic] den aois. **236e**, 2.

Tá garda breá, láidir ag teacht le stór mo chroí. **186b**, 8; **186g**, 2.

Tá gasra líonmhar i dtír na hÉireann, bánchnoic Éireann Óigh'. **196**, 3.

Tá gile is finne, fuil is cuisne is lasadh breá dá réir. **68f**, 1.

Tá gine i dteach an óil orm is níor ólas riamh pingin. **98b**, 4.

Tá gleann ag Mac *Majors*, ní féidir é a bhualadh. **244**, 7.

Tá gleann ag Ó Cochláin i gceartlár an bhóthair. **244**, 6.

Tá gleann ag Ó Dónaill chomh breá is atá in Éirinn. **244**, 2.

Tá gleann beag ró-aoibhinn in Éirinn, agus baile beag talún sa ghleann. **195**, 1.

Tá gluaisteáin mhóra dá tarraingt as, timpeall leathchéad chuile lá. **223**, 9.

Tá go leor de na hamhráin, is dóigh liom, bréagach. **216a**, 1.

(Is) Tá go leor de na mná go bhfuil a ngrá acu ar bharr a gcuid béil. **86**, 7.

Tá go leor leor a shíleanns, dá saothróidís gine sa lá. **193b**, 4.

Tá grá agam do Mháirín le céad fada riamh. **37**, 1.

Tá grá agam do mo scilling is tá dhá ghrá agam do mo scilling, is fearr liom an scilling
    ná an searrach is ná an láir. **258**, 1.

Tá grá agam do mo thoistiún is dhá ghrá agam do mo thoistiún, is fearr liom an
    toistiún ná an lacha is ná a hál. **258**, 5.

Tá grá agam i mo lár duit le bliain anois. **70g**, 2.

Tá grá do m'ocht bpingine agam is dhá ghrá do m'ocht bpingine agam, is fearr liom
    ocht bpingine ná an chaora is ná an t-uan. **258**, 3.

Tá grá do mo dhá phingin agam is dhá ghrá agam do mo dhá phingin agam, is fearr
    liom an dá phingin seo ná a bhfaca mé fós. **258**, 7.

Tá grá do mo dheich bpingine agam is tá dhá ghrá do mo dheich bpingine agam, is
    fearr liom an deich bpingine ná an lao is ná an bhó. **258**, 2.

Tá grá do mo shé pingine agam is dhá ghrá do mo shé pingine agam, is fearr liom an sé
    pingine ná an m[ea]nnán is ná an gabhar. **258**, 4.

Tá grá do thriúr is do cheathrar agam agus seacht ngrá d'aon fhear amháin. **147a**, 7.

Tá grá na gcéadta i gclár a héadain, is geall a féachaint le réalt an Luain. **50**, 4.

Tá hata bán ar amadán is ceann eile ar mo ghrá. **147b**, 12.

Tá iasc ann in aghaidh an lae agus a mbád, nuair a bhíonn sí ar snámh, nuair a théann sí
    siar an fharraige go spéiriúil. **211b**, 6.

Tá iasc insan abhainn ann agus toradh ar chrann ann, duilliúr breá, glas agus sméara. **247**, 3.

Tá iníon ag an Iarla agus tá sí go priaclach, chuir sí teachtaire i mo dhiaidh le í a phósadh. **53a**, 7.

Tá iníon ag Donncha Brún agus tá sí gan mhúineadh ó rugadh í. **120a**, 2.

Tá iníon ag Peatsaí Sheáin Mhóir; tá sí chomh mór le fear ar bith. **120b**, 3.

Tá iníon agamsa, is léi an méid siúd, is maith a thabharfadh spré di ach go mbeidh sí mór. **357**, 2.

Tá iníon Rí na nGréig ag fáil bháis le cumha ina dhiaidh, is níor chodail a súil néal le ráithe. **217a**, 8.

Tá íseal is uasal ag caitheamh na féile ann, i chuile shaghas *game* dá bhfuil spéis acu ann. **227**, 7.

Tá lao ag an mbó ann, tá searrach ag an láir ann, tá bainbh ag an gcráin ann, agus leanbh ag an mnaoi. **230**, 2.

Tá lasadh is gotha inti de réir a chéile, is binne a béilín ná an chuach ar chraobh. **50**, 2.

Tá Leacán ina ghiorria agus Cnoc Mordáin ina dhiaidh insa tóir. **370a**, 15.

Tá litir agus fiche ón Spáinn acu, agus bean agus ádh don tsaol. **238**, 3.

Tá litir faoi rún ag an gcúilinn le seachtain. **178**, 1.

(Ó) (Is) Tá litir scríofa agam i mo phóca thíos, le cur (go bhfuil mé) gan spás (mhoill) ar bith go Cúl na Binn' (hArd na Graí). **239a**, 1; **239b**, 1; **239c**, 1; **239c**, 1; **239e**, 1; **239f**, 1; **239g**, 1.

Tá loch fhada an Tuairín ag Siobháinín ' Dhúda i m*bag*. **370h**, 1.

Tá lóchrann sí le clár cinn ríthe, an tráth sin oíche le fonn tú a fháil. **453a**, 10.

Tá loing sheoil ag teacht le seol ann ag Banríon na Sairdín. **236a**, 5.

Tá loingeas ag an L[o]in[g]seach a rinneadh (nach bhfuil a leithéid) insa tír seo, de choillte is de chrainnte a d'fhás dó (dóibh) (dá choill féin is dá chrainn a dearnadh). **217a**, 3; **217c**, 2; **217d**, 2.

Tá Londain trí lasadh agus Sasana dóite, le neart ola mótair agus roinnt *pairifín*. **421**, 5.

Tá long ar an gcéibh seo is béarfaidh sí mise don Spáinn. **91e**, 5.

Tá lonradh an óir i bhfolt mo stór ag fás go fáinneach fionn (is é fite fáinneach buí). **68a**, 5; **68d**, 5.

Tá luach na gcéadta istigh le (fré) (tré) chéile ann i gCúirt an tSrutháin Bhuí. **236a**, 6; **236b**, 4; **236d**, 6.

Tá m'intinn chomh sásta le naíonán i gcliabhán **41c**, 4

Tá mac ag *Steve* Mháirtín, níl a leithéid sa tír. **76**, 1.

Tá mac Rí Séamas ag teacht dá héileamh, agus an *Prince of Wales* as an nGearmáin. **64b**, 6; **64c**, 6.

Tá mac thíos ag Beartla a chuaigh soir an lá cheana, mar a d'fheicfeá seanchoileach Marta[i]n. **321**, 3.

Tá madraí an bhaile ag tafann is tá na gadaithe ar fáil. **147c**, 15.

Tá Maidhc ag íoc air agus Peait dá shéanadh, nó tá an páipéar bréagach a mbíonn sé ann. **312**, 5.

Tá máistir scoile sa teach i gcónaí ann is tá roinnt den ór buí go fairsing ann. **64a**, 5.

Tá mé (táim) ag gearán ar scoilteacha is ar phianta san oíche, na cnámha críonna is an aois ag teacht mór. **328**, 2.

Tá mé (táim) ag teacht ar feadh na hoíche. **182b**, 4; **182c**, 4.

Tá mé ag cur garrantaí prataí agus stácaí ar a mbonn, mo pháirceanna atá lán de bha ciardhubha agus bána. **140b**, 7.

Tá mé anois i lár loch Chill Airne, an ghaoth do mo cháthadh ó thonn go tonn. **189**, 9.

Tá mé fuar agus mé fliuch, salach de bharr a bheith amuigh ar garda. **109a**, 12.

(Is) Tá mé i bhfad as Éirinn, tá mé imithe de ló agus d'oíche. **206**, 4.

Tá mé i ngrá le dáréag, is, a Dhia ghléigeal [sic], nach bocht é mo chás. **193a**, 7.

(Maise) Tá mé i(n) mo bhaintreach anois ag teacht do lá an earraigh, is gráinne ní phiocfad (íosfad) dá ngabhfá (go rachfad) sa gcré. **347a**, 4; **347c**, 4.

Tá mé in amhras ort go bhfuil tú pósta, is ná cuir aon stró orm ag siúl sa tslí. **108b**, 3.

Tá mé in do dhiaidh le bliain agus tuilleadh, níor chuir mé riamh i gcás é. **109a**, 10; **109b**, 7.

Tá mé le seacht mbliana do mo phianadh is do mo chrá. **72e**, 7.

Tá mé réidh leat go lá an tSléibhe nó go ndéanfar an chónra chaol. **87a**, 8.

Tá mé tinn agus mé fliuch, salach de bharr a bheith ag faire ar garda. **109c**, 7;

Tá mé tinn agus nílim slán. **102g**, 1.

Tá mé tuathach, crupach, gruama, páirt de mo stáin ar easpa mná. **453a**, 3.

Tá mé tuirseach agus mé fliuch, salach tar éis a bheith ag faire ar garda. **109d**, 4; **109e**, 4.

Tá meabhair do chinn agus guth do bhéil, más fíor ar dhúirt tú anois le nóiméad. **453a**, 6.

(Ó) Tá mise ag imeacht agus Mac Muire go ngnóthaí dom. **70e**, 1; **70f**, 1.

Tá mise ag imeacht uait, tá go leor le déanamh agam. **446a**, 8.

Tá mise anois ag éirí an-aosta, agus na fiacla ag bogadh in mo cheann. **394a**, 12.

Tá mise bocht folamh, is a Mhuire, nach mór an scéal. **25a**, 5.

Tá mise dá cheapadh gur suarach an tslí a bheith ag obair duitse gan tada dá chionn. **142a**, 4; **142b**, 4; **142d**, 4.

(Agus) Tá mise i mo shuí ó d'éirigh an ghealach aréir. **91c**, 4; **91f**, 3.

Tá mise le fada ag coinneáil an tí is ní cóir go bhfeicfeá mo dheoch ná mo ghreim. **142a**, 11; **142b**, 11.

Tá mná na leanna ag caoineadh, is nár fhóire orthu Mac Íosa. **103a**, 3.

Tá mo bheansa ag cuardach, is ní buan í in aice tí. **8e**, 1.

Tá mo chamán agus mo liathróid faoi iasacht faoin mbaile. **181a**, 6.

Tá mo chamán is mo liathróid is caonach liath orthu faoin leaba, **185f**, 3.

Tá mo chapaillín gan srathrú is tá an bád tairní ar an bhféar. **318a**, 7.

Tá mo chéachta le scor is mo [? bhanlaoch] le cur, is an méid úd eile le déanamh. **56e**, 2.

Tá mo chónra dá déanamh ag an saor atá i nGaillimh. **185a**, 6.

(Is) Tá mo chóta (chóitín) mór stróicthe ó Dhomhnach (óchón) is é ag (ar) sileadh liom síos. **193a**, 1; **193b**, 5; **193c**, 1; **193d**, 2; **193f**, 1.

Tá mo chroí istigh (chroí-se) brúite briste. **93a**, 4; **93c**, 5; **93d**, 3; **182a**, 10.

Tá mo chroí istigh chomh dubh le hairne. **93a**, 5; **93c**, 4; **93d**, 2; **182a**, 9.

Tá mo chroí istigh chomh héadrom leis an linbhín i gcliabhán. **185d**, 3.

Tá mo chroí istigh ina leac is ina ghual dubh, is fear mo thrua níl ach Rí na nGrást. **98b**, 6.

Tá mo chroí-se briste de bharr an obair [sic] lé[i]n. **278a**, 2.

Tá mo chuid móna gan ghróigeadh is deamhan síon deor ar (i) mo bhothán. **185d**, 6; **185e**, 4.

Tá mo dheartháir cúmhachtach láidir, Mac Eoin Uí Chlochartaigh. **236a**, 11.

Tá mo dhoilíos croí chomh mór agus nach mairfidh mé mí beo, agus ní miste liom gach só dá bhfaighidh mé (agus a stóirín, tá mo chroí dá réabadh). **65a**, 5, **65b**, 4; **65c**, 4.

Tá mo ghearrán gan srathrú is mo bha ag ithe féir. **318b**, 5; **318c**, 5; **318d**, 5.

Tá mo ghrá ar chúl an ghairdín, is í an chú, is í an lúth, is í an láir í. **103a**, 4.

Tá mo ghrá do mo shéanadh le céile fir eile is nach trua. **91d**, 6.

Tá mo ghrá-sa ar dhath na sméara. **93d**, 4.

Tá mo ghrá-sa i dtaisce [...], mar is í siúd nach bhfuair aon náire. **53a**, 5.

Tá mo ghrá-sa mar bhláth na n-airní, anois i dtús an tsamhraidh. **41a**, 4.

Tá mo ghruaig le fána agus gan aon ruóg uirthi a d'fháiscfeadh í. **35**, 10.

Tá mo ghruaig le fána is gan aon ruóg agam a d'fháiscfeadh í. **88a**, 7.

Tá mo láirín gan iarann is beidh sí an bhliain seo go baileach. **185c**, 2.

Tá mo liathróid ar iarraidh is tá mo chamán faoin rata (faoi chaonach liath faoin leaba). **185b**, 6; **185b**, 10.

Tá mo mháithrín go buartha cráite, ó shíorshiúl na mbóithrí seo anois le bliain. **52b**, 2.

Tá mo mháithrín go haonraic (tinn, tréithlag) léi féin (ina haonraic) is í ar chaladh na mbád. **193a**, 8; **193b**, 3; **193c**, 6.

Tá mo mhuintir ar chuile thaobh díom, is ní fhéadaim comhrá a dhéanamh.**103a**, 6.

Tá mo mhuintir i mBaile an Róba (ag teacht ar Eochaill) ag baint mo chróchair de bharr géaga [sic]. **185b**, 8; **185g**, 2.

Tá mo pháircín faoi chlaí is faoi fhál duit, is tá sé in am é a chíosadh liom punt nó dhó. **107b**, 1.

Tá mo rúitíní gearrtha is ní áirím an phian atá i mo thaobh (chroí). **193a**, 3; **193d**, 1.

Tá mo sheanchat glas dá shíorghoid as ó fuair sé a mhaicín sínte. **337a**, 1; **337b**, 1; **337c**, 1.

Tá mo shrian is mo dhiallait ar iarraidh le tamall. **184**, 5.

Tá mo shubstaint caite agus diabhal bean agam ná bróga. **261**, 5. (Anois)

Tá mo stocaí agus mo bhróga is iad stróicthe liom síos. **98a**, 5; **98c**, 5; **98d**, 4.

Tá mo theach (theachínse) ins (ar) an ardán is (tá) a dhá cheann le (sa) (n)gaoth. **63a**, 4; **63b**, 6; **63c**, 4; **63f**, 1; **63h**, 4; **63i**, 1; **63j**, 3; **63k**, 3.

(Is) Tá mo theachín i lár an ghabháltais agus bóithrín ag tóin an tí. **206**, 2.

Tá mo theachín ar an ardán is a dhá cheann sa ngaoth. **63g**, 6.

Tá mo theachín san ardán agus a dhá cheann sa ngaoth. **63d**, 6.

Tá mo theachsa dá fhuadach is ní buan atá mé in aice an tí. **8d**, 1.

Tá móruaisle na tíre de shamhradh is de gheimhreadh ag fleá is ag féasta ag Prionsa Thír Eoghain. **235a**, 3.

Tá muinín mhaith agamsa as gníomh Phádraig Seoige, go bhfeicfidh sé fós é le cumas a chnámh. **349**, 6.

Tá muintir Uachtar Ard anois ag blaiseadh anois [sic] den bhraon seo. **289a**, 5.

Tá na ba bána ag géimneach is tá an laoidín (lao óg) ag ól (diúl) (is níl na laonnta dá ndiúl). **63a**, 8; **63c**, 8; **96b**, 3; **97**, 1.

(Ó) (Is) Tá na báid sin anois ar fad ite agus iad caite le ballaí an tSrutháin. **389**, 6.

Tá na bairillí seo anois fada is tá fóiséid lán. **70d**, 5.

Tá na beacha go laethúil ar bharra na gcraobh ann, mil ann chomh fairsing is is féidir í a ól. **235a**, 4.

Tá na beachain ag dul ó shiúl, ag ól mheala le teann cuthach [sic], tá na héiníní ag ligean a gclúimh le fána. **217b**, 4.

Tá na Cábaigh m[h]óra ag iarraidh eolais, tá an aimsir óg is an chabhair ag teacht. **428**, 6.

Tá na cnoic is na gleannta ag dul idir mé is tú. **97**, 5.

Tá na comharsana ann is deise dár dhéileáil tú riamh leo agus, ar ndóigh, tá an mhóin ann a ghabhfadh chun seoil. **191a**, 7; **191c**, 2.

Tá na comharsana ann is geanúla dár chruthaigh riamh an tArd-Rí, tá céad míle fáilte ann roimh shean agus óg. **191b**, 2.

Tá na haibhneacha sceite is na carraíocha líonta, tá na gamhna ag breith lao is na lionta i gcóir. **235a**, 5.

Tá na healaí ar na cuanta naoi n-uaire níos duibhe ná an sméar. **179**, 2.

Tá na heascainn dá scóladh is iad ag gearradh a chuid feola, tá na portáin ag tógáil lóistín agus teach cónaí istigh ina cheann. **174**, 3.

Tá na náisiúin uilig ag troid agus ní suaimhneas a bhéas ann. **410**, 4.

Tá na páipéir dá saighneáil agus tá na saighdiúirí ag dul anonn. **98a**, 1; **98b**, 1; **98c**, 1; **98d**, 1.

Tá na soithígh dá stríocadh is iad ar fad líonta le biotáille bríomhar, *brandy* is beoir. **235a**, 7.

Tá ní eile ann a mhéadaíonn mo ghrá. **246b**, 3.

Tá obair sheasta ag carranna dá tarraingt chuile lá. **223**, 11.

Tá oighearacha ar a ceathrúna is tochas ina tóin. **69**, 12.

Tá oileán aerach, álainn, spéisiúil suite ar charraig chrua. **248**, 1.

Tá ómós thall i Sasana do mhuintir Inis Bearachain, faoin mbád atá ag teacht chun farraige is nach bhfuil ag teacht as áit ar bith. **255**, 9.

Tá Pádraig Jeaic ina *ghang* inti is tógfaidh sé Maidhc *Tom* inti, an fíodóir atá insna garrantaí is a chliamhain, Máirtín Beag. **255**, 2.

Tá péarla an chúilín donn, daite [sic] ann de bhun is de bharr na gcraobh. **72e**, 2.

Tá pian i mbéal mo chléibhe a chuirfeadh na céadta fear chun báis. **27c**, 1; **47c**, 4; **89a**, 1; **89b**, 1; **89c**, 1; **89d**, 1; **89e**, 1; **138**, 8.

Tá plátaí airgid is earra tí agat. **446a**, 4.

Tá pósae gléigeal ar bhruach na céibhe, agus bhuail sí Deirdre le scéimh is gnaoi. **50**, 1.

Tá pricíní ina mbuilcíní ar phluicíní mo ghrá. **147a**, 4.

Tá *Prince of Wales* ag teacht dá héileamh agus Rí na Gréige as an nGearmáin. **64d**, 6.

Tá prionsa fir sa tír, is é an chéad fhear é a chuaigh tríd, is deas í a mhéin agus a cháilíocht. **257**, 7.

Tá raille de chailín óg, deas ar na bóithrí seo i mo dhiaidh-sa. **87a**, 5.

Tá réalta ar an spéir (aer) agus gabhann siad ann. **45a**, 1; **45b**, 1; **45c**, 1.

Tá *regimint* as an Rinn Mhóir le theacht amach Dé hAoine, ar thóraíocht an cháibín úd, is í casóg Éamainn Mhóir. **309a**, 8; **309b**, 8.

Tá Rí na Fraince ag teacht dá héileamh, an Fhrainc, an Ghréig is an Ghearmáin. **64h**, 5.

Tá Riocard na gCoinneal [sic] agus é ag seinm ar chláirseach cheoil. **370a**, 10.

Tá sagairt agus bráithre ag blaiseadh den bhraon úd. **289b**, 4.

Tá scata d'fhearaibh tréana insa bhFrainc dá gcur le chéile, in airm agus in éadaí agus gach aon ní i gcóir. **419**, 10.

Tá scata fear acu ar thaobh na mbóithrí a chuirfeadh i gcóir mé ó tá mé tinn. **239c**, 3.

Tá scéal agam le n-aithris daoibh is tá náire orm é a inseacht. **117e**, 3.

(Ó) (Is) Tá scéal anois le n-inseacht agam faoi Chonamara anseo agus chuile áit. **192**, 1.

Ta scéal anois le tarlú i Státaí Mheiriceá. **410**, 1.

Tá scéal le n-aithris agam agus tá náire orm í a inseacht, ní scéal le plúchadh é abhus ná thall. **280**, 1.

(Is) Tá scéal le n-aithris agamsa anois agus níl aon náire orm é a inseacht. **389**, 1.

Tá scéilín (scéal) (beag) (eile) (le n-aithris) agam is tá náire orm é a insint. **117a**, 5; **117b**, 5; **117c**, 5; **117d**, 3; **117e**, 5.

Tá scéilín beag le n-aithris agam faoi bhainis (faoin mbaintreach) Peigín *Audley*, a raibh a cónaí (a chónaíonn) (a chomhnaíos) (cónaíonn sí) (ag) (i) dTigh *Naughton*, thuas (thiar) i mbarr (ar thaobh) (ar bharr) an chnoic. **148a**, 1; **148b**, 1; **148c**, 1; **148d**, 1; **148e**, 1; **148f**, 1.

Tá sé [? ionann is] ráite ón *Allen Line* sé tairní agus scéala [? a theacht as *Malbay* ag iarraidh] beag bád seoil. **253a**, 8.

Tá sé aithriste, is fadó ó luadh é, gur loisceadh na *troops* úd nár baisteadh fós a ndream. **434**, 4.

(Mar) Tá sé ar Sheán *Dick* agus nach álainn an ball é agus nach ndéanfadh sé bráillín do Sheán agus do Mheaig. **368a**, 5.

Tá sé ceart ar chuile chaoi mar tá an tseamróg ar a thaobh, fear measúil é i dtaobh athar agus máthar. **257**, 8.

Tá sé dá aithris ag muintir na h-áite, gur mise an fear láí is fearr insa tír. **363**, 1.

Tá sé gar do mhí na Nollag is tógfaidh sise *leave*. **76**, 4.

Tá sé in oifig an rí agus níl sé ina líne níos fearr. **350b**, 8.

Tá sé ina shuí ag tabhairt gail dóibh thart timpeall agus go deimhin tá a cháil achar fada. **296**, 14.

(Agus) Tá sé ins gach stáisiún dár leag tú do mhála ann, de phictiúr ann thuas ar an mballa. **296**, 9.

Tá sé le fán agus níl sé le fáil, mar gur casadh é i sáinn nach léir dom. **306**, 4.

Tá sé ráite le *Tom* Bhairbre gur fear é a rinne claidhreacht. **331**, 1.

(Mar) Tá sé ráite, spiadóir a bhí ann. **410**, 20.

Tá sé seo ag siúl na hÉireann agus beidh aithne air uilig ar ball. **266**, 7.

Tá Seán agus Pádraig in aon [? bhuíon] amháin. **443a**, 8.

Tá Seán Mac Giobúin agus an tAthair Maolra ag caitheamh an tsaoil seo lag go leor. **434**, 1.

Tá Seán Mac Giobúin agus an tAthair Ó [?] Maolaodha ann, agus ní éitheach ná bréaga a cheap siad riamh. **427c**, 5.

Tá Seán Ó Cíobháin agus an tAthair Maolra ag fágáil an tsaoil seo ar bheagán só. **427b**, 4.

Tá seanchas maith faighte agat nárb f[h]earrde an té a chuaigh ag scríobh. **311**, 4.

Tá seandaoine aosta ag fáil leathsabhran Dé hAoine, agus páistí lag míosa ag fáil bainne le n-ól. **310b**, 7.

Tá seisean ag dul á dhéanamh ar ais arís leis an gcaoi a bhéas go breá. **237**, 5.

Tá seisean ag sileadh le fána agus é slogtha go mall faoin gcré. **412**, 12

Tá *sequels* agus *warrants*, Orangemen agus *Quakers*. **289b**, 5.

Tá sí chomh sleamhain le heascann sa taoille, gur seó mór don tsaol í ó lámh Mharcais Sheáin. **254**, 2.

(Ach) Tá sí i gCill Éinne, mo léan, agus leac ar a ceann. **113a**, 3; **113b**, 3.

Tá sí seo déanta le céad is trí (ceithre) mhíle is tá a fhios ag an saol gur fada againn í. **391a**, 5; **391b**, 8.

(Óir) Tá sí tógtha le scoil is le foghlaim, mar fuair sí eolas ar leabhar is ar pheann. **64d**, 3; **64i**, 2.

(Ach) Tá siad ag guí ar maidin is tráthnóna agus ag an Aifreann Dé Domhnaigh [...]. **210**, 4.

(Is) Tá siad dá rá go bhfuil grá ag *Nancy* dom féin. **86**, 6.

Tá siad dá shíor-rá go dtug ' mo ghrá do mhná, is níor thug mé riamh mo ghean ach do chúigear. **56b**, 6.

Tá sin soiléir is éasca a mhíniú, is ó d'iarr tú é a dhéanamh, ó, seo é an fáth. **301**, 9.

Tá *sloop* an rí ag faire uirthi ó ar maidin Dé Céadaoin, nó gur casadh ar a chéile iad ag trá Inis Thiar. **308a**, 4.

Tá smúit ar an spéir agus ní éiríonn an ghealach gan smál. **171**, 3.

Tá smúit ar Loch Measc' is ar scoil Thuar Mhic Éadaigh, níl éirim ná pléisiúr lé fáil (feiceáil) san áit. **167a**, 6; **167b**, 6.

Tá spéirbhean i nGleann na bPúca [sic] a bhfuil airde mo láimhe de ghruaim ar a héadan. **185b**, 2.

Tá spré Dhonncha Bháin (anocht) ag teacht (chugainn) abhaile. **182a**, 5; **182b**, 8; **182c**, 8.

(Ó) (Agus) Tá *spyglass* anois le fáil acu nach mbeidh a leithéid istigh in aon tír. **285**, 2.

Tá *steamer* faoi trí sheolta [sic] ag dul poll an Ghlasoileáin. **147b**, 7.

Tá streachaille buí ann is a ghnúis mar dhrochmhadra. **402**, 2.

(Bhuel) Tá súil le Dia agamsa nach ngabhfaidh cónra ná clár ort go mbeidh a fhios agat gur ag Cáit Báire atá an ceann ceart den téad. **353**, 13.

(Maise) Tá súil le Dia agamsa, má mhaireann tú feasta, nach bhfuil ort ach éirí ar maidin agus tú féin a fháil faoi réir. **353**, 10.

Tá súil le Dia is le Muire agam go gcaithfidh mé an chuid eile i Ros an Mhíl. **55a**, 9.

(Is) Tá súil le Muire agam go bhfaighidh sé iomlacht is beagán cúnta ó Rí na nGrást. **190a**, 4.

Tá súil le Muire agam is le Rí na Glóire, go bhfaighidh muid sásamh ar an namhaid atá ar a dtí. **430**, 8.

Tá súil le Muire is le Rí na nGrásta, go bhfaighidh muid sásamh insa gCeathrúin
　　Rua. **430**, 1.

Tá tae ag *Dick Toole* chomh breá is atá le fáil. **294**, 1.

Tá teach insa tír seo chómh breá agus atá le fáil. **237**, 1.

Tá teach mór fada i lár an bhaile a gcónaíonn stór mo chroí. **33a**, 7.

Tá tine bheag fadaithe ag Cearúll Ó Néill is mó ná Mám Éan agus ná Cnoc Ros an
　　Mhíl. **152a**, 4.

Tá tinneas cinn ar leath mo chinn ó d'imigh an gréasaí bán. **147a**, 16.

Tá tinneas i mo cheann agus (is) chaill mé mo mheabhair, is duine mise a chráigh an
　　saol seo. **136a**, 5; **136b**, 5.

Tá tinnte [sic] na mara ag bualadh is ag clascairt i bhfoisceacht chúig acra i leaba an
　　dea-Ghaeil. **167c**, 3.

Tá togha mná óga i Maínis le mé a chaoineadh lá mo bháis. **47d**, 3.

Tá tonnta na mara ag bualadh is ag clascairt i bhfoisceacht chúig acra de leaba an dea-
　　Ghaeil. **167a**, 4; **167b**, 4; **167d**, 3.

Tá *trawlers* na Gaillimhe le seoladh Dé Céadaoin ar thóraíocht an phré [sic] úd go Cuan
　　an Fhóid Duibh. **307a**, 5; **307b**, 4.

(Is) Tá trí ní in mo chroí nár dhual dom. **291a**, 4; **291b**, 4.

Tá tú anois in (faoi) imní gan bean a bheith ar do choimrí, ní bhfaighir an saol níos
　　suaimhní ach chúns a bhéas tú gan í. **150a**, 6; **150a**, 6.

Tá tú ansin ó thús na díleann, níor bhain tú caoineadh as aon bhean san áit. **231**, 5.

Tá tú do mo chur ar lár is go brách ní inseodh ní. **75**, 4.

Tá úlla buí agus airní ag fás ar bharr cranna. **97**, 2.

(Ach) Tá *volunteers* Chorcaí ag cruinniú le chéile agus ag oibriú go tréan ar son an
　　oileáin. **421**, 2.

Tá *whiskers* air le truailleachas is diabhal orlach ina dhrár. **147b**, 20.

'Tá' a deir an tsean*lady*, 'Bardal atá bacach agus gandal atá caoch'. **311**, 5.

'Tá', a deir Máire Bhreathnach, 'Siúd í ar an teallach í, tá sí ag súil leat le seacht
　　seachtainí is nach fada atá tú amuigh'. **148d**, 2.

Tabhair do mhallacht do do dhaidí is do do mháithrín féin. **87b**, 3.

(Ach) Tabhair dom spás go ceann naoi lá, go dtuga mé an chuairt (seársa) (*walk*) úd
　　(-aí) (seo) amach (go gcuirfidh mé mo charta (cháil) amach) faoin tír. **453b**, 7;
　　453c, 9; **453d**, 6; **453f**, 5; **453g**, 5; **453h**, 5; **454**, 6.

Tabhair leat is déan sin agus bí agamsa anseo ar an bpointe, is gheobhaidh tú an
　　bhruíon ó dheas den aill. **453h**, 6.

Tabhair litir uaim scríofa, síos go dtí an baile chois cuain. **24a**, 3; **24b**, 3.

Tabhair mo bheannacht agus mo phóg leatsa insa ród, mar a bheadh siolla den ghlóir ghaoithe. **199**, 3.

Tabhair mo bheannacht go Connachta mar is ann a bhíonns (bhíodh) an greann. **54a**, 7; **54b**, 4.

(Agus) Tabhair mo chónra déanta leat de thogha na gceap agus na gclár. **27a**, 7.

Tabhair mo mhallacht do do mháthair agus go mór mór do d'athair. **124b**, 4.

Tabhair unsa tobac dom go bhfaighidh mé mo phá. **298**, 6.

Tabharfaidh mé m'aghaidh go dobhrónach ar na trinsí ar chúl na gcnoc. **412**, 10.

Tabharfaidh tú scéala chuig Féilim gurb é a chuir an bhó bhán ar féarach agus go gcaithfidh sé í a fhaire. **333f**, 2.

Tabharfar chuig ainm cúirte tú le dhul ort fíneáil, agus costas dlíodóra atá i bhfad rómhór. **313**, 6.

Táilliúr mé gan dabht, [? táim] mo réic ar fud an domhain, tá na céadta ban i mo dhiaidh san éileamh. **136a**, 1; **136b**, 1.

Tairneofar sú na heorna fós ins na hísleáin. **319a**, 8; **319b**, 8; **319c**, 8.

Take those flowers to my brother for I have got no other. **200**, 4.

Taobh [? le] claí na teorann atá stóirín mo chroí. **96b**, 2.

Taobh ó dheas de chéibh *New York* is ea *land*álfaidh mé thall. **147a**, 2; **147c**, 7.

Taobh thall de chlaí na teorann atá stóirín mo chroí. **63g**, 1.

Taobh thiar de chlaí na (den chlaí) teorann atá stóirín mo chroí. **63a**, 7; **63b**, 3; **63c**, 7; **63d**, 1.

Taobh thiar de Leac na gCaorach atá an *Allen Line* seo stríoctha, is níor bhuail sí [? meilsceán Mhaínse ó tháinig sí san áit]. **253a**, 9.

Tar éis an méid sochair a fuair mé dá lorg, ó Chorcaigh go bun Chruach Phádraig. **304b**, 4.

Tar éis é siúd a bheith déanta, tá sé garbh, róinseach, agus ní mó ná go ndéanfadh sé an sclábhaí. **277**, 2.

Tar i mo ghaobhar, a stáidbhean gan éalang, is aithris do scéal dom nó údar do chrá. **452**, 3.

Teach solais go scéiniúil aniar ó Cheann Léime, ceann eile go spéiriúil ag Boireann Mhic Cumhaill. **393**, 9.

Teachtaire sciobtha nach bhfeallfaidh is nach gclisfidh, bí agam anseo go moch amárach. **269a**, 12.

'Teann aníos liom agus dearc go grinn mé, mise an fhaoileann óg ón nGréig'. **453c**, 4.

Téann sé amach go Cliara anois agus arís. **76**, 3.

Teannaígí ag ól go n-ólfaidh muid canna den leann. **67c**, 2.

(Maise) Teannam chuig an teach anois is caithfidh mé níos fearr leat. **326**, 6.

Téigh abhaile anois ag baint charraigín san áit ar chaith tú seal den tsaol. **156c**, 6.

Téirigh ar do ghlúine agus aithris do rún dó, gur peacach tú a ghluais gach ceard. **161a**,
3; **161b**, 3.

(Ach) Téirigh féin abhaile agus fiafraigh é de Nóra, cén t-ainm a bhí ar an ógbhean a
bhí ag seoladh a chinn. **445b**, 4.

Téirigh tusa abhaile agus aithris féin do Nóra, an t-ainm a bhí ar an ógmhnaoi a bhí ag
scalladh a cinn. **445a**, 4.

Téirigh, cas abhaile agus fiafraigh de Nóra, cé a thug an coileán óg uaithi a ba ghleoite a
ligfeadh glao. **445c**, 2.

Tell him since he left us how bitter was our lot. **200**, 5; **200**, 10.

Tell my brothers I nobly fought as my father before me did. **201**, 8.

Thabharfainn comhairle do na cailíní, má ghlacann siad uaim é. **89d**, 4.

Thabharfainn go teach an leanna tú agus d'ólfadh muid gine óir. **35**, 7.

Thabharfainn póg mhilis taobh amuigh do do bhéilín deas. **38**, 2.

Thabharfainnse cuairtín bídeach [sic] go lách, caoithiúil chuig do leaba. **99a**, 3.

Thabharfainnse leigheas duit, dá ndeanfá mo chomhairle, a neartódh an siúl duit agus
misneach dá réir. **327**, 2.

Thagadh ceath[r]ar acu leis an éadáil, lán mo bhéil sa sáspan cáirt. **317h**, 3.

Thagadh sé ar maidin lena *rule* agus lena shlat. **272**, 4.

Thagadh triúr acu leis an éadáil, lán mo bhéil is sáspan cáirt. **317d**, 4.

Thagadh triúr leis an éadáil chugam agus gan acu ach lán mo bhéil de sháspan cáirt. **317c**, 4.

Thagtá i leith chuile oíche airneáin, is tú chomh bearrtha le sagairtín. **270**, 5.

Tháinig [?] leáns aige ón réigiún, is ní raibh glactha aige léi sin go ndeachaigh sé féin dá
hiarraidh don Spáinn. **209**, 4.

Tháinig aeroplane as Sasana ar cuairt don Chnocán Mór. **245**, 2.

Tháinig aingeal anuas ó na Flaithis ann, agus sheas sé ar bharr an chrainn seoil. **394a**, 5;
394b, 4; **394c**, 3; **394d**, 3.

Tháinig an chuileog is an mhíoltóg ar ancaire i mbéal na trá. **370a**, 7.

Tháinig an lá is bhí an chúis seo le réiteach, ba mhillteach an scéal é le tarlú in aon tír.
315a, 11; **315b**, 11; **315c**, 11.

Tháinig an máta is an captaen ina theannta, is an fhoireann ba bhreátha dár sheol ar an
gcuan. **392**, 12.

Tháinig an méid a cheannaíodar i dtír don chaisleán thíos. **156c**, 8.

(Agus) Thainig beirt anall ó [Dhúras] ann ag cuardach go leor báid. **192**, 3.

Tháinig cat m'aint (mór) Eibhlín is dúirt gur dheas an chaoi é (ceartaíodh an scéal go
grinn dó) (d'fhiafraigh cá fhad ó rinneadh an dlí seo). **336f**, 3; **336g**, 3; **336h**, 5.

Tháinig cnoic ar dhroim an chait chomh mór le *jug* trí phionta. **337c**, 5.

Tháinig cuan mara ag tom sceacha taobh anall den chuan. **370h**, 3.

Tháinig cuntas chuig *Tommy* ó Stiofán Ó Ceallaigh, bhí stampa agus séala uirthi fáiscthí. **304**, 10.

(Ó) (Agus) Tháinig De Valéra chugainn agus déanadh *leader* dó ar an áit. **389**, 7.

Tháinig faitíos orm, crith agus eagla agus nithe nár náir dom, do gheit mo chroí. **441a**, 2.

Tháinig fear as Ros Comáin go gceannódh sé mo bhád. **249**, 3.

Tháinig litir chuig Colm anuas ó rí Lochlainn, agus stampa agus séala uirthi fáiscith'. **304a**, 11.

Tháinig Lord Landsdowne ag marcaíocht ar chapall is d'iarr sé síocháin is pardún. **304a**, 9.

Tháinig luch isteach (ar cuairt) chugam is ní ar mhaithe liom a bhí sí. **336a**, 1; **336b**, 1; **336c**, 1; **336e**, 1; **336h**, 1.

Tháinig luichín beag isteach chugam is ghearr sí sreang mo thúirne. **336f**, 1.

Tháinig luichín eile chugam is ní ar mhaithe liom a bhí sí. **336f**, 2.

Tháinig Maidhc abhaile agus é millte stróicthe, is bhí an fhuil chomh reoite air le tarra ar bháid. **312**, 6.

(Ach) Tháinig maidin bhreá le beagán báistí, bhí an ghaoth go nádúrtha agus fuair muid cóir. **205f**, 3.

Tháinig Mal ar cuairt chugam dhá uairín roimh an lá. **130a**, 6, **130b**, 6; **130c**, 5.

Tháinig mé abhaile ríméadach go maith. **298**, 8.

Tháinig mé ar ais i dtaca an mheán-oíche. **14b**, 7.

Thainig mé aréir ag doras an *hall* úd thall. **93a**, 12.

Tháinig mé isteach ag an gcailleach dhúbhuí, ag éirí ina seasamh níor mhaiseach é a gnaoi. **358**, 2.

Tháinig mé isteach chuig do mháithrín ar dtús, bhí bratóigín suarach anuas ar a bráid. **361**, 1.

Tháinig mé isteach go dtí Fionnbharra Meá. **444**, 2.

Tháinig mé isteach go dtí síogaí Ráth Cruachan. **444**, 1.

Tháinig mé isteach go lúfar, éadrom. **14b**, 2.

Tháinig mé isteach i dteach den bhaile. **146**, 3.

Tháinig mé isteach i dteach na caillí aréir, bhí súil agam go mbeadh le fáil agam ansin lóistín agus suipéar. **155**, 2.

Tháinig mé isteach i dteach ósta is d'fhiafraigh an ógbhean díom. **324**, 1.

Tháinig meall in mo lámh chomh mór le mo cheann, aon ghalún amháin is nó [? taoscán]. **396**, 3.

Tháinig mé (mise) (thánagas) lá isteach uirthi agus í ag gearradh sreang an tuirne. **336b**, 7; **336c**, 2; **336d**, 4; **336e**, 6; **336h**, 4.

Tháinig mótar *John* Jeaic ann ar a sé a chlog ar maidin mar is é a bhí go cóir is go
    flaithiúil. **284**, 9.

Tháinig muintir an bhaile isteach ag déanamh cuntais, is ní dhéanfadh *cooper* é i
    ngábhadh a saoil. **332d**, 2.

Tháinig na Francaigh go Cill Ala, an t-arm dearg go Béal an Átha. **429**, 1.

Tháinig *Ned Farrell* is d'fhiafraigh sé cé sin, 'Duine gan chéill é is ná tugaigí air aird'. **400**, 2.

Tháinig *Paddy* abhaile agus dhearc sé go hiontach, ghlaoigh sé go híseal amach ar Bhríd
    Mhór. **387**, 2.

Tháinig Pádraig abhaile an oíche siúd agus bhí a mháthair (Baibín) sínte os cionn cláir.
    394a, 10; **394d**, 7.

Tháinig Rí na Gréige ag iarraidh scéala, cén chaoi a dearnadh í. **236e**, 6.

Tháinig scéala as Sasana gur buadh le hÓ Conaill ann. **404b**, 12.

(Ó) (Agus) Tháinig sé go Gaillimh, agus bhí na sluaite ann as gach ceard. **410**, 12.

Tháinig sé i dtír léi ó dheas de Thír an Fhia agus thug sé chun tí í chuig Leára. **304c**, 6.

Tháinig sí anuas, an chiúinbhean bhéasach. **14b**, 4.

Tháinig sí chuige ansin de ghlansiúl, bhí seanbheainín shuarach sa gclúid ina suí. **140b**, 9.

Tháinig sí Gaillimh i ndeireadh an tséasúir le lastas is éadáil ó Ghlascú isteach. **392**, 4.

Tháinig sí isteach an geata chuige chomh ceannasach le sáirsint. **336b**, 5; **336e**, 4.

Tháinig sí trasna na bhfarraigí tréana, threabh sí na réigiúin ó thuaidh is ó dheas. **392**, 1.

Tháinig siad thart ina dhiaidh sin i b*plane* os a chionn go hard. **414**, 22.

Tháinig sin chugamsa, croí na féile. **14a**, 7.

Tháinig smaoineamh (smaointe) trí mo chlaonta beannú arís don mhaighre (oighre)
    mná. **453c**, 3; **453i**, 6; **453c**, 3; **454**, 7.

Tháinig tinneas orm is chaill mé mórán is níl luach na cónra agam anois, faraor. **190a**, 10.

(Is) Tháinig Tomás (Taimín) Bán ar cuairt chugam is mé in uaigneas liom féin. **186a**, 2;
    186b, 2; **186c**, 2; **186e**, 2.

Tháinig triúr chugam le mo bhéile agus lán mo bhéil acu i sáspan cáirt. **317e**, 5.

Thaispeáin sé (seisean) teach fada ar leataobh an chuain dom a raibh gabháltas chúig
    phunt leis agus feamainn go leor. **240a**, 8; **240b**, 7; **240c**, 7; **240d**, 5; **240e**, 5.

(Ó) (Is) Tharla deireadh mo sheanchais is mo chomhrá déanta, ní labhród choíche nó
    go dté sa gcill. **190b**, 7.

(Ach) Tharla go bhfuil tú anois ar tí mé a thréigean, is nach bhfuil aon spré agam a
    thabharfainn duit. **187a**, 10.

Tharraing mé aníos mo lámh ó mo thaobh leis an litir a bhí in mo phóca. **314c**, 8.

Tharraing sé amach í agus rinne sé plátáil, agus ba (níos) géire [sic] (chomh géar) ná an
    (le haon) rásúr is ea (a) (do) rinne sé í. **221a**, 2; **221d**, 2; **221e**, 2.

Tharraing sé garda bocsála orm ba leithne ná Binn Éadair, ach shíl mé féin san am sin nach raibh gair agam a theacht slán. **445b**, 7.

Tharraing sí orm ceo i ngleann (-ín) draoíochta an smóil, ní mé [sic] beo cá gcónaíonn an spéirbhean. **136a**, 8; **136b**, 8.

Tharraing siad acu scian gharbh gan fhaobhar, is leagadar a cheann anuas ar an stól. **347a**, 7

Thart le Rinn na Maoile, síos go Cruach na Caoile, an Currach lena taobh sin agus Trá Bhríde ina ndiaidh. **401b**, 2.

The day of his funeral it was a grand sight. **133**, 6.

The hare and the rabbit, they live there in batches, grouse laying and watching during all the springtime. **241a**, 5; **241b**, 5.

The Irish blood began to rise, one of these heros said. **132**, 8.

The Irish boys got on their feet which made the Yankees frown. **132**, 8.

The lady knelt down on her window high and opened her cottage door. **131**, 4.

The moon shone bright on the battlefield where a wounded soldier lies. **201**, 2.

The night is dark and very cold. **102e**, 3.

The pears and the apples, the grapes and bananas, spuds, turnips and cabbage grow all in that soil. **241a**, 15; **241b**, 15.

The reason my love likes me, as you may understand. **204**, 4.

The scythe for mowing and the hook for reaping are the only weapons that can be produced. **243**, 2.

The summer is coming and the grass is green. **102e**, 2.

The sun it went down in a pale blue sky, as the deadly fight was over. **201**, 1.

The times are passing, like sea waves flashing, with singing, dancing and gambling too. **243**, 4.

The turf is burning bright in my own dear home tonight and the snow is falling to the door. **202**, 4.

Theann na réalta amach ón spéir go bhfuair mé léargaisín ar mhnaoi. **453c**, 2.

(And) Then on Friday, you would hear them crying on every side, as their hands they wrung. **158c**, 3.

There goes my love again. **354a**, 3.

There is an alehouse nearby agus beimíd go maidin ann, *if you are satisfied, a* ghrá geal mo chroí. **141b**, 4.

They can enjoy their holiday until the last of autumn, without thunder, storm on lake or land. **243**, 6.

They looked at one another, those words to him did say. **132**, 6.

They raised him from that bloody ground to see his flag once more. **415**, 3.

They talked as they walked until they came to a lane. **133**, 2.

Thiar ag [?] Carla Fhíona is ea chaith mise an oíche aréir. **333a**, 6.

Thiar ag bruach na Sionainn' móire is ea chónaíonn sí, an ógmhnaoi, is é is ainm bláth na hóige an [?] fláinra. **56c**, 3.

Thiar ag Ros Leathan is ea dhúisíomar Seán Bradach le fáinne an lae ar maidin. **269b**, 7.

Thiar ar an gClaí Ard atá an [? téarma] ag arm an rí. **293a**, 2; **293b**, 2; **293c**, 2.

Thiar i gConamara is ea thug mé mo long i dtír. **433a**, 1; **433c**, 2.

Thiar in Inis Bó Báine atá teach ag mo mháithrín féin. **62a**, 1.

Thiocfadh sí i dtalamh agus ghearrfadh sí an fhréamh. **263**, 9

Thiomáin sé is thíolaic sé in ainm an Riabhach [sic], 'Céard atá sibh a dhéanamh is gan baint agaibh dó'. **347a**, 8.

(Maise) (Ós) Thíos ag an tobar is ea chuir mise an fáinne amú. **116c**, 1; **116e**, 2.

Thíos ag garraí an tobair is ea chuala mise an siamsa. **336d**, 3.

Thíos chois na coille atá an bhean dubh atá gruama. **185d**, 7.

(Agus) Thíos i gCill [? Chainnigh] a bhí rún agus searc mo chroí. **116c**, 2.

Thíos i Sligeach a fuair (chuir) mé eolas ar na mná. **149b**, 7; **149c**, 1.

Thíos in Inis atá an féasta a chuirfeadh [?] rughachas. **244**, 5.

Thit mo chúilín gruaige díom le buaireamh i ndiaidh mo ghrá. **147a**, 17.

Thóg Mac Rí Laighean mé le draíocht as mo chóiste (chóistí). **134a**, 7; **134b**, 5.

Thóg mé mo sheolta agus d'imigh mé i gcéin (d'imir mé *game*). **45a**, 5; **45b**, 5; **45c**, 3.

Thóg mé mo *walk*, mo shlat in mo lámh, mé féin (sinn) is beirt pháiste ag maoirseacht (baoise). **314a**, 2; **314b**, 2; **314d**, 2.

Thóg mise an trae[i]n ar uair an dó-dhéag, agus chuaigh mé go *Queenstown* an lá sin. **304a**, 3; **304b**, 3.

Thóg sé bád seoil i gCuan an Fhir Mhóir agus d'fhógair sé coimirce ar Árainn. **269a**, 34; **269b**, 9.

Thóg sé sé mhí air ag triall go dtí mé, agus rinne mé íontas an píopa a bheith lán. **296**, 3.

(Agus) Thógfadh sé na h*airdromes* a bhí istigh aige san áit. **414**, 14.

Thoir ar na Mine atá Sonóg mo dhuine is ní chlisfeadh sé, mac na dea-mháthar. **269b**, 6.

Thosaigh mé ag gearradh agus ag obair go láidir, bhí a mbunáite gearrtha sular bhlais mé den bhia. **363**, 4.

Thosaigh Seán Breathnach ag meangaireacht gháire, 'Éist tusa, a Mháire, is ná bí ag gol'. **307a**, 3; **307b**, 3.

Those are the banks of Claudy, the ground where on you stand. **122**, 4.

Those handsome lovers as they are due nigh now, with a kind embrace. **129**, 7.

Thosnaigh na bláthanna ag titim de na géaga, níor labhair an chéirseach ná an lon dubh breá. **320**, 6.

Three bunches of green ribbon, three bonny bunches I will put on. **128**, 1.

Three leaves of shamrock of the Irish land shamrock. **200**, 7.

Thréigfeadh mo charaid is mo chairde gaoil. **373**, 4.

(Do) Throid gaiscígh S[h]eafraidh go dána is go faobhrach, is Tír Chonaill is laochra do bascadh is do chrádh. **426**, 6.

Throid mise an Gearaltach', a deir an bás. **440**, 3.

(Is) Thuas ar an mbóthar casadh sagart liom. **112a**, 1.

Thuas in Inis Bó Báine atá teach ag mo mháithrín féin. **62b**, 1.

Thug Conchúr bocht abhaile é agus chuaigh sé ag snoíochan ar a húth. **331**, 3.

Thug mé abhaile é is ghlan mé suas é is chuir mé síos é i bpota mór. **115**, 2.

Thug mé an chuairt údaí go barr na trá agus thart anuas go sliabh. **101b**, 1.

Thug mé an rúid (ruaig) úd (údaí) (údan) go mullach (ó mhullach) na cruaiche agus chugat anuas chun an tSléibhe Bháin (an Sliabh Bán) (go dtí bun Sliabh Bán). **101a**, 1; **101c**, 1; **101d**, 1; **101e**, 1; **101f**, 1; **101h**, 1; **101i**, 1.

Thug mé an seársa úd chuig an Spidéal an lá siúd, go misniúil i láthair gach aon fhear. **314f**, 4.

Thug mé gean do tháilliúr, dar liom, nó dó ba chóir (tar liom féin go fóill). **89b**, 4; **89c**, 4.

(Ach) Thug mé grá do chailín bán ar thaobh an ghairdín pónaire. **3**, 3.

Thug mé grá do tháilliúr, mar ba domsa féin ba chóir. **89a**, 4.

(Is) Thug mé grá duit agus mé i mo pháiste, is mé tarcaisneach gan chéill. **54c**, 1.

Thug mé grá duit is mé beag, bídeach. **93b**, 4; **93c**, 6; **93e**, 3; **93g**, 1.

Thug mé liom é is chuir mé i mála é nó gur chuir mé i *yard* é tigh Sheáin Uí Laoigh. **332b**, 2.

Thug mé (thugas) mo mhallacht agus dhíríos mo dhroim. **298**, 3.

Thug mé scoil duit is beagán foghlam', is de réir mo chumhachta mura raibh ní b'fhearr. **190a**, 8.

Thug mé sraoill is amadán air, mac camalóide is mac óinsí, cineál Bhriain an Chlóbhair agus mórchaillí buí. **445b**, 2.

Thug mise a dhúshlán an imreodh sé cártaí, ní imreodh, a mh'anam, 'ní aithneoinn an rí'. **325a**, 3.

Thug mise cuairt (an chuairt) go tobar Loch an Dúin (Mhic Duach) agus (is) chugat (thart) anuas lé fána. **161a**, 1; **161b**, 1; **161c**, 1; **161d**, 1.

Thug mise liom í go bruach na Boirne is thug mé mo mhóide di go bpósfainn í. **108a**, 6.

(Ó) Thug mise spéis duit, a spéirbhean, ar dtús, is gur leag mé mo lámh ar do bhánchnis. **140a**, 1.

Thug sé sa tseanmóir muid agus d'inis sé dúinn é go binn. **285**, 5.

Thug sé sin domsa litir faoi rún agus labhair sé go ciúin is go réidh liom. **314e**, 5.

Thug sí abhaile é is chuir sí ar an leaba é agus chaith sí seal dá chaoineadh. **337a**, 5;
337b, 5; **337c**, 3.

Thug sí chun a tí mé ar uair an mheán-oíche, bhí tine aici thíos a théadh a dhá c[h]ois.
46b, 4.

Thug sí éitheach an *chalico*, ní mise a ghearr do bhréidín. **336d**, 8.

Thug sí mana dom go moch le pléisiúr, leag sí séat agam insa chlúid. **50**, 11.

Thug sí ruaig is rása go feargach isteach chun an tí agus gruaim ar a haghaidh a
bhainfeadh gáire as an saol. **73**, 3.

(Mar) Thug siad (thugadar) scéala don domhan go léir, gach oileán, ríocht agus státa.
413, 5.

Thug siad an *battle* ag Crois Mhaoilíona, ag Bearna Ghaoithe is ea leagadh an tréad.
427a, 6.

Thug *Tom* Pháidín cliú agus cáil air, gurbh é an banbh ba shásta é a d'fhág a shráid
riamh. **332b**, 3.

Thug tú a héitheach, a sclabaire, níor itheadar i gcóir é, ná rud ar bith den tsórt sin,
nach mbeadh mórán díobh buíoch. **445a**, 5.

Thug tú cheithre [sic] cinn cheana uaim taca na Féile Pádraig agus níor fhág tú ceann
agam a bhéarfadh uibhín. **345a**, 6.

Thug tú éitheach, a streachaille, níor ith siad féin i gcóir é, ná ní ar bith gan trácht sin
nach raibh mórán acu buíoch. **445b**, 5.

Thug tú litir dom síos chun an phríosúin, san áit ar shíl mé nach rachainn go brách. **317d**, 2.

Thug tú uaim cheana iad taca na Féile Martain is níor fhág tú ceann faoi mo mhéaracha
mín'. **345b**, 5.

Tig ciall le haois, dá mbeinnse arís i m'óige mar a bhíos tráth. **198**, 3.

Tig leat agus déan agus bí agamsa anseo arís, mar tá mo *fleet* ó dheas den Cheann. **454**, 7.

Tigse féin a [?] shuain nó maighdean óg [?] ón [Mumhain], ar thulán nó lúbchnoc
sléibhe. **56a**, 4.

Tinte cnámha lasta sna bailte le lóchrann agus *band* ag seinm cheoil (agus nach ródheas
a chroí). **212a**, 10.

Tiocfaidh an bás ar cuairt chugat dhá uairín roimh an lá. **130a**, 7; **130b**, 7.

Tiocfaidh an ghaoth Mhárta ar na garrantaí is ar an bhféar. **92**, 4.

Tiocfaidh an lá fós is beidh d'anam sa scála dá mheáchan ag Mícheál Ard-Aingeal. **300a**, 4.

(Óir) (Mar) Tiocfaidh an lá ina dhiaidh sin a bhfágfaidh siad (sibh) na sléibhte, is glaofar
oraibh in éineacht, a chréatúir (na créatúir), tar éis a mbáis. **274a**, 4; **274b**, 4.

Tiocfaidh an saol fós agus beidh do phócaí folamh agus nótaí agamsa sa gcomhrá. **139**, 10.

Tiocfaidh Lá an tSléibhe is beidh an scéal seo dá tharraingt anuas. **406**, 4.

Tiocfaidh Mac Dé ag tabhairt breithe ar an méid sin, is toghadh sé féin a chuid astu. **299**, 4.

Tiocfaidh mé ar cuairt faoi thuairim an bhaile a mbíonn. **137**, 7.

Tiocfaidh mo ghrá-sa amárach agus ná cuir aon fháilte faoi. **88f**, 3.

Tiocfaidh mo ghrá-sa an bealach (ród) seo amárach. **93a**, 11; **93c**, 2.

Tiocfaidh mo stór anseo amárach agus ná cuirigí aon fháilte faoi. **88b**, 5.

Tiocfaidh sé an ród seo amárach is cuirigí céad fáilte faoi. **88c**, 3; **88e**, 3.

Titfidh an lá ina bháisteach (dhíle) is déanfar líbín de na mná. **147a**, 18; **147c**, 2.

To an Irish girl has caused me, with sad tears in her eyes. **200**, 2.

To shorten verses without fun or joking or even boasting, as you understand. **243**, 8.

(Is) Tógfaidh mé mo sheolta go Dúiche Sheoigeach ar maidin. **6a**, 5; **6b**, 5; **99a**, 1.

Togha an tsaoir ar fónamh mé, dhéanfainn long agus bád mór. **17**, 3.

Tomás Ó Dálaigh a d'fhág fán agus scaipeadh ar aos óg. **179**, 1.

Tosaigh, a Mháirín is déan do chumha. **166**, 1.

Tosaigí ag ól, is ólfaimid canna den leann. **67a**, 2.

Tosaigí an sceanú, an [?] smiachadh is an réabadh, tráth ar tháinig ina chéile na clanna go teann. **426**, 5.

(Agus) Tosóidh mé ag déanamh tí duit agus fágfaidh mé na báid. **27a**, 5.

Tosóidh mé thíos ag Breachlainn agus rachad go Bun Céise, trí Shligeach agus Loch Éirne a thabharfas mé mo scríob. **26a**, 11.

(Ach) Trácht leis an dream sin ar theanga a dtír', an teanga do labhraíodh ina dtír shinsir fadó. **437**, 5.

(Ach) Trácht leo ar sheanamhráin bhlasta na mbard, agus seinn dóibh an ceol is binne sa domhan. **437**, 6.

Tráth a raibh mé (rabhais) i m'óglach, go croíúil spóirtiúil, is ea bhíos faoi shólás i gCrích Fáil. **194**, 2.

Tráth a smaoiním nach bhfaighidh mé choíche tú, i gcionn do thí ná do leanbh bán. **176c**, 6.

Tráth aréir agus mé liom féin, agus mé ag déanamh aeir ag Loch Uan na [?] Gruthra. **453a**, 1.

Tráth gleasaimse ina héadach gan fiar, gan cháim. **385**, 2.

Tráth shuain dá siúlann sí amach faoi na móinte, tá boladh na n-úll ar feadh a hamhairc ins gach ceard. **41a**, 5.

Tráthnóinín ag teacht ón gceol dom, cé a chasfaí dom ach mo stóirín (do dhearc mé féin an ógmhnaoi). **103b**, 5; **103c**, 2.

Tráthnóinín ag teacht ón tórramh dom is ea dhearc mé stór mo chroí. **186f**, 2.

Tráthnóinín aoibhinn aerach i gCill Bhríde agus mé ag ól. **333b**, 1; **333c**, 1.

Tráthnóinín aréir, is mé liom féin, is mé ag triall ar éadan Loch an Mhaoil. **453h**, 1.

(Agus) Tráthnóinín beag deireanach agus mé ag triall chun a tí. **193d**, 3.

Tráthnóinín ciúin [? ceobhránach] is mé ag dul an bóithrín [sic], cé a chífinn sa róidín
ach stóirín mo chroí. **81**, 1.

Tráthnóinín Dé Céadaoin, is mé ag tarraingt abhaile ar mo thigh. **193d**, 3.

(Is) Tráthnóinín Dé Domhnaigh is ea rinne tú mo chreach. **21**, 5.

Tráthnóinín deireanach ansiúd Dé hAoine, is mé ag déanamh as éadan dom le Loch na
[? Naomh]. **453g**, 1.

Tráthnóinín deireanach Dé Luain agus é ag báisteach, is mé ag tarraingt anall ar an
Tulaigh Mhóir. **312**, 1.

Tráthnóinín deireanach Déardaoin is é ag báisteach, is ea casadh tigh Sheáin mé agus
shuigh mé síos. **64k**, 1.

Tráthnóinín deireanach is me ag imeacht liom féin, is mé ag déanamh ar éadan Loch na
bhFia. **453f**, 1.

Trathnóinín deireanach is muid ag teacht as Carna, chuala muid trácht ar an gcéilí mór.
352, 1.

Tráthnóinín lae saoire is ea dúirt mé le Brídín go mba mhaith an ceart le déanamh a
dhul suas ar an mbóthar. **338**, 1.

Tráthnóinín Sathairn i ndeireadh an fhómhair a bhí an scéal brónach i bhfad is i ngearr.
320, 1.

Tráthnóinín, ó, Dé Domhnaigh, is ea rinneadh ó mo chreach. **82a**, 1; **82b**, 2.

Tráthnóna (tráthnóinín) oíche Nollag is ea d'éirigh (neartaigh)(d'árdaigh) an gála, is
bhí faitíos cráite orainn agus (is) shíl muid an t-am (oíche) úd(údaí)) go mbeadh
(raibh) muid thíos (réidh). **205a**, 5; **205b**, 5; **205c**, 5; **205d**, 5; **205f**, 5; **205f**, 5;
205i, 4; **205l**, 3.

Trathnóna (tráthnóinín) sa (insa) samhradh is (agus) mo leaba déanta síos agam. **319a**,
2; **319b**, 2; **319c**, 2; **319d**, 6.

Trathnóna ag teacht ón ól dom, is mé go brónach, lag, tuirseach, tinn. **193b**, 6.

Tráthnóna aréir, facthas [sic] dom féin go raibh mé ag féasta ag Cnoc Barúin. **300a**, 7.

Tráthnóna Dé Céadaoin is mé i mo chodladh ar mo leaba. **185c**, 4.

Tráthnóna Dé Domhnaigh ar [?] dhrochóirí dósan (a hocht ar an uair), is ea tháinig fear
ceoil ar an mbaile. **300a**, 1; **300c**, 1; **300d**, 1.

Tráthnóna Dé Domhnaigh is ea tógadh amach é, as an bpálás álainn ar chaith sé a shaol.
164a, 3.

(Agus) Tráthnóna Dé Domhnaigh rinneadh, ó, mo chreach. **28a**, 8.

Tráthnóna Dé hAoine, lá aonaigh Chill Chríosta, is mé ag ól tigh Pháidín Uí Chearra. **369**, 1.

Trathnóna Dé Luain is é ag báisteach go trom. **63a**, 9.

Trathnóna Dé Luain is é ag báisteach go trom, casadh i dtigh Sheáin mé agus shuigh mé síos. **64f**, 1.

Tráthnóna Dé Luain is ea ghléas (a ghluais) mé chun siúil, go ndéanfainn mo [? luascadh] ag an damhsa. **367a**, 1; **367b**, 1; **367d**, 1.

Tráthnóna Dé Sathairn ag (roimh) d(h)ul faoi don ghrian, is ea chonaic mé lánúin i (sa) ngarraí leo féin. **142a**, 1; **142b**, 1; **142d**, 1.

Tráthnóna Dé Sathairn, timpeall am eadra, bhí bulc ban dá mbáthadh ar an Molt. **307b**, 1.

Tráthnóna deireanach aréir is é ag báisteach, casadh tigh Sheáin mé agus shuigh mé síos. **64g**, 1.

Tráthnóna deireanach Dé Luain is (agus) é ag báisteach, is ea (is ea) casadh tigh Sheáin mé agus do shuigh mé síos. **64a**, 1; **64b**, 1; **64c**, 1; **64d**, 1; **64e**, 1; **64h**, 1; **64j**, 1.

Tráthnóna deireanach de mhí na Bealtaine, bhain beagán sáinn' dom mar gheall ar mhnaoi. **441a**, 1.

Tráthnóna geimhridh agus fear ag dul anall. **237**, 3.

Tráthnóna lae Márta i gcurach ar sáile, an fharraige fágtha ag ridirí an tseoil. **393**, 1.

Tráthnóna oíche Bhealtaine ar bhealaigh, ní nár chleacht mé. **386**, 1.

Treabhfaidh mé [? agus] rómhróidh agus cuirfidh mé an síol, is bainfidh mé an fómhar go héasca. **155**, 1.

Trí bliana duit féin a bheith i seirbhís Dé, chuaigh drochbheart i bhfeidhm le tú a ruaigeadh den tsaol. **162**, 6.

Triur ban óg a d'imigh (d'éalaigh) liom, (is) ceathrar a d'fhan (bhí) i(n) mo dhiaidh. **35**, 2; **69**, 9.

Trócaire go bhfaighidh an fear a chuir dá chosa *Lord Leitrim*. **432b**, 3.

Trua gan mé ar maidin ar flaigíní *St. Paul*. **147b**, 26.

Trua gan mé i m'iascaire (-ín) ag Iarla (is mé thiar ag) B(h)inn Éadair. **61a**, 6; **61b**, 6; **61d**, 1.

Trua gan mé i mbarr sléibhte nó go hard os cionn an bhaile. **99b**, 2.

Trua gan mé i mo chaptaen nó i mo mháistir ar an long. **63l**, 3.

(Is) Trua gan mé i mo ghiúistís is mo chúl agam leis an ngarda. **61a**, 5; **61b**, 5.

Trua gan mise anois mar ba mhian liom, is dhá mhíle den ór buí a bheith agam i mo lámh. **64e**, 4.

Trua gan mise in Árainn, i gContae an Chláir nó i mBaile Uí Laoigh. **186f**, 1.

(Is) Trua gan mise is mo mhuirnín bán. **102a**, 9; **102c**, 4.

Trua ghéar gan mise is mo Chaitlín Tirial. **29**, 9.

Trua ghéar gan mise is tú féin thall. **13b**, 5.

Trua ghéar ní dhearna mé *lighthouse* ar Chaorán na nGabhar thiar in am. **350c**, 1.

Trua má chuaigh muid lena chéile, trua nár thréig tú le mo linn. **160f**, 4.

Trua, níl mé i m'iascaire ar thaobh Bhaile an tSléibhe. **185a**, 7. (Agus)

Tug: *féach* Tabhair

Tugadh bearradh orm le seanstrap rású[i]r nach ngearrfadh prátaí ná cóilis úr. **317b**, 6.

Tugadh domsa le caipín cluasach, péire bróg agus léine gheal. **317e**, 6.

Tugadh isteach sa mbeairic é agus thosaigh siad dá chaoineadh. **354a**, 8.

Tugadh soir mé i lár na cúirte, agus cuireadh síos mé go príosún Luimnigh. **317e**, 3.

(Ach) Tugaigí a mallacht dó uilig, a dhaoine, an fear a shíl sibh a chur ar fán. **409**, 16.

Tugaigí libh gach aon lán láimhe. **166**, 14.

Tugann sé ceathrú tobac dom de dhéirce. **14a**, 4.

Tugtar amach mé sa gcath in aghaidh Néilligh, is ná cuirtear i gcré mé is ná dúntar na
  cláir. **426**, 4.

Tuig gur bean a bhain an t-úll sa ngairdín, cuir cúl do láimhe leis an tseanbhean liath.
  144a, 5.

Tuig gur le hAoife do cloíodh Clann Lir insa snámh. **406**, 12.

(Maise) Tuige, a mhíle stór, nach bhfuil peaca ar bith chomh mór [...]. **12**, 2.

Tuige nach dtagann tú lá éicint (a Sheáin) is mé a fháil ó mo mhuintir féin? **4c**, 3; **4d**, 1.

(Mar) Tuilleann tú bascadh agus an plúchadh a fuair *Sodom* na drúise lá. **412**, 18.

Turas go Baile Átha Luain, is ea (is é a) d'fhága mé breoite tinn. **62a**, 3; **62b**, 5.

Twelve Yankees and soldiers were in without delay. **132**, 7.

Uachtar Ard is Gleann Gabhla, Gleann Trasna is Gleann Gabhla, Ciarraí agus Acaill
  agus na hoileáin ó thuaidh. **191a**, 4.

Uaill ón *torpedo*, go cinnte, agus é ag bualadh in aghaidh taobh [sic] na long. **412**, 15.

Údar fáilíochta chomh maith is a bhí in Éirinn, caitín gléigeal Bhríde. **337a**, 8; **337b**, 8.

Úna mhaiseach mhodhúil, chuirfeadh sí slacht ar mhná Chrích [sic] Fódla, le
  hoideachas, le heolas, le crógacht is le gnaoi. **84a**, 5.

Unsa [?] sambó a d'fháighinn ar mo dhinnéar, agus ag (ar) a naoi a chlog aon ghreim
  amháin. **317a**, 6; **317d**, 5; **317g**, 4.

Urlár *marble*, teach ceann scláta, gairdín díol an rí. **236c**, 5.

Venus tar éis gach ní a scríobh *Homer* ar a gnaoi, [...]. **60b**, 5.

Virgil, Cicero nó cumhachta [? Hóimir], ní thabharfadh i gcoimhneas a scéimh is a
  gnaoi. **50**, 8.

We are all surrounded by lovely mountains, lakes and rivers and valleys green. **243**, 3.

'*What is the price*' a deir Seán Ó Fianna[í]. **146**, 8.

What wild despair was on all the faces, to see them there in the light of day. **158c**, 2.

When Eileen got the money, to Reilly she did run. **126**, 5.

When fond lovers meet down beneath the green bower, [*when fond lovers meet down beneath the green tree*]. **80**, 1.

When he saw her loyalty, no longer he could stand. **122**, 8.

When her daughter was simple and I was a foolish rake. **125**, 4.

When I will be in America and those Yankee maids I will see. **129**, 4.

When Reilly got the money, next day he sailed away. **126**, 6.

When she heard this dreadful news, she fell in deep despair. **122**, 7.

When those boys were put standing with rifles fixed to fire. **416**, 4.

When we landed in London, the police were on the quay. **125**, 3.

When you will be in America and those Yankee maids you will see. **129**, 3.

'*Where are you going*' says Seán Ó Fianna[í]? **146**, 7.

Where were you all the day, cá raibh tú aréir is ó mhaidin? **18**, 2.

Willie took courage and he swam the lake around. **133**, 3.

You friends and all (old) neighbours, I would like to remind you, as a real sportsman I most spent my life. **241a**, 1; **241b**, 1.

You would swear it was a slaughterhouse wherein the soldiers lay. **132**, 9.

Teidil na nAmhrán

Abhainn Mhór, An. **193**.

A Bhean an Tí, **417**.

(A bhuachaillí an bhaile seo), **209**.

(A chailín bhig óig, an bhfuil náire ort), **371**.

(A chailín bhig óig, na gruaige breá buí), **1**.

A Chailín Bhig Uasail: *féach* Nóirín mo Mhian.

(Agamsa atá an tslat iascach [sic] is deise atá san Iartháil [sic]), **256**.

Ag dul chun Aifrinn, **102**.

(Ag dul trí *Bhoston* bliain go ham seo), **329**.

(Ag ionsaí síos dom go Béal Átha Néifinn'), **180**.

(Ag teacht ón Daircín dom is mé ag faire an bháidín) **384**.

(Ag tóraíocht braon óil a thomhais mise an bóthar), **284**.

Aill Eidhneach, An, **134**.

Aililiú na Gamhna, **110**.

Aithriseoireacht na Sceiche, **363**.

(A Mháire, a ghrá, is tú atá ' mo chrá), **3**.

(A Mháirín, an ligfidh tú chun aonaigh mé), **374**.

Amhrán an Bhacstaí, **277**.

Amhrán an Bhádóra, **385**.

Amhrán an Bháis, **439**, **440**.

Amhrán an Charraigín, **364**.

Amhrán an Chléibhín, **306**.

Amhrán an *Dole*, **310**.

Amhrán an Dráir, **299**.

Amhrán an Dreoilín, **344**.

Amhrán an Fliú, **325**.

Amhrán an Fluensí (*Influenza*), **326**.

Amhrán an Ghabha, **4**.

Amhran an Mhadra Uisce, **279**.

Amhrán an Phíopa Tobac, **296**.

Amhrán an Phoitín, **285**, **286**.

Amhrán an Phoitín: *féach* Amhrán an Phríosúin.

Amhrán an Phríosúin, **317**.

Amhrán an Phúca, **349**.

Amhrán an *Rheumatism*, **327**.

Amhrán an Speirthe, **181**, **433**.

Amhrán an Tae, **142**, **257**, **408**.

Amhrán an Táilliúra, **372**.

Amhrán an Tobac, **295**.

Amhrán an [?] tSúisteor', **222**.

Amhrán Árann: *féach* Céibh Chill Rónáin.

Amhrán Bhás Ghlinn Chatha: *féach* Amhrán an Bháis.

Amhrán Bhoth Bhrocháin, **223**.

Amhrán Bhord na Móna, **272**, **280**.

Amhrán Bhríd Ní Mháille: *féach* Amhrán na Trá Báine.

Amhrán Bréagach, An t-, **370**.

Amhrán Chamais, **191**.

Amhrán Chill Dara, **273**.

Amhrán De Valéra, **210**.

Amhrán Dhúiche Sheoigeach, **386**.

Amhrán faoi fhear a chuaigh thart ag díol droch-éadach [sic], **266**.

Amhrán faoi Fhíneáil, **313**.

Amhrán Fhoirnis [sic], **5**.

Amhrán *Hitler*, **409**.

Amhrán i dtaobh an Tobac, **297**.

Amhrán Mháirtín Mhóir, **164**.

Amhran na bhFrancach: *féach* Donncha Brún.

Amhrán na Bruíne: *féach* Cathal Ó Dúda.

Amhrán na Ceathrún Rua, **430**, **431**.

Amhrán na Cíonaí, **387**.

Amhrán na Circe: *féach* Cearc agus Coileach.

Amhrán na Creathnaí, **278**, **300**.

Amhrán na Críonaí, **350**.

Amhrán na Curaí, **249**.

Amhrán na *Jumpers*, **402**.

Amhrán na Lachan, **345**.

Amhrán na Leanna, **287**.

Amhrán na Loin[g]seach: *féach* Loin[g]seach Bhearna.

Amhrán na mBád, **192**.

Amhrán na mBád a bhí ina gCónaí, **250**.

Amhrán na mBlácach, **211**.

Amhrán na mBolmán, **224**.

Amhrán na Muiríní, **388**.

Amhrán na nGaeilgeoirí, **436**.

Amhrán na Seanbhád a bhí i gConamara, **389**.

Amhrán na Scillinge, **258**.

Amhrán na Speile, **259**.

Amhrán na Taise, **441**.

Amhrán na Trá Báine, **156**, **246**.

Amhrán Phíopa Ainde Mhóir, **260**.

Amhrán Ros an Mhíl, **225**.

Amhrán Sheáin Bháin, **330**.

Amhrán Sheáin Fhíodóir, **314**.

Amhrán Sheáin Uí Chinnéide (*President Kennedy*), **410**.

Amhrán Shéamais Bheartla, **212**.

Amhrán Shéamais Uí Chonchúir, **403**.

Amhrán Shéamais Uí Mhurchú: *féach* Séamas Ó Murchú.

Amhrán Sheanadh Phéistín, **274**.

Amhrán Sheanbhó Chonchúir, **331**.

Amhrán Shléibhte Chill Ráine, **226**.

Amhrán Thaobh Chnoc [?] Aduaidh, **227**.

Amhrán *Tom* Pheaits, **321**.

Amhrán Túr Chamais: *féach* Amhrán Chamais.

An (An t-alt): féach an focal a leanann é.

Anna Ní Mhaoileoin: *féach* Malaí Ní Mhaoileoin.

(Anois ó le fada, tá Éirinn dá ciapadh), **421**.

Anois Teacht an Earraigh: *féach* Cill Liadáin.

(An té le arb oth leis é, gabhfaidh mé an ród seo siar), **20**.

Ar Chúl an Chlaí Teorann: *féach* Nóirín mo Mhian.

Ard Inis Bearnan, **252**.

Aréir ag teacht ó chuartaíocht dom, **22**.

(Ar maidin chiúin, cheomhar nuair a d'éirigh mé sa bhfómhar), **2**.

Art (Hairt) Ó Ceallaigh, **366**.

Asailín, An t-: *féach* An Fíorstailín Bán.

A Sheáin, a Mhic mo Chomharsan, **150**.

Athair Mícheál Ó Gríofa, An t-, **162**.

Bacach an Bhóthair: *féach* An Dochartach agus an Bhainis.

Bád Chlann Dhonncha: *féach* Bríd Ní Ghaora.

Bádóir, An, **390**.

Bádóirín Thír an Fhia, **89**.

Baile an Róba, **23**.

Baile Uí Laoigh, **105**.

Bainis an tSleacháin Mhóir, **275**.

Bainis Pheigín *Audley*: *féach* Peigín *Audley*.

Bainis Thigh na Móinte, **90**.

Bainne Dubh na Féile, **289**.

Bainne na nGabhar: *féach* Fuisió *Roudalum Row*.

Bainríon Loch na Ní: *féach* Loch na Naomh.

Bhainseoigín, An, **6**.

Banbh Glas, An, **332**.

Bánchnoic Éireann Óighe, **196**.

Ba Ciardhubha agus Bána, Na, **140**.

Banks of Claudy, **122**.

Banks of the Lee, The, **80**.

Banner of the Free, The, **415**.

Bartley Gabha, **214**.

Bás agus an Muilleoir, An, **443**.

Bás an Chropaí: *féach* An Cropaí Bocht.

Bás, An, **442**.

Béal Átha Aoibhinn: *féach* Béal Átha Néifinn'.

Béal Átha Néifinn', **316**.

Bean an Daill Bháin, **113**.

Bean an Fhir Rua, **24, 406**.

Bean an tSeanduine, **114**.

Bean Dubh ón Sliabh, An Bhean Dubh ón Sliabh: *féach* An Boc Bán.

Bean Sí, An Bhean Sí: *féach* Loch na Naomh.

Bid Bhán na gCarad: *féach* Bideach na gCarad.

Bidí Bhán na Páirte, **448**.

Bideach na gCarad, **25**.

(Bím san oíche ag ól, bím sa ló ar mo leaba), **18**.

Binsín Luachra, An, **8**.

Blácach Thóin na Craoibhe, **215**.

Bó agam ar Shliabh: *féach* Mal Dubh an Ghleanna.

Bó Bhán, An Bhó Bhán, **333**.

Boc Bán, An, **85**.

Bóithre Ros an Mhíl: *féach* Ros an Mhíl Cois Cuain.

Bóithrín Ros an Mhíl: *féach* Ros an Mhíl Cois Cuain.

Bonnán Buí, An, **288**.

Bonny Irish Boy, **123**.

Bráthair Buartha, An: *féach* An Caisdeach Bán.

Bríd an Oileáin, **303**.

Bríd Bhán Ní Oisín, **216**.

Bríd Chleansa, **353**.

Brídín Bhéasaí, **26**.

Bríd Ní Ghaora, **27**, **138**.

Bríd Ní Mháille: *féach* Amhrán na Trá Báine.

Bróga *Johnny Golden*, **261**.

Bróga *Khennedy*, **283**.

Bróg Mhánais Mhóir, **308**.

Brón ar an bhFarraige: *féach* Ag dul chun Aifrinn.

Brón ar an mBás, **165**.

(Brón ort a Ghrian), **376**.

Bruach na Carraige Báine, **106**.

Bhruinneall Phéacach, An, **7**.

Buachaill Caol Ard, An, **137**.

Buachaillín Bán, An, **86**.

Buachaillín Buí, An: *féach* Buachaillín Deas Óg.

Buachaillín Deas Óg, **28**.

Buachaill *Milroy*: *féach* An Caol-Stailín Uasal.

(Bhuail mé siar an bóthar), **375**.

Bumbalach, An, **351**.

(Cá bhfaighimid cóiste do Mháire Nic Con Rí), **377**.

Cac i Mála, **268**.

Cailín an Chúil Bháin: *féach* Peigí Mistéal.

Cailín Deas, **139**.

Cailín Deas, An, **9**.

Cailín Deas Crúite na mBó, **135**.

Cailín Deas na Luachra: *féach* An Binsín Luachra.

Cailín Deas Óg, An: *féach* An Fear Ceoil.

Cailín Fearúil, Fionn, An, **10**.

Cailleach an Airgid, **151**.

Cailleach A[i]rd Bhéarra, **152**.

Cailleach na Bruíne, **449**.

Cailleach na Luibhe, **450**.

Cailleach Sheáin Uí Ghríofa, **354**.

Cais[i]deach Bán, An, **101**.

Caisleán an Bharraigh: *féach* Nóirín mo Mhian.

Caisleán Uí Néill, **91**.

Caismirt faoin *Dole*, **311**.

Caitlín Tirial, **29**.

Caoineadh an Mhic i nDiaidh a Mháthar, **166**.

Caoineadh Eachroma, **422**.

Caoineadh Mhíchíl Bhreatnaigh, **167**.

Caoineadh *Pharnell*, **168**.

Caol-Stailín Uasal, An, **11**.

Caora Ghlas, An Chaora Ghlas. **12**.

Capaillín an tSléibhe, **378**.

Carraig an Mhatail, **231**.

Carraigín an Fhásaigh, **187**.

Caróg Liath, An Charóg Liath, **346**.

Cárt den Leann Láidir, **290**.

(Casadh mise ar Aonach [na] Gaillimh'). **339**.

Casóg Éamainn Mhóir, **309**.

Cat an Roisín, **340**.

Cat Bán, An, **334**.

Cat Bhríde: *féach* An Seanchat Glas.

Cathal Ó Dubhda, **451**.

Cathaoir Mac Cába, **169**.

Cearc agus Coileach, **347**.

Ceataí an Chúil Chraobhaigh, **124**.

Céibh Chill Rónáin, **232**.

Céilí Mór, An, **352**.

(Chuaigh mise chun na ceárta), **355**.

(Chuir mé síos mo stóirín ins an gcóinrín ar chúl a cinn), **170**.

Ciaróg, An Chiaróg, **391**.

Cill Liadáin, **233**.

Cin[n]íneach, An, **213**.

Chiomach, An, **117**.

Cladach an Locháin, **393**.

Cladach Dubh, An, **157**.

Claí na Teorann: *féach* Nóirín mo Mhian.

Clár Bog Déil, An, **13**.

Cnocán an Aonaigh, **234**.

Cnoc Leitir Móir, **235**.

Cnoc Uí Dhonncha: *féach* Ag dul chun Aifrinn.

Cogadh Mór, An, **411**.

Coinleach Glas an Fhómhair, **30**.

Comhairle Antaine Niúil don Chailín, **31**.

Comhairle do na Scafairí, **119**.

Conchúr Táilliúir agus Séamas Ó Ceallaigh, **367**.

Contae Mhaigh Eo, **197**.

Cóstaí Mheiriceá: *féach* Peigí Mistéal.

Cóta Mór Stróicthe, An: *féach* An Abhainn Mhór.

Creathnach Cheann Boirne: *féach* Amhrán na Creathnaí.

Críonach, An Chríonach: *féach* Amhrán na Críonaí.

Cró na gCaorach: *féach* Dónall Óg.

Cropaí Bocht, An, **163**.

Cuaichín Ghleann Néifinn': *féach* An Bhainseoigín.

Cuairt an Lao, **32**.

Cuan an Fhir Mhóir, **393**.

(Cuirfidh mise an t-earrach seo is fágfaidh mé é ag fás), **33**.

Cúirt an tSrutháin Bhuí, **236**.

Cúirt Bhalla, **276**.

Chúirt Bhréige, An, **315**.

Cúirtín Bhaile na hAbhann, **237, 238**.

Cúirt Mhallaithe Dhoire an Fhéich, **318**.

Cúl na Binn', **239**.

Cúl na gCaillí, **198**.

Currachaí na Trá Báine: *féach* Amhrán na Trá Báine.

(Dá mbeinnse ag an bhfarraige nó i sléibhte i bhfad ó thír), **188**.

Dán Aodha Óig Uí Ruairc, **171**.

(Dár mo mhóide, ní phósfainn tú mar tá tú díomhaoineach, gan mhaith), **145**.

Dá Shíogaí, An, **444**.

Dá siúilfeása go Gaillimh agus Droichead an Chláirín, **34**.

(D'éirigh mé ar maidin Dé Céadaoin), **19**.

(D'éirigh Tadhg aréir), **379**.

Deoraí, An, **194**.

Deoraí thar Sáile, An, **195**.

(D'fhág mise an baile seo go deireanach aréir), **35**.

(D'iompaigh sí tharainn amach trí na sléibhte), **395**.

Dochartach agus an Bhainis, An, **14**.

Dochtúir *Jennings*, **172**.

Doire an Fhéich Chasla, **240**.

Do mhíle fáilte, a bhuachaillín: *féach* Amhrán an Ghabha.

Dónaillín, **423**.

Dónall, **92**.

Dónall Meirgeach, **199**.

Dónall Óg, **93**.

Dónall Ó Dálaigh: *féach* Donncha Ó Dálaigh.

Donncha Bán, **182**.

Donncha Brún, **427**.

Donncha Ó Dálaigh, **107**.

Draighneán Donn, An, **87**.

Dúidín, An, **281**.

Éamonn an Chnoic: *féach* Mal Dubh an Ghleanna.

Eanach Cuain [sic], **158**.

Eascann, An, **121**.

Eascann is lúib uirthi: *féach* An Eascann.
Éiníní, Na h-, **96**.
(Éirigh suas a Chúinín), **36**.
Emigration, **200**.
Eochaill, **108**.
Eoghan Cóir, **173**.
Erin Far Away, **201**.
Erin, Grá mo Chroí, **202**.
Erin's Green Shore, **418**.

(Fágaim le huacht is le haithrí), **356**.
(Faraor go dubhach mar a dhíol mé mo bhó), **396**.
Fear Ceoil, An, **15**.
Fear Chois Fharraige: *féach* Lobhadh na bPrátaí.
Fiach Sheáin Bhradaigh, **269**.
Filleadh Aodha Rua Uí Dhónaill, **424**.
Fill, fill a rúin ó [sic]: *féach* An Sagart Ó Dónaill.
Fíorstailín Bán, An, **335**.
Fiuiriú le mo Chrúiscín Lán, **291**.
Foolish Rake, **125**.
Formoyle, **241**.
Frainc Conaola: *féach* Nóra Bhán.
Fraoch Uaibhreach, An Fhraoch Uaibhreach: *féach* Cúl na Binn'.
Fuisce *Tom* Sheáin, **159**.
Fuisió *Roudalum Row*, **120**.

Gabhairín Donn, An, **16**.
Gáirdín Leitir Móir, **357**.
Géabha Shorcha, **348**.
(Ghléas muid an *Venus* amach le culaith sheoil), **397**.
Gile is Finne: *féach* Peigí Mistéal.
Giolla an tSrutháin Mhóir: *féach* Bean an tSeanduine.
Gleann Mhac Muirinn, **242**.
Gleannta, Na, **244**.
Glenicmurrin, **243**.
Grá, **37**.

Grá Buan Daingean: *féach* Dónall Óg.
(Grá mo chroí do chúilín), **38**.
Gréasaí, An, **365**.
Gréasaí agus an Táilliúir, An, **301**.
Grianán Ban Éireann, **39**.
Gúinín, An, **307**.

Hairt Ó Ceallaigh: *féach* Art Ó Ceallaigh.

I mBaile na hInse Thiar: *féach* Muirnín na Gruaige Báine.
Imirce, An, **420**.
Iníon Fhrainc 'ac Conaola: *féach* Nóra Bhán.
Iníon Thomáis Mháirtín: *féach* Muirnín na Gruaige Báine.
Iolrach Mór, An t-, **445**.
Is Buachaillín Deas Óg mé: *féach* Buachaillín Deas Óg.
Is fada mise tinn: *féach* Muirnín na Gruaige Báine.
(Is iomaí deoraí ag dul na mbóithre), **189**.
(Is minic a d'ól mé pionta, leathchoróin is sé pingine), **292**.
(Is mó lá aoibhinn a chaith mé thiar in Abhainn Chromghlinn'), **203**.

John O' Reilly, **126**.
Jolly Coachman, **127**.

Kelly na Buaile, **94**.
Kilbricken Boys, **128**.
Kilbricken, **204**.

Lachóigín Bhán, An: *féach* Péarla Deas an Chúil Bháin.
Lá Fhéile Bríde, **328**.
Lá Fhéile Caillín, **183**.
Lá Fhéile Pádraig, **40**, **262**, **407**.
Lá gan Tobac, **298**.
Láí Antaine Dhuibh, **263**.
Lá na Fola, **412**.
Leac na gCualann, **398**.
(Le héirí na gréine ar maidin is mé aonraic), **452**.

Liam Ó Raghallaigh, **160**.
Loin[g]seach Bhearna, **217**.
Lobhadh na bPrátaí, **205**.
Loch na bhFaol: *féach* Loch na Naomh
Loch na Naomh, **453**.
Lon Dubh, An, **17**.
Long Mhór na mBúrcach, **41**.
Lovely Green Valleys around Formoyle, The,: féach Formoyle
Lovely Irish Maids, **129**.
Luch a Ghearr an Píosa, An, **336**.

Mac an Mhinistir agus an Bás: *féach* An Ministir agus an Bás.
Mac Mhaitiais Mhóir, **293**.
Maighdean na hÉireann, **419**.
Mailsín Chnoc an Easair, **42**.
Mairéad Ghléigeal, **43**.
Mairéad Ní Cheallaigh, **44**.
Mairéad Nic Suibhne Bhán, **45**.
Máire Inis Toirc, **46**.
Máire Nic Suibhne Óg, **49**, **136**.
Máire Ní Ghríofa, **47**.
Máire Ní Mháille, *féach* Amhrán na Trá Báine.
Máire Ní Mhongáin, **190**.
Máire Nic Thaidhg Óg, **48**.
Máire *Stanton*, **50**.
Máirín Deas Bhéal Toinne, **51**.
Máirín Seoige, **52**.
Maitias Ó Gríofa, **399**.
Malaí Ní Mhaoileoin, **130**.
Mal Dubh an Ghleanna, **53**.
Maol, An: *féach* Bainne Dubh na Féile.
Maor na Coille: *féach* Seoladh na nGamhna.
Martin Cripple, **153**.
Mary Mack, **454**.
Mear-Stail, An Mhear-Stail: *féach* An Caol-Stailín Uasal.
Micil Bhaba Chití, **218**.

Maidhc Mhaidhcil, **270**.

Ministir agus an Bás, An, **446**.

Mná Deasa Locha Riach, **54**.

Mná Spéiriúla Ros an Mhíl, **55**.

Mo Bháidín, **206**.

Mo Chóitín Mór Stróicthe: *féach* An Abhainn Mhór.

Moladh ar Shleádóir, **219**.

Molaigí féin an Céipéar, **323**.

Molt, An: *féach* An Gúinín.

(Móra is Muire duit, a ainnir na dtéad geal dlúth), **455**.

Muileann, An, **228**.

Muilleoir Bán, An: *féach* An Bás agus an Muilleoir.

Muintir Shinn Féin, **413**.

Muirnín na Gruaige Báine, **56**.

(Mura bhfeicfidh mé ach do scáile amuigh i lár na sráide), **57**.

Na (An t-alt): *féach an focal a leanann é.*

(Nach againn a bhí an tiomáint ar chapaill Ros Comáin), **358**.

(Nach brónach do bhí Éire nuair a d'imigh scoth a clann), **425**.

(Nach deacair liom féin mo ghearráinín aerach a chosaint ar fhéaracht i bpáirce [sic]), **58**.

(Nach iomaí buachaill dóighiúil a bhí seal liomsa i ngrá), **95**.

Nancy Bhéasach, **59**.

Nancy Walsh, **60**.

(Nár dheas an cailín tíre mé nuair a phós mé traimpín Mhaínse), **271**.

Neidí Rua: *féach* Lá Fhéile Caillín.

Neil an Chúil Bháin: *féach* Neilí Bhán.

Neilí, **61**.

Neilí Bhán, **62**.

Neilí Bhán: *féach* Mná Deasa Locha Riach.

Neilí Ní Riagáin: *féach* Séamas Ó Murchú.

(Ní baintreach a bhí i nDúgán), **154**.

(Ní phósfaidh mé an t-iascaire), **360**.

Nóirín mo Mhian, **63**.

Nóra Bhán, **64**.

Nóra Chríonna, **146**

Nóra Ní Chonchúir Bhán, **68**.

Ócum an Phríosúin, **319**.
Oileán Néifinn': *féach* Sail Óg Rua.
Óileán Phádraig: *féach* Lobhadh na bPrátaí.
Óra Mhíle Grá, **147**.
Órán: *féach* Amhrán.

Pádraig "a Mhac", **368**.
Pádraig Bhaibín: *féach* Cuan an Fhir Mhóir
Páidín Seoige: *féach* An tSailchuach.
Páirc an Chnocáin Mhóir, **245**.
Páistín Fionn, An, **373**.
Paitchín Ó Ceallacháin, **174**.
Patrick Sheehan, **207**.
Péarla an Chúil Bháin, **66**.
Péarla Deas an Chúil Bháin, **67**.
. Péarla Deas an tSléibh' Bháin: *féach* Péarla Deas an Chúil Bháin.   .
Peigí Mistéil [sic], **68**.
Peigín, a Mhíle Stóirín: *féach* Peigí Mistéil.
Peigín an Chúil Bháin: *féach* Peigí Mistéil.
Peigín *Audley*, **148**.
Peigín Leitir Móir, **69**.
Peigín Leitir Móir: *féach* Peigí Mistéil.
Píopa Ainde Mhóir, **264**.
Pluid Dhorcha Leára, **304**.
Phluid Phósta, An, **302**.
Pluid Shorcha Leára: *féach* Pluid Dhorcha Leára.
(Plúr is scoth na féile, ba tú an t-údar ceart ar Ghaeilge), **175**.
Pobal na Trá Baine: *féach* Amhrán na Trá Báine **(246)**.
Pósadh, An, **322**.
Príosún Chluain Meala, **184**.
Púcán Mhicil Pháidín, **253**.

Rachaidh mé go Meiriceá: *féach* An Sceilpín Draighneach.
Raicín Álainn, An, **88**.
Raiftearaí agus an tUisce Beatha, **369**.

Róisín Dubh, **70**.
Róisín Dubh an Ghleanna, **71**.
Róisteach, An: *féach* Bainne Dubh na Féile.
Ros an Mhíl: *féach* Ros an Mhíl Cois Cuain.
Ros an Mhíl Cois Cuain, **72**.

Sagart na Cúile Báine, **161**.
Sagart Ó Dónaill, An, **267**.
(Sodar, a Pheadair, a Pheadair), **380**.
Saighdiúirín, An, **282**.
Saighdiúr Bocht, An: *féach* An Cropaí Bocht.
Sailchuach, An t-, **251**.
Sail Óg Rua, **176**.
Sailor Boy, **131**.
(San aimsir aoibhinn aerach, tráth a rabhas-sa féin i mo scafaire), **73**.
(San áit a mbíodh an bord againn, a mbíodh an buidéal maith fuisce againn is cart) **208**.
(Saol fada go bhfaighe captaein is deartháireacha dílse), **432**.
Scéal an Chogaidh, **414**.
Sceilpín Draighneach, An, **10**;
Scorach Ghleannáin, **435**.
'Sé Fáth mo Bhuartha, **74**.
('Sé mo léan géar nach bhfuil mise agus mo chonairt sa sliabh), **75**.
Séafraí Ó Dónaill, **426**.
Séamas Ó Fathaigh: *féach* Tomás Ó Fathaigh.
Séamas Ó Murchú, **185**.
Seán a' Búrca: *féach* Fiach Sheáin Bhradaigh.
Seán Cábach agus Micil Chearra. **342**.
Seán Mac Giobúin agus an tAthair Maolra, **434**.
Seán Mac Séamais, **456**.
Seán Mac Uidhir an Ghleanna, **177**.
Seán Ó Direáin, **320**.
Seán Ó Maonaigh, **115**.
Seanbhád na bhFaochan, **254**.
tSeanbhean Chríonna, An : *féach* Dónall Óg.
tSeanbhean Liath, An, **144**.
tSeanbhó Riabhach, An, **338**.

Seanbhó *Sweeney*, **341**.

Seanchat Glas, An, **337**.

Seanduine, An, **111**.

Seanduine Cam, An, **143**.

Seanduine Dóite, An, **112**.

Seanghearrán Mhánais Mhóir, **343**.

Séimín, **400**.

(Seo gráin do na daoine gan anam, gan chroí), **437**.

Seoigigh Inis Bearachain, **220**.

Seoirse Ó Máille, **401**.

Seol a bhuachaillín, seol do bhó, **381**.

Seoladh na nGamhna sa bhFásach, **109**.

Seven Irish Maids, **132**.

Sicíní Bhríd' Éamainn, **404**.

Síogaí, An, **447**.

Siobhán Ní Cheallaigh: *féach* Táilliúir an Mhagaidh.

Slán agus Beannacht le Buaireamh an tSaoil, **141**.

Sliabh na mBan, **428**.

Sliabh Uí Fhloinn: *féach* An Cailín Fearúil, Fionn.

Slis, An t-, **405**.

(Shoraidh ortsa, a Phádraig), **305**.

Spá, An, **229**.

Spailpín Fánach, An, **383**.

Sprochaille Mór, An: *féach* Cearc agus Coileach.

S.S. Cornubia, An, **392**.

Steve Mháirtín, **76**.

Stóirín Geal mo Chroí: *féach* An Cailín Fearúil, Fionn.

Suantraí, **382**.

Submarine Sheáin an Charraigín, **255**.

Súisín Bán, An, **149**.

Swinging Down the Lane, **77**.

(Tá áras sa tír seo a bheir cabhair do na daoine), **247**.

(Tá litir faoi rún ag an gcúilinn le seachtain), **178**.

(Tá na ba bána ag géimneach), **97**.

Tá na Páipéir dá Saighneáil, **98**.

(Tá oileáin aerach, álainn, spéisiúil suite ar charraig chrua), **248**.

Tae *Dick Toole*, **294**.

Táilliúirín Thiar, An: *féach* Bádóirín Thír an Fhia.

Táilliúir, An, **104**.

Táilliúir an Mhagaidh, **116**.

Táilliúir an Mhagaidh: féach An tAmhrán Bréagach

Taimín, a mhíle Stóirín: *féach* An Boc Bán.

Taimín Bán: *féach* An Boc Bán *agus* Tomás Bán Mac Aogáin.

Taimín Bán Ó Riagáin: *féach* Tomás Bán Mac Aogáin.

Taimín, mo Mhíle Stóirín, **78**.

Taobh na Carraige Báine: *féach* Bruach na Carraige Báine.

Taobh Thoir de Ghaillimh, **79**.

Teanga ár dTíre: *féach* Teanga na nGael.

Teanga na nGael, **438**.

(Tháinig mé isteach chuig do mháithrín ar dtús), **361**.

(Tháinig mé isteach i dteach ósta), **324**.

(Tháinig na Francaigh go Cill Ala), **429**.

The (An t-alt): *féach an focal a leanann é.*

Thíos ag an Tobar: *féach* Táilliúir an Mhagaidh.

Tiocfaidh an Samhradh: *féach* Ag dul chun Aifrinn.

Tógfaidh mé mo Sheolta, **99**.

Tomás Bán Mac Aogáin, **186**.

Tomás Ó Dálaigh, **179**.

Tomás Ó Fathaigh, **221**.

Turcach Mór, An: *féach* Amhrán na Taise.

(Tráthnóinín ciúin, cábánach is mé ag dul an bóithrín [sic]), **81**.

Tráthnóinín Ó, Dé Domhnaigh, **82**.

(Treabhfaidh mé agus rómhróidh agus cuirfidh mé an síol), **155**.

Triúr Mac, An: *féach* Máire Ní Mhongáin.

Troid faoin *Dole*, **312**.

Tuairisc Bean Tí : *féach* Nóirín mo Mhian.

Túirne Lín, An, **21**.

Túirne Mháire, **265**.

Túirnín Lín, An, **118**.

Tulaigh B[h]ruíne, **230**.

Turcaí na Céibhe, **362**.

Úna Bhán, **83**.
Úna Dheas Ní Nia, **84**.
Úna Ní Chonchúir Bhán: *féach* Nóra Ní Chonchúir Bhán.

Valleys of Knockanore [sic], *The*, **416**.

William Reilly: *féach* Liam Ó Raghallaigh.
Willie Leonard, **133**.

Yanks, Na, **359**.
Yonder Hill, **100**.

Ainmneacha Dílse a Luaitear sna hAmhráin

[**Giorrúcháin:** bar.: barúntacht; bf.: baile fearainn; Co.: contae; LS: lámhscríbhinn; par.: paróiste (dlí/sibhialta)]

Abhainn Chromghlinne [Ceantar Chasla, i bpar. Chill Chuimín / Chill Aithnín]. **203**, 1; **205m**, 2.

Abhainn Ghleannáin [Féach bf. *Gleannán*]. **370a**, 14.

Abhainn Mhór, An [?Ceantar Bhaile na hInse, Par. Mhaírois]. **56a**, 3;

Abhainn Mhór, An [?Bar. Iorrais, Maigh Eo]. **193b**, 2; **193e**, 1; **193f**, 2.

a' Bláca: *féach* de Bláca.

a' Búrca: féach de Búrca.

Abyssinia. **331**, 7.

Acaill. **191a**, 4; **220**, 2; **233a**, 5; **235a**, 6; **239a**, 5; **239b**, 5; **239d**, 2; **239e**, 2; **402**, 4.

Acha(i)dh Airt [LS: *ar phortaí Achaidh Airt*]. **392**, 3.

Ádhamh. **24a**, 10; **84a**, 1; **269a**, 2; **269c**, 2; **403a**, 5; **403b**, 6; **406**, 13; **443a**, 5.

Afraic, An. **84b**, 1; **157**, 8; **392**, 1.

Africa, South. **411a**, 9; **411b**, 9; **411c**, 9.

Ághas, Tomás. **413**, 8.

Aill Bhán Bhearna [Féach *Bearna*]. **215**, 4.

Aill Eidhneach, An. **134a**, 1; **134b**, 1; **134c**, 1; **246b**, 1.

Aill Fhinn, An [Tabharthach, nó, recté *An Aill Fhionn*]. **308a**, 7; **308b**, 4; **325b**, 4.

Aill Inse Gainimh [LS: *Ghainimh*; Inis Gainimh i bf. Leitir Calaidh, par. Chill Aithnín]. **388**, 3.

Aill Leacach, An. **368a**, 4.

Aill Mhartain [LS: *Mhártain*]. **5**, 5.

Aill na Brón [I bf. Chill Chiaráin, par. Mhaírois]. **148a**, 9; **148d**, 9; **370h**, 4.

Aill na Ceilpe. **147b**, 2.

Aill na Cropaí [?]. **148c**, 5; **148d**, 5; **148e**, 5.

hAille, Na [Bf. i bpar. Mhaírois]. **309a**, 4; **309b**, 4.

Aindí. **304b**, 5.

Aindí Mac Giolla Easpaig. **442**, 8.

Aindí Mór. **253c**, 4; **264a**, 1; **264b**, 1; **264c**, 1; **333b**, 1; **333c**, 1.

Aindí Ó Ceallaigh. **304b**, 8.

Aindriú Buí Blácach. **211a**, 4.

Aindriú [Ó] Diolún [LS: *Ó Diollúin*]. **341**, 5.

Aindriú, Bád. **391a**, 9.

Aindriú, Seáinín. **156n**, 6.

Aindriú, Sonaí. **353**, 16.

Aindriú, Tomás. **326**, 6.

Áine. **147b**, 21; **435**, 4.

Aird, An. **352**, 2; **391a**, 12; **391b**, 4.

Aird Bhéarra [LS: *Ard Bhéarra*. Bf. i bpar. Mhaírois]. **152a**, 1; **152b**, 1.

Aird Mhóir, An [Bf. i bpar. Mhaírois nó par. Iomaí]. **47b**, 4; **47e**, 3; **148a**, 4; **148b**, 3; **148c**, 4; **148d**, 4; **148e**, 4; **148f**, 4; **193a**, 11; **193c**, 1; **391b**, 12.

Aird na Cille Clúmhaí. **39a**, 2; **39b**, 2; **39c**, 2.

Alba; Albain. **4a**, 5; **16**, 6; **41e**, 3; **255**, 5(1), **359**, 6; **453a**, 7.

Albanach. **427b**, 5; Albanaigh. **422**, 5.

Alexander. **50**, 10; **441b**, 2; **446a**, 5.

hAlpa, Na. **167a**, 6; **167b**, 6.

Alpitone [?]. **439a**, 3; **439d**, 2.

America. **123**, 1; **126**, 1; **129**, 2; **132**, 1; **243**, 6.

An...(t-alt)...féach an focal a leanann é.

Andy: *féach* Aindí.

Angelina Browne. **77**, 2.

Anna. **34**, 1; **83a**, 1; **83b**, 1; **146**, 6; **403a**, 3; **403b**, 4.

Anna Ní Mhaoileoin. **130c**, 1.

Annie. **321**, 5.

Anraí [LS: *Annraoi*]. **26a**, 18; **26b**, 6; **45a**, 3; **432b**, 5.

Anraí Brún [LS: *Hannraoi*]. **45c**, 4.

Anraí, Dochtúir [LS: *h-Annraoi*]. **432b**, 5.

Anraí VIII [LS: *Annraoi*]. **405a**, 5; **405b**, 6.

Antaine [LS: *Antoine*]. **159**, 2.

Antaine Ó Duibh [LS: *Antoine*]. **263**, 3.

Antaine Ó Gábháin [LS: *Antoine Ó Gabháin*]. **173a**, 3; **173b**, 2.

Aodh, Micil Liam Aodha [LS: *Aoidh*]. **120b**, 1.

Aodh Óg Ó Ruairc. **171**, 1.

Aodh Rua. **424**, 3.

Aodh Rua Ó Dónaill. **424**.

Aoife. **406**, 12.

Aoine, An. **27a**, 4; **63e**, 5; **279**, 1; **310a**, 5; **310b**, 5; **313**, 3.

Aoine an Chéasta. **336a**, 10.

tAon-Mhac, An. **70a**, 5; **174**, 4; **403a**, 4.

Aon-Mhac Íosa. **320**, 4.

Aon-Mhac Mhuire. **25a**, 6; **25b**, 5; **44**, 1; **406**, 1.

Aon-Mhac na nGrást. **300b**, 6.

Apollo. **441a**, 8; **441b**, 2.

April. **132**, 2.

Árainn. **5**, 2; **34**, 4; **55a**, 7; **55b**, 5; **55c**, 3; **117b**, 7; **164a**, 9; **164b**, 8; **186f**, 1; **205a**, 2; **205b**, 2; **205c**, 3; **205d**, 2; **205e**, 2; **205f**, 2; **205f**, 3; **205g**, 2; **205i**, 2; **205j**, 2; **205k**, 2; **205l**, 2; **206**, 1; **211a**, 5; **221a**, 8; **221b**, 6; **221c**, 6; **221e**, 5; **221g**, 4; **235a**, 1; **246b**, 2; **250**, 2; **251a**, 1; **251b**, 4; **251c**, 1; **253a**, 1; **253b**, 1; **253c**, 4; **253d**, 5; **269a**, 34; **269b**, 9; **271**, 3; **280**, 2; **285**, 2; **307a**, 2; **307b**, 2; **308a**, 1; **310a**, 3; **310b**, 3; **325a**, 6; **325b**, 5; **326**, 7; **329**, 2; **331**, 4; **332a**, 4; **340**, 3; **350a**, 1; **350c**, 3; **359**, 7; **370a**, 6; **370f**, 4; **370g**, 8; **381a**, 2; **384**, 1; **392**, 11; **393**, 8; **401a**, 2; **401b**, 3; **431**, 3.

Árainn Mhór [.i. Inis Mór, Árainn]. **309a**, 7; **309b**, 7; **370a**, 2; **370b**, 2; **370c**, 2; **370d**, 3; **370e**, 1; **370f**, 3; **370g**, 7; **370h**, 5; **370i**, 1.

Aran Islands, The. **243**, 6.

Árann, Oileáin. **220**, 2; **304b**, 3; **333a**, 4; **333b**, 3; **333c**, 3; **333d**, 2; **333e**, 2; **333f**, 2; **430**, 3.

Árann, *Tower.* **250**, 1.

Ardaingeal, Mícheál. **300a**, 4; **300c**, 3; **300d**, 3.

Ardbhearna [LS: *Ard Bhearna.* Bf. I bpar. Chill Chuimín]. **269a**, 16.

Ardbhinn Ghulbain [LS: *Ghulban*; sliabh gar do bhaile Shligigh]. **406**, 11.

Ard *Chlancy.* **362**, 4.

Ard *Dick.* **362**, 4.

Ard Inis Bearnan [?Bf. *Inis Bearna*, par. Bhaile na Cille, bar. Bhaile na hInse]. **252**, 1.

Ardmhá. **10c**, 3; **10d**, 2.

Ard na Graí [LS: *Ard na gCraí.* I bf. Dhoire an Fhéich, par. Chill Aithnín]. **239g**, 1.

Ard Pháidín Shéamais. **362**, 4.

tArdrí, An. **24a**, 5; **179**, 3; **191b**, 2; **191c**, 1; **205b**, 2; **205c**, 2; **205d**, 2; **205f**, 2; **205g**, 2; **205i**, 2; **240a**, 3; **240b**, 3; **240c**, 3; **240e**, 3; **265a**, 2; **293a**, 4; **293b**, 4; **293c**, 4; **406**, 2; **438a**, 8; **438b**, 8; **438c**, 6; **441a**, 1; **441b**, 1.

Ardrí na bhFlaitheas. **436**, 7.

Ardrí na hÉireann. **450**, 3.

Aristotle. **177**, 2.

Arm Sasanach. **427a**, 2; **427b**, 1; **427c**, 1;.

Art, Acha(i)dh Airt. **392**, 3.

Art Ó Ceallaigh [LS: *hAirt*]. **366**, 1.

tAthair *Hugh* Óg, An. **14b**, 7.

tAthair Maolra, An. **427b**, 4; **434**, 1.

tAthair Ó Gráinne, An. **438c**, 1.

tAthair Ó Gramhna, An. **438a**, 1; **438b**, 1.

tAthair Ó Gríofa, An tAthair Mícheál. **162**, 2.

tAthair Ó Maolaodha [LS: Ó Maoiliadh], An. **427c**, 5.

tAthair Peadar, An. **160c**, 5; **160d**, 6; **160e**, 5.

tAthair *Peter*, An. **160a**, 2; **160b**, 2; **160f**, 2; **160g**, 2; **160h**, 1.

tAthair Seán, An. **402**, 1.

Áth Cinn [Baile agus bf.]. **55c**, 5; **142a**, 6; **142b**, 6; **152a**, 3; **327**, 10.

Áth Cinn, Tiarna. **187c**, 5; **187d**, 7; **187e**, 2.

Áth Eascrach [Baile agus par.]. **269a**, 32.

Áth na Donnóige [LS: *Donóige*; ?ar shruthán idir *Lough Nunoge* agus Loch Urláir i bf. Urláir i bpar. Chill Mobhí in oirthear Mhaigh Eo]. **83c**, 3.

Atlantic, The. **129**, 5.

Atlantic Ocean. **243**, 6.

Audley, Maitias. **148b**, 7; **148d**, 9.

Audley, Marcas. **148a**, 9.

Audley, Peigín. **148a**, 1; **148b**, 1; **148c**, 1; **148d**, 1; **148e**, 1; **148f**, 1.

Aurora. **216d**, 2.

Australlia, South. **243**, 5.

Autumn. **243**, 1.

Baba. **76**, 1.

Baba Pheait. **352**, 6.

Babe. **270**, 6.

Bád Aindriú. **391a**, 9.

Bád Bheairtlín. **325a**, 4; **325b**, 4.

Bád Jeanín. **147b**, 21.

Bád Mháirtín. **325b**, 4.

Baibín. **368a**, 3; **368b**, 2; **394b**, 11; **394c**, 6; **394d**, 6.

Baibín *Flaherty*. **156b**, 9.

Baibín, Pádraig Bhaibín. **394c**, **394d**.

Baibín, Púcán Bhaibín. **253a**, 4; **253c**, 2.

Baile an Charra [?*Baile an Chartha*]. **316b**, 2

Baile Chláir [LS: *Baile an Chláir*. Baile, bf. agus par. Féach freisin *Claregalway*]. **115**, 6; **158a**, 5; **158b**, 5; **215**, 2; **269a**, 11; **414**, 1.

Baile an Doirín [?Bf., par. Dhroim Mucú]. **389**, 5.

Baile an Dóla [?]. **90a**, 2.

Baile an Draoi. **236c**, 7; **236f**, 1; **236g**, 1.

Baile an Dúilinn [?]. **215**, 4.

Baile an Dúin [Par. i mbar. Bhaile na hInse]. **103f**, 1.

Baile na Raithní [LS: *Baile an Raithnighe*]. **316a**, 2.

Baile an Róba [baile, bf. agus par. i Maigh Eo]. **23**, 1; **41a**, 2; **90a**, 6; **90b**, 2; **112a**, 2; **112d**, 2; **185a**, 5; **185a**, 8; **185f**, 2; **261**, 4; **341**, 7.

Baile an Tóchair. **181a**, 3; **181b**, 3.

Baile an tSléibhe [Bf. i bpar. Chill Chuimín]. **185a**, 7; **185b**, 2; **185f**, 1;**185g**, 2; **185h**, 2.

Baile Átha an Rí [Baile, bf. agus par.]. **12**, 3, **63b**, 3; **120a**, 1; **120c**, 1; **142c**, 1; **185d**, 1; **234**, 1; **263**, 1; **269a**, 21.

Baile Átha Cliath. **28d**, 4; **29**, 1; **41a**, 10; **41d**, 4; **41e**, 3; **54a**, 1; **54b**, 1; **67a**, 7; **85a**, 3; **235a**, 1; **383a**, 6; **409**, 3; **424**, 6; **430**, 4.

Baile Átha Luain [Baile agus bf. san Iarmhí; féach freisin *Béal Átha Luain*]. **62a**, 3; **62b**, 5; **120a**, 2; **211a**, 6.

Baile an Churraigh [LS: *Baile Churraigh*. ?Bf. i bpar. Chill Chríost]. **171**, 2.

Baile Láir, An [?*Baile Láir* i bf. Bhéal an Daingin nó i bf. Ros an Mhíl nó i bf. Chor na Rón...]. **219**, 1.

Baile Locha Riach [Baile, bf. agus par.; féach freisin *Loughrea*]. **54b**, 1; **54c**, 2; **234**, 2.

Baile na Cille [?Bf. agus par. i mbar. Bhaile na hInse]. **190a**, 12; **190c**, 3; **190e**, 3.

Baile na Creige [?I bf. Leitir Mealláin, seachas bf. i bpar. an Charraigín]. **72a**, 1; **72e**, 6.

Baile na hAbhann [Ionad daonra i bf. Bhaile na hAbhann Theas, par. Chill Aithnín, nó bf. i bpar. Rathúin]. **237**, 1; **238**, 1; **247**, 2.

Baile na hInse [Bf. i bpar. Mhaírois]. **56a**, 1; **56b**, 4; **56c**, 1; **56d**, 3; **56e**, 1; **349**, 4.

Baile na mBodach [?Bf. i bpar. Chill Alachtáin, nó i bpar. Dhún an Uchta, in oirthear an chontae]. **269a**, 29.

Baile Nua, An [?Bf. i bpar. Rathúin, nó i bpar. Bhaile na Cille, bar. Bhaile na hInse, nó i bpar. Chill Tartan... nó ionad daonra i bf. Chor na Rón, par. Chill Aithnín]. **332d**, 3.

Baile Uí Bheacháin [Baile agus bf. i gCo. an Chláir, seachas bf. i bpar. Chill
   Mhic Dhuach]. **389**, 3.
Baile Uí Laoigh [LS: _Baille Lee, Uí Lia, Uí Líadh_.... Bf. i bpar. Eanach Dhúin nó i bpar.
   Chill Tartan]. **33a**, 3; **50**, 2; **105a**, 1; **105b**, 2; **105c**, 1; **105d**, 1.
Bairbre Mháirtín. **321**, 13.
Bairbre Ní Cheallaigh. **14b**, 5.
Bairbre, _Tom_ Bhairbre. **331**, 1.
Ball Dearg. **434**, 6.
Balla [Baile, bf. agus par. i Maigh Eo; féach freisin _Cúirt Bhalla_]. **26a**, 10; **52b**, 3; **114a**, 1;
   114c, 1; **233a**, 1; **269a**, 23; **276**, 1.
Ballinasloe. **235b**, 4.
Báltach, (Na m-). **162**, 4.
Baltimore [Féach freisin _Maryland_]. **123**, 4; **205a**, 7; **205c**, 6; **205d**, 5; **205e**, 4; **205f**, 5;
   205g, 5; **205i**, 4; **205j**, 2; **205k**, 3; **205l**, 4.
Banba. **168**, 9; **221b**, 6; **221e**, 6; **420**, 5.
Bane. **303**, 2.
Bane, Peait. **224**, 4.
Banríon Máire, An Bhanríon Máire. **26a**, 18; **26b**, 6.
Banríon na Gréige. **50**, 1; **167a**, 6; **216a**, 5; **216b**, 4; **452**, 4.
Banríon na Sairdín' [LS: _na Sáirdín_]. **236a**, 5; **236b**, 1; **236c**, 3; **236d**, 4; **236g**, 2.
Banríon Shasana. **283a**, 4.
Bantry Bay. **427a**, 3; **427b**, 1.
Baoiscne. Féach Clann Bhaoiscne.
Barrett, Máirtín. **148c**, 3.
Barry, Roibeard [LS: _Riobárd_]. **250**, 1.
Barry, Seán. **370j**, 2.
Bartley. **214**, 2; **333b**, 6; **333c**, 5.
Bartley Gabha. **214**.
Barú(i)n, Cnoc. **300a**, 7.
Beairtlín. **46a**, 6; **76**, 6; **225**, 1; **333d**, 1.
Beairtlín, Bád Bheairtlín. **325a**, 4; **325b**, 4.
Beairtlín, Seán Bheairtlín. **148b**, 2; **148c**, 3; **148f**, 3.
Beairtlín Ó Gríofa. **370b**, 7.
Béal an Átha Buí [Ní cosúil gurb é an bf. in iarthuaisceart Mhaigh Eo atá i gceist]. **86**, 1;
   137, 1; **269a**, 33; **315a**, 8; **315b**, 8; **315c**, 8; **315d**, 4.
Béal an Átha [Baile agus bf. i dtuaisceart Mhaigh Eo]. **233a**, 1; **233b**, 1; **429**, 1; **449**, 2.

Béal an Daingin [Bf. i bpar. Chill Aithnín]. **180**, 4; **316a**, 6; **332c**, 5; **332d**, 4; **375**, 3.

Béal Átha an Bháid. **221e**, 5.

Béal Átha hAmhnais [Baile in oirthear Mhaigh Eo]. **3**, 1; **166**, 13.

Béal Átha Luain [recté *Baile Átha Luain*]. **54a**, 1.

Béal Átha na Báighe [Luaite le Maigh Eo san amhrán; bf. i bpar. Bhaile an Dúin ó cheart]. **221b**, 6; **221g**, 4.

Béal Átha Néifinne [LS: *Néifin*; féach *Néifinn*]. **180**, 1; **316a**, 1.

Béal Easa [Baile agus bf. i dtuaisceart Mhaigh Eo]. **234**, 8.

Bealtaine. **7**, 6; **226**, 1; **386**, 1; **441a**, 1; **441b**, 1.

Bean Uí Raghallaigh. **160d**, 2.

Beanna Beola [LS: *Na Beanna Beola*]. **157**, 7; **243**, 7.

Béarla. **101a**, 7; **101c**, 4; **101d**, 4; **101e**, 4; **101f**, 4; **101h**, 4; **117a**, 1; **117c**, 1; **117d**, 1; **120b**, 2; **185b**, 2; **212a**, 7; **212b**, 7; **296**, 10; **369**, 5; **403c**, 1; **404a**, 4; **404b**, 4; **404c**, 4; **404d**, 4; **420**, 7; **437**, 7.

Bearna [Baile agus bf. i bpar. Rathúin]. **33a**, 3; **211a**, 1; **211b**, 1; **215**, 4; **217a**, 2; **217b**, 1; **217c**, 1; **217d**, 1; **227**, 1; **251b**, 2; **269b**, 12; **307a**, 3; **307b**, 3; **343**, 1; **359**, 1; **439c**, 6; **439d**, 2.

An Bhearna Bhuí [LS: *Bearna Buí*. ?Bf. i bpar. Chill Cheilbhile nó i bpar. Bhaile Átha an Rí...]. **75**, 5.

Bearna G[h]aoithe [*Bearna na Gaoithe* i dtuaisceart bharúntacht Cheara, Co. Mhaigh Eo]. **427a**, 6; **427b**, 1; **427c**, 1.

Beartla. **148a**, 3; **321**, 3.

Beartla, Maidhc Bheartla. **270**, 6.

Beartla Ó Conaill. **304b**, 4.

Beartla Ó Cuana [LS: *Cuanaigh*]. **304a**, 4; **304d**, 4.

Beartla, Pádraig Bheartla. **287**, 2.

Beartla, Séamas Bheartla. **212a**.

Beartla, Seán Bheartla. **148e**, 3.

Beartlaiméid. **212b**, 7.

Belfast. **362**, 3.

Betsy. **122**, 8.

Bhailíseach, An. **420**, 11.

Bháitéar. **333a**, 7.

Bhéasaí, Brídín. **26a**, 1; **26b**, 1; **26c**, 1.

Bid. **270**, 6; **384**, 2.

Bid Bhán na gCarad. **25c**, 1.

Bid Bhán Thomáis Mhurchaidh [LS: *Mhurcha*]. **25c**, 5.

Bidí. **386**, 2.

Bidí Bhán na Páirte. **448**, 3.

Bideach. **25e**, 2; **102b**, 5; **147b**, 1.

Bideach na gCarad. **25a**, 1; **25b**, 1; **25d**, 2; **25e**, 1; **102f**, 2.

Bideach. Féach Táilliúr Bhideach.

Billa, Cóilín *Tom* Bhilla. **362**, 1.

Billy. **321**, 11.

Binn Buí, An Bhinn Bhuí [?I bf. Eochaille, par. Bhaile Chláir]. **33a**, 8; **72a**, 8; **72b**, 8; **72g**, 1.

Binn Éadair [Baile agus par. i mBaile Átha Cliath; féach freisin *Cuan Bhinn Éadair*].
    26a, 11; **61b**, 6; **61d**, 1; **70b**, 5; **185b**, 5; **185g**, 4; **216b**, 2; **234**, 8; **400**, 5; **445a**, 7; **445b**, 7; **456b**, 2.

Bhinneog, An [?; LS: *Mhinneog*]. **401a**, 1.

Bíobla, An. **115**, 5; **143c**, 6; **150a**, 7; **150b**, 7; **264a**, 1; **264b**, 4; **313**, 7; **369**, 2.

Biorra [Baile agus par. in Uíbh Fhailí]. **269a**, 17.

Blácach, An. **215**, 1; **247**, 1; **323**, 2; **332a**, 3; **336a**, 3; **336b**, 4; **336c**, 6; **336d**, 7; **336e**, 3.

Blácach, Aindriú Buí. **211a**, 4.

Blácaigh, Na. **186d**, 7; **269a**, 14; **269c**, 12; **386**, 6.

Black and Tans, The. **389**, 5; **416**, 1; **421**, 2.

Blackwater, The. **129**, 1.

Bláth na hÓige. **251a**, 1; **251b**, 4; **251c**, 2.

Bláthnaid. **406**, 11.

Bleá: *féach* Baile

Bofin. **359**, 3.

Bóinn, An Bhóinn. **60b**, 6.

Boireann, An Bhoireann [I dtuaisceart Cho. an Chláir]. **72c**, 4. Féach freisin Ceann
    Boirne

Boireann Mhic Cumhaill. **393**, 9.

Bóirimhe, Brian. **421**, 4.

Boland, Harry. **421**, 4.

Bonaparte. **84a**, 2; **84b**, 3.

Bonnán, An. **401b**, 1.

Bord na Móna. **272**, 1. **280**.

Boston. **191a**, 6; **191b**, 6; **191c**, 5; **329**, 1; **359**, 6; **392**, 12; **410**, 15.

Boston, South. **156a**, 2; **156c**, 3; **156i**, 8.

Both Bhrocháin [LS: *Both Bhracháin*; bf. i bpar. Chill Aithnín. Féach freisin *Cnoc Bhoth Bhrocháin*]. **219**, 1; **332c**, 3.

Bóthar Buí, An. **28e**, 4; **58**, 2; **430**, 6.

Bóthar na Trá [Ionda daonra ar imeall Chathair na Gaillimhe; féach freisin *Salthill*]. **166**, 6; **220**, 2.

Both Loiscthe [LS: *Boluisce*; bf. i bpar. Thíne]. **29**, 1.

Bradley, Seán. **318a**, 6.

Bray. **126**, 3.

Brazil. **359**, 6.

Breaclainn [LS: *An Bhreachlainn*; ?bf. i bpar. Dhún Iomáin]. **26a**, 11; **340**, 3.

Breatain, An Bhreatain. **51**, 3; **300b**, 7; **349**, 6; **367c**, 1; **400**, 5; **436**, 2.

Breatnach [LS: *Breathnach*]. **251b**, 2; **422**, 5.

Breatnach, Máire Bhreatnach [LS: *Bhreathnach*]. **148a**, 2; **148b**, 1; **148c**, 2; **148d**, 2; **148e**, 2; **148f**, 2.

Breatnach, Máirtín [LS: *Breathnach*]. **251c**, 1.

Breatnach, Mícheál [LS: *Breathnach*]. **167a**, 1; **167b**, 1; **167c**, 1; **167e**, 1.

Breatnach, Pádraig [LS: *Breathnach*]. **260**, 4.

Breatnach, Seán [LS: *Breathnach*]. **307a**, 3; **307b**, 3; **370h**, 4.

Breatnach, *Tom* [LS: *Breathnach*]. **449**, 2.

Brian. **2**, 3; **311**, 3; **445b**, 2.

Brian Bóirimhe. **421**, 4.

Brianach. **83a**, 5; **83b**, 5; **83c**, 2; **420**, 10.

Bríd. **24a**, 3; **24b**, 3; **26a**, 12; **125**, 5; **134b**, 2; **156a**, 7; **156c**, 4; **156d**, 9; **156e**, 9; **209**, 2; **216a**, 5; **264b**, 3; **264c**, 1; **337a**, 8; **337b**, 8; **337c**, 4; **338**, 2; **406**, 8.

Bríd an Oileáin. **303**, 1.

Bríd Bhán Ní Oisín. **216a**, 2; **216b**, 1.

Bríd Bheag. **304d**, 4.

Bríd Chleansa. **353**, 1.

Bríd Dhónaill. **47b**, 4; **47e**, 3.

Bríd Éamoinn. **404a**, 1; **404b**, 1; **404c**, 1; **404d**, 1.

Bríd *Joe*. **304b**, 4.

Bríd Mháire Dhearg. **238**, 2.

Bríd Mhór. **387**, 2.

Bríd, ...na Féile Bríde. Féach *Féile Bhríde*.

Bríd Ní Ghaora. **27a**, 4; **27b**, 4; **27c**, 2; **27d**, 2; **27e**, 1; **138**, 4.

Bríd Ní Mháille. **156b**, 2; **156f**, 10; **156j**, 4.

Bríd Ní Riagáin. **78**, 2.

Bríd Sheáinín. **447**, 1.

Bríd Thomáis Mhurchaidh [LS: *Mhurcha*]. **25a**, 2.

Bríd, Trá Bhríde. **401a**, 1; **401b**, 2.

Brídeog. **134c**, 2.

Brídín. **102a**, 2; **338**, 1.

Brídín Bhéasaí. **26a**, 1; **26b**, 1; **26c**, 1.

Bristol. **272**, 8

British Isles, The. **241a**, 9; **241b**, 9; **243**, 3.

Brixton. **358**, 3.

Broadway. **359**, 6.

Browne, Angelina. **77**, 2.

Brugha, Cathal. **421**, 4.

Brún, Anraí [LS: *Hannraoi*]. **45c**, 4.

Brún, Donncha. **120a**, 2; **427a**, 4; **427b**, 3; **427c**, 3; **429**, 1; **434**, 3; **436**, 8.

Brún, Seán. **269a**, 21.

Brúnach, An. **83a**, 5; **83b**; 5; **83c**, 2; **83d**, 2; **247**, 1; **433a**, 1.

Brúnaigh, Na. **269a**, 14; **169c**, 13.

Buachaill *Milroy.* **11b**, 1.

Buitléirigh, Na . **269a**, 14; **269c**, 14.

Bun Céise [?Féach *An Chéis*]. **26a**, 11; **26c**, 5.

Bun Gabhla [?I bf. Eoghanachta in Árainn]. **191a**, 4.

Búrcach. **83a**, 5; **83b**, 5; **83c**, 2; **83d**, 2; **183a**, 4; **247**, 1.

Búrcaigh, Na. **41b**; **41c**; **41d**; **91a**, 7; **186d**, 7; **193a**, 5; **193b**, 2; **193c**, 5; **269a**, 14; **269c**, 14.

Burke, Mrs. **172**, 6.

Caesar. **446a**, 5.

Caesar, Julius. **446c**, 2.

Caillín, Lá Fhéile [LS: *Cáilín*]. Féach *Lá Fhéile Caillín.*

Cailleach Bhéara, An Chailleach Bhéara. **156a**, 11; **456a**, 2; **456b**, 2.

Cáisc, An Cháisc. **24a**, 8; **28a**, 3; **28a**, 6; **28c**, 6; **28f**, 3; **68a**, 1; **68c**, 5; **68d**, 1; **68e**, 1, **150a**, 3; **150b**, 3; **166**, 16; **209**, 1; **347a**, 11; **347c**, 2; **367a**, 3; **367c**, 5; **409**, 18; **413**, 5.

Caiseal, An [?Bf. , par. Mhaírois]. **366**, 6; **383b**, 1; **383c**, 1; **422**, 2.

Caiseal Mhic Léin [?; míle ó Chluain Meala, de réir an amhráin]. **75**, 5.

Caiseal Mumhan [Baile agus bf. i dTiobraid Árann]. **13a**, 11; **13b**, 5.

Caisín [Féach *Cuan Chaisín*]. **304a**, 6.

Caisleán, An. **156i**, 2; **156j**, 6.

Caisleán an Bharraigh. **14b**, 3; **63a**, 1; **63b**, 1; **63c**, 1; **63f**, 4; **63h**, 1; **63i**, 4; **63j**, 1; **63k**, 1; **183a**, 6; **234**, 8; **427b**, 1; **436**, 8; **451a**, 7; **451b**, 6; **451d**, 5.

Caisleán an Uisce [I gCo. Dhún na nGall]. **424**, 1.

Caisleán Ard, An. **236f**, 1.

Caisleán na Finne [?Baile agus bf. i gCo. Dhún na nGall]. **16**, 1.

Caisleán Nua, An [?Bf. i bpar. Rathúin, nó par. Mhuine Mheá, nó par. Eachroma...]. **158a**, 10; **158b**, 10.

Caisleán Rí Néill [Féach Caisleán Uí Néill]. **91a**, 4.

Caislean Uí Néill [?An Baile Nua, Co. Thír Eoghain]. **63e**, 4; **91b**, 2; **91c**, 3; **91d**, 9; **91e**, 2; **91f**, 1.

Cáit. **115**, 5; **391a**, 11; **391b**, 6.

Cáit Báire. **353**, 2.

Cáit, Peadar Cháit. **359**, 8.

Cáit, Séamas Cháit. **336c**, 4.

Cáitín. **63d**, 6; **140a**, 9; **325a**, 3; **325b**, 3.

Caitliceach; Caitlicigh. **410**, 1; **432b**, 1.

Caitlín de Buitléar. **456a**, 4; **456b**, 4.

Caitlín Nic Gabhann. **436**, 4.

Caitlín Tirial [LS: *Triall*]. **29**, 1.

Caladh an tSrutháin [Féach *An Sruthán*]. **351**, 2.

Caladh Mhaínse [Bf. i bpar. Mhaírois]. **13a**, 1; **13b**, 3.

Caladh Rú an Átha [LS: *Rua*; i bf. Achannaí, par. Chill Ghaobhair, Maigh Eo]. **159**, 3.

California. **55a**, 6; **55c**, 4; **147a**, 20.

Calvery, Sliabh. **405a**, 8; **405b**, 8.

Calvin. **26a**, 18; **26b**, 6; **402**, 4; **404d**, 5.

Camas [Ceantar bf. Chamais Íochtair, par. Chill Chuimín; féach freisin *Cnoc Chamais* agus *Tower Chamais*]. **191a**, 1; **191b**, 1; **191c**, 1; **270**, 3; **284**, 1; **299**, 6; **332d**, 4; **370a**, 9; **370b**, 8; **370h**, 4; **431**, 2.

Camper [? *Pomper*]. **405a**, 5; **405b**, 6.

Canavan, *Peggy*. **260**, 4.

Caoilte Mac Rónáin. **456b**, 2.

Caoláire na Gaillimhe [< Caolsháile; ?Cuan na Gaillimhe]. **47a**, 7.

Caorán na nGabhar. **350a**, 6; **350c**, 1.

Captaen *Potter*. **308a**, 5.

Carlow; **54a**, 3.

Carna [Bf. i bpar. Mhaírois]. **271**, 1; **250**, 1; **253a**, 3; **253b**, 3; **253c**, 1; **253d**, 1; **266**, 3; **321**, 7; **352**, 1; **359**, 5; **368a**, 1; **388**, 10; **389**, 6.

Carraig an Dá Bhó. **387**, 2.

Carraig an Mhatail [I bf. Chor na Rón, par. Chill Aithnín]. **231**, 1; **370e**, 4.

Carraig an Róin [LS: *Róin, Rúin*]. **231**, 4; **392**, 11; **393**, 3.

Carraig an tSrutháin [Féach *An Sruthán*]. **308c**, 1.

Charraig Bhán, An. **106a**, 1; **106b**, 1.

Carraig Mhaolra. **103f**, 1.

Carraig na dTrácht [?Gar do Dhroichead na dTrácht agus Oileán na dTrácht i bf. Leitir Móir, par. Chill Aithnín]. **308a**, 1; **308b**, 1.

Carraig na Loinge [?I bf. na Páirce, par. Mhaigh Cuilinn]. **387**, 3.

Carraig Uí Fhínne [LS: *Fhinneadha*; leagan den sloinne *Ó Fíne*]. **392**, 7.

Casaideach Bán, An. **101a**, 2; **101c**, 1; **101d**, 1; **101f**, 4; **101h**, 1; **101i**, 1.

Casey. **253a**, 4; **253b**, 5.

Casheen Bay. **153**, 3.

Casla [Ionad daonra i bf. Dhoire an Fhéich i bpar. Chill Chuimín. Féach freisin Cuan Chasla]. **28d**, 4; **54b**, 2; **191a**, 4; **221a**, 8; **221c**, 6; **221e**, 5; **221f**, 6; **221g**, 4; **225**, 1; **240a**, 1; **240b**, 1; **240c**, 1; **240d**, 1; **240e**, 1; **240f**, 1; **284**, 1; **370b**, 1; **370c**, 1; **394a**, 2; **394c**, 1; **394d**, 1.

Casla *Bay* [Féach freisin Cuan Chasla]. **243**, 6.

Cassandra. **441a**, 8.

Castro. **410**, 20.

Cathair Uí Eidhin [?Gar do Bhaile Átha an Rí]. **269a**, 21.

Cathal Brugha. **421**, 4.

Cathal Buí. **445c**, 1.

Cathal Ó Dúda [LS: *Ó Dubhda*]. **451a**, 1; **451b**, 1; **451c**, 5; **451d**, 4.

Cathasach, An. **102a**, 9; **102c**, 4; **253d**, 4.

Catholic, Roman. **404a**, 3; **404b**, 3; **404c**, 3; **404d**, 3.

Cathrach, Cnocán. **433a**, 1; **433b**, 1.

Ceaite, Seáinín Cheaite. **321**, 1.

Ceaiteog, Táilliúr Cheaiteog [sic]. **368a**, 2; **368b**, 2.

Ceaití an Chúil Chraobhaigh. **124a**, 5; **124b**, 5.

Ceaití na gCuach. **137**, 2.

Ceaitín. **124b**, 5.

Ceallach, An. **44**, 5; **156b**, 10; **156c**, 10; **156g**, 3; **156h**, 1; **156i**, 3; **156j**, 2; **156k**, 3; **156l**, 3; **156m**, 2.

Ceann Acla [Bf. an Chaoil Thiar, par. Acla, Maigh Eo]. **152a**, 4; **152b**, 2; **252**, 2; **370a**, 11; **370d**, 5; **370f**, 5; **370g**, 5.

Ceann Boirne [I bpar. Ghleann Eidhneach, Co. an Chláir]. **134a**, 5; **134b**, 3; **244**, 1; **251a**, 1; **251b**, 4; **300b**, 2; **300c**, 2; **370a**, 2; **370e**, 1.

Ceann Caorthainn. **350b**, 4.

Ceann Gainimh. **354a**, 2; **370a**, 2; **370b**, 1.

Ceann Gólaim [I bf. Leitir Mealláin, par. Chill Chuimín; féach freisin *Tower Cheann Gólaim*]. **250**, 3; **391a**, 4; **391b**, 11.

Ceann Léime [Ceann thiar phar. Bhaile an Dúin]. **41c**, 3; **191a**, 4; **252**, 3; **254**, 3; **269a**, 23; **350a**, 6; **393**, 9; **395**, 1; **450**, 2.

Ceann Máisean [LS: *Másan*; i bf. Oileán Máisean, par. Mhaírois]. **250**, 4.

Ceapach Choinn [LS: *Chuinn*; baile agus bf., Co. Port Láirge]. **108a**, 5; **108b**, 5.

Cearúll [LS: *Cearbhall*] . **14b**, 6.

Cearúll Ó Néill [LS: *Cearbhall*]. **152a**, 4; **152b**, 3.

Ceara [LS: *Cearra*; bar. i Maigh Eo]. **209**, 2; **233a**, 2; **233b**, 2.

Cearra, Tigh [?Uí] Chearra. **209**, 2; **218**, 1; **342**, 1.

Ceathrú Rua, An Cheathrú Rua [Baile poist i bpar. Chill Chuimín]. **430**, 1; **431**.

Céibh an Mháimín [Féach *An Máimín*]. **325a**, 7.

Céide Mór. **253a**, 3.

Céideach, An. **315a**, 1; **315b**, 1; **315c**, 1; **315d**, 1.

Céidigh, (Na). **223**, 13.

Céis, An Chéis [?Ionad daonra i bf. Chluanaí, par. Thuaim Fhobhair, Co. Shligigh. Féach freisin *Bun Céise, Donncha na Céise* agus *Loch Céis*]. **233a**, 5; **233b**, 3.

Cerberus. **26a**, 14.

Chamberlain. **409**, 15; **414**, 6.

Chicago. **359**, 6.

Chieftain, An. **203**, 1; **205m**, 2.

China. **403b**, 4.

Churchill. **408**, 4.

Cianach, An [LS: *Cíonach*]. **387**, 3.

Cianán [?]. **450**, 1.

Ciarán, Marcas Chiaráin. **359**, 4.

Ciaróg, An Chiaróg. **391a**, 1; **391b**, 1.

Ciarraí [Féach freisin *Cnoc Chiarraí, Contae Chiarraí*]. **112c**, 2; **147c**, 9; **191a**, 4; **220**, 2; **273**, 4; **410**, 7.

Cicero. **50**, 8.

Cill Achaidh [bf. nó par. i gCo. Chiarraí, Chill Chainnigh nó Uíbh Fhailí]. **39a**, 2; **39b**, 2; **39c**, 2.

Cill Airne [LS: *Áirne*]. **39d**, 6; **166**, 5; **189**, 8.

Cill Ala [Baile, bf. agus par. i Maigh Eo]. **269a**, 16; **370b**, 1; **429**, 1.

Cill Aoibhinn. **211a**, 6.

Cill Bhreacáin [LS: *Bhriocáin*; bf. i bpar. Chill Chuimín. Féach freisin *Kilbricken*] **370a**, 9; **370f**, 7.

Cill Bhríde [?Bf. i bpar. an Rois nó i bpar. Mhainistir Ó gCormacáin; féach freisin *Droichead Chill Bhríde*]. **24a**, 6; **24b**, 5; **83c**, 7; **83d**, 5; **193b**, 3; **193c**, 6; **264a**, 4; **264b**, 1; **333b**, 1; **333c**, 1; **387**, 1.

Cill Chainnigh. **160a**, 2; **160b**, 2; **160c**, 5; **160g**, 1; **185a**, 10; **185g**, 3; **186a**, 4; **186b**, 7; **186c**, 4; **186d**, 6; **186e**, 4; **221b**, 6; **221e**, 5; **234**, 8; **269a**, 17; **370a**, 6; **370b**, 9; **383a**, 6.

Cill Chiaráin [Bf. i bpar. Mhaírois] . **370a**, 15; **388**, 7.

Cill Choca. **370b**, 3; **370**, 3 [mar *Cill Choladh*]; **370e**, 3.

Cill Chonaill [?Bar. in oirthear an chontae]. **116e**, 2; **215**, 4.

Cill Chríost [?Bf. agus par.]. **369**, 1.

Cill Chuáin [LS: *Chuain*; ?bf. i bpar. Chill Ortha]. **16**, 1.

Cill Dara. **272**, 5; **273**, 1; **343**, 2.

Cill Éinne [Bf. in Árainn nó par. i mbar. Bhaile Chláir]. **113a**, 3; **113b**, 3; **160e**, 5; **323**, 1; **340**, 3.

Cill Éinnean [Féach *Cill Éinne*]. **160d**, 6.

Cill Liadáin [LS: *Aodáin*; bf. agus par. i Maigh Eo]. **233a**, 2; **233b**, 2.

Cill Mhuire [?Bf. i bpar. an Charraigín]. **121c**, 6.

Cill Rois [Baile, bf. agus par. i gCo. Loch Garman]. **192**, 5.

Cill Rónáin [Baile in Árainn]. **55b**, 3; **220**, 4; **232a**, 3; **232b**, 3; **232c**, 3; **232d**, 2; **323**, 4.

Cill Tartan [LS: *Tártan*; bf. agus par.], **105b**, 1; **105c**, 1; **105d**, 1; **160g**, 2; **269a**, 19.

Cill Téana [?Bf. *Chill tSéine* i bpar. Chill Chomáin i Maigh Eo]. **442**, 8.

Cillín, An [?I bf. Bharr an Doire, par. Chill Aithnín]. **147b**, 16; **326**, 7; **431**, 1.

Coimín Ard, An [LS: *Cimín*]. **447**, 1.

Cincís. Féach Luan Cincíse.

Ciníneach, An. **213**, 1.

Cinn Mhara [?Bf. i bpar. Chill Chuimín nó baile agus bf. i bpar. Chinn Mhara]. **47a**, 5; **142a**, 6; **142b**, 6; **142c**, 6; **192**, 1; **269a**, 16; **269b**, 10; **269a**, 36; **370h**, 3; **389**, 4; **394a**, 4; **394b**, 9; **394d**, 2; **397**, 1; **399**, 2; **421**, 5.

Cionn tSáile [?Baile agus par. i gCo. Chorcaí]. **41c**, 3; **55a**, 3; **55b**, 3; **55c**, 2; **160c**, 6;

160h, 3; 160i, 1; 235a, 1; 251a, 4; 251b, 2; 251c, 1; 253a, 9; 253b, 9; 348, 2.

Cis Bán, An Chis Bhán. 452, 1.

Cladach, An. 152a, 3; 280, 2.

Cladach Dubh, An [Bf. i bpar. Iomaí]. 157, 6.

Cladhnach [Bf i bpar. Chill Aithnín nó bf. agus oileán i bpar. Chill Chuimín]. 431, 1.

Clancy, Ard Ch*lancy*. 362, 4.

Clann Bhaoiscne. 169, 1; 341, 2.

Clann Dhonncha. 27a, 3; 47b, 2; 47e, 2.

Clann Éibhir. 168, 4.

Clann Lir. 406, 12.

Clann Mhíleadh [LS: *Míleadh*]. 134b, 3.

Clann na nGael. 97b, 1.

Clann na nGall. 74b, 5.

Clann Uisnigh. 26b, 7; 406, 10.

Clanna Gael. 181c, 6; 186e, 6; 212a, 7; 383b, 4; 386, 4; 403e, 1; 404d, 6; 413, 2; 427a, 2; 427b, 1; 430, 1; 434, 2; 436, 7.

Clanna Gall 8c, 3; 97a, 1; 186a, 4; 186b, 4; 186c, 4; 186d, 4; 403a, 1; 403b, 1; 403d, 3.

Clár, An [Contae an Chláir; féach freisin *Contae an Chláir*]. 27a, 6.

Clár, An [Clár Chlainne Mhuiris]. 114a, 1; 114b, 1; 114c, 1.

Clár Chlainne Mhuiris [Féach freisin *An Clár*]. 233a, 1; 233b, 1; 370b, 3.

Clár, Tiarna an Chláir. 440, 2; 443a, 6.

Claregalway [Féach freisin *Baile Chláir*]. 359, 3.

Claudy [Baile agus bf., Do. Dhoire]. 122, 1.

Cleansa, Bríd Chleansa. 353, 1.

Clear the Way, An. 250, 2.

Cleary. 181b, 1.

Cliara [Oileán i bpar. Chill Ghaobhair, Maigh Eo]. 76, 3; 401b, 1.

Clochán, An [Baile agus bf. i bpar. Iomaí nó bf. i bpar. Bhaile Chláir]. 211a, 6; 211b, 3; 370a, 10; 370b, 9; 410, 13.

Clochar Bán, An. 47a, 5.

Clochar na mBroc. 435, 2.

Clochar na Troscan [?]. 147b, 4.

Cloigeann, An [?Bf. i bpar. Bhaile na Cille, bar. Bhaile na hInse]. 389, 1; 401a, 1.

Cluain Aodha [LS: *Aoidh*; ?par. i gCo. Phort Láirge]. 186a, 8; 186d, 7.

Cluain Buí [?Bf. i bpar. Dhroichead Uí Bhriain, Co. An Chláir]. 186f, 6; 186g, 2.

Cluain Dálaigh. 186a, 8; 186b, 8; 186g, 2.

Cluain Meala [Féach freisin *Príosún Chluain Meala*]. **11a**, 6; **11b**, 2; **11c**, 2; **11d**, 2; **11f**, 4; **11h**, 1; **11i**, 2; **75**, 5; **125**, 3; **177**, 3; **184**, 3; **234**, 8; **269a**, 17.

Cnoc Aduaidh [?Recté *Cnoc an Dua*]. **34**, 1; **227**, 1; **443a**, 10.

Cnocán an Aonaigh [Gar do Bhaile Átha an Rí de réir an amhráin]. **234**, 1.

Cnoc an Chaisil [?I bf. an Chaisil, par. Mhaírois]. **147b**, 9.

Cnocán Cathrach [?Bf. Chnoc na Cathrach, par. Rathúin. Féach freisin *Cnoc Cathrach*]. **433a**, 1; **433b**, 1.

Cnoc an Dóilín [?An Dóilín i bf. an Chaoráin Bhig, par. Chill Aithnín]. **333a**, 8.

Cnoc an Doláin. **158a**, 9; **158b**, 9.

Cnoc an Domhnaigh. **349**, 3.

Cnocán Léan, An [?Recté *Cnocán Léin, Cnoc an Léinn*]. **125**, 5.

Cnocán Mór, An. **245**, 2.

Cnoc an Sconsa [?Ceantar Shráid Chnoc an Sconsa (*Forthill St.*) i gCathair na Gaillimhe]. **185a**, 6.

Cnoc an tSrutháin [Féach *An Sruthán*]. **370a**, 9.

Cnoc Bán, An [?Bf. i bpar. Chill Chuimín, par. Iomaí, par. Mhaigh Cuillinn...]. **40b**, 3; **248**, 2.

Cnoc Barú(i)n. **300a**, 7.

Cnoc Bhoth Bhrocháin [Féach *Both Bhrocháin*]. **223**, 5.

Cnoc Buí, An [?Bf. i bpar. Mhaírois]. **311**, 8; **359**, 5.

Cnoc Cathrach, An [Ceantar bf. na Mine, par. Chill Chuimín]. **433b**, 2.

Cnoc Chamais [Féach *Camas*]. **284**, 4.

Cnoc Chiarraí [Féach freisin *Ciarraí*]. **223**, 5.

Cnoc Leitir Calaidh [LS: *Calaidh*; féach *Leitir Calaidh*]. **370a**, 15; **370h**, 4; **370j**, 2.

Cnoc Leitir Móir [Féach *Leitir Móir*]. **191a**, 3; **191c**, 4; **235a**, 2; **235b**, 1; **246a**, 2; **246b**, 1.

Cnoc Meá [LS: *Meadha*; siar ó dheas de Thuaim, i gceantar bf. Chaisleán an Haicéadaigh, par. Chill Leabhair]. **265a**, 1; **265b**, 1; **333b**, 5; **333c**, 5; **333e**, 2; **341**, 2; **451a**, 7; **451b**, 6; **451d**, 5.

Cnoc Mhám Éan [Féach *Mám Éan*]. **370g**, 6.

Cnoc Mordáin [Par. Mhaírois]. **147b**, 24; **370a**, 15.

Cnoc na Ceathrún Caoile [?Bf. i bpar. Órán Mór]. **197**, 10.

Cnoc na Coille. **2**, 2; **90a**, 4.

Cnoc na Léime. **333a**, 1; **333b**, 6; **335d**, 3.

Cnoc Naomh Pádraig [Féach freisin *Cruach Phádraig*]. **189**, 6.

Cnoc Néifinne [LS: *Néifin*]. **244**, 3.

Cnoc Rua, An [?Bf. i bpar. Chillín an Díoma nó i bpar.Chill Bheaganta nó i bpar. Chill

Ortha...]. **86**, 1; **137**, 1.

Cnoc Uí Dhonncha [Ní cosúil gur bf. Chnoc Dhonncha i bpar. Dhroichead Uí Bhriain i gCo. an Chláir atá i gceist: mionainm áitiúil?]. **102c**, 1; **336d**, 9.

Coalfin [Recté *Coolfin* nó *Culfin*]. **133**, 6.

Cock of Hay, An. **347a**, 10.

Coigéal [I bf. Leitir Mealláin]. **27a**, 8.

Cóil Ó Coisteala [LS: *Coisdealbha*]. **219**, 1.

Coileánach, An. **313**, 8.

Cóilín Choilm. **304c**, 5.

Cóilín *Tom* Bhilla. **362**, 1.

Coill an Tóchair. **160d**, 7; **160e**, 6.

Coill Rua. **181c**, 1.

Coill Rua na mBráthar. **181b**, 4; **185c**, 1.

Coill Sáile [Bf. i bpar. Mhaírois; féach freisin *Droichead Choill Sáile*]. **160a**, 7; **160b**, 7; **191b**, 5; **269a**, 33; **299**, 8; **321**, 1; **352**, 1; **392**, 11.

Coillín, An. Féach *Tower* an Choillín.

Coillte Mach [Baile agus bf. i bpar. Chill Liadáin, Maigh Eo]. **60a**, 4; **60a**, 2; **233a**, 1; **233b**, 1.

Coilmín [LS: *Coilimín*]. **384**, 2.

Cois Fharraige. **120b**, 1; **151**, 2; **167a**, 1; **167b**, 1; **167c**, 1; **167d**, 1; **167e**, 1; **294**, 4; **308a**, 7; **333a**, 4; **333d**, 2; **333e**, 2; **333f**, 2; **335a**, 6; **335b**, 5; **335c**, 3; **336a**, 3; **336b**, 4; **336d**, 7; **336e**, 3; **436**, 1.

Collins. **421**, 3.

Colm. **236a**, 8; **236b**, 8; **236c**, 7; **236e**, 1; **236f**, 2; **236g**, 1; **304a**, 11; **335a**, 6; **335b**, 5; **336c**, 3; **341**, 5; **351**, 1.

Colm de Bhailís. **431**, 2.

Colm Mháirtín. **309a**, 4; **309b**, 4.

Colm Mhaitiú. **294**, 5.

Colm Phádraig. **314a**, 3; **314b**, 3; **314g**, 1.

Colm Pháidín. **314c**, 2; **314d**, 2; **314e**, 2; **314f**, 2.

Colm, Cóilín Choilm. **304c**, 5.

Colm, *Johnny* Choilm. **219**, 1.

Colm Cille. **411a**, 11; **411b**, 11; **411c**, 11; **438c**, 3.

Columbia. **132**, 10.

Common Door, An. **250**, 5.

Conall. **14a**, 10.

Conamara. [Féach freisin *Sléibhte Chonamara*]. **51**, 5; **139**, 10; **148a**, 6; **148b**, 8; **148c**, 8; **148d**, 6; **148e**, 9; **148f**, 8; **157**, 1; **180**, 3; **181c**, 1; **183a**, 1; **183b**, 1; **192**, 1; **221a**, 8; **221b**, 6; **221c**, 6; **221e**, 5; **221f**, 6; **221g**, 4; **269a**, 33; **275a**, 4; **303**, 3; **304c**, 3; **316a**, 3; **316b**, 3; **375**, 2; **389**, 1; **410**, 14; **433a**, 1; **433b**, 2.

Conán Maol. **440**, 3; **443a**, 5; **443b**, 7.

Concannon. **303**, 3.

Conchúr. **44**, 5; **443a**, 6.

Conchúr Sheáin Mhaidhc. **331**, 1.

Conchúr Táilliúr. **367a**; **367c**; **367e**.

Conaola, Frainc [LS: *Confhaola*]. **64a**, 2; **64b**, 2; **64c**, 2; **64d**, 2; **64e**, 1; **64f**, 1; **64g**, 2; **64h**, 2; **64j**, 2; **64j**, 2.

Conaolaíocha, Na [LS: *Confhaolacha*] **223**, 13.

Conga [Baile agus par. i nGaillimh / Maigh Eo]. **52a**, 1; **52b**, 1; **52c**, 1.

Conn, Sail Choinn [?; LS: *Sail Cuin*]. **307a**, 6.

Connachta. **4a**, 8; **54a**, 7; **54b**, 4; **108b**, 4; **172**, 1; **199**, 3; **217a**, 2; **217b**, 1; **217c**, 1; **217d**, 1; **241a**, 9; **241b**, 9; **410**, 12; **444**, 1.

Connacht Champion. **255**, 5; **304c**, 5.

Connacht, Cú Chonnacht. **422**, 4.

Connachtach. **422**, 9.

Connachtaigh (Na). **244**, 5.

Connolly. **76**, 6; **147b**, 15; **336d**, 1.

Connolly, Father. **285**, 3; **294**, 3.

Connolly, Governor. **410**, 13.

Connolly, Pádraig. **156c**, 4; **156h**, 9.

Conor. **283a**, 3; **283b**, 1.

Conroy. **321**, 9.

Contae an Chláir. **13a**, 1; **13b**, 3; **27c**, 3; **27d**, 3; **33a**, 3; **47a**, 5; **47b**, 5; **47c**, 3; **55c**, 6; **60a**, 3; **60b**, 2; **102c**, 6; **143a**, 9; **143b**, 7; **143c**, 7; **186f**, 1; **192**, 7; **211a**, 5; **211b**, 5; **220**, 4; **223**, 5; **269a**, 2; **269b**, 2; **269c**, 2; **272**, 8; **289c**, 2; **317a**, 2; **330**, 3; **370a**, 1; **370b**, 6; **370c**, 6; **370d**, 1; **370f**, 1; **370i**, 1; **389**, 1; **394c**, 8; **394d**, 8; **410**, 7; **414**, 2; **430**, 3.

Contae Chiarraí. **72d**, 5; **72e**, 7; **289c**, 2; **341**, 5.

Contae Mhaigh Eo. **97a**, 1; **97b**, 1; **97c**, 1; **97d**, 1; **107a**, 8; **107b**, 7; **161a**, 2; **161b**, 1; **161c**, 2; **161d**, 2; **191c**, 4; **197**, 1; **221a**, 8; **221b**, 6; **221e**, 5; **233a**, 1; **233b**, 1; **233c**, 1; **233d**, 1; **252**, 1; **276**, 1; **315a**, 10; **315b**, 10; **315c**, 10; **315d**, 5; **347a**, 8; **347b**, 5; **347d**, 2.

Contae na Banríona. **350c**, 3.

Contae na Gaillimhe. **289c**, 2.

Contae na hIarmhí. **76**, 2.

Contae na Mí. **161a**, 1; **161b**, 1; **161d**, 1; **306**, 4; **345a**, 7; **345b**, 6; **366**, 9.

Conway, Father. **430**, 2; **431**, 2.

Cooke, Máirtín. **336c**, 5.

Cooke, Réamann [LS: *Réamonn*]. **336a**, 2; **336b**, 1; **336d**, 5; **336e**, 1; **336f**, 4; **336g**, 1; **336h**, 2.

Cora an Chaisleáin [LS: *Cor*; i bf. na Mine, par. Chill Chuimín]. **27a**, 8.

Corcaigh. **26a**, 11; **26c**, 5; **41a**, 10; **41b**, 7; **41d**, 4; **41e**, 3; **70f**, 1; **75**, 2; **211a**, 6; **211b**, 3; **234**, 8; **247**, 7; **269a**, 17; **304b**, 4; **322**, 3; **421**, 2.

Cornwall. **272**, 8.

Corrán, An [?Corrán Acla i Maigh Eo]. **304c**, 5.

Coscair, Doiminic. **442**, 3.

Coscrach, An. **183a**, 4; **183b**, 4.

Cosgrave, William. **414**, 5.

Councillor Ó Conaill. **186d**, 7.

Councillor Ó Dónaill. **186f**, 5.

Courtney. **308a**, 6.

Cranmer. **26a**, 18; **402**, 3.

Creachmhaoil [Baile agus bf. par. Chill Ortha]. **192**, 1.

Creagáin, Na [?I bf. Indreabháin seachas bf. i bf. Chill Bheagnait]. **209**, 2.

Creagán, An [?Athmhínithe mar bf. i bpar. Mhaigh Locha]. **269a**, 20.

Chreig Gharbh, An [LS: An Chreag Gharbh; ?bf. na Creige Gairbhe, par. Róibín, Maigh Eo]. **177**, 4.

Críoch Fáil. **8c**, 1; **8d**, 2; **8f**, 1; **30c**, 2; **33b**, 4; **56b**, 6; **64a**, 3; **64j**, 2; **72g**, 4; **82b**, 3; **167a**, 5; **167b**, 5; **171**, 3; **193a**, 10; **194**, 2; **274a**, 4; **274b**, 4; **406**, 8; **452**, 4.

Críoch Fóla [LS: *Fód(h)la*]. **11b**, 5; **11c**, 5; **11d**, 4; **11e**, 3; **45a**, 6; **45b**, 3; **45c**, 5; **52a**, 6; **52c**, 3; **59**, 7; **61a**, 2; **84a**, 5; **103b**, 5; **103c**, 2; **134a**, 7; **134b**, 5; **251a**, 1.

Críoch Lochlann [LS: *Lochlainn*; féach freisin *Rí Lochlann* agus *Tír Lochlann*]. **370a**, 5; **404a**, 7; **404b**, 11.

Críonach, An Chríonach. **350a**, 1; **350b**, 1.

Críost [Féach freisin *Íosa, Leanbh Íosa, Mac Dé*...] **21**, 4; **36**, 3; **58**, 2; **63d**, 7; **93c**, 2; **101a**, 11; **101d**, 6; **101e**, 6; **102a**, 3; **102b**, 4; **102c**, 1; **102d**, 2; **102f**, 1; **102g**, 1; **114c**, 2; **156b**, 4; **156e**, 10; **156i**, 1; **162**, 3; **173b**, 4; **176c**, 6; **181c**, 2; **186c**, 6; **186g**, 1; **205a**, 7; **205i**, 4; **205l**, 4; **216a**, 7; **216d**, 3; **236e**, 5; **236f**, 3; **236g**, 3; **253a**, 1; **253b**, 1; **253c**, 1; **293a**, 1; **293b**, 1; **293c**, 1; **301**, 13; **308a**, 3; **308b**, 2; **308c**, 2; **313**, 6; **317c**,

6; **317d**, 1; **317f**, 2; **317g**, 1; **317h**, 2; **320**, 5; **335a**, 1; **335b**, 1; **335c**, 2; **347d**, 2; **348**, 1; **366**, 4; **409**, 16; **412**, 3; **427b**, 4; **434**, 1; **450**, 1; **456b**, 1.

Críostaí. **313**, 4; Críostaithe **281**, 3; **432a**, 1.

Cripple, Martin. **153**, 1.

Cromghlinn [?Bf. i bpar. Mhainistir Chnoc Muaidhe; féach freisin áfach *Abhainn Chromghlinne*]. **29**, 1.

Cromail. [Féach freisin *Cromwell*]. **197**, 4; **313**, 1; **405a**, 5; **405b**, 6; **422**, 3; **431**, 2; **432a**, 5; **432b**, 4; **438a**, 8; **438b**, 8; **438c**, 6.

Cromwell. **26b**, 6; **410**, 11.

Cros Mhaoilíona [Baile, bf. agus par. i Maigh Eo]. **442**, 5; **427a**, 6; **427b**, 1; **427c**, 1.

Cruach na Caoile [LS: *Crua*]. **253a**, 3; **253b**, 4; **253c**, 2; **253d**, 3; **254**, 3; **264a**, 5; **350b**, 4; **350c**, 4; **399**, 1; **401a**, 1; **401b**, 2.

Cruach Phádraig [I bpar. na Nuachabhála, Maigh Eo; féach freisin *Cnoc Naomh Pádraig*]. **93f**, 2; **101a**, 9; **101c**, 5; **101d**, 5; **101e**, 5; **101f**, 5; **103e**, 3; **161a**, 1; **161b**, 1; **161d**, 1; **262**, 3; **269a**, 32; **304b**, 4; **363**, 4; **93f**, 2.

Cú Chonnacht. **422**, 4.

Cualánach, An. **315a**, 8; **315b**, 8; **315c**, 8; **315d**, 4.

Cuan an Fhir Mhóir [Idir Garmna agus An Cheathrú Rua]. **191b**, 5; **205a**, 3; **205b**, 3; **205c**, 3; **205d**, 3; **205f**, 3; **205g**, 3; **205i**, 2; **240a**, 5; **240b**, 5; **240c**, 5; **240d**, 3; **246a**, 2; **246b**, 1; **269a**, 34; **269b**, 9; **319a**, 9; **319b**, 9; **319c**, 9; **319e**, 8; **394a**.

Cuan an Fhóid Dhuibh [Idir paróistí na Cille Móire agus Chill Chomáin, Maigh Eo]. **307a**, 5; **307b**, 4.

Cuan Bhinn Éadair [Féach *Binn Éadair*]. **450**, 1.

Cuan Chaorthainn. **350a**, 9; **350c**, 4.

Cuan Chaisín [Idir Foirnis, Leitir Mealláin agus Garmna; féach freisin *Caisín*]. **391a**, 4; **391b**, 11.

Cuan Chasla [Féach freisin *Caisín*]. **393**, 1.

Cuan na Gaillimhe. **47a**, 5; **151**, 4; **389**, 1.

Cuban. **336d**, 5.

Cú Chulainn. **26a**, 19; **26b**, 7; **406**, 11; **441a**, 7; **441b**, 2.

Cúige Laighean. **4a**, 8; **4b**, 1; **4c**, 5; **4d**, 5; **265a**, 2; **265b**, 3.

Cúige Mumhan. **70a**, 2; **455**, 3; **456a**, 4; **456b**, 4.

Cúige Uladh. **414**, 9.

Cuimín. **367a**, 2.

Cúirt an tSrutháin Bhuí [Féach *An Sruthán Buí*]. **236a**, 1; **236b**, 1; **236c**, 1; **236d**, 1; **236e**, 1; **236f**, 2; **236g**, 2; **341**, 3.

Cúirt Bhalla [Féach *Balla*]. **269a**, 23.

Cúl na Binne [LS: *Cúl na Binn*; bf. i bpar. Chrois Mhaoilíona, Maigh Eo]. **239a**, 1; **239b**, 1; **239c**, 1; **239d**, 1; **239e**, 1; **239f**, 1; **239g**, 1.

Cupid. **8c**, 4.

Curly. **284**, 1.

Currach, An [Bf. i bpar. Bhaile na Cille, bar. Bhaile na hInse]. **401b**, 2.

Curraoin [?Recté *Corraín, Curraín*]. **331**, 6.

Daigh Ó Fiannaí [LS: *Dáigh Ó Fianna*]. **146**, 6.

Dáil, An. **295**, 1.

Dáil Éireann. **410**, 9.

Daingean, An [Féach *Béal an Daingin*]. **69**, 2; **316b**, 7; **336a**, 3; **336b**, 1; **336d**, 9; **336e**, 1; **336f**, 4; **368b**, 5; **370a**, 18; **389**, 1.

Dáithí Ó Ceallaigh. **370b**, 12; **370c**, 9.

Dáire. **406**, 11.

Dálach, An. **211b**, 4; **247**, 1; Dálaigh, Na. **269a**, 14; **269c**, 13.

Dalton. 416, 3.

Daly. **362**, 4.

Daly, Tom. **239a**, 4; **239b**, 4; **239d**, 2.

Daly, Uilliam. **183a**, 6.

Dan. **359**, 10.

Dan an Asail. **309a**, 2; **309b**, 2.

Dane. **422**, 5.

Daniel O'Connell. **418**, 6.

de Bhailís, Colm. **431**, 2.

de Bláca, Seán. **333a**, 4; **333d**, 2.

de Buitléir [LS: *de Buitléar*]. **456a**, 4; **456b**, 4.

de Buitléir, Caitlín [LS: *de Buitléar*]. **456a**, 4; **456b**, 4.

de Búrca, Pádraig. **349**, 3.

de Búrca, Seán. **269a**, 2; **269b**, 1; **269c**, 2.

de Bláca, Pádraig. **315a**, 10; **315b**, 10; **315c**, 10; **315d**, 5.

de Bláca, Piaras. **269b**, 5.

Dé hAoine. **4b**, 5; **157**, 1; **158a**, 3; **183a**, 5; **183b**, 5; **210**, 2; **309a**, 8; **309b**, 8; **310a**, 7; **310b**, 7; **335b**, 2; **337a**, 6; **337b**, 6; **337c**, 4; **340**, 4; **344**, 1; **349**, 7; **369**, 1; **387**, 1; **402**, 2; **409**, 8; **453f**, 1.

Déardaoin. **64k**, 1; **102a**, 1; **102b**, 6; **102d**, 1; **142a**, 12; **142c**, 7; **158a**, 4; **158b**, 4; **272**, 1;

283a, 1; 285, 3; 304a, 13; 304d, 3; 307a, 1; 325a, 3; 325b, 3; 346, 1; 390a, 1; 390b, 1.

Dé Céadaoin. 4b, 7; 9, 3; 19a, 1; 19b, 1; 19c, 1; 19d, 1; 19e, 1; 19f, 1; 30a, 3; 30b, 4; 317b, 4; 100c, 1; 158a, 9; 183a, 4; 183a, 4; 185c, 4; 193d, 3; 307a. 5; 307b, 4; 308a, 4; 368b, 3; 388, 1; 435, 5.

Dé Domhnaigh. 9, 1; 14b, 1; 19a, 6; 19b, 5; 19c, 3; 19e, 3; 21, 5; 24a, 9; 28a, 8; 31, 7; 61a, 2; 70d, 5; 70e, 4; 84b, 4; 93b, 6; 96a, 2; 82a, 1; 82b, 1; 103e, 2; 104, 4; 107a, 4; 109a, 11; 109b, 8; 109c, 6; 112b, 2; 117a, 2; 117b, 3; 117c, 4; 117d, 6; 117f, 5; 119, 1; 134b, 1; 134c, 1; 145, 3; 161a, 5; 161b, 5; 161c, 4; 161d, 2; 164a, 3; 167a, 2; 167b, 2; 199, 5; 210, 4; 240a, 7; 240b, 6; 240c, 6; 240d, 4; 240e, 4; 300b, 1; 300c, 1; 300d, 1; 399, 2; 445a, 1; 445b, 1.

Dé Luain. 4a, 2; 4b, 5; 4e, 2; 8a, 5; 37, 3; 63a, 9; 64a, 1; 64b, 1; 64c, 1; 64d, 1; 64e, 1; 64f, 1; 64g, 1; 64h, 1; 64i, 1; 64j, 1; 67b, 7; 68b, 5; 68c, 5; 68d, 5; 137, 9; 167a, 5; 176b, 3; 171; 1; 215, 5; 312, 1; 313, 3; 314a, 5; 314b, 5; 314c, 5; 314d, 5; 314e, 4; 314g, 2; 347b, 1; 367a, 1; 367b, 1; 367d, 1; 388, 7.

Dé Máirt. 137, 9; 148a, 12; 272, 5; 313, 3; 388, 10; 394a, 13; 409, 15.

Dé Sathairn. 142a, 1; 142b, 1; 142d, 1; 272, 5; 307b, 1; 318a, 4; 318b, 4; 318c, 4; 318d, 4.

de Valéra. 164a, 14; 274a, 2; 274b, 2; 294, 6; 295, 1; 312, 4; 389, 7; 410, 5; 413, 6; 414, 5; 421, 3.

Deairbí, Seoin. 107b, 6.

Deirdre. 50, 1; 59, 1; 68a, 4; 68d, 4; 68e, 3; 68g, 2; 105c, 5; 169, 1; 406, 10; 456a, 2; 456b, 2.

Deirdre, Domhan [LS: *Déirdre*]. 450, 2.

Denmark. 404a, 13.

Devaney. 216a, 4.

Dia. 4c, 1; 6a, 2; 6b, 2; 7, 2; 11b, 4; 11c, 4; 11d, 6; 11e, 2; 11h, 3; 13a, 9; 13b, 2; 15a, 5; 15b, 4; 15c, 4; 26a, 1; 26c, 1; 28b, 4; 28c, 3; 29, 3; 33a, 7; 36, 4; 53a, 3; 55a, 9; 55c, 5; 60b, 3; 60c, 5; 63g, 5; 63l, 3; 64a, 6; 64c, 7; 67b, 6; 68a, 6; 69, 10; 70b, 2; 74a, 10; 74b, 8; 83a, 7; 83b, 7; 83d, 1; 89b, 2; 89c, 2; 89e, 2; 90b, 1; 91f, 3; 93b, 8; 97a, 4; 97c, 4; 98a, 3; 102a, 2; 107a, 5; 107b, 7; 113a, 1; 113b, 1; 114a, 3; 114b, 3; 114c, 4; 115, 4; 116b, 3; 116c, 3; 116e, 2; 117b, 7; 117c, 6; 117d, 2; 117e, 6; 134a, 6; 144b, 4; 147a, 8; 147c, 3; 149a, 3; 156a, 3; 156b, 1; 156c, 1; 156d, 7; 156e, 2; 156f, 3; 156g, 3; 156i, 6; 156j, 2; 156k, 4; 156l, 3; 158a, 6; 158b, 6; 160e, 2; 160f, 1; 160h, 1; 160i, 1; 162, 3; 163a, 6; 165, 3; 167a, 2; 176d, 6; 176e, 4; 179, 1 181a, 1; 181b, 1; 181c, 2; 185b, 8; 185f, 3; 186a, 5; 186b, 5; 187a, 2; 187b, 7; 187c, 9; 188, 2; 194, 2; 197, 8; 205c, 6; 205e, 6; 205f, 6; 205g, 5; 205h, 5; 205i, 4; 205j, 2; 205k, 3; 206, 3; 225, 4; 226, 1; 227, 15; 244, 1; 246a, 6; 251a, 4; 251b, 2; 256,

1; **262**, 4; **269a**, 25; **272**, 5; **290**, 3; **299**, 1; **308a**, 3; **311**, 1; **312**, 3; **313**, 6; **317g**, 4; **341**, 7; **347d**, 2; **353**, 10; **367a**, 3; **404c**, 7; **406**, 8; **408**, 2; **410**, 18; **412**, 9; **414**, 10; **422**, 6; **423**, 3; **424**, 6; **425**, 10; **432a**, 2; **434**, 5; **438a**, 1; **438b**, 1; **438c**, 1; **441a**, 4; **441b**, 1; **455**, 1; **456a**, 1.

Dia na Glóire. **158a**, 2.

Dia na nGrást. **62a**, 5; **205a**, 4; **205b**, 4; **205f**, 4; **205g**, 4; **205h**, 4; **232d**, 1; **409**, 11.

Diana. **216b**, 3; **216c**, 2; **216d**, 2.

Diarmaid. **299**, 7; **406**, 11.

Dick. **359**, 1.

Dick Toole. **294**, 1.

Dick, Ard. **362**, 4.

Dick, Seán. **368a**, 1; **368b**, 1.

Dido. **216a**, 3; **216a**, 3; **216d**, 2; **419**, 4.

Dillon. **430**, 2.

Dillon, Lord. **269a**, 18.

Dochartach, An. **14a**, 5.

Dochartach, Eoghan. **14b**, 2.

Dochtúir *Jennings.* **172**, 1.

Dóilín, An [Bf. an Chaoráin Bhig, par. Chill Aithnín; féach freisin *Cnoc an Dóilín*]. **72a**, 7; **72b**, 7; **72d**, 4.

Doiminic Coscair. **442**, 3.

Doire an Fhéich [Bf. i bpar. Chill Aithnín]. **166**, 8; **240a**, 1; **240b**, 1; **240c**, 1; **240d**, 1; **240e**, 1; **240f**, 1; **285**, 10; **294**, 4; **318a**, 1; **318b**, 1; **318c**, 1; **318d**, 1; **332d**, 4.

Doire Fhada [?Bf. i bpar. Chill Chuimín]. **359**, 3.

Doire Fhatharta [i Bf. na Ceathrún Rua Thuaidh agus na Ceathrún Rua Theas, par. Chill Chuimín]. **117a**, 8; **117c**, 6; **117d**, 2; **117e**, 6; **240a**, 5; **240b**, 5; **240c**, 5; **240d**, 3; **326**, 7; **332d**, 4; **352**, 5; **431**, 1.

Doire Íochtair [Bf. i bpar. Bhaile an Dúin nó i bpar. Chill Chuimín]. **112a**, 3; **442**, 8.

Doire Iorrais [LS: *Doire Rois*; bf. i bpar. Mhaírois]. **370a**, 15.

Doire Leathan [?Bf. i bpar. Bhaile na Cille, bar. Bhaile na hInse]. **347a**, 4; **347d**, 1.

Doire Toirc [LS: *Tuirc*]. **435**, 1.

Domhan Dearg. **450**, 2.

Domhan Deirdre [LS: *Déirdre*]. **450**, 2.

Domhnach, An. **4e**, 1; **9**, 2; **14a**, 1; **27b**, 3; **27d**, 1; **47a**, 1; **47b**, 4; **47c**, 1; **47e**, 3; **63b**, 3; **63d**, 1; **63g**, 1; **63l**, 1; **93b**, 5; **105c**, 6; **108b**, 1; **112c**, 5; **138**, 6; **143a**, 5; **143b**, 4; **147b**, 25; **157**, 7; **172**, 5; **190c**, 1; **190e**, 1; **193a**, 1; **193b**, 1; **193f**, 1; **211a**, 3; **231**, 1;

239d, 4; **239g**, 1; **244**, 6; **254**, 4; **319a**, 7; **319b**, 7; **319c**, 5; **319**, 8; **319e**, 4; **335a**, 9; **349**, 1; **394a**, 5; **394b**, 5; **394c**, 3; **394d**, 3; **414**, 26.

Domhnach Daoi [?; LS: *Donach a Dí*; baile agus par. i gCo. an Dúin]. **152a**, 1; **152b**, 1.

Domhnach Cásca. **93b**, 5.

Dónaillín. **423**, 1.

Dónall. **92**, 1; **190c**, 4; **252**, 3; **269b**, 13; **341**, 5.

Dónall, Bríd Dhónaill. **47b**, 4; **47e**, 3.

Dónall Ó Briain. **376**, 1.

Dónall Ó Dálaigh. **107b**, 7.

Dónall Óg. **93b**, 1; **93f**, 1; **186a**, 8; **186d**, 7; **186f**, 5; **186g**, 2; **443b**, 2.

Dónall Pól. **443b**, 2.

Donegal, **317e**, 1; **409**, 10.

Donncha. **14a**, 3; **14b**, 3; **434**, 3.

Donncha Bán. **182a**. 2; **182b**, 1; **182d**, 1; **182e**, 5.

Donncha Brún. **120a**, 2; **427a**, 4; **427b**, 3; **427c**, 3; **429**, 1; **434**, 3; **436**, 8.

Donncha. Féach Clann Dhonncha.

Donncha na Céise. **42a**, 8; **72a**, 5; **72b**, 5; **72c**, 3; **72d**, 8; **72e**, 3; **72f**, 3; **72g**, 4.

Donncha Ó Dálaigh. **107a**, 8; **276**, 5.

Donncha Ó Treasaigh. **269a**, 40.

Donnelly. **336a**, 4.

Dr. *McHale*. **327**, 2.

Drogheda. **430**, 3; **431**, 3.

Droichead an Chláir [Bf. i bpar. Mhainistir an Chláir, Co. an Chláir]. **192**, 1.

Droichead an Chláirín [Baile agus bf. i bpar. an tSráidbhaile]. **34**, 1; **235a**, 1; **235b**, 4; **269a**, 20.

Droichead an Choileap [?]. **11a**, 1.

Droichead an tSuaimhnis. **11d**, 1; **11f**, 1.

Droichead an tSuaircis. **11e**, 1.

Droichead an Tuairín [?Bf. an Tuairín i bpar. Bhaile na Cille, bar. Bhaile na hInse]. **11g**, 1; **11j**, 1.

Droichead Ard, An. **56b**, 3.

Droichead Chill Bhríde [?I bf. Chill Bhríde i Mainistir Ó gCormacáin; féach freisin *Cill Bhríde*]. **387**, 3.

Droichead Choill Sáile [Féach *Coill Sáile*]. **299**, 6.

Droichead Inbhir [Féach *Inbhear*]. **354a**, 9.

Droichead na gCailleach. **269a**, 29.

Droichead na Tuamhan [LS: *an Tuamhain*; i gCathair Luimnigh]. **11c**, 1.

Droim, An [?Bf an Droma Thoir agus an Droma Thiar, par. Rathúin]. **381a**, 2.

Droim an Mháislín. **253a**, 4.

Droim Chonga [LS; *Druim Cúnga*; bf. i bpar. Mhaigh Cuilinn]. **209**, 2.

Dubh na Féile [Ainm bó]. **289b**, 1.

Dúda, Siobháinín [Ní] Dhúda [LS: *Dúbhda*]. **370h**, 1.

Dublin. **54a**, 2.

Duffy. **166**, 6.

Dúgán. **154**, 1.

Dúiche Phaorach [?Ceantar Cho. Phort Láirge]. **10b**, 3.

Dúiche Sheoigeach. **6a**, 5; **6b**, 5; **6c**, 4; **99a**, 1; **102a**, 6; **102d**, 4; **180**, 4; **316a**, 5; **316b**, 7.

Dúiche Uí Bhriain [?Tuamhain]. **56a**, 6.

Dún Buí [?Recté *Dún Baoi*, bf, i bpar. Chill Eacha Naoineach i gCo. Chorcaigh]. **186b**, 8.

Dún Godail [Carraig, cuid mílte ó dheas d'Oileán Mhic Dara]. **370a**, 1; **370b**, 6; **370c**, 6; **370f**, 1.

Dún Gréine. **6d**, 5; **39a**, 1; **39b**, 1; **39c**, 1; **61a**, 1.

Dún Mhánas [sic; LS: *Dún Mánais*; oileán gar do bf. Shnámh Bó, par. Chill Chuimín]. **287**, 3.

Dún na nGall. **220**, 2; **424**, 6; **425**, 9; **440**, 2; **447**, 2.

Dúras [LS: *Doras mór, Doras*; ?bf. Dhúrois i bpar. Chonga, bar. an Rois, nó bf. i bpar. Inis Cealtra i gCó. an Chláir]. **51**, 2; **192**, 3.

Dutch. **422**, 5.

Éabha. **24a**, 10; **218**, 2; **269a**, 2; **269c**, 2; **342**, 2; **403a**, 5; **403b**, 6; **405a**, 8; **405b**, 8; **406**, 1; **440**, 3; **443a**, 5.

Eachroim [Bf. agus par. sa chontae seo]. **252**, 4; **422**, 3.

Éamann [LS: *Éamonn*]. **171**, 2; **227**, 12; **269a**, 20; **404a**, 3; **404b**, 3; **404c**, 3; **404d**, 3; **414**, 25; **433a**, 4; **433b**, 2; **433c**, 1.

Éamann an Chnoic [LS: *Éamonn*]. **53c**.

Éamann, Bríd Éamainn [LS: *Éamonn*]. **404a**, 1; **404b**, 1; **404c**, 1; **404d**, 1.

Éamann Eoghain [LS: *Éamonn*]. **333a**, 3.

Éamann Mór [LS: *Éamonn*]. **309a**, 2; **309b**, 2; **333c**, 5; **333d**, 1.

Éamann Ó Móráin [?; LS: *Éamonn*]. **185g**, 3.

Éamann Ó Murchú [LS: *Éamonn*]. **185g**, 5.

Eanach Dhúin [LS: *Cuain*; bf. agus par.]. **158a**, 1; **158b**, 1; **158c**, 1; **158d**, 1.

Eanach Mheáin [Oileán agus bf., i bpar. Chill Aithnín]. **330**, 1.

Eanáir. **309a**, 1; **390b**, 1.

tEarrach, An. **6a**, 4; **6b**, 4; **6c**, 2; **33a**, 1; **33b**, 1; **53b**, 1; **108b**, 3; **139**, 9; **148a**, 7; **156a**, 2; **156e**, 1; **156f**, 1; 156g, 9; **195**, 7; **199**, 4; **223**, 4; **233a**, 1; **233b**, 1; **233c**, 1; **233d**, 1; **247**, 4; **291a**, 1; **291b**, 1. **303**, 2; **304d**, 2; **347a**, 4; **347c**, 4; **350c**, 2; **382**, 2; **400**, 3; **434**, 5; **439b**, 2; **442**, 5.

Earrach, Lá an Earraigh. **10b**, 5.

Egypt. **103a**, 5.

Éibhear [Féach freisin *Clann Éibhir*]. **196**, 1; **433a**, 4; **433b**, 1.

Eibhlín. **41c**, 3; **336c**, 3; **336d**, 3; **336f**, 3; **336g**, 3; **336h**, 5.

Éigipt, An. **84b**, 1; **239a**, 7; **239b**, 7; **350c**, 5; **392**, 1; **400**, 4.

Eileen. **126**, 5.

Eilís. **438a**, 4.

Eilís *Morgan.* **441a**, 11.

Éire [Féach freisin *Éirinn, Erin*]. **3**, 4; **4a**, 5; **63b**, 8; **72g**, 1; **106b**, 3; **107a**, 6; **118**, 3; **156k**, 1; **156l**, 1; **163b**, 4; **168**, 5; **185b**, 7; **185g**, 4; **218**, 3; **235a**, 3; **248**, 1; **262**, 2; **304b**, 3; **310a**, 6; **310b**, 6; **313**, 7; **320**, 1; **342**, 3; **347c**, 1; **347f**, 1; **390a**, 4; **390b**, 4; **395**, 1; **411a**, 2; **411b**, 2; **411c**, 1; **411d**, 1; **413**, 1; **417**, 1; **425**, 1; **437**, 2; **453c**, 6; **453d**, 3; **453g**, 4; **454**, 4.

Éirinn. **5**, 2; **16**, 5; **19a**, 3; **19b**, 2; **19c**, 2; **19d**, 2; **19e**, 2; **19f**, 1; **26a**, 12; **26c**, 5; **30b**, 3; **33a**, 4; **33b**, 4; **34**, 4; **41c**, 4; **55a**, 4; **55b**, 4; **55c**, 2; **59**, 1; **60a**, 10; **61d**, 5; **64e**, 5; **72a**, 1; **72a**, 1; **72d**, 6; **72e**, 4; **72f**, 4; **84b**, 1; **90a**, 1; **91a**, 6; **91b**, 7; **91c**, 2; **91d**, 5; **91f**, 2; **97b**, 5; **97d**, 5; **101c**, 3; **101d**, 3; **101e**, 3; **101f**, 3; **101h**, 3; **101i**, 3; **103d**, 3; **103f**, 1; **107b**, 4; **116a**, 3; **145**, 2; **147a**, 10; **156a**, 2; **156b**, 7; **156c**, 1; **156d**, 1; **156e**, 1; **156f**, 1; 156g, 8; **156h**, 6; **156i**, 8; **156m**, 5; **156n**, 5; **162**, 2; **168**, 4; **175**, 1; **185a**, 3; **185c**, 7; **185e**, 3; **185h**, 2; **190a**, 5; **193a**, 9; **193b**, 7; **193d**, 4; **193e**, 4; **194**, 1; **195**, 1; **197**, 11; **203**, 1; **210**, 1; **212b**, 7; **216a**, 1; **216d**, 1; **235b**, 2; **236a**, 3; **236b**, 4; **236c**, 2; **236d**, 2; **236e**, 6; **239a**, 3; **239b**, 3; **242**, 8; **244**, 2; **252**, 1; **262**, 2; **265b**, 1; **271**, 1; **274a**, 5; **274b**, 5; **277**, 2; **286a**, 5; **289b**, 1; **293a**, 6; **293b**, 6; **293c**, 6; **310a**, 1; **310b**, 1; **311**, 3; **313**, 1; **323**, 1; **324**, 2; **330**, 2; **332a**, 4; **337a**, 8; **337b**, 8; **340**, 2; **342**, 2; **347a**, 1; **347d**, 2; **367c**, 3; **383a**, 2; **389**, 2; **395**, 2; **401a**, 8; **404a**, 1; **404b**, 1; **404c**, 1; **404d**, 1; **409**, 6; **410**, 5; **411a**, 4; **411b**, 4; **411c**, 4; **413**, 3; **414**, 3; **421**, 1; **422**, 1; **424**, 4; **428**, 2; **432a**, 4; **432b**, 2; **436**, 2; **437**, 1; **439b**, 3; **453a**, 7; **453b**, 4; **453c**, 7; **453d**, 5; **453e**, 3; **453h**, 4.

Éireann, na h- [Féach freisin *Ardrí na hÉireann, Dáil Éireann, Uachtarán na hÉireann*]. **7**, 4; **11a**, 8; **11c**, 6; **11d**, 5; **11e**, 6; **11f**, 5; **11g**, 5; **26a**, 6; **26b**, 3; **30b**, 4; **30c**, 4; **30d**, 4; **39a**, 6; **39b**, 6; **39c**, 6; **39d**, 3; **40a**, 3; **41a**, 3; **52b**, 3; **61a**, 6; **61b**, 6; **61c**, 7; **61d**,

1; **65f**, 3; **70b**, 2; **72c**, 7; **72e**, 6; **105c**, 5; **135**, 3; **136a**, 7; **136b**, 7; **157**, 4; **164a**, 11; **166**, 7; **168**, 1; **185d**, 1; **195**, 3; **196**, 1; **210**, 6; **212a**, 1; **212b**, 1; **216a**, 6; **216c**, 2; **236b**, 2; **239a**, 9; **244**, 5; **247**, 7; **252**, 1; **254**, 2; **262**, 5; **274b**, 6; **300a**, 7; **315a**, 9; **315b**, 9; **315c**, 9; **315d**, 5; **319a**, 6; **319b**, 6; **319c**, 6; **319d**, 5; **320**, 8; **325a**, 1; **325b**, 1; **335b**, 8; **336c**, 4; **336d**, 9; **393**, 5; **395**, 2; **411**, 3; **419**, 6; **421**, 4; **428**, 2; **432b**, 3; **435**, 4; **436**, 5; **445a**, 9;

Éireannach. **167a**, 5; **167b**, 5; Éireannaigh. **410**, 2; **414**, 8; **420**, 4.

Éirne, An [LS: *An Eirne*; féach freisin *Loch Éirne*]. **40a**, 3; **40b**, 4; **53b**, 4; **169**, 1.

Eiscear na mBráithre [Gar do Bhaile Átha an Rí de réir an amhráin: ?bf. ar a dtugtar *An Eiscir* i bpar. Chill Tulach]. **234**, 1.

England. **241a**, 8; **241b**, 8; **418**, 6.

Eochaill [Bf. in Árainn nó i bpar. Bhaile Chláir]. **41a**, 2; **88c**, 1; **88d**, 1; **88e**, 1; **90a**, 6; **140a**, 10, **140b**, 5; **185a**, 5; **185a**, 8; **185g**, 2.

Eochaill [Baile agus par. i gCo. Chorcaí] **108a**, 1; **108b**, 1;

Eoghan, Éamann Eoghain. **333a**, 3.

Eoghan Cóir. **173a**, 1; **173b**, 1;.

Eoghan Dochartach. **14b**, 2.

Eoghan *Kelly.* **186f**, 6.

Eoin Ó Clochartaigh. **236a**, 11.

Eoraip, An. **41a**, 10; **41b**, 7; **41d**, 4; **41e**, 3; **232a**, 3; **232b**, 3; **232c**, 3; **232d**, 2; **409**, 14; **412**, 3.

Erin. **132**, 9; **241a**, 13; **241b**, 13; **418**, 2.

Europe. **243**, 5.

Eyrecourt. **367d**, 3.

Fág an Bealach, (*An*). **340**, 3.

Fahy, Tom. **221b**, 6.

Fhairche, An [LS: *An Fháirchí*; baile agus bf. par. an Rois]. **430**, 2.

Fál Mór, An [?Bf. i bpar. na Cille Móire, Maigh Eo]. **173a**, 1; **173b**, 1.

Farrell, Ned. **400**, 2.

Father Connolly. **285**, 3; **294**, 3.

Father Conway. **430**, 2; **431**, 2.

Father Keane. **430**, 2.

Feáirtí, Micil. **357**, 1.

Feeney, Mister. **335a**, 1; **335c**, 1.

Féile Bhríde, ...na Féile Bríde. **91d**, 6; **214**, 2; **233a**, 1; **233b**, 1; **233c**, 1; **233d**, 1; **337a**, 11;

337b, 11; 338, 4; 350a, 7; 350b, 7; 432a, 1; 432b, 1.

Féile Mhartain, ...na Féile Martain [LS: *Mártan*; féach freisin *Lá Fhéile Martain*]. 345b, 5; 347e, 1.

Féile Mhíchíl. 28a, 3; 28a, 6; 28c, 6.

Féile Mhuire, ...na Féile Muire. 103b, 4.

Féile Pádraig, ...na [Féach freisin *Lá Fhéile Pádraig*]. 107b, 1; 142c, 7; 253a, 7; 293a, 1; 293b, 2; 293c, 1; 345a, 1; 345b, 1.

Féile San Seáin [LS: *'an Seáin, 'ain Seáin, Chinn Seáin*]. 147b, 25; 223, 5; 242, 3.

Féilim. 74a, 9; 203, 3; 228, 1; 333a, 1; 333e, 1; 333f, 2; 346, 2; 445a, 7; 445b, 8.

Féilim Ó Néill. 66, 2.

Feilipe, *Tom.* 368b, 3.

Festy Pheaits Uí Fhátharta. 359, 5.

Fian(n), ... na Féin(n)e. 90a, 4; 422, 1.

Fian(n)a, Na. 26a, 19; 26b, 7; 136a, 7; 136b, 7; 212a, 1; 212b, 1; 216a, 6; 252, 1; 395, 2; 441a, 8.

Fianna Fáil. 76, 5.

Fínis [LS: *Fidhinis*; oileán agus bf. i bpar. Mhaírois]. 47c, 4.

Fhinn, An. 424, 3. Abhainn i gCo. Dhún na nGall.

Fionn. 26a, 19.

Fionnbarra Bán. 451c, 5.

Fitzgerald, John. 410, 6.

Fitzpatrick. 321, 10.

Flaherty. 240a, 6.

Flaherty, Baibín. 156b, 9.

Flaithis, Na [Féach freisin *Ardrí na bhFlaitheas*]. 14b, 8; 24a, 8; 28a, 4; 41a, 11; 41e, 4; 121b, 6; 161a, 3; 161b, 3; 161c, 2; 161d, 2; 162, 6; 179, 3; 181b, 4; 185c, 1; 185f, 4; 193a, 5; 193c, 5; 246a, 3; 246b, 2; 300a, 3; 300c, 3; 304d, 4; 369, 4; 394a, 5; 394b, 4; 394c, 3; 394d, 3; 403a, 10; 406, 1; 424, 7; 441a, 5; 443a, 5.

Flaithis Dé. 401a, 7.

Flaithis na Naomh. 157, 8.

Flanders. 108b, 4.

Flathartach, An. 304d, 3.

Flora. 216a, 3; 216b, 3; 216c, 2.

Foirnis [LS: *Fornais*; Oileán agus bf. i bpar. Chill Chuimín]. 5, 1.

Fhoirnéis, An [LS: ... na Fouirnéis; na Fuirnise; na Foirníse; i bf. Chamas Uachtair i bpar. Chill Chuimín]. 191a, 1; 191b, 1; 191c, 1.

Fóla [LS: *Fódhla*; féach freisin *Críoch Fóla*]. **168**, 3.

Fómhar, An. **2**, 1; **6a**, 4; **6b**, 4; **6c**, 2; **8b**, 5; **8e**, 2; **14b**, 1; **26b**, 4; **27a**, 1; **28a**, 2; **28b**, 2; **28d**, 2; **28e**, 3; **28f**, 2; **30a**, 1; **30b**, 1; **30d**, 1; **30e**, 2; **30f**, 1; **47c**, 1; **47d**, 1; **50**, 7; **53a**, 2; **53b**, 2; **56e**, 1; **61b**, 2; **61c**, 1; **74a**, 7; **76**, 6; **88c**, 1; **90a**, 3; **101a**, 4; **191c**, 2; **101h**, 2; **101i**, 2; **103e**, 2; **105a**, 7; **105c**, 6; **106a**, 1; **106b**, 1; **135**, 1; **150a**, 8; **150b**, 8; **155**, 1; **157**, 1; **158a**, 2; **158b**, 2; **170**, 2; **185e**, 4; **236a**, 2; **236b**, 1; **236c**, 3; **236d**, 4; **251a**, 4; **251c**, 4; **253c**, 6; **280**, 3; **312**, 6; **320**, 1; **332d**, 1; **337c**, 2; **341**, 1; **363**, 12; **401a**, 1; **401b**, 1; **412**, 5; **424**, 5; **442**, 4.

Forbacha, Na [Baile i bpar. Rathúin]. **211a**, 1; **211b**, 1.

Forde, Seán. **148a**, 10; **148c**, 7; **148e**, 7; **148f**, 7; **294**, 2; **303**, 3; **319a**, 1; **319b**, 1; **319c**, 1; **319d**, 1; **319e**, 1.

Formoyle [Bf. Fhormaoile i bpar. Chill Chuimín]. **241a**, 1; **241b**, 1.

Frainc, An Fhrainc [Féach freisin *Rí na Fraince*]. **4a**, 5; **60a**, 9; **60b**, 6; **60c**, 4; **63f**, 6; **64h**, 5; **64j**, 3; **66**, 1; **67a**, 7; **96a**, 5; **105a**, 4; **105c**, 4; **105d**, 4; **210**, 7; **232a**, 5; **232b**, 5; **232c**, 5; **242**, 6; **296**, 9; **350c**, 5; **358**, 3; **412**, 3; **414**, 13; **419**, 9.

Frainc [Ó] Conaola [LS: *Confhaola*]. **64a**, 2; **64b**, 2; **64c**, 2; **64d**, 2; **64e**, 1; **64f**, 2; **64g**, 2; **64h**, 2; **64j**, 2; **64j**, 2.

Frainc Gorman. **285**, 4; **359**, 3.

Fraincis. **336h**, 5.

Frainc Jeaicín. **359**, 2.

Frainc Óg. **69**, 2.

Frainc *Taaffe*. **233b**, 7.

Francach, (An). **252**, 4; **383b**, 4; **383c**, 3; **427a**, 3; **428**, 5; Francaigh, (Na). **308a**, 6; **308b**, 5; **427a**, 1; **427b**, 1; **427c**, 1; **429**, 1; **436**, 6.

France. **127**, 1.

Frank: *féach* Frainc.

Fraochoileán [LS: *fraoch oileán*; ?bf. par. Mhaírois]. **250**, 4.

Frazer. **333d**, 3.

Frenchman. **429**, 1.

Friday. **158b**, 3.

Frinseach, An [?; LS: *Frínnseach*]. **53b**, 3; **247**, 1; Frinsigh, Na. **269a**, 14; **269c**, 13.

Gaeilge. **4a**, 4; **4e**, 3; **51**, 3; **117a**, 1; **117c**, 1; **117d**, 1; **167a**, 3; **167b**, 3; **175**, 1; **179**, 6; **295**, 1; **310a**, 4; **310b**, 4; **327**, 10; **404a**, 4; **419**, 5; **420**, 2; **436**, 1.

Gaeilgeoir. **315a**, 14; **315b**, 14; **315c**, 14; **315d**, 7.

Gael [Féach freisin *Clanna Gael* agus *Clann na nGael*]. **167a**, 7; **167b**, 4; **167c**, 4; **168**,

10; **186a**, 4; **186c**, 4; **186d**, 6; **186e**, 4; **194**, 5; **196**, 1; **320**, 3; **411a**, 2; **422**, 3; **428**, 1; **432b**, 5; **438a**, 1; **438b**, 1; **438c**, 1; Gaeil, Na. **117f**, 1; **149c**, 3.

Gaeltacht. **312**, 3; **420**, 1.

Gall, Na Gaill. **117f**, 1.

Gaillimh [Féach freisin *Caoláire na Gaillimhe, Contae na Gaillimhe, Cuan na Gaillimhe, Droichead na Gaillimhe, Máirín Ghaillimh', Galway Bay*]. **25a**, 3; **25d**, 1; **27a**, 8; **28a**, 5; **28c**, 7; **28e**, 4; **34**, 1; **41e**, 3; **44**, 5; **46a**, 6; **53a**, 6; **53b**, 4; **75**, 5; **79**, 1; **102a**, 10; **102c**, 5; **112a**, 2; **114b**, 1; **116a**, 6; **116c**, 4; **116d**, 5; **116e**, 7; **142a**, 6; **142b**, 6; **142c**, 1; **142c**, 6; **143a**, 9; **143b**, 7; **143c**, 7; **144a**, 1; **147a**, 11; **147b**, 23; **147c**, 14; **148b**, 9; **149c**, 1; **156b**, 1; **156d**, 5; **156e**, 5; **156f**, 6; **156i**, 2; **158a**, 4; **158b**, 4; **164a**, 1; **164b**, 1; **166**, 6; **177**, 5; **183a**, 4; **183a**, 4; **185a**, 6; **185b**, 9; **185f**, 4; **191b**, 5; **191c**, 4; **193e**, 4; **205a**, 1; **205b**, 1; **205c**, 1; **205d**, 1; **205e**, 1; **205f**, 1; **205g**, 1; **205h**, 1; **205i**, 1; **205j**, 2; **205k**, 2; **205l**, 1; **212a**, 3; **212b**, 8; **215a**, 4; **220**, 1; **221a**, 1; **221b**, 1; **221c**, 1; **221d**, 1; **221e**, 1; **221f**, 1; **221g**, 1; **221h**, 1; **233a**, 2; **235a**, 1; **251a**, 1; **261**, 1; **263**, 2; **269a**, 23; **269b**, 9; **272**, 1; **273**, 6; **278a**, 1; **278b**, 1; **283a**, 4; **283b**, 4; **294**, 4; **296**, 2; **300a**, 2; **300b**, 2; **300c**, 2; **300d**, 2; **304a**, 7; **304b**, 7; **304c**, 4; **304d**, 1; **307a**, 5; **307b**, 4; **308a**, 7; **308b**, 4; **309a**, 1; **309b**, 1; **315a**, 7; **315b**, 7; **315c**, 7; **315d**, 4; **316a**, 7; **316b**, 5; **318a**, 1; **318b**, 1; **318c**, 1; **318d**, 1; **325a**, 7; **332a**, 1; **332b**, 1; **332c**, 1; **332d**, 1; **336a**, 6; **336b**, 2; **336c**, 5; **336d**, 5; **336e**, 2; **336f**, 4; **339**, 1; **340**, 4; **343**, 3; **345a**, 5; **345b**, 5; **347a**, 1; **347c**, 1; **349**, 7; **362**, 2; **364a**, 2; **364b**, 1; **364c**, 1; **367a**, 5; **367b**, 4; **367c**, 1; **367d**, 3; **368b**, 5; **370a**, 1; **370b**, 6; **370c**, 6; **370d**, 1; **370e**, 1; **370f**, 1; **370g**, 7; **370i**, 1; **381a**, 2; **383a**, 4; **392**, 4; **394a**, 7; **394b**, 7; **394c**, 4; **394d**, 4; **397**, 1; **400**, 5; **409**, 7; **410**, 12; **414**, 1; **433a**, 3; **433b**, 2..

Gall [Féach freisin *Clanna Gall, Clann na nGall*]. **167a**, 7; **167b**, 7; **167c**, 4; **168**, 2; **196**, 3.

Gallagher, Sergent. **293a**, 2; **293b**, 2; **293c**, 2.

Galway Bay. **243**, 6.

Garmna [LS: *Garumna*; oileán agus bf. i bpar. Chill Aithnín]. **148a**, 9; **148b**, 7; **148d**, 9; **285**, 1; **303**, 2; **308a**, 2; **308b**, 2; **308c**, 2; **318a**, 6; **329**, 2; **330**, 1; **336a**, 7; **336b**, 3; **336c**, 5; **336d**, 2; **336e**, 7; **336f**, 4; **336g**, 1; **336h**, 2; **370a**, 1; **370b**, 6; **370c**, 6; **370d**, 1; **370f**, 1; **370i**, 1; **431**, 3.

Garvin, Tom. **325b**, 3.

Gearalt, Máire Ghearailt. **69**, 10.

Gearaltach, An. **440**, 3; **443a**, 5; **443b**, 7; Gearaltaigh, Na. **186a**, 8; **186b**, 8; **186g**, 2; **269a**, 14; **269c**, 13.

Gearóid. **134a**, 6.

Geary. **147b**, 21.

Geata Mór, An [?Bf. i bpar. na Cille Móire, Maigh Eo]. **60a**, 1; **180**, 4; **316a**, 5; **316b**, 7.

Geimhreadh, An. **25c**, 3; **27b**, 2; **28e**, 2; **56a**, 3; **60a**, 11; **60a**, 4; **143a**, 10; **143b**, 7; **143c**, 7; **162**, 3; **189**, 7; **210**, 4; **217c**, 4; **227**, 8; **235a**, 3; **260**, 1; **264b**, 2; **312**, 8; **319c**, 4; **335b**, 1; **335c**, 2; **336d**, 9; **336f**, 3; **336h**, 5; **337a**, 2; **337b**, 2; **337c**, 1; **349**, 2; **350a**, 1; **350b**, 1.

Geneva. **315a**, 13; **315b**, 13; **315c**, 13; **315d**, 7.

George. **210**, 5.

George IV. **60a**, 10.

George Wimpy. **272**, 8.

George's Street. **132**, 4.

German(s). **303**, 3; **411a**, 5; **411b**, 5; **411c**, 5; **411d**, 3; **414**, 16.

Germany. **210**, 7; **409**, 2.

Gerry. **272**, 9.

Gibraltar. **336a**, 6; **336c**, 7; **412**, 15.

Giúdach, Rí na n-. **216a**, 5.

Glasoileán, An [LS: *Glaisoileán*; go háitiúil, tá oileáin den ainm seo i bparóistí Mhaírois, Chill Chuimín, Bhaile an Dúin agus Bhaile na Cille (bar. Bhaile na hInse)]. **147b**, 7.

Glaschú. **392**, 4.

Gleannán [Bf. i bpar. Mhaírois; féach freisin *Abhainn Ghleannáin*]. **326**, 7.

Gleann an Duine Mhairbh. **439e**, 3; **445a**, 1; **445b**, 1; **445c**, 1.

Gleann Cluisne [?]. **269a**, 33.

Gleann Eidhneach, An [Par. i gCo. an Chláir, seachas bf. i bpar. Bhaile na Cille, bar. Bhaile na hInse]. **244**, 1.

Gleann Gabhla [LS: *Gomhla*; bf. Ghleann Gabhla Thiar, par. Chill Chuimín]. **191a**, 4.

Gleann Mhac Muirinn [Bf. i bpar. Chill Chuimín]. **242**, **243**.

Gleann na Bó. **312**, 1.

Gleann na bPúca [sic]. **185b**, 2.

Gleann na Donnóige [LS: *Donóige*; féach *Áth na Donnóige*]. **83a**, 4; **83b**, 4.

Gleann na Scáile [?Bf. Ghleann an Scáil, par. Órán Mór]. **215a**, 6.

Gleann Néifinne [LS: *Néifin*; paróistí Eadargúile agus Chrois Mhaoilíona, Maigh Eo]. **6a**, 1; **6b**, 1; **6c**, 1.

Gleann Trasna [Bf. i bpar. Chill Chuimín nó gleann i bf. an Mháimín, par. Chill Aithnín]. **191a**, 4; **191c**, 4.

Gleannta Molára. **244**, 4.

Glenicmuirrin. [Féach Gleann Mhac Muirinn]. **243**, 6.

Glinn Chatha [Bf. i bpar. Chill Chuimín]. **191b**, 5; **191c**, 4; **284**, 5; **439a**, 6; **439c**, 5; **439d**, 4; **439f**, 2.

Gobán Saor, An. **236a**, 8; **236f**, 1.

God. **416**, 6.

Golden, Johnny. **261**, 1.

Goll. **440**, 3.

Goll Mac Morna. **26a**, 19; **26b**, 7; **225**, 3; **386**, 5; **439a**, 3; **439b**, 3; **439c**, 2; **439d**, 2; **441a**, 11; **441b**, 2; **443a**, 5; **443b**, 7.

Gormon. **325a**, 7; **368b**, 1.

Gormon, Frainc. **285**, 4; **359**, 3.

Gormon, Sergent. **317c**, 2; **317e**, 1.

Gort Fhraoigh, An [?Bf. Ghort Fraoigh, par. Bhaile Óbha, Maigh Eo]. **150c**, 1.

Gort Mór, An [?Bf. i bpar. Chill Chuimín nó par. Chill Aithnín...]. **387**, 3.

Gort na nGleann [?Tuaisceart Cho. Chiarraí]. **416**, 2.

Governor Connolly. **410**, 13.

Graces, King of. **158b**, 1.

Gráinne. **401b**, 6; **406**, 11; **418**, 5.

Gráinne Mhaol. **132**, 2.

Grameilians. **216a**, 6.

Grampard. **439a**, 3; **439c**, 2; **439d**, 2

Granmer [? *Cranmer*]. **405a**, 5; **405b**, 6.

Granton. **180**, 2.

Gréagach, (Na) Gréigigh. **84a**, 4; **84b**, 1.

Green, An. **293a**, 7; **293b**, 7; **293c**, 7.

Greene, Johnny. **273**, 6.

Gréig, An Ghréig [Féach freisin *Rí na Gréige*]. **59**, 1; **64h**, 5; **64j**, 3; **72b**, 1; **72c**, 7; **72d**, 6; **91c**, 6; **105a**, 4; **105c**, 4; **105d**, 4; **152a**, 1; **175**, 1; **217c**, 5; **217d**, 4; **231**, 3; **235a**, 6; **237**, 2; **335a**, 5; **335b**, 4; **347a**, 10; **370a**, 5; **370b**, 4; **370d**, 7; **403a**, 11; **406**, 10; **419**, 4; **436**, 3; **450**, 3; **453a**, 5; **453c**, 4; **453h**, 6.

Gréigis. **8b**, 1; **8d**, 2; **8f**, 1; **404a**, 8; **404b**, 6; **404c**, 7; **404d**, 7.

Gríofach, An. **147b**, 1.

Gró Mór, An [?Recté *An Cró Mór*]. **333a**, 5.

Hardiman, Mary. **261**, 4.

Harry Boland. **421**, 4.

Harry Toole. **294**, 6.

Haw-Haw, Lord. **414**, 27.

Hector. **84a**, 3; **214**, 6; **252**, 1.

Helen. **41e**, 2; **44**, 4; **50**, 1; **59**, 1; **84a**, 4; **84b**, 1; **105c**, 5.

Hercules. **26a**, 14; **152a**, 1; **214**, 6; **386**, 5; **406**, 10; **439a**, 3; **439b**, 3; **439d**, 2; **441a**, 11.

Hero. **419**, 4;

Herod. **403a**, 4; **403b**, 8; **414**, 2.

Hitler. **408**, 3; **409**, 2; **410**, 3.

Hitler, Herr. **340**, 4.

Holleran. **414**, 4.

Holyhead. **192**, 8.

Homer. **60a**, 7; **60b**, 5.

Hong Kong. **362**, 2.

Hopkins, Mister. **307a**, 4; **307b**, 5.

Huddersfield. **325a**, 2; **325b**, 2.

Hugh O'Donnell. **421**, 4.

Hugh O'Neill. **421**, 4.

Hugh Óg, An tAthair. **14b**, 7.

Hydria. **214**, 6.

Hynes, Johnny. **47c**, 4.

Iar-Chonnachta. **197**, 10; **246a**, 3; **246b**, 1.

Iarla Bhinn Éadair. **61a**, 6; **61d**, 1.

Iarmhí, An. Féach *Contae na hIarmhí.*

Ifreann. **121b**, 6; **299**, 2; **306**, 2; **318b**, 1; **318d**, 1; **406**, 4; **419**, 8; **436**, 8; **441a**, 7; **441b**, 2.

Inbhear [?Ceantar Ros Muc]. **191b**, 5; **299**, 6; **330**, 1; **354a**, 5.

Inbhear Mór [?Ceantar Charna]. **352**, 1.

hIndiacha, Na. **63f**, 6; **63l**, 2; **66**, 1; **91d**, 1; **242**, 6; **331**, 7; **435**, 5.

Indreabhán [Bf. i bpar. Chill Aithnín]. **350a**, 7.

Inid, An. **302**, 1; **336d**, 9.

Inis. **347a**, 2; **410**, 8.

Inis Bearachain [Oileán agus bf., par. Chill Aithnín]. **220**, 1; **248**, 2; **255**, 9; **266**, 3; **447**, 3.

Inis Bó Báine [?*Inis Bó* i bf. Leic Aimhréidh i bpar. Chill Chuimín]. 62a, 1; 62b, 1.

Inis Bó Finne [Oileán agus par.]. **240a**, 7; **240b**, 6; **240c**, 6; **240d**, 4; **240e**, 4.

Inis Draighin [?Recté *Inis Troighe*, oileán agus bf. i bpar. Mhaírois]. **239a**, 8; **239b**, 7; **239g**, 1.

Inis Eirc [Oileán agus bf. i bpar. Chill Chuimín]. **325a**, 5; **325b**, 6.

Inis Fáil. **198**, 1, **432**, 2.

Inis Leacan [LS: *Leacain*; oileán agus bf. i bpar. Mhaírois]. **370c**, 4.

Inis Meáin [Oileán agus par. i mbar. Árann, nó oileán agus bf. i bpar. Bhaile an Dúin].
8a, 1; **220**, 4; **232a**, 1; **232b**, 1; **232c**, 1; **232d**, 1; **304c**, 5; **349**, 7; **394a**, 2; **394c**, 1; **394d**, 1; **414**, 1.

Inis Ní [Oileán agus bf. i bpar. Mhaírois. **84a**, 6; **84b**, 4; **264a**, 5; **264b**, 5; **311**, 8; **359**, 5; **399**, 3.

Inis Oírr [LS: *Inis Thiar*; oileán, par. agus bf. i mbar. Árann]. **285**, 3; **308a**, 4.

Inis Téagair. **252**, 2.

Inis Toirc [LS: Tuirc; ?Oileán agus bf. i bpar. Iomaí; féach freisin *Máire Inis Toirc*]. **46a**, 3; **333b**, 3; **333c**, 3; **401b**, 1.

Iorras [?Bar. in iarthuaisceart Mhaigh Eo nó Iorras Aintheach i bf. Charna i bpar.
Mhaírois nó bf. Iorras Beag Thiar & Iorras Beag Thoir i bpar. Mhaírois...]. **60a**, 2; **60b**, 1; **116f**, 1; **277**, 5; **324**, 3; **333d**, 2; **451a**, 1; **451b**, 1; **451d**, 1.

Iorras Mór [Ceantar in iardheisceart phar. Bhaile an Dúin]. **51**, 2; **197**, 10; **337b**, 13; **337c**, 5; **341**, 5.

Íosa [Féach freisin *Críosta, Íosa Críost, An Leanbh Íosa*...]. **103a**, 3.

Íosa Críost. **8b**, 2; **28a**, 7; **28b**, 8; **28c**, 8; **28e**, 2; **158a**, 3; **285**, 6; **317a**, 6; **317f**, 6.

Ireland. **123**, 1; **153**, 3; **200**, 1; **243**, 1.

Irish. **141a**, 6; **200**, 7.

Isle of Man. **243**, 5.

t*Italian*, An. **414**, 14; *Italians.* **436**, 6.

Iúdás. **404a**, 9; **404b**, 7; **404c**, 8; **404d**, 8.

Iúil. **227**, 8.

Jack: *féach* Jeaic.

Jacob. **403a**, 3; **403b**, 4.

Jamaica. **324**, 2.

James Mongan. **321**, 14.

Jamsie, Mister. **232a**, 5; **232b**, 5; **232c**, 5.

Jap. **414**, 20.

Jeaic. **145**, 3; **325a**, 5.

Jeaic Mheáirt. **325b**, 6.

Jeaic Ó Conaola [LS: *Ó Conaola*]. **209**, 3.

Jeaic, *John.* **284**, 9.

Jeaic, Pádraig. **255**, 2.

Jeaicín, Frainc. **359**, 2.

Jeanín, Bád. **147b**, 21.

Jean, Saint. **203**, 2.

Jennings, Dochtúir. **172**, 1.

Jew; Jews. **303**, 3.

Jimí Beag. **255**, 4.

Jocub. **216a**, 4.

Joe Mór. **408**, 6.

Joe Reilly. **147b**, 10.

Joe, Bríd. **304b**, 4.

Joeín. **359**, 9.

John an *Lord.* **359**, 3.

John Fitzgearld. **410**, 6.

John Jeaic. **284**, 9.

John Langan. **272**, 8.

John Leyden. **272**, 8.

John Pheait. **352**, 5.

John Reddington. **209**, 2.

Johnny. **122**, 3.

Johnny Choilm. **219**, 1.

Johnny Golden. **261**, 1.

Johnny Greene. **273**, 6.

Johnny Hynes. **47c**, 4.

Johnny White. **332d**, 4.

Johnny, Meaig. **352**, 2.

Jones. **450**, 1.

Jordan, Lord. **211b**, 4.

Judy. **39**, 2.

Julius Caesar. **446c**, 2.

June. **141a**, 1; **141b**, 1; **200**, 1; **243**, 1.

Juno. **60a**, 8; **60b**, 5; **216a**, 4; **419**, 4.

Jupiter. **26a**, 13; **26b**, 5; **26b**, 7; **439b**, 3.

Kate. **352**, 4.

Kate Keane. **148b**, 4; **148c**, 5; **148d**, 5; **148e**, 5; **148f**, 5.

Keane, Father. **430**, 2.

Keane, Kate. **148b**, 4; **148c**, 5; **148d**, 5; **148e**, 5; **148f**, 5.

Keane, Peaidí. **148a**, 5.

Keane, Tigh *Kheane.* **224**, 4.

Keane, Tom. **354a**, 9.

Kelly. **93**, 1; **186d**, 7; **186g**, 2.

Kelly, Eoghan. **186f**, 6.

Kennedy. **283a**, 1; **283b**, 1; **410a**, 18.

Kerry. **416**, 6.

Kilbricken [Féach freisin *Cill Bhreacáin*]. **128**, 2; **204**, 1.

Kildare. **272**, 1.

Kilroy. **443a**, 8.

Kindell. **370a**, 8.

King of Glory. **158b**, 2.

King of Graces. **158b**, 1.

Knockanure [Par. Chnoc an Iúir i dtuaisceart Cho. Chiarraí]. **416**, 2.

Lá an Earraigh. **10b**, 5.

Lá an Luain. **24b**, 4; **96a**, 6; **412**, 14.

Lá Fhéile Caillín [LS: *Cáilín*]. **183a**, 1; **183b**, 1.

Lá Fhéile Martain [Féach freisin *Féile Mhartain*]. **139**, 9.

Lá Fhéile Pádraig [Féach freisin *Féile Phádraig*]. **40a**, 1; **40b**, 1; **66**, 2; **185a**, 1; **185b**, 1;
    185c, 5; **185e**, 1; **185g**, 1; **185h**, 1; **262**, 1; **282**, 1; **299**, 8; **304c**, 4; **304d**, 1; **325a**, 1;
    325b, 1; **340**, 1; **359**, 6; **391b**, 6; **407a**, 1; **407b**, 1.

Lá Fhéile Stiofáin. **344**, 1.

Labhrás. **234**, 2; **269a**, 21.

Laidin. **369**, 5; **404a**, 8; **404b**, 6; **404c**, 7; **404d**, 7.

Laighin. Féach *Cúige Laighean* agus *Rí Laighean.*

Laighneach. **53a**, 9; **422**, 9.

Landsdowne, Lord. **304a**, 9.

Langan, John. **272**, 8.

Laoi, An [Féach freisin *The Lee*]. **262**, 4.

Laois. Féach *Contae na Banríona*

Larry Mullarkey. **269a**, 28.

Latimer. **405a**, 5; **405b**, 6.

Laudomio. **419**, 4.

Leac na Dona. **269b**, 8.

Leac na gCaorach. **253a**, 5; **253b**, 3, 4; **253c**, 3.

Leac na gCualann [?Recté *Leac na Gualann*]. **398**, 1.

Leacky. **448**, 1.

Leamhchaill [?; LS: *Leath Choill*; ?bf. Leamhchaille i bpar. Mhaigh Cuilinn; féach freisin bf. Leathchaille i bpar. Chill Ó gCillín]. **433a**, 5; **433b**, 3.

Leanbh Íosa, An. **403a**, 2; **403b**, 2; **403d**, 2.

Leára. **304a**, 1; **304b**, 1; **304c**, 1; **304d**, 1.

Leára, Sorcha. **304b**, 8; **304d**, 2.

Learaí. **283a**, 1; **283b**, 1.

Learaí, Máirtín. **285**, 3.

Learaí, Stiofán. **321**, 15.

Lee, The. **80**, 1.

Leitir Aird [?Bf. Leitreach Ard i bpar. Mhaírois]. **222**, 1.

Leitir Calaidh [LS: *Caladh, Caltha*; bf. i bpar. Chill Aithnín; féach freisin *Cnoc Leitir Calaidh*]. **191a**, 3; **375**, 3; **388**, 5; **391a**, 2; **391b**, 2; **447**, 3.

Leitir Mealláin [Oileán agus bf. i bpar. Chill Chuimín]. **266**, 3.

Leitir Móir [Bf. i bpar. Chill Aithnín, seachas, is cosúil, bf. *Leitir Móir na Coille* i bpar. Chill Chuimín nó bf. Leitir Mór i bpar. Bhaile na Cille, bar. Bhaile na hInse; féach freisin *Cnoc Leitir Móir, Peigín Leitir Móir*]. **220**, 3; **248**, 1; **333a**, 1; **333b**, 3; **333c**, 3; **333d**, 3; **357**, 1.

Leitrim, Lord. **432a**, 3; **432b**, 3.

Leonard, Willie. **133**, 1.

Lettermore. **153**, 4.

Leyden, John. **272**, 8.

Liam. **332c**, 3; **332d**, 2; **336a**, 5.

Liam Mór Ó Dúláin [LS: *Ó Dóláin*]. **347a**, 3.

Liam Ó Raghallaigh. **160a**, 1; **160b**, 1; **160d**, 4.

Liathcharraig [I bf. Leitir Mealláin, par. Chill Chuimín]. **370a**, 17.

Liberties, Na. **27a**, 5; **27d**, 3; **27e**, 2; **47a**, 3; **47b**, 5; **47c**, 3; **47c**, 2; **138**, 5.

Limerick. **54a**, 2.

Líonán, An [Bf. i bpar. an Rois]. **349**, 5.

Lipton. **326**, 3.

Lisburn [Lios na gCearrbhach, baile i ndeisceart Cho. Aontroma]. **54a**, 2.

Liverpool. **120a**, 2; **336a**, 3; **336g**, 1.

Loch an Chaoile [?]. **348**, 1.

Loch Léin [LS: *Loch i Léin*; gar do Chill Airne]. **189**, 3; **452**, 3.

Loch an Mhaoil. **453g**, 1.

Loch an Óir. **148a**, 11; **148c**, 9; **148d**, 7; **148e**, 8; **148f**, 9.

Loch an Tóraic [?]. **105c**, 4; **105d**, 4.

Loch an Tuairín [?I bf. an Tuairín, par. Bhaile na Cille, bar. Bhaile na hInse] . **370h**, 1.

Loch Céis [?]. **199**, 1.

Loch Coirib. **227**, 1.

Loch Dearg. **161a**, 1; **161b**, 1; **161d**, 1; **255**, 8.

Loch Éirne [LS: *Eirne*]. **7**, 7; **25a**, 2; **26a**, 1; **26b**, 1; **26c**, 1; **39a**, 6; **39b**, 6; **39c**, 6; **39d**, 3; **61a**, 6; **61b**, 6; **61c**, 7; **61d**, 1; **65f**, 3; **70a**, 1; **70b**, 5; **70c**, 2; **70d**, 2; **70e**, 3; **70f**, 3; **105a**, 4; **105d**, 4; **161a**, 7; **161c**, 3; **161d**, 4; **166**, 5; **175**, 3; **177**, 5; **185b**, 5; **233a**, 5; **233b**, 3; **235a**, 6; **239a**, 9; **288**, 1.

Loch Garman. **221f**, 6.

Loch Gréine. **105c**, 4; **105d**, 4.

Loch Measca [LS: *Measc*; loch mór i ndeisceart Mhaigh Eo]. **167a**, 6; **167b**, 6.

Loch na bhFaol. **453b**, 1.

Loch na gCeann [I bf. an Chaolaigh, par. Chill Aithnín]. **102c**, 6.

Loch na Naomh [I bf. Bharr an Doire, par. Chill Aithnín]. **453a**.

Loch na Ní. **453c**, 1; **453e**, 1; **453f**, 1; **453h**, 1.

Loch Seoirse. **215**, 2.

Loideáin, Na. **223**, 13.

Loingseach, An [LS: *Loinseach*]. **53b**, 3; **217a**, 2; **217b**, 1; **217c**, 1; **217d**, 1; **247**, 1.

Loingsigh, Na [LS: *Loinsigh*]. **217d**, 3; **269a**, 14; **269c**, 13.

Loingsigh, Peaidí [LS: *Linnsigh*]. Féach [Ó] Loingsigh, Peaidí.

Londain. **41a**, 10; **41b**, 7; **41d**, 4; **41e**, 3; **158a**, 8; **158b**, 8; **227**, 4; **255**, 7; **265a**, 2; **265b**, 3; **296**, 2; **336a**, 8; **336d**, 1; **419**, 8; **421**, 5; **438a**, 9.

Londain Shasana. **164a**, 10.

London. **125**, 3.

Loper, Mrs. **117a**, 8.

Lord Dillon. **269a**, 18.

Lord Haw-Haw. **414**, 27.

Lord Jordan. **211b**, 4.

Lord Landsdowne. **304a**, 9.

Lord Leitrim. **432a**, 3; **432b**, 3.

Lord Nudgent. **211a**, 4.

Lord O'Connell. **432a**, 4; **432b**, 2.

Lord Sligo. **443a**, 6.

Lord, John an. **359**, 3.

Loughrea [Féach freisin *Baile Locha Riach*]. **54a**, 4;

Luan, An. **34**, 5; **50**, 4; **158a**, 10; **269a**, 3; **317b**, 4; **406**, 2.

Luan Cincíse. **213**, 1.

Lucan, An Tiarna. **50**, 6.

Luimneach. [Féach freisin *Príosún Luimnigh*]. **54a**, 1; **54b**, 1; **143a**, 9; **143b**, 7; **143c**, 7;
   235a, 3; **235b**, 2; **264b**, 1; **265a**, 2; **265b**, 3; **333b**, 1; **333c**, 1; **336b**, 9; **336d**, 2; **336e**,
   7; **336g**, 1; **340**, 4; **368b**, 5; **422**, 2.

Lúnasa, **82a**, 2; **247**, 7; **427a**, 3; **427b**, 1.

Luther. **168**, 8; **402**, 4; **403a**, 1; **403c**, 1; **403d**, 3; **403e**, 2; **404a**, 9; **404b**, 7; **404c**, 8;
   404d, 8; **405a**, 5; **419**, 8; **432a**, 4; **432b**, 2.

Lyons. **416**, 2.

Mac an Domhnaigh. **280**, 5.

Mac Aogáin, Tomás Bán. **186a**, 4; **186b**; **186c**, 4.

Mac Conmara [LS: *Con Mara*]. **269a**, 36.

Mac Conraoi, Máire Nic Conraoi [LS: *Con Rí*]. **377**, 1.

Mac Cumhaill, Boireann Mhic Cumhaill. **393**, 9.

Mac Dara. **34**, 6; **116a**, 4; **116b**, 3; **116e**, 2; **117a**, 8; **240a**, 5; **287**, 2; **321**, 9.

Mac Dara. Féach *Oileán Mhic Dara*.

Mac Dé. **11d**, 6; **11e**, 2; **29**, 6; **34**, 6; **41c**, 5; **67a**, 4; **67b**, 5; **116a**, 4; **167a**, 10; **167b**, 8;
   169, 4; **175**, 2; **217c**, 5; **217d**, 4; **244**, 2; **251c**, 4; **274a**, 8; **299**, 4; **335a**, 2; **225b**, 2;
   336b, 4; **336e**, 3; **353**, 6; **382**, 1; **390a**, 3; **390b**, 3; **401a**, 7; **403a**, 11; **406**, 9; **411b**,
   11; **413**, 7; **422**, 3; **443a**, 2.

Mac Diarmada. **83c**, 2.

Mac Diarmada, Úna Nic Dhiarmada. **83a**, 5; **83b**, 5; **83d**, 2.

Mac Dónaill. **370f**, 7.

Mac Duach. **251a**, 4; **251b**, 2; **251c**, 4.

Mac Duach. Féach *Tobar Mhic Duach*.

Mac Éil. **159**, 3.

Mac Einrí. **436**, 4.

Mac Eoin, Uilleac. **433b**, 3.

Mac Gabhann, Caitlín Nic Gabhann. **436**, 4.

Mac Giobúin, Seán. **427c**, 5; **434**, 1.

Mac Giolla Easpaig, Aindí. **442**, 8.

Mac Giollarnáth, Seán. **148b**, 9.

Mac *Majors*. **244**, 7.

Mac Mhuire. **8b**, 5; **53a**, 3; **265a**, 6; **390b**, 3; **407a**, 5.

Mac Mhuire na nGrást. **187b**, 7.

Mac Morna, Goll [LS: *Mórna*]. **26a**, 19; **26b**, 7; **225**, 3; **386**, 5; **439a**, 3; **439b**, 3; **439c**, 2; **439d**, 2; **441a**, 11; **441b**, 2; **443a**, 5; **443b**, 7.

Mac Murchú. **420**, 10.

Mac Murchú, Séamas. **185d**, 4.

Mac na nGrást. **187e**, 5; **300a**, 5; **320**, 5; **403a**, 1; **403b**, 1; **403d**, 3; **403e**, 2.

Mac Rónáin, Caoilte. **456b**, 2.

Mac Séamais, Seán [LS: *Séamuis*]. **450**, 3; **456a**, 1.

Mac Siúrtáin, Neilí Nic Siúrtáin. **160a**, 8; **160b**, 8; **160d**, 5.

Mac Suibhne, Máire Nic Suibhne Óg. **49**, 1; **136a**, **136b**, 8.

Mac Suibhne, Mairéad Nic Suibhne Bhán. **45a**, 1; **45b**, 1; **45c**, 1.

Mac Taidhg, Máire Nic Thaidhg Óg [LS: *Ní Taidhg*]. **48**, 2.

Mac Uidhir, Seán. **177**, 1.

Mack, Mary. **454**, 1.

Mag: féach Meaig.

Maidhc. **312**, 5; **270**, 4.

Maidhc Bheartla. **270**, 6.

Maidhc Mháirtín. **5**, 5.

Maidhc *Mhichael* Sheáinín. **270**, 1; **352**, 5.

Maidhc *Tom*. **255**, 2.

Maidhc, Conchúr Sheáin Mhaidhc. **331**, 1.

Maidhcil Nábla. **359**, 8.

Maidhcil Pháidín. **332d**, 3.

Maidhcil Sheáinín, Maidhc Mhaidhcil Shéamais. **270**, 1; **352**, 5.

Maidhcó Pheige. **270**, 6.

Maigh Eo [Féach freisin *Contae Mhaigh Eo*]. **63i**, 3; **221c**, 6; **221f**, 6; **235b**, 4.

Maigh Mhaighean [?; LS: *Mágh Maidhean*]. **152a**, 4.

Maíros [Bf. agus par.]. **27a**, 7; **435**, 5.

Máilligh, Na. **156c**, 10; **193a**, 5; **193b**, 2; **270**, 5; **333c**, 5.

Máimín, An [Bf. i bpar. Chill Aithnín; féach freisin *Céibh an Mháimín*]. **191a**, 3; **191b**, 5; **191c**, 4; **239a**, 7; **239b**, 7; **285**, 2; **333a**, 4; **333b**, 3; **333c**, 3; **359**, 4; **368a**, 1; **368b**, 1; **447**, 4.

Maínis [Oileán agus bf. i bpar. Mhaírois; féach freisin *Caladh Mhaínse* agus *Púcán Mhaínse*]. **27b**, 6; **27c**, 4; **27d**, 4; **47b**, 5; **47c**, 3; **47d**, 3; **138**, 7; **148a**, 1; **148b**, 1; **148c**,

1; **148d**, 1; **148e**, 1; **181a**, 7; **184f**, 1; **188**, 3; **253a**, 4; **253b**, 5; **253d**, 4; **254**, 3; **271**, 1.
Mainistir na Búille [LS: *Buaile*; baile agus par. i gCo. Ros Comáin]. **90a**, 5.
Mainistir na Móinte [LS: *Múinte*; athmhíniú ar *Mainistir na Búille*]. **41a**, 1.
Máire. **3**, 1; **8c**, 3; **30a**, 6; **33b**, 4; **40a**, 3; **40b**, 3; **48**, 5; **63c**, 4; **63h**, 4; **63j**, 3; **63k**, 3; **66**,
    2; **83a**, 1; **83b**, 1; **178**, 1; **193c**, 5; **255**, 5(1), **265a**, 1; **281**, 2; **300a**, 7; **307a**, 3; **207b**,
    3; **311**, 2; **316b**, 2; **331**, 2; **347a**, 6; **347b**, 4; **347d**, 2; **362**, 2; **391a**, 9; **391b**, 2; **398**,
    1; **403a**, 3; **442**, 2; **451a**, 3; **451b**, 2.
Máire an Chúil Dualaigh. **66**, 1.
Máire an Leachta. **147b**, 6.
Máire Bhán. **49**, 2; **72c**, 4.
Máire Bhreatnach [LS: *Bhreathnach*]. **148a**, 2; **148b**, 1; **148c**, 2; **148d**, 2; **148e**, 2; **148f**, 2.
Máire Dhearg, Bríd Mháire Dhearg. **238**, 2.
Máire Ghágach. **346**, 1.
Máire Ghearailt. **69**, 10.
Máire Inis Toirc [Féach freisin *Inis Toirc*]. **46a**, 3; **46b**, 3.
Máire Ní Chonaola [LS: *Confhaola*]. **120b**, 1.
Máire Ní Eidhin, **105a**, 5; **105c**, 5; **105d**, 5.
Máire Ní Ghríofa. **47a**, 2; **47b**, 3; **47c**, 2; **47d**, 2.
Máire Ní Mháille. **156h**, **164a**, 4; **447**, 4.
Máire Ní Mhurchú. **185e**, 2.
Máire Nic Thaidhg Óig [LS: *Ní Taidhg*]. **48**, 2.
Máire Nic Conraoi [LS: *Con Rí*]. **377**, 1;
Máire Nic Shuibhne. **49**, 1; **136a**, **136b**, 8.
Máire Standún. **50**, 10.
Máire. Féach *Banríon Máire*.
Máiréad [LS: *Muiréad*]. **304b**, 6.
Máiréad Ghléigeal Nic Suibhne [LS: *Maighréad*]. **43**, 1, 2, 3.
Máiréad Nic Suibhne Bháin . **45a**, 1; **45b**, 1; **45c**, 1.
Máirín. **4c**, 6; **8a**, 1; **19f**, 2; **37**, 1; **51**, 1; **54c**, 3; **63b**, 6; **63d**, 6; **63f**, 6; **63g**, 6; **91a**, 7; **91d**,
    9; **265a**, 3; **332d**, 2.
Máirín Ghaillimh'. **116d**, 4.
Máirín Ní Ruáin. **158a**, 9.
Máirín Seoige. **52a**, 6; **52c**, 3.
Máirtín. **26a**, 18; **156a**, 1; **156b**, 2; **156d**, 6; **156e**, 6; **156f**, 5; **156h**, 4; **156i**, 4; **156k**, 5;
    156l, 5; **156m**, 3; **274a**, 5; **274b**, 5; **308a**, 7; **308b**, 4; **325a**, 2; **325b**, 2; **339**, 4; **343**,
    3; **345a**, 5; **352**, 6; **394c**, 6; **394d**, 6.

Máirtín *Barrett.* **148c**, 3.

Máirtín Beag. **255**, 2.

Máirtín Breathnach. **251c**, 1.

Máirtín Ceannaí [?]. **336b**, 9; **336e**, 7.

Máirtín *Cooke.* **336c**, 5.

Máirtín Learaí. **285**, 3.

Máirtín Mór. **164a**, 1; **164b**, 1; **311**, 4; **375**, 1.

Máirtín Ó Máille. **269a**, 35; **269b**, 10.

Máirtín Ó Tuairisg. **315a**, 12; **315b**, 12; **315c**, 12; **315d**, 6.

Máirtín Saor. **249**, 2.

Máirtín Sheáin Bháin. **352**, 6.

Máirtín Uáitéir. **337b**, 6; **337c**, 4.

Máirtín, Bád Mháirtín. **325b**, 4.

Máirtín, Bairbre Mháirtín. **321**, 13.

Máirtín, Colm Mháirtín. **309a**, 4; **309b**, 4.

Máirtín, Maidhc Mháirtín. **5**, 5.

Máirtín, Roibeard Mháirtín [LS: *Riobárd*]. **300b**, 4.

Máirtíneach, An. **433a**, 4; **433b**, 2.

Maitias. **5**, 5; **254**, 5; **270**, 3; **350a**, 7; **350b**, 7.

Maitias *Audley.* **148b**, 7; **148d**, 9.

Maitias Mór. **293a**, 1; **293b**, 1; **293c**, 1.

Maitias Ó Duáin [LS: *Ó Dubháin*]. **349**, 5.

Maitias Ó Gríofa. **399**, 1.

Maitias Thaidhg. **332d**, 4.

Maitias, Tadhg Mhaitiais. **307a**, 1.

Maitiú. **112e**, 2; **362**, 1.

Maitiú, Colm Mhaitiú. **294**, 5.

Maitiú, Peait Mhicil Mhaitiú. **209**, 3.

Major Óg *O'Connell.* **186a**, 8; **186b**, 8; **186g**, 2;.

Malaí. **451c**, 2.

Malaí Bhán. **42a**, 8; **72b**, 7; **72d**, 4.

Malaí Ní Mhaoileoin. **130a**, 1; **130b**, 1.

Malbay [Baile agus bf. Shráid na Cathrach i bpar. Chill Fear Buí i gCo. an Chláir. Féach
freisin *Milltown*]. **160a**, 7; **160b**, 7; **160c**, 6; **160d**, 7; **160e**, 2; **160g**, 2; **160i**, 3;
221a, 8; **235a**, 1; **235b**, 4; **253b**, 8; **304b**, 7; **333a**, 2; **348**, 2; **430**, 3; **431**, 3.

Malden. **270**, 8.

Mal [LS: *Mall*]. **130a**, 6; **130b**, 6; **130c**, 5.

Mal Dubh an Ghleanna [LS: *Mall*]. **53a**, 4; **53b**, 1.

Mám, An [Bf. i bpar. Bhaile an Dúin nó bf. an Mháma Thoir agus an Mháma Thiar i bpar. an Rois]. **40a**, 3; **40b**, 3; **147b**, 16; **189**, 5; **239g**, 1; **252**, 1; **280**, 2; **315a**, 10; **315b**, 10; **315c**, 10; **315d**, 5; **333e**, 2; **349**, 3; **421**, 3; **433a**, 2; **433b**, 1; **451a**, 5; **451b**, 5.

Mám an Toirc Mhóir [?Ceantar Shléibhte Mhám Toirc i mbarúntachtaí an Rois agus Bhaile na hInse]. **349**, 4.

Mám Éan [Mionghné i bf. Dhoire Bhéal an Mháma, par. Mhaírois, nó ceann scríbe oilithreachta i Sléibhte Mhám Toirc, gar don Mhám; féach freisin *Cnoc Mhám Éan*]. **48**, 5; **152a**, 4; **152b**, 3; **252**, 3; **333a**, 4; **333b**, 3; **333c**, 3; **333d**, 2; **333e**, 2; **333f**, 2; **370a**, 14; **370b**, 11; **370c**, 8; **370e**, 8; **395**, 1.

Mánas. **308a**, 1; **308b**, 1; **308c**, 1; **391a**, 2.

Maolra. **103f**, 1; **308a**, 1; **370c**, 3.

Maolra, An tAthair. **427b**, 4; **434**, 1.

Maolra, Carraig Mhaolra. **103f**, 1.

Maolsheachlainn. **406**, 10.

Marcaisín. **325b**, 6.

Marcas. **363**, 2; **433a**, 3.

Marcas *Audley*. **148a**, 9.

Marcas Chiaráin. **359**, 4.

Marcas *Mhorgan*. **331**, 4.

Marcas Ó Loinsigh. **433b**, 2.

Marcas Sheáin. **254**, 2.

Marcas, *Sonny* Mharcais. **285**, 7.

Marcas, Tadhg Mharcais. **307b**, 1.

Maree [Meáraí, ceantar cósta gar d'Órán Mór]. **332a**, 1; **332c**, 1.

Márta, (An). **8e**, 3; **10b**, 4; **31**, 5; **92**, 4; **210**, 3; **227**, 8; **251a**, 3; **251c**, 1; **253b**, 7; **304a**, 6; **310a**, 6; **310b**, 6; **314a**, 1; **314b**, 1; **314c**, 1; **314d**, 1; **314e**, 1; **314f**, 1; **340**, 3; **393**, 1; **410**, 17.

Márta, Lá an Mhárta. **8b**, 5.

Martan [LS: *Mártan*]. **16**, 4; **26b**, 6.

Martan, Aill Mhartain [LS: *Mhártain*]. **5**, 5.

Martan, ... na Féile Martain. Féach Féile Mhartain.

Martin Cripple. **153**, 1.

Mary. **80**, 2.

Mary Ann. **359**, 9.

Mary Hardiman. **261**, 4.

Mary Mack. **454**, 1.

Mary Rua. **206**, 5.

Maryland [Féach freisin *Baltimore*]. **123**, 3.

Más, An [Bf. i bpar. Mhaírois nó i bpar. Eanach Dhúin]. **359**, 5.

May. **122**, 1; **129**, 1; **132**, 2.

Mayo. **48**, 2.

McAlpine. **272**, 6.

McCarthy. **354a**, 7.

McDonagh. **153**, 1.

McDonagh, Miss. **156g**, 7.

McHale, Dr. **327**, 2.

Meaig. **368a**, 5.

Meaig *Johnny.* **352**, 2.

Meaig Mhicil Pháidín. **270**, 2.

Meaig Pheadair Mhóir. **394c**, 4; **394d**, 4.

Meáirt, Jeaic Mheáirt. **325b**, 6.

Meait. **120c**, 3.

Meiriceá. **5**, 8; **47a**, 7; **68a**, 2; **68b**, 2; **68c**, 8; **68d**, 3; **68e**, 2; **102c**, 6; **103e**, 2; **103f**, 1; **147a**, 1; **156g**, 8; **156h**, 6; **156m**, 5; **157**, 8; **192**, 6; **194**, 2; **210**, 5; **231**, 3; **232a**, 5; **232b**, 5; **232c**, 5; **237**, 1; **242**, 6; **249**, 1; **280**, 4; **310a**, 7; **310b**, 7; **311**, 3; **340**, 4; **410**, 1; **414**, 5.

Méirligh. **428**, 1.

Men of War (An) . **308b**, 5; **330**, 2; **411a**, 8; **411b**, 8; **411c**, 8; **453b**, 8; **453d**, 8.

Mercury. **26a**, 13; **26b**, 5.

Mí, An Mhí [Féach freisin *Contae na Mí*]. **75**, 5.

Mícheál. **164a**, 4.

Mícheál Ard-Aingeal. **300a**, 4; **300c**, 3; **300d**, 3.

Mícheál Breathnach. **167a**, 1; **167b**, 1; **167c**, 1; **167e**, 1.

Mícheál Ó Dónaill. **451a**, 11; **451b**, 10.

Mícheál Ó Suibhne. **237**, 4.

Mícheál, ... na Féile Mhíchíl. Féach *Féile Mhíchíl.*

Mícheál, Trá Mhíchíl. **315a**, 2; **315b**, 2; **315c**, 2; **315d**, 1.

Micil. **338**, 5; **451a**, 11; **451b**, 10.

Micil an Mhéara. **120b**, 4.

Micil Bán. **156a**, 1; **156b**, 3; **156d**, 4; **156d**, 6; **156e**, 4; **156f**, 4; **156h**, 4; **156i**, 4; **156j**, 4; **156k**, 5; **156l**, 5.

Micil Breac. **354a**, 10.

Micil Feáirtí. **357**, 1.

Micil Liam Aodha [LS: *Aoidh*]. **120b**, 1.

Micil Mhaitiú, Peait Mhicil Mhaitiú. **209**, 2.

Micil Ó Raighne [LS: *Ráighne*]. **296**, 11.

Micil Pháidín, Meaig Mhicil Pháidín. **270**, 2.

Micil Pháidín, Púcán Mhicil Pháidín. **253a**, 1; **253b**, 1; **253c**, 1; **253d**, 1.

Micil Pháidín. **253a**, 6; **253c**, 4; **270**, 4.

Micil Pheaits. **68b**, 4; **332d**, 3; **368b**, 4.

Micil Réamainn [LS: *Réamoinn*]. **400**, 3.

Micil *Tom*, *Tom* Mhicil *Tom*. **362**, 1.

Mike: *féach* Maidhc.

Mílidh. Féach *Clann Mhíleadh*.

Milltown [Baile agus bf. Shráid na Cathrach i bpar. Chill Fear Buí i gCo. an Chláir. Féach freisin *Malbay*]. **221a**, 8; **235a**, 1; **235b**, 4.

Milroy, Buachaill. **11b**, 1.

Minos. **26a**, 15.

Minerva. **60a**, 8; **60b**, 3.

Mine, Na [LS: *Míne*; bf. i bpar. Chill Chuimín]. **269b**, 6.

Mionlach [Bf. ar imeall thuaidh Chathair na Gaillimhe i bpar. Bhaile Chláir, seachas i bpar. Chill Ó Scóba]. **338**, 4.

Miss McDonagh. **156g**, 7.

Miss O'Donnell. **156h**, 8.

Mister Feeney. **335a**, 1; **335c**, 1.

Mister Hopkins. **307a**, 4; **307b**, 5.

Mister Jamsie. **232a**, 5; **232b**, 5; **232c**, 5.

Mister: *féach* Mr.

Móin na hÉil[l]e [?]. **333b**, 5; **333c**, 5.

Molára, Gleannta. **244**, 4.

Molly: *féach* Malaí.

Molt, An. **231**, 4; **307a**, 1; **392**, 7.

Mongan, James. **321**, 14.

Moran. **271**, 4.

Morgan. **441a**, 11.

Morgan, Eilís. **441a**, 11.

Morgan, Marcas *Mhorgan*. **331**, 4.

Morning Star, An. **147b**, 23.

Morrissey. **120a**, 5; **350a**, 10.

Moscow. **410**, 19; **412**, 17; **414**, 18.

Móta Ghráinne Óige [Baile agus bf. an Mhóta san Iarmhí]. **167a**, 3.

Mr. Nixon. **410**, 2.

Mr. Sweeney. **52b**, 2.

Mr.: féach Mister.

Mrs. Burke. **172**, 6.

Mrs. Loper. **117a**, 8.

Muiceanach [?Bf. Mhuiceanach Idir Dhá Sháile i bpar. Chill Chuimín]. **266**, 3.

Muimhneach, An. **143a**, 9; **143b**, 7; **143c**, 7; **199**, 3; **266**, 1; **317e**, 1; **328**, 2; **414**, 2; **422**, 9.

Muimhnigh Na. **47a**, 5; **389**, 3.

Muinice. **283a**, 3.

Muir Mheáin, An Mhuir Mheáin. **412**, 14.

Muire. **13a**, 2; **25a**, 5; **40a**, 1; **40b**, 1; **52b**, 2; **55a**, 9; **55c**, 5; **67a**, 4; **67b**, 5; **70e**, 1; **75**, 1; **75**, 6; **91f**, 3; **93a**, 1; **102a**, 3; **102b**, 4; **102d**, 2; **102f**, 1; **102g**, 1; **114a**, 5; **114b**, 5; **114c**, 4; **117b**, 7; **117c**, 6; **117d**, 2; **117e**, 6; **144a**, 7; **156a**, 9; **156b**, 1; **156d**, 7; **156e**, 7; **156f**, 7; **156i**, 2; **156j**, 3; **156k**, 4; **156l**, 3; **181a**, 1; **181b**, 1; **181c**, 2; **185b**, 8; **187a**, 1; **187c**, 8; **187d**, 8; **190a**, 4; **206**, 3; **280**, 4; **293a**, 1; **293b**, 1; **293c**, 1; **312**, 2; **313**, 3; **316b**, 6; **336a**, 2; **336d**, 6; **345a**, 1; **350c**, 6; **366**, 4; **370b**, 3; **403b**, 3; **403c**, 5; **406**, 3; **412**, 11; **422**, 4; **430**, 1; **432a**, 2; **455**, 1.

Muire Mháthair. **232a**, 2; **232b**, 2; **232c**, 2; **232d**, 1.

Muire na nGrást, Mac Mhuire na nGrást. **187b**, 7.

Muire na nGrást. **187c**, 10; **187d**, 9.

Muire, Aon-Mhac Mhuire. **25a**, 6; **25b**, 5; **44**, 1; **406**, 1.

Muire, Mac Mhuire. **8b**, 5; **53a**, 3; **265a**, 6; **390b**, 3; **407a**, 5.

Muire, ... na Féile [Féach freisin *Oíche Fhéile Muire Mhór*]. **103b**, 4.

Mullarkey, Learaí. **269a**, 28.

Mumha, An Mhumhain [Féach freisin *Cúige Mumhan*]. **233b**, 3.

Murchadh [LS: *Murcha*]. **311**, 3; **391a**, 2; **391b**, 2.

Murchadh, Bid Bhán Thomáis Mhurchaidh [LS: *Mhurcha*]. **25c**, 5.

Muster, Saint. Féach *Saint Muster.*

Mylín. **394a**, 3; **394b**, 3; **394c**, 2; **394d**, 2.

Mynerva. **60a**, 8.

Na...(an t-alt)...féach an focal a leanann é.

Nábla, *Maidhcil.* **359**, 8.

Nancy. **59**, 1; **86**, 6.

Nancy Walsh. **60a**, 6; **60b**, 3.

Naoise. **169**, 1.

Naomh Pádraig. **287**, 5; **320**, 8; **363**, 4; **438c**, 3.

Naomh Peadar. **181c**, 5; **185b**, 9; **411a**, 2; **411b**, 2; **419**, 10.

Naomh Pól. **185b**, 9; **205a**, 7; **313**, 7.

Naomh Proinnsias. **70a**, 6.

Neachtain, Tigh [LS: *Neachtain, Naughton*]. **148a**, 1; **148b**, 1; **148c**, 1; **148d**, 1; **148e**, 1; **148f**, 1.

Neain. **321**, 2.

Neainín. **384**, 2; **394c**, 6; **394d**, 6.

Neamh. **158a**, 1; **311**, 2; **404b**, 1.

Ned. **325a**, 3; **325b**, 3; **398**, 2.

Ned Farrell. **400**, 2.

Neidí. **183a**, 5.

Neidí Rua. **183b**, 5.

Néifinn [LS: *Néifin*; sliabh i bpar. Eadargúile, Maigh Eo. Féach freisin *Cnoc Néifinne, Gleann Néifinne* agus *Oileán Néifinne*]. **12**, 6; **239c**, 2; **239d**, 2; **239e**, 3; **239f**, 1; **239g**, 1.

Neil. **11b**, 1; **77**, 1; **435**, 5.

Neil an Chúil Bháin. **62b**, 4.

Neilí. **11c**, 2; **11d**, 4; **11g**, 4; **11h**, 1; **11i**, 2; **19a**, 5; **10b**, 4; **19c**, 3; **19d**, 3; **19e**, 3; **39a**, 3; **39b**, 3; **39c**, 6; **39d**, 3; **54a**, 6; **61a**, 2; **61b**, 1; **61d**, 2; **62a**, 1; **72g**, 3; **167a**, 8; **167b**, 2; **185b**, 5; **187a**, 5; **187e**, 1.

Neilí Bhán. **54a**, 5; **54a**, 3.

Neilí Ní Riagáin. **185a**, 2; **185i**, 1.

Neilí Nic Siúrtáin. **160a**, 8; **160b**, 8; **160d**, 5.

Néilleach, An. **426**, 4.

Néilligh Na. **426**, 2.

Neptune. **439a**, 3; **439b**, 3; **439d**, 2.

New York. **123**, 3; **132**, 2; **147a**, 2; **147c**, 7; **202**, 1.

Newcastle. **269a**, 30.

Newport [?Baile Uí Fhiacháin, baile agus bf. i Maigh Eo]. **113a**, 4; **113b**, 4.

Ní ...mar chuid de shloinne...féach Ó

Nic... mar chuid de shloinne... féach Mac

Nile Lodge. **327**, 6.

Nioclás Sheáin Mhóir. **261**, 2.

Nixon, Mr. **410**, 2.

Nóirín. **19f**, 2; **63a**, 4; **63b**, 6; **63c**, 4; **63f**, 1; **63g**, 6; **63h**, 4; **63i**, 1; **63j**, 3; **63k**, 3.

Nóirín Bhán. **64i**, 3.

Nollaig, An [Féach freisin *Oíche Nollag*]. **107a**, 3; **142a**, 3; **142b**, 3; **142c**, 3; **142d**, 3;
  186c, 7; **186f**, 5; **205a**, 5; **205e**, 3; **205f**, 5; **205h**, 3; **205i**, 3; **205l**, 3; **247**, 2; **294**,
  1; **315a**, 1; **315b**, 1; **315c**, 1; **315d**, 1; **350a**, 7; **350b**, 7; **370a**, 18; **370d**, 6; **370g**, 8;
  370h, 1; **370i**, 6; **376a**, 3; **367c**, 5.

Nóra. **83a**, 1; **83b**, 1; **146**, 9; **352**, 6; **445a**, 4; **445b**, 4; **445c**, 2.

Nóra Bhán. **64a**, 4; **64b**, 5; **64c**, 5; **64c**, 6; **64e**, 4; **64g**, 5; **64h**, 5.

Nóra Chríonna. **146**, 6.

Nóra Ní Cheallaigh. **146**, 2.

Nóra Ní Chonchúir Bhán. **65a**; **65b**; **65c**, 2; **65d**; **65e**, 1; **65f**, 1; **65g**, 1.

Nóra Ní Dhorchaí. **185f**, 5.

North, (An). **414**, 27.

Norway. **243**, 2; **414**, 13.

Nudgent, Lord. **211a**, 4.

Ó Baoill, Seán. **173a**, 3; **173b**, 3.

Ó Biadh, Páidín. **309a**, 7; **309b**, 7.

Ó Breacáin [LS: *Briocáin*], Teorainneacha Uí Bhreacáin. **8c**, 3.

Ó Briain. **269a**, 13; **269c**, 12; **440**, 2; **443a**, 6.

Ó Briain, Dónall. **376**, 1.

Ó Briain, Dúiche Uí Bhriain. **56a**, 6.

Ó Briain, Pádraig. **184**, 1.

Ó Briain, Tuamhain Uí Bhriain. **349**, 5.

Ó Broin, Risteard [LS: Risteárd]. **455**, 2.

Ó Cadhain [LS: *Caidhin*]. **435**, 4.

Ó Cadhain, Seán. **138**, 7.

Ó Caola, Sadhbh Sheáin Uí Chaola. **193c**, 4.

Ó Caola, Seán. **193a**, 10.

Ó Cathail, Tomás. **158b**, 7.

Ó Ceallacháin, Paitchín [LS: *Ciallacháin*]. **174**, 1.

Ó Ceallaigh. **186a**, 8; **186b**, 8; **269a**, 12; **269c**, 11.

Ó Ceallaigh, Aindí. **304b**, 8.

Ó Ceallaigh, Art. **366**, 1.

Ó Ceallaigh, Bairbre Ní Cheallaigh. **14b**, 5.

Ó Ceallaigh, Dáithí. **370b**, 12; **370c**, 9.

Ó Ceallaigh, Nóra Ní Cheallaigh. **146**, 2.

Ó Ceallaigh, Séamas. **367a**, 5; **367b**, 4; **367c**, 1; **367d**, 3.

Ó Ceallaigh, Siobhán Ní Cheallaigh. **116a**, 3.

Ó Ceallaigh, Stiofán. **304a**, 10.

Ó Ceallaigh, *Tom.* **5**, 7.

Ó Cearúill [LS: *Ó Cearbhaill*]. **269a**, 13; **269b**, 5; **269c**, 11.

Ó Cearnaigh. **269a**, 12.

Ó Ceara [LS: *Cearra*]. **269c**, 11.

Ó Cearra, Páidín [LS: *Cearra*]. **369**, 1.

Ó Céidigh, Pádraig. **309a**, 4; **309b**, 4.

Ó Cinnéide, Seán. **410**, 1.

Ó Cíobháin, Seán. **427b**, 4.

Ó Clochartaigh. **237e**, 4; **420**, 11.

Ó Clochartaigh, Eoin. **236a**, 11.

Ó Cochláin. **244**, 5.

Ó Coisteala, Coil [LS: *Coisdealbha*]. **219**,1.

Ó Colmáin, Tomás. **436**, 4.

Ó Conaill. **33a**, 1; **33b**, 1; **212a**, 7; **251a**, 1.

Ó Conaill, Beartla. **304b**, 4.

Ó Conaill, *Councillor.* **186d**, 7.

Ó Conaire, Peadar. **347d**, 3.

Ó Conchúir. **269a**, 12; **269c**, 11; **420**, 10; **440**, 2; **443a**, 6; **443b**, 2; **449**, 2.

Ó Conchúir, Nóra Ní Chonchúir Bhán. **65a**; **65b**; **65c**, 2; **65d**; **65e**, 1; **65f**, 1; **65g**, 1.

Ó Conchúir, Úna Ní Chonchúir Bhán. **65g**, 1.

Ó Conchúir, Peadar. **357**, 1.

Ó Conaola, Jeaic [LS: *Confhaola*]. **209**, 3.

Ó Conaola, Máire Ní Chonaola [LS: *Chonfhaola*]. **120b**, 1.

Ó Conaola, Séamas [LS: *Confhaola*]. **277**, 3.

Ó Coscair, Pádraig. **158b**, 8.

Ó Coscair, Séamas. **14b**, 3.

Ó Coscair, Seán. **158a**, 8.

Ó Coscair, Tomás. **158a**, 7.

Ó Cualáin, Seán Mór. **315a**, 6; **315b**, 6; **315c**, 6; **315d**, 3.

Ó Cuana, Beartla [LS: *Cuanaigh*]. **304a**, 4; **304d**, 4.

Ó Coinn, Róise Ní Choinn [LS: *Chuinn*]. **334**, 4.

Ó Dálaigh, Dónall, **107b**, 7.

Ó Dálaigh, Donncha. **107a**, 8; **276**, 5.

Ó Dálaigh, Tadhg. **383b**, 4.

Ó Dálaigh, Tomás. **179**, 1.

[Ó?] Diolún, Aindriú [LS: *Ó Diollúin*]. **341**, 5.

Ó Dónalláin [LS: *Domhnalláin*]. **269a**, 13; **269c**, 11; **443a**, 6.

Ó Dónaill. **156n**, 4; **244**, 2; **269a**, 13; **269b**, 5; **269c**, 12; **420**, 10; **424**, 7; **425**, 9; **426**, 3.

Ó Dónaill, Aodh Óg. **424**.

Ó Dónaill, *Councillor*. **186f**, 5.

Ó Dónaill, Mícheál. **451a**, 11; **451b**, 10.

Ó Dónaill, Seafraí. **426**, 5.

Ó Donncha, Cnoc Uí Dhonncha. **102c**, 1; **336d**, 9.

Ó Donncha, Peadar. **323**, 2.

Ó Dorchaí, Nóra Ní Dhorchaí. **185f**, 5.

Ó Duáin [LS: *Dúbháin*]. **224**, 5.

Ó Duáin, Maitias [LS: *Dubháin*]. **349**, 5.

Ó Dúda, Cathal [LS: *Dubhda*]. **451a**, 1; **451b**, 1; **451c**, 5; **451d**, 4.

Ó Dúda, Siobháinín [Ní] Dhúda [LS: *Siobháinín Dhúbhda*]. **370h**, 1.

Ó Duibh, Antaine [LS: *Antoine*]. **263**, 3.

Ó Dúláin, Liam Mór. **347a**, 3.

Ó Dúláin, Proinsias [LS: *Proinnsias Ó Dólain*]. **347d**, 3.

Ó Fathaigh, Séamas. **221d**, 1.

Ó Fathaigh, Tomás. **221a**, 1; **221b**, 1; **221c**, 1; **221e**, 1; **221f**, 1; **221g**, 1; **221h**, 1.

Ó Fátharta. **326**, 7; **359**, 5.

Ó Fátharta, *Festy* Pheaits Uí Fhátharta. **359**, 5.

Ó Fátharta, Pádraig. **397**, 1.

Ó Fearaíl. **269a**, 13; **269c**, 11.

Ó Fiannaí, Daigh [LS: *Dáigh Ó Fianna*]. **146**, 6.

Ó Fiannaí, Seán [LS: *Fianna*]. **146**, 7.

Ó Fínne [LS: *Finneadha*; leagan den sloinne *Ó Fíne*]. **335b**, 1.

Ó Fínne, Carraig Uí Fhínne [LS: *Fhinneadha*]. **392**, 7.

Ó Fínne, Seán [LS: *Finneadha*]. **351**, 2.

Ó Flatharta, Pádraig. **240a**, 10; **240b**, 9.

Ó Flatharta, Páidín. **240d**, 6.

Ó Flatharta, Seáinín. **315a**, 13; **315b**, 13; **315c**, 13; **315d**, 7.

Ó Flatharta, *Tom.* **430**, 7.

Ó Floinn. Féach *Sliabh Uí Fhloinn.*

Ó Gábháin, Antaine [LS: *Antoine Ó Gabháin*]. **173a**, 3; **173b**, 2.

Ó Gaora, Bríd Ní Ghaora. **27a**, 4; **27b**, 4; **27c**, 2; **27d**, 2; **27e**, 1; **138**, 4.

Ó Gráinne, An tAthair. **438c**, 1.

Ó Gramhna, An tAthair. **438a**, 1; **438b**, 1.

Ó Gríofa. **209**, 3.

Ó Gríofa, An tAthair Mícheál. **162**, 2.

Ó Gríofa, Beairtlín. **370b**, 7.

Ó Gríofa, Máire Ní Ghríofa. **47a**, 2; **47b**, 3; **47c**, 2; **47d**, 2.

Ó Gríofa, Maitias. **399**, 1.

Ó Gríofa, Páirc Uí Ghríofa. **453h**, 2.

Ó Gríofa, Seán. **354a**, 1.

Ó hEadhra. **187b**, 5; **269a**, 13; **269c**, 12.

Ó hEidhin. Féach *Cathair Uí Eidhin..*

Ó hEidhin, Máire Ní Eidhin, **105a**, 5; **105c**, 5; **105d**, 5.

Ó hEidhin, Seán. **27b**, 6; **27c**, 4; **27d**, 4; **47a**, 4; **47d**, 4; **181a**, 7; **188**, 3.

Ó hOisín, Bríd Bhán Ní Oisín. **216a**, 2; **216b**, 2.

Ó hÓra. **281**, 3.

Ó hUaithnín, Séamas. **344**, 6.

Ó Laoigh, Mac Uí Laoigh [LS: *Laoidh*]. **332a**, 2.

Ó Laoigh, Peadar. **285**, 7.

Ó Laoigh, *Saul* [LS: *Lu, a Laoigh*]. **370b**, 8; **370d**, 8; **370f**, 7.

Ó Laoigh, Seán. **27a**, 7; **332b**, 2.

Ó Laoigh, Tiobóid. **363**, 2.

Ó Laoigh, *Tom.* **404d**, 1.

Ó Lochlainn. **319d**, 7; **319e**, 3.

Ó Loideáin. **321**, 12.

Ó Loingsigh, Marcas [LS: *Loinsigh*]. **433b**, 2.

[Ó] Loingsigh, Peaidí [LS: *Linnsigh*]. **197**, 7.

Ó Loingsigh, Sadhbh Ní Loingsigh. **189**, 2.

Ó Máille. **269a**, 13; **269c**, 11; **300c**, 6; **300d**, 5.

Ó Máille, Bríd Ní Mháille. **156b**, 2; **156f**, 10; **156j**, 4.

Ó Máille, Máire Ní Mháille. **156h**; **164a**, 4; **447**, 4.

Ó Máille, Máirtín. **269a**, 35; **269b**, 10.

Ó Máille, Pádraig. **300a**, 10; **300b**, 3; **300c**, 5; **300d**, 5.

Ó Máille, Seoirse. **401a**, 5; **401b**, 6.

Ó Maoileoin, Anna Ní Mhaoileoin. **130c**, 1.

Ó Maoileoin, Malaí Ní Mhaoileoin. **130a**, 1; **130b**, 1.

Ó Maolaodha, An tAthair [?; LS: *Maoiliadh*]. **427c**, 5.

Ó Maoláin, Mac Uí Mhaoláin. **186a**, 4; **186b**, 7; **186c**, 4; **186e**, 4.

Ó Maonaigh Seán. **115**, 1.

Ó Móráin, Éamann [?; LS: *Eamonn Uí Mhaurín*]. **185g**, 3.

Ó Murchú, Éamann [LS: *Éamonn*]. **185g**, 5.

Ó Murchú, Máire Ní Mhurchú. **185e**, 2.

Ó Murchú, Séamas. **185a**, 7; **185b**, 7; **185c**, 7; **185e**, 5; **185f**, 1; **185h**, 2.

Ó Murchú, Tomás. **185b**, 4.

Ó Neachtain, Tomás. **435**, 5.

Ó Néill. **120a**, 3; **120b**, 2; **181a**, 2; **181c**, 2; **269a**, 13; **269b**, 5; **269c**, 12; **413**, 4; **428**, 2; **438c**, 2; **443b**, 2; **420**, 10.

[Ó] Néill, Caisleán Rí [Uí] Néill. **91a**, 4.

Ó Néill, Caisleán Uí Néill. **63e**, 4; **91b**, 2; **91c**, 3; **91d**, 9; **91e**, 2; **91f**, 1.

Ó Néill, Cearúll [LS: *Cearbhall*]. **152a**, 4; **153b**, 3.

Ó Néill, Féilim. **66**, 2.

Ó Néill, Tiarna Uí Néill. **426**, 1.

Ó Nia, Úna Dheas Ní Nia. **84a**, 2.

Ó Raghallaigh, Bean Uí Raghallaigh. **160d**, 2.

Ó Raghallaigh, Liam. **160a**, 1; **160b**, 1; **160d**, 4.

Ó Raighne, Micil [LS: *Ó Ráighne*]. **296**, 11.

Ó Riagáin, Bríd Ní Riagáin. **78**, 2.

Ó Riagáin, Neilí Ní Riagáin. **185a**, 2; **185i**, 1.

Ó Riagáin, Taimín Bán. **186f**, 4.

Ó Riain, Pádraig. **269a**, 31.

Ó Ruáin, Máire Ní Ruáin. **158a**, 9.

Ó Ruairc, Aodh Óg. **171**, 1.

Ó Sé, Tadhg. **219**, 1.

Ó Siúrtáin, Peig Ní Shiúrtáin. **160c**, 7.

Ó Suibhne, Mícheál. **237**, 4.

Ó Súilleabháin. **156g**, 7.

Ó Súilleabháin, Seán. **147c**, 9.

Ó Treasaigh, Donncha. **260a**, 40.

Ó Treasaigh, Séamas. **269b**, 13.

Ó Tuairisg, Máirtín. **315a**, 12; **315b**, 12; **315c**, 12; **315d**, 6.

[Ó] Tuathail [LS: Tuathail, *Toole*]. **148a**, 1; **148b**, 1; **148c**, 1; **148d**, 1; **148e**, 1; **148f**, 1.

Ó Tuama, Peadar. **451a**, 9; **451b**, 8.

Ó Tuathail, Séamas. **367a**, 10; **367b**, 3; **367d**, 2.

Ó Tuathail, Seán. **386**, 2.

O'Connell. **186a**, 8; **212b**, 7; **404a**, 13; **404b**, 12; **404c**, 10.

O'Connell Street. *410*, 9.

O'Connell, Daniel. **418**, 6.

O'Connell, Lord. **432a**, 4; **432b**, 2.

O'Connell, Major Óg. **186a**, 8; **186b**, 8; **186g**, 2.

O'Donnell, Hugh. **421**, 4.

O'Donnell, Miss. **156h**, 8.

O'Gorman. **309a**, 6; **309b**, 6.

O'Neill, Hugh. **421**, 4.

O'Patten. **314d**, 5.

O'Sullivan. **156i**, 7; **430**, 2.

Oíche Fhéile Muire Mhór. **191a**, 1; **191b**, 1; **191c**, 1; **240a**, 1; **240b**, 1; **240c**, 1; **240d**, 1; **240e**, 1; **240f**, 1.

Oíche Nollag. **205b**, 5; **205c**, 5; **205d**, 5; **205g**, 5; **277**, 3.

Oileáin Árann. **220**, 2; **304b**, 3; **333a**, 4; **333b**, 3; **333c**, 3; **333d**, 2; **333e**, 2; **333f**, 2; **430**, 3.

Oileáinín Chruach Phádraig [?Recté *Oileáinín Naomh Pádraig*; féach freisin *Oileán Phádraig* agus *Cruach Phádraig*]. **30b**, 6.

Oileán an Lao [I bf., par. Mhaírois]. **370a**, 17.

Oileán an Phíobaire. **391a**, 8; **391b**, 13.

Oileán an Taoibh. **300b**, 7.

Oileán Éadaí [LS: *Éadaigh*; par. i Maigh Eo]. **176d**, 1.

tOileán Iarthach, An [Oileán gar do bf. Chill Bhreacáin, nó oileán taobh le hOileán Dá Bhranóg in Árainn]. **359**, 9.

Oileán Mhanann [Féach freisin *Isle of Man*]. **391a**, 7; **391b**, 19.

Oilean Mhic Dara [Oileán agus bf. i bpar. Mhaírois, agus ar a dtugtar *Cruach na Cara* chomh maith]. **370d**, 9; **370f**, 4; **370g**, 8; **370i**, 3.

Oileán na bPláigh [?Recté *Oileán na Bláiche*]. **221f**, 6.

Oileán na Cara [Oileán agus bf. i bpar. Mhaírois]. **254**, 3.

Oileán na Geabóige. **388**, 3.

Oileán na Sionainne. **296**, 1.

Oileán Neide. **147b**, 3.

Oileán Néifinne [LS: Néifin; recté *Oileán Éadaí?*]. **176b**, 1; **176c**, 1; **176e**, 1; **239a**, 9.

Oileán Phádraig. **172**, 1; **205a**, 4; **205b**, 4; **205c**, 4; **205d**, 4; **205e**, 5; **205f**, 4; **205g**, 4; **205h**, 4; **205i**, 3; **205j**, 1; **205k**, 1; **205m**, 1; **430**, 8; **431**, 2.

Oileán Sheáin. **330**, 3.

Oileán Umhaill [?Cnuasainm d'Inse Mó]. **59**, 5.

Oisín. **2**, 2; **90a**, 4.

Órán Mór [Baile, bf. agus par.]. **55c**, 6; **166**, 5; **205a**, 2; **205b**, 2; **205c**, 2; **205d**, 2; **205e**, 2; **205g**, 2; **205i**, 2; **205j**, 2; **205k**, 2; **205l**, 2.

Orangemen. **186f**, 5; **289b**, 5; **404a**, 13; **404b**, 8; **419**, 7; **432a**, 4; **432b**, 2; **434**, 6.

Oscar. **26a**, 19; **26b**, 7.

Paddy: *féach* Peaidí.

Pádraig. **185b**, 10; **225**, 6; **247**, 2; **262**, 5; **293a**, 2; **293b**, 2; **293c**, 2; **305**, 1; **309a**, 6; **309b**, 6; **311**, 3; **336c**, 8; **394a**, 2; **394b**, 2; **394c**, 1; **394d**, 1; **443a**, 8.

Pádraig a' Mhac [?]. **368a**, 1; **368b**, 1.

Pádraig Bhaibín. **394c**, **394d**.

Pádraig Bheartla. **287**, 2.

Pádraig Breatnach [LS: *Breathnach*]. **260**, 4.

Pádraig *Connolly.* **156c**, 4; **156h**, 9.

Pádraig de Bláca. **315a**, 10; **315b**, 10; **315c**, 10; **315d**, 5.

Pádraig de Búrca. **349**, 3.

Pádraig Jeaic. **255**, 2.

Pádraig na Crapaí [?Recté *na Cnapaí*]. **283a**, 3; **283b**, 1.

Pádraig Ó Briain. **184**, 1.

Pádraig Ó Céidigh. **309a**, 4; **309b**, 4.

Pádraig Ó Coscair. **158b**, 8.

Pádraig Ó Fátharta. **397**, 1.

Pádraig Ó Flatharta. **240a**, 10; **240b**, 9.

Pádraig Ó Máille. **300a**, 10; **300b**, 3; **300c**, 5; **300d**, 5.

Pádraig Ó Riain. **269a**, 31.

Pádraig Pheadair. **336c**, 9.

Pádraig Seoige. **251a**, 1; **349**, 6.

Pádraig, Colm Phádraig. **314a**, 3; **314b**, 3; **314g**, 1.

Pádraig, Naomh. Féach *Naomh Pádraig*; féach freisin *Féile Phádraig, Lá Fhéile Pádraig* agus *Tobar Phádraig.*

Pádraig, Seán Phádraig. **391a**, 12; **391b**, 4.

Pádraig, *Tom* Phádraig. **287**, 3.

Páidín. **336a**, 10; **397**, 2.

Páidín Ó Biadh. **309a**, 7; **309b**, 7.

Páidín Ó Cearra [LS: *Ceara*]. **369**, 1.

Páidín Ó Flatharta. **240d**, 6.

Páidín Pheadair. **336a**, 10.

Páidín Seoige. **251b**, 1; **251c**, 3.

Páidín Sheáin Mhóir. **62b**, 2.

Páidín Shéamais, Ard Pháidín Shéamais. **362**, 4.

Páidín, Colm Pháidín. **314c**, 2; **314d**, 2; **314e**, 2; **314f**, 2.

Páidín, Maidhcil Pháidín. **332d**, 3.

Páidín, Micil Pháidín. **253a**, 6; **253c**, 4; **270**, 4.

Páidín, *Tom* Pháidín. **332a**, 2.

Páirc an Chnocáin Mhóir. **245**, 1.

Páirc na Cloiche Maoile [?Taobh leis an gCloch Mhaol, caisleán i bf. an Chairn Mhóir
    Thiar, i bpar. Bhaile Chláir]

Páirc Uí Ghríofa. **453h**, 2.

Paitchín Ó Ceallacháin [LS: *Ciallacháin*]. **174**, 1.

Pallas. **419**, 4.

Pamper. **405a**, 5; **405b**, 6.

Pancake, An. **321**, 13.

Pandora. **216a**, 3; **216b**, 3.

Paorach, An. **134a**, 6; **183b**, 4; **282**, 2.

Paorach. Féach *Dúiche Phaorach*. **10b**, 3.

Pápa, An. **4a**, 8; **4b**, 1; **4d**, 4; **26a**, 17; **26b**, 6; **63a**, 8; **70a**, 6; **70b**, 1; **70c**, 1; **70d**, 4; **70e**, 2;
    70f, 2; **70g**, 1; **96a**, 5; **96b**, 8; **161a**, 4; **161b**, 4; **161d**, 3; **234**, 3; **236c**, 2; **236d**, 2; **289b**,
    4; **338**, 6; **369**, 5; **370a**, 6; **404a**, 12; **404b**, 9; **404c**, 7; **404d**, 10; **409**, 14; **447**, 4.

Páras [Féach freisin *Paris*]. **4d**, 2; **41e**, 2; **60a**, 1; **60b**, 1; **84a**, 2; **84b**, 1; **179**, 3; **405a**, 3;
    405b, 3; **412**, 4.

Paris [Féach freisin *Páras*]. **214**, 6.

Parnell. **430**, 2.

Párthas. **158a**, 1; **216a**, 4.

Partraí [LS: *Pardharthagh*]. Féach *Sliabh Phartraí*.

Pat: féach Peait.

Patrick Sheehan. **207**, 1.

Patrick, Saint. Féach *Saint Patrick*.

Paul, Saint. Féach *Saint Paul.*

Peadar. **156g**, 2; **156h**, 4; **156k**, 5; **156l**, 5; **156m**, 3; **167a**, 6; **181a**, 2; **190a**, 2; **190b**, 2; **190c**, 1; **190d**, 2; **190e**, 2; **269a**, 31; **328**, 2; **340**, 1; **348**, 4; **367b**, 2; **367d**, 1; **380a**, 1; **380b**, 1; **391a**, 1; **391b**, 1; **433a**, 3; **433b**, 2.

Peadar Cháit. **359**, 8.

Peadar Mór. **394a**, 7; **394b**, 7.

Peadar Mór, Meaig Pheadair Mhóir. **394c**, 4; **394d**, 4.

Peadar Ó Conaire. **347d**, 3.

Peadar Ó Conchúir. **357**, 1.

Peadar Ó Donncha. **323**, 2.

Peadar Ó Laoi. **285**, 7.

Peadar Ó Tuama. **451a**, 9; **451b**, 8.

Peadar, An tAthair. **160c**, 5; **160d**, 6; **160e**, 5.

Peadar, Naomh. Féach *Naomh Peadair.*

Peadar, Pádraig Pheadair. **336c**, 9.

Peadar, Páidín Pheadair. **336a**, 10.

Peadar, Séamas Pheadair. **173a**, 4; **173b**, 4.

Peadar, Seán Pheadair. **287**, 6.

Peadar, Tobar Pheadair. Féach *Tobar Pheadair.*

Peadar, *Tom* Pheadair. **303**, 3.

Peaidí. **132**, 3; **387**, 2.

Peaidí *Keane.* **148a**, 5.

Peaidí [Ó] Loingsigh [LS: *Linnsigh*]. **197**, 7.

Peaidí Mór. **260**, 1.

Peaidí Sheáin. **224**, 5.

Peait. **156a**, 1; **156d**, 6; **156e**, 6; **156f**, 5; **312**, 5; **388**, 5; **416**, 5.

Peait an *Lord.* **260**, 3.

Peait *Bane.* **224**, 4.

Peait Maol. **300b**, 5.

Peait Mhicil Mhaitiú. **209**, 2.

Peait, Baba Pheait. **352**, 6.

Peaitín. 255, 5(1).

Peait, *John* Pheait. **352**, 5.

Peaits. **156b**, 2; **156i**, 4; **306**, 5.

Peaits, Micil Pheaits. **68b**, 4; **332d**, 3; **368b**, 4.

Peaitsín Bán. **414**, 4.

Peatsaí. **303**, 4.

Peatsaí Sheáin Mhóir. **120b**, 3.

Peggy Canavan. **260**, 4.

Peig. **148b**, 2; **198b**, 10; **356**, 1.

Peig Ní Shiúrtáin. **160c**, 7.

Peige, Maidhcó Pheige. **270**, 6.

Peigí. **68a**, 1; **68a**, 1.

Peigín. **68b**, 1; **68c**, 8; **68d**, 1; **68g**, 1.

Peigín *Audley.* **148a**, 1; **148b**, 1; **148c**, 1; **148d**, 1; **148e**, 1; **148f**, 1.

Peigín Leitir Móir. **68a**; **69**, 1.

Pennsylvania. **26a**, 6; **243**, 5.

Peter, An tAthair. **160a**, 2; **160b**, 2; **160f**, 2; **160g**, 2; **160h**, 1.

Philadelphia. **123**, 4.

Piaras de Bláca. **269b**, 5.

Piarsach, An. **300a**, 7; **420**, 4.

Piarsaigh, Na . **269a**, 19.

Píolóid. **135**, 3; **320**, 5.

Pluincéadaigh, Na. **269a**, 15.

Plunckett. **421**, 5.

Pluto. **26a**, 13; **26b**, 5; **441a**, 8.

Póirse Caoch, An [I gCathair na Gaillimhe]. **283a**, 4; **283b**, 4.

Pól, Naomh. Féach *Naomh Pól.*

Pól. **167a**, 6; **181a**, 2; **341**, 5.

Poland. **414**, 13.

Poll an Chorráin. **172**, 4.

Poll an Oistre. **217a**, 1; **217c**, 1; **217d**, 1; **405a**, 3; **405b**, 3.

Poll na Móna. **6a**, 3; **6b**, 3.

Poll Uí Mhuirinn [?Récté *Uí Mhuiréin*; ceantar Leitir Mealláin]. **229**, 1; **368a**, 6.

Port Láirge. **221a**, 8; **221b**, 6; **221c**, 6; **221e**, 5; **221f**, 6; **221g**, 4; **235b**, 4; **269a**, 17; **333a**, 7; **343**, 1; **350a**, 1; **350c**, 3.

Port Mhuirbhí [Cuan i bf. Chill Mhuirbhigh in Árainn seachas i bf. Mhuirbhigh i bpar. Chill Aithnín nó i bpar. Órán Mór, nó i bf. Mhuirbhí i bpar. Mhaírois]. **370c**, 5.

Port Omna [Baile agus bf. i bpar. Leic Molaise; féach freisin *Portumna*]. **54a**, 1; **54b**, 1; **235a**, 1.

Portumna [Féach freisin *Port Omna*]. **54a**, 2.

Potter, Captaen. **308a**, 5.

Presbyterians. **404a**, 7; **404b**, 11; **419**, 7.

Prime Minster. **253b**, 9.

Prince of Wales. **64a**, 4; **64b**, 6; **64c**, 6; **64d**, 6; **64i**, 3; **64j**, 3.

Prionsa Thír Eoghain. **235a**, 3; **235b**, 2; **269a**, 20; **269b**, 12; **293a**, 6; **293b**, 6; **293c**, 6.

Príosún Chluain Meala. **184**.

Príosún Luimnigh. **303**, 4; **317e**, 3.

Proinsias. **70b**, 6.

Proinsias Mór [LS: *Proinseas*]. **370h**, 4.

Proinsias Ó Dúláin [LS: *Proinnsias Ó Dóláin*]. **347d**, 3.

Proinsias Óg [LS: *Proinnsias*]. **370j**, 2.

Proinsias, Naomh [LS: *Proinnsias*]. Féach *Naomh Proinsias*.

Protastún, -úin. **337a**, 6; **337b**, 6; **337c**, 4; **404a**, 2; **404b**, 2; **404c**, 2; **404d**, 2; **410**, 1; **432a**, 1; **432b**, 1.

Púcán Bhaibín. **253a**, 4; **253c**, 2.

Púcán Mhaínse. **253b**, 4.

Púcán Mhicil Pháidín. **253a**, 1; **253b**, 1; **253c**, 1; **253d**, 1.

Quaker(s). **289b**, 5; **404d**, 6; **419**, 7.

Queenstown [Iar-ainm Béarla an Chóibh, baile i gCo. Chorcaí]. **131**, 2; **304a**, 3; **304b**, 3.

Raiftearaí. **105a**, 1; **105b**, 2; **105c**, 1; **105d**, 1; **179**, 6; **233b**, 7; **406**, 14; **420**, 11.

Raiftearaí, Tigh. **124a**, 3; **124b**, 2.

Ráth Cruachan [Séadchomhartha i bpar. Ail Finn, Co. Ros Comáin]. **444**, 1.

Réamann. **254**, 3.

Réamann *Cooke* [LS: *Réamonn*]. **336a**, 2; **336b**, 1; **336d**, 5; **336e**, 1; **336f**, 4; **336g**, 1; **336h**, 2.

Réamann, Micil Réamainn [LS: *Réamoinn*]. **400**, 3.

Réamann, *Tommy* Réamainn [LS: *Réamoinn*]. **392**, 4.

Reddington, John. **209**, 2.

Reilly. **126**, 2.

Reilly, Joe. **147b**, 10.

Reilly, William. **160a**, 5; **160b**, 5; **160c**, 1; **160e**, 2; **160f**, 1; **160g**, 1; **160h**, 2; **160i**, 1.

Rí an Domhnaigh. **63a**, 7; **96b**, 2.

Rí an Domhnaigh, Tobar. **185a**, 9; **299**, 5.

Rí Laighean. **134a**, 7; **134b**, 5.

Rí Lochlann [LS: *Lochlainn*]. **304a**, 11; **319a**, 5; **319b**, 5; **319c**, 5.

Rí na bhFeart. **149b**, 6; **149c**, 2.

Rí na bhFlaitheas. **89d**, 2; **250**, 5.

Rí na Cruinne. **116e**, 4.

Rí na Fraince. **64e**, 5; **84a**, 2; **237**, 2; **252**, 4; **448**, 2.

Rí na gCréacht. **70c**, 6; **212b**, 4.

Rí na Glóire. **28a**, 4; **28b**, 3; **28f**, 4; **31**, 8; **41a**, 2; **64a**, 6; **89a**, 4; **90a**, 6; **105c**, 6; **161c**, 5; **172**, 5; **185a**, 5; **292**, 3; **430**, 8.

Rí na Gréige. **26b**, 3; **42b**, 3; **64a**, 4; **64d**, 6; **64i**, 3; **93b**, 1; **217a**, 8; **236a**, 7; **236b**, 8; **236e**, 6; **292**, 5.

Rí na hAoine. **4a**, 2; **4b**, 5; **4e**, 2; **316b**, 6.

Rí na nAingeal. **168**, 7.

Rí na nDúl. **36**, 3; **443a**, 6.

Rí na nGiúdach. **216a**, 5.

Rí na nGrást. **8b**, 5; **62b**, 3; **64e**, 2; **65e**, 5; **65f**, 2; **65f**, 2; **89b**, 4; **89c**, 4; **91a**, 4; **92**, 4; **97b**, 6; **97c**, 3; **97d**, 3; **101a**, 3; **101c**, 5; **101d**, 5; **101f**, 5; **104**, 4; **156b**, 4; **156c**, 1; **156h**, 5; **156n**, 2; **158a**, 1; **158b**, 5; **161a**, 6; **161d**, 4; **173a**, 4; **190a**, 4; **190b**, 6; **190c**, 2; **193a**, 3; **193d**, 1; **193e**, 2; **205c**, 4; **205e**, 5; **205j**, 1; **205k**, 1; **205m**, 1; **215**, 6; **217a**, 8; **232a**, 2; **232b**, 2; **232c**, 2; **239a**, 2; **239b**, 2; **239d**, 1; **300c**, 4; **300d**, 4; **394c**, 8; **394d**, 8; **405a**, 8; **405b**, 8; **410**, 18; **411a**, 11; **411c**, 11; **430**, 1; **441a**, 5.

Rí na Spáinne. **30b**, 5; **84b**, 3; **106a**, 3; **106b**, 3; **330**, 3.

Rí Sacsan [Féach freisin *Rí Shasana*]. **11c**, 3; **11d**, 3; **11f**, 6; **238**, 3.

Rí Séamas. **42a**, 6; **64a**, 6; **64c**, 6; **64f**, 2; **362**, 1; **367a**, 7; **367b**, 6; **367d**, 4; **367e**, 4; **422**, 1; **432a**, 2.

Rí Seoirse. **6a**, 4; **6b**, 4; **6c**, 2; **53a**, 9; **116a**, 3; **143a**, 6; **143b**, 5; **143c**, 5; **144a**, 6; **176e**, 4; **215**, 7; **216a**, 6; **218**, 3; **236b**, 1; **251a**, 5; **261**, 2; **289a**, 2; **319a**, 1; **319b**, 1; **319c**, 1; **319d**, 1; **319e**, 1; **342**, 3.

Rí Shasana. **93a**, 8.

Rinn, An [Bf. i bpar. Órán Mór nó i bpar. Chill Fhaoile]. **381a**, 3; **394a**, 11; **420**, 10.

Rinn Mhaoile [Ionad daonra i bpar. Bhaile na Cille, bar. Bhaile na hInse]. **91f**, 3; **103e**, 2; **269a**, 20; **337a**, 13; **337b**, 13; **337c**, 5; **386**, 3; **394a**, 9; **394c**, 5; **394d**, 5; **401a**, 1; **401b**, 2; **449**, 1.

Rinn Mhór, An [?Bf. i bpar. San Niocláis]. **309a**, 8; **309b**, 8.

Riobárd *Barry*. **250**, 1.

Roibeard Mháirtín [LS: *Riobárd*]. **300b**, 4.

Riocard [LS: *Riocárd*]. **211a**, 7; **211b**, 4; **370a**, 10.

Risteard Ó Broin [LS: *Risteárd*]. **455**, 2.

Robinson. **278a**, 1; **278b**, 1; **364a**, 2; **364b**, 1; **364c**, 1; **364d**, 1.

Róimh, An. 70a, 7; 70b, 1; 70e, 2; 70f, 2; 70g, 1; 96a, 5; 233a, 5; 235a, 6; 240a, 6;
    289a, 7; 338, 6; 370a, 6; 370b, 9.

Roinn Talmhaíochta, An. 311, 1.

Róise. 134b, 2; 134c, 2.

Róise Mhór. 456a, 2; 456b, 2.

Róise Ní Choinn [LS: Chuinn]. 334, 4.

Róisín. 70b, 1; 70c, 1; 70d, 3; 70g, 1; 107a, 1.

Róisín Dubh. 70a, 1; 70b, 1; 70c, 1; 70d, 2; 70e, 1; 70f, 1; 70g, 1; 386, 3.

Róisteach, An. 289a, 1; 289b, 6.

Roman Catholic. 404a, 3; 404b, 3; 404c, 3; 404d, 3.

Rós. 428, 3.

Ros an Mhíl [Bf. i bpar. Chill Chuimín]. 33a, 8; 55a, 7; 55b, 2; 55c, 1; 72a, 2; 72b, 2;
    72c, 1; 72d, 1; 72e, 1; 72f, 1; 72g, 1; 152a, 4; 152b, 3; 191a, 4; 206, 1; 212a, 1;
    212b, 1; 225, 4; 283a, 5; 283b, 5; 309a, 7; 309b, 7; 330, 1.

Ros Beag. 333a, 4.

Ros Cíde [Bf. i bpar. Chill Chuimín]. 337c, 5; 337a, 14; 337b, 14.

Ros Comáin. 186f, 5; 249, 3; 358, 1; 370a, 17.

Ros Eoghain. 424, 3.

Ros Gréige. 112b, 1.

Ros Leathan. 269b, 7.

Roundstone [Bf. Chloch na Rón i bpar. Mhaírois]. 253a, 3; 253c, 2; 253d, 1; 399, 2.

Ruairceach, An. 171, 1; 183a, 4; 183b, 4.

Rúis, An. 412, 17.

Rúiseach, An. 304d, 5.

Russia. 414, 15.

Russians. 410a, 18; 414, 16.

Sacsan [Féach freisin Rí Sacsan]. 168, 8.

Sadhbh Ní Loinsigh. 189, 2.

Sadhbh Sheáin Uí Chaola. 193c, 4.

Sadhbh, Tomás Shadhbha. 249, 2.

Saidhbhín Teoin Óig. 216a, 8.

Sail Choinn [?; LS: Sail Cuin]. 307a, 6.

Saile. 394a, 7; 394b, 7; 394c, 4; 394d, 4.

Sail Óg Rua. 176a, 1; 176b, 6; 176c, 5; 176e, 3.

tSailchuach, An. 251a, 3; 251b, 2; 251c, 4.

Sailearna [Ceantar agus toghroinn i bpar. Chill Aithnín, nó ceantar agus toghroinn i bpar. Iomaí]. **433a**, 4; **433b**, 1.

Saint Jean. **203**, 2.

Saint Muster. **152a**, 1.

Saint Patrick. **132**, 10; **202**, 4.

Saint Paul. **147b**, 26; **410**, 15.

Sáirséalach, An. **420**, 10; **422**, 7.

Sáirséalaigh. **269a**, 15.

Salisbury. **272**, 8.

Saltill [Féach freisin *Bóthar na Trá*]. **307a**, 5.

Samhain. **56a**, 1; **56c**, 2; **166**, 16; **247**, 2; **255**, 7.

Samhradh, An. **4b**, 4; **6a**,1; **6b**, 1; **6c**, 1; **27a**, 1; **41a**, 4; **56a**, 1; **56b**, 4; **56c**, 1; **56d**, 3; **56e**, 1; **90b**, 1; **91a**, 1; **91b**, 4; **97**, 9; **104**, 1; **107a**, 3; **108b**, 4; **109d**, 1; **110**, 4; **156d**, 1; **164b**, 3; **166**, 16; **177**, 6; **189**, 4; **209**, 2; **235a**, 3; **242**, 3; **289c**, 1; **386**, 6; **414**, 1.

Samson. **50**, 10; **386**, 5; **406**, 12; **446a**, 5.

San Seáin, Féile [LS: *'an Seáin, 'ain Seáin, Chinn Seáin*]. Féach *Féile San Seáin*.

Sasana [Féach freisin *Banríon Shasana, Londain Shasana, Rí Shasana*]. **4a**, 5; **10c**, 3; **25a**, 3; **25c**, 2; **25e**, 2; **30a**, 2; **30b**, 3; **33a**, 1; **33b**, 1; **41a**, 10; **41b**, 7; **54b**, 2; **66**, 1; **69**, 3; **76**, 1; **84b**, 1; **85a**, 7; **91c**, 6; **105a**, 5; **105c**, 4; **105d**, 4; **108b**, 3; **147b**, 27; **166**, 5; **186a**, 7; **186e**, 5; **190c**, 3; **190e**, 3; **192**, 5; **221a**, 8; **223**, 11; **235a**, 3; **235b**, 2; **242**, 6; **245**, 2; **254**, 5; **255**, 7; **256**, 5; **270**, 2; **280**, 5; **289a**, 2; **289b**, 1; **313**, 5; **325a**, 2; **325b**, 2; **331**, 6; **336b**, 9; **336e**, 7; **336f**, 5; **340**, 5; **354a**, 10; **357**, 2; **386**, 6; **400**, 5; **404a**, 13; **404b**, 12; **404c**, 10; **404d**, 6; **409**, 6; **410**, 10; **411a**, 3; **411b**, 3; **411c**, 3; **411d**, 2; **414**, 5; **421**, 1; **436**, 3; **438a**, 3; **438b**, 3; **438c**, 3.

Sasanach, -aigh. **209**, 3; **413**, 1; **425**, 6; **272**, 10; **414**, 8; **419**, 7; **424**, 5.

Saul Ó Laoigh. **370b**, 8; **370d**, 8; **370f**, 7.

Sceirdí, Na [LS: *Na Sceirde*; siorra san fharraige cuid mílte ó dheas de Charna, siar ó thuaidh d'Árainn; féach freisin *Sceirde Mór*]. **279**, 3; **370a**, 1; **370b**, 6; **370f**, 1; **370i**, 4.

Sceirde Mór, An. **205f**, 2; **253b**, 3; **253c**, 2; **253d**, 1; **370a**, 6; **370b**, 9; **370c**, 5; **370d**, 10; **370f**, 8.

Scoil Shailearna [Féach *Sailearna*]. **167a**, 3; **167b**, 3.

Scotland. **153**, 1; **241a**, 8; **241b**, 8.

Scríb [?I bf. Dhoire Bhanbh, par. Chill Chuimín]. **311**, 8; **338**, 3.

Seafraí. **426**, 2.

Seafraí Ó Dónaill. **426**, 5.

Seáinín. **5**, 4; **9**, 3; **103c**, 3; **124b**, 1; **339**, 4; **359**, 8; **384**, 2; **400**, 1.

Seáinín Aindriú. **156n**, 6.

Seáinín Cheaite. **321**, 1.

Seáinín Ó Flatharta. **315a**, 13; **315b**, 13; **315c**, 13; **315d**, 7.

Seáinín Sheáin Shéamais. **368b**, 5.

Seáinín Thomáis. **331**, 4.

Seáinín, Bríd Sheáinín. **447**, 1.

Seáinín, Maidhc *Mhichael* Sheáinín. **270**, 1; **352**, 5.

Séamaisín [LS: *Séamuisín*]. **255**, 5.

Séamas. **212a**, 6; **212b**, 3; **234**, 2; **274a**, 5; **274b**, 2; **284**, 6; **315a**, 7; **321**, 8; **392**, 6; **434**, 3; **436**, 3.

Séamas Bheartla. **212a**.

Séamas Cháit. **336c**, 4.

Séamas Mac Murchú. **185d**, 4.

Séamas Ó Ceallaigh. **367a**, 5; **367b**, 4; **367c**, 1; **367d**, 3.

Séamas Ó Conaola [LS: *Confhaola*]. **277**, 3.

Séamas Ó Coscair. **14b**, 3.

Séamas Ó Fathaigh. **221d**, 1.

Séamas Ó hUaithnín. **344**, 6.

Séamas Ó Murchú. **185a**, 7; **185b**, 7; **185c**, 7; **185e**, 5; **185f**, 1; **185h**, 2.

Séamas Ó Treasaigh. **269b**, 13.

Séamas Ó Tuathail. **367a**, 10; **367b**, 3; **367d**, 2.

Séamas Pheadair. **173a**, 4; **173b**, 4.

Séamas, Rí. Féach *Rí Séamas*.

Séamas, Seáinín Sheáin Shéamais. **368b**, 5.

Séamas, Seán Shéamais. **315a**, 13; **315b**, 13; **315c**, 7; **315d**, 4; **350c**, 1.

Séamas, *Tom* Pháidín Shéamais. **362**, 4.

Seán. **4b**, 3; **4d**, 1; **12**, 8; **76**, 4; **116d**, 4; **120a**, 4; **147b**, 14; **150a**, 1; **150b**, 1; **150c**, 1; **190a**, 3; **190b**, 2; **190c**, 2; **209**, 1; **269a**, 3; **272**, 6; **293a**, 5; **293b**, 5; **293c**, 5; **306**, 5; **311**, 2; **314a**, 8; **314b**, 7; **314c**, 3; **314d**, 4; **314e**, 7; **314g**, 2; **320**, 2; **327**, 9; **330**, 1; **333e**, 2; **359**, 8; **368a**, 4; **386**, 5; **388**, 1; **392**, 7; **414**, 1; **442**, 1; **443a**, 8.

Seán an Charraigín. **255**, 1.

Seán Bán. **124a**, 3; **347d**, 1.

Seán Bán, Máirtín Sheáin Bháin. **352**, 6.

Seán *Barry*. **370j**, 2.

Seán Beag. **255**, 3.

Seán Bheairtlín. **148b**, 2; **148c**, 3; **148f**, 3.

Seán Bheartla. **148e**, 3.

Seán Bradach. **269a**, 23; **269b**, 4.

Seán *Bradley*. **318a**, 6.

Seán Breatnach. **307a**, 3; **307b**, 3; **370h**, 4.

Seán Brún. **269a**, 21.

Seán Buí. **296**, 1; **420**, 7; **421**, 4; **437**, 7.

Seán de Bláca, **333a**, 4; **333d**, 2.

Seán de Búrca. **269a**, 2; **269b**, 1; **269c**, 2.

Seán *Dick*. **368a**, 1; **368b**, 1.

Seán Dubh. **286a**, 7.

Seán Fíodóir. **314a**, 3; **314b**, 3; **314c**, 2; **314d**, 2; **314f**, 2.

Seán *Forde*. **148a**, 10; **148c**, 7; **148e**, 7; **148f**, 7; **294**, 2; **303**, 3; **319a**, 1; **319b**, 1; **319c**, 1; **319d**, 1; **319e**, 1.

Seán Gréasaí. **335a**, 8; **335b**, 7.

Seán Mac Giobúin. **427c**, 5; **434**, 1.

Seán Mac Giollarnáth. **148b**, 9.

Seán Mac Séamais [LS: *Séamuis*]. **450**, 3; **456a**, 1.

Seán Mac Uidhir. **177**, 1.

Seán Mór. **333b**, 6.

Seán Mór Ó Cualáin. **315a**, 6; **315b**, 6; **315c**, 6; **315d**, 3.

Seán Mór, Nioclás Sheáin Mhóir. **261**, 2.

Seán Mór, Páidín Sheáin Mhóir. **62b**, 2.

Seán Mór, Peatsaí Sheáin Mhóir. **120b**, 3.

Seán Ó Baoill. **173a**, 3; **173b**, 3.

Seán Ó Cadhain. **138**, 7.

Seán Ó Caola. **193a**, 10.

Seán Ó Cinnéide. **410**, 1.

Seán Ó Cíobháin. **427b**, 4.

Seán Ó Coscair. **158a**, 8.

Seán Ó Fiannaí [LS: *Ó Fianna*]. **146**, 7.

Seán Ó Fínne [LS: *Finneadha*]. **351**, 2.

Seán Ó Gríofa. **354a**, 1.

Seán Ó hEidhin. **27b**, 6; **27c**, 4; **27d**, 4; **47a**, 4; **47d**, 4; **181a**, 7; **188**, 3.

Seán Ó Laoigh. **27a**, 7; **332b**, 2.

Seán Ó Maonaigh. **115**, 1.

Seán Ó Súilleabháin. **147c**, 9.

Seán Ó Tuathail. **386**, 2.

Seán Óg. **269a**, 22.

Seán Phádraig. **391a**, 12; **391b**, 4.

Seán Pheadair. **287**, 6.

Seán Saor. **166**, 8.

Seán Shéamais, Seáinín Sheáin Shéamais. **368b**, 5.

Seán Shéamais. **315a**, 13; **315b**, 13; **315c**, 7; **315d**, 4; **350c**, 1.

Seán Táilliúir. **367b**, 2.

Seán *Tom*. **321**, 2.

Seán, An tAthair. **402**, 1.

Seán, Marcas Sheáin. **254**, 2.

Seán, Oileán Sheáin. **330**, 3.

Seán, Peadaí Sheáin. **224**, 5.

Seán, *Tom* Sheáin. **159**, 1.

Seanadh Bhéara [LS: *Béarach*; bf. i bpar. Chill Chuimín]. **333a**, 3; **333c**, 3.

Seanadh Phéistín [Bf. i bpar. Chill Chuimín]. **191a**, 4; **274a**, 1; **274b**, 1.

Séimín. **400**, 3.

Seoige, Máirín. **52a**, 6; **52c**, 3.

Seoige, Pádraig. **251a**, 1; **349**, 6.

Seoige, Páidín. **251b**, 1; **251c**, 3.

Seoige, Tomás. **285**, 8.

Seoigeach. **161a**, 2; **161b**, 2; **161c**, 2; **161d**, 2; **271**, 3; **433a**, 3; **433b**, 2.

Seoigigh. **220**, 1; **386**, 5.

Seoin Deairbí. **107b**, 6.

Seoirse. **60b**, 6; **68a**, 7; **68b**, 7; **68d**, 6; **68f**, 4; **120c**, 4; **168**, 3; **176a**, 6; **176b**, 2; **176c**, 7; **176d**, 5; **239d**, 4; **251b**, 4; **281**, 2; **292**, 3; **424**, 7.

Seoirse Ó Máille. **401a**, 5; **401b**, 6.

Seoirse, Loch. **215**, 2.

Seoirse, Rí. Féach *Rí Seoirse*.

Sergent Gallagher. **293a**, 2; **293b**, 2; **293c**, 2.

Sergent Gormon. **317c**, 2; **317e**, 1.

Sergent Sweeney. **317a**, 2.

Shannon. **414**, 3.

Shannon Airport. **410**, 7.

Shannon, The. **54a**, 6.

Sheehan, Patrick. **207**, 1.

Síle Óg. **95**, 2.

Sinn Féin. **413**, 4; **416**, 4.

Sinn Féiners. **411a**, 1; **411b**, 1; **411c**, 1; **411d**, 1.

Siobháinín [Ní] Dhúda [LS: *Siobháinín Dhúbhda*]. **370h**, 1

Siobhán Ní Cheallaigh. **116a**, 3.

tSionainn, An [Féach freisin *Oileán na Sionainne*]. **49**, 5; **54a**, 5; **54b**, 3; **56c**, 3; **60a**, 9; **60b**, 6; **60c**, 4; **136a**, 6; **136b**, 6; **177**, 5; **187a**, 8; **269b**, 7.

tSiúir, An. **54a**, 5.

Slánaitheoir, An. **404a**, 9; **404c**, 8.

Sléibhte Chonamara. **181b**, 4; **185a**, 11; **185c**, 1.

Sliabh Bachta [?Recté *Sliabh Eachta*]. **269a**, 19.

Sliabh Bán, An [?I mbar. agus Co. Ros Comáin]. **67a**, 1; **94**, 2; **101a**, 1; **101c**, 1; **101d**, 1; **101e**, 1; **101f**, 1; **101i**, 1; **334**, 3.

Sliabh Cairn [I bpar. Chill Liadáin, Maigh Eo]. **60a**, 4; **60b**, 2.

Sliabh *Calvery.* **405a**, 8; **405b**, 8.

Sliabh na Daoile [?Gar don Daoil, abhainn i mbar. Ráth Bhoth Theas / Ráth Bhoth Thuaidh, Co. Dhún na nGall]. **442**, 8.

Sliabh na mBan [In oirdheisceart Cho. Thiobraid Árann; féach freisin *Sliabh na mBan Fionn*]. **13b**, 4; **54a**, 7; **428**, 1.

Sliabh na mBan Fionn [Féach *Sliabh na mBan*] **63g**, 5.

Sliabh Phartraí [LS: *Sliabh Pardharthagh*; paróistí Bhaile Óbha agus Achadh Ghobhair, Maigh Eo]. **71**, 1.

Sliabh Uí Fhloinn [Bar. Bhaile agus Tobair, Co. Ros Comáin agus bar. Bhéal Átha Mó, Co. na Gaillimhe]. **10b**, 1; **10c**, 1; **10d**, 3; **10e**, 1; **87a**, 6; **87b**, 4; **189**, 4.

Sligeach, **25a**, 3; **25b**, 3; **25c**, 3; **25d**, 1; **26a**, 11; **116a**, 2; **149b**, 7; **149c**, 1; **180**, 4; **316a**, 5; **316b**, 7; **322**, 3; **347c**, 1; **430**, 3; **443a**, 2.

Sligo, Lord. **443a**, 6.

Snámh Bó [Bf. i bpar. Chill Chuimín]. **352**, 4.

Sodom. **412**, 18.

Solam. **406**, 14; **446a**, 6.

Sonaí Aindriú. **353**, 16.

Sonaí Mharcais. **285**, 7.

Sonaí Thomáis. **270**, 7.

Sorcha. **348**, 1.

Sorcha Leára. **304b**, 8; **304d**, 2.

South Africa. **411a**, 9; **411b**, 9; **411c**, 9.

South Australlia. **243**, 5.

South Boston. **156a**, 2; **156c**, 3; **156i**, 8.

Spáinn, An [Féach freisin *Rí na Spáinne*]. **4a**, 5; **12**, 5; **15b**, 5; **15d**, 3; **26a**, 18; **26b**, 6; **56b**,
    7; **60a**, 9; **60b**, 6; **60c**, 4; **63f**, 6; **63l**, 2; **65f**, 3; **66**, 1; **85a**, 8; **85b**, 1; **85e**, 1; **91e**, 5;
    105a, 4; **105c**, 4; **105d**, 4; **172**, 3; **209**, 4; **216a**, 3; **216b**, 3; **216c**, 2; **216d**, 2; **232d**,
    2; **237**, 5; **238**, 3; **242**, 6; **255**, 5; **265a**, 2; **265b**, 3; **332a**, 6; **350a**, 7; **350c**, 2; **370a**,
    10; **370b**, 9; **414**, 14; **436**, 3; **438a**, 7; **438b**, 7; **443a**, 4.

Spáinneach, -igh, An. **304d**, 5; **386**, 4; **436**, 6.

Spidéal, An [Baile i bpar. Mhaigh Cuilinn]. **55c**, 5; **142a**, 12; **142b**, 12; **142c**, 7; **168**, 1;
    227, 1; **303**, 1; **314a**, 7; **314b**, 7; **314c**, 6; **314d**, 7; **314e**, 6; **314f**, 2; **314g**, 2; **343**, 1;
    394c, 8; **394d**, 8.

Spiorad Naomh, An. **411a**, 11; **411b**, 11; **411c**, 11.

Spring. **243**, 1.

Sráid an *Station.* **274a**, 5; **274b**, 5.

Sraith Salach. **370a**, 14.

Sruth na Maoile [LS: *na Maol, an Mhaoil*; ?Caol farraige idir Éirinn agus Albain,
    seachas caol farraige i bpar. Chill Easpaig Bhróin i gCo. Shligigh]. **164a**,
    9; **164b**, 8.

Sruthán, An [?ionad daonra i gceantar na Ceathrún Rua i bpar. Chill Chuimín; féach
    freisin *Caladh an tSrutháin, Carraig an tSrutháin* agus *Cnoc an tSrutháin*]. **312**,
    1; **431**, 1.

Sruthán Buí, An [Sruthán agus ceantar in oirthuaisceart bf. Leitir Calaidh i bpar. Chill
    Aithnín; féach freisin *Cúirt an tSrutháin Bhuí*. Tá sruthán éagsúla eile den ainm
    seo i bparóistí Chill Aithnín agus Mhaigh Cuilinn (i measc paróistí eile)]. **236b**,
    2; **236d**, 5; **270**, 7; **335b**, 8; **359**, 10.

Sruthán Mór, An [?In oirdheisceart Mhaigh Eo]. **114c**, 5.

S.S. Cornubia. **392**.

Staffa, Steven. **331**, 5.

Stáit Aontaithe, Na. **193**, 1, Féach freisin *Na Státaí*.

Stalingrad. **414**, 16.

Standún, Máire. **50**, 10.

Stanley. **186b**, 7; **186c**, 4; **186c**, 7; **186d**, 4; **186e**, 6.

Státaí, Na. **205a**, 4; **205b**, 4; **205c**, 4; **205d**, 4; **205e**, 5; **205f**, 4; **205g**, 4; **205h**, 4; **205i**, 3;
    205j, 1; **205k**, 1; **205m**, 1; **207**, 1. Féach freisin *Na Stáit Aontaithe*.

Station, Sráid an. **274a**, 5; **274b**, 5.

Steve Mháirtín.**76**, 1.

Steven Staffa. **331**, 5.

Stiofán. **147b**, 4; **209**, 2; **384**, 2.

Stiofán, Lá Fhéile Stiofáin. **344**, 1.

Stiofán Learaí. **321**, 15.

Stiofán Ó Ceallaigh. **304a**, 10.

Stiofán Táilliúr. **287**, 2.

Strongbow. **349**, 6.

Strongbohnians. **216a**, 6.

tSúiligh, An [Abhainn ar a bhfuil Leitir Ceanainn suite, i gCo. Dhún na nGall]. **262**, 4.

Súilleabhánach, An. **156b**, 8.

Suir, The [Féach freisin *An tSiúir*]. **54a**, 6; **128**, 4.

Summer. **133**, 1.

Sweeney. **330**, 2.

Sweeney, Mr. **52b**, 2.

Sweeney, Sergent. **317a**, 2.

Sydney. **156c**, 5; **156h**, 9; **156n**, 6.

Taaffe, Frainc. **233b**, 7.

Tadhg. **78**, 2; **269a**, 21; **379**, 1; **435**, 3; **439e**, 3.

Tadhg, Maitias Thaidhg. **332d**, 4.

Tadhg Mhaitiais. **307a**, 1.

Tadhg Mharcais. **307b**, 1.

Tadhg Ó Dálaigh. **383b**, 4.

Tadhg Ó Sé. **219**, 1.

Táilliúr Bhideach. **368a**, 6.

Táilliúr Cheaiteog [sic]. **368a**, 2; **368b**, 2.

Taimín. **78**, 1; **85b**, 1; **85e**, 1; **183a**, 1.

Taimín Bán. **186c**, 1; **186d**, 1; **188**, 1.

Taimín Bán Ó Riagáin. **186f**, 4.

Taimín Thomáis. **69**, 11.

Teach Bán, An [Sna Stáit Aontaithe]. **410**, 3.

Teach Uí Dhónaill. **149a**, 7; **149b**, 8; **149c**, 4.

Teach Uí Raghallaigh. **149a**, 7.

Teorainneacha Uí Bhreacáin [LS: *Bhriocáin*]. **8c**, 3.

Texas. **410**, 20.

Tiarna an Chláir. **440**, 2; **443a**, 6.

Tiarna Áth Cinn. **187c**, 5; **187d**, 7; **187e**, 2.

Tiarna Bhinn Éadair. **39a**, 6; **39b**, 6; **39c**, 6; **39d**, 3.

Tiarna *Lucan*, An. **50**, 6.

Tiarna Uí Néill. **426**, 1.

Tiber, An. **214**, 4.

Tigh [?Uí] Chearra. **218**, 1; **342**, 1.

Tigh *Kheane*. **224**, 4.

Tigh Neachtain (*Naughton*). **148a**, 1; **148b**, 1; **148c**, 1; **148d**, 1; **148e**, 1; **148f**, 1.

Tigh Raiftearaí. **124a**, 3; **124b**, 2.

Tigh Sheáin. **19e**, 4; **64a**, 1; **64b**, 1; **64c**, 1; **64d**, 1; **64e**, 1; **64f**, 1; **64g**, 1; **64h**, 1; **64i**, 1; **64j**, 1; **64k**, 1.

*Tim*ín *Tom*. **321**, 10.

Tiobóid. **134a**, 6; **386**, 5.

Tiobóid Ó Laoigh. **363**, 2.

Tír an Fhia [Bf. i bpar. Chill Aithnín nó i bpar. an Rois]. **28a**, 5; **28c**, 7; **89a**, 5; **89b**, 5; **89c**, 5; **89d**; **89e**, 3; **150a**, 1; **150b**, 1; **264a**, 1; **264b**, 4; **283a**, 3; **285**, 1; **286a**, 6; **286b**, 1; **304c**, 6; **304d**, 3; **359**, 1; **445a**, 1; **445b**, 1.

Tír Chonaill. **166**, 4; **220**, 2; **424**, 3; **426**, 6.

Tír Eoghain [Féach freisin Prionsa Thír Eoghain]. **13a**, 4; **107b**, 6; **217b**, 7; **347d**, 1; **370e**, 4; **425**, 8.

Tír Lochlann [LS: *Lochlainn*]. **404c**, 10.

Tobar Loch an Dúin. **161a**, 1; **161b**, 1.

Tobar Mhic Duach [?I bf. Chill Mhuirbhigh in Árainn, nó bf. an Phoill Chaoin i bpar. Órán Mór, nó i bf. na dTuairíní i bpar. Mhaigh Cuilinn, nó i bpar. an Chillín, par. an Droma i Maigh Eo...]. **161c**, 1; **161d**, 1.

Tobar Phádraig [?I bf. Chluain Duibh, par. Mhaigh Cuilinn, nó i bf. Thír na Cille Theas, par. an Rois, nó i bf. Dhoire Bhriosc i bpar. Chill Chuimín...]. **93e**, 5.

Tobar Pheadair [?I bf. na Coille Móire, par. Chill Thomáis]. **269a**, 19.

Tobar Rí an Domhnaigh [?Tobar i gCois Fharraige seachas i bf. agus par. Chill Ghaobhair, Maigh Eo]. **185a**, 9; **299**, 5.

Tóin na Craoibhe. **215**, 1.

Tom. **27a**, 8; **156a**, 6; **156b**, 2; **156d**, 6; **156e**, 6; **156f**, 5; **156g**, 2; **156h**, 4; **156i**, 4; **156k**, 5; **156l**, 5; **156m**, 3; **303**, 3; **321**, 1; **397**, 2.

Tom Bhairbre. **331**, 1.

Tom Breathnach. **449**, 2.

Tom Daly. **239a**, 4; **239b**, 4; **239d**, 2.

Tom Dhónaill. **209**, 1.

Tom Fahy. **221b**, 6.

Tom Feilipe. **368b**, 3.

Tom Garvin. **325b**, 3.

Tom Keane. **354a**, 9.

Tom Mhicil *Tom.* **362**, 1.

Tom Ó Ceallaigh. **5**, 7.

Tom Ó Flatharta. **430**, 7.

Tom Ó Laoigh. **404d**, 1.

Tom Phádraig. **287**, 3.

Tom Pháidín. **332a**, 2.

Tom Pháidín Shéamais. **362**, 4.

Tom Pheadair. **303**, 3.

Tom Sheáin. **159**, 1.

Tom, Maidhc. **255**, 2.

Tom, Seán. **321**, 2.

Tom, *Tim*ín. **321**, 11.

Tomáisín Bán. **193a**, 11.

Tomás. **164a**, 4.

Tomás Ághas. **413**, 8.

Tomás Aindriú. **326**, 6.

Tomás Bán Mac Aogáin. **186a**, 4; **186b**; **186c**, 4.

Tomás Bán. **186a**, 2; **186b**, 2; **186e**, 2.

Tomás Mhurchaidh, Bid Bhán Thomáis Mhurchaidh [LS: *Mhurcha*]. **25c**, 5.

Tomás Mhurchaidh, Bríd Thomáis Mhurchaidh [LS: *Mhurcha*]. **25a**, 2.

Tomás Ó Cathail. **158b**, 7.

Tomás Ó Colmáin. **436**, 4.

Tomás Ó Coscair. **158a**, 7.

Tomás Ó Dálaigh. **179**, 1.

Tomás Ó Fathaigh. **221a**, 1; **221b**, 1; **221c**, 1; **221e**, 1; **221f**, 1; **221g**, 1; **221h**, 1.

Tomás Ó Murchú. **185b**, 4.

Tomás Ó Neachtain. **435**, 5.

Tomás, Seáinín Thomáis. **331**, 4.

Tomás Seoige. **285**, 8.

Tomás, Sonaí Thomáis. **270**, 7.

Tomás Shadhbha. **249**, 2.

Tomás Táilliúir. **357**, 1.

Tomás, Taimín Thomáis. **69**, 11.

Tomily. **404a**, 1; **404b**, 1; **404c**, 1.

Tommy. **304a**, 10; **389**, 4.

Tommy Réamainn [LS: *Réamoinn*]. **392**, 4.

Tone, Wolfe. **420**, 4.

Toole [LS: *Toole, Tuathail*]. **148a**, 1; **148b**, 1; **148c**, 1; **148d**, 1; **148e**, 1; **148f**, 1.

Toole, Dick. **294**, 1.

Toole, Harry. **294**, 6.

Toraigh [Oileán, bf. i bpar. Thulacha Beigile, Co. Dhún na nGall]. **424**, 6.

Tower an Choillín [Bf. an Choillín i bpar. Mhaírois]. **370d**, 2; **370f**, 6.

Tower Árann. **250**, 1.

Tower Chamais [Féach *Camas*]. **191a**, 3; **191b**, 5; **191c**, 4.

Tower Cheann Gólaim [Féach *Ceann Gólaim*]. **370i**, 1.

Tower Chnoc an Chillín. **370c**, 3.

Trá Bháin, An [?I bf. Thír an Fhia, par. Chill Aithnín; féach freisin go bhfuil tránna ann
  ar a dtugtar *An Trá Bhán*, m. sh. i bf. Leitir Calaidh agus i bf. Bhearna]. **34**, 1; **47b**,
  5; **47c**, 3; **138**, 5; **147a**, 3; **156a**, 5; **156b**, 1; **156c**, 1; **156d**, 4; **156e**, 4; **156f**, 4; **156g**, 1;
  156h, 1; **156i**, 2; **156i**, 2; **156k**, 2; **156l**, 2; **156m**, 2; **156n**, 2; **191a**, 3; **191b**, 5; **191c**, 4;
  224, 2; **246a**, 1; **246b**, 1; **254**, 3; **266**, 3; **273**, 1; **323**, 1; **329**, 2; **330**, 1; **431**, 3.

Trá Bhríde. **401a**, 1; **401b**, 2.

Trá Lí. **26a**, 11; **120b**, 3; **142a**, 6; **142b**, 6; **142c**, 6; **348**, 2.

Trá Mhíchíl. **315a**, 2; **315b**, 2; **315c**, 2; **315d**, 1.

Trá Mhóir, An. **27b**, 5; **85a**, 6; **115**, 1; **315a**, 4; **315b**, 4; **315c**, 4; **315d**, 2.

Traoi, An [Sa Toirc]. **26a**, 19; **26b**, 7; **50**, 1; **60a**, 7; **60b**, 2; **68a**, 4; **68d**, 4; **68e**, 3; **84a**, 4;
  84b, 1; **105c**, 5; **236b**, 7; **406**, 10; **441b**, 2.

Tirial, Caitlín [LS: *Triall*]. **29**, 1.

Tuaim. **54a**, 4; **63a**, 8; **96b**, 8; **211a**, 6; **211b**, 3; **234**, 8; **269a**, 3; **269b**, 12; **269c**, 3; **443a**,
  9; **443b**, 1.

Tuaim Gréine [bf. agus par. i gCo. an Chláir]. **26a**, 11; **234**, 9.

Tuairín, An [?Bf. i bpar. Iomaí nó i bpar. Bhaile na Cille i mbar. Bhaile na hInse; féach
  freisin *Droichead an Tuairín* agus *Loch an Tuairín*]. **431**, 1.

Tulaigh Bhruíne [LS: *An Tulaigh Bhruíne*]. **230**.

Tuamhain [Tuaisceart na Mumhan; féach freisin *Droichead na Tuamhan*]. **53a**, 6; **269a**,
  3; **269b**, 3; **269c**, 3.

Tuamhain Uí Bhriain [Féach freisin *Tuamhain*]. **349**, 5.

Tuar Mhic Éadaigh [Ionad daonra i bpar. Bhaile Óbha, Maigh Eo. **167a**, 6; **167b**, 6;

211b, 3; **409**, 7/
Tulach Mhór, An [Bf. i bpar. Chill Chuimín]. **312**, 1.
Túna [*Tony*]. **391a**, 2; **391b**, 2.
Turcach, An. **252**, 4; **304d**, 5.
Turkey. **422**, 5.
Turlach Mór, An [LS: *Turloch*; ?bf. i bpar. Chill Chuimín]. **136b**, 8; **256**, 5.
Turlach, An [?I bf. Bhaile na hAbhann Theas, par. Chill Aithnín]. **11h**, 4; **11i**, 1.
Twelve Pins, The. **243**, 7.

Uachtar Ard [Baile i bpar. Chill Chuimín]. **27a**, 5; **27b**, 5; **27e**, 2; **42b**, 3; **47a**, 3; **47d**,
　　2; **138**, 5; **191a**, 4; **191b**, 5; **191c**, 4; **211b**, 5; **227**, 1; **235a**, 1; **266**, 4; **271**, 3; **275a**, 4;
　　289a, 5; **294**, 2; **299**, 6; **330**, 2; **333a**, 2; **333d**, 2; **333e**, 2; **375**, 3; **389**, 2.
Uachtarán na hÉireann. **413**, 6.
Uaimíní, Na h-. **348**, 3.
Uáitéar Óg [LS: *Uaitéar*]. **336a**, 8.
Uáitéar, Máirtín [LS: *Uaitéir*]. **337b**, 6; **337c**, 4.
tUan, An. **231**, 4.
tUascán, An. **231**, 4; **392**, 7.
Uilleac Mac Eoin. **433b**, 3.
Uilleac. **269a**, 31; **269b**, 5; **433a**, 5.
Ultach. **422**, 9.
Umhall Uí Mháille [Bar. Mhuraisce agus / nó ceantar Chuan Mó ar fad, Maigh Eo].
　　53a, 6; **53b**, 4; **60a**, 2; **60b**, 1; **265b**, 1; **275a**, 4.
Úna. **83a**, 1; **83b**, 1; **83c**, 1; **84a**, 5; **283a**, 2; **283b**, 3.
Úna Bhán. **83d**, 5; **83e**, 1.
Úna Dheas Ní Nia. **84a**, 2; **84b**, 1.
Úna Ní Chonchúir Bhán. **65g**, 1.
Úna Nic Dhiarmada. **83a**, 5; **83b**, 5.
Val Ceannaí. **336d**, 2.
Valentine. **54a**, 7; **54b**, 4.
Vastapool [Baisteapúl, .i. cathair *Sevastepol* sa Chrimé]. **255**, 5.
Venus. **10a**, 4; **40b**, 5; **44**, 3; **50**, 4; **60a**, 7; **60b**, 5; **64e**, 5; **91f**, 4; **105c**, 5; **216a**, 3; **216b**, 3;
　　216c, 2; **216d**, 2; **269b**, 8; **397**, 1; **418**, 4; **419**, 4; **456a**, 3.
Victoria. **236a**, 4.
Vinegar Hill [Gar d'Inis Córthaidh, Co. Loch Garman]. **434**, 6.
Virgil. **50**, 8.

Vulcan. **26a**, 15; **214**, 6; **419**, 4.

Wales, Prince of. Féach faoi *Prince of Wales*
Wallace. **236b**, 9; **236f**, 1; **272**, 8; **331**, 5.
Wallet of Straw, (An) **347a**, 10.
Walsh. 416, 3.
Ward. **394b**, 7.
Washington. **410**, 13.
Waterford City. **125**, 2.
Wellington. **252**, 4.
Wexford. **410**, 6.
Whelan. **74c**, 5.
White, Johnny. **332d**, 4.
William. **168**, 12.
William Cosgrave. **414**, 5.
William Daly. **183a**, 6.
William Reilly. **160a**, 5; **160b**, 5; **160c**, 1; **160e**, 2; **160f**, 1; **160g**, 1; **160h**, 2; **160i**, 1.
Willie Leonard. **133**, 1.
Wimpy, George. **272**, 8.
Wolfe Tone. **420**, 4.

Yankee. 132, 3;
Yankee-Clipper, An. **340**, 4.
Yankeestar, An, **410**, 14.
Yeomen. **428**, 3.

Zeus. **419**, 4.

Clár na nAithriseoirí

a' Bhailís: *féach* de Bhailís.
a' Búrca: *féach* de Búrca.

Bairéad, Bean Bairéad, Maigh Cuilinn. **267a.**
Bradley, Pádraig (Pádraig Berry), (*c.* 51, 1964), Poll Uí Mhuirinn, Leitir Mealláin. **25b, 68g, 157, 246a, 325b, 368a.**
Breathnach, Máire Bhreathnach, (Máire Seoige – Bean Choilm Bhreatnaigh), An Sián, An Spidéal. **371.**
Breathnach, Mícheál (*c.* 60, 1962), Gleann Mhac Muirinn, Casla. **24a, 34, 241a, 241b, 242, 243, 289a, 313, 333d, 353, 421.**
Breathnach, Póilín Bhreatnach (*c.* 30, 1942), Cill Bhreacáin, Ros Muc. **330, 403b.**
Breathnach, Tomás (80, 1936), An Cnoc, Indreabhán. **28f, 103g, 115, 118, 264c, 374a, 381b, 403e, 427c.**

Curran: *féach* Ó Curraoin

Davoran, Máirtín (*c.* 66, 1939), Corr Chuilinn, Poll na gCloch, Maigh Cuilinn, **158a.**
de Bhailís, Máire Bean de Bhailís (Máire Ní Mháille) (*c.* 72, 1973), 52 Cooke's Terrace, Bóthar Mór, Gaillimh. Rugadh agus tógadh in Eanach Mheáin í. **5d, 144a, 221h, 333e, 355, 378e, 384, 413.**
de Bhailís, Seán (*c.* 96, 1973) 52, Cooke's Terrace, Bóthar Mór, Gaillimh. Rugadh agus tógadh é i gCladhnach, An Cheathrú Rua. **373f, 439e.**
de Bhailís, Tomás, An Sruthán, An Cheathrú Rua, **369.**
de Búrca, Maitias, Baile an tSléibhe, Ros an Mhíl. **31.**
de Búrca, Tomás (*c.* 77, 1937), Leitir Calaidh, Leitir Móir. **147a.**

Geraghty: *féach* Mac Oireachtaigh
Ging, Maidhc (*c.* 40, 1945), An Teach Mór, Indreabhán. **15e, 19b, 73, 92, 93e, 96c, 98b,**

112b, 121c, 130c, 205e, 205h, 347e, 399, 453e, 453f.

Mac Artúir, Liam (*c.* 63, 1937), Corr Chuilinn, Maigh Cuilinn. **155.**

Mac Coisdealbha: *féach* Ó Coisdealbha.

Mac Con Iomaire, Máire Nic Con Iomaire (*c.* 42, 1940), Camas. **453b.**

Mac Diarmada, Áine Nic Dhiarmada (Neain Pheadaí), An Lochán Beag, Indreabhán. **375.**

Mac Diarmada, Máire Bean Mhic Dhiarmada (Máire Tom), An Lochán Beag,
　　Indreabhán. **112d, 120b, 375.**

Mac Diarmada, Pádraig (*c.* 48, 1936), An Lochán Beag, Indreabhán. **380a, 380b.**

Mac Diarmada, Tomás (Tom Pheadaí), An Lochán Beag, Indreabhán. **309a.**

Mac Donnchadha, Cóilín (*c.* 35, 1938), Béal an Daingin. **148a.**

Mac Donnchadha, Neainín Nic Dhonnchadha: *féach* Ó Curraoin.

Mac Donnchadha, Pádraig (*c.* 58, 1971), Leitir Calaidh, Leitir Móir. **311, 413.**

Mac Donnchadha, Pádraig (*c.* 77, 1937), Leitir Calaidh, Leitir Móir, **38, 116d, 340.**

Mac Donnchadha, Pádraig (Peait) (*c.* 73, 1938), Ros an Mhíl. **8d, 14a, 41e, 97, 117e,**
　　221c, 221g, 277, 336e, 403d.

Mac Donnchadha, Seán (*c.* 60, 1938), Ros an Mhíl. **25a, 26a, 72c, 134a, 187e, 212a, 419.**

Mac Donnchadha, Seán (*c.* 60, 1942), Inis Eirc, Leitir Mealláin. **39b, 72b, 156d, 232b,**
　　318c, 411c.

Mac Donnchadha, Seosamh, Ros an Mhíl, **11c, 60a, 64e, 137, 456b.**

Mac Donnchadha, Stiofán (*c.* 69, 1963), Cnoc Cathrach, Na Mine. **439b.**

Mac Eoin, Seán, Coilleán, An Cheathrú Rua. **30c, 116b, 300b.**

Mac Fhlannchadha, Máire Bean Mhic Fhlannchadha (*c.* 47, 1942), (Máire Nic
　　Dhonnchadha - bean Choilm Mhic Fhlannchadha), An Teach Mór, Indreabhán,
　　124b, 144c, 176b, 185g, 314f, 323.

Mac Fhlannchadha, Micil (Micil Choilm) (*c.* 38, 1942), An Teach Mór, Indreabhán.
　　65h, 205i, 317b.

Mac Fhualáin: *féach* Ó Cualáin

Mac Liam, Seosamh (Joe Tom Dick), (*c.* 31, 1944), An Baile Láir, Cor na Rón,
　　Indreabhán. Rugadh agus tógadh in Inis Bearachain é. **4c, 8c, 11d, 25d, 41b,**
　　42a, 67c, 90a, 103b, 148e, 148f, 149c, 153, 161b, 176a, 185f, 187a, 232c, 255,
　　271, 292, 293b, 304b, 318d, 319c, 359, 378b, 391a, 411b, 443b.

Mac Oireachtaigh, Áine Nic Oireachtaigh (Anne Geraghty), (*c.* 70, 1967), Tulach Uí
　　Chadhain, Maigh Cuilinn. **150c, 221b.**

Ní: *féach* Ó.

Nic: *féach* Mac.

Ó Buachalla, Liam, Coláiste [Chonnacht], An Spidéal. **360.**

Ó Cadhain, Máirtín Beag (*c.* 71, 1941), An Cnocán Glas, An Spidéal. **383a.**

Ó Cadhain, Seán (*c.* 62, 1941), An Cnocán Glas, An Spidéal. **72a, 240e.**

Ó Cadhain, Seán (*c.* 73, 1942), Inis Bearachain, Leitir Móir. **181c, 300c.**

Ó Caola, Pádraig (Pádraig Bhaba), (*c.* 67, 1942), An Lochán Beag, Indreabhán. **9.**

Ó Cartúir, Seoirse, Cinn Mhara, Camas. **269b, 441b.**

Ó Ceallaigh, Cóil Sheáin Tom (*c.* 45, 1945), An Trá Bháin, Tír an Fhia. **30a, 53c, 304a.**

Ó Ceallaigh, Meaigí Mháirtín Seoige, (Bean Chóil Sheáin Tom Ó Ceallaigh), (*c.* 30, 1945), An Trá Bháin, Tír an Fhia. **28d, 60c.**

Ó Ceallaigh, Mícheál (*c.* 67, 1961), An Máimín, Leitir Móir. **161c.**

Ó Ceannabháin, Pádraig (*c.* 60, 1936), An Cnoc, Indreabhán. **63a, 63j, 63k, 64b, 64c, 64f, 85c, 85d, 216c, 216d, 291a, 291b, 314a, 314b, 314g, 372a, 372b, 451a, 451b, 451d.**

Ó Cearra, Séamus, (Séamus Chearra), (*c.* 80, 1942), Clochar na gCon, Indreabhán. **326.**

Ó Céidigh, Pádraig (*c.* 50, 1935), Seanadh Gharráin, An Spidéal. **63e, 68a, 142a, 236g, 373, 449.**

Ó Cliseam, Colm (*c.* 35, 1971), An Tulach, Baile na hAbhann. **64i, 65g, 176e.**

Ó Clochartaigh, Cóilín, Leitir Calaidh, Leitir Móir. **154.**

Ó Clochartaigh Darach (*c.* 73, 1944), Portach Mhaínse, Carna. **8e.**

Ó Clochartaigh, Mícheál (*c.* 65, 1924). Leitir Mealláin. **370d.**

Ó Clochartaigh, Pádraig (*c.* 75, 1937), Baile na Cille, Leitir Mealláin. **174, 370f.**

Ó Coisdealbha, [?] Bean Uí Choisdealbha, An Cnoc, Indreabhán. **89e.**

Ó Coisdealbha, Caitlín Ní Choisdealbha, An Cnoc, Indreabhán. **198.**

Ó Coisdealbha, Mícheál (*c.* 30, 1932), An Pháirc, An Spidéal. **332b.**

Ó Coisdealbha, Tomás, An Cnoc, Indreabhán. **423.**

Ó Coisdealbha, Tomás, An Spidéal. **195.**

Ó Conaill, Mícheál (*c.* 30, 1939), Uachtar Ard. Rugadh agus tógadh é i mBaile Bhuirne, Co. Chorcaigh. **111, 396.**

Ó Conaire, Beartla (*c.* 77, 1957), Ros Cíde, Ros Muc. **182d, 439f.**

Ó Conaire, Bríd Bean Uí Chonaire (*c.* 52, 1939), An Siléar, Ros Muc. **40a.**

Ó Conaire, Colm (*c.* 65, 1939), An Siléar, Ros Muc. **214.**

Ó Conaire, Máire Ní Chonaire (Máire Aibhistín) (*c.* 85, 1942), Snámh Bó, Ros Muc. **278a, 278b, 444.**

Ó Conaire, Mícheál (*c.* 57, 1954), Ros Muc. **370a.**

Ó Concheanainn, Tomás (*c.* 58, 1931), An Púirín, Indreabhán. **45b, 65a, 136a, 337a.**

Ó Concheanainn, Áine Bean Uí Choncheanainn (*c.* 62, 1941), An Spidéal. **19e, 29, 54a, 117c, 156i, 183a, 197, 289b.**

Ó Concheanainn, Tadhg S., An Spidéal. **2.**

Ó Conchubhair, Judah (*c.* 62, 1937), Corr Chuilinn, Maigh Cuilinn. **232b.**

Ó Conchubhair, Seán (*c.* 50, 1941), Leitir Móir. **39a, 148c, 176d, 232a, 293a, 300d, 318b, 319a, 347d, 378a, 411a, 450.**

Ó Confhaola, [?] Bean Uí Chonaola, An Cnoc, Indreabhán. **216a.**

Ó Confhaola, Beartla (*c.* 65, 1971), Casla. **206, 332a, 368b.**

Ó Confhaola, Labhrás (*c.* 88, 1937), Baile na hAbhann, An Tulach. **367a, 453a.**

Ó Confhaola, Máire Bean Uí Chonfhaola, Ard na Graí, Doire an Fhéich, Casla. **454.**

Ó Confhaola, Máire Ní Chonaola, Scoil an Droma (1918-20), Leitir Mealláin. **63d.**

Ó Confhaola, Mairéad Ní Chonfhaola, Scoil an Droma (1918-20), Leitir Mealláin. **98c.**

Ó Confhaola, Máirtín (Máirtín Ceannaí), (80+, 1935), An Gleann Mór, An Cheathrú Rua. **70a, 83c, 87a, 185b, 237, 238, 240a, 336a, 342, 357, 370c, 389, 404d, 436.**

Ó Confhaola, Máirtín (Máirtín Mhurcha), (*c.* 45, 1964), Cladhnach, An Cheathrú Rua. **47a, 47d, 55b, 55c, 112c, 156c, 160h, 192, 193e, 208, 210, 219, 220, 253c, 266, 272, 280, 285, 362, 394c, 394d, 410, 414, 427a, 439d.**

Ó Confhaola, Mícheál (*c.*70, 1937), An Spidéal. **269a, 268c.**

Ó Confhaola, Mícheál, Doire an Fhéich, Casla, **225.**

Ó Confhaola, Neainín Bean Uí Chonaola, (Neainín Ní Neachtain), (*c.*88, 1960), Cladhnach, An Cheathrú Rua. **35, 64h, 64j, 88a, 88b, 185h, 190b, 239c, 239f, 239g, 394a, 439c, 439d.**

Ó Confhaola, Pádraig, An Chré Dhubh, An Spidéal. **45c, 49, 52b, 65e.**

Ó Confhaola, Sorcha (*c.* 68, 1939), An Cnoc, Indreabhán. **11b, 140b.**

Ó Confhaola, Stiofán (90), Ard na Graí, Doire an Fhéich, Casla. **284.**

Ó Confhaola, Stiofán (*c.* 72, 1938), Na hAille, Indreabhán. Rugadh agus tógadh é i Seanadh Gharráin, An Spidéal. **226, 306.**

Ó Confhaola, Tadhg, An Cnoc, Indreabhán. **367c.**

Ó Conluain, Gráinne Ní Chonluain, Baile an tSagairt, An Spidéal, **267b.**

Ó Cualáin, Bean Mhicil Mhóir Uí Chualáin, Poll Uí Mhuirinn, Leitir Mealláin. **101g, 186g.**

Ó Cualáin, Beartla (*c.* 16, 1930), An Lochán Beag, Indreabhán. **19d, 56d, 74a, 98b, 99b, 114b, 130b, 160a, 335a.**

Ó Cualáin, Máire Bean Uí Chualáin (*c.* 44, 1942) (Bean Sheáin Uí Chualáin), An Lochán Beag, Indreabhán, **89b.**

Ó Cualáin, Mairéad Ní Chualáin, Na hUaimíní, Scoil an Chnoic, Leitir Mealláin, **103c, 336c.**

Ó Cualáin, Máirtín (Beartla), An Lochán Beag, Indreabhán. **107b, 187c, 191c, 193c, 335b.**

Ó Cualáin, Mártan, An Lochán Beag, Indreabhán. **167c, 424.**

Ó Cualáin, Mícheál (*c.* 52, 1937). Baile na Cille, Leitir Mealláin. **85a, 160c, 185a.**

Ó Cualáin, Pádraig (*c.* 22, 1930), An Teach Mór, Indreabhán. **6a, 205f, 205g, 350b.**

Ó Cualáin, Pádraig (*c.* 41, 1942), An Lochán Beag, Indreabhán. **47c, 88e, 89c, 91f, 149d, 162, 194, 217a, 315a, 336h, 346, 420.**

Ó Cualáin, Pádraig (Pádraig Pheatsa), (*c.* 86, 1942), Cor na Rón, Indreabhán. **6d, 11h, 19a, 21, 27e, 33a, 58, 67a, 88c, 91c, 108a, 136b, 140a, 170, 187d, 203, 240c, 305, 337b, 433a.**

Ó Cualáin, Pádraig (*c.* 28, 1939), An Lochán Beag, Indreabhán. Rugadh agus tógadh é i mBaile an Tí Mhóir, Indreabhán. **217d.**

Ó Cualáin, Pádraig (*c.* 35, 1942), An Lochán Beag, Indreabhán. **10e, 72e, 106a.**

Ó Cualáin, Peadar (*c.* 33, 1942). Both Chuanna, An Spidéal. **64k, 72d, 181a, 370e, 286b, 445c.**

Ó Cualáin, Seán (Seáinín Beag) (*c.* 65, 1931), An Teach Mór, Indreabhán. **6b, 45a, 52a, 130a, 205d, 239a, 239b, 240b, 314c, 317c, 405a, 405b, 453d.**

Ó Curraoin [nó *Ó Cuirín*], Bean Mhíchíl Uí Churraoin, An Tulach, Baile na hAbhann, **317a.**

Ó Curraoin, Bríd Ní Churraoin (*c.* 24, 1960), An Baile Láir, Ros an Mhíl. **117a, 319d, 345a.**

Ó Curraoin, Labhrás, Scoil na Trá Báine (Rang 4–1920), Scoil na Trá Báine. **246b.**

Ó Curraoin, Maidhc (Maidhc Stiofáin), (*c.* 56, 1939), *Brownville*, Rathún, Gaillimh, Rugadh agus tógadh é sna hAille, Indreabhán. **3, 308b, 351.**

Ó Curraoin, Micil, Indreabhán. **11i, 181b, 213.**

Ó Curraoin, Neainín Bean Uí Churraoin (Bean Sheán Mhicí), (*c.* 68, 1969) An Baile Láir, Ros an Mhíl. **156b, 283a, 378e.**

Ó Curraoin, Peadaí (Peadaí Curran), (*c.* 69, 1969), An Caorán, Baile na hAbhann. **160i.**

Ó Curraoin, Seán (*c.* 45, 1945), An Aird Mhóir, Carna. **304a.**

Ó Curraoin, Seán (Seán Mhicí), (*c.* 79, 1965), An Baile Láir, Ros an Mhíl. **205j, 205k, 329, 347f, 397.**

Ó Curraoin, Tadhg (*c.* 32, 1937) Na Poillíní, Na Forbacha. **168.**

Ó Diollúin, Bairbre Ní Dhiollúin (*c.* 25, 1942), An Teach Mór, Indreabhán. **101f.**

Ó Diollúin, Máire Ní Dhiollúin (*c.* 20, 1943), An Teach Mór, Indreabhán. **63i.**

Ó Diollúin, Meait (*c.* 60, 1942), An Teach Mór, Indreabhán, **120c, 221d, 265b, 334.**

Ó Diollúin, Pádraig (*c.* 80, 1939), An Gort Riabhach, Maigh Cuilinn. **438c.**

Ó Diollúin, Siobhán Ní Dhiollúin, An Teach Mór, Indreabhán. **93e.**

Ó Diollúin, Tomás, Scoil Shailearna (1942), An Cnoc, Indreabhán. **167b.**

Ó Dónaill, Bean Antoine Uí Dhónaill, Baile an tSagairt, An Spidéal. **93f, 186d, 239e**.

Ó Donnchadha, Máire Bean Uí Dhonnchadha (*c.* 62, 1941), Maíros, Carna. Rugadh
agus tógadh í i gCor na Rón, Indreabhán. **14b, 199, 333b, 363, 442**.

Ó Donnchadha, Mícheál, Ros an Mhíl. **82a, 103f**.

Ó Donnchadha, Pádraig (*c.* 28, 1939), Ros an Mhíl. **259, 274a, 310a**.

Ó Donnchadha, Pádraig (*c.* 76, 1937), Leitir Caladh, Leitir Móir. **156h, 235a, 336d, 453h**.

Ó Donnchadha, Peadar (*c.* 28, 1939), Baile na mBroghach, Indreabhán. **143b**.

Ó Donnchadha, Peadar (*c.* 38, 1939), Ros an Mhíl. **221f, 312, 336b**.

Ó Donnchadha, Seán (*c.* 64, 1939), Eadargúil, Cluain Duibh, Maigh Cuilinn, **142b,
282, 349, 385**.

Ó Donnchadha, Seosamh, An Aird Mhóir, Carna. **223**.

Ó Droighneáin, Neain Ní Dhroighneáin (*c.* 20, 1942), An Aill Bhuí, Ros Muc. **106b**.

Ó Droighneáin, Séamus (*c.* 60, 1939), Cluain Duibh, Maigh Cuilinn. **262, 404c**.

Ó Fátharta, Bríd Ní Fhátharta (*c.* 30, 1945), 19 Royal Street, Allston, Massachusetts,
Stáit Aontaithe Mheiriceá. Rugadh agus tógadh í i gCor na Rón Láir,
Indreabhán. **163c, 428**.

Ó Fátharta, Bríd Ní Fhátharta, Na hAille, Indreabhan. **364c**.

Ó Fathárta, M. Bean Uí Fhátharta, Inbhear, Ros Muc. ⁻**43**.

Ó Fátharta, Máire Ní Fhátharta, Scoil Mhuire, An Spidéal, **233d**.

Ó Fátharta, Máirtín (*c.* 45, 1942), An Teach Mór, Indreabhán. **33b, 186e**.

Ó Fátharta, Pádraig (*c.* 24, 1944), An Baile Láir, Cor na Rón, Indreabhán. **40b, 41d,
134c, 445a, 447**.

Ó Fátharta, Pádraig, (*c.* 48, 1938), Bearna. **217c**.

Ó Fátharta, Pádraig, Ros Muc. **63f**.

Ó Fátharta, Séamus, An Cnoc, Indreabhán. **139**.

Ó Fátharta, Seán (*c.* 66, 1938), Baile an tSléibhe, Ros an Mhíl. **61d, 185c, 445b**.

Ó Fátharta, Siobhán Ní Fhátharta, Scoil Mhuire, An Spidéal. **233c**.

Ó Fátharta, Tomás, An Spidéal. **336g**.

Ó Fiannachta, Neainín Bean Uí Fhiannachta (*c.* 68, 1973), An Sruthán, An Cheathrú
Rua, **253d**.

Ó Finneadha, Bairbre Ní Fhinneadha (*c.* 28, 1939), An Lochán Beag, Indreabhan. **24b**.

Ó Finneadha, Dónall (*c.* 78, 1941), An Baile Ard, An Spidéal. **63b, 67b, 70c, 142c, 251c,
253b, 341, 366, 404a, 417, 430, 432a**.

Ó Finneadha, Éamonn (*c.* 69, 1930), An Lochán Beag, Indreabhán. **10b, 84b, 215,
390b, 404b, 427b**.

Ó Finneadha, Máirtín (*c.* 60, 1942), An Spidéal. **440**.

Ó Finneadha, Máirtín (Máirtín William), (*c.* 36, 1945), An Lochán Beag, Indreabhán. **96a**.
Ó Finneadha, Pádraig (*c.* 22, 1939), An Lochán Beag, Indreabhán. **406**.
Ó Fínneadha, Pádraig (*c.* 54, 1938), An Lochán Beag, Indreabhán. **335c**.
Ó Flatharta, [?] Bean Uí Fhlatharta, Baile an Logáin, Cor na Rón, Indreabhán, **205c, 398**.
Ó Flatharta, Áine Bean Uí Fhlatharta (*c.* 54, 1941), Cor na Rón Thoir, Indreabhán. **7,
    93c, 102b, 124a, 183b, 316a, 453g**.
Ó Flatharta, Beartla (Bartley Tom Flaherty). An Cnoc, Indreabhán. **63c**.
Ó Flatharta, Beartla (*c.* 20, 1938), An Lochán Beag, Indreabhán. **167a, 315d, 412a**.
Ó Flatharta, Eoghan (*c.* 40, 1937), Na Foraí Maola Thiar, Bearna. **11a, 11f, 17, 27a, 53a,
    61b, 61c, 68c, 70e, 70f, 89d, 91d, 107a, 109a, 109b, 113a, 113b, 261, 263, 443a**.
Ó Flatharta, Máire Ní Fhlatharta, (*c.* 60, 1932). An Cheathrú Rua. **1, 8f, 20, 25e, 95,
    102g, 119, 356, 374b**.
Ó Flatharta, Máirtín (*c.* 60, 1939), Doire Locháin, An Spidéal. **30b, 101b, 160f, 211a,
    211b, 217b, 235b**.
Ó Flatharta, Mícheál (Micilín), (*c.* 68, 1939), Tearmann Naomh Breandán, Baile Locha
    Riach. Rugadh agus tógadh é sna Mine. **317f, 317h**.
Ó Flatharta, Pádraig (*c.* 25, 1946), Cor na Rón, Indreabhán. **248, 324, 339, 452**.
Ó Flatharta, Pádraig (*c.* 58, 1942), Baile an Logáin, Cor na Rón, Indreabhán. **209, 364d**.
Ó Flatharta, Pádraig (*c.* 21, 1939), An Lochán Beag, Indreabhán. **315b**.
Ó Flatharta, Pádraig (*c.* 61, 1941), Cor na Rón Thoir, Indreabhán. **54b, 63g, 64a, 65b,
    89a, 116a, 160b, 185c**.
Ó Flatharta, Seán (Seáinín Sheáin), (*c.* 60, 1937), An Lochán Beag, Indreabhán. **4a,
    15a, 15b, 15c, 18, 27c, 32, 42b, 52c, 64d, 64g, 65f, 68d, 109d, 109e, 112e, 114c,
    121b, 145, 185e, 190d, 193d, 205l, 216b, 236b, 240f, 252, 286a, 288, 307a,
    307b, 347a, 364a, 367d, 393, 400, 433c, 446a, 446b**.
Ó Flatharta, Sorcha Ní Fhlatharta, An Gleann Mór, An Cheathrú Rua. **101i, 160e**.
Ó Flatharta, Stiofán (*c.* 70, 1938), Baile an tSléibhe, Ros an Mhíl, **91a, 205a, 314e, 448**.
Ó Flatharta, Stiofán (*c.* 75, 1960), An Trá Bháin, **224**.
Ó Flatharta, Tomás (*c.* 61, 1936), An Cnoc, Indreabhán. **63h, 96b, 103d, 236a**.
Ó Flatharta, Tomás (*c.* 74, 1938), An Lochán Beag, Indreabhán. **236d, 240d**.
Ó Fualáin: *féach* Ó Cualáin
Ó Gábháin, [?], Fíodóir, Casla. **56c, 152a, 431**.
Ó Gráinne, Peadar, An Spidéal. **425**.
Ó Griallais, Bean Uí Ghriallais (*c.* 72, 1932), Cill Bhreacáin, Ros Muc, **158c**.
Ó Griallais, Áine Ní Ghriallais (*c.* 65, 1950), An Aill Bhuí, Ros Muc. **27d**.
Ó Griallais, Anna Ní Ghriallais (*c.* 21, 1942), Cill Bhreacáin, Ros Muc. **4b, 4e, 47e, 53b,**

59, 60b, 75, 76, 82b, 84a, 88d, 88f, 91e, 101e, 105b, 110, 114a, 120d, 121a, 133, 143c, 148d, 156e, 159, 172, 189, 193b, 202, 270, 303, 304d, 333c, 352, 377, 379, 387, 401b.

Ó Griallais, Cóilín (Cóilín [Uí] Ghriallais), (*c.* 22, 1937), An Rinn, An Cheathrú Rua. 62a, 318a.

Ó Griallais, Mairéad Bean Uí Ghriallais (*c.* 57, 1942), Cill Bhreacáin, Ros Muc. 54c, 63l, 77, 79.

Ó Griallais, Neain Bean Uí Ghriallais (Neain Dhonnchadha), (*c.* 66, 1942), Cill Bhreacáin, Ros Muc. 69, 100, 112a, 116c, 117d, 125, 127, 128, 146, 147b, 204, 207, 245, 299, 317d, 354a, 358.

Ó Griallais, Peadar (*c.* 68, 1942), An Gairfeanach, Ros Muc. 122, 132, 415.

Ó Griallais, Seosamh (*c.* 37, 1942), Cill Bhreacáin, Ros Muc. 85b, 93d, 150b, 186a, 190c.

Ó Griallais, Siobhán Ní Ghriallais (*c.* 29, 1939), Gairfean / An Gairfeanach, Ros Muc. 148b.

Ó Gríofa, Mícheál, [Indreabhán], 180.

Ó Gríofa, S. Ros Muc. 102f, 361.

Ó Gríofa, Tomás (*c.* 58, 1941), Cor na Rón, Indreabhán. 156g.

Ó hEidhin, Seosamh (*c.* 28, 1938), An Cnoc, Leitir Mealláin. 310b.

Ó hEidhin, Seosamh (*c.* 80, 1937), An Cnoc, Leitir Mealláin, 279, 342a, 402.

Ó hIarnáin, Áine Ní Iarnáin, Na hUaimíní, Scoil an Chnoic (1938), Leitir Mealláin. 409.

Ó hIarnáin, Máirtín (*c.* 60, 1937), An Tismeáin, An Cheathrú Rua. 19f, 103e.

Ó hUiginn, Colm (*c.* 69, 1960), 8 Palmyra Avenue, Gaillimh. Rugadh agus tógadh é i Leitir Calaidh, Leitir Móir. 296, 327.

Ó Laoi, Gearóid, Ros Cathail, Uachtar Ard. 30g, 102e.

Ó Laoi, Seán (*c.* 87, 1938), Coilleán, An Cheathrú Rua. 8a, 13a, 434.

Ó Lochlainn, Éamonn, Scoil an Droma (*c.* 1920), Leitir Mealláin. 325a.

Ó Lochlainn, Tomás (*c.* 34, 1937), Tearmann Naomh Breandán, Baile Locha Riach. Rugadh agus tógadh é i mBun an Charnáin, Leitir Móir. 61a, 151, 257, 258, 304c, 336f, 378d, 381a.

Ó Loideáin, Áine Ní Loideáin (*c.* 29, 1939), An Gleann Mór, An Cheathrú Rua. 200, 201, 418.

Ó Loideáin, Parthalán (*c.* 60, 1938), An Rinn, An Cheathrú Rua. 437.

Ó Lorcáin, Seán (*c.* 70, 1937), An Doirín, Leitir Móir. 5, 16, 36, 56a, 108b, 152b, 212b, 221a, 239d, 264b, 276, 281, 297, 302, 314d, 337c, 432b.

Ó Máille, Colm, Na Cúlachaí, Maigh Cuilinn. 144b.

Ó Máille, Máire Ní Mháille, *féach* de Bhailís.

Ó Máille, Máirtín (*c.* 65, 1959), Doire Fhatharta, An Cheathrú Rua. 275a, 370g.

Ó Máille, Pádraig (*c*. 60, 1964), Cladhnach, An Cheathrú Rua. **143a, 319e.**

Ó Máille, Pádraig, (Pádraig Sheáin Uí Mháille) (*c*. 60, 1967), An Baile Láir, Cor na Rón, Indreabhán. **156k, 156l, 205m, 332c.**

Ó Mainnín, Cáit Ní Mhainnín (*c*. 40, 1939), Cill Bhreacáin, Ros Muc. **156a.**

Ó Mainnín, Cáit Ní Mhainnín, (*c*. 20, 1939), An Turlach, Ros Muc. **28a.**

Ó Mainnín, Maidhcil Bheairtlín Ó Mainnín (*c*. 33, 1944), Ros Muc. **8e, 11j, 109f.**

Ó Mainnín, Mícheál (*c*. 72, 1947), An Turlach, Ros Muc agus Farnocht, Corr na Móna.
57, 80, 83e, 94, 116f, 142d, 156m, 161d, 163b, 169, 173b, 190a, 298, 317g.

Ó Mainnín, Mícheál (*c*. 40, 1939), Cill Bhreacáin, **236f.**

Ó Maodhbh, Mícheál (*c*. 43, 1941), Cill Bhreacáin, Ros Muc. **150a, 166, 403a, 435.**

Ó Maodhbh, Seán (*c*. 32, 1942), Cill Bhreacáin, Ros Muc. **8b, 10d, 11e, 25c, 26b, 28e,**
47b, 68e, 74b, 102c, 102d, 103a, 105c, 116e, 134b, 135, 138, 141b, 149a, 160d,
231, 234, 247, 251, 347b, 365, 386, 408, 422, 438a.

Ó Maoilchiaráin, Áine Ní Mhaoilchiaráin (*c*. 20, 1951), Camas Uachtair, **191b, 260,**
295, 345b.

Ó Maoilchiaráin, Cáit Ní Mhaoilchiaráin (*c*. 68, 1972), Camas Uachtair. **191a.**

Ó Maoilchiaráin, Colm (*c*. 65, 1951), Camas Uachtair. **273, 439a.**

Ó Maoilchiaráin, Seosamh (*c*. 78, 1972), Camas Uachtair, **191a.**

Ó Maoiliadh, Colm (*c*. 62, 1942), Leitir Mealláin. **161a, 293b, 319b.**

Ó Maoldomhnaigh, Micil (*c*. 75, 1937), Tulach Uí Chadhain, Maigh Cuilinn, **347c.**

Ó Mógáin, Peadar (*c*. 60, 1942), Cor na Rón, Indreabhán. **332d.**

Ó Neachtain, Cuimín (*c*. 68, 1933), Gleann Mhac Muirinn, Casla. **10c, 12.**

Ó Neachtain, Neainín Ní Neachtain: *féach* Ó Confhaola

Ó Neachtain, Peadar (*c*. 21, 1930), An Coilleach, An Spidéal. **182b, 182c.**

Ó Ráinne, Tomás (*c*. 40, 1939), Leitir Mucú, Camas, **101d.**

Ó Riagáin, Mairéad Bean Uí Riagáin (*c*. 63, 1935), An Coilleach, An Spidéal. **37.**

Ó Scanláin, Bríd Ní Scanláin, Baile an tSléibhe, Ros an Mhíl. **65c, 72f, 83a, 83b, 85e,**
156n, 182a, 184, 193a, 222, 253a, 264a, 287, 290, 407a, 407b, 453c.

Ó Standúin, Áine Ní Standúin (*c*. 19, 1937), Leitir Calaidh, Leitir Móir. **370b.**

Ó Súilleabháin, Bríd Bean Uí Shúilleabháin (*c*. 30, 1942), Cill Bhreacáin, Ros Muc.
Rugadh agus tógadh í i Leitir Móir. **10a, 65d, 123, 126, 129, 131, 156f, 175, 176c,**
179, 236c, 416.

Ó Súilleabháin, Bríd Bean Uí Shúilleabháin (*c*. 50, 1965), Inbhear, Ros Muc. **6c, 30d.**

Ó Súilleabháin, Siobhán Ní Shúilleabháin (*c*. 10, 1965), Inbhear, Ros Muc. **188.**

Ó Tuairisg, Máirtín (*c*. 57, 1930), An Fhaiche Bheag, Gaillimh, **433b.**

Ó Tuairisg, Máirtín (*c*. 64, 1939), Tearmann Naomh Breandán, Baile Locha Riach.

Rugadh agus tógadh é sa Lochán Beag, Indreabhán. **44, 268, 364b, 446c.**
Ó Tuairisc, Pádraig (*c.* 19, 1945), Cor na Rón, Indreabhán. **78.**
Ó Tuairisc, Seán (*c.* 50, 1944), An Lochán Beag, Indreabhán. **120a, 178.**
Ó Tuathail, Annraoi (*c.* 60, 1942), Leitir Móir. **265a, 455.**
Ó Tuathail, Máirtín (*c.* 87, 1958), 5 *Quay Lane*, Gaillimh. Rugadh agus tógadh é sa
    gCoill Rua, Indreabhán. **55a, 333a, 451c.**
Ó Tuathail, Maitiú (Maitias) Mór (*c.* 88, 1945), Na Creagáin, Indreabhán. **13b, 70d,**
    177, 401a, 403c.
Ó Tuathail, Pádraig, Leitir Calaidh, Leitir Móir. **227.**
Ó Tuathail, Seosamh (*c.* 40, 1951), Leitir Calaidh, Leitir Móir. **41a, 41c, 68b, 91b, 98a,**
    101a, 102a, 104, 141a, 301, 388.

Raighille [?*Ní Raghallaigh*], Baibín: *féach* Seoige

Seoige, Baibín (*c.* 60, 1945), (Baibín Raighille - máthair Sheáin Mháirtín Seoige), Inis
    Bearachain, Leitir Móir. **93h.**
Seoige, Máire: *féach* Breathnach, Máire.
Seoige, Mairéad [*sic*], Scoil an Droma (1918-20), Leitir Mealláin. **156j.**
Seoige, Meaigí (Mháirtín Seoige): *féach* Ó Ceallaigh
Seoige, Nóra, Coilleán, An Cheathrú Rua, **22.**
Seoige, Pádraig (*c.* 56, 1972), An Cnoc, Leitir Mealláin. **164a.**
Seoige, Pádraig, Inis Bearachain, Leitir Móir. **391b.**
Seoige, Seán (Seán Mháirtín), Inis Bearachain, Leitir Móir. **41d, 149b, 256, 304a, 411d.**
Seoige, Seosamh, An Cnoc, Leitir Mealláin. **27b.**

Tom, Seán, Scailp an Chait, Indreabhán (*c.* 85, 1938). **83d, 218, 289c,**

Williams, Michael (Tom Dick) (c. 48, 1945), Inis Bearachain, Leitir Móir. **11g.**

Clár na mBailitheoirí

Bairéad, Ciarán, Beechmount House, An Turlach Mór, Co. na Gaillimhe. **4d, 25b, 35,**
47a, 47d, 55a, 55b, 55c, 64h, 64j, 68g, 88a, 88b, 112c, 117a, 143a, 144a, 150c,
156b, 156c, 156k, 156l, 157, 160h, 160i, 161c, 185h, 190b, 192, 193e, 205j,
205k, 205m, 208, 210, 219, 220, 221h, 224, 239c, 239f, 239g, 246a, 253c,
253d, 266, 272, 280, 283a, 285, 296, 308b, 317e, 317f, 319d, 319e, 325b, 327,
329, 332c, 333e, 333f, 345a, 347f, 351, 355, 362, 368a, 370a, 370g, 378e, 384,
389, 394a, 394c, 394d, 397, 410, 414, 439c, 439d, 439e.
Bairéad, Tomás. An *Irish Independent*, Sráid na Mainistreach, Baile Átha Cliath. **267a.**

de Bhál, An tAth. Séamus S., 1 Sráid na nGael, Bun Clóidí, Co. Loch Garman. **163c, 428.**
de Bhaldraithe, Tomás, M.A., Roinn na Nua-Ghaeilge, An Coláiste Ollscoile, Baile
Átha Cliath. **15a, 64d, 193d, 205h, 205l, 286a, 307a, 364a, 446a.**
de Búrca, Proinnsias, Corr na Móna, Clár Chlainne Mhuiris. **6c, 11f, 24a, 27a, 30d,**
34, 39a, 39b, 39c, 52c, 61b, 70f, 72b, 89d, 109a, 111, 113b, 142d, 144b, 148c,
148f, 156d, 156m, 161a, 161b, 161d, 163b, 167a, 173b, 176d, 181c, 182d, 188,
190a, 211b, 217c, 221b, 232a, 232b, 232c, 236e, 240d, 241a, 241b, 242, 243,
261, 263, 265a, 275a, 289a, 293a, 293b, 293c, 298, 300c, 300d, 313, 315d, 317c,
317g, 318b, 318c, 318d, 319a, 319b, 319c, 333d, 347d, 353, 378a, 378b, 396,
411a, 411b, 411c, 412, 421, 438c, 439b, 443a, 451a, 455.
de Hindeberg, An tAthair Piaras, S.J., Coláiste an Chroí Ró-Naofa, Luimneach. **27d,**
102f, 361, 367d.

Hanley, Joseph, Eagle Lodge, Ascaill Ráth Garbh, Baile Átha Cliath. **23, 28b, 28c, 30e,**
30f, 51, 56e, 70b, 70g, 71, 93a, 101c, 101h, 105a, 105d, 147c, 158b, 158d, 160g,
173a, 190e, 193f, 232d, 251b, 275b, 283b, 322, 328, 390a.

Lúcás, An Bráthair, Muine Beag, Ceatharlach. **70a, 87a, 101i, 160e, 185b, 237, 238,**
240a, 336a, 342, 357, 370c, 404d, 427a, 436.

Mac Aonghusa, Séamus, Baile Shéamais, Fionnghlas, Baile Átha Cliath. **8e, 11g, 11j, 22,**
30a, 30g, 41d, 53c, 60c, 64k, 72d, 93h, 102e, 109f, 149b, 181a, 225, 257, 267b,
286b, 404a, 411d, 439f.

Mac Artúir, Seán, Corr Chuilinn, Maigh Cuilinn, Co. na Gaillimhe. **3, 142b, 155, 158a,**
233b, 262, 282, 349, 383c, 385, 404c.

Mac Coisdealbha, Liam, Coillte Mach, Contae Mhaigh Eo. **19f, 62a, 103e, 151, 258,**
318a, 336f, 370f.

Mac Colum, Fionán [*sic*], An Sponcán, Baile an Sceilg, Contae Chiarraí agus An Roinn
Oideachais, Baile Átha Cliath. **27b, 320, 391b.**

Mac Con Iomaire, Áine Nic Con Iomaire, Coillín, Carna, Co. na Gaillimhe. **154.**

Mac Con Iomaire, Bríd Nic Con Iomaire, Doire an Fhéich, Casla, Co. na Gaillimhe.
284, 454.

Mac Diarmada, Tomás (Tom Pheadaí), An Lochán Beag, Indreabhán, Co. na
Gaillimhe. **19c, 46a, 86, 109c, 117f, 186b, 187b, 309b, 335c, 350a.**

Mac Fhinn, An tAthair Eric, Coláiste na hOllscoile, Gaillimh. **72g, 81, 87b, 93g, 101g,**
103c, 112d, 120b, 185i, 186f, 186g, 205i, 228, 229, 244, 309a, 348; 354b, 364c,
370j, 375, 376, 378c, 392, 394b, 395, 409.

Mac Gill-Eathain, Calum I., An Teach Mór, Indreabhán, Contae na Gaillimhe. **4c, 6d,**
8c, 9, 11d, 11h, 13b, 15e, 19b, 21, 25d, 27e, 33a, 33b, 39d, 40b, 41b, 42a, 58,
63j, 63k, 65h, 67c, 70d, 73, 78, 89b, 90a, 91c, 92, 93e, 96a, 96c, 98b, 99b,
101f, 103b, 108a, 112b, 120a, 120c, 121c, 124b, 130c, 134c, 144c, 148e, 149c,
153, 170, 176a, 176b, 177, 178, 180, 185f, 185g, 186e, 187a, 203, 205e, 209,
221d, 248, 255, 265b, 271, 292, 304b, 305, 314f, 317b, 323, 324, 326, 332d, 334,
339, 347e, 359, 364d, 391a, 399, 401a, 403c, 443b, 445a, 447, 452, 453e, 453f.

Mac Giollarnáth, Seán, Seantalamh, Gaillimh. **46b, 230, 332b, 425.**

Mac Lochlainn, Brian, Baile Nua, An Cloigeann, Co. na Gaillimhe. **8a, 11c, 11i, 13a,**
14a, 25a, 26a, 26c, 30c, 41e, 60a, 61d, 64e, 65c, 72c, 83a, 91a, 97, 116b, 117e,
134a, 137, 181b, 182a, 185c, 187e, 205a, 211a, 213, 221c, 249, 277, 300b, 314e,
317a, 336e, 369, 407a, 419, 434, 437, 445b, 448, 456a, 456b.

Macken, Kathleen. An Coláiste Ollscoile, Baile Átha Cliath. **221e.**

Ó Broin, Leon, An Roinn Airgeadais, Baile Átha Cliath. **371.**

Ó Broin, Tomás P., 110 Ascaill Uí Ghríofa, Baile Átha Cliath. **5, 8d, 82a, 103f, 109b,**
152b, 221g, 403d.

Ó Cadhla, Seán, Coláiste Móbhí, Baile Átha Cliath. **370d.**

Ó Cartúir, Bríd Ní Chartúir, Cinn Mhara, Camas, Co. na Gaillimhe. **269b, 441b.**

Ó Ceannaigh, Pádraig [*sic*], Urlár, Béal Átha hAmhnais, Contae Mhaigh Eo. **63c, 63h,**
    64b, 64c, 85c, 85d, 96b, 103d, 216d, 236a, 291a, 291b, 314a, 314b, 372a, 372b,
    380a, 451b.

Ó Coisdealbha, Seán, (Johnny Choil Mhaidhc), Indreabhán, Contae na Gaillimhe.
    167d.

Ó Collaráin, Bríd Ní Chollaráin [*sic*], Co. Mhaigh Eo. **28f, 63a, 64f, 89e, 103g, 115,**
    118, 167c, 195, 198, 216c, 236d, 264c, 314g, 360, 374a, 380b, 403e, 423, 424,
    427c, 451d.

Ó Conaill, Áine Ní Chonaill, Baile na Máirtín, Baile Átha Buí, Co. na Mí. **182b, 182c.**

Ó Concheanainn, Tadhg S., An Spidéal, Contae na Gaillimhe. **2, 4a, 10e, 15b, 15c, 18,**
    19e, 27c, 29, 32, 42b, 45b, 47c, 54a, 63b, 64g, 65f, 67b, 68d, 70c, 72a, 72e,
    88e, 89c, 91f, 106a, 109d, 109e, 112e, 114c, 117c, 121b, 142c, 145, 149d, 156i,
    162, 183a, 185e, 190d, 194, 197, 216b, 217a, 236b, 240e, 240f, 251c, 252, 253b,
    288, 289b, 307b, 315a, 336h, 341, 346, 347a, 366, 367b, 370e, 383a, 393, 400,
    404a, 433c, 417, 420, 430, 432a, 440, 445c, 446b.

Ó Confhaola, Áine Ní Chonfhaola, Coismeig Mór, Na Forbacha, Co. na Gaillimhe.
    30b, 101b, 160f, 235b, 367a, 453a.

Ó Confhaola, Éamonn, Coismeig Mór, Na Forbacha, Contae na Gaillimhe. **11a, 17,**
    53a, 61c, 68c, 70e, 91d, 107a, 109b, 113a, 168, 211a, 217b, 269c.

Ó Confhaola, Seán, Na hAille, Indreabhán, Contae na Gaillimhe. **167b, 171, 205f,**
    216a, 226, 300a, 306, 308a, 367e, 426, 441a.

Ó Confhaola, Stiofán, Meánscoil Naomh Pádraig, Gaillimh agus Seanadh Gharráin,
    An Spidéal, Contae na Gaillimhe. **63e, 68a, 142a, 236g, 373, 449.**

Ó Cualáin, Mairéad Ní Chualáin, Scoil an Chnoic, Leitir Mealláin, Contae na
    Gaillimhe. **336c.**

Ó Cualáin, Seán [? Indreabhán], Contae na Gaillimhe. **50, 74c.**

Ó Dochartaigh, Seán, O.S., Oileáin Gharmna. **63d, 98c, 156j, 246b, 325a.**

Ó Droighneáin, Máire Bean Uí Dhroighneáin, Na Forbacha, Co. na Gaillimhe. **269a.**

Ó Droighneáin, Mícheál. O.S., Na Forbacha, Co. na Gaillimhe. **65e.**

Ó Fátharta, Bríd Ní Fhátharta, Na hAille, Indreabhán, Contae na Gaillimhe. **83d, 90b,**
    139, 218, 289c, 308c, 338, 343, 367c.

Ó Finneadha, Colm, An Lochán Beag, Indreabhán, Contae na Gaillimhe. **10b, 10c,**
    11b, 12, 24b, 28d, 101d, 114b, 140b, 143b, 217d, 315b, 390b, 406.

Ó Finneadha, Pádraig, An Lochán Beag Indreabhán agus Coláiste Éinde, Na Forbacha,

Co. na Gaillimhe. **6a, 19d, 52a, 56d, 65a, 74a, 84b, 98d, 130b, 136a, 160a, 187c, 205b, 205g, 215, 239a, 240b, 314c, 335a, 337a, 350b, 404b, 405a, 427b, 433b, 453d.**

Ó Flannagáin, Seán, Coill an Bhuillín, An Tobar, Co. na Gaillimhe. **44, 268, 317h, 364b, 446c.**

Ó Flatharta, Eibhlín Ní Fhlatharta, *Freeport*, Bearna, Co. na Gaillimhe. **15d, 56b, 66, 383b,.**

Ó Flatharta, Marcas, O.S., Ros Comáin. **31.**

Ó Flatharta, Pádraig, Cor na Rón, Indreabhán, Contae na Gaillimhe. **6b, 7, 19a, 45a, 54b, 63g, 64a, 65b, 67a, 88c, 89a, 93c, 102b, 107b, 116a, 124a, 130a, 136b, 140a, 156g, 160b, 183b, 186c, 187d, 191c, 193c, 205c, 205d, 239b, 240c, 315c, 316a, 335b, 337b, 398, 405b, 433a, 453g.**

Ó Flatharta, Pádraig, [? Indreabhán], Co. na Gaillimhe. **56c, 152a, 431.**

Ó Gríofa, Peadar, An Cheathrú Rua, Co. na Gaillimhe. **1, 8f, 20, 25e, 95, 102g, 119, 356, 374b.**

Ó Lapáin, Seosamh. Sráid na Céibhe, Gaillimh. **370h.**

Ó Lochlainn, Tomás, Bun an Charnáin, Leitir Móir. **61a, 304c, 378d.**

Ó Mainnín, Bríd Ní Mhainnín, Cill Bhreacáin, Ros Muc, Co. na Gaillimhe. **28a, 148b, 156a, 236f.**

Ó Mainnín, Cáit Ní Mhainnín [?], Conamara, Co. na Gaillimhe. **163a, 165, 185d, 196, 233a, 382, 438b.**

Ó Mainnín, Cáit Ní Mhainnín, Inbhear, Ros Muc, Co. na Gaillimhe. **43.**

Ó Mainnín, Máirtín, Farnocht, Corr na Móna, Co. na Gaillimhe. **57, 80, 83e, 94, 116f, 169, 200, 201, 221f, 259, 274a, 310a, 312, 336b, 418.**

Ó Maodhbh, Monica Ní Mhaodhbh, Cill Bhreacáin, Ros Muc, Co. na Gaillimhe agus 'Roighne', An Bóthar Beag, Gaillimh. **4b, 4e, 8b, 10a, 10d, 11e, 14b, 25c, 26b, 28e, 40a, 47b, 47e, 53b, 54c, 59, 60b, 63l, 65d, 68e, 69, 74b, 75, 76, 77, 79, 82b, 84a, 85b, 88d, 88f, 91e, 93b, 93d, 100, 101e, 102c, 102d, 103a, 105b, 105c, 106b, 110, 112a, 114a, 116c, 116e, 117d, 120d, 121a, 122, 123, 125, 126, 127, 128, 129, 131, 132, 133, 134b, 135, 138, 141b, 143c, 146, 147b, 148d, 149a, 150a, 150b, 156f, 158c, 159, 160d, 166, 172, 175, 176c, 179, 186a, 189, 190c, 193b, 199, 202, 204, 207, 214, 231, 234, 236c, 245, 247, 251a, 270, 274b, 278a, 278b, 294, 299, 303, 304d, 317d, 330, 333b, 333c, 347b, 352, 354a, 358, 363, 365, 377, 379, 386, 387, 401b, 403a, 403b, 408, 415, 416, 422, 435, 438a, 442, 444, 453b.**

Ó Maoilchiaráin, Bairbre, Camas Uachtair, Co. na Gaillimhe. **164a.**

Ó Maoilchiaráin, Cóilín, Camas Uachtair, Co. na Gaillimhe. **41a, 41c, 64i, 65g, 67b,**

91b, 98a, 101a, 102a, 104, 141a, 164b, 176e, 191a, 190b, 206, 223, 227, 250,
260, 273, 295, 301, 311, 321, 331, 332a, 340, 344, 345b, 368b, 388, 439a.
Ó Maoilchiaráin, Pádraig, Camas Uachtair, Co. na Gaillimhe. 164a.
Ó Maoldomhnaigh, Pádraig S., Tulach Uí Chadhain, Maigh Cuilinn, Co. na
Gaillimhe. 347c.
Ó Riagáin, Mícheál, An Coilleach, An Spidéal, Contae na Gaillimhe. 37, 336g.
Ó Riain, An Bráthair P.T., Cnoc Sióin, Port Láirge. 72f, 156n, 167e, 253a, 350c, 429.
Ó Scanláin, Mícheál, Co. na Gaillimhe. 83b, 85e, 184, 193a, 222, 264a, 287, 290,
407b, 453c.
Ó Standúin, Eibhlín Ní Standúin, Leitir Calaidh, Leitir Móir, Co. na Gaillimhe. 16, 36,
38, 56a, 85a, 116d, 147a, 156h, 160c, 174, 185a, 212b, 221a, 235a, 239d, 264b,
276, 279, 281, 297, 302, 310b, 314d, 336d, 337c, 370b, 413, 432b, 453h.
O'Sullivan, Máire Tim, An Tuairín, Béal an Daingin, Contae na Gaillimhe. 48, 62b,
68f, 117b, 254, 316b, 370i.

Seoige, Mícheál, Tír na Cille, An Mám, Contae na Gaillimhe. 63f, 148a.

Clár na gCumadóirí

a' Bhailís: *féach* de Bhailís.

Berry, Máirtín, Poll Uí Mhuirinn, Leitir Mealláin, Co. na Gaillimhe. **325b**.
Breathnach, Mícheál. An Lochán Beag, Indreabhán, Co. na Gaillimhe. **194, 351**.
Breathnach, Mícheál (*c.* 60: 1962), Gleann Mhac Muirinn, Casla, Co. na Gaillimhe. **313**.

Cábach, Seán. **238**.
Conroy, An tAthair Bháitéir, An Cheathrú Rua. **437**.
Cooke, Réamonn, **336e**.

de Bhailís, Colm. **341, 439a, 453h**.
de Bhailís, Seán (Fíodóir). **221g**.

Learaí, Neansa. **431**.

Mac Conmara, Seán. **252**.
Mac Cuarta, An Dall. **185e**.
Mac Cumhaill, Féilim. **212b, 251c, 337c**.
Mac Donncha, Bairbre Nic Dhonncha, An Cheathrú Rua. **394b**.
Mac Suibhne, Mícheál. **15b, 84b, 441a**.
Máirtín, Máirtín Choilm Mháirtín. **345a**.
Marcas, Michael Mharcais, Maínis, Carna. **27b**.

Nic: *féach* Mac.

Ó Báille. Peadar. **206**.
Ó Ceallaigh, Tomás, An Trá Bháin, Co. na Gaillimhe. **249**.
Ó Céidigh, Tomás. **223**.

Ó Clochartaigh, Micil Dhiarmada, **279**, **402**.

Ó Coisdealbha, Tomás. **83c**,

Ó Confhaola [/ *Ó Conaola*], Frainc, Maigh Cuilinn, Co. na Gaillimhe. **64g**.

Ó Confhaola, Máirtín (Máirtín Ceannaí) (*c*. 80: 1935). **237**, **436**.

Ó Confhaola, Stiofán, Ard na Graí, Doire an Fhéich, Casla, Co. na Gaillimhe. **284**.

Ó Cualáin, Máirtín, An Trá Bháin, Co. na Gaillimhe, *c*. 1920. **325a**.

Ó Diollúin, Pádraig, (*c*. 80: 1939), An Gort Riabhach, Maigh Cuilinn,
     Co. na Gaillimhe. **438c**.

Ó Direáin, Seán, Leitir Mealláin, Co. na Gaillimhe. **320**.

Ó Donncha, Mícheál, An Aird Mhóir, Carna, Co. na Gaillimhe.. **311**, **340**.

Ó Donncha, Seán, Casla, **221c**.

Ó Donncha, Seán, Leitir Mealláin, Co. na Gaillimhe. **332a**.

Ó Donncha, Seán (Seán Fíodóir), Casla, Co. na Gaillimhe. **240a**, **240b**, **314d**, **314f**.

Ó Donncha, Seosamh, (Joe Shéamuis Sheáin), (nó Johnny Shéamuis Sheáin) Baile na
     mBroghach, Co. na Gaillimhe. **162**, **167b**, **362**, **412**.

Ó Fátharta, [?], Na Mine, Co. na Gaillimhe. **205c**.

Ó Finneadha, Brian. **405a**.

Ó Finneadha, Seosamh, Both Bhrocháin, Casla, Co. na Gaillimhe. **227**.

Ó Flatharta, Pádraig (25: 1946), Cor na Rón, Indreabhán, Co. na Gaillimhe. **248**, **315a**,
     339, **420**, **452**.

Ó Griallais, Neain Bean Uí Ghriallais, (Neain Dhonncha) (66: 1942), Cill Bhreacáin,
     Ros Muc, Co. na Gaillimhe. **245**.

Ó Guairim, [?], Carna **390b**.

Ó Guairim, Seán Bacach. **253b**.

Ó hUaithnín, Marcas. **454**.

Ó hUiginn, Colm (69: 1960) 8 Palmyra Avenue, Gaillimh. **327**.

Ó Lochlainn, Tomás, Bun an Charnáin, Leitir Móir, Co. na Gaillimhe. **319a**.

Ó Maoláin, Peadar, Inis Bearachain, Leitir Móir, Co. na Gaillimhe. **257**, **411a**, **411c**.

Ó Méalóid, Beartla. **191b**.

Ó Múgáin [/ Ó Mógáin], Aindriú, An Baile Nua, Cor na Rón, Co. na
     Gaillimhe. **170**, **203**.

Ó Múgáin, Tomás. **332c**.

Ó Murchú, Séamus. **185c**.

Ó Tiarnaigh, Nioclás Chathail. **226**, **306**.

Osborne, Séamus. **404d**.

Osborne, Seoirse. Maigh Cuilinn, Co. na Gaillimhe. **404a**, **404b**.

Pádraig, Cóil Mhicil Phádraig. **330**.
Peircín, Mícheál. **41b**, **134a**.

Raiftearaí. **233c**, **233d**, **247**, **275a**.

Seoige, Pádraig, Inis Bearachain, Leitir Móir, Co. na Gaillimhe. **255**, **271**, **359**, **391b**.
Seoige, Peaits Bheartla, Camas, Co. na Gaillimhe. **430**.

Clár na nÁiteanna ar Bailíodh na hAmhráin

Aill Bhuí, An (Ros Muc). **27d, 106b.**
hAille, Na (Indreabhán). **226, 306, 364c.**
Aird Mhóir, An (Carna). **223, 304a.**
Ard na Graí, (Doire an Fhéich). **284, 454.**

Baile an Logáin, (Cor na Rón). **205c, 209, 364d, 398.**
Baile an tSagairt, (An Spidéal). **93f, 186d, 239e, 267b.**
Baile an tSléibhe (Ros an Mhíl). **31, 65c, 72f, 83a, 83b, 85e, 91a, 156n, 182a, 184, 193a,**
     205a, 222, 253a, 264a, 287, 290, 314e, 407a, 407b, 448, 453c.
Baile Ard, An (An Spidéal). **63b, 67b, 70c, 142c, 251c, 253b, 341, 366, 404a, 417,**
     430, 432a.
Baile Láir, An (Cor na Rón). **4c, 8c, 11d, 25d, 40b, 41b, 41d, 42a, 67c, 90a, 103b, 134c,**
     148e, 148f, 149c, 153, 156k, 156l, 161b, 176a, 185f, 187a, 205m, 232c, 255, 271,
     292, 293b, 304b, 318d, 319c, 332c, 359, 378b, 391a, 411b, 443b, 445a, 447.
Baile Láir, An (Ros an Mhíl). **156b, 205j, 205k, 283a, 319d, 329, 345a, 347f, 378e, 397.**
Baile Locha Riach. **44, 61a, 151, 257, 258, 268, 304c, 317f, 317h, 336f, 364b, 378d,**
     381a, 446c.
Baile na Cille (Leitir Mealláin). **85a, 160c, 174, 185a, 370f.**
Baile na mBroghach (Indreabhán). **143b.**
Béal an Daingin. **148a.**
Bearna. **217c.**
Bóthar Mór (Gaillimh). **5d, 144a, 221h, 333e, 373f, 378e, 355, 384, 413, 439e.**
Both Chuanna [LS: *Bothúna*] (An Spidéal). **64k, 72d, 181a, 370e, 286b, 445c.**

Camas. **453b.**
Camas Uachtair, **191a, 191b, 260, 273, 295, 345b, 439a.**
Caorán, An (Baile na hAbhann). **160i.**
Casla. **56c, 152a, 206, 332a, 368b, 431.**

Ceathrú Rua, An Cheathrú Rua. **1, 8f, 20, 25e, 95, 102g, 119, 356, 374b.**

Cré Dhubh, An Chré Dhubh (An Spidéal). **45c, 49, 52b, 65e.**

Cill Bhreacáin [LS: *Bhriocáin*] (Ros Muc). **4b, 4e, 8b, 10a, 10d, 11e, 25c, 26b, 28e, 47b, 47e, 53b, 54c, 59, 60b, 63l, 65d, 68e, 69, 74b, 75, 76, 77, 79, 82b, 84a, 85b, 88d, 88f, 91e, 93d, 100, 101e, 102c, 102d, 103a, 105b, 105c, 110, 112a, 114a, 116c, 116e, 117d, 120d, 121a, 123, 125, 126, 127, 128, 129, 131, 133, 134b, 135, 138, 141b, 143c, 146, 147b, 148d, 149a, 150a, 150b, 156a, 156e, 156f, 158c, 159, 160d, 166, 172, 175, 176c, 179, 186a, 189, 190c, 193b, 202, 204, 207, 231, 234, 236c, 236f, 245, 247, 251, 270, 299, 303, 304d, 317d, 330, 333c, 347b, 352, 354a, 358, 365, 377, 379, 386, 387, 401b, 403b, 403a, 408, 416, 422, 435, 438a.**

Cinn Mhara, (Camas). **269b, 441b.**

Cladhnach (An Cheathrú Rua). **35, 47a, 47d, 55b, 55c, 64h, 64j, 88a, 88b, 112c, 143a, 156c, 160h, 185h, 190b, 192, 193e, 208, 210, 219, 220, 239c, 239f, 239g, 253c, 266, 272, 280, 285, 319e, 362, 394a, 394c, 394d, 410, 414, 427a, 439c, 439d.**

Clochar na gCon (Indreabhán). **326.**

Cloch Mhór, An Chloch Mhór. **376, 395.**

Cluain Duibh [LS: *Aoibh*] (Maigh Cuilinn). **142b, 262, 282, 349, 385, 404c.**

Cnoc Cathrach (Na Mine). **439b.**

Cnoc, An (Indreabhán). **11b, 28f, 50, 63a, 63c, 63h, 63j, 63k, 64b, 64c, 64f, 85c, 85d, 89e, 96b, 103d, 103g, 115, 118, 139, 140b, 167b, 198, 216a, 216c, 216d, 236a, 264c, 291a, 291b, 314a, 314b, 314g, 367c, 372a, 372b, 374a, 381b, 403e, 423, 427c, 451a, 451b, 451d.**

Cnoc, An (Leitir Mealláin). **27b, 164a, 279, 310b, 402, 342a.**

Cnocán Glas, An (An Spidéal). **72a, 240e, 383a.**

Coilleach, An (An Spidéal). **37, 182b, 182c.**

Corr Chuilinn [LS: *Cor Cuilinn*] (Maigh Cuilinn). **155, 158a, 232b.**

Cor na Rón (Indreabhán). **6d, 11h, 19a, 21, 27e, 33a, 58, 67a, 78, 88c, 91c, 108a, 136b, 140a, 156g, 170, 187d, 203, 240c, 248, 305, 324, 332, 337b, 339, 433a, 452.**

Cor na Rón Thoir (Indreabhán). **7, 54b, 63g, 64a, 65b, 89a, 93c, 102b, 116a, 124a, 160b, 183b, 185c, 316a, 453g.**

Creagáin, Na (Indreabhán). **13b, 70d, 177, 401a, 403c.**

Coilleán [LS: *Cuileán*] (An Cheathrú Rua). **8a, 13a, 22, 30c, 116b, 300b, 434.**

Cúlachaí, Na (Maigh Cuilinn). **144b.**

Doire an Fhéich, **225.**

Doire Fhatharta (An Cheathrú Rua). **275a, 370g.**

Doire Locháin, (An Spidéal). **30b, 101b, 160f, 211a, 211b, 217b, 235b.**
Doirín, An (Leitir Móir). **5, 16, 36, 56a, 108b, 152b, 212b, 221a, 239d, 264b, 276, 281,**
297, 302, 314d, 337c, 432b.
Droim, An (Leitir Mealláin). **63d, 98c, 156j, 325a.**

Faiche Beag, An Fhaiche Bheag (Gaillimh), **433b.**
Foraí Maola Thiar, Na (Bearna). **11a, 11f, 17, 27a, 53a, 61b, 61c, 68c, 70e, 70f, 89d,**
91d, 107a, 109a, 109b, 113a, 113b, 261, 263, 443a.
Farnocht [LS: *Fornacht*] (Corr na Móna). **57, 80, 83e, 94, 116f, 142d, 156m, 161d,**
163b, 169, 173b, 190a, 298, 317g.

Gaillimh. **55a, 296, 327, 333a, 451c.**
Gairfeanach, An [/ *Gairfean*] (Ros Muc). **122, 132, 148b, 415.**
Gleann Mhac Muirinn. **10c, 12, 24a, 34, 241a, 241b, 242, 243, 289a, 313, 333d, 353,**
421.
Gleann Mór, An (An Cheathrú Rua). **70a, 83c, 87a, 101i, 160e, 185b, 200, 201, 237,**
238, 240a, 336a, 342, 357, 370c, 389, 404d, 418, 436.
Gort Riabhach, An (Maigh Cuilinn). **438c.**

Inbhear (Ros Muc). **6c, 30d, 43, 188.**
Indreabhán. **11i, 74c, 90b, 180, 181b, 213.**
Inis Bearachain. **4c, 8c, 11d, 11g, 25d, 41b, 41d, 42a, 67c, 90a, 93h, 103b, 148e, 148f,**
149b, 149c, 153, 161b, 176a, 181c, 185f, 187a, 232c, 255, 256, 271, 292, 293b,
300c, 304a, 304b, 318d, 319c, 359, 378b, 391a, 391b, 411b, 411d, 443b.
Inis Eirc. **39b, 72b, 156d, 232b, 318c, 411c.**

Leitir Calaidh [LS: *Caladh*]. **38, 116d, 41a, 41c, 68b, 91b, 98a, 101a, 102a, 104, 141a,**
147a, 154, 156h, 227, 235a, 301, 311, 336d, 340, 370b, 388, 413, 453h.
Leitir Mealláin. **161a, 293b, 319b, 370d.**
[? Leitir Mealláin] **23, 28b, 28c, 30e, 30f, 51, 56e, 70b, 70g, 71, 93a, 101c, 101h, 105a,**
105d, 147c, 158b, 158d, 160g, 173a, 190e, 193f, 232d, 251b, 275b, 322, 328, 390a.
Leitir Móir. **39a, 148c, 176d, 232a, 265a, 293a, 300d, 318b, 319a, 347d, 378a, 411a,**
450, 455.
Leitir Mucú (Camas) **101d.**
Lochán Beag, An (Indreabhán). **4a, 9, 10b, 10e, 15a, 15b, 15c, 18, 19c, 19d, 24b, 27c, 32,**
42b, 46a, 47c, 52c, 56d, 64d, 64g, 65f, 68d, 72e, 74a, 84b, 86, 88e, 89b, 89c,

91f, 96a, 98b, 99b, 106a, 107b, 109c, 109d, 109e, 112d, 112e, 114b, 114c, 117f,
120a, 120b, 121b, 130b, 145, 149d, 160a, 162, 167a, 167c, 178, 185e, 186b, 187b,
187c, 190d, 191c, 193c, 193d, 194, 205b, 205l, 215, 216b, 217a, 217d, 236b,
236d, 240d, 240f, 252, 286a, 288, 307a, 307b, 309a, 309b, 315a, 315b, 315d,
335a, 335b, 335c, 336h, 346, 347a, 350a, 354b, 364a, 367d, 375, 380a, 380b,
390b, 393, 400, 404b, 406, 412a, 420, 424, 427b, 433c, 446a, 446b.

Maigh Cuilinn. **267a.**
Maíros [LS: *Maighros*] (Carna). **14b, 199, 333b, 363, 442.**
Máimín, An (Leitir Móir). **161c.**
Massachusetts. (Stáit Aontaithe Mheiriceá). **163c, 428.**

Páirc, An Pháirc (An Spidéal). **332b.**
Poillíní, Na (Na Forbacha). **168.**
Poll Uí Mhuirinn (Leitir Mealláin). **25b, 68g, 72g, 81, 87b, 93g, 101g, 157, 185i, 186f,**
186g, 228, 229, 244, 246a, 325b, 348, 368a, 378c, 394b.
Portach Mhaínse (Carna). **8e.**
Púirín, An (Indreabhán). **45b, 65a, 136a, 337a. 370j.**

Rathún (Gaillimh). **3, 308b, 351.**
Rinn, An (An Cheathrú Rua). **62a, 318a, 437.**
Ros an Mhíl, **8d, 11c, 14a, 25a, 26a, 41e, 60a, 61d, 64e, 72c, 82a, 97, 103f, 117e, 134a,**
137, 185c, 187e, 212a, 221c, 221f, 221g, 259, 274a, 277, 310a, 312, 336b, 336e,
403d, 419, 445b, 456b.
Ros Cathail. **30g, 102e.**
Ros Cíde (Ros Muc). **182d, 439f.**
Ros Muc. **8e, 11j, 63f, 93b, 102f, 109f, 361, 370a.**

Scailp an Chait (Indreabhán). **83d, 218, 289c.**
Seanadh Gharráin (An Spidéal). **63e, 68a, 142a, 236g, 373, 449.**
Sián, An [LS: *Sídheán*] (An Spidéal). **371.**
Siléar, An (Ros Muc). **40a, 214.**
Snámh Bó (Ros Muc). **278a, 278b, 444.**
Spidéal, An. **2, 19e, 29, 46b, 54a, 117c, 156i, 183a, 195, 197, 230, 233c, 233d, 268c,**
269a, 289b, 336g, 360, 425, 440.
Sruthán, An (An Cheathrú Rua). **253d, 369.**

Teach Mór, An (Indreabhán). **6a, 6b, 15e, 19b, 33b, 45a, 52a, 63i, 65h, 73, 92, 93e, 96c, 98b, 101f, 112b, 120c, 121c, 124b, 130a, 130c, 144c, 176b, 185g, 186e, 205d, 205e, 205f, 205g, 205h, 205i, 221d, 239a, 239b, 240b, 265b, 314c, 314f, 317b, 317c, 323, 334, 347e, 350b, 399, 405a, 405b, 453d, 453e, 453f.**

Tismeáin, An (An Cheathrú Rua). **19f, 103e.**

Trá Bháin, An, **28d, 30a, 53c, 60c, 224, 246b, 304a.**

[? Tuairín, An]. **23, 28b, 28c, 30e, 30f, 51, 56e, 70b, 70g, 71, 93a, 101c, 101h, 105a, 105d, 147c, 158b, 158d, 160g, 173a, 190e, 193f, 232d, 251b, 275b, 322, 328, 390a.**

Tulach Uí Chadhain (Maigh Cuilinn). **150c, 221b, 347c.**

Tulach, An (Baile na hAbhann). **64i, 65g, 176e, 317a, 367a, 453a.**

Turlach, An [LS: *Turloch*] (Ros Muc). **28a, 57, 80, 83e, 94, 116f, 142d, 156m, 161d, 163b, 169, 173b, 190a, 298, 317g.**

Uachtar Ard. **111, 396.**

hUaimíní, Na (Leitir Mealláin). **103c, 336c, 409.**

II

A landlady na páirte tá an bás thrí mo chroí le tart,
Tuige nach dteagann tú lá éicin is an cárta thóirt
                                            líonta leat,

Tá gine buí in mo phóicín is a stóirín bain do reaicneáil
So n-óla mise sláinte cúilín fáinneach mo cháilín deas.

III

Tuige nach dteagann tú lá éicin is mé fháil ó mo mhuinntir
                                            fhéin?
Tuige nach dteagann tú lá éicin is mé árdú leat uile 's a léir:
Mara mbeach mo mhuinntir sásta leis a' gcás údan is é fheiceál
                                            réidh.
Diomaí [1]cuntra chláit dhom, is fágaí mé go [2]dauin 'sa gcré.

IV

Buachaillín deas óg mé, fuair mé foghlam nach bhfuair a
                                            lán;
Sheinnmóchainn píosa ceoil dhuit, chrathainn smóla is dhéanain
                                            greann;
Cualodar ban óg is níor mhór liom a bheith seal n-a bpáirt
Glac misneach is beidh an saoghal fós againn agat chank
                                            spóirtiúil is féidir fháil

[1] cómhra, [2] doimhin,